JUSTIÇA MULTIPORTAS

2024

Trícia Navarro

Prefácio do Ministro
Luís Roberto Barroso

Apresentação de
Fredie Didier Jr.

- Teoria da Justiça Multiportas
- Justiça Consensual
- Justiça e Autotutela
- Justiça Estatal
- Justiça Arbitral
- Justiça Digital
- Temas de Justiça Multiportas
(Eleitoral; Penal; Administração Pública;
Licitações e Contratos Administrativos;
Tributária; Improbidade Administrativa;
Tutela de Direitos Coletivos e Estruturais;
Ambiental; Saúde; Trabalhista;
Empresarial; Recuperação Judicial;
Superendividamento; Relações Familiares
e Análise Econômica do Direito)

EDITORA FOCO

Dados Internacionais de Catalogação na Publicação (CIP) de acordo com ISBD

N322j Navarro, Trícia

Justiça Multiportas / Trícia Navarro. - Indaiatuba, SP : Editora Foco, 2024.

800 p. : 17cm x 24cm.

Inclui índice e bibliografia.

ISBN: 978-65-5515-968-4

1. Direito. 2. Justiça Multiportas. I. Título.

2023-3649   CDD 340   CDU 34

Elaborado por Vagner Rodolfo da Silva – CRB-8/9410

Índices para Catálogo Sistemático:

1. Direito 340

2. Direito 34

JUSTIÇA MULTIPORTAS

Trícia Navarro

Prefácio do Ministro
Luís Roberto Barroso

Apresentação de
Fredie Didier Jr.

- Teoria da Justiça Multiportas
- Justiça Consensual
- Justiça e Autotutela
- Justiça Estatal
- Justiça Arbitral
- Justiça Digital
- Temas de Justiça Multiportas
(Eleitoral; Penal; Administração Pública;
Licitações e Contratos Administrativos;
Tributária; Improbidade Administrativa;
Tutela de Direitos Coletivos e Estruturais;
Ambiental; Saúde; Trabalhista;
Empresarial; Recuperação Judicial;

2024 © Editora Foco

Autora: Trícia Navarro
Diretor Acadêmico: Leonardo Pereira
Editor: Roberta Densa
Assistente Editorial: Paula Morishita
Revisora Sênior: Georgia Renata Dias
Capa Criação: Leonardo Hermano
Diagramação: Ladislau Lima e Aparecida Lima
Impressão miolo e capa: FORMA CERTA

DIREITOS AUTORAIS: É proibida a reprodução parcial ou total desta publicação, por qualquer forma ou meio, sem a prévia autorização da Editora FOCO, com exceção do teor das questões de concursos públicos que, por serem atos oficiais, não são protegidas como Direitos Autorais, na forma do Artigo 8º, IV, da Lei 9.610/1998. Referida vedação se estende às características gráficas da obra e sua editoração. A punição para a violação dos Direitos Autorais é crime previsto no Artigo 184 do Código Penal e as sanções civis às violações dos Direitos Autorais estão previstas nos Artigos 101 a 110 da Lei 9.610/1998. Os comentários das questões são de responsabilidade dos autores.

NOTAS DA EDITORA:

Atualizações e erratas: A presente obra é vendida como está, atualizada até a data do seu fechamento, informação que consta na página II do livro. Havendo a publicação de legislação de suma relevância, a editora, de forma discricionária, se empenhará em disponibilizar atualização futura.

Erratas: A Editora se compromete a disponibilizar no site www.editorafoco.com.br, na seção Atualizações, eventuais erratas por razões de erros técnicos ou de conteúdo. Solicitamos, outrossim, que o leitor faça a gentileza de colaborar com a perfeição da obra, comunicando eventual erro encontrado por meio de mensagem para contato@editorafoco.com.br. O acesso será disponibilizado durante a vigência da edição da obra.

Impresso no Brasil (12.2023) – Data de Fechamento (12.2023)

2024
Todos os direitos reservados à
Editora Foco Jurídico Ltda.
Rua Antonio Brunetti, 593 – Jd. Morada do Sol
CEP 13348-533 – Indaiatuba – SP

E-mail: contato@editorafoco.com.br
www.editorafoco.com.br

PREFÁCIO

Foi com alegria que recebi o convite de Trícia Navarro, atualmente exercendo a função de Juíza Auxiliar da Presidência do Supremo Tribunal Federal, para prefaciar o seu novo livro "Justiça Multiportas", resultado de estudos desenvolvidos pela autora ao longo de sua trajetória acadêmica e profissional.

Temos presenciado uma permanente evolução legislativa no Brasil no sentido de prestigiar o tratamento adequado dos conflitos e a solução consensual de controvérsias. A edição da Resolução CNJ nº 125/2010 e das Leis nº 13.105/2015 (Código de Processo Civil), 13.140/2015 (Lei da Mediação), e 13.129/2015 – que atualizou a Lei nº 9.307/1996 (Lei da Arbitragem) – foi somente o início de um movimento legislativo cuja expansão ocorre até os dias atuais e que recai sobre litígios de natureza cível e criminal. É nesse contexto que emerge o tema do presente trabalho: Justiça Multiportas.

A Justiça Multiportas contempla, de forma interativa, a Justiça Consensual, a Autotutela, a Justiça Estatal, a Justiça Arbitral e a Justiça Digital, só para citar as espécies mais presentes em nosso ordenamento jurídico. A nova perspectiva de tratamento dos conflitos considera as peculiaridades das controvérsias para definir o método e o ambiente que sejam mais eficientes para solucioná-las, garantindo maior satisfação social. Essa mudança de cultura, que dá autonomia à sociedade para escolher os caminhos que melhor atendam as suas expectativas, demanda uma profunda e urgente mudança no ensino do Direito Processual.

Inverte-se a lógica de que o Poder Judiciário deva ser o primeiro ou único caminho para a solução das questões jurídicas, já que se abrem outras vias ao jurisdicionado capazes de resolver os problemas de forma mais satisfatória e menos custosa. Assim, para além de apresentar aos estudantes as mais modernas técnicas processuais de resolução de conflitos, devem-se ampliar as perspectivas dos futuros profissionais da área, a fim de que sua atuação seja mais célere e mais humanizada.

As novas exigências do ensino do Direito Processual denotam a relevância da presente obra. Isso porque a autora aborda de forma extensa as diferentes formas de resolução de disputas, a começar pela apresentação de uma teoria da Justiça Multiportas, identificando os principais elementos e princípios que sistematizam esse conceito. O livro também dedica espaço ao tratamento de diversos temas no contexto da Justiça Multiportas, tais como: improbidade administrativa, licitação e contratos públicos, Administração Pública, interesse de agir e pretensão resistida, matéria ambiental, família, tutela coletiva e litígios estruturais, serventias extrajudiciais, saúde, matéria eleitoral e empresarial, superendividamento, tributação, recuperação judicial e falência, análise econômica do Direito, além do direito penal e trabalhista.

Não tenho dúvidas de que este livro contribuirá de modo relevante para a evolução e aplicação da Justiça Multiportas no Brasil, nas esferas privada e pública. É, portanto, com satisfação que apresento à comunidade jurídica esta importante doutrina, parabenizando a autora e, ainda, a Editora FOCO pela iniciativa de publicação, em sensível esforço para a pacificação da sociedade brasileira.

Boa leitura.

Luís Roberto Barroso

Ministro Presidente do Supremo Tribunal Federal. Professor Titular de Direito Constitucional da Universidade do Estado do Rio de Janeiro – UERJ e do Centro Universitário de Brasília – UniCEUB. Mestre (*Master of Laws*) pela *Yale Law School*. Doutor e Livre-Docente pela UERJ. *Visiting Scholar* na *Harvard Law School*.

APRESENTAÇÃO

Trícia é, sem qualquer dúvida, uma das principais lideranças acadêmicas no tema "justiça multiportas", aqui no Brasil: a) diversos trabalhos publicados; b) adoção de boas práticas como juíza de direito no Espírito Santo; c) professora responsável por disciplina específica no Programa de Pós-graduação em Direito na UFES; d) experiência no Conselho Nacional de Justiça e, agora, no Supremo Tribunal Federal; e) relatoria de grupo temático no Fórum Permanente de Processualistas Civis; f) coordenadora de coletânea, já na terceira edição, juntamente com Hermes Zaneti, que popularizou o tema "justiça multiportas" no Brasil[1].

Agora ela dá a público sua abrangente obra a respeito do assunto. O sumário impressiona: desde uma teoria da justiça multiportas, passando pelas diversas formas de "justiça": estatal, arbitral, consensual, autotutela etc. Excelente o panorama temático que apresenta, no capítulo VII, sobrevoando os diversos subsistemas (tributária, trabalhista, improbidade administrativa, penal, eleitoral etc.) Aborda, ainda, o inevitável tema das relações entre a tecnologia e o sistema multiportas. É tarefa muito difícil encontrar um tema que tenha escapado à análise de Trícia.

O livro se incorpora à bibliografia básica para os cursos jurídicos brasileiros – aliás, é chegada a hora de esse tema incorporar-se, definitivamente e com autonomia, aos currículos mínimos do curso de graduação em Direito.

Parabéns à Trícia, amiga querida e contemporânea, e à Editora.

Salvador, outubro de 2023.

Fredie Didier Jr.

---

1. ZANETI Jr., Hermes; NAVARRO, Trícia (coord.). *Justiça multiportas*. 3ª ed. Salvador: Juspodivm, 2023.

NOTA DA AUTORA

A transformação cultural de uma sociedade passa por diversas etapas e processos até alcançar um patamar distintivo do estágio anterior, ou seja, um estado de coisas considerado novo.

São necessárias diferentes ações e iniciativas e, às vezes, nem se sabe ao certo o que preponderou para que a mudança ocorresse.

No que tange às mutações jurídicas, a edição de leis, as experiências práticas – positivas e negativas –, o comportamento dos atores do sistema de justiça, a evolução jurisprudencial e outros fatores – isolados ou conjuntamente – podem contribuir para uma metamorfose na área do Direito.

E o que se nota é que o ordenamento jurídico brasileiro vem passando por importantes quebras de paradigmas, trazendo novas perspectivas e desafios.

Nesse contexto, entra em cena a Justiça Multiportas, que amplia sobremaneira a lente do acesso à justiça e da compreensão de jurisdição, e ainda traz o conflito para o centro das discussões, conferindo-lhe o adequado protagonismo.

Ademais, destacam-se as novas técnicas de tratamento de conflitos, bem como os diversos ambientes adequados para a obtenção de uma solução para a controvérsia que seja justa e proporcional.

Tudo isso também perpassa pelo ensino jurídico, que deve se modernizar e adaptar, preparando de modo responsável o profissional do futuro.

Aliás, tanto a espera pública quanto a privada devem estar comprometidas com o alcance de uma ordem jurídica pacífica, democrática e legítima.

Esses são os caminhos que se tenta desbravar, por meio de permanentes estudos, análises críticas e percepções práticas do cotidiano forense.

A temática tem sido objeto de especial atenção da autora desde 2009, quando realizou o curso de mediação judicial oferecido pela EMERJ. Desde então foi possível vislumbrar um importante e potencial impacto que essas técnicas poderiam causar na resolução de controvérsias no Brasil.

Em 2010, já cursando o Doutorado em Processo na UERJ, a autora foi convidada pelo então Senador Ricardo Ferraço, do Espírito Santo, para minutar um projeto de lei de mediação. Assim, a lado dos Professores Humberto Dalla Bernardina de Pinho e Gabriela Assmar, foi idealizado o texto que resultou no PLS 517/2011, fonte primária da Lei 13.140/2015 (Lei de Mediação).

Desde então, foram muitos e relevantes os amadurecimentos da doutrina e da jurisprudência sobre os métodos adequados de solução de conflitos no Brasil, especialmente com a edição da Resolução 125/2010, pelo Conselho Nacional de Justiça (CNJ), que acabou influenciando a Comissão de Reforma do Código de Processo Civil de 2015, culminando na promulgação da Lei 13.105/2015.

O estudo sobre a temática foi intensificado, ensejando a produção de textos científicos, palestras, discussões acadêmicas, aulas e eventos nacionais e internacionais.

Não obstante, em 2017, com o ingresso no estágio de Pós-Doutoramento em Direito da USP, foi possível aprofundar o estudo sobre alguns princípios e limites em torno da liberdade processual, especialmente em razão de uma pesquisa empírica realizada no âmbito da 1ª Vara Cível de Vitória, que analisou quantitativa e qualitativamente os atos de disposição das partes no processo, resultando em 2019 na obra acadêmica de conclusão do Pós-Doutorado.

Na sequência, a autora logrou êxito no concurso de professor efetivo da Universidade Federal do Espírito Santo – UFES, na área de Processo Civil, onde leciona na graduação e no mestrado as disciplinas Métodos Adequados de Tratamento de Conflitos e Justiça Multiportas e Inovação, respectivamente.

Além disso, a autora integrou durante anos o Comitê Gestor da Conciliação, do Conselho Nacional de Justiça, e o Fórum Nacional de Mediação e Conciliação – FONAMEC, responsáveis pelos principais debates acerca da política nacional de tratamento adequado de conflito.

De 2020 a 2022, a autora atuou como Juíza Auxiliar da Presidência do Conselho Nacional de Justiça, na gestão do Ministro Luiz Fux, ficando responsável por assessorar a Comissão de Solução Adequada de Conflitos e, também, por realizar as mediações ocorridas perante o NUMEC – Núcleo de Mediação e Conciliação do CNJ. Além disso, participou de inúmeros projetos relacionados aos métodos adequados de solução de conflitos, como superendividamento, contencioso tributário, execução civil, judicialização da saúde, desjudicialização, só para citar alguns.

Em 2023, a autora foi convidada a integrar a equipe da Presidência do Ministro Luís Roberto Barroso, no âmbito do Supremo Tribunal Federal, na qualidade de coordenadora do Núcleo de Solução Consensual de Conflitos (NUSOL), que é responsável por prestar apoio à jurisdição na realização de conciliação, mediação e cooperação judiciária. O Núcleo atua de forma coordenada com o Núcleo de Estatística e Análise de Dados (NEAD) e o Núcleo de Processos Estruturais e Complexos (NUPEC).

Esse histórico não se presta à realização de uma espécie de autobiografia, mas pretende, apenas, justificar o grau de responsabilidade desta autora para com o tema, bem como o motivo da escolha do formato do trabalho.

Assim, a presente obra surgiu da ideia de apresentar uma Teoria da Justiça Multiportas, compilar alguns textos já publicados sobre o assunto, cuja reunião pareceu adequada e oportuna, bem como incluir escritos novos e abordagens inéditas.

Sobre os textos já publicados, alguns foram elaborados em coautoria ou com a colaboração de discentes e orientandos do mestrado da UFES, e outros com renomados processualistas, a quem desde já agradeço a proveitosa troca de ideias: Hiasmine Santiago, Fabiane Sena Freitas, Renan Sena Silva, Frederico Ivens Miná Arruda de Carvalho, Liliane Emerick Nunes, Leonardo Carneiro da Cunha, Walter Godoy dos Santos Junior, Eduardo Sousa Pacheco Cruz Silva, Júlia Barros Leão Borges, Fernanda Medina Pantoja, Livia Peres Rangel Medeiros, Ana Carolina Bouchabki Puppin.

Após anos estudando, ensinando e aplicando o tema, chegou o fôlego e a compreensão sistêmica necessária para tentar estruturar as premissas, os desafios e as perspectivas que envolvem a Justiça Multiportas, especialmente no Brasil.

Trata-se de uma teoria, que evoluiu muito nos últimos anos, mas que ainda está em construção e amadurecimento. Em outros termos, longe de ser uma teoria pronta e acabada, encontra-se em franca expansão.

O objetivo não é esgotar o assunto e nem trazer detalhamento de técnicas, mas sim lançar luzes sobre as importantes transformações sofridas pelo nosso ordenamento jurídico em relação aos diversos formatos e ambientes de tratamento de conflito, a começar pela inversão da lógica que priorizava a decisão imposta por um juiz em detrimento de meios mais apropriados de resolução de disputa, especialmente os consensuais.

Busca-se evidenciar o modelo de Justiça Multiportas brasileiro a partir das políticas públicas instituídas e suas consequências e efeitos no sistema de justiça como um todo.

O Capítulo I constitui o coração do trabalho, com as concepções entorno da Teoria da Justiça Multiportas; o Capítulo II trata da autotutela, tema que vem sendo ressignificado a partir de preceitos constitucionais; o Capítulo III aborda a Justiça Estatal, palco das angústias dos profissionais do direito; o Capítulo IV versa sobre a Justiça Conciliativa, cuja primazia deve ser reconhecida; o Capítulo V investiga a Justiça Arbitral, que vem se solidificando no Brasil; o Capítulo VI cuida da Justiça Digital, ambiente de inovação que vem transformando a forma de exercício de jurisdição; e o Capítulo VII dedica-se a 17 temas que sofreram grande influência da Justiça Multiportas, como: improbidade administrativa, licitação e contratos públicos, Administração Pública, interesse de agir e pretensão resistida, ambiental, família, tutela coletiva e litígios estruturais, serventias extrajudiciais, saúde, eleitoral, empresarial, superendividamento, tributário, recuperação judicial e falência, análise econômica do Direito, penal e trabalhista.

Portanto, espera-se que essa obra demonstre de forma inequívoca as transformações que afetaram o nosso ordenamento jurídico e os benefícios que podem ser colhidos pela nossa sociedade, em busca do ideal constitucional de pacificação social.

SUMÁRIO

PREFÁCIO V

APRESENTAÇÃO... V

NOTA DA AUTORA... VII

CAPÍTULO I – TEORIA DA JUSTIÇA MULTIPORTAS... 1

1. Noções introdutórias.. 1

2. Origem da Justiça Multiportas... 4

3. Conceito de Justiça Multiportas... 7

4. Objeto da teoria da Justiça Multiportas.. 8

    4.1 Moderna teoria do conflito 9

5. Características da teoria da Justiça Multiportas 11

6. Impactos da Justiça Multiportas 13

7. A constitucionalização da Justiça Multiportas.. 15

8. Evolução legislativa da Justiça Multiportas 22

9. Premissas ideológicas... 30

    9.1 Princípio do acesso à Justiça Multiportas... 30

    9.2 Princípio da primazia da consensualidade 32

    9.3 Princípio da cooperação 35

    9.4 Princípio da atipicidade dos ambientes e métodos de resolução de conflitos. 37

    9.5 Princípio da adequação.. 38

        9.5.1 A imprescindibilidade da triagem 40

9.6 Princípio da eficiência do tratamento de conflitos 41

    9.7 Princípio da extrajudicialização, desestatização ou desjudicialização dos conflitos... 45

10. Métodos e ambientes diferentes, híbridos e potencialmente interconectados 52

    10.1 Principais métodos de tratamento de conflitos 53

    10.2 Principais ambientes de prevenção e resolução de conflitos............ 54

11. Atores da Justiça Multiportas... 57

12. Devido processo legal e Justiça Multiportas 58

13. Futuro da Justiça Multiportas 59

CAPÍTULO II – JUSTIÇA CONSENSUAL 61

1. Premissas iniciais 61

2. Autocomposição 62

3. Negociação 65

4. Conciliação 70

    4.1   Conciliação pelo juiz 73

5. Mediação 75

    5.1   Principais aspectos da Lei de Mediação 79

    5.2   A mediação e o CPC 80

    5.3   Comparativo entre a Lei de Mediação e o CPC/2015 82

        5.3.1   Incidência e conceito da mediação 82

        5.3.2   Escolha do mediador e princípios 83

        5.3.3   Objeto da mediação 83

        5.3.4   A designação do mediador 85

        5.3.5   Atividades do mediador 86

        5.3.6   Gratuidade da mediação 87

        5.3.7   Impedimento e suspeição do mediador ... 89

        5.3.8   Dever de revelação do mediador 90

        5.3.9   Da impossibilidade do exercício da mediação ... 91

        5.3.10 O tratamento legal dos mediadores 92

    5.4   Do procedimento 93

    5.5   A confidencialidade 98

    5.6   Mediação e Administração Pública 98

    5.7   Disposições gerais 99

    5.8   Direito intertemporal 100

    5.10 Ambientes da mediação 102

    5.11 Etapas da mediação 103

        5.11.1 Técnicas de mediação 104

6. Regime jurídico da conciliação e da mediação 104

    6.1   Assistência jurídica na mediação 108

        6.1.1   A mediação extrajudicial 108

        6.1.2   A facultatividade sugerida pela lei 110

        6.1.3   A importância da participação dos advogados e defensores públicos 114

        6.1.4   A necessidade de equilíbrio no procedimento 116

7. Diferentes interseções da mediação 117

7.1	Mediação comunitária	117
7.2	Mediação escolar	119
7.3	Mediação e interdisciplinariedade	121
	7.3.1 Sociologia e a mediação	123
	7.3.2 Psicologia e a mediação	123
	7.3.3 Antropologia e a mediação	123
	7.3.4 Direito e a mediação	124
8.	Outros métodos autocompositivos	125
8.1	Compromisso de ajustamento de conduta	125
8.2	Comitês de resolução de disputas (*dispute boards*)	130
8.3	Dispute Systems Design (DSD)	131
8.4	Justiça restaurativa	133

CAPÍTULO III – JUSTIÇA E AUTOTUTELA 139

1.	Contextualização do tema	139
2.	Fundamentos da autotutela	140
3.	Categorias de autotutela	144
4.	Exemplos de autotutela	144

CAPÍTULO IV – JUSTIÇA ESTATAL 149

1.	Poder judiciário brasileiro	149
2.	Conselho Nacional de Justiça	150
2.1	Política Judiciária Nacional de tratamento adequado dos conflitos de interesses	155
2.2	Principais aspectos da Resolução 125 do Conselho Nacional de Justiça	156
2.3	As alterações da Resolução 125 do Conselho Nacional de Justiça	158
2.4	Outras iniciativas do CNJ envolvendo conciliação e mediação	161
2.5	Os principais desafios práticos da política nacional de tratamento adequado de conflito	163
2.6	CNJ e Justiça Multiportas	165
3.	Características do poder judiciário	166
3.1	Notas sobre a jurisdição	166
3.2	Jurisdição e processo	170
3.3	Considerações sobre o Código de Processo Civil	172
3.4	Processo contemporâneo	173
3.5	Governança judicial	174
	3.5.1 *Case management* no Brasil	177

	3.5.2	Papel do juiz no gerenciamento do processo	179
	3.5.3	Formas de gerenciamento do processo	180
		3.5.3.1 Gestão do conflito	182
		3.5.3.2 Gestão do procedimento	184
		3.5.3.3 Requisitos do gerenciamento processual pelo juiz	190

4. Conclusão sobre *case management* 191

5. Atos de disposição processual 192

    5.1   Desistência 193

    5.2   Renúncia à pretensão 197

    5.3   Reconhecimento do pedido 198

    5.4   Acordos judiciais 199

         5.4.1   Política pública de tratamento adequado dos conflitos de interesses   199

         5.4.2   Terminologia, abrangência e requisitos dos acordos   207

    5.5   Convenções processuais 214

         5.5.1   Evolução legislativa   214

         5.5.2   Conceito e terminologia   216

         5.5.3   Constituição e natureza jurídica   218

         5.5.4   Forma   220

         5.5.5   Objeto   221

         5.5.6   Espécies   223

         5.5.7   Requisitos de validade específicos   224

         5.5.8   Regime jurídico   230

         5.5.9   Modificação e extinção   233

         5.5.10   Convenções processuais sobre a mediação e o mediador   234

    5.6   Calendário Processual 240

    5.7   Controle judicial dos atos de disposição processual 246

         5.7.1   Fontes de controle   246

         5.7.2   Atuação judicial sobre os atos de disposição   246

         5.7.3   Limites dos atos de disposição processual   250

              5.7.3.1   Direitos fundamentais   250

              5.7.3.2   Garantias processuais   253

              5.7.3.3   Reserva legal   254

              5.7.3.4   Prerrogativas do juiz   254

              5.7.3.5   Administração judiciária   256

              5.7.3.6   Proteção a terceiros   258

         5.7.4   Consequências do controle judicial   258

6. Juizados especiais	261
7. CPC e a política judiciária de tratamento adequado e conflitos	264
7.1 Comentários ao artigo 3ºdo CPC	265
7.2 Artigo 149 do CPC	266
7.3 Comentários aos artigos 165 a 175 do CPC	267
7.3.1 Artigo 165	267
7.3.2 Artigo 166	270
7.3.3 Artigo 167	273
7.3.4 Artigo 168	276
7.3.5 Artigo 169	277
7.3.6 Artigo 170	278
7.3.7 Artigo 171	279
7.3.8 Artigo 172	279
7.3.9 Artigo 173	280
7.3.10 Artigo 174	281
7.3.11 Artigo 175	283
7.4 Artigo 334	285
7.5 Notas sobre o Artigo 381, II, do CPC	309
7.6 Audiência autônoma de autocomposição	311
7.7 Autocomposição no âmbito recursal	313
7.8 Autocomposição e IRDR	314
8. Tribunais superiores multiportas	321
8.1 Supremo Tribunal Federal	321
8.1.1 Jurisdição constitucional consensual	322
8.2 Superior Tribunal de Justiça – STJ	326
8.3 Tribunal Superior do Trabalho – TST	331
CAPÍTULO V – JUSTIÇA ARBITRAL	333
1. Introdução	333
2. Evolução da arbitragem no Brasil	334
3. Jurisdição estatal x jurisdição arbitral	337
4. Principais aspectos da lei de arbitragem	341
5. Notas sobre a arbitragem expedita	343
6. Arbitragem e CPC	345
7. A lei de mediação e seus reflexos na arbitragem	347
8. Cooperação entre justiça arbitral e justiça estatal	349

9.	Arbitragem e tecnologia	352
10.	O controle judicial da arbitragem	354
11.	Desafios da arbitragem	363

CAPÍTULO VI – JUSTIÇA DIGITAL 367

1.	Introdução	367
2.	Inovação e tecnologia	368
	2.1 Marcos legislativos	369
3.	Cortes *on-line*	371
4.	Acesso à justiça digital	372
	4.1 A evolução dos serviços digitais	372
	4.2 Processo civil, tecnologia e *case management*	374
5.	Governança digital do CNJ	376
	5.1 Principais serviços digitais desenvolvidos pelo CNJ	378
	5.1.1 Processo Judicial Eletrônico	379
	5.1.2 Plataforma Digital do Poder Judiciário – PDPJ-BR	379
	5.1.3 Datajud	379
	5.1.4 Juízo 100% digital	380
	5.1.5 Núcleo de justiça 4.0	381
	5.1.6 Balcão virtual	381
	5.1.7 Sinapses	382
	5.1.8 Portal de serviços	382
	5.1.9 Proteção aos excluídos digitais	383
6.	ODR	385
7.	Inteligência artificial no poder judiciário	389
	7.1 Premissas iniciais	389
	7.2 Evolução legislativa sobre tecnologia e inteligência artificial no Poder Judiciário	391
	7.3 Sistemas de inteligência artificial no âmbito dos tribunais	393
	7.4 Princípios éticos relacionados à inteligência artificial	394
	7.5 Benefícios da inteligência artificial no poder judiciário	397
	7.6 Aspectos preocupantes da inteligência artificial no judiciário	398
	7.7 Propostas de melhoria do uso da inteligência artificial no Poder Judiciário	400
8.	Notas conclusivas	401

CAPÍTULO VII – TEMAS DE JUSTIÇA MULTIPORTAS 403

1. JUSTIÇA MULTIPORTAS, INTERESSE DE AGIR E PRETENSÃO RESISTIDA 403

1.1	Introdução	403
1.2	A reconfiguração do interesse de agir	408
1.3	Controle judicial	413

2. JUSTIÇA MULTIPORTAS ELEITORAL ... 415

1.	Premissas iniciais	415
2.	Breves notas sobre o direito eleitoral	415
3.	Conflitos da justiça eleitoral	417
4.	Justiça multiportas eleitoral	419
5.	Espécies autocompositivas no âmbito eleitoral	420
	5.1 Conciliação e mediação	420
	5.2 Cooperação processual e cooperação judiciária	424
	5.3 Autocomposição no âmbito penal eleitoral	425
6.	Conclusão	426

3. JUSTIÇA MULTIPORTAS NO ÂMBITO PENAL ... 429

1.	Introdução	429
2.	Composição civil, transação penal e suspensão do processo	431
3.	Acordo de leniência	432
4.	Colaboração premiada	433
5.	Acordo de não persecução penal	434
6.	Justiça restaurativa	436

4. JUSTIÇA MULTIPORTAS E ADMINISTRAÇÃO PÚBLICA ... 439

1.	Contornos da administração pública	439
2.	Modelo gerencial de administração pública e a consensualidade	443
	2.1 Mediação e o regime jurídico-administrativo	447
	2.2 Distinção entre a conciliação e a mediação	450
	2.3 A mediação nos conflitos envolvendo a fazenda pública	451
3.	Desjudicialização e administração pública	453
4.	Arbitragem e administração pública	456
5.	Consensualidade no processo administrativo disciplinar	459
6.	Tribunais administrativos multiportas	462
	6.1 Tribunal de Contas da União	462
	6.2 Cade	464
	6.3 Tribunal desportivo	466
7.	Conclusão	467

5. JUSTIÇA MULTIPORTAS NAS LICITAÇÕES E CONTRATOS ADMINISTRATIVOS... 469

1. Introdução ... 469
2. Dos variados métodos de solução de conflitos na Lei 14.133/2021 ... 470
3. A autocomposição na Lei de Licitações ... 475
4. A mediação na nova Lei de Licitações e Contratos Administrativos ... 477
   - 4.1 Generalidades sobre a Lei 14.133/2021 e os caminhos para a mediação ... 479
   - 4.2 Desafios da mediação nos procedimentos envolvendo licitações e contratos administrativos ... 480
5. Dos comitês de resolução de disputas (*dispute boards*) ... 484
6. Da arbitragem ... 485
7. Conclusões ... 487

6. JUSTIÇA MULTIPORTAS TRIBUTÁRIA ... 489

1. Introdução ... 489
2. Evolução legislativa ... 490
3. CNJ e o contencioso tributário ... 491
4. Métodos de tratamento adequado dos conflitos tributários ... 494
   - 4.1 Conciliação e mediação ... 494
   - 4.2 Convenções processuais ... 494
   - 4.3 Parcelamento ... 497
   - 4.4 Transação tributária ... 498
   - 4.5 Arbitragem tributária ... 505
5. Notas sobre o PLP 125/2022 ... 506
   - 5.1 Comentários ao artigo 9º ... 506
   - 5.2 Comentários ao artigo 10 ... 507
6. Contencioso tributário e tecnologia ... 512
7. Conclusão ... 514

7. JUSTIÇA MULTIPORTAS NA IMPROBIDADE ADMINISTRATIVA ... 517

1. Introdução ... 517
2. Consensualidade e interesse público ... 518
3. Evolução da autocomposição na Improbidade Administrativa ... 519
4. A consensualidade na Lei de Improbidade Administrativa ... 524
5. Admissão de outras modalidades de autocomposição em matéria de improbidade administrativa ... 527
6. Improbidade Administrativa e Processo Civil ... 528
7. Conclusão ... 530

8. JUSTIÇA MULTIPORTAS E SERVENTIAS EXTRAJUDICIAIS 533

1. Introdução 533

2. Fomento à desjudicialização 534

3. Autocomposição e serventias extrajudiciais 535

4. Conciliação e mediação nas serventias extrajudiciais 536

5. Conclusão 540

9. JUSTIÇA MULTIPORTAS E TUTELA DE DIREITOS COLETIVOS E ESTRUTURAIS.. 541

1. Introdução 541

2. Tutela coletiva 541

3. A justiça coletiva como dever do estado 542

4. A positivação de princípios autocompositivos específicos previstos no PL 1.641/21 547

   4.1 Transparência e publicidade em contraposição à confidencialidade 549

5. Tratamento adequado de conflitos estruturais 554

   5.1 Introdução 554

   5.2 Características dos casos complexos 555

   5.3 Processo estrutural 556

   5.4 Etapas da atuação judicial nos casos complexos 560

   5.5 Desafios concretos no julgamento de casos complexos 563

   5.6 Iniciativas legislativas acerca dos conflitos estruturais 566

6. Conclusões 570

10. JUSTIÇA MULTIPORTAS E CONFLITOS AMBIENTAIS 573

1. Introdução 573

2. Tendência à autocomposição e a desjudicialização 574

3. Conciliação e mediação no âmbito dos direitos transindividuais 576

4. Meios extrajudiciais e tutela do meio ambiente 578

5. Tutela judicial do meio ambiente e de outros direitos transindividuais 583

6. Conclusão 586

11. JUSTIÇA MULTIPORTAS E A JUDICIALIZAÇÃO DA SAÚDE 587

1. Introdução 587

2. A lógica consequencialista nas decisões judiciais: a atuação direcionada à consecução de políticas públicas do ordenamento constitucional e o contexto de judicialização 588

3. Judicialização da saúde pública no Brasil 592

3.1 O sistema de saúde brasileiro: a saúde pública frente à iniciativa privada 593

3.2 Principais questões afetas à judicialização da saúde pública 596

4. O papel das advocacias públicas nas demandas de saúde e o problema da litigiosidade repetitiva 599

5. O CNJ e a judicialização da saúde 603

6. Propostas para enfrentamento da judicialização da saúde: diálogos entre as advocacias públicas e o poder judiciário 605

7. Considerações finais 607

12. JUSTIÇA MULTIPORTAS TRABALHISTA 609

1. A consensualidade no direito do trabalho 609

2. O impacto da pandemia nas relações de trabalho 611

3. Justiça multiportas na justiça trabalhista 614

4. Convenções processuais no processo do trabalho 616

5. Arbitragem trabalhista 618

13. JUSTIÇA MULTIPORTAS NO ÂMBITO EMPRESARIAL 621

1. Introdução 621

2. Características dos conflitos de natureza empresarial 624

3. A resposta do CNJ à crise pandêmica 630

4. O tratamento de conflitos empresariais no CNJ na Lei 14.112/2020 631

5. A especialização dos conciliadores e mediadores judiciais 635

6. A formação dos facilitadores em matéria empresarial 637

7. Conclusão 639

14. JUSTIÇA MULTIPORTAS NA RECUPERAÇÃO JUDICIAL 641

1. Generalidades 641

2. Da recuperação judicial como processo estrutural 643

3. Da autocomposição prévia e incidental nos processos de recuperação judicial 647

4. Convenções processuais na recuperação judicial 654

5. Cooperação processual e judiciária 655

6. Conclusões 655

15. JUSTIÇA MULTIPORTAS E SUPERENDIVIDAMENTO 657

1. Introdução 657

2. O direito ao crédito pelo consumidor e o cenário de crise do inadimplemento 659

3. Superendividamento do consumidor: conceitos e pressupostos 661

4. O superendividamento como conflito estrutural 665

5. Linhas gerais sobre a tutela do consumidor nos contratos de crédito 667

6. O papel do poder judiciário no contexto do superendividamento 670

    6.1 A atuação do conselho nacional de justiça na construção de diretrizes para tratamento dos superendividados 674

    6.2 Algumas considerações sobre a sistemática dos juizados especiais cíveis 676

7. Enunciados do fonamec sobre o superendividamento 677

8. Programa desenrola 682

9. Conclusão 683

16. JUSTIÇA MULTIPORTAS NAS RELAÇÕES FAMILIARES 685

1. Introdução 685

2. Mediação: conceito e características 686

    2.1 Flexibilidade do procedimento 688

    2.2 Espécies de mediação 689

3. Mediação familiar 692

    3.1 Aspectos processuais 693

4. Mediação familiar nos tribunais nacionais 696

5. Conclusão 700

17. JUSTIÇA MULTIPORTAS E ANÁLISE ECONÔMICA DO DIREITO 703

1. Premissas iniciais 703

2. Análise econômica do processo *(law and economics in legal process)* 704

3. Análise econômica da autocomposição 707

4. Soluções cooperativas e justiça multiportas 709

5. Conclusões 712

CONCLUSÃO: O FUTURO DA JUSTIÇA MULTIPORTAS 715

REFERÊNCIAS BIBLIOGRÁFICAS 717

Capítulo I
TEORIA DA JUSTIÇA MULTIPORTAS

1. NOÇÕES INTRODUTÓRIAS

A resolução de conflitos em uma sociedade é tema que desafia os estudiosos do Direito até os dias atuais. E a existência de um Poder com função predominante de solucionar controvérsias traz para o Estado a responsabilidade de atuação eficiente e, no Brasil, fez com que o Poder Judiciário se tornasse a principal – senão a única – via de acesso à justiça.

Trata-se de discussão antiga e que afeta inúmeros ordenamentos jurídicos. Isso porque as transformações sociais e as crescentes relações interpessoais geram conflitos que inevitavelmente deságuam no Poder Judiciário, criando uma hiperjudicialização que adoece a própria Justiça.

Essa realidade afeta não só a qualidade da prestação jurisdicional, mas também compromete o ambiente de negócio do Brasil, afastando, inclusive, investimentos estrangeiros.

O Doing Business[1], relatório realizado pelo Grupo Banco Mundial, avalia o ambiente de negócio em 190 economias, sendo que o Brasil ficou na posição 124 do *ranking*. Em 2021, foi publicado um relatório subnacional do Brasil, que incluiu a verificação em 27 localidades brasileiras. Um dos marcadores foi a avaliação do sistema de justiça, especialmente para a execução de contratos. Entre as principais constatações, estão problemas com o tempo e o custo das disputas judiciais, a falta de gestão processual, e a necessidade de aumento de acordos, celeridade nos julgamentos e redução do acervo processual.

A impotência da Justiça, fenômeno que afeta diferentes sistemas, enseja, desde a década de sessenta, preocupações no meio acadêmico e tentativas de diagnosticar os impactos e as possíveis soluções para o crescimento desmedido e irracional da judicialização, que vem comprometendo a qualidade e a celeridade da prestação da tutela jurisdicional.

No Brasil, a situação é ainda mais preocupante, uma vez que a Constituição da República de 1988 não só assegurou um amplo acesso à justiça, mas também regulamentou de forma detalhada direitos, deveres, remédios processuais, ampliou as atribuições

---

1. Disponível em: Business Regulations Across Brazil (doingbusiness.org). Acesso em: 07 abr. 2023.

do Ministério Público e da Defensoria Pública, entre outras medidas que garantem o acesso irrestrito ao Poder Judiciário.

Além disso, desde 1950, o Brasil possui a Lei 1.060/50, que prevê a assistência judiciária gratuita, cuja utilização não é feita de forma criteriosa.

Ademais, os Juizados Especiais, que para o ingresso não exige o pagamento de despesas processuais, proporciona o ajuizamento de demandas frívolas pelos jurisdicionados e, por conseguinte, a inviabilidade de atender satisfatoriamente a sociedade, especialmente as pessoas que são financeiramente vulneráveis e que viram nos Juizados uma oportunidade de ter seus direitos reconhecidos.

Registre-se, ainda, que os custos de um processo judicial no Judiciário nacional são relativamente baixos, se comparado a outros países, e ainda não temos filtros de acesso à justiça que possibilite o uso minimamente racional da Justiça.

Não obstante, nosso sistema de precedentes ainda não alcançou a necessária maturidade e consequente consolidação jurídica.

Por sua vez, a nossa cultura do consenso precisa ser aperfeiçoada, inclusive para que os ambientes extrajudiciais sejam prestigiados, prevenindo ou evitando a judicialização. Richard Susskind, ao refletir sobre o futuro da Justiça, assevera que a plena aptidão de um sistema para promover o acesso à justiça reclama que este não apenas resolva os dissentimentos emergentes (*dispute resolution*), mas também tenha a capacidade de minorar sua escalada (*dispute containment*); prevenir novos conflitos em campos específicos (*dispute avoidance*) e promover o aprimoramento da sociedade para a consciência legal (*legal health promotion*), o que se coaduna com o modelo de Justiça Multiportas, fundado no prestígio ao consenso[2].

---

2. "For some years now, I have argued that the concept of acesse to justice should embrace four different elements. The first, of cours, is dispute resolution itself. This is the central services of courts and is crucial component of all legal end judicial systems. Any credible justice system will offer some form of authorative dispute resolution, a fórum for the vindication of people´s legal rights. At the same time, seconde, we should also have better methods for dispute containment. Once disputes have arisen, we should want to be able to nib the in the bud. Failing this, we should try do ensure that our justice system´s response to any dispute is proporcionate and in the best interests of litigantes. Sadly, institutional incentives embedded deeply both in the legal profession and in the courts tend to encourage the escalation rather than the cointaiment of disputes. [...] In rtuth, our system too often intensifies and exarcebates disputes rather than keepind their tone and scame commensurate with the nature and value of the disagreement in question. This leads me to identify this second sense of acesse to justice – our system should be as much about dispute containment as it is about dispute resolution. My third sense of acesse to justice, dispute avoidance, is inspired by the world of medicine where is commonplace to believe that prevention is better than cure. Immunization and vaccination are everyday features of our lives. All manner of awful silments and illnes are thereby avoided by. I suggest that we sould share this mindset in the law. [...] The medical analogy also helps us to identify a fourth dimension to the concept of acesse to justice – legal healt promotion. I dreaw here from the work in recent decades on health promotion. We are counselled today to exercise aerobically for at least half an hour, three or four times a week, not simply because this will reduce the likehood of, say, a stroke or coronary heart disease but also because it will make us feel much better. The idea of healthpromotion is not focused on the prevention of ill-health but on improving our physical and mental well being. Similarly, I sugest, the law can also furnish us with ways in which we can promote our general well-being, and not only by helpingo to avoid or resolve problems." SUSSKIND, Richard. *Online courts and the future of Justice*. United Kingdon: Oxford University Press, 2019, p. 66-70.

Diante disso, demandas de alta complexidade ou urgência disputam espaço com questões que nem deveriam ser judicializadas, mas que movimentam em iguais condições a máquina judiciária e retiram precioso tempo de servidores e outros profissionais do direito que poderiam dedicar a disputas cujo tratamento deva ser reservado efetivamente à justiça estatal.

Nesse contexto, a doutrina se esforça para pensar em novas técnicas processuais, muitas delas inspiradas em sistemas estrangeiros. A jurisprudência também tem estabelecido limites ao demandismo exacerbado, seja impondo sanções processuais, seja restringindo o acesso às Cortes superiores. Por sua vez, o legislador vem se empenhando em reformas legislativas capazes de conferir maior efetividade à tutela jurisdicional.

De qualquer forma, o ordenamento jurídico brasileiro já contempla variados métodos adequados de solução de conflitos, capazes de atender a diferentes modalidades de controvérsias, tendo como os mais conhecidos, a negociação, a conciliação, a mediação, a arbitragem e o processo judicial.

Além disso, as soluções que antes eram concentradas no Poder Judiciário hoje contam com novas esferas extrajudiciais, as quais podem comportar importante parcela das soluções dos conflitos sociais, a exemplo dos Procons, da Defensoria Pública, das Câmaras Privadas de mediação e arbitragem, dos Núcleos de Prática Jurídica das Universidades, dos Comitês de prevenção e resolução de disputas instituídos por órgãos públicos, entre outros.

Destaque-se, ainda, o papel da tecnologia no avanço do acesso à justiça, permitindo que o Judiciário seja acessado pelo aparelho celular e propiciando a continuidade dos serviços judiciários mesmo na crise pandêmica da Covid-19. Isso sem contar no desenvolvimento de modelos de inteligência artificial, que tem racionalizado as tarefas e proporcionado economia de tempo e de custos.

Em todos esses avanços há uma necessidade central de maior humanização no tratamento dos conflitos, antes relegado a segundo plano para privilegiar aspectos formais, procedimentais, que desconsideravam as particularidades objetivas e subjetivas das relações jurídicas conflituosas.

Portanto, esse novo cenário deve permear os cursos de Direito, formando profissionais com competências e habilidades adequadas de atuação nos diversificados ambientes jurídicos, o que certamente refletirá em um ordenamento jurídico mais pacífico, equilibrado e justo.

Assim, a presente obra tem por objetivo analisar os avanços dos métodos adequados de conflitos no Brasil e responder à seguinte indagação: já podemos falar em uma Teoria da Justiça Multiportas?

De acordo com Fredie Didier Jr., "A teoria compreende uma sistemática e uma finalidade verificativa: trata-se de conjunto organizado de enunciados relativos a determinado objeto de investigação científica ou filosófica. A teoria unifica e arruma o complexo dos conceitos e enunciados da ciência ou da filosofia".[3]

Em recente estudo sobre o tema, produzido com Leandro Fernandez, acrescenta que: "A teoria (jurídica) do sistema brasileiro de justiça multiportas se insere na Teoria do Direito brasileiro, em uma área de interseção entre os objetos das Ciências do Direito Processual, do Direito Constitucional e do Direito Administrativo.".[4]

Esse conceito proposto parece se encaixar perfeitamente no que se compreende como sendo o propósito desta obra, que é o de sistematizar todos os contornos e elementos científicos em torno da Justiça Multiportas.

Isso porque são muitas normas, conceitos, princípios, métodos, técnicas e ambientes que envolvem a temática, mas que ainda carecem da devida organicidade.

A abordagem passará pela contextualização história, principiológica, dogmática e pragmática, para a devida compreensão do tema e suas repercussões sociais e jurídicas.

A metodologia empregada incluirá ampla pesquisa legislativa, doutrinária e jurisprudencial, a fim de subsidiar as conclusões sobre o assunto. Também será objeto de pesquisa o desenvolvimento da Justiça Multiportas na prática forense, identificando evoluções, gargalos e sugerindo soluções para o aperfeiçoamento do tema.

Ao final, espera-se que o leitor tenha a dimensão da abrangência e das diferentes perspectivas que envolvem os métodos adequados de solução de conflitos, considerando, ainda, os diferentes ambientes que, isolados ou em cooperação, podem atuar na prevenção e no tratamento das controvérsias.

2. ORIGEM DA JUSTIÇA MULTIPORTAS

Os estudos acerca do acesso à justiça não são uma novidade nos ordenamentos jurídicos nem tampouco o reconhecimento de métodos extrajudiciais de resolução de conflitos.

Contudo, essas esferas – judiciais e extrajudiciais – possuíam caminhos apartados e não convergiam para um ideal tratamento dos conflitos. Não por outra razão, os métodos extrajudiciais eram considerados alternativos, ou seja, de aplicação subsidiária e residual à justiça estatal.

A grande virada que pode ser considerada a origem da Justiça Multiportas[5] ocorreu na década de setenta, quando Professor Frank E. A. Sander de Harvard, em 1976, proferiu

---

3. DIDIER JR., Fredie. *Sobre a teoria geral do processo, essa desconhecida*. 2. ed. Salvador: JusPODIVM, 2013, p. 37.
4. DIDIER JR, Fredie; FERNANDEZ, Leandro. O sistema brasileiro de justiça multiportas como um sistema auto-organizado: interação, integração e seus institutos catalisadores. *Revista do Poder Judiciário do Estado do Rio Grande do Norte* – REPOJURN, a. 03, n. 01, jan./jun. 2023 – ISSN 2764-5827.
5. O tema foi tratado em: CABRAL, Trícia Navarro Xavier. Justiça Multiportas, Desjudicialização e Administração Pública. In: ÁVILA, Henrique; WATANABE, Kazuo; NOLASCO, Rita Dias; CABRAL, Trícia Navarro Xavier. (Org.). *Desjudicialização, justiça conciliativa e poder público*. São Paulo: Ed. RT, 2021, p. 127-138.

a conferência "Variedades de processamento de conflitos", perante a *Pound Conference* em St. Paul, Minessota. A proposta foi no sentido de que as Cortes se transformassem em "Centros de Resolução de Disputas", onde o interessado primeiro seria atendido por um funcionário encarregado da triagem dos conflitos, que depois faria o seu encaminhamento ao método de resolução de controvérsia mais apropriado às especificidades do caso (conciliação, mediação, arbitragem, entre outras formas)[6].

Essa concepção, contudo, foi divulgada por uma das revistas da ABA (*American Bar Association*) como "Tribunal Multiportas", e assim ficou mundialmente conhecida.[7]

De acordo com o Professor Sander, seriam inúmeros os benefícios desse sistema, tornando a justiça mais acessível, barata, rápida, informal e compreensível, viabilizando o uso de técnicas em que as próprias partes desenham a solução para o conflito, eliminando os desgastes do processo litigioso, e conferindo mais satisfação e menos animosidade do que o processo adversarial.[8]

A proposta foi amplamente difundida, influenciando inclusive o Brasil, cuja política da consensualidade ainda não havia decolado.

Até que, em 2010, o Conselho Nacional de Justiça, atento à necessidade de implementação de mecanismos adequados de resolução de disputas como forma de melhorar a justiça brasileira, editou a Resolução 125/2010, criando a Política Nacional de Tratamento Adequado de Conflitos de Interesses.

Buscou-se assegurar a todos o direito à solução dos conflitos por mecanismos adequados à sua natureza e complexidade, com vista à boa qualidade dos serviços judiciários e à disseminação da cultura da pacificação social, criando-se uma estrutura física e pessoal própria, capaz de gerir as controvérsias de forma racional e profissional.

Essa estrutura é composta: pelo Conselho Nacional de Justiça, que fica responsável, no âmbito nacional, por implementar o programa com a participação de rede constituída por todos os órgãos do Poder Judiciário e por entidades públicas e privadas parceiras, inclusive universidades e instituições de ensino; pelos Núcleos Permanentes de Métodos Consensuais de Solução de Conflitos (Nupemecs), que tratam dessa Política Judiciária no âmbito dos Tribunais Estaduais e Federais; e pelos Centros Judiciários de Solução de Conflitos e Cidadania (Cejuscs), responsáveis pela execução da Política Judiciária de tratamento adequado dos conflitos.

Nesse contexto, os Centros assumem a relevante função de propiciar diferentes opções aos jurisdicionados, na medida em que são os responsáveis por oferecer os

---

6. WATANABE, Kazuo. "Juizados Especiais" e política judiciária nacional de tratamento adequado dos conflitos de interesses. CEJUSC e Tribunal Multiportas. In: BACELLAR, Roberto Portugal; LAGRASTA, Valeria Ferioli (Coords.). *Conciliação e mediação*: ensino em construção. São Paulo: IPAM/ENFAM, 2016, p. 122-123.

7. MENDES, Gardenia M. L. *Tribunal multiportas e sua adequação no Brasil*. Disponível em: https://jus.com.br/artigos/36758/tribunal-multiportas. Acesso em: 13 fev. 2018.

8. KESSLER, Gladys; FINKELSTEIN, Linda J. *The Evolution of a Multi-Door Courthouse*. 37 Cath. U. L. Rev. 577 (1988). Available at: http://scholarship.law.edu/lawreview/vol37/iss3/2. Acesso em: 13 fev. 2018.

diversos métodos de resolução dos conflitos, e ainda prestam serviços de orientação e informação ao cidadão. O interessado pode se dirigir ao Centro para a solução pré-processual do conflito, por meio da realização de sessões de conciliação ou de mediação, conforme o caso, ou para tentar resolver consensualmente conflitos já judicializados. Trata-se, pois, de órgão do Poder Judiciário criado para efetuar a triagem, o tratamento, e a resolução adequada dos conflitos de interesses.

Além disso, uma vez existindo o processo judicial, o juiz protagoniza papel de suma importância nessa Política Judiciária, competindo-lhe: efetuar a triagem correta das demandas; designar audiência de conciliação ou mediação para tentar a autocomposição; analisar a alegação de existência de convenção de arbitragem; atender ao pedido das partes de suspensão do feito para a tentativa de acordo extrajudicial; ou, se for a hipótese, julgar a demanda com ou sem resolução do mérito.

Como se observa, saímos de um modelo de justiça em que só se oferecia ao jurisdicionado a solução judicial e adjudicada do conflito, para um formado em que são disponibilizados variados métodos de resolução de disputa, cada qual usando técnicas que sejam mais apropriadas à situação concreta.

Diante disso, o Poder Judiciário passa efetivamente a servir ao consumidor da justiça, e não o contrário. Muda-se a perspectiva única de decisão imposta pelo juiz, abrindo-se para a possibilidade de decisão construída pelos litigantes, por meio do seu empoderamento.

Alcança-se, portanto, mais qualidade, com menor custo, complexidade e tempo na resolução da controvérsia. Como resultado, a solução do conflito ganha mais legitimidade e, via reflexa, enseja menos risco de descumprimento.

Importante registrar que esse novo modelo de resolução de conflitos, embora a expressão inicialmente concebida tenha sido "Tribunal Multiportas", foi popularizado no Brasil como "Justiça Multiportas". A expressão que ganhou força por meio da doutrina[9] parece mais adequada aos propósitos dessa nova teoria.

Isso porque o tratamento de conflitos não se limita ao Poder Judiciário, como sugerido pela expressão "Tribunal", podendo ser realizado na esfera extrajudicial, ainda que parcialmente. Ao revés, o termo "Justiça" contempla outros ambientes e métodos de solução de disputas, que podem ser usados inclusive de forma combinada. Desse modo, a abrangência conferida à referida expressão a torna mais apropriada aos propósitos e ao modelo hoje difundido no Brasil.

Com efeito, embora os demais sistemas jurídicos, tanto da *common law* quanto da *civil law* esteja em algum grau desenvolvendo a temática, o formato de Justiça Multiportas desenvolvido em nosso País ganhou contornos próprios no que tange à sua

---

9. ZANETI JR., Hermes; CABRAL, Trícia Navarro Xavier. *Justiça multiportas*: mediação, conciliação, arbitragem e outros meios de solução adequada de conflitos. 2. ed. Revista, ampliada e atualizada. Salvador: JusPODIVM, 2018. (Coleção Grandes Temas do Novo CPC – v. 9).

extensão e aplicação, mais condizentes com as suas características e complexidade, mas manteve a essência do propósito, que é melhorar o sistema de justiça.[10]

Importante ressaltar que esse sistema está em franca ampliação e desenvolvimento, trazendo um dinamismo evolutivo que torna a Justiça Multiportas um caldeirão em constante ebulição.

Dessa forma, as transformações já mencionadas ensejaram a oferta ao jurisdicionado de diversas opções de resolução de suas controvérsias, compatibilizando-as com o tipo de conflito e sujeitos envolvidos, a fim de que essa adequação garanta uma solução que seja efetivamente satisfatória para os consumidores da justiça.

Ressalte-se, anda, que esses variados ambientes e métodos não se limitam aos já incorporados pelo legislador ou pela doutrina, de modo que o nosso ordenamento está receptível para outras espécies e formatos que venham a surgir.

Nesse contexto, o próprio acesso à justiça é reformulado para contemplar diversas maneiras se ingressar ao Poder Judiciário, mas também diferentes caminhos de preveni-lo ou dele sair com dignidade e eficiência, além de outros ambientes legítimos fora da Justiça Estatal.[11]

Podemos então dizer que no Brasil foi construída uma teoria da Justiça Multiportas, composta por conceitos, ideias, fundamentos, normas e aplicabilidade únicos, de acordo com as peculiaridades inerentes ao nosso sistema jurídico.

3. CONCEITO DE JUSTIÇA MULTIPORTAS

A construção do sistema de Justiça Multiportas tem um foco predominante muito evidente: alcançar o ideal constitucional de pacificação social. Essa é a finalidade da criação de institutos voltados ao tratamento adequado de conflitos.

Por pacificação social entende-se II o estado de coisas que elimina a ameaça ou a formação de uma controvérsia social, de uma questão jurídica ou de um conflito de interesses.

A prevenção e a solução dos conflitos é um desafio para todos os ordenamentos jurídicos e deve estar na pauta do dia da sociedade brasileira, já que é de responsabilidade de todos e não apenas do Poder Judiciário.

Essa corresponsabilização pela pacificação social é que dá os contornos da Justiça Multiportas, na medida em que afeta pessoas naturais e jurídicas, entes públicos e privados, permite o uso de meio físico e virtual, bem como o emprego da autocompo-

---

10. CABRAL, Trícia Navarro Xavier. Justiça Multiportas e inovação. In.: FUX, Luiz; ÁVILA, Henrique; CABRAL, Trícia Navarro Xavier (Coords.). *Tecnologia e justiça multiportas.* Indaiatuba: Foco, 2021. p. 261-274.
11. O tema também foi tratado em: CABRAL, Trícia Navarro Xavier. Justiça Multiportas no Brasil. In: RODAS, João Grandino; SOUZA, Aline Anhezini; DIAS, Eduardo Machado et al. (Coords.). *Visão multidisciplinar das soluções de conflitos no Brasil.* Curitiba: Prismas, 2018. p. 331-342.

sição ou heterocomposição, e de diferentes métodos de resolução de conflitos, como negociação, conciliação, mediação, arbitragem, processo judicial, entre vários outros que o ordenamento jurídico venha incorporar.

Pode-se então conceituar a Justiça Multiportas como um sistema que compreende variados espaços e ferramentas de prevenção e solução de disputas, com potencialidade de interconexão, proporcionando à sociedade formas eficientes de alcance da pacificação social.

Em outros termos, a Justiça Multiportas é a ressignificação do acesso à justiça, para contemplar diferentes ambientes e métodos interrelacionáveis, capazes de garantir o adequado e proporcional tratamento das controvérsias.

Registre-se que o caráter interfuncional entre os elementos que integram a Justiça Multiportas intensifica a simbiose de técnicas disponíveis, otimiza os procedimentos e proporciona formas mais efetivas para combater desarmonias jurídicas.

Tem-se, então, uma espécie de *marketplace* (modelo de negócio também conhecido como *shopping* virtual) em que, no mesmo sistema jurídico, são disponibilizados à sociedade diferentes e efetivos métodos e ambientes, com possibilidades interrelacionais, gerando formas apropriadas para os variados tipos de necessidades, proporcionando comodidade, economicidade, rapidez, eficiência e satisfação dos consumidores da justiça.

Com isso, institui-se um sistema dinâmico de vias legítimas de gestão de conflitos, dando vida ao modelo brasileiro de Justiça Multiportas.

4. OBJETO DA TEORIA DA JUSTIÇA MULTIPORTAS

O objeto da Justiça Multiportas é o conflito. É o coração do sistema de Justiça Multiportas. É sobre ele que recai todas as atenções e todos os esforços para que seu tratamento seja o mais adequado e eficiente possível.

Mas o que é um conflito?

A palavra conflito vem do latim *conflictus*, do verbo *confligere*, formado pelo prefixo con- (junto) e fligere (golpe ou choque). Na linguagem jurídica, por sua etimologia, indica embate, oposição, encontro, pendência, pleito, luta, conjuntura, momento crítico. Trata-se, portanto, de choque de interesses, que resulta em divergência entre fatos, coisas ou pessoas.[12]

Percebe-se que o termo conflito indica um descontentamento com determinada situação, e que pode causar repercussão social ou jurídica. A terminologia, portanto, representa um desentendimento entre em duas ou mais pessoas acerca de interesses divergentes. Em outros termos, se resume a um embate interpessoal.

---

12. Sobre o conceito de conflito, ver: SILVA, De Plácido e. Vocabulário jurídico. 11. ed. Rio de Janeiro, Forense, 1994, p. 508. E ainda: GUIMARÃES, Deocleciano Torrieri. Atualização de Ana Cláudia Schwench dos Santos. *Dicionário jurídico*. 27. ed. São Paulo: Rideel, 2023, p. 82.

Contudo, a dimensão do que se pretende tratar neste trabalho é bem mais abrangente e *pode ser compreendida qualquer coisa, ponto, tema ou interesse que precise ser discutido, tratado ou resolvido e que tenha ou possa ter repercussão no ambiente jurídico.*

Nesse contexto, o conflito pode ser traduzido para a expressão *questão*[13].

A questão, na linguagem jurídica, pode ser individual, bilateral ou plurilateral; de interesse público ou privado, de direito ou de fato; preliminares ou de mérito; principais ou prejudiciais[14]; de direito material ou processual, individual ou coletivo; entre outras infinitas classificações de acordo com o seu objeto, finalidade, pessoas envolvidas, matéria, e outras características.

Por questão compreende-se qualquer problema ou dúvida de conteúdo jurídico que se pretenda solucionar, não precisando ser interpessoal e nem se liminar ao campo judicial.

Assim, para evitar repetições terminológicas, serão utilizadas expressões como conflito, disputa, contenda, controvérsia, problema questão entre outras que representem um ponto objeto de discussão e que demanda um tratamento ou uma resolução.

4.1   Moderna teoria do conflito[15]

A importância do conflito em uma sociedade gera estudos e debates que pretendem compreender seu processo, seus efeitos e formas de preveni-los ou tratá-los, por meio do que se denominou de teoria do conflito. Essa teoria, embora parta da premissa de uma divergência interpessoal que seria objeto de uma mediação ou processo judicial, traz importantes concepções acerca do tema.

De forma bastante resumida, serão abordados alguns principais aspectos envolvendo essa teoria.

A primeira constatação é a de que o conflito é inerente às relações humanas, já que ele decorre de percepções e posições divergentes quanto a coisas, fatos e condutas que envolvem expectativas, valores ou interesses comuns e contraditórios. Dessa forma, em sendo o conflito uma circunstância inevitável, busca-se caminhos para a sua melhor resolução.

Morton Deutsch descreve o conflito em seis categorias: i) verídicos (conflitos que existem objetivamente); ii) contingentes (situações que dependem de circunstâncias que mudam facilmente); iii) deslocados (conflitos que ocorrem fora do conflito central);

---

13. Acerca do conceito de questão, cf.: SILVA, De Plácido e. *Vocabulário jurídico*. 11. ed. Rio de Janeiro, Forense, 1994, p. 11. GUIMARÃES, Deocleciano Torrieri. Atualização de Ana Cláudia Schwench dos Santos. *Dicionário jurídico*. 27. ed. São Paulo: Rideel, 2023, p. 216.
14. Acerca da definição de questões, ver: MOREIRA, José Carlos Barbosa. Questões prejudiciais e questões preliminares. In: MOREIRA, José Carlos Barbosa. *Direito processual civil*: ensaios e pareceres. Rio de Janeiro: Borsoi, 1971. p. 74-75.
15. O tema aqui resumido está delineado em: BRASIL. CONSELHO NACIONAL DE JUSTIÇA. AZEVEDO, André Gomma de (Org.). *Manual de mediação judicial*. 6. ed. (Brasília/DF:CNJ), 2016.

iv) mal atribuídos (se apresentam entre partes que não mantêm contatos entre si); v) latentes (conflitos cuja origem não se exteriorizam); e vi) falsos (baseiam-se em má interpretação ou percepção equivocada).[16]

A segunda é que a expressão conflito, embora gere intuitivamente sentimentos negativos, como briga, disputa, raiva e agressão, também deve ser visto como um fenômeno positivo, diante do que pode proporcionar de mudanças e benefícios para as partes, como crescimento, aproximação e solução. Morton Deutsch classifica o processo de resolução de disputa como destrutivos (enfraquecimento da relação social preexistente) e construtivos (fortalecimento das relações sociais preexistentes)[17]. Com efeito, essa mudança de perspectiva traz um outro olhar outra dinâmica pelos envolvidos no problema.

A terceira é que um conflito pode passar por diversas fases, sendo que uma simples divergência tem o potencial de ensejar uma progressiva escalada de ações e reações pelos envolvidos, denominada de espiral de conflito, fazendo, inclusive, com que as questões que originaram a disputa se tornem secundárias, dando espaço para a necessidade de ação e reação como forma de competição. Com isso, é comum que os motivos da discussão passem a ser os mais variados e remotos, já que os envolvidos perdem o foco do que os levou a divergir.

A quarta envolve a chamada teoria dos jogos, que traz para a autocomposição alguns conceitos matemáticos para instituir as estratégias que podem ser adotadas pelos participantes da disputa. A evolução dessa teoria, aperfeiçoada por John Nash (o equilíbrio de Nash), introduziu a cooperação nos processos de solução de conflito, especialmente nas relações continuadas, a fim de que houvesse a perspectiva individual, mas também a coletiva, objetivando que todos saiam ganhando.

Para além desses aspectos envolvendo os conflitos, um outro elemento que merece atenção é a comunicação. Isso porque uma comunicação inadequada pode fazer surgir um conflito, do mesmo modo que uma comunicação apropriada pode ajudar a resolvê-lo.

Como se sabe, nossos canais de comunicação incluem a verbal (escrita, lida, falada e ouvida), mas também a não verbal, composta por gestos e expressões corporais indicativos de emoções e transmissores de mensagens.

Não obstante, para além do cuidado natural que as pessoas devem ter com o modo de se expressar, evitando agressividades e intolerâncias, algumas situações devem ser consideradas na comunicação: a forma de emissão de uma informação pode não ser recepcionada adequadamente pelo destinatário; percepções humanas equivocadas

---

16. DEUSTCH, Morton. A Resolução do Conflito: processos construtivos e destrutivos. New Haven (CT) Yale University Press, 1977 – traduzido e parcialmente publicado em AZEVEDO, André Gomma de (Org.) *Estudos em arbitragem, mediação e negociação.* Brasília: Grupos de Pesquisa, 2004. v. 3. p. 6-8.

17. DEUSTCH, Morton. A Resolução do Conflito: processos construtivos e destrutivos. New Haven (CT) Yale University Press, 1977 – traduzido e parcialmente publicado em AZEVEDO, André Gomma de (Org.) *Estudos em arbitragem, mediação e negociação.* Brasília: Grupos de Pesquisa, 2004. v. 3. p. 9-10.

podem gerar distorcida compreensão da realidade; e as emoções devem ser controladas pelos envolvidos no diálogo.

Esses elementos são relevantes para compreendermos as dificuldades relacionais, que resultam em sérios riscos de ruídos e são geradores de potenciais conflitos.

Diante disso, entra em cena os estudos acerca da comunicação não violenta, que consiste em uma forma de interação que incentiva a escuta ativa e a fala consciente, a fim de possibilitar uma troca que contribua para o atendimento das necessidades dos interlocutores. Ela se constitui de quatro componentes centrais: observação, sentimento, necessidade e pedido. Assim, cabe observar a fim de identificar os contornos da situação em que os sujeitos se encontram, mas sem apressar uma avaliação. Após, é fundamental compreender os sentimentos subjacentes despertado pela situação observada, que devem ser considerados e devidamente expressados na comunicação. A partir disso, cabe a identificação das necessidades ligadas à circunstância. E, por fim, deve ser realizado pedido que tenha o potencial de atender às necessidades expressadas.[18]

Portanto, é importante que, nesse contexto de tratamento de conflitos, todos os seus contornos sejam identificados e diagnosticados, proporcionando maior rendimento e eficiência às técnicas aplicáveis.

5. CARACTERÍSTICAS DA TEORIA DA JUSTIÇA MULTIPORTAS

Quando pensamos nas qualidades distintivas do sistema de Justiça Multiportas devemos considerar os principais traços que o individualizam e o tornam singular.

A linha evolutiva desse modelo de tratamento de conflitos no Brasil, embora recente, já possui uma identidade própria, capaz de indicar seus fundamentos estruturantes e direcionar os seus propósitos.

I) Sistêmica: a Teoria ora estudada é composta por um conjunto de normas (princípios, regras, jurisprudências, costume e outras fontes do Direito) e de elementos (ambientes, métodos, técnicas, procedimentos), que criam uma dinâmica interrelacional própria, com efeitos internos e externos, e que tentam harmonizar as repercussões de sua própria evolução[19].

---

18. ROSEMBERB, Marshal. *Comunicação não-violenta*: técnicas para aprimorar relacionamentos pessoais e profissionais. Trad. Mário Vilela. São Paulo: Àgora, 2006.

19. Essa descrição foi inspirada – com as devidas adaptações nos seguintes ensinamentos de Tercio Sampaio Ferraz Jr: "A tendência em examinar os fenômenos jurídicos como sistema em termos de um *conjunto de elementos* (comportamentos vinculantes e vinculados) e de um *conjunto de regras* que ligam os elementos entre si, formando uma estrutura (princípios, normas legais, costumeiras, jurisprudenciais, regras técnicas e outras), implica não isolá-lo em contextos estreitos, mas também em estabelecer interações para examinar áreas mais amplas. Todo sistema, neste sentido, tem um limite interno (o que está *dentro*) e um limite externo (o que está *fora*, mas influenciando e recebendo influências). Assim, as variações nas estruturas e nos elementos do sistema podem ser vistas como esforços construtivos para acompanhar as pressões de seu próprio ambiente e do próprio sistema." FERRAZ JR. Tercio Sampaio. *A ciência do direito*. 2. ed. São Paulo: Atlas S.A., 2012, p. 101. (Grifos originais).

II) Expansiva: embora a Teoria possa ser identificada e sistematizada, ela não evolui como um sistema fechado, possuindo um desenvolvimento histórico aberto para as novas criações e interações que se molda em forma de rede, ou seja, uma malha de institutos que se interligam uns aos outros, na medida em que são identificados e incorporados ao sistema.[20]

III) Dinâmica: suas características podem ser mutantes, no sentido de que estão em constante movimento, evoluindo de acordo com o desenvolvimento do próprio ordenamento jurídico, seguindo, inclusive, movimentos cíclicos que afetam a disciplina do Direito. Assim, o momento histórico e político pode influenciar o grau de incidência de cada característica da Justiça Multiportas.

IV) Democrática: acessível a todos os sujeitos que dele precisam, abarca os variados tipos de conflito, atua em qualquer grau de complexidade, comporta controvérsia de valor econômico, e pode alcançar diferentes resultados.

V) Direito fundamental: todos tem um direito subjetivo de acesso ao sistema de Justiça Multiportas, bem como às garantias fundamentais a ele inerentes. Por isso, para além do ensino jurídico, outras políticas públicas devem ser implementas pelos Poderes Executivo, Legislativo e Judiciário, bem como pela sociedade civil.

VI) Humanizadora: fundamenta-se no princípio constitucional da dignidade da pessoa humana e na fraternidade para solucionar controvérsias, centrada na ampliação do diálogo, fortalecendo as relações interpessoais, empoderando as pessoas a escolherem o melhor caminho para resolver seus dilemas, trazendo mais satisfação no resultado e proporcionando a harmonia social. Trata-se de um humanismo reinventado, com fulcro na pacificação social e em uma sociedade mais solidária e fraterna.

VII) Gerencial: realização da governança de conflitos de interesses, na medida em que os identifica, previne, trata e resolve, oferecendo ferramentas adequadas e eficientes à sociedade e aos atores do sistema de justiça.

VIII) Heterogênea: o arsenal instrumental da Justiça Multiportas é variado e ilimitado, composto de métodos, técnicas e procedimentos, como a negociação, a conciliação, a mediação, a arbitragem e o processo judicial e outros que o nosso ordenamento jurídico tem absorvido por meio da legislação, da doutrina e da prática forense.

IX) Pluriespacial: o Poder Judiciário ampliou seus espaços de tratamento de disputas e, para além das unidades judiciárias tradicionais (Varas, Seções, Juizados Especiais), também conta com os Cejuscs, a justiça itinerante, os mutirões comunitários, os postos de inclusão digital, entre outras iniciativas. Mas o ambiente extrajudicial

---

20. Manuel Castells, ao resumir o paradigma da tecnologia da informação, traz um conceito que exprime o que esta característica representa: "[...] não evoluiu para o seu fechamento como um sistema, mas rumo à abertura como uma rede de acessos múltiplos. É forte e impositivo em sua materialidade, mas adaptável e aberto em seu desenvolvimento histórico. Abrangência, complexidade e disposição em forma de rede são seus principais atributos. CASTELLS, Manuel. *A sociedade em rede*. 24. ed. revista e atualizada. Trad. Roneide Venacio Majer. Rio de Janeiro: Paz & Terra, 2022, v. 1. p. 128.

também está repleto de espaços legítimos de solução de controvérsias, como as câmaras de mediação e arbitragem, os órgãos administrativos, as plataformas *on-line*, as universidades, Defensoria Pública, Ministério Público, os escritórios de advocacia, entre outros. Também não excluem outros espaços que venham a surgir.

X) Interativa: os variados elementos normativos e estruturais podem se interconectar, intercambiar, interrelacionar, mixando normas, ambientes, métodos, técnicas e procedimentos para garantir o tratamento mais adequado às controvérsias, uma espécie de teia colaborativa de caráter instrumental.

XI) Instrumental: os elementos que constituem a Justiça Multiportas se prestam a fornecer diferentes e adequados mecanismos para a prevenção e tratamento dos conflitos, por meio de processos, procedimentos e técnicas apropriadas que servem para atender adequadamente ao direito material.

XII) Permeável: a Justiça Multiportas é versátil e hiperadaptável a todo tipo de inovação, inclusive às novidades legislativas, doutrinárias, jurisprudenciais, pragmáticas, estrangeiras, administrativas, tecnológica, e outras que promovam a evolução do sistema de resolução de disputas. É um sistema de caráter dúplice que influencia e sofre influência.

XIII) Interdisciplinar: além de transitar pelos diversos ramos do Direito (Constitucional, Penal, Civil, Processual, Tributário, Administrativo, Trabalhista etc.), a Justiça Multiportas pode se relacionar com outras ciências, como a sociologia, a psicologia, a economia, entre outros.

XIV) Pacificadora: a Justiça Multiportas tem como propósito principal o alcance da ideologia constitucional de pacificação social, ou seja, busca apaziguar e harmonizar circunstâncias de desequilíbrios sociais e interinstitucionais. Mas outros benefícios são proporcionados pelo sistema de Justiça Multiportas, como a redução ou desjudicialização, racionalização do uso da Justiça, estímulo a criação de outras fontes de solução de conflitos, empoderamento e autonomia das partes.

6. IMPACTOS DA JUSTIÇA MULTIPORTAS

O desenvolvimento e o reconhecimento de um sistema nacional de Justiça Multiportas ensejam algumas consequências jurídicas que devem ser identificadas e aplicadas pela sociedade e, em especial, pelos profissionais do Direito.

O conflito virou o centro da atenção, e não mais o processo. Migramos da tutela processual para a tutela dos direitos. O tratamento do conflito está **mais humanizado**, permitindo mais satisfação dos envolvidos e uma maior pacificação, com a continuidade das relações sociais.

Não obstante, a experiência estrangeira que adotou os métodos **alternativos** de solução de conflitos parte de uma cultura jurídica e de formato de sistema de justiça diferentes do Brasil. Aqui, após a inspiração estrangeira, adotamos um modelo que contempla um estilo próprio de métodos **adequados** de solução de conflitos. Não se trata de um capricho terminológico. A expressão adequada pretende evidenciar que os demais métodos não são subsidiários ou secundários à justiça estatal, mas sim que são equivalentes em importância e eficiência, e que respeitam as peculiaridades inerentes ao conflito de interesses envolvido.

Ademais, constata-se a quebra do monopólio do Poder Judiciário na resolução dos conflitos, sendo uma responsabilidade dos demais Poderes e de toda a sociedade colaborar para prevenir e resolver as divergências sociais. Os **conceitos de acesso à justiça e de jurisdição foram ampliados para incluir a justiça estatal, justiça arbitral e a justiça conciliativa**. Assim, o acesso à justiça pode se materializar em variadas esferas, todas com legitimidade para promover o tratamento das disputas. todos os espaços que se utilizam de formas lícitas para tentar resolver conflitos, como comunidades, igrejas, escolas, órgãos públicos, como os do Poder Executivo ou do Legislativo ou organismos internacionais, e privados, estão aptos a proporcionar o direito fundamental ao acesso à justiça.

Evidencia-se a concepção firme do nosso ordenamento jurídico de **prestígio e preferência à solução consensual** dos conflitos. Há uma verdadeira inversão da lógica que atribuía a importância da sentença judicial para a pacificação das contendas. Isso porque a imposição de uma decisão pelo juiz resolve o processo, mas nem sempre resolve o conflito de interesses. A judicialização é uma porta complexa, demorada, custosa e desgastante, circunstâncias que devem ser levadas em consideração quando da escolha do ambiente e método pelas partes.

Ademais, a construção da solução pelas próprias partes **amplia o diálogo e confere maior legitimidade ao resultado**, o que, por consequência, proporciona **menor risco de descumprimento** da avença, além de restabelecer as relações sociais. Nesse contexto, a judicialização de conflito deve ser uma opção residual às demais, por exclusão.

Não por acaso, o Brasil tem encampado um movimento de **extrajudicialização** para evitar que a controvérsia chegue no Poder Judiciário e seja resolvida fora dele, ou de **desjudicialização** para permitir a retirada do conflito da justiça estatal para que seja tratado por outras esferas mais apropriadas.

Os métodos de solução de conflitos também são variados, não se limitando à imposição de uma sentença pelo Judiciário. Desse modo, o uso de **meios heterocompositivos e autocompositivos** são capazes de alcançar a harmonização social. Tem-se, então, uma multiplicidade de formas de tratamento das disputas, que compreende os meios típicos (previstos em lei) e atípicos.

Com a ampliação de **método e ambientes** de solução de conflitos, os meios físicos ou presenciais já não mais têm exclusividade, uma vez que o uso de diferentes ferramentas tecnológicas tem auxiliado no diálogo e no alcance do entendimento.

Além disso, **os ambientes e métodos podem ser híbridos**, mesclando os diferentes espaços e ferramentas de resolução de controvérsia. Por exemplo, um conflito familiar pode ter o divórcio decretado pelo juiz, a pensão de filhos sendo acordada em uma mediação *on-line*, e a briga patrimonial do casal ou societária sendo resolvida em uma câmara arbitral.

Aqui entra em cena a necessidade de o profissional do Direito atentar para a **adequação e proporcionalidade da escolha da forma de solucionar as controvérsias**, a fim de que não seja utilizada uma via complexa, custosa e demorada para resolver situações mais simples que podem demandar meios mais eficientes e satisfatórios para as partes.

Outra evolução foi a extensão temática da Justiça Multiportas, especialmente no tocante à possibilidade de uso da consensualidade. Se antes a sua utilização era limitada ao campo cível e aos direitos disponíveis, hoje abarca praticamente todas as disciplinas, de diferentes graus de interesse público envolvido. Não por outra razão, o dogma da dicotomia interesse disponível e indisponível para fins de permitir ou não acordos não mais se justifica, sendo raros os casos de direitos que não admitam autocomposição. Em outros termos, há possibilidade de consenso em **temas de elevado interesse público com diferentes graus de disponibilidade.** Tanto é assim que o legislador tem inserido a consensualidade em matérias antes afastadas dessa possibilidade, como o direito tributário, improbidade administrativa e o campo penal, que já admite negociação em crimes de menor, médio ou maior potencial ofensivo.

Maior liberdade processual aos sujeitos processuais, por meios que facilitam o **diálogo** e permitem a autocomposição, a **flexibilidade procedimental, a cooperação processual e judiciária**, entre outras formas de otimização da solução do conflito.

Verifica-se, ainda, que esses avanços contribuem para o **empoderamento das partes,** que passam a ter poder de escolha entre as variadas possibilidades de tratamento da controvérsia.

Também passa a ser alvo de aprimoramento a **prevenção de litígios**. Os entes públicos e privados têm investido no diagnóstico precoce das insatisfações e buscado apresentar caminhos que resolvam de modo efetivo o problema, evitando consequências de maiores proporções.

Como se vê, são muitos os impactos da Justiça Multiportas, sendo necessário maior investimento na autocomposição, por meio de uma **mudança definitiva de cultura**, especialmente a partir do ensino jurídico, sem prejuízo de melhorias nas estruturas físicas e virtuais que são disponibilizadas à sociedade.

Portanto, o sistema brasileiro de Justiça Multiportas está em franca expansão, mas já se consolida como importante virada paradigmática na forma de prevenir e tratar os conflitos.

7. A CONSTITUCIONALIZAÇÃO DA JUSTIÇA MULTIPORTAS

A principal fonte normativa da Justiça Multiportas é a Constituição de 1988. É a base legislativa da qual decorrem as demais normas infraconstitucionais que tratam da temática.

São as regras e princípios constitucionais que transmitem, a partir de uma interpretação contemporânea, a ideologia e a legitimidade para o desenvolvimento dos métodos adequados de resolução de conflitos.

Com essa afirmação não se pretende afastar a importância das normas infraconstitucionais, como o Código de Processo Civil, o Código de Processo Penal, a Lei de Improbidade, A Lei de Licitações e Contratos administrativos, as Leis Tributárias, Código de Defesa do Consumidor, entre outras tantas legislações que serão indicadas adiante e que possibilitam, detalham e reforçam as variadas formas de solucionar controvérsias.

Como um sistema que é, a Justiça Multiportas se apoia em diferentes normas que foram sendo editadas ou aperfeiçoadas na medida em que a evolução da Teoria foi sendo desenvolvida.

Porém, a história do incremento da pacificação social no Brasil não deixa dúvidas de que a ideia de tratamento adequado dos conflitos tem lastro constitucional.

Partindo da Constituição Federal de 1988, já em seu preâmbulo, há importante mensagem à nação:

> "Nós, representantes do povo brasileiro, reunidos em Assembleia Nacional Constituinte para instituir um Estado Democrático, destinado a assegurar o exercício dos direitos sociais e individuais, a liberdade, a segurança, o bem-estar, o desenvolvimento, a igualdade e a justiça como valores supremos de uma sociedade fraterna, pluralista e sem preconceitos, *fundada na harmonia social e comprometida, na ordem interna e internacional, com a solução pacífica das controvérsias*, promulgamos, sob a proteção de Deus, a seguinte CONSTITUIÇÃO DA REPÚBLICA FEDERATIVA DO BRASIL." (Grifo nosso).

Assim, ao instituir o Estado Democrático, o constituinte incluiu, em seus compromissos, a harmonia social e a priorização da solução consensual das controvérsias, tanto em relação à ordem interna quanto à internacional.

O reforço à ideia foi reproduzido no art. 4º, inciso VII[21], quando previu a solução pacífica dos conflitos como um princípio que rege as suas relações internacionais.

Já o art. 5º, XXXV, que diz que "a lei não excluirá da apreciação do Poder Judiciário lesão ou ameaça a direito" precisa de uma releitura necessária. Durante muitos anos, sua interpretação foi no sentido de o acesso ao Poder Judiciário seria irrestrito e o único ambiente de solução de controvérsias. Porém, o direito de acesso à justiça pelo ingresso na justiça estatal pode comportar algumas condicionantes, tema que será tratado em outro tópico. Ademais, o acesso à justiça deve ser ressignificado para abarcar qualquer forma legítima de solução de conflito (consensual, judicial ou arbitral), de qualquer natureza (civil, administrativo ou penal), e em qualquer ambiente

---

21. Art. 4º A República Federativa do Brasil rege-se nas suas relações internacionais pelos seguintes princípios:
[...]
VII – solução pacífica dos conflitos;
[...].

CAPÍTULO I • TEORIA DA JUSTIÇA MULTIPORTAS

17

(judicial ou extrajudicial, público ou privado, físico ou virtual). Essa nova abrangência do acesso à justiça é condizente com toda a evolução legislativa, doutrinária e pragmática que o Brasil tem alcançado, especialmente nas últimas décadas. Na realidade, a busca pelo Judiciário deve ser uma opção residual e, ainda que ocorra, não impede que a demanda seja resolvida, total ou parcialmente, por consenso, o que também se dá no campo da arbitragem.

Quando o assunto é o direito dos trabalhadores[22], o texto constitucional dá ampla margem de negociação, especialmente na forma coletiva[23], prestigiando a consensualidade entre empregadores e empregados.

Ao Congresso Nacional foi dada a competência de resolver de modo definitivo sobre tratados, acordos ou atos internacionais[24], bem como de exercer o controle externo de fiscalização de recursos da União mediante acordo, ajuste ou outro instrumento aos demais entes federados (estaduais e municipais).[25]

No capítulo que trata do Poder Judiciário, há a previsão de criação dos juizados especiais, com a competência para a conciliação, o julgamento e a execução de causas cíveis de menor complexidade e infrações penais de menor potencial ofensivo. Não

---

22. Art. 7º São direitos dos trabalhadores urbanos e rurais, além de outros que visem à melhoria de sua condição social:

    [...]

    VI – irredutibilidade do salário, salvo o disposto em convenção ou acordo coletivo;

    [...]

    XIII – duração do trabalho normal não superior a oito horas diárias e quarenta e quatro semanais, facultada a compensação de horários e a redução da jornada, mediante acordo ou convenção coletiva de trabalho; (Vide Decreto-Lei 5.452, de 1943)

    [...]

    XXVI – reconhecimento das convenções e acordos coletivos de trabalho;

    [...]

    XIV – jornada de seis horas para o trabalho realizado em turnos ininterruptos de revezamento, salvo negociação coletiva;

    [...].

23. Art. 8º É livre a associação profissional ou sindical, observado o seguinte:

    [...]

    VI – é obrigatória a participação dos sindicatos nas negociações coletivas de trabalho;

    [...]

24. Art. 49. É da competência exclusiva do Congresso Nacional:

    I – resolver definitivamente sobre tratados, acordos ou atos internacionais que acarretem encargos ou compromissos gravosos ao patrimônio nacional;

    [...].

25. Art. 71. O controle externo, a cargo do Congresso Nacional, será exercido com o auxílio do Tribunal de Contas da União, ao qual compete:

    [...]

    VI – fiscalizar a aplicação de quaisquer recursos repassados pela União mediante convênio, acordo, ajuste ou outros instrumentos congêneres, a Estado, ao Distrito Federal ou a Município;

    [...].

obstante, o art. 98, II, trata da criação da justiça de paz, que também possui competência para o exercício de atribuições conciliatórias.[26]

A possibilidade de acordos para o pagamento de precatórios também foi alvo de atenção do constituinte[27], com o estabelecimento de limites e critérios para a sua formulação.

Quando aborda a Justiça do Trabalho, o constituinte traz interessante escalonamento de uso de métodos de tratamento de conflito, que deve iniciar pela tentativa de negociação coletiva, que, se frustrada, passará à arbitragem, ou, em havendo recusa de qualquer das partes aos meios anteriores, será facultada a realização de um acordo entre os envolvidos para o ajuizamento de dissídio coletivo de natureza econômica.[28]

---

26. Art. 98. A União, no Distrito Federal e nos Territórios, e os Estados criarão:

I – juizados especiais, providos por juízes togados, ou togados e leigos, competentes para a conciliação, o julgamento e a execução de causas cíveis de menor complexidade e infrações penais de menor potencial ofensivo, mediante os procedimentos oral e sumaríssimo, permitidos, nas hipóteses previstas em lei, a transação e o julgamento de recursos por turmas de juízes de primeiro grau;

II – justiça de paz, remunerada, composta de cidadãos eleitos pelo voto direto, universal e secreto, com mandato de quatro anos e competência para, na forma da lei, celebrar casamentos, verificar, de ofício ou em face de impugnação apresentada, o processo de habilitação e exercer atribuições conciliatórias, sem caráter jurisdicional, além de outras previstas na legislação.

27. Art. 100. Os pagamentos devidos pelas Fazendas Públicas Federal, Estaduais, Distrital e Municipais, em virtude de sentença judiciária, far-se-ão exclusivamente na ordem cronológica de apresentação dos precatórios e à conta dos créditos respectivos, proibida a designação de casos ou de pessoas nas dotações orçamentárias e nos créditos adicionais abertos para este fim. (Redação dada pela Emenda Constitucional 62, de 2009). (Vide Emenda Constitucional 62, de 2009) (Vide ADI 4425)

[...]

§ 11. É facultada ao credor, conforme estabelecido em lei do ente federativo devedor, com auto aplicabilidade para a União, a oferta de créditos líquidos e certos que originalmente lhe são próprios ou adquiridos de terceiros reconhecidos pelo ente federativo ou por decisão judicial transitada em julgado para: (Redação dada pela Emenda Constitucional 113, de 2021)

[...]

III – pagamento de outorga de delegações de serviços públicos e demais espécies de concessão negocial promovidas pelo mesmo ente;

[...]

§ 20. Caso haja precatório com valor superior a 15% (quinze por cento) do montante dos precatórios apresentados nos termos do § 5º deste artigo, 15% (quinze por cento) do valor deste precatório serão pagos até o final do exercício seguinte e o restante em parcelas iguais nos cinco exercícios subsequentes, acrescidas de juros de mora e correção monetária, ou mediante acordos diretos, perante Juízos Auxiliares de Conciliação de Precatórios, com redução máxima de 40% (quarenta por cento) do valor do crédito atualizado, desde que em relação ao crédito não penda recurso ou defesa judicial e que sejam observados os requisitos definidos na regulamentação editada pelo ente federado. (Incluído pela Emenda Constitucional 94, de 2016)

[...].

28. Art. 114. Compete à Justiça do Trabalho processar e julgar:

[...]

§ 1º Frustrada a negociação coletiva, as partes poderão eleger árbitros.

§ 2º Recusando-se qualquer das partes à negociação coletiva ou à arbitragem, é facultado às mesmas, de comum acordo, ajuizar dissídio coletivo de natureza econômica, podendo a Justiça do Trabalho decidir o conflito, respeitadas as disposições mínimas legais de proteção ao trabalho, bem como as convencionadas anteriormente.

[...].

Já a seção que trata da repartição das receitas tributárias contém dispositivo exigindo a inclusão de cláusula de dedução de valores em contratos, os acordos, os ajustes, os convênios, os parcelamentos ou as renegociações de débitos de qualquer espécie, inclusive tributários, firmados pela União com os entes federativos.[29]

No tratamento dos orçamentos também consta previsão de aplicação de ajuste fiscal de vedação de renegociação ou refinanciamento de dívidas que impliquem ampliação das despesas com subsídios e subvenções.[30]

Ao abordar a ordem econômica e financeira, o legislador constitucional determinou que, na ordenação do transporte aéreo internacional, sejam observados os acordos firmados pela União, atendido o princípio da reciprocidade.[31]

Ademais, ao tratar do desporto, a Constituição condiciona o ingresso de demandas no Poder Judiciário ao esgotamento das instâncias da justiça desportiva[32]. Trata-se de importante hipótese a demonstrar que o acesso à justiça como acesso ao Poder Judiciário não é absoluto, podendo a lei estabelecer condicionantes, sem que isso implique em negação da justiça. Com efeito, o esgotamento de instância própria ou administrativa é uma das formas de remeter o jurisdicionado à "porta" em tese mais adequada ou eficiente antes do acionamento da justiça estatal.

O Ato Das Disposições Constitucionais Transitórias também foi enxertado de previsões consensuais.

---

29. Art. 160. É vedada a retenção ou qualquer restrição à entrega e ao emprego dos recursos atribuídos, nesta seção, aos Estados, ao Distrito Federal e aos Municípios, neles compreendidos adicionais e acréscimos relativos a impostos.
    [...]
    § 2º Os contratos, os acordos, os ajustes, os convênios, os parcelamentos ou as renegociações de débitos de qualquer espécie, inclusive tributários, firmados pela União com os entes federativos conterão cláusulas para autorizar a dedução dos valores devidos dos montantes a serem repassados relacionados às respectivas cotas nos Fundos de Participação ou aos precatórios federais.
30. Art. 167-A. Apurado que, no período de 12 (doze) meses, a relação entre despesas correntes e receitas correntes supera 95% (noventa e cinco por cento), no âmbito dos Estados, do Distrito Federal e dos Municípios, é facultado aos Poderes Executivo, Legislativo e Judiciário, ao Ministério Público, ao Tribunal de Contas e à Defensoria Pública do ente, enquanto permanecer a situação, aplicar o mecanismo de ajuste fiscal de vedação da: (Incluído pela Emenda Constitucional 109, de 2021)
    [...]
    IX – criação ou expansão de programas e linhas de financiamento, bem como remissão, renegociação ou refinanciamento de dívidas que impliquem ampliação das despesas com subsídios e subvenções; (Incluído pela Emenda Constitucional 109, de 2021)
    [...].
31. Art. 178. A lei disporá sobre a ordenação dos transportes aéreo, aquático e terrestre, devendo, quanto à ordenação do transporte internacional, observar os acordos firmados pela União, atendido o princípio da reciprocidade. (Redação dada pela Emenda Constitucional 7, de 1995)
    [...].
32. Art. 217, § 2º
    Art. 217. É dever do Estado fomentar práticas desportivas formais e não-formais, como direito de cada um, observados:
    [...]
    § 2º A justiça desportiva terá o prazo máximo de sessenta dias, contados da instauração do processo, para proferir decisão final.
    [...].

No trato de unidades territoriais, há dispositivo acerca da possibilidade de acordos ou arbitramento entre Estados e Municípios para a demarcação de suas linhas divisórias litigiosas.[33]

Ao condicionar o sistema financeiro nacional e a participação de capital estrangeiros nas instituições que o integram à necessidade de regulamentação, são excepcionadas as hipóteses de autorizações resultantes de acordos internacionais.[34]

Art. 97, *caput* e § 8º, III, ADCT regulamentam os acordos em precatórios[35]. Ainda sobre o pagamento de precatórios por acordos diretos com credores, têm-se os artigos 101, § 5º[36], 102, § 1º[37] e 107-A[38].

---

33. Art. 12. Será criada, dentro de noventa dias da promulgação da Constituição, Comissão de Estudos Territoriais, com dez membros indicados pelo Congresso Nacional e cinco pelo Poder Executivo, com a finalidade de apresentar estudos sobre o território nacional e anteprojetos relativos a novas unidades territoriais, notadamente na Amazônia Legal e em áreas pendentes de solução.

[...]

§ 2º Os Estados e os Municípios deverão, no prazo de três anos, a contar da promulgação da Constituição, promover, mediante acordo ou arbitramento, a demarcação de suas linhas divisórias atualmente litigiosas, podendo para isso fazer alterações e compensações de área que atendam aos acidentes naturais, critérios históricos, conveniências administrativas e comodidade das populações limítrofes.

[...].

34. Art. 52. Até que sejam fixadas as condições do art. 192, são vedados:

[...]

Parágrafo único. A vedação a que se refere este artigo não se aplica às autorizações resultantes de acordos internacionais, de reciprocidade, ou de interesse do Governo brasileiro.

35. Art. 97. Até que seja editada a lei complementar de que trata o § 15 do art. 100 da Constituição Federal, os Estados, o Distrito Federal e os Municípios que, na data de publicação desta Emenda Constitucional, estejam em mora na quitação de precatórios vencidos, relativos às suas administrações direta e indireta, inclusive os emitidos durante o período de vigência do regime especial instituído por este artigo, farão esses pagamentos de acordo com as normas a seguir estabelecidas, sendo inaplicável o disposto no art. 100 desta Constituição Federal, exceto em seus §§ 2º, 3º, 9º, 10, 11, 12, 13 e 14, e sem prejuízo dos acordos de juízos conciliatórios já formalizados na data de promulgação desta Emenda Constitucional.

[...]

§ 8º A aplicação dos recursos restantes dependerá de opção a ser exercida por Estados, Distrito Federal e Municípios devedores, por ato do Poder Executivo, obedecendo à seguinte forma, que poderá ser aplicada isoladamente ou simultaneamente: (Incluído pela Emenda Constitucional 62, de 2009)

[...]

III – destinados a pagamento por acordo direto com os credores, na forma estabelecida por lei própria da entidade devedora, que poderá prever criação e forma de funcionamento de câmara de conciliação. (Incluído pela Emenda Constitucional 62, de 2009)

[...]

§ 15. Os precatórios parcelados na forma do art. 33 ou do art. 78 deste Ato das Disposições Constitucionais Transitórias e ainda pendentes de pagamento ingressarão no regime especial com o valor atualizado das parcelas não pagas relativas a cada precatório, bem como o saldo dos acordos judiciais e extrajudiciais.

[...].

36. Art. 101. Os Estados, o Distrito Federal e os Municípios que, em 25 de março de 2015, se encontravam em mora no pagamento de seus precatórios quitarão, até 31 de dezembro de 2029, seus débitos vencidos e os que vencerão dentro desse período, atualizados pelo Índice Nacional de Preços ao Consumidor Amplo Especial (IPCA-E), ou por outro índice que venha a substituí-lo, depositando mensalmente em conta especial do Tribunal de Justiça local, sob única e exclusiva administração deste, 1/12 (um doze avos) do valor calculado percentualmente sobre suas receitas correntes líquidas apuradas no segundo mês anterior ao mês de pagamento, em percentual suficiente para a quitação de seus débitos e, ainda que variável, nunca inferior, em cada exercício, ao percentual praticado na data da entrada em vigor do regime especial a que se refere este artigo, em conformidade com

Sobre o limite das despesas primárias, há exceção para projetos custeados com recursos decorrentes de acordos judiciais e extrajudiciais firmados em função de desastres ambientais[39].

A constitucionalização da Justiça Multiportas fica evidente quando percebemos a pulverização das diferentes métodos e ambientes de resolução de conflitos no texto constitucional, com destaque à priorização à solução consensual das controvérsias.

Mas para além dos dispositivos que diretamente mencionam as formas de resolução de controvérsias, mais dois princípios merecem destaque.

---

plano de pagamento a ser anualmente apresentado ao Tribunal de Justiça local. (Redação dada pela Emenda Constitucional 109, de 2021)

§ 5º Os empréstimos de que trata o inciso III do § 2º deste artigo poderão ser destinados, por meio de ato do Poder Executivo, exclusivamente ao pagamento de precatórios por acordo direto com os credores, na forma do disposto no inciso III do § 8º do art. 97 deste Ato das Disposições Constitucionais Transitórias. (Incluído pela Emenda Constitucional 113, de 2021).

37. Art. 102. Enquanto viger o regime especial previsto nesta Emenda Constitucional, pelo menos 50% (cinquenta por cento) dos recursos que, nos termos do art. 101 deste Ato das Disposições Constitucionais Transitórias, forem destinados ao pagamento dos precatórios em mora serão utilizados no pagamento segundo a ordem cronológica de apresentação, respeitadas as preferências dos créditos alimentares, e, nessas, as relativas à idade, ao estado de saúde e à deficiência, nos termos do § 2º do art. 100 da Constituição Federal, sobre todos os demais créditos de todos os anos. (Incluído pela Emenda Constitucional 94, de 2016)

§ 1º A aplicação dos recursos remanescentes, por opção a ser exercida por Estados, Distrito Federal e Municípios, por ato do respectivo Poder Executivo, observada a ordem de preferência dos credores, poderá ser destinada ao pagamento mediante acordos diretos, perante Juízos Auxiliares de Conciliação de Precatórios, com redução máxima de 40% (quarenta por cento) do valor do crédito atualizado, desde que em relação ao crédito não penda recurso ou defesa judicial e que sejam observados os requisitos definidos na regulamentação editada pelo ente federado.

[...].

38. Art. 107-A. Até o fim de 2026, fica estabelecido, para cada exercício financeiro, limite para alocação na proposta orçamentária das despesas com pagamentos em virtude de sentença judiciária de que trata o art. 100 da Constituição Federal, equivalente ao valor da despesa paga no exercício de 2016, incluídos os restos a pagar pagos, corrigido, para o exercício de 2017, em 7,2% (sete inteiros e dois décimos por cento) e, para os exercícios posteriores, pela variação do Índice Nacional de Preços ao Consumidor Amplo (IPCA), publicado pela Fundação Instituto Brasileiro de Geografia e Estatística, ou de outro índice que vier a substituí-lo, apurado no exercício anterior a que se refere a lei orçamentária, devendo o espaço fiscal decorrente da diferença entre o valor dos precatórios expedidos e o respectivo limite ser destinado ao programa previsto no parágrafo único do art. 6º e à seguridade social, nos termos do art. 194, ambos da Constituição Federal, a ser calculado da seguinte forma:

[...]

§ 3º É facultado ao credor de precatório que não tenha sido pago em razão do disposto neste artigo, além das hipóteses previstas no § 11 do art. 100 da Constituição Federal e sem prejuízo dos procedimentos previstos nos §§ 9º e 21 do referido artigo, optar pelo recebimento, mediante acordos diretos perante Juízos Auxiliares de Conciliação de Pagamento de Condenações Judiciais contra a Fazenda Pública Federal, em parcela única, até o final do exercício seguinte, com renúncia de 40% (quarenta por cento) do valor desse crédito.

[...].

39. Art. 107. Ficam estabelecidos, para cada exercício, limites individualizados para as despesas primárias:

[...]

§ 6º-A Não se incluem no limite estabelecido no inciso I do caput deste artigo, a partir do exercício financeiro de 2023: (Incluído pela Emenda Constitucional 126, de 2022)

I – despesas com projetos socioambientais ou relativos às mudanças climáticas custeadas com recursos de doações, bem como despesas com projetos custeados com recursos decorrentes de acordos judiciais ou extrajudiciais firmados em função de desastres ambientais; (Incluído pela Emenda Constitucional 126, de 2022).

O primeiro é o da dignidade da pessoa humana, previsto no art. 1º, III[40], no sentido de dar ao conflito das partes um tratamento mais adequado, humanizado, respeitando as especificidades de cada disputa, com foco na maior satisfação das partes e na pacificação social.

O segundo, o princípio da eficiência, disposto no art. 37, *caput*[41], responsável por imprimir um melhor desempenho e otimização da solução da controvérsia, com a finalidade de proporcionar resultados mais rápidos e eficazes, com o menor dispêndio de dinheiro e menor margem de erro.

Registre-se que a importância dos referidos princípios para a resolução de conflitos foi reconhecida pelo legislador processual ao reproduzi-los no art. 8º, do CPC, no capítulo que trata das normas fundamentais do processo civil.

Vê-se, pois, que basta uma leitura mais atenta à Constituição para concluir que a ideologia que deve ser irradiada ao ordenamento jurídico é aquela que prestigia a eficiência e a pacificação das relações sociais e jurídicas, em prol de um sistema adequado de tratamento de conflitos – a Justiça Multiportas brasileira.

8. EVOLUÇÃO LEGISLATIVA DA JUSTIÇA MULTIPORTAS[42]

Ao longo da nossa história, o legislador brasileiro tratou dos métodos de solução de conflitos, com especial ênfase à consensualidade,[43] antes mesmo da independência do Brasil.[44]

No Brasil Império (1822-1889), a discussão envolvendo a conciliação teve origem nas reuniões das Cortes portuguesas entre 1821 e 1823. O fundamento era a necessidade de agilidade do Judiciário. O embate era sobre a obrigatoriedade da conciliação e quem deveria exercer a função, se os juízes de fora ou os juízes efetivos. A Constituição portuguesa de 1822 (arts. 181 e 195) previa que: *"Haverá juízos de conciliação, nas*

---

40. Art. 1º A República Federativa do Brasil, formada pela união indissolúvel dos Estados e Municípios e do Distrito Federal, constitui-se em Estado Democrático de Direito e tem como fundamentos:

    I – a soberania;

    II – a cidadania;

    III – a dignidade da pessoa humana;

    [...].

41. "Art. 37. A administração pública direta e indireta de qualquer dos Poderes da União, dos Estados, do Distrito Federal e dos Municípios obedecerá aos princípios da legalidade, impessoalidade, moralidade, publicidade e eficiência e, também, ao seguinte: [...]."

42. O assunto foi originalmente abordado em: CABRAL, Trícia Navarro Xavier. *Limites da liberdade processual.* 2. ed. Indaiatuba: FOCO, 2021, p. 77-86.

43. Sobre a evolução da autocomposição no Brasil, confira a excelente obra.: CARLOS, Helio Antunes. *O microssistema de autocomposição.* Rio de Janeiro: Processo, 2021.

44. Constava das Ordenações Filipinas, no Livro 3º, T. 20, § 1º: "E no começo da demanda dirá o Juiz à ambas as partes, que antes que façam despesas, e se sigam entre eles os ódios e dissenções, se devem concordar [...]". Disponível em: http://www1.ci.uc.pt/ihti/proj/filipinas/l3p587.htm. Acesso em: 02 mar. 2019.

causas e o modo que a lei determinar, exercitados pelos juízes eletivos." Eram pessoas eleitas pelos cidadãos.

Após romper com Portugal, a conciliação foi debate entre os constitucionalistas brasileiros, especialmente sobre as atribuições dos juízes de paz. A 1ª Carta Constitucional do país, de 1824, estabelecia no art. 161: *"Sem se fazer constar que se tem intentado o meio da reconciliação, não se começará processo algum."* O encargo era exercido pelos juízes de paz eleitos (art. 162). As atividades foram regulamentadas em 15 de outubro de 1827 e a norma que organizou as eleições dos juízes de paz entrou em vigor em 1º de outubro de 1828. Enquanto as atividades dos juízes de paz não estavam regulamentadas, Dom Pedro I determinou que todos os juízes e autoridades do Império deveriam promover a conciliação, até a devida normatização da matéria. Registre-se que nessa época já se faziam estatísticas sobre os índices de acordo. O Ministério da Justiça publicava relatório estatístico anual desde 1825.[45]

Kazuo Watanabe também aponta que o Código de Processo Criminal, de 1832, previa Disposição Provisória sobre a Administração da Justiça Civil, disciplinando o procedimento da conciliação. Segundo o ilustre Professor das Arcadas, a conciliação ainda chegou a constar do Regulamento 737, de 1850 (processo Comercial), inclusive como condição para o ajuizamento de uma ação de natureza comercial[46], mas depois o capítulo foi revogado pelo Decreto 359, de 26 de abril de 1890.[47]

O Código de Processo Civil de 1939 (Decreto-lei 1.608/1939), embora trouxesse a necessidade de reformular a administração da Justiça, não abordou a conciliação ou a mediação. O CPC/39 só mencionou a ideia de autocomposição entre as partes no tratamento do desquite por mútuo consentimento, utilizando a terminologia "reconciliação" (arts. 642 a 646), mas sempre condicionada à apresentação pelas partes e à homologação do juiz.

---

45. CAMPOS, Adriana Pereira; SOUZA, Alexandre de Oliveira Basílio. *A Conciliação e os meios alternativos de solução de conflitos no império brasileiro.* Disponível em: http://www.scielo.br/scielo.php?pid=S0011-52582016000100271&script=sci_abstract&tlng=pt. Acesso em: 12 jul. 2018.

46. "Art. 23 Nenhuma causa commercial será proposta em Juizo contencioso, sem que previamente se tenha tentado o meio da conciliação, ou por acto judicial, ou por comparecimento voluntario das partes. Exceptuão-se: § 1º As causas procedentes de papeis de credito commerciaes, que se acharem endossados. (Art. 23 do Titulo unico Codigo);

§ 2º As causas em que as partes não podem transigir (cit. Art. 23), como os Curadores fiscaes dos fallidos durante o processo da declaração da quebra (Art. 838 Codigo), os administradores dos negociantes fallidos (Art. 856 Codigo), ou fallecidos (Art. 309 e 310 Codigo), os procuradores publicos, tutores curadores e testamenteiros; § 3º Os actos de declaração da quebra (cit. Art. 23);

§ 4º As causas arbitraes, as de simples officio do Juiz, as execuções, comprehendidas as preferencias e embargos de terceiro; e em geral só he necessaria a conciliação para a acção principal, e não para as preparatorias ou incidentes. (Tit. 7º Codigo)." Disponível em: Portal da Câmara dos Deputados (camara.leg.br). Acesso em: 27 ago. 2023.

47. WATANABE, Kazuo. *Política pública do Poder Judiciário Nacional para tratamento adequado dos conflitos de interesses.* Disponível em: <https://www.tjsp.jus.br/Download/Conciliacao/Nucleo/ParecerDesKazuoWatanabe.pdf>. Acesso em: 02 mar. 2019.

Por sua vez, o Código de Processo Civil de 1973 (Lei 5.869/1973), disciplinou a possibilidade de conciliação em alguns dispositivos, mas não foi uma relevante fonte de transformação social pelo uso de métodos consensuais de resolução de conflitos. Nele foram usados apenas os termos conciliação e transação.

De qualquer forma, no Brasil, a autorização e o incentivo aos mecanismos adequados de solução de controvérsias podem ser extraídos de diversos preceitos legais, a começar pelo preâmbulo da Constituição Federal de 1988,[48] sendo que tanto o Judiciário como os demais Poderes (Executivo e Legislativo) são igualmente responsáveis pela harmonia social.

O texto constitucional também institui no art. 4º, inciso VII, a solução pacífica dos conflitos como um princípio que rege as suas relações internacionais.

Ademais, os acordos podem ser inseridos entre os mecanismos legítimos de acesso à justiça, previstos no art. 5º, XXXV, da Constituição Federal do Brasil, na medida em que resolve a controvérsia de maneira consensual e, portanto, mais satisfatória, e, ainda, com uma capacidade reflexa de reduzir o número de processos judiciais e de combater o desvirtuamento da função judicial do Estado.

Por sua vez, a autocomposição foi objeto do II Pacto Republicano, assinado em 13.04.2009 pelos três Poderes da Federação, em que, entre os compromissos assumidos, constava o de "[...] *Fortalecer a mediação e a conciliação, estimulando a resolução de conflitos por meios autocompositivos, voltados a maior pacificação social e menor judicialização* [...]".

No âmbito processual, a autocomposição ganhou força com a criação dos Juizados Especiais Cíveis (antes Lei 7.244/1984, Juizados de Pequenas Causas, que foi posteriormente revogada pela Lei 9.099/1995), que prevê uma audiência de conciliação no início do procedimento como etapa obrigatória ao prosseguimento do feito. Embora tivesse havido uma resistência inicial, os resultados positivos trouxeram êxito a este modelo e hoje grande parte dos conflitos é solucionada ainda na audiência de conciliação, ou seja, sem passar por uma decisão impositiva do juiz. Os Juizados, contudo, não conseguiram atingir a esperada credibilidade social, muito em função de não ter investido na capacitação dos facilitadores, o que acaba inviabilizando o tratamento apropriado ao cidadão.

O Conselho Nacional de Justiça, atento à necessidade de implementação de mecanismos adequados de solução de conflitos como forma de melhorar a justiça brasileira, editou a Resolução 125 de 29.11.2010, que trata da Política Judiciária Nacional de tratamento adequado dos conflitos de interesses no âmbito do Poder Judiciário e

---

48. "Nós, representantes do povo brasileiro, reunidos em Assembleia Nacional Constituinte para instituir um Estado Democrático, destinado a assegurar o exercício dos direitos sociais e individuais, a liberdade, a segurança, o bem-estar, o desenvolvimento, a igualdade e a justiça como valores supremos de uma sociedade fraterna, pluralista e sem preconceitos, fundada na harmonia social e comprometida, na ordem interna e internacional, *com a solução pacífica das controvérsias*, promulgamos, sob a proteção de Deus, a seguinte CONSTITUIÇÃO DA REPÚBLICA FEDERATIVA DO BRASIL." (Grifo nosso).

dá outras providências. Com o ato, o CNJ cumpriu uma importante missão de chamar para o Poder Judiciário a responsabilidade pela transformação do modelo de Justiça existente no Brasil, abrindo a discussão e as perspectivas sobre os métodos adequados de tratamento dos conflitos.

Essa relevante iniciativa, embora não tenha, no primeiro momento, entusiasmado os órgãos do Poder Judiciário diante da grandiosidade estrutural demandada, desencadeou outras importantes propostas legislativas que culminaram na transformação ideológica inicialmente prevista no Brasil, passando a prestigiar a consensualidade, o que ainda está sendo assimilado pela comunidade jurídica.

Registre-se que hoje há uma forte tendência mundial de se resolver os conflitos de interesses por outras vias que não a imposição de um provimento judicial, o que se confirma com a proposição, pelo Conselho da União Europeia da Diretiva 52, de 21 de maio de 2008.[49]

O Código de Processo Civil de 2015 estabeleceu como uma de suas premissas o incentivo ao uso de formas não adjudicatórias de solução de conflitos, como a mediação e a conciliação, encampando integralmente a política pública já estabelecida na Resolução 125/2010, do CNJ. Em seguida foi promulgada a Lei 13.129/2015, que alterou a Lei 9.307/1996 e aperfeiçoou o uso da arbitragem. Posteriormente, foi publicada a Lei 13.140/2015[50] que trata da mediação nas esferas pública e privada, formando, assim, um microssistema de meios adequados de solução de controvérsias.[51] Essa evolução paradigmática continua influenciando diversos projetos de lei que tramitam no Congresso, seja na esfera cível, seja na penal.

Esse aparato legal deu um contorno contemporâneo ao acesso à Justiça, disponibilizando amplas formas de ingressar no Poder Judiciário, e diferentes maneiras de se sair dele, com o uso da técnica que melhor atender às particularidades do conflito. Trata-se do modelo de Justiça Multiportas,[52] que permite que os litígios sejam resolvidos por mecanismos que não se resumem à sentença adjudicada. Não obstante, vê-se que as disputas podem ser tratadas em diferentes ambientes, como o judicial, o extrajudicial, o público, o privado, o presencial e até o virtual, por meio de ORD (*Online Dispute Reso-*

---

49. Confirmando a tendência mundial em utilizar os meios alternativos de solução de conflitos, a Comissão europeia propôs um texto regulamentando o uso da mediação em matéria civil e comercial, considerando especialmente o artigo 24 dos Princípios ALI/UNIDROIT, relativos ao processo civil transnacional, redigido conjuntamente pelo *American Law Institute* e UNIDROIT. Cf.: FERRAND, Frédérique *La conception du procès civil hors de France*. De la commémoration d'um code à l'autre: 200 ans de procédure civile en France. Paris: Lexis Nexis SA, 2006, p. 289.

50. CABRAL, Trícia Navarro Xavier; CURY, Cesar Felipe. *Lei de mediação comentada artigo por artigo*: dedicado à memória da Profª. Ada Pellegrini Grinover. Indaiatuba: Foco, 2018.

51. A reforma da Lei de Arbitragem (Lei 13.129/15) entrou em vigor em 27/07/2015, a Lei de Mediação (Lei 13.140/15), teve sua vigência iniciada em 26/12/15, e a reforma do CPC (Lei 13.105/15), está vigente desde 18/03/2016.

52. ZANETI JR., Hermes; CABRAL, Trícia Navarro Xavier. *Justiça multiportas*: mediação, conciliação, arbitragem e outros meios de solução adequada de conflitos. 3ª. ed. revista, ampliada e atualizada. Salvador: JusPODIVM, 2022. (Coleção Grandes Temas do Novo CPC – v. 9).

lution), que seria, de acordo com Ethan Katsh & Colin Rule, a "aplicação da tecnologia da informação e da comunicação para a prevenção, gestão e resolução de disputas". Segundo os referidos autores, a tecnologia atuaria como uma "quarta parte", substituindo um facilitador humano em algumas tarefas, como, por exemplo, auxiliando as partes a identificarem interesses comuns e resultados aceitáveis.[53]

Nesse contexto, foi necessária uma revisitação ao conceito clássico de jurisdição, que atualmente abrange a justiça estatal, a justiça arbitral e a justiça conciliativa, uma vez que todas elas constituem formas legítimas de pacificação social.[54]

Quadro Resumido da Evolução Legislativa no Brasil[55]

HISTÓRICO DOS MÉTODOS ADEQUADOS DE TRATAMENTO DE CONFLITOS NA LEGISLAÇÃO
1. BRASIL COLÔNIA E IMPÉRIO
1.1. Ordenações Afonsinas (1446 a 1521), Manuelinas (1521 a 1603) e Filipinas (1603 a 1890): estabeleciam o dever dos juízes logo no início da demanda.
1.2. Constituição Política do Imperio do Brazil de 1824: estabelecia, em regra, a tentativa prévia de "reconciliação" como condição de procedibilidade da ação a ser conduzida pelos Juízes de Paz (arts. 161 e 162).
1.3. Código de Processo Criminal de 1832: trouxe um capítulo intitulado de "Disposição provisória acerca da administração da Justiça Civil", no qual possibilitou "a tentativa de conciliação em qualquer domicílio onde o réu fosse encontrado, situação na qual seria permitido ao autor outorgar mandato com podereis especiais a procurador, para representá-lo em tal localidade", sendo, ainda, multada a parte que não comparecia perante o Juiz de Paz, mantendo-se a obrigatoriedade de tentativa prévia de conciliação antes do ajuizamento da demanda, com certas exceções. Esses dispositivos foram revogados em 1841.
1.4. Regulamento Comercial (Decreto) 737/1850: destinou capítulo próprio para tratar da conciliação (Parte Primeira, Título II, Capítulo I, Da conciliação), na qual foi prevista, tal como a Carta Constitucional de 1824, a obrigatoriedade da tentativa prévia de conciliação, com um rol de exceções (art. 23).
1.5. Consolidação de Ribas de 1876: inicia tratando dos Juízes, cuja competência, dentre outras, abrangia: "conciliar por todos os meios pacíficos, que estiverem ao seu alcance, as partes que pretenderem demandar [...]" (art. 2º, § 2º), também indo ao encontro da norma constitucional, que estabelecia a tentativa prévia de autocomposição.
2. BRASIL REPÚBLICA
2.1. Decreto 181/1890: retirou a exigência de conciliação prévia para a ação de nulidade de casamento.
2.2. Decreto 359/1890: derrogou os dispositivos do Decreto 737/1850 e da Consolidação de Ribas que exigiam a tentativa prévia de conciliação como condição de procedibilidade.
2.3. Decreto 763/1890: estendeu a aplicação do Regulamento 737 (Decreto n 737/1850) aos processos cíveis em geral, não tendo excepcionado o capítulo próprio destinado à conciliação, mantendo-se revogado o dispositivo que versava sobra a tentativa prévia de autocomposição como condição de procedibilidade.
2.4. Decreto 848/ 1890: criou a Justiça Federal, de modo que o Regulamento 737 passou a ser aplicado também no âmbito das causas federais
2.5. Constituição da República dos Estados Unidos do Brasil de 1891: não positivou regras relativas à tentativa prévia de autocomposição e à instituição dos juízes de paz, sendo conferido aos Estados Membros a competência para legislarem sobre direito processual civil no âmbito da Justiça Estadual, sendo que não foram todos os Estados Federados redigiram a própria legislação processual civil.

---

53. KATSH, Ethan; RULE, Colin. *What We Know and Need to Know About Online Dispute Resolution.* 67 S.C. L. REV. 329 (2016). Disponível em: https://www.americanbar.org/content/dam/aba/images/office_president/katsh_rule_whitepaper.pdf. Acesso em: 21 jul. 2020.

54. Cf.: GRINOVER, Ada Pellegrini. *Ensaio sobre a processualidade*: fundamentos para uma nova teoria geral do processo. Brasília: Gazeta Jurídica, 2016, p. 18-20.

55. Esse quadro foi idealizado e complementado a partir da evolução da autocomposição no Brasil constante da obra: CARLOS, Helio Antunes. *O microsistema de autocomposição.* Rio de Janeiro: Processo, 2021.

CAPÍTULO I • TEORIA DA JUSTIÇA MULTIPORTAS

HISTÓRICO DOS MÉTODOS ADEQUADOS DE TRATAMENTO DE CONFLITOS NA LEGISLAÇÃO

2.6. Código do Processo Civil e Comercial do Estado do Espírito Santo (Decreto 1.882/1914): não estabeleceu uma tentativa prévia de autocomposição, tampouco o dever dos juízes de intentar a composição do conflito pelas partes após instaurada a demanda.

2.7. Consolidação de José Higino Duarte da Silva (Decreto 3.084/1898): regulamentou o processo no âmbito da Justiça Federal, em substituição ao Regulamento 737, não estabelecendo estímulos à autocomposição.

2.8. Código Civil/1916: abriu espaço para a autocomposição, dispondo sobre o instituto da transação como forma prevenir ou pôr fim a litígios mediantes mútuas concessões entre as partes (arts. 1.025 a 1.036) e, também, disciplinou o instituto do compromisso para que as partes convencionassem sobre a submissão de seus conflitos à arbitragem (arts. 1.037 a 1.048 – posteriormente revogados com o advento da Lei de Arbitragem).

2.9. Decreto 24.150/1934 (Getúlio Vargas) – previu expressamente a possiblidade das partes celebrarem acordo, em qualquer fase do procedimento, a ser homologado por sentença irrecorrível, nos processos de renovação de contratos de locação de imóveis para fins comerciais ou industriais.

2.10. Constituição da República dos Estados Unidos do Brasil de 1934: previu a possibilidade da instituição da Justiça de Paz, de forma eletiva, pelos Estados Membros (art. 104, § 4º) e prescreveu que a Justiça do Trabalho teria competência para conciliação (art. 122).

2.11. Constituição de 1937: semelhantemente à Constituição de 1934, previu a competência da União para legislar sobre o direito processual e manteve a Justiça do Trabalho e a possiblidade da criação da Justiça de Paz. Mudanças que merecem destaque: possibilidade de os Estados criarem organizações públicas para a conciliação extrajudicial dos conflitos e vedação à greve e *lock-out* como forma de pressão em negociações laborais.

2.12. Código de Processo Civil de 1939: só abordava a ideia de autocomposição entre as partes no tratamento do desquite por mútuo consentimento, utilizando a terminologia reconciliação (arts. 642 a 649), no procedimento de partilha e no de divisão e demarcação, bem como conferiu efeitos jurídicos à transação, à desistência e à confissão em qualquer procedimento.

2.13. Consolidação das Leis Trabalhistas – CLT/1943: grande enfoque à conciliação – Juntas de Conciliação e Julgamento.

2.14. Constituição de 1946: Justiça do Trabalho passou a integrar a estrutura do Poder Judiciário e manteve a possibilidade de instituição da Justiça de Paz, com a competência da União para legislar sobre o direito processual.

2.15. Lei 968/1949: previu uma fase preliminar de conciliação nos processos de desquite litigioso e de alimentos.

2.16. Constituição da República Federativa do Brasil de 1967 (Ditadura Militar): dispôs sobre a Justiça do Trabalho, sendo composto, dentre outros órgãos, por Juntas de Conciliação e Julgamento (art. 133, III), definindo sua competência para a conciliação dos conflitos oriundos das relações trabalhistas (art. 134). Ademais, foi facultado aos estados a criação de uma "Justiça de Paz temporária, competente para habilitação e celebração de casamentos e outros atos previstos em lei e com atribuição judiciária de substituição, exceto para julgamentos finais ou irrecorríveis" (art. 136, § 1º, "c"), ou seja, não restou expresso no texto constitucional a sua competência conciliativa. Manteve a competência privativa da União para legislar sobre direito processual.

2.17. Lei 5.478/1968: previu um procedimento especial para a ação de alimentos, no qual foi previsto uma audiência de conciliação e julgamento.

2.18. AI 5/1968: poderes quase absolutos ao Presidente.

2.19. AI 11/1969: extinguiu a Justiça de Paz eletiva e possibilitou a nomeação de Juízes de Paz temporários.

2.20. Código de Processo Civil de 1973 – CPC/73 prescreveu, em alguns dispositivos, a possibilidade de as partes celebrarem acordos sobre questões processuais, como exemplo, nos artigos 111 e 824. Ademais, o CPC/73 prescreveu uma tentativa de conciliação na Audiência de Instrução e Julgamento (arts. 447 a 449), quando o processo já havia passado por toda a fase postulatória e avançado para a fase probatória. Também foi previsto o procedimento relativo à separação consensual (art. 1.120 e ss.). É válido, ainda, ressaltar que com relação ao regime de custas processuais, nos casos de atos autocompositivos unilaterais, elas seriam pagas pela parte que reconheceu ou desistiu (art. 26).

2.21. Lei 7.244/1984: possibilitou a criação e disciplinou o funcionamento dos Juizados Especiais de Pequenas Causas, que deveriam buscar, sempre que possível, a conciliação, previa a homologação de autocomposição sem prévio ajuizamento de demanda e de acordos extrajudiciais;

3. CONSTITUIÇÃO DA REPÚBLICA FEDERATIVA DO BRASIL DE 1988

3.1. CRFB/1988: estabeleceu que o Brasil em suas relações internacionais é regido pelo princípio da "solução pacífica dos conflitos" (CRFB/1998, art. VII); verifica-se que, sendo objetivo fundamental da República Brasileira, "construir uma sociedade livre, justa e solidária" (CRFB/1998, art. 3º, inciso I), a busca pela "solução pacífica dos conflitos", deve ser uma prioridade também no âmbito das divergências interpessoais que se configuram dentro do território nacional; positivou que "a lei não excluirá da apreciação do Poder Judiciário lesão ou ameaça a direito" e que "aos litigantes, em processo judicial ou administrativo, e aos acusados em geral são assegurados o contraditório e ampla defesa, com os meios e recursos a ela inerentes".

HISTÓRICO DOS MÉTODOS ADEQUADOS DE TRATAMENTO DE CONFLITOS NA LEGISLAÇÃO
3.2. Código de Defesa do Consumidor – CDC (Lei 8.078, de 11 de setembro de 1990): estabeleceu como um dos princípios da Política Nacional das Relações de Consumo o incentivo à utilização de outras técnicas de tratamento de disputas, além da adjudicatória estatal (CDC, art. 4º, *caput* e V), prescreveu a possibilidade de acesso dos consumidores não apenas à órgãos do Poder Judiciário, mas também à órgãos administrativos, "com vistas à prevenção ou reparação de danos patrimoniais e morais, individuais, coletivos ou difusos, assegurada a proteção Jurídica, administrativa e técnica aos necessitados" (CDC, art. 6º, VIII). Também inseriu a possibilidade do TAC na Lei da Ação Civil Pública (Lei 7.347/1985).
3.3. Lei Complementar 80/1994, Lei Orgânica da Defensoria Pública, a qual em redação original prescreveu que, dentre outras funções, incumbia ao órgão "promover, extrajudicialmente, a conciliação entre as partes em conflito de interesses" (LC 80, art. 4º, I); e, pela nova redação conferida ao art. 4º pela Lei Complementar 132/2009, prescreve-se que incumbe à Defensoria Pública, "promover, prioritariamente, a solução extrajudicial dos litígios, visando à composição entre as pessoas em conflito de interesses, por meio de mediação, conciliação, arbitragem e demais técnicas de composição e administração de conflitos".
3.4. Código de Ética e Disciplina da OAB/1995: determinou ser um dever ético do advogado "estimular a conciliação entre os litigantes, prevenindo, sempre que possível, a instauração de litígios" (Art. 2º, parágrafo único, VI). O Novo Código de Ética e Disciplina, aprovado vinte anos após, é ainda mais abrangente, determinando o dever do profissional em "estimular, a qualquer tempo, a conciliação e a mediação entre os litigantes, prevenindo, sempre que possível, a instauração de litígios" (Art. 2ª, parágrafo único, VI).
3.5. Lei 9.099/1995 (Lei dos Juizados Especiais): enuncia no art. 2º que, em seu âmbito, "O processo orientar-se-á pelos critérios da oralidade, simplicidade, informalidade, economia processual e celeridade, buscando, sempre que possível, a conciliação ou a transação". Nesse sentido, prescreveu uma audiência prévia voltada para a conciliação nos conflitos cíveis, além de mencionar a possibilidade das partes se submeterem à arbitragem, caso a autocomposição não fosse obtida (Lei 9.099/1995, arts. 21 a 26). Também prescreveu que são auxiliares da justiça àqueles que exercem a função de conciliadores (Lei 9.099/1995, art. 7º, *caput*).
3.6. Lei 9.245/1995: modificou o procedimento sumário, estabelecendo uma audiência de conciliação.
3.7. Lei 9.307/1996 (Lei de Arbitragem): disciplina a arbitragem como mecanismo heterocompositivo extrajudicial, sendo inserido no procedimento arbitral a tentativa de autocomposição no início do processo (Lei de Arbitragem, art. 21, § 4º).
3.8. Lei 9469/1997: autoriza acordos ou transações para prevenir ou terminar litígios, inclusive os judiciais.
3.9. Lei 9.958/2000: dispôs sobre Comissões de Conciliação Prévia na Justiça do Trabalho e permitiu a execução de título extrajudicial na justiça laboral.
3.10. Lei 10.149/2000: previu a possibilidade de celebração de acordo de leniência em matéria de defesa da concorrência, no Direito Administrativo.
3.11. Lei 10.259/2001 (Juizados Especiais Cíveis e Criminais no âmbito da Justiça Federal): prevê a possibilidade de conciliação, transação e desistência de demandas pelas partes, incluindo-se os representantes judiciais da União, autarquias, fundações e empresas públicas federais.
3.12. Código Civil/2002: ampla possibilidade de transação no direito privado para pôr fim aos litígios.
3.13. Lei 11.232/2005: institui como título executivo judicial o acordo extrajudicial de qualquer natureza homologado judicialmente.
3.14. Lei 11.441/2007: alterou o CPC para possibilitar a realização de inventário, partilha, separação consensual e divórcio consensual pela via administrativa.
3.15. II Pacto Republicano de Estado por um sistema de justiça mais acessível, ágil e efetivo/2009: um dos objetivos previstos no pacto foi o de "fortalecer a mediação e a conciliação, estimulando a resolução de conflitos por meios autocompositivos, voltados à maior pacificação social e menor judicialização".
3.16. Resolução 125/2010 do Conselho Nacional de Justiça – CNJ: estabeleceu a instituição da "Política Judiciária Nacional de tratamento dos conflitos de interesses, tendente a assegurar a todos o direito à solução dos conflitos por meios adequados à sua natureza e peculiaridade".
3.17. Lei 12.850/2013: criou o instituto da colaboração premiada no Direito Processual Penal, possibilitando ao acusado o perdão judicial, a redução da pena privativa de liberdade ou a sua conversão em pena restritiva de direito.
3.18. Lei 12.846/2013: estabeleceu o acordo de leniência no combate à corrupção e no campo da licitação.
3.19. Resolução 118/2014 do CNMP: instituiu a Política Nacional de Incentivo à Autocomposição no âmbito do Ministério Público.
3.20. Código de Processo Civil, promulgado em 2015: consagrou a lógica da justiça multiportas. Verifica-se, por diversos dispositivos sua adoção por múltiplas portas de acesso à justiça, dentre eles destaca-se o artigo 3º, pelo qual se verifica: (i) o caráter jurisdicional da arbitragem; (ii) o dever do Estado, nos casos que tenha possibilidade, de promover a autocomposição; e (iii) o dever dos atores de estimularem os tratamentos autocompositivos.

CAPÍTULO I • TEORIA DA JUSTIÇA MULTIPORTAS

HISTÓRICO DOS MÉTODOS ADEQUADOS DE TRATAMENTO DE CONFLITOS NA LEGISLAÇÃO
3.21. Recomendação 21/2015 da Corregedoria Nacional de Justiça: Recomenda aos Tribunais e Corregedorias de Justiça a utilização de mecanismos consensuais de resolução de conflitos quando diante de infrações de natureza administrativo-disciplinar que apresentem reduzido potencial de lesividade.
3.22. Lei 13.140 de 2015 (Lei de Mediação): "(...) dispõe sobre a mediação como meio de solução de controvérsias entre particulares e sobre a autocomposição de conflitos no âmbito da administração pública".
3.23. Resolução 174/2016 do Conselho Superior da Justiça do Trabalho: dispõe sobre "a política judiciária de tratamento adequado das disputas de interesses no âmbito do Poder Judiciário Trabalhistas".
3.24. Resolução 225/2016 do CNJ: a política nacional de justiça restaurativa no âmbito do Poder Judiciário.
3.25. Recomendação 54/2017 do CNMP: Dispõe sobre a Política Nacional de Fomento à Atuação Resolutiva do Ministério Público brasileiro.
3.26. Lei 13.467/17 (Reforma Trabalhista): modificou a CLT para ampliar as hipóteses de autocomposição e, em determinadas hipóteses, possibilitar a arbitragem para resolver conflitos trabalhistas.
3.27. Provimento 67/2018 da Corregedoria do CNJ: procedimentos de conciliação e mediação nos serviços notariais e de registro.
3.28. Resolução 5/2018 do CNE/CES: instituiu a obrigatoriedade do conteúdo de tratamento adequado de conflitos nos cursos de graduação.
3.29. Lei 13.655/2018: incluiu na LINDB o artigo 26, prevendo um permissivo genérico à celebração de acordos pela Administração Pública.
3.30. Lei 13.867/19: autoriza o uso de mediação ou arbitragem para definir os valores de indenização nas desapropriações por utilidade pública, que entrou em vigor em 27/08/19.
3.31. Medida Provisória 899, de 16 de outubro de 2019 – convertida na Lei 13.988/2020: estabelece os requisitos e as condições para que a União, as suas autarquias e fundações, e os devedores ou as partes adversas realizem transação resolutiva de litígio relativo à cobrança de créditos da Fazenda Pública, de natureza tributária ou não tributária.
3.32. Lei 13.964, de 24 de dezembro de 2019 (Lei do pacote anticrime): acordo de não persecução penal e colaboração premiada.
3.33. Recomendação 58/2019 do CNJ: recomenda que os magistrados responsáveis pelo processamento e julgamento de processos de recuperação judicial e falência promovam, sempre que possível, o uso da mediação. Foi posteriormente alterado pela Recomendação 71/2020 do CNJ.
3.34. Recomendação 71/2020 do CNJ: Dispõe sobre a criação do Centros Judiciários de Solução de Conflitos e Cidadania – Cejusc Empresarial e fomenta o uso de métodos adequados de tratamento de conflitos de natureza empresarial.
3.35. Resolução CNJ 358/2020: 02/12/2020 – Regulamenta a criação de soluções tecnológicas para a resolução de conflitos pelo Poder Judiciário por meio da conciliação e mediação.
3.36. Lei 13.988/2020: Lei de Transação Tributária.
3.37. Lei Complementar 174/2020: Autoriza a extinção de créditos tributários apurados na forma do Regime Especial Unificado de Arrecadação de Tributos e Contribuições devidos pelas Microempresas e Empresas de Pequeno Porte (Simples Nacional), mediante celebração de transação resolutiva de litígio.
3.38. Lei 14.112/2020: modificou a Lei de Recuperação Judicial e falência, incluindo a Seção II-A – Das Conciliações e das Mediações Antecedentes ou Incidentais aos Processos de Recuperação Judicial.
3.39. Lei 14.133/2021 (Lei de Licitações e Contratos Administrativos): ampliou o uso de mecanismos adequados te tratamento de conflitos no âmbito das licitações e contratos administrativos, destinando capítulo específico ao tema – Capítulo XII – dos meios alternativos de resolução de controvérsias.
3.40. Recomendação 100/2021 do CNJ: Recomenda o uso de métodos consensuais de solução de conflitos em demandas que versem sobre o direito à saúde.
3.41. Recomendação 121/2021 do CNJ: recomenda o tratamento adequado de conflitos de natureza tributária, quando possível pela via da autocomposição, e dá outras providências.
3.42. Lei 14.181/2021: altera a Lei 8.078, de 11 de setembro de 1990 (Código de Defesa do Consumidor), e a Lei 10.741, de 1º de outubro de 2003 (Estatuto do Idoso), para aperfeiçoar a disciplina do crédito ao consumidor e dispor sobre a prevenção e o tratamento do superendividamento.
3.43. Recomendação 125/2021 do CNJ: dispõe sobre os mecanismos de prevenção e tratamento do superendividamento e a instituição de Núcleos de Conciliação e Mediação de conflitos oriundos de superendividamento, previstos na Lei 14.181/2021.

HISTÓRICO DOS MÉTODOS ADEQUADOS DE TRATAMENTO DE CONFLITOS NA LEGISLAÇÃO
3.44. Resolução 471/2022 do CNJ: dispõe sobre a Política Judiciária Nacional de Tratamento Adequado à Alta Litigiosidade do Contencioso Tributário no âmbito do Poder Judiciário e dá outras providências.
3.45. Resolução Administrativa 2398, de 5 de dezembro de 2022 do TST: Dispõe sobre a criação do Núcleo de Apoio à Conciliação e Políticas Públicas (Nacopp-TST/CSJT) e transformação do Núcleo Permanente de Conciliação (Nupec) em Centro Judiciário de Métodos Consensuais de Solução de Conflitos (Cejusc/TST) do Tribunal Superior do Trabalho.
3.46. Resolução 510 de 26/06/2023 do CNJ: Regulamenta a criação, no âmbito do Conselho Nacional de Justiça e dos Tribunais, respectivamente, da Comissão Nacional de Soluções Fundiárias e das Comissões Regionais de Soluções Fundiárias, institui diretrizes para a realização de visitas técnicas nas áreas objeto de litígio possessório e estabelece protocolos para o tratamento das ações que envolvam despejos ou reintegrações de posse em imóveis de moradia coletiva ou de área produtiva de populações vulneráveis.
3.47. Recomendação 142 de 25/08/2023 do CNJ: Recomenda aos Tribunais e aos(às) Magistrados(as) a adoção de medidas junto ao Poder Executivo dos Estados e do Distrito Federal para fomentar a inclusão de previsão orçamentária destinada à implementação da Política Nacional de Alternativas Penais e da Política de Atenção às Pessoas Egressas do Sistema Prisional em seus instrumentos de planejamento e orçamento.
3.48. Recomendação 140 de 21/08/2023 do CNJ: Recomenda e regulamenta a adoção de métodos de resolução consensual de conflitos pela Administração Pública dos órgãos do Poder Judiciário em controvérsias oriundas de contratos administrativos.
3.49. Resolução 508 de 22/06/2023 do CNJ: Dispõe sobre a instalação de Pontos de Inclusão Digital (PID) pelo Poder Judiciário.
3.50. Provimento 149, de 30 de agosto de 2023 do CNJ: Institui o Código Nacional de Normas da Corregedoria Nacional de Justiça do Conselho Nacional de Justiça — Foro Extrajudicial (CNN/CN/CNJ-Extra), que regulamenta os serviços notariais e de registro.

9. PREMISSAS IDEOLÓGICAS

9.1 Princípio do acesso à Justiça Multiportas

Durante muito tempo o acesso à justiça foi relacionado diretamente ao acesso ao Poder Judiciário. Essa era a interpretação clássica do disposto no art. 5º, XXXV, da Constituição Federal.

Assim, qualquer pessoa com qualquer tipo de conflito poderia bater às portas da justiça estatal para prevenir ou resolver controvérsias, sendo certo que no Brasil, salvo raras exceções, o alcance da justiça pelas próprias mãos é vedado.

Com isso, o jurisdicionado só tinha três opções: a) absorver o problema e suas consequências e nada fazer; b) tentar uma negociação com a outra parte; e c) judicializar a questão conflituosa.

A renúncia ao conflito e ao suposto direito geralmente tinha como fundamento evitar o desgaste de passar anos litigando na justiça estatal. A opção pela negociação não consistia em uma tradição dos brasileiros, e nem se cogitava a facilitação por um terceiro. A judicialização da controvérsia era considerada um caminho viável e resolutivo, especialmente porque a chancela pública sempre pareceu mais segura e assertiva.

Essa realidade foi aos poucos mudando, graças a movimentos legislativos, políticos e doutrinários que lançaram luzes às novas perspectivas.

Destarte, o incremento aos métodos adequados de tratamento de conflitos foi gradual, mas abarcou diversos ambientes e meios de prevenir ou solucionar as disputas, proporcionando caminhos antes não considerados.

Para isso, foi necessária uma alteração na ideologia e no comportamento dos profissionais do direito, que são os grandes responsáveis por encaminhar o cidadão à via mais apropriada.

Dessa forma, os campos judicial e extrajudicial estão repletos de oportunidades de auxiliar as partes na solução das controvérsias, cabendo, agora, maior divulgação e utilização.

Com efeito, a informação à sociedade dessas novas portas vai proporcionar maior autonomia da vontade na escolha do modo como as partes querem resolver as questões, tirando do Poder Judiciário o seu monopólio.

Diante dessas informações, caberá ao jurisdicionado mudar a sua cultura, no sentido de perceber que outros ambientes e métodos também são efetivos para a finalidade pretendida, e, por vezes, bem mais adequados.

Na sequência, esses novos espaços de resolução de disputas devem estar estruturados para oferecerem a qualidade necessária ao ganho de credibilidade social.

E os resultados positivos tendem a incentivar a ampliação da difusão da Justiça Multiportas.

Assim, o acesso à justiça se traduz no acesso aos meios e ambientes adequados de resolução de disputas, que equacione celeridade, menor custo, eficiência e maior satisfação dos envolvidos.

Em outros termos, a justiça estatal, a arbitral e a conciliativa representam formas legítimas de alcance do acesso à justiça.

Nessa nova concepção, as partes possuem verdadeiro direito subjetivo de ter diferentes opções para solucionar as contendas, o que reflete no verdadeiro empoderamento do cidadão na busca eficiente da pacificação social.

Como consequência, diante de uma disputa, o interessado poderá se valer do ambiente judicial ou extrajudicial, da forma presencial ou virtual, e, ainda, variados métodos de solução do conflito, como a negociação, a conciliação, a mediação, a arbitragem, o processo judicial, entre outros novos mecanismos que já existem ou que podem surgir.

Registre-se, aqui, a ampliação da autonomia da vontade de escolha da porta de melhor atenderá às particularidades do conflito, o que representa um salto enorme na democratização da solução das controvérsias.

Isso porque o leque de opções do jurisdicionado faz com que qualquer questão, de qualquer matéria, de qualquer valor ou complexidade, tenha vias apropriadas e acessíveis.

Para tanto, surgem desafios de estruturação das entidades públicas e privadas em formas de alcance das ferramentas a todos os envolvidos em um conflito de interesses.

Como exemplo, no âmbito judiciário, as partes podem optar por levar a controvérsia ao Cejusc para a tentativa de acordo, podem judicializar direito uma demanda, e ainda, dentro do processo, podem convencionar no campo material ou processual, inclusive com a renúncia à jurisdição estatal para o encaminhamento do caso à justiça arbitral.

No âmbito extrajudicial, a parte pode se valer da negociação direta, da conciliação ou mediação nas Câmaras privadas ou perante Procons, Defensoria Pública, Núcleos de Prática Jurídica das universidades, uso de plataformas *on-line* públicas ou privadas, entre outras possibilidades.

Portanto, essa disponibilização de métodos adequados de solução de conflitos é um dever do Estado e, também, de entes privados, que devem se corresponsabilizar por uma sociedade mais fraterna, harmônica e pacífica.

9.2   Princípio da primazia da consensualidade[56]

Conforme dito anteriormente, o reconhecimento do princípio da liberdade processual, além de reforçar o princípio dispositivo que rege o processo civil, ainda possibilitou a integração de outras normas, como é o caso do princípio da consensualidade.

Os últimos anos foram marcados por relevantes alterações legislativas, as quais refletiram o reconhecimento de importantes mudanças sociais e jurídicas, criando novas perspectivas em nosso ordenamento jurídico.

E uma das novidades implementada pelo legislador foi a abertura e o incentivo à consensualidade,[57] na tentativa de modificar uma cultura predominantemente adversarial em nosso sistema.

Para tanto, percebeu-se que, gradativamente, tanto o direito privado quanto o direito público[58] passaram a inserir formas de consenso entre os conflitantes, seja sobre o direito substancial, seja sobre o direito processual.[59]

Assim, até mesmo o Direito Administrativo e o Direito Penal, que sempre trabalharam com os dogmas da supremacia do interesse público sobre o interesse privado e com a indisponibilidade do interesse público, fazendo com que o Estado tivesse uma relação verticalizada com o particular, passaram a aderir à consensualidade. Isso porque houve uma releitura desses conceitos, impulsionada pelos ideais democráticos preco-

---

56. O assunto foi originalmente abordado em: CABRAL, Trícia Navarro Xavier. *Limites da liberdade processual*. 2. ed. Indaiatuba: FOCO, 2021, p. 36-39.

57. O tema foi inicialmente tratado em: CABRAL, Trícia Navarro Xavier. Justiça Multiportas no Brasil. In: RODAS, João Grandino; SOUZA, Aline Anhezini; DIAS, Eduardo Machado, et al. (Coords.). **Visão Multidisciplinar das Soluções de Conflitos no Brasil**. Curitiba: Prismas, 2018, p. 333-346.

58. O direito público cuida do modo de ser do Estado, incluindo suas relações com outros Estados e com os indivíduos. Ele versa sobre as relações jurídicas que envolvem a participação e a autoridade do Estado, por meio de atribuições conferidas pela lei. Ver: BRANCATO, Ricardo Teixeira. **Instituições de direito público e de direito privado**. 12ª. ed. rev. e ampl. São Paulo: Saraiva, 2003, p. 18-20.

59. BARREIROS, Lorena Miranda Santos. **Convenções processuais e poder público**. Salvador: Juspodivm, 2017, p. 85-92.

nizados pela Constituição de 1988, que imprimiu uma roupagem mais contemporânea aos referidos paradigmas.[60]

Com isso, a postura original do Estado, geralmente imperativa e autoritária, está, aos poucos, cedendo a um comportamento mais maleável, dialogado, paritário e participativo com o particular, permitindo a construção de soluções consensuais para os conflitos.

Nesse contexto, temos na atualidade, diversos exemplos de alterações legislativas que afetaram ramos do direito público[61] e passaram a permitir alguma dose de consensualidade.[62]

Um importante marco legal para esse novo momento de incentivo à consensualidade ocorreu com o advento da Resolução n. 125/2010, do Conselho Nacional de Justiça – CNJ, que implementou a Política Nacional de Tratamento Adequado de Conflitos. Por meio desse ato normativo o CNJ, de forma corajosa, chamou para o Poder Judiciário a responsabilidade de difundir essa política na nossa sociedade.

Não obstante, a Resolução n. 118/2014, do Conselho Nacional do Ministério Público, dispõe sobre a Política Nacional de Incentivo à Autocomposição no âmbito do Ministério Público e dá outras providências. Esse ato prevê que o uso da negociação, a mediação, a conciliação, as convenções processuais e as práticas restaurativas são instrumentos efetivos de pacificação social, resolução e prevenção de litígios, controvérsias e problemas e que a sua apropriada utilização em programas já implementados no Ministério Público tem reduzido a excessiva judicialização e tem levado os envolvidos à satisfação, à pacificação, à não reincidência e ao empoderamento.

---

60. Sobre o tema, cf.: BARREIROS, Lorena Miranda Santos. **Convenções processuais e poder público**. Salvador: Juspodivm, 2017.
61. A Lei n. 8.429/1992 (Lei de Improbidade Administrativa) vedava expressamente em seu art. 17, §1º, a celebração de transação, acordo ou conciliação em ações de improbidade, sob a justificativa de sua simetria com o Processo Penal. Contudo, a doutrina já defende a revogação tácita da referida proibição com base em dois fundamentos: a) a perda das razões históricas que lastreou o referido dispositivo, especialmente diante de outras Leis que passaram a permitir a consensualidade na esfera Penal e no Processo Penal; b) o advento da Lei n. 13.140/2015 (Lei de Mediação), que prevê, em seu art. 36, §4º, a possibilidade de acordo em procedimento de mediação quando a matéria objeto do litígio estiver sendo discutida em ação de improbidade administrativa, desde que exista expressa anuência do juiz da causa ou do ministro relator. No Direito Penal, de natureza sancionadora, com a promulgação da Lei n. 9.099/1995 (Juizados Especiais Criminais), passou-se a admitir a celebração de transação penal para os crimes de menor potencial ofensivo e de suspensão condicional do processo. No Direito Administrativo, em matéria de defesa da concorrência, há previsão de celebração de acordo de leniência, instituída pela Lei n. 10.149/2000. No combate à corrupção e no campo da licitação, o acordo de leniência foi regulamentado pela Lei n. 12.846/2013. No Direito Processual Penal, com o surgimento da Lei n. 12.850/2013, criou-se o instituto da colaboração premiada, possibilitando ao acusado o perdão judicial, a redução da pena privativa de liberdade ou a sua conversão em pena restritiva de direito. Mais recentemente, a Lei n. 13.964/2019 instituiu o acordo de não persecução penal para os crimes de médio potencial ofensivo.
62. BARREIROS, Lorena Miranda Santos. *Convenções processuais e poder público*. Salvador: JusPODIVM, 2017, p. 85-92.

No Direito Processual Civil, a Lei n. 13.105/2015 que reformou o Código de Processo Civil inseriu a ideia de consenso em diversos dispositivos, mas em especial no art. 3º, inserido no capítulo referente às normas fundamentais do processo civil.

Ademais, o marco legal da mediação no Brasil, a Lei n. 13.140/2015 (Lei de Mediação) teve fundamental importância para o desenvolvimento dos métodos consensuais de resolução de conflitos, pois regulamentou as esferas pública e privada, trazendo inúmeras potencialidades para as partes.

E para complementar o aparato legislativo, a Lei n. 13.129/2015 que reformou a Lei de Arbitragem, também possibilita algum grau de consenso entre as partes, tanto na espera privada como na esfera pública.

Pode-se destacar, ainda, a edição da Resolução CSJT n. 174/2016, que dispõe sobre a política judiciária nacional de tratamento adequado das disputas de interesses no âmbito do Poder Judiciário Trabalhista e dá outras providências.

Formou-se, portanto, no Brasil, um microssistema de métodos adequados de resolução de conflitos, com significativas mudanças de perspectiva e de possibilidades relacionadas às formas de interação do Estado com outros órgãos público ou com particulares, com variadas opções de mecanismos colocados à disposição dos interessados na busca de uma solução satisfatória para as controvérsias.

Registre-se que as legislações que posteriormente foram propostas, criadas ou aperfeiçoadas passaram a encampar formas adequadas de tratamento de disputas, como foi o caso da Lei n. 14.112/2020, que atualizou a legislação referente à recuperação judicial, à recuperação extrajudicial e à falência do empresário e da sociedade empresária.

Nesse contexto, vê-se que a forma de lidar com os conflitos vem passando por relevante mutação, atualizando, assim, o conceito de acesso à justiça, tradicionalmente vinculado à ideia única de imposição de uma sentença pelo juiz.[63]

Portanto, diante de todos esses argumentos, pode-se concluir que o ordenamento jurídico brasileiro incorporou, em definitivo, o princípio da consensualidade, que deve pautar as relações jurídicas públicas e privadas.

Esse grande incentivo à consensualidade, afeta todos os ramos do direito, inclusive processo civil.

Por essas razões quando o art. 3º, § 2º, do CPC, diz que "*O Estado promoverá, sempre que possível, a solução consensual dos conflitos*", deve-se compreender que: a) trata-se de uma nova ideologia pretendida pelo sistema processual; b) o alcance dessa norma envolve tanto as questões de direito material, quanto de direito processual, c) inclui as esferas judicial e extrajudicial e d) aplica-se aos campos público e privado.

---

63. Humberto Dalla defende que, em caso de o acordo contrariar orientação jurisprudencial, "[...] o princípio pela busca do consenso deve prevalecer sobre o da observância dos precedentes". (PINHO, Humberto Dalla Bernardina de. **Jurisdição e pacificação**: limites e possibilidades do uso dos meios consensuais de resolução de conflitos na tutela de direitos transindividuais e pluri-individuais. Curitiba: CRV, 2017, p. 234-236).

Isso faz com que aflore um novo formato de interação entre os sujeitos processuais, em que a postura de combate seja aos poucos substituída pelo consenso, ainda que apenas em termos processuais.

Dessa forma, as partes devem, paulatinamente, assimilar a possibilidade de dispor sobre o objeto litigioso, mas também amadurecer para a perspectiva de otimização do procedimento, por meio de acordos sobre o modo de desenvolvimento do processo, em benefício da duração razoável do processo e da efetividade.

Essa perspectiva traz íntima relação com os atos de disponibilidade processual, que podem envolver diversos objetos, formatos e sujeitos do processo.

9.3   Princípio da cooperação[64]

Aos princípios da liberdade processual, dispositivo e consensualidade também pode ser acrescido o princípio da cooperação.[65]

O princípio da cooperação está previsto no art. 6º, do CPC/15, que exige que todos os sujeitos do processo cooperem entre si para o alcance de decisão de mérito justa, efetiva e tempestiva.

O enaltecimento do princípio da cooperação no processo civil trouxe grandes modificações comportamentais e benefícios para o nosso sistema. Esse movimento se iniciou ainda sob da vigência do CPC/73 e teve forte influência da doutrina que adota o formalismo-valorativo[66] como a atual fase metodológica do processo.

Embora este trabalho considere que não há propriamente um "modelo cooperativo de processo", mas sim um modelo constitucional de processo, não há qualquer incompatibilidade com a referida teoria. Ao contrário, ambas partem da mesma premissa, ou seja, da estreita relação entre Constituição e processo.

Além disso, a necessidade de equilíbrio da participação dos sujeitos processuais também é incontestável, mediante a busca de mais diálogo, mais consenso e mais solidariedade entre os atores do processo.

Com efeito, a incorporação da solidariedade entre os entes da relação processual não é novidade, e vem sendo cada vez mais enaltecida pelos ordenamentos jurídicos, nacional e estrangeiro, sendo que em nosso sistema a base legal vem insculpida logo no art. 3º, I, da Constituição da República.[67]

---

64. O assunto foi originalmente abordado em: CABRAL, Trícia Navarro Xavier. *Limites da liberdade processual*. 2. ed. Indaiatuba: FOCO, 2021, p. 39-40.

65. Marcelo José Magalhães Bonicio, ao abordar a colaboração no processo, defende tratar-se de uma ideologia, mas que indica apenas uma forma de compreender o contraditório, refutando a defesa de que seja um princípio processual, também não tendo força para inaugurar um novo modelo ideológico de processo. (BONICIO, Marcelo José Magalhães. **Princípios do processo no novo Código de Processo Civil**. São Paulo: Saraiva, 2016, p. 84-85).

66. OLIVEIRA, Carlos Alberto Alvaro de. O formalismo-valorativo no confronto com o formalismo excessivo. *Revista de Processo*, São Paulo, Revista dos Tribunais, ano 31, n. 137, p. 7-31, jul. 2006.

67. **Artigo 3º** – Constituem objetivos fundamentais da República Federativa do Brasil: I – construir uma sociedade livre, justa e solidária.

Assim, o Brasil vivencia um momento de mudanças de paradigmas, de transformação da educação da combatividade para dar espaço à lógica da consensualidade.

E gradualmente começa a se ver na prática forense posturas menos adversariais por parte dos advogados e menos autoritárias por parte dos juízes, ainda que muitos desses comportamentos tenham sido alterados por imposição legal, como foi o caso do art. 10, do CPC/15 que proibiu o proferimento de decisão surpresa pelo juiz, inclusive em relação às matérias cognoscíveis de ofício.

Dessa forma, os deveres de esclarecimento, prevenção, debate e auxílio são aplicáveis a todos os sujeitos processuais, reciprocamente.[68]

E o aumento das espécies de disponibilidade processual estimula cada vez mais essa cooperação entre os integrantes da relação jurídica processual, como forma de legitimar o equilíbrio participativo que se espera no processo.[69]

Nesse contexto, o empenho de todos os sujeitos da relação processual[70] é garantia certa da boa entrega da tutela jurisdicional, mostrando-se imprescindível a colaboração dos que integram o processo. A atuação conjunta de juiz e partes, aliás, tem se revelado um meio bastante eficaz para o alcance da jurisdição efetiva, propiciando às partes o acesso à ordem jurídica justa.[71]

O princípio da cooperação também faz ressaltar a lealdade e a boa-fé entre os agentes processuais, estabelecendo um padrão de conduta objetiva dos sujeitos do processo, nos termos do art. 5º, do CPC/15.

De outra banda, o princípio da cooperação enaltece o contraditório, previsto nos arts. 7º e 9º, ambos do CPC/15, na medida em que exige que as partes tenham tratamento igualitário no exercício de direitos e faculdades processuais, com concretas oportunidades de contribuição para o convencimento judicial.

---

68. Daniel Mitidiero, ao tratar desses deveres, conclui que as partes não possuem o dever de colaborar entre si. (MITIDIERO, Daniel. *Colaboração no processo civil*: pressupostos sociais, lógico e éticos. 3º. ed. Revista, atualizada e ampliada. São Paulo: Revista dos Tribunais, 2015, p. 68-71).

69. "Decorre daí, em primeiro lugar, a recuperação do valor essencial do diálogo judicial na formação do juízo, que há de frutificar pela cooperação das partes com o órgão judicial e deste com as partes, segundo as regras formais do processo. O colóquio assim estimulado, assinale-se, deverá substituir com vantagem a oposição e o confronto, dando azo ao concurso das atividades dos sujeitos processuais, com ampla colaboração tanto na pesquisa dos fatos quanto na valorização da causa. As diretivas aqui preconizadas reforçam-se, por outro lado, pela percepção de uma democracia mais participativa, com um consequente exercício mais ativo da cidadania, inclusive de natureza processual. Além de tudo, revela-se inegável a importância do contraditório para o processo justo, princípio essencial que se encontra na base mesma do diálogo judicial e da cooperação. [...] Esse objetivo impõe-se alcançado pelo fortalecimento dos poderes das partes, por sua participação mais ativa e leal no processo de formação da decisão, em consonância com uma visão não autoritária do papel do juiz e mais contemporânea quanto à divisão dos trabalhos entre o órgão judicial e as partes." (OLIVEIRA, Carlos Alberto Alvaro de. O formalismo-valorativo no confronto com o formalismo excessivo. *Revista de Processo*, São Paulo, Revista dos Tribunais, ano 31, n. 137, jul. 2006, p. 13).

70. Também defendendo a cooperação entre as partes e o juiz, cf.: BARROS, Marco Antônio de. *A busca da verdade no processo penal*. São Paulo: Revista dos Tribunais, 2002, p. 33-34.

71. Sobre o tema, cf.: MAZZOLA, Marcelo. *Tutela jurisdicional colaborativa*: a cooperação como fundamento autônomo de impugnação. Curitiba: CRV, 2017.

Registre-se, ainda, que o dever de cooperação entre as partes não se relaciona com o mérito, mas sim com o próprio processo, permitindo que uma atuação colaborativa otimize, por exemplo, custo e tempo, em prol do alcance de uma decisão tempestiva, justa e efetiva.

Além da cooperação interprocessual, o legislador previu a cooperação judiciária nacional (arts. 67 a 69, do CPC) e a cooperação jurídica internacional (art. 26 e 27, do CPC). Também cresce no Brasil a realização de atos de cooperação interinstitucionais, que envolvem órgãos do Judiciário e outros entes públicos e privados, na busca de resultados eficientes para o fim que se destina.

9.4 Princípio da atipicidade dos ambientes e métodos de resolução de conflitos

As formas de resolução de controvérsias vêm passando por ampla sofisticação, beneficiando cada vez mais a sociedade. Partimos de um absoluto monopólio do Poder Judiciário, que oferecia como regra a solução adjudicada e a autocomposição como exceção.

Atualmente, o campo judiciário oferece outros caminhos, como a conciliação e a mediação na fase pré-processual, ou seja, quando ainda não há uma demanda ajuizada, ou, após a propositura da ação, a possibilidade de encerrar o conflito por meio de uma decisão judicial que impõe às partes uma solução ou então homologa um acordo por elas construído. A existência de um processo judicial em tramitação também possibilita que as partes tentem a negociação, a conciliação, a mediação, o termo de ajustamento de conduta, o uso de plataforma *on-line*, e outras formas de resolução das controvérsias na esfera extrajudicial, cujo êxito pode afetar o resultado do feito.

Ainda sobre os possíveis métodos no campo judicial, têm-se os acordos de não persecução cível, os acordos de não persecução penal, os acordos de leniência, a justiça restaurativa, a transação penal, a conciliação global de superendividamento, a negociação com credores em recuperação judicial, a autocomposição em matéria de natureza coletiva ou estrutural, entre outros modos de alcance da pacificação social.

Cada uma dessas ferramentas possui uma técnica própria, capaz de atender às especificidades dos conflitos, sendo que as hipóteses não se esgotam nas já mencionadas.

Na esfera extrajudicial também temos a negociação, a conciliação, a mediação, a arbitragem, os termos de ajustamento de conduta, os *dispute boards* (comitês de resolução de disputas), a negociação extrajudicial da recuperação judicial, a mediação escolar, a mediação comunitária, o *design* de sistema de disputas, sem prejuízo de outras possíveis formas de solução das controvérsias.

Já quanto aos ambientes, no Judiciário pode-se resolver os conflitos nas unidades judiciárias de julgamento (varas cíveis e criminais, Juizados Especiais Cíveis e Criminais), mas também perante o Cejusc, que é uma unidade judiciária autônoma que oferece os serviços de conciliação e mediação.

No ambiente extrajudicial têm-se, de forma exemplificativa, as Câmaras Privadas de conciliação, mediação e/ou arbitragem, os escritórios advocatícios especializados em negociação, os Procons, a Defensoria Pública, o Ministério Público, e os diversos órgãos da administração pública criados especificamente para a prevenção e solução de controvérsias, além das plataforma *on-line* de resolução de conflitos.

Todos esses ambientes e métodos podem atuar de forma autônoma ou interconectada, associada, misturando-se técnicas em prol de uma maior eficiência e satisfação dos envolvidos.

Ao longo da evolução sistêmica e tecnológica, outras formas e espaços podem ser disponibilizadas ou agregadas ao modelo de Justiça Multiportas, contribuindo para a melhor solução das disputas.

Assim, há uma porosidade no sistema apta a absorver novas ferramentas e novas portas capazes de robustecer ainda mais o nosso ordenamento jurídico.

9.5 Princípio da adequação

Além dos princípios atinentes a cada método de resolução de conflito, entrou em cena o princípio da adequação, que busca relacionar as particularidades do conflito às técnicas compositivas mais apropriadas para a sua resolução.

Assim, a partir de um diagnóstico correto e adequado do conflito, é possível tomar as decisões sobre o ambiente e o método de resolução de disputa que garanta maior eficiência e satisfação para os envolvidos.

Diogo Almeida assevera que existem os métodos autocompositivos, os impositivos e os mistos ou híbridos, cada qual estruturado com ferramentas e técnicas pensadas para socorrer situações específicas. Assim, deve existir uma conexão entre o conflito e suas particularidades e o método eleito para a sua resolução. Isso porque, enquanto a escolha correta do método pode trazer mais eficiência para o resultado, a escolha descuidada pode trazer consequências que vão desde a insatisfação das partes até o acirramento do conflito.[72]

Mas quais seriam os critérios para essas escolhas?

Importante pontuar desde logo que essa adequação deve ser flexível para atender a cada caso concreto. Desse modo, não há como fixar, de antemão, uma relação estanque de conexão entre o conflito e o método, já que as situações fáticas e interpessoais podem variar mesmo quando envolvidas questões jurídicas idênticas ou repetitivas.

---

72. ALMEIDA, Diogo Rezende de. Novamente o princípio da adequação e os métodos de solução de conflitos. In: ZANETI JR., Hermes; CABRAL, Trícia Navarro Xavier. *Justiça multiportas*: mediação, conciliação, arbitragem e outros meios de solução adequada de conflitos. 3. ed. revista, ampliada e atualizada. Salvador: JusPODIVM, 2022, p. 327-350.

CAPÍTULO I • TEORIA DA JUSTIÇA MULTIPORTAS

Nesse contexto, cada conflito possui características próprias que devem ser avaliadas, como: a) a natureza jurídica da questão; b) a relação entre as partes (continuada ou pontual); c) os valores inerentes ao conflito; d) as despesas envolvidas na resolução (custo com advogado, por ex.); e) o desgaste emocional; f) celeridade da discussão; g) os efeitos pretendidos, entre outras possíveis hipóteses.

Para Morton Deustch, num episódio conflituoso, seja ele estabelecido entre sindicato e empresa, entre nações, entre um marido e sua esposa, ou entre crianças, é importante identificar: i) as características das partes em conflito (seus valores e motivações; suas aspirações e objetivos; seus recursos físicos, intelectuais e sociais para travar ou resolver conflitos; suas crenças sobre conflito, incluindo suas concepções estratégicas e táticas; e assim por diante); ii) os relacionamentos prévios de um com o outro (suas concepções, crenças e expectativas sobre o outro, incluindo o que cada um acredita ser a visão do outro sobre si, e particularmente o grau de polarização que ocorreu em avaliações como "bommau", "confiável-desconfiável"); iii) a natureza da questão que dá origem ao conflito (seu âmbito, rigidez, importância emocional, formulação, periodicidade etc.); iv) o ambiente social em que o conflito ocorre (as facilidades e restrições, os encorajamentos e as retrações que ele gera em relação às diferentes estratégias e táticas de travar ou resolver conflitos, incluindo a natureza das normas sociais e das formas institucionais que o regulamentam); v) os espectadores interessados no conflito (seus relacionamentos entre si e com as partes em conflito, seus interesses no conflito e as consequências deste para os espectadores, suas características); vi) a estratégia e a tática empregadas pelas partes no conflito (em avaliar e/ou mudar a utilidade, a inutilidade e as probabilidades subjetivas de cada um; e em influenciar as concepções dos outros sobre as próprias utilidades e inutilidades de alguém por meio de táticas que variam em dimensões como legitimidade-ilegitimidade, o uso relativo de incentivos positivos e negativos como promessas e recompensas ou ameaças e punições, liberdade de escolha-coerção, a abertura e veracidade da comunicação e do compartilhamento de informações, o grau de credibilidade, o grau de comprometimento, os tipos de motivos alegados, e assim por diante); e vii) as consequências do conflito para cada participante e para outras partes interessadas (os ganhos e perdas relacionados à questão imediata em conflito, os precedentes estabelecidos, as mudanças internas nos participantes resultantes de terem entrado em conflito, os efeitos a longo-prazo no relacionamento entre as partes envolvidas, a reputação que cada parte desenvolve aos olhos dos vários espectadores interessados).[73]

Desse modo, será necessária uma análise global desses aspectos para, a partir das prioridades estabelecidas, identificar o ambiente e o método que melhor atingirá o objetivo dos envolvidos, considerando todos os aspectos e contornos presentados.

---

73. DEUSTCH, Morton. A Resolução do Conflito: processos construtivos e destrutivos. New Haven (CT) Yale University Press, 1977 – traduzido e parcialmente publicado em AZEVEDO, André Gomma de (Org.). *Estudos em arbitragem, mediação e negociação*. Brasília: Grupos de Pesquisa, 2004. v. 3. p. 2-4.

9.5.1 A imprescindibilidade da triagem

A finalidade da Justiça Multiportas como representação do acesso às formas variadas e legítimas de solução de conflitos só faz sentido se cada um dos ambientes e métodos forem escolhidos e usados adequadamente.

Para isso, necessário se faz lançar luzes sobre uma etapa do processo de resolução de conflitos pouco explorada: a triagem.

A triagem consiste na observação cuidadosa e detalhada das características e especificidades que envolvem a controvérsia, tanto no aspecto objetivo como no subjetivo.

No aspecto objetivo, deve ser apurado o tipo do conflito, sua complexidade, seus custos, a previsão de duração dos métodos, a proporcionalidade da via eleita, as chances de êxito.

Já no aspecto subjetivo, deve ser considerado as particularidades das partes envolvidas, como os aspectos emocionais, a relação existente entre elas, os riscos e benefícios dos métodos para o tratamento da comunicação e do restabelecimento dos vínculos, o desgaste envolvendo a duração, os custos e os resultados de cada método.

Assim, cada conflito terá uma porta mais adequada, de acordo com essa checagem que deve ser feita previamente.

Registre-se que essa triagem deve ser feita pelas partes, pelos advogados, defensores públicos, ministério público e pelo juiz quando recebe uma demanda judicial.

Ademais, a constatação inicial de um contexto conflituoso que leva a uma determinada porta pode ser alterado ao longo do processo resolutivo, a justificar a alteração dos métodos por outro, como ocorre no processo judicial ou arbitral em que a solução que inicialmente seria adjudicada, passa a ser solucionada por meio de uma conciliação ou mediação, resultando em acordo.

Essa triagem também pode ser feita de forma preventiva, quando o conflito está prestes a se instalar ou quando está em seu início, provocando providências capazes de conter a controvérsia.

Trata-se de diligência não muito comum em nossa sociedade e no meio jurídico, mas que certamente pode ser bastante producente para evitar, eliminar ou abrandar disputas.

Desse modo, para que a ideia de Justiça Multiportas funcione, deve-se atentar para o empoderamento e a autonomia da vontade das partes, aliadas a uma análise mais técnica das potencialidades e riscos dos conflitos e dos possíveis meios de solução, a fim de que haja a devida adequação, proporcionalidade e eficiência no resultado.

9.6 PRINCÍPIO DA EFICIÊNCIA DO TRATAMENTO DE CONFLITOS

Já o princípio da eficiência[74] foi introduzido no artigo 37, *caput*, da Constituição Federal de 1988[75], pela Emenda Constitucional 19, de 04.06.1998, na qualidade de princípio da Administração Pública.

Com efeito, a eficiência[76] é considerada como a capacidade de alcançar objetivos e metas programadas de forma otimizada em termos de custo e tempo. A reforma administrativa que acrescentou o princípio da eficiência teve por finalidade melhorar um modelo de gestão considerado burocrático e formal, para conferir-lhe um perfil mais gerencial, rápido e eficaz[77], trazendo, assim, bons e competentes resultados, com uma margem mínima de erros.[78]

---

74. O tema foi originalmente tratado em: CABRAL, Trícia Navarro Xavier. *Ordem pública processual*. Brasília: Gazeta Jurídica, 2015, p. 101-112.
75. "Art. 37. A administração pública direta e indireta de qualquer dos Poderes da União, dos Estados, do Distrito Federal e dos Municípios obedecerá aos princípios da legalidade, impessoalidade, moralidade, publicidade e eficiência e, também, ao seguinte: [...]."
76. "O dever de eficiência estrutura o modo como a administração deve atingir os seus fins e qual deve ser a intensidade da relação entre as medidas que ela adota e os fins que ela persegue. O tema da eficiência não é novo no Direito anglo-saxão, onde são diferenciadas duas exigências: o dever de atingir o máximo do fim com o mínimo de recursos (*efficiency*); o dever de, com um meio, atingir o fim ao máximo (*effectiveness*)." (ÁVILA, Humberto. Moralidade, razoabilidade e eficiência na atividade administrativa. *Revista Eletrônica de Direito do Estado*, Salvador, Instituto de Direito Público da Bahia, n. 4, p. 19, out./dez. 2005. Disponível em: <http://www.direitodoestado.com/revista/rede-4-outubro-2005-humberto%20avila.pdf>. Acesso em: 05 out. 2013).
77. "A eficiência, tal como se a entende neste trabalho, é implicação da própria atribuição de fins à administração pública. Com efeito, a administração, de acordo com o ordenamento jurídico, deve promover a realização de vários fins. Quando a administração emprega um meio que, embora adequado à realização de um fim, não serve para atingi-lo minimamente em termos quantitativos, qualitativos e probabilísticos, o fim não é promovido satisfatoriamente. A instituição de fins a serem promovidos pela administração impede que ela escolha meios que não os promova de modo satisfatório. Essa exigência mínima de promoção dos fins atribuídos à administração é o próprio dever de eficiência administrativa. Eficiente é a atuação administrativa que promove de forma satisfatória os fins em termos quantitativos, qualitativos e probabilísticos. Para que a administração esteja de acordo com o dever de eficiência, não basta escolher meios adequados para promover seus fins. A eficiência exige mais do que mera adequação. Ela exige satisfatoriedade na promoção dos fins atribuídos à administração. Escolher um meio adequado para promover um fim, mas que promove o fim de modo insignificante, com muitos efeitos negativos paralelos ou com pouca certeza, é violar o dever de eficiência administrativa, O dever de eficiência traduz-se, pois, na exigência de promoção satisfatória dos fins atribuídos à administração pública, considerando promoção satisfatória, para esse propósito, a promoção minimamente intensa e certa do fim." (ÁVILA, Humberto, Moralidade, razoabilidade e eficiência na atividade administrativa, cit., p. 23).
78. "Consoante a doutrina clássica, os atos jurídicos em geral, inclusive as normas jurídicas, comportam análise em três planos distintos: os da sua existência, validade e eficácia. No período imediatamente anterior e ao longo da vigência da Constituição de 1988, consolidou-se um quarto plano fundamental da apreciação das normas constitucionais: o da sua efetividade. Efetividade significa a realização do Direito, na atuação prática da norma, fazendo prevalecer no mundo dos fatos os valores e interesses por ela tutelados. Simboliza a efetividade, portanto, a aproximação, tão íntima quanto possível, entre o *dever ser* normativo e o *ser* da realidade social. O intérprete constitucional deve ter compromisso com a efetividade da Constituição: entre interpretações alternativas e plausíveis, deverá prestigiar aquela que permita a atuação da vontade constitucional, evitando, no limite do possível, soluções que se refugiem no argumento da não autoaplicabilidade da norma ou na ocorrência de omissão do legislador." (BARROSO, Luis Roberto. *A nova interpretação constitucional*: ponderação, direitos fundamentais e relações privadas. Rio de Janeiro: Renovar, 2003. p. 364).

Como se observa, a eficiência mais se aproxima do conceito econômico do que do jurídico[79]. Contudo, seus atributos podem e devem ser aproveitados no âmbito da Administração Pública, tendo como vertentes não só a gestão administrativa em si, mas também o melhor desempenho de seus agentes para alcançar os resultados pretendidos. Há, portanto, um comprometimento com os interesses sociais, mediante a flexibilização da atividade estatal e aceitação, inclusive, de maior participação da iniciativa privada.

Por suas características estruturantes e ideológicas, defende-se que a eficiência possui natureza jurídica de um postulado[80-81], no sentido de ser uma metanorma, com estrutura e finalidade de estado de coisas buscado na aplicação de outras normas (princípios e regras)[82].

A eficiência capaz de incrementar o formato de gestão da Administração Pública para torná-lo mais eficaz atinge, necessariamente, o modelo de gerenciamento existente no Poder Judiciário, não só no viés da Administração Judiciária – incluindo o melhor desempenho de seus integrantes[83] –, mas também em relação à gestão de um determi-

---

79. "*Eficiência* não é um conceito jurídico, mas econômico; não qualifica normas; qualifica atividades. Numa ideia muito geral, *eficiência* significa fazer acontecer com racionalidade, o que implica medir os custos que a satisfação das necessidades públicas importam em relação ao grau de utilidade alcançado. Assim, o *princípio da eficiência*, introduzido agora no art. 37 da Constituição pela EC-19/98, orienta a atividade administrativa no sentido de conseguir os melhores resultados com os meios escassos de que se dispõe e a menor custo. Rege-se, pois, pela regra da consecução do maior benefício com o menor custo possível. Portanto, o princípio da eficiência administrativa tem como conteúdo a relação meios resultados." (SILVA, José Afonso da. *Curso de direito constitucional positivo*. 26. ed. rev. e atual. nos termos da Reforma Constitucional (até a Emenda Constitucional 48, de 10.8.2005). São Paulo: Malheiros, 2006. p. 671). (Grifos originais).

80. "[...] a eficiência não é um valor em si, mas um instrumento de estruturação das ações concretizadoras de valores. Logo, a eficiência não consubstancia um princípio, mas sim o que a teoria hodierna do direito chama de *postulado aplicativo normativo*. [...] O postulado da eficiência é uma metanorma, ou norma de segundo grau, pois estrutura a produção de outras normas, isto é, estrutura a produção de regras em consonância com os princípios que as inspiram. Não impõe o dever jurídico de promover-se um fim, mas estrutura, mediante a produção de regras jurídicas, a aplicação do dever de promover-se os fins que as infundiram. Não prescreve diretamente um comportamento, mas sim uma maneira de elaboração das regras, em que se concorda ao máximo o conteúdo delas com os valores que lhe justificaram a produção e que devem estar nelas imbricados. [...] o postulado normativo da eficiência viabiliza um controle judicial repressivo sobre as 'ações frustrantes' dos ideais jurídico-institucionais (metas, objetivos, fins, valores, princípios, tarefas, etc.) impostos ao Estado." (COSTA, Eduardo José da Fonseca. *As noções jurídico-processuais de eficácia, efetividade e eficiência*, cit., p. 292-293). (Grifos originais).

81. Nesse sentido, o recente julgado: "Agravo regimental no recurso extraordinário com agravo. Administrativo. Militar. Processo disciplinar. Observância do contraditório e ampla defesa. Violação ao art. 5º, LIV e LV, da Constituição. Reexame do acervo fático-probatório dos autos. Súmula 279. Alegação de ofensa ao art. 37, *caput*, da Constituição. Ofensa reflexa. Precedentes. Agravo regimental improvido. [...] III – *As alegações de desrespeito aos postulados da legalidade, impessoalidade, moralidade, publicidade e eficiência, se dependentes de reexame prévio de normas infraconstitucionais, podem configurar, quando muito, situações de ofensa meramente reflexa ao texto da Constituição.* III – Agravo regimental improvido." (STF – AgR ARE n. 728.143, Segunda Turma, rel. Min. Ricardo Lewandowski, j. 11.06.2013, *DJe*, de 24.06.2013). grifei

82. ÁVILA, Humberto. *Moralidade, razoabilidade e eficiência na atividade administrativa*, cit., p. 8.

83. "O princípio da eficiência apresenta, na realidade, dois aspectos: pode ser considerado em relação ao *modo de atuação do agente público*, do qual se espera o melhor desempenho possível de suas atribuições, para lograr os melhores resultados; e em relação ao *modo de organizar, estruturar, disciplinar a Administração Pública*, também com o mesmo objetivo de alcançar os melhores resultados na prestação do serviço público." (DI PIETRO, Maria Sylvia Zanella. *Direito administrativo*. 23. ed. atual. até a EC 62/09. São Paulo: Atlas, 2010. p. 83). (Grifos originais).

nado processo[84] pelo juiz, em cooperação com os demais sujeitos processuais. Por isso, fala-se em postulado da eficiência processual, que representa a normatização da já conhecida efetividade do processo e de seus atos. Assim, o postulado da eficiência tem um viés administrativo e outro processual, sendo ambos indispensáveis e complementares.

Destarte, o postulado da eficiência é tão abrangente, que costuma ser relacionado ao princípio da legalidade[85], à cláusula do devido processo legal (art. 5º, LIV, da CF)[86] e ao princípio da razoável duração do processo (art. 5º, LXXVIII, da CF).[87]

Assim, mais do que seguro e devido, o processo precisa ser efetivo e alcançar seus resultados de modo eficiente.

De outra banda, o postulado da eficiência corresponde à evolução do próprio princípio da instrumentalidade das formas, com a seguinte diferença: nesse último, o objetivo é extrair o máximo de aproveitamento dos atos jurisdicionais; naquele, há uma abrangência maior dos propósitos do processo, para garantir não só a otimização e a conservação dos atos, mas a satisfação dos jurisdicionados, com a resolução completa da crise de direito material instalada e a entrega do bem da vida reivindicado, por meio de instrumentos eficazes.[88]

---

84. "O órgão jurisdicional é, assim, visto como um administrador: *administrador de um determinado processo*. Para tanto, a lei atribui-lhe poderes de condução (gestão) do processo. Esses poderes deverão ser exercidos de modo a dar o máximo de eficiência ao processo. Trata-se, corretamente, o serviço jurisdicional como uma espécie de serviço público. Para a compreensão do princípio do processo jurisdicional eficiente, é imprescindível, então, o diálogo entre a Ciência do Direito Processual e a Ciência do Direito Administrativo. Essa é a primeira premissa: o princípio da eficiência dirige-se, sobretudo, a orientar o exercício dos poderes de gestão do processo pelo órgão jurisdicional, que deve visar à obtenção de um determinado 'estado de coisas': o processo eficiente. *ii)* A aplicação do princípio da eficiência ao processo é uma versão contemporânea (e também atualizada) do conhecido princípio da economia processual. Muda-se a denominação, não apenas porque é assim que ela aparece no texto constitucional, mas, sobretudo, como uma técnica retórica de esforço da relação entre esse princípio e a atuação do juiz como um administrador – ainda que administrador de um *determinado* processo." (DIDIER JR., Fredie, Apontamentos para a concretização do princípio da eficiência no processo, in *Novas tendências do processo civil*: estudos sobre o projeto de novo CPC, cit., p. 436). (Grifos originais).
85. "Em verdade, ao contrário de contrastar com o princípio da legalidade, ou legitimar sua atenuação, penso que o princípio da eficiência pode ser percebido como componente da própria legalidade, percebida sob um *ângulo material* e não apenas formal. Refiro-me à legalidade material explorada excelentemente entre nós, há anos, pelo Prof. Celso Antônio Bandeira de Mello, nomeadamente quando se trata do *dever de atuação ótima ou excelente do administrador nas hipóteses de discricionariedade* (Cf. *Discricionariedade e Controle Judicial*, São Paulo, Malheiros, 1992, pp. 33-36). Ser predicado da legalidade material, entretanto, não é um privilégio do princípio da eficiência. O princípio da moralidade, da impessoalidade, da publicidade, entre outros, podem ser também encartados na abordagem ampliada do princípio da legalidade. O princípio da eficiência compõe uma das faces materiais do princípio da legalidade e da administração pública, destacado pela Constituição por razões pragmáticas e políticas." (MODESTO, Paulo. *Notas para um debate sobre o princípio constitucional da eficiência*, cit., p. 6). (Grifos originais).
86. DIDIER JR., Fredie. Apontamentos para a concretização do princípio da eficiência no processo, in *Novas tendências do processo civil*: estudos sobre o projeto de novo CPC, cit., p. 437.
87. Nesse sentido: CARVALHO FILHO, José dos Santos. *Manual de direito administrativo*, cit., p. 22. E ainda: SILVA, José Afonso da. *Curso de direito constitucional positivo*, cit., p. 672.
88. "A imposição de atuação eficiente, do ponto de vista jurídico, refere a duas dimensões da atividade administrativa indissociáveis: a) *a dimensão da racionalidade e otimização no uso dos meios*; b) a *dimensão da satisfatoriedade dos resultados da atividade administrativa pública*." (MODESTO, Paulo, Notas para um debate sobre o princípio constitucional da eficiência, cit., p. 9). (Grifos originais).

Mas não é só. A eficiência dos atos jurisdicionais, e por consequência do processo, encontra-se em uma fase mais avançada, tentando manter uma relação harmoniosa e positiva com os próprios atos de disposição das partes, visando ao equilíbrio, à cooperação e à transparência[89] entre os sujeitos processuais, em prol de um processo cada vez mais justo, seguro, adequado e, acima de tudo, legítimo.

Confere-se, pois, uma moderna interpretação do formalismo, para que ele seja utilizado em benefício das partes, e não seja um fim em si mesmo. Como consequência, há menor resistência à utilização de técnicas processuais novas ou diferentes, como a adequação ou adaptação de regras processuais, a escolha de técnicas atípicas, de meios coercitivos mais eficazes, de acordo do procedimento pelos sujeitos processuais, entre outros.[90]

Trata-se, portanto, de uma mudança de paradigma do tradicional conceito de segurança jurídica, já que essa flexibilidade de atos, formas e comportamentos é justamente o que garante o alcance da ordem pública processual.

Mas não é só. Os referidos aspectos processuais são apenas uma faceta da eficiência, cuja concepção mais atual deve abranger outras formas e ambientes de tratamento dos conflitos, proporcionando novas perspectivas aos jurisdicionados.

Destarte, a abertura de novas portas de solucionar as controvérsias deve passar por caminhos que vão desde a prevenção e que passam pela triagem, pela escolha adequada do método e do local de solução de conflito, em busca de resultados mais céleres, com menor custo e que garantam maior satisfação aos envolvidos.

Essas concepções também passam por uma racionalização do uso do Poder Judiciário, que deve focar em resolver somente as demandas que efetivamente exijam a atuação estatal.

Portanto, essa conjugação de opções disponíveis de variadas portas e meios de solucionar as controvérsias em prol de uma maior adequação da via eleita visando consequências mais apropriadas para os interessados configura a essência do próprio princípio da eficiência.

---

89. "Agravo regimental. Recurso especial. Processual civil. Intimação da sentença. Informação incompleta. Prejuízo à parte. Nulidade. Ineficácia dos atos posteriores. Preservação da boa-fé e da confiança. 1. Nulidade da intimação que informa a extinção do processo quando, na verdade, houve procedência parcial. Prejuízo caracterizado. 2. *A confiabilidade das informações processuais é essencial à preservação da boa-fé e da confiança do advogado, bem como à observância do princípio da eficiência da Administração.* 3. Agravo regimental desprovido." (AgR REsp 1215128/RS, Terceira Turma, rel. Min. Paulo de Tarso Sanseverino, j. 20.11.2012, *DJe*, de 26.11.2012). Grifei.

90. "Após o advento de um Estado Social Democrático de Direito, o devido processo legal, isto é, o processo civil justo, não pôde mais corresponder a um processo cujas etapas sejam severamente descritas com minudência pela lei, nem tampouco a um processo civil que, embora se implemente na prática, não seja capaz de flexibilizar-se a ponto de adequar-se aos princípios e aos valores e de produzir decisões particularmente ajustadas com as necessidades inimitáveis de cada situação concreta (princípio da tutela jurisdicional diferenciada e princípio da eficiência)." (COSTA, Eduardo José da Fonseca. *As noções jurídico-processuais de eficácia, efetividade e eficiência*, cit., p. 298).

9.7 Princípio da extrajudicialização, desestatização ou desjudicialização dos conflitos[91]

O Poder Judiciário brasileiro sempre foi protagonista na resolução de conflitos sociais, seja pela via da jurisdição contenciosa, seja por meio da jurisdição voluntária, promovendo o resguardo de interesse público ante as situações de interesse privado.

Contudo, nas últimas décadas, o processo civil foi impactado por relevantes mudanças ideológicas e legislativas, objetivando imprimir maior eficiência aos processos, bem como racionalizar o próprio uso da máquina judiciária.

Diante disso, o legislador foi, gradativamente, transferindo para a esfera extrajudicial funções antes monopolizadas pelo Estado-juiz[92]. Trata-se de uma opção política, que pode variar de acordo com o momento histórico-jurídico em que o assunto é apreciado.

Percebe-se, assim, que o tema da jurisdição civil tem ganhado novos contornos, bem mais abrangentes do que as concepções originais que limitam a solução de questões pelo Poder Judiciário. Acerca da matéria, Bruno Cavaco defende que o conceito de jurisdicionalização compreende a expansão do Poder Judiciário, que se articula com as demais instâncias jurídicas formais e que, portanto, abarca a judicialização e a desjudicialização dos conflitos[93]. Já Humberto Dalla registra que hoje temos a jurisdição voluntária judicial e extrajudicial, os meios de obtenção de consenso judiciais e extrajudiciais, e, ainda, os meios adjudicatórios extrajudiciais, como é o caso da arbitragem. Não obstante, ao abordar a nova tendência, o autor registra a necessidade da presença de duas circunstâncias: a) a observância às garantias fundamentais do processo, e b) a possibilidade de judicialização da matéria a qualquer tempo.[94]

Sobre o assunto, Kazuo Watanabe preconiza que o conceito de acesso à justiça foi atualizado e ganhou nova dimensão, que abarca a possibilidade de os cidadãos resolverem suas controvérsias na esfera judicial e na esfera extrajudicial, constituindo o que o autor denomina de "acesso à ordem jurídica justa".[95]

---

91. O tema também foi originalmente tratado em: CABRAL, Trícia Navarro Xavier. Justiça multiportas, desjudicialização e Administração Pública. In: ÁVILA, Henrique; WATANABE, Kazuo; NOLASCO, Rita Dias; CABRAL, Trícia Navarro Xavier. *Desjudicialização, justiça conciliativa e poder público*. São Paulo: Thomson Reuters Brasil, 2021, p. 127-156. E, ainda, em: CABRAL, Trícia Navarro Xavier; GOMES, Marcus Livio. Novas tendências da execução civil. In: BELLIZZE, Marco Aurélio; MENDES, Aluisio Gonçalves de Castro; ALVIM, Teresa Arruda; CABRAL, Trícia Navarro Xavier. *Execução civil: novas tendências*. Indaiatuba: FOCO, 2022, p. 17-32.
92. BUENO, Cassio Scarpinella. *Curso sistematizado de Direito Processual Civil*: teoria geral do Direito Processual Civil. Parte geral do Código de Processo Civil. 9. ed. São Paulo: Saraiva, 2018, p. 263.
93. CAVACO, Bruno de Sá Barcelos. *Desjudicialização e resolução de conflitos*: participação procedimental e o protagonismo do cidadão na pós-modernidade. Curitiba: Juruá, 2017, p. 125-130.
94. PINHO. Humberto Dalla Bernardina de. *Jurisdição e pacificação*: limites e possibilidades do uso dos meios consensuais de resolução de conflitos na tutela de direitos transindividuais e pluri-individuais. Curitiba: CRV, 2017, p. 262-263.
95. WATANABE, Kazuo. *Acesso à ordem jurídica justa* (conceito atualizado de acesso à justiça): processo coletivo e outros estudos. Belo Horizonte: Del Rey, 2019, p. 109-113.

Nesse contexto, ganhou destaque o incentivo à desjudicialização, que consiste, numa concepção mais ampla, em retirar da justiça estatal atividades antes reservadas exclusivamente ao Poder Judiciário. Na realidade, a terminologia é utilizada na doutrina em diversos sentidos, podendo designar: a) qualquer atuação capaz de solucionar o conflito fora da justiça estatal; b) quando um terceiro atua para solucionar o conflito por meio de métodos extrajudiciais de resolução de disputas (conciliação, mediação ou arbitragem); e c) autotutela, em que a parte credora atua diretamente para satisfazer seu direito material, sem a condução por um terceiro.[96]

Registre-se que as três hipóteses não se confundem, mas são plenamente possíveis no âmbito da tutela de direito.

Outra expressão que tem sido utilizada pela doutrina e pela jurisprudência é a extrajudicialização. Em muitos casos ela é considerada sinônimo de desjudicialização. No entanto, parece haver uma sutil diferença entre os termos.

Com efeito, a extrajudicialização deve ser considerada para as formas e locais de resolução do conflito que já estão consolidados fora do Poder Judiciário, podendo ocorrer em ambientes públicos ou privados, presenciais ou virtuais.

Já a desjudicialização se relaciona com as hipóteses de controvérsias que eram solucionadas pela justiça estatal, e que por lei ou vontade das partes foram levadas para a esfera extrajudicial, como foi o caso dos divórcios consensuais e, também, quando os sujeitos processuais, mesmo após o ajuizamento de uma demanda, resolvem o conflito em ambiente extrajudicial gerando as consequências processuais.

A desestatização, por sua vez, consistiria na retirada da solução de conflito da esfera do Estado, a qual não se resume ao Poder Judiciário.

A diferenciação desses ambientes foi explicitada em julgado do Superior Tribunal de Justiça[97], nos seguintes termos:

> "[...] 2. A Nova Jurisdição é baseada: em desjudicialização, extrajudicialização ou desestatização da solução dos conflitos (inventário, divórcio, mudança de nome a cargo dos Cartórios); em meios estatais (Cejuscs) e não estatais (Tribunais Arbitrais); em meios privados formais (Justiça Desportiva) ou informais ('Feirões' da Serasa); em iniciativa Estatal (CADE) ou particular (Câmaras de Conciliação); em meios corporificados (JECs) ou não (Microssistema de Defesa do Consumidor). [...]".

Dessa forma, inúmeras atividades que antes reclamavam a intervenção direta do Poder Judiciário passaram a ser delegadas ao campo extrajudicial.

Essa transformação teve início na década de 1990, e permanece em franca evolução até os dias atuais, em relação a variados temas. Assim, por exemplo, a Lei 8.455/1992

---

96. Sobre o assunto, cf.: THEODORO JÚNIOR, Humberto; ANDRADE, Érico. Novas perspectivas para atuação da tutela executiva no direito brasileiro: autotutela executiva e "desjudicialização" da execução. *Revista de Processo*, v. 315/2021, p. 109-158, maio/2021.

97. (REsp 1.361.869/SP, rel. Ministro Raul Araújo, Segunda Seção, julgado em 25/05/2022, DJe de 24/10/2022.)

alterou o CPC/73 para permitir a realização de perícias extrajudiciais, dispensando a perícia judicial quando as próprias partes apresentarem documentos técnicos satisfatórios.

Por sua vez, a Lei 8.951/1994 introduziu novos parágrafos ao art. 890, do CPC/73, permitindo que as consignações em pagamento de dinheiro fossem feitas extrajudicialmente, o que foi mantido no art. 539, do CPC/15. Já os depósitos de tributos federais foram regulamentados pela Lei 9.703/1998. A Lei 9.514/1997 trata do sistema de financiamento imobiliário, também possuindo traços de extrajudicialidade.

Não obstante, a Lei 9.307/1996 (Lei de Arbitragem), representou a quebra do monopólio jurisdicional estatal ao autorizar que árbitros escolhidos pelas partes fora do sistema judicial solucionassem conflitos, inclusive com eficácia de coisa julgada. A arbitragem é um importante método heterocompositivo de resolução de conflito que chegou a ser regulamentado pelo Código Civil de 1916 (arts. 1.037 a 1.048), e pelo CPC/73 – Lei 5.869/73 – (arts. 1.072 a 1.102), até ganhar legislação própria, Lei 9.307/1996, posteriormente alterada pela Lei 13.129/15. Atualmente ela vem sendo reforçada em diversas leis especiais, sendo que seu campo de abrangência inclui diversas modalidades de conflitos. O instituto também está previsto na Lei 9.099/95 (Lei dos Juizados Especiais), mas ainda é de pouca utilização prática, talvez pelo custo financeiro que a arbitragem representa.

A Lei 10.931/2004 alterou a Lei de Registros Públicos (Lei 6.015/1973), passando para o âmbito extrajudicial os conflitos envolvendo retificação de registro imobiliário. A referida Lei também modificou a redação do artigo 1.526 do Código Civil de 2002, para afastar a exigência da prévia homologação do magistrado nas habilitações para o registro civil do casamento. Ademais, a Lei 11.101/2005 instituiu a recuperação extrajudicial, permitindo prévia negociação entre credores e devedores.

A Lei 11.441/2007 autorizou a desjudicialização de inventários, partilhas, separações e divórcios consensuais, possibilitando a sua realização pela via administrativa, a fim de simplificar os procedimentos. Posteriormente, o Conselho Nacional de Justiça (CNJ), por força da Resolução 35/2007, regulamentou o assunto para uniformizar as atividades cartorárias no Brasil. Registre-se que a Emenda Constitucional 66/2010 alterou a redação do § 6º, do art. 226, da Constituição da República para permitir o divórcio direito, por meio de escritura pública, ou seja, extrajudicialmente, desde que respeitados os requisitos legais e que os filhos fossem maiores e capazes.

Observa-se, ainda, que a Lei 11.790/2008 autorizou que o registro de declaração de nascimento fora do prazo legal fosse feito diretamente perante as serventias extrajudiciais.

Nesse cenário evolutivo, o CPC/15 encampou a desjudicialização em diversos dispositivos, reforçando a tendência de realização de certas atividades fora do Judiciário.

No que tange aos métodos adequados de resolução de controvérsias, o Código não só absorveu a Política Judiciária Nacional de Tratamento Adequado de Conflitos de Interesses, instituída pela Resolução 125/2010, pelo Conselho Nacional de Justiça

(CNJ), como autorizou a desjudicialização das atividades de conciliação e mediação ao prever, no art. 168, que as partes escolham, de comum acordo, o conciliador, o mediador ou a câmara privada de conciliação e de mediação, que nem precisam estar cadastrados no tribunal (§ 1º).

Para reforçar o incentivo ao uso de meios extrajudiciais para a finalidade autocompositiva, o CPC/15 prevê, no art. 515, III, que a autocomposição extrajudicial de qualquer natureza, uma vez homologada pelo juiz, ganha força de título executivo judicial, sendo que o art. 725, VIII – estabelece o uso da jurisdição voluntária para a homologação de autocomposição extrajudicial. Por último, o art. 784, IV – inclui a transação como título executivo extrajudicial.

Além de tratar dos métodos adequados de resolução de conflitos, o CPC/15 ampliou as hipóteses de convenções processuais típicas e ainda inovou ao prever, no art. 190, uma cláusula geral de convenções processuais atípicas, permitindo que as partes tenham imensa liberdade de criar, dentro das condições e limites legais, regramentos processuais que melhor atendam aos seus interesses e às particularidades da causa, inclusive na esfera extrajudicial. Essa técnica processual autoriza que as partes disponham sobre seus ônus, poderes, faculdades e deveres no âmbito de um contrato particular, inclusive antes de ajuizada a demanda.

Outro exemplo de desjudicialização no Código foi a delegação de atos de comunicação da realização da audiência de instrução e julgamento para as testemunhas, agora realizada pelos advogados das partes, em seus escritórios e sob sua responsabilidade (art. 455).

Ademais, o inventário e a usucapião podem ser realizados em serventias extrajudiciais, nos termos do art. 610, § 1º (art. 216-A, da Lei 6.015/1973).

Não obstante, a Lei 13.140/2015 (Lei da Mediação) também previu a resolução de conflito extrajudicial, por meio da mediação.

Por sua vez, outra importante iniciativa no campo extrajudicial foi a possibilidade de realização de sessões de mediação e conciliação pelas serventias extrajudiciais. A novidade foi instituída pelo Provimento 67, de 26 de março de 2018, editado pelo Corregedor Nacional da Justiça, Ministro João Otávio de Noronha, dispondo sobre os procedimentos de conciliação e de mediação nos serviços notariais e de registro do Brasil. Trata-se de uma antiga reivindicação dos notários, que já vinham se estruturando para o oferecimento dos referidos serviços. Com 42 artigos, verifica-se que o Provimento 67/2018 tentou compatibilizar suas disposições com a Resolução 125/2010 do CNJ, com o Código de Processo Civil e com a Lei de Mediação (Lei 13.140/2015). O tema, porém, foi incorporado ao novo Código Nacional de Normas da Corregedoria Nacional de Justiça – Foro Extrajudicial (CNN/CN/CNJ-EXTRA), por meio do Provimento 149 de 30 de agosto de 2023, pela Corregedoria Nacional de Justiça – CNJ.

No que tange à Administração Pública, o uso dos meios adequados de resolução de disputas também se presta a prevenir, evitar e racionalizar a judicialização.

Não por outra razão, tanto o CPC (art. 174) quanto a Lei de Mediação[98] (arts. 32 a 40) foram explícitos ao preverem a possibilidade de acordos em causas em que for parte pessoa jurídica de direito público, como a União, os Estados, o Distrito Federal e os Municípios, inclusive exigindo a criação de câmaras de conciliação e mediação com atribuições relacionadas à solução consensual de conflitos no âmbito administrativo.[99] Não obstante, o Conselho Nacional do Ministério Público – CNMP editou a Recomendação 54/2017, que dispõe sobre a Política Nacional de Fomento à Atuação Resolutiva do Ministério Público brasileiro, e estimula a adoção de formas eficientes de prevenção, inibição ou reparação de lesão ou ameaça a direitos ou interesses, priorizando a resolução extrajudicial do conflito, controvérsia ou situação jurídica sempre que se mostrar mais célere, econômica e mais satisfatória ao alcance da tutela dos direitos.

Em 2019, o Poder Judiciário, Governo e INSS assinam acordo para desjudicializar a Previdência Social. Com o objetivo de diminuir a judicialização de temas previdenciários, a Secretaria Especial de Previdência e Trabalho do Ministério da Economia, o Instituto Nacional do Seguro Social (INSS), o Conselho Nacional de Justiça (CNJ) e o Conselho da Justiça Federal (CJF) lançaram a Estratégia Nacional Integrada para Desjudicialização da Previdência Social.

Com isso, houve a criação de um Comitê Executivo de Desjudicialização, que tem como função acompanhar e executar o plano nacional, inclusive com o intercâmbio de bases de dados constantes em sistemas corporativos, geridos pelo INSS, pela Secretaria Especial de Previdência e Trabalho do Ministério da Economia e pelo CNJ.[100]

Também tramita no Congresso Nacional a PEC 207/2019, que tem por objetivo acrescentar o art. 200-A à Constituição Federal para determinar que sejam instituídos Comitês Estaduais Interinstitucionais de Desjudicialização da Saúde, a fim de assegurar respostas mais céleres às demandas relativas à saúde.[101]

Outro ambiente de resolução de disputa que tem ganhado muita projeção no Brasil é o das ODRs (*Online Dispute Resolution*), que consistem no uso da tecnologia para solucionar conflito via plataformas digitais, otimizando as atividades judiciárias. Assim, as partes substituem o ambiente físico pelo virtual para tentar solucionar o impasse jurídico. Trata-se, sem dúvida, de um grande avanço civilizatório, que confere maior autonomia às partes na resolução de suas contendas. As ODRs podem ser usadas no campo privado e no campo público, como é o caso da plataforma de consumo "Consu-

---

98. Sobre o tema, cf.: CABRAL, Trícia Navarro Xavier; CURY, Cesar Felipe. *Lei de mediação comentada artigo por artigo*: dedicado à memória da Profª Ada Pellegrini Grinover. 2. ed. Indaiatuba: Foco, 2020.
99. Sobre o assunto, ver: CUNHA, Leonardo Carneiro da. *A Fazenda Pública em juízo*. 16. ed. Revista, atualizada e ampliada. Rio de Janeiro: Forense, 2019, p. 710-723.
100. BRASIL. Secretaria de Previdência. *Acordo entre governo federal e judiciário deve reduzir ações sobre previdência*. Disponível em: http://www.previdencia.gov.br/2019/08/acordo-entre-governo-federal-e-judiciario-deve-re-duzir-acoes-sobre-previdencia/. Acesso em: 13 jan. 2020.
101. BRASIL. Câmara dos Deputados. *PEC 207/2019*. Disponível em: https://www.camara.leg.br/proposicoesWeb/fichadetramitacao?idProposicao=2231670. Acesso em: 13 maio 2020.

midor.gov.br". O CNJ também regulamentou o assunto por meio da Resolução 358/2020, determinando que os Tribunais adotassem essas plataformas, disponibilizando mais essa porta de solução de controvérsias aos jurisdicionados.

Mais recentemente, a Lei 14.133/2021 alterou a Lei de Licitações e Contratos Administrativos, e passou a prever, expressamente, a possibilidade do uso de comitê de resolução de disputas, conforme se vê nos artigos 138, II e nos arts. 151 a 154. Os Comitês de Resolução de Disputas ("CRD"), mais conhecidos na prática internacional pelo nome de *Dispute Boards*, consistem em um método de solução consensual de conflitos em contratos de execução não imediata, em que é nomeado um corpo independente de profissionais pelas partes para acompanhamento permanente da execução do contrato, solucionando de forma técnica e célere as controvérsias que surgem durante a execução do contrato, evitando maiores avanços dos problemas e custos, bem como preservando o cronograma de execução e o relacionamento dos envolvidos.

Atualmente há em tramitação o Projeto de Lei 890/2022, que institui e disciplina as Práticas Colaborativas como um método extrajudicial de gestão e prevenção de conflitos.[102]

O tema da união estável ganhou nova atenção do legislador. A Medida Provisória 1.085/2021, que criou o Sistema Eletrônico de Registros Públicos (SERP), foi convertida na Lei 14.382/2022, promovendo alterações na Lei de Registros Público (LRP), inclusive sobre a união estável. Na sequência, o Conselho Nacional de Justiça alterou o Provimento 37/2014, por meio do Provimento 141/2023, para adequá-lo às novas disposições da Lei de Registros Públicos, tendo sido incluídos aspectos inclusive não retratados na LRP. Uma das questões regulamentadas foi a possibilidade de certificação eletrônica da união estável perante o registro civil das pessoas naturais, atribuindo às serventias extrajudiciais a função de estabelecer a data de início ou o período da duração da união estável, de acordo com os elementos de prova apresentados pelas partes. Ainda que se trate de uma faculdade, não há dúvidas de que representa mais um caminho de escolha dos interessados pela melhor via de solucionar suas questões.[103]

---

102. Sobre o tema, as I e II Jornadas de Prevenção e Solução Extrajudicial de Litígios, promovidas pelo Centro de Estudos Judiciários do Conselho da Justiça Federal, produziram os seguintes enunciados: **Enunciado 31** – É recomendável a existência de uma advocacia pública colaborativa entre os entes da federação e seus respectivos órgãos públicos, nos casos em que haja interesses públicos conflitantes/divergentes. Nessas hipóteses, União, Estados, Distrito Federal e Municípios poderão celebrar pacto de não propositura de demanda judicial e de solicitação de suspensão das que estiverem propostas com estes, integrando o polo passivo da demanda, para que sejam submetidos à oportunidade de diálogo produtivo e consenso sem interferência jurisdicional. **Enunciado 55** – O Poder Judiciário e a sociedade civil deverão fomentar a adoção da advocacia colaborativa como prática pública de resolução de conflitos na área do direito de família, de modo a que os advogados das partes busquem sempre a atuação conjunta voltada para encontrar um ajuste viável, criativo e que beneficie a todos os envolvidos. **Enunciado 171** – É recomendada aos advogados a adoção de práticas colaborativas que consistam no processo de negociação estruturado, com enfoque não adversarial e interdisciplinar na gestão de conflitos, por meio do qual as partes e os profissionais assinam um termo de participação, comprometendo-se com a transparência no procedimento e a não litigância.
103. Sobre o assunto, cf.: HILDEBRAND, Cecília Rodrigues Frutuoso; HILL, Flávia Pereira; PEIXOTO, Renata Cortez Vieira. A certificação eletrônica da união estável perante o registro civil: O necessário equilíbrio entre

No campo da execução, a evolução é ainda mais antiga.

Com efeito, o tema da desjudicialização da execução – em seu sentido mais amplo, que inclui a autotutela executiva e a solução da crise do direito fora da justiça estatal – não é novidade no Brasil, e vem sendo regulamentada desde a década de 1960.[104]

A Lei 4.591/1964 aborda o assunto do regime de incorporação imobiliária, em que as unidades são negociadas através de compromisso de compra e venda antes da conclusão da edificação. O art. 63 da Lei 4.591/1964 prevê a possibilidade contratual de o leilão da fração ideal do promissário comprador inadimplente ocorrer sem o ajuizamento de ação judicial. Assim, em caso de inadimplemento de 3 prestações, o comprador será notificado para purgar a mora em 10 dias, sob pena de o imóvel ser alienado extrajudicialmente, em leilão público. Trata-se, pois, de uma espécie de uma execução forçada sem a intervenção do Judiciário.

Já o Decreto-lei 70/1966, referente ao Sistema Financeiro de Habilitação (SFH) para aquisição da casa própria, instituiu uma execução hipotecária extrajudicial, por meio de um agente fiduciário nomeado pelos contratantes. Com a falta de pagamento de três ou mais prestações, o devedor é notificado para purgar a mora em 10 dias, sob pena leilão público independente de autorização judicial.

Ademais, a Lei 9.514/1997 regulamentou a alienação fiduciária de imóvel regida por lei especial, prevendo que a inadimplência consolida a propriedade do credor fiduciário, independente de ação judicial. O credor endereça um requerimento do Oficial de Imóvel onde a garantia está registrada, para que haja a notificação de pagamento em 15 dias, sob pena de o Oficial declarar consolidada a propriedade do fiduciário. O credor leva o imóvel a leilão público para a venda judicial ou extrajudicial. O credor não pode ficar com o imóvel, mas pode licitar no leilão.

Ainda temos o Decreto-lei 911/1969, que trata das obrigações contratuais garantidas por alienação fiduciária de bens móveis (com redação da Lei 13.043/2014), confere ao credor o direito de venda da coisa para pagar a prestação, independente de medida judicial ou extrajudicial.

Por sua vez, a Lei 6.766/1979 regula os loteamentos e parcelamentos de terrenos urbanos e contratos de comercialização dos lotes, que disciplina a resolução dos contratos. Com a inadimplência do promissário comprador, ele é constituído em mora para pagamento em 30 dias. Após, o próprio Oficial do Registro de imóveis, a pedido, pode fazer o cancelamento do registro de promessa de compra, ensejando a automática rescisão do contrato.

---

desburocratização e segurança jurídica. *JOTA*. Disponível em: https://www.jota.info/opiniao-e-analise/colunas/coluna-cpc-nos-tribunais/a-certificacao-eletronica-da-uniao-estavel-perante-o-registro-civil-02072023. Acesso em: 15 jul. 2023.

104. Sobre a evolução legislativa da desjudicialização da execução forçada, cf.: THEODORO JUNIOR, Humberto. As novas codificações francesa e portuguesa e a desjudicialização da execução forçada. In: NETO, Elias Marques de Medeiros; RIBEIRO, Flávia Pereira (Coords.). *Reflexões sobre a desjudicialização da execução civil*. Curitiba: Juruá, 2020, p. 461-483.

Não obstante, o CPC/15 autoriza atos executivos expropriatórios por agentes privados, como no caso de adjudicação pelo exequente, com a venda dos bens penhorados pelo credor ou corretor (arts. 825, 876 e 880).

Também temos exemplos de avanços na desjudicialização da execução fiscal, por meio da Lei 13.606/2018, admitindo a averbação de bens móveis e imóveis do devedor tributário pela própria União, sem prévia autorização judicial. Neste campo, o PL 4.257/2019 altera a Lei das Execuções Fiscais (Lei 6.830, de 1980), que institui a arbitragem tributária no Brasil, e para possibilitar o uso da negociação fora do campo judicial como alternativa para solução de conflitos sobre débitos inscritos em dívida ativa. O texto, que segue para decisão final da Comissão de Constituição e Justiça (CCJ), também regulamenta a execução fiscal administrativa para cobrança de dívidas relacionadas a impostos como IPTU e IPVA.

Seguindo uma tendência que já se encontra institucionalizada em alguns países europeus, foi elaborado o Projeto de Lei 6.204/2019, que tramita no Senado Federal e que prevê a desjudicialização das execuções civis, com a transferência da competência do Estado-juiz, por delegação, aos tabeliães de protesto (agentes de execução) para a prática de atos e procedimentos executivos.

Antes de concluir o tópico, vale citar outro modo de atuação extrajudicial, oriundo da I Jornada de Prevenção e Solução Extrajudicial de Litígios, promovidas pelo Centro de Estudos Judiciários do Conselho da Justiça Federal: "**Enunciado 73** – A educação para a cidadania constitui forma adequada de solução e prevenção de conflitos, na via extrajudicial, e deve ser adotada e incentivada como política pública privilegiada de tratamento adequado do conflito pelo sistema de justiça".[105]

Portanto, são variadas as hipóteses já contempladas na legislação que garantem a resolução de conflitos ou o atendimento de interesses pela via extrajudicial.

10. MÉTODOS E AMBIENTES DIFERENTES, HÍBRIDOS E POTENCIALMENTE INTERCONECTADOS

O sistema de Justiça Multiportas proporciona variadas opções de resolução de disputa, de acordo com as características objetivas e subjetivas identificadas no conflito.

Serão abordadas aqui algumas dessas portas, deixando para os capítulos subsequentes o devido detalhamento e aprofundamento de cada uma.

Registre-se, ainda, que as vias abaixo indicadas representam, no contexto nacional, a mais conhecidas ou utilizadas, mas que não afastam outras possibilidades que possam ser criadas e incorporadas ao ordenamento.

Assim, pretende-se, neste momento, apenas contextualizar o leitor quanto à abrangência do tema.

---

105. Disponível em: Enunciados Aprovados I JPS-revisado (1).pdf. Acesso em: 23 abr. 2023.

10.1 Principais métodos de tratamento de conflitos

A composição dos conflitos de interesses pode ser resolvida pelas seguintes vias: a) autocomposição; b) composição impositiva; e c) modelos mistos ou híbridos.

No campo da autocomposição unilateral, tem-se a desistência da ação, a renúncia à pretensão pelo autor, ou o reconhecimento do pedido pelo réu.

Por sua vez, a autocomposição bilateral ou multilateral pode ser realizada por meio da negociação, método judicial ou extrajudicial, com ou sem seus advogados, mas sem a participação de um terceiro facilitador. Pode, ainda, ser por meio da conciliação, judicial ou extrajudicial, que é feita com a presença de um conciliador e prioriza conflitos sem vínculo continuado, tendo como finalidade principal o alcance de um acordo. Já pela mediação, judicial ou extrajudicial, o mediador atua, preferencialmente, em conflitos de vínculo continuado, sendo que o foco é o tratamento da relação das partes e o restabelecimento das relações sociais.

Também podemos citar o termo de ajustamento de conduta (TAC), que é um acordo celebrado entre as partes interessadas com o objetivo de proteger direitos de caráter transindividual.

Não obstante, existe, ainda, a Justiça Restaurativa, que "[...] constitui-se como um conjunto ordenado e sistêmico de princípios, métodos, técnicas e atividades próprias, que visa à conscientização sobre os fatores relacionais, institucionais e sociais motivadores de conflitos e violência, e por meio do qual os conflitos que geram dano, concreto ou abstrato, são solucionados de modo estruturado [...]."[106]

Em relação aos principais métodos de composição impositiva, tem-se a arbitragem, que constitui uma jurisdição privada, extrajudicial, em que um terceiro imparcial, com poderes decisórios, profere decisão que vincula as partes. Já o método impositivo mais utilizado, certamente, é o processo judicial, de natureza pública, em que um terceiro imparcial, com poderes decisórios e executivos, profere uma decisão adjudicada para resolver a disputa.

É possível, ainda, a existência de processos mistos ou híbridos, que engloba fases ou características de variados métodos, como a mediação-arbitragem e o *dispute boards*. De acordo com o avanço das tratativas, a ineficácia de um método pode ensejar a alteração ou o escalonamento para outro ou outros mais adequados e eficientes.

Embora essa classificação seja adequada, no atual contexto Multiportas, tem-se que os modelos realmente puros são somente os autocompositivos, já que os impositivos possuem uma fase ou ao menos a faculdade de celebração de acordos, ainda que parciais.

---

106. Resolução 225 de 31/05/2016. Dispõe sobre a Política Nacional de Justiça Restaurativa no âmbito do Poder Judiciário e dá outras providências. Disponível em: https://atos.cnj.jus.br/atos/detalhar/atos-normativos?documento=228. Acesso em: 23 abr. 2023.

A bem da verdade, com o diagnóstico correto das peculiaridades do conflito e com um olhar perspicaz sobre o seu desenvolvimento, há chances de uma escolha de uma via proporcional, que resolva ou trate de forma apropriada a controvérsia.

10.2 Principais ambientes de prevenção e resolução de conflitos

O local tradicional de resolver conflitos, o Poder Judiciário, não só ampliou as suas potencialidades, como também cedeu espaço para outros espaços legítimos de resolução de disputas.

Assim, no campo judiciário, temos o processo judicial, que pode ensejar uma solução imposta pelo juiz ou autocompositiva (criada pelas partes), sendo que três ambientes se destacam: a) os Juizados Especiais, que possui um procedimento com uma fase obrigatória de conciliação e outra de julgamento; b) as unidades judiciárias especializadas e residuais (varas cíveis, penais, de Fazenda Pública, entre outras); c) os Cejuscs (Justiça Estadual) ou Cejuscons (Justiça Federal), que atuam na fase pré-processual e também na fase judicial.

Mas não é só. Com a evolução tecnológica e a digitalização dos processos, ganharam corpo os espaços virtuais de solução de conflitos, como as plataformas *on-line*, os Cejuscs virtuais, os Núcleos 4.0 e as próprias vias tradicionais de comunicação, como *e-mails* e *WhatsApp* servem para tentar alcançar uma resolução para as controvérsias, inclusive em conflitos transnacionais, que se utilizam de videoconferência para tentar uma composição com partes residentes em outros países.

Na esfera extrajudicial, tem crescido sobremaneira o número de entidades destinadas à solução das controvérsias fora do Judiciário.

Os escritórios de advocacia têm se especializado em promover negociações colaborativas entre as partes, prevenindo ou evitando que o conflito deságue no Poder Judiciário. Trata-se de uma tendência relativamente nova no Brasil, cuja cultura era prioritariamente pela judicialização.

A Administração Pública, especialmente após Lei de Mediação e da edição do art. 26, da Lei de Introdução ao Direito Brasileiro, também tem o dever de promover a solução adequada de conflitos, o que de fato tem se intensificado.[107]

A Advocacia-Geral da União também oferece diversos serviços de solução de conflitos. Para além da atuação judicial, ela possui programas de prevenção

---

107. Acerca do assunto, cf.: **Enunciado 25** – A União, os Estados, o Distrito Federal e os Municípios têm o dever de criar Câmaras de Prevenção e Resolução Administrativa de Conflitos com atribuição específica para autocomposição do litígio. (I Jornada de Prevenção e Solução Extrajudicial de Litígios, promovidas pelo Centro de Estudos Judiciários do Conselho da Justiça Federal). Disponível em: Enunciados Aprovados I JPS-revisado (1).pdf. Acesso em: 23 abr. 2023.

e resolução de litígio por meio de negociação[108], conciliação, mediação[109] e arbitragem[110].

Por sua vez, a Defensoria Pública também tem promovido espaços para a promoção de negociação, conciliação ou negociação para as pessoas atendidas. No site da Defensoria Pública da União há inúmeras iniciativas de conciliação e mediação para a resolução de conflitos em diversos Estados da federação, envolvendo temas como saúde, povos indígenas, trabalhista, desapropriação, fundiários, universitários, entre outros.

O Ministério Público – tanto o federal quanto o estadual – possui sólida política de incentivo aos diferentes métodos adequados de tratamento de conflitos, e vem se aprimorando a sua atuação na esfera extrajudicial na tentativa de desafogar o Judiciário.

As Procuradorias Municipais e Estaduais também têm se empenhado na prevenção e resolução de seus conflitos. A Prefeitura de São Paulo, por meio do art. 33 do Decreto Municipal 57.263/2016, criou a Câmara de Solução de Conflitos da Administração

---

108. Para evitar ou encerrar processos judiciais de cobrança de créditos da União gerenciados pela Procuradoria-Geral da União (PGU), pode o devedor apresentar proposta de acordo de pagamento à vista ou parcelado.

Os créditos da União gerenciados pela PGU são aqueles que têm origem nos ministérios, nos acórdãos proferidos pelo Tribunal de Contas da União e em outros órgãos ou instituições da Administração Pública Federal direta, excluídas as dívidas tributárias, que devem ser negociadas junto à Procuradoria-Geral da Fazenda Nacional (PGFN).

Existem duas modalidades básicas para o acordo:

a) Lei 9.469, de 10 de julho de 1997: possibilita o parcelamento da dívida com a União, de pessoas físicas ou jurídicas, em até 60 prestações mensais e sucessivas;

b) Lei 13.988, de 14 de abril de 2020: possibilita o parcelamento da dívida com a União em até 84 prestações (pessoas jurídicas) ou 145 prestações (pessoas físicas) com descontos, nos casos de dívidas consideradas irrecuperáveis ou de difícil recuperação.

O acordo previsto pela Lei 9.469/1997 está regulamentado pela Portaria PGU 2, de 2 de abril de 2014. Já o acordo previsto na Lei 13.988/2020 está regulamentado pela Portaria AGU 249, de 8 de julho de 2020, e pela Portaria PGU 14, de 13 de julho de 2020. Disponível em: Propor acordo para pagamento de dívidas com a União (Ministérios, Tribunal de Contas da União e outros órgãos ou instituições da Administração Pública Federal) (www.gov.br). Acesso em: 20 fev. 2023.

109. O procedimento de mediação é conduzido pela Câmara de Mediação e de Conciliação da Administração Pública Federal – CCAF/AGU, por meio de autocomposição, na busca da prevenção e solução consensual de conflitos que envolvam órgãos públicos federais, autarquias ou fundações públicas federais.

A CCAF não emite decisões em substituição aos interessados, mas os auxilia no processo de tomada de decisões por meio de soluções negociadas.

As reuniões na CCAF são realizadas de forma presencial ou por meio de videoconferências, sendo esta a modalidade utilizada enquanto durar pandemia da Covid-19.

Durante todo o procedimento, os mediadores farão o emprego de técnicas de negociação e de mediação para tentar obter a pacificação do conflito, sendo diretrizes de atuação da CCAF a busca de soluções, por meio de autocomposição, que prestigiem a oralidade e a informalidade, nas fases iniciais, e a segurança jurídica e a exequibilidade do acordo ou solução negociada, nas fases finais. Disponível em: Obter a resolução de conflitos através de procedimento de mediação (www.gov.br). Acesso em: 20 fev. 2023.

110. O Núcleo Especializado em Arbitragem da AGU é uma unidade vinculada à Consultoria-Geral da União (CGU) e à Procuradoria-Geral da União (PGU) e é responsável pelas atividades de consultoria e assessoramento jurídicos e de contencioso arbitral em que a União seja parte ou interessada. O órgão é integrado por Advogados da União selecionados por processo seletivo. Disponível em: Núcleo Especializado em Arbitragem da AGU atua em processos que passam de R$ 60 bi — Advocacia-Geral da União (www.gov.br). Acesso em: 20 fev. 2023.

Municipal, que em 2020 passou a ser prevista na Lei 17.324/2020 e denominada Câmara de Prevenção e Resolução Administrativa de Conflitos.

A Procuradoria-Geral do Estado do Rio de Janeiro (PGE-RJ) também criou em 2016 a Câmara Administrativa de Solução de Controvérsias (CASC), regulamentada pelo Decreto estadual 46.522/2018. Posteriormente, a Lei 9.629/2022 passou a disciplinar a autocomposição no âmbito estadual.

No Estado do Espírito Santo, a Procuradoria-Geral do Estado (PGE-ES), por meio da Lei Complementar 1.011/2022, instituiu a Política de Consensualidade no âmbito da Administração Pública Estadual Direta e Indireta, criando a Câmara de Prevenção e Resolução Administrativa de Conflitos do Espírito Santo – CPRACES.

Pode-se citar, ainda, os tribunais administrativos, como os Tribunais Administrativos Fiscais, Comissões de Conciliação prévia (art. 625-D, da CLT), TCU, Marítimo, CARF, Justiça Desportiva.

Os Estados possuem os serviços dos Procons para a solução de controvérsias que versam sobre a relação de consumo, e oferecem audiências de conciliação entre consumidores e fornecedores.

As câmaras privadas de conciliação, mediação ou arbitragem também vêm desempenhando importante papel nessa política, oferecendo serviços resolução de disputas de qualidade.

Também as ouvidorias, tanto na esfera pública quanto na privada, fazem um importante papel de solucionar extrajudicialmente as disputas.[111]

A política pública de consensualidade também pode ser aplicada no âmbito dos Centros de Referência da Assistência Social (CRAS).[112]

As empresas privadas, por sua vez, têm investido na solução de conflitos envolvendo as suas atividades, introspectando as soluções, como as entidades bancárias, que tem inovado com opções de negociação direta com o cliente, o que estimula a cultura da consensualidade e da desjudicialização.

Por fim, temos que considerar o ambiente digital. Todas as formas de solução de controvérsias podem ser realizadas com o auxílio da tecnologia. Atualmente, percebe-se o incremento de plataformas *on-line* de resolução de disputas (ODR), ou podem

---

111. CF.: **Enunciado 56** – As ouvidorias servem como um importante instrumento de solução extrajudicial de conflitos, devendo ser estimulada a sua implantação, tanto no âmbito das empresas, como da Administração Pública. (I Jornada de Prevenção e Solução Extrajudicial de Litígios, promovidas pelo Centro de Estudos Judiciários do Conselho da Justiça Federal). Disponível em: Enunciados Aprovados I JPS-revisado (1).pdf. Acesso em: 23 abr. 2023.

112. Nesse sentido, cf.: **Enunciado 65** – O emprego dos meios consensuais de solução de conflito deve ser estimulado nacionalmente como política pública, podendo ser utilizados nos Centros de Referência da Assistência Social (CRAS), cujos profissionais, predominantemente psicólogos e assistentes sociais, lotados em áreas de vulnerabilidade social, estão voltados à atenção básica e preventiva. (I Jornada de Prevenção e Solução Extrajudicial de Litígios, promovidas pelo Centro de Estudos Judiciários do Conselho da Justiça Federal). Disponível em: Enunciados Aprovados I JPS-revisado (1).pdf. Acesso em: 23 abr. 2023.

proporcionar desde a negociação direta até vias escalonadas de alcance do consenso ou da solução adjudicada de um terceiro imparcial.

11. ATORES DA JUSTIÇA MULTIPORTAS

O bom funcionamento da Justiça Multiportas depende da compreensão e da adesão dos atores envolvidos na resolução de conflitos.

As partes, diante de uma disputa, devem se informar das possibilidades de métodos e ambientes disponíveis para melhor atender às suas expectativas.

Os juízes possuem uma grande responsabilidade de difundir e aplicar o sistema de Justiça Multiportas, a começar pela mudança de paradigma quanto ao papel do Poder Judiciário. Ainda é comum, infelizmente, ouvir juízes descompromissados com a política de tratamento adequado de conflitos, que priorizam a solução adjudicada independentemente das características da disputa. São inúmeras razões que vão desde a formação jurídica até a falta de crença nos demais métodos existentes para tratar a causa. Contudo, a nova compreensão do acesso à justiça, aliada à evolução legislativa impõe uma postura diferenciada, que estimule também a autocomposição e até, em certos casos, indique, de forma cooperativa, a arbitragem como a via mais apropriada para certas contendas específicas. O uso de plataformas *on-line* também deve ser incentivado pelos magistrados, a fim de que, seja para resolver a disputa ou para o fim pedagógico, as partes conheçam outras portas adequadas.

Os advogados, geralmente os primeiros a serem acionados para uma consulta sobre o caso concreto, têm o dever não só de conhecer todas as portas existentes, mas de fato direcionar seus clientes para as melhores vias de atendimento à situação que lhe é posta. Não obstante, diante do interesse de um cliente em solucionar a causa pela via autocompositiva, o advogado não deve dificultar o acesso às vias consensuais em razão de fatores financeiros, como as perspectivas de honorários. Não se ignora a importância de os patronos serem bem remunerados pelo seu trabalho, mas desde que não prejudiquem valores maiores que são o acesso à Justiça Multiportas, a eficiência da porta eleita e a satisfação dos envolvidos.

Do mesmo modo, advogados públicos, defensores públicos e membros do ministério público têm um papel fundamental na política nacional de tratamento adequado de conflitos de interesses.

Conciliadores e mediadores devem ser capacitados e vocacionados para a atividade, a fim de que se entreguem as melhores técnicas na solução da disputa, com gentileza, educação, paciência competência e ética.

Os árbitros também devem ser preparados para a função jurisdicional, que envolve resolver tutelas de urgência e questões processuais, produzir provas e julgar a causa, impondo uma solução vinculante às partes. Essa é uma tarefa complexa que também demanda técnica e muita responsabilidade. As câmaras arbitrais costumam ter árbitros experientes que, de forma individual ou colegiada, exercem a atividade com maestria. Porém, considerando que a maioria dos árbitros exerce a advocacia como profissão original, com condução parcial e direcionada a um resultado específico, precisam virar a chave para a forma de atuar, deixando de lado preconcepções jurídicas, culturais, políticas e sociais para imprimir a necessária imparcialidade e justiça aos casos que lhe são submetidos.

Outros auxiliares da justiça também podem contribuir para a política de tratamento adequado de conflitos. Os servidores das serventias ou dos gabinetes podem auxiliar na triagem dos conflitos. Já os oficiais de justiça podem, nos termos do art. 154, do CPC, colher propostas de acordo das partes e encaminhar para o juiz. Há em tramitação, inclusive, o Projeto de Lei 9.609/2018, que altera a Lei 13.105, de 16 de março de 2015, Código de Processo Civil, instituindo o inciso VII no art. 154, atribuindo ao Oficial de Justiça a incumbência de conciliar e mediar conflitos constantes nos processos judiciais.

Outra importante fonte de disseminação da Justiça Multiportas são os professores universitários, cujo papel é de elevada importância para a mudança de cultura em nosso país. Com efeito, a consensualidade é admitida em praticamente todas as disciplinas, de modo que essa perspectiva mais ampla dos meios de resolução de conflitos pode e deve ser estudada nos diferentes ramos do Direito, fazendo com que os futuros profissionais do sistema de justiça tenham aptidão à necessária habilidade para tratar de forma apropriada os conflitos que lhes são confiados.

Por fim, e não menos importante, a sociedade deve buscar conhecer essas novas ferramentas e ambientes, se empoderando na busca de soluções para os seus problemas. Saber reconhecer métodos e escolher o que mais de amolda às características de suas contendas atende ao preceito constitucional de acesso à Justiça Multiportas, por vias mais eficientes, céleres e menos custosas.

12. DEVIDO PROCESSO LEGAL E JUSTIÇA MULTIPORTAS

A Justiça Multiportas representa o conglomerado de métodos, técnicas e espaços de tratamento de disputas, constituindo um sistema que atua para solucionar adequadamente os conflitos.

Contudo, a reunião dessas portas e a instituição de um sistema não descaracterizam cada um dos métodos e ambientes, que possuem princípios, técnicas, finalidades e consequências próprios.

Em outros termos, quando se fala em adequação entre o objeto (conflito, questão) e o mecanismo (negociação, conciliação, mediação, arbitragem, processo judicial, entre outros), necessário se faz assegurar que sejam respeitadas as questões éticas e procedimentais entorno da via eleita.

Desse modo, além da observância aos direitos fundamentais e garantias processuais estabelecidos na Constituição Federal e em outras fontes normativas, aplicáveis a todos os institutos, é importante que as características de cada processo de tratamento de conflito sejam individualizadas, compreendidas e atendidas.

Assim, as formalidades do processo judicial são distintas da do processo arbitral, do mesmo modo que a conciliação possui contornos diferentes da mediação. Por sua vez, o fato de uma mediação ocorrer no âmbito judicial exige requisitos diferentes da mediação extrajudicial. Portanto, devendo essa máxima ser aplicada às demais hipóteses de resolução de disputas.

Portanto, o devido processo legal no contexto da Justiça Multiportas representa a adequada escolha e utilização dos métodos, bem como o atendimento às suas normas, limites e especificidades, tendo como diretrizes comuns o respeito aos direitos fundamentais e às garantias constitucionais.

13. FUTURO DA JUSTIÇA MULTIPORTAS

Os últimos vinte anos foram marcados por um intenso esforço legislativo para adotar métodos heterocompositivos e autocompositivos em nosso sistema jurídico, ampliando as perspectivas antes concentradas no Poder Judiciário.

O papel da doutrina também tem sido fundamental para a evolução teórica da Justiça Multiportas.

A jurisprudência ainda está amadurecendo os temas e as consequências jurídicas.

Na prática forense, são inúmeras as iniciativas e projetos que aplicam o sistema de Justiça Multiportas.

Esses fatores têm transformado, de forma gradual, a cultura dos profissionais do direito e a próxima aceitação social.

Mas quais os próximos passos? O que mais esperar da Justiça Multiportas? Qual o formato da Justiça Multiportas do futuro?

Essas perguntas desafiam a nossa imaginação, mas nem por isso devem ficar sem respostas.

O Brasil construiu um sistema de Justiça Multiportas muito voltado para as características do ordenamento jurídico brasileiro. Embora tenha incorporado alguns métodos e técnicas estrangeiros, sua essência foi moldada de acordo com as particularidades jurídicas daqui.

Os próximos passos envolvem o investimento em capacitação e remuneração dos facilitadores, ampliação da estrutura física e pessoal dos setores públicos e privados. Acompanhar a qualidade das soluções de conflitos, o que afetará de forma crucial a credibilidade dos diferentes métodos de resolução de disputas. Cobrar que a temática seja obrigatória nos cursos de Direito e nos concursos públicos. Acompanhar a evolução dos sistemas jurídicos estrangeiros para acompanhar as novas tendências mundiais. Investir em tecnologia para que ela sirva de meio e de apoio aos métodos de solução de conflitos. Difundir resultados e estatísticas, estabelecendo um planejamento estratégico que contemple as variadas formas de acesso à Justiça Multiportas. Acompanhar o impacto dessas novas portas no Poder Judiciário.

Da Justiça Multiportas espera-se que alcance a necessária maturidade jurídica a ponto de efetivamente promover uma mudança de cultura nos profissionais do Direito e na própria sociedade, principal beneficiária da pacificação social. A consolidação dos diferentes ambientes e métodos de resolução de disputa pode comportar novas possibilidades e ferramentas, diante da atipicidade que envolve o tema. Também se mostra importante que a arbitragem se torne acessível aos que necessitam de decisão adjudicada.

E a Justiça Multiportas do futuro? Espera-se que a compreensão do acesso à Justiça Multiportas já esteja consolidada em nossa sociedade. Que ambientes como o metaverso possam auxiliar na solução de conflitos em que o encontro entre as partes seja prejudicial, como os de violência doméstica. Que a inteligência artificial tenha a necessária transparência e confiabilidade para auxiliar na triagem, prevenção ou resolução das controvérsias. Que haja mais investimento de entes públicos e privados nos canais de comunicação com os – administrados e clientes, que proporcionem a resolução rápida das controvérsias. Que haja mais estímulos processuais à adoção de meios consensuais pelas partes. Que a primeira opção dos envolvidos em um conflito não seja a judicialização, que ficará restrita aos casos complexos ou que envolva algum grau de interesse público. Que haja políticas públicas sólidas em prol dos excluídos digitais.

Capítulo II
JUSTIÇA CONSENSUAL

1. PREMISSAS INICIAIS

A Justiça Multiportas contempla formas e ambientes legítimos de tratamento de conflitos, ressignificando o acesso à justiça para contemplar a justiça estatal, a justiça arbitral e a justiça conciliativa, na forma idealizada por Ada Pellegrini Grinover.

Por justiça conciliativa pode-se entender como todos os meios consensuais de tratamento de conflito, objetivando à pacificação social e à maior satisfação das partes. Ela também engloba diferentes métodos (negociação, conciliação, mediação, entre outros) e ambientes (judicial, extrajudicial, plataforma *on-line*, entre outros) de solução de disputas.

Assim, em sendo um microssistema específico de resolução de controvérsias, é pertinente a sua individualização das demais modalidades heterocompositivas de solução de conflito, embora estejam todas em sintonia e com grande potencial de interação.

Com efeito, o ordenamento jurídico brasileiro legitimou de modo contundente as vias consensuais de tratamento de disputas, fazendo dessa modalidade a forma prioritária em relação às demais.

Mas podemos entender a justiça conciliativa como nova forma de jurisdição, ainda que ocorra no campo extrajudicial?

A resposta é positiva. A concepção contemporânea de jurisdição abarca outras esferas de resolução de conflitos, inclusive a extrajudicial, e principalmente pela via consensual. A possibilidade de desestatização da jurisdição é concreta, desde que legais e legítimas.

A ideia não é nova, e já vinha sendo traçada por alguns doutrinadores brasileiros, como Rodolfo de Camargo Mancuso[1], que assim dispunha:

> "A concepção contemporânea de *Jurisdição* vai deixando de ser tão centrada no *Poder* – dimensão *estática*, ligada à ideia de soberania – para se tornar aderente à *função* (dimensão *dinâmica* que o estado Social de Direito deve desempenhar no sentido de promover a *resolução justa dos conflitos, num tempo razoável*. Isso leva a que esse desiderato possa ser exercido não mais em termos de monopólio estatal na distribuição da Justiça, mas abrindo para outras modalidades e instâncias decisórias, ao pressuposto de

---

1. MANCUSO, Rodolfo de Camargo. *A resolução dos conflitos e a função judicial no Contemporâneo Estado de Direito*. São Paulo: Revista dos Tribunais, 2009, p. 58.

que desempenhem com efetividade suas atribuições, donde o notório crescimento dos chamados *meios alternativos ou equivalentes jurisdicionais*. [...]". (Grifos originais).

Por sua vez, Leonardo Greco também admite o exercício da jurisdição por outros meios e órgãos não estatais. Vejamos:

"No nosso tempo, no estágio de desenvolvimento do estado-cidadão a que os europeus chegaram após a Segunda Guerra e a que nós chegamos com a Constituição de 1988, muitos entendem que a jurisdição não precisa ser necessariamente uma função estatal, porque a composição de litígios e a tutela de interesses particulares podem ser exercidas por outros meios, por outros órgãos, como os órgãos internos de solução de conflitos, estruturados dentro da própria Administração Pública, compostos de agentes dotados de efetiva independência, e até por sujeitos privados, seja por meio da arbitragem, seja pela justiça interna das associações."[2]

Humberto Dalla Bernardina de Pinho, ao tratar da extensão contemporânea do conceito de jurisdição, ensina que: "É claro que não se pode simplesmente desatrelar a jurisdição do Estado, até porque, em maior ou menor grau, a dependência do estado existe, principalmente para se alcançar o cumprimento da decisão não estatal. Por outro lado, podemos pensar no exercício dessa função por outros órgãos do Estado ou por agentes privados."[3]

Dessa forma, a composição dos conflitos, seja pela autocomposição, seja pela heterocomposição, pode ser alcançada pela jurisdição estatal, mas também por outras formas de jurisdição, como a arbitral e a conciliativa.

2. AUTOCOMPOSIÇÃO[4]

O termo autocomposição foi originalmente instituído por Carnelutti. Para o jurista italiano, a composição do litígio pode ocorrer de duas formas: pela autocomposição, quando ela é alcançada pelas próprias partes, e pela heterocomposição, quando é realizada pelo juiz.

Não obstante, a autocomposição seria gênero que comporta várias espécies, as quais, por sua vez, podem derivar de um ato simples (quando é suficiente a vontade de apenas uma das partes), como acontece na renúncia à pretensão e no reconhecimento do pedido, ou complexo (quando houve a necessidade de consentimento para a solução do litígio), como é o caso da transação.[5]

---

2. GRECO, Leonardo. *Instituições de processo civil*. 5. ed. Revista, atualizada e ampliada. Rio de Janeiro: Forense. 2015, v. I, p. 69.
3. PINHO, Humberto Dalla Bernardina de. *Jurisdição e pacificação*: limites e possibilidades do uso dos meios consensuais de resolução de conflitos na tutela dos direitos transindividuais e pluri-individuais. Curitiba: CRV, 2017, p. 83.
4. O assunto foi tratado em: CABRAL, Trícia Navarro Xavier. *Limites da liberdade processual*. 2 ed. Indaiatuba: FOCO, 2021, p. 67-70.
5. CARNELUTTI, Francisco. *Sistema de Derecho Procesal Civil* (Introducción Y función del proceso civil). Buenos Aires: Uteha, 1944, v. I, p. 197.

CAPÍTULO II • JUSTIÇA CONSENSUAL | **63**

Nesse contexto, compreende-se originalmente por autocomposição a forma de resolução de conflito em que uma das partes ou ambas criam uma solução para atender aos próprios interesses[6], sendo a espontaneidade seu requisito essencial de qualquer modalidade autocompositiva[7]. Tem como substantivo a composição, que significa "ação de ajuntar, de construir, disposição, arranjo, acordo, convenção" e, em sentido mais estrito, acordo ou transação entre os litigantes para pôr fim à demanda.[8]

Percebe-se, pois, que a autocomposição sempre teve a sua função relacionada a dois aspectos: a) resolução do direito material; e b) a finalização do processo.

Ademais, ela pode ser alcançada de forma unilateral (renúncia à pretensão ou reconhecimento do pedido pelo réu) ou bilateral (acordo pelas partes). Em todas essas hipóteses o litigante deve poder dispor sobre o direito material.

Alcalá-Zamora Y Castilho, ao tratar da autocomposição, passou a priorizar não como modo de se concluir o processo, mas como meio para a solução dos litígios (direito substancial). O autor também entente que a renúncia, o reconhecimento do pedido e a transação seriam as três formas de expressão da autocomposição, retirando de sua abrangência formas anômalas de extinção do feito, como a desistência, e outras figuras afins que podem repercutir no término do processo (retratação, arrependimento, confissão, consignação, abandono do processo etc.).[9]

Destarte, essas concepções consideram a autocomposição uma forma de resolução do próprio direito material, ensejando o fim da demanda.

Mas para além dessas perspectivas substanciais, tem-se que a autocomposição também pode incluir as diversas formas processuais de disposição processual. Isso porque tanto os direitos materiais quanto os processuais podem admitir autocomposição, ou seja, a construção de soluções.

Nesse passo, a desistência – com ou sem o consentimento do réu, a renúncia, o reconhecimento do pedido, o acordo, as convenções processuais e o calendário processual seriam formas legítimas de autocomposição, na medida em que representam uma disposição sobre o processo ou sobre o próprio direito material, ou ainda sobre ambos.

Dessa forma, os atos dispositivos concordantes – dois atos de vontade unilaterais, distintos e sucessivos, e que tem seus efeitos produzidos somente após a decisão judicial – também estariam dentro da concepção de autocomposição.

Em outros termos, além de por fim ao próprio conflito substancial, a autocomposição pode ter a função de resolver questões processuais, objetivando: a) por fim ao

---

6. Ver: COUTURE, Eduardo J. *Fundamentos del Derecho Procesal Civil*. 4. ed. Montevideo: B de F, 2010, p. 8.
7. ALCALÁ-ZAMORA Y CASTILHO, Niceto. *Proceso, autocomposición y autodefesa*: contribuición al estúdio de los fines del processo. México: Universidad Nacional Autónoma de México, 2000, p. 78.
8. SILVA, De Plácido e. *Vocabulário jurídico*. 11. ed. Rio de Janeiro: Forense, 1994, p. 475.
9. ALCALÁ-ZAMORA Y CASTILHO, Niceto. *Proceso, autocomposición y autodefesa*: contribuición al estúdio de los fines del processo. México: Universidad Nacional Autónoma de México, 2000, p. 72-102.

processo; b) mudar o procedimento ajustando-o às especificidades da causa; e c) dispor sobre as situações jurídicas processuais.

Assim, várias hipóteses de atos de disposição processual coincidem com os métodos autocompositivos, mas o rol daquelas é ainda mais amplo do que a autocomposição, uma vez que pode incluir circunstância que não enseja a finalização do processo ou não afeta a esfera de interesse da outra parte.

Nesse passo, pode-se afirmar que a autocomposição compreenderia: a) atos de disposição unilateral de natureza material ou processual que ensejem a finalização do processo (desistência, renúncia, reconhecimento do pedido); e b) atos de disposição bilateral ou plurilateral, de natureza material ou processual, que podem ou não resultar na finalização do processo, mas que contemple o propósito de vantagem a ambas as partes e para o próprio procedimento (acordos, convenções processuais, calendário processual).

O art. 487, III, do CPC refere-se à sentença homologatória de autocomposição unilateral (reconhecimento da procedência do pedido e renúncia ao direito sobre o qual se funda a ação) e, igualmente, à sentença homologatória de autocomposição bilateral (transação). Qualquer uma delas é título executivo judicial.

Desse modo, o importante é que a autocomposição configure uma reciprocidade de interesses ou de consentimentos (vontade) entre as partes, que pode ser material, processual, ambas, direta ou indireta, e ainda manifestada de forma expressa ou tácita.

Assim, os atos de disposição que favorecem apenas uma das partes sem que afete a esfera processual da outra, como a renúncia ao direito de recorrer (art. 999, do CPC), não estariam abrangidos pela autocomposição, mas estariam certamente na categoria de atos de disposição.

Por sua vez, o reconhecimento e o parcelamento do crédito de que trata o art. 916, do CPC poderia ser considerado autocomposição.

Dessa forma, trata-se de imprimir um viés subjetivo e finalístico à autocomposição, no sentido de incluir em sua concepção uma intenção que não se exaure nela própria – na situação jurídica processual de apenas de uma das partes –, mas transcende para beneficiar os demais sujeitos processuais, direta ou indiretamente (com a extinção do feito).

Essa acepção mais ampla de autocomposição não vem sendo considerada pela doutrina, que restringe o seu alcance à resolução do conflito substancial, embora já se note que, de modo intuitivo, a autocomposição tem tido seu alcance mais ampliado.

Um exemplo disso é o que dispõe a Resolução 118 de 2014, do Conselho Nacional do Ministério Público, que institui a Política Nacional de incentivo à autocomposição no âmbito do Ministério Público e dá outras providências, prevendo mecanismos de autocomposição como a negociação, a mediação, a conciliação, o processo restaurativo e as convenções processuais.

Dessa forma, atualmente, o termo autocomposição reflete muito mais a ideia de consensualidade sobre uma determinada questão – material ou processual – entre os sujeitos processuais do que a de resolução do conflito – material – ou finalização do processo, embora estas últimas possam ser uma consequência reflexa.

Registre-se, ainda, que a cooperação judiciária – nacional e internacional – também deve ser abrangida pelo aparato de consensualidade, incluindo o mecanismo da consulta, nos termos da Resolução CNJ 499/2023, que alterou a Resolução CNJ 350/2020.

Portanto, no campo da disponibilidade processual, a autocomposição se insere na forma unilateral, bilateral ou plurilateral de resolução de questão, que pode ter natureza processual ou material, em que a solução é construída pelas próprias partes e com reciprocidade de interesses ou consentimentos.

3. NEGOCIAÇÃO

"Goste ou não, você é um negociador. A negociação é um fato da vida.". Com essa frase, os professores fundadores do Projeto de Negociação de Harvard Roger Fisher, Willian Ury e Bruce Patton introduzem os leitores na emblemática obra sobre o tema da negociação.[10]

De acordo com o dicionário Michaelis, negociação é: 1 Ato ou efeito de negociar; negociamento, negócio. 2 Conversa que ocorre entre duas ou mais pessoas, com o fim de se chegar a um acordo em um assunto qualquer; ajuste. 3 DIPLOM [geralmente no plural] Discussão de assunto de interesse comum entre agentes políticos que representam duas ou mais nações. 4 Transação comercial; negócio.

No âmbito da Justiça Multiportas, a negociação é um meio autocompositivo e extrajudicial de resolução de conflito, em que duas ou mais pessoas buscam o consenso diretamente, sem o auxílio de um terceiro facilitador. Esse método tem a vantagem de ser, em regra, mais rápido e reservado do que os demais.

A negociação pode servir de método autônomo de resolução de disputa, mas seus fundamentos e suas técnicas podem ser empregados por outros meios autocompositivos, como a conciliação e a mediação.

Com uma comunicação adequada e diálogo direto entre os envolvidos, os negociadores buscam, através da persuasão, o entendimento e o alcance de um acordo.

Embora a negociação faça parte do cotidiano de nossas relações interpessoais e pareça intuitiva, há importantes estudos que trazem a tecnicidade necessária para o alcance de um resultado mais eficiente.

A seguir serão abordados alguns estudos em torno do tema e que são objeto de cursos sobre mediação no Brasil.

---

10. FISHER, Roger; Ury, Willian; Patton, Bruce; tradução de Raquel Agavino. Como chegar ao sim: como negociar acordos sem fazer concessões [recurso eletrônico]. Ed. rev. e atual. Rio de Janeiro: Sextante, 2018, p. 18.

A Escola de Harvard, que é referência no tema, utiliza o método de negociação baseada em princípios ou negociação dos méritos, segundo a qual "[...] é firme com os méritos e gentil com as pessoas."[11]. A proposta baseia-se em quatro pontos[12]:

i) **Pessoas:** separe as pessoas do problema.

ii) **Interesses:** concentre-se nos interesses e não nas posições.

iii) **Opções:** antes de decidir o que fazer, crie diversas opções com possibilidade de ganhos mútuos.

iv) **Critérios**: insista em que o resultado se baseie em critérios objetivos.

Quanto aos elementos da negociação, identifica-se os seguintes critérios[13]:

I) Critérios objetivos:

a) Interesses: são os controladores fundamentais para a negociação, de acordo com nossas necessidades básicas, desejos e motivações. Muitas vezes escondido e silencioso, nossos interesses, no entanto, orientam o que fazemos e dizemos. Negociadores experientes sondam as posições indicadas dos seus homólogos para compreender melhor os seus interesses subjacentes. Conhecer os interesses de ambos os lados é imprescindível para a busca de uma solução que atenda a todos.

b) Opções: referem-se a todas as escolhas disponíveis que as partes podem considerar para satisfazer seus interesses, incluindo condições, contingências e comércios. As opções tendem a capitalizar partes semelhanças e diferenças, eles podem criar valor na negociação e melhorar a satisfação. Este é o momento em que devemos exercitar nossa criatividade para construir o caminho para alcançar os interesses.

c) Legitimidade: as opções criadas a partir de interesses mútuos ou divergentes, precisam ser legítimas e justas para que possam ser aceitas pela outra parte. É, portanto, fundamental que sejam utilizados padrões objetivos, com referências verificáveis facilmente pelas partes, para que a tomada de decisões fique "confortável" para ambos.

d) Alternativas: os conceitos da Mapan (Melhor Alternativa Para um Acordo Negociado) ou Masa (Melhor Alternativa Sem Acordo), introduzido por Fisher e Ury em "Como chegar ao sim". A Mapan/Masa representa todos os caminhos que nos restam caso não fechemos o acordo que pretendemos. São as escolhas que nos sobram se não obtivermos o SIM às opções geradas na negociação. Dois são os objetivos da

---

11. FISHER, Roger; Ury, Willian; Patton, Bruce; tradução de Raquel Agavino. *Como chegar ao sim*: como negociar acordos sem fazer concessões [recurso eletrônico]. Ed. rev. e atual. Rio de Janeiro: Sextante, 2018, p. 19.

12. FISHER, Roger; Ury, Willian; Patton, Bruce; tradução de Raquel Agavino. *Como chegar ao sim*: como negociar acordos sem fazer concessões [recurso eletrônico]. Ed. rev. e atual. Rio de Janeiro: Sextante, 2018, p. 31-32.

13. O tópico representa um resumo estruturado a partir da seguinte obra: BRASIL. Advocacia Geral da União. *Manual de Negociação Baseado na Teoria de Harvard*. Escola da Advocacia-Geral da União Ministro Victor Nunes Leal. – Brasília: EAGU, 2017. Disponível em: http://www.mpsp.mp.br/portal/page/portal/documentacao_e_divulgacao/doc_biblioteca/bibli_servicos_produtos/BibliotecaDigital/BibDigitalLivros/TodosOs-Livros/Manual-de-negociacao-baseado-na-teoria-Harvard.pdf. P. 21 a 37. Acesso em: 29 abr. 2023.

Mapan/Masa: proteger a si mesmo e extrair o máximo possível dos ativos de que dispõe. Conhecer suas alternativas e as do outro é missão fundamental do negociador antes mesmo de iniciar a negociação. É a medida da qualidade da negociação. É conhecendo nossas alternativas que podemos decidir quando e se fechamos um acordo, bem como se fizemos um bom negócio.

II) Critérios subjetivos

a) Comunicação: é uma via de mão dupla, que exige falar e ouvir, a partir de uma escuta ativa. O sucesso da negociação pode depender das escolhas de comunicação, se a pessoa ameaça ou consente, se faz um *brainstorming*[14] em conjunto ou faz exigências firmes, se faz suposições silenciosas sobre os interesses ou faz perguntas para sondá-los mais profundamente. A comunicação deve ser sempre respeitosa, com demonstrações de interesse pelo outro lado e colocando-se no lugar do outro, por mais difícil que seja essa atitude. A comunicação não é apenas a apresentação de palavras. Também está relacionada com a postura, os gestos, o contato visual, ao tom de voz, enfim, a linguagem corporal. Nesse ponto, não basta saber que o outro lado pensa diferente. É importante compreender e tentar experimentar o sentimento e o ponto de vista do outro. Essa habilidade de ver a situação tal como o outro lado vê, é uma das habilidades mais complexas, mas é uma habilidade que poderá, também, influenciar decisivamente na negociação.

b) Relacionamento: além da comunicação, outro elemento subjetivo da negociação é o relacionamento entre as partes. Os envolvidos numa negociação precisam investir na relação que estão construindo, tendo em vista que uma boa relação fortalece a confiança entre as partes, proporciona um bom ambiente de trabalho e facilita a realização de um acordo. Ademais, um bom relacionamento facilita negociações futuras, por isso, invista tempo na relação negocial, afinal a vida é cheia de surpresas e você pode se deparar novamente com o outro lado numa situação de conflito.

c) Compromisso: pode ser definido como um acordo, demanda, oferta ou promessa feita por uma ou mais partes. Um compromisso pode variar de um acordo para atender a uma determinada hora e local a uma proposta formal de um contrato assinado. Sugere-se que o termo de acordo seja escrito e a linguagem seja clara, concisa, de forma articulada e de modo que a compreensão aconteça de forma imediata, evitando-se dúvidas na interpretação de alguma questão. O acordo deve ser construído com a participação de todos os envolvidos, pois mesmo que um acordo aparentemente seja favorável a ambos os lados, alguém pode desconfiar de alguma cláusula ou compromisso, se não tiver participado da sua construção. O ideal então é o termo de acordo formulado em conjunto, sendo ambas as partes donas das ideias.

---

14. Braistorming é traduzido como "chuva de ideias". Significa, basicamente, proporcionar um ambiente confortável para que os participantes se sintam livres para dar ideias, sejam elas incrivelmente geniais, incomuns ou mesmo banais. In: O que é *brainstorming*? Disponível em: <https://www.escolaedti.com.br/o-que-e-brainstorming--na-qualidade-e-como-fazer>, acesso em: 01 abr. 2020.

Quanto aos tipos de negociação, pode-se citar os seguintes[15]:

a) Negociação posicional: aquela cujos negociadores se tratam como oponentes, o que implica pensar na negociação em termos de um ganhar e outro perder (em que quanto mais um ganha mais o outro perde). Aqui, o papel do negociador parece ser pressionar ao máximo e ceder o mínimo possível.

b) "Negociação baseada em princípios" ou "negociação baseada em méritos": sugere que, para a obtenção da negociação de resultados sensatos e justos e que evitem a deterioração do relacionamento entre as pessoas faz-se necessário que se abordem os interesses reais dos envolvidos (e não suas posições).

c) Negociação distributiva: aquela na qual os envolvidos já se engajam determinados a maximizar a obtenção de um elemento fixo, sendo que inevitavelmente a vantagem de um lado implica na desvantagem para o outro. A meta dos envolvidos se restringe à barganha, buscando sempre mais. Predomina a lógica da escassez, pois o elemento em disputa é considerado limitado. A dinâmica de "cabo de guerra" ilustra bem a dinâmica desse tipo de negociação. É a que estamos culturalmente acostumados. Ex.: relação de compra e venda.

d) Negociação integrativa: aquela em que primeiro se busca compreender interesses dos envolvidos para então, criando opções, atendê-los de maneira simultaneamente proveitosa. Predomina a lógica da presunção de abundância, confiando-se na criação de valor como forma de atender os interesses dos envolvidos sem que a vantagem de um signifique a desvantagem do outro. Há flexibilidade, pois os interesses podem ser atendidos de diversas formas. Pode ser muito utilizada, especialmente em mediações.

Tratando do tema, Robert H. Mnookin, Scott R. Peppet e Andrews S. Tulumello[16] evidenciam três tensões inerentes ao procedimento de negociação, que devem ser conduzidas pelo negociador a fim de possibilitar o desenrolar dos debates e a criação de alternativas. Primeiramente, vê-se a tensão entre criar e distribuir valor, que se refere a tendência geral de apenas distribuir os ganhos ou as perdas, quando a negociação oferece uma oportunidade de trocar informações a fim de criar valor, ou, como comumente referido, aumentar o bolo. A segunda tensão se refere à dosagem entre empatia e assertividade, que devem ser empregadas de forma equilibrada na negociação. Isto porque a ausência de empatia pode amplificar o conflito, na medida em que a ausência de assertividade pode comprometer os próprios interesses da parte. Por fim, a terceira tensão se refere ao representante e ao representado sempre que um sujeito negocia em nome de outro. Aqui é necessário identificar o nível de alinhamento entre os interesses

---

15. O presente tópico está tratado com maior profundidade em: BRASIL. CONSELHO NACIONAL DE JUSTIÇA. AZEVEDO, André Gomma de (Org.). *Manual de Mediação Judicial*, 5. ed. Brasília: Conselho Nacional de Justiça, 2015. Disponível em: https://www.cnj.jus.br/wp-content/uploads/2015/06/f247f5ce60df2774c59d6e-2dddbfec54.pdf. P. 73-76. Acesso em: 29 abr. 2023.
16. MNOOKIN, Robert H.; PEPPET, Scott R.; TULUMELLO, Andrew S. [Tradução Mauro Gama]. *Mais que vencer*: negociando para criar valor em acordos e disputas. Rio de Janeiro: BestSeller, 2009, p. 25-130.

de ambos, pois, por vezes, o representante pode privilegiar interesses mais latentes para si, ainda que não sejam tão relevantes para o representado.

Para Max H. Bazerman e Don Moore[17] é fundamental a utilização da racionalidade para tomar decisões em uma negociação, especialmente realizando análises de possibilidades. entre os critérios que devem ser analisados vê-se: as alternativas ao acordo negociado de cada parte; os interesses de cada parte; e a importância relativa a cada um desses interesses. Assim, será possível estruturar o jogo de negociação. Todavia, nem sempre os negociadores agirão com a racionalidade esperada, demandando da outra parte a aplicação de técnicas que possibilitem o avanço da negociação.

O método da negociação tem crescido no Brasil, especialmente após a pandemia da Covid-19, em que se instalou uma necessidade urgente de as pessoas ajustarem relações jurídicas anteriormente firmadas diante no novo contexto social e financeiro que se apresentou. Contratos de aluguel, de prestação escolar, de condomínio, de trabalho, entre outros, foram renegociados para que pudessem ser mantidos.

Mas para além desse momento histórico vivido, a negociação mais técnica também tem sido ampliada[18], especialmente com o auxílio de advogados, muitos com a necessária capacitação para conduzir as tratativas, evitando-se a judicialização das questões.

A própria advocacia tem se mobilizado para incutir nos advogados práticas colaborativas na condução dos conflitos, na busca de soluções mais benéficas para os envolvidos.[19]

Fala-se, ainda, em negociação direta ou resolução colaborativa de conflitos, também conhecida como *collaborative law*, que seria uma "mediação sem mediador". O procedimento negocial, em regra confidencial, seria conduzido pelos advogados e mandantes de parte a parte, na busca de obtenção de acordo, sendo que, em não se obtendo a autocomposição, os advogados envolvidos não poderiam atuar em eventual processo judicial. Nesse caso, as partes também formulam uma "cláusula de desqualificação", em que se comprometem a não contratar os mesmos advogados para o litígio, e ainda a contribuir de forma construtiva para a solução da disputa.[20]

---

17. BAZERMAN, Max H.; MOORE, Don. *Judgment in managerial decision making*. 7. ed. USA: John Wiley & Sons, Inc., 2009.
18. Os conflitos complexos exigem técnicas diferenciadas, cf.: SHAPIRO, Daniel. *Negociando o inegociável*: como resolver conflitos que parecem impossíveis. Trad. Marcelo Barbão. Rio de Janeiro: Globo Livros, 2021.
19. Definição elaborada pela cartilha foi elaborada pela Comissão Especial de Práticas Colaborativas da OAB-SP, com o objetivo de apresentar e divulgar as Práticas Colaborativas aos advogados, profissionais das áreas da saúde mental e de finanças e ao público em geral: "As Práticas Colaborativas consistem numa abordagem moderna, voluntária, interdisciplinar, extrajudicial e não adversarial de administração de conflitos, pautada no diálogo, transparência e boa-fé, onde as partes, com a ajuda de uma equipe, se comprometem com a não litigância e com a busca de uma solução benéfica para o conjunto de todos os envolvidos no conflito.". Cf.: Cartilha de práticas colaborativas. Disponível em: Cartilha – Pra301ticas Colaborativas OAB-1-1.pdf (oabsp.org.br). Acesso em: 30 abr. 2023.
20. Sobre o tema, cf.: CABRAL, Antonio do Passo. CUNHA, Leonardo Carneiro da. Negociação Direta ou Resolução Colaborativa de disputas (Collaborative Law). In: ZANETI JR., Hermes; CABRAL, Trícia Navarro Xavier (Coord.). *Justiça Multiportas*: mediação, conciliação, arbitragem e outros meios adequados de solução de conflitos. 3. ed. Salvador: JusPodivm, 2022. p. 225-240.

Portanto, a negociação representa importante método de prevenção e solução de conflitos que deve ser ampliado em nossa sociedade e estudado tecnicamente pelos profissionais do Direito.

4. CONCILIAÇÃO

A conciliação é um método autocompositivo em que um terceiro imparcial auxilia a comunicação entre as partes objetivando um acordo. Ela pode ocorrer extrajudicialmente ou no âmbito judiciário, na fase pré-processual ou processual.

Conforme já visto no tópico que trata da evolução histórica da consensualidade no Brasil, a conciliação é um instituto que sempre fez parte do nosso ordenamento jurídico, nem sempre com a mesma terminologia, procedimento ou extensão.

Porém, no campo do processo civil, o legislador demorou a prestigiar de forma contundente os meios autocompositivos de solução de controvérsias, ao menos nos Códigos Processuais Civis.

O Código de Processo Civil de 1939 (Decreto-lei n. 1.608/39), embora tivesse surgido da necessidade de se reformular a administração da justiça, não abordou a conciliação ou a mediação, e só mencionava a ideia de consensualidade entre as partes nas transações, que eram negócios jurídicos que ocorriam fora do processo, mas que nele produziam efeitos (arts. 51, 185, IV, 206, 207, 1.010, II e 1.011), ou no tratamento do desquite por mútuo consentimento, utilizando, entretanto, a terminologia "reconciliação" (arts. 642 a 646), mas sempre condicionada à apresentação pelas partes para a homologação do juiz.

Em seguida, veio o Código de Processo Civil de 1973 (Lei n. 5.869/73) que, apesar de disciplinar a possibilidade de conciliação em alguns dispositivos, não foi uma relevante fonte de transformação social pelo uso de métodos autocompositivos. Nele foram usados apenas os termos conciliação e transação. Seus principais artigos sobre o tema eram: art. 125, IV – poder do juiz de conciliar as partes; art. 278 – audiência de conciliação no rito sumário; art. 331 – audiência preliminar; art. 447 – conciliação no início da audiência de instrução e julgamento; art. 475-N, III – trata a sentença homologatória como título executivo judicial; art. 740 – audiência de conciliação nos embargos de devedor.

Contudo, é digno de nota que o texto original do CPC de 1973 não abordava a conciliação nos referidos dispositivos. O inciso IV, do art. 125, que incentiva o juiz a tentar conciliar as partes a qualquer tempo, foi incluído pela Lei n. 8.952/1994. O art. 277 não falava da possibilidade de conciliação, que foi incluída pela redação dada pela Lei 9.245/1995. A designação de audiência preliminar com possibilidade de conciliação foi incluída pela Lei n. 10.444/2002. O art. 475-N, III, foi incluído pela redação dada pela Lei 11.232/2005. Por fim, a conciliação nos embargos de devedor de que trata o art. 740 foi incluída pela Lei 11.382/2006.

Assim, ao longo dos primeiros 30 anos do CPC/73, o instituto da conciliação era praticamente inexistente no âmbito processual e somente nas últimas reformas do Código anterior ele passou a ser prestigiado, o que explica, de certa forma, a falta de cultura do uso dos métodos consensuais pelos profissionais do Direito.

Já o Código de Processo Civil de 2015 (Lei 13.105/15), alterou completamente a antiga perspectiva, e passou a enfatizar, de modo contundente, a possibilidade de as partes colocarem fim ao conflito pela via autocompositiva. Para tanto, o Código mencionou a mediação e a conciliação em diversos momentos, deixando explícito o seu incentivo às formas consensuais de solução de disputas.

A conciliação ganhou maior notoriedade com a criação dos Juizados Especiais Cíveis, que instituiu uma audiência obrigatória no início do procedimento para que as partes tentassem chegar a um consenso.

Embora grande parte dos litígios termine em acordo na audiência de conciliação dos Juizados Especiais, a falta de capacitação ou treinamento mínimo dos conciliadores impactaram negativamente a credibilidade dessa etapa processual, que, em muitos casos, é conduzida por graduandos ou por pessoas sem a devida qualificação. Com isso, são constantes os relatos de que a audiência de conciliação é feita por estagiários ou servidores despreparados, que não se utilizam de técnicas adequadas na comunicação com as partes e na tentativa de diálogo e consenso, o que faz com que os jurisdicionados saiam frustrados da audiência, com a sensação de perda de tempo.

De qualquer forma, essa audiência inspirou o legislador no CPC/2015, que trouxe para o início do procedimento uma audiência de conciliação ou mediação para permitir que as partes dialoguem acerca da controvérsia.

O CNJ, por sua vez, teve um papel fundamental na consolidação da consolidação no Brasil, por meio de iniciativas que ocorrem desde a criação do órgão, e que promovem o incremento de soluções consensuais, com destaque para a Resolução CNJ 125/2010, que criou a Política Judiciária Nacional de tratamento adequado de conflitos de interesses no âmbito do Poder Judiciário.

Atualmente, a conciliação possui contornos próprios, com técnicas aprimoradas, e com uma estrutura física e pessoal que garante a sua utilização adequada e proporciona melhores resultados.

Conforme já afirmado, pode-se conceituar a conciliação como um método autocompositivo em que um terceiro imparcial, devidamente capacitado, auxilia as partes a chegarem a um consenso acerca da questão controvertida.

A ferramenta é mais indicada para os casos evolvendo relações jurídicas sem vínculo de continuidade, como as hipóteses de consumo. Isso porque, na conciliação, o conflito é tratado de modo objetivo, visando atender apenas aos interesses imediatos das partes, fazendo com que o alcance da autocomposição encerre a disputa, sem priorizar o restabelecimento do relacionamento das partes envolvidas.

No CPC/2015, a conciliação não foi conceituada, mas sim os seus contornos, no art. 165, § 2º: "o conciliador, que atuará preferencialmente nos casos em que não houver vínculo anterior entre as partes, poderá sugerir soluções para o litígio, sendo vedada a utilização de qualquer tipo de constrangimento ou intimidação para que as partes conciliem".

Desse dispositivo extrai-se que: (i) o tipo de relação para a qual a conciliação é recomentada, qual seja, ausência de vínculo prévio; e (ii) a possibilidade de uma postura mais ativa do conciliador na busca da solução do conflito.

A conciliação é realizada pela figura do conciliador, terceiro imparcial, devidamente capacitado para o exercício da função. Ele pode ter uma postura mais ativa, inclusive sugerindo opções e caminhos para o alcance do acordo.

Aplicam-se à conciliação os mesmos princípios previstos para a mediação, previstos no Anexo III, da Resolução CNJ 125/2010, no art. 166 do CPC e na Lei de Mediação. Contudo, a intensidade desses princípios pode variar de grau, a depender da situação concreta. Isso significa que um princípio que é muito caro para a mediação, como é o caso da confidencialidade, pode ser aplicado de forma mais branda na conciliação, sendo, pois, adaptável às circunstâncias do conflito e do método.

A conciliação já está bastante difundida em nosso ordenamento e vem representando um significativo papel na solução consensual dos conflitos, ainda que não reduza, necessariamente, o número de processos e o congestionamento do Poder Judiciário.

No âmbito judicial, a conciliação exitosa pode ser homologada pelo juiz, criando-se um título executivo judicial. Na esfera extrajudicial, o alcance do acordo por meio da conciliação enseja um título executivo extrajudicial.

Não obstante, a conciliação se diferencia da transação.

Aliás, Pontes de Miranda[21-22] tratava a conciliação e a transação como coisas bastante distintas. A conciliação seria um procedimento, de natureza processual, com eficácia de instrumento público caso resultasse em acordo e fosse homologado. Nele o que se buscava era um resultado solutivo, em que as pessoas que exerceram a pretensão à tutela jurídica poderiam tentar, consensualmente, acordar sobre renúncia à pretensão, desistência da ação, reconhecimento da procedência do pedido, transação ou outro resultado que levasse à finalização do processo.

Já a transação[23], fenômeno de natureza material que pode ocorrer dentro ou fora do processo, consistiria em um acordo mediante concessões mútuas, capaz de afetar uma

---

21. MIRANDA, Pontes. *Comentários ao Código de Processo Civil*. Tomo III (arts. 154 a 281). Rio de Janeiro: Forense, 1974, p. 484-486.
22. MIRANDA, Pontes. *Comentários ao Código de Processo Civil*. Tomo V (arts. 444 a 475). Rio de Janeiro: Forense, 1974, p. 15-22.
23. "A transação é o negócio jurídico bilateral, em duas ou mais pessoas acordam em concessões recíprocas, com o propósito de pôr termo a controvérsia sobre determinada, ou determinadas relações jurídicas, seu conteúdo, extensão, validade ou eficácia. [...]". MIRANDA, Pontes. *Tratado de direito privado*. Parte especial. Tomo XXV (Direito das obrigações. Extinção das dívidas e obrigações. Dação em soluto. Confusão. Remissão de dívidas. Novação. Transação. Outros métodos de extinção). 3. ed., reimpressão. Rio de Janeiro: Borsoi, 1971, p. 117.

ação em curso, com o pedido de homologação dos termos alcançados. A transação, se extrajudicial, poderia ensejar, como efeitos processuais, a desistência da demanda, ou a suspensão do feito para a tentativa de composição. Já a transação judicial resultaria na homologação judicial, com eficácia de sentença meritória. A transação podia ser parcial, ou seja, envolver apenas uma parcela do objeto da demanda.

Nota-se, pois, que a ideia atual do uso de técnicas autocompositivas é apenas para se alcançar o consenso, cuja ideia remete ao alcance da transação, ou seja, acordo mediante concessões mútuas.

Contudo, as potencialidades da atividade do conciliador são bem mais amplas, podendo incluir outras formas de disposição do direito material ou processual, conforme já defendia Pontes de Miranda.

Dessa forma, o procedimento de conciliação pode alcançar a transação (acordo), a desistência, o reconhecimento do pedido, a renúncia à pretensão ou outro resultado que leve à finalização do processo, o que, na atualidade, remete-se à figura da autocomposição.

Embora o autor só considerasse a conciliação como um fenômeno intraprocessual, deferentemente de suas potencialidades atuais, concorda-se com a conclusão de a conciliação é um método de natureza processual, cujo procedimento deve observar os princípios previstos na legislação.

4.1 Conciliação pelo juiz

Uma grande inquietação da comunidade jurídica é se a conciliação pode ser conduzida pelo juiz, ou se isso afetaria a sua imparcialidade.

Leonardo Greco insere nos poderes dos juízes a atividade assistencial de conciliação, que, nas audiências do processo judicial deve ser exercida pessoalmente ou com a colaboração de mediadores e conciliadores. Diz, ainda, que o juiz tem um papel indutor, podendo formular propostas, ponderando as vantagens e desvantagens, tentando ativamente aproximar as partes para buscar uma solução satisfatória para os envolvidos no conflito.[24]

Com efeito, a tentativa de alcance da solução consensual é inerente à função jurisdicional, e, historicamente, sempre foi autorizada[25]. Porém, se antes havia qualquer dúvida, esta foi completamente eliminada pela diretriz do art. 3º, § 3º, CPC, que cria um dever de priorização da consensualidade pelo magistrado.

Essa possibilidade já era defendida por Pontes de Miranda, para quem as atividades do juiz incluíam a função de decidir, e, também a de conciliar as partes.[26]

---

24. GRECO, Leonardo. *Instituições de processo civil*. 5. ed. Revista, atualizada e ampliada. Rio de Janeiro: Forense. 2015, v. I, p. 110-111.
25. Cf. CAMPOS, A. P.; MOREIRA, T. S.; CABRAL, Trícia Navarro Xavier. A atuação do juiz nas audiências de conciliação na hipótese de ausência de auxiliar da justiça. *Argumentum* (UNIMAR), v. 21, p. 315-337, 2020.
26. Sobre o tema, cf.: CABRAL, Trícia Navarro Xavier. A conciliação em Pontes de Miranda. In: Fredie Didier Jr.; Pedro Henrique Nogueira; Roberto Gouveia (Org.). *Pontes de Miranda e o processo*. Salvador: JusPODIVM, 2021, v. 1, p. 915-928.

O CPC/73, mesmo após as diversas reformas, previa a atividade conciliatória apenas pelo magistrado, e não por outro auxiliar da justiça. Somente com o advento dos juizados de pequenas causas (1984), que depois foi transformado em juizados especiais (1995), surgiram as figuras dos conciliadores e dos juízes leigos, que ficariam responsáveis pela tentativa de solucionar consensualmente o conflito, por meio da designação de uma audiência de conciliação no início do procedimento como etapa obrigatória ao prosseguimento do feito.

Assim, as funções do conciliador e do mediador ingressaram definitivamente em nosso sistema processual, na qualidade de auxiliares da justiça, nos termos do artigo 149 (trata dos mediadores e conciliadores judiciais, atribuindo-lhes a qualidade de auxiliares da justiça, estando sujeitos, inclusive, aos motivos de impedimento e suspeição – art. 148, II) e dos artigos 165 a 175 (a Seção V, do capítulo III, regulamenta as atividades dos conciliadores e mediadores judiciais, entre outras matérias).

Isso levou alguns doutrinadores a afirmarem, de forma precipitada, que o juiz não poderia mais realizar a conciliação, sob pena de quebra da imparcialidade e de ferir o princípio da confidencialidade.

Contudo, se observarmos com atenção os dispositivos legais, veremos que o Código, em momento algum, excluiu a atividade conciliatória do juiz, mas apenas agregou a possibilidade de a atividade também poder ser exercidas com o auxílio de conciliadores e mediadores. Daí porque não se pode concordar com a corrente doutrinária que defende que a falta de estrutura ou a "intuição" do juiz quanto à inviabilidade de acordo justificaria a dispensa da referida audiência[27]. Em outros termos, a possibilidade de flexibilização procedimental ou a falta de estrutura judiciária não autorizam a supressão da audiência pelo juiz e não pode comprometer a finalidade legislativa e nem o exercido desse direito pelas partes.

O art. 3º, § 3º, inserido no capítulo que trata das normas fundamentais do processo civil afirma, categoricamente, que a conciliação e a mediação devem ser estimuladas por juízes, defensores públicos, advogados e membros do Ministério Público.

O art. 139, que aborda os poderes, deveres e responsabilidades do juiz, estabelece em seu inciso V que incumbe ao juiz promover, a qualquer tempo, a autocomposição, *preferencialmente* com o auxílio de conciliadores e mediadores judiciais. Em outros termos, onde não houver esses facilitadores caberá ao próprio juiz tentar a solução consensual do conflito.

Por sua vez, o art. 334, que prevê a audiência de conciliação ou de mediação no início do procedimento, também diz em seu § 1º que o conciliador ou mediador só atuará no ato *onde houver*, significando que, na falta desse auxiliar de justiça, competirá ao juiz a atividade conciliatória.

---

27. Nesse sentido ver: GAJARDONI, Fernando da Fonseca Gajardoni. *Sem conciliador não se faz audiência inaugural do novo CPC*. Disponível em: http://jota.uol.com.br/sem-conciliador-nao-se-faz-audiencia-inaugural-novo--cpc. Acesso em: 15 maio 2016.

Assim, a audiência do art. 334, do CPC, não pode ser dispensada de plano pelo juiz, e, na hipótese de não haver auxiliar de justiça, ele deve designar apenas a conciliação e realizar pessoalmente o ato.

Aqui merece um registro de que o juiz poderá realizar a conciliação, mas não a mediação. Isso porque a mediação, além de exigir o conhecimento de técnicas de autocomposição bem mais profundas, enseja a busca pelo pano de fundo do conflito judicializado, o que, de fato, pode acabar comprometendo a imparcialidade do julgador. Assim, se o juiz estiver realizando uma conciliação e perceber que a controvérsia envolve sentimentos e relações mais profundas ou continuadas, deverá encerrar o ato e encaminhar o feito para o mediador capacitado, evitando qualquer contaminação com questões que não foram disponibilizadas nas peças processuais.

A preocupação também foi tratada pelos Princípios de Bangalore de Conduta Judicial, elaborados pelas Nações Unidas, aprovados em 2002, em Haia (Holanda), ao abordar o valor 4 – Idoneidade – "4.12 Um juiz não deve exercer a advocacia enquanto ocupar o cargo.", foi acompanhado de comentário desaprovando a atuação de juiz como mediador.[28]

Como se percebe, o CPC/15 traz não só os facilitadores capacitados, mas também exige que os próprios magistrados se capacitem para saberem quando e como aplicar as técnicas autocompositivas, inclusive para realizar corretamente a triagem dos processos, ou seja, identificar quando o feito verse sobre direitos que admitam autocomposição, bem como quando aplicar a conciliação ou a mediação.

5. MEDIAÇÃO

A mediação é um método autocompositivo de solução de conflitos em que um terceiro imparcial auxilia a comunicação e o diálogo entre as partes na busca do restabelecimento das relações sociais e, se possível, o alcance de um acordo.

No Brasil, enquanto a conciliação era tratada pelo legislador, pela doutrina e, também, era de alguma forma aplicada na prática forense como um instrumento de pacificação social, a mediação – técnica utilizada prioritariamente quando há vínculo anterior entre as partes e uma necessidade maior de se restabelecer a comunicação entre elas – só começou a ganhar alguma atenção dos juristas nacionais na década de 1990, e ainda com aplicação restrita basicamente ao campo privado.

---

28. "Atuando como um árbitro ou mediador 173. Ordinariamente, ao menos em jurisdições da common law, um juiz não deve atuar como árbitro ou mediador ou, de outro modo, desempenhar funções judiciais em uma capacidade privada a menos que expressamente autorizado por lei. Geralmente considerar-se-á que a integridade judicial está minada se um juiz toma vantagem financeira do cargo ao prestar serviços de resolução de disputas privadas mediante ganho pecuniário como uma atividade extrajudicial. Mesmo quando prestados sem ônus, tais serviços podem interferir com a devida execução das funções judiciais." NAÇÕES UNIDAS (ONU). Escritório Contra Drogas e Crime (Unodc). *Comentários aos Princípios de Bangalore de Conduta Judicial.* Escritório Contra Drogas e Crime. Trad. Marlon da Silva Malha, Ariane Emílio Kloth. – Brasília: Conselho da Justiça Federal, 2008. 179 p. Disponível em: 2008_Comentarios_aos_Principios_de_Bangalore.pdf (unodc. org). Acesso em: 30 jul. 2023, p. 118-119.

Mas a influência dos sistemas estrangeiros foi fundamental para que a mediação ganhasse adeptos no Brasil, já que o incremento do uso de métodos não adversariais de resolução de conflitos[29] seguia uma forte tendência mundial[30], o que, inclusive, fez com que a matéria fosse legalmente introduzida em diversos ordenamentos jurídicos como na Argentina[31], no Uruguai, no Japão[32], na Austrália, na Itália[33], na Espanha, na França[34], entre outros, tendo sido objeto, ainda, da Diretiva 52, de 21 de maio de 2008, emitida pelo Conselho da União Europeia.

Nesse contexto, a mediação abriu novas possibilidades para a adequada resolução dos conflitos sociais, permitindo não só o encerramento das controvérsias, mas também o restabelecimento de relações interpessoais.

No âmbito infraconstitucional, a primeira proposta de regulamentação da mediação no Brasil surgiu com o Projeto de Lei 4.827/1998, apresentado à Câmara dos Deputados pela Deputada Federal Zulaiê Cobra, objetivando institucionalizá-la como método de prevenção e solução consensual de conflitos.

Registre-se que o referido Projeto foi apresentado em 10.11.1988, ou seja, poucos dias após a promulgação da Constituição da República, ocorrida em 05.11.1988.

Com a aprovação pela Câmara dos Deputados, o Projeto foi enviado ao Senado Federal, onde sofreu fusão com o Projeto de Lei de uma comissão específica criada pelo Instituto Brasileiro de Direito Processual (IBDP), coordenada pela Professora Ada Pellegrini Grinover. O Projeto Substitutivo (PLC 94/2002) foi apresentado pelo Senador Pedro Simon, tendo o plenário do Senado Federal confirmado o texto substitutivo oriundo da Comissão de Constituição e Justiça, em 11.07.2006.

A Emenda do Senado classificou a mediação em i) judicial ou ii) extrajudicial e iii) prévia ou iv) incidental, determinando, em seu artigo 34, que a mediação incidental ao processo fosse obrigatória, fixando o procedimento nos artigos seguintes. Em síntese, logo após a distribuição da petição inicial, o mediador receberia uma cópia do processo

---

29. ZANETI JR., Hermes; CABRAL, Trícia Navarro Xavier. *Justiça Multiportas*: mediação, conciliação, arbitragem e outros meios de solução adequada de conflitos. Salvador: JusPODIVM, 2017. (Coleção Grandes Temas do Novo CPC – v. 9).

30. Nos Estados Unidos, o assunto é tratado por: MOORE, Christopher W. *The Mediation Process* – Practical Strategies for Resolving Conflict. 3rd Edition. San Francisco: Jossey-Bass, 2003. Ver ainda: CHASE, Oscar G. I metodi alternativi di soluzione dele controversie la cultura del processo: il caso degli Stati Uniti D'America. In: VARANO, Vincenzo (Org.). *L'altragiustizia*: il metodi alternativi di soluzione dele controversie nel diritto comparato. Milano: Dott. A. Giuffrè Editore, p. 129-156, 2007.

31. Cf.: ABREVAYA, Sergio Fernando. *Mediação prejudicial*. Buenos Aires: Historica Emilio J. Perrot, 2008. (Colección Visión Compartida).

32. Sobre o tema: TANIGUCHI, Yasuhei. How much does japonese civil procedure belong to the civil law and to the common law. In: CHASE, Oscar G.; WALKER, Janet. *Common law, civil law, and the future of categories*. Toronto: Lexis Nexis, p. 111-224, 2010, p. 210-211.

33. Ver: TROCKER, Nicolò. Processo e strumenti alternativi di composizione delle liti nella giurisprudenza dela Corte constituzionale. *Diritto processuale civile e Corte Constituzionale*. Roma: Edizioni Scientifiche Italiane, p. 439-487, 2006.

34. FERRAND, Frédérique. *La conception du procès civil hors de France*. De la commémoration d´um code à l´autre: 200 ans de procédure civile en France. Paris: Lexis Nexis SA, 2006.

judicial e intimaria as partes para comparecimento em dia, hora e local designados por ele, quando então seria realizada a mediação.

Na sequência, o Projeto de Lei foi reenviado à Câmara dos Deputados para a apreciação das modificações elaboradas pelo Senado. Na Câmara, o relator, Deputado José Eduardo Martins Cardoso (PT/SP), apresentou Parecer e Relatório, opinando favoravelmente pela aprovação do Projeto, diante da sensível melhora ofertada pelo Senado Federal.

O Projeto aguardava a sua aprovação final desde então, mas foi devolvido "sem manifestação" à Comissão de Constituição e Justiça e da Cidadania no dia 16.12.2010 – um dia após a aprovação pelo Senado Federal do Projeto de Lei para o novo Código de Processo Civil.

Em 12.07.2011 houve a apresentação do Parecer do Relator Deputado Arthur Oliveira Maia, aprovado em 19.6.2013 e encaminhado à publicação em 04.07.2013, tendo sido esta a última movimentação legislativa.[35]

A mediação e a conciliação também foram objeto do II Pacto Republicano, assinado em 13.04.2009 pelos três Poderes da Federação, em que, entre os compromissos assumidos, constava o de "[...] Fortalecer a mediação e a conciliação, estimulando a resolução de conflitos por meios autocompositivos, voltados a maior pacificação social e menor judicialização [...]".

Por sua vez, o Conselho Nacional de Justiça, atento à necessidade de implementação de mecanismos adequados de solução de conflitos como forma de melhorar a justiça brasileira, vem tomando diversas iniciativas para fomentar o assunto, como o Projeto "Movimento pela Conciliação" liderado pelo CNJ e coordenado por Lorenzo Lorenzoni e Germana Moraes e, em 29.11.2010 editou a Resolução 125/10, que trata da Política Judiciária Nacional de tratamento adequado dos conflitos de interesses no âmbito do Poder Judiciário e dá outras providências, em que, entre outras questões, estabelece a criação de Juízos de resolução alternativa de conflitos, verdadeiros órgãos judiciais especializados na matéria.

Denota-se que mesmo antes da existência de legislação específica sobre a mediação, o tema já vinha sendo amplamente difundido no âmbito acadêmico, sendo que a sua prática também vinha sendo percebida dentro dos órgãos do Poder Judiciário. Como antes mencionado, a técnica se funda na livre manifestação de vontade das partes e na escolha por um instrumento mais profundo de solução do conflito.

Não obstante, em 2011 foi apresentado no Senado Federal o PLS 517/11, de iniciativa do Senador Ricardo Ferraço do Espírito Santo, objetivando regular de modo abrangente a mediação, suprindo a lacuna existente em nossa legislação. O Projeto, após ser consolidado pelas propostas apresentadas pela Comissão de Juristas instituída pelo Ministério da Justiça e presidida pelo Ministro do Superior Tribunal de Justiça (STJ)

---

35. Disponível em: http://www.camara.gov.br/proposicoesWeb/fichadetramitacao?idProposicao=21158. Acesso em: 07 jun. 2015.

Luiz Felipe Salomão, teve o texto aprovado e encaminhado à Câmara dos Deputados como Projeto de Lei 7169/2014.

Em seguida houve a apresentação e análise de Emendas, e o texto foi aprovado pela Comissão de Constituição e de Justiça e de Cidadania da Câmera em 07.04.2015, retornando ao Senado para a votação final do marco legal da mediação.

Ao final, o texto foi colocado em pauta do Plenário do Senado em caráter de urgência e aprovado no dia 02.06.2015, seguindo para a sanção Presidencial, que ocorreu em 26.06.2015, dando ensejo à publicação da Lei 13.140/15, em 29.06.2015.

Já a reforma do Código de Processo Civil teve o início dos trabalhos legislativos em 2009, quando o presidente do Senado Federal instituiu uma Comissão de Juristas presidida pelo Ministro Luiz Fux para a formatação de um novo Código de Processo Civil. O Anteprojeto foi apresentado ao Senado em 08.06.2010, e convertido no Projeto de Lei do Senado n. 166/2010, o qual, aprovado, seguiu para a Câmara dos Deputados e tramitou como Projeto de Lei n. 8.046/10, tendo ocorrido diversas modificações, com a inclusão de outras técnicas processuais inovadoras. Aprovado em 26.03.2014, o Projeto retornou ao Senado, onde foram acolhidas algumas Emendas dos parlamentares, as quais suprimiram ou corrigiram materialmente os dispositivos constantes do Projeto da Câmara, chegando-se a uma versão final, aprovada em 17.12.2014. Após revisão e sanção presidencial, o novo Código de Processo Civil foi publicado no DOU em 17 de março de 2015, e entrou em vigor em 18 de março de 2016.

Saliente-se, por fim, que o CPC/15 menciona a conciliação, a mediação e a arbitragem em diversas passagens, deixando clara a intenção do legislador de fomentar a utilização de variados métodos de resolução de controvérsias.

Como se vê, a sedimentação da mediação para a solução adequada de disputas atingiu seu ápice legislativo em 2015, quando foram promulgadas a Lei 13.105/15 (Código de Processo Civil) e a Lei 13.140/15 (Lei de Mediação). A regulamentação legal do instituto consagrou o que a doutrina e a prática forenses já tentavam de forma persistente implementar em nossa cultura jurídica.

As duas legislações tramitaram de modo paralelo, quase simultaneamente, objetivando compatibilizar ao máximo os textos. E ainda assim, em alguns aspectos, foram utilizados critérios distintos para regulamentar o assunto, o que, em certos casos, chegou a indicar aparentes conflitos normativos.

Interessante observar que outros projetos legislativos passaram a tratar dos meios adequados de resolução de disputas, revelando que institutos como a mediação vêm efetivamente se solidificando em nossa sociedade.

Por fim, registre-se que o Brasil assinou em 2021 a Convenção de Singapura sobre Mediação das Nações Unidas[36], e se tornou o 54°país signatário da Convenção

---

36. O texto está disponível em: UN Convention on International Settlement Agreements Resulting from Mediation. Acesso em: 6 jul. 2023.

sobre Acordos de Liquidação Internacional Resultantes de Mediação das Nações Unidas.[37]

5.1 Principais aspectos da Lei de Mediação[38]

O tempo de maturação e desenvolvimento da Lei 13.140/15 foi essencial para que o novo regramento fosse efetivamente completo e capaz de alcançar diferentes formas de conflitos e contemplar no campo processual e material as questões essenciais para a aplicação da mediação no Brasil.

A primeira grande conquista está estabelecida logo no primeiro artigo, permitindo a incidência da mediação como meio de solução de controvérsias entre particulares e, também, em conflitos no âmbito da Administração Pública. Trata-se de importante quebra de paradigma, já que admite expressamente a categoria dos direitos indisponíveis, mas transigíveis, eliminando as discussões doutrinárias sobre o tema.

O conceito de mediação está previsto no parágrafo único do art. 1º, sendo relevante ressaltar que a lei preferiu utilizar a expressão "atividade técnica", fugindo da controvérsia sobre a natureza jurídica do instituto, se processo, procedimento, contrato, negociação assistida, equivalente jurisdicional, jurisdição, entre outras destacadas na doutrina.

O artigo 2º indica os princípios aplicáveis à mediação, que são: imparcialidade, isonomia, oralidade, informalidade, autonomia de vontade, busca do consenso, confidencialidade e boa-fé.

Outro destaque na Lei foi o estabelecimento dos requisitos dos mediadores extrajudiciais (artigo 9º), bem como a necessidade de se suspender a reunião de mediação caso uma parte esteja assistida por advogado e a outra não, a fim de que esta última constitua um defensor.

Em relação ao procedimento, a Lei traz três subseções (artigos 14 a 29): as disposições comuns, o procedimento extrajudicial e o procedimento judicial.

Na primeira, destaca-se a previsão no artigo 20, parágrafo único, de que o acordo celebrado no procedimento de mediação constitui título executivo extrajudicial e, se homologado pelo juiz, título executivo judicial. Trata-se de importante conquista, já que confere à mediação efeitos processuais capazes de garantir o cumprimento do acordo celebrado entre as partes, estimulando a utilização do mecanismo.

---

37. NAÇÕES UNIDAS BRASIL. Brasil assina a Convenção de Singapura sobre Mediação das Nações Unidas. Disponível em: Brasil assina a Convenção de Singapura sobre Mediação das Nações Unidas | As Nações Unidas no Brasil. Acesso em: 6 jul. 2023.

38. CABRAL, Trícia Navarro Xavier. Análise comparativa entre a Lei de Mediação e o CPC/2015. In: ZANETI JR., Hermes; CABRAL, Trícia Navarro Xavier. (Org.). *Justiça Multiportas*: mediação, conciliação, arbitragem e outros meios adequados de solução de conflitos. 2. ed. Salvador: JusPODIVM, 2022, v. 1, p. 433-454.

No procedimento extrajudicial, a Lei previu um detalhamento que dará segurança jurídica para o uso da mediação fora do Poder Judiciário, o que, a médio prazo, poderá significar uma redução de demandas judiciais.

Já os artigos 30 e 31 disciplinam a confidencialidade de forma extensiva, abrangendo todas as informações e todos os participantes do ato, impedindo, inclusive, que os dados sejam utilizados como prova em processo de arbitragem ou judicial, excetuando, apenas, as informações de ordem tributária.

Por sua vez, nos artigos 32 a 40, a nova legislação regulamenta a mediação em conflitos envolvendo a Administração Pública, destacando-se o parágrafo único do artigo 33 que autoriza a Advocacia Pública a instaurar mediação coletiva. Esse dispositivo é de suma importância, uma vez que permitirá a utilização da mediação em conflitos de grande expressão social, financeira, política ou religiosa, resolvendo de modo uniforme o conflito e de forma mais apropriada.

A título de curiosidade sobre as potencialidades de utilização da mediação no âmbito da Administração Pública para solucionar controvérsias de relevância coletiva, insta registrar o trabalho realizado pelo mediador e escritor William Ury, cofundador do Programa de Harvard em Negociação e um dos principais especialistas do mundo em negociação e mediação. Entre suas conquistas como mediador na área pública estão o fim da guerra da Indonésia e o impedimento do início de uma na Venezuela, além de resolução de questões climáticas, religiosas, étnicas e empresariais, demonstrando a imensa possibilidade de aplicação da mediação no campo da Administração Pública.[39]

Nas disposições finais da Lei, o artigo 42 prevê o uso da mediação a outras formas de solução de conflitos, como mediações comunitárias, escolares e serventias extrajudiciais, excluindo, apenas, as relações de trabalho, que deverão ser reguladas por lei própria.

Por fim, o artigo 46 autoriza o uso da mediação pela internet ou outro meio de comunicação que permita a transação a distância, o que, nos dias atuais, pode representar um intercâmbio prático e eficaz entre os mecanismos de solução de disputas.

5.2   A mediação e o CPC

A reforma do Código de Processo Civil que entrou em vigor em 18 de março de 2016 reconheceu o instituto da mediação como um mecanismo hábil à pacificação social.

Entre outras questões de ordem prática, a Comissão de Juristas do Senado Federal entendeu ser oportuna a fixação de disciplina a respeito, e assim fez constar da Exposição de Motivos do Projeto de Lei 166/2010: "Como regra, deve realizar-se audiência

---

39.   Sobre o ilustre mediador cf.: http://www.williamury.com/. Acesso em: 20 jun. 2015.

em que, ainda antes de ser apresentada contestação, se tentará fazer com que autor e réu cheguem a acordo. Dessa audiência, poderão participar conciliador e mediador e o réu deve comparecer, sob pena de se qualificar sua ausência injustificada como ato atentatório à dignidade da justiça. Não se chegando a acordo, terá início o prazo para a contestação.".

Dessa forma, após relevante alteração de texto realizada pela comissão técnica designada para elaborar o relatório-geral do Senador Valter Pereira, o CPC/15 estabeleceu como regra a audiência de conciliação ou mediação no início do procedimento, e ainda tratou dos mediadores e dos conciliadores, representando um grande avanço para o reconhecimento das referidas técnicas de autocomposição.

Deixe-se assente que a conciliação e a arbitragem, ao contrário da mediação, já possuíam previsão legal no Código de Processo Civil de 1973 e em algumas legislações especiais, de modo que o reconhecimento e a inclusão da mediação como método adequado de resolução de disputas se mostraram atual e importante para complementar o conjunto de instrumentos aptos a atender ao jurisdicionado em seus conflitos.

A nova codificação estabelece como um de seus principais objetivos o incentivo à utilização das técnicas adequadas de solução consensual de controvérsias, conforme se vê do artigo 3º, § 3º, inserido no capítulo inicial que trata das normas fundamentais do processo civil.

Além disso, o novo Código trata dos mediadores e conciliadores judiciais, atribuindo-lhes a qualidade de auxiliares da justiça (art. 149), estando sujeitos, inclusive, aos motivos de impedimento e suspeição (art. 148, II).

Ademais, o CPC/2015 destinou a Seção V, do Capítulo III, para regulamentar as atividades dos conciliadores e mediadores judiciais e entre outras matérias, previu: a) a criação de Centros Judiciários de Solução Consensual de Conflitos pelos Tribunais, destinados à realização de audiências e pelo desenvolvimento de programas para auxiliar, orientar e estimular a autocomposição (art. 165); b) os princípios que informam a conciliação e a mediação (art. 166); c) o cadastro e a capacitação de conciliadores e mediadores (art. 167); d) a possibilidade de as partes escolherem, de comum acordo, o conciliador ou mediador (art. 168); e) as formas de remuneração dos conciliadores e mediadores (art. 169); f) os casos de impedimento (art. 170); g) a impossibilidade temporária do exercício da função (art. 171); g) o prazo de impedimento de um ano para o conciliador e mediador assessorar, representar ou patrocinar as partes (art. 172); h) as hipóteses de exclusão do cadastro (art. 173); i) a criação de câmaras de mediação e conciliação para a solução de controvérsias no âmbito da administração pública (art. 174); j) a possibilidade de outras formas de conciliação e mediação extrajudiciais (art. 175).

Portanto, resta agora ao Poder Judiciário implementar as mudanças estruturais e utilizar adequadamente essas ferramentas em prol dos jurisdicionados.

5.3 Comparativo entre a Lei de Mediação e o CPC/2015

Conforme mencionado, o CPC/2015 estabelece como uma de suas premissas o incentivo ao uso de formas não adjudicatórias de solução de conflitos, como a mediação e a conciliação.

E comparando a regulamentação da mediação no CPC/2015 e na Lei de Mediação, verifica-se que há discrepâncias pontuais, mas que não prejudicam a aplicação do instituto, até porque em caso de eventual conflito, a lei especial, em regra, deve se sobrepor à geral.

No nosso ordenamento, havendo conflito aparente, deve prevalecer a interpretação que compatibiliza normas aparentemente antinômicas. No entanto, em caso de antinomias normativas reais, existem recursos hermenêuticos capazes de superar o conflito.

Com efeito, o sistema dispõe de princípios que solucionam as antinomias normativas e determinam em cada caso a norma que deve prevalecer (hierarquia, cronológico e especialidade). E, em regra, nos conflitos normativos envolvendo a mediação, deve ser aplicado o princípio da especialidade, ao menos em relação às normas de direito material.

De qualquer forma, considerando que a Lei de Medição foi projetada já sob a perspectiva do CPC/2015, sua compatibilização ideológica é absoluta, no sentido de ampliar e incentivar o uso da mediação nos âmbitos judiciais e extrajudiciais.

Resta então a análise dos temas mais importantes que foram tratados nas duas legislações.

5.3.1 Incidência e conceito da mediação

Inicialmente, quanto ao campo de incidência, vê-se que a Lei de Mediação e o CPC/2015 são aplicáveis tanto aos particulares quanto à Administração Pública, sendo que naquela o assunto está regulamentado nos artigos 32 a 40 e neste último no artigo 174.

Em relação ao conceito, o parágrafo único, do artigo 1º, da Lei de Mediação previu a mediação como atividade técnica exercida por terceiro imparcial, sem poder decisório, que auxilia e estimula a identificar ou desenvolver soluções consensuais para a controvérsia.

O CPC/2015, embora não tenha estabelecido um conceito próprio para a mediação, ao dispor sobre a atuação do mediador no artigo 165, § 3º, acabou estipulando alguns contornos para a aplicação da mediação, que são: a) incide em casos em que houver vínculo anterior entre as partes; b) auxilia a compreender as questões e os interesses em conflito; c) busca o restabelecimento da comunicação; d) possibilita que as próprias partes identifiquem soluções consensuais que gerem benefícios mútuos.

Assim, pode-se dizer que na mediação[40], adequada para a resolução de conflitos em que houver vínculo anterior entre as partes, o mediador, na qualidade de terceiro imparcial e devidamente capacitado, auxilia e estimula os interessados a identificarem ou a desenvolverem soluções consensuais que gerem benefícios mútuos. Em outros termos, na mediação, as próprias partes constroem, em conjunto, um sistema de decisão, satisfazendo a todos os envolvidos e oxigenando as relações sociais, com a participação de um terceiro intermediando ou facilitando o alcance do entendimento.[41]

5.3.2 Escolha do mediador e princípios

Quanto à escolha do mediador, a Lei de Mediação (art. 1º, parágrafo único) diz que pode ser aceito ou escolhido pelas partes, repetindo a regra no art. 4º, *caput*. O CPC/2015 também prevê essa possibilidade no artigo 168, com a ressalva do § 2º de que, inexistindo consenso entre partes, haverá distribuição entre os mediadores cadastrados no tribunal.

No que tange aos princípios, a Lei de Mediação estabelece oito, enquanto o CPC/2015 prevê apenas sete, havendo coincidência em relação a cinco: imparcialidade, oralidade, informalidade, autonomia da vontade e confidencialidade.

Assim, os princípios da isonomia, busca do consenso e boa-fé complementam os demais princípios estabelecidos na lei especial, enquanto que os da independência e decisão informada só foram contemplados pelo CPC/2015.

Não obstante, para a devida análise do assunto, deve-se considerar o disposto no art. 1º, do Anexo III, da Resolução 125/2010, do CNJ, que prevê oito princípios e garantias da conciliação e mediação judiciais, acrescentando aos já mencionados: o da competência, respeito à ordem e às leis vigentes, empoderamento e validação.

5.3.3 Objeto da mediação

Ainda na perspectiva comparativa do Código de Processo Civil e da Lei de Mediação, situação que merece destaque envolve a abrangência objetiva da mediação, ou seja, as situações conflituosas que comportam o uso da mediação para a sua solução.

No Código de Processo Civil o tema está disciplinado no art. 165, se referindo de forma genérica a questões e interesses em conflito. Extrai-se, ainda, do art. 174, que o objeto da mediação pode envolver conflitos no âmbito administrativo, prevendo que a União, Estados, Distrito Federal e Municípios criarão câmaras de mediação e conciliação para a resolução de conflitos, exemplificando em três incisos as hipóteses de cabimento.

---

40. "Pode-se entender por mediação o instrumento de natureza autocompositiva marcado pela atuação, ativa ou passiva, de um terceiro neutro e imparcial, denominado mediador, que auxilia as partes na prevenção ou solução de litígios, conflitos ou controvérsias." GALVÃO FILHO, Mauricio Vasconcelos; WEBER, Ana Carolina. Disposições gerais sobre a mediação civil. In: PINHO, Humberto Dalla Bernardina de (Org.). *Teoria geral da mediação à luz do projeto de lei e do direito comparado*. Rio de Janeiro: Lumen Juris, 2008, p. 19-20.
41. PINHO, Humberto Dalla Bernardina de. Mediação – a redescoberta de um velho aliado na solução de conflito. In: *Acesso à justiça*: efetividade do processo. PRADO, Geraldo (Org.). Rio de Janeiro: Lumen Juris, 2005.

Já na Lei de Mediação, a identificação do objeto da mediação está tratada no art. 3°[42], que pode ser: a) direitos disponíveis; e b) direitos indisponíveis que admitam transação. Interessante registrar que na fase de tramitação legislativa, houve oscilação quanto ao a amplitude do uso da mediação, sendo que no PL 7.169/2014, versão da Câmara dos Deputados, chegou-se a excluir expressamente alguns assuntos, como a interdição, o poder familiar e as relações de trabalho.[43]

A mediação também pode versar sobre todo o conflito ou parte (§1º). No caso de consenso envolvendo direitos indisponíveis transigíveis a lei exige homologação judicial e a oitiva do Ministério Público (§ 2º). Note-se que essas regras também devem ser aplicadas no âmbito judicial, ainda que não previstas no CPC/2015.

Assim, tanto a Lei de Mediação quanto o Código de Processo Civil tratam da utilização da mediação e da conciliação em conflitos envolvendo a Administração Pública. Sem dúvida essa previsão legal representa uma quebra de paradigmas envolvendo a possibilidade de disputas que envolvam interesse público também poderem ser resolvidas mediante acordo, com benefícios para todos os envolvidos.

A questão, que sempre foi alvo de intensos debates na doutrina, começa a ter uma interpretação mais contemporânea, levando em consideração o grau de interesse público envolvido e permitindo que controvérsias transacionáveis, ainda que referentes a direitos indisponíveis, sejam passíveis de autocomposição, sepultando de forma correta restrições injustificáveis e sem efetividade.

Na Lei de Mediação a matéria é tratada nos artigos 32 a 40, com um grau de detalhamento bem mais completo, o que confere a segurança jurídica necessária para a aplicação do instituto. Ela aborda a necessidade de criação de órgãos específicos para a mediação, as hipóteses de cabimento, os efeitos processuais, a possibilidade de mediação coletiva, aspectos procedimentais.

Não obstante, a Lei de Mediação regulamenta a transação por adesão nos conflitos entre a Administração Pública, suas autarquias e fundações, disciplinando, inclusive, questões tributárias e de responsabilização de servidores e empregados que participem da composição extrajudicial.

Registre-se, por sua vez, que as diferentes peculiaridades existentes entre os acordos firmados no âmbito privado e no público devem ser consideradas, especialmente no que diz respeito a aspectos que limitam a atuação da Administração Pública, identificados em três princípios: legalidade (ou da juridicidade), isonomia e publicidade.

---

42. Art. 3º. Pode ser objeto de mediação o conflito que verse sobre direitos disponíveis ou sobre direitos indisponíveis que admitam transação.

§ 1º. A mediação pode versar sobre todo o conflito ou parte dele.

§ 2º. O consenso das partes envolvendo direitos indisponíveis, mas transigíveis, deve ser homologado em juízo, exigida a oitiva do Ministério Público.

43. Art. 3º [...] §3º. Salvo em relação aos aspectos patrimoniais ou às questões que admitam transação, não se submete à mediação o conflito em que se discuta: I – filiação, adoção, poder familiar ou invalidade de patrimônio; II – interdição; III – recuperação judicial ou falência; IV – relações de trabalho.

5.3.4 A designação do mediador

As formas de indicação do mediador estão disciplinadas em três dispositivos legais: a) no art. 1º, parágrafo único, da Lei de Mediação, quando, ao conceituar a atividade de mediação, diz que ela será exercida por terceiro imparcial, aceito ou escolhido pelas partes; b) no art. 4º, *caput*, da Lei de Mediação, que prevê que o mediador pode ser designado pelo tribunal ou escolhido pelas partes; e c) também no art. 168, do CPC, que estabelece a possibilidade de as partes escolherem, de comum acordo, o mediador, o qual pode ou não estar cadastrado no tribunal (§ 1º), sendo que, inexistindo acordo pelas partes, haverá distribuição entre os mediadores cadastrados no tribunal, observada a respectiva formação (§ 2º).

Nesse contexto, na indicação do mediador deve prevalecer sempre a escolha feita pelas partes[44], uma vez que tanto a Lei de Mediação, no art. 2º, inciso V, quanto o CPC, no art. 166, *caput*, prestigiam o princípio da autonomia privada[45], também conhecido como princípio da liberdade[46] ou da autodeterminação, que pode ser entendido como uma forma de exercício do poder de autorregramento, ou seja, que contempla a disponibilidade sobre atos pelas partes, incluindo a própria aceitação em participar ou permanecer na sessão, a escolha e a quantidade de mediador presente no ato, a remuneração pelas atividades, e as regras de procedimento[47]. Trata-se de excelente opção legislativa, já que a relação de confiança entre o facilitador e as partes é fundamental para o bom desenvolvimento do procedimento.

Registre-se, entretanto, que o art. 25, da Lei de Mediação, dispõe que, na *mediação judicial*, os mediadores não estarão sujeitos à prévia aceitação das partes, o que gera uma aparente contradição com os dispositivos legais anteriormente mencionados.

Contudo, não há incompatibilidade entre essas normas. O fato de o sistema judicial possuir uma forma preestabelecida de distribuição de mediadores não afasta a possi-

---

44. Em agosto de 2016 o Conselho da Justiça Federal promoveu a I Jornada de Prevenção e Solução Extrajudicial de Litígios, em Brasília, e sobre o tema em comento aprovou o Enunciado 83 – "O terceiro imparcial, escolhido pelas partes para funcionar na resolução extrajudicial de conflitos, não precisa estar inscrito na Ordem dos Advogados do Brasil e nem integrar qualquer tipo de conselho, entidade de classe ou associação, ou nele inscrever-se.".

45. O tema envolvendo o poder de liberdade de conduta das partes dentro do processo pode ser visto na doutrina sob as expressões "autonomia privada", "autonomia da vontade" e "autorregramento", dependendo do critério utilizado pelo autor. O termo "autonomia privada" tem sido considerado o mais adequado por decorrer do direito à dignidade humana e do princípio democrático, que sustentam a noção de liberdade, sendo que a "autonomia da vontade" teria uma conotação mais subjetiva, principiológica, enquanto que o termo "autorregramento" seria restrito ao conceito de negócio jurídico, não envolvendo outras formas e níveis de liberdades comportamentais. (RAATZ, Igor. *Autonomia privada e processo civil*: negócios jurídicos processuais, flexibilização procedimental e o direito à participação na construção do caso concreto. Salvador, JusPODIVM, 2017, (Coleção Eduardo Espíndula), p. 167-172.)

46. Acerca da liberdade processual e seus limites, cf.: CABRAL, Trícia Navarro Xavier Cabral. *Limites da Liberdade Processual*. 2 ed. Indaiatuba: FOCO, 2021.

47. Sobre o tema, consultar artigos em: ZANETI JR., Hermes; CABRAL, Trícia Navarro Xavier. *Justiça Multiportas*: mediação, conciliação, arbitragem e outros meios adequados de conflitos de conflitos. 2. ed. Salvador: JusPODIVM, 2018. (Coleção Grandes Temas do Novo CPC. v. 9).

bilidade de as próprias partes escolherem, via convenção processual[48], o profissional que irá atuar no processo.

Assim, se as partes escolherem de comum acordo o mediador, o juiz deverá tomar as providências para garantir que a sessão seja conduzida pelo profissional eleito; caso não seja feita essa opção pelas partes, o juiz deverá proceder na forma do § 2º, do art. 168, do CPC, ou seja, mediante distribuição alternada e aleatória (art. 167, § 2º), entre os cadastrados no tribunal, observada a respectiva formação.

De qualquer forma, seria interessante que no ato de designação da audiência de conciliação ou mediação fosse conferida às partes, de forma expressa, a opção pela escolha do facilitador, nos termos do art. 168, do CPC.

5.3.5   *Atividades do mediador*

Sobre a atividade dos mediadores, o art. 4º, § 1º, da Lei de Mediação, diz que eles devem conduzir a comunicação entre as partes buscando o entendimento e o consenso, e facilitando a resolução do conflito. Já o art. 165, § 3º, do CPC, foi mais minucioso ao descrever a atividade do mediador, embora também não haja aqui qualquer incompatibilidade entre as normas.

De acordo com o dispositivo da Lei processual, o critério para a escolha da mediação como o método mais adequado de resolução de conflitos é a existência de vínculo anterior entre as partes. Isso porque o mediador, na qualidade de terceiro imparcial e devidamente capacitado, auxilia e estimula os interessados a identificarem ou a desenvolverem, por si próprios, soluções consensuais que gerem benefícios mútuos.

Assim, na mediação, as próprias partes constroem, em conjunto, um sistema de decisão, satisfazendo a todos os envolvidos e oxigenando as relações sociais, com a participação de um terceiro intermediando ou facilitando o alcance do entendimento.

Registre-se que o CPC, embora não tenha estabelecido um conceito próprio para a mediação, ao dispor sobre a atuação do mediador no artigo 165, § 3º, acabou estipulando alguns contornos para a escolha e o exercício da atividade de mediação, que são: a) incide, preferencialmente, casos em que houver vínculo anterior entre as partes; b) auxilia a compreender as questões e os interesses em conflito; c) busca o restabelecimento da comunicação; d) possibilita que as próprias partes identifiquem soluções consensuais que gerem benefícios mútuos. Em razão dessas características, a mediação seria mais adequada aos conflitos familiares, de vizinhança, escolar etc.

---

48. Existem várias hipóteses de convenção processual envolvendo a mediação. Sobre o tema, cf.: CABRAL, Trícia Navarro Xavier. *Convenções Processuais sobre a mediação e o mediador. Negócios processuais* Salvador: JusPODIVM, 2020. (Coleção Grandes Temas), v. II, p. 309-326.

5.3.6 Gratuidade da mediação

A remuneração dos mediadores está regulamentada no art. 13, da Lei de Mediação, que diz que ela deve ser fixada pelos tribunais e paga pelas partes. Não obstante, o art. 169, do CPC, prevê que a tabela remuneratória será fixada pelo tribunal, conforme parâmetros do Conselho Nacional de Justiça (CNJ). Acrescenta a Lei processual que a mediação pode ser exercida por trabalho voluntário, observada a regulamentação sobre o assunto (§ 1º), e que o tribunal fixará percentual de audiências gratuitas pelas câmaras em contrapartida ao credenciamento (§ 2º).

Contudo, o CPC não inclui a remuneração dos mediadores/conciliadores como despesas processuais, deixando a dúvida sobre se eles serão detentores de cargo público ou se receberão pela tabela fixada pelo tribunal[49-50], conforme parâmetros do CNJ.

Entretanto, o artigo 82, do CPC, prevê que caberá à parte interessada o pagamento dessa despesa. Assim, se o autor e o réu participarem da mediação e fizerem acordo, ainda que tenham demonstrado inicialmente desinteresse na designação da audiência, as despesas processuais serão deliberadas no ato. Por sua vez, se não houver autocomposição entre as partes, o vencido pagará a despesa ao final do processo (art. 82, § 2º, CPC).

No que tange à gratuidade, o art. 4º, § 2º, da Lei de Mediação, estabelece que aos necessitados será assegurada a gratuidade da mediação, benefício que também foi disciplinado nos arts. 98 e seguintes do CPC.

Nesse contexto, uma vez comprovada a condição de hipossuficiência financeira pela parte, ela ficará dispensada do pagamento das despesas relativas à remuneração dos mediadores.

Importante salientar que, no âmbito judicial, deverão ser aplicadas as regras instituídas pelo CPC quanto aos requisitos e amplitude da gratuidade da justiça. No entanto, na mediação extrajudicial haverá maior dificuldade em se alcançar o benefício, uma vez que a atividade privada dependerá da remuneração para a própria subsistência da pessoa física ou jurídica que exerça a função, o que certamente ensejará uma análise casuística quanto à conveniência de concessão de eventual isenção.

A questão da remuneração de conciliadores e mediadores também está prevista na Resolução CNJ 125/2010, que sofreu diversos aperfeiçoamentos em 2016, por meio

---

49. O Estado de São Paulo publicou em 23/04/2015 a Lei A Lei Estadual 15.804/2015 que estabelece os valores para a remuneração e a carga horária de atuação dos conciliadores e mediadores inscritos no Cejusc (Centros Judiciários de Solução de Conflitos e Cidadania). O texto prevê jornada semanal máxima de 16 horas semanais (mínimo de duas e máximo de oito horas diárias), com remuneração de 2 UFESPs (Unidades Fiscais do Estado de São Paulo), ou R$ 42,50, por hora. Hoje, quem atua como mediador e conciliador nos Centros, presta trabalho voluntário. Em 26/10/2016 foi ajuizada a ADIN 2216.816, que chegou a suspender a eficácia da Lei, mas a liminar foi revogada com o julgamento de improcedência ocorrido em 26/07/2017.

50. No Rio de Janeiro foi expedido o Ato Normativo Conjunto TJ/CGJ 73/2016, publicado em 16/03/2016, regulamentando o cadastro de câmaras de conciliação e mediação, bem como a remuneração dos conciliadores e mediadores judiciais.

Emenda n. 2, objetivando atualizar seus preceitos ao que foi estabelecido pelo Código de Processo Civil de 2015 e a Lei de Mediação.

Registre-se que o cadastro de mediadores instituído pelo Conselho Nacional de Justiça (CNJ) estabelece, entre as caraterísticas do mediador, a sua remuneração e eventual voluntariedade na prestação do serviço, o que pode ser uma ótima opção para quem deseja escolher um mediador qualificado e que esteja disposto a exercer a atividade de forma gratuita.

Saliente-se, ainda, que em dezembro de 2018 o Conselho Nacional de Justiça (CNJ) estabeleceu as regras padronizadas em relação à remuneração dos conciliadores e mediadores, que deverão indicar a expectativa de remuneração, por níveis remune-ratórios, no momento de sua inscrição no Cadastro Nacional de Mediadores Judiciais e Conciliadores. As faixas de autoatribuição foram denominadas da seguinte forma: I – voluntário; II – básico (nível de remuneração); III – intermediário (nível de remune-ração); IV – avançado (nível de remuneração); e V – extraordinário. Pretendia-se, com isso, estimular os tribunais a regulamentarem e a instituírem formas de remuneração desses auxiliares da justiça, o que, infelizmente, ainda não foi concretizado de modo satisfatório.[51]

Além disso, a primeira sessão de apresentação de mediação não poderá ser cobrada pelo mediador e deverá conter, além da estimativa inicial da quantidade de horas de trabalho, informações sobre o procedimento e orientações acerca da sua confidencialidade, nos termos do art. 14 da Lei de Mediação, de acordo com a realidade local.

Ademais, os conciliadores e mediadores que optarem nas categorias previstas nos níveis remuneratórios de II a V deverão atuar a título não oneroso em 10% dos casos encaminhados pelo Poder Judiciário, com o fim de atender aos processos em que foi deferida a gratuidade. Os conciliadores serão remunerados quando houver necessida-de, com base no nível de remuneração I da tabela, cabendo aos tribunais a fixação dos valores, por hora trabalhada, por atos, ou mesmo por valores das causas, de acordo com a conveniência do tribunal.

Com esses parâmetros, reforça-se a necessidade de capacitação dos conciliadores e mediadores, com a elevação da qualidade de trabalho e valorização da atividade.[52]

---

51. Com o propósito de identificar o panorama do tema no âmbito do Poder Judiciário, o Conselho Nacional de Justiça elaborou um diagnóstico da remuneração dos mediadores e conciliadores, em que se percebe a adoção de diferentes formatos de tratamento do assunto pelos tribunais. Disponível em: https://bibliotecadigital.cnj. jus.br/jspui/bitstream/123456789/191/1/Remuneracao_de_mediadores_e_conciliadores_2020_09_14.pdf. Acesso em: 13 dez. 2021.

52. A matéria completa está disponível em: CONSELHO NACIONAL DE JUSTIÇA. *CNJ define parâmetros para pagamento de mediador e conciliador.* <https://www.cnj.jus.br/noticias/cnj/88134-cnj-define-parametros-pa-ra-pagamento-de-mediador-e-conciliador.> Acesso em: 25 jul. 2019.

5.3.7 Impedimento e suspeição do mediador

O impedimento e a suspeição do mediador também estão regulamentados nas duas legislações.

Na Lei de Mediação, o artigo 5º[53] estabelece que são aplicáveis ao mediador as mesmas hipóteses de impedimento e suspeição do juiz, acrescentando no parágrafo único que o mediador tem o dever de revelar às partes, antes da aceitação da função, qualquer fato ou circunstância que gere dúvida justificada sobre a sua imparcialidade, momento em que poderá ser recusado por qualquer delas.

Já no CPC/2015, o art. 148, II dispõe que os motivos de impedimento e de suspeição se aplicam aos auxiliares da justiça, o que inclui o mediador, nos termos do art. 149. Contudo, na seção que aborda os conciliadores e mediadores, o art. 170 e seu parágrafo único tratam apenas da hipótese do impedimento, não se referindo à suspeição, o que, na prática, poderá gerar questionamentos.

Contudo, após uma interpretação sistêmica conclui-se o dispositivo não excluiu os casos de suspeição, mas apenas criou regra mais específica para o impedimento, justamente em razão de os motivos serem graves e objetivamente considerados.

Assim, constatado o impedimento, a comunicação deve ser imediata, de preferência por meio eletrônico, devolvendo-se os autos ao juiz para nova distribuição, ou então, se o motivo for apurado quando já iniciado o procedimento, a atividade será interrompida.

Como se vê, a lei não deu qualquer margem de postergação ou negociação se a causa for de impedimento, rigidez esta que parece não ser exigida no caso de suspeição, embora recomendada.

O art. 5º, *caput*, da Lei de Mediação, dispõe que são aplicáveis ao mediador as mesmas hipóteses legais de impedimento e suspeição do juiz. E as regras de impedimento e suspeição do magistrado estão previstas nos arts. 144 a 148, do CPC.

Importante registrar que o dispositivo em comento, por constar da subseção I, que trata das disposições gerais atinentes aos mediadores (Seção II), abrange tanto os mediadores judiciais quanto os extrajudiciais, de modo que ambos devem se submeter às hipóteses legais de impedimento e suspeição do juiz. No âmbito judicial, tem-se ainda o art. 148, inciso II, do CPC, estabelecendo que os motivos de impedimento e de suspeição se aplicam aos auxiliares da justiça, o que inclui o conciliador e o mediador, nos termos do art. 149.

A intenção do legislador foi preservar a imparcialidade do mediador, que constitui um dos princípios mais caros que orientam a mediação, estando previsto no art. 2º, inciso I, da Lei de Mediação, no art. 166, *caput*, do CPC, e, ainda, no art. 1º, inciso IV,

---

53. *Art. 5º* Aplicam-se ao mediador as mesmas hipóteses legais de impedimento e suspeição do juiz. (1)

   Parágrafo único. A pessoa designada para atuar como mediador tem o dever de revelar às partes, antes da aceitação da função, qualquer fato ou circunstância que possa suscitar dúvida justificada em relação à sua imparcialidade para mediar o conflito, oportunidade em que poderá ser recusado por qualquer delas. (2).

do Código de Ética dos Conciliadores e Mediadores Judiciais, que consta do Anexo III, incluído pela Emenda 2, de 08.03.16, à Resolução 125/2010, do CNJ.

Considerada um princípio fundamental pelo Código de Ética aplicável à atividade, a imparcialidade do mediador é conceituada como o *"dever de agir com ausência de favoritismo, preferência ou preconceito, assegurando que valores e conceitos pessoais não interfiram no resultado do trabalho, compreendendo a realidade dos envolvidos no conflito e jamais aceitando qualquer espécie de favor ou presente"*.

Assim, uma vez configurado qualquer motivo de impedimento ou suspeição, o mediador não poderá exercer suas funções.

Embora a Lei de Mediação tenha se referido expressamente ao impedimento e à suspeição, o Código de Processo Civil, no art. 170 e parágrafo único, inserido na seção que aborda os conciliadores e mediadores, menciona, apenas, a hipótese do impedimento, o que na prática e na doutrina pode gerar questionamentos sobre a inclusão da suspeição como limitador aplicável à atividade do mediador.

Ao que parece, o CPC, de fato, disse menos do que deveria, na medida em que o mediador tem verdadeiro dever de revelar qualquer circunstância de suspeição ou de outro motivo, de foro íntimo, que inviabilize a sua atuação[1].

Entretanto, a omissão do legislador não gera a exclusão dos casos de suspeição – ou qualquer outro motivo -, capaz de afetar a imparcialidade do mediador.

Sob outra perspectiva, embora o tratamento das causas de parcialidade do facilitador deva ser simétrico, a falta de referência às causas de suspeição no art. 170, do CPC, pode indicar uma maior preocupação do legislador com as hipóteses de impedimento, que são mais graves e objetivamente consideradas, ao ponto de justificar uma atenção e uma reação mais instantânea pelo mediador.

De qualquer modo, constatado o impedimento, a comunicação deve ser imediata, de preferência por meio eletrônico, devolvendo os autos ao juiz para nova distribuição, ou então, se a causa for apurada quando já iniciado o procedimento, este deverá ser interrompido, lavrando-se ata com relatório do ocorrido e solicitação de distribuição para novo conciliador ou mediador (parágrafo único, art. 170, do CPC).

Como se vê, a lei processual não deu qualquer margem de postergação se a causa for de impedimento, rigidez esta que, em uma interpretação literal, parece não ser exigida no caso de suspeição, embora recomendada.

Por fim, deve ser consignado, ainda, que as regras de impedimento e suspeição também se aplicam às câmaras privadas, nos termos do art. 7º, §6º, da Resolução 125/2010, do CNJ.

5.3.8   Dever de revelação do mediador

Devido à relevância de se garantir a regularidade no exercício da mediação, o art. 5º, parágrafo único, da Lei de Mediação, acrescenta que o mediador tem o dever de revelar às partes, antes da aceitação da função, qualquer fato ou circunstância que gere dúvida justificada sobre a sua imparcialidade, momento em que poderá ser recusado por qualquer delas.

Trata-se de dever ético e funcional que pode gerar consequências administrativas para o mediador, além da decretação de nulidade dos atos praticados.

Note-se que a Lei determina que essa revelação deva ser feita em momento bem precoce, antes mesmo da aceitação da função, evitando-se retrocessos procedimentais e garantindo a regularidade da mediação.

Desse modo, uma vez informado às partes, de forma tempestiva, sobre eventuais circunstâncias capazes de macular a imparcialidade do mediador ou de gerar qualquer dúvida quanto à lisura de sua atuação, restará oportunizada aos interessados a avaliação sobre a conveniência de se aceitar o mediador ou então de afastá-lo de plano da atividade.

5.3.9 Da impossibilidade do exercício da mediação

Sem correspondência na Lei de Mediação, o art. 171 do CPC/2015 estabelece que, em caso de impossibilidade temporária do exercício da função, o mediador informará ao Centro, preferencialmente por meio eletrônico, para que durante o período de impossibilidade não haja novas distribuições.

O art. 6º da Lei de Mediação e o art. 172 do CPC/2015 preveem que o mediador fica impedido por um ano, a contar do término da última audiência em que atuou, de assessorar, representar ou patrocinar qualquer das partes.

Além disso, o art. 7º, da Lei de Mediação, diz que é absoluto e permanente o impedimento para que o mediador atue como árbitro ou funcione como testemunha em processos judiciais ou arbitrais pertinentes ao conflito de que tenha participado.

De outra banda, o art. 167, § 5º, do CPC/2015 estabelece mais uma espécie de impedimento, que é de o mediador que for advogado exercer a advocacia nos juízos em que desempenhem suas funções. A extensão desse impedimento tem despertado debates acirrados, tendo em vista a limitação que se cria para a atuação de advogados como mediador. A discussão gira em torno da expressão "juízo", ou seja, se o impedimento seria apenas quanto à unidade judiciária ou se abrangeria toda a Comarca.

Não obstante, ainda sobre o tema, em Seminário realizado no mês de agosto de 2015 em Brasília intitulado "O Poder Judiciário e o Novo Código de Processo Civil", foi criado o enunciado 60 que diz: "À sociedade de advogados a que pertença o conciliador ou mediador aplicam-se os impedimentos de que tratam os arts. 167, § 5º, e 172 do CPC/2015".

Contudo, uma interpretação descontextualizada do dispositivo poderia inviabilizar a atuação dos advogados como conciliadores ou mediadores, especialmente em Comarcas menores, pois o profissional teria que escolher entre o exercício da advocacia e a atuação como facilitador. Diante dessa controvérsia, foi aprovado no II Fonamec de 22 de outubro de 2015 o Enunciado 47, prevendo que não se aplica aos advogados atuantes nas Comarcas o impedimento do art. 165, § 5º, do CPC/15, uma vez que o conciliador ou mediador cadastrado não se vincula ao juízo do processo, mas ao Cejusc, órgão sem caráter de jurisdição *strictu sensu*.

Portanto, como se vê há todo um sistema protetivo da função do mediador para que não haja questionamentos quanto à sua imparcialidade, preservando-se, ainda, a confidencialidade inerente à sua atuação.

5.3.10 O tratamento legal dos mediadores

Outro aspecto abordado pela Lei de Mediação foi a equiparação do mediador e de seus assessores a servidores públicos para fins penais (art. 8º), o que também confere segurança e credibilidade à função.

Nos artigos 9 e 10, a Lei de Mediação regulamenta os requisitos para o mediador extrajudicial, sendo relevante o parágrafo único do art. 10, que diz que se uma parte estiver acompanhada de advogado o procedimento será suspenso até que todas estejam assistidas. A preocupação deste dispositivo foi obviamente estabelecer a igualdade de armas entre as partes, sendo que, em se tratando de procedimento extrajudicial em que não há um controle estatal, se faz oportuna a exigência legal de equilíbrio entre os participantes.

Já o tratamento dos mediadores judiciais na Lei de Mediação e no CPC/2015 é de complementariedade. Com efeito, o artigo 11 da lei especial estabelece como requisitos para ser mediador pessoa capaz graduada há dois anos em curso de ensino superior reconhecido pelo Ministério da Educação, com capacitação em mediação pela Enfam (Escola Nacional de Formação e Aperfeiçoamento de Magistrados) ou pelos Tribunais, observados os requisitos mínimos fixados pelo Conselho Nacional de Justiça.

Registre-se que a Lei não exige formação em Direito, o que na prática pode criar algumas dificuldades na formulação da autocomposição e, consequentemente, ensejar problemas em caso de eventual execução do acordo. Daí a importância de que as partes estejam assistidas por advogado ou Defensor Público, minimizando possíveis descompassos jurídicos.

Por sua vez, o art. 167, § 1º, do CPC/2015 dispõe que o mediador judicial deve ter capacitação mínima por meio de curso por entidade credenciada e conforme parâmetros do Conselho Nacional de Justiça em conjunto com o Ministério da Justiça, e, de posse do certificado, requerer sua inscrição no cadastro nacional[54] e no cadastro no Tribunal de Justiça ou no Tribunal Regional Federal. Além disso, o § 2º do mesmo dispositivo

---

54. No âmbito do CNJ foi criado o ConciliaJud, sistema que reúne informações de formadores, instrutores, expositores, mediadores e conciliadores judiciais, bem como de ações de capacitação destinadas a promover: a) cursos de formação de instrutores em mediação e conciliação judiciais; b) cursos de formação de mediadores e conciliadores judiciais ou de formação de conciliadores judiciais; c) cursos de formação de instrutores de expositores das oficinas de divórcio e parentalidade; d) cursos de formação de expositores das oficinas de divórcio e parentalidade.

legal diz que o registro poderá ser precedido de concurso público. Assim, os tribunais poderão criar cargos de mediador que integração o quadro da estrutura judiciária permanentemente, cuja atribuição deverá ser, se não específica, mas ao menos com atuação exclusiva nos Cejuscs para justificar a capacitação exigida.

Ademais, o art. 12 da Lei de Mediação prevê que os tribunais devem criar e manter cadastro atualizado dos mediadores habilitados a atuar em mediação judicial, cuja inscrição deve ser requerida (§ 1º), ficando os tribunais responsáveis pela regulamentação do processo de inscrição e desligamento de seus mediadores (§ 2º).

Nesse tema, o CPC/2015 regulamenta de forma mais detalhada a matéria. Com efeito, o art. 167 dispõe sobre a necessidade de cadastro nacional e local (tribunal), não só dos mediadores, mas também das câmaras privadas, cujo registro indicará a área de atuação dos respectivos profissionais. Não obstante, o credenciamento deve conter todos os dados relevantes sobre a câmara ou mediador para a devida classificação, com publicação ao menos anualmente da relação para fins estatísticos e avaliação pela sociedade (§ 4º).

E ao contrário da Lei de Mediação, o CPC/2015 também regulamenta, no art. 173, as hipóteses de exclusão, bem como a forma de fazê-lo administrativamente, o que é importante para orientar os tribunais e para padronizar o procedimento.

A Lei de Mediação, no art. 13, diz que a remuneração dos mediadores deve ser fixada pelos tribunais e paga pelas partes, sendo que o art. 4º, § 2º, estabelece que aos necessitados será assegurada a gratuidade da mediação. No CPC/2015, o art. 169 prevê que a tabela remuneratória será fixada pelo tribunal, conforme parâmetros do CNJ. Acrescenta no § 1º que a mediação pode ser exercida por trabalho voluntário, observada a regulamentação sobre o assunto, e que o tribunal fixará percentual de audiências gratuitas pelas câmaras em contrapartida ao credenciamento (§ 2º).

Contudo, o CPC/2015 não inclui a remuneração dos mediadores/conciliadores como despesas processuais, deixando a dúvida sobre se eles serão detentores de cargo público ou se receberão pela tabela fixada pelo tribunal[55], conforme parâmetros do CNJ.

Por outro lado, o artigo 82 do CPC/2015 diz que caberá à parte interessada o pagamento desse custo. Assim, se o autor e o réu demonstrarem desinteresse e houver acordo, as despesas serão deliberadas no ato, mas, se não houver acordo, o vencido deverá pagá-las ao final (art. 82, § 2º, CPC/15).

5.4   Do procedimento

A Lei de Mediação prevê no artigo 2º, §1º, a possibilidade de previsão contratual de *cláusula de mediação*, que consiste no dever de as partes comparecerem à

---

55. O Estado de São Paulo publicou em 23/04/2015 a Lei A Lei Estadual 15.804/2015 que estabelece os valores para a remuneração e a carga horária de atuação dos conciliadores e mediadores inscritos no Cejusc (Centros Judiciários de Solução de Conflitos e Cidadania). O texto prevê jornada semanal máxima de 16 horas semanais (mínimo de duas e máximo de oito horas diárias), com remuneração de 2 UFESPs (Unidades Fiscais do Estado de São Paulo), ou R$ 42,50, por hora. Hoje, quem atua como mediador e conciliador nos Centros, presta trabalho voluntário.

primeira reunião, não sendo, contudo, obrigatória a sua permanência na mediação (art. 2º, §2).

O procedimento na Lei de Mediação está previsto no Capítulo I, Seção III, e nas Subseções I, II e III, que tratam das disposições comuns, da mediação extrajudicial e da mediação judicial, respectivamente. Portanto, são comuns às normas processuais apenas a primeira e a última subseção.

Nas disposições comuns, o art. 14 atenta para a necessidade de se alertar sobre as regras da confidencialidade na primeira reunião de mediação.

Já o art. 166, § 3º do CPC/2015 autoriza a aplicação de técnicas negociais para proporcionar ambiente favorável à autocomposição. Não obstante, o § 4º estabelece a livre autonomia das partes sobre as regras procedimentais, o que, sem dúvida, é um atrativo para o uso da mediação.

Em relação aos mediadores, a Lei de Mediação prevê no art. 15 a possibilidade de inclusão de outros mediadores, enquanto o CPC/2015, no art. 168, § 3º, no mesmo sentido, diz que, se for recomendável, pode haver a designação de mais de um mediador.

O art. 16 da Lei de Mediação estabelece que a submissão das partes à mediação suspende o processo arbitral ou o judicial, ainda que já em curso, por decisão irrecorrível (§ 1º), sem prejuízo da concessão de medidas urgentes pelo juiz ou pelo árbitro (§ 2º). Trata-se de importante reflexo processual, indicando que o legislador priorizou a mediação em relação aos outros mecanismos de solução de conflito.

Outro relevante aspecto processual da Lei de Mediação está no art. 17, que considera instituída a mediação a data marcada para a primeira reunião, ficando suspenso o prazo prescricional enquanto perdurar o procedimento (parágrafo único), sendo que as reuniões posteriores só poderão ser marcadas com a anuência das partes (art. 18).

Sobre os atos dos mediadores, o art. 19 possibilita reuniões com as partes, em conjunto ou separadamente[56], e ainda permite que solicite informações que repute pertinentes.

No encerramento, o mediador deve lavrar um termo final, relatando a celebração de acordo ou então demonstrando a não obtenção do acordo pelas partes (art. 20). Por sua vez, o parágrafo único do art. 20 estabelece que a celebração do acordo constitui título executivo extrajudicial e, quando homologado judicialmente, título executivo judicial. Trata-se de importante regra de cunho material que possibilita a execução imediata em caso de eventual descumprimento, afastando a necessidade de amplo processo cognitivo, o que confere credibilidade e efetividade ao instituto.

No que tange ao procedimento judicial, tanto a Lei de Mediação (art. 24) quanto o CPC/2015 (art. 165) estabelecem a necessidade de os tribunais criarem Cejuscs, cuja

---

56. O *caucus* é a técnica em que o mediador se reúne separadamente com cada parte para testar possíveis opções que podem ajudar na solução do conflito.

composição e organização serão definidas pelo próprio tribunal, seguindo orientações do CNJ.[57]

Sobre a escolha dos mediadores, o art. 25 da Lei de Mediação dispõe que, na *mediação judicial*, eles não estarão sujeitos à prévia aceitação das partes. Contudo, o CPC/2015 autoriza no art. 168 que as partes escolham, de comum acordo, o mediador, que pode ou não estar cadastrado no tribunal (§ 1º), mas desde que possua a respectiva formação (§ 2º), sendo que, inexistindo acordo sobre o profissional, haverá distribuição alternativa e aleatória entre os cadastrados, respeitado o princípio da igualdade dentro da mesma área de atuação (art. 167, § 2º).

Nesse ponto, há quem entenda que a Lei de Mediação teria revogado esse aspecto do CPC/2015 relativo à possibilidade distribuição alternativa e aleatória entre os mediadores cadastrados, de modo que a escolha fosse feita de modo meritocrático. Nesse caso, o tribunal deveria regulamentar essa forma de escolha. No 2º Fonamec, realizado em São Paulo, a sugestão foi a de que autor e réu escolhessem, cada um, 10 mediadores, cujos cadastros se cruzariam para definir o mediador comum. Se não houvesse convergência entre os escolhidos, deveria ocorrer uma segunda rodada, com a escolha com outros 10 mediadores, e assim por diante. Se não desse certo, a opção seria fazer uma audiência no Cejusc para a escolha do mediador.

O art. 26 da Lei de Mediação dispõe que as partes devem estar assistidas por advogados ou por Defensores Públicos aos que comprovarem insuficiência de recursos (parágrafo único), ressalvadas as hipóteses de dispensa dos Juizados Especiais. Embora essa regra não tenha sido reproduzida no CPC/2015, o seu art. 103 exige o requisito da capacidade postulatória, suprindo, assim, eventuais dúvidas sobre o tema.

Por sua vez, o art. 27 da Lei de Mediação estabelece que, se a petição inicial preencher seus requisitos essenciais e não for o caso de improcedência do pedido, o juiz designará audiência de mediação. Essa mesma regra está prevista no art. 334, "caput" do CPC/2015. Contudo, na lei processual, exige-se ainda que a audiência seja marcada com uma antecedência mínima de 30 (trinta) dias, e que o réu seja citado com pelo menos 20 (vinte) dias de antecedência.

O art. 28 da Lei de Mediação diz que o procedimento deverá ser concluído em até sessenta dias, contados da primeira sessão, salvo se as partes acordarem a prorrogação. Já o art. 334, § 2º, do CPC/2015 dispõe que o procedimento não poderá exceder 02 (dois) meses da data da realização da primeira sessão. O § 3º do CPC/2015 também prevê que a intimação do autor será feita na pessoa do seu advogado, regra esta não prevista na lei especial.

---

57. Para esse fim, o CNJ criou um "Guia de Conciliação e Mediação: orientações para implantação de CEJUSCs", com o passo a passo das etapas necessárias para a facilitação e padronização desses órgãos. Disponível em: http://www.cnj.jus.br/files/conteudo/destaques/arquivo/2015/06/1818cc2847ca50273fd110eafdb8ed05.pdf. Acesso em: 18 ago. 2015.

A referida audiência só não ocorrerá: a) quando o direito em debate não admitir autocomposição; e b) se ambas as partes, expressamente, manifestarem o desinteresse na composição consensual (art. 334, § 4º).

Observa-se, pois, que é vedado ao juiz dispensar o ato, mesmo que o acordo seja improvável. Ademais, a lei não admite a recusa de apenas uma das partes.

Diante disso, conclui-se que o CPC/2015 pretendeu oportunizar que, logo no início do processo, que as partes pudessem dialogar sobre conflito, não só para se tentar um acordo, mas também para que elas pudessem conhecer melhor os contornos fáticos e jurídicos do litígio, inclusive para fins de ampla defesa. Temos que lembrar que a audiência preliminar prevista no art. 331 do CPC/73 só ocorria após a apresentação de contestação e réplica, o que, na prática representava dois ou três anos de tramitação do feito sem que as partes tivessem tido qualquer contato ou conversa. Tratou-se, pois, de percepção salutar do legislador.

Segundo o art. 334, § 5º, do Código, o réu será citado para comparecer à audiência de mediação (ou conciliação), podendo indicar o seu desinteresse na autocomposição, por petição, apresentada com 10 (dez) dias de antecedência, contados da data da audiência, sendo que, em caso de litisconsórcio, todos devem se manifestar (§ 6º), exigência que não restou especificada na Lei de Mediação. A audiência também poderá ser realizada por meio eletrônico (art. 334, § 7º).

E conforme já mencionado, como sanção ao não comparecimento injustificado de qualquer das partes à audiência, a ausência será considerada ato atentatório à dignidade da justiça, com a aplicação de multa de até dois por cento da vantagem econômica pretendida ou do valor da causa, revertida em favor da União ou do Estado (art. 334, § 8º). Registre-se que a parte pode constituir representante, por meio de procuração específica com poderes para negociar e transigir (§ 10).

Sobre essa possibilidade de representação por procurador, a questão deve ser um pouco mais amadurecida em relação à mediação, em razão de esse meio de resolução de conflito possuir técnicas e finalidades distintas da conciliação. Se a controvérsia versar prioritariamente sobre aspectos patrimoniais, talvez não haja grandes problemas. Porém, se a situação emocional for mais expressiva, não fará sentido participação de procurador na audiência ou na sessão de mediação. Essa reflexão e esse controle devem ser exercidos pelo magistrado.

Se houver acordo, o parágrafo único, do art. 28, da Lei de Mediação estabelece que os autos serão encaminhados ao juiz, que determinará o arquivamento do processo ou, se requerido pelas partes, homologará o acordo e o termo final da mediação por sentença, determinando o arquivamento do processo.

Notem-se aqui algumas impropriedades procedimentais da lei especial em relação à lei processual. Primeiro porque o juiz não poderá simplesmente determinar o arquivamento do feito se as partes não requererem a homologação do acordo, devendo dar um comando judicial que encerre o processo, ainda que por perda de interesse superveniente (art. 485, VI, do CPC/2015). Depois porque, se o acordo versar apenas sobre parte do conflito, o feito deverá prosseguir em relação aos demais pedidos (art. 354, CPC/2015). Ademais, o § 11, do art. 334 é impositivo ao determinar que a autocomposição, no âmbito judicial, deverá ser homologada por sentença.

De outra banda, o art. 29 da Lei de Mediação diz que se o conflito for solucionado pela mediação antes da citação do réu, não serão devidas custas judiciais finais. Trata-se de situação difícil de equacionar com o CPC/2015 ou, ao menos, de difícil aplicação prática, já que a lei processual exige que o réu seja citado com vinte dias de antecedência da audiência, oportunidade em que a audiência já restou designada pelo juiz. Assim, a única hipótese possível de aplicação dessa norma é se as partes fizerem acordo extrajudicial e o autor pedir a sua homologação antes da citação do réu, pois não há como o réu comparecer à audiência sem ser previamente citado, sendo que, ainda que a diligência de citação não tenha sido formalmente cumprida e ele compareça espontaneamente ao ato, essa conduta será considerada válida para fins de citação, nos termos do art. 239, § 1º, do CPC, e somente com o encerramento do ato e em não tendo havido transação, terá início o prazo para contestação (art. 335, I).

Não bastasse, ao falar em "custas finais", a Lei de Mediação, além de não se ater às despesas relativas ao ato de mediação em si, ainda estabelece uma hipótese legal de dispensa de receita, o que pode ser questionado.

Registre-se que, segundo o *caput* do artigo 82, do CPC/2015, incumbe às partes o pagamento das despesas dos atos que realizarem ou requererem no processo, antecipando o pagamento desde o início até a sentença final. Desse modo, ou o autor já pagou as custas processuais devidas e não haverá despesas remanescentes ou então, no acordo, desde que homologado, as partes deverão deliberar sobre responsável pelas mesmas. De qualquer forma, esse benefício criado com o intuito de incentivar a mediação judicial, será de pouca ou nenhuma utilidade prática, o que certamente será identificado pelos jurisdicionados.

Nesse aspecto, o CPC/2015 foi mais certeiro e abrangente, ao estabelecer no art. 90, § 3º, que se a transação ocorrer antes da sentença, as partes ficam dispensadas das custas remanescentes. Trata-se de regra que efetivamente incentiva à autocomposição em momento precoce.

Ressalte também que o § 12, do art. 334, do CPC/2015 diz que as pautas das audiências de mediação serão organizadas de modo a respeitar o intervalo *mínimo* de 20 (vinte) minutos entre o início de uma e de outra seguinte. Porém, embora a lei fale em intervalo mínimo, no caso de procedimento de mediação o tema merecia um tratamento diferenciado diante das particularidades da atividade, sendo que de duas uma: ou a lei não deveria estabelecer tempo mínimo ou este deveria ser de ao menos uma hora de intervalo para que a sessão tenha a qualidade necessária, com mais chances de êxito.

O que deve ser lembrado pelos operadores do direito é que essa fase inicial de fomentação da mediação no Brasil requer uma especial cautela e um maior rigor com o estabelecimento de um ambiente favorável à sua implementação, não só no que tange à capacitação dos mediadores, mas também em relação à correta aplicação das técnicas essenciais para se alcançar o sucesso do instituto, o que inclui a disponibilidade de tempo adequado para as sessões de mediação, sob pena de se tornar uma etapa procedimental legal, mas absolutamente fria, mecânica, e descompromissada.

Nesse contexto, conclui-se que o tratamento uniforme conferido pelo CPC/2015 a institutos diferentes como a mediação e a conciliação, não levou em consideração importantes aspectos materiais que distinguem os referidos mecanismos, o que deverá ser alvo de observação e controle pelos magistrados.

5.5 A confidencialidade

Conforme já mencionado, os artigos 30 e 31 da Lei de Mediação tratam da confidencialidade de forma extensiva, abrangendo todas as informações, todos os participantes, e impedindo, inclusive, que os dados sejam utilizados como prova em processo de arbitragem ou judicial, excetuando, apenas, as informações de ordem tributária, aplicando-se, ainda, às sessões privadas.

No CPC/2015, o tema está previsto no art. 166, § 1º, que diz que a confidencialidade abrange todas as informações produzidas no curso do procedimento, sendo que o teor ali produzido só poderá ser usado para fins diversos com autorização expressa das partes. Por sua vez, o § 2º do mesmo artigo estabelece que, em razão do sigilo, o mediador e os membros de sua equipe não poderão divulgar fatos ou elementos decorrentes da mediação.

Com efeito, o princípio da confidencialidade é de suma importância para a credibilidade da mediação, pois permite que os participantes exponham os verdadeiros motivos do conflito, possibilitando o alcance de soluções mais próprias dos reais interesses das partes.

Por isso, é primordial que seja estabelecida uma relação de confiança entre as partes e os mediadores, bem como no procedimento em si, fazendo com que esse diferencial gere credibilidade e preferência entre os mecanismos de solução de controvérsias disponíveis.

5.6 Mediação e Administração Pública

Tanto a Lei de Mediação quanto o CPC/2015 tratam da utilização da mediação e da conciliação em conflitos envolvendo a Administração Pública. Sem dúvida, essa previsão legal representa uma quebra de paradigmas envolvendo a possibilidade de disputas que abrangem interesse público serem também resolvidas mediante acordo, com benefícios para todos os envolvidos.

A questão, que sempre foi alvo de intensos debates na doutrina, começa a ter uma interpretação condizente com o grau de interesse público envolvido, permitindo que controvérsias transacionáveis, ainda que referentes a direitos indisponíveis, sejam passíveis de autocomposição, sepultando, assim, restrições injustificáveis e sem efetividade.

No CPC/2015, o assunto está disposto no artigo 174, que diz que União, Estados, Distrito Federal e Municípios criarão câmaras de mediação e conciliação para a resolução de conflitos no âmbito administrativo, exemplificando em três incisos as hipóteses de cabimento.

Na Lei de Mediação, a matéria é tratada nos artigos 32 a 40, com um grau de detalhamento bem mais completo, o que conferirá a segurança jurídica necessária para a aplicação do instituto. Ela aborda a necessidade de criação de órgãos específicos para a mediação, as hipóteses de cabimento, os efeitos processuais, a possibilidade de mediação coletiva, aspectos procedimentais.

Não obstante, a Lei regulamenta a transação por adesão nos conflitos entre a Administração Pública, suas autarquias e fundações, disciplinando, inclusive, questões tributárias e de responsabilização de servidores e empregados que participem da composição extrajudicial.

De todos os aspectos previstos na Lei em relação à Administração Pública, tem-se que a criação de órgãos especializados para a realização da mediação é medida que se faz imperiosa para garantir a padronização de procedimento e a capacitação dos indicados a atuar nessa espécie de resolução de conflito, o que certamente contribuirá para a uniformização de soluções e, por via reflexa, garantirá a isonomia de tratamento entre os envolvidos.

5.7   Disposições gerais

Concluindo as disposições legais sobre o assunto, o CPC/2015 estabelece no artigo 175 que não estão excluídas outras formas de conciliação e mediação extrajudiciais de órgãos institucionais ou profissionais independentes, regulada por lei específica, sendo que o parágrafo único ressalta que os dispositivos se aplicam às câmaras privadas de conciliação e mediação.

Essa abrangência normativa também constou da Lei de Mediação, no artigo 42, que exemplificou as mediações comunitárias, escolares e por serventias extrajudiciais, embora tenha deixado para a lei própria regular sobre as relações de trabalho (parágrafo único).

A Lei de Mediação ainda dispôs no artigo 41 que a Escola Nacional de Mediação e Conciliação deve criar banco de boas práticas e manter relação de mediadores e instituições de mediação, iniciativa que permite a multiplicação de ideias e experiências bem-sucedidas.

O artigo 43 da Lei de Mediação possibilita à Administração Pública a criação de câmaras para a resolução de conflitos entre particulares, que versem sobre atividades por eles reguladas ou supervisionadas.

Por sua vez, o artigo 46 da Lei de Mediação diz que a mediação poderá ser feita pela internet ou por outro meio de comunicação a distância, inclusive envolvendo parte domiciliada no exterior (parágrafo único). Trata-se, sem dúvida, de norma essencial para a sociedade moderna, que a cada dia descobre novos meios de comunicação. Com efeito, a legitimação do uso das variadas formas de interação entre as pessoas servirá para facilitar o contato e desburocratizar a resolução dos conflitos, o que ajudará a divulgar positivamente o instituto da mediação, já que representará um modelo de justiça e de pacificação até então não encontrados no Poder Judiciário.

5.8   Direito intertemporal

Tema bastante polêmico relativo ao CPC/2015 diz respeito à criação, como regra, de audiência de conciliação/mediação como ato inicial do procedimento comum, ou seja, antes da apresentação da contestação pelo réu. Com isso, o réu será citado para comparecer à audiência de conciliação ou mediação (art. 334) e, somente com o encerramento do ato e em não tendo havido transação, terá início o prazo para contestação (art. 335, I).

Como o CPC/2015 estabeleceu uma *vacatio legis* de 01 (um) ano, ele entra em vigor em 18.03.2016, de modo que as ações ajuizadas a partir dessa data passarão a adotar o referido procedimento, o que trará grandes impactos estruturais aos tribunais.

Por sua vez, a Lei de Mediação previu um prazo de *vacatio legis* de 180 dias, entrando em vigor no dia 26.12.2015.

Da análise comparativa das duas legislações, viu-se que não há incompatibilidades grosseiras, sendo ambas, na verdade, até complementares em relação a várias questões.

No entanto, no que tange ao procedimento judicial, essa diferença temporal de vigência dos dois regramentos pode causar dúvidas objetivas quanto à incidência da norma relativa à audiência de mediação.

A primeira diz respeito ao momento de aplicação da audiência inicial de mediação. Isso porque a Lei de Mediação entra em vigor quase três meses antes do CPC/2015, sendo que o art. 27 da lei especial prevê que: "*Se a petição inicial preencher os requisitos legais e não for o caso de improcedência liminar do pedido, o juiz designará audiência de mediação*".

Dessa forma, a norma sobre a audiência de mediação será imediatamente aplicada ou só quando da entrada em vigor do CPC/2015? Afinal, o momento de sua designação deve ocorrer na vigência da lei especial ou somente quando da entrada em vigor da lei geral? E como ficaria a comunicação do réu? E as regras sobre os mediadores? E o pagamento das custas? Enfim, e os demais regramentos sobre o procedimento de mediação judicial? Com a entrada em vigor da Lei de Mediação antes do CPC/2015, como equacionar as disposições daquela com o CPC/73 ainda vigendo?

Essas dúvidas são normalmente resolvidas pelo direito intertemporal estabelecido na Lei de Introdução às Normas do Direito Brasileiro (Decreto-Lei 4.657 de 1942 alterado pela Lei 12.376 de 2010), especialmente em seu art. 2°, que regula eventual conflito de normas.

Não obstante, os conflitos de leis no tempo normalmente são estudados à luz de normas que já entraram em vigor e sobre atos ou fatos que já se exauriram. Mas no caso da mediação, a situação é peculiar, pois são duas leis que ainda não entraram em vigor, sendo que a primeira a entrar (Lei de Mediação) teve o CPC/2015 como referência e não o contrário, e ambas ainda regulam atos ainda não praticados. Assim, como poderia o artigo 27 da Lei de Mediação ser aplicado antes da entrada em vigor da lei processual?

Inicialmente, se mostra importante identificar a natureza jurídica da Lei de Mediação, já que somente em caso de coincidência de tipologia da norma poderá se falar em conflito e, daí serão analisadas as soluções de prevalência entre uma e outra.

A Lei de Mediação é especial e posterior ao CPC/2015. Além disso, seu conteúdo indica que, em que pese seja primordialmente de direito material, ou seja, que cria o instituto da mediação e aborda outras matérias afins, também contém dispositivos de cunho exclusivamente processual, como é o caso dos art. 27 a 29 sobre o procedimento judicial.

Essas circunstâncias tornam o direito intertemporal em questão ainda mais peculiar, pois embora a Lei de Mediação seja especial, posterior e entre em vigor antes do CPC/2015, as normas de natureza puramente processual não devem ser aplicadas de imediato, mas somente a partir da vigência do Código de Processo Civil, a fim de se evitar conflitos procedimentais.

Assim, verifica-se que no caso em tela, considerando que não se trata de conflito de normas propriamente dito, não deve ser prestigiado nem o critério da especialidade e nem o da cronologia da lei, mas sim o momento da vigência da lei para que o sistema tenha uma funcionalidade coerente.

Nesse contexto, as normas estabelecidas no art. 334 do CPC/2015 em relação à designação da audiência de mediação, a comunicação do réu, às regras sobre os mediadores, ao pagamento das custas, e os demais regramentos sobre o procedimento de mediação judicial devem se sobrepor às regras de procedimento estabelecidas na Lei de Mediação.

Por conseguinte, não dá para considerar necessária ou obrigatória a audiência de mediação antes da entrada em vigor da lei processual. Com efeito, não seria adequado falar em obrigatoriedade da audiência de mediação por imposição da Lei de Mediação, tornando, assim, prejudiciais as teses de inconstitucionalidade e de incompatibilidade entre a Lei de Mediação e o CPC/2015.

Portanto, o direito intertemporal no que tange às questões relacionadas à mediação ganhou uma nova hipótese de aplicação, cuja interpretação deve ser condizente com a realidade apresentada.

5.10 Ambientes da mediação

A mediação pode ser realizada em três ambientes: a) extrajudicial; b) pré-processual; e c) incidental.

A mediação extrajudicial ocorre fora do Poder Judiciário, podendo ser em câmaras de mediação, serventias extrajudiciais, ou qualquer outro ambiente que ofereça o serviço.

A chamada mediação pré-processual é realizada perante o Cejusc, sem que se tenha uma ação ajuizada. Assim, é uma atividade que se desenvolve dentro do ambiente judiciário, como tentativa de se evitar a judicialização do conflito.

Já a mediação incidental, ocorre quando existe um processo judicial em tramitação e as partes são encaminhadas para o referido método autocompositivo, que, neste caso, é instituído perante o Cejusc. No caso de demanda em andamento, as partes também podem tentar uma mediação extrajudicial e depois comunicar o resultado ao juízo.

Assim, a mediação pode ser judicial ou extrajudicial, sendo que cada qual possui requisitos próprios, conforme tabela a seguir[58]:

	MEDIAÇÃO PRÉ-PROCESSUAL	MEDIAÇÃO JUDICIAL	MEDIAÇÃO EXTRAJUDICIAL
MEDIADOR	Pessoa capaz, graduada há pelo menos dois anos e que tenha obtido capacitação em escola ou instituição de formação de mediadores, reconhecida pela Enfam ou pelos tribunais.	Pessoa capaz, graduada há pelo menos dois anos e que tenha obtido capacitação em escola ou instituição de formação de mediadores, reconhecida pela Enfam ou pelos tribunais.	Qualquer pessoa capaz que tenha a confiança das partes e seja capacitada para fazer mediação, independentemente de integrar qualquer tipo de conselho, entidade de classe ou associação, ou nele inscrever-se.
PRESENÇA DE ADVOGADOS	As partes poderão ser assistidas por advogados ou defensores públicos. Se somente uma das partes estiver sendo assistida, o procedimento será suspenso até que que todas estejam devidamente assistidas.	As partes, em regra, deverão ser assistidas por advogados ou defensores públicos, ressalvadas as hipóteses previstas nas Leis dos Juizados Especiais. A mediação pré-processual dispensa a assistência de advogado, embora seja sempre recomendável.	As partes poderão ser assistidas por advogados ou defensores públicos. Se somente uma das partes estiver sendo assistida, o procedimento será suspenso até que que todas estejam devidamente assistidas.
ESCOLHA DOS MEDIADORES	Se as partes não escolherem de comum acordo o mediador, deverão se sujeitar à designação judicial, observado o disposto no art. 5º da Lei de Mediação.	Se as partes não escolherem de comum acordo o mediador, deverão se sujeitar à designação judicial, observado o disposto no art. 5º da Lei de Mediação.	O mediador será escolhido pelas partes.
INÍCIO DO PROCEDIMENTO	Convite pelo Cejusc	Designação por ato judicial	Convite
PRAZO DE CONCLUSÃO	O procedimento de mediação deverá ser concluído em até sessenta dias, contados da primeira sessão, salvo quando as partes, de comum acordo, requererem sua prorrogação.	O procedimento de mediação judicial deverá ser concluído em até sessenta dias, contados da primeira sessão, salvo quando as partes, de comum acordo, requererem sua prorrogação.	À escolha das partes, de acordo com o desenvolvimento das sessões de medição no caso concreto.

---

58. Tabela de autoria própria.

5.11 Etapas da mediação[59]

O Conselho Nacional de Justiça, ao instituir a política de tratamento adequado de conflitos por meio da Resolução CNJ 125/2010, resolveu padronizar nacionalmente a capacitação dos conciliadores e mediadores, a fim que se estabelecesse uma uniformidade mínima de qualidade nos cursos que são oferecidos pelos tribunais. Para isso, o CNJ instituiu o Manual de Mediação Judicial, que constitui o material didático mínimo obrigatório nos cursos.

Por sua vez, percebeu-se que, no campo extrajudicial, esse mesmo material passou a ser utilizado como base dos cursos de mediação e conciliação oferecidos por instituições públicas e privadas, de modo que passou a ser uma referência na capacitação dos profissionais.

Diante disso, passa-se a indicar o passo a passo da mediação instituído no referido material:

i) Início da mediação: o mediador apresenta se às partes, diz como prefere ser chamado, faz uma breve explicação do que constitui a mediação, quais são suas fases e quais são as garantias. Deve perguntar às partes como elas preferem ser chamadas e estabelece um tom apropriado para a resolução de disputas. Sua linguagem corporal deve transmitir serenidade e objetividade para a condução dos trabalhos.

ii) Reunião de informações: após uma exposição feita pelas partes de suas perspectivas, a qual o mediador, entre outras posturas, terá escutado ativamente, haverá oportunidade de elaborar perguntas que lhe auxiliarão a entender os aspectos do conflito que estiverem obscuros.

iii) Identificação de questões, interesses e sentimentos: o mediador fará um resumo do conflito utilizando uma linguagem positiva e neutra. Será por meio do resumo que as partes saberão que o mediador está ouvindo as suas questões e as compreendendo. O resumo impõe ordem à discussão e serve como uma forma de recapitular tudo que foi exposto até o momento.

iv) Esclarecimento das controvérsias e dos interesses: com o uso de determinadas técnicas, o mediador formulará diversas perguntas para as partes a fim de favorecer a elucidação das questões controvertidas.

v) Resolução de questões: tendo sido alcançada adequada compreensão do conflito durante as fases anteriores, o mediador pode, nesta etapa, conduzir as partes a analisarem possíveis soluções.

vi) Registro das soluções encontradas: o mediador e as partes irão testar a solução alcançada e, sendo ela satisfatória, redigirão um acordo escrito se as partes assim

---

59. Conselho Nacional de Justiça. Manual de Mediação Judicial. 2016. Disponível em: f247f5ce60df2774c59d6e-2dddbfec54.pdf (cnj.jus.br). Acesso em: 16 jul. 2023.

o quiserem. Em caso de impasse, será feita uma revisão das questões e interesses das partes e serão discutidos os passos subsequentes. Técnicas ou ferramentas da Mediação.

5.11.1   Técnicas de mediação

Em relação às principais estratégias de atuação do mediador, podem ser resumidas em:

i) Ouvir as partes ativamente: escutar e entender o que está sendo dito, deixando claro que a mensagem foi compreendida.

ii) Concentração na resolução da disputa: o mediador não deve se deixar influenciar emocionalmente com as questões apresentadas pelas partes.

iii) Imparcialidade e receptividade: e o mediador deve buscar ouvir as perspectivas das partes, preocupando-se em identificar oportunidades, evitando uma postura judicatória.

iv) Sensibilidade do mediador: deve ser dada atenção a questões emotivas que eventualmente sejam trazidas à mediação pelas partes, sendo que uma intervenção inoportuna ou mal estruturada pode minar a confiança que as partes depositaram no mediador.

v) Evitar preconceitos: consiste em não prejulgar as partes pela forma como se vestem, como falam e se expressam, sua postura no ambiente da mediação, e diversos outros fatores podem fazer com que o mediador adote postura parcial.

vi) Separar as pessoas do problema: o mediador deve observar com nitidez o real interesse das partes, independentemente da forma como se comunicam no ato.

vii) Despolarização do conflito: o mediador deve ser prestativo e acessível sem exercer

pressões para demonstrar que na maior parte dos casos os interesses reais das partes são congruentes e que por falhas de comunicação frequentemente as partes têm a percepção de que os seus interesses são divergentes ou incompatíveis.

viii) Reconhecimento e validação de sentimentos: consiste em identificar sentimentos, ainda que as partes não os revelem explicitamente, reconhecer estes perante as partes e contextualizar o que cada parte está sentindo em uma perspectiva positiva identificando os interesses reais que estimularam o referido sentimento.

ix) Silêncio na mediação: a situação de silêncio provoca nas partes a reflexão, ainda que momentânea, sobre a forma como estão agindo. Também pode ser usada como forma de estimular a reconsideração de determinado comportamento.

x) Compreensão do caso: inclui a) identificação de questões, interesses e sentimentos; b) fragmentar as questões; e c) recontextualizando (retransmitir às partes uma informação que foi trazida por elas ao processo em uma perspectiva nova, mais clara e compreensível, com enfoque prospectivo, voltado às soluções, filtrando os componentes negativos que eventualmente possam conter, com o objetivo de encaixar essa informação no processo de modo construtivo).

6.   REGIME JURÍDICO DA CONCILIAÇÃO E DA MEDIAÇÃO[60]

A conciliação e a mediação, embora possuam as diferenças já apontadas, estão sujeitas, em regra, ao mesmo regime jurídico.

---

60. O tema foi tratado em: CABRAL, Trícia Navarro Xavier; CUNHA, Leonardo Carneiro. A abrangência objetiva e subjetiva da mediação. *Revista de Processo*, v. 287, p. 531-552, 2019.

CAPÍTULO II • JUSTIÇA CONSENSUAL

O alcance da autocomposição por esses métodos pode ser pela via extrajudicial ou judicial. Assim, as partes podem chegar a um consenso antes ou durante a tramitação de um processo judicial ou arbitral.

Obtida a autocomposição no processo judicial, há resolução do mérito, cabendo ao juiz apenas homologá-la (CPC, art. 487, III, *b*). A autocomposição pode dizer respeito a apenas parcela do processo, caso em que o juiz deve homologá-la (CPC, art. 354, parágrafo único), prosseguindo o processo quanto à outra parcela. Estando a causa no tribunal, a autocomposição pode ser homologada por decisão do relator (CPC, art. 932, I) ou, até mesmo, por acórdão do tribunal.

A sentença homologatória do acordo (CPC, art. 487, III, *b*), a decisão do relator que homologa a avença (CPC, art. 932, I) e a decisão que homologa o consenso acerca de parcela do processo (CPC, art. 354, parágrafo único) são de mérito, constituindo títulos executivos judiciais.

Na execução fundada em título judicial, deve ser adotado o procedimento do cumprimento de sentença, cabendo ao executado defender-se por uma impugnação, que somente poderá versar sobre as matérias constantes do § 1º do art. 525 do CPC.

A autocomposição judicial pode versar sobre matéria estranha ao objeto do processo, envolvendo um terceiro, ou seja, um sujeito estranho ao processo, que não seja autor, nem réu, nem interveniente (CPC, art. 515, § 2º). Para que possa ser homologada uma autocomposição que verse sobre relação jurídica diversa daquela deduzida no processo e envolva um terceiro, é preciso que o juízo seja competente para examinar tal relação jurídica, pois o ato judicial constituirá título executivo judicial.

Registre-se que é possível haver a autocomposição mesmo quando a questão já tenha sido resolvida por sentença de mérito transitada em julgado. Caso os interessados tenham ciência da sentença transitada em julgado e, ainda assim, resolvam celebrar o acordo, este é válido, podendo, inclusive, ser obstada a execução do julgado, mediante o ajuizamento de impugnação (CPC, art. 525, § 1º, VII; CPC, art. 535, VI). Não é necessária a homologação da autocomposição celebrada após a coisa julgada; ela deve simplesmente ser observada, podendo, como dito, obstar a execução do julgado. Será, porém, nula a transação, na hipótese de um dos acordantes não saber da existência da coisa julgada ou caso se apure, por título posteriormente descoberto, que nenhum deles tinha direito sobre o seu objeto (CC, art. 850). Muito embora não seja *necessária* a homologação de autocomposição após o trânsito em julgado da sentença de mérito, ela é *possível*.

Na esfera extrajudicial, a transação assinada pelo Ministério Público, pela Defensoria Pública, pela Advocacia Pública, pelos advogados dos transatores ou por conciliador ou mediador credenciado por tribunal constitui título executivo extrajudicial (CPC, art. 784, IV) e produz efeitos imediatamente. Não obstante, pode interessar ao credor o rito diferenciado da execução de título judicial, notadamente o limite cognitivo mais rígido da impugnação à execução, pelo que é plenamente possível a homologação de acordo judicial, mesmo que sobre o tema objeto da declaração judicial. Esse tipo de acordo é possível e válido, e cabe ao juiz, respeitando a autonomia das partes e presentes seus pressupostos e requisitos, especialmente a devida informação dos sujeitos acordantes, homologar o ajuste. Nesse caso, a homologação deve realizar-se em procedimento de jurisdição voluntária, instaurado por ambos interessados, no qual o juiz examinará o preenchimento dos pressupostos e requisitos para a celebração do negócio jurídico (CPC, art. 725, VIII).

As partes também podem requerer a homologação de autocomposição extrajudicial diretamente ao Cejusc[61], independentemente de realização de sessões de mediação

---

61. "Recurso Especial – Direito de Família – Alimentos e guarda de filhos – Acordo extrajudicial homologado pelo Centro Judiciário de Solução de Conflitos e Cidadania (Cejusc) – Alegação de nulidade por prevenção suscitada pelo MP Estadual – Ausência de prejuízo às partes – Ato que passados três anos, como ressaltou o Ministério Público Federal, Não gerou qualquer nova controvérsia entre os genitores – Instrumentalidade das formas – precedentes do STJ – Resolução CNJ 125/2010 – Incentivo à autocomposição como forma de resolução adequada de conflitos.

Hipótese dos autos: inobstante a existência de prévia ação de alimentos junto ao Juízo da 1.ª Vara de Família da Comarca de Rio Branco/AC, decidida por sentença homologatória de acordo, os recorridos, conjunta e espontaneamente, procuraram os serviços do Cejusc e, ao final da realização de audiência de conciliação, registrada às fls. 07 (e-STJ), retificaram os termos de guarda e de prestação de alimentos do filho, tendo sido homologada a convenção extrajudicial pelo Juízo Coordenador do Cejusc (fl. 12, e-STJ), nos termos do art. 9º da Resolução CNJ 125/2010.

1. A decisão recorrida foi publicada antes da entrada em vigor da Lei 13.105 de 2015, estando o recurso sujeito aos requisitos de admissibilidade do Código de Processo Civil de 1973, conforme Enunciado Administrativo 2/2016 do Plenário do Superior Tribunal de Justiça (AgRg no AREsp 849.405/MG).

2. O Superior Tribunal de Justiça firmou o entendimento, à luz do princípio constitucional da prestação jurisdicional justa e tempestiva (art. 5º, inc. LXXVIII, da CF/1988), que, em respeito ao princípio da instrumentalidade das formas (art. 244 do CPC/1973), somente se reconhece eventual nulidade de atos processuais caso haja a demonstração efetiva de prejuízo pelas partes envolvidas.

Precedentes do STJ.

3. É inadiável a mudança de mentalidade por parte da nossa sociedade, quanto à busca da sentença judicial, como única forma de se resolver controvérsias, uma vez que a Resolução CNJ n.º 125/2010 deflagrou uma política pública nacional a ser seguida por todos os juízes e tribunais da federação, confirmada pelo atual Código de Processo Civil, consistente na promoção e efetivação dos meios mais adequados de resolução de litígios, dentre eles a conciliação, por representar a solução mais adequada aos conflitos de interesses, em razão da participação decisiva de ambas as partes na busca do resultado que satisfaça sobejamente os seus anseios.

4. A providência de buscar a composição da lide quando o conflito já foi transformado em demanda judicial, além de facultada às partes, está entre os deveres dos magistrados, sendo possível conclamar os interessados para esse fim a qualquer momento e em qualquer grau de jurisdição, nos termos do art. 125, inc. IV, do Código de Processo Civil de 1973 ('o juiz dirigirá o processo, competindo-lhe tentar, a qualquer tempo, conciliar as partes').

5. O papel desempenhado pelo juiz-coordenador do CEJUSC tão-somente favoreceu a materialização do direito dos pais de decidirem, em comum acordo, sobre a guarda de seus filhos e a necessidade ou não do pagamento de pensão, razão pela qual, passado mais de três anos da homologação da convenção extrajudicial entre os genitores no âmbito do CEJUSC, sem a notícia nos autos de qualquer problema dela decorrente, revela-se inapropriada a cogitação de nulidade do ato conciliatório em face de eventual reconhecimento de desrespeito à prevenção pelo juízo de família.

6. Recurso especial desprovido."

(REsp 1531131/AC, Rel. Ministro Marco Buzzi, Quarta Turma, julgado em 07/12/2017, DJe 15/12/2017).

naquele órgão[62]. Trata-se de viabilidade ainda não explorada na prática forense, muito em função do desconhecimento das partes e dos profissionais do direito. São várias as vantagens: celeridade na homologação, ausência de custas[63] e possibilidade de envolver acordo de qualquer natureza ou valor, como já ocorre no âmbito dos Juizados Especiais, por força do art. 57, da Lei 9.099/95. O acordo é homologado pelo Juiz Coordenador e constitui título executivo judicial[64], nos termos do art. 20, da Lei de Mediação.

Interessante situação concreta ocorreu no Espírito Santo, em que havia pendente ação revisional de alimentos e guarda de menor, e, ao formularem acordo, as partes inseriram cláusula sobre a partilha de bens não ocorrida à época do divórcio. O Ministério Público e o juiz de família se recusaram a homologar a referida cláusula ante a incompetência do juízo, e este item do acordo foi levado para homologação no Cejusc, constituindo em título executivo extrajudicial, o qual, em caso de eventual descumprimento, será remetido ao juízo cível para a regular tramitação do cumprimento de sentença.

Há, portanto, uma diferença no tratamento normativo do negócio jurídico. A execução de título *judicial* não permite qualquer discussão; a cognição é limitada, exatamente porque se trata de uma execução de sentença (somente podem ser alegadas as matérias constantes do § 1º do art. 525, todas elas relativas a fatos posteriores ao negócio jurídico). A execução de título *extrajudicial* permite ao executado a alegação de qualquer matéria de defesa, sem limitação alguma (CPC, art. 917). A diferença tem fundamento na coisa julgada, que é atributo das decisões judiciais, mesmo as homologatórias.

Registre-se, ainda, que na Lei de Mediação, o § 2º do art. 3º da Lei 13.140, de 2015, estabelece que o consenso das partes envolvendo direitos indisponíveis, mas transigíveis, deve ser homologado em juízo. A homologação, quando exigida, consiste em condição de eficácia do ato jurídico. Se a lei impõe a homologação judicial, o negócio jurídico existe, é válido, mas só produz efeitos com a homologação. Trata-se de uma condição legal de eficácia do negócio.

A homologação judicial também é necessária para que o processo judicial em curso seja extinto.

Contudo, é preciso que se confira ao dispositivo uma interpretação sistêmica. Não é razoável considerar que todo e qualquer negócio jurídico que envolva direito indisponível deva ser homologado judicialmente. Isso contraria a própria ideia de valorização

---

62. *Fonamec – Enunciado 50 –* É possível a homologação pelo Juiz Coordenador do Cejusc de acordos celebrados extrajudicialmente.

63. *Fonamec – Enunciado 19 –* Os conflitos do setor pré-processual dos CEJUSCs não estão sujeitos ao pagamento de custas processuais e nem a limite de valor da causa, salvo disposição em contrário existente na legislação local, quanto à cobrança de custas. *(Enunciado aprovado na reunião ordinária de 10/04/2015, com redação atualizada na reunião extraordinária de 28/04/2016).*

64. *Fonamec – Enunciado 29 –* Os acordos homologados no setor pré-processual do CEJUSC constituem títulos executivos judiciais e poderão ser executados nos juízos competentes, mediante distribuição. *(Enunciado aprovado na reunião ordinária de 10/04/2015, com redação atualizada na reunião extraordinária de 28/04/2016).*

da autonomia da vontade, eliminando o empoderamento que se concede às partes que solucionarem, elas mesmas, seus problemas.

Assim, apenas nos casos em que haja processo judicial pendente é que se deve submeter o consenso a homologação. No caso de um consenso extrajudicial, obtido ou não por mediação, não é necessária homologação judicial, de modo que, não havendo processo judicial em curso que envolva as partes sobre aquele direito indisponível, o negócio jurídico celebrado entre elas produzirá efeitos imediatos, independentemente de homologação.

No que tange à intervenção do Ministério Público, o § 2º do art. 3º da Lei 13.140, de 2015, dispõe que *"o consenso das partes envolvendo direitos indisponíveis, mas transigíveis"* exige *"a oitiva do Ministério Público"*.

Contudo, o dispositivo deve ser interpretado em combinação com o disposto no art. 178 do CPC e em conformidade com as disposições constitucionais relacionadas às funções do Ministério Público. Em outras palavras, o Ministério Público somente precisa intervir se a autocomposição for celebrada em processo que se enquadre numa das hipóteses previstas no art. 178 do CPC.

Ademais, a expressão "oitiva" dá a entender que seria necessária expressa manifestação do Ministério Público. Todavia, o STF, ao julgar a ADIn 1.936-0, reafirmou seu entendimento segundo o qual a falta de manifestação do Ministério Público, nos casos em que deve intervir, não acarreta a nulidade do processo, desde que tenha havido sua regular intimação.

Pontue-se, também, que o disposto no § 2º do art. 3º da Lei 13.140, de 2015, somente se aplica para a mediação judicial. A autocomposição extrajudicial prescinde da intervenção do Ministério Público. O instrumento de autocomposição pode ser celebrado perante o Ministério Público, passando a ostentar a natureza de título executivo extrajudicial (CPC, art. 784, IV).

6.1 Assistência jurídica na mediação[65]

A assistência por advogados ou defensores públicos na mediação possui tratamento diferenciado se ocorre extrajudicialmente, na fase pré-processual ou incidental a um processo judicial. Na Lei de Mediação, o assunto está previsto no art. 10[66].

6.1.1 A mediação extrajudicial

A mediação privada não é novidade no Brasil e nem se iniciou com o advento da Lei 13.140/15. Trata-se de atividade há muito exercida em nossa sociedade, especialmente

---

65. O tema foi tratado em: CABRAL, Trícia Navarro Xavier; PANTOJA, Fernanda Medina. Art. 10 da Lei DE Mediação. In: CABRAL, Trícia Navarro Xavier; CURY, Cesar Felipe (Org.). *Lei de Mediação comentada artigo por artigo.* 3. ed. Indaiatuba: Foco,2022, v. 1, p. 59-68.

66. *Art. 10.* As partes poderão ser assistidas por advogados ou defensores públicos.
Parágrafo único. Comparecendo uma das partes acompanhada de advogado ou defensor público, o mediador suspenderá o procedimento, até que todas estejam devidamente assistidas.

em grandes capitais, com maior ênfase na esfera empresarial, embora também presente na esfera comunitária, escolar, familiar, entre outras. Por outro lado, denota-se que antes mesmo da existência de legislação específica sobre a mediação, o tema já vinha sendo amplamente difundido no âmbito acadêmico, e até já tinha sido percebido dentro de órgãos do Poder Judiciário.

Por essa razão a comunidade jurídica aguardava ansiosa pela regulamentação da matéria, cujo projeto embrionário tratando do tema foi apresentado na Câmara dos Deputados em 1998[67], e chegou a tramitar por longos anos, vindo por fim a ser arquivado.[68] Até que, em 2011, foi concebido o Projeto de Lei que viria a resultar no marco legal da mediação no Brasil (Lei 13.140/15). Aprovado em 2015, tramitou paralelamente à reforma do Código de Processo Civil e, portanto, influenciou e foi influenciado pelo legislador processual.

Na Lei de Mediação, a Seção II se dedica a regulamentar a atuação dos mediadores, e o faz em três subseções: disposições gerais (I); mediadores extrajudiciais (II); e mediadores judiciais (III).

---

67. Disponível em: http://www.camara.gov.br/proposicoesWeb/fichadetramitacao?idProposicao=21158. Acesso em: 07 jun. 2015.

68. A primeira proposta de regulamentação da mediação no Brasil surgiu com o Projeto de Lei nº 4.827/1998, apresentado à Câmara dos Deputados pela Deputada Federal Zulaiê Cobra, objetivando institucionalizá-la como método de prevenção e solução consensual de conflitos. Registre-se que o referido Projeto foi apresentado em 10.11.88, ou seja, praticamente um mês após a promulgação da Constituição da República, ocorrida em 05.11.1988. Com a aprovação pela Câmara dos Deputados, o Projeto foi enviado ao Senado Federal, onde sofreu fusão com o Projeto de Lei de uma comissão específica criada pelo Instituto Brasileiro de Direito Processual (IBDP), coordenada pela Professora Ada Pellegrini Grinover. O Projeto Substitutivo (PLC 94/2002) foi apresentado pelo Senador Pedro Simon, tendo o plenário do Senado Federal confirmado o texto substitutivo oriundo da Comissão de Constituição e Justiça, em 11.07.2006. A Emenda do Senado classificou a mediação em i) judicial ou ii) extrajudicial e iii) prévia ou iv) incidental, determinando, em seu artigo 34, que a mediação incidental ao processo fosse obrigatória, fixando o procedimento nos artigos seguintes. Em síntese, logo após a distribuição da petição inicial, o mediador receberia uma cópia do processo judicial e intimaria as partes para comparecimento em dia, hora e local designados por ele, quando então seria realizada a mediação. Na sequência, o Projeto de Lei foi reenviado à Câmara dos Deputados para a apreciação das modificações elaboradas pelo Senado. Na Câmara, o relator, Deputado José Eduardo Martins Cardoso (PT/SP), apresentou Parecer e Relatório, opinando favoravelmente pela aprovação do Projeto, diante da sensível melhora ofertada pelo Senado Federal. O Projeto aguardava a sua aprovação final desde então, mas foi devolvido "sem manifestação" à Comissão de Constituição e Justiça e da Cidadania no dia 16.12.2010 – um dia após a aprovação pelo Senado Federal do Projeto de Lei para o novo Código de Processo Civil. Em 12.07.2011 houve a apresentação do Parecer do Relator Deputado Arthur Oliveira Maia, aprovado em 19.6.2013 e encaminhado à publicação em 04.07.13, tendo sido esta a última movimentação legislativa. Não obstante, em 2011 foi apresentado no Senado Federal o PLS 517/11, de iniciativa do Senador Ricardo Ferraço do Espírito Santo, objetivando regular de modo abrangente a mediação, suprindo a lacuna existente em nossa legislação. O Projeto, após ser consolidado pelas propostas apresentadas pela Comissão de Juristas instituída pelo Ministério da Justiça e presidida pelo Ministro do Superior Tribunal de Justiça (STJ) Luiz Felipe Salomão, teve o texto aprovado e encaminhado à Câmara dos Deputados como Projeto de Lei nº 7169/2014. Em seguida houve a apresentação e análise de Emendas, e o texto foi aprovado pela Comissão de Constituição e de Justiça e de Cidadania da Câmera em 07.04.2015, retornando ao Senado para a votação final do marco legal da mediação. Ao final, o texto foi colocado em pauta do Plenário do Senado em caráter de urgência e aprovado no dia 02.06.2015, seguindo para a sanção Presidencial, que ocorreu em 26.06.2015, dando ensejo à publicação da Lei nº 13.140/15, em 29.06.2015.

Na subseção que aborda os mediadores extrajudiciais, o legislador previu que as partes poderão ser assistidas por advogados ou defensores públicos. A intenção do legislador é simples: garantir que haja um equilíbrio entre as partes e que elas tomem decisões de forma consciente, dispondo de informações quanto aos seus direitos e ao contexto fático no qual estão inseridas, atendendo-se, respectivamente, aos princípios da isonomia, previsto no art. 2º, da Lei 13.140/15 e ao da decisão informada, inserido no art. 166, *caput*, do CPC.

O mediador extrajudicial deve zelar pelo tratamento igualitário das partes, tanto no aspecto formal, ou seja, perante a lei, quando no material, concernente à vedação de atuar com atos de privilégio, vantagem ou qualquer outro comportamento específico que crie o desequilíbrio no relacionamento com as partes.

Por outro lado, o facilitador deve identificar e respeitar as diferentes caraterísticas das partes, promover igualitariamente a participação delas no processo autocompositivo e, ainda, perceber eventual vulnerabilidade de algum dos envolvidos que possa ser prejudicial, como, por exemplo, a ausência de advogado ou defensor público, sugerindo que a parte busque a devida assistência para a continuidade do procedimento.

Isso porque o processo de mediação envolve diversas etapas procedimentais e uma delas consiste em fornecer instruções e explicações no que constitui a mediação, quais são suas fases, os métodos de trabalho, as garantias e os benefícios, contribuindo para o devido empoderamento das partes.

O mediador pode ou não possuir formação jurídica, e, em caso negativo, isso não compromete a mediação, já que a prestação de informação quanto ao procedimento não se confunde com assessoria jurídica, referindo-se, na verdade, ao próprio processo autocompositivo.

De qualquer forma, não cabe ao mediador prestar assessoria jurídica, sob pena de comprometer a sua neutralidade, e, por conseguinte, ferir o princípio da imparcialidade, previsto no art. 2º, da Lei de Mediação e, também, no art. 166, *caput*, do CPC.

Assim, qualquer dúvida ou falta de informação das partes acerca de direitos e deveres deve ser solucionada por meio de advogado ou defensor público, profissionais habilitados para tal finalidade, devendo o mediador garantir que essa assistência jurídica seja prestada de modo presencial ou mesmo a distância.

6.1.2   A facultatividade sugerida pela lei

A utilização do verbo *"poderão"* no dispositivo legal tem causado grande polêmica no meio jurídico, principalmente por parte da classe dos advogados, havendo quem defenda, inclusive, a sua inconstitucionalidade.

Inicialmente, deve-se esclarecer que a atuação de mediadores extrajudiciais pode ocorrer em diversos ambientes, tanto no âmbito de instituições privadas, como as câmaras de mediação e plataformas *on-line* de solução de disputas, como dentro do próprio

Poder Judiciário, em sessões de mediação que são realizadas nos Cejuscs. Os Centros Judiciários de Solução de Conflitos e Cidadania ("Centros") têm como objetivo principal realizar as sessões de conciliação e mediação do tribunal, inclusive as pré-processuais, ou seja, quando ainda não houve distribuição para varas, sem prejuízo de poderem atuar também em demandas já distribuídas que sejam encaminhadas para os Centros, os quais servirão de apoio aos Juízos, Juizados e Varas na realização de mediações. Por esse motivo, o Centro é tratado como sendo o "corpo autocompositivo" do Tribunal.

E justamente pela abrangência da atuação dos mediadores extrajudiciais, iniciou-se um movimento, inclusive de alteração legislativa, para tornar obrigatória a participação de advogados ou defensores públicos nas mediações extrajudiciais.

Registre-se que nas mediações judiciais é obrigatória a presença de advogados ou defensores públicos, nos enfáticos termos do art. 334, §9º, do CPC e do art. 26 da Lei de Mediação[69].

Contudo, o art. 11, da Resolução 125/2010 do CNJ[70], também indica facultatividade da presença de advogados e defensores públicos perante os CEJUSCS, nos mesmos moldes da Lei de Mediação.

Essa diferenciação entre os procedimentos de mediação extrajudiciais e judiciais tem causado reações de parte da classe dos advogados, que entendem que a presença do advogado deveria ser obrigatória nas duas hipóteses, e que qualquer disposição legal em contrário seria inconstitucional.

Para os defensores dessa tese de inconstitucionalidade do dispositivo em comento, há clara violação ao disposto no art. 133, da Constituição Federal, segundo o qual o advogado é indispensável à administração da justiça, de modo que a sua participação em conciliações ou mediações deve ser obrigatória.

Com base nessa premissa, a OAB-SP já reclamara sobre o tema ao Conselho Nacional de Justiça, e ainda propôs ao Conselho Federal da Ordem dos Advogados do Brasil que ingressasse com Ação Direta de Inconstitucionalidade contra a falta de obrigatoriedade da presença dos advogados nos Cejuscs. Em fevereiro de 2020, foi ajuizada pelo Conselho Federal da OAB a ADI 6.324/DF (Min. Roberto Barroso), em que se requer que seja declarada a inconstitucionalidade do art. 11 da Resolução 125 do CNJ.

Argumenta-se que a utilização de métodos consensuais de solução de conflitos sem intervenção de advogado representaria uma afronta aos direitos fundamentais de acesso à justiça e ao devido processo legal, violando, ainda, o contraditório e a ampla

---

69. Art. 26. As partes deverão ser assistidas por advogados ou defensores públicos, ressalvadas as hipóteses previstas nas Leis nᵒˢ 9.099, de 26 de setembro de 1995, e 10.259, de 12 de julho de 2001.

Parágrafo único. Aos que comprovarem insuficiência de recursos será assegurada assistência pela Defensoria Pública.

70. Art. 11. Nos Centros poderão atuar membros do Ministério Público, defensores públicos, procuradores e/ou advogados.

defesa, cujos princípios são garantidos pela indispensabilidade enunciada no art. 133 da Constituição Federal.

Com esse mesmo entendimento, o Conselho Federal da OAB também apresentou pedido de providências ao Conselho Nacional de Justiça, para alteração do art. 11 da Resolução 125 do CNJ, no sentido de que houvesse expressa indicação da obrigatoriedade da participação dos advogados para assistirem as partes nas mediações e conciliações extrajudiciais, de modo a evitar injustiças, nulidades e ilegalidades em acordos firmados sem a participação de advogado.[71] Contudo, o pedido foi julgado improcedente e, na sequência, foi desprovido o recurso administrativo, por se considerar que o artigo 11 da Resolução CNJ 125/2010 está em conformidade com a legislação.

Ainda no campo legislativo, tramita no Senado o Projeto de Lei 5511/2016 (Projeto de Lei da Câmara 80 de 2018), de autoria do Deputado José Mentor, que prevê a obrigatoriedade da intervenção de advogado na solução consensual de conflito, o que incluiria a mediação extrajudicial. Aprovado em 28/09/2017 pela Comissão de Constituição e Justiça e de Cidadania da Câmara Federal, o projeto propõe uma alteração no art. 2º, § 4º, da Lei 8.906/94 (Estatuto da Advocacia), tornando obrigatória a participação do advogado na solução consensual de conflitos, tais como a conciliação e a mediação. Houve apresentação de nota técnica pelo CNJ, manifestando-se pela não aprovação do Projeto de Lei.

Outro argumento utilizado em favor dessa tese é o fato de que, se o Código de Processo Civil (art. 3º) e o Código de Ética da Advocacia (art. 2º, § 1º) estimulam a utilização pelos advogados de métodos não adversariais de resolução de disputas, a obrigatoriedade de sua presença nas mediações extrajudiciais seria essencial para resguardar os direitos de seus clientes, não podendo haver distinção dessa necessidade nas esferas judiciais e extrajudiciais, sob pena, ainda, de haver contradição com o próprio espírito da lei, que foi o de incentivar os profissionais do direto a conhecerem e a se valerem dos métodos consensuais de resolução de disputas.

Não nos parece, contudo, que a facultatividade da presença física dos advogados no procedimento de mediação extrajudicial seja inconstitucional. Trata-se, na verdade, de uma escolha justificável, diante das particularidades e dos princípios que informam esse método de resolução de conflitos.

Na medida em que a mediação, diferentemente de outros meios, preconiza o protagonismo das partes, alçando-as ao papel de verdadeiras autoras da solução consensual, é aceitável que se dispense a obrigatoriedade da presença dos advogados às sessões. Tanto é assim que a mesma condição se verifica em outros ordenamentos jurídicos, como nos Estados Unidos, onde o *Uniform Mediation Act* de 2003 prevê que o advogado "pode"

---

71. Notícia veiculada pelo CONIMA em maio de 2017. Cf.: http://www.conima.org.br/arquivos/15933.

acompanhar a parte na mediação[72], e em Portugal, cuja Lei de Mediação (n° 29/2013) estabelece a possibilidade de participação dos advogados.[73]

E mais: a opção legislativa, em relação à mediação extrajudicial, não foi somente a de afastar a obrigatoriedade da participação dos advogados na sessão de mediação, como ainda a de tornar despiciendo que o termo de acordo eventualmente obtido seja assinado por tais profissionais. À primeira vista, portanto, a lei torna legítima a realização de uma mediação sem nenhum tipo de intervenção de advogados.

Importante esclarecer que não é o fato de não haver julgamento que autoriza a ausência de advogado na mediação extrajudicial, mas sim a natureza e as características desse meio de resolução de conflitos que faz com que a assistência das partes pelos advogados não seja obrigatória e nem inconstitucional.

Aliás, a questão da dispensabilidade de advogado por leis infraconstitucionais já foi alvo de análise pelo Supremo Tribunal Federal, tendo a Corte concluído ser a imprescindibilidade do advogado relativa, podendo ser afastada pela lei, como ocorreu nas hipóteses dos Juizados Especiais, na Justiça de Paz e na Justiça do Trabalho.[74]

No referido julgamento, que envolveu a análise da constitucionalidade do art. 10 da Lei n° 10.259/2001 (dispõe sobre a dispensabilidade dos advogados nas causas cíveis dos Juizados Especiais Federais), os fundamentos para afastar a ofensa à Constituição foram os fatos de que a norma (a) constitui exceção à indispensabilidade de advogado legitimamente estabelecida em lei; e (b) tem por finalidade efetivamente ampliar o acesso à justiça.

Transpondo os referidos argumentos para o art. 10 da Lei de Mediação, tem-se que seriam perfeitamente aplicáveis. Note-se que a Lei não veda a constituição ou a assistência de advogado, o que seria inconstitucional, mas apenas faculta a sua participação, ampliando, assim, as possibilidades de solução consensual de conflitos pelas partes.

A mesma situação ocorre com o art. 21, § 3°, da Lei de Arbitragem (Lei 9.307/96, alterada pela Lei 13.129/2015), que também prevê a facultatividade da representação das partes por advogado no procedimento arbitral. Embora haja vozes que defendam a inconstitucionalidade do dispositivo por ser o procedimento arbitral também um

---

72. "SECTION 10. PARTICIPATION IN MEDIATION. An attorney or other individual designated by a party may accompany the party to and participate in a mediation." Disponível em http://www.uniformlaws.org/shared/docs/mediation/uma_final_03.pdf, com último acesso em 14 dez. 2007.

73. "Art. 18 Presença das partes, de advogado e de outros técnicos nas sessões de mediação:

1 – As partes podem comparecer pessoalmente ou fazer-se representar nas sessões de mediação, podendo ser acompanhadas por advogados, advogados estagiários ou solicitadores.

2 – As partes podem ainda fazer-se acompanhar por outros técnicos cuja presença considerem necessária ao bom desenvolvimento do procedimento de mediação, desde que a tal não se oponha a outra parte.

3 – Todos os intervenientes no procedimento de mediação ficam sujeitos ao princípio da confidencialidade.". Disponível em: http://www.pgdlisboa.pt/leis/lei_mostra_articulado.php?nid=1907&tabela=leis, com último acesso em 14 dez. 2007.

74. Conferir teor da ADI 3.168/DF.

meio de distribuição de justiça, produzindo sentença que se equipararia à sentença judicial, e, portanto, tornando imprescindível a presença de advogado, não há notícias de declaração de inconstitucionalidade de lei ou de nulidade de sentenças arbitrais por falta de representação das partes por advogado.

Não obstante, na ADI 1.539 -7/UF que analisou a constitucionalidade do art. 9º, da Lei nº 9.099/95 (Lei dos Juizados Especiais) que faculta a presença de advogado na hipótese ali prevista, chamou-se a atenção para a parte final do art. 133, da Constituição Federal[75], que diz que deve ser aplicado "nos limites da lei".[76]

Portanto, conclui-se que não há qualquer inconstitucionalidade no art. 10, da Lei de Mediação.

Registre-se que, em novembro de 2018, o plenário do Conselho Nacional de Justiça – CNJ se pronunciou sobre a temática, e, por maioria, manteve a decisão de não tornar obrigatória a presença de advogados e defensores públicos em mediações e conciliações conduzidas nos Centros Judiciários de Solução de Conflitos e Cidadania (Cejuscs). A questão foi discutida em julgamento de recurso administrativo apresentado pela OAB. Com isso, consolida-se a orientação de que os métodos consensuais de conflitos devem ser conduzidos de forma menos burocrática e com maior agilidade, conferindo às próprias partes a autonomia necessária na busca de soluções para as suas disputas.

Para arrematar a controvérsia, em agosto de 2023, o STF julgou a referida ADIn 6.324[77] e validou norma do CNJ que dispensa advogados, entendendo pela constitucionalidade da previsão de facultatividade de representação de advogado ou defensor público nos Cejuscs.

6.1.3 *A importância da participação dos advogados e defensores públicos*

Conquanto haja quem defenda que o comparecimento dos causídicos seria pernicioso à mediação, pelo suposto fato de o discurso jurídico prejudicar o emponderamento dos mediandos[78], parece-nos, ao contrário, que a sua atuação pode ser valiosa – desde que se trate de profissionais que conheçam o método, saibam como contribuir para o seu proveito e que estejam dispostos a agir de forma colaborativa, estremada do paradigma adversarial.

---

75. Art. 133. O advogado é indispensável à administração da justiça, sendo inviolável por seus atos e manifestações no exercício da profissão, nos limites da lei.

76. Voto do Ministro Maurício Corrêa (Relator): "A lei estabeleceu, de forma legítima e com total pertinência, exceção ao postulado da imprescindibilidade do advogado para a administração da justiça, aliás, como autoriza a parte final do próprio artigo 133 da Carta Federal". Ementário nº 2135-3, publicado no D.J. 05.12.2003, pg. 405.

77. Disponível em: Supremo Tribunal Federal (stf.jus.br). Acesso em: 3 set. 2023.

78. MEIRELLES, Delton Ricardo Soares; e MARQUES, Giselle Picorelli Yacoub. In HALE, Durval; PINHO, Humberto Bernardina de; e CABRAL, Tricia Navarrro Xavier (Coord.). *O marco legal da mediação no Brasil*. São Paulo: Atlas, 2016, p. 117.

Advogados bem-preparados podem, por exemplo, ajudar a identificar interesses e necessidades, aventar soluções de benefício mútuo e auxiliar na eleição da melhor alternativa para o seu cliente. A sua presença pode, ainda, ajudar a conter a carga emocional a que normalmente está sujeita a parte[79], permitindo-lhe enxergar a situação de forma mais objetiva e racional. Por fim, a atuação do advogado é capaz de proporcionar um maior equilíbrio entre as partes nas negociações, inibindo a imposição de decisões de uma à outra, por conta de suas diferenças de estilo[80] ou de capacidade argumentativa.

De todo modo, ainda que não se conte com as vantagens da presença física dos advogados às sessões, é certo que a prestação de assessoria jurídica aos mediandos é bastante recomendável, senão imprescindível.

Não se pode correr o risco de realizarem-se avenças inexequíveis, ou mesmo temerárias, nas quais os participantes disponham de direitos de que não sabiam sequer ser titulares. Em outras palavras, para que a vontade manifestada pelas partes em determinado acordo seja verdadeiramente livre e consciente, é preciso que tenham pleno conhecimento dos seus próprios direitos.

A importância de assessoria aos mediandos em matéria jurídica é corolário do que se convencionou chamar de "princípio da decisão informada", a que se refere o art. 166 do Código de Processo Civil, que enuncia os princípios da mediação. As partes devem ter amplo conhecimento acerca do método ao qual irão se submeter, do contexto fático da controvérsia e dos seus direitos materiais na hipótese em discussão.[81] Desse modo, podem tomar decisões conscientes quanto a submeterem-se ou não ao procedimento, e quanto à conveniência de firmarem ou não um eventual acordo para pôr fim ao litígio.

Ainda que as informações sobre as características do procedimento possam ser prestadas pelo mediador, e o contexto fático seja conhecido, melhor do que ninguém, pelas próprias partes, os parâmetros jurídicos não podem ser fornecidos senão pelos advogados.

Não por outro motivo, a doutrina tem defendido o acompanhamento desses profissionais mesmo no caso da mediação extrajudicial, porquanto as partes "emitirão

---

79. "A presença dos advogados nas sessões de mediação pode ser muito útil e em alguns casos é fundamental. É ele que garante a seu cliente estar fazendo as melhores opções dentro do que possa ser exequível juridicamente. Por não estar emocionalmente envolvido no caso, o advogado também pode servir como um bastião para a checagem de realidade do cliente, que já lhe deposita confiança. Além disso, o advogado é de grande importância na escolha do melhor mediador para o caso." ASSMAR, Gabriela; e PINHO, Débora. Mediação privada – um mercado em formação no Brasil. In: ZANETI JR., Hermes; e CABRAL, Tricia Navarro Xavier (Coord.). *Justiça Multiportas*: mediação, conciliação, arbitragem e outros meios adequados de solução de conflitos. (Grandes Temas do Novo CPC. Vol. 9). 2ª ed. Salvador: JusPodivm, 2018, p. 618.

80. ALMEIDA, Diogo Assumpção Rezende de; PAIVA, Fernanda. Dinâmica da Mediação: Atores. In ALMEIDA, Tania; PELAJO, Samantha; e JONATHAN, Eva. *Mediação de Conflitos: para iniciantes, praticantes e docentes.* Salvador: JusPodivm, 2016, p. 264.

81. Art. 1º, inciso II, do Código de Ética para Mediadores e Conciliadores, anexo à Resolução nº 125/2010, CNJ.

vontades e firmarão compromissos com consequências jurídicas", conforme explicam Rodrigo Mazzei e Bárbara Chagas.[82]

A função informativa exercida pelos advogados envolve também a orientação sobre seus direitos e garantias fundamentais em relação ao próprio procedimento. E a assessoria pode ser útil desde a fase prévia à instauração da mediação, para auxílio na escolha do mediador privado.[83]

Reputa-se conveniente, por derradeiro, que o termo final de acordo seja subscrito pelos advogados das partes, se estas desejarem que constitua título executivo extrajudicial.

Como se depreende do art. 784 do Código de Processo Civil, no caso da mediação privada, não basta que o instrumento de transação seja assinado pelo mediador e pelas partes para que constitua título executivo extrajudicial – na medida em que a lei somente atribui essa natureza ao acordo referendado por mediador credenciado no tribunal.

Assim, para a formação de um título executivo a partir de um acordo alcançado na mediação extrajudicial, são necessárias, alternativamente, as assinaturas de duas testemunhas ou dos advogados dos transatores (incisos III e IV do art. 784). Em nosso entender, deve-se privilegiar que sejam os advogados a firmar o termo, em vez das testemunhas, a fim de garantir a revisão do documento, inclusive para verificar o cumprimento dos demais requisitos de um título executivo.

Nesse exato sentido, por exemplo, o Regulamento da Câmara de Mediação do Conselho Nacional das Instituições de Mediação e Arbitragem – CONIMA, estatui em seu art. 20 que os acordos obtidos na mediação "podem ser informais ou constituírem-se títulos executivos extrajudiciais", caso em que devem incorporar a assinatura de duas testemunhas, "preferencialmente os advogados das partes".

6.1.4 A necessidade de equilíbrio no procedimento

É de se notar que, no parágrafo único do art. 10, a Lei de Mediação estabelece que, comparecendo uma das partes acompanhada de advogado ou defensor público, o mediador deverá suspender o procedimento, até que todas estejam devidamente assistidas.

A norma concretiza o princípio da isonomia, de matiz constitucional[84], sendo certo que pressupõe não apenas a igualdade das partes perante a lei, chamada "isonomia formal", mas também a proibição de distinções fundadas nas particularidades dos indivíduos, dita "isonomia material". Assim, a adequada promoção desta garantia fundamental impõe que

---

82. MAZZEI, Rodrigo; CHAGAS, Bárbara Seccato Ruis. Breve ensaio sobre a postura dos atores processuais em relação aos métodos adequados de resolução de conflitos. In: ZANETI JR., Hermes; e CABRAL, Tricia Navarro Xavier (Coord.). *Justiça Multiportas*: mediação, conciliação, arbitragem e outros meios adequados de solução de conflitos. (Grandes Temas do Novo CPC. Vol. 9). 2ª ed. Salvador: ed. JusPODIVM, 2018, p. 80.

83. ALMEIDA, Tania. Mediação e Conciliação: dois paradigmas distintos, duas práticas diversas. In: CASELLA, Paulo Borba; SOUZA, Luciane Moessa de (coord.). *Mediação de Conflitos: novo paradigma de acesso à justiça*. Belo Horizonte: ed. Forum, 2009, p. 100.

84. Art 5º, *caput* e inciso I, e art. 7º, incisos XXX e XXXI, da Constituição Federal.

os desiguais sejam tratados de forma diferenciada, na exata medida em que se distinguem dos demais, justamente a fim de preservar a equiparação mútua.[85]

Na mediação, o acolhimento desse princípio significa que o mediador deve cuidar de prover iguais oportunidades de manifestação e escuta, além de condições equânimes para avaliação de eventuais ofertas de acordo.

Ora, é certo que a representação de apenas uma das partes por advogado implica um grave desequilíbrio de poderes e de informações, que não pode ser suprido pelo mediador, sob pena de comprometer a sua isenção, como já mencionado. Daí porque a lei veda o prosseguimento da mediação caso apenas uma das partes esteja acompanhada por advogado ou defensor público, até que a outra também o providencie.

O princípio da isonomia impõe, ainda, que o mediador oriente as partes a buscarem um advogado sempre que constatar a sua hipossuficiência técnica ou jurídica.

7. DIFERENTES INTERSEÇÕES DA MEDIAÇÃO[86]

7.1 Mediação comunitária

Conforme já visto, a mediação é mais conhecida como um método de tratamento de conflitos que se ampara no auxílio de um terceiro imparcial para abrir um canal de comunicação entre os envolvidos. Porém, diante da complexidade das relações sociais e entrelaçamento – coexistente com o isolamento – de diversas comunidades, faz-se possível a compreensão da mediação como mais do que uma ferramenta individual, podendo ser alçada ao patamar de princípio[87].

A ideia da mediação como um princípio é recente e eleva o modelo de diálogo e consenso para mais do que uma prática, tornando-o uma política pública ou um modo de vida[88]. Passa-se a encarar a mediação como algo permanente, que deve sempre ser perseguido, na medida em que privilegia a autonomia da vontade dos sujeitos, a consensualidade, o diálogo e a elaboração de alternativas sob medida para cada relação.

Esse preceito certamente é positivo para indivíduos que desejem manter relacionamentos saudáveis. Porém, é ainda mais fundamental ao se tratar de comunidades que precisam gerenciar conflitos advindos de diferentes sujeitos, unidos por uma mesma

---

85. BARBOSA, Rui. *Oração aos Moços* (edição popular anotada por Adriano da Gama Kury), 5ª ed. Rio de Janeiro: Casa de Rui Barbosa, 1999. Disponível na *Internet* em www.casaruibarbosa.gov.br, com último acesso em 13 dez. 2017: "A regra da igualdade não consiste senão em quinhoar desigualmente aos desiguais, na medida em que se desigualam. Nesta desigualdade social, proporcionada à desigualdade natural, é que se acha a verdadeira lei da igualdade. O mais são desvarios da inveja, do orgulho, ou da loucura. Tratar com desigualdade a iguais, ou a desiguais com igualdade, seria desigualdade flagrante, e não igualdade real."
86. O presente tópico foi escrito em coautoria com a Anaís Matos Torres, orientanda do PPGDIR da UFES.
87. BARBOSA, Águida Arruda. Mediação Familiar: Uma Cultura de Paz. In: *Revista da Faculdade de Direito de São Bernardo do Campo*, v. 10, 2004.
88. BARBOSA, Águida Arruda. A prática da dignidade da pessoa humana: mediação interdisciplinar. In: *Revista da Faculdade de Direito de São Bernardo do Campo*, v. 11, 2005.

cultura local, mas que possuem histórias, perspectivas e valores únicos, que constantemente colidem com as subjetividades de seus conterrâneos.

Os conflitos são parcela indissociável da experiência humana, sendo fundamentais para possibilitar crescimento e operar transformações. E, muitas vezes, tais dissensos ocorrem entre coletividades ou, ainda que sejam individuais, sua ocorrência afeta a comunidade onde se inserem[89]. É nesse contexto que se desenvolve a ideia da mediação comunitária, uma prática que promove o consenso e coloca os sujeitos e seus conviventes no centro da própria narrativa, fornecendo ferramentas para que os sujeitos possam decidir acerca de suas próprias vidas[90].

Os programas de mediação comunitária constituem, especialmente e preferencialmente, na atuação de sujeitos integrantes da própria comunidade, que realizam a mediação e a gestão de conflitos[91]. Aqui não se trata de o mediador aplicar a legislação estatal, mas auxiliar as partes a dialogarem, oferecendo-lhes informações e técnicas, sem olvidar das características específicas daquele local.

Por mais que os projetos de mediação comunitária possam ter diferentes características, o engajamento da comunidade é imperativo, sendo positiva a incorporação de pessoas pertencentes à região, que confiram legitimidade ao projeto e que conheçam as características específicas daquele local. Assim, seria possível conduzir autocomposições partindo de parâmetros similares e munidos de confiança dos mediandos.

Destaca-se, todavia, que a adoção de um projeto de mediação comunitária, idealmente, não se limita à condução de mediações, mas busca instaurar uma cultura do consenso e educar os sujeitos a uma comunicação mais eficiente e a uma organização para buscar os objetivos da comunidade enquanto unidade, podendo ser incorporadas ferramentas da mediação interdisciplinar ou aplicada em conjunto com a mediação escolar.

Cabe ressaltar que, por mais que tais objetivos sejam interessantes para qualquer comunidade, eles tomam um contorno mais intenso ao se tratar de locais em que o Estado possui dificuldade em adentrar ou que sua presença não seja percebida de forma positiva pelos moradores[92].

A própria ideia de substitutividade da jurisdição pressupõe que a lei se sobrepuja às vontades individuais a fim de manter uma convivência harmônica. Porém, há diversas

---

89. ALMEIDA, Guilherme Assis de. Mediação e o Reconhecimento da Pessoa. In: CHAI, Cássius Guimarães (Org.). *Mediação comunitária*. São Luís: Procuradoria Geral de Justiça do Estado do Maranhão. Jornal da Justiça/Cultura, Direito e Sociedade (DGP/CNPq/UFMA).

90. LADIM, Francisco Edson de Sousa; GONDIM, Líllian Virgínia Carneiro. Mediação Comunitária e a Justiça Humana: um elo efetivo da cultura de paz. In: CHAI, Cássius Guimarães (Org.). *Comunitária*. São Luís: Procuradoria Geral de Justiça do Estado do Maranhão/Jornal da Justiça/Cultura, Direito e Sociedade (DGP/CNPq/UFMA).

91. BERTASO, J. M.; PRADO, K. S. do. Aspectos de Mediação Comunitária, Cidadania e Democracia. *Novos Estudos Jurídicos*, Itajaí (SC), v. 22, n. 1, p. 50–74, 2017. DOI: 10.14210/nej.v22n1.p50-74. Disponível em: <https://periodicos.univali.br/index.php/nej/article/view/10632>. Acesso em: 09 ago. 2023.

92. NASCIMENTO, Vanessa do Carmo. Mediação comunitária como meio de efetivação da democracia participativa. In *Âmbito Jurídico*. Disponível em: <https://www.ces.uc.pt/ficheiros2/files/miguel%20reale%203.pdf>. Acesso em: 10 ago. 2023.

comunidades que criam um sistema de regras internas, por vezes, baseadas em costumes, que é desconhecido pelo Estado. Por outro lado, há outros conjuntos de pessoas que não confiam na Justiça estatal para solucionar suas questões, seja por se sentirem abandonadas ou até mesmo agredidas pela ideia repressiva ligada ao Poder Público. Nesses locais, ainda que a Administração queira iniciar políticas públicas, a desconfiança pode ser uma barreira quase intransponível caso não sejam adotados mecanismos que legitimem o funcionamento daquela sociedade e que concedam empoderamento aos administrados na gestão de seus próprios conflitos.

Nesses locais, a implementação da mediação comunitária é uma política que permite, ao mesmo tempo, a ocupação do território pelo Estado, com a implementação de seus regramentos, e a inclusão daquela população em políticas públicas das mais diversas espécies, que lhe forneça maior qualidade de vida – aqui, fala-se em saneamento, educação, saúde etc.

Em teoria, parece uma espécie de ação ganha-ganha. Porém, se conduzida de forma descuidada pode gerar resultados negativos. Por exemplo, a insegurança inicial dos moradores de uma comunidade socialmente isolada pode resultar no emprego de força estatal, o que pode gerar a ideia de necessidade de isolamento cada vez maior a fim de proteger a integridade daqueles moradores.

A mediação comunitária é um método interessante que pode ser fundamental, em um momento inicial, para o ingresso do Estado em uma sociedade isolada e, posteriormente, para o florescimento daquela comunidade, que possui ferramentas para se organizar em prol de suas necessidades e interesses[93].

As ideias que permeiam iniciativas de mediação comunitária podem parecer, por vezes, abstratas. E as são. Na verdade, é necessário que as características das comunidades sejam consideradas, de modo viabilizar um ambiente de segurança e que esteja apto a tratar e prevenir conflitos[94]. Isso pode representar apenas formar e disponibilizar um mediador local para auxiliar no tratamento de conflitos individuais. Assim como pode constituir um projeto amplo em que se visa impactar a cultura local e a forma como a comunidade encara os conflitos, abarcando, inclusive, a mediação escolar e a mediação interdisciplinar.

7.2 Mediação escolar

As escolas são grandes responsáveis pelo crescimento e amadurecimento das crianças e adolescentes. Isso se deve, especialmente, ao conflito[95]. O embate de ideias

---

93. SALES, Lília Maia de Moraes. *A mediação comunitária*: instrumento de democratização da justiça. Disponível em: <https://ojs.unifor.br/rpen/article/view/714/1589>. Acesso em: 12 ago. 2023.
94. CAMPOS, Tatiana Rached. A Mediação de Conflitos nos Centros de Integração da Cidadania. In: CHAI, Cássius Guimarães (Org.). *Mediação Comunitária*. São Luís: Procuradoria Geral de Justiça do Estado do Maranhão. Jornal da Justiça/Cultura, Direito e Sociedade (DGP/CNPq/UFMA).
95. MORGADO, Catarina; OLIVEIRA, Isabel. Mediação em contexto escolar: transformar o conflito em oportunidade. In *Revista Exedra*, n. 1, 2009, p. 43-56.

é um ponto central do amadurecimento, que envolve construir um novo horizonte de possibilidades, apresentando ao estudante um novo universo de informações – científicas, artísticas, sociais ou relacionais. As pessoas em idade escolar estão em uma fase crucial e desafiadora, na qual estão formando suas identidades, consolidando seus valores, testando seus limites e desenhando suas perspectivas.

Diz-se que houve uma época em que somente tinham acesso à educação aqueles que tinham parâmetros e vivências similares[96]. Mesmo nessa época não era possível evitar desavenças. Atualmente, por mais que haja separação entre públicas e particulares, as escolas são ambientes de diversidade, em que alunos e atores educacionais precisam conviver com a diferença[97]. Especialmente no atual contexto social, em que a inclusão é um objetivo positivado em diplomas legais, como ocorre no Estatuto da Pessoa com Deficiência em seu art. 27[98].

É cediço que a exposição a pessoas, ideias e práticas diversas é positivo para crianças e adolescentes. Ocorre que essa exata exposição é a responsável por gerar diversos conflitos, que precisam ser tratados de forma adequada pelas escolas, sob pena de impactar negativamente o modo como esses estudantes moldam suas personalidades e gerenciam suas desavenças, podendo, em casos extremos, resultar em violência escolar.

As escolas são ambientes intrinsecamente conflituosos e a violência é um sintoma de uma gestão inadequada de conflitos[99]. A onda de violência identificada no Brasil nos últimos anos pode se relacionar com a dificuldade em lidar com os conflitos rotineiros, que, ao se repetirem diversas vezes, sem que haja um encaminhamento satisfatório, podem escalar a um ponto em que se começa a falar até mesmo sobre a incorporação de policiais dentro das escolas.

A mediação escolar surge como uma possibilidade de mitigar os efeitos deletérios dos conflitos, na medida em que busca criar um ambiente de segurança e de diálogo, em que os alunos possam expor suas questões e, com o auxílio dos programas desenvolvidos pela escola, manter relacionamentos cordiais, evitando práticas nocivas, como o *bullying*.

Assim como se expôs acerca da mediação comunitária, a mediação escolar pode ser desenvolvida de diversas formas, podendo contar com formação em mediação para coordenadores, professores e até mesmo alunos específicos. Esses sujeitos seriam

---

96. CHRISPINO, Álvaro. Gestão do conflito escolar: da classificação dos conflitos aos modelos de mediação. In: *Ensaio*: Avaliação e Políticas Públicas em Educação. Rio de Janeiro, v.15, n.54, p. 11-28, jan./mar. 2007.

97. ROCHA, Maria Fernanda Jorge; BITTAR, Marisa; LOPES, Roseli Esquerdo. O Professor Mediador Escolar e Comunitário: uma Prática em Construção. In: *Revista Eletrônica de Educação*, v. 10, n. 3, p. 341-353, 2016.

98. Art. 27. A educação constitui direito da pessoa com deficiência, assegurados sistema educacional inclusivo em todos os níveis e aprendizado ao longo de toda a vida, de forma a alcançar o máximo desenvolvimento possível de seus talentos e habilidades físicas, sensoriais, intelectuais e sociais, segundo suas características, interesses e necessidades de aprendizagem.

99. CHRISPINO, Álvaro. Gestão do conflito escolar: da classificação dos conflitos aos modelos de mediação. In *Ensaio*: Avaliação e Políticas Públicas em Educação Rio de Janeiro, v. 15, n.54, p. 11-28, jan./mar. 2007.

responsáveis por facilitar o diálogo quando surgisse um conflito dentro do ambiente escolar[100].

Tais métodos já foram adotados em alguns projetos desenvolvidos no Brasil, com destaque para práticas desempenhadas em São Paulo, Brasília e Vitória[101]. Cada projeto possui características específicas e decidiu por adequar a abordagem aos recursos disponíveis e às necessidades de cada localidade. Um projeto dificilmente será idêntico ao outro, mas todos buscam os ideais de instaurar a ideia de mediação enquanto princípio.

Assim, a extensão da mediação escolar não se limita à formação de mediadores, podendo envolver o desenvolvimento de programas de preparação dos alunos para compreender e para lidar com o conflito[102]. O ensino de técnicas de comunicação eficiente pode ser aproveitado pelas mais diversas idades, com as devidas adaptações. A ideia é a criação de um ambiente seguro, em que os estudantes possam se expressar, desentender-se e, ainda assim, manter um relacionamento de respeito mútuo.

É possível, ainda, verificar projetos de mediação escolar em que o objetivo a longo prazo é iniciar uma mudança na comunidade em que a escola se insere, abrangendo as famílias dos estudantes e gerando um impacto cada vez maior. A interseção da mediação escolar com a comunitária não é excludente e, na realidade, pode ser muito proveitosa, pois buscam objetivos similares.

Um projeto iniciado em uma comunidade pode se beneficiar muito do ensino de tratamento de conflitos a novas gerações. Assim como um projeto deflagrado em uma escola pode se alastrar para toda uma comunidade[103]. Em verdade, as iniciativas sociais que envolvem a mediação de conflitos são complementares e podem, eventualmente, ser encaradas como uma política pública, a fim de fornecer ferramentas de tratamento de conflitos a cada vez mais sujeitos, buscando-se, assim, a perseguição de uma sociedade nos moldes daquela idealizada pela Constituição.

7.3 Mediação e interdisciplinariedade

A adoção da mediação enquanto método de tratamento de conflito é a forma mais comum de se encontrar referência a essa ferramenta. Porém, a aplicação das técnicas de mediação pelo terceiro imparcial pode ser aliada a diversos conhecimentos e a diferentes práticas que contribuam para a melhor gestão do conflito[104].

---

100. CAMPOS, Adriana Pereira, PERES, Silvia Dutary. Mediação Escolar como Caminho para a Desjudicialização: Potencialidades. In: *Revista Argumentum*. Marília/SP, v. 19, N. 3, p. 823-844, set.-dez. 2018.

101. CAMPOS, Adriana Pereira, PERES, Silvia Dutary. Mediação Escolar como Caminho para a Desjudicialização: Potencialidades. In: *Revista Argumentum*. Marília/SP, v. 19, N. 3, p. 823-844, set.-dez. 2018.

102. ROCHA, Maria Fernanda Jorge; BITTAR, Marisa; LOPES, Roseli Esquerdo. O Professor Mediador Escolar e Comunitário: uma Prática em Construção. In: *Revista Eletrônica de Educação*, v. 10, n. 3, p. 341-353, 2016.

103. MORGADO, Catarina; OLIVEIRA, Isabel. Mediação em contexto escolar: transformar o conflito em oportunidade. In: *Revista Exedra*, n. 1, 2009, p. 43-56.

104. GROENINGA, Giselle Câmara. A contribuição da mediação interdisciplinar: um novo paradigma: para a conciliação. *Revista do Tribunal Regional do Trabalho da 2ª Região*, São Paulo, SP, n. 8, p. 63-70, 2011. Disponível em: <https://hdl.handle.net/20.500.12178/78840>. Acesso em: 18 ago. 2023.

Uma aplicação relativamente conhecida da mediação interdisciplinar é nos casos de família, nos quais, por vezes, não é suficiente criar um ambiente favorável à comunicação[105]. Em casos de relacionamentos tão próximos e com tendência à continuidade, o auxílio de profissionais da psicologia, assistência social, ou saúde pode ser fundamental.

A vida humana é altamente complexa, sendo impossível desassociar uma pessoa de seu trabalho, família, ocupações, condições de saúde, aspirações, entre tantas outras questões[106]. Assim, considerando a complexidade humana, seria difícil afirmar que um simples mediador fosse suficiente para resolver todos os problemas dos mediandos. Em verdade, tanto seria impossível acabar com todos os problemas de um ser humano, quanto não é sequer o objetivo da mediação resolvê-los.

O que se busca no processo de mediação é o esclarecimento e compreensão de questões. E, muitas vezes, os mediandos precisam do auxílio de profissionais de outros ramos[107]. Seja para obter meios de lidar com um período de luto, para compreender as necessidades de uma criança com deficiência, para se adaptar a novas condições de saúde ou mesmo a uma alteração drástica na situação financeira.

São diversas as possibilidades de interseção da mediação com outros ramos e, pode-se considerar que a legislação nacional já nasceu abrindo espaço para a interdisciplinaridade da mediação. Ao permitir que os mediadores judiciais tenham qualquer formação, a Lei de Mediação, em seu art. 11[108], viabiliza a interdisciplinaridade e a melhor adequação do profissional ao conflito em voga[109]. Ademais, a interdisciplinaridade consta no currículo do próprio curso de mediadores e conciliadores, nos termos do Anexo I da Resolução 125/2010 do CNJ.

Apesar de ser possível a interseção da mediação com qualquer ramo que sofra consequências da conflituosidade, algumas áreas merecem destaque, diante de sua influência nas interações humanas.

---

105. BARROS, Juliana Maria Polloni de. Mediação Familiar: Diálogo Interdisciplinar. 2013. Tese (Doutorado em Serviço Social). Universidade Estadual Paulista. Faculdade de Ciências Humanas e Sociais. Franca.

106. BARBOSA, Águida Arruda. Formação do mediador familiar interdisciplinar. *VIII Congresso IBDFAM*, 2012. Disponível em: <https://core.ac.uk/download/pdf/234556295.pdf>. Acesso em: 12 ago. 2023.

107. RODRIGUES, Danuza Oliveira et al. A Interdisciplinaridade na Mediação Extrajudicial. I Seminário Internacional de Mediação de Conflitos e Justiça Restaurativa. Santa Cruz do Sul: Unisc, 2013. Disponível em: <https://online.unisc.br/acadnet/anais/index.php/mediacao_e_jr/article/view/10875>. Acesso em: 18 ago. 2023.

108. Art. 11. Poderá atuar como mediador judicial a pessoa capaz, graduada há pelo menos dois anos em curso de ensino superior de instituição reconhecida pelo Ministério da Educação e que tenha obtido capacitação em escola ou instituição de formação de mediadores, reconhecida pela Escola Nacional de Formação e Aperfeiçoamento de Magistrados – Enfam ou pelos tribunais, observados os requisitos mínimos estabelecidos pelo Conselho Nacional de Justiça em conjunto com o Ministério da Justiça.

109. NASCIMENTO, Eliana Freire do. A Complexidade e as Transformações das Relações Intersubjetivas: Contribuições da Mediação Interdisciplinar. In *Revista de Direito e Desenvolvimento da UNICATÓLICA*; v. 1, n. 1, p. 08-12, jul.-dez. 2018.

7.3.1 Sociologia e a mediação

Para a sociologia, o conflito nasce do antagonismo entre atores individuais ou coletivos, sendo o tema central de análise, a interação dos indivíduos, do conflito e da sociedade que os permeia[110]. É inegável que o ambiente social contribui para a forma como os sujeitos lidam com o conflito. Há, inclusive, comunidades em que a autocomposição é amplamente estimulada, como é o caso da cultura japonesa, que presa pelo tratamento dos conflitos a partir de soluções consensuais[111].

É certo que o contexto em que os sujeitos estão envolvidos influi na forma de condução do conflito, sendo fundamental considerar a análise sociológica na gestão do dissenso para adotar um caminho coerente com as experiências dos mediados e que possa levá-los a um local de diálogo e abertura. Deve-se considerar diferenças culturais, costumes locais e experiências sociais dos mediandos, visando compreender todo o cenário para se obter uma visão mais completa e mais complexa sobre a circunstância. A adoção de uma visão holística possibilita considerar os fatores que permeiam os envolvidos e encaminhar a mediação de forma produtiva.

7.3.2 Psicologia e a mediação

Noutra perspectiva, a psicologia também levanta uma visão do conflito por outras lentes ao evidenciar a subjetividade dos envolvidos, seus pensamentos e emoções[112]. Na medida em que uma visão antropológica considera o contexto, a psicologia se atenta aos indivíduos, o que pode auxiliar a identificar barreiras de percepção, de comunicação, ou mesmo barreiras emocionais.

Por vezes, quando pessoas estão envolvidas em uma situação conflituosa, encontram dificuldade até mesmo em identificar suas questões internas que contribuem para aquele conflito ou que deflagram dele. A presença de um mediador que esteja apto a iluminar e encaminhar essas questões é deveras positiva para os mediandos. Isso possibilita o endereçamento de mais do que as simples posições dos sujeitos, mas o encaminhamento de questões mais profundas, que podem ser o cerne da controvérsia.

7.3.3 Antropologia e a mediação

A antropologia possui uma perspectiva mais centralizada na cultura em que os sujeitos estão inseridos. Aqui, por mais que ambos tenham identidades socioculturais semelhantes ou completamente diversas, a forma de categorização interna ou as

---

110. LACERDA, Mariana Domingos; SOUZA, Ingred Tahiane Queiroz et al. Psicologia jurídica na resolução de conflitos. Revista Jus Navigandi, ISSN 1518-4862, Teresina, ano 23, n. 5351, 24 fev. 2018. Disponível em: <https://jus.com.br/artigos/64346>. Acesso em: 18 ago. 2023.

111. WATANABE, Kazuo. Modalidade de Mediação. In Série Cadernos do CEJ, 22. Seminário Mediação: Um Projeto Inovador. Disponível em: <https://old.tjap.jus.br/portal/images/stories/CURSO_MEDIACAO/Texto_-_Modalidade_de_mediao_-_Kazuo_Watanabe.pdf>. Acesso em 19 ago. 2023.

112. FIORELLI, José Osmir; MANGINI, Rosana Cathya Ragazzoni. *Psicología jurídica*. São Paulo: Atlas, 2015.

diferenças externas podem contribuir para ações discriminatórias e potencializadoras de conflitos, geradas pela dificuldade do ser humano em ligar com o que é visto como diferente dele – ainda que sejam provenientes de um mesmo país ou região, pois, mesmo na mesma comunidade, é desempenhada categorização de diferentes parcelas sociais[113].

Aqui a ideia de separação da pessoa do problema[114] é fundamental, cabendo ao mediador – por vezes – iluminar a possibilidade de questões relacionadas ao embate de grupos culturais, para viabilizar uma visão mais clara da situação. Destaca-se que, por mais que sejam conterrâneos, os mediandos frequentemente pertencem a categorias econômicas, grupo sociais e famílias diversas.

Na perspectiva antropológica, cabe ao mediador manter a escuta ativa, compreendendo que as vivências dos sujeitos em sessão não se equiparam às suas, sendo fundamental se interessar pelas perspectivas dos mediandos, pois dificilmente elas equivalerão às suas.

7.3.4 Direito e a mediação

A visão tradicional do direito indica que, ao identificar um conflito entre indivíduos, qualquer um deles pode buscar no Judiciário a resolução de sua controvérsia. Tal visão, contudo, sofreu grande transformação nas últimas décadas, resultando em maior abertura das Instituições aos métodos autocompositivos[115], inclusive como uma forma de acesso à justiça[116].

Viu-se um movimento de incorporação da mediação e da conciliação no Judiciário nacional, democratizando o acesso aos métodos adequados de tratamento de conflito. Esse movimento é positivo, na medida que, ao institucionalizar a autocomposição, fornece aos envolvidos a segurança de cumprimento da legislação que reveste o Poder Judiciário.

Viu-se que a simples aplicação das técnicas de mediação não é suficiente, sendo necessária adoção de diferentes perspectivas na condução de uma sessão a fim de fornecer aos sujeitos a visão holística característica da mediação. Incluída nela está o conhecimento e aplicação da lei nacional, que rege as interações humanas e norteia eventuais negociações relacionadas ao mérito.

---

113. CAMPO A., A. Lorena. Diccionario básico de Antropología. Quito: Abya-Yala, 2008. Disponível em: <https://dspace.ups.edu.ec/bitstream/123456789/5692/1/Diccionario%20basico%20de%20antropologia.pdf>. Acesso em: 18 ago. 2023.
114. FISHER, Roger; PATTON, Bruce; URY, William L.. Como chegar ao sim: A negociação de acordos sem concessões. Ed. revisada e atualizada. Rio de Janeiro: Sextante. 2018.
115. CABRAL, Trícia Navarro Xavier. A evolução da conciliação e da mediação no Brasil. In: ROCHA, Claudio Jannotti da; MADUREIRA, Claudio; CARVALHO, Leticia Fabres de; MATTOS, Lucelia da Conceição Fabres de; GONÇALVES, Tiago Figueiredo (Org.). Direito, processo e justiça em debate: estudos em homenagem ao Professor Thiago Fabres de Carvalho. Curitiba: CRV, 2020, v. 2, p. 255-266.
116. CAPPELLETTI, Mauro. Acesso à justiça. Sérgio Antônio Fabris Editora: Porto Alegre, 2002.

Afinal, uma vez compreendidos os contornos do conflito, o contexto dos envolvidos e as particularidades de cada indivíduo, é preciso direcionar as discussões a partir de parâmetros legais. Essa perspectiva está alinhada com a atual fase metodológica do processo civil nacional, que adota o modelo cooperativo, em alinhamento com a ampliação de aplicação de métodos autocompositivos[117].

Destaca-se que certamente o mediador não emitirá julgamentos ou realizará diagnósticos em sessão. Mas ele poderá fornecer às partes conhecimento e contexto necessário para que elas tenham discussões importantes e possam tomar decisões informadas. Assim, com um conhecimento holístico acerca da sua própria situação, estarão os mediandos mundos de ferramentas para reparar o relacionamento e, talvez, construir uma solução em conjunto.

Ante o exposto, é possível identificar que a mediação é um campo que não pode ser desvinculado da interdisciplinaridade, dependendo do conhecimento e das perspectivas adotadas por diversas áreas de estudo. Não se propõe esgotar os temas que conversam com a mediação, pois essa seria uma tarefa impossível, pois, como foi dito anteriormente, há tantos pontos de interdisciplinaridade quanto há conflitos. O que se pretende é estabelecer que o diálogo com diferentes áreas é imprescindível para o procedimento, sendo esse, talvez, um de seus maiores benefícios.

8. OUTROS MÉTODOS AUTOCOMPOSITIVOS

As formas consensuais de resolução de conflitos passam por grande expansão em nosso ordenamento jurídico. À existência inicial da conciliação foi agregada a mediação, e a própria negociação tem sido ampliada e sofisticada para atingir o consenso.

Além disso, outras ferramentas estão surgindo e sendo aplicadas, fazendo com que a Justiça Multiportas fique cada vez mais completa.

Portanto, serão aqui citados alguns desses meios, sem prejuízo da existência de outros mecanismos que existam ou possam ser criados para o tratamento adequado dos conflitos.

8.1 Compromisso de ajustamento de conduta[118]

O compromisso de ajustamento de conduta[119] é uma forma de autocomposição que consiste em um ato de vontade unilateral ou bilateral, no qual a pessoa que comete uma

---

117. CARLOS, Helio Antunes; SILVA, Renan Sena. A necessária mudança na postura dos atores processuais na lógica da justiça multiportas. In: SICA, Heitor; CABRAL, Antonio; SEDLACEK, Federico; ZANETI JR., Hermes (Org.). *Temas de Direito Processual Contemporâneo*: III Congresso Brasil-Argentina de Direito Processual. Serra: Editora Milfontes, 2019, v. 2, p. 30-47. Disponível em: <http://www.direito.ufes.br/pt-br/livro>. Acesso em: 18 ago. 2023. Conselho Nacional de Justiça, 2017, p. 67.

118. O assunto foi abordado em CABRAL, Trícia Navarro Xavier. *Ordem pública processual*. Brasília: Gazeta Jurídica, 2015, p. 463-470.

119. Sobre o tema, ver: PINHO, Humberto Dalla Bernardina de; CABRAL, Trícia Navarro Xavier. Compromisso de ajustamento de conduta: atualidades e perspectivas de acordo com o projeto do novo CPC. *Revista Eletrônica*

conduta ofensiva a interesse coletivo se compromete, com o órgão público legitimado à propositura de ação civil pública, a eliminar a ofensa, adequando o seu comportamento às exigências legais.

O referido compromisso pode ocorrer na esfera judicial ou extrajudicial.

No campo extrajudicial, os colegitimados na defesa dos direitos difusos e coletivos devem propor ao interessado formas eficientes de prevenir danos, ressarcir ou restabelecer os prejuízos causados, ou ainda compensar as ofensas identificadas, por meio de ajustamento de sua conduta às exigências legais, mediante cominações, com força de título executivo extrajudicial, na forma do artigo 5º, § 6º, da Lei 7.347/85, e com respaldo no artigo 784, inciso IV, do CPC, e sem atingir a indisponibilidade do direito material envolvido.

Trata-se de eficaz mecanismo de proteção aos direitos transindividuais, sendo muito comum a utilização desse ajustamento de conduta no âmbito do inquérito civil em que o Ministério Público investiga prévia e administrativamente a autoria e a materialidade de fatos que possam demandar uma atuação ministerial. Registre-se a possibilidade de que apenas parte dos problemas seja solucionada, por meio do chamado "compromisso preliminar", prosseguindo as investigações quanto aos demais fatos apurados no inquérito civil.[120]

Já no âmbito judicial, é possível que o compromisso se dê de três formas: a primeira é requerendo a homologação da avença, transformando-a em título executivo judicial; a segunda é no curso da ação civil pública, por meio de um acordo acerca do objeto do conflito, como forma de eliminar a controvérsia e garantir meios mais adequados e pacíficos de solucionar o problema envolvendo direitos transindividuais[121]; e a terceira é na fase executória de qualquer uma das espécies de título executivo – judicial ou extrajudicial.

Aqui será tratada apenas a forma extrajudicial, cujo controle pelo Poder Judiciário ocorre somente se o compromisso for submetido à homologação e consequente chancela do juiz, caso em que passará a constituir título executivo judicial.

Inicialmente, registre-se que há controvérsias doutrinárias acerca da natureza jurídica do compromisso de ajustamento de conduta, ou seja, se seria uma transação, um reconhecimento do pedido ou um negócio jurídico.

Contudo, embora o comprometimento em afastar a ofensa sempre acarrete o reconhecimento do pedido pelo ofensor, é possível que sua extensão seja alargada para que as partes envolvidas estabeleçam formas de solucionar ou de compensar a ofensa, por meio de avenças acerca de aspectos disponíveis do objeto litigioso.

---

de Direito Processual, ano 5, v. 7, p. 73-114, jan./jun. 2011. Em outra fonte bibliográfica: *Revista de Direitos Difusos*, ano 10, v. 52, p. 55-96, dez. 2010.

120. MAZZILLI, Hugo Nigro. Notas sobre o inquérito civil e o compromisso de ajustamento de conduta. In: MILARÉ, Édis (Coord.). *A ação civil pública após 25 anos*. São Paulo: Ed. RT, 2010, p. 317-318.

121. "Não se justifica denominar compromisso de ajustamento de conduta, como erroneamente muitos têm feito, o acordo judicialmente homologado em sede ação civil pública, pois aquele é título executivo extrajudicial, enquanto este é título judicial. É justamente em razão da natureza extraprocessual do instrumento de tutela coletiva em comento, é que sua eficácia não está sujeita a prévio juízo de valor por parte do órgão jurisdicional." (AKAOUI, Fernando Reverendo Vidal. *Compromisso de ajustamento de conduta ambiental*. 3 ed. rev. e atual. São Paulo: Ed. RT, 2010. p. 63).

Portanto, não nos parece existir qualquer óbice para que haja, quando da realização do compromisso, concessões de forma ou prazo em relação à reparação do dano. O que não pode ocorrer é a prática de renúncia ou transação entre as partes, no tocante à essência do direito material controvertido, que é indisponível e cuja titularidade pertence à coletividade.

Por sua vez, entre os limites do compromisso de ajustamento de conduta está o fato de não poder ter como objeto a mera confissão de dívida, e ainda ter que conter uma conduta de ação ou omissão do ofensor ao disposto na lei.

Não há exigências formais no estabelecimento de compromisso de ajustamento de conduta, porém é recomendado que o prazo de adimplemento da obrigação seja estipulado, para se evitar o descumprimento.

Acerca do controle judicial, em caso de pretensão de homologação de compromisso de ajustamento de conduta ou de eventual tentativa de desconstituição da avença, caberá ao juiz fiscalizar a regularidade do acordo, quanto aos aspectos formal e material, a fim de eliminar possíveis vícios capazes de comprometer o título e seu adimplemento.

Aliás, o papel do juiz será imprescindível para o alcance da efetividade dos termos de ajustamento de conduta quando houver necessidade de judicializar de alguma forma a controvérsia, as obrigações assumidas ou o seu cumprimento.

Os requisitos materiais quanto aos sujeitos capazes, objeto lícito, forma prescrita ou não defesa em lei não merecem maiores digressões, além das já explicitadas neste capítulo.

Entretanto, em relação aos requisitos da proporcionalidade e razoabilidade, há relevantes considerações a serem feitas, pois alvos de constantes descontentamentos, porque as pessoas legitimadas a firmar o compromisso de ajustamento de conduta com a parte que praticou uma conduta ofensiva a interesse coletivo são as mesmas que possuem pertinência subjetiva para a propositura de ação civil pública.

Entretanto, na esfera extrajudicial, dependendo da forma como a avença é conduzida, o ofensor pode se sentir direta ou indiretamente coagido não só a efetuar o acordo, mas também a aceitar as imposições colocadas pelo órgão público colegitimado.

Essa circunstância pode afetar não só a proporcionalidade, no sentido de se estabelecer obrigação excessivamente onerosa ao ofensor, como também a razoabilidade, por meio de imposições absolutamente dissociadas do objeto litigioso e que em nada contribuem para o caráter punitivo, pedagógico ou reparatório da medida.

Trata-se de situação que, infelizmente, tem acontecido na prática, em especial em compromissos firmados entre o Ministério Público e empresários ou órgãos públicos, que temem futuras ações ou retaliações.

Assim, deve haver uma estreita compatibilidade entre a ofensa ou o dano e a obrigação constante do ajuste. Em outros termos, a discricionariedade nas alternativas possíveis deve ser vinculada e compatível com o objeto litigioso.

Nesse contexto, se o objeto ofendido for de cunho ambiental, o compromisso deve prever condutas omissivas ou ativas do ofensor voltadas ao meio ambiente e não ligadas a outro tipo de problema, ainda que de interesse público. Parece óbvio, mas o que se vê no cotidiano forense é uma constante arbitrariedade na escolha discricionária das obrigações impostas ou assumidas pelo ofensor, tanto para as principais, como para as acessórias.

Dessa forma, o juiz deve controlar: o tipo de obrigação estabelecida; a compatibilidade entre o objeto da ofensa e os compromissos assumidos; o risco de dano no cumprimento da obrigação; as consequências para o caso de descumprimento; a destinação correta de bens oriundos do acordo, principalmente de quantias em dinheiro; e as garantias estabelecidas no compromisso de ajustamento de conduta, entre outros possíveis aspectos.

Como se vê, essa questão possui um interesse público latente a justificar controle e interferência judicial.

O controle da executoriedade das obrigações, ou seja, da viabilidade prática do que restou estabelecido, também pode ocorrer, principalmente em razão de dois fatores: a) a eventual alteração fática ou jurídica a demandar a modificação das cláusulas do acordo inicialmente celebrado; e, b) a necessidade de aplicação das medidas de apoio pelo juiz, nos termos do artigo 536, § 1º, do CPC.

Aqui há importante peculiaridade sobre o ajustamento de conduta a ser registrada, referente à sua maleabilidade.

A mutabilidade do ajustamento de conduta com base no princípio da adaptação é plenamente possível, uma vez que, mesmo em se tratando de direitos transindividuais, tais técnicas de flexibilização se mostram extremamente úteis, já que adéquam o procedimento às peculiaridades do caso concreto, garantindo maior efetividade à tutela dos referidos bens jurídicos.

Com efeito, na tutela dos direitos coletivos há várias regras legais que autorizam a adequação judicial do procedimento.

Ressalte-se que, firmado o ajustamento de conduta por um colegitimado, nada obsta a que outros exijam, a qualquer momento, novas obrigações do ajuste, a fim de enquadrar as circunstâncias nos exatos preceitos do ordenamento jurídico. Não bastasse, o órgão público que firmou o termo pode pretender complementar o título para adequá-lo ao resguardo integral do bem jurídico tutelado, convocando o signatário para uma nova tentativa de composição.

Isso porque não há imutabilidade[122] no compromisso inicialmente firmado que deve, sempre que necessário, se adequar à nova situação eventualmente existente no momento da exigência do cumprimento da obrigação, sendo que, caso não haja êxito

---

122. AKAOUI, Fernando Reverendo Vidal, *Compromisso de ajustamento de conduta ambiental*, cit., p. 93.

em convencer o obrigado a se submeter a novo ajuste, deverá o interessado se valer das medidas cabíveis[123], entre as quais está a possibilidade de rescisão voluntária, pelo mesmo procedimento pelo qual foi feito ou, então, contenciosamente.[124]

Ademais, o termo de ajuste de conduta também pode ser desconstituído pelo próprio tomador do ajuste ou pelos colegitimados à propositura da ação civil pública, cabendo a todos os entes públicos e privados destinados a proteger os interesses transindividuais a fiscalização quanto à regularidade da tomada do ajustamento de conduta.

Nesse passo, as cláusulas do acordo devem efetivamente ser condizentes com a tutela do bem jurídico e com o legítimo interesse da sociedade, e não padecerem de vícios como dolo, coação ou erro essencial.

Portanto, eventual ilegalidade, excesso ou inadequação permitem a desconstituição do título executivo formulado via ação civil pública, que pode, inclusive, ser cumulada com outros pedidos, para a efetiva proteção do bem jurídico de natureza difusa ou coletiva[125]. Não bastasse, a ação popular e o mandado de segurança individual e coletivo também são instrumentos aptos à impugnação judicial de compromissos de ajustamento de conduta.[126]

Como se observa, essa característica de mutabilidade do compromisso de ajustamento de conduta também deve ser levada em consideração pelo magistrado no momento de controlar eventual abuso ou ilegalidade na escolha e na aplicação das medidas cominatórias para fins de cumprimento do TAC (Termo de Ajustamento de Conduta), adequando as obrigações à sua finalidade.

Dessa forma, o julgador pode, desde que de modo justificado e fundamentado, alterar – com mais liberdade e sem o perigo de ferir a autonomia de vontade das partes – as obrigações ajustadas que não estejam compatíveis com a realidade fática ou jurídica, podendo ainda aplicar ao ofensor as medidas coercitivas diferentes das estipuladas no acordo, garantindo a executoriedade ou a eficácia do compromisso.

Por fim, quanto aos requisitos processuais, o juiz deverá estar atento, por exemplo, à legitimidade para firmar ou executar o ajuste, a quem deve assinar o termo e à presença do Ministério Público, quando deve atuar como fiscal da lei.

---

123. "Realmente, o não cumprimento sujeita o compromissário a suportar a execução ou o pedido de cumprimento, que se realizará pela conversão em valor monetário se houver recusa na obrigação de fazer. De maneira alguma se desconstitui o título, e retorna-se à situação anterior, isto é, com o prosseguimento do inquérito civil ou da ação civil, se o termo ficou celebrado depois de seu ajuizamento. É peremptório que o título dera força absoluta, desaparecendo o inquérito ou a ação." (RIZZARDO, Arnaldo. *Ação civil pública e ação de improbidade administrativa*. Rio de Janeiro: GZ, 2009. p. 193).

124. MAZZILLI, Hugo Nigro. *A defesa dos interesses difusos em juízo*. 23. ed. ver., ampl. e atual. São Paulo: Saraiva, 2010. p. 437-438.

125. AKAOUI, Fernando Reverendo Vidal, *Compromisso de ajustamento de conduta ambiental*, cit., p. 97.

126. RODRIGUES, Geisa de Assis. Reflexões sobre a atuação extrajudicial do Ministério público: inquérito civil público, compromisso de ajustamento de conduta e recomendação legal. In: CHAVES, Cristiano; ALVES, Leonardo Barreto Moreira; ROSENVALD, Nelson. (Orgs.). *Temas atuais do Ministério Público*: a atuação do parquet nos 20 anos da Constituição Federal. Rio de Janeiro: Lumen Juris, 2008. p. 209-212.

8.2 Comitês de resolução de disputas (*dispute boards*)[127]

Os comitês de resolução de disputas ou *Dispute Boards* representam uma forma de solução de conflitos apropriada a contratos de elevada complexidade técnica ou de execução diferida como obras de infraestrutura viária, hidroelétricas e transportes, parcerias público-privadas e de execução de diretrizes societárias por meio do auxílio técnico qualificado e do constante diálogo entre os envolvidos.[128]

Conforme explica o Ministro Luis Felipe Salomão, os *Dispute Boards* são usualmente estruturados mediante painéis integrados por número ímpar de membros experientes, respeitados e imparciais, com o propósito de acompanhar a execução do objeto contratual e dirimir eventuais controvérsias de ordem técnica, jurídica, ou econômica por meio de decisões de caráter vinculante (*Dispute Adjudication Board*), não vinculantes (*Dispute Review Board*) ou híbridas (*Combined Dispute Board*), conforme disciplina estabelecida pelo contrato.[129]

Sua instauração pode ocorrer de maneira *ad hoc*, quando surgida controvérsia específica, à qual ficaria adstrito, ou permanente, quando constituído no momento da celebração do contrato ou momento imediatamente posterior, permanecendo ativo durante a execução de seu objeto[130], tendo esta modalidade aptidão para contribuir para a solução de diversos conflitos em sua gênese e criação de um diálogo que incrementa a produtividade, não mais despendida com a solução de divergências, bem como obstar, a partir do incremento de diálogo e integridade, o surgimento de outras.[131]

---

127. O tema foi tratado em: CABRAL, Trícia Navarro Xavier; CARVALHO, Frederico Ivens Miná Arruda de. A Justiça Multiportas na solução dos conflitos decorrentes de licitações e contratos administrativos: uma análise a partir da Lei 14.133/21. In: CABRAL, Trícia Navarro Xavier; ZANETI JR., Hermes. (Org.). *Justiça Multiportas*. 3. ed. Salvador: JusPODIVM, 2023, v. 1, p. 961-980.

128. Com o registro de que o método em estudo já foi utilizado na obra da Linha 4 do Metrô de São Paulo, mediante financiamento pelo Banco Mundial e em 35 contratos celebrados no âmbito dos Jogos Olímpicos e Paraolímpicos do Rio de Janeiro em 2016, confira-se: CABRAL, Thiago Dias Delfino. Os comitês de resolução de disputas (Dispute Boards) no Sistema Multiportas do Código de Processo Civil. *Revista de Arbitragem e Mediação*, v. 59/2018, p. 33-53, out./dez./2018.

129. A principal diferença entre o *Dispute Board* e os demais métodos adequados de solução de conflitos – e possivelmente o motivo pelo qual esta técnica tem obtido sucesso –, é o fato de ser instaurado antes ou no momento do início da execução do contrato, caracterizando-se pelo acompanhamento e envolvimento constante de seus membros no processo de desenvolvimento do empreendimento. De fato, devido a estas características e por possuir caráter permanente, o *Dispute Board*, ao mesmo tempo em que gera maior confiança e respeito entre as partes e os membros do painel – devido ao contato direto e constante –, permite o acompanhamento do empreendimento em tempo real, ensejando que os conflitos sejam dirimidos de maneira sumária antes ou logo que surjam, evitando-se, assim, o acúmulo de controvérsias e eventual paralisação da obra.". SALOMÃO, Luis Felipe. Guerra e paz: as conexões entre a jurisdição estatal e os métodos adequados de resolução de conflitos. In: CURY, Augusto (Org). *Soluções pacíficas de conflitos para um Brasil moderno*. Rio de Janeiro: Forense, 2019, p. 97-98.

130. BUENO, Júlio Cesar. Os dispute boards *na nova lei de licitações e contratos administrativos*. Disponível em: <https://www.migalhas.com.br/depeso/342966/dispute-boards-na-nova-lei-de-licitacoes-e-contratos-administrativos>. Acesso em 09 abr. 2021.

131. Conforme pontua Arnoldo Wald: "Dentre as principais vantagens dos dispute boards, que não se verificam na arbitragem e no contencioso judicial, está o fato de os primeiros serem, em geral, formados antes ou no momento do início da execução do contrato e terem caráter permanente, o que permite que os membros do painel tomem

Lado outro, embora a finalidade precípua dos aludidos comitês técnicos se refira à solução extrajudicial dos conflitos, certamente destes emana em potencial relevância também para a via da jurisdição estatal, visto que os elementos produzidos, como decisões não vinculantes e pareceres do comitê e as manifestações dos contratantes, conforme disciplina contratual por convenção probatória pré-processual, poderão ser levados a processo na hipótese de judicialização, o que tem o potencial de abreviar a extensão da fase probatória, contribuindo para maior celeridade.[132]

8.3 Dispute Systems Design (DSD)

O Dispute Systems Design (DSD) ou Desenho de Sistemas de Disputas, é um mecanismo sofisticado para gestão de conflitos, capaz de estruturar sistemas/programas de tratamento de controvérsias customizadas à peculiaridade da demanda.

O método é indicado para grandes conflitos que envolvam uma multiplicidade de partes e interesses. Ex.: Desastres aéreos e ambientais (caso de Mariana e Brumadinho). Visa ao alcance de bons resultados na gestão de conflitos, com redução de custos, tempo, com tranquilidade e acessibilidade.

Diego Faleck, especialista no tema, conceitua a ferramenta como: "[...] organização deliberada e intencional de procedimentos ou mecanismos processuais, que interagem entre si, e, quando aplicáveis, de recursos materiais e humanos, para a construção de sistemas de prevenção, gerenciamento e resolução de disputas.[133]

Trata-se, portanto, de um conjunto de procedimentos criados para lidar com determinado conflito, ou uma série destes, envolvendo disputas com maior ou menor grau de complexidade. A customização de um sistema permite atender as necessidades únicas de cada caso concreto com eficiência, evitando gasto de recursos, tempo, energia emocional e perda de oportunidades, enquanto permite maior participação das partes

---

conhecimento dos eventuais conflitos em tempo real e os apreciem antes mesmo do surgimento do litígio. Pela mesma razão, os membros do painel são, em regra, mais experientes e tem mais familiaridade com o negócio a eles submetido. Outra importante consequência decorrente do caráter permanente dos dispute boards é que as partes tendem a ser mais cautelosas ao submeterem suas reclamações ao painel, evitando posições frágeis ou radicais, que poderiam afetar sua credibilidade perante o painel. Dessa forma, a tendência é que somente os conflitos efetivamente relevantes sejam levados ao board, encontrando-se soluções negociadas para os demais. Essas características facilitam a descoberta da verdade real, e permitem um clima menos contencioso ou agressivo entre as partes. No caso de contratos de construção, permitem, ainda, ao dono da obra, controlar mais adequadamente o orçamento, evitando despesas altas e a imprevisibilidade de uma disputa surgida após o início da execução do projeto.". WALD, Arnoldo. Dispute resolution boards: evolução recente. *Revista de Arbitragem e Mediação*, v. 30/2011, p. 139-151, jul./set./2011.

132. "Os *dispute boards* não são tribunais arbitrais, e por isso suas decisões não são exequíveis da mesma forma que a sentença arbitral ou judicial. As decisões dos *dispute boards* servirão como fonte e meio de prova para a disputa que vier a se instaurar. Daí por que, a depender de sua redação e de suas disposições, é possível compreender tal instituto como uma convenção probatória atípica, exigindo-se que haja a manifestação de vontade (expressa ou implícita) de produzir efeitos em uma futura e hipotética disputa.". RAVAGNANI, Giovani. *Provas Negociadas*: convenções processuais probatórias no processo civil. São Paulo: Ed. RT, 2020, p.129.

133. FALECK, Diego. *Manual de design de sistemas de disputas*: criação de estratégias e processos eficazes para tratar conflitos. Rio de Janeiro: Lumen Juris, 2018, p. 1.

interessadas e afetadas, para que estas atinjam os seus objetivos com maior satisfação para todos os envolvidos.

Ademais, a complexidade da disputa pode ter várias formas e graus, e envolver uma variedade de fatores como: fatos, temas de direito e o envolvimento de múltiplas partes. O DSD é, portanto, uma forma de prevenir, gerenciar ou resolver disputas, com a organização de recursos, processos e capacidades para atingir um conjunto de objetivos específicos.

Diego Faleck identifica quatro etapas que devem ser seguidas no desenvolvimento do DSD[134]:

i)   Iniciativa: análise perfunctória das características do conflito;

ii) Diagnóstico: verificar o sistema existente, a partir dos seguintes focos: (i) partes interessadas e afetadas (stakeholders); (ii) disputas; (iii) mecanismos e casais em uso;

iii) Pré-desenho do sistema, considerando objetivos, diretrizes e estrutura;

iv) Implementação e avaliação do sistema, considerando os seguintes pontos: (i) legitimidade; (ii) envolvimento das partes interessadas e afetadas; (iii) antecipação de resistências; (iv) treinamento, motivação e recursos; (v) uso de programas-piloto; (vi) institucionalização; e (vii) avaliação.

Ademais, o autor classifica as espécies de arranjos e sistemas de resolução de disputas em[135]: (i) arranjos contratuais, com diferentes graus de complexidade; (ii) sistemas de indenização, públicos e privados; (iii) sistemas organizacionais e institucionais, internos ou externos, público ou privados; e (iv) sistemas online. Cita os seguintes exemplos:

(I) Internacionais:

(i) Fundo de compensação para indenizar as vítimas do vazamento de petróleo no Golfo de México;

(ii) Fundo de compensação para as vítimas do 11 de Setembro.

(II) Nacionais:

(i) Leading-case de DSD no Brasil – Câmara de Indenização 3054 criada para implementar de forma eficiente e justa as indenizações os beneficiários das vítimas do voo TAM 3054, em que 199 pessoas morreram em 2007. Criaram um sistema customizado para oferecer um tratamento coletivo e lidar com

---

134. FALECK, Diego. *Manual de design de sistemas de disputas*: criação de estratégias e processos eficazes para tratar conflitos. Rio de Janeiro: Lumen Juris, 2018, p. 33-158.

135. FALECK, Diego. *Manual de design de sistemas de disputas*: criação de estratégias e processos eficazes para tratar conflitos. Rio de Janeiro: Lumen Juris, 2018, p. 159-179.

o desafio da resolução dos conflitos. 92% das indenizações foram realizadas antes de 2 anos. O sistema ofereceu rapidez e menos custo na resolução dos conflitos. Cerca de 210 beneficiários foram indenizados. E mais de 80 ações ajuizadas no Brasil e exterior terminaram em acordo;

(ii) Programa de Indenização 447 (PI 447) – beneficiários brasileiros e estrangeiros residentes no Brasil das 228 vítimas do acidente do voo Air France 447 de 2009;

(iii) Programa de Indenização Mediada (PIM) da Fundação Renova estabelecida do TAC envolvendo as vítimas do rompimento da barragem de Fundão, localizada em Mariana (MG), de propriedade da Samarco. O programa foi concebido para indenizar 30.000 famílias impactadas com danos gerais e 300.000 para danos morais específicos por falta de abastecimento de água. A equipe conta com 60 mediadores.

8.4 Justiça restaurativa

A Justiça Restaurativa é um método de resolução de conflitos relativamente recente e ainda pouco compreendido.

Leonardo Sica assevera que a Nova Zelândia é considerada pioneira na implementação de práticas restaurativas, especialmente após a edição, em 1989, do *Children, Young Persons and Their Families Act*, que trata de atos infracionais cometidos por crianças e adolescentes. O autor também relata experiências de práticas restaurativas na Itália, Alemanha, França, Austrália, Canadá, em diversos países da América Latina e África do Sul.[136]

Sua importância tem ganhado relevo no cenário mundial, especialmente após o reconhecimento pela ONU, por meio da Resolução 2002/12, que instituiu os Princípios Básicos para Utilização de Programas de Justiça Restaurativa em Matéria Criminal. No documento, o processo restaurativo é compreendido como "[...] qualquer processo no qual a vítima e o ofensor, e, quando apropriado, quaisquer outros indivíduos ou membros da comunidade afetados por um crime, participam ativamente na resolução das questões oriundas do crime, geralmente com a ajuda de um facilitador."[137]

No Brasil, o Conselho Nacional do Ministério Público – CNMP editou a Resolução 118/2014[138] dispondo sobre a Política Nacional de Incentivo à Autocomposição no âmbito do Ministério Público, prevendo, entre os variados mecanismos de autocomposição, o processo restaurativo, assim disposto na Seção IV – Das práticas restaurativas:

---

136. Para maiores aprofundamentos no tema, cf. SICA, Leonardo. *Justiça restaurativa e mediação penal*: o novo modelo de justiça criminal e de gestão do crime. Rio de Janeiro: Lumen Juris, 2007, p. 81-117.
137. O documento, com tradução livre por Renato Sócrates Gomes Pinto está disponível em: Resolucao_ONU_2002. pdf (mppr.mp.br). Acesso em: 7 ago. 2023.
138. Disponível em: Resolução_nº_118_autocomposição.pdf (cnmp.mp.br). Acesso em: 7 ago. 2023.

Art. 13. As práticas restaurativas são recomendadas nas situações para as quais seja viável a busca da reparação dos efeitos da infração por intermédio da harmonização entre o (s) seu (s) autor (es) e a (s) vítima (s), com o objetivo de restaurar o convívio social e a efetiva pacificação dos relacionamentos.

Art. 14. Nas práticas restaurativas desenvolvidas pelo Ministério Público, o infrator, a vítima e quaisquer outras pessoas ou setores, públicos ou privados, da comunidade afetada, com a ajuda de um facilitador, participam conjuntamente de encontros, visando à formulação de um plano restaurativo para a reparação ou minoração do dano, a reintegração do infrator e a harmonização social.

Posteriormente, o CNMP editou a Resolução 181/2017, tratando da instauração e tramitação do procedimento investigatório criminal a cargo do Ministério Público, em que estimula a autocomposição no âmbito criminal.

Em 2021, o CNMP editou a Resolução 243/2021[139], que dispõe sobre a Política Institucional de Proteção Integral e de Promoção de Direitos e Apoio às Vítimas, prevendo no Capítulo IV – Da Justiça Restaurativa:

Art. 10. Incumbe ao Ministério Público implementar projetos e mecanismos de resolução extrajudicial de conflitos, por meio da negociação, mediação e conferências reparadoras dos traumas derivados dos eventos criminosos ou de atos infracionais, observando-se as diretrizes traçadas nas Resoluções CNMP nos 118, de 1º de dezembro de 2014, e 181, de 7 de agosto de 2017.

Parágrafo único. O Ministério Público deve implementar políticas de atuação em rede, mediante termos de cooperação e parcerias destinadas à implementação de políticas restaurativas, observada a assistência a que se refere o art. 6º, que visem à adesão e à integração voluntária e esclarecida da vítima.

Já o Conselho Nacional de Justiça trata do assunto na Resolução 225/2016[140], quando criou a Política Nacional de Justiça Restaurativa no âmbito do Poder Judiciário. A Resolução traz o seguinte conceito e principais elementos:

Art. 1º. A Justiça Restaurativa constitui-se como um conjunto ordenado e sistêmico de princípios, métodos, técnicas e atividades próprias, que visa à conscientização sobre os fatores relacionais, institucionais e sociais motivadores de conflitos e violência, e por meio do qual os conflitos que geram dano, concreto ou abstrato, são solucionados de modo estruturado na seguinte forma:

I – é necessária a participação do ofensor, e, quando houver, da vítima, bem como, das suas famílias e dos demais envolvidos no fato danoso, com a presença dos representantes da comunidade direta ou indiretamente atingida pelo fato e de um ou mais facilitadores restaurativos;

II – as práticas restaurativas serão coordenadas por facilitadores restaurativos capacitados em técnicas autocompositivas e consensuais de solução de conflitos próprias da Justiça Restaurativa, podendo ser servidor do tribunal, agente público, voluntário ou indicado por entidades parceiras;

III – as práticas restaurativas terão como foco a satisfação das necessidades de todos os envolvidos, a responsabilização ativa daqueles que contribuíram direta ou indiretamente para a ocorrência do fato danoso e o empoderamento da comunidade, destacando a necessidade da reparação do dano e da recomposição do tecido social rompido pelo conflito e as suas implicações para o futuro.

§ 1º Para efeitos desta Resolução, considera-se:

I – Prática Restaurativa: forma diferenciada de tratar as situações citadas no caput e incisos deste artigo;

---

139. Disponível em: Resoluo-n-243-2021.pdf (cnmp.mp.br). Acesso em: 7 ago. 2023.
140. Disponível em: atos.cnj.jus.br/atos/detalhar/atos-normativos?documento=2289. Acesso em: 7 ago. 2023.

CAPÍTULO II • JUSTIÇA CONSENSUAL **135**

II – Procedimento Restaurativo: conjunto de atividades e etapas a serem promovidas objetivando a com-posição das situações a que se refere o caput deste artigo;

III – Caso: quaisquer das situações elencadas no caput deste artigo, apresentadas para solução por inter-médio de práticas restaurativas;

IV – Sessão Restaurativa: todo e qualquer encontro, inclusive os preparatórios ou de acompanhamento, entre as pessoas diretamente envolvidas nos fatos a que se refere o caput deste artigo;

V – Enfoque Restaurativo: abordagem diferenciada das situações descritas no caput deste artigo, ou dos contextos a elas relacionados, compreendendo os seguintes elementos:

a) participação dos envolvidos, das famílias e das comunidades;

b) atenção às necessidades legítimas da vítima e do ofensor;

c) reparação dos danos sofridos;

d) compartilhamento de responsabilidades e obrigações entre ofensor, vítima, famílias e comunidade para superação das causas e consequências do ocorrido.

§ 2º A aplicação de procedimento restaurativo pode ocorrer de forma alternativa ou concorrente com o processo convencional, devendo suas implicações ser consideradas, caso a caso, à luz do correspondente sistema processual e objetivando sempre as melhores soluções para as partes envolvidas e a comunidade.

O art. 2º trata dos princípios que orientam a Justiça Restaurativa: "[...] a correspon-sabilidade, a reparação dos danos, o atendimento às necessidades de todos os envolvidos, a informalidade, a voluntariedade, a imparcialidade, a participação, o empoderamento, a consensualidade, a confidencialidade, a celeridade e a urbanidade.".

Outra determinação foi a de que os Tribunais de Justiça implementem programas de Justiça Restaurativa, mediante uma estrutura própria criada para tal finalidade (art. 5º).

Não obstante, a Resolução estipula o procedimento no âmbito judicial (arts. 7º a 12), bem como trata da figura do facilitador restaurativo, terceiro imparcial que deve ser devidamente capacitado para a função (art. 13).

Por fim, os tribunais devem monitorar e avaliar o desenvolvimento e a execução de projetos de Justiça restaurativa, criar banco de dados (art. 18) e estabelecer parâ-metros curriculares para cursos de capacitação, treinamento e aperfeiçoamento de facilitadores (art. 21).

Registre-se que a Resolução 225/2016, em seus *considerandos*, traz como exem-plos os arts. 72, 77 e 89 da Lei 9.099/1995, que permitem a homologação dos acordos celebrados nos procedimentos próprios quando regidos sob os fundamentos da Justiça Restaurativa, como a composição civil, a transação penal ou a condição da suspensão condicional do processo de natureza criminal que tramitam perante os Juizados Especiais Criminais ou nos Juízos Criminais, bem como o art. 35, II e III, da Lei 12.594/2012 estabelece, para o atendimento aos adolescentes em conflito com a lei, que os princípios da excepcionalidade, da intervenção judicial e da imposição de medidas, favorecendo meios de autocomposição de conflitos, devem ser usados dando prioridade a práticas ou medidas que sejam restaurativas e que, sempre que possível, atendam às vítimas.

Para acompanhar o desenvolvimento da política, o CNJ instituiu o Comitê Gestor da Justiça Restaurativa e ainda criou o Fórum Nacional da Justiça Restaurativa (Resolução 300/2019).

Não obstante, foi editada a Resolução CNJ 288/2019[141], que define a política institucional do Poder Judiciário para a promoção da aplicação de alternativas penais, com enfoque restaurativo, em substituição à privação de liberdade. Nela há previsão no art. 2º, IV, da conciliação, mediação e técnicas de justiça restaurativa.

Em 2019, o CNJ realizou um mapeamento dos programas de Justiça Restaurativa[142], em que se concluiu que a maior parte dos programas, ações e projetos possuem como foco conflitos envolvendo infância e juventude, infrações criminais leves e violência doméstica, havendo, ainda, interesse na seara do direito de família.

O tema da Justiça Restaurativa também chegou aos tribunais, sendo que o Ministro Reynaldo Soares da Fonseca, do Superior Tribunal de Justiça, tem proferido relevantes votos tratando do assunto[143], associando-o ao princípio da fraternidade:

> "[...] a) o princípio da fraternidade é uma categoria jurídica e não pertence apenas às religiões ou à moral. Sua redescoberta apresenta-se como um fator de fundamental importância, tendo em vista a complexidade dos problemas sociais, jurídicos e estruturais ainda hoje enfrentados pelas democracias. A fraternidade não exclui o direito e vice-versa, mesmo porque a fraternidade, enquanto valor, vem sendo proclamada por diversas Constituições modernas, ao lado de outros historicamente consagrados como a igualdade e a liberdade; b) o princípio da fraternidade é um macroprincípio dos Direitos Humanos e passa a ter uma nova leitura prática, diante do constitucionalismo fraternal prometido na Constituição Federal, em especial no seu art. 3º, bem como no seu preâmbulo; c) O princípio da fraternidade é possível de ser concretizado também no âmbito penal, através da chamada Justiça restaurativa, do respeito aos Direitos Humanos e da humanização da aplicação do próprio direito penal e do correspondente processo penal."

Como se vê, a Justiça Restaurativa tem grande aplicação em conflitos que envolvam violência. Por isso, ela é geralmente atrelada a ilícitos criminais.

Contudo, sua atuação pode ser bem mais ampla, para contemplar verdadeiras e profundas transformações sociais. Com base nisso, o CNJ lançou em 2022 o projeto Justiça Restaurativa nas Escolas[144], trazendo três dimensões da convivência humana que podem ser trabalhados pelo método, sintetizadas a seguir:

I) **Relacional:** trabalho interno de transformação pessoal, a fim de que o sujeito enxergue as influências axiológicas, no mais das vezes individualistas e excludentes, na formação de sua personalidade e que conduzem as suas ações. Com essa compreensão, será possível transformar o modo de enxergar as questões e assimilar novas formas de respondê-las.

---

141. Disponível em: atos.cnj.jus.br/atos/detalhar/2957. Acesso em: 7 ago. 2023.
142. Disponível em: 8e6cf55c06c5593974bfb8803a8697f3.pdf (cnj.jus.br). Acesso em: 15 ago. 2023.
143. Confira: AgRg no HC 679.489/SP, rel. Ministro Reynaldo Soares da Fonseca, Quinta Turma, julgado em 28/9/2021, DJe 4/10/2021.
144. Disponível em: projeto-justica-restaurativa-nas-escolas-geral.pdf (cnj.jus.br). Acesso em: 7 ago. 2023.

II) Institucional: as instituições são convidadas a repensar e a reformular as suas práticas e as formas de relacionamento das pessoas que a compõem, no sentido de que todos tenham vez e voz, que as necessidades de cada qual sejam ouvidas e compreendidas, em um ambiente realmente democrático, para que se sintam pertencentes àquele espaço e participem ativamente da elaboração das regras de convívio e da solução dos problemas.

III) Social: busca o resgate do justo e do ético nas relações sociais, sendo importante que os projetos sejam desenvolvidos pela comunidade, na comunidade, com a comunidade e para a comunidade, para o alcance de um resultado construído coletivamente, visando à transformação das estruturas das relações humanas na sociedade, e não exclusivamente aos objetivos de uma determinada instituição ou de um grupo de pessoas em detrimento de outras.

Ao final, objetiva-se que, a partir da compreensão da Justiça Restaurativa, a comunidade escolar possa transformar a convivência escolar, a partir dos princípios e diretrizes da Justiça Restaurativa, mediante forma de solução de conflitos diversas da punição, com base no diálogo e na responsabilidade individual e coletiva, harmonizando as relações sociais.

Não obstante, a Resolução CNJ 351/2020, alterada pela Resolução CNJ 518/2023, que instituiu, no âmbito do Poder Judiciário, a Política de Prevenção e Enfrentamento do Assédio Moral, do Assédio Sexual e da Discriminação, prevê o uso de práticas restaurativas para a prevenção e resolução de conflitos.

Na prática forense, já existem alguns exemplos exitosos de uso prática restaurativa, como círculo restaurativo em caso de conflitos familiares, bem como em caso de crimes mediante emprego de violência ou grave ameaça.

Mayara Carvalho elucida as potencialidades do instituto dizendo que as práticas restaurativas podem ser empregadas em qualquer tipo de conflito, desde haja interesse e voluntariedade pelos interessados. Ademais, ela não prescinde de encontros coletivos, como se erroneamente se presume. Ressalta também outra característica, relacionada à construção de espaço com elementos que promovam a conexão, o que considera ponto central do instituto. Além disso, aduz que as práticas restaurativas devem ser flexíveis e adaptáveis ao conflito, mantendo-se rígida a sua estrutura principiológica.[145]

Portanto, trata-se de importante mecanismo de transformação social, que merece ser cada vez mais introduzido em nossa cultura de resolução consensual das controvérsias.

---

145. CARVALHO, Mayara. *Justiça restaurativa em prática*: conflito, conexão e violência. Belo Horizonte: Instituto Pazes. 2021, p. 69-72.

Capítulo III
JUSTIÇA E AUTOTUTELA

1. CONTEXTUALIZAÇÃO DO TEMA

O ordenamento jurídico brasileiro tem sido impactado com inúmeras legislações que ampliam as formas de solução de conflitos dentro e fora do Poder Judiciário. Entre as espécies previstas, há três modelos que se destacam: a heterocomposição, a autocomposição e a autotutela.

A heterocomposição se caracteriza quando a resolução da disputa ocorre pela imposição de uma decisão por um terceiro imparcial, com a submissão das partes envolvidas. Incluem-se nesse tipo a jurisdição estatal e a jurisdição arbitral. É a que ainda possui maior adesão social, especialmente em razão da formação dos profissionais do Direito, que acaba refletindo na escolha do método, desaguando no Poder Judiciário.

A autocomposição consiste na forma de tratamento de conflito em que as partes, com ou sem a interferência de um terceiro imparcial, constroem uma solução consensual para a controvérsia. Esse método está em franco desenvolvimento em nossa legislação e no cotidiano da sociedade, exigido ainda políticas públicas em prol de sua efetiva consagração.

Já a autotutela, consiste na forma extrajudicial de solução de conflito em que uma parte satisfaz diretamente o seu direito, submetendo a outra parte ao seu julgamento parcial e à autoexecutoriedade da medida, trazendo um resultado equivalente ao que seria obtido por meio do Poder Judiciário.

Embora seja reconhecida como um meio primitivo de resolução de conflito, existente antes de o Estado chamar para si, por meio do Poder Judiciário, a função de solucionar os conflitos sociais, a autotutela foi perdendo expressão ao longo dos anos, sendo relegada a situações excepcionais. Isso porque esse ato unilateral e parcial de resolver a questão jurídica era tratado como "justiça pelas próprias mãos", trazendo o estigma de que seria necessariamente um meio violento e autoritário, o que retirava a sua legitimidade.

Nos últimos anos, o tema tem voltado à atenção dos juristas, que passaram a revisitar as suas características e potencialidades como método adequado de resolução de disputas.

Não bastasse, com a evolução da tecnologia e os novos modelos de relação jurídica, tem proporcionado diferentes hipóteses de satisfação do próprio direito pela parte, de forma automática, ou seja, com a submissão da parte contrária, o que tem levado a discussões sobre o enquadramento ou não na autotutela.

De qualquer forma, com a identificação de variadas espécies de autotutela já presentes em nosso ordenamento, pode-se concluir que ela se somaria ao sistema de Justiça Multiportas, que contempla diferentes ferramentas e ambientes de resolução de conflitos.

Assim, o presente estudo se propõe a analisar o que a legislação, a doutrina e a jurisprudência têm produzido sobre o tema, para tentar compreender os possíveis avanços da autotutela e seus reflexos jurídicos.

Portanto, espera-se que, ao final do trabalho, possa-se ter uma compreensão mais clara acerca dos impactos e da extensão da autotutela como método legítimo de prevenção e solução de controvérsias, o que, em última análise, contribui para a ampliação da desjudicialização no Brasil.

2. FUNDAMENTOS DA AUTOTUTELA

A autotutela (ou autodefesa, ou ainda defesa privada[1]) é considerada uma forma de solução do conflito pela ação direta de um dos envolvidos, com a imposição de sua vontade sobre a do outro, o qual tem seu interesse sacrificado.

Ela representou um modo de resolução de conflito típico de fases primitivas da civilização dos povos, em que inexistia a presença e a autoridade do Estado, fazendo com o que um particular mais forte fosse vitorioso sobre outro mais fraco. Por isso, era considerada uma via precária de se resolver as controvérsias sociais, pois não se garantia a imparcialidade e a justiça na tomada de decisão. Naquela época também se cogitava a autocomposição e, posteriormente, a arbitragem. A jurisdição estatal só se estabeleceu posteriormente (fase iniciada no século III dC)[2].

Niceto Alcalá-Zamora Y Castillo adota o termo autodefesa[3]. Após analisar diferentes hipóteses do instituto previstas em diversos ramos do direito, conclui-se que a autodefesa se caracteriza quando um dos sujeitos do conflito decide resolver o problema mediante uma ação direta, ao invés de se servir de uma ação dirigida ao Estado através do processo, tratando-se, em regra, de uma solução parcial (unilateral) e egoísta. Assevera que ela tem como elementos distintivos: (i) ausência de juiz distinto das partes; e (ii) imposição de decisão por uma das partes à outra.[4]

---

1. Sobre o tema, cf. CALAMANDREI, Piero. *Opere Giudiche. v. IV. Instituzioni di diritto processuale civile. Collana la memoria del diritto*. Roma: Roma Tre-Press, 2019, p. 108-110.
2. Cf. DINAMARCO, Cândido Rangel; BADARÓ, Gustavo Henrique Rigui Ivahy; LOPES, Bruno Vasconcelos Carrilho Lopes. *Teoria geral do processo*. 32. ed. São Paulo: Malheiros, 2020, p. 44-45.
3. CASTILLO, Alcalá-Zamora Y. *Processo, autocomposição y autodefesa*. 3. ed. México: Universidad Nacional Autónoma de México, 2000, p. 34-70.
4. CASTILLO, Alcalá-Zamora Y. *Processo, autocomposição y autodefesa*. 3. ed. México: Universidad Nacional Autónoma de México, 2000, p. 34-54

Dada a variedade de espécies, o autor classificou a autodefesa, em resumo, da seguinte forma: a) autodefesa em estrito sentido: seria uma réplica (reação) a um ataque, como ocorre na legítima defesa; b) exercício pessoal ou direto de um direito subjetivo, sem que o titular tenha sofrido um ataque: o estado de necessidade; c) exercício de faculdades atribuídas a mando para fazer frente a situações de exceção: ordens conferidas por militares superiores para manter a disciplina, evitar pânico; d) exercício de um poder por um dos sujeitos em litígio: poder paternal, poder marital, tribunal de honra ou pseudojurisdições administrativa ou disciplinar; e) combate entre partes opostas que confiam na força e não em equacionar as suas diferenças: duelos individuais ou a guerra internacional; f) coação sobre a outra parte para impor a prevalência dos próprios interesses: luta social entre capital e trabalho.[5]

Sob o aspecto legislativo, o autor classifica a autodefesa em: lícita ou autorizada (ex. legítima defesa), tolerada (ex. o duelo em alguns países), e proibida (cláusula geral explícita ou implícita). Interessante, ainda, que o jurista mexicano reconhece hipóteses mistas, ou seja, que mesclam autocomposição como meio e autodefesa como fim, ou com uma aparência autocompositiva e uma realidade autodefensiva, ou com uma autocomposição por parte do devedor e autodefesa por parte do credor. Como exemplo, cita, em matéria de contratos, quando proibido o pacto comissório dos bens em penhor, pode ser autorizado, em substituição, a execução por obra do credor, frente aos créditos pignoratícios ou hipotecários, após vencida a obrigação que garantem, exigindo, para proceder a venda extrajudicial, convenção expressa.[6]

Afirma que os riscos da autodefesa podem ser neutralizados pela processualização de algumas de algumas formas e a homologação judicial de outras. As sentenças homologatórias que confirmam o ato de autotutela pertencem a categoria declaratórias (acertamento), e as que o rejeita, condenatória.[7]

Fredie Didier Jr. e Leandro Fernandez compreendem a autotutela como "[...] execução forçada de prestação devida ou exercício de garantia de satisfação de uma prestação devida, promovido pelo titular do direito, seu representante ou um legitimado extraordinário.". Complementam que o exercente da autotutela "[...] assume condição de decisor do problema jurídico, solucionando-o de modo parcial e unilateral [...] como se julgador do conflito fosse [...]".[8]

---

5. CASTILLO, Alcalá-Zamora Y. *Processo, autocomposição y autodefesa*. 3. ed. México: Universidad Nacional Autónoma de México, 2000, p. 58-60
6. CASTILLO, Alcalá-Zamora Y. *Processo, autocomposição y autodefesa*. 3. ed. México: Universidad Nacional Autónoma de México, 2000, p. 38-39.
7. CASTILLO, Alcalá-Zamora Y. *Processo, autocomposição y autodefesa*. 3. ed. México: Universidad Nacional Autónoma de México, 2000, p. 57-58
8. DIDIER JR, Fredie; FERNANDEZ, Leandro. A autotutela administrativa no sistema brasileiro de justiça multiportas. In: TESOLIN, Fabiano da Rosa, MACHADO, André de Azevedo. *Direito Federal Brasileiro*: 15 anos de jurisdição dos Ministros Og Fernandes, Luis Felipe Salomão e Mauro Campbell Marques. Londrina: Thoth. p. 177-198. 2023, p. 179.

Os referidos autores, ao tratarem do Direito Administrativo, distinguem a autotutela administrativa e autoexecutoriedade. A primeira consiste no dever de a Administração Pública zelar pela regularidade dos próprios atos, enquanto a segunda consiste em um atributo do ato administrativo que permite a sua execução independentemente da intervenção judicial. Pela atuação direta do titular da situação jurídica, concluem que as duas hipóteses se enquadram no gênero autotutela.[9]

Ademais – dizem os autores – a autotutela pode ter natureza jurídica de direitos potestativos e poderes-deveres.[10] Classificam a autotutela em: a) de Direito público (disciplinada por normas de Direito Público); b) de Direito Privado (regida por normas de Direito Privado); c) de origem não convencional (sem relação jurídica negocial entre as partes); d) de origem negocial: (fundada em negócio jurídico entre as partes; e) ativa: (por ato comissivo do titular da relação jurídica); f) passiva: (se dá por meio de omissão do sujeito); g) preventiva: (quando há risco a bem jurídico); h) reativa ou reparatória: (para remoção de estado de fato lesivo e restauração da conformidade com o ordenamento jurídico); i) cautelar (para assegurar a futura satisfação do interesse de titular de situação jurídica; j) executiva ou satisfativa: (atendimento de interesse do titular de situação jurídica, com o acesso ao bem da vida; k) coercitiva: (técnica para induzir a outra parte a cumprir sua prestação).[11]

Antonio Cabral trata das formas contemporâneas de resolução de conflito e indica a autotutela como um meio admissível. Conceitua o instituto como "[...] técnica de composição de conflitos baseada na possibilidade de que uma das partes possa impor uma solução à outra, para a preservação ou restabelecimento de um direito ameaçado ou violado. O autor complementa que a autotutela sempre esteve relacionada à ideia de coação, do uso da força, própria das sociedades arcaicas anteriores ao Estado moderno. Era o meio de solução de conflitos da brutalidade, associada a agrupamentos humanos pouco civilizados."[12]

Note-se que, embora a solução seja dada pela própria parte, por meio de uma conduta unilateral, a autotutela se distingue da autocomposição. Isso porque, na autocomposição, uma das partes ou ambas sedem em relação a seus interesses – total ou

---

9. DIDIER JR, Fredie; FERNANDEZ, Leandro. A autotutela administrativa no sistema brasileiro de justiça multiportas. In: TESOLIN, Fabiano da Rosa, MACHADO, André de Azevedo. *Direito Federal Brasileiro*: 15 anos de jurisdição dos Ministros Og Fernandes, Luis Felipe Salomão e Mauro Campbell Marques. Londrina: Thoth. p. 177-198. 2023, p. 180.

10. DIDIER JR, Fredie; FERNANDEZ, Leandro. A autotutela administrativa no sistema brasileiro de justiça multiportas. In: TESOLIN, Fabiano da Rosa, MACHADO, André de Azevedo. *Direito Federal Brasileiro*: 15 anos de jurisdição dos Ministros Og Fernandes, Luis Felipe Salomão e Mauro Campbell Marques. Londrina: Thoth. p. 177-198. 2023, p. 182.

11. DIDIER JR, Fredie; FERNANDEZ, Leandro. A autotutela administrativa no sistema brasileiro de justiça multiportas. In: TESOLIN, Fabiano da Rosa, MACHADO, André de Azevedo. *Direito Federal Brasileiro*: 15 anos de jurisdição dos Ministros Og Fernandes, Luis Felipe Salomão e Mauro Campbell Marques. Londrina: Thoth. p. 177-198. 2023, p. 187-189.

12. CABRAL, Antonio. Da instrumentalidade à materialização do processo: as relações contemporâneas entre direito material e direito processual. *Civil Procedure Review*, v. 12, n. 2: maio-ago. 2021. ISSN 2191-1339 – www.civilprocedurereview.com. p. 69-102. p. 90.

parcialmente – para que o conflito seja resolvido, sendo considerada, portanto, um resultado consensual. Já na autotutela, uma parte impõe a sua pretensão sobre a outra, concretizando diretamente o seu direito, atuando, portanto, como seu próprio julgador. Importante registrar essas diferenças, pois na doutrina utiliza-se terminologias que indicam se tratar do mesmo instituto, o que pode confundir o leitor.

Rodolfo Mancuso, por exemplo, assevera que o acesso à Justiça (jurisdição estatal) deve ser visto como cláusula de reserva para os casos que não puderem ser resolvidos pela: "[...] (i) *autotutela unilateral*: renúncia, desistência, confissão, reconhecimento do pedido; (ii) composição bilateral ou policêntrica: negociação, mediação, conciliação espontânea ou induzida, transação; (iii) meios heterocompositivos: arbitragem, convenção coletiva de consumo, compromisso de ajustamento de conduta, comissão de conciliação prévia trabalhista, Tabelionatos, Juiza de Paz, avaliação neutra de terceiro."[13] Contudo, a renúncia, a desistência e o reconhecimento do pedido constituem formas de autocomposição unilateral[14], sendo a confissão um meio de prova.

Rinaldo Mouzalas de Souza e Silva, em tese de doutorado apresentada perante o Programa de Pós-Graduação em Direito da Faculdade de Direito do Recife, cujo título é "Autotutela pelo particular no direito privado brasileiro", traz importantes reflexões acerca do tema. No trabalho, ele desmistifica dogmas como os de que a autotutela exige força, urgência, ou que necessite de lei autorizativa.

O autor conceitua a autotutela como a "[...] realização direta de direito pelo respectivo titular, no plano extraprocessual, com observância da razoabilidade e da proporcionalidade, sendo o resultado decorrente de seu exercício correspondente àquele que seria alcançado em razão de oferta de prestação jurisdicional." Ademais, embora considere a autotutela método adequado de tratamento de conflitos, a diferencia dos demais meios, especialmente em razão da possibilidade de controle formal e material pela via jurisdicional.[15]

Analisando a autotutela pelo viés constitucional, Raquel assevera a necessidade de se ter uma visão reconstrutiva, revigorada e funcionalizada do instituto, em favor de uma leitura que exprima a realização e defesa de interesses no plano substancial. Neste sentido, a autotutela se enquadraria "[...] no próprio conteúdo das situações subjetivas, como uma fase (não necessária) do desenvolvimento da relação jurídica, em função da plena atuação dos interesses nela envolvidos."[16]

---

13. MANCUSO, Rodolfo de Camargo. *A Resolução de conflitos e a função judicial no contemporâneo Estado de direito*. São Paulo: Ed. RT, p. 185-186.

14. Sobre o tema, cf.: CABRAL, Trícia Navarro Xavier. *Limites da liberdade processual*. 2ed. Indaiatuba: FOCO, 2021, p. 67-69.

15. Rinaldo Mouzalas de Souza e Silva, em tese de doutorado apresentada perante o Programa de Pós-Graduação em Direito da Faculdade de Direito do Recife, cujo título é "Autotutela pelo particular no direito privado brasileiro". p. 306-311.

16. SALLES, Raquel Bellini de Oliveira. *A autotutela pelo inadimplemento nas relações contratuais* / Raquel Bellini de Oliveira Salles – 2011. 258 f – Tese (Doutorado). Universidade do Estado do Rio de Janeiro, Faculdade de Direito.

Em comum nos doutrinadores mencionados, está o reconhecimento de que a autotutela constitui um método adequado de solução de controvérsias e deve ganhar maior protagonismo no sistema de Justiça Multiportas.

3. CATEGORIAS DE AUTOTUTELA

A autotutela possui diferentes espécies e nem todas acomodarão todas as características. Isso dificulta a compreensão do instituto, na medida em que suas hipóteses podem conter elementos distintos umas das outras.

Rinaldo Mouzalas de Souza e Silva, no trabalho em que se debruçou sobre a evolução do tema, analisou, categorizou e sistematizou o exercício da autotutela, por meio do estabelecimento de pressupostos e requisitos, aqui sintetizados nos seguintes termos[17]:

a) *pressupostos gerais: extraprocessualidade; titularidade de direito; não realização voluntária do direito; ausência de impedimento ao uso da autotutela; poder de realização do direito pelo seu titular;*

b) *pressupostos especiais: se o direito não for potestativo ou, sendo-o, exigir cooperação da parte adversa da relação jurídica: violação ou ameaça a direito; urgência ou certificação do direito (esta amparada em previsão legal ou contratual).*

c) *requisitos gerais: resultado equivalente ao da prestação jurisdicional; realização do direito por seu titular; não utilização de força, exceto quando a lei expressamente a autorize; não invasão do patrimônio da parte adversa; não atentar contra a ordem pública e a paz social;*

d) *requisito especial: se não verificada urgência, estabelecimento e respeito a procedimento firmado com observância ao devido processo legal.*

Conclui-se, assim, que existência de urgência, de violência, e do uso da força não são elementos que, por si só, caracterizam a autotutela, que pode ter diferentes formatos e espécies, e que sempre devem observar a legalidade para que tenham a devida legitimidade social.

4. EXEMPLOS DE AUTOTUTELA

No Brasil, salvo raras exceções, a autotutela é vedada, constituindo crime, pelo particular, de exercício arbitrário das próprias razões (art. 345, Código Penal) e, se for o Estado, de exercício arbitrário ou abuso de poder[18].

---

17. Rinaldo Mouzalas de Souza e Silva, em tese de doutorado apresentada perante o Programa de Pós-Graduação em Direito da Faculdade de Direito do Recife, cujo título é "Autotutela pelo particular no direito privado brasileiro", p. 303.

18. DIDIER JR., Fredie. *Curso de direito processual civil.* 22. ed. Salvador: Jus Podivm, 2020, v. 1, p. 209-210.

Contudo, conforme foi identificado, a autotutela não se aplica apenas na inércia do Poder Estatal e pode possuir categorias variadas. Como consequência, temos mais hipóteses de autotutela em nosso cotidiano do que inicialmente supomos.

Ada Pellegrini Grinover elenca os seguintes exemplos de autotutela: o direito de retenção (arts. 578, 644, 1.219, 1.433, inc. II, 1.434 do CC); o desforço imediato (art. 1.210, §1°, do CC); o direito de cortar raízes e ramos de árvores limítrofes que ultrapassem a extrema do prédio (CC, art. 1.283); a realização de prisões em flagrante (CPP, art. 301); os atos que, embora tipificados como crime, sejam realizados em legítima defesa ou estado de necessidade (CP, arts. 24-25; CC, arts. 2188, 929 e 930)[19].

Já Rinaldo Mouzalas de Souza e Silva, divide as espécies de autotutela em: a) de uso autorizado (previstas em lei); e b) de uso admitido permitida (previsão contratual ou por meio de aplicação analógica à lei ou interpretação extensiva.[20] Após citar inúmeras hipóteses, para cada uma o autor indica seus pressupostos, requisitos e limites.[21]

Importante ressaltar que, para que a autotutela seja considerada legítima, ela não pode ser de uso proibido.

Por sua vez, Samir José Caetano Martins, ao tratar da autotutela moderna, exemplifica a execução prevista na Lei dos Condomínios e Incorporações, que permite enquadrar as execuções extrajudiciais de créditos imobiliários na categoria jurídica da autotutela, uma vez que há uma interferência direta e concreta na esfera jurídica do sujeito atingido por obra do próprio interessado.[22]

Verifica-se, portanto, que ao longo do tempo, os estudos acerca da autotutela têm evoluído não só em termos conceituais, mas também para ampliar as suas hipóteses autorizativas.

A discussão atual na doutrina gira em torno de saber se os *smart contracts* seriam hipóteses de autotutela.[23]

---

19. GRINOVER, Ada Pellegrini. A Inafastabilidade do Controle Jurisdicional e uma Nova Modalidade de Autotutela. *Revista Brasileira de Direito Constitucional* – RBDC, n. 10, jul./dez. 2007, p. 13.

20. Rinaldo Mouzalas de Souza e Silva, em tese de doutorado apresentada perante o Programa de Pós-Graduação em Direito da Faculdade de Direito do Recife, cujo título é "Autotutela pelo particular no direito privado brasileiro" p. 130-132.

21. Rinaldo Mouzalas de Souza e Silva, em tese de doutorado apresentada perante o Programa de Pós-Graduação em Direito da Faculdade de Direito do Recife, cujo título é "Autotutela pelo particular no direito privado brasileiro" p. 132-222.

22. MARTINS, Samir José Caetano. Execuções extrajudiciais de créditos imobiliários: o debate sobre sua constitucionalidade. *Revista de Processo*, v. 196/2011, p. 21-64, jun. 2011.

23. Delber Pinto Gomes assevera que o termo "Smart Contracts" surgiu na última década do século XX, a partir das lições do advogado e tecnólogo de Nick Azabo, e podem ser considerados "[...] algoritmos informáticos que executam automaticamente os termos contratuais, verificadas as condições previamente programadas." p. 42-44. Acrescenta que a executoriedade dos "Smart Contracts" se tornou possível a partir da utilização da tecnologia Blockchain, a qual, por sua vez a sua "[...] base de dados distribuída (descentralizada), garante a imutabilidade das cadeias de informação que a compõem, através de sistemas de verificação algorítmica e criptográfica." (GOMES, Delber Pinto. Contratos ex machina: breves notas sobre a introdução da tecnologia Blockchaine Smart Contracts. *Revista Electrónica De Direito*, out. 2018, n. 3, (v. 17) DOI 10.24840/2182-9845_2018-0003_0003. Disponível em: https://ssrn.com/abstract=3352031p. p. 39-55, p. 42-45. p. 45).

Antônio do Passo Cabral conceitua os *smart contracts* como [...] negócios jurídicos eletrônicos, que têm regras para supervisão do adimplemento que se desenrolam automaticamente a partir de um acontecimento relevante (evento-gatilho) que indica o cumprimento da prestação da contraparte".[24] A partir disso, conclui que os *smart contracts* reorganizam a lógica da autotutela, uma vez que eliminam o juízo de execução por relacionarem as partes diretamente aos sujeitos que definem o cumprimento. E, considerando esses novos mecanismos, o autor entende que a abrangência do conceito de jurisdição poderia ser repensada, para se excluir do âmbito jurisdicional alguns atos executivos, como poderia ser o caso da execução das decisões arbitrais pelo próprio juízo arbitral.[25]

Paulo Lucon apresentou durante as XXVII Jornadas Iberoamericanas de Direito Processual (2023) um relatório geral sobre o tema "A autocomposição (*smart contracts*), os equivalestes jurisdicionais e a desjudicialização", envolvendo uma consulta realizada a estudiosos de diversos países ibero-americanos, por meio de questões que foram respondidas a partir de suas tradições jurídicas. Revelou-se que os *smart contracts* ainda não fazem parte do cotidiano jurídico, muito menos para fins de autocomposição. Identificou-se, ainda, a falta de regulamentação sobre o tema, apesar de existir alguns estudos. No campo da autocomposição, verificou-se a existência de plataformas em uso que visam à obtenção de acordos via *smart contracts*, como a *OpenLaw*, a *Jur* e a *Pactum*, baseadas em *blockchain* que permite a criação e execução de contratos inteligentes, incluindo os de autocomposição, mas não são instrumentos de *blockchain* para fins de autotutela.[26]

Em sentido contrário, Rinaldo Mouzalas de Souza e Silva assevera que os *smart contracts* não sustentam hipóteses de autotutela, eis que, pela ínsita inflexibilidade, eles são considerados instrumentos de extensão de consentimento que justificam autoexecução, a descaracterizar, assim, a autotutela.[27]

Acompanhando a divergência, Eduardo Talamini e André Guskow Cardoso concluem que o *smart contract* não seria uma autotutela, pois: a) a autoexecução de um contrato não se confunde com a autotutela da parte contratante; b) a autotutela é uma reação à negação, resistência ou não satisfação de uma pretensão, o que nem chega a existir no *smart contract*; c) a autoexecutoriedade não decorre de uma ameaça real e objetiva, pois já é inerente à dinâmica do *smart contract*; d) não há imposição unilateral

---

24. CABRAL, Antonio do Passo. Processo e tecnologia: novas tendências. *Revista do Ministério Público do Estado do Rio de Janeiro*, n. 85, jul./set. 2022. p. 19-43.
25. CABRAL, Antonio do Passo. Processo e tecnologia: novas tendências. *Revista do Ministério Público do Estado do Rio de Janeiro*, n. 85, jul./set. 2022. p. 19-43.
26. LUCON, Paulo Henrique dos Santos. A autocomposição (smart contracts), os equivalentes jurisdicionais e a desjudicialização. In.: VADELL, Lorenzo M Bujosa... [et al.] (Org.). *O sistema processual do século XXI*: novos desafios. Londrina: Thoth, 2023, p. 161-174.
27. Rinaldo Mouzalas de Souza e Silva, em tese de doutorado apresentada perante o Programa de Pós-Graduação em Direito da Faculdade de Direito do Recife, cujo título é "Autotutela pelo particular no direito privado brasileiro". p. 72.

de um resultado por uma parte sobre a outra; e) a impossibilidade de interrupção de um resultado deriva de uma inviabilidade prática e não advém de um ato de força de um contratante sobre o outro. Acrescentam que o *smart contract* estabelece direitos potestativos e estados de sujeição, cujo autocumprimento é ajustado contratualmente.[28]

Percebe-se, assim, que a autotutela é tema palpitante em nossa doutrina, mas que merecia ser ampliada como método adequado e legítimo de prevenção e solução de conflitos, contribuindo, inclusive, para a expansão da Justiça Multiportas.

---

28. CARDOSO, André Guskow; TALAMINI, Eduardo. In: BELLIZZE, Marco Aurelio; MENDES, Aluisio Gonçalves de Castro; ALVIM, Teresa Arruda; CABRAL, Trícia Navarro Xavier. *Execução civil*: novas tendências. Indaiatuba: FOCO, 2022. p. 189-193.

Capítulo IV
JUSTIÇA ESTATAL

1. PODER JUDICIÁRIO BRASILEIRO

As transformações sociais, jurídicas, legislativas, políticas e econômicas afetaram não só o Poder Judiciário, mas principalmente a forma de prestação da tutela jurisdicional.

As premissas basilares que estabelecem a estrutura e o funcionamento do Poder Judiciário estão estabelecidos nos artigos 92 a 126, da Constituição da República de 1988, o que inclui autonomia administrativa e financeira (art. 99, CF/88).

De acordo com o art. 92, da CF/88, a sua composição inclui os seguintes órgãos:

I – o Supremo Tribunal Federal;

I-A o Conselho Nacional de Justiça; (Incluído pela Emenda Constitucional 45, de 2004)

II – o Superior Tribunal de Justiça;

II-A – o Tribunal Superior do Trabalho; (Incluído pela Emenda Constitucional 92, de 2016)

III – os Tribunais Regionais Federais e Juízes Federais;

IV – os Tribunais e Juízes do Trabalho;

V – os Tribunais e Juízes Eleitorais;

VI – os Tribunais e Juízes Militares;

VII – os Tribunais e Juízes dos Estados e do Distrito Federal e Territórios.

Eles são responsáveis por decisões administrativas e jurisdicionais, cada qual dentro de sua competência constitucionalmente estabelecida.

Ademais, são asseguradas aos juízes inúmeras garantias (art. 95, CF/88), bem como estabelecidas algumas vedações (art. (art. 95, parágrafo único, da CF/88), com o objetivo de assegurar a necessária independência e imparcialidade do julgador.

A Constituição Federal também previu as funções essenciais à justiça, exercidas pelas carreiras do Ministério Público (arts. 127 a 130), da advocacia pública (arts. 131 e 132), da advocacia privada (art. 133) e da Defensoria Pública (arts 134 a 135), responsáveis pela defesa de direitos fundamentais e pelo adequado funcionamento do sistema de justiça.

Toda essa estrutura objetiva oferecer à sociedade brasileira mecanismos eficientes de acesso à justiça (art. 5º, XXXV, CF/88), o que não significa que os conflitos devam ser resolvidos no próprio Poder Judiciário, já que o campo extrajudicial está repleto de ambientes adequados de tratamento de controvérsias.

Dessa forma, embora a justiça estatal seja bastante ampla, democrática e seu acesso constitua um direito fundamental, é necessário que a sua utilização seja racional e que de fato exclua outros ambientes mais adequados, baratos, rápidos e eficientes.

Assim, diante de um conflito, deve-se diagnosticar as suas peculiaridades subjetivas e objetivas para, após, escolher a via que efetivamente seja proporcional à solução da questão, evitando-se banalizar o uso do Poder Judiciário. Aliás, pela lógica contemporânea, a judicialização deve ser o último caminho a ser eleito, quando se constatar que os demais não se mostram adequados para a resolução da disputa.

Em outros termos, no contexto da Justiça Multiportas, a justiça estatal, embora essencial e sempre à disposição do jurisdicionado, deve ser residual às formas extrajudiciais de solução de conflitos.

Com isso, é possível garantir maior dedicação e rendimento às controvérsias que chegam ao Judiciário, que hoje disputam espaço e tempo com litígios que deveriam ser resolvidos em outra esfera e por outros mecanismos mais apropriados.

Importante ressaltar que dentro do próprio Poder Judiciário há várias outras portas, com diferentes métodos de tratamento de conflito.

Assim, a parte pode, a depender da configuração do seu conflito, escolher demandar nos Juizados Especiais ou nas Varas residuais, escolher a tramitação do processo pela forma integralmente virtual, perante os Núcleos 4.0 (onde houver), solicitar sessão de conciliação ou mediação perante o Cejusc, se valer da justiça restaurativa, entre outras possibilidades.

Portanto, o Poder Judiciário pode ser concebido como um grande centro de resolução de disputas, responsável por concretizar a missão constitucional de promover a harmonia e a pacificação social.

2. CONSELHO NACIONAL DE JUSTIÇA[1]

O Poder Judiciário sofreu um grande impacto com a criação do Conselho Nacional de Justiça (CNJ)[2], por meio da Emenda Constitucional 45/2004, que inseriu o artigo 103-B na Constituição da República, estando a sua competência estabelecida no § 4º e seus incisos.[3]

---

1. O tema do CNJ foi tratado em alguns textos publicados pela autora, podendo-se destacar para fins da elaboração desse tópico: CABRAL, Trícia Navarro Xavier; AVILA, Henrique. Gestão judicial e solução adequada de conflitos: um diálogo necessário. *Soluções pacíficas de conflitos*: para um brasil moderno. São Paulo: Gen/Forense, 2019, v. 1, p. 169-186. E ainda: CABRAL, Trícia Navarro Xavier; SANTIAGO, Hiasmine. Resolução 125/2010 do Conselho Nacional de Justiça: avanços e perspectivas. *Revista Eletrônica CNJ*, v. 4, p. 199-211, 2020.

2. O assunto também foi abordado em: CABRAL, Trícia Navarro Xavier. Ordem pública processual. Brasília: Gazeta Jurídica, 2015, p. 101-112.

3. "Art. 103-B [...]: "§ 4º Compete ao Conselho o controle da atuação administrativa e financeira do Poder Judiciário e do cumprimento dos deveres funcionais dos juízes, cabendo-lhe, além de outras atribuições que lhe forem

CAPÍTULO IV • JUSTIÇA ESTATAL **151**

O Conselho Nacional de Justiça tem por escopo criação de políticas públicas de administração judiciária que visam ao estabelecimento da transparência e da eficiência do Judiciário. Embora ele não exerça função jurisdicional, atua em processos administrativos de sua competência.

Ademais, o CNJ, como é mais conhecido, tem por missão ser instrumento de desenvolvimento do Poder Judiciário, contribuindo para o alcance da efetividade da prestação jurisdicional para beneficiá-la e obter seu reconhecimento. Seus valores são: agilidade, ética, imparcialidade, probidade e transparência. O órgão é composto por 15 conselheiros, com direitos e deveres estabelecidos em seu Regimento Interno.

Assim, o CNJ é uma instituição pública que visa a aperfeiçoar e modernizar o trabalho do sistema judiciário brasileiro, no que tange ao controle e à transparência administrativa e processual. Em razão disso, os integrantes do Poder Judiciário, que sempre tiveram ampla liberdade administrativa e financeira, inicialmente foram reticentes à presença desse controle externo, sob o argumento de que essa interferência poderia violar a própria independência da magistratura.

Com o tempo, o CNJ mostrou-se imprescindível para a boa gestão e eficiência do Poder Judiciário. O referido órgão de controle passou a exercer uma firme fiscalização sobre a administração e sobre os membros e órgãos do Judiciário, criando metas e pro-

---

conferidas pelo Estatuto da Magistratura: I – zelar pela autonomia do Poder Judiciário e pelo cumprimento do Estatuto da Magistratura, podendo expedir atos regulamentares, no âmbito de sua competência, ou recomendar providências; II – zelar pela observância do art. 37 e apreciar, de ofício ou mediante provocação, a legalidade dos atos administrativos praticados por membros ou órgãos do Poder Judiciário, podendo desconstituí-los, revê-los ou fixar prazo para que se adotem as providências necessárias ao exato cumprimento da lei, sem prejuízo da competência do Tribunal de Contas da União; III – receber e conhecer das reclamações contra membros ou órgãos do Poder Judiciário, inclusive contra seus serviços auxiliares, serventias e órgãos prestadores de serviços notariais e de registro que atuem por delegação do poder público ou oficializados, sem prejuízo da competência disciplinar e correcional dos tribunais, podendo avocar processos disciplinares em curso e determinar a remoção, a disponibilidade ou a aposentadoria com subsídios ou proventos proporcionais ao tempo de serviço e aplicar outras sanções administrativas, assegurada ampla defesa; IV – representar ao Ministério Público, no caso de crime contra a administração pública ou de abuso de autoridade; V – rever, de ofício ou mediante provocação, os processos disciplinares de juízes e membros de tribunais julgados há menos de um ano; VI – elaborar semestralmente relatório estatístico sobre processos e sentenças prolatadas, por unidade da Federação, nos diferentes órgãos do Poder Judiciário; VII – elaborar relatório anual, propondo as providências que julgar necessárias, sobre a situação do Poder Judiciário no País e as atividades do Conselho, o qual deve integrar mensagem do Presidente do Supremo Tribunal Federal a ser remetida ao Congresso Nacional, por ocasião da abertura da sessão legislativa. § 5º O Ministro do Superior Tribunal de Justiça exercerá a função de Ministro-Corregedor e ficará excluído da distribuição de processos no Tribunal, competindo-lhe, além das atribuições que lhe forem conferidas pelo Estatuto da Magistratura, as seguintes: I – receber as reclamações e denúncias, de qualquer interessado, relativas aos magistrados e aos serviços judiciários; II – exercer funções executivas do Conselho, de inspeção e de correição geral; III – requisitar e designar magistrados, delegando-lhes atribuições, e requisitar servidores de juízos ou tribunais, inclusive nos Estados, Distrito Federal e Territórios. § 6º Junto ao Conselho oficiarão o Procurador-Geral da República e o Presidente do Conselho Federal da Ordem dos Advogados do Brasil. § 7º A União, inclusive no Distrito Federal e nos Territórios, criará ouvidorias de justiça, competentes para receber reclamações e denúncias de qualquer interessado contra membros ou órgãos do Poder Judiciário, ou contra seus serviços auxiliares, representando diretamente ao Conselho Nacional de Justiça." (Disponível em: <http://www.planalto.gov.br/ccivil_03/constituicao/constituicaocompilado.htm>. Acesso em: 22 out. 2013).

gramas, cobrando resultados e exercendo julgamentos que efetivamente mudaram o perfil do referido Poder, especialmente diante da publicidade de seus atos e da efetiva ingerência sobre as condutas dos juízes e membros de tribunais.[4]

Para esse fim, o CNJ utiliza a Gestão de Processos como metodologia para acompanhar, avaliar e redesenhar os processos de trabalho, visando à melhoria contínua destes e o alcance dos objetivos estratégicos da organização.

As ações são divididas em 11 macroprocessos, relacionados à governança judiciária (promoção da cidadania, do acesso à justiça e da modernização do Judiciário,) e, também, à correição e fiscalização, permitindo uma visão sistêmica e abrangente da atuação do CNJ[5], ajudando, inclusive, na solução das dificuldades quantitativas e qualitativas dos Tribunais brasileiros.

Com os impactos de eficiência nos tribunais, o CNJ conquistou enorme adesão da sociedade civil[6].

---

4. "A obrigação de atuação eficiente, portanto, em termos simplificados, impõe: a) ação idônea (eficaz); b) ação econômica (otimizada) e c) ação satisfatória (dotada de qualidade). [...] Diante do que vem de ser dito, pode-se definir o princípio da eficiência como a *exigência jurídica, imposta aos exercentes de função administrativa, ou simplesmente aos que manipulam recursos públicos vinculados de subvenção ou fomento, de atuação idônea, econômica e satisfatória na realização de finalidades públicas assinaladas por lei, ato ou contrato de direito público.*" (MODESTO, Paulo, Notas para um debate sobre o princípio constitucional da eficiência. Revista doServiçoPúblicoAno 51Número 2Abr-Jun 2000, p. p. 114). Disponível em: Vista do Notas para um debate sobre o princípio da eficiência (enap.gov.br). Acesso em: 12 set. 2023. (Grifei).

5. Disponível em: <http://www.cnj.jus.br/sobre-o-cnj/macroprocessos>. Acesso em: 08 jan. 2015.

6. "Ação declaratória de constitucionalidade, ajuizada em prol da Resolução 07, de 18/10/2005, do Conselho Nacional de Justiça. Medida cautelar. [...] A Resolução 07/05 se dota, ainda, de caráter normativo primário, dado que arranca diretamente do § 4º do art. 103-B da Carta-cidadã e tem como finalidade debulhar os próprios conteúdos lógicos dos princípios constitucionais de centrada regência de toda a atividade administrativa do Estado, especialmente o da impessoalidade, o da eficiência, o da igualdade e o da moralidade. O ato normativo que se faz de objeto desta ação declaratória densifica apropriadamente os quatro citados princípios do art. 37 da Constituição Federal, razão por que não há antinomia de conteúdos na comparação dos comandos que se veiculam pelos dois modelos normativos: o constitucional e o infraconstitucional. Logo, o Conselho Nacional de Justiça fez adequado uso da competência que lhe conferiu a Carta de Outubro, após a Emenda 45/04. Noutro giro, os condicionamentos impostos pela Resolução em foco não atentam contra a liberdade de nomeação e exoneração dos cargos em comissão e funções de confiança (incisos II e V do art. 37). Isto porque a interpretação dos mencionados incisos não pode se desapegar dos princípios que se veiculam pelo caput do mesmo art. 37. Donde o juízo de que as restrições constantes do ato normativo do CNJ são, no rigor dos termos, as mesmas restrições já impostas pela Constituição de 1988, dedutíveis dos republicanos princípios da impessoalidade, da eficiência, da igualdade e da moralidade. É dizer: o que já era constitucionalmente proibido permanece com essa tipificação, porém, agora, mais expletivamente positivado. Não se trata, então, de discriminar o Poder Judiciário perante os outros dois Poderes Orgânicos do Estado, sob a equivocada proposição de que o Poder Executivo e o Poder Legislativo estariam inteiramente libertos de peias jurídicas para prover seus cargos em comissão e funções de confiança, naquelas situações em que os respectivos ocupantes não hajam ingressado na atividade estatal por meio de concurso público. O modelo normativo em exame não é suscetível de ofender a pureza do princípio da separação dos Poderes e até mesmo do princípio federativo. Primeiro, pela consideração de que o CNJ não é órgão estranho ao Poder Judiciário (art. 92, CF) e não está a submeter esse Poder à autoridade de nenhum dos outros dois; segundo, porque ele, Poder Judiciário, tem uma singular compostura de âmbito nacional, perfeitamente compatibilizada com o caráter estadualizado de uma parte dele. Ademais, o art. 125 da Lei Magna defere aos Estados a competência de organizar a sua própria Justiça, mas não é menos certo que esse mesmo art. 125, caput, junge essa organização aos princípios 'estabelecidos' por ela, Carta Maior, neles incluídos os constantes do art. 37, cabeça. Medida liminar deferida para, com efeito vinculante: a) emprestar

Não obstante, se antes a preocupação dos juízes era somente com a justiça de suas decisões, agora precisa conviver com outras exigências, como prazos, relatórios de produtividade e controles funcional e social.

Fredie Didier Jr. e Leandro Fernandes fazem a diferenciação da administração judiciária e administração da justiça. A primeira corresponderia à gestão dos tribunais ou *court management*, por meio de "[...] conjunto de técnicas, institutos e arranjos institucionais relativos à organização e ao exercício das funções do Poder Judiciário." Já a segunda – administração da justiça – seria mais ampla, considerada globalmente, incluindo a "[...] estruturação e o funcionamento de variadas instituições que integram o sistema de justiça [...]".[7]

Na sequência, os autores evidenciam a existência de um novo direito: o da boa administração da justiça.[8]

Pode-se afirmar, com segurança, que o Conselho Nacional de Justiça tem promovido um verdadeiro choque de gestão no Poder Judiciário brasileiro, objetivando à melhoria de sua eficiência.

Isso porque, de acordo com a última publicação do Justiça em Números (2023 ano-base 2022) do Conselho Nacional de Justiça (CNJ), o Poder Judiciário encontra-se com 81,4 milhões de processos em tramitação, demonstrando que o estoque de processos só aumenta.[9]

A esse diagnóstico desanimador podem ser imputadas diversas causas sociais, políticas e jurídicas, mas também se deve a uma postura comportamental que se desenvolveu nas últimas décadas no ordenamento pátrio.

Com efeito, a Constituição da República, em seu art. 5º, XXXV, assegura o amplo acesso à justiça ao dizer que: "*A lei não excluirá da apreciação do Poder Judiciário lesão ou ameaça a direito.*" Trata-se do chamado princípio da inafastabilidade do controle jurisdicional, que permite a postulação de tutela jurisdicional preventiva ou reparatória, versando sobre direitos individuais ou coletivos.

---

interpretação conforme para incluir o termo 'chefia' nos inciso II, III, IV, V do artigo 2º do ato normativo em foco b) suspender, até o exame de mérito desta ADC, o julgamento dos processos que tenham por objeto questionar a constitucionalidade da Resolução 07/2005, do Conselho Nacional de Justiça; c) obstar que juízes e Tribunais venham a proferir decisões que impeçam ou afastem a aplicabilidade da mesma Resolução 07/2005, do CNJ e d) suspender, com eficácia *ex tunc*, os efeitos daquelas decisões que, já proferidas, determinaram o afastamento da sobredita aplicação." (STF – MC ADC n. 12, Tribunal Pleno, rel. Min. Carlos Britto, j. 16.02.2006, *DJ*, de 01.09.2006).

7. DIDIER JR., Fredie; FERNANDEZ, Leandro. *O Conselho Nacional de Justiça e o Direito Processual*: administração judiciária, boas práticas e competência normativa. 2. ed. Revista, atualizada e ampliada. Salvador: JusPODIVM, 2023, p. 29-30.

8. DIDIER JR., Fredie; FERNANDEZ, Leandro. *O Conselho Nacional de Justiça e o Direito Processual*: administração judiciária, boas práticas e competência normativa. 2. ed. Revista, atualizada e ampliada. Salvador: JusPODIVM, 2023, p. 33-36.

9. Disponível em: justica-em-numeros-2023.pdf. Acesso em: 2 set. 2023.

Essa garantia constitucional ganhou outros reforços legislativos e estruturais, como o inciso LXXIV, do art. 5º da própria Constituição que estabelece a assistência judiciária integral e gratuita aos que comprovarem insuficiência de recursos.

Ainda no campo legislativo, a Lei 9.099/95 trouxe grandes avanços aos jurisdicionados, ao possibilitar – nas hipóteses em que a lei especifica – o direito de ação sem a presença de advogado, de forma gratuita e com um procedimento mais simples.

Ademais, a estruturação da Defensoria Pública também foi importante fator de facilitação do acesso à justiça, já que proporcionou a concretização da assistência jurídica aos cidadãos mais necessitados, tanto no âmbito extrajudicial quanto na esfera judicial.

Por sua vez, esses fenômenos foram acompanhados de uma alteração no comportamento de consumo do brasileiro e do crescimento dos conflitos de massa, cuja proteção já havia sido devidamente regulamentada, especialmente pelo Código de Defesa do Consumidor (Lei 8.078/1990).

Outro fator que também contribuiu para uma mudança no papel do Poder Judiciário no contexto nacional foi o incremento da judicialização da vida pública (interferência em políticas públicas) e uma politização do poder judicial (tensão política entre magistrados e políticos). O equilíbrio está na releitura da governança do poder judicial e nos órgãos de controle externo, garantindo a independência da judicatura e a qualidade judicial, bem como responsabilidade e responsabilização.

Observa-se, pois, que essas são apenas algumas circunstâncias responsáveis pelo caos que se formou no Poder Judiciário, que se viu impotente em sua missão de solucionar os conflitos e pacificar a sociedade, causando recorrente frustração ao jurisdicionado.

E como consequência interna dessa hiperjudicialização, o que se tem no cotidiano forense é uma latente falta de credibilidade na instituição judiciária, que acaba refletindo no comportamento dos profissionais do direito, por meio de desestímulo com a carreira, constantes problemas de saúde – físico e mental –, inadequação no tratamento ao próximo, baixa produtividade, numerosas reclamações perante os órgãos de controle, só para citar alguns dos efeitos colaterais. E nessa situação se encontram os juízes, advogados, promotores, servidores, estagiários, e outros atores que compõem e atuam no sistema judicial.

Assim, foi necessário se repensar em uma nova forma de gestão e tratamento dos conflitos, o que acabou ensejando mudanças na política judiciária, incluindo a adoção de uma maior gestão administrativa e processual, além da utilização de variados e eficientes métodos de resolução de controvérsias, capazes de conferir a esperada qualidade e humanização aos que necessitam da Justiça.

Portanto, o CNJ imprimiu uma governança judiciária que tem propiciado a melhora dos serviços que são prestados à nossa sociedade.

CAPÍTULO IV • JUSTIÇA ESTATAL   **155**

2.1   Política Judiciária Nacional de tratamento adequado dos conflitos de interesses

A preocupação do CNJ com o tratamento adequado dos conflitos é concomitante ao surgimento do próprio órgão.

O Conselho Nacional de Justiça foi certeiro ao diagnosticar que a tentativa de se resolver todos os conflitos sociais por meio de uma decisão adjudicada já não mais atendia à estrutura do Poder Judiciário e nem aos próprios consumidores da Justiça.

Assim, por meio da Resolução 125, de 2010, o Conselho Nacional de Justiça instituiu a Política Judiciária Nacional de tratamento adequado dos conflitos de interesses no âmbito do Poder Judiciário, chamando para o órgão julgador a responsabilidade de incrementar as atividades de conciliação e mediação[10], incluindo-as como legítimos mecanismos de resolução de controvérsias, tanto as pré-processuais como as judicializadas. Essa iniciativa ganhou apoio do legislador nacional que, inspirado na Res. 125/2010, do CNJ, passou a incluiu o tema da autocomposição em outros projetos de lei.

Por essa Política buscou-se assegurar a todos o direito à solução dos conflitos por mecanismos adequados à sua natureza e complexidade, com vista à boa qualidade dos serviços judiciários e à disseminação da cultura da pacificação social, por meio da criação de uma estrutura física e pessoal própria, capaz de gerir as controvérsias de forma racional e profissional.

Essa estrutura idealizada é composta pelo Conselho Nacional de Justiça, que fica responsável, no âmbito nacional, por implementar o programa com a participação de rede constituída por todos os órgãos do Poder Judiciário e por entidades públicas e privadas parceiras, inclusive universidades e instituições de ensino, pelos Núcleos Permanentes de Métodos Consensuais de Solução de Conflitos (Nupemecs), que tratam dessa Política Judiciária no âmbito dos Tribunais Estaduais e Federais, e pelos Centros Judiciários de Solução de Conflitos e Cidadania (Cejuscs), responsáveis pela execução da Política Judiciária de tratamento adequado dos conflitos.

Nesse contexto, os Centros assumem a função de verdadeiros "Tribunais Multiportas", na medida em que são os responsáveis por oferecer as diversas opções de meios adequados de resolução dos conflitos, e ainda prestam serviços de orientação e informação ao cidadão. Assim, o interessado pode se dirigir ao Centro para a solução pré-processual do conflito, por mcio da realização de sessões de conciliação ou de mediação, conforme o caso, ou para tentar resolver consensualmente conflitos já judicializados, bem como para obter serviços de cidadania. Trata-se, pois, de órgão do

---

10. Sobre a origem e evolução do instituto da mediação, cf.: CHASE, Oscar G. I metodi alternativi di soluzione dele controversie e la cultura del processo: il caso degli Stati Uniti D'America. In: VARANO, Vincenzo (Org.). *L'altragiustizia*: il metodi alternativi di soluzione dele controversie nel diritto comparato. Milano: Dott. A. Giuffrè Editore, 2007, p. 129-156.

Poder Judiciário criado para efetuar a triagem, o tratamento, e a resolução adequada dos conflitos de interesses.

Além disso, uma vez existindo o processo judicial, o juiz assume papel de suma importância nessa Política Judiciária, competindo-lhe efetuar a triagem dos casos, podendo designar audiência de conciliação ou mediação para tentar a autocomposição, analisar a alegação de existência de convenção de arbitragem, atender ao pedido das partes de suspensão do feito para a tentativa de acordo extrajudicial, ou, se for a hipótese, julgar o litígio com ou sem resolução do mérito.

Como se observa, saímos de um modelo de justiça em que só se oferecia ao jurisdicionado a solução judicial e adjudicada do conflito, para um formato em que são disponibilizados variados métodos de resolução de disputa, cada qual usando técnicas que sejam mais apropriadas para atender às peculiaridades do caso concreto.

Com isso, o Poder Judiciário passa efetivamente a servir ao consumidor da justiça, e não o contrário. Muda-se a perspectiva única de tutela de direito pelo juiz, abrindo-se para a possibilidade de decisão construída pelos próprios litigantes, por meio do seu empoderamento.

Por conseguinte, busca-se mais qualidade, com menor custo, complexidade e tempo na resolução da controvérsia. E como resultado, a solução do conflito ganha mais legitimidade e, via reflexa, enseja menos risco de descumprimento.

2.2 Principais aspectos da Resolução 125 do Conselho Nacional de Justiça

Conforme já mencionado, a Resolução 125/2010 do CNJ[11] trouxe uma nova perspectiva quanto aos métodos de resolução de conflitos no Brasil, uma vez que permitiu que o Poder Judiciário incorporasse outros meios de resolução de conflitos, e ainda influenciou importantes legislações posteriores.

Assim, o presente tópico se destina a traçar um panorama geral das principais inovações trazidas pela disciplina sob exame, mas sem o exame pormenorizado dos dispositivos.

O primeiro aspecto que deve ser enaltecido foi a instituição de uma política pública para tratamento dos conflitos (art. 1º), o que se mostra relevante tanto no âmbito legislativo, quanto no aspecto de fomentar que os tribunais disponibilizem mecanismos adequados de solução de controvérsias.

Por sua vez, a previsão da mediação – e não só da conciliação – consistiu em relevante iniciativa de fomentar o referido método dentro do Poder Judiciário. Antes disso,

---

11. BRASIL. Conselho Nacional de Justiça. Presidência. *Resolução 125, de 29 de novembro de 2010.* Dispõe sobre a Política Judiciária Nacional de tratamento adequado dos conflitos de interesses no âmbito do Poder Judiciário e dá outras providências. Brasília, DF: Conselho Nacional de Justiça, [2020]. Disponível em: https://atos.cnj.jus.br/atos/detalhar/atos-normativos?documento=156#:~:text=CONFLITOS%20DE%20INTERESSES-,Art.,%-C3%A0%20sua%20natureza%20e%20peculiaridade. Acesso em: 15 ago. 2020.

a mediação só era encontrada na esfera privada ou em projetos públicos pontuais, mas sem grandes adesões.

De acordo com o referido ato normativo, incumbe ao próprio Conselho Nacional de Justiça organizar programa com o objetivo de "promover ações de incentivo à autocomposição de litígios e à pacificação social por meio da conciliação e da mediação" e fiscalizar os tribunais na realização das políticas autocompositivas (art. 4º).

Há, ainda, a possibilidade de que haja, para a implementação das ações, a formação de rede envolvendo parcerias com entidades públicas e privadas (art. 5º).

Ademais, também foi determinada aos tribunais a criação de Núcleos Permanentes de Métodos Consensuais de Solução de Conflitos (Núcleos), responsáveis pela política pública local, bem como pela capacitação, treinamento e atualização de mediadores, conciliadores e demais integrantes do Poder Judiciário, devendo, ainda, gerir e instalar os Centros Judiciários de Solução de Conflitos e Cidadania (art. 7º).

A redação original do artigo 8º[12] da Resolução previa a criação obrigatória dos referidos Centros nos locais em que havia mais de cinco unidades jurisdicionais (§ 2º), tendo estipulado o prazo de quatro meses para tanto, a partir da vigência da Resolução, nas Comarcas das Capitais e nas sedes das Seções e Regiões Judiciárias (§ 3º). Nas demais Comarcas, no entanto, fixou-se o prazo de até doze meses.[13]

Além de promover a devida capacitação dos mediadores e conciliadores, os Núcleos devem manter atualizados os cadastros e regulamentar a remuneração dos profissionais (art. 7º, incisos V e VIII).

---

12. Art. 8º. [...] § 2º Os Centros poderão ser instalados nos locais onde exista mais de uma unidade jurisdicional com pelo menos uma das competências referidas no *caput* e, obrigatoriamente, serão instalados a partir de 5 (cinco) unidades jurisdicionais. § 3º Nas Comarcas das Capitais dos Estados e nas sedes das Seções e Regiões Judiciárias, bem como nas Comarcas do interior, Subseções e Regiões Judiciárias de maior movimento forense, o prazo para a instalação dos Centros será de 4 (quatro) meses a contar do início de vigência desta Resolução. § 4º Nas demais Comarcas, Subseções e Regiões Judiciárias, o prazo para a instalação dos Centros será de 12 (doze) meses a contar do início de vigência deste ato. (BRASIL. Conselho Nacional de Justiça. Presidência. *Resolução 125, de 29 de novembro de 2010*. Dispõe sobre a Política Judiciária Nacional de tratamento adequado dos conflitos de interesses no âmbito do Poder Judiciário e dá outras providências. Brasília, DF: Conselho Nacional de Justiça, [2020]. [Trecho revogado pela Resolução 326, de 26 de junho de 2020]. Disponível em: https://atos.cnj.jus.br/atos/detalhar/atos-normativos?documento=156#:~:text=CONFLITOS%20DE%20 INTERESSES-,Art.,%C3%A0%20sua%20natureza%20e%20peculiaridade. Acesso em: 15 ago. 2020.

13. No caso do Tribunal de Justiça do Espírito Santo, por exemplo, não houve a instalação em todas as Comarcas e há, atualmente, 12 (doze) Cejuscs em todo o estado. De acordo com o Anexo I do Código de Organização Judiciária do Estado do Espírito Santo (Lei Complementar Estadual 234 de 2002) o Poder Judiciário do estado do Espírito Santo possui 69 Comarcas divididas em dez regiões, no entanto, foram instalados apenas doze Cejuscs, conforme se verifica no sítio eletrônico do Tribunal de Justiça do Espírito Santo. (ESPÍRITO SANTO. *Lei Complementar 234, de 18 de abril de 2002*. Dá nova redação ao Código de Organização Judiciária do Estado do Espírito Santo. Espírito Santo: Governo do Estado do Espírito Santo, [2015] Disponível em: http://www3. al.es.gov.br/Arquivo/Documents/legislacao/html/LEC2342002.html. Acesso em: 30 ago. 2020 e TRIBUNAL DE JUSTIÇA DO ESPÍRITO SANTO. *Contato – Lista de CEJUSCs*. Espírito Santo, [20--]. Disponível em: http://www.tjes.jus.br/institucional/nucleos/nupemec/centros-judiciarios-de-solucao-de-conflitos-e-cidadania-cejuscs/contato. Acesso em: 30 ago. 2020).

Nota-se, portanto, que houve três relevantes inserções na estrutura do Poder Judiciário para fomentar a política de solução de conflitos: a) a criação de Núcleos responsáveis pela gestão local da política; b) a regulamentação de atuação de mediadores e conciliadores; e c) a instauração de um espaço específico aberto aos jurisdicionados para solução dos conflitos (Centro Judiciário de Solução de Conflitos e Cidadania – Cejuscs), seja para a realização de sessões de mediação ou conciliação, a depender da natureza da causa, seja para a simples homologação de acordos firmados extrajudicialmente.

Diante disso, vê-se que a Resolução contempla a realização de conciliações e mediações não só nos procedimentos processuais, como também abrange uma fase pré-processual, para que a parte busque a solução de seu conflito antes mesmo de iniciar um processo judicial (art. 8°, § 1°), sendo, pois, uma política que se reveste de caráter preventivo.

Não obstante, os Cejuscs também são responsáveis pelo exercício da Cidadania, incumbindo-lhes a obrigação de prestar informações e encaminhamentos jurídicos (art. 10), tendo sido estipulado um prazo de doze meses aos tribunais para instalação gradativa desses serviços, caso não consigam fazê-lo imediatamente, conforme redação original do art. 1°, parágrafo único.[14]

Por fim, a Resolução determinou a criação de um portal de conciliação (art. 15), de responsabilidade do Conselho Nacional de Justiça (parágrafo único do art. 15), com a incumbência de publicar diretrizes de capacitação de conciliadores e mediadores e seu respectivo código de ética, compartilhar projetos e ações dos tribunais, bem como artigos, pesquisas e outros estudos, divulgar notícias relacionadas ao tema, entre outras funcionalidades.

2.3 As alterações da Resolução 125 do Conselho Nacional de Justiça

Ao longo dos últimos dez anos, observaram-se algumas alterações da Resolução 125/2010 do CNJ, objetivando a sua adaptação às novas exigências da própria política nacional.

Em primeiro lugar, pouco tempo depois da Resolução 125/2010, no ano de 2013, foi editada a "Emenda 1", cujas alterações foram mais relevantes nos seus anexos, com a revogação da disciplina sobre "Setores de Solução de Conflitos e Cidadania" e a inserção do Código de Ética de Conciliadores e Mediadores Judiciais.

---

14. A redação original do parágrafo único do artigo 1° da Resolução 125 de 2010 previa que "Parágrafo único. Aos órgãos judiciários incumbe oferecer mecanismos de soluções de controvérsias, em especial os chamados meios consensuais, como a mediação e a conciliação bem assim prestar atendimento e orientação ao cidadão. Nas hipóteses em que este atendimento de cidadania não for imediatamente implantado, esses serviços devem ser gradativamente ofertados no prazo de 12 (doze) meses". Contudo, esta redação foi suprimida pela Resolução 326 de 2020 do CNJ.

Mais adiante, sob a influência das novas legislações que formaram o microssistema de métodos adequados de solução de conflitos no Brasil (Lei 13.129/2015, que trouxe atualizações na Lei de Arbitragem, Lei 13.105/2015, que institui o Código de Processo Civil, e Lei 13.140/2015, que trata da Lei de Mediação), foi necessária nova modificação da Resolução 125, o que ocorreu no ano de 2016, por meio da Emenda 02.

A Emenda 02 trouxe vários dispositivos importantes em virtude da previsão expressa de realização de audiência de conciliação ou sessão de mediação no início do procedimento judicial pelo artigo 334 da Legislação Processual Civil.

Além disso, foi necessário regulamentar os cadastros de mediadores e a parceria com instituições privadas, especialmente após a Lei de Mediação, que trata do tema não adstrito apenas ao âmbito judicial.

Assim, houve a criação do Cadastro Nacional de Mediadores Judiciais e Conciliadores vinculados aos tribunais e sua respectiva avaliação realizada pelos jurisdicionados que se submeterem ao procedimento, o que contribui para eventual escolha futura dos profissionais por quem escolher o método. Também será possível avaliar câmaras e mediadores privados.

Em alinhamento com a disciplina do artigo 169[15] do Código de Processo Civil, foi introduzida a possibilidade de parâmetro de remuneração a partir das avaliações das partes, o que é importante para que o facilitador também seja remunerado de acordo com sua atuação.

Nesse sentido, o CNJ editou a Resolução 271 no ano de 2018[16], que definiu parâmetros de pagamento dos mediadores e dos conciliadores em níveis remuneratórios (voluntário, básico, intermediário, avançado e extraordinário – art. 2º, § 1º), a depender de sua experiência na área.

A Emenda 02 ampliou, ainda, a obrigatoriedade de instalação dos Cejuscs, ficando estabelecido que todas as comarcas precisarão ser atendidas pelos referidos centros, seja na própria unidade, seja regional, seja itinerante. Ainda em relação ao campo de atuação, também houve a criação do Sistema de Mediação Digital para resolução de conflitos (art. 18-A).

---

15. Art. 169. Ressalvada a hipótese do art. 167, § 6º, o conciliador e o mediador receberão pelo seu trabalho remuneração prevista em tabela fixada pelo tribunal, conforme parâmetros estabelecidos pelo Conselho Nacional de Justiça. § 1º A mediação e a conciliação podem ser realizadas como trabalho voluntário, observada a legislação pertinente e a regulamentação do tribunal. § 2º Os tribunais determinarão o percentual de audiências não remuneradas que deverão ser suportadas pelas câmaras privadas de conciliação e mediação, com o fim de atender aos processos em que deferida gratuidade da justiça, como contrapartida de seu credenciamento. (BRASIL. *Lei 13.105, de 16 de março de 2015*. Institui o Código de Processo Civil. Brasília, DF: Presidência da República, [2019]. Disponível em: http://www.planalto.gov.br/ccivil_03/_ato2015-2018/2015/lei/l13105.htm. Acesso em: 20 ago. 2020).

16. BRASIL. Conselho Nacional de Justiça. *Resolução 271, de 11 de dezembro de 2018*. Fixa parâmetros de remuneração a ser paga aos conciliadores e mediadores judiciais, nos termos do disposto no art. 169 do Código de Processo Civil – Lei 13.105/2015 – e no art. 13 da Lei de Mediação – Lei 13.140/2015. Brasília, DF: Conselho Nacional de Justiça, 2018. Disponível em: https://atos.cnj.jus.br/atos/detalhar/2780. Acesso em: 30 ago. 2020.

Importante destacar que a Resolução 219 de 2016[17] conferiu aos Centros Judiciários de Solução de Conflitos e Cidadania a qualidade de unidades judiciárias, o que se revela positivo para que haja o devido remanejamento de servidores para atuação e não prejudique a atividade do local.

A legislação ainda previu que Fóruns de Coordenadores de Núcleos de Conciliação podem firmar enunciados, os quais terão força vinculante, desde que aprovados pela Comissão Permanente de Solução Adequada de Conflitos *ad referendum* do plenário (art. 12-A, § 2º). Destaca-se, ainda, que, na forma da legislação em exame, os fóruns deverão se reunir de acordo com o segmento da justiça (Federal ou Estadual) (art. 12-A, § 1º).

Houve, também, o reforço nos dados estatísticos para análise quantitativa e qualitativa da atuação da política autocompositiva nos tribunais (art. 13).

A fim de se adequar à legislação pertinente à advocacia, a Emenda 02 fez uma inclusão de um parágrafo no artigo 4º do Código de Ética dos Conciliadores e Mediadores.[18]

Isso porque o Código de Ética e Disciplina da Ordem dos Advogados do Brasil previu, no § 5º do artigo 48, que é vedada a redução de honorários advocatícios por ocasião de uma solução extrajudicial. Assim, a Emenda previu que incumbe aos Conciliadores e Mediadores criar um ambiente para que não haja a redução dos honorários dos causídicos, caso haja solução pelos métodos adequados.

Além disso, a Emenda 02 trouxe modificações nos Anexos da Resolução. No Anexo I foi regulamentada de forma específica a capacitação dos conciliadores e mediadores, com a previsão de diretrizes para formação do conteúdo programático do curso (Anexo I). O Anexo III, por sua vez, previu um Código de Ética de Conciliadores e Mediadores Judiciais para direcionar a atuação dos profissionais.

Recentemente, foi editada a Resolução 326 de 2020, a qual atualizou os atos normativos do Conselho Nacional de Justiça, entre os quais a Resolução 125. Nota-se, contudo, que houve apenas alterações formais na redação de determinados dispositivos, mas sem mudanças substanciais, as quais ocorreram, de fato, com a Emenda 02.

---

17. BRASIL. Conselho Nacional de Justiça. *Resolução 219, de 26 de abril de 2016*. Dispõe sobre a distribuição de servidores, de cargos em comissão e de funções de confiança nos órgãos do Poder Judiciário de primeiro e segundo graus e dá outras providências. Brasília, DF: Conselho Nacional de Justiça, 2016. Disponível em: https://atos.cnj.jus.br/atos/detalhar/atos-normativos?documento=2274. Acesso em: 30 ago. 2020.

18. Parágrafo único. O mediador/conciliador deve, preferencialmente no início da sessão inicial de mediação/conciliação, proporcionar ambiente adequado para que advogados atendam o disposto no art. 48, § 5º, do Novo Código de Ética e Disciplina da Ordem dos Advogados do Brasil. (Incluído pela Emenda 2, de 08.03.16).

    Atualmente, a redação foi modificada pela Resolução 326 de 2020 trouxe o seguinte enunciado: Parágrafo único. O mediador/conciliador deve, preferencialmente no início da sessão inicial de mediação/conciliação, proporcionar ambiente adequado para que advogados atendam ao disposto no art. 48, §5º, do Código de Ética e Disciplina da Ordem dos Advogados do Brasil de 2015. (Redação dada pela Resolução 326, de 26.6.2020).

2.4 Outras iniciativas do CNJ envolvendo conciliação e mediação

O CNJ possui uma política permanente de tratamento adequado de conflitos que não se resume ao estabelecido na Res. 125/2010. Na realidade, desde a sua criação o CNJ é envolvido com a temática da consensualidade.

Com efeito, ainda em 2006, foi instituído o Movimento Nacional pela Conciliação[19], com o compromisso de tentar alterar a cultura da litigiosidade para a cultura da pacificação.

Após promover debates acerca do incentivo à autocomposição, o CNJ lançou, ainda em 2006, a Semana Nacional da Conciliação, existente até os dias atuais, sendo que a cada ano ela se aprimora e foca em temas mais específicos. Em 2021, na 16ª edição do evento, foi feita uma campanha complementar para tratar a autocomposição das execuções civis e fiscais, cujos índices ainda são baixos. Já em 2022, na 17ª edição, houve um incentivo adicional ao incremento de acordos no âmbito tributário.

O CNJ possui, por previsão no art. 27 de seu Regimento Interno, Comissões Permanentes temáticas, que estão previstas na Resolução 296/2019. Entre elas: Art. 9º. À Comissão Permanente de Solução Adequada de Conflitos compete: I – coordenar e acompanhar o desenvolvimento da Política Judiciária Nacional de tratamento adequado dos conflitos e das demais políticas públicas voltadas à implementação dos métodos consensuais de solução de conflitos, a desjudicialização dos processos, bem como à prevenção dos litígios mediante medidas de incentivo à desjudicialização, entre outras; II – propor programas, projetos e ações relacionados aos métodos consensuais de solução de controvérsias; III – zelar pelo fortalecimento do sistema multiportas de acesso ao Poder Judiciário; IV – auxiliar no desenvolvimento de meios eletrônicos de resolução de conflitos; e V – supervisionar a atuação do Comitê Gestor da Conciliação do CNJ.

Outra ação promovida é o Prêmio Conciliar é Legal, instituído desde 2010 e que é realizado até hoje.

Também foi criado espaço no Portal de Boas Práticas para contemplar ações de conciliação e mediação.

Ademais, funciona do CNJ o ConciliaJud, sistema que reúne informações de formadores, instrutores, expositores, mediadores e conciliadores judiciais, bem como de ações de capacitação.

Não obstante, por meio do Ceajud (Centro de Formação e Aperfeiçoamento de Servidores do Poder Judiciário), são realizados inúmeros cursos de formação de instrutores e de conciliadores e mediadores.

---

19. Disponível em: Movimento pela Conciliação – Portal CNJ. Acesso em 05 mar. 2023.

O CNJ também realiza pesquisas e publicações sobre a temática, como o da jurisprudência administrativa do CNJ envolvendo a Política Nacional em comento[20] e os manuais e Guias de conciliação e mediação. Realização de diagnósticos, como foi o da remuneração dos mediadores.

O Departamento de Pesquisa Judiciária realiza eventos de pesquisa empírica sobre o assunto.

Regulamentação por meio de atos normativos que criaram, por exemplo Cejuscs temáticos, como empresarial, da saúde, tributário e do superendividamento.

Existe, ainda, um controle pela Corregedoria do cumprimento do art. 334, CPC. A Corregedoria também está avaliando o aperfeiçoamento do Provimento 67/2018 para implementar a conciliação e a mediação nas serventias extrajudiciais.

Ademais, o CNJ tem estimulado a cooperação judiciária nacional pelo Poder Judiciário.

Em suas Metas Nacionais permanentes, uma trata da conciliação: Meta 3 – Estimular a conciliação (Justiça Estadual, Justiça Federal e Justiça do Trabalho).

O CNJ constantemente atua como mediador interinstitucional, como o caso dos Precatórios, do Programa Destrava, destinado a destravar obras públicas no País, inclusive, por meio da mediação. Também atuou como mediador do desastre de Mariana, realizando inúmeras sessões de mediação visando à repactuação do acordo. Objetiva-se alcançar consenso entre os atores públicos e privados do referido desastre ambiental. Trata-se de grande tentativa de mediação em uma demanda absolutamente complexa.

Por sua vez, há importantes Iniciativas de desjudicialização, como o Programa Resolve, instituído em 2018, envolvendo questões previdenciárias, execução fiscal e planos econômicos.

O CNJ ainda é responsável pela apreciação dos enunciados do Fonamec – Fórum Nacional de Mediação e Conciliação, os quais, uma vez aprovados pela Comissão de Solução Adequada de Conflitos, vincula os tribunais.

Mais recentemente, por meio da Resolução 406/2021, foi instituído, no âmbito do próprio CNJ, o Numec – Núcleo de mediação e conciliação, para solucionar conflitos administrativos, sendo que vários casos já foram indicados e resolvidos pelo Núcleo.

Na parte tecnológica, um dos produtos foi os SIREC'S – Soluções tecnológicas para a resolução de conflitos pelo Poder Judiciário por meio da conciliação e mediação, previsto na Resolução CNJ 358/2020. Além disso, o CNJ tem incentivado a criação de Cejuscs virtuais e Núcleos 4.0 Cejusc.

---

20. Disponível em: Relatorio_de_Jurisprudencia_Administrativa_Conciliacao_e_Mediacao_2020-08-31.pdf (cnj.jus.br). Acesso em 05 mar. 2023.

Portanto, o tema do tratamento adequado de conflitos é uma pauta de grande relevância para o CNJ, que, por meio de atos normativos, ações, programas e projetos, promove importantes impactos do Poder Judiciário.

2.5 Os principais desafios práticos da política nacional de tratamento adequado de conflito

Conforme mencionado, a Resolução 125/2010, do CNJ inovou o sistema de solução de conflitos brasileiro. No entanto, mesmo passados dez anos de sua edição, há muitos desafios a serem enfrentados.

Isso porque ainda está muito enraizada na mentalidade da sociedade e dos sujeitos processuais a chamada "cultura da sentença", expressão utilizada por Kazuo Watanabe para se referir à prevalência da solução contenciosa e adjudicada na solução de conflitos de interesses. Ainda de acordo com o autor, por muito tempo se privilegiou a solução "certo ou errado", a qual é concentrada na figura do juiz em virtude de uma cultura litigante e paternalista da sociedade[21-22], que sempre se volta à autoridade pública como solucionador dos problemas. Assim, não havia, conforme leciona o professor, "qualquer espaço para a adequação da solução, pelo concurso da vontade das partes, à especificidade de cada caso".[23]

Referida postura já se iniciava na própria formação do profissional do direito, o qual sempre foi treinado em um modelo combativo de processo, uma vez que a estrutura curricular não oferecia disciplinas sobre os métodos adequados de solução de conflitos.

Ademais, os próprios integrantes do Poder Judiciário não dão o devido impulso aos meios adequados de tratamento de conflito. Vê-se, por exemplo, que a Resolução 125 ano entrou em vigor no ano de 2010, mas os tribunais demoraram a encampar a política pública nacional instituída pelo CNJ.

O Tribunal de Justiça do Espírito Santo, apesar de ter criado o Núcleo Permanente de Solução de Conflitos no ano de 2011 (Resolução 03/2011[24]), apenas regulamentou os Centros Judiciários de Solução de Conflitos e Cidadania no ano de 2013 (Resolução

---

21. SANTOS, Boaventura de Souza. *Para uma revolução democrática da justiça*. São Paulo: Cortez, 2011. p. 22.
22. Humberto Dalla Bernardina de Pinho e Karol Araújo Durço bem elucidam sobre o tema e afirmam de que o Estado, ciente de seu fracasso ao atender as necessidades mais básicas da população, forjou a ideia de que o Poder Judiciário deve ter uma posição paternalista em relação ao jurisdicionado. (PINHO, Humberto Dalla Bernardina de; DURÇO, Karol Araújo. A mediação e a solução dos conflitos no estado democrático de direito. O "juiz hermes" e a nova dimensão da função jurisdicional. *Revista Eletrônica de Direito Processual*, v. II, p. 20-54, 2008).
23. WATANABE, Kazuo. Cultura da sentença e cultura da pacificação. In: YARSHELL, Flávio Luiz; MORAES, Maurício Zanoide de (Org.). *Estudos em homenagem à Professora Ada Pelegrini Grinover*. São Paulo: DPJ, 2005.
24. ESPÍRITO SANTO. Tribunal de Justiça do Espírito Santo. *Resolução 03, de 24 de janeiro de 2011*. Institui o Núcleo Permanente de Métodos Consensuais de Solução de Conflitos do Poder Judiciário do Estado do Espírito Santo e dá outras providências. Espírito Santo: Presidência do Tribunal de Justiça do Estado do Espírito Santo, 2011. [Alterada pela Resolução 19, de 17 de abril de 2012]. Disponível em: http://www.tjes.jus.br/corregedoria/2017/02/16/resolucao-no-032011-publ-em-24012011/. Acesso em: 25 ago. 2020.

17/2013[25]), com a instalação do órgão no mesmo ano (Ato Normativo 46/2013[26]), e somente após CPC/2015 foram criados outros Centros.[27]-[28]

Em relação à remuneração dos conciliadores e mediadores também não houve muito avanço no Brasil. Na região sudeste, somente os Estados do Rio de Janeiro[29] e de São Paulo[30] regulamentaram o assunto, ao passo que Espírito Santo e Minas Gerais[31] se utilizam de voluntários e não regulamentaram o tema, mesmo após o Conselho Nacional de Justiça ter traçado os parâmetros por meio da Resolução 271/2018.

Além disso, no âmbito judicial, verifica-se um descrédito por parte da própria magistratura na adoção dos métodos adequados de solução de conflitos, uma vez que se vê frequentemente a dispensa da audiência inicial de conciliação/mediação, prevista no art. 334, sob o fundamento de ausência de estrutura e da descrença de que as referidas técnicas terão efetividade na solução dos litígios, embora seja norma cogente[32]. Contudo, o ato supracitado não está na esfera de disponibilidade do juiz e se trata de direito processual

---

25. ESPÍRITO SANTO. Tribunal de Justiça do Espírito Santo. *Resolução 17, de 13 de abril de 2013 [Republicada em 15 de abril de 2013]*. Disciplina a instituição de Centros Judiciários de Solução de Conflitos e Cidadania no âmbito do Poder Judiciário do Estado do Espírito Santo nos termos da Resolução 125 do Conselho Nacional de Justiça. Espírito Santo: Presidência do Tribunal de Justiça do Espírito Santo, 2013. Disponível em: http://www.tjes.jus.br/corregedoria/2016/07/06/resolucao-no-0172013-disp-13042013. Acesso em: 25 ago. 2020.

26. ESPÍRITO SANTO. Tribunal de Justiça do Espírito Santo. *Ato Normativo 46, de 23 de abril de 2013*. Autoriza a instalação do Centro Judiciário de Solução de Conflitos e Cidadania de Vila Velha/ES, nos termos da Resolução TJES 17/2013, publicada no DJ do dia 15/04/2013. Espírito Santo: Presidência do Tribunal de Justiça do Espírito Santo, [2014]. [Revogada pelo Ato Normativo 04, de 12 de janeiro de 2015]. Disponível em: http://www.tjes.jus.br/corregedoria/2016/06/27/ato-normativo-no-0462013-disp-25042013-alterado/. Acesso em 01 de setembro de 2020.

27. ESPÍRITO SANTO. Tribunal de Justiça do Espírito Santo. *Ato Normativo 04, de 12 de janeiro de 2015*. Autoriza a instalação do 1º Centro Judiciário de Solução de Conflitos e Cidadania, nos termos da Resolução 17/2013 – TJES, publicada no DJ do dia 15/04/2013. Espírito Santo: Presidência do Tribunal de Justiça do Espírito Santo, 2015. Disponível em: http://www.tjes.jus.br/004-instala-1o-centro-judiciario-de-solucao-de-conflito-e-cidadania-do-pjes-disp-14012015. Acesso em: 25 ago. 2020.

28. Atualmente, o 1º Centro Judiciário de Solução de Conflitos e Cidadania do Poder Judiciário do Espírito Santo é denominado "CEJUSC Justiça Restaurativa", por força do Ato Normativo Conjunto 007, de 24 de abril de 2019.

29. RIO DE JANEIRO (Estado). Tribunal de Justiça do Rio de Janeiro e Corregedoria-Geral de Justiça do Rio de Janeiro. *Ato normativo conjunto 73, de 14 de março de 2016*. Dispõe sobre o cadastro dos conciliadores, mediadores e das câmaras privadas de conciliação e mediação bem como a remuneração que farão jus. Rio de Janeiro: Presidência do Tribunal de Justiça do Rio de Janeiro e Presidência da Corregedoria-Geral de Justiça do Rio de Janeiro, 2016. Disponível em: http://cgj.tjrj.jus.br/documents/10136/1077812/ato-normativo-73-2016.pdf. Acesso em: 25 ago. 2020.

30. SÃO PAULO (Estado). Tribunal de Justiça de São Paulo. *Resolução 809, de 20 de março de 2019*. Estabelece regras para remuneração de mediadores. São Paulo: Órgão Especial do Tribunal de Justiça de São Paulo, 2019. Disponível em: http://www.tjsp.jus.br/Download/Conciliacao/Resolucao809-2019.pdf. Acesso em: 25 ago. 2020.

31. De acordo com o sítio eletrônico do Tribunal de Justiça de Minas Gerais, o trabalho de conciliação é feito por voluntários. (*ONDE posso obter informações sobre Conciliadores nos Centros Judiciários?* Tribunal de Justiça de Minas Gerais, Minas Gerais, [20-]. "Perguntas Frequentes". Disponível em: https://www.tjmg.jus.br/portal-tjmg/perguntas-frequentes/onde-posso-obter-informacoes-sobre-conciliadores-nos-centros-judiciarios.htm#.X0hr88hKhPY. Acesso em: 25 ago. 2020).

32. Sobre a questão, conferir: CABRAL, Trícia Navarro Xavier. A eficiência da audiência do art. 334 do CPC. *Revista de Processo*, v. 298, p. 107-120, 2019.

do jurisdicionado à utilização dos métodos consensuais, tendo o Código autorizado a sua dispensa apenas quando o direito não admitir autocomposição ou quando as duas partes se manifestarem expressamente sobre o desinteresse em utilizar esta via.

Sobre a mudança de postura dos profissionais do direito, destaca-se que houve uma relevante contribuição do Ministério da Educação, o qual incluiu a conciliação, a mediação e a arbitragem como disciplinas obrigatórias nos cursos de direito de todo o país, conforme Resolução CNE/CES 5/18, oriunda do Parecer 635/18, homologado pela Portaria 1.351/18 do MEC. Isso significa que os futuros estudantes de Direito conhecerão novas ferramentas de solução de conflitos e terão novas perspectivas profissionais e de mercado.

Trata-se, pois, de uma cultura que deverá ser cada vez mais difundida no país, na medida em que a mudança de mentalidade dos sujeitos processuais quanto à utilização dos métodos for se tornando mais ampla e efetiva.

2.6 CNJ e Justiça Multiportas

Como visto, o CNJ possui uma política forte de tratamento adequado de conflitos, com a priorização absoluta das formas consensuais de solução de conflito.

Mas o CNJ também tem contribuído de outras maneiras para tentar alcançar a eficiência do Poder Judiciário. O controle inicialmente passa pelas estatísticas processuais e com o diagnóstico dos principais gargalos da justiça.

Feito isso, são elaborados projetos, ações e políticas judiciárias para os problemas identificados, com o objetivo de auxiliar ou atenuar as consequências de cada seguimento específico, como direitos humanos, atenção à mulher, criança e adolescente, sustentabilidade, sistema penal e socioeducativo, entre outros.

O CNJ também cria metas anuais para os tribunais, realiza pesquisas judiciárias, faz publicações relevantes, promove campanhas, prêmios, audiências públicas e outras medidas que promovam a efetividade da prestação jurisdicional.

A sua função normativa, por meio de resoluções e recomendações, cria diretrizes para todo o Poder Judiciário, primordialmente para as questões administrativas, mas também com importantes orientações processuais, a fim de que todos os noventa e dois tribunais caminhem de forma relativamente uniforme.

O CNJ ainda é responsável pelos direcionamentos quanto ao uso da tecnologia da informação e comunicação e da inteligência artificial pelos tribunais, gerindo, ele próprio, programas, sistemas e serviços envolvendo o tema.

O controle correicional dos tribunais, magistrados e servidores, bem como das serventias extrajudiciais objetivam assegurar a qualidade na prestação de serviços à população, seja ela de caráter jurisdicional ou não.

Esse conjunto de ações integradas e centralizadas no órgão de gestão do Poder Judiciário tem estreita relação com a Justiça Multiportas, na medida em auxiliam, de forma direta ou reflexa, na criação, manutenção ou aperfeiçoamento de métodos e ambientes de resolução de conflitos, proporcionando mais eficiência e dignidade na governança da Justiça.

3. CARACTERÍSTICAS DO PODER JUDICIÁRIO

O Poder Judiciário brasileiro, composto pelos órgãos estabelecidos nos art. 92, da Constituição Federal, tem como função primordial a resolução de conflitos por meio de decisão adjudicada proferida por um juiz de carreira, que gozam das garantias constitucionais da vitaliciedade, inamovibilidade e irredutibilidade de subsídios.

A jurisdição estatal é uma, mas atua de acordo com a sua competência previamente definida. Ela é integrada pela Justiça Comum, composta pela Justiça Estadual e pela Justiça Federal, bem como pela Justiça Especial, constituída pela Justiça do Trabalho, Justiça Militar e Justiça Eleitoral.

Cada ramo de Justiça possui um arcabouço legislativo próprio, de acordo com as matérias que lhes são pertinentes.

Para este trabalho, serão analisadas as circunstâncias em torno do Código de Processo Civil, responsável por regulamentar, de forma direta, supletiva ou subsidiária, a jurisdição civil.

3.1 Notas sobre a jurisdição[33]

O termo jurisdição deriva do latim *jurisdictio*, formado pelas expressões *jus dicere*, *juris dictio*, que designam a atribuição especial conferida ao magistrado de administrar a justiça.[34] A atividade jurisdicional do Estado é atribuída ao Poder Judiciário.

Ao longo dos tempos, a concepção da jurisdição[35] vem passando por significativas transformações, em decorrência da evolução social, jurídica e política de nosso ordenamento, especialmente no tocante à sua finalidade e abrangência, devendo ser ressaltado que a jurisdição age para garantir a satisfação de interesses privados e públicos.

A virada de chave ocorreu quando Lodovico Mortara[36], em obra datada de 1923, defendeu que a jurisdição se prestaria à afirmação e à proteção do direito objetivo, não tendo como finalidade somente um compromisso privatista. Esse objetivo publicista

---

33. O tema foi tratado parcial e originalmente em: CABRAL, Trícia Navarro Xavier. Jurisdição e natureza pública do processo: Lodovico Mortara. In: JUNIOR, Antônio Pereira Gaio; JOBIM, Marco Felix. (Org.). *Teorias do processo: dos clássicos aos contemporâneos.* Londrina: THOTH, 2019, v. 1, p. 239-255.
34. SILVA, De Plácido e. *Vocabulário jurídico.* 11. ed. Rio de Janeiro: Forense, 1994, p. 897.
35. Em análise crítica à construção da conceituação da jurisdição do direito moderno ligada ao conceito romano de *iurisdictio*, ver: SILVA, Ovídio A. Baptista da. *Jurisdição, direito material e processo.* Rio de Janeiro: Forense, 2008, p. 263-282.
36. MORTARA, Lodovico. *Commentario del Codice e dele Leggi Procedura Civile.* Volume I. (Teoria e sistema dela giurisdizione). Quinta edizione riveduta ed ampliata. Milano: Casa Editrice Dottor Francesco Vallardi. 1923.

da jurisdição proporcionou, segundo Chiovenda, a transição entre a escola exegética e a escola histórico-dogmática de processo, embora a adesão à teoria unitária do ordenamento jurídico não tenha proporcionado uma libertação dos valores liberais e da subordinação do juiz ao legislador, na função de atuar a vontade da lei.[37]

Registre-se, ainda, que Mortara, de modo visionário, já defendia a natureza jurisdicional[38] da arbitragem, em contraposição novamente à Chiovenda, que sustentava o caráter privado e contratual da referida atividade, especialmente pela ausência de qualquer poder, especialmente o de coação.[39]

Portanto, ainda que tenha sido e permanecido influenciado pelas ideias liberais – crítica que a doutrina ainda faz –, ao reconhecer a natureza pública do processo, Mortara teve um papel fundamental no que veio a se concretizar como evolução da ciência processual e de seus institutos. Suas premissas ainda influenciam a noção contemporânea de jurisdição, e trazem importantes consequências para o estudo do processo civil.

De qualquer forma, o reconhecimento da natureza pública do processo imprimiu novos contornos aos seus principais institutos, que são: jurisdição, ação e processo.

Assim, a jurisdição estatal emana da soberania do Estado e decorre do império estatal, que, por delegação, confere aos juízes o poder de julgar, representando a soma de atividades do juiz que tem por finalidade a tutela dos direitos. Em outros termos, a atividade jurisdicional constitui função de substituição definitiva e obrigatória da atividade intelectiva do particular pela atividade intelectiva do juiz.[40]

Não obstante, no contexto tradicional, segundo Geraldo de Ulhoa Cintra, a jurisdição, além de atuar as normas jurídicas, age em obediência a um preceito secundário chamado sanção, para tomar medidas e assegurar a satisfação de interesses decorrentes de relação jurídica, cuja norma jurídica foi desobedecida por parte dos destinatários. Acrescenta que a jurisdição vem satisfazer ao interesse do próprio Estado, que, como personificação jurídica da sociedade, intenta a atuação do direito para garantir os fins individuais e coletivos, como condição essencial para a própria vida social.[41]

---

37. MARINONI, Luiz Guilherme. *A Jurisdição no Estado Constitucional*. Disponível em: http://www.marinoni. adv.br/wp-content/uploads/2012/06/PROF MARINONI-A-JURISDI%C3%87%C3%83O-NO-ESTADO--CONSTITUCIONA1.pdf. Acesso em: 04.02.2019.
38. MORTARA, Lodovico. *Commentario del Codice e dele Leggi Procedura Civile*. Volume III. (La conciliazione – Il compromesso il procedimento di dichiarazione in prima instanza). Quarta edizione riveduta con appendici sulla legislazione a tutto il 1922). Milano: Casa Editrice Dottor Francesco Vallardi. 1923, p. 36-140.
39. CHIOVENDA, Giuseppe. *Instituições de direito processual civil*. Trad. Paolo Capitanio. v. I. Campinas: Bookseller, 1998, p. 105-108.
40. PASSOS, J.J. Calmon de Passos. *Da jurisdição* (Cadernos de Textos, Cursos, Mementos e Sinopses). Bahia: Publicações da Universidade da Bahia, III-1, 1957, p. 19-20.
41. CINTRA. Geraldo de Ulhoa. *Da jurisdição*. (Estudo crítico através de uma fonte histórica – a LXV Dissertação Acadêmica de Cristiano Tomásio). Rio de Janeiro: Editôra Lux Ltda. 1958, p. 322-323.

Passadas as diversas fases evolutivas, Ovídio Araújo Baptista da Silva percebeu que a jurisdição moderna é fruto do processo político de formação do Estado, tornando-se uma função estatal, um serviço público comprometido com os seus interesses.[42]

Sobre o tema, Nicola Picardi ensina que, em razão de conjunturas históricas, a jurisdição, como expressão da soberania nacional e integrante do Poder do Estado, ganhou maior protagonismo, independência e paridade com os demais Poderes, fruto do deslocamento de eixo dos problemas decisionais do legislativo e executivo para onde se encontrem as melhores viabilidades de solução.[43]

Por consequência, a atividade do juiz, antes tratada como uma função administrativa, burocrática, e resumida à fidelidade à lei, ganhou legitimação própria e reconhecimento institucional, calcada nos anseios do Estado e da sociedade, colocando em debate o seu papel político na sociedade moderna.

Pode-se dizer, ainda, que a versão contemporânea de jurisdição sofreu influências de três importantes movimentos: a democratização do Estado de Direito[44]; b) a constitucionalização das normas infraconstitucionais[45], incluindo o direito processual civil[46]; e c) a necessidade de tutela e efetividade dos direitos fundamentais.[47]

Assim, hodiernamente, Cândido Dinamarco e Bruno Lopes qualificam a jurisdição "[...] como uma *expressão do poder estatal*, exercida com a *função* de pacificar e mediante as *atividades* disciplinadas pela Constituição e pela lei." (Grifos originais).[48]

Mas a constante transformação do conceito de jurisdição foi além, e inclinou-se para reconhecer que o Estado não possui o seu monopólio, podendo ser exercida também fora do Poder Judiciário, ou seja, sem a presença do Estado.[49]

---

42. SILVA, Ovídio Araújo Baptista da. *Jurisdição, direito material e processo*. Rio de Janeiro: Forense, 2008, p. 265.

43. PICARDI, Nicola. *Jurisdição e processo*. (organizador e revisor técnico da tradução Carlos Alberto Alvaro de Oliveira). Rio de Janeiro: Forense, 2008, p. 24-32.

44. O assunto também foi abordado em artigo de nossa autoria: CABRAL, Trícia Navarro Xavier. *Segurança jurídica e confiança legítima*: reflexos e expectativas processuais. In: FUX, Luiz (Coord.) Processo constitucional. Rio de Janeiro: Forense, 2013. p. 847-895.

45. Otavio Luiz Rodrigues Jr., ao tratar da existência de uma "ordem objetiva de valores" fundada na Constituição, aduz que esta "[...] atua, quase sempre em última linha, como vigilante controladora dos excessos, dos abusos e das ilicitudes praticados pelo Estado e pelos particulares." (RODRIGUES JR., Otavio Luiz. *Direito Civil contemporâneo*: estatuto epistemológico, Constituição e direitos fundamentais. Rio de Janeiro: Forense Universitária, 2019, p. 332-333).

46. Cf. PORTO, Sérgio Gilberto. *Processo civil contemporâneo*: elementos, ideologia e perspectivas. Salvador: JusPODIVM, 2018.

47. Sobre um abrangente estudo sobre os direitos fundamentais, cf.: SARLET, Ingo Wolfgang. *A eficácia dos direitos fundamentais*: uma teoria geral dos direitos fundamentais na perspectiva constitucional. 11. ed. revista e atualizada. Porto Alegre: Livraria do Advogado, 2012.

48. DINAMARCO, Cândido Rangel; LOPES, Bruno Vasconcelos Carrilho. *Teoria geral do novo processo civil*. 3. ed., revista e atualizada. São Paulo: Malheiros, 2018, p. 77.

49. Humberto Dalla diz que: "[...] assentada a premissa de que a jurisdição não é exclusiva do Poder Judiciário, ganham legitimidade os meios desjudicializados de solução de conflitos." (PINHO, Humberto Dalla Bernardina de. *Jurisdição e pacificação*: limites e possibilidades do uso dos meios consensuais de resolução de conflitos na tutela de direitos transindividuais e pluri-individuais. Curitiba: CRV, 2017.p. 262).

Ada Pellegrini Grinover, ao conceituar a jurisdição como "[...] garantia de acesso à justiça para a solução de conflitos [...]"[50], conclui adiante que "[...] a jurisdição compreende a justiça estatal, a justiça arbitral e a justiça consensual [...]."[51]

Perceba-se que o atual conceito de jurisdição amplia sobremaneira o princípio constitucional do acesso à justiça, para alcançar o que Kazuo Watanabe denomina de "acesso à ordem jurídica justa".[52]

A jurisdição pode ser classificada em contenciosa e voluntária[53].

A jurisdição voluntária é a espécie de jurisdição em que os interessados buscam uma tutela do Poder Judiciário que integre seus atos de vontade, ou seja, negócios jurídicos privados, que passariam a ser administrados. Segundo Leonardo Greco, na jurisdição voluntária, o órgão que exerce a tutela concorre para "[...] o nascimento, a validade ou a eficácia de um ato da vida privada, para a formação, o desenvolvimento, a documentação ou a extinção de uma relação jurídica ou para a eficácia de uma situação fática ou jurídico.".[54]

Assim, intervenção judicial, nesses casos, torna-se necessária, inafastável, e, portanto, obrigatória. Daí porque critica-se o termo "voluntária" para caracterizar esse formato de jurisdição. Diz-se, ainda, que na jurisdição voluntária não existe litígio, mas sim controvérsia, não há partes, mas sim interessados, as decisões não se baseiam na legalidade estrita, mas na conveniência e oportunidade de cada caso concreto, e esses atos judiciais não seriam imutáveis, ou seja, não se revestiriam de coisa julgada.

Ademais, a jurisdição voluntária também pode ser prestada pelo tabelião, pelo juiz de paz, pelos cartórios de protesto, pelos cartórios de registro em geral, e, não por outra razão, o legislador está, gradativamente, desjudicializando atividades antes monopolizadas pelo Estado-juiz.[55]

O Código de Processo Civil de 2015 prevê os procedimentos de jurisdição voluntária no Capítulo XV do Título III do Livro I da Parte Especial, dos artigos 719 a 770, com Seções dispondo sobre: I – Disposições Gerais – arts. 719 a 725; II – Da Notificação e da Interpelação – arts. 726 a 729; III – Da Alienação Judicial – art. 730; IV – Do Divórcio e da Separação Consensuais, da Extinção Consensual de União Estável e da Alteração do Regime de Bens Marítimos – arts. 731 a 734; V – Dos Testamentos e dos Codicilos –

---

50. GRINOVER, Ada Pellegrini. *Ensaio sobre a processualidade*: fundamentos para uma nova teoria geral do processo. Brasília: Gazeta Jurídica, 2016, p. 7.

51. GRINOVER, Ada Pellegrini. *Ensaio sobre a processualidade*: fundamentos para uma nova teoria geral do processo. Brasília: Gazeta Jurídica, 2016, p. 18.

52. WATANABE, Kazuo. *Acesso à ordem jurídica justa* (conceito atualizado de acesso à justiça): processo coletivo e outros estudos. Belo Horizonte: Del Rey, 2019.

53. CABRAL, Trícia Navarro Xavier. jurisdição voluntária em José Frederico Marques. In: JUNIOR, Antônio Pereira Gaio; Jobim, Marco Félix. (Org.). *Teorias do processo*: dos clássicos aos contemporâneos. Londrina: Thoth, 2020, v. II, p. 329-347.

54. GRECO, Leonardo. *Instituições de processo civil*: Introdução ao Direito Processual Civil. Volume I, 5. ed. Rio de Janeiro: Forense, 2015, p. 93.

55. BUENO, Cassio Scarpinella. *Curso sistematizado de Direito Processual Civil*: teoria geral do Direito Processual Civil. Parte geral do Código de Processo Civil. 9 ed. São Paulo: Saraiva, 2018, p. 263.

arts. 735 a 737; VI – Da Herança Jacente – arts. 738 a 743; VII – Dos Bens dos Ausentes – arts. 744 e 745; VIII – Das Coisas Vagas – art. 796; IX – Da Interdição – arts. 747 a 758; X – Disposições Comuns à Tutela e à Curatela – arts. 759 a 763; XI – Da Organização e da Fiscalização das Fundações – arts. 764 e 765; e XII – Da Retificação dos Protestos Marítimos e dos Processos Testemunháveis Formados a Bordo – arts. 766 a 770.

Existem, ainda, outros procedimentos de jurisdição voluntária previstos no Código, como a decisão homologatória de autocomposicão extrajudicial de qualquer natureza (art. 515, III e art. 725, VIII), e o procedimento probatório de justificação (art. 381, § 5º), além dos instituídos em leis especiais, como a Lei dos Registros Públicos. Saliente-se que, aos procedimentos de jurisdição voluntária, são aplicáveis além das regras que lhes são próprias, outras disposições estabelecidas no Código, como as do procedimento comum (arts. 318 e ss.), do cumprimento de sentença (arts. 513 e ss.), e dos processos nos tribunais e recursos (art. 926 e ss.).[56]

3.2 Jurisdição e processo

A concepção publicista do processo exalta o papel do Estado na solução dos conflitos. Com efeito, o processo qualificado como fenômeno de direito público traz inúmeras consequências para os seus diversos institutos.

Uma delas é o reforço dos poderes do juiz em relação às partes, o que reduz as hipóteses de atos de disposição das partes, retira destas o domínio e o comando das provas, afeta o sistema de preclusão, amplia o dever de controle do juiz, bem como seus poderes instrutórios e decisórios, só para citar alguns.

Assim, a natureza pública do processo se contrapõe ao formato privatista de processo, o qual transfere às partes a administração do processo, tanto no aspecto material quando no processual, limitando sobremaneira a interferência judicial.

Em síntese, o publicismo incluir três perspectivas: a) o papel do Estado na solução dos conflitos; b) a flexibilização do procedimento; e c) a atuação os sujeitos processuais: poderes do juiz x disponibilidade das partes.

A tensão entre o protagonismo do juiz e a liberdade das partes no processo é antiga, tendo havido na doutrina estrangeira caloroso debate acerca do publicismo e do privatismo[57] no processo[58] civil, especialmente na Itália e na Espanha.[59]

---

56. GRECO, Leonardo. *Instituições de processo civil*: Introdução ao Direito Processual Civil. v. I, 5. ed. Rio de Janeiro: Forense, 2015, p. 89.

57. O tema foi inicialmente tratado em: CABRAL, Trícia Navarro Xavier. *Poderes instrutórios do juiz no processo de conhecimento*. Brasília: Gazeta Jurídica, 2012. (Coleção Andrea Proto Pisani, 1).

58. "[...] Público e privado constituem os componentes intrínsecos de todo o processo civil: é, portanto, inevitável que qualquer proposta de reforma parta do diverso ponto de equilíbrio que, em relação aos inúmeros nós do processo, se pretende alcançar para a composição deste eterno contraste." PISANI, Andrea Proto. Público e privado no processo civil na Italia. *Revista da EMERJ*, v. 4, n. 16, 2001, p. 23-42. p. 42.

59. Toda a discussão envolvendo o publicismo e o privatismo pode ser encontrada em: MONTERO AROCA, Juan. (coord.). *Processo civil e ideología*: un prefácio, una sentencia, dos cartas y quince ensayos. Valencia: Tirant lo

No século XIX, em que imperava a concepção liberal, o processo se destinava a proteger a plenitude dos direitos subjetivos dos cidadãos, e não a observância do direito objetivo ou salvaguarda do interesse público, especialmente em decorrência da grande desconfiança na figura do juiz, que deveria permanecer inerte no processo, submetendo-se integralmente à iniciativa das partes.

Contudo, já no século XX, iniciou-se o movimento de publicização do processo civil, que dominou a doutrina da época, e que tinha como fundamento o fato de que o aumento dos poderes do Estado na sociedade ensejaria o progresso social e justificaria o poder do juiz, incrementando o acesso e a qualidade da justiça. Era o interesse público sobre o particular.

Além disso, com a autonomia e a evolução da ciência processual, os juízes foram adquirindo cada vez mais poderes no controle do processo, objetivando estabelecer o que se denomina de ordem pública processual.[60]

No Brasil, a adoção da concepção publicista e o incremento dos poderes do juiz foi muito visível. O CPC/73 conferiu amplos poderes só juiz, não só na condução do processo, mas também em relação a condutas capazes de influir no conteúdo da decisão, como, por exemplo, na produção das provas. Esse fator, acrescido da rigidez em relação às formas, deslocou a disponibilidade das partes para o impulso oficial, reduzindo, assim, o seu campo de liberdade.

Assim, imperou, de certa forma, a desvalorização da disponibilidade processual das partes para um ativismo processual do juiz. Na realidade, o erro não foi no remédio, mas na dose. Isso porque o reconhecimento da natureza pública do processo, seja no que tange ao exercício da jurisdição, seja em relação à concepção de processo como instrumento do exercício da jurisdição, não constitui um defeito, mas ao contrário, se bem dimensionado, pode trazer inúmeros benefícios ao alcance dos resultados satisfatórios do processo.

Por sua vez, o legislador do CPC/15, atento às exigências da ciência processual e da evolução do próprio Estado Democrático de Direito, procurou resgatar, não a concepção privatista de processo, mas o equilíbrio entre os poderes do juiz e as faculdades das partes, demonstrando que as últimas reformas processuais ocorridas no Brasil acompanham a tendência de outros ordenamentos jurídicos.

De outra banda, a arbitragem, por exemplo, é um método adversarial de resolução de conflitos que, embora ostente caráter jurisdicional, possui natureza privada e, portanto, com contornos bastante distintos do processo judicial, onde impera a natureza pública.

Com efeito, na arbitragem, as partes têm ampla autonomia privada para escolher o juiz da causa, para adotar o procedimento mais adequado às particularidades do con-

---

Blanch, 2006. Ver ainda: GRECO, Leonardo. Publicismo e privatismo no processo civil. *Revista de Processo*, São Paulo, ano 33, v. 164, p. 29-56, out. 2008.

60. CABRAL, Trícia Navarro Xavier. *Ordem pública processual*. Brasília: Gazeta Jurídica, 2015.

flito, para eliminar eventuais preclusões processuais, para instituir a confidencialidade, para produzir ou deixar de produzir uma prova e, ainda, podem dispor sobre o direito a ser aplicado no caso concreto.

Todos esses aspectos estão vedados no processo de natureza pública justamente em função da presença de um interesse público que se sobrepõe à disponibilidade das partes e que exige transparência, isonomia, imparcialidade, e controle da regularidade procedimental, com a observância de todas as garantias processuais, seja para os envolvidos na contenda, ou então para fins de controle externo, ou seja, da sociedade.[61]

Assim, enquanto no "modelo processual privatista" as partes são as grandes protagonistas, estabelecendo, inclusive, limites à atuação do juiz, no "modelo de processo publicista", a ingerência das partes sobre o procedimento é menor, sendo o devido processo legal aplicável em toda a sua extensão, assegurando a máxima retidão no desenvolvimento do processo.

Nesse contexto, diante das premissas aplicadas à justiça arbitral, bem como à desnecessidade de assegurar o interesse público, há muito mais liberdade no campo privado para que as partes decidam sobre o quê e como querem ver o seu conflito resolvido, podendo, até mesmo, eleger juiz ou colegiado técnico, ou seja, sem conhecimento ou formação jurídica.

Vê-se, pois, que o ordenamento processual brasileiro, embora tenha evoluído para encampar maior uso da liberdade processual pelas partes, permanece com um regime jurídico que, além de ter como característica a natureza pública, ainda se encontra vinculado a uma ideologia publicística de processo, fundada na autoridade do Estado, o qual, por meio da atividade jurisdicional, exerce enorme relevância para o bom funcionamento da justiça. Em outros termos, o juiz estatal fala em nome do Estado e não das partes do caso concreto.

De qualquer forma, tem-se que, também no que concerne ao processo e a visão de sua natureza pública instituída por Mortara propiciou uma leitura nova de suas funcionalidades, proporcionando outras potencialidades à ciência processual, o que se experimenta até a atualidade.

3.3   Considerações sobre o Código de Processo Civil

O Código de Processo Civil, sendo a principal fonte instrumental de resolução de conflitos de natureza cível, contribuiu sobremaneira para a evolução da Justiça Multiportas, consagrando as diferentes formas de tratamento de disputas, e deixando a

---

61. Sobre os controles internos e externos das decisões judiciais, Ada Pellegrini ensina que: "Além disso, há que se lembrar que todas as decisões do juiz devem ser motivadas e que existem controles sobre sua atuação: internos (com os recursos e outros meios de impugnação, bem como a atuação dos órgãos censórios) e externos (que vão da repercussão política de seus atos até a configuração da responsabilidade penal e civil)." GRINOVER, Ada Pellegrini. *Ensaio sobre a processualidade*: fundamentos para uma nova teoria geral do processo. Brasília: Gazeta Jurídica, 2016, p. 128.

abertura para novos métodos, ambientes e a possibilidade de interconexão entre todos, extraindo os melhores benefícios de cada instituto.

E não se pode negar que a o Direito Processual Civil sempre propiciou, ainda que timidamente, a abertura para a consensualidade, tendo ampliado as possibilidades ao longo de seus evolução legislativa.

O CPC de 2015, ao instituir em seu art. 1º[62] que o processo civil será ordenado, disciplinado e interpretado conforme as normas fundamentais constitucionais e absorver a política judiciária de tratamento adequado de conflito do CNJ, se inseriu de modo explícito no sistema de Justiça Multiportas.

A Comissão de Juristas formada para a elaboração do Novo CPC, presidida pelo Ministro Luiz Fux, em sua Exposição de Motivos[63], já noticiava:

> "Pretendeu-se converter o processo em instrumento incluído no contexto social em que produzirá efeito o seu resultado. Deu-se ênfase à possibilidade de as partes porem fim ao conflito pela via da mediação ou da conciliação. Entendeu-se que a satisfação efetiva das partes pode dar-se de modo mais intenso se a solução é por elas criada e não imposta pelo juiz. Como regra, deve realizar-se audiência em que, ainda antes de ser apresentada contestação, se tentará fazer com que autor e réu cheguem a acordo. Dessa audiência poderão participar conciliador e mediador, e o réu deve comparecer, sob pena de se qualificar sua ausência injustificada como ato atentatório à dignidade da justiça. Não se chegando a acordo, terá início o prazo para a contestação."

Essa constatação também se consolida em diversos dispositivos legais espalhados pelo Código, e que confirmam o seu importante papel na ampliação e regulamentação de diversas vias apropriadas de resolução de controvérsias.

Portanto, serão abordados os principais institutos afetados, priorizando os dispositivos mais relevantes, que serão analisados em forma de comentários.

3.4   Processo contemporâneo

O CPC/15 instituiu uma ideologia constitucional que impactou o processo civil contemporâneo.

A priorização pela solução consensual dos conflitos, o reforço à importância do contraditório e da não decisão surpresa pelo juiz, as novas técnicas processuais, a flexibilização do procedimento, a preocupação com a boa-fé e outros preceitos éticos, o incentivo à cooperação, a consolidação dos precedentes, foram apenas algumas das modificações que ensejam o perfil no processo civil da atualidade.

No que toca à Justiça Multiportas, para além de o CPC ter incorporado a sua dinâmica (variados métodos e ambientes de resolução de conflitos), verifica-se que

---

62. Art. 1º O processo civil será ordenado, disciplinado e interpretado conforme os valores e as normas fundamentais estabelecidos na Constituição da República Federativa do Brasil, observando-se as disposições deste Código.

63. Disponível em: https://www2.senado.leg.br/bdsf/bitstream/handle/id/512422/001041135.pdf. p, 31. Acesso em: 10 de abr. 2023.

aquela ideia de processo judicial que resultada unicamente na decisão adjudicada pelo juiz, foi substituída por um processo de características híbridas, uma vez que, a todo momento, inclusive antes e depois do ajuizamento da demanda, ele pode sofrer influxo de soluções consensuais, como a autocomposição material, processual e a cooperação judiciária.

Sendo assim, a ideia de um procedimento puro, direcionado para a sentença judicial que impunha a solução às partes, torna-se potencialmente híbrido, na medida em que as diversas formas de consensualidade estão disponíveis e podem ser utilizadas de modo total ou parcial.

A própria arbitragem pode impactar o processo, uma vez que podem convencionar, após a demanda, a renúncia à jurisdição estatal para se valerem da jurisdição arbitral. Neste caso, a consensualidade seria usada como instrumento de escolha de outra via de resolução da disputa.

Observa-se, pois, que o processo passou a se configurar como um procedimento híbrido ou potencialmente híbrido, já que comporta os influxos de diferentes técnicas autocompositivas ou heterocompositivas.

Esse movimento coincide com a pressão externa por uma maior eficiência do Poder Judiciário, por meio de uma maior efetividade processual, ou seja, com a necessidade de gestão de cada processo específico, trazendo o melhor rendimento possível para o procedimento jurisdicional, fato esse que se relaciona com o próprio direito processual.

3.5 Governança judicial[64]

O formato do nosso Poder Judiciário, tradicionalmente formal e burocrático, precisava de um choque de realidade para se reinventar diante de tantos fatores sociais que impactaram a sua estrutura e a sua eficiência. Por isso, a palavra de ordem passou a ser "gestão", especialmente em relação aos maiores gargalos: custo-lentidão-complexidade.

Com efeito, não foi difícil identificar que o modelo de gestão até então presente não só nas questões administrativas, quanto nas jurídicas, não mais atendia ao jurisdicionado e nem aos próprios integrantes do Poder Judiciário.

E para além de se pretender imprimir gestão em aspectos eminentemente processuais , a necessidade de gerenciamento pelo magistrado passou incluir os aspectos periféricos à atividade jurisdicional, relacionados à estrutura administrativa, pessoal e material da unidade judiciária, já que também possuem o condão de influenciar no bom andamento do processo e prejudicar a eficiência do sistema judiciário.

---

64. O assunto foi tratado em: CABRAL, Trícia Navarro Xavier; AVILA, H. Gestão judicial e solução adequada de conflitos: um diálogo necessário. In: CABRAL, Tricia Navarro Xavier; ZANETI JR., Hermes (Org.). *Justiça Multiportas*. 3. ed. Salvador: JusPODIVM, 2023, v. 1, p. 49-58.

A governança é um mecanismo analítico de compreensão e controle dos fatores que envolvem todos os meios pessoais, materiais e estruturais no alcance dos objetivos . Por conseguinte, a gestão judicial é o conjunto de tarefas que garante o uso eficaz de recursos do Poder Judiciário visando uma prestação jurisdicional eficiente.

Não obstante, tem-se por práticas governamentais o conjunto de medidas e comportamentos para o planejamento, acompanhamento e controle das atividades judiciais e judiciárias. Assim, a governança judicial inclui as seguintes dimensões: independência judicial, accountability (controle externo – responsabilidade e responsabilização), acessibilidade à Justiça, estrutura do Poder Judiciário e recursos estratégicos do Poder judiciário. Importante, ainda, se estabelecer um ambiente institucional, com práticas de interação com outros órgãos e atores do sistema judicial.

Assim, o modelo de juiz-gestor constitui um novo paradigma, já que essa postura otimiza o funcionamento das unidades judiciárias, por meio de decisões racionais e fundamentadas que buscam a satisfação das necessidades dos jurisdicionados.

Para tanto, o juiz-gestor utiliza indicadores e metas de desempenho no exercício de sua profissão. Planos estratégicos e operacionais, bem como um efetivo acompanhamento e controle de gestão garantem a eficiência da prestação jurisdicional, especialmente em unidades judiciárias doentes .O tema foi objeto dos Princípios de Bangalore de Conduta Judicial, elaborados pelas Nações Unidas, aprovados em 2002, em Haia (Holanda). A ideia dos Princípios é servir de inspiração para a elaboração de códigos de conduta ou estatutos nacionais, regionais ou internacionais, orientando a atuação do juiz e fortalecendo a integridade judicial e a autoridade moral dos magistrados.[65] Ao tratar do valor 6 – competência e diligência – consta a seguinte diretriz:

"6.2 Um juiz deve devotar sua atividade profissional aos deveres judiciais, os quais incluem não apenas a execução das funções judiciais e responsabilidades na corte e a confecção de decisões, mas também outras relevantes tarefas para o gabinete judicial ou para as operações da corte."[66]

---

65. Confira: NAÇÕES UNIDAS (ONU). Escritório Contra Drogas e Crime (Unodc). *Comentários aos Princípios de Bangalore de Conduta Judicial* / Escritório Contra Drogas e Crime. Trad. Marlon da Silva Malha, Ariane Emílio Kloth. – Brasília: Conselho da Justiça Federal, 2008. 179 p. Disponível em: 2008_Comentarios_aos_Principios_de_Bangalore.pdf (unodc.org). p. 7-8. Acesso em: 30 jul. 2023.

66. "O referido princípio possui o seguinte comentário: Competência profissional na necessária administração judiciária 196. Pelo menos em algum grau, todo juiz deve administrar assim como decidir casos. O juiz é responsável pela eficiente administração da justiça em sua corte. Isso envolve a administração de causas, incluindo a imediata solução delas, criação de registros, administração de fundos e supervisão dos funcionários da corte. Se o juiz não é diligente em monitorar e dispor sobre os casos, a ineficiência resultante aumentará os custos e minará a administração da justiça. Um juiz deve, desse modo, manter competência profissional na administração judicial e facilitar a execução das responsabilidades administrativas dos oficiais da corte". Nações Unidas (ONU). Escritório Contra Drogas e Crime (Unodc). *Comentários aos Princípios de Bangalore de Conduta Judicial* / Escritório Contra Drogas e Crime. Trad. Marlon da Silva Malha, Ariane Emílio Kloth. – Brasília: Conselho da Justiça Federal, 2008. 179 p. Disponível em: 2008_Comentarios_aos_Principios_de_Bangalore.pdf (unodc.org). Acesso em: 30 jul. 2023, p. 131.

Em outro princípio, há uma clara preocupação com a duração razoável do processo: "6.5 Um juiz deve executar todos os seus deveres, incluindo a entrega de decisões reservadas, eficientemente, de modo justo e com razoável pontualidade".[67]

Outro desafio é fazer com que os servidores entendam a nova filosofia e aceitem caminhar em direção a um objetivo comum, que é gerir uma unidade judiciaria de forma correta e dinâmica.

Isso porque o poder de gestão do juiz passa também pela administração das secretarias e dos servidores, principalmente no que se refere às novas técnicas como o calendário e as convenções processuais, sem contar no atendimento às metas do CNJ que estabelecem prioridades e exigem relatórios periódicos.

Registre-se, ainda, que embora no campo legislativo a postura ativa do juiz sempre tenha sido prestigiada, no campo extraprocessual não havia qualquer preocupação com a gestão administrativa relativa ao todo o entorno da relação jurídica processual, o que agora pode ser alcançando com as diversas possibilidades de exercício de poder de autorregramento da vontade das partes autorizadas pelo CPC/15 (cláusula geral de atipicidade da negociação processual).

Também na doutrina, o gerenciamento pelo juiz vinha sendo estudado somente sob a perspectiva judicial, ou seja, quanto à gestão das técnicas processuais capazes de conferir mais efetividade à prestação jurisdicional, sem, contudo, se preocupar com uma mudança comportamental dos juízes e demais profissionais do direito também fora do processo.

Contudo, a gestão administrativa (judiciária) aliada à judicial, é muito mais eficaz na garantia da integridade e coerência estrutural do sistema.

Portanto, constata-se que a maior eficiência na gestão administrativa e na condução processual pode proporcionar a efetividade jurisdicional[39], eliminando, por consequência, a morosidade das ações judiciais e a baixa eficácia de suas decisões, trazendo, por consequência, a esperada satisfação do jurisdicionado.

---

67. O assunto é acrescido do seguinte comentário: "Dever de resolver os casos com razoável celeridade 207. Ao resolver as matérias de modo eficiente, com justiça e celeridade, um juiz deve demonstrar devida consideração para com os direitos das partes a serem ouvidas e de terem os assuntos resolvidos sem custos ou atrasos desnecessários. Um juiz deve monitorar e supervisionar as causas, a fim de reduzir ou eliminar práticas dilatórias, atrasos evitáveis e custos desnecessários. Um juiz deve encorajar e procurar facilitar acordos, mas as partes não devem sentir-se coagidas a renunciar ao direito de ter sua disputa resolvida pelas cortes. O dever de ouvir todos os procedimentos de modo justo e com paciência não é incompatível com o dever de decidir prontamente um assunto da corte. Um juiz pode ser eficiente e prático embora seja paciente e decida com calma e com cuidado.". Nações Unidas (ONU). Escritório Contra Drogas e Crime (Unodc). *Comentários aos Princípios de Bangalore de Conduta Judicial* / Escritório Contra Drogas e Crime. Trad. Marlon da Silva Malha, Ariane Emílio Kloth. – Brasília: Conselho da Justiça Federal, 2008. 179 p. Disponível em: 2008_Comentarios_aos_Principios_de_Bangalore.pdf (unodc.org). Acesso em: 30 jul. 2023, p. 136-137.

3.5.1 Case management no Brasil[68]

Case management representa a adoção de uma conduta gerencial pelo juiz, capaz de promover maior racionalidade e efetividade ao processo judicial. Trata-se de uma nova postura que reflete mudanças ideológicas e comportamentais, em prol de uma prestação jurisdicional mais adequada e eficiente.

A atuação passiva do juiz, que apenas conduzia o processo sem maiores ingerências no procedimento, foi substituída por uma atitude mais proativa, com maior comprometimento e responsabilidade no alcance de celeridade e dos resultados satisfatórios da jurisdição. Não obstante, os poderes gerenciais do juiz em relação à duração do processo e às técnicas aplicáveis também proporcionaram um maior equilíbrio, lealdade e cooperação na relação processual.

Os estudos em torno do case management se iniciaram nos Estados Unidos,[69] em meados de 1970, com o projeto Judicial Case Management[70], e hoje já se encontra em diversos ordenamentos jurídicos[71], tanto da civil law quanto da common law, tornando-se, portanto, uma tendência mundial.

Com efeito, o poder de gerenciamento do processo pelo juiz como forma de melhorar a qualidade da justiça[72], vem sendo gradativamente adotado Inglaterra,[73] França,[74-75] Alemanha,[76] Portugal[77] e Itália.[78]

---

68. O tema foi abordado originalmente em: CABRAL, Trícia Navarro Xavier. Case Management no Brasil. *Revista ANNEP de Direito Processual*, v. 1, p.13-27, 2020.
69. Sobre o assunto: RESNIK, Judith. Managerial Judges. *Harvard Law Review*, v. 96, n. 2, p. 374-448, Dec. 1982. Disponível em: <http://www.jstor.org/pss/1340797>. Acesso em: 14 jan. 2008.
70. GAJARDONI, Fernando. Gestão de conflitos nos Estados Unidos e no Brasil. *Revista Eletrônica de Direito Processual* – REDP. Ano 12. v. 19. n. 3. Rio de Janeiro. set.-dez. 2018. pp. 276-295, p. 282.
71. Destaca Michele Taruffo que na maioria dos ordenamentos jurídicos comparados há tendência em fortalecer de forma simultânea e com total compatibilidade os poderes do juiz e os direitos processuais dos jurisdicionados. In: TARUFFO, Michele. Investigación judicial y producción de prueba por las partes. Traducción de Juan Andrés Varas Braun. *Revista de Derecho*. Valdivia, v. 15, n. 2, dez. 2003, p. 205.
72. Acerca das novas tendências mundiais, cf.: CHASE, Oscar G.; HERSHKOFF, Helen (Eds.), *Civil litigation in comparative context*. St. Paul: Thomson/West, 2007, p. 241-260.
73. Sobre o assunto: BARBOSA MOREIRA, José Carlos. Uma novidade: o Código de Processo Civil inglês. *Revista de Processo*. São Paulo, ano 25, n. 99, jul./set., 2000, p. 74-83. Ainda sobre o tema, cf. ANDREWS, Neil. *O moderno processo civil*: formas judiciais e alternativas de resolução de conflitos na Inglaterra. Orientação e revisão da tradução: Teresa Arruda Alvim Wambier. São Paulo: Ed. RT, 2009.
74. Interessantes considerações sobre o ordenamento jurídico francês, retratando as perspectivas do futuro, podem ser encontradas em: PERROT, Roger. O processo civil francês na véspera do século XXI. Trad. José Carlos Barbosa Moreira. *Revista de Processo*. São Paulo, ano 23, n. 91, jul./set., 2000, p. 203-212.
75. Cf.: CADIET, Loïc. Conventions relatives au process en droit français. *Revista de Processo*. São Paulo: Revista dos Tribunais, ano 33, n. 160, jun., 2008, p. 61-82.
76. Sobre a reforma, ver os textos de José Carlos Barbosa Moreira: Breve notícia sobre a reforma do processo civil alemão. *Revista de Processo*. São Paulo, ano 28, n. 111, jul./set., 2003, p. 103-112; e *Temas de direito processual*: nona série. São Paulo: Saraiva, 2007, p. 39-54.
77. Cf. FARIA, Paulo Ramos de. *Regime processual civil experimental comentado*. Coimbra: Almedina, 2010.
78. COMOGLIO, Luigi Paolo; FERRI, Conrado; TARUFFO, Michele. *Lezioni sul processo civile*. Bolonha: Il Mulino, 1995, p. 395-396.

As discussões inicialmente travadas na doutrina nacional[79] e estrangeira[80] giravam em torno do privatismo e do publicismo no processo civil, ou seja, se o sistema deveria prestigiar mais a atuação das partes (adversarial) ou do juiz (inquisitorial) dentro do processo. Atualmente esse debate ficou ultrapassado, pois o formato ideal de processo civil exige a cooperação de todos os *players* (juiz, partes e advogados), com o propósito final de alcançar resultados mais justos, céleres e eficientes.[81]

No Brasil, o aumento dos poderes do juiz tem sido objeto de discussão desde o início do século passado, passando por diversas fases até chegar ao estágio atual[82]. Desde o CPC/73, já tínhamos um sistema processual que conferia amplos poderes ao juiz, especialmente no campo probatório. O CPC/15 ampliou ainda mais essa postura ativa do magistrado, mas também trouxe técnicas capazes de garantir maior participação das partes na condução do procedimento, proporcionando mais harmonia e equilíbrio entre os sujeitos processuais.

O gerenciamento do processo pelo juiz em busca de resultados mais eficientes e encontra respaldo na Constituição Federal, especialmente no art. 5º, incisos: XXXV ("a lei não excluirá da apreciação do Poder Judiciário lesão ou ameaça a direito"); LIV ("ninguém será privado da liberdade ou de seus bens sem o devido processo legal"); e LXXVIII ("a todos, no âmbito judicial e administrativo, são assegurados a razoável duração do processo e os meios que garantam a celeridade de sua tramitação").

No CPC/15, todos os doze dispositivos inseridos nas normas fundamentais do processo civil conferem, em algum grau, autorização para a gestão processual, com a finalidade de alcançar uma prestação jurisdicional que seja proporcional e efetiva.

Registre-se que o gerenciamento da marcha processual do juiz não se confunde com a ideia pejorativa de ativismo judicial, quando a discricionariedade do julgador fere direitos fundamentais ou garantias processuais, podendo, ainda, invadir outras esferas de Poder.[83]

---

79. BARBOSA MOREIRA, José Carlos. A função social do processo civil moderno e o papel do juiz e das partes na direção e na instrução do processo. *Temas de direito processual*: terceira série. São Paulo: Saraiva, 1984, p. 53-56.

80. Toda discussão é tratada na obra: MONTERO AROCA, Juan (Coord.). *Proceso civil e ideología*: un prefacio, una sentencia, dos cartas y quince ensayos. Valencia: Tirant lo Blanch, 2006.

81. Essa conclusão está inserida no recente Relatório da ELI-UNIDROIT, que objetiva consolidar as Regras Europeias de Processo Civil, ainda não disponível, mas que foi apresentado no Curso de Verão promovido pela Universidade do Espírito Santo em fevereiro de 2020, que contou com a participação de Professores que integram os Grupos de Trabalho (http://www.direito.ufes.br/sites/direito.ufes.br/files/field/anexo/cartaz_ss.pdf). Acesso em 25 jun. 2020.

82. Sobre a evolução dos poderes do juiz, cf.: AMENDOEIRA JUNIOR, Sidney. *Poderes do juiz e tutela jurisdicional*: a utilização racional dos poderes do juiz como forma de obtenção da tutela jurisdicional efetiva, justa e tempestiva. São Paulo: Atlas, 2006. p. 38-48.

83. Sobre o assunto, cf.: GOMES, Gustavo Gonçalves. Juiz ativista x juiz ativo: uma diferenciação necessária no âmbito do processo constitucional moderno. In: DIDIER JR., Fredie; NALINI, José renato; RAMOS, Glauco Gumerato; LEVY, Wilson. *Ativismo judicial e garantismo processual*. Salvador: JusPODIVM, 2013, p. 287-302.

Ao contrário, o poder diretivo do juiz proporcionado pelo *caso management* é aquele amparado em técnicas previstas pelo legislador, que busca compatibilizar de modo responsável e proporcional o procedimento às particularidades do caso concreto, tratando-se, pois, de uma condução processual vinculada à lei.

Não obstante, sabe-se que o CPC/15 também ampliou as formas de atuação das partes no processo, inclusive para a modulação de procedimento, como por meio das convenções processuais (art. 190). Porém, o protagonismo diretivo do juiz se destaca por envolver outras atividades gerenciais, que incluem importantes ações administrativas e judiciais.[84]

Saliente-se, ainda, que essa postura ativa do juiz foi temperada pelo legislador com a exigência ampliada de cooperação entre os sujeitos processuais, de observância do contraditório, e da presença da boa-fé no comportamento de todos os envolvidos[85]. Assim, esses três elementos (cooperação, contraditório e boa-fé) legitimam o poder gerencial do juiz.

Portanto, o presente estudo objetiva analisar as formas, as técnicas e os requisitos do *case management* no sistema processual brasileiro.

3.5.2   *Papel do juiz no gerenciamento do processo*

O papel gerencial do juiz contempla diversas atividades e iniciativas que são essenciais para a eficiência da prestação jurisdicional, sendo que a doutrina possui classificações distintas para o fenômeno.

No direito estrangeiro, Anna Nylund, Professora da Universidade de Thomso (Noruega), entende que o *case management* pode ter três aspectos: a) gerencial, relativo à organização do trabalho, incluindo a atribuição do caso ao juiz apropriado; b) processual, se refere à administração do tempo para cada caso e à adaptação do procedimento em si; e c) substancial, em que o juiz ajuda as partes a identificar o escopo do caso antes da audiência principal para garantir que apresentem provas relevantes sobre as questões de fato e de direito.[86]

No Brasil, Erico Andrade defende que o *case management* pode ser concretizado por três formas: a) flexibilização processual, com mudança na estruturação dos pro-

---

84. Em importante obra sobre o tema, Cláudia Schwerz registra com precisão que: "O gerenciamento do processo insere-se em um universo maior, que contempla temas ligados a políticas públicas, gestão de cartórios judiciais, investimento na informatização dos processos, estrutura física dos cartórios, treinamento constantes dos funcionários públicos, atualização permanente do juiz, entre outras.". CAHALI, Cláudia Elisabete Schwerz. *O gerenciamento de processos judiciais*: em busca da efetividade da prestação jurisdicional (com remissões ao projeto do novo CPC). Brasília: Gazeta Jurídica, 2013. (Coleção Andrea Proto Pisani, v. 10), p. 32.
85. A lealdade processual também é exigida juiz. Sobre o tema, cf.: FARIA, Márcio Carvalho. *A lealdade processual na prestação jurisdicional*: em busca de um modelo de juiz leal. São Paulo: Ed. RT, 2017.
86. NYLUND, Anna. Case management in a comparative perspective: regulation, principles and practice. *Revista de Processo*. v. 292/2019, p. 377-395, jun. /2019.

cedimentos judiciais; b) criação do calendário do processo; e c) "contratualização" do processo.[87]

Já Cláudia Schwertz assevera que as principais ferramentas da gestão processual seriam: a) racionalização dos serviços por meio de técnicas que promovam a eficiência e a efetividade da marcha processual; b) flexibilização do procedimento; c) uso de meios adequados de solução de conflitos em conjunto com a solução judicial ou com a exclusão desta.[88]

Todas as classificações mencionadas são válidas, mas para este estudo, considera-se que o *case management* no sistema brasileiro teria como principais aspectos: a) gestão administrativa; b) gestão do conflito; e c) gestão do procedimento.

Passa-se, então, à análise das particularidades de cada uma dessas dimensões.

3.5.3 Formas de gerenciamento do processo

A gestão administrativa do juiz é pouco explorada na doutrina processual, mas representa relevante impacto na eficiência do nosso Poder Judiciário. Isso porque o gerenciamento do processo pelo juiz, por si só, não é capaz de afastar gargalos da Justiça: custo-lentidão-complexidade.

Assim, o modelo contemporâneo de atuação judicial exige novas práticas judiciárias e judiciais, de modo que, além do dever de assimilar e aplicar corretamente as técnicas processuais instituídas pelo CPC/15, ao juiz moderno é exigido um comportamento administrativo eficaz, sem o qual não seria possível oferecer efetividade na prestação jurisdicional.

Nesse contexto, fora os aspectos processuais, o gerenciamento do magistrado deve incluir aspectos periféricos à atividade jurisdicional em si, relacionados à estrutura administrativa, pessoal e material da unidade judiciária, uma vez que podem influenciar no bom andamento do processo e prejudicar a eficiência do sistema judiciário.

Denomina-se governança o mecanismo analítico de compreensão e controle dos fatores que envolvem todos os meios pessoais, materiais e estruturais no alcance dos objetivos[89]. Por conseguinte, a gestão judicial é o conjunto de tarefas que garante o uso eficaz de recursos do Poder Judiciário visando uma atuação mais adequada.

O modelo de juiz-gestor constitui um novo paradigma, pois otimiza o funcionamento das unidades judiciárias, utilizando indicadores e metas de desempenho no

---

87. ANDRADE, Érico. As novas perspectivas do gerenciamento e da "contratualização" do processo. *Revista de Processo*, v. 193/201, p. 167-200, mar./2011.

88. CAHALI, Cláudia Elisabete Schwerz. *O gerenciamento de processos judiciais*: em busca da efetividade da prestação jurisdicional (com remissões ao projeto do novo CPC). Brasília: Gazeta Jurídica, 2013. (Coleção Andrea Proto Pisani, v. 10), p. 45.

89. AKUTSU, Luiz; GUIMARÃES, Tomas de Aquino. *Dimensões da governança judicial e sua aplicação ao sistema judicial brasileiro*. Disponível em: <http://www.scielo.br/scielo.php?pid=S1808-24322012000100008-&script-sci_arttext>. Acesso em: 07 jan. 2015.

exercício de sua profissão. Planos estratégicos e operacionais, bem como um efetivo acompanhamento e controle de gestão garantem a qualidade na entrega da prestação jurisdicional, especialmente em unidades judiciárias doentes.[90]

A governança judicial ganhou força no Brasil especialmente após a criação do Conselho Nacional de Justiça – CNJ, que tem por missão servir de instrumento efetivo de desenvolvimento do Poder Judiciário, contribuindo para a efetividade dos trabalhos judiciários.

Para esse fim, o CNJ utiliza a Gestão de Processos como metodologia para acompanhar, avaliar e redesenhar os processos de trabalho, visando à melhoria contínua destes e o alcance dos objetivos estratégicos da organização. A cada ano são estipuladas metas de desempenho que devem ser cumpridas pelas unidades judiciárias.

Dessa forma, compete ao juiz realizar o controle e o cumprimento dessas metas e, para tanto, depende de forma direta do compromisso de todos os que integram a equipe de trabalho, como assessores, servidores, estagiários, e outros auxiliares da justiça.

Com isso, cria-se um novo desafio, que é fazer com que os servidores entendam a atual filosofia e aceitem caminhar em direção a um objetivo comum, que é gerir uma unidade judiciária de forma correta e dinâmica.

Somente para exemplificar, a gestão administrativa do juiz inclui: controlar número de processos que ingressam na unidade; controlar o número de sentenças, que deve ser superior ao número de demandas ajuizadas; fiscalizar a correta classificação dos processos no sistema (taxonomia); garantir a limpeza e organização do cartório e do gabinete; verificar se a estrutura material e pessoal atende à vara; realizar relatórios de produtividade e de correições, bem como responder ofícios; fiscalizar a produtividade de estagiários e servidores; entre inúmeras outras atribuições.

Atualmente também ganhou destaque a gestão do uso da tecnologia, para o incremento de automação de tarefas e realização de atos virtuais.

O CPC/15, reconhecendo a necessidade de gerenciamento administrativo do juiz e a importância do papel do CNJ, previu em alguns dispositivos o auxílio do referido órgão, como no art. 196, que trata da regulamentação da prática e comunicação oficial de atos eletrônicos, velando pela compatibilidade dos sistemas, e no art. 1.069, que dispõem sobre a realização de pesquisas estatísticas para avaliação da efetividade.

O Código também disciplinou no art. 12 a exigência de o juiz seguir a ordem cronológica de conclusão dos processos para o seu julgamento, dando-se, inclusive, publicidade às listas formadas. Ainda de acordo a referida regra, se o processo da listagem precisar sair para instrução ou diligência, volta depois para a mesma posição. Por sua vez, se a sentença for anulada ou na hipótese do 1.040, II, o feito retorna para o 1º lugar na lista.

---

90. REIS, Wanderlei José dos. *Juiz-gestor*: um novo paradigma. Disponível em: http://www.ibrajus.org.br/revista/artigo.asp?idArtigo=215. Acesso em: 07 jan. 2015.

Pelo referido dispositivo, na prática, o magistrado teria que formar ao todo nove blocos de processos: a) sentenças comuns; b) sentenças proferidas em audiência, homologatórias de acordo e de improcedência liminar; c) casos repetitivos; d) sentenças do 485 e 932; e) embargos de declaração; f) preferências legais do CNJ; g) processos criminais; e h) causas urgentes, assim consideradas de forma fundamentada.

Por sua vez, art. 153 estabelece que "o escrivão ou chefe de secretaria deverá obedecer à ordem cronológica de recebimento para publicação e efetivação dos pronunciamentos judiciais", sob pena de responsabilidade funcional.[91]

Observa-se, pois, que o CPC/2015, se aplicado literalmente poderia acabar comprometendo a gestão de processos feita pelo juiz e pelos tribunais, tanto em relação à gestão das unidades judiciais pelos auxiliares da justiça, quanto no que se refere à ordem de julgamento dos processos.

Por essa razão, o artigo foi fortemente criticado pela comunidade jurídica, uma vez que retira do juiz e dos servidores a liberdade de administração das unidades judiciárias por meio da aplicação de outras técnicas de gestão em nome da igualdade de tratamento pelo Poder Judiciário.

Diante disso, o dispositivo foi alterado pela Lei 13.256/2016, e a imperatividade do texto foi substituído pela expressão "preferencialmente", amenizando sobremaneira a ideia originária do legislador que era provocar uma mudança comportamental.

De qualquer modo, resta evidente que somente o empenho processual do juiz não é suficiente para garantir uma tutela jurisdicional satisfatória. A gestão administrativa, (judiciária) aliada à judicial, é muito mais eficaz na garantia da coerência estrutural do sistema de justiça.

A gestão administrativa consome grande parte do tempo e da energia dos magistrados, e por isso devem ser considerados na equação da eficiência do Poder Judiciário.

Portanto, constata-se que a maior qualidade na gestão administrativa e na condução processual pode proporcionar a efetividade jurisdicional[92], eliminando, por consequência, a morosidade das ações judiciais e a baixa eficácia de suas decisões.

3.5.3.1 Gestão do conflito

Tema que se torna cada vez mais relevante no cenário nacional, a gestão do conflito implica em o juiz identificar e compreender o tipo de relação jurídica material e processual em que as partes estão inseridas, o que terá reflexos na condução do processo com um todo.

---

91. GAJARDONI: Fernando. *O novo CPC e o fim da gestão na Justiça*. Disponível em: <http://jota.info/o-novo--cpc-e-o-fim-da-gestao-na-justica>. Acesso em 20 fev. 2015.

92. Cf.: CAHALI, Cláudia Elisabete Schwerz. *O gerenciamento de processos judiciais*: em busca da efetividade da prestação jurisdicional (com remissões ao projeto do novo CPC). Brasília: Gazeta Jurídica, 2013. (Coleção Andrea Proto Pisani, v. 10).

Inicialmente, é importante que o juiz verifique os seguintes aspectos: a) se a relação entre as partes é de natureza continuada ou se não há vínculo anterior entre as partes; b) se o direito discutido admite autocomposição; c) se as partes já tentaram eliminar o conflito por meio de um acordo antes da judicialização; e d) se o conflito possui um grau de complexidade e especialidade a se compatibilizar com outros métodos de resolução de conflitos.

O gerenciamento do conflito tem início logo no juízo de admissibilidade da petição inicial, e pode ocorrer em diversos momentos do procedimento. Assim, quando o juiz realiza a triagem dos processos e analisa a inicial já é possível identificar os principais contornos da relação jurídica nos planos material e processual.

Em outros termos, o juiz deve considerar os elementos objetivos (direito material) e subjetivos (pessoas envolvidas no conflito) que permeiam a relação jurídica processual.

Isso permite que o juiz direcione o processo para o método adequado, atendendo ao que preconiza o art. 3º, do CPC, inserido nas normas fundamentais do processo civil. O referido dispositivo trata da inafastabilidade do Poder Judiciário, mas também autoriza o uso da arbitragem, e ainda estabelece de forma contundente a preferência pelas formas consensuais de resolução de conflito.

Nesse contexto, pode-se afirmar que o CPC contempla a ideia de Justiça Multiportas[93], cuja evolução teve por base legislativa especialmente a Resolução 125/2010, do CNJ, a Lei 13.140/2015 (Lei de Mediação) e a Lei 9.307/96 (Lei de Arbitragem).

Essa sistemática traz uma nova perspectiva ideológica e comportamental para o processo civil, já que imprime a necessidade de adequar o conflito ao método que seja mais compatível para o seu tratamento. Trata-se de um novo dever de adequação e consensualidade que deve ser exigido do Estado e de todos os sujeitos processuais.

Para dar concretude a esse dever, o CPC instituiu audiências de conciliação ou mediação no início do procedimento comum (art. 334) e em alguns procedimentos especiais (ações de família e litígio coletivo de posse de imóvel).

Assim, o juiz, ao apreciar a petição inicial, deverá verificar se o direito admite autocomposição. Em caso positivo, dependendo da complexidade do conflito, o juiz analisaria se seria o caso de encaminhar o caso para uma audiência de mediação (relações mais complexas, de trato continuado) ou para uma de conciliação (relações mais simples e pontuais).

Registra-se que a designação da audiência inaugural do art. 334, do CPC, é cogente para o juiz, só podendo ser dispensada se ambas as partes manifestarem desinteresse no ato ou se o direito não comportar autocomposição. Ademais, caso as partes comprovem

---

93. ZANETI JR., Hermes; CABRAL, Trícia Navarro Xavier. *Justiça Multiportas*: mediação, conciliação, arbitragem e outros meios de solução adequada de conflitos. 2. ed. revista, ampliada e atualizada. Salvador: JusPODIVM, 2018. (Coleção Grandes Temas do Novo CPC – v. 9).

satisfatoriamente que já tentaram construir uma solução consensual extrajudicialmente, o juiz poderá dispensar a audiência inicial.

Não obstante, dependendo do grau de complexidade e especialidade do conflito, bem como da necessidade de uma produção probatória cara e mais elaborada, nada impede que o juiz pondere – e não determine – com as partes sobre o uso da arbitragem, sem que isso constitua qualquer abdicação de sua jurisdição.

Existem, ainda, outros métodos de solução consensual de conflitos como a própria negociação direta. Já há algumas decisões de tribunais brasileiros suspendendo o processo de natureza consumerista para que o autor utilize plataformas *on-line* de resolução de disputas, sob pena de extinção do feito sem resolução sem mérito por falta de interesse de agir. Entretanto, trata-se de discussão que foge ao contexto deste estudo.

Nota-se, pois, que a imagem do juiz descompromissado com a melhor solução do conflito não pode subsistir. Mais do que dirigir formalmente o processo, o juiz deve imprimir maior proximidade com a resolução substancial do feito.

3.5.3.2   Gestão do procedimento

A gestão do procedimento[94] deve ser entendida como a possibilidade de o juiz realizar adaptações procedimentais e aplicar técnicas processuais que melhor se ajustem às particularidades do caso concreto, propiciando adequação, rendimento, eficiência e racionalidade à entrega da prestação jurisdicional.[95]

O CPC traz inúmeras hipóteses de adaptação do procedimento, em especial no art. 139, que traz um rol de poderes, deveres e responsabilidade do juiz, indicando diferentes formas de gestão do processo pelo juiz. O dispositivo é mais amplo do que o art. 125, do CPC/73, estabelecendo os poderes de direção do juiz e imputando-lhe a incumbência de: a) zelar pela igualdade; b) garantir a duração razoável do processo; c) prevenir ato atentatório à dignidade da justiça e procrastinatórios; d) determinar medidas coercitivas para assegurar a obtenção da tutela de direito; e) promover a autocomposição; f) adequar o procedimento dilatando prazos e alterando ordem de produção dos meios de prova; g) exercer poder de polícia; h) determinar o comparecimento pessoal das partes para inquirição; i) controlar os defeitos processuais; e j) atentar para as demandas individuais repetitivas.

Verifica-se que o referido dispositivo legal acrescentou cinco novas hipóteses de atuação do magistrado, sendo três delas de bastante relevância para garantir a adequada gestão processual, constantes dos seguintes incisos: a) IV – determinar todas as medidas

---

94. Tratando a jurisdição como estrutura de governança judicial, cf.: CORRÊA, Fábio Peixinho Gomes. *Governança judicial*. São Paulo: Quartier Latin, 2012.

95. Segundo Barbosa Moreira, os poderes do juiz servem de instrumento para a boa prestação jurisdicional, mas é a quantidade e a qualidade de sua atuação que dirão se contribuíram para a efetividade do processo, objetivo de toda reforma. BARBOSA MOREIRA, José Carlos. Reformas processuais e poderes do juiz. *Revista da EMERJ*, v. 6, n. 22, 2003.

indutivas, coercitivas, mandamentais ou sub-rogatórias necessárias para assegurar o cumprimento de ordem judicial, inclusive nas ações que tenham por objeto prestação pecuniária; b) VI – dilatar os prazos processuais e alterar a ordem de produção dos meios de prova, adequando-os às necessidades do conflito de modo a conferir maior efetividade à tutela do direito; e c) IX – determinar o suprimento de pressupostos processuais e o saneamento de outros vícios processuais.

Na realidade, o Código em vigor prevê variadas espécies de adaptação do procedimento, conferindo bastante flexibilidade aos sujeitos processuais, especialmente ao juiz, que pode modular os atos e o procedimento.

Nesse contexto, seriam cinco as principais formas de gerenciamento procedimental pelo juiz:

i) controle da regularidade do processo: compete ao juiz, desde o recebimento da petição inicial, ao realizar o juízo de admissibilidade, verificar a existência de defeitos processuais capazes de comprometer o procedimento, primando para que o processo se desenvolva de modo adequado.

Assim, a cada ato e fase processual o juiz deve conferir a presença dos requisitos previstos em lei, e, identificada eventual ausência, determinar que seja sanado pela parte. Esse controle precoce das irregularidades evita que haja retrocessos no futuro, com o reconhecimento de invalidades de atos capazes de comprometer todo o trabalho até então desenvolvido.

A garantia da ordem pública processual[96] pelo juiz é fundamental para legitimar o procedimento e conferir segurança jurídica aos jurisdicionados.

E uma vez identificado algum defeito processual, deve o juiz lançar mão do princípio da sanabilidade, aproveitando os atos praticados, desde que atinjam a sua finalidade e não acarretem prejuízos às partes, nos termos do art. 283, do CPC.

ii) garantia de cumprimento de das decisões judiciais: o art. 139, IV, autoriza o juiz a determinar todas as medidas indutivas, coercitivas, mandamentais ou sub-rogatórias necessárias para assegurar o cumprimento de ordem judicial, inclusive nas ações que tenham por objeto prestação pecuniária.[97]

Como se vê, o dispositivo prevê deferentes espécies de comandos judiciais para efetivar e satisfazer a ordem judicial. Importante esclarecer que por "ordem judicial" deve se entender por qualquer tipo de pronunciamento judicial, seja decisão, sentença ou acórdão.

Diante disso, começaram a surgir decisões em que, diante do inadimplemento do executado de obrigação de pagar quantia certa, fora determinada a suspensão da Car-

---

96. Sobre o tema, cf.: CABRAL, Trícia Navarro Xavier. *Ordem pública processual*. Brasília: Gazeta Jurídica, 2015.
97. Acerca do assunto, cf.: CABRAL, Trícia Navarro Xavier. As novas tendências da atuação judicial. In: TALAMINI, Eduardo; MINAMI, Marcos Youji. *Medias executivas atípicas*. 2. ed. Revista e atualizada. Salvador: JusPODIVM, 2020. (Coleção Grandes Temas do Novo CPC), p. 611-628.

teira Nacional de Habilitação, a apreensão do passaporte do devedor e o cancelamento dos cartões de crédito do executado, até o pagamento da dívida.

A doutrina reagiu imediatamente. De um lado, houve quem reconhecesse que a adoção da atipicidade das medidas executivas também nas execuções de obrigação de pagar quantia ensejou uma nova sistemática executiva, representando inclusive o que se denominou de uma "revolução silenciosa da execução por quantia", embora critérios como excepcionalidade, proporcionalidade, fundamentação, menor onerosidade para o executado e respeito aos direitos e garantias fundamentais devam ser considerados pelo juiz[98]. De outra banda, há posicionamento doutrinário que reputa o dispositivo uma "carta branca para o arbítrio"[99], diante da possibilidade de adoção de medidas arbitrárias de restrição de direitos fundamentais, descontextualizadas das premissas constitucionais.

A nosso sentir, com razão as duas correntes. Explica-se: uma das justificativas do legislador para a instituição da reforma processual foi a necessidade de redefinição ideológica do CPC, conformando-o aos valores da Constituição de 1988, consolidando, assim, um modelo constitucional do processo.

E no capítulo que trata das normas fundamentais do processo civil, restou estabelecido no art. 4º que as partes têm o direito de obter em prazo razoável a resolução do mérito e sua satisfação. Em outros termos, prevê o dispositivo que os direitos devem ser reconhecidos e também efetivados. Essa norma fundamental deve guiar os sujeitos processuais, mas em especial o magistrado, em toda sua atuação, quebrando a dicotomia cognição x execução, a fim de que os dois momentos sejam considerados sob a premissa única da finalidade ou do resultado final pretendido.

Sob outro prisma, com o estabelecimento de uma parte geral aplicável a todos os institutos processuais, não há dúvidas de que os preceitos envolvendo os poderes do juiz podem ser aplicáveis também à execução, de forma inclusive cumulativa com as previsões específicas relativas a esta última.

E ao transportar essas perspectivas para a efetivação das decisões judiciais, alteram-se por completo as expectativas executivas no tocante ao poder de atuação do magistrado, às possibilidades do credor de quantia – antes dependente dos meios tradicionais de coerção do executado para a satisfação de seu crédito –, bem como se põe em xeque a interpretação sobre o princípio da menor onerosidade do devedor.

Tem-se, pois, uma cláusula geral de efetivação das ordens judiciais, inclusive no que concerne ao processo de execução ou cumprimento de sentença. Importante contextualizar que, entre as inúmeras alterações do CPC/15, o processo de execução

---

98. Sobre o tema, conferir: GAJARDONI, Fernando: *A revolução silenciosa da execução por quantia*. Disponível em: http://jota.uol.com.br/a-revolucao-silenciosa-da-execucao-por-quantia. Acesso em: 02/09/2016.

99. Ver: STRECK, Lênio; NUNES, Dierle. *Como interpretar o art. 139, IV, do CPC? Carta branca para o arbítrio?* Disponível em: http://www.conjur.com.br/2016-ago-25/senso-incomum-interpretar-art-139-iv-cpc-carta--branca-arbitrio. Acesso em: 30/08/2016.

foi o que menos sofreu modificação, embora tenha havido aperfeiçoamentos pontuais. Isso porque as reformas processuais de 2005 (Lei 11.232/05) e 2006 (Lei 11.382/06) já haviam tratado dos principais aspectos da sistemática executiva, muitas delas ainda em estágio de assimilação pela comunidade jurídica.

Assim, o CPC/15 empenhou esforços a fim de melhorar aspectos processuais já bastante ultrapassados, de acordo com a evolução da doutrina e jurisprudência, bem como pelo advento da Constituição da República de 1988, mas procurou respeitar a solidificação de modificações legislativas ainda em processos de amadurecimento, como foi caso da reforma processual relativa à execução.

Contudo, a potencialidade inserta no art. 139 acabou por, indiretamente, reforçar sobremaneira as medidas executivas típicas, prevendo medidas coercitivas e indutivas de execução indireta também para efetivar ordem de pagamento. Em outros termos, a atipicidade das medidas executivas passou a ser aplicável também à persecução de obrigação de pagar quantia.

Ao tratar do assunto, Marcelo Abelha distingue com muita propriedade as medidas processuais punitivas das medidas processuais coercitivas, ambas aplicáveis ao executado, por meio de um "duplo dever do magistrado". As primeiras, aplicáveis às situações que atentem ao dever de lealdade e boa-fé estariam previstas no inciso III, do art. 139, e as segundas, destinadas à promoção das ordens judiciais, se enquadrariam no inciso IV, do mesmo dispositivo legal.

Nesse contexto, diz o autor, se o comportamento do executado estiver voltado para atos de improbidade processual (arts. 77, IV e 774), aplica-se uma medida processual de caráter punitivo (art. 139, III). Porém, se a conduta do executado se relacionar ao descumprimento da ordem judicial, cabível se torna a aplicação de medidas processuais coercitivas ou sub-rogatórias (art. 139, IV), desde que adequadas, proporcionais e razoáveis para atingir sua finalidade.

De todo modo, as medidas processuais punitivas devem seguir o regime de tipicidade, pois ela é a própria consequência (fim), em contraposição à aplicação de medidas processuais coercitivas, que adotam o regime de atipicidade, sendo apenas um instrumento (meio) para o alcance do resultado pretendido, embora ambas possam ser cumuladas.[100]

Importante ressaltar, ainda, que para a aplicação de medidas atípicas, o juiz deve observar parâmetros valorativos constitucionais (art. 5°, CF) e processuais (art. 8°, CPC) como atender aos fins sociais e às exigências do bem comum, a dignidade da pessoa humana, a legalidade, a razoabilidade e a proporcionalidade e a eficiência do processo.

---

100. Cf.: RODRIGUES, Marcelo Abelha. *O que fazer quando o executado é um "cafajeste"? Apreensão de passaporte? Da carteira de motorista?* Disponível em: http://www.migalhas.com.br/dePeso/16,MI245946,51045-O+que+-fazer+quando+o+executado+e+um+cafajeste+Apreensao+de+passaporte. Acesso em: 25/09/2016.

Dessa forma, diante das premissas supracitadas, verifica-se que a atuação judicial em casos de descumprimento de suas ordens deve considerar dois fatores: a) o tipo de comportamento do executado, se de mero descumprimento de ordem judicial ou se de improbidade processual, ou se ambas as hipóteses; e b) a pertinência entre a situação fática e jurídica em questão e a medida adotada pelo juiz, evitando-se distorções que comprometam a finalidade da norma.

Ademais, importante também ressaltar a subsidiariedade e excepcionalidade que as medidas atípicas devem ter em relação às medidas típicas, que precisam ser esgotadas antes da aplicação daquelas. Não obstante, em caso de cumulação de medidas atípicas, para fins de constatação de sua adequação, elas devem ser consideradas tanto de modo isolado como conjuntamente.[101]

Assim, na hipótese específica de descumprimento de ordem judicial, caberiam medidas atípicas, como por exemplo: a dívida de veículos poderia ensejar a suspensão da CNH; a dívida de alimentos poderia gerar a apreensão do passaporte para impedir viagens e gastos no exterior; a dívida de cartão de crédito poderia impedir o fornecimento de novas linhas de crédito ou de outros benefícios bancários. Mas cada uma dessas medidas deve ser exaustivamente fundamentada, demonstrando a coerência entre o suporte fático e a medida judicial, legitimando a restrição imposta.

Com efeito, liberdade e propriedade são valores caros para a nossa sociedade e só devem ser limitados diante de circunstâncias que justifiquem tamanha intervenção estatal.

E para além do aspecto envolvendo o alcance da satisfação do credor, quando se trata de cumprimento de decisões judiciais, deve-se considerar também o aspecto relativo à própria credibilidade do Poder Judiciário, garantindo, assim, a sua função social.

iii) flexibilização do procedimento[102]: a variação do procedimento admite diferentes formatos, podendo ser classificada em quatro categorias: a) por imposição legal; b) por ato judicial; c) por ato conjunto das partes e do juiz; e d) por atos de disposição das partes.

A primeira – flexibilização por imposição legal – ocorre quando o próprio legislador identifica, de antemão, as hipóteses passíveis de alteração do procedimento para melhor atender às especificidades da causa, de acordo com as peculiaridades do direito material controvertido (ex: escolha do procedimento pelo autor).

Por sua vez, a flexibilização por ato do juiz pode ocorrer em duas situações: a) quando a lei fixa previamente alternativas ao magistrado, ficando a critério deste escolher o procedimento a seguir, citando-se, como exemplo, o julgamento antecipado do mérito ou o julgamento monocrático dos recursos; e b) quando o juiz, em razão de seus próprios

---

101. Nesse sentido, ver: RODOVALHO, Thiago. *O necessário diálogo entre a doutrina e a jurisprudência na concretização da atipicidade dos meios executivos.* Disponível em: http://jota.uol.com.br/o-necessario-dialogo-entre--doutrina-e-jurisprudencia-na-concretizacao-da-atipicidade-dos-meios-executivos. Acesso em: 24 set. 2016.

102. Sobre a evolução do tema no Anteprojeto da reforma do CPC, cf.: CABRAL, Trícia Navarro Xavier Cabral. Flexibilização procedimental. *Revista Eletrônica de Direito Processual* – REDP. v. VI. n. 6. Periódico da Pós--Graduação *Stricto Sensu* em Direito Processual da UERJ. 2010, p. 135-164.

poderes diretivos e de gestão, tem a autonomia de adaptar o procedimento, mesmo na falta de previsão legislativa específica[103], como acontece no caso dos direitos difusos e coletivos, nos procedimentos diferenciados, na fungibilidade entre procedimentos liquidatórios, na importação de técnicas processuais.

Ademais, a variação do procedimento também pode ocorrer por ato conjunto das partes e do juiz. É a hipótese do calendário processual inserido no art. 191, do CPC/2015, que permite que os sujeitos processuais preestabeleçam datas para a prática de seus atos, adequando o ritmo e a duração da demanda às especificidades do caso concreto.

Por último, tem-se a possibilidade de as partes firmarem uma convenção em matéria de processo, nos termos do art. 190, do CPC, para ajustá-lo às especificidades da causa e para dispor sobre seus ônus, poderes, faculdades e deveres processuais, tanto extrajudicialmente quanto durante a tramitação do processo judicial.[104]

Registre-se que o nosso ordenamento processual já vinha admitindo a flexibilização por imposição legal e a por ato do juiz. Porém, a novidade surge em relação as duas outras espécies de flexibilização, ou seja, a por ato conjunto das partes e do juiz e a por atos de disposição das partes, estabelecidas nos artigos 190 e 191, do CPC/2015.

A adaptabilidade do procedimento pelo juiz representa um importante mecanismo de racionalização do procedimento, a fim de que não seja além nem aquém das necessidades do direito material discutido.

iv) saneamento do processo: se a causa não comportar a resolução antecipada do mérito, o procedimento adentra na fase saneadora. Trata-se de etapa importante para a otimização do procedimento.

Nela o juiz concentrará o foco no que de fato é relevante para as fases probatória e decisória, e, nos termos do art. 357, do CPC, deverá: I – resolver as questões processuais pendentes, se houver; II – delimitar as questões de fato sobre as quais recairá a atividade probatória, especificando os meios de prova admitidos; III – definir a distribuição do ônus da prova, observado o art. 373; IV – delimitar as questões de direito relevantes para a decisão do mérito; V – designar, se necessário, audiência de instrução e julgamento.

A decisão saneadora será, em regra, dada em gabinete, resolvendo as questões preliminares, fixando pontos controvertidos, definindo a distribuição do ônus da prova, deferindo provas e, se for o caso, designando audiência de instrução e julgamento (art. 357). Entretanto, se a matéria apresentar complexidade de fato ou de direito, o juiz poderá designar audiência de saneamento para, em cooperação com as partes, delimitar melhor as alegações (art. 357, § 3º).

---

103. Enunciado 35 (Enfam). Além das situações em que a flexibilização do procedimento é autorizada pelo art. 139, VI, do CPC/2015, pode o juiz, de ofício, preservada a previsibilidade do rito, adaptá-lo às especificidades da causa, observadas as garantias fundamentais do processo. https://www.enfam.jus.br/wp-content/uploads/2015/09/ENUNCIADOS-VERS%c3%83O-DEFINITIVA-.pdf. Acesso em: 9 jul. 2020.

104. Sobre os limites da liberdade processuais, cf.: CABRAL, Trícia Navarro Xavier Cabral. *Limites da liberdade processual*. Indaiatuba/SP: FOCO, 2019.

Registre-se que o § 9º, do art. 357 estabelece que as pautas devem ser preparadas com um intervalo mínimo de 1 (uma) hora entre as audiências. Trata-se de mais uma regra que pretende interferir no planejamento da rotina de trabalho do juiz em benefício das partes.

Portanto, o saneamento do processo requer uma adequada gestão pelo juiz, proporcionando maior rendimento às etapas processuais subsequentes.

v) poderes instrutórios: o art. 370, do CPC, autoriza o juiz, de ofício ou a requerimento da parte, determinar as provas necessárias ao julgamento do mérito, bem como a indeferir, em decisão fundamentada, as diligências inúteis ou meramente protelatórias (parágrafo único).

Assim, de acordo com o art. 353, do CPC, cumpridas as providências preliminares ou não havendo necessidade delas, o juiz poderá realizar o julgamento, conforme o estado do processo. Se não for o caso de julgamento antecipado do mérito, o juiz inicia a fase de saneamento e organização do processo.

No caso de julgamento antecipado do mérito, ainda que as partes tenham requerido a produção prova, o juiz pode dispensá-la quando não houver necessidade ou quando o réu for revel e não houver requerimento de prova, nos termos do art. 355, do CPC.

Por sua vez, durante a fase de saneamento e organização do processo, o juiz, ao delimitar os pontos controvertidos, poderá deferir as provas pertinentes e indeferir as que forem inúteis ou desnecessárias para a elucidação dos fatos, racionalizando a fase probatória.

Ademais, o gerenciamento probatório do juiz também inclui o momento de produção das provas. Com efeito, durante a oitiva de testemunhas, realização de perícia e realização de outros meios legais de prova, podem ocorrer inúmeras circunstâncias a ensejar a atuação judicial para garantir a regularidade da fase instrutória, como, por exemplo, na oitiva de testemunhas, em que há necessidade de controlar os casos de incapacidade, impedimento e suspeição (art. 447), bem como a ordem de inquirição (art. 456) e a veracidade do teor das declarações prestadas (art. 458).

Portanto, esses poderes instrutórios do juiz são essenciais para garantir a qualidade das provas, a duração razoável do processo e a eficiência da prestação jurisdicional.

3.5.3.3 Requisitos do gerenciamento processual pelo juiz

O amplo poder de gerenciamento do juiz, em seus diferentes aspectos, deverá atender a alguns requisitos, a fim de que seja justificável e tenha sua legitimidade reconhecida.[105]

---

105. J.J. Calmon de Passos, ao tratar do protagonismo do juiz, diz que ele deverá observar: a) vinculados à legalidade, especialmente a constitucional; b) adequadamente controlado – interna e externamente; b) satisfatoriamente fundamentado; e c) responsável e garantidor do máximo de segurança e coerência para sociedade. CALMON DE PASSOS, J.J. O magistrado, protagonista do processo jurisdicional? *Revista Eletrônica de Direito do Estado* (REDE), n. 24 – out./nov./dez. 2010, Salvador/BA. Disponível em: http://www.direitodoestado.com.br/codrevista.asp?cod=460. Acesso em: 09 jul. 2020.

Dessa forma, a aplicação do *case management*, em todos os seus aspectos, exige um juiz compromissado em adequar os atos e procedimentos às particularidades do caso concreto, garantindo maior proporcionalidade e eficiência para a demanda.

Ademais, o juiz deve assegurar a igualdade de tratamento entre as partes, zelando para que todos os sujeitos processuais tenham as mesmas oportunidades dentro do processo (art. 139, I).

Não obstante, é preciso assegurar, em todas as etapas e potenciais adaptações, a cooperação, a boa-fé, o contraditório e a ampla defesa das partes, e, ainda, evitar a prolação de decisões surpresa (art. 10).

Por sua vez, os poderes gerenciais do juiz devem ser proporcionais e devidamente fundamentados. Com efeito, o CPC impõe ao julgador a apreciação de todos os argumentos levantados no processo, sob pena de nulidade.

O § 1º, do artigo 489 estabeleceu requisitos objetivos para a fundamentação de qualquer decisão judicial (interlocutória, sentença ou acórdão) que são: a) abordar todas as questões de fato e de direito; b) explicar a indicação do ato normativo; c) explicar o motivo da aplicação de conceito jurídico indeterminado; d) evitar motivos genéricos ou padrão; e) enfrentar todos os argumentos capazes de influenciar a convicção do julgador; f) identificar fundamentos que adequem o caso ao enunciado de súmula ou precedente; g) mostrar a distinção ou a superação do entendimento ao deixar de aplicar enunciado de súmula ou jurisprudência alegada.

Já o § 2º prevê que, em caso de colisão de normas, deve o juiz indicar o objeto e os critérios da ponderação, tanto para afastar quanto para acolher a norma. Por sua vez, o § 3º estabeleceu a boa-fé como critério de interpretação da decisão.

Verifica-se, pois, que o juiz terá o dever de formular uma fundamentação exaustiva para justificar seu ato decisório.

Portanto, o gerenciamento do processo demanda uma conduta responsável do julgador[106], que deverá atender os requisitos supracitados para que sua postura ativa tenha a adequada legitimidade, afastando qualquer ideia de arbítrio.

4. CONCLUSÃO SOBRE *CASE MANAGEMENT*

O *case management* é uma tendência em diversos ordenamentos jurídicos, e, no Brasil, tem ganhado um contorno amplo e completo. Isso porque o aumento poderes do juiz se revela como importe forma de promoção de um processo mais igualitário, justo e tempestivo.

---

106. "Cuidar da acentuação de poderes, no entanto, é cuidar também, e forçosamente, de acentuação da responsabilidade. Quem se investe de poderes responde pela omissão em exercê-los na medida necessária, e responde de igual modo pelo exercício abusivo ou simplesmente inepto". (BARBOSA MOREIRA, José Carlos, *Temas de direito processual*: quarta série. São Paulo: Saraiva, 1989, p. 51).

O CPC/15 muniu o juiz de instrumentos que possibilitam decisões mais efetivas e com técnicas processuais para permitir a entrega de uma prestação jurisdicional compatível com os novos direitos, por meio de mecanismos cada vez mais eficientes, exigindo, ainda, um comportamento cooperativo entre os sujeitos processuais.

Nesse contexto, foram conferidos ao julgador deveres de gestão em diferentes dimensões: administrativa, conflitual e procedimental. O gerenciamento administrativo prevê que o magistrado deverá zelar para que as questões periféricas ao julgamento, relativas à condução da unidade judiciária, sejam tratadas de forma adequada. Já o gerenciamento do conflito indica que o juiz deve identificar e compreender os aspectos objetivos (direito material) e subjetivos (pessoas envolvidas), a fim de que possa direcionar a causa para a solução mais apropriada. Por sua vez, o gerenciamento do procedimento se relaciona com a adaptação de atos e do procedimento às particularidades do caso concreto, permitindo mais proporcionalidade e racionalidade no uso do processo.

Não obstante, o gerenciamento do processo pelo juiz exige a observância de requisitos, em especial o da fundamentação adequada, sem os quais sua decisão perde legitimidade.

O legislador também se preocupou com a responsabilidade do juiz, prevendo, no art. 143, circunstâncias passíveis de responsabilização civil e regressiva por perdas e danos.

Portanto, imprescindível que a atuação judicial seja bem dimensionada, garantindo a entrega de uma efetiva tutela jurisdicional, e, acima de tudo, conferindo segurança jurídica e confiança legítima do jurisdicionado. Somente com uma adequada gestão administrativa e judicial pelo juiz será possível o alcance da credibilidade e da eficiência do Poder Judiciário.

5. ATOS DE DISPOSIÇÃO PROCESSUAL[107]

A autocomposição tem diferentes formas de se manifestar no processo civil, não se resumindo ao acordo formulado entre as partes.

Ademais, ela pode ser unilateral, bilateral e plurilateral.

Não obstante, a autocomposição pode tratar de parte ou da totalidade do processo.

Na realidade, a autocomposição, no âmbito processual, se identifica com os atos de disposição processual, capazes de modular o procedimento ou a solução processual pelos próprios envolvidos.

Em outros termos, em um mesmo processo, pode ocorrer a resolução de uma questão pela autocomposição e de outras pela heterocomposição.

---

107. O assunto foi abordado em: CABRAL, Trícia Navarro Xavier. Limites da Liberdade Processual. 2. ed. Indaiatuba: Foco, 2021. V. 1. p. 71-120.

CAPÍTULO IV • JUSTIÇA ESTATAL **193**

Destarte, a liberdade processual dos sujeitos processuais foi ampliada para permitir maior flexibilização e adequação do procedimento.

Portanto, serão analisadas a seguir as diferentes formas de autocomposição no processo civil.

5.1 Desistência

A desistência constitui um ato unilateral de disposição processual, que representa uma manifestação de vontade do autor, no sentido de declarar não mais pretender um provimento jurisdicional sobre a demanda posta em juízo. Desiste-se do processo pendente e não do direito de ação, que permanece intacto. Também não importa em perda ou renúncia ao direito subjetivo material do autor.[108]

Ao contrário do abandono do processo[109] (art. 485, III, do CPC/15), que é conduta tácita, a desistência exige manifestação expressa pelo autor.

A desistência da demanda pode ocorrer em diferentes formas e em diversos momentos, tais quais:

a) sem a necessidade de consentimento do réu, caso a homologação seja requerida antes de oferecida a contestação (art. 485, VIII, do CPC/15);

b) com a necessidade de consentimento do réu, se apresentada após a contestação (art. 485, § 4º, do CPC/15);

c) o exequente tem o direito de desistir de toda a execução ou de apenas alguma medida executiva, sendo que no caso de haver impugnação ou embargos que versem somente sobre questões de direito material haverá necessidade de concordância do impugnante ou do embargante (art. 775, I e II, do CPC/15);

d) o exequente pode desistir da primeira penhora, por serem litigiosos os bens ou por estarem submetidos à constrição judicial (art. 851, III, do CPC/15);

e) o recorrente poderá, a qualquer tempo, sem a anuência do recorrido ou dos litisconsortes, desistir do recurso, sendo imprescindível apenas que o recurso já tenha sido interposto (art. 998, do CPC/15);

f) o requerente de instauração do incidente de resolução de demandas repetitivas poderá desistir posteriormente, o que não impedirá de o mérito do incidente ser apreciado, nos termos do art. 976, § 1º, do CPC/15;

---

108. DINAMARCO, Cândido Rangel. *Instituições de direito processual civil*. 6. ed. rev. e atual. São Paulo: Malheiros, 2009. v. II, p. 144-145.

109. Alguns autores entendem tratar-se de verdadeira desistência indireta. Ver: DINAMARCO, Cândido Rangel. *Instituições de direito processual civil*. 6. ed. revista e atualizada. São Paulo: Malheiros, 2009. v. III, p. 133. E ainda: LUCCA, Rodrigo Ramina de. *Disponibilidade processual*: os interesses privados das partes diante da natureza pública do processo. Tese de Doutorado em Direito Processual – Orientador: Prof. Dr. Flávio Luiz Yarshell. Faculdade de Direito Universidade de São Paulo, São Paulo, 2018, p. 381.

g) se a questão discutida na demanda for idêntica à resolvida no recurso representativo da controvérsia, após a publicação do acórdão paradigma, o autor poderá desistir antes de proferida a sentença, sem a necessidade de consentimento do réu, ainda que apresentada a contestação (art. 1.040, §§ 1º a 3º, do CPC/15).

Das sete hipóteses apresentadas, por imposição legal, somente os atos de desistência da demanda necessitam de homologação judicial para surtir efeitos, nos termos do art. 200, do CPC/15. Nesses casos, o processo é extinto, sem resolução do mérito, nos termos do art. 485, VIII, do CPC/15, havendo, assim, na mesma sentença, dois atos jurisdicionais distintos: a homologação da desistência, para que surta os devidos efeitos, e a declaração de extinção do processo, em razão do ato homologado.[110]

Desse modo, nas demais formas de desistência, como da execução ou das medidas executivas, da penhora e do recurso,[111] não será exigida a homologação judicial, mas somente a manifestação expressa de vontade da parte para que surta os efeitos legais, competindo ao juiz apenas o controle de validade do ato.

A desistência da demanda pode ser subjetiva ou objetivamente parcial, ou seja, para se excluir uma parte do pedido ou de seus fundamentos, bem como um litisconsorte, desde que não seja unitário ou necessário. Neste último caso, o feito prossegue em relação ao pedido e sujeitos remanescentes.[112]

Também se admite a desistência parcial do recurso, desde que seja comportada essa divisão. O tribunal, tendo conhecimento da desistência, declarará não conhecido o recurso por ausência de requisito de admissibilidade.[113]

Exige-se que o advogado tenha procuração com poderes especiais para praticar ato de desistência no processo, nos termos do art. 105, do CPC/15.

---

110. THEODORO JÚNIOR, Humberto. *Curso de direito processual civil. Teoria geral do direito processual civil, processo de conhecimento e procedimento comum*. 56. ed. ver. atual. e ampl. Rio de Janeiro: Forense, 2015, v. I., p. 1022.

111. Interessante observar na jurisprudência do STF e STJ, alguns julgados ainda mencionam a homologação quando da análise dos pedidos de desistências formulados em recursos. No STF: "Embargos de declaração no agravo regimental no recurso extraordinário com agravo. Pedido de homologação de desistência de agravo interno formulado quando já iniciado o julgamento. Impossibilidade. Não há omissão, contradição, obscuridade ou erro material a serem sanados. Precedentes. 1. *A jurisprudência da Suprema Corte firmou-se no sentido da impossibilidade da homologação de pedido de desistência formulado quando já iniciado o julgamento do recurso.* 2. Inexistência dos vícios previstos no art. 1.022 do Código de Processo Civil. 3. Embargos de declaração rejeitados. (ARE 1237672 AgR-ED, Relator(a): Dias Toffoli (Presidente), Tribunal Pleno, julgado em 04/05/2020, Processo Eletrônico DJe-129 Divulg 25-05-2020 Public 26-05-2020)". Já no STJ "processual civil. Pedido de desistência. Faculdade da parte. Independe da anuência da parte adversa. [...] II – O art. 998 do CPC/2015 autoriza a parte recorrente a desistir do recurso a qualquer tempo, independentemente da anuência da outra parte. *Considerando que há procuração nos autos com poderes para desistir, homologo a desistência do recurso interposto.* Nesse sentido: DESIS nos EDcl no AgInt no REsp n. 1.498.718/RS, Rel. Ministro Benedito Gonçalves, Primeira Turma, julgado em 26/3/2019, DJe 29/3/2019. III – Agravo interno improvido. (AgInt no MS 24.461/DF, Rel. Ministro Francisco Falcão, Primeira Seção, julgado em 15/09/2020, DJe 21/09/2020).

112. DINAMARCO, Cândido Rangel. *Instituições de direito processual civil*. 6. ed. rev. e atual. São Paulo: Malheiros, 2009. Vol. II, p. 146.

113. JORGE, Flávio Cheim. *Teoria geral dos recursos cíveis*. 7. ed. revista, atualizada e ampliada. São Paulo: Ed. RT, 2015, p. 160-163.

Registre-se que, nos termos do art. 90, do CPC15, proferida a sentença com fundamento em desistência, as despesas e os honorários serão pagos pela parte que desistiu, e, em sendo parcial o ato de disposição, as despesas e os honorários serão proporcionais à parcela da qual se desistiu (art. 90, § 1º, do CPC/15).

Percebe-se, pois, que a desistência da demanda é um ato processual bastante comum na prática forense, uma vez que, após o ajuizamento da ação, diversos fatores supervenientes podem ensejar a vontade do autor de não mais prosseguir com o processo.

Existem duas limitações legais impostas à desistência. A primeira diz respeito a um aspecto temporal, uma vez que a desistência da demanda só pode ser apresentada até a sentença (art. 485, § 5º, do CPC/15). Após esse momento, o juiz não poderá acolher o pedido, independentemente de a sentença ter sido com ou sem resolução do mérito.

Isso porque, uma vez configurada qualquer das hipóteses dos arts. 485 e 487, ambos do CPC/15, com um pronunciamento judicial, cessa para o autor a disponibilidade sobre a demanda.

Com efeito, as hipóteses do art. 485 do CPC/15 – com exceção do inciso VIII que trata da própria desistência – são de questões de ordem pública e, portanto, sem possibilidade de superação ulterior pela desistência. Por sua vez, as questões insertas no art. 487, do CPC/15 são de cunho meritório, de modo a resolver o conflito material e afastar a possibilidade de o autor, em momento posterior, pretender desistir do provimento jurisdicional já emitido.

A segunda exigência diz respeito ao consentimento do réu, quando a desistência for manifestada após o oferecimento da contestação, na forma do art. 485, § 5º, do CPC/15. Aqui a intenção do legislador foi proporcionar ao réu a obtenção da tutela jurisdicional de mérito e definitiva sobre a causa.

O consentimento do réu deve, em regra, ser expresso.[114] Porém, é possível que o juiz determine a intimação do réu para manifestação com a advertência de que o silêncio importará na aceitação da desistência do autor. Isso porque na prática forense é comum o réu, diante do desinteresse no prosseguimento do feito, simplesmente permanecer inerte nos autos, de modo que exigir a manifestação expressa poderia ensejar diversos atos processuais inócuos de intimação do réu para obter o seu consentimento.

Além disso, caso o réu tenha se tornado revel, não haverá necessidade de exigir o seu consentimento para o autor desistir da demanda, ainda que ultrapassado o prazo de apresentação de defesa.[115]

---

114. Entendendo que a manifestação do réu deve ser expressa e inequívoca, cf.: LUCCA, Rodrigo Ramina de. *Disponibilidade processual: os interesses privados das partes diante da natureza pública do processo.* Tese de Doutorado em Direito Processual – Orientador: Prof. Dr. Flávio Luiz Yarshell. Faculdade de Direito Universidade de São Paulo, São Paulo, 2018, p. 380.
115. No mesmo sentido: THEODORO JÚNIOR, Humberto. *Curso de direito processual civil.* Teoria geral do direito processual civil, processo de conhecimento e procedimento comum. 56. ed. rev. atual. e ampl. Rio de Janeiro: Forense, 2015, v. I. p. 1021.

No âmbito dos tribunais superiores, no STF, o pedido de desistência deve ser formulado antes de iniciado o julgamento do recurso,[116] e também não pode ser utilizado para manipular a autoridade das decisões.[117] Já no STJ, ainda tem-se admitido o pedido de desistência do recurso a qualquer tempo,[118] nos termos do art. 998, do CPC, o que nem sempre impedirá a análise do recurso pelo órgão julgador, como nos casos em que o processo é afetado.[119]

Dessa forma, caberá ao magistrado, diante do pedido de desistência formulado, avaliar a presença das exigências legais, como a necessidade de consentimento do réu e a sua pertinência temporal, para fins de reconhecimento da validade ou para fins de homologação (quando a lei exigir) do ato de disposição processual.

Por fim, deve ser esclarecido que, após a extinção do feito em virtude de desistência, em caso de repropositura da demanda haverá a prevenção do juízo anterior, nos termos do art. 286, II, do CPC/15.

---

116. "Embargos de declaração no agravo regimental no recurso extraordinário com agravo. Pedido de desistência do agravo regimental protocolado antes do início do julgamento no Plenário Virtual. Possibilidade. Erro. Ocorrência. Embargos de declaração acolhidos com efeitos infringentes. 1. *A jurisprudência da Suprema Corte firmou-se no sentido da possibilidade da homologação de pedido de desistência do agravo interno formulado antes de iniciado o julgamento do recurso.* 2. Embargos de declaração acolhidos com efeitos infringentes para cassar o acórdão anteriormente proferido, homologando-se a desistência do agravo regimental." (ARE 1264955 AgR-ED, Rel. Dias Toffoli (Presidente), Tribunal Pleno, julgado em 24/08/2020, Processo Eletrônico DJe-229 Divulg 16-09-2020 Public 17-09-2020). grifei

117. "[...] Direito constitucional e previdenciário. Servidor comissionado. Vínculo com o regime geral de previdência. Emenda constitucional 20/1998. Desistência de mandado de segurança. 1. O STF, no julgamento do RE 669.367, fixou tese em repercussão geral no sentido de que é lícito ao impetrante desistir, a qualquer tempo, de mandado de segurança, independentemente de anuência da parte contrária. 2. *A jurisprudência deste Tribunal admite, no entanto, o indeferimento do pedido caso a desistência resulte no afastamento de jurisprudência pacífica desta Corte (MS 29.032 ED-AgR).* 3. No caso, a jurisprudência da Corte é contrária à pretensão da impetrante/desistente de se manter vinculada ao regime próprio de previdência, no período em que ocupava exclusivamente cargo em comissão. *Dessa forma, a homologação do pedido de desistência resultaria em indevida manipulação da autoridade das decisões do STF.* [...] 6. Pedido de desistência indeferido. No mérito, mantenho o voto proferido na sessão de 05.09.2017, pelo provimento do agravo interno, de forma a dar provimento ao recurso extraordinário." (RE 434519 AgR, Rel. Marco Aurélio, Rel. p/ Acórdão: Roberto Barroso, Primeira Turma, julgado em 03/09/2019, Acórdão Eletrônico DJe-265 Divulg 04-12-2019 Public 05-12-2019)

118. Questão de Ordem. *Pedido de desistência recursal formulado após o início do julgamento do agravo interno. Art. 998 do CPC/2015. Pedido de desistência homologado.* (DESIS no AREsp 1493182/SP, Rel. Ministra Assusete Magalhães, Segunda Turma, julgado em 20/02/2020, DJe 29/09/2020). grifei

119. [...] I – O feito foi incluído em pauta no dia 10.10.2019. Nesse caso, fere o princípio da celeridade processual o pedido de desistência, sem fundamentação, formulado pela parte recorrente após a inclusão do feito em pauta. *O pedido de desistência nem sempre impede a análise do recurso pelo órgão julgador, v.g: em processo afetado (art. 998, parágrafo único do CPC/2015)*; após o julgamento (AgRg na SLS 2.045/PB, Rel. Ministro Francisco Falcão, Corte Especial, julgado em 16/09/2015, DJe 16/10/2015). *Ademais, o pedido de desistência não deve servir de empecilho a que o STJ "prossiga na apreciação do mérito recursal, consolidando orientação que possa vir a ser aplicada em outros processos versando sobre idêntica questão de direito"* (REsp 1721705/SP, Rel. Ministra Nancy Andrighi, Terceira Turma, julgado em 28/08/2018, DJe 06/09/2018). [...]" (AgInt no AREsp 1431884/ES, Rel. Ministro Francisco Falcão, Segunda Turma, julgado em 05/11/2019, DJe 18/11/2019). grifei

5.2 Renúncia à pretensão

A renúncia à pretensão é ato unilateral em que o autor dispõe do direito subjetivo afirmado, e também é considerado um meio de autocomposição, uma vez que resolve meritoriamente o processo.

Para ser renunciado o direito precisa ser disponível e a parte precisa ter capacidade civil plena. Não obstante, para a prática do ato de renúncia no processo, exige-se que o advogado apresente procuração com poderes especiais, nos termos do art. 105, do CPC/15.

A renúncia deve ser expressa, não sendo admitida a renúncia tácita. Também não depende do consentimento da parte contrária, podendo ocorrer, inclusive, após a contestação ou mesmo em grau de recurso, mas desde que antes da formação da coisa julgada.[120]

Trata-se de ato de disposição que também exige a homologação pelo juiz, nos termos do art. 487, III, *c*, do CPC/15, para que tenha eficácia no processo, fazendo coisa julgada material.

A renúncia ao direito sobre o qual se funda a ação pode ser parcial ou total. Se for parcial, o juiz homologará o ato e haverá decisão parcial de mérito, nos termos do art. 356, c/c art. 487, III, *c*, ambos do CPC/15, prosseguindo o feito em relação aos pedidos remanescentes.

Saliente-se que, nos termos do art. 90, do CPC/15, proferida sentença com fundamento na renúncia do direito, as despesas e os honorários serão pagos pela parte que renunciou, e, em sendo parcial o ato de disposição, as despesas e os honorários serão proporcionais à parcela sobre a qual se renunciou (art. 90, § 1°, do CPC/15).

A renúncia ainda pode se referir ao direito de recorrer, nos termos do art. 999, do CPC/15, e independe da aceitação da outra parte. Trata-se de ato de disposição da parte que deve ser expresso para surtir efeito processual e, uma vez manifestado, produz efeitos imediatos, tornando-se irrevogável. Contudo, o STF já reconheceu que o pedido de renúncia não impede o avanço quando ao mérito da questão constitucional imbuída de repercussão geral, nos termos do art. 998, parágrafo único, do CPC.[121]

---

120. "Recurso especial. Locação comercial. Imóvel. Renúncia. Pretensão renovatória. Possibilidade. Prazo. Trânsito em julgado. Pretensão. Exaurimento. Não ocorrência. Pedido. Improcedência. Despejo. Aluguéis. Manutenção. [...] 3. *A renúncia é ato unilateral, no qual o autor dispõe da pretensão de direito material deduzida em Juízo, podendo ser apresentada até o trânsito em julgado da demanda. Precedentes. [...]*" (REsp 1707365/MG, Rel. Ministro Ricardo Villas Bôas Cueva, Terceira Turma, julgado em 27/11/2018, DJe 06/12/2018). (Grifei).

121. "Questão de ordem. Recurso extraordinário com agravo. Repercussão geral. Reafirmação de jurisprudência. Direito tributário. Imposto sobre circulação de mercadorias e serviços – ICMS. Importação. Art. 155, § 2°, IX, 'A', da Constituição da República. Art. 11, I, 'D' e 'E', da Lei Complementar 87/96. Aspecto pessoal da hipótese de incidência. Destinatário legal da mercadoria. Domicílio. Estabelecimento. Transferência de domínio. Importação por conta própria. Importação por conta e ordem de terceiro. Importação por conta própria, sob encomenda. 1. *A despeito da eficácia do pedido de renúncia à pretensão do pedido vertido em libelo e respectiva*

A renúncia também pode se dar pelo exequente em relação ao crédito executado, nos termos do art. 924, IV, do CPC/15.

5.3 Reconhecimento do pedido

O reconhecimento da procedência do pedido pelo réu na ação ou na reconvenção configura ato unilateral de disposição processual, e é considerado uma forma de autocomposição, em que a parte renuncia à resistência do pedido autoral, passando a se sujeitar a ele, circunstância impeditiva do prosseguimento do feito.

O reconhecimento do pedido representa pura manifestação de vontade e não se confunde com a confissão, que é um meio de prova. A confissão consiste no reconhecimento de alguns ou de todos os fatos que fundamentam a causa, e não enseja a extinção do feito. Já o reconhecimento do pedido não significa admissão de existência, veracidade dos fatos ou conformidade destes com o direito invocado pelo autor.[122]

Para fins de reconhecimento do pedido, é necessário que a parte tenha capacidade civil plena, sendo que, para a prática do ato por advogado, exige-se procuração com poderes especiais, nos termos do art. 105, do CPC/15.

A lei exige, ainda, que o ato de reconhecimento do pedido seja homologado pelo juiz, ensejando a extinção do feito com resolução de mérito, nos termos do art. 487, III, *a*, do CPC/15, fazendo coisa julgada material.

O reconhecimento do pedido pode ser parcial, abrangendo apenas um ou alguns pedidos. Neste caso, o juiz homologará o ato e haverá decisão parcial de mérito, nos termos do art. 356, c/c art. 487, III, *a*, ambos do CPC/15, prosseguindo o feito em relação aos pedidos remanescentes.

Registre-se que, nos termos do art. 90, do CPC/15, proferida a sentença com fundamento em reconhecimento do pedido, as despesas e os honorários serão pagos pela parte que reconheceu, e, em sendo parcial o ato de disposição, as despesas e os honorários serão proporcionais à parcela reconhecida (art. 90, § 1º, do CPC/15). Não obstante, prevê o § 4º, do art. 90, do CPC/15 que, se o réu reconhecer a procedência do pedido e, simultaneamente, cumprir integralmente a prestação reconhecida, os honorários serão reduzidos pela metade.

O reconhecimento do pedido só é admissível diante de direitos disponíveis, podendo ocorrer nos próprios autos ou por meio de documento à parte juntado aos autos.

---

decisão homologatória do juízo, é viável avançar quanto ao mérito da questão constitucional imbuída de repercussão geral. Art. 998, parágrafo único, CPC. Precedentes. [...]" (ARE 665134 QO, Rel. Edson Fachin, Tribunal Pleno, julgado em 27/04/2020, Processo Eletrônico Repercussão Geral – Mérito DJe-148 Divulg 12-06-2020 Public 15-06-2020). (Grifei).

122. SILVA, Ovídio A. Baptista da; GOMES, Fábio Luiz. *Teoria geral do processo civil.* 5. ed., revista e atualizada. São Paulo: Ed. RT, 2009, p. 264.

CAPÍTULO IV • JUSTIÇA ESTATAL **199**

5.4 Acordos judiciais

5.4.1 Política pública de tratamento adequado dos conflitos de interesses

O incentivo à consensualidade e ao diálogo sempre esteve presente em nosso ordenamento jurídico,[123] antes mesmo da independência do Brasil.[124]

O Código de Processo Civil de 1939 (Decreto-lei 1.608/39), embora tenha surgido da necessidade de se reformular a administração da justiça, não abordou a conciliação ou a mediação, e só mencionava a ideia de consensualidade entre as partes nas transações, que eram negócios jurídicos que ocorriam fora do processo, mas que nele produziam efeitos (arts. 51, 185, IV, 206, 207, 1.010, II e 1.011), ou no tratamento do desquite por mútuo consentimento, utilizando, entretanto, a terminologia "reconciliação" (arts. 642 a 646), mas sempre condicionada à apresentação pelas partes para a homologação do juiz.

Por sua vez, o Código de Processo Civil de 1973 (Lei 5.869/1973), disciplinou a possibilidade de conciliação[125] em alguns dispositivos, mas não foi uma relevante fonte

---

123. Sobre a evolução da autocomposição no Brasil, confira a excelente obra.: CARLOS, Helio Antunes. *O microssistema de autocomposição*. Rio de Janeiro: Processo, 2021.

124. Constava das Ordenações Filipinas, no Livro 3º, T. 20, § 1º: "E no começo da demanda dirá o Juiz à ambas as partes, que antes que façam despesas, e se sigam entre eles os ódios e dissenções, se devem concordar [...]". Disponível em: http://www1.ci.uc.pt/ihti/proj/filipinas/l3p587.htm. Acesso em: 02 mar. 2019.

125. Importante pontuar as lições de Pontes de Miranda sobre conciliação ao comentar os artigos 447 a 449, do CPC/1973, os quais se referiam à audiência prevista para a fase instrutória do procedimento comum. O autor alagoano considerava o procedimento conciliatório como uma ação embutida na que se propôs, ou seja, como um processo consensual incidental que, caso não se chegasse ao acordo, prosseguia-se no processo contencioso. Também registrou a inexistência de conciliação prévia, ou seja, antes da propositura da ação. Nesse procedimento independente, o juiz se colocava ao lado das partes e não em frente, e tentava-se alcançar a solução judicial da questão, desfazendo todas as dúvidas materiais e processuais a respeito dos direitos das partes, o que seria a eficácia sentencial do acordo conciliatório. A conciliação tinha como pressupostos a capacidade de ser parte e a capacidade processual, bem como, no caso de presentação ou representação, exige-se poder legal ou negocial, tal qual deve ocorrer na transação. Pontes de Miranda tratava a conciliação e a transação como coisas bastante distintas. A conciliação seria um procedimento, de natureza processual, com eficácia de instrumento público caso resultasse em acordo e fosse homologado. Nele, o que se buscava era um resultado solutivo, em que as pessoas que exerceram a pretensão à tutela jurídica poderiam tentar, consensualmente, acordar sobre renúncia à pretensão, desistência da ação, reconhecimento da procedência do pedido, transação ou outro resultado que levasse à finalização do processo. Já a transação, fenômeno de natureza material que pode ocorrer dentro ou fora do processo, consistiria em um acordo mediante concessões mútuas, capaz de afetar uma ação em curso, com o pedido de homologação dos termos alcançados. A transação, se extrajudicial, poderia ensejar, como efeitos processuais, a desistência da demanda, ou a suspensão do feito para a tentativa de composição. Já a transação judicial resultaria na homologação judicial, com eficácia de sentença meritória. A transação podia ser parcial, ou seja, envolver apenas uma parcela do objeto da demanda. A conciliação, prevista no art. 447, do CPC/73, deveria ser tentada no início da audiência de instrução e julgamento, inclusive de ofício pelo juiz, em causas relativas à família ou não, mas desde que o litígio versasse sobre direitos patrimoniais de caráter privado. Também era possível que qualquer das partes ou assistente requeresse a tentativa de conciliação. Desde que escreveu os comentários, Pontes de Miranda já defendia a possibilidade de conciliação no procedimento sumaríssimo e em outros, mas desde que as partem pudessem estar presentes e que fosse possível a transação. Contudo, não admitia a tentativa de conciliação nas ações executivas após a citação do devedor.- O procedimento conciliatório observava o princípio da confidencialidade, de modo que somente as partes, o juiz e o escrivão poderiam participar. De qualquer forma, exigia-se o comparecimento das partes (pessoal ou

de transformação social pelo uso de métodos consensuais de resolução de conflitos. Nele foram usados apenas os termos conciliação e transação. Seus principais artigos sobre o tema eram: art. 125, IV – poder do juiz de conciliar as partes; art. 277 – audiência de conciliação no rito sumário; art. 331 – audiência preliminar; art. 447 – conciliação no início da audiência de instrução e julgamento; art. 475-N, III – trata a sentença homologatória como título executivo judicial; art. 740 – audiência de conciliação nos embargos de devedor.

Registre-se que o texto original do CPC de 1973 não tratava da conciliação nos referidos dispositivos. O inciso IV, do art. 125, que incentiva o juiz a tentar conciliar as partes a qualquer tempo, foi instituído pela Lei 8.952/1994. O art. 277 não falava da possibilidade de conciliação, que só foi incluída pela redação dada pela Lei 9.245/1995. A designação de audiência preliminar com a previsão de tentativa de conciliação foi introduzida pela Lei 10.444/2002. O art. 475-N, III, foi inserido pela redação dada pela Lei 11.232/2005. Por fim, a conciliação nos embargos de devedor abordados no art. 740 foi incluída pela Lei 11.382/2006.

Observa-se, pois, que ao longo dos primeiros 30 anos do CPC/73, o instituto da conciliação era praticamente inexistente no Código, e somente nas últimas reformas processuais passou a ser prestigiado, o que explica, de certa forma, a demora na mudança de cultura quanto ao uso dos métodos consensuais em nosso ordenamento jurídico.

No âmbito processual, a autocomposição ganhou força com a criação dos Juizados Especiais Cíveis (antes Lei 7.244/1984, Juizados de Pequenas Causas, que foi posteriormente revogada pela Lei 9.099/1995), que prevê uma audiência de conciliação no início do procedimento como etapa obrigatória ao prosseguimento do feito. Embora tivesse havido uma resistência inicial, os resultados positivos trouxeram êxito a este modelo e hoje grande parte dos conflitos é solucionada ainda na audiência de conciliação, ou seja, sem passar por uma decisão impositiva do juiz. Os Juizados, contudo, não conseguiram

---

por representação). Se o acordo não fosse alcançado e o processo contencioso prosseguisse com a instrução do feito, permitia-se a entrada de outras pessoas na audiência.

Interessante observar que, segundo o autor, essa atividade judicial exigia "[...] muita cortesia e abstinência de julgamento, mas não dispensa análise jurídica da situação [...]". Em outros termos, o juiz deveria conhecer o conteúdo fático e jurídico das peças processuais para conduzir o ato, inclusive manifestando-se enquanto as partes debatem sobre a possibilidade de acordo. O termo do acordo deve ser assinado pelas partes e homologado pelo juiz. Após a assinatura do termo, as partes não poderão mais retirar as propostas. Se a conciliação desatendesse algum texto constitucional considerado regra jurídica cogente não poderia ser homologada. O que fica muito claro na obra de Pontes de Miranda é o papel de conciliador do magistrado, mesmo antes de a reforma processual feita pela Lei 8.952/94 incluir o inciso IV, no art. 125, que trata dos poderes do juiz. A referida novidade legislativa só reforçou que a função conciliatória pode ocorrer em todas as instâncias, não só na primeira. Ademais, o juiz ainda poderia valer-se de conciliadores (à época já existente nos arts. 6º e 23 da Lei 7.244/84, dos juizados de pequenas causas), e, se alcançado o acordo, haveria a homologação do termo e a extinção do feito mediante sentença de mérito. Assim, para Pontes de Miranda, as atividades do juiz incluíam a função de decidir e também a de conciliar as partes. Cf.: CABRAL, Trícia Navarro Xavier. A conciliação em Pontes de Miranda. In: DIDIER JR., Fredie; NOGUEIRA, Pedro Henrique; GOUVEIA, Roberto (Org.). *Pontes de Miranda e o processo*. Salvador: JusPODIVM, 2021, v. 1, p. 915-928.

atingir a esperada credibilidade social, muito em função de não ter investido na capacitação dos facilitadores, o que acaba inviabilizando o tratamento apropriado ao cidadão.

O Conselho Nacional de Justiça, atento à necessidade de implementação de mecanismos adequados de solução de conflitos como forma de melhorar a justiça brasileira, editou a Resolução 125 de 29.11.2010, que trata da Política Judiciária Nacional de tratamento adequado dos conflitos de interesses no âmbito do Poder Judiciário e dá outras providências. Com o ato, o CNJ cumpriu uma importante missão de chamar para o Poder Judiciário a responsabilidade pela transformação do modelo de Justiça existente no Brasil, abrindo a discussão e as perspectivas sobre os métodos adequados de tratamento dos conflitos.

Essa relevante iniciativa, embora não tenha, no primeiro momento, entusiasmado os órgãos do Poder Judiciário diante da grandiosidade estrutural demandada, desencadeou outras importantes propostas legislativas que culminaram na transformação ideológica inicialmente prevista no Brasil, passando a prestigiar a consensualidade, o que ainda está sendo assimilado pela comunidade jurídica.

O Código de Processo Civil de 2015 incorporou a política nacional de tratamento adequado de conflitos idealizada pela Resolução 125/2010, do CNJ. Em seguida foi promulgada a Lei 13.129/2015, que alterou a Lei 9.307/1996 e aperfeiçoou o uso da arbitragem. Posteriormente, foi publicada a Lei 13.140/2015,[126] que trata da mediação nas esferas pública e privada, formando, assim, um microssistema de meios adequados de solução de controvérsias.[127] Essa evolução paradigmática continua influenciando diversos projetos de lei que tramitam no Congresso, seja na esfera cível, seja na penal.

Não obstante, o CPC/2015 estabelece como uma de suas premissas o incentivo à utilização dos métodos adequados de solução consensual de controvérsias, conforme se vê do artigo 3º, § 3º, inserido no capítulo inicial, que trata das normas fundamentais do processo civil. Com efeito, o referido dispositivo foi bastante abrangente, pois, além de inserir no *caput* o princípio da inafastabilidade da jurisdição para ameaça ou lesão a direito, também reforçou a utilização da arbitragem em nosso ordenamento jurídico, instituiu um dever estatal de promoção de soluções prioritariamente consensuais, previu que todos os sujeitos processuais deverão estimular o uso de ferramentas consensuais de resolução de conflitos e, por fim, oportunizou a adoção de métodos típicos e atípicos de solução consensual de disputas.

Ademais, a nova codificação[128] menciona o termo autocomposição em vinte oportunidades, e aborda a conciliação, a mediação c a arbitragem em diversas passagens,

---

126. CABRAL, Trícia Navarro Xavier; CURY, Cesar Felipe. *Lei de mediação comentada artigo por artigo*: dedicado à memória da Profª. Ada Pellegrini Grinover. Indaiatuba: Foco, 2018.

127. A reforma da Lei de Arbitragem (Lei 13.129/15) entrou em vigor em 27/07/2015, a Lei de Mediação (Lei 13.140/15), teve sua vigência iniciada em 26/12/15, e a reforma do CPC (Lei 13.105/15), está vigente desde 18/03/2016.

128. No CPC/15, ao contrário dos Códigos precedentes, houve um expressivo aumento das terminologias que remetem à consensualidade, como se nota pela quantidade de termos e oportunidades em que foram referidas

deixando clara a intenção do legislador de fomentar a utilização de variados métodos de resolução de controvérsias.

A autocomposição bilateral em relação ao direito material pode ocorrer por meio da negociação, da conciliação e da mediação.

Na negociação, as partes tentam resolver o conflito diretamente, ou seja, sem a presença de um terceiro facilitando o diálogo. Embora esse método seja quase intuitivo em nossas relações sociais, existem importantes técnicas negociais que auxiliam as partes a desenvolverem melhor a comunicação e alcançarem o entendimento de modo mais efetivo, as quais, inclusive, podem ser aplicadas às demais ferramentas de solução de conflitos. A Universidade de Harvard possui um prestigiado Programa de Negociação (PON), com diversas atividades teóricas e práticas, que capacitam estudantes de diferentes áreas do conhecimento.[129]

Por sua vez, na conciliação e na mediação ocorre a intermediação de um terceiro, que facilita o diálogo entre as partes, mas sem poder de decisão. Acerca das principais distinções[130] entre as referidas técnicas, tem-se que a conciliação é mais adequada para conflitos mais simples, envolvendo pessoas sem vínculos afetivos ou de continuidade, e que permite que o terceiro tenha maior liberdade para sugerir soluções para a controvérsia. Isso porque a contenda é tratada de modo superficial e busca-se prioritariamente a autocomposição, com o encerramento da disputa.

Já a mediação, é um mecanismo em que as próprias partes constroem, em conjunto, um sistema de decisão, com a participação de um terceiro intermediando ou facilitando o alcance do entendimento. Em outros termos, entende-se a mediação como o processo por meio do qual os litigantes buscam o auxílio de um terceiro imparcial que irá contribuir, de forma mais técnica, para o alcance da solução do conflito e da satisfação dos envolvidos. Trata-se de via mais apurada, que trabalha o pano de fundo do conflito, e visa, primordialmente, restabelecer vínculos de convivência e as relações sociais entre as partes, o que exige do mediador uma capacitação adequada.

---

ao longo do texto, senão vejamos: autocomposição – 20 vezes, conciliação – 37 vezes, mediação – 39 vezes, transação – 6 vezes, acordo – 14 vezes, amigável – 3 vezes, consensual – 17 vezes.

129. Disponível em: https://www.pon.harvard.edu/. Acesso em 25 mar. 2021.

130. *Distinção entre conciliação e mediação no CPC/15.* O Código também se preocupou em fazer diferenciações entre a atividade do conciliador e mediador, usando, como principal critério de definição da escolha do método autocompositivo adequado, a existência de vínculo anterior entre as partes. Na conciliação (art. 165, § 2º, do CPC), apropriada para as relações sem vínculo de continuidade, o conflito é tratado pelo conciliador de modo a atender apenas aos interesses imediatos das partes, fazendo com que o alcance da autocomposição encerre a disputa, sem priorizar o relacionamento entre as partes envolvidas, sendo vedado qualquer tipo de constrangimento ou intimidação para que o acordo seja alcançado. Assim, a conciliação é mais indicada para conflitos consumeristas, acidente de trânsito, empresariais etc. Já a mediação (art. § 3º, do CPC) é o método adequado de resolução de conflitos em que haja vínculo anterior entre as partes. O mediador, na qualidade de terceiro imparcial e devidamente capacitado, auxilia e estimula os interessados a identificarem ou a desenvolverem, por si próprios, soluções consensuais que gerem benefícios mútuos. Deste modo, na mediação as próprias partes constroem, em conjunto, um sistema de decisão, satisfazendo a todos os envolvidos e oxigenando as relações sociais, com a participação de um terceiro intermediando ou facilitando o alcance do entendimento. O instituo é mais adequado aos conflitos familiares, de vizinhança, escolar etc.

CAPÍTULO IV • JUSTIÇA ESTATAL **203**

Ademais, a nova codificação prevê os mediadores e conciliadores judiciais, atribuindo-lhes a qualidade de auxiliares da justiça (art. 149), estando sujeitos, inclusive, aos motivos de impedimento e suspeição (art. 148, II).

Não obstante, o CPC/15 destinou a Seção V, do Capítulo III, para regulamentar as atividades dos conciliadores e mediadores judiciais e entre outras matérias, previu: a) a criação de centros judiciários de solução consensual de conflitos pelos tribunais, destinados à realização de audiências e pelo desenvolvimento de programas para auxiliar, orientar e estimular a autocomposição (art. 165); b) os princípios que informam a conciliação e a mediação (art. 166); c) o cadastro e a capacitação de conciliadores e mediadores (art. 167); d) a possibilidade de as partes escolherem, de comum acordo, o conciliador ou mediador (art. 168); e) as formas de remuneração dos conciliadores e mediadores (art. 169); f) os casos de impedimento (art. 170); g) a impossibilidade temporária do exercício da função (art. 171); g) o prazo de impedimento de um ano para o conciliador e mediador assessorar, representar ou patrocinar as partes (art. 172); h) as hipóteses de exclusão do cadastro (art. 173); i) a criação de câmaras de mediação e conciliação para a solução de controvérsias no âmbito da administração pública (art. 174); j) a possibilidade de outras formas de conciliação e mediação extrajudiciais (art. 175).

O CPC/15, ainda previu: a) a audiência inaugural de conciliação ou de mediação no procedimento comum (art. 334), b) que a homologação de acordo judicial ou extrajudicial constitui título executivo judicial (art. 515, II e III); c) a audiência obrigatória de conciliação ou mediação nas ações de família (arts. 693 a 699); d) a homologação de autocomposição extrajudicial, de qualquer natureza ou valor por procedimento de jurisdição voluntária (art. 725, VIII); e e) que é título executivo extrajudicial o instrumento de transação referendado pelo Ministério Público, pela Defensoria Pública, pela Advocacia Pública, pelos advogados dos transatores ou por conciliador ou mediador credenciado por tribunal (art. 784, IV).

Mas a regra que tem causado grande debate doutrinário e jurisprudencial é a aplicação do art. 334, do CPC/15, que prevê uma audiência de mediação ou conciliação logo no início do procedimento. Segundo o dispositivo legal, se a petição inicial preencher os requisitos essenciais e não for o caso de improcedência liminar do pedido, o juiz designará a referida audiência, que pode ser dispensada se ambas as partes se manifestarem pelo desinteresse no ato.

A regra ali inserta é cogente,[131] ou seja, não está na esfera de disponibilidade do juiz, tanto que exige a conversão de vontades dos dois polos da demanda para que o ato seja designado ou afastado do procedimento.

---

131. Agravo de instrumento. Obrigatoriedade da audiência de conciliação prevista no art. 334 do novo CPC. *Norma cogente aplicável às demandas possessórias por força do art. 566 do mesmo diploma legal.* Manifestação nos autos favorável à composição consensual. Reforma da decisão agravada.1. A ação de reintegração/manutenção de posse foi ajuizada já na vigência do Código Processual Civil de 2015. Diferentemente da sistemática do Código Processual Civil de 1973, em que o juiz podia dispensar a audiência preliminar quando se mostrasse improvável a conciliação, o Código de Processo Civil de 2015 prevê, como regra, a obrigatoriedade da audiência de conci-

O ato só poderá ser dispensado (art. 334, § 4º, I e II): a) se ambas as partes manifestarem, expressamente, desinteresse na composição consensual; e b) quando não se admitir autocomposição.

Trata-se, pois, de um direito subjetivo processual do jurisdicionado ao uso desses métodos autocompositivos de solução de controvérsias, e não de ato de poder ou de gestão do magistrado.

Daí porque não se pode concordar com a corrente doutrinária que defende que a falta de estrutura ou a "intuição" do juiz quanto à inviabilidade de acordo justificaria a dispensa da referida audiência.[132] Em outros termos, a possibilidade de flexibilização procedimental ou a falta de estrutura judiciária não autorizam a supressão da audiência pelo magistrado, e não podem comprometer a finalidade legislativa e nem o exercício desse direito pelas partes.

Por sua vez, se as partes estipularem extrajudicialmente, por meio de instrumento público ou particular, um pacto de mediação ou conciliação extrajudicial prévia obrigatória, ou uma convenção processual para dispensar a audiência inicial de conciliação ou mediação, e, uma vez alegadas as referidas circunstâncias pelos interessados nos autos, deverá o juiz respeitar a manifestação de vontade indicada e não designar o ato.

---

liação, disciplinada no seu art. 334, norma cogente aplicável às demandas possessórias por força do art. 566 do mesmo diploma legal. Consoante o § 4º do art. 334 do CPC, a audiência em questão somente "não será realizada se ambas as partes manifestarem, expressamente, desinteresse na composição consensual" ou "quando não se admitir a autocomposição". 2. In casu, a ré, em petição nos autos principais, informou que o depósito judicial foi feito, e que a CEF deveria solicitar o levantamento por meio de alvará. Por sua vez, a CEF esclareceu que o valor depositado pela ré seria insuficiente para a quitação da dívida, sem, contudo, demonstrar, por meio de memorial descritivo pormenorizado, como chegou a tal montante. 3. A própria CEF, nos autos principais, se manifestou favoravelmente à composição consensual: "A CAIXA informa também a sua opção pela realização de audiência de conciliação, nos termos do art. 319, inciso VII, do CPC, esclarecendo ainda que a renegociação do débito poderá ser pleiteada pelo devedor diretamente na agência que lhe concedeu o crédito, desde que atendidos os requisitos normativos vigentes para a operação." 4. Observa-se que a ré, ora agravante, mais de uma vez requer seja designada a audiência de conciliação, já que objetiva um acordo com a CEF para pagar a dívida, sendo certo que a própria autora demonstrou querer a composição amigável. 5. O inciso I do § 4º do art. 334 do CPC estabelece a não realização da audiência de conciliação quando "ambas as partes manifestarem, expressamente, desinteresse na composição consensual", o que não ocorreu no caso concreto, sendo certo que a ré, ora agravante, insiste na referida audiência. 6. Nos termos do Enunciado 61 da ENFAN (Escola Nacional de Formação e Aperfeiçoamento de Magistrados), "somente a recusa expressa de ambas as partes impedirá a realização da audiência de conciliação ou mediação prevista no art. 334 do Agravo de Instrumento – Turma Espec. III – Administrativo e Cível CNJ: 0004575-29.2018.4.02.0000 (2018.00.00.004575-1), Relator: Desembargador Federal José Antonio Neiva agravante: Hellen Livia Assis Dos Santos Martins advogado: Es 022236 – Cleverson Willian De Oliveira agravado: Caixa Econômica Federal e Outro advogado: Es 009196 – Rodrigo Sales Dos Santos E Outro origem: Gabinete de Conciliação (00220332820174025001) CPC/2015, não sendo a manifestação de desinteresse externada por uma das partes justificativa para afastar a multa de que trata o art. 334, § 8º". 7. Reforma da decisão agravada, com confirmação do decisum que deferiu a antecipação da tutela recursal para determinar a suspensão da reintegração de posse até a realização de audiência de conciliação, ocasião em que deverá ser apresentado pela CEF memorial descritivo pormenorizado dos valores que entende devidos. 8. Agravo de instrumento conhecido e provido. (Grifo nosso).

132. Nesse sentido ver: GAJARDONI, Fernando da Fonseca Gajardoni. *Sem conciliador não se faz audiência inaugural do novo CPC*. Disponível em: http://jota.uol.com.br/sem-conciliador-nao-se-faz-audiencia-inaugural-novo--cpc. Acesso em: 15 maio 2016.

Pode ocorrer também de as partes, ainda que não convencionado expressamente, já tendo se submetido a tentativas pretéritas de autocomposição sem êxito, informarem ao juiz sobre a impossibilidade de acordo, requerendo, por conseguinte, o não agendamento da audiência de conciliação ou mediação.

Em todas as hipóteses, a audiência poderá ser excluída, com fulcro no art. 334, § 4º, I e art. 190, ambos do CPC/15. Há, inclusive, Enunciado 19 aprovado no FPPC (Fórum Permanente de Processualistas Civis), que diz: *19. (art. 190) São admissíveis os seguintes negócios processuais, dentre outros: [...] pacto de mediação ou conciliação extrajudicial prévia obrigatória, inclusive com a correlata previsão de exclusão da audiência de conciliação ou de mediação prevista no art. 334; pacto de exclusão contratual da audiência de conciliação ou de mediação prevista no art. 334; [...]. (Grupo: Negócio Processual; redação revista no III FPPC- RIO e no V FPPC-Vitória).*

Assim, as partes podem formular convenções processuais para fins de realização ou de exclusão de sessão de conciliação ou mediação.

A notícia que se tem do primeiro grau de jurisdição é a de que, em sua grande maioria, não se tem designado a audiência, com base em argumentos como a manifestação unilateral do autor pela falta de interesse na autocomposição, a ausência de estrutura do Judiciário, especialmente a falta de mediadores e conciliadores, a ofensa à duração razoável do processo, pelo uso da técnica de flexibilização procedimental, entre outras justificativas.

Já em grau recursal, Suzana Cremasco, em artigo publicado na Coluna Processualistas,[133] analisou criteriosamente o posicionamento dos tribunais brasileiros, e concluiu que apenas o Tribunal de Justiça do Rio de Janeiro está reformando as decisões que dispensam a audiência inaugural, cumprindo, assim, o propósito instituído pela Lei.

De qualquer forma, a jurisprudência tem evoluído para prestigiar a referida audiência, inclusive com aplicação de multa pelo não comparecimento injustificado.[134]

---

133. CREMASCO, Suzana. *A posição dos Tribunais após um ano de vigência do CPC/2015*. Disponível em: <https://processualistas.jusbrasil.com.br/artigos/453984284/edicao-comemorativa-a-posicao-dos-tribunais-apos-um-ano-de-vigencia-do-cpc-2015>. Acesso em 29 abr. 2017.

134. Ementa: ambiental. Ação civil pública. Porto de Itajaí. Conciliação. Ausência de procuradores com poderes específicos para transigir. Ato atentatório à dignidade da justiça. Redução do montante da multa. 1. *Entendeu o Juízo de 1º grau que a parte ré praticou ato atentatório à dignidade da Justiça, em razão de não ter cumprido manifestações judiciais, dizendo especificamente com a participação de procuradores, em audiência de conciliação, com poderes específicos para transigir. 2. Em que pese conciliar seja faculdade da parte, não sendo dado ao Julgador obrigar os demandantes a tanto, necessário atentar ao propósito ao que se destina a nova sistemática processual que direciona para a efetiva cooperação das partes durante o processar da demanda. 3.* A atuação da parte, conquanto não mereça tamanha penalização conforme a alcançada pela decisão recorrida, pela prática de ato atentatório à dignidade da justiça, comporta certa repreensão. 4. Em atenção ao estímulo buscado pelo Judiciário para a solução de conflitos pela via consensual, assim como ao fim sancionatório e pedagógico ao qual se destina a multa, dado parcial provimento ao agravo de instrumento para reduzir o montante da multa aplicada pelo Julgador de origem. (TRF4, AG 5019630-75.2018.4.04.0000, Quarta Turma, Rel. Luís Alberto D'azevedo Aurvalle, juntado aos autos em 24/10/2018). (Grifo nosso).

Ementa: Administrativo. Servidor público. Reconhecimento administrativo. Diferenças. Multa por não-comparecimento injustificado à audiência de conciliação. Reconhecido, no âmbito administrativo, o direito da

Isso nos faz refletir sobre os caminhos que esse ato inaugural tomará a médio e longo prazo, ou seja, se cairá em desuso pela inaplicabilidade do Judiciário.

Mas o fato é que a experiência e os dados da 1ª Vara Cível de Vitória/ES[135] demonstram que, com um pouco de boa vontade dos magistrados, essa etapa procedimental pode ensejar uma efetividade real, quantitativa e qualitativamente. O incremento do número de acordo na referida unidade judiciária pode ser atribuído ao fato de que a simples designação da audiência faz com que as partes: a) se antecipem ao ato e apresentem o acordo para homologação judicial; b) cheguem à autocomposição no próprio ato após um primeiro diálogo entre os envolvidos; c) apresentem o acordo em momento subsequente à audiência, após melhor refletirem sobre as propostas apresentadas no ato do qual participaram; e d) realizem convenções processuais ou fixem um calendário processual.

O maior desafio era vencer a barreira cultural, eliminando resistências que, em muitos casos, não se justificavam. E apesar de todos os receios, pode-se dizer que o Brasil hoje conta com um efetivo aparato de métodos adequados de resolução de conflitos, que vem se aperfeiçoando ao longo do tempo e conseguindo cada vez mais adeptos.

Entretanto, importa ressaltar que as varas que apostaram na audiência, especialmente as de família, alcançaram elevados índices de acordo. Não obstante, observou-se que a ideia da autocomposição judicial foi ficando cada vez mais palatável para juízes, advogados, partes e Ministério Público, embora os tribunais ainda se encontrem em fase de implementação da Política Nacional de Tratamento Adequado dos Conflitos instituída pela Resolução 125/2010, do CNJ.

---

parte autora tem ela direito ao pagamento dos valores correspondentes. Não pode a Administração Pública recusar o mencionado pagamento sob o argumento de que ele está vinculado à prévia dotação orçamentária, quando já transcorreu tempo suficiente para que se procedesse ao pagamento em discussão com a observância das regras estabelecidas na Constituição Federal. *Mantida a multa por não-comparecimento injustificado à audiência de conciliação* (artigo 334-par. 8o do CPC-2015). (TRF4, AC 5033838-75.2016.4.04.7100, QUARTA TURMA, Relator CÂNDIDO ALFREDO SILVA LEAL JUNIOR, juntado aos autos em 17/05/2018). (grifo nosso). E ainda: Ação declaratória de nulidade de cláusula contratual, cumulada com pedido de repetição de indébito e de indenização por danos morais – *Decisão interlocutória que cominou multa por ato atentatório à dignidade da justiça – Ausência injustificada do autor e de seu representante legal em audiência de conciliação – Advertência prévia – Incidência do art. 334, § 8.º, do Código de Processo Civil – Recurso não provido.* (TJSP; Agravo de Instrumento 2225576-50.2018.8.26.0000; Relator (a): César Peixoto; Órgão Julgador: 38ª Câmara de Direito Privado; Foro de Tupi Paulista, 1ª Vara; Data do Julgamento: 06/11/2018; Data de Registro: 06/11/2018). (Grifo nosso). Confira também: agravo de instrumento. Execução de alimentos. *Audiência de conciliação. Não comparecimento do executado e seu procurador. Aplicação de multa. Ato atentatório à dignidade da justiça. Considerando a inexistência de justificativa plausível ao não comparecimento da parte e do seu advogado à audiência de conciliação, impõe-se a manutenção da decisão que fixou multa por ato atentatório à dignidade da Justiça, nos termos do art. 334, § 8º, do CPC.* Agravo De Instrumento Desprovido. (Agravo de Instrumento 70078835774, Oitava Câmara Cível, Tribunal de Justiça do RS, Relator: Ricardo Moreira Lins Pastl, Julgado em 01/11/2018). (Grifo nosso).

135. CONSELHO NACIONAL DE JUSTIÇA. *Conciliações aumentam em Vitória (ES) após novo CPC.* Disponível em: <http://www.cnj.jus.br/noticias/judiciario/84469-conciliacoes-aumentam-em-vitoria-es-apos-novo-cpc>. Acesso em 29 abr. 2017.

5.4.2 Terminologia, abrangência e requisitos dos acordos

Os acordos são atos de disposição bilaterais, relativos ao direito material, ou seja, ao objeto litigioso, com aptidão de pôr fim à demanda. É uma forma de autocomposição, em que a solução do conflito é obtida pela decisão consensual das próprias pessoas envolvidas.[136]

Neste trabalho preferiu-se a utilização da expressão "acordo", embora não se tenha a pretensão de indicá-la como a mais correta ou precisa, tendo sido apenas uma escolha realizada por exclusão, por ser um termo mais neutro para tratar da construção pelas partes de um ajuste sobre o bem da vida controvertido.

Isso porque a expressão autocomposição é mais ampla, representando os atos de disposição unilaterais e bilaterais em que as partes resolvem consensualmente o conflito, incluindo no conceito a renúncia (quando renuncia-se à pretensão) e o reconhecimento do pedido (submissão).

Por sua vez, não se utilizou o termo transação, do art. 840, do Código Civil, por ser mais restritivo e por representar: a) concessões mútuas,[137] o que nem sempre se verifica no âmbito de um acordo, que pode perfeitamente se aperfeiçoar com a concessão feita por apenas uma das partes;[138] e b) somente direitos patrimoniais de caráter privado,[139] quando, na realidade, os direitos indisponíveis e de caráter público também podem ser, em alguma medida, objeto de acordo.

Assim, em um acordo, pode ocorrer de apenas uma das partes efetuar concessão, cedendo ou abdicando em alguma medida o seu direito, e aceitando que a outra nada disponha, objetivando pôr fim à controvérsia.[140]

Por sua vez, embora se reconheça que o termo também é apropriado para os ajustes de natureza processual, esta hipótese será tratada como convenção ou calendário processual.

Dessa forma, o acordo aqui referido caracteriza o ajuste bilateral entre as partes, sobre parte ou a totalidade do objeto da demanda, podendo ser fruto de concessões mútuas ou apenas unilaterais, e que podem envolver direitos disponíveis ou indisponíveis que admitam autocomposição.

---

136. CALMON, Petronio. *Fundamentos da mediação e da conciliação*. 4. ed. Brasília: Gazeta Jurídica, 2019, p. 51.

137. *Art. 840.* É lícito aos interessados prevenirem ou terminarem o litígio mediante concessões mútuas.

138. No mesmo sentido Leonardo Greco entende que a transação, como ato de disposição processual, é mais amplo do que o contrato de transação regulado pelo Código Civil, uma vez que admite que nele as concessões tenham sido feitas por apenas uma das partes. (GRECO, Leonardo. *Instituições de processo civil*: introdução ao direito processual civil. 5. ed. revista, atualizada e ampliada. Rio de Janeiro: Forense, 2015. Vol. I, p. 278.

139. *Art. 841.* Só quanto a direitos patrimoniais de caráter privado se permite a transação.

140. O acordo é uma condição ajustada entre duas ou mais pessoas para fazer cessar uma pendência ou demanda. Seria o instrumento em que se firma essa convenção. (SILVA, De Plácido e. *Vocabulário jurídico*. 4. ed. Rio de Janeiro: Forense, 1994. v. I, p. 77).

Registre-se que o CPC/15, ao tratar de acordos bilaterais, utiliza expressões sem muito rigor científico, referindo-se à autocomposição (20 vezes), transação (6 vezes), acordo (14 vezes).[141]

Feitos esses esclarecimentos, tem-se que os acordos configuram importante forma de resolução consensual de conflito, e cuja utilização vem se tornando cada vez mais frequente pelas partes.

Com efeito, a resolução do conflito pelo acordo pode ser entendida como uma forma legítima de exercício da disponibilidade das partes dentro do processo, concretizada na potencialidade de fazer diversas escolhas relativas a variados aspectos dos métodos adequados de resolução de conflito.

Embora o acordo possa ocorrer na esfera extrajudicial ou judicial, o que importa, para o presente trabalho, são as consequências no âmbito judicial, conforme a sua abrangência objetiva e subjetiva.[142]

As partes podem chegar a um acordo durante a tramitação de um processo, e ainda optar pela não homologação da avença, situação que ensejará a extinção do feito sem resolução do mérito pela perda superveniente de interesse processual (art. 485, VI, do CPC/15). Se for requerida a homologação, ocorrerá a extinção do processo, com resolução do mérito (art. 487, III, *b*, do CPC/15), constituindo títulos executivos judiciais, a lastrearem um cumprimento da sentença, em caso de inadimplemento.

De qualquer forma, caberá ao juiz apenas controlar a regularidade do ato (capacidade das partes, licitude do objeto, forma adequada) e homologá-lo (em caso de pedido) para que tenha eficácia no processo, fazendo coisa julgada material.

É ato de disposição que pode ser praticado no processo ou fora dele, mas que precisa ser documentado caso seja trazido aos autos.

Sobre o conteúdo da autocomposição, as partes podem dispor sobre todos os direitos que admitam autocomposição. Até mesmo alguns direitos indisponíveis que admitam transação podem ser objeto de conciliação e mediação. Em outros termos, o acordo só será permitido se o direito for disponível, ou se, embora indisponível, de alguma forma admita autocomposição (forma, modo e tempo).

Ademais, os acordos podem ser parciais ou totais, ou seja, versarem sobre todo ou parte do conflito. Com efeito, sobre o assunto há Enunciado aprovado no VII FPPC (Fórum Permanente de Processualistas Civis) de São Paulo, que diz: ***576. (arts. 166, § 4°; 354, parágrafo único) Admite-se a solução parcial do conflito em audiência de conciliação ou mediação. (Grupo: Mediação e Conciliação (CPC e Lei 13.140/2015).*** Se for parcial, o juiz homologará o ato e haverá decisão parcial de mérito, nos termos do art. 356, c/c

---

141. Também encontramos as expressões: conciliação (37 vezes), mediação (39 vezes), amigável (3 vezes) e consensual (17 vezes).
142. Cf.: CUNHA, Leonardo Carneiro da; CABRAL, Trícia Navarro Xavier Cabral. A abrangência objetiva e subjetiva da mediação. *Revista de Processo*. v. 287/2019. p. 531-552. Jan/ 2019.

art. 487, III, *b*, ambos do CPC/15, prosseguindo o feito em relação aos pedidos e partes remanescentes. O capítulo homologado também forma título executivo judicial, na forma do art. 515, II e III, do CPC/15.

Registre-se que o ato judicial de homologação de acordo sobre a totalidade do objeto litigioso possui dupla eficácia, pois, ao mesmo tempo em que chancela o ajuste formulado pelas partes, enseja a extinção do feito, com aptidão de formar título executivo judicial, conforme art. 515, II e III, do CPC/15.

Não obstante, o objeto da avença pode de natureza individual ou coletiva.

As partes também podem dispor sobre a extensão (objetiva e subjetiva) do conteúdo do acordo, para incluir questões ou terceiros inicialmente não constantes do processo ou do conflito (art. 515, § 2º, do CPC), desde que, obviamente, haja a concordância de todos os envolvidos. Desse modo, o acordo judicial pode versar sobre matéria estranha ao objeto do processo, ou então envolver sujeito que não seja autor, nem réu, nem interveniente (art. 515, § 2º, do CPC/15). Porém, para que possa ser homologado um acordo que verse sobre relação jurídica diversa daquela deduzida no processo e envolva um terceiro, é preciso que o juízo seja competente para examinar a referida causa.

Além disso, o conteúdo do acordo pode envolver direito material, procedimental ou ambos. Destarte, as partes podem incluir na composição tanto o objeto litigioso do processo, como disposições sobre o procedimento, como é o caso da renúncia à interposição de recurso, antecipando, assim, o trânsito em julgado.

Ressalte-se, inclusive, a necessidade de se observar alguns requisitos e limites relativos ao conteúdo da autocomposição. No campo do direito material, devem ser observados capacidade dos sujeitos e o atendimento ao princípio da decisão informada, a licitude do objeto, a forma prescrita ou não defesa em lei, proporcionalidade e razoabilidade das cláusulas do acordo e até mesmo a sua executoriedade, ou seja, a viabilidade prática de cumprimento da obrigação.

Já quanto ao aspecto processual, faz-se importante atender à capacidade processual, à forma documentada, e a outros requisitos processuais se relacionam com a cláusula do devido processo legal, especialmente o contraditório e a imparcialidade do terceiro intermediador, no que couber.

Cada um desses requisitos deve ser avaliado de acordo com as particularidades de cada método de resolução de controvérsias, sendo necessário, ainda, considerar os aspectos peculiares do caso em concreto apresentado[143]. Como limites, tem-se que os direitos fundamentais constitucionais e processuais não podem ser violados.

Exige-se, ainda, a capacidade civil plena das partes.

E para que o advogado pratique o ato no processo é exigida procuração com poderes especiais, nos termos do art. 105, do CPC/15.

---

143. CABRAL, Trícia Navarro Xavier. *Ordem Pública Processual*. Brasília: Gazeta Jurídica, 2015, p. 445-451.

O acordo pode realizar-se espontaneamente, ou seja, por meio de negociação direta pelas partes, ou, então, o consenso pode ser alcançado com a participação de um terceiro, mediador ou conciliador, conforme a complexidade e as características do conflito, e nos termos das disposições dos arts. 165 a 175, do CPC/15. Ademais, ele também pode ser conduzido pelo juiz, com designação de audiência em qualquer fase processual, nos termos do art. 139, V, do CPC.

Se o processo estiver no tribunal, o acordo pode ser homologado por decisão do relator (art. 932, I, do CPC/15) ou, até mesmo, por acórdão do tribunal.[144]

É possível haver o acordo em qualquer momento ou fase do processo, inclusive quando a questão já tenha sido resolvida por sentença de mérito transitada em julgado, situação que obstará a eventual execução do julgado, mediante o ajuizamento de impugnação (arts. 525, § 1º, VII e 535, VI, do CPC/15).

Ademais, não é necessário haver a homologação de acordo quando celebrado após a coisa julgada, embora ela seja possível, o que ensejará a extinção da obrigação certificada em sentença, substituindo-a pela estipulada no ajuste inicial.

Será considerada título executivo judicial a decisão que homologa acordo judicial ou extrajudicial. Neste último caso, a homologação deverá realizar-se em procedimento de jurisdição voluntária, instaurado por ambos os interessados, no qual o juiz examinará o preenchimento dos pressupostos e requisitos e os limites para a celebração do negócio jurídico (art. 725, VIII, do CPC/15).

As partes também podem requerer a homologação de acordo extrajudicial diretamente ao Cejusc,[145] independentemente de realização de sessões de mediação

---

144. Os Tribunais Superiores também incentivam as partes a formularem acordos. No STJ, houve alteração do Regimento Interno em 2019 para alterar o art. 288 e criar o centro de Soluções Consensuais de Conflitos do Superior Tribunal de Justiça. Já no STF foi criado, por meio da Resolução 697/2020, o Centro de Mediação e Conciliação.

145. Recurso Especial – Direito De Família – Alimentos E Guarda De Filhos – Acordo Extrajudicial Homologado Pelo Centro Judiciário De Solução De Conflitos E Cidadania (Cejusc) – Alegação De Nulidade Por Prevenção Suscitada Pelo MP Estadual – Ausência De Prejuízo Às Partes – Ato Que Passados Três Anos, Como Ressaltou O Ministério Público Federal, Não Gerou Qualquer Nova Controvérsia Entre Os Genitores – Instrumentalidade Das Formas – Precedentes do STJ – Resolução CNJ 125/2010 – Incentivo à autocomposição como forma de resolução adequada de conflitos. Hipótese dos autos: inobstante a existência de prévia ação de alimentos junto ao Juízo da 1.ª Vara de Família da Comarca de Rio Branco/AC, decidida por sentença homologatória de acordo, os recorridos, conjunta e espontaneamente, procuraram os serviços do CEJUSC e, ao final da realização de audiência de conciliação, registrada às fls. 07 (e-STJ), retificaram os termos de guarda e de prestação de alimentos do filho, tendo sido homologada a convenção extrajudicial pelo Juízo Coordenador do CEJUSC (fl. 12, e-STJ), nos termos do art. 9º da Resolução CNJ 125/2010. 1. A decisão recorrida foi publicada antes da entrada em vigor da Lei 13.105 de 2015, estando o recurso sujeito aos requisitos de admissibilidade do Código de Processo Civil de 1973, conforme Enunciado Administrativo 2/2016 do Plenário do Superior Tribunal de Justiça (AgRg no AREsp 849.405/MG).2. O Superior Tribunal de Justiça firmou o entendimento, à luz do princípio constitucional da prestação jurisdicional justa e tempestiva (art. 5º, inc. LXXVIII, da CF/1988), que, em respeito ao princípio da instrumentalidade das formas (art. 244 do CPC/1973), somente se reconhece eventual nulidade de atos processuais caso haja a demonstração efetiva de prejuízo pelas partes envolvidas. Precedentes do STJ. 3. É inadiável a mudança de mentalidade por parte da nossa sociedade, quanto à busca da sentença judicial, como única forma de se resolver controvérsias, uma

naquele órgão.[146] Trata-se de viabilidade ainda não explorada na prática forense, muito em função do desconhecimento das partes e dos profissionais do direito. São várias as vantagens: celeridade na homologação, ausência de custas[147] e possibilidade de envolver acordo de qualquer natureza ou valor, como já acontece no âmbito dos Juizados Especiais, por força do art. 57, da Lei 9.099/95. O acordo é homologado pelo Juiz Coordenador e constitui título executivo judicial,[148] nos termos do art. 20, da Lei de Mediação.

Interessante situação concreta ocorreu no Espírito Santo, em que tramitava ação revisional de alimentos e guarda de menor, e as partes, ao formularem acordo, inseriram cláusula sobre a partilha de bens não ocorrida à época do divórcio. O Ministério Público e o Juiz de família se recusaram a homologar a referida cláusula ante a incompetência do juízo, entendendo que a questão deveria ser analisada por um juízo cível. Diante disso, o advogado, ao invés de ajuizar uma ação de jurisdição voluntária apenas para homologar o acordo, levou o ajuste para homologação no Cejusc, constituindo título executivo judicial, o qual, em caso de eventual descumprimento, será remetido ao juízo cível para a regular tramitação do cumprimento de sentença.

Como se observa, as potencialidades envolvendo os acordos são extensas, e não por outro motivo os índices desses atos de disposição das partes após o advento do CPC/15 têm crescido a cada ano, conforme demonstram os resultados da pesquisa empírica realizada.

---

vez que a Resolução CNJ n.º 125/2010 deflagrou uma política pública nacional a ser seguida por todos os juízes e tribunais da federação, confirmada pelo atual Código de Processo Civil, consistente na promoção e efetivação dos meios mais adequados de resolução de litígios, dentre eles a conciliação, por representar a solução mais adequada aos conflitos de interesses, em razão da participação decisiva de ambas as partes na busca do resultado que satisfaça sobejamente os seus anseios. 4. A providência de buscar a composição da lide quando o conflito já foi transformado em demanda judicial, além de facultada às partes, está entre os deveres dos magistrados, sendo possível conclamar os interessados para esse fim a qualquer momento e em qualquer grau de jurisdição, nos termos do art. 125, inc. IV, do Código de Processo Civil de 1973 ("o juiz dirigirá o processo, competindo-lhe tentar, a qualquer tempo, conciliar as partes"). 5. *O papel desempenhado pelo juiz-coordenador do CEJUSC tão-somente favoreceu a materialização do direito dos pais de decidirem, em comum acordo, sobre a guarda de seus filhos e a necessidade ou não do pagamento de pensão, razão pela qual, passado mais de três anos da homologação da convenção extrajudicial entre os genitores no âmbito do CEJUSC, sem a notícia nos autos de qualquer problema dela decorrente, revela-se inapropriada a cogitação de nulidade do ato conciliatório em face de eventual reconhecimento de desrespeito à prevenção pelo juízo de família.* 6. Recurso especial desprovido. (REsp 1531131/AC, Rel. Ministro Marco Buzzi, Quarta Turma, julgado em 07/12/2017, DJe 15/12/2017). (Grifo nosso).

146. FONAMEC – Enunciado 50 – É possível a homologação pelo Juiz Coordenador do Cejusc de acordos celebrados extrajudicialmente.

147. FONAMEC – Enunciado 19 – Os conflitos do setor pré-processual dos CEJUSCs não estão sujeitos ao pagamento de custas processuais e nem a limite de valor da causa, salvo disposição em contrário existente na legislação local, quanto à cobrança de custas. *(Enunciado aprovado na reunião ordinária de 10/04/2015, com redação atualizada na reunião extraordinária de 28/04/2016).*

148. FONAMEC – Enunciado 29 – Os acordos homologados no setor pré-processual do CEJUSC constituem títulos executivos judiciais e poderão ser executados nos juízos competentes, mediante distribuição. *(Enunciado aprovado na reunião ordinária de 10/04/2015, com redação atualizada na reunião extraordinária de 28/04/2016).*

Nos termos do art. 90, § 2º, do CPC/15, havendo acordo entre as partes e, nada dispondo sobre as despesas, estas serão divididas igualmente.[149] Além disso, o § 3º do referido dispositivo legal diz que, se a transação ocorrer antes da sentença, as partes ficarão dispensadas do pagamento das custas processuais remanescentes, se houver.

Não é possível o arrependimento ou denúncia unilateral[150] do acordo, ou seja, não se operam no processo em que se formou o ajuste,[151] mesmo que ele não tenha sido homologado pelo juiz.[152-153]

Nesse contexto, o controle do juiz sobre a regularidade do acordo deve considerar não só os aspectos materiais do ajuste, mas também os processuais.

No campo material, o Código Civil dispõe que a transação pode ser feita por escritura pública ou por instrumento particular, na forma do art. 842, do Código Civil e deve ser interpretada restritivamente, nos termos do art. 843, do Código Civil. Não

---

149. Apelação cível. Ação de reparação de danos. Transação. *Parcial homologação. Controle de legalidade do acordo pelo juízo. Possibilidade. Distribuição das custas processuais. Responsabilidade pela verba imputada à parte beneficiária de justiça gratuita. Impossibilidade. Convenção que não pode violar direito alheio e, por via oblíqua, exonerar ambas as partes do pagamento da taxa judiciária. Jurisprudência deste tribunal. Recurso a que se nega provimento.* (TJPR, 8ª C. Cível, 0006384-31.2017.8.16.0173, Umuarama, Rel. Clayton de Albuquerque Maranhão, J. 11.05.2018). (Grifo nosso).

150. Apelação Cível. Divórcio litigioso convertido em consensual. Acordo firmado em audiência de conciliação. Partes assistidas por advogados. Ajuste que tratou apenas da pensão alimentícia em favor do filho do casal e da desocupação do bem comum a ser partilhado. Pretensão de alteração das premissas do acordo. Impossibilidade. Inexistência de prejuízo. Ato jurídico hígido. Ulterior divisão do acervo patrimonial. Recurso conhecido e improvido. Sentença mantida. 1. Cuida-se de apelo visando a reforma da decisão que homologou acordo judicial firmado entre os litigantes, firmado em audiência de conciliação, oportunidade em que fora definida a pensão alimentícia em favor do filho menor do casal, além de estabelecer prazo para desocupação do bem imóvel comum, mediante adimplemento de aluguel, pelo prazo de 1 (um) ano, pelo Apelado, seguindo-se a lide ao fito de viabilizar a ulterior partilha dos aquestos. 2. *De fato, constata-se que a Recorrente encontrava-se regularmente assistida por advogado quando da assinatura da citada transação, descabendo, já agora, a desconstituição do ajuste mediante simples alegação de que não mais concorda com o respectivo conteúdo.* 3. Registre-se que não há falar em qualquer prejuízo efetivo à Recorrente, consoante equivocadamente disposto em suas razões recursais, sobretudo quando o citado acordo não tratou da divisão dos bens comuns dos litigantes, providência esta que se dará ulteriormente, consoante disposto do próprio decreto decisório proferido na origem. (Classe: Apelação, Número do Processo: 0300930-16.2015.8.05.0256, Rel. Marcia Borges Faria, Publicado em: 05/09/2018). (Grifo nosso).

151. THEODORO JÚNIOR, Humberto. *Curso de direito processual civil*. Teoria geral do direito processual civil, processo de conhecimento e procedimento comum. 56ª. ed. ver. atual. e ampl. Rio de Janeiro: Forense, 2015, v. I. p. 1034.

152. Agravo interno no agravo em recurso especial. Responsabilidade civil. Indenizatória. Acidente de trânsito. Acordo extrajudicial. Homologação. Desistência. Impossibilidade. Agravo desprovido. 1. *A Corte de origem decidiu em consonância com a jurisprudência firmada por este Tribunal, no sentido de que é incabível o arrependimento e a rescisão unilateral do acordo firmado, ainda que anterior à homologação judicial. Precedentes.* 2. Agravo interno a que se nega provimento. (AgInt no AREsp 1126536/RS, Rel. Ministro Lázaro Guimarães (Desembargador Convocado do TRF 5ª Região), Quarta Turma, julgado em 24/10/2017, DJe 31/10/2017). (Grifo nosso).

153. Apelação cível. Ação de guarda, alimentos e visitas. Acordo homologado judicialmente. Pedido de anulação por parte do genitor. *No caso, estipulado acordo entre as partes, por decisão judicial homologada, recentemente, o mero arrependimento da parte não viabiliza a desconstituição do ajuste, especialmente quando acompanhada de seu advogado. Ausência de justificativa plausível para a anulação da avença.* Recurso Desprovido. (Apelação Cível 70079187803, Sétima Câmara Cível, Tribunal de Justiça do RS, Rel. Liselena Schifino Robles Ribeiro, Julgado em 31/10/2018). (Grifo nosso).

CAPÍTULO IV • JUSTIÇA ESTATAL **213**

obstante, a transação não aproveita nem prejudica quem dela não participar, conforme art. 844, do Código Civil.

Por sua vez, em caso de nulidade de qualquer das cláusulas da transação, nula será também esta, a não ser que verse sobre direitos contestados independentes entre si, nos termos do art. 848, do Código Civil.

Ademais, a transação só se anula por dolo, coação ou erro essencial quanto à pessoa ou coisa controversa, e não por erro de direito, na forma do art. 849, do Código Civil.[154] Também é nula a transação quando houver coisa julgada sobre o objeto litigioso, se dela não tinha ciência alguns dos transatores, ou quando, por título ulteriormente descoberto, se verificar que nenhum deles tinha direito sobre o objeto da transação, em conformidade com o art. 850, do Código Civil.

No aspecto processual, o juiz deve controlar os requisitos do ato processual, bem como observar se foram respeitados os limites da disponibilidade processual. Na prática forense, nota-se que os defeitos mais frequentes nos acordos são a falta de assinatura de uma das partes ou de seus advogados.[155]

Aliás, sobre a necessidade de ambas as partes estarem assistidas por advogados, tem-se que os acordos celebrados extrajudicialmente, podem, em princípio, ser formulados independentemente da assistência de advogado. Ainda assim, objetivando garantir a paridade de armas, o art. 10, da Lei 13.140/2015 estabelece que, na mediação extrajudicial, caso uma das partes esteja acompanhada de advogado, deverá o mediador suspender o ato até que todas as partes estejam devidamente assistidas.[156]

Não obstante, caso o acordo seja levado para o processo judicial para fins de homologação, ele pode conter o patrocínio de um único advogado, se escolhido consensualmente pelas partes. Ademais, na esfera judicial, se não for o caso de as partes anuírem expressamente com a representação pelo mesmo advogado, elas devem cada qual estar assistida pelo seu causídico de confiança, a fim de que a capacidade postula-

---

154. Nesse sentido: Agravo interno no recurso especial. Acordo extrajudicial. Desistência unilateral, antes da homologação pelo judiciário. Ausência de vício. Impossibilidade. Precedentes. Súmula 83 do STJ. Recurso desprovido. 1. É descabido o arrependimento e rescisão unilateral da transação, ainda que não homologada de imediato pelo Juízo. *Uma vez concluída a transação as suas cláusulas ou condições obrigam definitivamente os contraentes, e sua rescisão só se torna possível "por dolo, coação, ou erro essencial quanto à pessoa ou coisa controversa"* (CC/2002, art. 849). 2. Agravo interno desprovido. (AgInt no REsp 1793194/PR, Rel. Ministro Marco Aurélio Bellizze, Terceira Turma, julgado em 02/12/2019, DJe 05/12/2019)

155. Ementa: apelação. *Pedido de homologação de acordo. Falha na representação processual de uma das partes transatoras. Impossibilidade de homologação. Perda superveniente do interesse processual. Apelo não provido.* Sentença mantida. (Classe: Apelação, Número do Processo: 0327100-19.2012.8.05.0001, Rel. Maria de Lourdes Pinho Medauar Silva, Publicado em: 24/09/2018). (Grifo nosso).

156. **Art. 10**. As partes poderão ser assistidas por advogados ou defensores públicos.
Parágrafo único. Comparecendo uma das partes acompanhada de advogado ou defensor público, o mediador suspenderá o procedimento, até que todas estejam devidamente assistidas.

tória esteja atendida, nos termos do art. 103, do CPC/15.[157] No mesmo sentido, dispõe a Lei 13.140/2015, quando trata, no art. 26, da mediação judicial.[158]

Nesse passo, se o acordo for levado a juízo ou formulado judicialmente e apenas uma das partes estiver assistida por advogado, o juiz deve zelar para que a capacidade postulatória da outra parte seja devidamente regularizada, a fim de que a igualdade e a paridade de armas sejam devidamente resguardadas, bem como para que os requisitos dos atos processuais sejam observados.

Como se vê, saímos de um modelo de justiça em que só se oferecia ao jurisdicionado a solução judicial e adjudicada do conflito, para um formato em que são disponibilizados variados métodos de resolução de disputa, cada qual usando técnicas que sejam mais apropriadas para atender às peculiaridades do caso concreto.[159]

Com isso, o Poder Judiciário passa efetivamente a servir ao consumidor da justiça, e não o contrário. Muda-se a perspectiva única de decisão imposta pelo juiz, abrindo-se para a possibilidade de decisão construída pelos litigantes, por meio do seu empoderamento.

Por conseguinte, busca-se mais qualidade, com menor custo, menos complexidade e tempo na resolução da controvérsia. E como resultado, a solução do conflito ganha mais legitimidade, evita recurso e, via reflexa, enseja menos risco de descumprimento.

5.5   Convenções processuais[160]

5.5.1   Evolução legislativa

O atual formato de processo civil brasileiro é fruto de extensa construção legislativa, doutrinária e jurisprudencial, na tentativa de acompanhar as mudanças jurídicas, sociais, políticas e econômicas do país.

---

157. Civil e Processo Civil. Ação monitória. Acordo extrajudicial. Partes. Advogado. Representação. Ausência. Requisitos. Satisfação. Intimação. Descumprimento. Homologação. Impossibilidade. Sentença. Manutenção. I. *Conquanto prescindível a presença de advogado na transação extrajudicial, sua homologação em juízo exige a presença dos procuradores, a teor do art. 103 do CPC e precedentes do STJ. II – O descumprimento de determinação judicial no sentido da parte suprir a falta de representação no acordo firmado, a fim de possibilitar sua homologação, configura manifesto desinteresse na medida, autorizando, assim, a extinção do processo sem julgamento do mérito pela perda do interesse processual.* Recurso Não Provido. (Classe: Apelação, Número do Processo: 0502359-08.2015.8.05.0103, Rel. Heloisa Pinto de Freitas Vieira Graddi, Publicado em: 10/09/2018). (Grifo nosso).

158. **Art. 26.** As partes deverão ser assistidas por advogados ou defensores públicos, ressalvadas as hipóteses previstas nas Leis nos 9.099, de 26 de setembro de 1995, e 10.259, de 12 de julho de 2001.

    Parágrafo único. Aos que comprovarem insuficiência de recursos será assegurada assistência pela Defensoria Pública.

159. Nas palavras de Humberto Dalla: "Trata-se, portanto, de atribuir eficácia horizontal ao direito fundamental à tutela jurisdicional, que agora deve ser compreendida a partir de cinco predicados: acessível, instrumental, efetiva, adequada e pacificadora." (PINHO, Humberto Dalla Bernardina de. *Jurisdição e pacificação*: limites e possibilidades do uso dos meios consensuais de resolução de conflitos na tutela de direitos transindividuais e pluri-individuais. Curitiba: CRV, 2017, p. 265).

160. O tema foi inicialmente tratado em: CABRAL, Trícia Navarro Xavier. Convenções em matéria processual. *Revista de Processo*, v. 241, p. 489-520, 2015.

A codificação processual de 1939 era mais simples e flexível, proporcionando mais disponibilidade processual das partes e menos ingerências judiciais.

Por sua vez, o CPC/73 adotou um modelo processual mais rígido, com menor participação das partes – embora houvesse a previsão de atos de disposição, e intenso protagonismo do juiz, o que levou a exageros inaceitáveis.

O CPC/15 tenta justamente estabelecer um equilíbrio entre os atores processuais, com um maior prestígio à disponibilidade processual pelas partes, não só no aspecto material, mas também no âmbito processual. Para tanto, o Código ampliou os institutos que já permitiam a liberdade processual e ainda criou novas técnicas que garantam a ampla flexibilidade processual.

A flexibilização do procedimento por ajuste das partes não é propriamente uma novidade no nosso sistema, uma vez que o CPC/73 já admitia algumas convenções típicas, por exemplo, a escolha consensual do foro de eleição e a convenção sobre ônus da prova.

Contudo o CPC/15, além de ampliar as hipóteses de convenções processuais típicas,[161] inovou na previsão dois outros institutos: as convenções processuais atípicas (art. 190, do CPC) e o calendário processual (art. 191, do CPC).[162]

O calendário processual, embora também represente um acordo entre as partes sobre aspectos processuais e ainda permita envolver outros sujeitos processuais, como o juiz, se restringe a estipular cronogramas, predefinindo datas e fases procedimentais que devem ser cumpridas automaticamente pelos participantes. Desse modo, considerando as particularidades do instituto, essa forma peculiar de ajuste procedimental será tratada em item próprio.

Importante esclarecer que, para se concretizar técnicas como as convenções processuais, será imprescindível ultrapassar as barreiras culturais, que ainda estão arraigadas num processo com predomínio do protagonismo do juiz sobre a atuação das partes.

Não obstante, a educação combativa dos ensinos jurídicos nunca propiciou diálogos mais eficazes para tentar otimizar o procedimento, em prol de benefícios para todos os sujeitos processuais.

---

161. Vejamos algumas hipóteses: eleição negocial do foro (art. 63), negócio tácito de que a causa tramite em juízo relativamente incompetente (art. 65), escolha consensual do mediador, conciliador, câmara privada (art. 168), acordo para suspensão do processo (art. 313, II), adiamento negocial da audiência (art. 362, I), saneamento consensual (art. 357, § 2º), convenção sobre o ônus da prova (art. 373, § § 3º e 4º), escolha consensual do perito (art. 471).

162. Leonardo Greco classifica as convenções processuais em três espécies: a) os ajustes que afetam somente os direitos das partes, com efeitos imediatos no processo; b) os acordos processuais que afetam poderes do juiz, mas que também possuem efeitos imediatos, nos termos do art. 200, do CPC; e c) as convenções que limitam os poderes do juiz, mas se constituem com a conjugação de vontade das partes e do juiz, como o calendário processual do art. 191, do CPC. O autor registra, ainda, que na segunda hipótese, se a convenção envolver ajuste sobre o procedimento, o juiz também terá que manifestar a sua adesão, aprovando ou homologando a deliberação das partes. GRECO, Leonardo. *Instituições de processo civil*: introdução ao direito processual civil. 5. ed. revista, atualizada e ampliada. Rio de Janeiro: Forense, 2015. v. I, p. 232-279.

De qualquer modo, a iniciativa do legislador, inspirada inclusive em experiências estrangeiras, deve ser motivo de aplauso, representando grande conquista para o exercício da liberdade processual pelas partes.

5.5.2. *Conceito e terminologia*

As convenções processuais são atos de disposição dos sujeitos processuais, por meio dos quais ajusta-se o procedimento às peculiaridades da causa ou dispõe-se sobre os seus poderes, faculdades, ônus e deveres, desde que atendidos os requisitos legais e observados os limites aplicáveis. Ademais, elas podem recair sobre atos processuais ou sobre procedimento, e, ainda, sobre as situações jurídicas processuais.

Embora o art. 190, do CPC/15 se refira apenas às partes, indicando que as convenções processuais se resumiriam a atos bilaterais, tem-se como possível a existência de acordos procedimentais plurilaterais, incluindo o juiz ou outro sujeito processual, como os auxiliares da justiça.

Quanto à terminologia, não há um consenso sobre a denominação que deve ser empregada nas convenções em tema de processo. Na doutrina[163] nacional o assunto é chamado de negócios processuais,[164] acordos processuais e contratos processuais.

No direito estrangeiro, o instituto também recebe locuções distintas. Na Alemanha utiliza-se a expressão *Prozessverträge*, que se refere a contratos processuais.[165] Na França fala-se em *contract de procèdure*.[166-167] Já na Itália usa-se *accordi processual*[168] para abordar as avenças sobre processo.

---

163. Abordando as discussões doutrinárias sobre a existência de negócios jurídicos processuais, cf.: FARIA, Guilherme Henrique Lage. *Negócios processuais no modelo constitucional de processo*. Salvador: JusPODIVM, 2016, p. 44-46.

164. José Rogério Cruz e Tucci defende que o gênero negócio jurídico processual pode ter duas espécies: a) o negócio jurídico processual (stricto sensu), relativo ao direito substancial; e b) a convenção processual, que tem como objeto matéria estritamente processual. (TUCCI, José Rogério Cruz e. Natureza e objeto das convenções processuais. In: NOGUEIRA, Pedro Henrique. *Negócios processuais*. 3. ed. Salvador: JusPODIVM, 2017. (Coleção Grandes Temas do Novo CPC, v. 1), p. 26).

165. Sobre o tema, cf.: KERN, Cristoph A. Procedural contracts in Germany. In: NOGUEIRA, Pedro Henrique. *Negócios processuais*. 3. ed. Salvador: JusPODIVM, 2017. (DIDIER JR., Fredie (Coord. Geral) Coleção Grandes Temas do Novo CPC, v. 1), p. 213-225.

166. Ver: CADIET, Loïc. Les conventions relatives au procès en droit français: sur la contractualisation du règlement des litiges. *Revista de Processo*, São Paulo, ano 33, v. 160, p. 71, jun. 2008.

167. Diogo Almeida registra que na França a expressão *contract de procédure* evoluiu para representar utilizações diversas como: a) a possibilidade de advogados fixarem um calendário processual; b) os protocolos firmados entre tribunais e a ordem dos advogados para resolver questões procedimentais de cada corte; e c) os negócios jurídicos estabelecidos entre as partes sobre procedimento. Cf.: ALMEIDA, Diogo Assumpção Rezende de. *A contratualização do processo*: das convenções processuais no processo civil. (De acordo com o novo CPC). São Paulo: LTr, 2015, p. 41-51.

168. CAPONI, Remo. Autonomia privata e processo civile: gli accordi processuali. In: SCARSELLI, Giuliano (Org.). *Poteri del giudice e diritti delle parti nel processo civile*: atti del Convegno di Siena del 23-24 novembre 2007. Napoli; Roma: Edizioni Scientifiche Italiane, 2010. p. 145-159. Quaderni de Il Giusto Processo Civile, 4.

Na realidade, o significado jurídico dos termos "convenção", "negócios", "contratos" e "acordos" é bem próximo, sendo que todos eles envolvem manifestações de vontade das partes, visando a um fim específico e à produção de efeitos jurídicos.

Diogo Almeida utilizou os termos pacto, acordo, negócio, contrato e negócio jurídico como sinônimos de convenção. Além disso, por convenção ou acordo, o autor se refere às modificações convencionais atinentes ao rito, aos atos dispositivos concordantes e às disposições sobre direitos processuais.[169]

Todavia, para traduzir o fenômeno em que duas ou mais pessoas expressam declarações de vontade que se fundem para formar um ato uno, novo, com a produção de efeitos processuais, mostra-se mais apropriado o uso do termo convenção processual.[170]

Primeiro porque "convenções" é a terminologia utilizada pelo Código de Processo Civil anterior e também pelo atual. Segundo para diferenciar o instituto dos "negócios jurídicos" do Código Civil, já que este também usa a expressão quando há uma só manifestação de vontade, ou seja, nos atos unilaterais. Terceiro porque o termo "contrato" traduz apenas a ideia de *forma* de materialização do ajuste, sendo que eventual divergência sobre a sua extensão conceitual poderia comprometer o sentido aqui empregado.[171] E quarto porque "acordo" nem sempre indica somente o objeto ou o conteúdo das convenções, podendo ainda se referir a um fim específico de fazer cessar uma pendência ou demanda,[172] o que não corresponde exatamente ao que se pretende aduzir.

Registre-se – como já dito anteriormente – que a não utilização da expressão "negócios jurídicos processuais", que de certa forma se relaciona com a Teoria Geral do Direito e com o Direito Civil, ocorreu não por discordar que sua origem decorra da categoria mais ampla dos "fatos jurídicos", mas apenas por considerar que os requisitos e os efeitos dos atos processuais sejam distintos daqueles de direito substancial, o que implica em avaliações mais complexas quanto aos efeitos processuais.

Feita essa justificada terminológica, adota-se, portanto, a expressão convenção processual neste estudo.

---

169. ALMEIDA, Diogo Assumpção Rezende de. *A contratualização do processo*: das convenções processuais no processo civil. De acordo com o novo CPC. São Paulo: LTr, 2015, p. 17-18.

170. Barbosa Moreira prefere a expressão "convenção processual" por ser mais técnico e aderir à linguagem do CPC. (BARBOSA MOREIRA, José Carlos. Convenções das partes sobre matéria processual. In: *Temas de direito processual*: terceira série. São Paulo: Saraiva, 1984, p. 89.)

171. A convenção se distinguia dos contratos, pois não fazia gerar obrigação, mas, modernamente, ambos fazer gerar novas obrigações. A convenção pode existir sem contrato, que se indica a sua forma jurídica. (SILVA, De Plácido e. *Vocabulário jurídico*. 4. ed. Rio de Janeiro: Forense, 1994. v. I, p. 558.

172. O acordo é uma condição ajustada entre duas ou mais pessoas para fazer cessar uma pendência ou demanda. Seria o instrumento em que se firma essa convenção. (SILVA, De Plácido e. *Vocabulário jurídico*. 4. ed. Rio de Janeiro: Forense, 1994. v. I, p. 77).

5.5.3 Constituição e natureza jurídica

A forma de constituição e a natureza jurídica das convenções sobre processo se revelam importantes para a compreensão teórica do assunto, e também para justificar a escolha terminológica anteriormente formulada. Por sua vez, a questão deve ser analisada sob o aspecto judicial e o extrajudicial.

No âmbito judicial, a possibilidade de as partes convergirem em matéria de processo pode ocorrer de duas formas: a) por meio de duas declarações de vontade que se fundem para formar um ato uno, novo, com a produção de efeitos específicos; e b) quando a lei vincula os efeitos do ato de uma parte à concordância do outro litigante e ao pronunciamento judicial.

A principal diferença entre as duas hipóteses é que, enquanto na primeira são duas declarações de vontades que criam um novo ato, cujos reflexos processuais são imediatos, na segunda são dois atos de vontade unilaterais, distintos e sucessivos, e que têm seus efeitos produzidos somente após a decisão judicial.[173]

Assim, por exemplo, quando as partes formulam uma convenção processual sobre a suspensão do processo (art. 313, II, do CPC/15), são duas manifestações de vontade unidas com um objetivo de formar um acordo com efeitos imediatos no processo. Já quando uma parte desiste do processo e o ato depende da anuência da outra parte (art. 485, § 4º, do CPC/15) e da homologação judicial, não se pode falar em convenção, mas sim em atos dispositivos concordantes.

Na realidade, existem vários critérios para diferenciar um ato processual de uma convenção processual: a) a forma de manifestação de vontade no ato processual (concordante ou convencional); b) se a vontade do agente é inicial ou também de resultado (ato processual sentido estrito e convenções processuais); c) se os efeitos processuais são imediatos ou dependentes de pronunciamento judicial (causativos e indutivos); e d) o momento da produção de efeitos processuais (imediato ou após pronunciamento judicial).

Todas essas diferenças são importantes, mas para fins de identificação das convenções processuais predomina o critério da forma de manifestação de vontade dos agentes, ou seja, a intenção de unir declarações de vontade dos sujeitos processuais sobre norma processual, para a constituição de um ato uno e novo, com efeitos específicos. Isso é o que diferencia – ao menos de modo mais contundente – as convenções dos demais atos processuais.

Sobre a natureza jurídica, não há dúvidas de que a convenção processual firmada dentro do processo possui caráter processual.

---

173. BARBOSA MOREIRA, José Carlos. Convenções das partes sobre matéria processual. In: *Temas de direito processual*: terceira série. São Paulo: Saraiva, 1984, p. 89-90.

Contudo, o *caput* do art. 190 e o art. 372, § 4º, ambos do CPC/15, permitem que as convenções possam ocorrer inclusive antes do processo, de modo a gerar dúvidas acerca da natureza material ou processual desse tipo de avença.

Existem diferentes formas de qualificar um ato como processual, adotando-se neste trabalho como critério a sede,[174] ou seja, o fato de o ato ser praticado no processo ou a ele incorporado.[175]

Com isso, as convenções envolvendo matéria processual que são formuladas extrajudicialmente com pretensão de produzir efeitos em processo futuro serão *atos apenas potencialmente processuais*, de modo que a sua natureza será material e submeter-se-ão aos requisitos e ao regime jurídico de direito substancial.

Porém, a partir do momento em que ela é integrada ao processo, passa a ter sua natureza jurídica automaticamente transmudada para a de ato processual, sujeitando-se a todos os pressupostos, requisitos e condições e tratamentos inerentes ao direito processual.

Essa diferença de regimes jurídicos, inclusive, faz com que não se concorde com o entendimento de que negócios jurídicos, de origem e conteúdo privatistas, produziriam efeitos idênticos dentro do processo, na forma de "negócios jurídicos processuais".[176]

Assim, se a convenção é entabulada extrajudicialmente, embora possa se referir a questões processuais, não pode ser considerada de cunho processual, sujeitando-se, assim, às regras do direito material.

---

174. Também considerando a sede processual importante elemento para qualificar o ato em processual, ver: ALVIM, Arruda. *Manual de direito processual civil*: parte geral. 9. ed. revista, atualizada e ampliada. São Paulo: RT, 2005. v. I, p. 394.

175. "A relevância da sede para a caracterização do ato processual parece conclusão correta, desde que atendido quanto ao exposto. Não há nos atos processuais praticados fora do processo. Só a atividade desenvolvida no processo pode consubstanciar-se em atos processuais que se colocam sob disciplina (teoria geral) comum aos atos processuais, o que não significa, entretanto, sejam processuais todos os atos praticados no processo. *Somente são atos processuais aqueles que também produzem, no processo, efeitos processuais.* Tanto não basta, contudo. Ainda se faz necessário cuidar-se de ato que *só no processo pode ser praticado. Atos processuais, por conseguinte, são os atos jurídicos praticados no processo, pelos sujeitos da relação processual ou pelos sujeitos do processo, capazes de produzir efeitos processuais e que só no processo podem ser praticados.* A razão de ser dessa definição assenta em algo que entendemos de relevância decisiva. Há uma teoria geral dos atos processuais, distinta da aplicável aos atos de direito material ou de atos processuais não se deve cogitar. E se não casarmos as exigências precedentemente apontadas, cairemos na cilada de lidarmos com atos processuais cuja disciplina atenderá a quanto previsto para os atos de direito material e vice-versa, o que é, a nosso ver, um modo inaceitável de se teorizar dogmaticamente." PASSOS, J.J. Calmon de. *Esboço de uma teoria das nulidades aplicada às nulidades processuais.* Rio de Janeiro: Forense, 2002, p. 53.

176. "Tampoco se puede transplantar al campo procesal la categoria iusprivatística del negocio jurídico, ni siquiera desde la perspectiva del juicio con relación jurídica. En efecto, una de las críticas que se formula a esta teoria de la naturaliza jurídica del juicio, es que éste más que una relación jurídica, sería un conjunto de relaciones jurídicas, un negocio jurídico. Aquí se esfumaría el propio concepto de juicio. La categoria se há querido aplicar dentro del juicio a determinadas instituiciones que presentan externamente un marcado caracter negocial, como por ejemplo, el pacto de sumisión, la transacción, el arbitraje. Sin embargo, prescindiendo ahora de discutir sobre la verdadeira naturaliza jurídica de dichas instituiciones, lo cierto es que sus efectos se producen exclusivamente a través de los actos procesales que los reconocen." (RAMOS MÉNDEZ, Francisco Ramos. *El sistema procesal español.* 5. ed. Barcelona: José Maria Bosch, 2000, p. 310).

Em outros termos, uma convenção estipulada fora do processo, ainda que verse sobre matéria processual, possui natureza jurídica de direito material, ficando os efeitos processuais condicionados à sua integração ao processo.[177] Essa identificação é imprescindível para a definição de requisitos e do regime jurídico das convenções em tema de processo firmadas extrajudicialmente.

Repita-se: o simples fato de a convenção processual ter por objeto uma norma contida no Código de Processo Civil não a transforma em um ato de natureza processual.

Por fim, tem-se que a convenção processual pode versar, ainda, sobre norma de direito processual e sobre norma de direito material. Neste caso, adere-se à posição de Antonio do Passo Cabral, no sentido de que não se trata de dupla natureza jurídica, mas sim de duplo suporte fático, tendo por consequência que cada parcela da convenção deva ser manejada de forma autônoma.[178]

5.5.4 Forma

De acordo com o art. 188, do CPC/15, a forma dos atos processuais é livre, salvo quando a lei expressamente exigir forma determinada.

Assim, em regra, as convenções processuais podem ser celebradas pela via oral[179] ou escrita,[180] mas devem sempre ser documentadas,[181] especialmente para fins de controle por parte do juiz quanto ao seu conteúdo, validade e eficácia.

Em alguns casos, a lei exigirá determinada forma, como ocorre no art. 63, § 1º, do CPC/15, que condiciona os efeitos do foro contratual ao fato de ele constar de documento *escrito*.

---

177. Diogo Almeida defende que as convenções processuais são manifestações de vontades plurissubjetivas concorrentes dos contratantes dispondo sobre direitos processuais ou sobre o procedimento. São "atos dispositivos contratuais". Quando celebrado extrajudicialmente, possui natureza contratual, aplicando-se a teoria geral dos contratos, mas também as especificidades processuais. Pode dispor sobre direito processual (direito a recurso, direito a ação, direito à prova) ou sobre as regras atinentes ao procedimento (calendário, rito). (ALMEIDA, Diogo Assumpção Rezende de. *A contratualização do processo*: das convenções processuais no processo civil. São Paulo: LTr, 2015, p. 115-117).

178. CABRAL, Antonio do Passo. *Convenções processuais*. 2. ed. revista, atualizada e ampliada. Salvador: JusPODIVM, 2018, p. 102-106.

179. Em trabalho anterior defendeu-se a impossibilidade de convenção processual de modo oral. Contudo, revendo o referido entendimento, conclui-se que, atendida a exigência da documentação, não se afasta a possibilidade de o ato ser praticado oralmente.

180. Diogo Almeida entende que a forma deve ser livre (escrita ou verbal), desde que suficiente para exprimir a manifestação de vontade dos envolvidos, salvo previsão expressa em lei. Pode fazer parte do contrato principal, em termo aditivo ou anexo, ou em instrumento específico para tratar de direitos e deveres processuais. (ALMEIDA, Diogo Assumpção Rezende de. *A contratualização do processo*: das convenções processuais no processo civil. São Paulo: LTr, 2015, p. 131).

181. Também defendendo a necessidade de ser por escrito ou, ao menos, documentado, cf.: YARSHELL, Flávio Luiz. Convenção das partes em matéria processual: rumo a uma nova era? In: NOGUEIRA, Pedro Henrique. *Negócios processuais*. 3. ed. Salvador: JusPODIVM, 2017. (Coleção Grandes Temas do Novo CPC, v. 1), p. 77.

Por sua vez, extrajudicialmente, a convenção que verse sobre procedimento deve observar forma prescrita ou não defesa em lei (art. 104, III, do Código Civil), e ainda pode ser feita em um instrumento autônomo, como um contrato atípico (art. 425, do Código Civil), ou então ser parte integrante de um negócio jurídico mais amplo.

Nesse passo, em regra, a disposição extrajudicial em matéria processual admite variados formatos, sem prejuízo de que lei posterior crie novas formas ou restrições.

Já dentro do processo, a convenção pode ser trazida pelas partes em suas peças individuais ou então por meio de um ato processual conjunto, inclusive em audiência.

5.5.5 *Objeto*

De acordo com o artigo 190, *caput*, do CPC/15, o objeto das convenções processuais pode ser: a) direitos que admitam autocomposição; b) acordo sobre mudança no procedimento para ajustá-lo às especificidades da causa ou de convenção sobre ônus, poderes, faculdades e deveres processuais das partes.

A primeira hipótese prevê que a convenção deve envolver direitos que admitam autocomposição. Assim, no campo do direito material, o objeto da convenção pode ser um direito disponível ou indisponível, mas desde que admita autocomposição.

Contudo, na abrangência desse requisito deve ser incluída a perspectiva processual.[182] Com isso, a convenção também deverá ter por objeto apenas as normas processuais disponíveis ou, ao menos, que não recaiam sobre elas interesses processuais predominantemente públicos.

Nesse contexto, não seria admissível convencionar sobre normas processuais cogentes,[183] chamadas de questões de ordem pública, embora nem sempre essa distinção entre normas cogentes e normas dispositivas seja nítida.[184]

Isso porque o interesse público que rege as normas processuais pode oferecer graduações diversas e o liame entre a disponibilidade e a imperatividade da regra pode apresentar controvérsias. Ademais, o interesse público nem sempre é estático, podendo admitir alterações valorativas em razão de política legislativa ou judiciária, como, por

---

182. Igor Raatz assevera que não é lícito às partes convencionarem sobre processo, mas apenas sobre procedimento, e, ainda assim, desde que atenda ao núcleo de princípios fundamentais do processo. (RAATZ, Igor. *Autonomia privada e processo civil*: negócios jurídicos processuais, flexibilização procedimental e o direito à participação na construção do caso concreto. Salvador: JusPODIVM, 2017. (Coleção Eduardo Espíndula), p. 263).

183. Ação de indenização – discussão envolvendo falha na prestação de serviço de guincho oferecido por concessionaria de rodovia – elementos que indicam a incidência do Código de Defesa do Consumidor – *vedação à denunciação a lide – artigo 88 do Código de Defesa do Consumidor – norma de interesse público que afasta a autocomposição prevista no artigo 190 do CPC diante de sua indisponibilidade – indeferimento da denunciação a lide mantida – agravo de instrumento não provido.* (TJSP, Agravo de Instrumento 2098515-46.2017.8.26.0000, Rel. Eros Piceli, Órgão Julgador: 33ª Câmara de Direito Privado, Foro de Ribeirão Preto, 3ª Vara Cível, Data do Julgamento: 27/11/2017, Data de Registro: 27/11/2017). (Grifo nosso).

184. BARBOSA MOREIRA, José Carlos. Convenções das partes sobre matéria processual. In: *Temas de direito processual*: terceira série. São Paulo: Saraiva, 1984, p. 91.

exemplo, foi a hipótese do divórcio consensual que só podia ocorrer de forma judicial e depois passou a ser admitida diretamente em cartório.[185]

De qualquer modo, as convenções processuais não podem versar sobre norma processual de relevante interesse público, mas apenas as normas processuais cujo interesse sirva para proteger ou beneficiar as próprias partes, ainda que se trate de um pressuposto processual, como é o caso da convenção de arbitragem (art. 355, X, do CPC/15).

Por outro lado, as indisponibilidades estabelecidas na lei civil também devem ser observadas pelas partes quando do estabelecimento das convenções.

Portanto, a disponibilidade do objeto pactuado deve se referir tanto ao direito material quanto às normas processuais, embora a indisponibilidade do direito material não afete a disponibilidade do direito processual que se pretenda convencionar e vice-versa.[186]

Não obstante, as convenções processuais podem ter por objeto a mudança no procedimento para ajustá-lo às especificidades da causa ou versar sobre ônus, poderes, faculdades e deveres processuais das partes. Neste caso, também se aplica a premissa de que a convenção deve incidir somente sobre normas processuais disponíveis, não podendo afetar normas consideradas cogentes.

As convenções podem envolver apenas um ato processual, como a estipulação de uma forma específica de citação ou intimação[187] da parte, ou uma fase do procedimento, quando se altera a ordem de produção de provas.

Também podem ocorrer convenções processuais heterogêneas, que disciplinem questões de direito material e de direito processual.

Porém, deve ser salientado que, quando celebrada no campo extraprocessual, a convenção será ineficaz se envolver *atos do juiz*[188] ou que dependa de sua anuência, uma vez que é terceiro nessa relação jurídica, de modo que a eficácia do ato só se aperfeiçoaria após a introdução da convenção no processo e a consequente aceitação judicial.

---

185. Tratamos das questões de ordem pública em: CABRAL, Trícia Navarro Xavier. *Ordem pública processual*. Brasília: Gazeta Jurídica, 2015.

186. Nesse sentido: ALMEIDA, Diogo Assumpção Rezende de. *A contratualização do processo*: das convenções processuais no processo civil. São Paulo: LTr, 2015, p. 186-187.

187. Agravo de Instrumento – Ação Monitória – Homologação de Acordo Extrajudicial – Cumprimento De Sentença – Intimação para os fins do artigo 475-J do CPC/1973 – Ré executada sem advogado constituído nos autos – Intimação pessoal – Desnecessário – Partes que estipularam mudança no procedimento para ajustá-lo a especificidade da demanda – *Negócio Jurídico Processual previsto no CPC/2015 – Cabimento – Intimações a serem realizadas no endereço declinado, ficando autorizado o recebimento de intimação por quaisquer terceiros que nele se encontrem. Autocomposição e Capacidade plena das Partes. Disponibilidade dos interesses a permitir o negócio jurídico processual* – Inteligência do art. 190, do CPC/2015. Decisão agravada reforma. Agravo provido. (TJSP, Agravo de Instrumento 2045753-87.2016.8.26.0000, Rel. Luis Fernando Nishi, Órgão Julgador, 32ª Câmara de Direito Privado, Foro de Guarulhos, 10ª Vara Cível; Data do Julgamento: 22/09/2016, Data de Registro: 22/09/2016). (Grifo nosso).

188. Entendendo que o juiz não é considerado parte na convenção processual, e que seu papel de incentivo, controle e garantidor do cumprimento desses ajustes processuais, cf.: CORDEIRO, Adriano, C. *Negócios jurídicos processuais no novo CPC*: das consequências do seu descumprimento. Curitiba: Juruá, 2017, p. 136-138.

Já a convenção sobre ônus, poderes, faculdades *das partes* envolve as próprias situações jurídicas processuais, devendo respeitar os requisitos e limites legais.

5.5.6 Espécies

As convenções processuais podem ser *típicas*, quando estabelecidas em lei, ou *atípicas*, com base na cláusula geral de convenção processual de que trata o art. 190, do CPC.

Também podem ser *bilaterais*, quando envolver somente as partes integrantes do polo ativo e passivo da demanda, ou *plurilaterais*, quando envolver outros sujeitos processuais, como o juiz ou um auxiliar da justiça.

Ademais, as convenções processuais podem ser *extrajudiciais*, quando estipuladas em instrumento fora do processo para depois ser a ele integradas, ou podem ser *judiciais*, quando formuladas no decorrer do processo.

Podem, ainda, ser *prévias*, se acordadas antes de ajuizada a demanda ou *incidentais*, após a instauração do processo.

Antonio do Passo Cabral também classifica as convenções processuais de acordo com as vantagens que elas geram para as partes em *onerosas* e *gratuitas*. No caso de acordos onerosos, subdivide-os em cumulativos (equivalência de benefícios e sacrifícios) e em aleatórios (não há equivalência das prestações). E quando a convenção processual é firmada entre tribunais e órgãos públicos, ou seja, de natureza administrativa, denomina-se *protocolos institucionais*.[189]

Com tantas espécies, acabam sendo variadas as hipóteses[190] concretas de convenções processuais que se mostram úteis na prática forense,[191] como identificou o grupo de juristas que estuda a evolução do assunto em nosso ordenamento, em seus enunciados: *"São admissíveis os seguintes negócios processuais, dentre outros: pacto de impenhorabilidade, acordo de ampliação de prazos das partes de qualquer natureza, acordo de rateio de despesas processuais, dispensa consensual de assistente técnico, acordo para retirar o efeito suspensivo da apelação, acordo para não promover execução provisória."* E ainda: *"São admissíveis os seguintes negócios, dentre outros: acordo para realização de sustentação*

---

189. CABRAL, Antonio do Passo. *Convenções processuais.* 2. ed. revista, atualizada e ampliada. Salvador: JusPODIVM, 2018, p. 88-94.

190. Sobre a possibilidade de se atribuir legitimação extraordinária por meio de um negócio jurídico, ver: DIDIER JR., Fredie. Fonte normativa da legitimação extraordinária no novo Código de Processo Civil: a legitimação extraordinária de origem negocial. *Revista de Processo*, São Paulo, ano 39, v. 232, p. 69-76, jun. 2014. E ainda: PEREIRA, Lara Dourado Mapurunga. *Legitimidade extraordinária negociada.* Curitiba: Prismas, 2018.

191. Execução De Título Executivo Extrajudicial — *Acordo levado a efeito entre as partes, com previsão de penhora sobre imóveis oferecidos pelos executados – Viabilidade – Com o advento do novo CPC, é possível as partes celebrarem negócio jurídico processual, amoldando as normas processuais de acordo com os seus interesses – Inteligência do art. 190 do CPC/2015* – Composição que preserva os interesses das partes, bem como encontra arrimo no artigo 774, inciso V, e art. 829, § 2º, do CPC/2015 – Decisão reformada – Recurso provido. (TJSP, Agravo de Instrumento 2118535-58.2017.8.26.0000, Rel. Paulo Pastore Filho, Órgão Julgador: 17ª Câmara de Direito Privado; Foro Central Cível, 11ª Vara Cível; Data do Julgamento: 30/11/2017, Data de Registro: 30/11/2017). (Grifo nosso).

oral, acordo para ampliação do tempo de sustentação oral, julgamento antecipado da lide convencional, convenção sobre prova, redução de prazos processuais."[192]

As convenções processuais também podem versar sobre intervenção de terceiros,[193] e, ainda, envolver o poder público.[194]-[195]

No referido Encontro de Processualistas (FPPC) foi formulado um enunciado restritivo:[196] "Não são admissíveis os seguintes negócios bilaterais, dentre outros: acordo para modificação da competência absoluta, acordo para supressão da 1ª instância."[197]

Por sua vez, remanesce dúvida em relação aos deveres processuais. Seria possível o estabelecimento de outros deveres e sanções processuais em sede de convenção em matéria processual?

A resposta é positiva, sendo certo que as partes podem criar outros deveres processuais e suas correspondentes sanções não especificadas em lei no bojo de uma convenção em matéria de processo. Nesse sentido, inclusive, foi a edição de outro enunciado: *"As partes podem, no negócio processual, estabelecer outros deveres e sanções para o caso do descumprimento da convenção."*[198]

5.5.7 *Requisitos de validade específicos*

Além dos requisitos intrínsecos gerais já tratados quando abordados os atos de disposição, o art. 190, do CPC/15 estabelece alguns requisitos específicos, que são: a) a capacidade plena das partes; b) não conter nulidades; c) não se tratar de inserção abusiva em contrato de adesão; e d) não se encontrar nenhuma parte em situação de vulnerabilidade.

O primeiro requisito específico exige a capacidade plena das partes. Mas a qual capacidade a lei estaria se referindo, a prevista na lei civil ou a na processual?

Nas convenções processuais realizadas incidentalmente, ou seja, dentro do processo, exige-se para o ato a capacidade de ser parte, a de estar em juízo e a postulatória.[199]

---

192. **Enunciados 19 e 21**, respectivamente, do Fórum Permanente de Processualistas Civis (FPPC).
193. COSTA, Marília Siqueira da. *Convenções processuais sobre intervenção de terceiros.*. Salvador: JusPODIVM, 2018. (Coleção Eduardo Espínola).
194. BARREIROS, Lorena Miranda Santos. *Convenções processuais e poder público*. Salvador: JusPODIVM, 2016.
195. Também abordando a possibilidade de negócios processuais no âmbito da administração pública, ver: CASTELO BRANCO, Janaína Soares Noleto. *Advocacia pública e solução consensual dos conflitos*. Salvador: JusPODIVM, 2018.
196. Como exemplo de restrição, Michele Taruffo não concorda com a concepção consensualista da verdade, a qual admite que fatos afirmados na inicial sejam tidos por verdadeiros, caso não haja contestação sobre os mesmos. TARUFFO, Michele. *Verdade negociada?* p. 634-657. Disponível em: http://www.e-publicacoes.uerj.br/index.php/redp/article/view/11928/9340. Acesso em: 01 ago. 2014.
197. **Enunciado 20** do Fórum Permanente de Processualistas Civis (FPPC).
198. **Enunciado 17** do Fórum Permanente de Processualistas Civis (FPPC).
199. A capacidade de ser parte é a aptidão de ser sujeito de uma relação jurídica processual, postulando ou se defendendo, podendo ser pessoas físicas ou jurídicas. Referida regra, no entanto, não é absoluta, uma vez que os entes despersonalizados mencionados no diploma civil, tais como condomínios, massa falida, dentre outros,

Mas ainda sobre a questão da capacidade, o art. 190, *caput*, do CPC/15, se refere a "partes plenamente capazes", indicando que o incapaz (arts. 3º e 4º, do Código Civil), ainda que representado ou assistido por seus pais, por tutor ou por curador, não poderia realizar convenção processual.

Registre-se que, a Lei 13.146/2015 (Estatuto da Pessoa com Deficiência) alterou o Código Civil para prever que a deficiência não afeta a plena capacidade civil da pessoa, o que indica a possibilidade de celebrar convenções processuais.

Com efeito, exigir capacidade "plena" parece ter sido uma opção exagerada do legislador. Se o incapaz se sujeita às regras processuais, deveria ele também poder realizar convenções processuais,[200] ficando, por óbvio, a eventual vulnerabilidade a cargo do controle judicial, diante das particularidades do caso concreto. Do mesmo modo, a pessoa com deficiência, mesmo no caso de nomeação de curador (art. 1.775-A) ou por meio de tomada de decisão apoiada (art. 1.783-A), poderia realizar convenção processual.[201] Até porque, em caso de eventual incapacidade, caberá a intervenção do Ministério Público para, na qualidade de fiscal da ordem jurídica, garantir ainda mais a necessária preservação da igualdade e da regularidade processual.[202]

Porém, a dúvida surge quando o ajuste sobre matéria processual é realizada extrajudicialmente. Haveria necessidade de se atender às exigências processuais ou bastaria a capacidade de direito de que trata a lei material?

Barbosa Moreira defende que para as convenções que versem sobre processo futuro seria exigida somente a capacidade de ser parte, salvo lei em contrário. Defende, ainda, que não seria exigível que a presença de advogado na celebração da convenção em matéria processual, pois os requisitos devem ser os mesmos do negócio a que aderem, registrando, também, que essas cláusulas geralmente estariam embutidas em negócio jurídico de direito material.[203]

---

também tem capacidade de "ser parte", ante a autorização legal que lhes é concedida para estar em juízo. Já a capacidade de estar em juízo relaciona-se com a aptidão de exercício ou gozo de atos processuais. Isso porque as pessoas físicas, jurídicas ou entes sem personalidade para ser parte podem necessitar de adequada autorização, representação ou assistência para atuar em juízo, de modo a conferir validade aos atos processuais. Trata-se, assim, de requisito relativo à integração da capacidade de ser parte para que haja a validação dos atos processuais. Por sua vez, a capacidade postulatória, regulada nos artigos 103 a 107 do CPC, se refere à capacidade técnica exigida para a prática de forma válida de alguns atos processuais, especialmente para os atos postulatórios, nestes compreendidos o pedido e a resposta das partes que são dirigidos ao Estado.

200. Também entendendo pela possibilidade, Flávio Yarshell assevera que a igualdade a ser preservada é a cunho processual. (YARSHELL, Flávio Luiz. Convenção das partes em matéria processual: rumo a uma nova era? In: NOGUEIRA, Pedro Henrique. *Negócios processuais*. 3. ed. Salvador: JusPODIVM, 2017. (Coleção Grandes Temas do Novo CPC, v. 1), p. 87-88).

201. Também admitindo a possibilidade, cf.: CABRAL, Antonio do Passo. *Convenções processuais*. 2. ed. revista, atualizada e ampliada. Salvador: JusPODIVM, 2018, p. 314-316.

202. No mesmo sentido: VIDAL, Ludmilla Camacho Duarte. *Convenções processuais*: no paradigma do processo civil contemporâneo. Rio de Janeiro: Gramma, 2017, p. 227-231.

203. BARBOSA MOREIRA, José Carlos. Convenções das partes sobre matéria processual. In: *Temas de direito processual*: terceira série. São Paulo: Saraiva, 1984, p. 94.

Diogo Almeida entende que a capacidade exigida seria a de ser parte, bem como a capacidade processual.[204]

Entretanto, considerando o aqui defendido, tratar-se de ato de natureza material, até o seu ingresso no processo, parece não ser exigível nem a capacidade de estar em juízo e nem a postulatória, podendo o acordo ser instituído apenas pela capacidade de ser parte.

Assim, mesmo que o objeto da convenção verse acerca de alguma norma de direito processual, ela pode ser firmada por pessoas sem a assistência jurídica de um advogado, só se exigindo a presença deste profissional quando do ingresso do ato em sede processual.

Não se ignora o receio que a falta de capacidade postulatória possa comprometer de alguma forma a produção dos efeitos desejados pelas partes. No entanto, se o sujeito pode dispor sobre o próprio direito material sem advogado, não seria razoável exigir a presença do referido profissional para a disposição sobre atos de natureza processual, de caráter instrumental ao próprio bem da vida em questão, embora assuma, sem dúvida, o risco e a responsabilidade pela produção de efeitos dentro do processo.

Nesse passo, não se pode pressupor, de plano, o desconhecimento das partes acerca do que se pretende acordar, ainda que em matéria de processo. A presença de assessoria jurídica é sempre recomendável, mas não se pode tê-la por obrigatória e imprescindível partindo-se da premissa de que as partes não teriam a noção mínima do que estejam ajustando.

Saliente-se que o nosso ordenamento jurídico já admite atos e acordos de natureza processual por quem não tenha capacidade postulatória, como ocorre nos Juizados Especiais e também na convenção de arbitragem – extrajudicial –, em que as partes dispõem sobre direitos e sobre procedimento arbitral sem a necessidade de advogado.

De outra banda, tem-se a Lei 11.441 de 2007, que desburocratizou o procedimento para permitir a realização de inventário, partilha e divórcio por escritura pública, em cartório pelo tabelião, desde que amigáveis e mediante as hipóteses que especifica e, em contrapartida, exigiu a assistência de advogado, visando a resguardar justamente a regularidade dos efeitos civis pretendidos pelos interessados.

De qualquer forma, como o assunto ainda é polêmico no meio jurídico, juristas que participam de estudos sobre o tema produziram o seguinte enunciado: "*Há indício de vulnerabilidade quando a parte celebra acordo de procedimento sem assistência técnico-jurídica.*"[205]

O segundo requisito exige que as convenções não contenham nulidades, que podem ser de cunho processual ou material.

---

204. ALMEIDA, Diogo Assumpção Rezende de. *A contratualização do processo*: das convenções processuais no processo civil. São Paulo: LTr, 2015, p. 129-130.
205. **Enunciado 18** do Fórum Permanente de Processualistas Civis (FPPC).

Em relação ao aspecto processual, as convenções processuais devem respeitar as exigências processuais, como as normas de ordem pública, não podendo conter defeitos que comprometam o ato ou o procedimento. Assim, por exemplo, a convenção não pode tentar afastar a competência absoluta, sob pena de, no momento do controle judicial, ser reconhecida e decretada a sua nulidade.

Registre-se que, mais adiante neste trabalho, será feita uma sistematização mais precisa que distingue requisitos e limites, mas, por questão didática, preferiu-se tratar desde logo dessa exigência legal.

No aspecto material, as convenções processuais não poderão contrariar normas de direito substancial, que vão desde os vícios de consentimento e sociais, já mencionados quando abordados os requisitos intrínsecos gerais, até a ilicitude[206] ou outros que venham a ser estabelecidos pela legislação. Com efeito, nada impede que a lei civil estabeleça requisitos novos ou restrições específicas quanto à capacidade, ao objeto ou à forma da convenção em matéria processual, visando dar maior segurança e efetividade ao instituto.

Outro requisito a ser observado é o de que as convenções não poderão ser inseridas de forma abusiva em contrato de adesão. A intenção do legislador foi proteger a parte cuja manifestação de vontade não é exercida em sua plenitude, havendo apenas uma anuência a contrato cujos termos foram estipulados unilateralmente.

Sobre o tema, a própria lei civil prevê condições e restrições já endereçadas aos contratos de adesão nos arts. 423 a 426, mas nada impediria que, futuramente e por questões de política legislativa, as convenções processuais não possam ser inseridas em qualquer espécie de contrato de adesão, por considerar presumido o prejuízo qualitativo e quantitativo da vontade manifestada pelo aderente, ou então passasse a estabelecer outros requisitos para a hipótese.

Por fim, a lei processual exige que nas convenções processuais nenhuma das partes se encontre em manifesta situação de vulnerabilidade.[207]

Essa vulnerabilidade se configura quando houver desequilíbrio entre os participantes da convenção processual, o que deve ser verificado caso a caso,[208] especialmente sobre

---

206. Cf.: CORDEIRO, Adriano, C. *Negócios jurídicos processuais no novo CPC*: das consequências do seu descumprimento. Curitiba: Juruá, 2017, p. 31.

207. Marco Paulo Denucci Di Spirito compila as espécies de vulnerabilidade encontrada na doutrina e na jurisprudência em: vulnerabilidade fática, vulnerabilidade econômica, vulnerabilidade informacional, vulnerabilidade técnica, vulnerabilidade científica, vulnerabilidade jurídica, vulnerabilidade do paciente, vulnerabilidade de gênero, vulnerabilidade da gestante, vulnerabilidade do dependente químico, além de manifestações de hipervulnerabilidade. DI SPIRITO, Marco Paulo Denucci. Controle de formação e controle de conteúdo do negócio jurídico processual. *Revista de Direito Privado*. v. 63/2015, p. 125-193. jun.-set., 2015, p. 149.

208. Agravo de instrumento. Ação revisional de contas correntes e contratos bancários cumulada com pedido de repetição de indébito e exibição de documentos. Decisão que indeferiu o pleito de inversão do ônus da prova e dispensou a intimação das partes sobre a sequência dos atos a serem praticados. Insurgência do autor. Intimação das partes. *Fixação do calendário processual. Rol Taxativo. Art. 1.015, do NCPC. Matéria não conhecida. Inversão do ônus da prova. Inteligência do Art. 1.015, XI, do NCPC. Vulnerabilidade informacional constatada.*

a extensão do que a lei indica como "manifesta". De qualquer forma, a vulnerabilidade de alguma das partes deve se revelar evidente e grave, a ponto de comprometer a necessária igualdade de condições que deve existir entre os sujeitos processuais, incumbindo ao juiz exercer esse controle nos termos do art. 139, I, do CPC/15.

Fredie Didier Jr. bem ressalta que "o juridicamente incapaz presume-se vulnerável. Mas há quem seja juridicamente capaz e vulnerável." Dá como exemplos, o consumidor e o trabalhador.[209]

Como se vê, o importante é que se resguarde, em qualquer hipótese, o princípio da igualdade entre as partes na convenção processual,[210] cujo escopo é constitucional (art. 5º, da CF) e também foi previsto como uma norma fundamental processual (art. 7º, do CPC/15), sendo, ainda, uma incumbência do juiz (art. 139, I, do CPC/15).

Sobre a extensão dessa igualdade, Rafael Sirangelo de Abreu, ao tratá-la como uma norma fundamental, dá três dimensões ao tema: a) igualdade *no* processo, conhecida como paridade de armas; b) igualdade *ao* processo, situações externas ao processo que podem influenciar o equilíbrio no acesso ao processo; e c) igualdade *pelo* processo, que seria o tratamento igualitário diante das decisões judiciais, fornecido pelo processo no caso concreto. E ao falar da vulnerabilidade em termos processuais, o autor assevera que ela deve ser identificada a partir de fatores objetivos, como "[...] a insuficiência econômica, óbices geográficos, debilidades de saúde, desinformação pessoal, dificuldades na técnica jurídica e incapacidade de organização (vulnerabilidade organizacional)."[211]

Flávio Yarshell também cita como imprescindível a igualdade processual, no caso dos atos de disposição convencional.[212]

E além desses requisitos previstos no art. 190, do CPC/15, que institui uma cláusula geral de convenções processuais, outros dispositivos que tratam das convenções típicas também podem estabelecer requisitos ou limites específicos.

Vejamos alguns exemplos.

O art. 63, do CPC/15 admite a convenção das partes sobre a competência em razão do valor e do território, existindo restrição no art. 62, do CPC/15, sobre a modificação da competência determinada em razão da matéria, da pessoa ou da função. Por sua vez, o § 1º condiciona a eficácia da eleição de foro à exigência de constar de instrumento escrito

---

Inversão que se impõe. Recurso parcialmente conhecido e, na parte conhecida provido. (TJPR, 14ª C. Cível, AI, 1587408-9, Cascavel, Rel. Maria Roseli Guiessmann, unânime, J. 17.05.2017). (Grifo nosso).

209. DIDIER JR., Fredie. *Ensaios sobre os negócios jurídicos processuais.* Salvador: JusPODIVM, 2018, p. 35-36.

210. YARSHELL, Flávio Luiz. Convenção das partes em matéria processual: rumo a uma nova era? In: NOGUEIRA, Pedro Henrique. *Negócios processuais.* 3. ed. Salvador: JusPODIVM, 2017. (Coleção Grandes Temas do Novo CPC, v. 1), p. 77.

211. ABREU, Rafael Sirangelo de. A igualdade e os negócios processuais. In: NOGUEIRA, Pedro Henrique. *Negócios processuais.* 3. ed. Salvador: JusPODIVM, 2017. (Coleção Grandes Temas do Novo CPC, v. 1), p. 315-336.

212. Flávio Yarshell assevera que a igualdade a ser preservada é a cunho processual. YARSHELL, Flávio Luiz. Convenção das partes em matéria processual: rumo a uma nova era? In: NOGUEIRA, Pedro Henrique. *Negócios processuais.* 3. ed. Salvador: JusPODIVM, 2017. (Coleção Grandes Temas do Novo CPC, v. 1), p. 80-81.

CAPÍTULO IV • JUSTIÇA ESTATAL **229**

e aludir a determinado negócio jurídico. Já o § 3º trata da ineficácia do foro contratual, caso seja considerado abusivo pelo juiz.

O art. 313, II, do CPC/15 prevê a suspensão do processo por convenção das partes, sendo que o § 4º estabelece um limite temporal[213] de seis meses[214] quando se tratar de procedimento comum, o que não é aplicável na fase executiva, por força do art. 922, do CPC/15.[215]

O art. 373, § 3º, I e II, do CPC/15 permite a distribuição diversa do ônus da prova por convenção das partes, desde que atendidos os seguintes requisitos: a) não pode recair sobre direito indisponível da parte; e b) não pode tornar excessivamente difícil a uma parte o exercício do direito.[216]

O art. 471, I e II, do CPC/15, autoriza as partes a escolherem de comum acordo um perito, desde que: a) sejam plenamente capazes; e b) a causa possa ser resolvida por autocomposição.

---

213. Processual Civil. Agravo de instrumento. Cumprimento de sentença. Ação de reintegração de posse. Preliminar. Nulidade da decisão. Ausência de fundamentos. Rejeição. *Suspensão do processo. Convenção das partes. Art. 313, II, CPC. Natureza declaratória. Decisão reformada.* 1. Trata-se de Agravo de Instrumento contra decisão, em fase de cumprimento de sentença, que indeferiu o pedido formulado pelo Ministério Público para suspender o cumprimento de sentença até a decisão final da ação por ele ajuizada visando anular a sentença objeto de cumprimento. 2. Não há nulidade por ausência de fundamentação na decisão em que o juiz reporta-se a outra decisão envolvendo as mesmas partes e a mesma matéria, porquanto admitida na jurisprudência a chamada fundamentação aliunde ou per relationanem. 3. A alegação de prejudicialidade externa já foi rejeitada em Agravo de Instrumento anterior. 4. *O art. 313, II, do CPC estabelece a possibilidade de suspensão do processo por convenção das partes, impondo, como única ressalva, o limite máximo de 06 (seis) meses (§ 4º do mesmo dispositivo). 5. Em consequência, o pleito de suspensão do processo deve ser deferido para que o processo seja suspenso, limitado, entretanto, o prazo de suspensão a 06 (seis) meses, tendo em vista o disposto na parte final do § 4º, do artigo 313, do Código de Processo Civil, a contar do deferimento da liminar.* 4. Agravo de Instrumento parcialmente provido. (Acórdão 1131714, 07090492820188070000, Rel. Cesar Loyola, 2ª Turma Cível, Data de Julgamento: 18/10/2018, Publicado no PJe: 23/10/2018. p.: Sem Página Cadastrada.). (Grifo nosso).
214. Há julgado reconhecendo a possibilidade de ampliação do prazo previsto em lei. Cf.: Apelação Cível. Ação de busca e apreensão de veículo alienado fiduciariamente. Acordo. Sentença de homologação do acordo e extinção do processo, com julgamento do mérito, com fulcro no art. 487, inciso III, alínea "b", do CPC/15. *Possibilidade da suspensão do feito por mais de seis meses, por convenção das partes, até o final cumprimento do acordo que celebraram. Hipótese que não configura paralisação injustificada.* Apelação provida. (TJSP; Apelação 1027383-17.2016.8.26.0602; Relator (a): Morais Pucci; Órgão Julgador: 35ª Câmara de Direito Privado; Foro de Sorocaba, 6ª Vara Cível; Data do Julgamento: 04/10/2018; Data de Registro: 09/11/2018). (Grifo nosso).
215. No mesmo sentido: Apelação cível, Ação de busca e apreensão, Acordo entre as partes no curso da demanda, Suspensão do processo, Prazo máximo 6 (seis) meses, Art. 922, do CPC/2015 – Aplicação analógica – Impossibilidade na fase de conhecimento – Exclusivo para execução – Ausência de mora. *1 – O processo poderá ser suspenso pela convenção das partes pelo prazo máximo de 6 (seis) meses (art. 313, II e § 4º, CPC). 2 – Não se aplica à fase de conhecimento o disposto no art. 922 do CPC, que prevê a paralisação do trâmite processual até o cumprimento da obrigação pactuada pelas partes, pois referida regra é exclusiva da fase executiva. 3 – A celebração de acordo entre no curso na ação de busca e apreensão para o pagamento da dívida, afasta a mora da parte ré, tornando inútil e desnecessária a medida de busca e apreensão.* (TJMG, Apelação Cível 1.0598.17.000045-2/001, Rel. Des. Claret de Moraes, 10ª Câmara Cível, julgamento em 08/05/2018, publicação da súmula em 16/05/2018). (Grifo nosso).
216. Sobre o tema, cf.: GODINHO, Robson. *Negócios processuais sobre o ônus da prova no novo Código de Processo Civil*. São Paulo: Ed. RT, 2015. (Coleção Liebman).

Portanto, todos esses requisitos gerais e específicos devem ser observados pelos sujeitos processuais quando da estipulação das convenções em matéria de processo.

5.5.8 Regime jurídico

O regime jurídico das convenções processuais é responsável por estabelecer os parâmetros de tratamento e formas de funcionamento do instituto em nosso ordenamento jurídico processual.

Inicialmente deve ser reforçado que há diferença entre o regime jurídico dos ajustes firmados extrajudicialmente e judicialmente.[217]

No âmbito extrajudicial adota-se o entendimento de que incidem, apenas, as normas de direito material para a sua constituição. Já no campo processual, devem ser respeitadas as normas de direito processual e também as de direito material, ou seja, um regime jurídico misto.[218]

Ademais, as convenções processuais não podem ser suscitadas de ofício pelo juiz, precisando de provocação das partes. Porém, uma vez inseridas no processo, devem produzir efeitos imediatos, com o mesmo regime jurídico das declarações de vontade de que trata o art. 200, CPC, não necessitando, em regra, de homologação do juiz.

Isso porque, nas convenções processuais envolvendo as partes, o juiz exerce apenas um controle sobre a validade da avença, efetuando a devida análise quanto à existência de vícios materiais e processuais e, caso não haja máculas à sua validade, deverá aplicar as regras convencionadas, sem a necessidade de um pronunciamento homologatório próprio, salvo disposição legal em contrário.[219]

Contudo, se o ato de disposição das partes envolver prerrogativa do juiz, este deve não só controlar a validade da convenção, mas também concordar[220] com o que restou estabelecido e assim integrar a convenção, vinculando seus atos às novas regras procedimentais.

E apesar do que dispõe o art. 200, do CPC/15, nas convenções processuais plurilaterais, como as que envolvam a participação ou a aceitação do juiz, entende-se que deveria haver a homologação judicial, por envolver uma vontade que ultrapassa a das partes para atingir uma prerrogativa judicial. Destarte, uma vez homologada a con-

---

217. Diogo Almeida registra que são quatro os momentos de estipulação das convenções: a) anterior ao conflito; b) depois do conflito; c) durante o processo com eficácia diferida no tempo; d) no decorrer do processo com eficácia imediata. ALMEIDA, Diogo Assumpção Rezende de. *A contratualização do processo*: das convenções processuais no processo civil. São Paulo: LTr, 2015, p. 190.

218. Nesse sentido, BARBOSA MOREIRA, José Carlos. Convenções das partes sobre matéria processual. In: *Temas de direito processual*: terceira série. São Paulo: Saraiva, 1984, p. 93.

219. BARBOSA MOREIRA, José Carlos. Convenções das partes sobre matéria processual. In: *Temas de direito processual*: terceira série. São Paulo: Saraiva, 1984, p. 98.

220. No ordenamento francês a jurisprudência exige a concordância do juiz quando o acordo atingir alguma de suas prerrogativas. Caso contrário produz efeitos imediatamente. Cf.: ALMEIDA, Diogo Assumpção Rezende de. *A contratualização do processo*: das convenções processuais no processo civil. São Paulo: LTr, 2015, p. 51.

venção, o juiz fica vinculado às disposições nela inseridas, devendo, por analogia, ser aplicado às convenções atípicas, o que dispõe o legislador no art. 357, § 2º, do CPC/15.

E caso o magistrado discorde da inclusão de atos judiciais na convenção e não queira se vincular ao pacto, deverá se manifestar expressamente sobre a sua exclusão, inclusive oportunizando que as partes remodulem as cláusulas, se preciso for.

Ressalte-se que, tanto as disposições sobre as situações jurídicas processuais quanto a inserção de prerrogativas judiciais nas convenções não estarão imunes de eventuais dificuldades, já que, na prática, poderão gerar consequências que talvez a nossa estrutura judiciária não esteja preparada para enfrentar.

Primeiro porque há de se pensar na forma de cumprimento dessas cláusulas pelos cartórios/secretarias, que passará a ser de modo processualmente individualizado, o que requer uma logística diferente da atual. Segundo porque eventual substituição do juiz que aderiu à convenção também poderá tumultuar a execução da avença, seja por não concordar em cumprir as disposições estipuladas, seja simplesmente por não ter as mesmas condições de honrar o estipulado, comprometendo o fim pretendido.

Em outros termos, não há dúvidas sobre a possibilidade de se firmar convenções processuais, inclusive sobre atos do juiz, mediante a provocação das partes e com efeitos imediatos no processo. Porém, algumas realidades cotidianas não são tão fáceis de equacionar, especialmente diante de um instituto tão moderno, e isso sem considerar as particularidades da era do processo eletrônico.

Por sua vez, se uma das partes não cumprir o pactuado,[221] deve se submeter às sanções estabelecidas no acordo, sem prejuízo de que outras de natureza processual sejam aplicadas, evitando-se e punindo-se qualquer ato de má-fé ou atentatório à dignidade da justiça. Por isso, é importante que as partes estabeleçam previamente as consequências do descumprimento da convenção, podendo o juiz, ainda, estipular outras sanções, no interesse e preservação da boa e eficiente prestação jurisdicional do Estado.[222]

De qualquer forma, o inadimplemento da prestação convencionada deve ser reclamado pelas partes, não cabendo ao juiz conhecê-lo de ofício, salvo se houver previsão convencional ou legal.[223]

---

221. Sobre o assunto, cf.: SILVA, Paula Costa e. *Perturbações no cumprimento dos negócios processuais*: convenções de arbitragem, pactos de jurisdição, cláusulas escalonadas e outras tantas novelas talvez exemplares, mas que se desejam de muito entretenimento. Salvador: JusPodivm, 2020.

222. Diogo Almeida registra que na doutrina francesa, especialmente Loïc Cadiet, prevê uma espécie de convenção denominada cláusula de paz, por meio da qual as partes mutuamente se comprometem a executar o contrato com lealdade e boa-fé, e ainda a tentar uma solução negocial antes de judicializar o conflito, sendo que os tribunais franceses consideram o cumprimento do pactuado uma condição de admissibilidade da ação. Não obstante, essa convenção também se refere à necessidade de cooperação judiciária entre os contratantes processuais. Cf.: ALMEIDA, Diogo Assumpção Rezende de. *A contratualização do processo*: das convenções processuais no processo civil. São Paulo: LTr, 2015, 49.

223. Fredie Didier Jr. ainda complementa que a parte deve alegar o inadimplemento na primeira oportunidade que lhe couber, sob pena de novação tácita e preclusão DIDIER JR., Fredie. *Ensaios sobre os negócios jurídicos processuais*. Salvador: JusPODIVM, 2018, p. 42.

Dúvida também surge quanto à possibilidade de uma ação condenatória para a parte cumprir uma obrigação convencionada. Em princípio, as sanções pelo descumprimento da convenção devem ser as estabelecidas pelas próprias partes ou então na lei processual. Contudo, nada impede que, dependendo do objeto descumprido, da forma e das consequências geradas, haja a configuração de um ilícito civil capaz de ensejar perdas e danos passíveis de ressarcimento, como nas hipóteses de conduta dolosa e outras estabelecidas na lei material (arts. 389, 402, 430, 439, 443, 465, 475 e outros do Código Civil). Trata-se de situações em que o prejuízo extrapola a esfera processual para atingir bens ou interesses tutelados pela lei material.

Outra questão interessante diz respeito à possibilidade de convenção sobre a disposição de direitos, ônus, faculdades ou deveres processuais em momento precoce, sem que haja uma previsibilidade mínima sobre a sua relevância para a parte. Em outras palavras, discute-se se haveria limites na convenção quanto a certos atos de disposição, cujo alcance das consequências só seria possível após o pronunciamento judicial, como, por exemplo, a prematura renúncia recursal.

Na Alemanha, parte da doutrina se preocupa com as convenções antecipadas sobre direitos e faculdades, ou seja, sem que as partes possam prever a exata e concreta extensão das consequências desfavoráveis do ato. Nesse caso, optou-se pela preservação da liberdade convencional das partes, até que sejam conhecidos os efeitos da disposição, protegendo o interesse do particular e também do Estado.[224]

Com efeito, a convenção em matéria processual é uma técnica que se presta à construção, de forma consensual e justa, de um procedimento próprio e adequado ao caso concreto, visando a eliminar impasses processuais e não a limitar garantias constitucionalmente estabelecidas.

Dessa forma, as partes devem firmar cláusulas com o devido equilíbrio e respeito às normas constitucionais e às garantias processuais, sob pena de sofrer o necessário e adequado limite judicial.

Ademais, não seria difícil imaginar o estabelecimento de convenção subordinando os efeitos dos atos processuais à condição, termo ou encargo, nos moldes e limites fixados nos arts. 121 a 137, do Código Civil.[225]

Por último, uma vez incluída na convenção a obrigação de as partes tentarem, antes da judicialização do conflito, uma sessão de conciliação e mediação, a hipótese deveria ter o mesmo tratamento processual conferido à convenção de arbitragem, configurando um pressuposto processual negativo capaz de ensejar a extinção do feito.

---

224. BARBOSA MOREIRA, José Carlos. Convenções das partes sobre matéria processual. In: *Temas de direito processual*: terceira série. São Paulo: Saraiva, 1984, p. 91-92.

225. No mesmo sentido: YARSHELL, Flávio Luiz. Convenção das partes em matéria processual: rumo a uma nova era? In: NOGUEIRA, Pedro Henrique. *Negócios processuais*. 3ª. ed. Salvador: JusPODIVM, 2017. (Coleção Grandes Temas do Novo CPC, v. 1), p. 77.

5.5.9 Modificação e extinção

Após a celebração da convenção processual, algumas circunstâncias podem autorizar a sua modificação e outras podem ensejar a sua extinção.

No que tange à modificação da convenção, ela pode ocorrer pelas partes ou pelo juiz.

Antonio do Passo Cabral registra que a possibilidade de modificação das cláusulas inicialmente estipuladas pelas partes pode constar da própria convenção, por meio de: a) cláusulas de indexação (atualização automática a partir de parâmetros prefixados); b) cláusulas de salvaguarda (para suspender a execução da convenção em caso de alteração das condições iniciais da convenção); c) adaptação por ato unilateral da parte, desde que essa possibilidade esteja prevista na convenção; d) cláusula de prorrogação da substituição do acordo ou de substituição do termo; e e) cláusulas de renegociação.[226]

Já a modificação da convenção processual pelo juiz, ocorre quando a parte requer a revisão judicial da convenção por se sentir prejudicada, devendo o magistrado, ao ser provocado, analisar o desequilíbrio convencional.[227]

Nesse contexto, deve-se reconhecer, ainda, a aplicação da teoria da imprevisão às convenções em matéria de processo. Sobre a questão, com razão Diogo Almeida quando diz que a referida teoria só seria aplicável se preenchidos os requisitos materiais, quais sejam: alteração das condições iniciais, do momento da contratação, que denote uma nova situação, imprevisível e extraordinária.[228]

Saliente-se que a opção pela modificação deve prevalecer em relação à extinção da convenção processual.[229]

Quanto às formas de extinção, mas uma vez vale citar a sistematização de Antonio do Passo Cabral em: a) fatos extintivos e cessação involuntária da convenção; e b) por ato voluntário. Sobre esta última forma, o autor subdivide as hipóteses em: b.i) resolução (efeito *ex tunc*): desfazimento da convenção por evento superveniente que cause desequilíbrio, e que pode ser pelo descumprimento (voluntário) ou por outro evento imprevisível, como a onerosidade excessiva (involuntário); b.ii) resilição (efeito *ex nunc*): desfazimento da convenção por manifestação de vontade de um ou de ambas as partes; b.iii) revogação (efeito *ex nunc* ou *ex tunc*): quando os participantes da convenção encerram o vínculo por meio de uma manifestação de vontade no sentido oposto; e b.iv) distrato (efeito *ex nunc*): negócio jurídico bilateral para desfazer a vinculação entre as partes, sem apagar a convenção. A resolução, a resilição e a revogação só são admitidas

---

226. CABRAL, Antonio do Passo. *Convenções processuais*. 2. ed. revista, atualizada e ampliada. Salvador: JusPODIVM, 2018, p. 393-399.

227. CABRAL, Antonio do Passo. *Convenções processuais*. 2. ed. revista, atualizada e ampliada. Salvador: JusPODIVM, 2018, p. 399-400.

228. ALMEIDA, Diogo Assumpção Rezende de. *A contratualização do processo*: das convenções processuais no processo civil. (De acordo com o novo CPC). São Paulo: LTr, 2015, p.191.

229. CABRAL, Antonio do Passo. *Convenções processuais*. 2. ed. revista, atualizada e ampliada. Salvador: JusPODIVM, 2018, p. 402-403.

unilateralmente se previsto em lei ou na própria convenção, enquanto o distrato[230] não pode ser unilateral; e c) por decretação de invalidade pelo juiz.[231]

Como se vê, na convenção processual, em que há consenso entre as vontades manifestadas pelas partes, não existe possibilidade de revogação do novo ato de modo unilateral, salvo previsão na lei ou na própria convenção. Distingue-se, pois, dos atos dispositivos concordantes, quando o ato de vontade de uma parte depende de ato concordante da outra parte e ainda tem seus efeitos condicionados a um pronunciamento judicial, hipótese em que a sua revogação pode ser unilateral, mas só até a decisão do juiz, momento em que a manifestação de vontade efetivamente se concretiza.[232]

De qualquer forma, a extinção da convenção processual não pode atingir atos ou fases processuais em andamento, conservando a sua eficácia somente em relação a atos futuros.

Além disso, a extinção da convenção processual pelas partes não pode ser utilizada como instrumento de manipulação processual, prejudicando a outra parte, terceiros ou a boa administração da justiça, sob pena de aplicação das sanções contratuais e legais pertinentes.

Por fim, se a extinção da convenção processual ocorrer pela decretação de invalidade pelo juiz, em razão da não observância de algum requisito ou por esbarrar em algum limite a ela aplicável, deverá ser aplicado o sistema de invalidade dos atos processuais.

5.5.10   *Convenções processuais sobre a mediação e o mediador*[233]

Conforme acima mencionado, o CPC/15 procurou democratizar a relação jurídica processual, estabelecendo um equilíbrio na atuação dos sujeitos processuais, especialmente por incrementar o exercício da autonomia privada dentro do processo, tentando harmonizar as condutas das partes com a atuação do juiz.

E essa nova perspectiva processual também se refletiu nos institutos da mediação e da conciliação, uma vez que permitiu que em diversas situações as partes pudessem exercer certo grau de disponibilidade no trato dos referidos métodos autocompositivos.

Assim, a resolução do conflito pela conciliação ou mediação pode ser entendida como uma forma legítima de exercício da disponibilidade das partes no processo, o que

---

230. Caso a convenção exija homologação para surtir efeitos, o distrato também dependerá dessa providência judicial. DIDIER JR., Fredie. *Ensaios sobre os negócios jurídicos processuais*. Salvador: JusPODIVM, 2018, p. 41.

231. CABRAL, Antonio do Passo. *Convenções processuais*. 2. ed. revista, atualizada e ampliada. Salvador: JusPODIVM, 2018, p. 409-420.

232. BARBOSA MOREIRA, José Carlos. Convenções das partes sobre matéria processual. In: *Temas de direito processual*: terceira série. São Paulo: Saraiva, 1984, p. 90-91.

233. O presente estudo foi atualizado, mas as ideias aqui defendidas foram originalmente publicadas em: CABRAL, Trícia Navarro Xavier. O poder do autorregramento da vontade no contexto da mediação e da conciliação. In: MARCATO, Ana; GALINDO, Beatriz; GÓES, Gisele Fernandes et al. *Negócios processuais*. Salvador: JusPODIVM, 2017. p. 569-588.

se concretiza na potencialidade de fazer diversas escolhas relativas a variados aspectos da aplicação da mediação e da conciliação.

Desse modo, sem pretender exaurir as hipóteses, serão abaixo relacionadas algumas formas de expressão da liberdade processual no contexto da conciliação e da mediação no processo civil, sendo que muitas deles constituirão verdadeiras convenções processuais.

a. Preferência pelo uso de métodos adequados de solução de controvérsias. A primeira forma de exercício da disponibilidade processual das partes se refere à própria opção pela realização de conciliação e mediação, ao lado da solução adjudicada.

Com efeito, o sistema multiportas de solução de conflitos instituído pelo CPC/15 e que fomenta o uso dos métodos consensuais de solução de conflitos – como a mediação e a conciliação – está regulamentado no artigo 3º, §§ 2º e 3º, inserido no capítulo inicial que trata das normas fundamentais do processo civil. O referido texto normativo privilegia a solução consensual dos conflitos, o que deve ser estimulado tanto extrajudicialmente quanto no curso do processo judicial.

Aqui é importante lembrar alguns dos benefícios do uso da justiça conciliativa: a) é um método normalmente mais barato; b) a solução para o conflito é mais rápida, especialmente em comparação com o tempo de tramitação do processo judicial; c) as próprias partes ajudam a construir uma resolução para a controvérsia de modo a legitimar melhor o seu resultado; e d) o risco de descumprimento da avença diminui em relação a uma solução imposta pelo juiz.

Quanto à escolha entre a conciliação ou a mediação, embora as partes possam, num primeiro momento, indicar sua opção por um ou por outro meio autocompositivo, caberá ao final ao facilitador escolhido ou distribuído pelo tribunal verificar a adequação do método eleito pela(s) parte(s) para solucionar o caso concreto e, caso haja incompatibilidade, deverá encaminhá-las para outro meio de resolução de disputas.

b. Opção pela autocomposição judicial ou extrajudicial. As partes podem optar pelo uso dos métodos adequados de solução de conflitos, no âmbito extrajudicial, ao lado do processo judicial, como forma de dispor do tipo de ambiente que melhor atender aos seus objetivos.

Registre-se, novamente, que a resolução de conflitos extrajudicial, ou seja, no campo privado, terá um papel imprescindível na evolução e na consolidação do uso dos meios autocompositivos de solução de controvérsias. Isso porque, embora o Poder Judiciário seja importante para chancelar, neste momento legislativo inicial, a cultura de utilização desses mecanismos, o fortalecimento do âmbito privado poderá absorver parte da atividade de solucionar os conflitos, resolvendo-os integralmente fora do Judiciário, evitando a judicialização, sem prejuízo de as entidades privadas estabelecerem parcerias com o Poder Público para compartilhar práticas e ensinamentos.

Por essa razão, além de regulamentar a prática da conciliação e da mediação no âmbito judicial, o CPC reconhece expressamente a conciliação e a mediação extrajudiciais, passíveis de constituir título executivo extrajudicial (art. 784, IV, CPC) ou judicial, caso sejam homologadas (art. 515, III, CPC), que são realizadas por órgãos institucionais ou por profissionais independentes, mediante regulamentação por lei específica. Assim, o instrumento de transação referendado pelo Ministério Público, pela Defensoria Pública, pela Advocacia Pública, pelos advogados dos transatores ou por conciliador ou mediador credenciado pelo tribunal, são exemplos de formas legítimas de autocomposição extrajudicial.

c. Momento de dispor dos métodos autocompositivos. As partes podem dispor dos meios autocompositivos em diversos momentos, como antes, durante e mesmo após o processo judicial. Registre-se que, no que tange à resolução extrajudicial da controvérsia – que também pode se dar por ocorrer antes, durante ou após o processo judicial –, caberá ao CPC abranger apenas os reflexos judiciais dos acordos eventualmente firmados extrajudicialmente pelas partes. Na Lei 15.140/15, a mediação extrajudicial é tratada nos arts. 21 a 23, cujas normas devem ser observadas por todos que se valerem desta modalidade. Na prática forense tem sido comum as partes fazerem acordo – judicial ou extrajudicial – após o julgamento do feito pela segunda instância, impedindo que o procedimento ingresse na fase de cumprimento de sentença.

d. Eleição de local para a autocomposição. São variados os ambientes que permitem a composição do conflito pelas partes. Na esfera extrajudicial, a autocomposição pode se dar por meio das câmaras privadas, pelos órgãos ou câmaras administrativos eventualmente criados, ou mesmo por meio dos Cejuscs instalados pelos tribunais de justiça. E na judicial, com a participação de um auxiliar da justiça ou mesmo do próprio magistrado – no caso específico da conciliação –, já que a atividade da mediação deve ser de atribuição exclusiva do mediador, não podendo o juiz mediar processos sob a sua jurisdição.

A Lei 15.140/15 também contempla no art. 42 outras formas e locais para a resolução de conflitos, como as mediações comunitárias, escolares, e por serventias extrajudiciais, com exceção da mediação nas relações de trabalho, que será regulada por lei própria. Já o art. 46 autoriza a mediação pela internet ou outro meio de comunicação que permita a transação a distância, como por meio de videoconferência, podendo, inclusive, envolver parte domiciliada no exterior.

Atento a esta demanda, o CNJ criou no art. 6º, X, da Resolução 125/2010, o Sistema de Mediação e Conciliação Digital ou a distância para atuação pré-processual de conflitos e, havendo adesão formal pelo tribunal, para atuação em demandas em curso. Trata-se de uma plataforma dirigida aos conflitos de massa, podendo ser utilizada, ainda, em créditos tributários, sendo que a ferramenta funciona aproximando as partes por meio de troca de mensagens e informações virtuais, cujo acordo poderá ser homologado judicialmente.

Desse modo, o formato de autocomposição por meio eletrônico, também conhecida como mediação *on-line*, é uma tendência em crescimento, seja pela evolução

CAPÍTULO IV • JUSTIÇA ESTATAL **237**

tecnológica, seja pela facilidade que disponibiliza ao mundo globalizado, especialmente na área comercial.

e. Escolha do conciliador ou mediador pelas partes. O art. 168, do CPC permite a escolha do facilitador pelas partes. Assim, antes ou durante a demanda judicial as partes poderão firmar convenção processual relativa à escolha do conciliador, mediador ou câmara privada que atuará intermediando o diálogo entre elas, que poderá ou não estar cadastrado no tribunal. Trata-se de excelente opção legislativa, já que a relação de confiança entre o facilitador e as partes é fundamental para o bom desenvolvimento do procedimento.

Para fins de escolha do conciliador ou mediador, as partes podem levar em consideração variados critérios, como a sua capacitação, o valor cobrado, a sua experiência, a sua formação de graduação, o cadastramento no tribunal, entre outros.

Saliente-se que o art. 25 da Lei de Mediação dispõe que, na *mediação judicial*, os mediadores não estarão sujeitos à prévia aceitação das partes. Apesar disso, não há incompatibilidade entre essas normas. O fato de o sistema judicial possuir uma forma preestabelecida de distribuição de conciliadores e mediadores, não afasta a possibilidade de as próprias partes escolherem, via convenção processual, o profissional que irá atuar na demanda.

Assim, se as partes escolherem, de comum acordo, o conciliador, mediador ou a câmara privada, o juiz deverá tomar as providências para garantir que a sessão seja conduzida pelo profissional eleito; caso não haja essa opção pelas partes, o juiz deverá proceder na forma do § 2º, do art. 168, ou seja, mediante distribuição alternada e aleatória (art. 167, § 2º), entre os cadastrados no tribunal, observada a respectiva formação.

f. Presença de mais de um conciliador ou mediador. Dependendo da natureza ou da complexidade do conflito, pode ser recomendável a participação de um coconciliador ou comediador para conduzir o processo autocompositivo. Isso porque algumas disputas envolvem áreas de conhecimento diferentes, de modo a justificar que mais de um conciliador ou mediador conduzam o diálogo entre as partes, permitindo que profissionais com habilidades, técnicas, características e experiências distintas facilitem a negociação e possibilitem a efetiva resolução da disputa, tendo ainda como benefício conferir mais segurança às partes quanto à qualidade do resultado alcançado.

Assim, conflitos familiares envolvendo diferentes questões e disputas empresariais ou societárias seriam exemplos de casos com recomendação de atuação de mais de um facilitador. A necessidade de atuação de mais de um profissional pode ser indicada pelo juiz, pelo conciliador ou mediador originário, ou a requerimento das próprias partes, mas será imprescindível a anuência destas últimas, ainda que de forma tácita, conforme dispõe o art. 15, da Lei de Mediação.

g. Dever de confidencialidade. Trata-se do dever de manter sigilo sobre todas as informações obtidas na sessão, salvo autorização expressa das partes, violação à ordem pública ou às leis vigentes, não podendo ser testemunha do caso, nem atuar como advogado dos envolvidos, em qualquer hipótese.

O art. 166, § 1º, que diz que a confidencialidade abrange todas as informações produzidas no curso do procedimento, sendo que o teor ali produzido só poderá ser usado para fins diversos com autorização expressa das partes. Por sua vez, o § 2º do mesmo artigo estabelece que, em razão do sigilo, o mediador e os membros de sua equipe não poderão divulgar fatos ou elementos decorrentes da mediação. Já os artigos 30 e 31 da Lei de Mediação tratam da confidencialidade de forma extensiva, abrangendo todas as informações, todos os participantes, e impedindo, inclusive, que os dados sejam utilizados como prova em processo de arbitragem ou judicial, excetuando, apenas, as informações de ordem tributária, aplicando-se, ainda, às sessões privadas.

O princípio da confidencialidade é de suma importância para a credibilidade da conciliação e mediação, pois permite que os participantes exponham os verdadeiros motivos do conflito, possibilitando o alcance de soluções mais próprias dos reais interesses das partes. Por isso, é primordial que seja estabelecida uma relação de confiança entre as partes e os facilitadores, bem como no procedimento em si, fazendo com que esse diferencial gere, inclusive, uma eficiência e preferência no uso desses mecanismos de solução de controvérsias.

Contudo, o princípio não é absoluto e comporta exceções, cujo rol é apenas exemplificativo: a) quando as partes dispensarem o sigilo e expressamente autorizarem a revelação dos dados das sessões; e b) quando houver violação à ordem pública ou às leis vigentes, como a prática de crimes durante o processo autocompositivo.

De qualquer forma, todos os fatos e circunstâncias envolvendo a confidencialidade ou a sua exclusão devem ser comunicados às partes e registrados em ata, para as providências cabíveis.

As partes também podem, por meio de convenção processual, afastar a confidencialidade sobre o objeto controvertido nos procedimentos de mediação, ou sobre parte dele.

h. Procedimento. O art. 166, § 4º prevê expressamente a livre autonomia dos interessados sobre as regras procedimentais, o que, sem dúvida, é um atrativo para o uso da mediação. São normas dirigidas às partes e não ao juiz ou auxiliar da justiça, e que permitem a flexibilização do processo autocompositivo (forma e conteúdo) para adequá-lo às particularidades da causa, objetivando a solução adequada do conflito.

Essa constatação é relevante, principalmente para fins de interpretação da obrigatoriedade da audiência de conciliação ou mediação prevista no início do procedimento comum pelo art. 334, do CPC/15. Isso porque a regra ali inserta é dirigida às partes, ou seja, não está na esfera de disponibilidade do juiz, tanto que exige a conversão de vontades dos dois polos da demanda para que o ato seja designado ou afastado do procedimento. Trata-se, pois, de um direito subjetivo processual do jurisdicionado ao uso desses métodos autocompositivos de solução de controvérsias, e não de ato de poder ou de gestão do magistrado. Daí porque não se pode concordar com a corrente doutrinária que defende que a falta de estrutura ou a "intuição" do juiz quanto à inviabilidade de acordo justificaria a dispensa da referida audiência[234]. Em outros termos, a possibilidade de flexibilização procedimental ou a falta de estrutura judiciária não autorizam a supressão da audiência pelo magistrado e não podem comprometer a finalidade legislativa e nem o exercício desse direito pelas partes.

Por outro lado, se as partes estipularem extrajudicialmente, por meio de instrumento público ou particular, um pacto de mediação ou conciliação extrajudicial prévia obrigatória, ou uma convenção processual para dispensar a audiência inicial de conciliação ou mediação, e, uma vez alegadas as referidas circunstâncias pelos interessados nos autos, deverá o juiz respeitar a manifestação de vontade indicada e não designar o ato. Pode ocorrer também de as partes, ainda que não convencionado expressamente, já tendo se submetido a tentativas pretéritas de autocomposição sem êxito, informarem ao juiz sobre a impossibilidade de entendimento, requerendo, por conseguinte, o não agendamento da audiência de conciliação ou mediação. Em todas as hipóteses, a audiência será excluída, com fulcro no art. 334, § 4º, I e art. 190, ambos do CPC. Há, inclusive, Enunciado 19 aprovado no FPPC (Fórum Permanente de Processualistas Civis), que diz: *19. (art. 190) São admissíveis os seguintes negócios processuais, dentre outros: [...]pacto de mediação ou conciliação extrajudicial prévia obrigatória, inclusive com a correlata previsão de exclusão da audiência de conciliação ou de mediação prevista no art. 334; pacto de exclusão contratual da audiência de conciliação ou de mediação prevista no art. 334; [...]. (Grupo: Negócio Processual; redação revista no III FPPC- RIO e no V FPPC-Vitória).*

Assim, as partes podem formular convenções processuais para fins de realização ou de exclusão de sessão de conciliação ou mediação.

Outro exemplo seria a possibilidade de as partes solicitarem sessões ou audiências adicionais de mediação e conciliação. Sobre o tema, há Enunciado aprovado no VII FPPC (Fórum Permanente de Processualistas Civis) de São Paulo, que diz: *577. (arts. 166, § 4º; 696; art. 2º, II e V da Lei 13.140/2015) A realização de sessões adicionais de conciliação ou mediação depende da concordância de ambas as partes. (Grupo: Mediação e Conciliação (CPC e Lei 13.140/2015).* Neste último caso, no âmbito do processo judicial, importante observar o limite temporal máximo de 02 (dois) meses da data de realização da primeira sessão de que trata o art. 334, § 2º, do CPC, embora esse prazo possa ser estendido dependendo da situação concreta.

Ainda sobre o aspecto formal, deve-se registrar que as partes podem optar por homologar ou não o acordo, conforme a pretensão de transformá-lo ou não em título executivo judicial.

---

234. Nesse sentido ver: GAJARDONI, Fernando da Fonseca Gajardoni. *Sem conciliador não se faz audiência inaugural do novo CPC.* Disponível em: http://jota.uol.com.br/sem-conciliador-nao-se-faz-audiencia-inaugural-novo--cpc. Acesso em: 15 maio 2016.

Na esfera extrajudicial, nos termos do art. 784, IV, do CPC, o instrumento de transação referendado pelo Ministério Público, pela Defensoria, pela Advocacia Pública, pelos advogados dos transatores ou por conciliador ou mediador credenciado pelo tribunal, constitui título executivo extrajudicial. Caso as partes pretendam a sua homologação, o acordo constituirá título executivo judicial, na forma do art. 515, III, do CPC.

Já no campo processual, se houver acordo, o mesmo deverá ser homologado e constituirá título executivo judicial, conforme art. 515, II, do CPC. Interessante observar que o parágrafo único, do art. 28, da Lei de Mediação estabelece que, no âmbito do processo, os autos serão encaminhados ao juiz, que determinará o arquivamento do processo ou, se requerido pelas partes, homologará o acordo e o termo final da mediação por sentença, determinando o arquivamento do processo. Notem-se aqui algumas impropriedades técnicas da lei especial em relação à lei processual. Primeiro porque o juiz não poderá simplesmente determinar o arquivamento do feito se as partes não requererem a homologação do acordo, devendo dar um provimento judicial que encerre o processo, ainda que por perda de interesse superveniente (art. 485, VI, do CPC/2015). Depois porque, se o acordo versar apenas sobre parte do conflito, o feito deverá prosseguir em relação aos demais pedidos (art. 354, CPC/2015). Ademais, o § 11 do art. 334 é expresso ao determinar que a autocomposição, no âmbito judicial, deverá ser homologada por sentença.

Quanto à presença do advogado, no âmbito extrajudicial, as partes têm autonomia de estarem ou não acompanhadas pelo profissional (art. 10, da Lei de Mediação). Porém, no âmbito judicial, a presença do advogado é obrigatória, nos termos do art. 334, § 9º, e 695, § 4º, ambos do CPC.

Outro aspecto processual passível de convenção pelas partes se refere à suspensão do feito para a tentativa de autocomposição pela mediação ou conciliação. Sobre o assunto, prevê o art. 313, II, que as partes podem convencionar sobre a suspensão. Da mesma forma, o art. 16, da Lei de Mediação estabelece que a possibilidade de as partes requererem, conjuntamente, a suspensão do curso do processo para se submeter à mediação, inclusive sem previsão de prazo e de recurso para a decisão que suspender (§ 1º). A possibilidade de suspensão do feito também se verifica nas ações de família, nos termos do art. 694, parágrafo único, do CPC.

Por fim, as partes podem convencionar sobre as despesas processuais da autocomposição, nos moldes do art. 88, § 2º, do CPC.

5.6 Calendário Processual[235]

A flexibilização do procedimento também pode ocorrer por meio do chamado calendário processual, que consiste no estabelecimento de um cronograma para a prática de atos processuais.

---

235. O tema foi inicial e parcialmente tratado em: CABRAL, Trícia Navarro Xavier. Reflexos das convenções processuais em matéria processual nos atos judiciais. In: CABRAL, Antonio do Passo; NOGUEIRA; Pedro Henrique. (Org.). *Negócios processuais*. 3. ed. Salvador: JusPODIVM, 2017. v. 1, p. 337-368.

O calendário prevê uma sequência de atos para uma etapa ou fase do procedimento, que são cumpridos de forma automática, ou seja, sem a necessidade de novos comandos judiciais.

Isso elimina o que se chama de tempo morto do processo,[236] que são as diligências entre cartório e gabinete do juiz (remessa de processos), e que também são responsáveis pela demora na prestação jurisdicional.[237]

É certo que o processo eletrônico eliminou o problema relacionado ao tempo gasto com o trânsito dos processos dentro da unidade judiciária, mas essa dificuldade ainda permanece em relação aos processos físicos.

Assim, pelo calendário processual são definidos os momentos da prática de vários atos processuais sequenciais, com o preestabelecimento de datas para a sua realização, adequando o ritmo e a duração da demanda às especificidades do caso concreto.

Essa técnica foi bastante desenvolvida na França sob a expressão *contract de procédure*, embora essa terminologia sirva para representar institutos diversos como: a) a possibilidade de advogados fixarem um calendário processual; b) os protocolos firmados entre tribunais e a ordem dos advogados para resolver questões procedimentais de cada corte; e c) os negócios jurídicos estabelecidos entre as partes sobre procedimento.[238]

Já no sistema italiano, o calendário do processo, instituído pelas partes e juiz após a fixação dos pontos controvertidos e definição dos meios de prova, permite antecipadamente uma previsão de duração do processo.[239] Com efeito, o artigo 81-*bis* prevê o instituto como forma de estabelecer uma previsão temporal para o procedimento. Porém, o calendário é um instrumento de organização do tempo do processo e não se presta a acelerar o procedimento, embora essa gestão conjunta

---

236. Sobre o assunto, Gisele Mascarelli Salgado ensina que: "Em linhas gerais pode-se dizer que o tempo morto no processo judiciário é o tempo em que o processo judiciário está em andamento, sem estar correndo o prazo dos atos processuais. O tempo morto é aquele em que não há efetivamente atos processuais que levem ao fim do processo, garantindo a paz social com a resolução dos conflitos. No período que denominamos tempo morto o processo judiciário está na mão da burocracia estatal judiciária, para que esse volte novamente a ser movimentado pelas partes ou terceiros." SALGADO, Gisele Mascarelli. *Tempo morto no processo judicial brasileiro*. Disponível em: https://www.direitonet.com.br/artigos/exibir/3837/Tempo-morto-no-processo-judicial-brasileiro. Acesso em: 31 jan. 2019.

237. "O vetor principal de uma nova fase metodológica passa, inegavelmente, pelo outro do século XXI, que é a questão relacionada ao tempo, pois este é vida, é dignidade. Sem um modelo de processo que vislumbre o tempo como marco referencial teórico para a releitura de certos institutos processuais obsoletos, que ainda continuam em vigor por um apego exagerado e mal lido do que vem a ser o princípio da ampla defesa, não se estará pensando uma fase processual para enfrentar o século em questão e tampouco os outros que virão. O processo deveria ser o meio de reestruturação de tudo aquilo que está em desconformidade com os anseios sociais." JOBIM, Marco Félix. *Cultura, escolas e fases metodológicas do processo*. 4. ed. Revista e atualizada de acordo com o novo CPC. Porto Alegre: Livraria do Advogado, 2018, p. 165.

238. ALMEIDA, Diogo Assumpção Rezende de. *A contratualização do processo*: das convenções processuais no processo civil. (De acordo com o novo CPC). São Paulo: LTr, 2015, p. 41-42.

239. Abordando o assunto da razoável duração do processo na Itália, ver: BIAVATI, Paolo. Osservazioni sulla ragionevole durata del processo di cognizione. *Rivista Trimestrale di Diritto e Procedura Civile*, Milano, Giuffrè, anno 66, n. 2, p. 475-490, 2012. E ainda: BOVE, Mauro. *Il principio della ragione vole durata del processo nell giurisprudenza nella Corte di Cassazione*. Napoli; Roma: Edizione Scientifiche Italiane, 2010.

dos sujeitos processuais possibilite a cooperação ativa dos envolvidos.[240] O termo final do calendário pode ser prorrogado, em caso de grave motivo superveniente, inclusive de ofício, devendo o juiz comunicar tempestivamente as razões do não cumprimento do prazo previsto.

No Brasil, o CPC/15 prevê o calendário processual em duas oportunidades.

Inicialmente no art. 191,[241] como ato conjunto das partes e do juiz. Trata-se de um acordo sobre atos e prazos, que vincula os sujeitos processuais participantes, sendo que os prazos estabelecidos só são alterados em casos excepcionais e mediante justificação. Nessa hipótese, dispensa-se a intimação das partes, que deverão observar automaticamente as datas previstas no calendário.

A segunda previsão de calendário encontra-se no art. 357, § 8º,[242] em que o juiz, no momento do saneamento e organização do processo, se for o caso de determinação de prova pericial, poderá desde logo fixar o calendário para a sua realização. Trata-se de eficiente medida de racionalizar os atos processuais, uma vez que o juiz, em uma única decisão, já relaciona todas as diversas diligências atinentes à produção da prova pericial, indicadas nos arts. 464 a 480, do CPC/15, de modo que o processo só retorna para a apreciação do juiz: a) se surgir alguma questão ou dúvida a ser dirimida durante a diligência; ou b) ao final de toda a produção da prova pericial, permitindo que o juiz já prossiga nas demais etapas do procedimento.

Como se observa, o calendário processual pode decorrer de ato conjunto das partes e do juiz, ou por meio de ato judicial isolado, mas com ampla possibilidade de esclarecimento ou de interferência pelas partes, atuando em cooperação para o alcance de uma decisão justa e efetiva em tempo razoável, em atendimento ao que preceitua o art. 6º, do mesmo diploma legal.

Não obstante, ele também pode envolver outros atores processuais, como os auxiliares da justiça, desde que participem da avença. Assim, o calendário pode ser construído com a participação do perito, do mediador ou conciliador, com o escrivão ou chefe de secretaria, envolvendo atos de sua atribuição.

---

240. PICOZZA, Elisa. Il calendario del processo. *Rivista di Diritto Processuale*, Padova, CEDAM, ano 64, n. 6, p. 1.652, nov./dic. 2009.

241. **Art. 191**. De comum acordo, o juiz e as partes podem fixar calendário para a prática dos atos processuais, quando for o caso.

§ 1º O calendário vincula as partes e o juiz, e os prazos nele previstos somente serão modificados em casos excepcionais, devidamente justificados.

§ 2º Dispensa-se a intimação das partes para a prática de ato processual ou a realização de audiência cujas datas tiverem sido designadas no calendário.

242. **Art. 357**. Não ocorrendo nenhuma das hipóteses deste Capítulo, deverá o juiz, em decisão de saneamento e de organização do processo:

[...]

§ 8º Caso tenha sido determinada a produção de prova pericial, o juiz deve observar o disposto no art. 465 e, se possível, estabelecer, desde logo, calendário para sua realização.

Em outros termos, verificada a possibilidade ou a necessidade de fixação de um calendário, a iniciativa pode ser de qualquer das partes, do próprio juiz, ou de outro sujeito processual, possuindo, ainda, caráter vinculativo para todos os atores envolvidos.

Além disso, pelo texto da lei (art. 191, *caput*, do CPC/15), o calendário processual só poderá ser fixado se for de comum acordo entre o juiz e as partes, ou seja, consensualmente, excluindo-se a possibilidade de imposição dessa técnica por qualquer dos sujeitos processuais.

Isso, porém, não elimina a hipótese de as partes sugerirem uma forma de calendário e o juiz acatar, ou vice-versa. Assim, qualquer dos sujeitos processuais pode ter a iniciativa de indicar um modelo de calendário e os demais aderirem à proposta, desde que, no final, haja efetivamente um consenso sobre o seu objeto.

Registre-se que não há óbice de que as partes firmem extrajudicialmente uma convenção em matéria de processo e estabeleçam, entre outros termos, o calendário para ser submetido ao controle e aceitação do juiz. Contudo, a eventual fixação de calendário que envolva atos e prazos das partes e do juiz faz com que a aplicação da técnica fique condicionada à aceitação do juiz.

Com efeito, é ineficaz a convenção realizada no âmbito extrajudicial que envolva *atos do juiz* ou que dependa de sua anuência, uma vez que é terceiro nessa relação jurídica material. Assim, a eficácia do calendário só se aperfeiçoa após a sua introdução no processo e a consequente concordância judicial.

Destarte, se o ato de disposição das partes envolver prerrogativa do juiz, este deve não só controlar a validade da convenção, mas também concordar com o que restou estabelecido e assim integrar a convenção, vinculando seus atos às novas regras procedimentais. Caso o magistrado discorde da inclusão de atos judiciais na convenção e não queira se vincular ao pacto, deverá se manifestar expressamente sobre a sua discordância, oportunizando às partes, inclusive, reformular as cláusulas, se preciso for.

Não obstante, o calendário processual tem natureza jurídica processual e só se aperfeiçoa no processo, diante dos sujeitos processuais e para atender ao processo.

Ademais, embora o mais comum seja a materialização do calendário por meio de apresentação de peças escritas, também se mostra adequado – e até preferível – que as partes requeiram ou o próprio juiz designe, de ofício, uma audiência de conciliação (art. 334, do CPC/15) ou de saneamento e organização do processo (art. 357, § 3º, do CPC/15), a fim de que os termos do calendário sejam esclarecidos e para que todos possam efetivamente contribuir para a formação do acordo.

Registre-se que o texto legal não estabelece um momento específico para que isso ocorra e nem condiciona o calendário a fases ou atos processuais, como o faz o texto do CPC italiano.[243] Contudo, para que a técnica tenha a eficiência esperada, o momento

---

243. **Art. 81-bis**. I. Il giudice, quando provvede sulle richieste istruttorie, sentite le parti e tenuto conto della natura, dell'urgenza e della complessità della causa, fissa, nel rispetto del principio di ragionevole durata del

propício para a fixação dos prazos para a prática dos atos processuais é logo no início do processo, ou então ter como termo final para a fixação do calendário o momento da decisão de saneamento e de organização do processo prevista no art. 357, do CPC/15.

Por sua vez, note-se que, apesar de o Código ter previsto quatro formas de saneamento do processo,[244] não houve qualquer limitação à utilização do calendário, que pode ser fixado em todas as espécies de ato saneador.

Insta salientar que para que o calendário tenha a máxima efetividade, é importante que seja conjugado com outros atos de otimização do processo, como a fixação de pontos controvertidos, a delimitação de fatos, questões de direito e das provas, a resolução de questões pendentes, tudo para que os prazos sejam cumpridos sem obstáculos e sem a necessidade de alterações.

Tem-se, ainda, que o § 1º, do art. 191, do CPC/15 prevê que os prazos fixados só serão modificados em casos excepcionais e devidamente justificados. De fato, considerando que o calendário preestabelece os prazos de todos os envolvidos na relação jurídica processual, não seria razoável admitir que suas datas pudessem ser alteradas a qualquer tempo ou por motivos de pouca relevância, sob pena de comprometimento da própria eficiência e credibilidade do próprio instituto.

Nesse contexto, torna-se imprescindível que, além das partes e do juiz, os auxiliares da justiça também observem o modo de cumprimento dos prazos, especialmente o escrivão ou chefe de secretaria, que é responsável pelos diversos atos elencados no art. 152, do CPC/15, como comparecer às audiências, diligenciar as publicações, entre outros atos considerados ordinatórios.

Destarte, não basta a existência de um documento ou termo de audiência contendo os prazos fixados para a prática dos atos processuais. Se os autos forem físicos, sugere-se que os prazos sejam afixados na contracapa para que todos tenham uma rápida visualização. Por sua vez, se os autos forem eletrônicos, seria importante se criar uma ferramenta distintiva no programa atentando para a existência do calendário processual, permitindo que todos, inclusive terceiros interessados possam ter conhecimento,

---

processo, il calendario delle udienze successive, indicando gli incombenti che verranno in ciascuna di esse espletati, compresi quelli di cui all'articolo 189, primo comma. I termini fissati nel calendario possono essere prorogati, anche d'ufficio, quando sussistono gravi motivi sopravvenuti. La proroga deve essere richiesta dalle parti prima della scadenza dei termini. II. Il mancato rispetto dei termini fissati nel calendario di cui al comma precedente da parte del giudice, del difensore o del consulente tecnico può costituire violazione disciplinare, e può essere considerato ai fini della valutazione di professionalità e della nomina o conferma agli uffici direttivi e semidirettivi.

244. O Código prevê quatro espécies de saneamento do processo: a) no art. 352, que trata do saneamento preliminar, em que o juiz analisa os vícios e irregularidades em relação às alegações do réu; b) feito pelo juiz em gabinete, oportunizando às partes pedir esclarecimentos ou solicitar ajustes em 05 (cinco) dias, findo o qual a decisão se torna estável (art. 357, § 1º); c) o saneamento negociado, em que as partes estipulam uma delimitação consensual das questões de fato e de direito e submetem à homologação, que se aceita vincula as partes e o juiz (art. 357, § 2º); e por fim d) o saneamento compartilhado, em que o juiz designa audiência para que o ato de sanear seja feito em cooperação com as partes (art. 357, § 3º).

até porque o § 2º, do art. 191 dispensa a intimação para os atos e audiências inseridas no calendário.

Outra questão relevante é saber se o calendário vincularia terceiros que eventualmente fossem inseridos no processo.

Nesse ponto, tem-se que, nos casos de inclusão, sucessão ou de substituição das partes, de seu representante ou de seu procurador, ou mesmo do juiz, o calendário deve seguir as características de cada uma dessas figuras processuais para fins de vinculação ou não do calendário.

Assim, em relação às partes, seus representantes e procuradores, a sucessão vincula os sucessores (arts. 108 a 112, CPC/15). Se a hipótese for de litisconsórcio, será necessária a concordância do litisconsorte, já que considerado litigante distinto. No que tange às figuras de intervenção de terceiros, considerando que também são litigantes distintos, será imprescindível a concordância ou adesão do terceiro ao calendário, salvo no caso da assistência simples, em que o assistente será apenas incluído no calendário, mas não precisará concordar com seus termos, nem mesmo se o assistido for revel ou omisso e houver a substituição processual de que trata o parágrafo único do art. 121, do CPC/15.

Situação intrigante diz respeito à eventual mudança de juiz em razão de afastamento, licença, convocação, promoção ou aposentadoria, ou seja, se o novo magistrado estaria ou não vinculado ao calendário processual.

Aqui o critério para a vinculação ou não do juiz deveria ser o tipo de afastamento do magistrado que participou do calendário. Se o afastamento for temporário, o substituto deverá cumprir o calendário nos moldes como fixado. Porém, caso o afastamento seja em caráter definitivo, o novo juiz poderá rever os prazos inicialmente estabelecidos para aderir, modificar ou extinguir o calendário, já que terá que ajustar a sua forma de gestão, a sua agenda e o seu ritmo ao cronograma inicialmente estabelecido, sendo, neste caso, imprescindível o contraditório e a devida fundamentação da decisão.

Com efeito, embora se defenda na doutrina que o calendário vincula o juízo e não o juiz, na prática, alguns fatores supervenientes podem ensejar a revisão de cronogramas que o envolvam, como a impossibilidade de o novo juiz cumprir os prazos, e até mesmo alguma deficiência superveniente de servidores no juízo.[245]

Não há outra forma de conjugar a técnica processual em comento na nossa realidade forense, em que os prazos dos magistrados são impróprios e há efetivamente variados motivos que levam à substituição daqueles da direção dos feitos, bem como as variadas circunstâncias cotidianas que podem afetar o cumprimento do cronograma.

---

245. "[...] Algumas teorias jurídicas que têm tomado forma hoje nas academias estão sendo criadas pelo método racionalista, para que sejam depois experimentadas, sendo que, sem olharem para o horizonte fático no qual devem ser aplicadas, ou seja, o dia a dia forense, acabam nascendo para o esquecimento. [...]". (JOBIM, Marco Félix. *Cultura, escolas e fases metodológicas do processo*. 4. ed. Revista e atualizada de acordo com o novo CPC. Porto Alegre: Livraria do Advogado, 2018, p. 161).

Portanto, a utilização do calendário processual é uma novidade que demandará um grande amadurecimento por parte dos operadores do direito, especialmente pelo juiz, responsável por verificar a funcionalidade e eficiência do instituto para a solução do caso concreto e por adequar as técnicas processuais de modo a melhor atender às especificidades do processo, nos termos do art. 139, do CPC/15.

5.7 Controle judicial dos atos de disposição processual[246]

5.7.1 Fontes de controle

Os atos de disposição processual podem ser controlados pelos sujeitos integrantes da relação jurídica processual e, ainda, por sujeitos externos ao processo.

Além disso, existem diversas formas de controle do ato de disposição, e ainda podem recair sobre os pressupostos de existência, requisitos de validade ou condição de eficácia do ato de disposição.

Assim, dentro do processo, as partes exercem o controle dos atos de disposição indicando ao juiz os eventuais defeitos relativos aos elementos intrínsecos ou extrínsecos do ato.

Os auxiliares da justiça também podem apontar ao juiz alguma irregularidade passível de controle. Imagine-se que as partes tenham acordado sobre o valor da remuneração de um mediador sem a sua concordância.

Não obstante, terceiros que não ingressaram no processo podem exercer o controle dos atos de disposição, desde que demonstrado algum interesse jurídico capaz de justificar a sua intervenção na relação processual e o seu prejuízo com a disponibilidade formulada pelos sujeitos processuais. Isso porque as partes não poderiam dispor, por exemplo, sobre direito material de pessoa que não integra a relação jurídica processual.

Por sua vez, o Ministério Público, diante de uma convenção processual, pode fiscalizar a vulnerabilidade dos envolvidos, como os incapazes.

Mas o controle de todos os atos de disposição do processo deve ser exercido necessária e predominantemente pelo juiz.

Com efeito, o papel do juiz para o correto desenvolvimento dos atos de disposição processual é fundamental, o que ocorre por meio de inúmeras atividades distintas.

Por essa razão, sua atividade controladora será tratada separadamente.

5.7.2 Atuação judicial sobre os atos de disposição

O juiz atua sobre os atos de disposição processual de diversas maneiras, como incentivando, conhecendo, controlando, cumprindo, concordando, revisando, alterando, homologando, interpretando e anulando.

---

246. O tema do controle judicial dos atos de disposição foi tratado em: CABRAL, Trícia Navarro Xavier. *Limites da liberdade contratual*. 2 ed. Indaiatuba: Foco, 2021. p. 135-154.

A primeira delas deve ser o incentivo às partes para que pratiquem os atos de disposição, mostrando-se, assim, receptivo à liberdade processual. Esse comportamento pode se dar de inúmeras formas e em variados momentos. As audiências, por exemplo, são excelentes oportunidades para o juiz estimular as partes a realizarem acordos, convenções processuais, e o calendário processual.

Não obstante, quando as partes apresentam um ato de disposição no processo, o juiz deve conhecer do mesmo e zelar para que ele seja tempestivamente identificado para que tenha seus efeitos processuais alcançados de forma imediata ou por meio de homologação judicial. Registre-se que o ato de disposição pode ser conhecido de ofício ou mediante provocação das partes, mas desde que tenha sido introduzido no processo. Em outros termos, o juiz não poderá conhecer de ofício de ato de disposição extrajudicial sem que as partes o tragam para o feito.

Ademais, o juiz deve exercer o devido controle do ato de disposição, examinando a presença dos elementos intrínsecos e extrínsecos já tratados, ou seja, verificando a validade e os limites do ato. Contudo, o juiz não poderá se manifestar quanto ao conteúdo.[247]

Se o ato de disposição estiver regular e não apresentar defeitos materiais ou processuais, o juiz deve não só garantir os seus efeitos imediatos, como assegurar que as partes cumpram o que restou estabelecido em suas manifestações de vontade (unilateral ou bilateral), inclusive aplicando as sanções devidas (convencionais ou legais).

Por sua vez, se for a hipótese de ato de disposição que inclua alguma prerrogativa do juiz, este deve manifestar a sua concordância e adesão ao ajuste formulado, o que garantirá a sua vinculação ao ato, como acontece quando o juiz participa de uma convenção processual ou calendário processual.

Assim, se o juiz discordar em todo ou em parte do acordo processual, poderá propor modificações às partes, permitindo adequações para o alcance de convergências de posicionamentos quanto ao objeto ou extensão do ato dispositivo.

Se o juiz concordar e aderir ao ato de disposição, ele deverá cumprir o ajustado, propiciando os efeitos pretendidos, embora não haja no Código expressamente a previsão de sanção, salvo a do art. 235, do CPC/15.

Saliente-se que as partes não podem convencionar ou criar sanções ao juiz pelo descumprimento de convenção processual.

Porém, fatos supervenientes podem dar ensejo à revisão ao ajuste inicialmente formulado, como, aliás, também pode ocorrer nas convenções envolvendo somente as partes.

Registre-se por sua vez que, na prática forense, é possível acontecer a substituição do juiz que inicialmente se vinculou à convenção processual ou ao calendário processual.

---

247. BARBOSA MOREIRA, José Carlos. Os poderes do juiz na direção e na instrução do processo. In: *Temas de direito processual*: quarta série. São Paulo: Saraiva, 1989, p. 42-43.

Neste caso, se o novo juiz discordar do ajuste formulado pelo juiz anterior, considerando que o ato vincula o juízo,[248] não haveria, em princípio, a possibilidade de o atual juiz descumprir o estabelecido na convenção.

Entretanto, se o novo juiz não tiver, por razões funcionais, as mesmas condições de cumprir o acordo procedimental, poderá propor uma readequação ou mesmo a extinção da avença. Eduardo Talamini dá um interessante exemplo de convenções que prevejam audiências aos domingos.[249] Trata-se, sem dúvida, de circunstância a justificar uma reformulação do acordo inicialmente estabelecido entre as partes e o juiz originário.

Em qualquer hipótese, o juiz deve fundamentar a decisão de forma clara, explicando as razões de sua impossibilidade, permitindo, inclusive, o contraditório das partes na busca de uma solução que seja adequada para os envolvidos.

Além disso, as convenções processuais não podem incluir ou pretender vincular os atos ou o procedimento de outro grau de jurisdição que não chancelou o acordo.

Não obstante, em algumas circunstâncias definidas em lei, o juiz deverá homologar o ato de disposição para conferir-lhe eficácia.

A homologação[250] é ato da autoridade judicial que ratifica, confirma ou aprova outro ato, a fim de investi-lo de força executiva ou para que possa ter validade jurídica, com eficácia legal. O magistrado intervém para imprimir-lhe caráter público.[251]

É preciso fazer dois registros sobre a homologação. O primeiro é que ela pode ser convencional, ou seja, mesmo nas hipóteses em que a lei não exige a chancela judicial para a eficácia do ato, é possível que as partes estabeleçam a necessidade dessa condição. O segundo é que, na hipótese de convenção processual envolvendo prerrogativa do juiz, o ideal seria a homologação do ato, como ocorre no art. 357, § 2º, do CPC/15.

Ademais, compete ao juiz interpretar o ato de disposição. A doutrina defende que o controle dos atos de disposição deve se dar pela máxima do *in dubio pro libertate*.[252]

---

248. **Enunciado 414** – (art. 191, § 1º) O disposto no §1o do artigo 191 refere-se ao juízo. (Grupo: Negócios processuais). Fórum Permanente de Processualistas Civis – FPPC.

249. TALAMINI, Eduardo. *Um processo para chamar de seu*: nota sobre os negócios jurídicos processuais. Disponível em: <https://www.migalhas.com.br/dePeso/16,MI228734,61044-Um+processo+pra+chamar+de+seu+nota+sobre+os+negocios+juridicos>. Acesso em: 30 mar. 2019.

250. "Homologação. Encampação de um ato da ou de auxiliar da Justiça, mediante a qual o juiz lhe confere a eficácia de um ato judicial. Homologar é *jurisdicionalizar* o ato. Os atos de disposição de direitos, quando praticados no curso do processo, só constituirão título executivo quando homologados pelo juiz. [...]". DINAMARCO, Cândido Rangel; LOPES, Bruno Vasconcelos Carrilho. *Teoria geral do novo processo civil*. 3. ed., revista e atualizada. São Paulo: Malheiros, 2018, p. 241.

251. "Homologação – Derivado do verbo latino *homologare*, provido do grego *omologein* (reconhecer), na terminologia jurídica exprime especialmente o ato pelo qual a autoridade, judicial ou administrativa, ratifica, confirma ou aprova um outro ato, a fim de que possa investir-se de força executória ou apresentar-se com validade jurídica, para ter a eficácia legal. [...] E o magistrado, quando homologa o ato, intervém simplesmente para o efeito de lhe imprimir o caráter público de que carece, e para ter força de execução de que também necessita. [...]". SILVA, De Plácido e. *Vocabulário jurídico*. 4. ed. Rio de Janeiro: Forense, 1994. v. I, p. 389.

252. CABRAL, Antonio do Passo. *Convenções processuais*. 2. ed. revista, atualizada e ampliada. Salvador: JusPODIVM, 2018, p. 161-164.

Existem duas perspectivas sobre o tema.

A primeira no sentido de que os atos de disposição, assim entendidos como as manifestações de vontade das partes no processo, se sobrepõem às normas preestabelecidas. Haveria, assim, uma preferência do ordenamento jurídico pela liberdade convencional. Quanto a esse aspecto, não se pode concordar, pois, apesar de o nosso legislador ter aprimorado e incentivado a consensualidade dentro e fora do processo, o ambiente de natureza pública que inevitavelmente impera no processo não nos permite sobrepor a liberdade processual ao procedimento previsto em lei.

Conforme já evidenciado, a intenção do CPC/15 foi equilibrar as espécies de ato processual e, por óbvio, incrementar a participação das partes, mas sem o intuito de sobreposição da forma convencional ou dispositiva à do procedimento legal, sob pena, inclusive, de afetar a segurança jurídica necessária ao ordenamento codificado.

A segunda perspectiva se refere à interpretação dos atos de disposição, no sentido de que o juiz deve primar pela validade e eficácia dos atos de disposição sobre uma eventual invalidade.

De fato, ao controlar os atos de disposição processual, o juiz deve atentar para a presença dos elementos intrínsecos (requisitos de validade e fatores de eficácia), bem como pela ausência dos elementos extrínsecos (limites). Feita essa verificação, o juiz deverá garantir ao ato de disposição a eficácia pretendida. Essa parece ser a extensão do termo "somente" previsto no parágrafo único, do art. 190, do CPC/15. Nada além disso.

Contudo, em caso de dúvida quanto à validade do conteúdo do ato, a interpretação do juiz deve ser restritiva,[253] ou seja, para deixar de conferir eficácia ao ato de disposição.[254]-[255] Assim, devem ser encampadas as diretrizes estabelecidas nos arts. 112 a 114, do Código Civil.

Afasta-se, pois, a aplicação da máxima *in dubio pro libertate* no processo civil.[256]

Se o defeito ou a dúvida se referirem a questões de forma, devem ser aplicadas as regras concernentes ao regime das invalidades processuais.

---

253. Também aplicando a interpretação restrição às convenções processuais, cf.: BONIZZI, Marcelo José Magalhães. Estudo sobre os limites da contratualização do litígio e do processo. *Revista de Processo*. v. 269, p. 139-149. jul. 2017, p. 142.

254. Em sentido contrário, cf.: DIDIER JR., Fredie. *Ensaios sobre os negócios jurídicos processuais*. Salvador: JusPODIVM, 2018, p. 37.

255. RAATZ, Igor. *Autonomia privada e processo civil*: negócios jurídicos processuais, flexibilização procedimental e o direito à participação na construção do caso concreto. Salvador: JusPODIVM, 2017. (Coleção Eduardo Espíndula), p. 266.

256. No mesmo sentido, cf. TEIXEIRA, Guilherme Puchalski. *Processo e liberdade*: o reconhecimento da força normativa da vontade das partes no processo civil brasileiro e a definição de seus limites na celebração dos negócios processuais. Tese de Doutorado em Teoria Geral da Jurisdição e Processo – Orientadora: Professora Drª. Elaine Harzheim Macedo. Pontifícia Universidade Católica do Rio Grande do Sul – PUCRS, Porto Alegre, 2018, p. 199-200.

Por fim, se o ato de disposição contiver defeitos de ordem material ou processual, caberá ao juiz reconhecer e decretar a nulidade do ato, sendo que em algumas hipóteses dependerá da provocação da parte e não poderá agir de ofício.

5.7.3   Limites dos atos de disposição processual

Conforme mencionado, a primeira constatação que se faz quando da análise dos limites dos atos de disposição relacionados pela doutrina é a de que há constante confusão em estabelecer o que são requisitos e o que configura os limites. A diferenciação é importante porque afeta o controle judicial e suas consequências jurídicas.

Isso porque, embora o ato, em si, possa aparentar estar perfeito, contendo todos os elementos de existência, validade e eficácia, pode esbarrar em outras circunstâncias externas que também comprometem a sua regularidade, ensejando, assim, o controle judicial.

Esses elementos extrínsecos ao ato, aqui considerados limites, foram relacionados em seis categorias: direitos fundamentais, garantias processuais, reserva legal, prerrogativas do juiz, administração judiciária, e proteção a terceiros.

5.7.3.1   Direitos fundamentais

O primeiro limite extrínseco dos atos de disposição seria o relacionado aos direitos fundamentais de caráter material. Isso porque é possível distinguir os direitos fundamentais substanciais dos direitos fundamentais que possuem uma conotação processual, ou seja, que consistam em direitos e garantias processuais, e que estão sob a égide do devido processo legal.

J.J. Gomes Canotilho conceitua os direitos fundamentais como sendo os "[...] direitos do homem, jurídico-institucionalmente garantidos e limitados espacio-temporalmente [...] seriam os direitos objectivamente vigentes numa ordem jurídica concreta."[257]

Assim, as normas de direito fundamental são orientadas ao homem, por meio de regras ou princípios, e que se relacionam com a pessoa humana, sua dignidade e outros valores, direitos e deveres, principalmente os relativos à igualdade e à liberdade.

A Carta de 1988 foi o marco jurídico da transição ao regime democrático, colocando-se entre as constituições mais avançadas do mundo no que diz respeito ao campo das garantias e direitos fundamentais. E foram três as razões: a) a alteração da topologia da matéria, elegendo a dignidade da pessoa humana como valor essencial, a qual informa a nova ordem constitucional, elencando-a inclusive como cláusula pétrea; b) o alargamento significativo do rol de direitos e garantias fundamentais, adicionando aos direitos civis e políticos os direitos sociais, além dos direitos coletivos e difusos,

---

257. CANOTILHO, J.J. Gomes. *Direito Constitucional e teoria da constituição*. 7. ed. Coimbra: Almedina, 2003, p. 393.

acolhendo, assim, o princípio da indivisibilidade e interdependência dos direitos humanos; e c) a instituição do princípio da aplicabilidade imediata dos direitos e garantias fundamentais, prevendo um regime jurídico específico destinado a tais direitos.[258]

Ademais, a Constituição da República de 1988, ao tratar dos direitos e garantias fundamentais, elenca no art. 5º os direitos e deveres individuais e coletivos. De acordo com o *caput* do referido dispositivo, será assegurada às pessoas a igualdade perante a lei, bem como a inviolabilidade do direito à vida, à liberdade, à igualdade, à segurança e à propriedade, nos termos dos setenta e oito incisos exemplificativamente enumerados.[259]

Destarte, o constitucionalismo moderno pautado no reconhecimento e na garantia[260] dos direitos fundamentais presentes na Constituição ensejou a criação de instrumentos processuais aptos à sua efetivação, bem como à proteção dos referidos direitos individuais e coletivos frente ao arbítrio do Estado, cujo exercício de poder não poderá lesionar.[261]

Carlos Alberto Alvaro de Oliveira, ao tratar das implicações processuais, ressalta três aspectos essenciais aos direitos fundamentais, assim resumidos: a) a normatividade do direito fundamental, norteadora da regulação legislativa do processo e, ainda das condutas das partes e do juiz, incluindo o conteúdo decisório; b) a supremacia do direito fundamental; e c) o caráter principiológico do direito fundamental.[262] Ainda, segundo o autor, os direitos fundamentais "[...] criam os pressupostos básicos para uma vida na liberdade e na dignidade humana."[263]

Verifica-se, ainda, que o próprio processo representa um direito fundamental, sendo, como diz Igor Raatz "[...] sinônimo de garantia da liberdade individual frente ao poder estatal".[264]

---

258. PIOVESAN, Flávia. *Direitos humanos e o direito constitucional internacional*. 7. ed. rev. ampl. e atual. São Paulo: Saraiva, 2006, p. 21-36.

259. É preciso destacar, no entanto, que nem todos os direitos subjetivos consagrados constitucionalmente são considerados fundamentais. No caso brasileiro, o traço da fundamentalidade dos direitos subjetivos elencados constitucionalmente é definido pelo poder constituinte originário, representante da vontade popular, ao dotá-los de imutabilidade. Sobre o assunto vide: Bonavides, Paulo. *Curso de direito constitucional*. 9. ed. São Paulo: Malheiros, 2000, p. 515.

260. BARACHO, José Alfredo de Oliveira. *Constituição e processo*. O modelo constitucional e a teoria geral do processo constitucional. Revista Forense, v. 353 – Doutrina.

261. ZANETI JR, Hermes. Processo constitucional: relação entre processo e Constituição. In: *Revista da Ajuris*, ano XXXI, n. 94, jun.-2004, p. 128.

262. OLIVEIRA, Carlos Alberto Alvaro. O processo civil na perspectiva dos direitos fundamentais. In: WAMBIER, Luiz Rodrigues; ARRUDA ALVIM WAMBIER, Teresa. *Princípios e temas gerais do processo civil*. São Paulo: Ed. RT, 2011. (Coleção Doutrinas Essenciais: Processo Civil, v. 1), p. 1030.

263. OLIVEIRA, Carlos Alberto Alvaro. O processo civil na perspectiva dos direitos fundamentais. In: WAMBIER, Luiz Rodrigues; ARRUDA ALVIM WAMBIER, Teresa. *Princípios e temas gerais do processo civil*. São Paulo: Ed. RT, 2011. (Coleção Doutrinas Essenciais: Processo Civil, v. 1), p. 1027.

264. RAATZ, Igor. Processo, liberdade e direito fundamentais. *Revista de Processo*. São Paulo. v. 288, p. 21-52. fev.2019, p. 29.

Nesse contexto, os direitos fundamentais podem ser analisados sob a perspectiva de seu caráter material ou processual,[265] E embora se reconheça que inúmeras garantias processuais decorram da própria Constituição e representem elas próprias expressões de direitos fundamentais, para fins didáticos, foram tratados separadamente os aspectos ligados ao núcleo essencial dos direitos fundamentais materiais, dos direitos fundamentais processuais, que asseguram a regularidade e a legitimidade do processo.

Dessa forma, como exemplos de limites[266] envolvendo direitos fundamentais na perspectiva material, pode-se citar o direito à vida, à segurança, à dignidade da pessoa humana, à liberdade de ir e vir, à igualdade, à propriedade, (art. 5º, *caput*, da CF/88), entre outros direitos fundamentais constantes ou não da Constituição, nos termos do art. 5º, § 2º, da CF/88.

Denota-se, pois, que os direitos fundamentais materiais devem ser protegidos e concretizados, embora não sejam absolutos e possam comportar algum tipo de restrição. Porém, qualquer tentativa de restrição ou ainda no caso de colisão entre os direitos fundamentais, a sua legalidade deve vir acompanhada de um sopesamento de valores que a justifique, especialmente sob o viés da proporcionalidade.[267]

Assim, as partes não poderiam dispor sobre direitos fundamentais em atos processuais, como impor uma sanção vexatória em razão de descumprimento de acordo ou convenção processual (dignidade da pessoa humana[268]), conduzir uma negociação de forma discriminatória (igualdade), tolher uma pessoa de ir e vir, impedindo, por exemplo, um sujeito processual de se dirigir ao fórum (liberdade), convencionar cláusulas financeira e excessivamente onerosas (patrimônio), entre outras possíveis situações.[269]

Portanto, os direitos fundamentais considerados essenciais devem ser resguardados e, no caso de restrição, competirá ao juiz exercer o devido controle sobre a sua constitucionalidade.

---

265. OLIVEIRA, Carlos Alberto Alvaro. O processo civil na perspectiva dos direitos fundamentais. In: WAMBIER, Luiz Rodrigues; ARRUDA ALVIM WAMBIER, Teresa. *Princípios e temas gerais do processo civil*. São Paulo: Revista dos Tribunais, 2011. (Coleção Doutrinas Essenciais: Processo Civil, v. 1).

266. Também reconhecendo os direitos fundamentais como limite da autonomia privada, Adriano C. Cordeiro assevera que "Os direitos fundamentais integram essa verificação dos próprios limites de realização dos negócios processuais, evitando-se colisões, e sopesando-se as exigências do caso concreto." CORDEIRO, Adriano, C. *Negócios jurídicos processuais no novo CPC*: das consequências do seu descumprimento. Curitiba: Juruá, 2017, p. 38-39.

267. SILVA, Virgílio Afonso da. *Direitos fundamentais*: conteúdo essencial, restrições e eficácia. 2. ed. São Paulo: Malheiros, 2010, p. 206-207.

268. Ingo Wolfgang Sarlet assevera não ser possível reduzir a uma fórmula genérica e abstrata o conteúdo da dignidade da pessoa humana, de modo que seu âmbito de proteção deve ser analisado no caso concreto. Em seguida, passa a citar inúmeras hipóteses de violação da dignidade da pessoa humana. (SARLET, Ingo Wolfgang. *A eficácia dos direitos fundamentais*: uma teoria geral dos direitos fundamentais na perspectiva constitucional. 11. ed. revista e atualizada. Porto Alegre: Livraria do Advogado, 2012, p. 103-104).

269. Bruno Garcia Redondo cita outras circunstâncias relacionadas à essência mínima dos fundamentos do Estado Democrático de Direito, como a hierarquia das fontes, separação de poderes, princípio republicano, composição e estrutura do Poder Judiciário, organização judiciária, graus de jurisdição, ramos da justiça. Cf.: REDONDO, Bruno. *Adequação do procedimento pelo juiz*. Salvador: JusPODIVM, 2017, p. 176.

5.7.3.2 Garantias processuais

Conforme já ressaltado, ao lado dos direitos fundamentais materiais é possível identificar os direitos fundamentais processuais, especialmente o do acesso à justiça (art. 5º, XXXV, da CF/88), juiz natural (art. 5º, LIII, da CF/88), devido processo legal (art. 5º, LIV, da CF/88), provas obtidas por meios ilícitos (art. 5º, LVI, da CF/88), entre outros.

Com efeito, o Direito Processual Civil é composto por inúmeros direitos e garantias processuais,[270] muitos dos quais decorrem da Constituição da República. O próprio CPC/15, além de reproduzir algumas das normas fundamentais do processo civil contidas na CF/88, elenca outros direitos e garantias relevantes para a ordem pública processual.

Por garantias processuais devem ser consideradas todas as normas constitucionais e infraconstitucionais que se prestam a assegurar o regular desenvolvimento do processo civil.

Importante ressaltar que as garantias processuais também devem levar em conta natureza pública do processo e as finalidades da jurisdição estatal, cujas restrições são bem maiores do que as aplicáveis à jurisdição arbitral, de natureza privada. Isso porque o ambiente em que vigora o interesse público da jurisdição e resulta na natureza pública do processo exige limites muito mais rigorosos do que se vê no âmbito dos negócios jurídicos convencionais.[271]

Nessa categoria de limites reside o maior número de hipóteses passíveis de controle judicial.

Como exemplos, podem ser citados: a) as partes não podem dispor sobre a coisa julgada, afastando-a para que a demanda seja novamente julgada;[272] b) também não poderiam convencionar sobre a admissibilidade de uma prova ilícita; c) a imparcialidade do juiz não pode ser negociada pelas partes, ou seja, mesmo que estejam de acordo com a presença de um juiz suspeito ou impedido, a convenção não poderá prevalecer, diante do latente interesse público envolvido; d) não pode haver disposição sobre o juiz natural, pois, ao contrário do que ocorre na arbitragem em que as próprias partes escolhem o juiz, na justiça estatal elas não podem dispor da eleição do julgador; e) a disponibilidade das partes não pode envolver a competência absoluta; f) não se admite convenção para afastar atuação do Ministério Público e nem para deliberar sobre segredo de justiça; g) as partes também não podem dispor sobre a fundamentação do juiz, necessidade

---

270. Igor Raatz denomina de direitos fundamentais processuais (direitos fundamentais exercitáveis no processo), garantias autônomas ou garantias do processo, distinguindo-as do direito fundamental à tutela jurisdicional e das garantias constitucionais dos direitos fundamentais. (RAATZ, Igor. Processo, liberdade e direito fundamentais. *Revista de Processo*. São Paulo. v. 288, p. 21-52, fev. 2019, p. 29).

271. No mesmo sentido: ALMEIDA, Diogo Assumpção Rezende de. *A contratualização do processo*: das convenções processuais no processo civil. (De acordo com o novo CPC). São Paulo: LTr, 2015, p. 144.

272. Admitindo a possibilidade de as partes convencionarem sobre a coisa julgada, ignorando-a para pedir nova decisão sobre o tema, ver: DIDIER JR., Fredie. *Ensaios sobre os negócios jurídicos processuais*. Salvador: JusPODIVM, 2018, p. 31.

de contraditório, presença da igualdade processual e da boa-fé, e de outras garantias processuais constitucionais e infraconstitucionais.

Dessa forma, os atos de disposição processual não podem atingir as garantias processuais mínimas do processo civil, devendo o juiz exercer o devido e tempestivo controle sobre a validade e a eficácia da liberdade processual.

5.7.3.3 Reserva legal

O limite relativo à reserva legal indica que não podem ser objeto de disposição processual, questões – materiais ou processuais – que são reservadas exclusivamente ao legislador constitucional, infraconstitucional ou regimental.

Nesse contexto, as partes não estão autorizadas a acordar sobre a criação de outros órgãos do Poder Judiciário, já que compete ao texto constitucional estabelecê-los (art. 92, da CF/88).

Não obstante, as partes não podem, por exemplo, convencionar para excluir ou criar recurso não previsto em lei, pois a questão está coberta pelo princípio da taxatividade.

Do mesmo modo, as partes não podem ampliar as hipóteses de remessa necessária, estabelecidas no art. 496, do CPC/15.

As partes também não poderiam convencionar sobre o uso de língua estrangeira no processo, quando o art. 192, do CPC/15, indica o uso da língua portuguesa.

Ademais, outra vedação seria a disponibilidade sobre o quórum dos julgamentos de órgãos colegiados, cujo quantitativo está previsto nos regimentos internos dos tribunais.

Portanto, as partes não podem dispor sobre questões que competem exclusivamente à norma legal regulamentar.

5.7.3.4 Prerrogativas do juiz

Além das limitações supracitadas, tem-se que as partes podem convencionar até o limite das prerrogativas do juiz. Todos os atos que esbarrem em poder, dever, função ou atividade do magistrado devem ser limitados.

Assim, as partes não podem dispor sobre qual direito aplicável ao caso concreto, como ocorre na arbitragem.

No campo probatório, as partes podem dispor da produção de provas, deixando de produzi-las ou convencionando entre elas sobre as que entendem necessárias à elucidação dos fatos. Contudo, essa liberdade processual não pode envolver o poder[273]

---

273. Asseverando tratar-se de um poder-dever: DANTAS, Francisco Wildo Lacerda. Os poderes do juiz no processo civil e a reforma do judiciário. *Revista dos Tribunais*, São Paulo, v. 83, n. 700, p. 35-39, fev. 1994. Ver também: SENTÍS MELENDO, Santiago. *La prueba*: los grandes temas del derecho probatorio. Buenos Aires: Ediciones Juridicas Europa-America, 1978. (Colección Ciencia del Proceso, v. 65), p. 190.

instrutório do juiz, o qual, independentemente das provas requeridas ou produzidas pelas partes, poderia indicar outras que melhor atendam ao alcance de sua convicção.

Essa questão sempre foi tormentosa na doutrina, prevalecendo no Brasil a concepção de que o juiz tem verdadeiro dever[274] de produzir as provas necessárias ao seu convencimento, independentemente da atuação probatória das partes. Por outro lado, o momento adequado para o exercício pelo juiz de sua iniciativa em tema de prova é mesmo após ensejar às partes a indicação das provas hábeis a demonstrar os fatos alegados, inclusive sugerindo os meios de prova compatíveis com o caso, uma vez que, antes dessa etapa, o juiz não sabe o que as partes querem e o que são capazes de comprovar.[275] De qualquer modo, nas hipóteses autorizativas pela lei, o juiz deve exercer a atividade probatória.

Registre-se que o tema das provas demonstra de forma singular que o incremento da liberdade processual das partes não afeta e nem reduz as prerrogativas do juiz,[276] indicando, ainda, que não se mostra possível que as partes convencionem sobre os poderes instrutórios do juiz, impedindo-o de exercer o seu dever quando se mostrar necessário.[277]

Do mesmo modo, as medidas de apoio para o cumprimento das decisões judiciais não podem ser objeto de disposição pelas partes, cabendo ao magistrado aplicar os meios de coerção que entender serem aptos ao alcance do resultado pretendido. Com efeito, as partes não podem convencionar para restringir o poder executivo do juiz, de que tratam os arts. 139, IV, 297 e 536, § 1º, do CPC/15. Contudo, podem convencionar sobre meios de coerção que dependam da provocação da parte, como é o caso do protesto da sentença (art. 517, do CPC/15), da inserção do nome do devedor no cadastro

---

274. Nesse sentido: DUARTE, Bento Herculano; DUARTE, Ronnie Preuss (Coords.). *Processo civil*: aspectos relevantes. São Paulo: Método, 2006, p. 32. Também entendendo tratar-se de um dever: DINAMARCO, Cândido Rangel. *Instituições de direito processual civil*. 6. ed. revista e atualizada. São Paulo: Malheiros, 2009. v. 1, p. 230. Fritz Baur afirma ser ao mesmo tempo um direito e um dever do juiz. BAUR, Fritz. O papel ativo do juiz. *Revista de Processo*, São Paulo, ano 7, n. 27, p. 186-189, jul./set. 1982.

275. "Ao julgador é lícita a determinação de produção de provas *ex officio* sempre que o conjunto probatório mostrar-se contraditório, confuso ou incompleto e puder a prova a ser produzida influir na formação de sua convicção." (STJ – RESP n. 406862/MG, 2002/0008326-5, 3ª Turma, Rel. Min. Carlos Alberto Menezes Direito, rel. p/ acórdão Min. Nancy Andrighi, j. 08.11.2002, *DJU*, de 07.04.2003 p. 281).

276. Em sentido contrário, entendendo que o juiz fica vinculado às convenções probatórias estipuladas pelas partes, cf.: RAVAGNANI, Giovani. *Provas negociadas*: convenções processuais probatórias no processo civil. Sao Paulo: Thomson Reuters Brasil, 2020, p. 187-196

277. Nas precisas palavras de Leonardo Greco: "Admitir que a liberdade das partes de dispor de seus interesses pudesse forçar o juiz a aceitar como verdadeiros os fatos absolutamente inverossímeis seria transformar o juiz num fantoche, demolir a confiança da sociedade na justiça e colocá-la a serviço da simulação e da fraude. Aceitar que, diante da insuficiência probatória decorrente da iniciativa deficiente das partes, devesse o juiz lavar as mãos, seria desobrigá-lo de exercer a tutela efetiva dos direitos dos seus jurisdicionados, deixando-os entregues à própria sorte e contentando-se com uma igualdade das partes meramente formal." (GRECO, Leonardo. Publicismo e privatismo no processo civil. In: WAMBIER, Luiz Rodrigues; ARRUDA ALVIM WAMBIER, Teresa. *Princípios e temas gerais do processo civil*. São Paulo: Ed. RT, 2011. (Coleção Doutrinas Essenciais: Processo Civil, v. 1), p. 1242).

de inadimplentes (art. 782, § 3º, do CPC/15), e a prisão civil na execução de alimentos (art. 782, § 3º, do CPC/15).[278]

As partes também não podem dispor da pauta de audiência,[279] indicando, por exemplo, qual dia o ato deverá ser agendado, pois também esbarra em uma prerrogativa conferida ao juiz, de acordo com a dinâmica da unidade judiciária.

Ademais, não há como admitir convenção ou disposição sobre tutelas de urgência, de modo que, existindo uma situação de risco ou perigo poderá o juiz analisar, deixando de aplicar o ajuste das partes.

Por fim, as partes não podem, em regra, convencionar sobre as questões de direito que deverão ser aplicadas pelo juiz, salvo se, submetido ao juiz, ele concordar, oportunidade em que passará a integrar a convenção.

5.7.3.5 Administração judiciária

Os limites relacionados ao direito material e ao direito processual são de extrema relevância, pois, em última análise, representam uma proteção ao próprio ordenamento jurídico e à ordem pública.

Contudo, potenciais impactos da disposição processual no funcionamento das unidades judiciárias também devem ser considerados pelo juiz, inclusive para fins de estabelecimento de limites.

---

278. DIDIER JR., Fredie; CABRAL, Antonio do Passo. Negócios jurídicos processuais atípicos e execução. In: *Ensaios sobre os negócios jurídicos processuais*. Salvador: JusPODIVM, 2018, p. 77-79.

279. Recurso especial. Processual civil. Adiamento da audiência de instrução e julgamento por acordo das partes. Negócio jurídico processual. Prescindibilidade da homologação judicial. Controle de existência e de validade pelo poder judiciário. Necessidade. Peculiaridades do caso que afastam a nulidade. Parte que não comparece ao ato judicial. Dispensa da produção de provas. Possibilidade. Recurso especial desprovido. 1. *A audiência pode ser adiada por convenção das partes, o que configura um autêntico negócio jurídico processual e consagra um direito subjetivo dos litigantes, sendo prescindível a homologação judicial para sua eficácia. 2. Contudo, é dever do Magistrado controlar a validade do negócio jurídico processual, de ofício ou a requerimento da parte ou de interessado, analisando os pressupostos estatuídos pelo direito material. 3. A jurisprudência do STJ é no sentido de que o adiamento da audiência de julgamento é uma faculdade atribuída ao Magistrado, cujo indeferimento não configura cerceamento de defesa. 4. As particularidades do caso vertente afastam a alegada nulidade. O Juízo a quo exerceu o controle da validade do negócio jurídico processual e, ao assim proceder, constatou a inexistência de um dos pressupostos de validade, qual seja, a manifestação de vontade não viciada das partes. 4.1. A despeito de ter a recorrente formulado, em 3/10/2011, pedido de adiamento da audiência de instrução e julgamento em petição assinada pelos patronos de ambas as partes, a recorrida protocolou petição no dia seguinte, em 4/10/2011, opondo-se ao pedido e revogando a procuração do seu antigo advogado. Ademais, no dia subsequente, isto é, em 5/10/2011, o Magistrado de primeiro grau indeferiu o pleito de adiamento e manteve o ato processual para o dia anteriormente designado, ou seja, para 6/10/2011. 4.2. Caberia à parte requerente diligenciar perante a Secretaria da Vara e acompanhar a análise do seu pedido, notadamente porque a audiência estava na iminência de ser realizada, e tanto a parte contrária como o Magistrado se manifestaram tempestivamente nos autos acerca do não adiamento. 5. Constatada a ausência injustificada da parte na audiência de instrução e julgamento, é possível a dispensa da produção de provas requeridas pela faltante, nos termos do art. 453, § 2º, do CPC/1973* (art. 362, § 2º, do CPC/2015). 6. Recurso especial desprovido. (REsp 1524130/PR, Rel. Ministro Marco Aurélio Bellizze, Terceira Turma, julgado em 03/12/2019, DJe 06/12/2019).

A unidade judiciária pesquisada neste trabalho, por exemplo, possui quase 8.000 processos, envolvendo variadas matérias, que tramitam ainda de forma física, sem espaço adequado para armazenamento, e que são diligenciados por apenas dois servidores e três estagiários.

Embora essa seja uma realidade mais comum na Justiça Estadual do que na Federal, aquela representa, em 1º grau, quase 70% do acervo de processos em tramitação no Brasil.[280] Esses fatores não podem ser desconsiderados.

E mesmo nas unidades judiciárias que já estão integralmente no formato virtual podem apresentar dificuldades do processamento de determinados atos convencionais, seja pela quantidade, seja pelo seu conteúdo.

Assim, ainda que as partes possam realizar convenção processual sobre a comunicação de atos processuais, estabelecendo, por exemplo, que só serão intimadas por oficial de justiça e não pela via usual – que seria por diário da justiça, por advogado ou carta –, trata-se de ato que impacta sobremaneira o funcionamento da justiça, e que deve ser limitado.

As partes também poderiam, em tese, convencionar a obrigatoriedade de submissão a uma sessão ou audiência de conciliação e de mediação por mês. Porém, embora esse ajuste seja válido, pode comprometer a pauta do Cejusc ou da vara, a ponto de inviabilizar ou atrasar a tramitação de outros processos que também aguardam pelo ato, de modo que o juiz poderia limitar essa iniciativa sob o fundamento de prejuízo à administração judiciária.

O art. 313, II, do CPC/15, autoriza as partes a convencionarem sobre a suspensão do processo, desde que não ultrapasse a seis meses, nos termos do § 4º, do mesmo dispositivo legal. Mas as partes poderiam tentar, por exemplo, realizar sucessivas suspensões convencionais de dois ou três meses, entre um ato e outro do processo. Pode ser que, na prática, isso cause algum inconveniente ou transtorno para o regular desenvolvimento da unidade judiciária, pois a demora na resolução do conflito pode dificultar o cumprimento de Metas do CNJ.

As partes também podem realizar sucessivos acordos no processo, com pedido de homologação judicial. Mas dependendo da quantidade e da periodicidade, a prática poderia causar um sério tumulto processual e ainda comprometer a administração judiciária, já que demandará constantes atos judiciais e cartorários, impedindo a finalização do processo, e ainda monopolizando a atividade judiciária.

Imagine-se, ainda, se as partes convencionem sobre o cumprimento de uma diligência com a presença de cinco ou mais oficiais de justiça. Trata-se, sem dúvida,

---

280. Conforme dados da Justiça em Números de 2020, do CNJ. CONSELHO NACIONAL DE JUSTIÇA. *Justiça em Números 2020*: ano-base 2019.

Conselho Nacional de Justiça, Brasília: CNJ, 2020. Disponível em: https://www.cnj.jus.br/wp-content/uploads/2020/08/WEB-V3-Justi%C3%A7a-em-N%C3%BAmeros-2020-atualizado-em-25-08-2020.pdf. Acesso em: 2 abr. 2021.

de ajuste entre as partes que interfere e impacta diretamente na atividade judiciária, cabendo ao magistrado exercer seu controle, limitando o acordo.

Portanto, qualquer ato de disposição processual que eleve os custos do processo, onerando o Judiciário, é passível de controle e invalidação pelo juiz.[281]

Esses são apenas alguns exemplos dentre outros que só poderão ser avaliados concretamente, levando-se em consideração as particularidades da unidade judiciária e a disposição processual pretendida.

5.7.3.6 Proteção a terceiros

Os atos de disposição ou convencionais não podem prejudicar terceiros,[282] ou seja, pessoas que não participam da relação jurídica processual, e, caso isso aconteça, caberá o imediato controle judicial, de ofício ou por provocação do interessado.

Pense-se em um pedido de renúncia à pretensão formulada na ação, em que, após a homologação judicial, em sede de embargos de declaração, surge um terceiro alegando que deveria ter participado do feito na qualidade de litisconsorte necessário, sob pena de nulidade. Nessa hipótese, o juiz poderá suspender os efeitos da renúncia até a análise da questão, e, ainda que já tenha homologado a renúncia, deverá torná-la sem efeito para proteger direito de terceiro, determinando o seu ingresso nos autos.

Na pesquisa empírica realizada foram apontadas duas situações de aplicação de limites pelo juiz aos atos de disposição. Um deles foi relativo à proteção de terceiros.

Ademais, eventuais acordos formulados pelas partes que afetem incapazes não integrantes da relação processual, também deverão ser limitados.

As partes não podem convencionar, ainda, sobre honorários advocatícios à revelia do advogado.

Como se vê, a proteção a terceiros se revela uma limitação externa ao ato, mas relevante quando do seu controle pelo juiz.

5.7.4 Consequências do controle judicial

A finalidade deste trabalho foi tentar sistematizar os requisitos e os limites dos atos de disposição, com uma identificação mais precisa do objeto que servirá de controle pelo juiz.

E, como foi visto, compete ao juiz controlar os elementos internos e externos dos atos de disposição processual, tanto no aspecto material como processual.

---

281. DIDIER JR., Fredie; LIPIANI, Júlia; ARAGÃO, Leandro Santos. *Negócios jurídicos processuais em contratos empresariais*. In: *Ensaios sobre os negócios jurídicos processuais*. Salvador: JusPODIVM, 2018, p. 176.

282. No mesmo sentido: REDONDO, Bruno Garcia. *Negócios jurídicos processuais atípicos*. Salvador: JusPODIVM, 2020, p. 168-170.

Foi constatado também que o controle judicial dos atos de disposição processual impõe inúmeras atividades ao juiz, que incluem desde o fomento à sua prática até a eventual decretação de nulidade da disponibilidade processual, extirpando qualquer efeito processual do ato.

Assim, após a inserção do ato de disposição no processo pelas partes, caberá ao juiz realizar o juízo de admissibilidade, verificando a presença dos elementos intrínsecos (juízo positivo), bem como a ausência dos elementos extrínsecos (juízo negativo). Essa análise engloba a função de fiscalização das regularidades de forma, de conteúdo e de extensão do ato.

Registre-se que o juiz não tem o poder de apreciar a conveniência da disponibilidade pretendida pelas partes, sendo que seu controle deve ser restrito à validade e à eficácia do ato. Com isso, se o ato estiver regular, ele surtirá os efeitos pretendidos.

Além disso, caberá ao juiz interpretar os atos de disposição levando em consideração a boa-fé (art. 5º, do CPC/15), e impedindo qualquer tipo de abuso, excesso, manipulação por meio do processo (art. 142, do CPC/15), ou qualquer outra finalidade que venha a prejudicar o bom andamento processual, ou, então, que não traga qualquer efetividade para o processo.

Sobre a interpretação do juiz, conforme já dito anteriormente, adota-se neste estudo o entendimento de que, em caso de dúvida quanto ao conteúdo ou aplicação dos atos de disposição, ela deve ser restritiva, ou seja, para não admitir que a disponibilidade surta seus efeitos, a menos até que se esclareça, reformule ou afaste eventual irregularidade, que pode estar na forma, no conteúdo ou na extensão.

Para tanto, competirá ao juiz possibilitar o contraditório amplo pelas partes, permitindo que influenciem em sua decisão de forma contundente, nos termos dos arts. 7º, 9º, e 10, todos do CPC/15.

Não obstante, será imprescindível que o juiz fundamente de modo claro e preciso seu pronunciamento, indicando a sua dúvida, o defeito ou a inconsistência encontrada, propiciando o debate pelas partes, o esclarecimento ou a adaptação do ato de disposição, conforme preconiza o art. 11, do CPC/15.

Dessa forma, o juiz tem o dever de justificar o eventual afastamento da validade ou da eficácia do ato dispositivo processual.[283] Após esta etapa, ele poderá convalidar ou aproveitar os atos de disposição, não estando autorizado, ainda, a invalidá-los se não houver prejuízo.

Na prática forense, analisando os julgados envolvendo os atos de disposição das partes nos tribunais pátrios, verifica-se serem escassas as hipóteses de controle judicial que reconheça a ausência de algum requisito do ato ou que aplique algum limite específico. Na realidade, ainda são poucas as decisões tratando de convenções processuais ou

---

283. No mesmo sentido, cf.: REDONDO, Bruno. *Adequação do procedimento pelo juiz.* Salvador: JusPODIVM, 2017, p. 160-175.

outro ato de disposição processual, sendo que as mais interessantes já foram incluídas ao longo deste trabalho.

De qualquer forma, superados os momentos de esclarecimento ou de adequação do ato e constatando o juiz algum defeito no ato de disposição, há de se distinguir as consequências resultantes do controle dos elementos intrínsecos e extrínsecos.

No caso de defeito atinente aos elementos intrínsecos do ato, deverá ser observado se compete ao juiz reconhecer de ofício ou se dependerá de manifestação da parte.

No âmbito do direito material, por exemplo, em relação aos vícios de consentimento ou sociais, os anuláveis precisam ser provocados pelas partes, enquanto os que a lei considera nulos podem ser conhecidos de ofício pelo juiz.[284]

Já no campo do direito processual, os atos de disposição inseridos no processo e submetidos à verificação da presença dos elementos intrínsecos pelo controle judicial, surtem efeitos imediatos, como ocorre com a cláusula de eleição convencional de foro.

Após esse momento de constatação da presença dos elementos exigidos pela lei material ou processual, caberá ao juiz realizar outro tipo de análise, de cognição bem mais profunda, acerca dos limites dos atos de disposição.

Isso porque o reconhecimento dos elementos extrínsecos do ato, ou seja, de limites, demanda uma atenção do juiz à violação de valores e exigências que não estão previstos nas normas materiais e processuais que regulamentam o ato em si, mas que, ainda assim, devem ser controlados nos atos de disposição processual.

Destarte, os direitos fundamentais materiais, as garantias processuais, a reserva de lei, as prerrogativas do juiz, a administração judiciária e a proteção a terceiros são circunstâncias alheias e externas aos requisitos formais e fundamentais dos atos, mas que afetam de modo crucial a sua validade e a sua eficácia.

E para além de uma atividade de fiscalização e de interpretação que normalmente se realiza quando da apreciação dos elementos do ato, caberá ao juiz exercer a ponderação quanto aos valores envolvidos, para verificar se há colisão[285] normativa ou se ocorreu alguma violação dos limites, configurando um vício capaz de invalidar o ato ou retirar-lhe seus efeitos.

Aqui entram em cena os postulados normativos.

Humberto Ávila ensina que os postulados normativos não são nem regras nem princípios, mas metanormas, pois estruturam a interpretação e a aplicação de outras

---

284. No mesmo sentido: TALAMINI, Eduardo. *Um processo para chamar de seu*: nota sobre os negócios jurídicos processuais. Disponível em: <https://www.migalhas.com.br/dePeso/16,MI228734,61044-Um+processo+pra+-chamar+de+seu+nota+sobre+os+negocios+juridicos>. Acesso em: 30 mar. 2019.

285. Igor Raatz entende que a força normativa da autonomia privada faz com que o poder de autodeterminação conferido às partes só seja afastado no caso concreto quando colidir com outro princípio que assuma dimensões maiores. RAATZ, Igor. *Autonomia privada e processo civil*: negócios jurídicos processuais, flexibilização procedimental e o direito à participação na construção do caso concreto. Salvador: JusPODIVM, 2017. (Coleção Eduardo Espíndula), p. 191.

normas. Os postulados normativos – destinados aos aplicadores das normas – são deveres estruturais, pois dependem da conjugação de razões substanciais para sua aplicação. Segundo o referido autor, os inespecíficos são: a ponderação de bens; e a proibição do excesso, que proíbe a restrição excessiva de qualquer direito fundamental. Os específicos são: a igualdade (material); a razoabilidade (equidade, justiça, congruência e equivalência); e a proporcionalidade (adequação, necessidade e proporcionalidade em sentido estrito).[286]

Esses postulados acima indicados coincidem com as diretrizes estabelecidas no art. 8°, do CPC/15, que orientam o juiz, na aplicação do ordenamento jurídico, a atender aos fins sociais e às exigências do bem comum, resguardando a dignidade da pessoa humana e respeitando a proporcionalidade, a razoabilidade, a legalidade, a publicidade e a eficiência.

Percebe-se, pois, que o tipo de controle judicial exercido nos limites é bem mais qualificado do que nos requisitos de validade e eficácia do ato de disposição processual, pois se opera em outro momento (posterior à verificação dos requisitos de validade e eficácia) e em outro grau (atividade interpretativa mais complexa pelo juiz).

Detectado algum defeito material ou processual, tanto em relação aos elementos intrínsecos quanto no que tange aos elementos extrínsecos do ato de disposição, deverá o juiz observar todos os princípios inerentes ao regime das nulidades processuais, em especial o da instrumentalidade das formas e o do prejuízo.[287] Nesse sentido, aliás, foi formulado o seguinte enunciado no FPPC: *"O controle dos requisitos objetivos e subjetivos de validade da convenção de procedimento deve ser conjugado com a regra segundo a qual não há invalidade do ato sem prejuízo."*[288]

Mas é evidente que, na maioria dos casos, a inobservância de um limite será bem mais gravosa do que os eventuais defeitos relativos aos requisitos de validade e de eficácia do ato.

Portanto, os atos dispositivos das partes deverão passar pelo crivo judicial, possibilitando que o juiz exerça o adequado e tempestivo controle sobre a sua regularidade, zelando, assim, pela ordem pública processual.

6. JUIZADOS ESPECIAIS

A criação dos Juizados Especiais foi um importante conquista civilizatória, na medida em que permitiu o acesso à justiça a conflitos que antes ficavam represados. Isso

---

286. ÁVILA, Humberto. *Teoria dos princípios*: da definição à aplicação dos princípios jurídicos. 2. ed. São Paulo: Malheiros, 2003, p. 124-166.
287. Também asseverando que não há nulidade de forma se o pacto alcança seu objetivo sem causar prejuízo às partes ou atingir os interesses públicos mais relevantes (ordem pública processual), ver: ALMEIDA, Diogo Assumpção Rezende de. *A contratualização do processo*: das convenções processuais no processo civil. (De acordo com o novo CPC). São Paulo: LTr, 2015, p. 135.
288. **Enunciado 16** do Fórum Permanente de Processualistas Civis (FPPC).

porque o Poder Judiciário era visto pela sociedade como um órgão formal, solene, custoso e demorado. A necessidade de constituir advogado e pagar as despesas processuais também fazia com que as pessoas desistissem de buscar seus direitos no âmbito judicial.

Inicialmente foram criados os Juizados Especiais de Pequenas Causas, por meio da Lei 7.244/1984. Esta Lei foi revogada pela Lei 9.099/1995, que dispôs sobre os Juizados Especiais Cíveis e Criminais.

Os Juizados Especiais também possuem previsão constitucional, nos termos do art. 98, I, da CF[289], que diz que os entes da federação os cria com competência para a conciliação, o julgamento e a execução de causas cíveis de menor complexidade e infrações penais de menor potencial ofensivo.

Com isso, diferentes tipos de causas cíveis de menor complexidade puderam tramitar perante os Juizados Especiais, cujo processo é orientado "[...] pelos critérios da oralidade, simplicidade, informalidade, economia processual e celeridade, buscando, sempre que possível, a conciliação ou a transação" (art. 2º, da Lei 9.099/1995). Outra novidade foi considerar os conciliadores e juízes leigos como auxiliares da Justiça (art. 7º).

Saliente-se que o CPC/73, mesmo após as diversas reformas, previa a atividade conciliatória apenas pelo magistrado, e não por outro auxiliar da justiça. Somente com o advento dos Juizados de Pequenas Causas (1984), que depois foi transformado em Juizados Especiais (1995), surgiram as figuras dos conciliadores e dos juízes leigos, que ficariam responsáveis pela tentar de solucionar consensualmente o conflito.

As partes também podem demandar juntas, com a instauração imediata da sessão de conciliação, dispensado o registro prévio e a citação (art. 17).

Em sendo a demanda proposta apenas pelo autor, há a designação de uma sessão de conciliação no início do procedimento como etapa obrigatória ao prosseguimento do feito (art. 16). O demandado é citado e intimado para o ato.

Registre-se que o não comparecimento das partes à sessão de conciliação enseja consequências processuais graves: para o demandado reputar-se-ão verdadeiros os fatos alegados no pedido inicial, salvo se o contrário resultar da convicção do Juiz (art. 20); e para o autor a extinção do feito (art. 51, I).

Tratou-se de importante momento de disseminação da conciliação no Brasil, uma vez que essa sessão obrigatória de conciliação no início do procedimento, possibilita um contato rápido e informal entre as partes, o que constantemente propicia o alcance do acordo (art. 21).

---

289. Art. 98. A União, no Distrito Federal e nos Territórios, e os Estados criarão:

I – juizados especiais, providos por juízes togados, ou togados e leigos, competentes para a conciliação, o julgamento e a execução de causas cíveis de menor complexidade e infrações penais de menor potencial ofensivo, mediante os procedimentos oral e sumaríssimo, permitidos, nas hipóteses previstas em lei, a transação e o julgamento de recursos por turmas de juízes de primeiro grau;

Contudo, a imposição da conciliação perante os Juizados Especiais não previu a devida capacitação dos facilitadores, o que acabou comprometendo a qualidade do instituto. Com isso, são constantes os relatos de que a audiência de conciliação é feita por estagiários ou servidores despreparados, que não se utilizam de técnicas adequadas no acolhimento, na comunicação com as partes e na tentativa de diálogo e consenso, o que faz com que os jurisdicionados saiam frustrados da audiência, sem informações sobre o processo, e com a sensação de perda de tempo.

Assim, mostra-se urgente que a política judiciária da consensualidade que exige a necessária capacitação dos facilitadores também seja aplicada aos Juizados Especiais.

Não obstante, embora a Lei fale apenas da conciliação, não haveria óbice em que a mediação também fosse um método disponibilizado nos Juizados para as causas de relação continuada, desde que disponha de mediadores devidamente capacitados. Na ausência desse profissional, seria possível um ato de cooperação com os Cejuscs, para que os mediadores cadastrados pelo tribunal atuem no âmbito dos Juizados Especiais.

Por fim, importa mencionar que a Lei também dispôs sobre a possibilidade de, em caso de não obtenção da conciliação, as partes poderem optar, de comum acordo, pelo juízo arbitral. Seria, assim, uma convenção processual típica de renúncia à jurisdição estatal para adotar a jurisdição arbitral (arts. 24 a 26), o que, na prática forense, não despertou muito interesse.

Como se vê, a criação dos Juizados Especiais teve grande relevância para a sociedade, não só por abrir as portas do Poder Judiciário para as causas de menor complexidade, mas também por oferecer diferentes métodos de resolução de conflitos, podendo ser considerada a primeira política judiciária com uma genuína concepção de Justiça Multiportas.

No capítulo que trata do Poder Judiciário, há a previsão de criação dos juizados especiais, com a competência para a conciliação, o julgamento e a execução de causas cíveis de menor complexidade e infrações penais de menor potencial ofensivo. Não obstante, o art. 98, II, trata da criação da justiça de paz, que também possui competência para o exercício de atribuições conciliatórias.[290]

No âmbito processual, a autocomposição ganhou força com a criação dos Juizados Especiais Cíveis (antes Lei 7.244/1984, Juizados de Pequenas Causas, que foi posteriormente revogada pela Lei 9.099/1995), que prevê uma audiência de concilia-

---

290. Art. 98. A União, no Distrito Federal e nos Territórios, e os Estados criarão:

I – juizados especiais, providos por juízes togados, ou togados e leigos, competentes para a conciliação, o julgamento e a execução de causas cíveis de menor complexidade e infrações penais de menor potencial ofensivo, mediante os procedimentos oral e sumaríssimo, permitidos, nas hipóteses previstas em lei, a transação e o julgamento de recursos por turmas de juízes de primeiro grau;

II – justiça de paz, remunerada, composta de cidadãos eleitos pelo voto direto, universal e secreto, com mandato de quatro anos e competência para, na forma da lei, celebrar casamentos, verificar, de ofício ou em face de impugnação apresentada, o processo de habilitação e exercer atribuições conciliatórias, sem caráter jurisdicional, além de outras previstas na legislação.

ção no início do procedimento como etapa obrigatória ao prosseguimento do feito. Embora tivesse havido uma resistência inicial, os resultados positivos trouxeram êxito a esse modelo e hoje grande parte dos conflitos é solucionada ainda na audiência de conciliação, ou seja, sem passar por uma decisão impositiva do juiz. Os Juizados, contudo, não conseguiram atingir a esperada credibilidade social, muito em função de não ter investido na capacitação dos facilitadores, o que acaba inviabilizando o tratamento apropriado ao cidadão.

7. CPC E A POLÍTICA JUDICIÁRIA DE TRATAMENTO ADEQUADO E CONFLITOS

O CPC/2015, ao incorporar um modelo de Justiça Multiportas, diluiu ao longo de seu texto variados dispositivos para regulamentar o uso da autocomposição.

Podemos citar como os seguintes:

- **artigo 3º, § 3º**: inserido no capítulo inicial que trata das normas fundamentais do processo civil;
- **artigo 90, § 3º**: dispensa o pagamento de custas remanescentes em caso de acordo;
- **artigo 149**: trata dos mediadores e conciliadores judiciais, atribuindo-lhes a qualidade de auxiliares da justiça, estando sujeitos, inclusive, aos motivos de impedimento e suspeição (art. 148, II);
- **artigo 154, VI**: permite que os oficiais de justiça certifiquem propostas de acordo;
- **artigos 165 a 175**: a Seção V, do Capítulo III, para regulamentar as atividades dos conciliadores e mediadores judiciais, entre outras matérias;
- **artigos 190 e 191**: tratam das convenções processuais e do calendário processual;
- **artigo 334**: cria a audiência preliminar de conciliação ou mediação no procedimento comum;
- **artigo 381, II**: permite a produção antecipada de prova para viabilizar a autocomposição;
- **artigo 565**: trata de litígio coletivo pela posse de imóvel;
- **artigo 515: a** homologação de autocomposição pelo juiz gera título executivo judicial;
- **artigo 693 a 699** – conciliação ou mediação nas ações de família;
- **artigo 725, VIII**: na jurisdição voluntária cabe homologação de autocomposição extrajudicial;
- **artigo 784, IV**: considera a transação é título executivo extrajudicial;
- **artigo 932, I**: nos recursos, cabe ao relator homologar autocomposição das partes.

CAPÍTULO IV • JUSTIÇA ESTATAL **265**

Contudo, serão abordados em forma de comentários os dispositivos mais emblemáticos para a Política Judiciária de Tratamento Adequado de Conflitos, objetivando uma melhor compreensão do tema.

7.1 Comentários ao artigo 3º[291] do CPC[292]

1. Princípio da inafastabilidade da jurisdição. O *caput* do art. 3º do CPC se espelha no disposto no inciso XXXV do art. 5º da CF/1988: "a lei não excluirá da apreciação do Poder Judiciário lesão ou ameaça a direito", com apenas uma diferença de redação ao substituir – corretamente – "apreciação do Poder Judiciário" por "apreciação jurisdicional", já que a jurisdição pode ocorrer também fora do Poder Judiciário. A proteção jurisdicional pode abranger direitos individuais e coletivos, bem como a tutela preventiva e a reparatória. **2. A arbitragem como meio de resolução de disputas.** A inclusão da arbitragem no § 1º do artigo que trata da inafastabilidade da jurisdição, além de consagrar a natureza jurisdicional do instituto, reforça a sua importância como mecanismo legítimo de solução de conflitos. A Lei 9.307/1996 que regulamenta a arbitragem no Brasil sofreu alteração pela Lei 13.129/2015, aprimorando e ampliando o âmbito de aplicação do processo arbitral. **3. A consensualidade como prioridade.** O § 2º, inserido no capítulo inicial que trata das normas fundamentais do processo civil, deixa clara a preferência do legislador na solução consensual dos conflitos pelo Estado. Com efeito, o CPC estabelece como uma de suas premissas o incentivo ao uso dos métodos consensuais de resolução de controvérsias, como a mediação e a conciliação, mencionando a possibilidade em diversas passagens, a fim de fomentar a prática não adversarial de solução de disputas. **4. O sistema multiportas.** O § 3º traz três relevantes aspectos sobre a aplicação da consensualidade. Inicialmente prevê o uso da conciliação, da mediação e de outros métodos de solução consensual de conflitos. Trata-se da consagração da Política Judiciária Nacional de tratamento dos conflitos de interesses, originalmente instituída pelo CNJ por meio da Resolução 125/2010, que chamou para o Poder Judiciário a responsabilidade de incrementar as atividades de conciliação e mediação como mecanismos legítimos de resolução de controvérsias pré-processuais ou judicializadas. Tem-se, ainda, a Lei 13.140/15, chamada de Lei de Mediação, que regulamenta de forma ampla o uso da mediação nas esferas pública e privada. Como se vê, há um microssistema de meios apropriados de solução de conflitos, seguindo, assim, uma tendência mundial. Em segundo lugar, ao impor aos juízes, advogados, defensores públicos e membros do Ministério Público o estímulo aos meios consen-

---

291. Art. 3º Não se excluirá da apreciação jurisdicional ameaça ou lesão a direito.
§ 1º É permitida a arbitragem, na forma da lei.
§ 2º O Estado promoverá, sempre que possível, a solução consensual dos conflitos.
§ 3º A conciliação, a mediação e outros métodos de solução consensual de conflitos deverão ser estimulados por juízes, advogados, defensores públicos e membros do Ministério Público, inclusive no curso do processo judicial.
292. CABRAL, Trícia Navarro Xavier. *Comentários ao art. 3º, do CPC.* App CPC Anotado, Brasília, 24 ago. 2017.

suais de resolução de controvérsias, o CPC exige uma verdadeira mudança de postura pelos principais condutores do processo, para que passem a priorizar a utilização dos métodos autocompositivos. Em terceiro lugar, a norma reforça que, embora a solução consensual do conflito possa ocorrer no âmbito extrajudicial, a existência de processo judicial em curso não deve ser empecilho para que se lance mão das técnicas adequadas de tratamento da controvérsia.

7.2 Artigo 149[293] do CPC[294]

O nosso sistema de justiça precisa ter seu funcionamento impulsionado e instrumentalizado por diversos sujeitos processuais, legitimados a realizarem os atos do processo, ao longo do procedimento, como o juiz, as partes e os auxiliares da justiça, sendo todos imprescindíveis à eficiência do Poder Judiciário.

Os auxiliares da Justiça desempenham funções-meio que viabilizam a função-fim do Poder Judiciário, que é a prestação da tutela jurisdicional[295]. Trata-se de tarefas de colaboração com as atividades do juiz e exercidas sob a sua direção. São sujeitos com atribuições e responsabilidades estabelecidas no Código de Processo Civil e também determinadas pelas normas de organização judiciária. Além disso, exercem atividades dentro e fora do processo, cumprindo os encargos que lhes são incumbidos pelos órgãos jurisdicionais.

O art. 149 elenca os seguintes auxiliares da Justiça: o escrivão, o chefe de secretaria, o oficial de justiça, o perito, o depositário, o administrador, o intérprete, o tradutor, o mediador, o conciliador judicial, o partidor, o distribuidor, o contabilista e o regulador de avarias. Denota-se que o rol é mais amplo em relação ao que constada no Código revogado, uma vez que inclui o chefe de secretaria, o tradutor, o mediador e o conciliador judicial, o partidor, o distribuidor, o contabilista e o regulador de avarias. Não obstante, a relação de auxiliares identificada é meramente exemplificativa, já que o próprio dispositivo autoriza que, por meio de normas de organização judiciária, outros auxiliares sejam chamados para dar apoio às tarefas jurisdicionais.

Durante os trabalhos legislativos havia a previsão de um importante auxiliar da Justiça: o assessor. Com a denominação de assessoria direta, ela foi retirada do projeto da Câmara, de modo que acabou não sendo contemplada pelo texto final do CPC/15. Os

---

293. Capítulo III

    Dos auxiliares da Justiça

    Art. 149. São auxiliares da Justiça, além de outros cujas atribuições sejam determinadas pelas normas de organização judiciária, o escrivão, o chefe de secretaria, o oficial de justiça, o perito, o depositário, o administrador, o intérprete, o tradutor, o mediador, o conciliador judicial, o partidor, o distribuidor, o contabilista e o regulador de avarias.

294. CABRAL, Trícia Navarro Xavier. Art. 149, do CPC – Dos Auxiliares Da Justiça. In: SARRO, Luís Antônio Giampaulo; CAMARGO, Luiz Henrique Volpe; LUCON, Paulo Henrique dos Santos. (Org.). *Código de Processo Civil anotado e comentado*. São Paulo: Rideel, 2020, v. 1, p. 119-120.

295. BUENO, Cassio Scarpinella Bueno. *Curso sistematizado de direito processual civil, v. 1*: teoria geral do direito processual civil: parte geral do código de processo civil. 9. ed. São Paulo: Saraiva Educação, 2018, p. 598.

motivos da exclusão foram: a) a possível inconstitucionalidade, em razão de a jurisdição ser indelegável; e b) a falta de detalhamento das atribuições e das responsabilidades, ao contrário do que ocorreu com os demais auxiliares da justiça. Na prática forense, a presença do assessor judicial é cada vez mais notada em todos os graus de jurisdição, exercendo funções de elevada importância no auxílio do juiz, seja em relação ao suporte jurídico, seja em relação às atividades de gestão da unidade judiciária, de modo que não se mostrou razoável a sua exclusão pelo legislador.

Todos os auxiliares da Justiça devem atuar com impessoalidade e imparcialidade, sujeitando-se às hipóteses de impedimento e suspeição, nos termos do art. 148, II, do CPC.

A doutrina também procurou classificar os auxiliares da Justiça. Cândido Rangel Dinamarco e Bruno Vasconcelos Carrilho Lopes utilizam como critério o vínculo funcional com o Poder Judiciário. Assim, os *auxiliares permanentes* seriam os servidores públicos, que integram os quadros judiciais, como o escrivão ou chefe de secretaria, oficial de justiça, o distribuidor, o contador judicial, o partidor judicial, o depositário público e o administrador-depositário. Já os *auxiliares eventuais* da Justiça seriam subdivididos em: a) auxiliares de encargo judicial, que são chamados a prestar seus serviços em casos específicos, como o perito, o avaliador, o administrador, o inventariante etc.; e b) órgãos extravagantes, que são entidades públicas ou privadas que recebem o encargo do juiz de prestar alguns serviços específicos, como é o caso dos Correios, Polícia Militar etc.[296]. De outra banda, Leonardo Greco classifica os sujeitos pela sua imprescindibilidade de atuação nos processos, categorizando os auxiliares em obrigatórios, eventuais e probatórios. Os obrigatórios seriam os responsáveis pela operacionalização das atividades do órgão jurisdicional, atuando continuamente em todo e qualquer processo, como o escrivão, chefe de secretaria, o oficial de justiça. Já os eventuais seriam os que não fossem imprescindíveis em todos os processos, ou seja, sem função habitual, como os contadores judiciais, o depositário, o intérprete ou tradutor. Por sua vez, os probatórios seriam os terceiros sem interesse direto na causa, e que colaboram na elucidação de fatos relevantes para o julgamento, como são as testemunhas e os peritos.[297]

7.3 Comentários aos artigos 165 a 175 do CPC

7.3.1 Artigo 165[298]

1. O sistema multiportas de solução de conflitos. O CPC/15 estabelece como uma de suas premissas o incentivo ao uso dos métodos consensuais de solução de conflitos,

---

296. DINAMARCO, Cândido Rangel; LOPES, Bruno Vasconcelos Carrilho. *Teoria geral do novo processo civil*. 3. ed., revista e atualizada. São Paulo: Malheiros, 2018, p. 96-100.

297. GRECO, Leonardo. *Instituições de processo civil* (Introdução ao Direito Processual Civil – v. I). 5. ed. revista, atualizada e ampliada. Rio de Janeiro: Forense, 2015, p. 248-254.

298. Seção V
Dos Conciliadores e Mediadores Judiciais

como a mediação e a conciliação, na forma do artigo 3º, §§ 2º e 3º, inserido no capítulo inicial que trata das normas fundamentais do processo civil, e, ainda, menciona o tema em diversas passagens do Código, visando fomentar a prática não adversarial de resolução de disputas. Posteriormente, foi publicada a Lei 13.140/15, chamada de Lei de Mediação, que regulamenta a mediação nas esferas pública e privada. Trata-se da consagração da Política Judiciária Nacional de tratamento dos conflitos de interesses, originalmente instituída pelo CNJ por meio da Resolução 125/2010, que chamou para o Poder Judiciário a responsabilidade de incrementar as atividades de conciliação e mediação como mecanismos legítimos de resolução de controvérsias pré-processuais ou judicializadas. Esta Resolução foi recentemente alterada pela Emenda 2, de 08/03/2016, compatibilizando-a às novas legislações, formando um microssistema de meios apropriados de solução de conflitos, seguindo, assim, uma tendência mundial[299], já desenvolvida em diversos ordenamentos jurídicos.

2. Estrutura judiciária de solução apropriada de disputas. A implementação da conciliação e mediação no âmbito judicial demandou a criação de uma estrutura própria, capaz de atender com eficiência o modelo de Justiça Multiportas, que permite que os litígios sejam resolvidos por mecanismos que não se resumem à imposição de um provimento judicial. Com efeito, no âmbito do Poder Judiciário, o aparato legislativo envolvendo o tema exigiu a formatação de um ambiente específico para atender a essas novas formas de resolução de conflitos, o que inclui a necessidade de regulamentações internas pelos tribunais, a adaptação de espaço físico e a capacitação de pessoal para atuarem na solução de controvérsias pré-processuais e judiciais. Os tribunais também poderão homologar os acordos formulados extrajudicialmente, transformando-os em título executivo judicial, o que se dará preferencialmente nos Cejuscs ("Centros"). Nesse contexto, aos conciliadores e mediadores judiciais foi atribuída a qualidade de auxiliares da justiça (art. 149), estando sujeitos, inclusive, aos motivos de impedimento e suspeição (art. 148, II). E para desenvolver a Política Judiciária local de tratamento

---

Art. 165. Os tribunais criarão centros judiciários de solução consensual de conflitos, responsáveis pela realização de sessões e audiências de conciliação e mediação e pelo desenvolvimento de programas destinados a auxiliar, orientar e estimular a autocomposição.

§ 1º A composição e a organização dos centros serão definidas pelo respectivo tribunal, observadas as normas do Conselho Nacional de Justiça.

§ 2º O conciliador, que atuará preferencialmente nos casos em que não houver vínculo anterior entre as partes, poderá sugerir soluções para o litígio, sendo vedada a utilização de qualquer tipo de constrangimento ou intimidação para que as partes concilie.

§ 3º O mediador, que atuará preferencialmente nos casos em que houver vínculo anterior entre as partes, auxiliará aos interessados a compreender as questões e os interesses em conflito, de modo que eles possam, pelo restabelecimento da comunicação, identificar, por si próprios, soluções consensuais que gerem benefícios mútuos.

299. Nos Estados Unidos, o assunto é tratado por: MOORE, Christopher W. *The Mediation Process* – Practical Strategies for Resolving Conflict. 3rd Edition. San Francisco: Jossey-Bass, 2003. Ver ainda: CHASE, Oscar G. I metodi alternativi di soluzione dele controversie e la cultura del processo: il caso degli Stati Uniti D'America. In: VARANO, Vincenzo (Org.). *L'altragiustizia*: il metodi alternativi di soluzione dele controversie nel diritto comparato. Milano: Dott. A. Giuffrè Editore, p. 129-156, 2007.

adequado de conflitos, o art. 7º da Resolução 125 criou o Núcleo Permanente de Métodos Consensuais de Solução de Conflitos ("Núcleo") composto por magistrados da ativa ou aposentados e servidores, transformando-se em uma espécie de "cérebro autocompositivo" do tribunal, pois a ele compete promover a capacitação de magistrados e servidores em gestão de processos autocompositivos, bem como de mediadores e conciliadores – seja dentre o rol de servidores, seja com voluntários externos. De igual modo, compete ao Núcleo instalar os Centros Judiciários de Solução de Conflitos e Cidadania, bem como planejar de forma centralizada a implantação dessa política pública no respectivo tribunal. Estes Centros Judiciários de Solução de Conflitos e Cidadania ("Centros"), também conhecidos como Cejuscs, foram instituídos pelo art. 8º da Resolução em comento, tendo como principal objetivo a realização das sessões de conciliação e mediação do tribunal, inclusive as pré-processuais, ou seja, quando ainda não houve distribuição para Varas. Registre-se, todavia, que mesmo as demandas já distribuídas podem ser encaminhadas para os Cejuscs com o objetivo de apoiar os Juízos, Juizados e Varas na realização de conciliações e mediações de qualidade. Por esse motivo, o Cejusc é tratado como sendo o "corpo autocompositivo" do tribunal. Por conseguinte, no procedimento judicial, tanto o CPC/15 (art. 165) quanto a Lei de Mediação (art. 24) estabelecem a necessidade de os tribunais criarem Cejuscs, cuja composição e organização serão definidas pelo próprio tribunal, seguindo orientações do CNJ[300]. Essas atividades de conciliação e mediação também podem contar com a participação de uma rede constituída por todos os órgãos do Poder Judiciário e por parcerias entre entidades públicas e privadas, inclusive universidades e instituições de ensino.

3. Distinção entre conciliação e mediação. O Código também se preocupou em fazer diferenciações entre a atividade do conciliador e mediador, usando, como principal critério de definição da escolha do método autocompositivo adequado, a existência de vínculo anterior entre as partes. Na conciliação (§ 2º), apropriada para as relações sem vínculo de continuidade, o conflito é tratado pelo conciliador de modo a atender apenas aos interesses imediatos das partes, fazendo com que o alcance da autocomposição encerre a disputa, sem priorizar o relacionamento entre as partes envolvidas, sendo vedado qualquer tipo de constrangimento ou intimidação para que o acordo seja alcançado. Assim, a conciliação é mais indicada para conflitos consumeristas, acidente de trânsito, empresariais etc. Já a mediação (§ 3º) é o método adequado de resolução de conflitos em que haja vínculo anterior entre as partes. O mediador, na qualidade de terceiro imparcial e devidamente capacitado, auxilia e estimula os interessados a identificarem ou a desenvolverem, por si próprios, soluções consensuais que gerem benefícios mútuos. Desse modo, na mediação as próprias partes constroem, em conjunto, um sistema de decisão, satisfazendo a todos os envolvidos e oxigenando as relações

---

300. Para este fim, o CNJ criou um "Guia de Conciliação e Mediação: orientações para implantação de CEJUSCs", com o passo a passo das etapas necessárias para a facilitação e padronização desses órgãos. Disponível em: http://www.cnj.jus.br/files/conteudo/destaques/arquivo/2015/06/1818cc2847ca50273fd110eafdb8ed05.pdf. Acesso em: 18.08.2015.

sociais, com a participação de um terceiro intermediando ou facilitando o alcance do entendimento. O instituto é mais adequado aos conflitos familiares, de vizinhança, escolar etc. Registre-se que o CPC/15, embora não tenha estabelecido um conceito próprio para a mediação, ao dispor sobre a atuação do mediador no artigo 165, § 3º, acabou estipulando alguns contornos para a aplicação da mediação, que são: a) casos em que houver vínculo anterior entre as partes; b) auxilia a compreender as questões e os interesses em conflito; c) busca o restabelecimento da comunicação; d) possibilita que as próprias partes identifiquem soluções consensuais que gerem benefícios mútuos. Denota-se, pois, que a conciliação tem aspectos diferentes da mediação, e que esta última exige mais detalhamento do legislador, além de uma capacitação mais elevada do mediador. Isso porque a mediação possui finalidades e formalidades próprias e trata o pano de fundo do conflito, visando não só resolvê-lo, mas também restabelecer vínculos afetivos ou de convivência entre as partes.

7.3.2 Artigo 166[301]

1. Princípios da conciliação e da mediação. Para a devida análise dos princípios fundamentais que regem a conciliação e a mediação, é necessária a conjugação de três referências legislativas: o art. 166, a Lei de Mediação (13.140/15), e o Código de Ética dos conciliadores e mediadores previsto no Anexo III, da Resolução 125/2010, do CNJ, sendo que somente este último traz o conceito dos princípios por ele arrolados.[302] O art. 166, *caput*, do CPC/15 estipula sete princípios, enquanto a Lei de Mediação (13.140/15) estabelece oito, havendo coincidência em relação a cinco: imparcialidade, oralidade, informalidade, autonomia da vontade e confidencialidade.   Nota-se que os princípios da independência e decisão informada só foram contemplados pelo CPC/15, enquanto os princípios da isonomia, busca do consenso e boa-fé foram arrolados somente pela Lei de Mediação (13.140/15). Já o art. 1º, do Anexo III, da Resolução 125/2010, do CNJ, prevê oito princípios e garantias da conciliação e mediação judiciais, acrescentando aos já mencionados: o da competência, respeito à ordem e às leis vigentes, empoderamento e validação. Em que pese às preferências legislativas, existe entre estas normas uma relação de complementariedade, formando um complexo de princípios que rege

---

301. Art. 166. A conciliação e a mediação são informadas pelos princípios da independência, da imparcialidade, da autonomia da vontade, da confidencialidade, da oralidade, da informalidade e da decisão informada.

§ 1º A confidencialidade estende-se a todas as informações produzidas no curso do procedimento, cujo teor não poderá ser utilizado para fim diverso daquele previsto por expressa deliberação das partes.

§ 2º Em razão do dever de sigilo, inerente às suas funções, o conciliador e o mediador, assim como os membros de suas equipes, não poderão divulgar ou depor acerca de fatos ou elementos oriundos da conciliação ou da mediação.

§ 3º Admite-se a aplicação de técnicas negociais, com o objetivo de proporcionar ambiente favorável à autocomposição.

§ 4º A mediação e a conciliação serão regidas conforme a livre autonomia dos interessados, inclusive no que diz respeito à definição das regras procedimentais.

302. Cf. http://www.cnj.jus.br/images/atos_normativos/resolucao/resolucao_125_29112010_11032016162839. pdf. Acesso em: 23/07/2016.

a conciliação e a mediação e que deverá ser fruto de uma interpretação sistemática pelo aplicador do direito.

1.1. Princípio da independência. O conciliador ou mediador deve atuar com liberdade, sem sofrer qualquer pressão interna ou externa, podendo o facilitador recusar, suspender ou interromper a sessão se ausentes as condições necessárias para o seu bom desenvolvimento, bem como deixar de redigir acordo que for ilegal ou inexequível.

1.2. Princípio da imparcialidade. É o dever de agir com ausência de favoritismo, preferência ou preconceito, assegurando que valores e conceitos pessoais não interfiram no resultado do trabalho, compreendendo a realidade dos envolvidos no conflito e jamais aceitando qualquer espécie de favor ou presente. O dever de isenção, contudo, não significa a inércia do conciliador ou mediador, que podem e devem dispor de todas as técnicas negociais adquiridas no curso de capacitação para auxiliar as partes no alcance do entendimento.

1.3. Princípio da autonomia da vontade. Também conhecido como princípio da liberdade ou da autodeterminação, pode ser entendido como uma forma de exercício do poder de autorregramento, ou seja, contempla a disponibilidade sobre atos pelas partes, o que inclui a própria aceitação em participar ou permanecer na sessão, a escolha e a quantidade de conciliador ou mediador, a remuneração pelas atividades, as regras de procedimento etc. Importante lembrar que o CPC/15 procurou democratizar a relação jurídica processual, estabelecendo um equilíbrio na atuação dos sujeitos processuais, especialmente incrementando o exercício da autonomia da vontade das partes dentro do processo, a fim de que as condutas dos demandantes sejam harmonizadas com a atuação do juiz. E nesse contexto, a resolução do conflito pela autocomposição pode ser entendida como uma forma de exercício do poder de autorregramento, uma vez que disponibiliza às partes a opção pela realização de conciliação e mediação, ao lado da solução adjudicada, ou seja, imposta pelo juiz.

1.4. Princípio da confidencialidade. É o dever de o facilitador manter sigilo sobre todas as informações obtidas na sessão, salvo autorização expressa das partes, violação à ordem pública ou às leis vigentes, não podendo ser testemunha do caso, nem atuar como advogado dos envolvidos, em qualquer hipótese. O art. 166, § 1º, do CPC/15 diz que a confidencialidade abrange todas as informações produzidas no curso do procedimento, sendo que o teor ali produzido só poderá ser usado para fins diversos com autorização expressa das partes. Por sua vez, o § 2º do mesmo artigo estabelece que, em razão do sigilo, o conciliador ou mediador e os membros de sua equipe não poderão divulgar fatos ou elementos decorrentes da mediação. Já os artigos 30 e 31 da Lei de Mediação (13.140/15) tratam da confidencialidade de forma extensiva, abrangendo todas as informações, incluindo todos os participantes, e impedindo, inclusive, que os dados sejam utilizados como prova em processo de arbitragem ou judicial, excetuando, apenas, as informações de ordem tributária, aplicando-se, ainda, às sessões privadas. O princípio da confidencialidade é de suma importância para a credibilidade da conciliação e da mediação, pois permite que os participantes exponham os verdadeiros motivos do conflito, possibilitando o alcance de soluções mais próximas dos reais interesses das partes. Por isso, é primordial que seja estabelecida uma relação de confiança entre as partes e os facilitadores e no procedimento em si, fazendo com que este diferencial gere, inclusive, uma eficiência e preferência no uso dos referidos mecanismos de solução de controvérsias. Contudo, o princípio não é absoluto e comporta exceções, cujo rol é apenas exemplificativo: a) quando as partes dispensarem o sigilo e expressamente autorizarem a revelação dos dados das sessões; e b) quando houver violação à ordem pública ou às leis vigentes, como a prática de crimes durante o processo autocompositivo. De qualquer forma, é importante que todos os fatos sejam comunicados às partes e registrados em ata, para a tomada das providências cabíveis.

1.5. Princípio da oralidade. O conciliador ou mediador deve conduzir as sessões utilizando-se de habilidades comunicativas capazes de induzir ao diálogo entre as partes e estabelecer a confiança no facilitador, criando um ambiente propício ao alcance do acordo. Com efeito, a oralidade permeia quase todas as etapas das sessões de conciliação ou mediação, com o uso, pelo auxiliar, das técnicas adquiridas no curso de formação. Aliás, a qualidade e o sucesso dos métodos apropriados de resolução de disputas estão diretamente relacionados à forma de condução das conversas pelo profissional. Isso não significa que ele não possa se valer de anotações sobre o desenvolvimento do procedimento ou sobre os avanços das tratativas, mas a única fase efetivamente escrita será a do registro das soluções encontradas, com a redação e assinatura do acordo, sendo que a redação deve ser clara, simples, objetiva, e com uma linguagem acessível à compreensão dos envolvidos. Importante ressaltar ainda que, embora no âmbito extrajudicial seja possível um acordo sem registro e sem homologação, na esfera judicial a forma escrita do ato é imprescindível para possibilitar a sua homologação pelo juiz e eventual execução em caso de inadimplemento da obrigação.

1.6. Princípio da informalidade. É o dever de condução do processo autocompositivo utilizando-se de postura e linguagem não autoritárias, criando o estímulo ao diálogo. O ambiente que envolve o processo de conciliação ou mediação é fundamental para que as partes se sintam à vontade para alcançarem a confiança no processo. Assim, a adequação do espaço físico, o tom informal do profissional, o uso de linguagem apropriada para os diferentes tipos de partes, e a flexibilização do procedimento são fatores que afetam sobremaneira a qualidade das sessões e proporcionam mais eficiência na composição do conflito. Essa informalidade, porém, não retira a autoridade do facilitador, que será obtida pelo nível de relacionamento e confiança estabelecidos com as partes. Também não significa que todos os envolvidos na sessão não precisem se preocupar com uma adequada postura profissional, que possibilite o regular desenvolvimento dos trabalhos.

1.7. Princípio da decisão informada. É o dever de manter o jurisdicionado plenamente informado quanto aos seus direitos e ao contexto fático no qual está inserido. O processo de conciliação ou mediação envolve diversas etapas procedimentais e uma delas consiste em fornecer instruções e explicações sobre o que constitui a conciliação

CAPÍTULO IV • JUSTIÇA ESTATAL **273**

ou mediação, quais são suas fases, os métodos de trabalho, as garantias e os benefícios, contribuindo para o devido empoderamento das partes. Ressalte-se que o fato de o facilitador não possuir formação jurídica não compromete este princípio, já que a simples informação quanto aos direitos se refere ao próprio processo autocompositivo e não se confunde com assessoria jurídica.

2. Aplicação de técnicas negociais. O art. 166, § 3º do CPC/15 autoriza a aplicação de técnicas negociais para proporcionar ambiente favorável à autocomposição, o que inclui desde a arrumação do local, a preparação para o início da sessão, a recepção das partes com empatia, passando pela identificação das questões e interesses, o tipo de linguagem adotada, a escuta ativa, a forma de condução dos diálogos, a realização de sessões individuais (*caucus*), o controle eficiente da participação do advogado, a resolução de questões e o registro das soluções encontradas, entre outros possíveis comportamentos. Essas técnicas ou estratégias de atuação são adquiridas nos cursos de capacitação e aperfeiçoamento, e estimulam a competência autocompositiva do conciliador ou mediador, inclusive se ele for de outras áreas do conhecimento, estabelecendo o *rapport*, ou seja, uma relação de confiança necessária para o regular e eficaz desenvolvimento do processo de resolução do conflito.

3. Autonomia das partes. O § 4º, do art. 167, do CPC/15 estabelece a livre autonomia das partes sobre as regras procedimentais, o que, sem dúvida, é um atrativo para o uso da conciliação e mediação. São normas dirigidas às partes e não ao juiz ou ao auxiliar da justiça, e que permitem a flexibilização do processo autocompositivo (forma e conteúdo) para adequá-lo as particularidades da causa, objetivando à solução adequada do conflito. Sobre o tema, há dois Enunciados aprovados no VII FPPC (Fórum Permanente de Processualistas Civis) de São Paulo, que são: *576. (arts. 166, §4º; 354, parágrafo único) Admite-se a solução parcial do conflito em audiência de conciliação ou mediação. (Grupo: Mediação e Conciliação (CPC e Lei 13.140/2015) e 577. (arts. 166, §4º; 696; art. 2º, II e V da Lei 13.140/2015) A realização de sessões adicionais de conciliação ou mediação depende da concordância de ambas as partes. (Grupo: Mediação e Conciliação (CPC e Lei 13.140/2015).*

7.3.3 Artigo 167[303]

1. Os cadastros de conciliadores, mediadores e câmaras privadas. Os cadastros de conciliadores e mediadores mencionados no art. 167 também foram tratados no art. 12 Lci 15.140/15 e nos arts. 6º, IX e 7º, § 3º, da Resolução 125/2010 do CNJ. São dois

---

303. Art. 167. Os conciliadores, os mediadores e as câmaras privadas de conciliação e mediação serão inscritos em cadastro nacional e em cadastro de tribunal de justiça ou de tribunal regional federal, que manterá registro de profissionais habilitados, com indicação de sua área profissional.

§ 1º Preenchendo o requisito da capacitação mínima, por meio de curso realizado por entidade credenciada, conforme parâmetro curricular definido pelo Conselho Nacional de Justiça em conjunto com o Ministério da Justiça, o conciliador ou o mediador, com o respectivo certificado, poderá requerer sua inscrição no cadastro nacional e no cadastro de tribunal de justiça ou de tribunal regional federal.

cadastros: um nacional criado pelo CNJ e outro criado pelos tribunais de justiça ou tribunais regionais federais. Os conciliadores e mediadores poderão se inscrever em ambos. No cadastro nacional do CNJ, o sistema será alimentado pelo próprio interessado, com a indicação de seu currículo e sua qualificação, as avaliações dos usuários e também o seu custo. Já no âmbito dos tribunais, os requerimentos de inscrição são direcionados ao Nupemec (Núcleo), responsável pela gestão do cadastro, sendo que os profissionais habilitados serão registrados de acordo com a área de atuação indicada, não sendo necessária a formação em Direito. As câmaras privadas de conciliação e mediação também podem se inscrever nos cadastros. Na realidade, de acordo com o art. 12-C da Resolução 125/2010, do CNJ, o cadastro das câmaras privadas ou outros órgãos semelhantes é obrigatório para as sessões de conciliação ou mediação incidentes a processo judicial, sendo facultativo o cadastro apenas para as sessões pré-processuais (parágrafo único). As câmaras privadas podem ser constituídas por profissionais de diversas áreas do conhecimento e devem ter em seus quadros conciliadores e mediadores capacitados de acordo com as diretrizes do CNJ, para que sejam habilitadas perante o Nupemec do tribunal e indicadas aos Cejuscs, bem como para que seus acordos sejam devidamente homologados. Importante registrar que as câmaras privadas também podem funcionar em parceria com os Procons, Centros de Cidadania, serventias extrajudiciais, empresas privadas, entre outros. Já o art. 12 da Lei de Mediação (13.140/15) prevê que os tribunais devem criar e manter cadastro atualizado dos mediadores habilitados a atuar em mediação judicial, cuja inscrição deve ser requerida (§ 1º), ficando os tribunais responsáveis pela regulamentação do processo de inscrição e desligamento de seus mediadores (§ 2º).

2. Capacitação do conciliador e mediador judicial. O art. 167, § 1º, do CPC/15 dispõe que o conciliador ou mediador judicial deve ter capacitação mínima por meio de curso por entidade credenciada e conforme parâmetros do CNJ em conjunto com o Ministério da Justiça, e, de posse do certificado, requerer sua inscrição no cadastro nacional e no cadastro no tribunal de justiça ou no tribunal regional federal. Trata-se de reprodução de exigência estabelecida no art. 12, da Resolução 125/2010 do CNJ, que condiciona o pedido de inscrição nos cadastros pelos facilitadores à realização do curso de capacitação de acordo com as diretrizes curriculares estabelecidas pelo CNJ (Anexo

---

§ 2º Efetivado o registro, que poderá ser precedido de concurso público, o tribunal remeterá ao diretor do foro da comarca, seção ou subseção judiciária onde atuará o conciliador ou o mediador os dados necessários para que seu nome passe a constar da respectiva lista, a ser observada na distribuição alternada e aleatória, respeitado o princípio da igualdade dentro da mesma área de atuação profissional.

§ 3º Do credenciamento das câmaras e do cadastro de conciliadores e mediadores constarão todos os dados relevantes para a sua atuação, tais como o número de processos de que participou, o sucesso ou insucesso da atividade, a matéria sobre a qual versou a controvérsia, bem como outros dados que o tribunal julgar relevantes.

§ 4º Os dados colhidos na forma do § 3o serão classificados sistematicamente pelo tribunal, que os publicará, ao menos anualmente, para conhecimento da população e para fins estatísticos e de avaliação da conciliação, da mediação, das câmaras privadas de conciliação e de mediação, dos conciliadores e dos mediadores.

§ 5º Os conciliadores e mediadores judiciais cadastrados na forma do caput, se advogados, estarão impedidos de exercer a advocacia nos juízos em que desempenhem suas funções.

§ 6º O tribunal poderá optar pela criação de quadro próprio de conciliadores e mediadores, a ser preenchido por concurso público de provas e títulos, observadas as disposições deste Capítulo.

I), podendo ocorrer, ainda, por meio de parcerias feitas pelos tribunais. Assim, todos os conciliadores, mediadores e outros especialistas em métodos consensuais de solução de conflitos deverão submeter-se aos cursos de capacitação, treinamento, aperfeiçoamento permanente e avaliação do usuário, o que inclui o estágio supervisionado, para a obtenção da certificação. Já o tratamento dos mediadores judiciais na Lei de Mediação (13.140/15) é de complementariedade, sendo que o artigo 11 estabelece como requisitos para ser mediador apenas que a pessoa seja capaz e graduada há dois anos em curso de ensino superior reconhecido pelo Ministério da Educação, com capacitação em mediação pela Enfam (Escola Nacional de Formação e Aperfeiçoamento de Magistrados) ou pelos tribunais, observados os requisitos mínimos fixados pelo CNJ. Registre-se que não há exigência de formação em Direito, o que na prática pode criar algumas dificuldades na formulação do acordo e, consequentemente, ensejar problemas na eventual execução. Daí a importância de que as partes estejam assistidas por advogado ou Defensor Público, minimizando possíveis descompassos jurídicos. As câmaras privadas também podem oferecer o serviço de capacitação de conciliadores e mediadores, desde que sigam os parâmetros curriculares estabelecidos no Anexo I, da Resolução 125/10, do CNJ. Tanto as câmaras privadas como seus facilitadores devem atender ao Código de Ética do CNJ e estão sujeitos a sanções pelo cometimento de eventual infração.

3. A utilização dos cadastros pelos tribunais. Após o registro, que poderá ser precedido de concurso público, o tribunal remeterá ao diretor do foro da comarca, seção ou subseção judiciária onde atuará o conciliador ou o mediador, os dados necessários para que seu nome passe a constar da respectiva lista, a ser observada na distribuição alternada e aleatória, respeitado o princípio da igualdade dentro da mesma área de atuação profissional (art. 167, § 2°). A opção legislativa pela distribuição alternada e aleatória tem por objetivo dividir de forma equânime a força de trabalho entre os profissionais cadastrados. Trata-se de critério objetivo que deve ser observado pelo tribunal, salvo a hipótese de escolha, de comum acordo, do conciliador ou mediador pelas partes (art. 168, CPC/15).

4. A alimentação e o controle dos cadastros. O credenciamento dos conciliadores, mediadores e câmaras privadas deve conter todos os dados relevantes para a sua atuação, tais como: o número de processos de que participou, o sucesso ou insucesso da atividade, a matéria sobre a qual versou a controvérsia, bem como outros dados que o tribunal julgar relevantes em regulamentação própria, para fins de classificação sistemática e publicação ao menos anualmente da relação para fins estatísticos e avaliação pela sociedade (§ 4°). A medida visa conferir a transparência e permitir o controle externo das atividades do tribunal e também sobre a atuação dos facilitadores. Saliente-se que, para fins de avaliação da qualidade do conciliador ou mediador, os dados numéricos devem ser considerados criteriosamente, pois nem sempre expressam o real valor do profissional em termos qualitativo.

5. O cadastramento de advogados e causas de impedimento. Alvo de grande polêmica, o art. 167, § 5°, do CPC/15 estabelece que os advogados, cadastrados como conciliadores ou mediadores na forma do *caput*, estariam impedidos de exercer a advocacia nos juízos em que desempenham suas funções. Não obstante, em Seminário realizado no mês de agosto de 2015 em Brasília intitulado "O Poder Judiciário e o Novo Código de Processo Civil", foi aprovado o Enunciado 60 que diz: "À sociedade de advogados a que pertença o conciliador ou mediador aplicam-se os impedimentos de que tratam os arts. 167, § 5º, e 172 do CPC/2015". A discussão gira em torno da extensão da expressão *juízo*, ou seja, se o impedimento se refere, apenas, à unidade judiciária ou se abrangeria toda a Comarca, e o receio é o de que o advogado, ao exercer a atividade de auxiliar da justiça, se tornaria pessoa de muita proximidade com o juiz da unidade judiciária, comprometendo a imparcialidade do magistrado e maculando o exercício da advocacia no local. Contudo, uma interpretação descontextualizada do dispositivo poderia inviabilizar a atuação dos advogados como conciliadores ou mediadores, especialmente em Comarcas menores, pois o profissional teria que escolher entre o exercício da advocacia e a atuação como facilitador. Diante dessa controvérsia, foi aprovado no II Fonamec de 22 de outubro de 2015 o Enunciado 47, prevendo que não se aplica aos advogados atuantes nas Comarcas o impedimento do art. 165, § 5º, do CPC/15, uma vez que o conciliador ou mediador cadastrados não se vinculam ao juízo do processo, mas ao Cejusc, órgão sem caráter de jurisdição *strictu sensu*. Com isso, a melhor interpretação é a de que o advogado somente estará impedido de atuar nas causas em que funcionou como conciliador ou mediador, ou pelo período de 1 (um) ano, nos termos do art. 172, mas a vedação não poderá abranger demandas de natureza diversa, envolvendo outras partes, ainda que tramitem perante o mesmo juízo em que atuou. Consequentemente, não se trataria de outro impedimento propriamente dito, mas somente de reforço legislativo à observância de um sistema protetivo da função do conciliador ou mediador, para que não haja questionamentos quanto à sua imparcialidade, preservando-se, ainda, a confidencialidade inerente à sua atuação.

6. Formas de se tornar conciliador ou mediador judicial. Diante das diferentes realidades dos tribunais, o § 6º, do art. 167, do CPC/15, previu que eles poderão optar pela criação de quadro próprio de conciliador ou mediador, a ser preenchido por concurso público. Assim, o conciliador ou mediador integrariam a estrutura judiciária permanentemente, cuja atribuição deverá ser, se não específica, mas ao menos com atuação exclusiva nos Cejuscs para justificar a capacitação exigida. Registre-se que o art. 7º, § 4º, da Resolução 125/2010 do CNJ, estabelece que a admissão por concurso é medida excepcional, quando inexistente ou insuficiente o quadro de conciliadores e medicadores atuando como auxiliares da justiça.

7.3.4 Artigo 168[304]

1. A escolha do conciliador ou mediador pelas partes. Uma das mudanças paradigmáticas do CPC/15 foi o maior prestígio à autonomia de vontade das partes dentro

---

304. Art. 168. As partes podem escolher, de comum acordo, o conciliador, o mediador ou a câmara privada de conciliação e de mediação.

§ 1º O conciliador ou mediador escolhido pelas partes poderá ou não estar cadastrado no tribunal.

CAPÍTULO IV • JUSTIÇA ESTATAL **277**

do processo. E nas atividades de conciliação e mediação não foi diferente. Assim, antes ou durante a demanda judicial as partes poderão firmar negócio jurídico relativo à escolha do conciliador, mediador ou câmara privada que atuará intermediando o diálogo entre elas, que poderá ou não estar cadastrado no tribunal. Trata-se de excelente opção legislativa, já que a relação de confiança entre o facilitador e as partes é fundamental para o bom desenvolvimento do procedimento. Porém, o art. 25 da Lei de Mediação (13.140/15) dispõe que, na *mediação judicial*, os mediadores não estarão sujeitos à prévia aceitação das partes. Não há incompatibilidade entre essas normas. O fato de o sistema judicial possuir uma forma preestabelecida de distribuição de conciliadores e mediadores, não afasta a possibilidade de as próprias partes escolherem, via negócio processual, o profissional que irá atuar na demanda. Assim, se as partes escolherem, de comum acordo, o conciliador, mediador ou a câmara privada, o juiz deverá tomar as providências para garantir que a sessão seja conduzida pelo profissional eleito; caso não haja essa opção pelas partes, o juiz deverá proceder na forma do § 2º, do art. 168, ou seja, mediante distribuição alternada e aleatória (art. 167, § 2º), entre os cadastrados no tribunal, observada a respectiva formação.

2. A presença de mais de um conciliador ou mediador. Dependendo da natureza ou da complexidade do conflito, pode ser recomendável a participação de um coconciliador ou comediador para conduzir o processo autocompositivo. Isso porque algumas disputas envolvem áreas de conhecimento diferentes, de modo a justificar que mais de um conciliador ou mediador conduzam o diálogo entre as partes, permitindo que profissionais com habilidades, técnicas, características e experiências distintas facilitem a negociação e possibilitem a efetiva resolução da disputa, tendo ainda como benefício conferir mais segurança às partes quanto à qualidade do resultado alcançado. Assim, por exemplo, conflitos familiares envolvendo diferentes questões e disputas empresariais ou societárias seriam casos com recomendação de atuação de mais de um facilitador. A necessidade de participação de mais de um profissional pode ser indicada pelo juiz, pelo conciliador ou mediador originário, ou a requerimento das próprias partes, mas em todas as hipóteses será imprescindível a anuência destas últimas, ainda que de forma tácita, conforme dispõe o art. 15, da Lei de Mediação (13.140/15).

7.3.5   Artigo 169[305]

1. Remuneração dos conciliadores e mediadores. A questão da remuneração dos conciliadores e mediadores ainda está em fase de amadurecimento pelos tribunais pátrios, sendo que poucos já definiram de modo definitivo o tipo de vínculo que pre-

---

§ 2º Inexistindo acordo quanto à escolha do mediador ou conciliador, haverá distribuição entre aqueles cadastrados no registro do tribunal, observada a respectiva formação.

§ 3º Sempre que recomendável, haverá a designação de mais de um mediador ou conciliador.

305. Art. 169. Ressalvada a hipótese do art. 167, § 6o, o conciliador e o mediador receberão pelo seu trabalho remuneração prevista em tabela fixada pelo tribunal, conforme parâmetros estabelecidos pelo Conselho Nacional de Justiça.

tendem firmar com esses profissionais. A legislação admite três modelos de vinculação do conciliador ou mediador ao tribunal: a) como voluntário (Lei 9.608/98); b) servidor concursado, nos termos do art. 167, § 6º; e c) com atuação de auxiliar da justiça, estando ou não cadastrado, e remunerado pelas partes, conforme tabela fixada pelo tribunal seguindo os parâmetros do CNJ (art. 13, da Lei 15.140/15). Além disso, as câmaras privadas cadastradas no tribunal – que podem ser escolhidas pelas partes –, oferecem seu corpo de facilitadores e seu espaço físico para realizarem as sessões ou audiências. Nestes casos, a remuneração dos profissionais – conciliadores e mediadores – é tratada diretamente com a câmara, de acordo com a lei de mercado ou por ajuste das partes. Para fins de convênio com o Poder Judiciário, as câmaras devem disponibilizar um percentual de sessões gratuitas para atender aos beneficiados pela assistência judiciária gratuita como contrapartida. No TJSP o percentual é de 20%.[306]

7.3.6   Artigo 170[307]

1. Impedimento e suspeição do conciliador ou mediador. O impedimento e a suspeição do conciliador e do mediador também foram regulamentados. Na Lei de Mediação (13.140/15), o artigo 5º estabelece serem aplicáveis ao mediador as hipóteses de impedimento e suspeição do juiz, acrescentando no parágrafo único que o mediador tem o dever de revelar às partes, antes da aceitação da função, qualquer fato ou circunstância que gere dúvida justificada sobre a sua imparcialidade, momento em que poderá ser recusado por qualquer delas. Já no CPC/15, o art. 148, II dispõe que os motivos de impedimento e de suspeição se aplicam aos auxiliares da justiça, o que inclui o conciliador e o mediador, nos termos do art. 149. Contudo, na seção que trata dos conciliadores e mediadores, o art. 170 e seu parágrafo único mencionam apenas da hipótese do impedimento, não se referindo à suspeição, o que, na prática, poderia gerar questionamentos. Entretanto, a omissão do legislador não gera a exclusão dos casos de suspeição, mas apenas cria procedimento mais específico para o impedimento, justamente em razão de os motivos serem mais graves e objetivamente considerados. Assim, constatado o impedimento, a comunicação deve ser imediata, de preferência por meio eletrônico, devolvendo os autos ao juiz para nova distribuição, ou então, se a

---

§ 1º A mediação e a conciliação podem ser realizadas como trabalho voluntário, observada a legislação pertinente e a regulamentação do tribunal.

§ 2º Os tribunais determinarão o percentual de audiências não remuneradas que deverão ser suportadas pelas câmaras privadas de conciliação e mediação, com o fim de atender aos processos em que deferida gratuidade da justiça, como contrapartida de seu credenciamento.

306. Disponível em: http://www.tjsp.jus.br/Download/Conciliacao/Nucleo/GuiaPraticoMedicaoJudConc.pdf. Acesso em: 23 de maio de 2016.

307. Art. 170. No caso de impedimento, o conciliador ou mediador o comunicará imediatamente, de preferência por meio eletrônico, e devolverá os autos ao juiz do processo ou ao coordenador do centro judiciário de solução de conflitos, devendo este realizar nova distribuição.

Parágrafo único. Se a causa de impedimento for apurada quando já iniciado o procedimento, a atividade será interrompida, lavrando-se ata com relatório do ocorrido e solicitação de distribuição para novo conciliador ou mediador.

CAPÍTULO IV • JUSTIÇA ESTATAL **279**

causa for apurada quando já iniciado o procedimento, a atividade será interrompida, lavrando-se ata com relatório do ocorrido e solicitação de distribuição para novo conciliador ou mediador. Como se vê a lei não deu qualquer margem de postergação ou negociação se a causa for de impedimento, rigidez esta que parece não ser exigida no caso de suspeição, embora recomendada. Importante registrar, ainda, que as regras de impedimento e suspeição também se aplicam às câmaras privadas, nos termos do art. 7º, § 6º, da Resolução 125/2010, do CNJ.

7.3.7   Artigo 171[308]

1. Impossibilidade temporária do exercício da função. Sem correspondência na Lei de Mediação (13.140/15), o art. 171 do CPC/15 traz interessante regra sobre a impossibilidade temporária do exercício da função pelo conciliador ou mediador. Seriam circunstâncias que inviabilizariam a atuação do facilitador, mas cujo afastamento dependeria de iniciativa do próprio conciliador ou mediador. Como exemplos podemos citar situações de sobrecarga de trabalho, problemas pessoais capazes de desestabilizar o facilitador e comprometer a sua atividade, afastamento para cursos ou aperfeiçoamento da própria função exercida, entre outros. O artigo ainda prioriza a comunicação por meio eletrônico, regra em harmonia com os modernos e rápidos meios de informação. Embora não haja parâmetro temporal, cada tribunal poderá regulamentar internamente o tempo de afastamento do conciliador e mediador de suas atribuições, e até criar sanções administrativas para o caso de não retorno ao exercício das funções após o prazo concedido. Durante o período em que perdurar a impossibilidade, não haverá novas distribuições para o conciliador ou mediador, e os casos serão repassados ao demais profissionais cadastrados, nos termos do art. 167, § 2º, do CPC/15.

7.3.8   Artigo 172[309]

1. Impedimento em virtude de atuação do conciliador e mediador. O art. 7º, § 7º, da Resolução 125/2010, do CNJ, o art. 6º da Lei de Mediação (13.140/15) e o art. 172 do CPC/15 preveem que o mediador fica impedido por um ano, a contar do término da última audiência em que atuou, de assessorar, representar ou patrocinar qualquer das partes. A norma objetiva evitar qualquer forma de captação de clientes por parte dos conciliadores ou mediadores em virtude de sua atuação. Saliente-se que o art. 7º, do Código de Ética é ainda mais abrangente e proíbe a prestação de serviços de qualquer natureza aos envolvidos na conciliação/mediação. A "quarentena" de 1 (um) ano foi patronizada pelas legislações que regem o tema, harmonizando, assim, a questão

---

308. Art. 171. No caso de impossibilidade temporária do exercício da função, o conciliador ou mediador informará o fato ao centro, preferencialmente por meio eletrônico, para que, durante o período em que perdurar a impossibilidade, não haja novas distribuições.

309. Art. 172. O conciliador e o mediador ficam impedidos, pelo prazo de 1 (um) ano, contado do término da última audiência em que atuaram, de assessorar, representar ou patrocinar qualquer das partes.

temporal. Além disso, o art. 7º, da Lei de Mediação (13.140/15), diz que é absoluto e permanente o impedimento para que o mediador atue como árbitro ou funcione como testemunha em processos judiciais ou arbitrais pertinentes ao conflito de que tenha participado. Trata-se de mais um dever ético inerente à atividade exercida pelo conciliador ou mediador que, se violado, pode resultar na exclusão do cadastro e no impedimento de atuar nessa função em qualquer órgão do Poder Judiciário nacional, nos termos do art. 8º, do Código de Ética (Anexo III, da Resolução 125/2010, do CNJ).

7.3.9   Artigo 173[310]

1. A exclusão do conciliador ou mediador do cadastro. De acordo com o art. 7º, § 3º da Resolução 125/2010 do CNJ, os tribunais deverão criar e manter o cadastro, e ainda regulamentar o processo de inscrição e de desligamento dos conciliadores, mediadores e câmaras privadas. O art. 3º, do Código de Ética (Anexo III, da Resolução 125/2010, do CNJ) também confere aos tribunais a regulamentação de inclusão e exclusão do cadastro. No mesmo sentido dispôs a Lei de Mediação (13.140/15), no art. 12, delegando aos tribunais a criação do cadastro e a regulamentação sobre inscrição e desligamento. Já o art. 173, do CPC/15, trata de forma mais detalhada as hipóteses de exclusão, indicando duas: a) quando o conciliador ou mediador agir com dolo ou culpa na condução das atividades autocompositivas ou violar os deveres correspondentes; e b) quando o facilitador de diálogo atuar em procedimento de mediação ou conciliação estando impedido ou suspeito. Deve-se, ainda, ser incluída a situação de impossibilidade temporária do exercício da função, do art. 171. Trata-se de situações exemplificativas, podendo existir outras capazes de ensejar a exclusão do cadastro. Ressalte-se que o art. 8º do Código de Ética prevê que a condenação definitiva em processo criminal também resultará na exclusão do cadastro, o que dispensa o processo administrativo. De qualquer modo, em todos os casos de constatação de conduta inadequada dos conciliadores ou mediadores, haverá duas consequências: a) a exclusão do profissional do respectivo cadastro; e b) o impedimento para atuar nesta função em qualquer outro órgão do Poder Judiciário nacional.

2. Instauração do procedimento de apuração de irregularidades. A regulamentação das hipóteses de exclusão do cadastro e da forma de fazê-lo administrativamente foi importante para orientar os tribunais e para padronizar o procedimento. E de acordo art. 8º, parágrafo único, do Código de Ética, qualquer pessoa que venha a ter

---

310. Art. 173. Será excluído do cadastro de conciliadores e mediadores aquele que:

I – agir com dolo ou culpa na condução da conciliação ou da mediação sob sua responsabilidade ou violar qualquer dos deveres decorrentes do art. 166, §§ 1º e 2º;

II – atuar em procedimento de mediação ou conciliação, apesar de impedido ou suspeito.

§ 1º Os casos previstos neste artigo serão apurados em processo administrativo.

§ 2º O juiz do processo ou o juiz coordenador do centro de conciliação e mediação, se houver, verificando atuação inadequada do mediador ou conciliador, poderá afastá-lo de suas atividades por até 180 (cento e oitenta) dias, por decisão fundamentada, informando o fato imediatamente ao tribunal para instauração do respectivo processo administrativo.

conhecimento de conduta inadequada por parte do conciliador ou mediador poderá representar ao juiz do processo ou juiz coordenador, se houver, a fim de que sejam adotadas as providências cabíveis. Note-se que essa representação deve ser feita por escrito, possibilitando o desencadeamento das apurações pelo magistrado, sem prejuízo de este último poder instaurar de ofício o procedimento, caso tenha conhecimento de fatos envolvendo o comportamento indevido do facilitador.

3. Processo administrativo. O § 1º, do art. 173 do CPC/15 é taxativo ao exigir um processo administrativo para averiguação de conduta inadequada do conciliador/mediador, o que se mostra correto, haja vista a qualidade de auxiliar da justiça assumida pela função desempenhada. E este processo administrativo deve ser instaurado pelo próprio tribunal e não pelo Nupemec, Cejusc ou juiz responsável, que apenas informará o fato para a devida apuração, via processo administrativo. Não obstante, dependendo da gravidade da conduta do conciliador/mediador, o próprio juiz responsável, ao tomar conhecimento dos fatos, poderá afastá-lo de suas de suas atividades por até 180 (cento e oitenta) dias, por decisão fundamentada, e, posteriormente, informar as circunstâncias imediatamente ao tribunal para a instauração do respectivo processo administrativo. Trata-se de medida cautelar que objetiva garantir a lisura da continuidade das atividades autocompositivas, e ainda tem o condão de demonstrar ao tribunal o grau de comprometimento da irregularidade para o desempenho das funções.

4. Câmaras privadas de conciliação e mediação ou órgãos semelhantes. Embora o artigo 173 do CPC/15 mencione, apenas, conciliadores ou mediadores, não há dúvidas de que as câmaras privadas de conciliação e mediação ou órgãos semelhantes, devidamente cadastrados no tribunal, bem como seus mediadores e conciliadores, também devem se submeter ao processo administrativo de exclusão do cadastro, por força do art. 12-C, da Resolução 125/2010, do CNJ. Assim, constatada qualquer irregularidade pelo órgão ou por seus componentes, o fato deverá ser comunicado ao juiz competente, para que adote as medidas previstas no art. 173, do CPC/15.

7.3.10   Artigo 174[311]

1. A autocomposição e a Administração Pública. Tanto a Lei de Mediação (13.140/15) quanto o CPC/15 tratam da utilização da mediação e da conciliação em conflitos envolvendo a Administração Pública. Sem dúvida essa previsão legal representa uma quebra de paradigmas envolvendo a possibilidade de disputas que envolvam interesse público também poderem ser resolvidas mediante acordo, com benefícios para todos os envolvidos. A questão, que sempre foi alvo de intensos debates

---

311. Art. 174. A União, os Estados, o Distrito Federal e os Municípios criarão câmaras de mediação e conciliação, com atribuições relacionadas à solução consensual de conflitos no âmbito administrativo, tais como:

I – dirimir conflitos envolvendo órgãos e entidades da administração pública;

II – avaliar a admissibilidade dos pedidos de resolução de conflitos, por meio de conciliação, no âmbito da administração pública;

III – promover, quando couber, a celebração de termo de ajustamento de conduta.

na doutrina, começa a ter uma interpretação mais contemporânea, levando-se em consideração o grau de interesse público envolvido e permitindo que controvérsias transacionáveis, ainda que referentes a direitos indisponíveis, sejam passíveis de autocomposição, sepultando de forma correta restrições injustificáveis e sem efetividade. No CPC/15, o assunto está disposto no artigo 174 do CPC/15, que diz que a União, Estados, Distrito Federal e Municípios criarão câmaras de mediação e conciliação para a resolução de conflitos no âmbito administrativo, exemplificando em três incisos as hipóteses de cabimento. Na Lei de Mediação (13.140/15), a matéria é tratada nos artigos 32 a 40, com um grau de detalhamento bem mais completo, o que confere a segurança jurídica necessária para a aplicação do instituto. Ela aborda a necessidade de criação de órgãos específicos para a mediação, as hipóteses de cabimento, os efeitos processuais, a possibilidade de mediação coletiva, aspectos procedimentais. Não obstante, a Lei de Mediação (13.140/15) regulamenta a transação por adesão nos conflitos entre a Administração Pública, suas autarquias e fundações, disciplinando, inclusive, questões tributárias e de responsabilização de servidores e empregados que participem da composição extrajudicial. De todos os aspectos previstos na Lei em relação à Administração Pública, tem-se que a criação de órgãos especializados para a realização da mediação é medida que se faz imperiosa para garantir a padronização de procedimento e a capacitação dos indicados a atuar nessa espécie de resolução de conflito, o que certamente contribuirá para a uniformização de soluções e, por via reflexa, garantirá a isonomia de tratamento entre os envolvidos. Ademais, as diferentes peculiaridades existentes entre os acordos firmados no âmbito privado e no público devem ser consideradas, especialmente no que diz respeito a aspectos que limitam a atuação da Administração Pública, identificados em três princípios: legalidade (ou da juridicidade), isonomia e publicidade. Sob o viés da legalidade, os acordos envolvendo o Poder Público devem ser devidamente fundamentados, indicando a adequação, a economia e demais parâmetros de regem a atuação de entes públicos, pois se sujeitam a controle interno e externo. No que tange à isonomia, a Administração Pública deve ter a cautela de verificar se a situação controvertida é única existente ou se retrata um conflito coletivo que, em última análise, requer um tratamento isonômico entre os envolvidos, além de seu cumprimento possuir viabilidade técnica e financeiramente. Por último, em relação à publicidade, esta deve ser a regra na resolução consensual dos conflitos envolvendo o Poder Público, sendo a confidencialidade uma exceção que precisa, inclusive, ser juridicamente justificada.[312] Além dessas diferenciações não há dúvidas de que a Administração Pública pode e deve criar parâmetros e critérios objetivos, por meio de regulamentações específicas, capazes de lastrear e legitimar os acordos eventualmente firmados, dando segurança jurídica a todos os envolvidos. O que não pode é a Administração Pública refutar de plano as possibilidades de se

---

312. SOUZA, Luciane Moessa de. Mediação de conflitos e Administração Pública. In: HALE, Durval; PINHO, Humberto Dalla Bernardina de; CABRAL, Trícia Navarro Xavier Cabral (Orgs). *O marco legal da mediação no Brasil*: comentários à lei n 13.140, de 26 de junho de 2015. São Paulo: Atlas, 2016, p. 213-215.

CAPÍTULO IV • JUSTIÇA ESTATAL **283**

resolver conflitos sob a pecha de indisponibilidade do direito ou de falta de previsão legal, o que, infelizmente, tem ocorrido na prática. A boa notícia é que no I Fórum Nacional do Poder Público realizado nos dias 17 e 18 de junho em Brasília, foram aprovados três Enunciados sobre o tema, evidenciando uma mudança de cultura entre os próprios entes envolvidos. São eles: *1. (art. 6º, Lei 13.140/15) Após atuar como mediador ou conciliador no âmbito da Administração Pública, o advogado público não fica impedido de assessorar, representar ou patrocinar o respectivo ente público, senão em relação ao outro participante da mediação e ao seu objeto, cumulativamente. (Grupo: Meios alternativos de solução de conflitos e a Fazenda Pública); 6. (art. 166, Lei 13.105/15; art. 2º, Lei 13.140/15; Lei 12.527/11) A confidencialidade na mediação com a Administração Pública observará os limites da lei de acesso à informação (Grupo: Meios alternativos de solução de conflitos e a Fazenda Pública); 16. (art. 334 § 4º II, art. 3º §2º e art. 5º, Lei 13.105/15; art. 37, Constituição Federal) A Administração Pública deve publicizar as hipóteses em que está autorizada a transacionar. (Grupo: Meios alternativos de solução de conflitos e a Fazenda Pública).* Além disso, também há Enunciado aprovados no VII FPPC (Fórum Permanente de Processualistas Civis) de São Paulo: *573. (arts. 3º, §§ 2º e 3º; 334) As Fazendas Públicas devem dar publicidade às hipóteses em que seus órgãos de Advocacia Pública estão autorizados a aceitar autocomposição. (Grupo: Impacto do novo CPC e os processos da Fazenda Pública).* Por fim, importante registrar que, em alguns casos, será necessária a intervenção do Ministério Público, nos termos do art. 176, do CPC/15.

7.3.11   Artigo 175[313]

1. Conciliação e mediação extrajudiciais. A resolução de conflitos extrajudicialmente, ou seja, no campo privado, terá um papel imprescindível na evolução e na consolidação do uso dos meios autocompositivos de resolução de controvérsias no Brasil. Isso porque, embora o Poder Judiciário seja importante para chancelar, neste momento inicial, a cultura de utilização desses mecanismos, o fortalecimento do âmbito privado poderá absorver parte da atividade de solucionar os conflitos, resolvendo-os integralmente fora do Judiciário e evitando, inclusive, a judicialização, sem prejuízo de as entidades privadas estabelecerem parcerias com a Administração Pública para compartilhar práticas e ensinamentos. Por essa razão, além de regulamentar a prática da conciliação e da mediação no âmbito judicial, o CPC/15 reconhece expressamente a conciliação e a mediação extrajudiciais, passíveis de constituir título executivo extrajudicial (art. 784, IV, CPC/15) ou judicial, caso sejam homologadas (art. 515, III, CPC/15), que são realizadas por órgãos institucionais ou por profissionais independentes, mediante

---

313. Art. 175. As disposições desta Seção não excluem outras formas de conciliação e mediação extrajudiciais vinculadas a órgãos institucionais ou realizadas por intermédio de profissionais independentes, que poderão ser regulamentadas por lei específica.

Parágrafo único. Os dispositivos desta Seção aplicam-se, no que couber, às câmaras privadas de conciliação e mediação.

regulamentação por lei específica. Assim, o instrumento de transação referendado pelo Ministério Público, pela Defensoria Pública, pela Advocacia Pública, pelos advogados dos transatores ou por conciliador ou mediador credenciado pelo tribunal, são exemplos de formas legítimas de autocomposição extrajudicial. Não obstante, conciliadores e mediadores independentes também podem ser escolhidos pelas partes para atuarem na solução do conflito no plano das relações privadas. Surge então, um novo mercado de trabalho, não só para os profissionais autônomos no âmbito do direito privado, mas também para a estrutura da Administração Pública, que poderá criar câmaras de prevenção e resolução administrativa dos conflitos para dirimir controvérsias envolvendo somente os órgãos públicos, ou entre estes e o particular. Registre-se que a resolução extrajudicial da controvérsia pode ocorrer antes, durante ou após o processo judicial, cabendo ao CPC/15 abranger apenas os reflexos judiciais dos acordos eventualmente firmados extrajudicialmente pelas partes. Na Lei de Mediação (15.140/15) a mediação extrajudicial é tratada nos arts. 21 a 23, cujas normas devem ser observadas por todos que se valerem dessa modalidade.

2. Outras formas de autocomposição. A Lei de Mediação (15.140/15) também contempla no art. 42 outras formas de resolução de conflitos, como as mediações comunitárias, escolares, e por serventias extrajudiciais, com exceção da mediação nas relações de trabalho, que será regulada por lei própria. Já o art. 46 autoriza a mediação pela internet ou outro meio de comunicação que permita a transação a distância, como por meio de videoconferência, podendo, inclusive, envolver parte domiciliada no exterior. Atento a essa demanda, o CNJ criou no art. 6º, X, da Resolução 125/2010, o Sistema de Mediação e Conciliação Digital ou a distância para atuação pré-processual de conflitos e, havendo adesão formal pelo tribunal, para atuação em demandas em curso. Trata-se de uma plataforma dirigida aos conflitos de massa, podendo ser utilizada, ainda, em créditos tributários. O objetivo é evitar a judicialização, reduzir o número de processos, e, ainda, quebrar o paradigma da educação contenciosa. A ferramenta funciona aproximando as partes por meio de troca de mensagens e informações virtuais, cujo acordo poderá ser homologado judicialmente. Desse modo, o formato de autocomposição por meio eletrônico, também conhecida como mediação *on-line,* é uma tendência em crescimento, seja pela evolução tecnológica, seja pela facilidade que disponibiliza ao mundo globalizado, especialmente na área comercial.

3. A abrangência dos dispositivos da Seção V. O CPC/15 também se preocupou em assegurar a aplicação dos seus dispositivos sobre a conciliação e mediação às câmaras privadas de conciliação e mediação, garantindo, assim, uma uniformidade mínima de conduta dos facilitadores, principalmente se estiverem atuando na autocomposição incidente a processo judicial em razão de credenciamento no tribunal, na realização de sessões de mediação ou conciliação pré-processuais (art. 12-C da Resolução 125, do CNJ), ou quando escolhidos pelas partes. Além disso, as câmaras privadas se sujeitam aos critérios de inclusão e exclusão do cadastro, previstas nos artigos antecedentes.

CAPÍTULO IV • JUSTIÇA ESTATAL **285**

7.4 Artigo 334[314]

1. Mudança de cultura. A reforma do CPC/2015 foi muito enfática ao prestigiar o tratamento adequado dos conflitos, bem como a sua resolução por meio da autocomposição. E para a concretização dessa nova ideologia, o legislador previu uma série de métodos, princípios, criação de órgãos, capacitação de profissionais, entre outros assuntos disciplinados, na tentativa de implementação de uma nova cultura, focada, acima de tudo, na satisfação dos jurisdicionados. No aspecto procedimental, uma das maiores novidades foi a instituição da audiência inaugural de conciliação ou de mediação, prevista no art. 334, do Código, que conta com doze parágrafos, trazendo diversas disposições sobre o ato e seus aspectos processuais. Porém, o mais emblemático, foi a inversão procedimental do momento dessa audiência para o início do processo, que no CPC/73 ocorria – quando acontecia – somente após a contestação e réplica, o que

---

314. Art. 334. Se a petição inicial preencher os requisitos essenciais e não for o caso de improcedência liminar do pedido, o juiz designará audiência de conciliação ou de mediação com antecedência mínima de 30 (trinta) dias, devendo ser citado o réu com pelo menos 20 (vinte) dias de antecedência.

§ 1º O conciliador ou mediador, onde houver, atuará necessariamente na audiência de conciliação ou de mediação, observando o disposto neste Código, bem como as disposições da lei de organização judiciária. (sem correspondência no CPC/73)

§ 2º Poderá haver mais de uma sessão destinada à conciliação e à mediação, não podendo exceder a 2 (dois) meses da data de realização da primeira sessão, desde que necessárias à composição das partes. (sem correspondência no CPC/73)

§ 3º A intimação do autor para a audiência será feita na pessoa de seu advogado. (sem correspondência no CPC/73)

§ 4º A audiência não será realizada:

I – se ambas as partes manifestarem, expressamente, desinteresse na composição consensual;

II – quando não se admitir a autocomposição.

§ 5º O autor deverá indicar, na petição inicial, seu desinteresse na autocomposição, e o réu deverá fazê-lo, por petição, apresentada com 10 (dez) dias de antecedência, contados da data da audiência. (sem correspondência no CPC/73)

§ 6º Havendo litisconsórcio, o desinteresse na realização da audiência deve ser manifestado por todos os litisconsortes. (sem correspondência no CPC/73)

§ 7º A audiência de conciliação ou de mediação pode realizar-se por meio eletrônico, nos termos da lei. (sem correspondência no CPC/73)

§ 8º O não comparecimento injustificado do autor ou do réu à audiência de conciliação é considerado ato atentatório à dignidade da justiça e será sancionado com multa de até dois por cento da vantagem econômica pretendida ou do valor da causa, revertida em favor da União ou do Estado. (sem correspondência no CPC/73)

§ 9º As partes devem estar acompanhadas por seus advogados ou defensores públicos. (sem correspondência no CPC/73)

§ 10. A parte poderá constituir representante, por meio de procuração específica, com poderes para negociar e transigir. (sem correspondência no CPC/73)

§ 11. A autocomposição obtida será reduzida a termo e homologada por sentença.

§ 12. A pauta das audiências de conciliação ou de mediação será organizada de modo a respeitar o intervalo mínimo de 20 (vinte) minutos entre o início de uma e o início da seguinte. (sem correspondência no CPC/73).

na prática representava anos de litígio sem que as partes tivessem qualquer contato. Como qualquer novidade, a política de solução consensual de controvérsias gerou e gera desconfianças, sendo ainda necessário um longo caminho para que os tribunais de estruturem de forma adequada e para que os profissionais do direito não só encampem a ideia, mas também exijam o cumprimento da lei pelos juízes, que atualmente dispensam a audiência do art. 334, do CPC, sem justificativa plausível.

2. Fundamento do art. 334, do CPC[315]. O formato de resolução dos conflitos sociais no Brasil sempre teve como principal destinatário o processo judicial, por meio do qual as partes, ao final de um longo e custoso procedimento, obtinham uma sentença judicial que definia a questão posta em juízo. Na realidade essa era praticamente a única forma conhecida e disponibilizada aos jurisdicionados. Contudo, diversos fatores sociais, jurídicos e políticos levaram o Poder Judiciário a um escalonamento numérico de processos que acabou comprometendo a própria estrutura judiciária e, por conseguinte, a qualidade das decisões e a satisfação dos consumidores da justiça. Essas circunstâncias levaram diferentes setores a diagnosticar as causas dessa crise instaurada e, também, a encontrar respostas viáveis para tentar amenizar os referidos problemas. E duas iniciativas se mostram bastante necessárias: imprimir maior gestão administrativa e judicial dos processos, e ampliar os mecanismos de resolução dos conflitos, para possibilitar aos litigantes outros meios legítimos de se atingir a pacificação social. E com a implementação dessas medidas, o Brasil começou a experimentar uma gradativa mudança de paradigma em relação às formas de solução de conflitos, que até então priorizavam a sentença judicial como o único meio de resolução de controvérsias, até mesmo pelo desconhecimento de outros métodos mais adequados. A significativa mudança de rota começou a ocorrer quando o Conselho Nacional de Justiça, atento à necessidade de se melhorar a justiça brasileira, editou a Resolução 125/10 de 29.11.2010, que trata da Política Judiciária Nacional de Tratamento Adequado dos Conflitos de Interesses no âmbito do Poder Judiciário e dá outras providências. Assim, aos poucos, a mediação começou a ser inserida no âmbito do Poder Judiciário, ao lado da conciliação, que já era conhecida pelos jurisdicionados. Na sequência, tivemos a publicação do novo CPC (Lei 13.105/15), da Lei de Mediação (Lei 13.140/15), e da Lei de Arbitragem (Lei 13.129/15), formando um verdadeiro microssistema de métodos adequados de solução de conflitos no Brasil. A justiça multiportas, portanto, representa um novo formato de tutela de direitos, que volta os seus olhares para o consumidor da justiça e não para seus próprios interesses, permitindo que o conflito seja tratado com o tempo, o custo, e o método mais apropriado, trazendo resultados mais efetivos. Nesse contexto, a conciliação e a mediação se inserem entre os mecanismos legítimos de acesso à justiça, previsto no art. 5º, XXXV, da Constituição Federal do Brasil, na medida em que resolvem a controvérsia de maneira adequada e, portanto, mais justa, podendo ainda, via reflexa, reduzir o número

---

315. Os tópicos aqui tratados já foram abordados em: CABRAL, Trícia Navarro Xavier. A audiência do art. 334 do CPC e os reflexos no litisconsórcio. In: TALAMINI; Eduardo; SICA, Heitor Vitor Mendonça; CINTRA, Lia Carolina Batista; EID, Elie Pierre. (Org.). *Partes e terceiros no processo civil*. Salvador: JusPODIVM, 2020, v. 14, p. 317-330. E ainda: CABRAL, Trícia Navarro Xavier. A eficiência da audiência do art. 334 do CPC. *Revista de Processo*, v. 298, p. 107-120, 2019.

de processos judiciais e combater o desvirtuamento da função judicial do Estado. Essa leitura contemporânea do acesso à justiça fez com que o CPC/2015 estabelecesse como um de seus principais pilares o incentivo à utilização dos métodos adequados de solução consensual de controvérsias, conforme se vê do artigo 3º, § 3º, inserido no capítulo inicial que trata das normas fundamentais do processo civil. Ademais, o CPC menciona a mediação e a conciliação em diversas passagens, deixando clara a intenção do legislador em fomentar o uso dos referidos mecanismos. A novidade mais polêmica foi o art. 334, do CPC, que introduziu, no início do procedimento comum, a audiência de conciliação ou de mediação, alterando, assim, a ordem prevista na codificação anterior. Isso porque o CPC de 2015 pretendeu oportunizar que, logo no início do processo e antes mesmo da apresentação de contestação pelo réu, as partes pudessem dialogar sobre conflito, não só para se tentar um acordo, mas também para que elas passassem a conhecer melhor os contornos fáticos e jurídicos do litígio, inclusive para fins de possibilitar a ampla defesa, uma vez que a leitura fria de peças processuais nem sempre propiciam a identificação da real motivação do conflito. Temos que lembrar que a audiência preliminar prevista no art. 331, do CPC/1973 só ocorria após a apresentação de contestação e réplica, o que, na prática, representava dois ou três anos de tramitação do feito sem que as partes tivessem tido qualquer contato ou conversa. Tratou-se, pois, de relevante alteração legislativa.

Registre-se, ainda, que esse modelo de audiência preliminar de autocomposição sempre existiu no âmbito dos Juizados Especiais, com a antecipação do diálogo entre as partes para propiciar a tentativa de consenso. Contudo, o referido dispositivo não teve uma receptividade adequada pela comunidade jurídica, principalmente em razão de o Poder Judiciário não ter se estruturado para a realização da audiência inaugural de conciliação ou de mediação, levando inúmeros juízes a dispensarem a designação do ato, retirando, com isso, as potencialidades idealizadas pelo legislador. De qualquer forma, o art. 334, do CPC, está em vigor, possuindo inúmeras particularidades processuais, distribuídas em seus doze parágrafos, sobre os quais serão feitas algumas análises acerca dos principais tópicos, com maior ênfase nos aspectos que envolvem o litisconsórcio.

3. Natureza de norma cogente. Nos termos do art. 334, *caput*, do CPC, ao receber a inicial, o juiz deve verificar o preenchimento dos requisitos essenciais e, se não for o caso de improcedência liminar, ele *designará* a audiência de conciliação ou de mediação. A regra, portanto, é que o ato *deve ser* designado pelo magistrado. Trata-se, assim, de norma cogente, que não pode ser dispensada pelo juiz, salvo em algumas hipóteses que serão doravante abordadas. Em outros termos, a designação ou não da audiência não é uma faculdade ou ato de gestão judicial, de modo que não estaria na esfera de disponibilidade do juiz, consistindo em um verdadeiro direito subjetivo das partes de ter, mesmo após a opção pela via adjudicatória, a possibilidade de resolver consensualmente a disputa.[316] Daí porque não se pode concordar com a corrente doutrinária

---

316. CAMPOS, Adriana Pereira; MOREIRA, Tainá da Silva, CABRAL, Trícia Navarro Xavier. A atuação do juiz nas audiências de conciliação na hipótese de ausência de auxiliar da justiça. *Revista Argumentum – RA*, Marília/SP, v. 21, n. 1, pp. 315-337, jan.-abr. 2020, p. 329.

que defende que a falta de estrutura ou a "intuição" do juiz quanto à inviabilidade de acordo justificaria a dispensa da referida audiência[317]. Em outros termos, a possibilidade de flexibilização procedimental ou a falta de estrutura judiciária não autorizam a supressão da audiência pelo juiz e não pode comprometer a finalidade legislativa e nem o exercido desse direito pelas partes.

Outro fenômeno que se observou foi que, enquanto a doutrina nacional permanece com sérias resistências e críticas à referida audiência, há importantes julgados tentando consolidar as diretrizes previstas no art. 334[318], apostando, assim, na política introduzida pelo legislador. De qualquer forma, com a entrada em vigor do CPC, constatou-se que a audiência inaugural do art. 334, do CPC, teve sua receptividade maculada por questões estruturais, pessoais e culturais. De um lado, verificou-se que, embora a Resolução 125/2010, a Lei de Mediação e o CPC exigissem que os tribunais se engajassem na criação de órgãos, na regulamentação, e na capacitação de facilitadores, na prática, tais providências não foram feitas a contento, levando os juízes a não designarem a

---

317. Nesse sentido ver: GAJARDONI, Fernando da Fonseca Gajardoni. *Sem conciliador não se faz audiência inaugural do novo CPC*. Disponível em: http://jota.uol.com.br/sem-conciliador-nao-se-faz-audiencia-inaugural-novo-cpc. Acesso em: 15 de maio de 2016.

318. Agravo de instrumento. Obrigatoriedade da audiência de conciliação prevista no art. 334 do Novo CPC. *Norma cogente aplicável às demandas possessórias por força do art. 566 do mesmo diploma legal*. Manifestação nos autos favorável à composição consensual. Reforma da decisão agravada.1. A ação de reintegração/manutenção de posse foi ajuizada já na vigência do Código Processual Civil de 2015. *Diferentemente da sistemática do Código Processual Civil de1973, em que o juiz podia dispensar a audiência preliminar quando se mostrasse improvável a conciliação, o Código de Processo Civil de 2015 prevê, como regra, a obrigatoriedade da audiência de conciliação, disciplinada no seu art. 334, norma cogente aplicável às demandas possessórias por força do art. 566 do mesmo diploma legal. Consoante o § 4º do art. 334 do CPC, a audiência em questão somente "não será realizada se ambas as partes manifestarem, expressamente, desinteresse na composição consensual" ou "quando não se admitir a autocomposição".*2. In casu, a ré, em petição nos autos principais, informou que o depósito judicial foi feito, e que a CEF deveria solicitar o levantamento por meio de alvará. Por sua vez, a CEF esclareceu que o valor depositado pela ré seria insuficiente para a quitação da dívida, sem, contudo, demonstrar, por meio de memorial descritivo pormenorizado, como chegou a tal montante. 3. A própria CEF, nos autos principais, se manifestou favoravelmente à composição consensual: "A CAIXA informa também a sua opção pela realização de audiência de conciliação, nos termos do art. 319, inciso VII, do CPC, esclarecendo ainda que a renegociação do débito poderá ser pleiteada pelo devedor diretamente na agência que lhe concedeu o crédito, desde que atendidos os requisitos normativos vigentes para a operação." 4. Observa-se que a ré, ora agravante, mais de uma vez requer seja designada a audiência de conciliação, já que objetiva um acordo com a CEF para pagar a dívida, sendo certo que a própria autora demonstrou querer a composição amigável. 5. O inciso I do §4ª do art. 334 do CPC estabelece a não realização da audiência de conciliação quando "ambas as partes manifestarem, expressamente, desinteresse na composição consensual", o que não ocorreu no caso concreto, sendo certo que a ré, ora agravante, insiste na referida audiência. 6. Nos termos do Enunciado 61 da ENFAN (Escola Nacional de Formação e Aperfeiçoamento de Magistrados), "somente a recusa expressa de ambas as partes impedirá a realização da audiência de conciliação ou mediação prevista no art. 334 do Agravo de Instrumento – Turma Espec. III – Administrativo e Cível CNJ: 0004575-29.2018.4.02.0000 (2018.00.00.004575-1) Relator: Desembargador Federal José Antonio Neiva Agravante: Hellen Livia Assis Dos Santos Martins advogado: ES022236 – Cleverson Willian de Oliveira Agravado: Caixa Econômica Federal e outro advogado: ES009196 – Rodrigo Sales dos Santos e outro origem: Gabinete de Conciliação (00220332820174025001) CPC/2015, não sendo a manifestação de desinteresse externada por uma das partes justificativa para afastar a multa de que trata o art. 334, § 8º". 7. Reforma da decisão agravada, com confirmação do decisum que deferiu a antecipação da tutela recursal para determinar a suspensão da reintegração de posse até a realização de audiência de conciliação, ocasião em que deverá ser apresentado pela CEF memorial descritivo pormenorizado dos valores que entende devidos. 8. Agravo de instrumento conhecido e provido. (Grifo nosso).

CAPÍTULO IV • JUSTIÇA ESTATAL **289**

audiência, sob a justificativa de falta de mediadores e conciliadores. De outra banda, os advogados tinham grande receio da demora que a inclusão desse ato poderia causar no processo, especialmente diante das pautas de audiência sempre sobrecarregadas. Além disso, os jurisdicionados, por não conhecerem esses métodos, também não faziam questão de tentar a autocomposição. Esses fatores, contudo, não se mostram legítimos para a não designação da audiência, pois nem mesmo a falta de facilitadores impede o ato, já que pode ser perfeitamente ser conduzida pelo magistrado, conforme será analisado mais adiante.

3.1. Inaplicabilidade do artigo 334 ao Processo do Trabalho. Tendo em vista que o Processo do Trabalho já regulamenta a conciliação trabalhista nos arts. 764, 846 e 850 da CLT, tem-se pela incompatibilidade e pela inaplicabilidade do art. 334 do CPC no processo do trabalho, não havendo que se falar em audiência prévia de conciliação (FNPT, Enunciado 96 e Instrução Normativa 39/16, TST).

4. Juízo de admissibilidade da petição inicial. De acordo com o *caput* do art. 334, se a petição inicial preencher os requisitos essenciais e não for o caso de improcedência liminar do pedido, o juiz designará audiência de conciliação ou de mediação com antecedência mínima de 30 (trinta) dias, devendo ser citado o réu com pelo menos 20 (vinte) dias de antecedência. No mesmo sentido, o art. 27 da Lei de Mediação estabelece que, se a petição inicial preencher seus requisitos essenciais e não for o caso de improcedência do pedido, o juiz designará audiência de mediação. Observa-se, portanto, que a primeira providência do magistrado será realizar o juízo de admissibilidade da petição inicial para verificar a sua regularidade formal, podendo, nessa oportunidade, determinar que o autor emende ou complete a peça, indicando, com precisão, o defeito ou a irregularidade que necessita ser de sanado, sob pena de indeferimento da petição inicial, na forma do art. 331, do CPC. Ultrapassada essa etapa e constatada a presença dos requisitos essenciais da petição inicial, o juiz ainda poderá analisar se a pretensão preenche as exigências da improcedência liminar do pedido, nos termos do art. 332, do CPC. Superadas as duas etapas anteriores, o juiz designará audiência de conciliação ou mediação, de acordo com as características do conflito. Aqui entra em cena o princípio da adequação, o qual compatibilizará as particularidades envolvidas no conflito para a tomada de decisão acerca do método autocompositivo mais eficiente. Essa decisão deverá levar em conta, entre outros aspectos relacionados às partes envolvidas e à própria disputa, o que estabelece o art. 165, §§ 2º e 3º, do CPC, quando, ao tratar da atuação do conciliador e mediador, acaba indicando critérios para a escolha da técnica. Com efeito, o § 2º diz que "o conciliador, que atuará preferencialmente nos casos em que não houver vínculo anterior entre as partes, poderá sugerir soluções para o litígio, sendo vedada a utilização de qualquer tipo de constrangimento ou intimidação para que as partes conciliem.". Já o § 3º assevera que "o mediador, que atuará preferencialmente nos casos em que houver vínculo anterior entre as partes, auxiliará aos interessados a compreenderem as questões e os interesses em conflito, de modo que eles possam, pelo restabelecimento da comunicação, identificar, por si próprios, soluções consensuais que gerem benefícios mútuos.". Três diferenças chamam atenção: a) a conciliação é indicada preferencialmente quando as partes não possuírem vínculo anterior, enquanto a mediação é mais adequada quando houver esse vínculo; b) a atuação do conciliador é mais ativa do que a do mediador, uma vez que aquele poderá sugerir soluções para o litígio; e c) a mediação busca restabelecer os vínculos e a comunicação entre as partes, enquanto a conciliação se limita a buscar o consenso. Assim, identificado o método mais apropriado, o juiz deverá designar a audiência na própria unidade judiciária ou encaminhar o feito para o Centro Judiciário de Solução de Conflitos e Cidadania (Cejusc). É certo que a Política Judiciária de Tratamento Adequado de Conflitos de Interesses instituída pela Resolução CNJ 125/2010 indica que as audiências ocorrerão preferencialmente nos Cejuscs. Contudo, as diferentes realidades administrativas e estruturais dos tribunais é que indicação o melhor formato, sendo certo que a falta de estrutura física não pode justificar a dispensa do ato. Ademais, caberá ao juiz da causa compatibilizar a eventual remessa dos autos ao Cejusc com a pauta de audiência que for disponibilizada, o que tem sido possível por meio de atos de cooperação administrativa entre essas unidades judiciárias. Designada a audiência, o autor será intimado a comparecer ao ato, enquanto o réu será citado e, no mesmo ato, intimado para a audiência de mediação ou de conciliação.

5. Prazos a serem observados pelo juiz. De acordo com o *caput*, do art. 334, a audiência de conciliação ou de mediação deverá ser agendada com antecedência mínima de 30 (trinta) dias, devendo ser citado o réu com pelo menos 20 (vinte) dias de antecedência. A designação da audiência com antecedência mínima de 30 (trinta) dias é de difícil cumprimento na prática forense, seja em razão das sobrecarregadas pautas de audiência, seja em razão das dificuldades de cumprir o prazo de intimação das partes para o ato. De qualquer forma, trata-se de prazo impróprio, sem maiores consequências processuais. Embora a lei não estabeleça prazo máximo para a designação da audiência, o juiz deve primar para estabelecer pautas com prazos razoáveis, evitando que o ato sofra críticas em razão da demora e do atraso do processo. Observa-se que o art. 334 prevê dois prazos regressivos: **a) o de 20 dias de antecedência** para que o réu seja citado (*caput*). Esse prazo é importante para que as partes reflitam sobre o litígio e sobre a viabilidade do acordo. **b) o de 10 dias de antecedência** para a manifestação do réu sobre o desinteresse na autocomposição (§ 5º). Trata-se de tempo considerado razoável para que o juízo possa desmarcar o ato e comunicar ao autor. Os referidos prazos são contados em **dias úteis**, nos termos do art. 219, do CPC. No prazo regressivo, considera-se o dia de início a data da audiência, e o termo final a data final para o prazo de citação, excluindo-se o dia do começo e incluindo-se o dia final (art. 224).[319] Ademais, no caso de litisconsortes com diferentes procuradores, de escritórios de advocacia distintos, os prazos regressivos devem ser aplicados em dobro, independentemente de requerimento, nos termos do art. 229, do CPC, salvo se o processo for eletrônico, nos quais

---

319. RODRIGUES, Daniel Colnago. In: CABRAL, Antonio do Passo; CRAMER, Ronaldo. *Comentários ao Novo Código de Processo Civil.* 2. edição, revista, atualizada e ampliada. Rio de Janeiro: Forense, 2016, p. 531.

não se aplica a regra do prazo duplicado (artigo 229, parágrafo 2°). Seriam necessários, então, 40 dias úteis entre a citação e a audiência, e 20 dias úteis de antecedência para a manifestação do réu sobre o seu desinteresse na autocomposição.

6. Estrutura e capacitação adequada dos mediadores e conciliadores (art. 334, § 1°). De acordo com o § 1°, "o conciliador ou mediador, onde houver, atuará necessariamente na audiência de conciliação ou de mediação [...]". O dispositivo teve por finalidade atender a lógica da Política Judiciária de Tratamento Adequado de Conflitos de Interesses instituída pela Resolução CNJ 125/2010, que exigiu a adequada estrutura pelos tribunais e a capacitação dos facilitadores, exigências acolhidas pelo próprio CPC com o objetivo de atingir a necessária qualidade na condução das atividades que buscam o consenso entre as partes.

No entanto, note-se que o legislador acrescentou o "onde houver", indicando que algumas realidades locais podem não oferecer os serviços dos auxiliares da justiça, como ocorre, com frequência, nas comarcas do interior. Com efeito, sabe-se que alguns tribunais ainda não se estruturaram adequadamente para disponibilizar aos magistrados o auxílio para a realização da audiência inaugural, o que tem levado os juízes, inclusive, a dispensarem o ato sob o pretexto de falta de conciliadores e mediadores. Neste caso, o juiz não poderá dispensar o ato processual sob a justificativa de falta de estrutura, sob pena de comprometer o direito subjetivo das partes de tentarem a autocomposição.

7. Possibilidade de o juiz realizar a audiência. Na ausência de auxiliares da justiça, o próprio juiz deverá realizar o ato, designando audiência de *conciliação*. Assim, como regra, a audiência de conciliação e mediação prevista no art. 334, do CPC deve ser realizada preferencialmente por conciliador e mediador devidamente capacitado e cadastrado perante o Tribunal de Justiça. É o que também dispõe o art. 139, do CPC, que aborda os poderes, deveres e responsabilidades do juiz. Dessa forma, a conjugação do art. 139, V com o art. 334, § 1° resulta na conclusão de que incumbe ao juiz promover, a qualquer tempo, a autocomposição, *preferencialmente* com o auxílio de conciliadores e mediadores judicial, onde houver. Em outros termos, onde não houver esses facilitadores caberá ao próprio juiz tentar a solução consensual do conflito, pela técnica da conciliação. Como se percebe, o CPC/15 traz não só os facilitadores capacitados, mas também exige que os próprios magistrados se capacitem para saberem quando e como aplicar as técnicas autocompositivas, inclusive para realizar corretamente a triagem dos processos, ou seja, identificar quando o feito versar sobre direitos que admitam autocomposição, bem como quando aplicar a conciliação ou a mediação. Aqui merece um registro de que o juiz poderá realizar a conciliação, mas não a mediação. Isso porque a mediação, além de exigir uma capacitação e o conhecimento de técnicas de autocomposição bem mais profundas, enseja a busca pelo pano de fundo do conflito judicializado, o que, de fato, pode acabar comprometendo a imparcialidade do julgador. Assim, se o juiz estiver realizando uma conciliação e perceber que a controvérsia envolve sentimentos e relações mais profundas ou continuadas, deverá encerrar o ato e encaminhar o feito para o mediador capacitado, evitando qualquer contaminação com questões que não foram disponibilizadas nas peças processuais.[320]. Entretanto, nada impede que o próprio juiz realize a audiência de conciliação[321]. Isso porque a atuação do juiz como *conciliador* – tal qual a de decisor – é inerente à sua própria função jurisdicional, de modo que poderá realizar a tentativa de conciliação das partes na forma preconizada pelos arts. 139, V e 334, § 1º, ambos do CPC, que indicam de forma clara que a autocomposição será feita *preferencialmente* pelos auxiliares de justiça, onde houver. A *contrario sensu*, onde não houve facilitador, o juiz deverá conduzir o ato. Dessa forma, na ausência de auxiliares de justiça, o próprio juiz poderá fazer a audiência de conciliação, tendo em vista que não requer habilidades e técnicas mais aprofundadas, devendo o magistrado zelar para que a comunicação entre as partes seja estimulada e facilitada. Ademais, a priorização pela solução consensual, além de ser inerente à própria função jurisdicional, é um dever do juiz, nos termos do art. 3º, § 3º, do CPC.[322] Nesse contexto, uma alternativa possível para as hipóteses de relação continuada sem a existência de mediador, como ocorre, por exemplo, nas varas de família, seria o juiz, ao invés de dispensar o ato e inviabilizar esse contato entre as partes no início do processo, designar só audiência de conciliação para que possa realizá-la, para tentar estabelecer um diálogo entre as partes, antes da apresentação de defesa pelo réu.[323] E outro registro deve ser feito: se o juiz tiver a capacitação adequada, também poderá realizar a mediação em processo que não estiver sob a sua jurisdição.

8. Número de sessões. O § 2º dispõe sobre a possibilidade de haver mais de uma sessão destinada à conciliação e à mediação, não podendo exceder a 2 (dois) meses da data de realização da primeira sessão, desde que necessária à composição das partes. De fato, todos os esforços devem ser envidados para o alcance do consenso. Contudo, o legislador se preocupou com a duração razoável do processo limitando a tentativa ao prazo de 2 (dois) meses. A norma é importante também para equacionar eventual desequilíbrio na administração da justiça, já que o agendamento sucessivo de atos em uma única demanda poderia comprometer a celeridade de outros casos em tramitação que estejam à espera da tentativa de autocomposição. Registre-se, por oportuno, que o art. 28 da Lei de Mediação diz que o procedimento deverá ser concluído em até sessenta dias, contados da primeira sessão, salvo se as partes acordarem a prorrogação, divergindo do art. 334, § 2º que diz que o procedimento não poderá exceder dois (dois) meses da data da realização da primeira sessão.

---

320. Sobre a atividade conciliatória do juiz, vide: CABRAL, Trícia Navarro Xavier. A conciliação em Pontes de Miranda. In: DIDIER JR., Fredie; NOGUEIRA, Pedro Henrique; GOUVEIA, Roberto (Org.). *Pontes de Miranda e o processo.* Salvador: JusPODIVM, 2021, v. 1, p. 915-928.

321. **Enunciado 23** – Na ausência de auxiliares da justiça, o juiz poderá realizar a audiência inaugural do art. 334 do CPC, especialmente se a hipótese for de conciliação. (I Jornada de Direito Processual Civil em Brasília, em 2017).

322. Cf. CABRAL, Trícia Navarro Xavier. A conciliação em Pontes de Miranda. In: DIDIER JR., Fredie; NOGUEIRA, Pedro Henrique; GOUVEIA, Roberto (Org.). *Pontes de Miranda e o Processo.* Salvador: JusPODIVM, 2021, v. 1, p. 915-928.

323. CAMPOS, Adriana Pereira; MOREIRA, Tainá da Silva, CABRAL, Trícia Navarro Xavier. A atuação do juiz nas audiências de conciliação na hipótese de ausência de auxiliar da justiça. *Revista Argumentum* – RA, Marília/SP, v. 21, n. 1, pp. 315-337, jan.-abr. 2020, p. 330-331.

9. Intimação do autor. De acordo com o § 3º do CPC/2015, a intimação do autor será feita na pessoa do seu advogado, regra esta não prevista na Lei de Mediação. Trata-se de uma forma de desjudicializar a prática de atos processuais que antes ficavam a cargo do Poder Judiciário, desburocratizando a cientificação da parte e ainda evitando o risco de que a intimação deixe de ser realizada tempestivamente por eventual excesso de atividades cartorárias.

10. Hipóteses de não realização da audiência. Apesar da força cogente do art. 334 para o juiz, o § 4º trata de hipóteses em que a audiência do *caput* poderá ser dispensada, inaugurando a fase de apresentação de defesa pelo demandado. Essas exceções devem ser observadas pelo juiz.

10.1. Desinteresse de ambas as partes (I). A primeira situação de dispensa é quando *ambas as partes manifestarem, expressamente, desinteresse na composição consensual.* O dispositivo é claro ao estabelecer que, sendo de interesse de apenas uma das partes, a audiência de conciliação ou mediação deverá ocorrer. Assim, o desinteresse na sua realização deve estar expresso na exordial pelo autor ou em petição apresentada pelo réu com 10 dias de antecedência, contados da data da audiência (§ 5º). A omissão de qualquer das partes é interpretada como interesse na realização da audiência. A previsão legal não está imune a críticas por supostamente violar a autonomia da vontade[324]. Contudo, trata-se de opção legislativa que não só reforça a política da consensualidade, mas também imprime um viés pedagógico aos sujeitos processuais, na medida em que proporciona o contato com o método e com a parte contrária, ensejando resultados que beneficiam as partes e até surpreendem os envolvidos. Com efeito, na prática forense há inúmeros casos em que o advogado refutou a designação da audiência e, quando da ocorrência do ato, as partes dialogaram e chegaram a um consenso sobre o conflito. Ademais, podem ser pontuadas seis vantagens muito nítidas da referida audiência: a) a oportunidade de diálogo entre as partes no início do procedimento (o CPC/2015 inverteu a lógica do CPC/73, que só previa este momento no meio do procedimento, quando o processo já caminhava há dois ou três anos), sendo que a oralidade tem se mostrado uma importante aliada para a consensualidade; b) pode resultar em acordo; c) proporciona a ampla defesa mais compatível com a realidade dos fatos; d) as partes têm aproveitado o ato para realizar diversas convenções processuais, especialmente o calendário processual; e) tem havido mais pedidos de audiência de conciliação, mesmo em processos anteriores ao CPC/15; e f) há formulação de pedidos de aplicação do art. 334 em procedimentos especiais, incluindo em execuções por títulos executivos

---

324. José Miguel Garcia Medina entende que "a conciliação e a mediação são informadas pelo princípio da autonomia da vontade das partes (cf. art. 166 do CPC/2015), princípio este que restará violado, caso se imponha a realização de audiência, mesmo que uma das partes manifeste, previamente, seu desinteresse. O art. 2º, § 2º, da Lei 13.140/2015, ao dispor que 'ninguém será obrigado a permanecer em procedimento de mediação', confirma esse entendimento. [...] Caso o autor tenha se manifestado nesse sentido com a petição inicial (art. 319, VII do CPC/2015), deverá o réu ser citado para apresentar contestação." MEDINA, José Miguel Garcia. *Código de Processo Civil Comentado*. São Paulo, RT. 2021.
https://proview.thomsonreuters.com/launchapp/title/rt/codigos/71725524/v7/page/RL-1.70

extrajudiciais.[325] Por isso, também é momento de se exigir dos tribunais um comprometimento mais concreto com a solidificação da política nacional de tratamento adequado de conflitos, instituída pelo CNJ, com a estruturação pessoal e material necessária para dar o devido suporte à implementação da audiência.[326]

10.2. Quando não se admitir a autocomposição (II). A autonomia da vontade das partes sofre limitação da própria ordem pública que busca proteger direitos e interesses que considera intransigíveis[327]. Assim, determinadas matérias não podem ser objeto de acordo e, portanto, não há razão para realização de audiência de conciliação e mediação se o processo tratar unicamente de tais hipóteses. No entanto, no atual cenário jurídico, é cada vez mais raro identificar temas em que a indisponibilidade do objeto seja absoluta, ou que espaço para a autocomposição seja inexistente, uma vez que tanto a esfera privada quanto a pública sofreram impactos com o princípio da consensualidade. Na realidade, com base no art. 3º, § 2º, do CPC pode-se falar em primazia da solução consensual dos conflitos, o que afeta, inclusive, a esfera penal, em que há elevado grau de interesse público.[328] O assunto não é simples, especialmente diante das diversas formas de expressão de interesse público pelo legislador, que trazem certa confusão ao profissional do direito. O Código Civil, ao tratar da transação no art. 841, diz que só é cabível quanto a direitos patrimoniais de caráter privado. A Lei de Mediação (Lei 13.140/2015), em seu artigo 3º, assevera que pode ser objeto de mediação conflito que verse sobre direitos disponíveis ou sobre direitos indisponíveis que admitam transação. Já o CPC, de modo mais genérico e evitando polêmicas, no inciso II, do § 4º, do art. 334, usa "quando não se admitir a autocomposição". Observe-se que o Código de Processo Civil estimula a adoção, quando cabível, de meios consensuais de solução de disputas, sem fazer qualquer distinção entre *direito disponível x direito indisponível*. Refere-se simplesmente à autocomposição, a meios consensuais, a direitos que admitem autocomposição. E assim o faz, porque a indisponibilidade não impede a autocomposição. O direito de família, o direito de trabalho, o direito do consumidor, direito coletivo, entre outros, são indisponíveis, mas admitem autocomposição. O direito da Fazenda Pública é indisponível, mas também admite autocomposição, sendo, aliás, arbitrável: é possível, como visto, arbitragem com o Poder Público, justamente porque o direito é patrimonial e passível de ser objeto de uma autocomposição. Assim, a expressão "direito indisponível" deveria ser evitada, uma vez que pode causar dificuldades de compreensão ou estorvar a prática da autocomposição, servindo como desestímulo à sua obtenção. Se o direito é "indisponível", mas é "transacionável", é porque em algum

---

325. CABRAL, Trícia Navarro Xavier; Santiago, H. A transposição do art. 334 do CPC para o processo de execução. In: LUCON, Paulo Henrique Dos Santos; OLIVEIRA, Pedro Miranda de. (Org.). *Panorama Atual Do Novo CPC*. São Paulo: 2019, v. 3, p. 559-570.

326. Sobre o tema, cf. CABRAL, Trícia Navarro Xavier. A eficiência da audiência do art. 334 do CPC. *Revista De Processo*, v. 298, p. 107-120, 2019.

327. Sobre os diferentes aspectos e efeitos da ordem pública, ver: CABRAL, Trícia Navarro Xavier. *Ordem pública processual*. Brasília: Gazeta Jurídica, 2015.

328. A transação penal, a colaboração premiada e o acordo de não persecução penal são alguns exemplos de consensualidade no âmbito penal.

aspecto ou em algum grau possui disponibilidade. Porém, ainda quando o legislador utiliza o termo direito "indisponível", é preciso esclarecer que há espaço para a busca de uma solução consensual, mediante autocomposição entre as partes envolvidas. Em outros termos, há, na realidade, graus de indisponibilidade do direito. A circunstância de o direito ser indisponível não impede que haja autocomposição. É possível, a depender do grau de (in)disponibilidade, que se promova o acordo, dando resolução à disputa. Suas repercussões financeiras podem ser negociadas, transacionadas, sendo, enfim, objeto de uma autocomposição.[329]

10.2.1. Audiência em casos envolvendo a Fazenda Pública

Tanto a Lei de Mediação quanto o CPC/2015 tratam da utilização da mediação e da conciliação em conflitos envolvendo a Administração Pública[330]. Sem dúvida, essa previsão legal representa uma quebra de paradigmas envolvendo a possibilidade de disputas que envolvam interesse público serem também resolvidas mediante acordo, com benefícios para todos os envolvidos. A questão, que sempre foi alvo de intensos debates na doutrina, começa a ter uma interpretação condizente com o grau de interesse público envolvido, permitindo que controvérsias transacionáveis, ainda que referentes a direitos indisponíveis, sejam passíveis de autocomposição, sepultando, assim, restrições injustificáveis e sem efetividade. No CPC/2015, o assunto está disposto no artigo 174 do CPC/2015, que diz que a União, Estados, Distrito Federal e Municípios criarão câmaras de mediação e conciliação para a resolução de conflitos no âmbito administrativo, exemplificando em três incisos as hipóteses de cabimento. Na Lei de Mediação, a matéria é tratada nos artigos 32 a 40, com um grau de detalhamento bem mais completo, o que conferirá a segurança jurídica necessária para a aplicação do instituto. Ela aborda a necessidade de criação de órgãos específicos para a mediação, as hipóteses de cabimento, os efeitos processuais, a possibilidade de mediação coletiva, aspectos procedimentais. Não obstante, a Lei regulamenta a transação por adesão nos conflitos entre a Administração Pública, suas autarquias e fundações, disciplinando, inclusive, questões tributárias e de responsabilização de servidores e empregados que participem da composição extrajudicial. *Trata-se de importante percepção legislativa de que alguns dogmas em torno da Administração Pública não mais se sustentam, especialmente os* da supremacia do interesse público sobre o interesse privado e o da indisponibilidade do interesse público. Fez-se necessário, então, uma releitura desses conceitos, impulsionada pelos ideais democráticos preconizados pela Constituição de 1988, propiciando a inserção da consensualidade no Direito brasileiro[331], inclusive, em diversos ramos do direito público. Assim, há uma paulatina mudança de perspectiva e de

---

329. Acerca do tema, cf. CABRAL, Trícia Navarro Xavier; CUNHA, Leonardo Carneiro. A abrangência objetiva e subjetiva da mediação. *Revista De Processo*, v. 287, p. 531-552, 2019.

330. Cf. CABRAL, Trícia Navarro Xavier. Análise comparativa entre a Lei de Mediação e o CPC/2015. In: ZANETI JR., Hermes; CABRAL, Trícia Navarro Xavier. (Org.). *Justiça Multiportas*: Mediação, Conciliação, arbitragem e outros meios adequados de solução de conflitos. 2. ed. Salvador: JusPODIVM, 2018, v. 1, p. 471-494.

331. Sobre o tema, cf.: BARREIROS, Lorena Miranda Santos. *Convenções processuais e poder público*. Salvador: JusPODIVM, 2017.

possibilidades relacionadas às formas de interação do Estado com outros órgãos público ou com particulares, com variadas as opções de mecanismos colocados à disposição dos interessados na busca de uma solução satisfatória para as controvérsias. A margem de liberdade de a Administração Pública realizar acordo, contudo, é mais restrita do que a do particular, e exige o atendimento de algumas condições, como a prévia autorização normativa, que decorre do princípio da legalidade previsto no art. 37, da Constituição. Essa autorização deve fixar critérios objetivos para a autocomposição, garantindo a publicidade, a isonomia e a impessoalidade por parte do ente público, bem como o devido controle dos acordos realizados. Note-se, ainda, que o princípio da confidencialidade que rege a conciliação e a mediação deve ser mitigado quando o acordo envolver a Administração Pública, não podendo incidir sobre elementos da autocomposição que demandem o controle externo, em razão do interesse público envolvido[332]. Nesse contexto, a audiência inaugural do art. 334, do CPC, também deve ser designada nos casos envolvendo a Fazenda Pública, inclusive nos processos coletivos, como a ação civil pública e a ação popular[333]. E no caso de designação da audiência, o ente público deve comparecer e não apenas informar a falta de interesse na autocomposição, sob pena de aplicação da multa do art. 334, § 8º, do CPC, salvo se efetivamente não houver autorização legislativa para o acordo, o que afastará a incidência da penalidade. Nesse contexto, não há qualquer vedação à realização da audiência do art. 334, do CPC no âmbito da Fazenda Pública, existindo atualmente farta legislação autorizando e incentivando a consensualidade pelo Poder Público. A doutrina também tem debatido o tema e há uma convergência de posições favoráveis à aplicação do instituto no âmbito da Fazenda Pública. O Enunciado 673 do FPPC já reconhece que a simples presença de um ente público entre os litigantes não impede a realização da audiência do art. 334.[334] O mesmo fórum aponta que as Fazendas Públicas devem buscar publicizar as hipóteses em que é possível a realização de autocomposição[335], sendo reconhecido pelo Centro de Estudos Judiciários do Conselho da Justiça Federal a possibilidade de o juiz dispensar de ofício a realização da audiência se o direito discutido na ação não estiver entre aquelas hipóteses.[336] Contudo, não se nega que temos alguns desafios. Um deles, como já foi mencionado, é a falta de critérios objetivos para a realização dos acordos, que faz com

---

332. **Enunciado 6** – (art. 166, Lei 13.105/15; art. 2º, Lei 13.140/15; Lei 12.527/11) A confidencialidade na mediação com a Administração Pública observará os limites da lei de acesso à informação (Grupo: Meios alternativos de solução de conflitos e a Fazenda Pública). (I Fórum Nacional Do Poder Público (Brasília – 17 e 18 de junho/2016).

333. Cf.: DIDIER JR., Fredie; ZANETI JR., Hermes. Justiça multiportas e tutela constitucional adequada: autocomposição em direitos coletivos. In: ZANETI JR., Hermes; CABRAL, Trícia Navarro Xavier. *Justiça Multiportas*: mediação, conciliação, arbitragem e outros meios de solução adequada de conflitos. Salvador: JusPODIVM, 2017. (Coleção Grandes Temas do Novo CPC – v. 9), p. 35-66.

334. **FPPC, Enunciado 673**: A presença do ente público em juízo não impede, por si, a designação da audiência do art. 334.

335. **FPPC, Enunciado 573**: As Fazendas Públicas devem dar publicidade às hipóteses em que seus órgãos de Advocacia Pública estão autorizados a aceitar autocomposição.

336. *Jornada CEJ/CJF, Enunciado 24*: Havendo a Fazenda Pública publicizado ampla e previamente as hipóteses em que está autorizada a transigir, pode o juiz dispensar a realização da audiência de mediação e conciliação, com base no art. 334, § 4º, II, do CPC, quando o direito discutido na ação não se enquadrar em tais situações.

que, embora o agente público esteja amparado na legalidade, fiquem comprometidos os princípios da publicidade e da isonomia, que são exigidos para a resolução consensual de conflitos envolvendo a Fazenda Pública. Assim, é fundamental que os entes públicos editem atos normativos definindo, previamente, a autoridade competente, as matérias, o valor mínimo, e outros critérios para a construção dos acordos. De outra banda, compete ao Poder Judiciário continuar cobrando uma postura conciliativa do Poder Público, inclusive com aplicação de multa em caso de não comparecimento nas audiências designadas pelo art. 334, do CPC. Também é possível que os tribunais cobrem dos entes públicos informações sobre as matérias passíveis de autocomposição, a fim de racionalizar a designação da audiência.[337]

10.3. Outras exceções à realização da audiência[338]. Conforme dito acima, as exceções à referida imposição estão previstas no art. 334, § 4º, que são: a) se ambas as partes, expressamente, manifestarem o desinteresse na composição consensual, e b) quando o direito em debate não admitir autocomposição. Porém, além das duas exceções previstas no CPC, outras hipóteses de dispensa da audiência podem ser consideradas: **a)** as partes podem pactuar o desinteresse no comparecimento ao ato, por meio de convenção processual prévia ou incidental. A primeira é quando as partes, extrajudicialmente, firmam instrumento público ou particular convencionando a dispensa da audiência em caso de eventual litígio, como por meio de uma cláusula *opt-out* no bojo de um contrato ou mesmo durante uma mediação extrajudicial. Já a convenção incidental ocorre quando já há um litígio instaurado e as partes, de comum acordo, pedem a dispensa do ato. Em ambos os casos, uma vez alegadas as referidas circunstâncias pelos interessados nos autos, deverá o juiz respeitar a manifestação de vontade indicada e não designar o ato, com fulcro nos arts. 334, § 4º, I e 190, ambos do CPC. Há, inclusive, o Enunciado 19 aprovado no FPPC (Fórum Permanente de Processualistas Civis), que diz: *19. (art. 190) São admissíveis os seguintes negócios processuais, dentre outros: [...]pacto de mediação ou conciliação extrajudicial prévia obrigatória, inclusive com a correlata previsão de exclusão da audiência de conciliação ou de mediação prevista no art. 334; pacto de exclusão contratual da audiência de conciliação ou de mediação prevista no art. 334; [...]. (Grupo: Negócio Processual; redação revista no III FPPC- RIO e no V FPPC-Vitória).* **b)** também pode ocorrer de as partes, ainda que não convencionado expressamente, mas já tendo se submetido a tentativas pretéritas de autocomposição, devidamente conduzidas por profissionais capacitados, sem êxito, informarem ao juiz sobre a efetiva impossibilidade de entendimento, requerendo, por conseguinte, o não agendamento da audiência de conciliação ou mediação. Essa comprovação deverá ser feita preferencialmente pelo autor, no bojo da petição inicial. **c)** quando não se admitir a autocomposição, seja

---

337. CABRAL, Trícia Navarro Xavier. Os desafios da aplicação do art. 334 do CPC na Fazenda Pública. In: PINHO, Humberto Dalla Bernardina de; RODRIGUES, Roberto Aragão Ribeiro. (Org.). *Mediação e arbitragem na Administração Pública*. Santa Cruz Do Sul: Essere Nel Mondo, 2020, v. 2, p. 144-155.

338. O assunto foi tratado em: CABRAL, Trícia Navarro Xavier. A audiência do art. 334 do CPC e os reflexos no litisconsórcio. In: TALAMINI; Eduardo; SICA, Heitor Vitor Mendonça; CINTRA, Lia Carolina Batista; EID, Elie Pierre. (Org.). *Partes e terceiros no Processo Civil*. Salvador: JusPODIVM, 2020, v. 14, p. 317-330.

em razão da indisponibilidade absoluta do direito, ou então pela falta de autorização legislativa para a transação, como nos casos que envolvem a Fazenda Pública[339]-[340]-[341]. **d)** quando houver incompatibilidade procedimental, como acontece na execução e em alguns procedimentos especiais, sem prejuízo de o juiz poder, a qualquer momento, tentar conciliar as partes, nos termos do art. 139, V, do CPC. **e)** no caso de litisconsórcio unitário, em que, pela natureza da relação jurídica, o juiz tiver de decidir o mérito de modo uniforme para todos os litisconsortes (art.116, CPC), pois, caso um deles não possa conciliar ou mediar, a audiência será necessariamente infrutífera. Dessa forma, nos casos de litisconsórcio unitário, basta que uma das partes não possa autocompor para que a audiência seja necessariamente cancelada. **f)** Quando circunstâncias fáticas justificarem a dispensa do ato, como ocorre nos casos de violência doméstica, em que o contato entre partes pode gerar riscos de potencializar o conflito.[342] Essas, portanto, são situações legítimas que autorizam a não designação da audiência inaugural do art. 334, do CPC. De resto, não compete ao juiz e nem a parte, isoladamente, se insurgir contra a novidade legislativa.

10.4. Recurso da dispensa da audiência pelo juiz. No caso de dispensa da realização da audiência do art. 334, de ofício ou a requerimento de uma das partes pelo juiz – que não raro ocorre na prática forense sob o argumento de inexistência de estrutura para sua realização –, a Terceira Turma do Superior Tribunal de Justiça reconheceu que a decisão é suscetível de impugnação imediata pelas partes por meio de Agravo de Instrumento.[343]

---

339. **Enunciado 24** – Havendo a Fazenda Pública publicizado ampla e previamente as hipóteses em que está autorizada a transigir, pode o juiz dispensar a realização da audiência de mediação e conciliação, com base no art. 334, § 4º, II, do CPC, quando o direito discutido na ação não se enquadrar em tais situações. (I Jornada de Direito Processual Civil em Brasília, em 2017).

340. **Enunciado 573** – As Fazendas Públicas devem dar publicidade às hipóteses em que seus órgãos de Advocacia Pública estão autorizados a aceitar autocomposição. (Fórum Permanente de Processualista Civis – FPPC).

341. **Enunciado 16** – (art. 334 §4º II, art. 3º, § 2º e art. 5º, Lei 13.105/15; art. 37, Constituição Federal) – A Administração Pública deve publicizar as hipóteses em que está autorizada a transacionar. (I Fórum Nacional do Poder Público – Grupo: Meios alternativos de solução de conflitos e a Fazenda Pública).

342. **FPPC, Enunciado 639:** O juiz poderá, excepcionalmente, dispensar a audiência de mediação ou conciliação nas ações de família, quando uma das partes estiver amparada por medida protetiva.

343. Civil. Processual civil. Ação de rescisão de contrato cumulada com indenização. Requerimento consensual de designação da audiência de conciliação prevista no art. 334 do CPC. Impugnação imediata. Possibilidade. Inutilidade do exame da questão apenas em apelação. Via adequada após tema repetitivo 988. Agravo de Instrumento. Excepcional utilização do mandado de segurança como meio de impugnar decisões interlocutórias após tema repetitivo 988. Impossibilidade absoluta. 1 – O propósito recursal é definir se, após a publicação do acórdão em que se fixou a tese referente ao tema repetitivo 988, segundo a qual "o rol do art. 1.015 do CPC é de taxatividade mitigada, por isso admite a interposição de agravo de instrumento quando verificada a urgência decorrente da inutilidade do julgamento da questão no recurso de apelação", ainda é admissível, ainda que excepcionalmente, a impetração de mandado de segurança para impugnar decisões interlocutórias. 2- A decisão interlocutória que indefere a designação da audiência de conciliação pretendida pelas partes é suscetível de impugnação imediata, na medida em que será inócuo e inútil reconhecer, apenas no julgamento da apelação, que as partes fariam jus à audiência de conciliação ou à sessão de mediação previstas, na forma do art. 334 do CPC, para acontecer no início do processo. 3- A decisão judicial que, a requerimento do réu, indefere o pedido de designação da audiência de conciliação prevista no art. 334, caput, do CPC, ao fundamento de dificuldade de pauta, proferida após a publicação do acórdão que fixou a tese da taxatividade mitigada, somente é impugnável

CAPÍTULO IV • JUSTIÇA ESTATAL **299**

11. Impactos do art. 334 no litisconsório[344]. O litisconsório se caracteriza pela presença simultânea de pessoas no polo ativo e/ou passivo de uma mesma relação processual[345]. O tema está previsto nos arts. 113 a 118, do CPC. Suas hipóteses autorizativas são (art. 113): a) comunhão de direitos ou obrigações relativos à lide (I); b) conexão pelo pedido ou causa de pedir (II); e c) afinidade de questões de fato ou de direito (III). As espécies de litisconsório são: a) ativo e passivo (art. 113); b) simples ou unitário – quando pela natureza da relação jurídica o juiz tiver que decidir de modo uniforme para todos os litisconsortes – art. 116; e c) facultativo ou necessário – quando por disposição de lei ou pela natureza da relação jurídica a eficácia da sentença depender da citação de todos – (art. 114). Os litisconsortes serão considerados litigantes distintos, exceto no litisconsório unitário, em que atos e omissões de um não prejudicarão os demais, salvo para beneficiá-los (art. 117). Nesse contexto, a existência de litisconsortes no processo, especialmente no polo passivo, traz algumas consequências processuais envolvendo a audiência de mediação ou conciliação que merecem ser analisadas. De acordo com o a art. 334, § 6º, o desinteresse na realização da audiência deve ser manifestado por todos os litisconsortes. Dessa forma, três questões se colocam: **i)** o termo final para manifestar o interesse no ato; **ii)** a do não comparecimento de todos em audiência; e **iii)** o termo inicial do prazo para contestar. Inicialmente, devem ser reforçadas algumas considerações sobre os prazos estabelecidos no art. 334, do CPC. O art. 334 prevê dois prazos regressivos: **a) o de 20 dias de antecedência** para que o réu seja citado (*caput*). Esse prazo é importante para que as partes reflitam sobre o litígio e sobre a viabilidade do acordo. **b) o de 10 dias de antecedência** para a manifestação do réu sobre o desinteresse na autocomposição (§ 5º). Trata-se de tempo considerado razoável para que o juízo possa desmarcar o ato e comunicar ao autor. Os referidos prazos são contados em **dias úteis**, nos termos do art. 219, do CPC. No prazo regressivo considera-se o dia de início a data da audiência, e o termo final a data final para o prazo de citação, excluindo-se o dia do começo e incluindo-se o dia final (art. 224).[346] Ademais, no caso de litisconsortes com diferentes procuradores, de escritórios de advocacia distintos, os prazos regressivos devem ser aplicados em dobro, independentemente de requerimento, nos termos do art. 229, do CPC, salvo se o processo for eletrô-

---

por agravo de instrumento e não por mandado de segurança. 4- Conquanto seja excepcionalmente admissível a impugnação de decisões judiciais lato sensu por mandado de segurança, não é admissível, nem mesmo excepcionalmente, a impugnação de decisões interlocutórias por mandado de segurança após a tese firmada no tema repetitivo 988, que estabeleceu uma exceção ao posicionamento há muito adotado nesta Corte, especificamente no que tange à impugnabilidade das interlocutórias, de modo a vedar, em absoluto, a impugnação dessa espécie de decisão pelas partes mediante mandado de segurança, porque há via impugnativa recursal apropriada, o agravo de instrumento. 5- Recurso ordinário constitucional conhecido e desprovido. (STJ; RMS 63.202; Proc. 2020/0066317-8; MG; Terceira Turma; Rel. Min. Marco Aurélio Bellizze; Julg. 01/12/2020; DJE 18/12/2020).

344. O assunto foi tratado em: CABRAL, Trícia Navarro Xavier. A audiência do art. 334 do CPC e os reflexos no litisconsório. In: TALAMINI; Eduardo; SICA, Heitor Vitor Mendonça; CINTRA, Lia Carolina Batista; EID, Elie Pierre. (Org.). *Partes E terceiros no Processo Civil*. Salvador: JusPODIVM, 2020, v. 14, p. 317-330.

345. Sobre o tema: DINAMARCO. Cândido Rangel. *Litisconsórcio*. 8. edição, revista e atualizada. São Paulo: Malheiros, 2009, p. 45-50.

346. RODRIGUES, Daniel Colnago. In: CABRAL, Antonio do Passo; CRAMER, Ronaldo. *Comentários ao Novo Código de Processo Civil*. 2. edição, revista, atualizada e ampliada. Rio de Janeiro: Forense, 2016, p. 531.

nico, nos quais não se aplica a regra do prazo duplicado (artigo 229, parágrafo 2º). Seriam necessários, então, 40 dias úteis entre a citação e a audiência, e 20 dias úteis de antecedência para a manifestação do réu sobre o seu desinteresse na autocomposição. Entretanto, são prazos cuja inobservância não deve acarretar a automática nulidade do ato, muito menos do processo, embora eventual alegação de prejuízo pelas partes seja passível de avaliação pelo julgador, nos termos do art. 283, parágrafo único, do CPC, e, uma vez, constatado, deverá ensejar a redesignação da audiência. A contagem de prazo regressivamente acarreta alguns inconvenientes na prática forense, especialmente quando há litisconsórcio passivo. Um deles é que o juiz não sabe de antemão se os réus serão patrocinados por advogados distintos e se utilizarão do prazo em dobro, fazendo com que o ato tenha que ser designado para uma data distante para atender aos 40 dias de antecedência, sendo que, se o último litisconsorte apresentar pedido de cancelamento apenas 20 dias (úteis) antes do ato, o juiz fica impossibilitado de aproveitar o horário agendado para designar audiência em outro processo, desfalcando as pautas, que já são difíceis. Assim, seria mais apropriado que o legislador tivesse estabelecido que o prazo de manifestação do réu fosse contado da citação e não de modo regressivo da data da audiência. Todavia, para equacionar essa situação nada impede que o juiz, com base no art. 139, II, estabeleça prazo diferente, como, por exemplo, a partir da citação, para que o réu manifeste seu desinteresse na autocomposição, possibilitando uma maior organização da pauta pela unidade judiciária. Sobre o termo final para a manifestação de interesse na autocomposição, e quanto à questão do não comparecimento de todos em audiência, tem-se que: **a)** para a realização da audiência, é necessário que todos os réus tenham sido citados e intimados para o ato, de modo que se um litisconsorte não for citado a tempo, os demais não precisarão comparecer ao ato, que deverá ser redesignado pelo juiz; **b)** se apenas um dos litisconsortes manifestar desinteresse, o ato fica mantido; **c)** se todos forem citados e intimados e se não houver manifestação convergente quanto ao não interesse na autocomposição, a parte que não comparecer será multada (art. 334, § 8º); **d)** se um dos réus for a Fazenda Pública, a regra também se aplica aos casos de impossibilidade de autocomposição pelo ente público, e não apenas quando há desinteresse das partes. Assim, se o litisconsórcio passivo entre o ente público e um particular for simples e a impossibilidade de autocomposição for apenas para o poder público, caso os demais litigantes não manifestarem o desinteresse na audiência, ela deverá ser realizada, ainda que o ente público não possa conciliar ou mediar. Nessa hipótese, o poder público não estaria obrigado a comparecer à audiência, uma vez que não poderia autocompor, mesmo que as demais partes manifestem interesse na sua realização, de modo que seria uma justificativa adequada, que impediria a aplicação da multa do artigo 334, § 8º, do CPC; **e)** nos casos de litisconsórcio unitário, em que, pela natureza da relação jurídica, o juiz tiver de decidir o mérito de modo uniforme para todos os litisconsortes (artigo 116, CPC/2015), caso um dos litisconsortes passivos não queira ou não possa conciliar ou mediar, como ocorre com o ente público na maioria dos casos, a audiência será necessariamente in-

CAPÍTULO IV • JUSTIÇA ESTATAL | **301**

frutífera, devendo, pois, ser cancelada[347]. Com efeito, havendo discordância entre os litisconsortes, deve-se concluir pela impossibilidade de realização do ato, já que eventual acordo entre o autor e o litisconsorte presente não poderá surtir qualquer efeito e deverá ser passível de controle judicial.[348]. Já em relação ao prazo para contestar dos litisconsortes, são três situações possíveis no CPC: **a) 335, I** – o prazo para contestar inicia-se da audiência de conciliação ou de mediação, ou da última sessão de conciliação, quando qualquer parte não comparecer ou, comparecendo, não houver autocomposição; **b) 335, § 1º** – no caso de litisconsórcio passivo, no caso do art. 334, § 6º, o termo inicial do prazo para contestar será, para cada um dos réus, da data de apresentação de seu respectivo pedido de cancelamento de audiência, ou seja, isoladamente; **c) 335, § 2º** – na hipótese do art. 334, II (quando não se admitir autocomposição), havendo litisconsórcio passivo e a desistência do autor em relação ao réu não citado, o prazo para resposta dos demais réus correrá da data de intimação da decisão que homologar a desistência. Nota-se, pois, que o CPC criou um regime jurídico próprio para os casos do litisconsórcio em relação à audiência do art. 334, do CPC. Assim, nessas hipóteses, não se aplica a regra geral do art. 231, § 1º, em que o prazo, para os litisconsortes praticarem atos processuais, corre da última das datas. Não obstante, para fins de contagem de prazo para contestar, a existência de litisconsórcio pode trazer a seguinte incongruência. Imagine-se uma demanda em que o autor se manifesta previamente pelo desinteresse na audiência de conciliação ou mediação, mas que, por haver três litisconsortes passivos, o juiz designa audiência para daqui a 10 (dez) meses. O primeiro litisconsorte apresenta, após dois meses, petição manifestando seu desinteresse na autocomposição; o segundo apresenta a mesma manifestação em cinco meses e o terceiro em oito meses. Nesta hipótese, os dois primeiros litisconsortes deverão, necessariamente, apresentar contestação no prazo contado da data do pedido de cancelamento da audiência, mas o ato permanece mantido. Ocorre que somente com a manifestação do terceiro litisconsorte será possível o juiz decidir sobre a mantença do ato. Se a petição for pelo desinteresse na audiência, o juiz deverá cancelá-la, iniciando-se do protocolo da peça o prazo para contestação, mas se ele se manifestar pelo interesse ou então nada disser sobre o ato, ou seja, não expressar seu desinteresse, o juiz deve manter a audiência, e, neste caso, o prazo de contestação para esse terceiro litisconsorte será diferente dos demais e correrá da data da audiência (art. 335, I). Tem-se, ainda, outro inconveniente neste exemplo. A ideia do legislador foi antecipar o diálogo entre as partes para momento anterior à apresentação da defesa, a fim de evitar que eventuais argumentos ou expressões dos réus inflamassem a comunicação, inviabili-

---

347. Entendendo que as regras dos prazos de contestação se aplicam para todas as espécies de litisconsórcio, inclusive o unitário, cf.: MENDES, Aluisio Gonçalves de Castro; HARTMANN, Guilherme Kronemberg. A audiência de conciliação ou de mediação no novo Código de Processo Civil. In: In: ZANETI JR., Hermes; CABRAL, Trícia Navarro Xavier. *Justiça Multiportas*: mediação, conciliação, arbitragem e outros meios de solução adequada de conflitos. Salvador: JusPODIVM, 2017. (Coleção Grandes Temas do Novo CPC – v. 9), p. 121-123.

348. Sobre o litisconsórcio unitário, cf.: EID, Elie Pierre. *Litisconsórcio unitário*. Fundamentos, estrutura e regime. São Paulo: Ed. RT, 2016. (Coleção Liebman / ARRUDA ALVIM, Teresa; TALAMINI, Eduardo (Coords) e ALVIM, Arruda (Orientador Científico).

zando o acordo. Ocorre que, no caso examinado, dois réus já teriam contestado, contrariando o propósito inicialmente idealizado pelo Código. Portanto, o legislador, embora bem-intencionado, não se atentou para esses possíveis problemas envolvendo o litisconsórcio.

12. Meio eletrônico. O § 7º, CPC/15, autoriza a realização das sessões de conciliação ou mediação por meio eletrônico.[349]-[350] Na prática forense, especialmente com o advento da Covid-19, as audiências do art. 334 tem ocorrido de forma recorrente pelo meio virtual. Com efeito, a evolução tecnológica possibilita a implementação dos métodos adequados de solução dos conflitos pela via digital, tanto pela prática de atos por videoconferência conforme autorizado pelo art. 236, § 3º do CPC/2015, como pela implementação de autocomposição digital de conflitos, conforme recentemente adotado pela União quanto à plataforma Consumidor.gov.br, por meio do Decreto 10.197/2020.[351]

13. Não comparecimento de uma das partes. O § 8º prevê que o não comparecimento injustificado de uma das partes à audiência designada é considerado ato atentatório à dignidade da justiça. Como consequência, haverá uma sanção correspondente à aplicação de multa de até dois por cento da vantagem econômica pretendida ou do valor da causa, revertida em favor da União ou do Estado. Assim, as partes, ao serem

---

349. **Enunciado 25** (I Jornada de Direito Processual Civil realizada pelo CEJ/CJF) – As audiências de conciliação ou mediação, inclusive dos juizados especiais, poderão ser realizadas por videoconferência, áudio, sistemas de troca de mensagens, conversa on-line, conversa escrita, eletrônica, telefônica e telemática ou outros mecanismos que estejam à disposição dos profissionais da autocomposição para estabelecer a comunicação entre as partes.

350. **Enunciado 212** (II Jornada de Prevenção e Solução extrajudicial de Litígios – CJF – Brasília: 26 e 27 de agosto de 2021) – Não há incompatibilidade na realização da audiência prevista no art. 334 do CPC/2015 por meios de comunicação eletrônica adequados. Justificativa: Nos termos do art. 6º, § 2º, da Res. 314/2020, do CNJ: "Para realização de atos virtuais por meio de videoconferência está assegurada a utilização por todos juízos e tribunais da ferramenta Cisco Webex, 49 disponibilizada pelo Conselho Nacional de Justiça por meio de seu sítio eletrônico na internet (www.cnj.jus.br/plataformavideoconfencia-nacional/), nos termos do Termo de Cooperação Técnica n. 007/2020, ou outra ferramenta equivalente, e cujos arquivos deverão ser imediatamente disponibilizados no andamento processual, com acesso às partes e procuradores habilitados". Ao longo da pandemia, a experiência mostrou que, apesar de desejável, nem sempre o aplicativo Webex Cisco (ou outro meio de realização de videoconferência) garante o efetivo acesso à justiça a muitos jurisdicionados no que tange à participação de audiências de conciliação e mediação. Isso porque muitos não possuem celular ou computador compatíveis com a ferramenta, tampouco conexão de internet que comporte a sessão de videoconferência. Diante disso, diversos Cejuscs, como o instalado pelo TJPE em Recife, vêm se valendo do WhatsApp para a realização dessas audiências, uma vez que, atualmente, trata-se de aplicativo instalado em 99% dos smartphones brasileiros (e acessado ao menos uma vez ao dia por 95% dos usuários – fonte: https://bit.ly/3gGUVeK). Assim, vislumbrando-se o risco de prejudicar o acesso à justiça, direito fundamental previsto no art. 5º, XXXV, CF, e norma fundamental do processo civil brasileiro (art. 3º, CPC), o WhatsApp pode ser a ferramenta mais adequada para realizar a audiência do art. 334, CPC.

Disponível em: https://www.cjf.jus.br/cjf/corregedoria-da-justica-federal/centro-de-estudos-judiciarios-1/publicacoes-1/cjf/corregedoria-da-justica-federal/centro-de-estudos-judiciarios-1/prevencao-e-solucao--extrajudicial-de-litigios/?_authenticator=60c7f30ef0d8002d17dbe298563b6fa2849c6669. Acesso em: 15 abr. 2022.

351. O tema foi abordado em: CARVALHO, Frederico Ivens Miná Arruda de; CABRAL, Trícia Navarro Xavier. Da solução adequada dos litígios após a pandemia da Covid-19: Reflexões sobre o futuro da conciliação e mediação no sistema de justiça após a crise. In: Adriana Pereira Campos; Rodrigo Mazzei. (Org.). *Questões Jurídicas Decorrentes Da Covid-19*: volume 01 Processo, Tribunais e Tratamento de Conflitos. Curitiba: Juruá, 2020, v. 01, p. 165-171.

CAPÍTULO IV • JUSTIÇA ESTATAL | **303**

intimadas da audiência designada, devem ser advertidas quanto à possibilidade de aplicação da referida sanção[352]. O não comparecimento injustificável de qualquer delas acarreta a multa por ato atentatório à dignidade da justiça, mas o processo prossegue sem outras consequências processuais. Esse dispositivo sofreu algumas críticas doutrinárias por, supostamente, ferir o princípio da autonomia da vontade que se aplica aos métodos consensuais de resolução de conflitos. Entretanto, não se pode concordar com o referido entendimento. Isso porque o Brasil vem passando por uma progressiva transformação legislativa e cultural para prestigiar a consensualidade na resolução de disputas. O CPC/2015 procurou não só encampar a referida política judiciária instituída inicialmente pela Resolução CNJ 125/2010, como previu técnicas processuais para a sua concretização. Uma delas foi a multa pelo não comparecimento na audiência de mediação ou conciliação. Trata-se de instrumento destinado a promover os métodos consensuais, apresentando às partes os possíveis benefícios oriundos do diálogo precoce para tentar equacionar a controvérsia, bem como romper um habitual comportamento dos sujeitos processuais de evitar encontrar consensos para entregar ao Judiciário a solução da contenda. Não obstante, a técnica possui um efeito pedagógico, na medida em que ensina a parte a ao menos tentar uma autocomposição. Ademais, o CPC/2015 concedeu às partes a possibilidade de afastar a audiência, desde que fosse uma vontade expressada por ambas. Portanto, não há que se falar em ofensa ao princípio da autonomia da vontade, sendo certo, ainda, que a ideia do legislador foi somente promover o comparecimento das partes ao ato, sem qualquer imposição de realização de acordo, ou seja, terão absoluta autonomia para entabularem consenso. Sobre o tema, a Primeira Turma do Superior Tribunal de Justiça entendeu ser aplicável a multa do artigo 334, § 8º, CPC/15 ao INSS em razão de sua ausência injustificada à audiência designada.[353] A

---

352. **FPPC, Enunciado 273**: Ao ser citado, o réu deverá ser advertido de que sua ausência injustificada à audiência de conciliação ou mediação configura ato atentatório à dignidade da justiça, punível com a multa do art. 334, § 8º, do CPC/2015, sob pena de sua inaplicabilidade.

353. *Direito Processual Civil. Previdenciário. Recuso especial. A audiência de conciliação é fase obrigatória do processo civil atual. Nova legislação processual civil. Justiça multiportas. Valorização da composição amigável. Tarefa a ser implementada pelo juiz do feito. Ausência de comparecimento do INSS. Aplicação de multa de 2% sobre o valor da causa. Art. 334, § 8º. Do CPC/2015. Interesse do autor na realização do ato. Multa devida. Recurso especial do inss a que se nega provimento.* 1. A nova legislação processual civil instrumentaliza a denominada Justiça Multiportas, incentivando a solução consensual dos conflitos, especialmente por meio das modalidades de conciliação e mediação. O objetivo dessa auspiciosa inovação é hipervalorizar da concertação de interesses inter partes, em claro desfavor do vetusto incentivo ao demandismo. Mas isso somente se pode alcançar por meio da atuação inteligente dos Juízes das causas, motivados pelos ideais da equidade, da razoabilidade, da economia e da justiça do caso concreto. 2. Em seus artigos iniciais, o Código de Processo Civil prescreve que o Estado promoverá, sempre que possível, a solução consensual dos conflitos (art. 3º., § 2º. do CPC/2015), recomendando que a conciliação, a mediação e outros métodos de solução harmoniosa de conflitos sejam estimulados por Juízes, Advogados, Defensores Públicos e Membros do Ministério Público (art. 3º., § 3º. do CPC/2015), inclusive no curso do processo judicial (art. 139, V do CPC/2015). Esses dispositivos do CPC pressupõem que os Julgadores abram as mentes para a metodologia contemporânea prestigiadora da visão instrumentalista do processo, levando-o, progressivamente, a deixar de ser um objetivo em si mesmo. 3. Reafirmando esse escopo, o CPC/2015, em seu art. 334, estabelece a obrigatoriedade da realização de audiência de conciliação ou de mediação após a citação do réu. Excepcionando a sua realização, tão somente, na hipótese de o direito controvertido não admitir autocomposição ou na hipótese de ambas as partes manifestarem, expressamente, desinteresse na composição consensual (art. 334, § 4º. do CPC/2015). 4. O caráter obrigatório da realização

Jornada CEJ/CJF tem enunciado concluindo pelo inaplicabilidade da multa em caso de não comparecimento do réu intimado por edital[354], ao passo que reconhece a possibilidade de aplicação da multa para a parte que requereu a audiência e quando da sua realização informa não ter interesse na realização de acordo.[355]

13.1. Recorribilidade da decisão que estipula a multa por ato atentatório à dignidade da justiça: A Terceira Turma do Superior Tribunal de Justiça entendeu que a decisão que estipula multa por não comparecimento à audiência de conciliação ou mediação não é recorrível via Agravo de Instrumento[356], sendo cabível o Mandado de Segurança.[357] Por sua vez, já foi reconhecido que a parte vitoriosa no processo tem

---

dessa audiência de conciliação é a grande mudança da nova Lei Processual Civil, mas o INSS, contudo, intenta repristinar a regra de 1994, que estabelecia ser optativa a audiência de conciliação (art. 125, IV do CPC/1973 com redação dada pela Lei 8.952/1994), retirando o efeito programado e esperado pela legislação processual civil adveniente. 5. Rememore-se, aqui, aquela conhecida – mas esquecida – recomendação do jurista alemão Rudolph von Iherin (1818-1892), no seu famoso livro O Espírito do Direito Romano, observando que o Direito só existe no processo de sua realização. Se não passa à realidade da visa social, o que existe apenas nas Leis e sobre o papel não é mais do que o simulacro ou um fantasma do Direito, não é mais do que meras palavras. Isso que dizer que, se o Juiz não assegurar a eficácia das concepções jurídicas que instituem as garantias das partes, tudo a que o Direito serve e as promessas que formula resultarão inócuas e inúteis. 6. No caso dos autos, o INSS manifestou desinteresse na realização da audiência, contudo, a parte autora manifestou o seu interesse, o que torna obrigatória a realização da audiência de conciliação, com a indispensável presença das partes. Comporta frisar que o processo judicial não é mais concebido como um duelo, uma luta entre dois contendores ou um jogo de habilidades ou espertezas. Exatamente por isso, não se deixará a sua efetividade ao sabor ou ao alvedrio de qualquer dos seus atores, porque a justiça que por meio dele se realiza acha-se sob a responsabilidade do Juiz e constitui, inclusive, o macro-objetivo do seu mister. 7. Assim, não comparecendo o INSS à audiência de conciliação, inevitável a aplicação da multa prevista no art. 334, § 8º. do CPC/2015, que estabelece que o não comparecimento injustificado do autor ou do réu à audiência de conciliação é considerado ato atentatório à dignidade da Justiça e será sancionado com multa de até 2% da vantagem econômica pretendida ou do valor da causa, revertida em favor da União ou do Estado. Qualquer interpretação passadista desse dispositivo será um retrocesso na evolução do Direito pela via jurisdicional e um desserviço à Justiça. 8. Recurso Especial do INSS a que se nega provimento. (STJ; REsp 1.769.949; Proc. 2018/0253383-6; SP; Primeira Turma; Rel. Min. Napoleão Nunes Maia Filho; Julg. 08/09/2020; DJE 02/10/2020).

354. Jornada CEJ/CJF, **Enunciado 26**: A multa do § 8º do art. 334 do CPC não incide no caso de não comparecimento do réu intimado por edital.

355. Jornada CEJ/CJF, **Enunciado 121**: Não cabe aplicar multa a quem, comparecendo à audiência do art. 334 do CPC, apenas manifesta desinteresse na realização de acordo, salvo se a sessão foi designada unicamente por requerimento seu e não houver justificativa para a alteração de posição.

356. *Recurso Especial. Processual civil. Agravo de instrumento. Hipóteses de cabimento do recurso (art. 1.015, inciso II, do CPC). Ausência injustificada a audiência de conciliação. Multa por ato atentatório à dignidade da justiça.* 1. Controvérsia em torno da recorribilidade, mediante agravo de instrumento, contra a decisão cominatória de multa à parte pela ausência injustificada à audiência de conciliação. 2. O legislador de 2015, ao reformar o regime processual e recursal, notadamente do agravo de instrumento, pretendeu incrementar a celeridade do processo, que, na vigência do CPC de 1973, era constantemente obstaculizado pela interposição de um número infindável de agravos de instrumento, dilargando o tempo de andamento dos processos e sobrecarregando os Tribunais, Federais e Estaduais. 3. A decisão cominatória da multa do art. 334, §8º, do CPC, à parte que deixa de comparecer à audiência de conciliação, sem apresentar justificativa adequada, não é agravável, não se inserindo na hipótese prevista no art. 1.015, inciso II, do CPC, podendo ser, no futuro, objeto de recurso de apelação, na forma do art. 1.009, § 1º, do CPC. 4. Recurso Especial Desprovido. (STJ; REsp 1.762.957; Proc. 2018/0221473-0; MG; Terceira Turma; Rel. Min. Paulo de Tarso Sanseverino; Julg. 10/03/2020; DJe 18/03/2020). (Grifei).

357. *Constitucional e Processual Civil. Mandado de segurança. Agravo interno no recurso ordinário em mandado de segurança. Ato judicial ilegal. Decisão interlocutória de aplicação da multa prevista no art. 334, § 8º, do CPC/2015, por inexistente ato atentatório à dignidade da justiça. decisão irrecorrível. parte devidamente representada na*

interesse processual para interpor apelação objetivando impugnar a estipulação da multa do art. 334, § 8º.[358]

14. Presença de advogados ou defensores públicos[359]. Dúvida recorrente na prática forense consiste em saber se a audiência de conciliação ou mediação pode ser realizada sem advogado. A controvérsia se instalou em razão de haver, atualmente, dois regimes jurídicos distintos, um para o plano extrajudicial e outro para a esfera judicial. Com efeito, existem quatro dispositivos legais tratando do tema:

I) Art. 11, da Res. 125/2010, do CNJ: Nos Centros PODERÃO atuar membros do Ministério Público, defensores públicos, procuradores e/ou advogados;

II) Art. 334, § 9º, do CPC: As partes DEVEM estar acompanhadas por seus advogados ou defensores públicos;

III) Art. 10, da Lei de Mediação: As partes PODERÃO ser assistidas por advogados ou defensores públicos. Parágrafo único. Comparecendo uma das partes acompanhada de advogado ou defensor público, o mediador suspenderá o procedimento, até que todas estejam devidamente assistidas;

IV) Art. 26, da Lei de Mediação: As partes DEVERÃO ser assistidas por advogados ou defensores públicos, ressalvadas as hipóteses previstas nas Leis 9.099, de 26 de setembro de 1995, e 10.259, de 12 de julho de 2001. Como se vê, no que tange à presença de advogados, a Lei de Mediação e o CPC acabaram criando exigências diferentes para a realização das conciliações e mediações. No âmbito extrajudicial, é facultado às partes estarem ou não assistidas por advogado, com a ressalva de que, comparecendo uma das partes acompanhada de advogado ou defensor público, o mediador suspenderá o procedimento, até que todas estejam devidamente assistidas, garantindo a igualdade de condições dos participantes. Assim, a legislação em vigor faculta a presença de advogado extrajudicialmente, para tornar o procedimento mais simples, barato e menos burocrático, ampliando e incentivando a busca pela autocomposição. É importante

---

audiência de conciliação por advogado com poderes para transigir. violação de direito líquido e certo (CPC, art. 334, § 10). Ordem concedida. Recurso provido. 1. A impetração de mandado de segurança contra ato judicial, a teor da doutrina e da jurisprudência, reveste-se de índole excepcional, admitindo-se apenas em hipóteses determinadas, a saber: a) decisão judicial manifestamente ilegal ou teratológica; b) decisão judicial contra a qual não caiba recurso; c) para imprimir efeito suspensivo a recurso desprovido de tal atributo; e d) quando impetrado por terceiro prejudicado por decisão judicial. 2. Na hipótese, é cabível o mandado de segurança e nítida a violação de direito líquido e certo do impetrante, pois tem-se ato judicial manifestamente ilegal e irrecorrível, consistente em decisão interlocutória que impôs à parte ré multa pelo não comparecimento pessoal à audiência de conciliação, com base no § 8º do art. 334 do CPC, por suposto ato atentatório à dignidade da Justiça, embora estivesse representada naquela audiência por advogado com poderes específicos para transigir, conforme expressamente autoriza o § 10 do mesmo art. 334. 3. Agravo interno provido para dar provimento ao recurso ordinário em mandado de segurança, concedendo-se a segurança. (STJ; AgInt-RMS 56.422; Proc. 2018/0012678-5; MS; Quarta Turma; Rel. Min. Raul Araújo; Julg. 08/06/2021; DJE 16/06/2021). (Grifei).

358. Jornada I DirProcCiv, STJ, 67: "Há interesse recursal no pleito da parte para impugnar a multa do art. 334, § 8.º, do CPC por meio de apelação, embora tenha sido vitoriosa na demanda".

359. O tema foi tratado em: Cabral, Trícia Navarro Xavier; Pantoja, F. M. Art. 10 Da Lei De Mediação. In: Tricia Navarro Xavier Cabral; Cesar Felipe Cury. (Org.). *Lei de Mediação comentada artigo por artigo*. 3. ed. Indaiatuba: FOCO, 2022, v. 1, p. 59-68.

ressaltar, ainda, que a participação dos advogados pode contribuir significativamente para a qualidade da mediação, zelando pelo respeito ao princípio da decisão informada (artigo 166 do CPC). Por essa razão, a Ordem dos Advogados do Brasil defende a necessidade alteração legislativa para tornar a presença do advogado obrigatória. Em SP, a OAB emitiu comunicado (16 de agosto de 2017) recomendando a presença de advogados nas audiências realizadas perante o Cejusc. Há, também, Pedido de Providências perante o Conselho Federal da OAB, com proposta de alteração do art. 11, da Res. 125/2010, do CNJ. Contudo, enquanto essas alterações não se concretizarem, poderão as partes dispensar a assistência do advogado quando das sessões de conciliação ou mediação. Já na esfera judicial, a presença do advogado ou do defensor público é obrigatória[360]. Isso porque, no âmbito judicial, a capacidade postulatória é requisito essencial, nos termos do art. 103, do CPC. Com efeito, o advogado ou defensor público possui o importante papel[361] de orientar as partes a tomarem decisões informadas, atuam como guardiões da ordem processual e, ainda, asseguram acordos exequíveis. Ademais, a ausência do advogado, no entanto, pode ser considerada mera irregularidade e não gera a aplicação da multa do § 8º, sendo necessária, ainda, a comprovação de dano para culminar na anulação do ato. Neste caso, a parte poderá participar da audiência e, inclusive, realizar o acordo, podendo tomar as medidas cabíveis contra o advogado ou defensor público, não sendo o caso de redesignação da audiência, sob pena de comprometer o bom funcionamento do sistema de justiça.[362] Assim, em havendo acordo, o juiz proferirá sentença homologatória, constituindo título executivo judicial. Na hipótese de não haver consenso entre as partes, o processo deverá prosseguir, podendo a parte manter o advogado ou defensor público inicialmente constituído ou providenciar a sua substituição. O importante é que nem a parte e nem a administração da justiça fiquem prejudicadas com a omissão do advogado.

14.1. Advogados e honorários advocatícios. Além disso, a realização de conciliação e mediação não poderá prejudicar o direito dos advogados aos honorários. A Terceira Turma do Superior Tribunal de Justiça reconheceu o direito do advogado à

---

360. Doutrinadores de peso como Fredie Didier e Daniel Amorim Assumpção Neves têm posicionamento mais flexível, entendendo que mesmo em juízo as partes poderiam fazer acordo sem a presença de advogado, cabendo ao juiz exercer o controle de validade da avença. Mas a lei não permite essa interpretação.

361. **Enunciado 177** – (II Jornada de Prevenção e Solução extrajudicial de Litígios – CJF – Brasília: 26 e 27 de agosto de 2021) – Recomenda-se a manutenção de plantões da Defensoria Pública nos Centros Judiciários de Solução de Conflitos e Cidadania – Cejuscs, diretamente ou em parceria com a OAB ou outras instituições. Justificativa: Fundamentação legal: arts. 334, § 9º, CPC; 133 e 5º, LXXIV da CF. Fundamentação fática: Tem-se observado a ausência de informação jurídica para balizar os pactos pela população beneficiária da assistência judiciária gratuita, assim como a retomada de conflitos e/ou a judicialização (inclusive no crime e violência doméstica) em razão de acordos já pactuados em conciliações e mediações sem a presença de advogados/defensores.
   Disponível em: https://www.cjf.jus.br/cjf/corregedoria-da-justica-federal/centro-de-estudos-judiciarios-1/publicacoes-1/cjf/corregedoria-da-justica-federal/centro-de-estudos-judiciarios-1/prevencao-e-solucao--extrajudicial-de-litigios/?_authenticator=60c7f30ef0d8002d17dbe298563b6fa2849c6669. Acesso em: 15 abr. 2022.

362. No mesmo sentido: GAJARDONI, Fernando da Fonseca; DELLORE, Luiz; ROQUE, André Vasconcelos; OLIVEIRA JR., Zulmar Duarte de. *Comentários ao Código de Processo Civil.* 5. ed. Revista e atualizada. Rio de Janeiro: Forense, 2022, p. 522-523.

manutenção de honorários sucumbenciais previstos em sentença não transitada em julgado, apesar de acordo posteriormente celebrado pelas partes e homologado sem sua participação.[363]

15. Representante da parte. De acordo com o § 10, as partes deverão comparecer ao ato pessoalmente ou então por meio de representante com procuração específica, com poderes para negociar e transigir. Essa possibilidade deve ver compreendida como uma exceção ao comparecimento pessoal da parte, já que ela possui melhores condições de dispor sobre os seus interesses. Na prática forense, observa-se advogado comparecendo ao ato sem a parte, sob a justificativa de que estão atuando como representante, nos termos do dispositivo em análise. Entretanto, não se pode concordar com essa postura, sob pena de cair por terra a intenção do legislador de promover o diálogo direito entre as partes, ainda que acompanhadas por seus patronos[364]. Re-

---

363. *Processual Civil e Civil. Recurso Especial. Ação de obrigação de fazer. Embargos de declaração. Omissão, contradição ou obscuridade. Não ocorrência. Celebração de acordo sem anuência do advogado. Ausência de trânsito em julgado da sentença condenatória. Particularidades da demanda que impõem o reconhecimento da formação de título executivo. Direito autônomo do advogado.* 1. Ação de obrigação de fazer, por meio da qual se objetiva a reexecução de serviços de impermeabilização realizado em condomínio. Conversão em perdas e danos. Posterior homologação de acordo firmado entre as partes. 2. Ação ajuizada em 12/08/2005. Recurso Especial concluso ao gabinete em 20/09/2018. Julgamento: CPC/2015. 3. O propósito recursal, a par de definir acerca da ocorrência de negativa de prestação jurisdicional, é decidir se são devidos os honorários de sucumbência ao procurador que não participou do acordo firmado entre as partes, realizado e homologado antes do trânsito em julgado da sentença que fixou tal verba. 4. Ausentes os vícios do art. 1.022 do CPC/2015, rejeitam-se os embargos de declaração. 5. O acordo firmado entre as partes, sem a concordância do advogado, não atinge o direito ao recebimento dos honorários advocatícios fixados em sentença judicial transitada em julgado. 6. A despeito da ausência de trânsito em julgado da sentença condenatória, entende-se que a questão, na espécie, deve ser analisada sob outro viés, dada as peculiaridades do caso concreto, mostrando-se plausível a flexibilização da interpretação normativa. 7. Na presente hipótese, verifica-se que, em 1º grau, a sentença condenatória condenou a recorrente ao pagamento de 10% (dez por cento) do valor da condenação a título de verba honorária, condenação esta que foi mantida pelo TJ/RJ e que estava prestes a transitar em julgado, não fosse pelo fato de as partes terem, neste meio tempo, atravessado pedido de homologação de acordo extrajudicial – que sequer fez menção ao pagamento de qualquer verba honorária -, com a participação de nova advogada constituída nos autos, o que revogou automaticamente anterior procuração outorgada pelo Condomínio. 8. Dada as particularidades da situação ora analisada, convém reconhecer o direito autônomo do recorrido ao recebimento da verba honorária estabelecida na sentença condenatória, devendo a mesma ser considerada título executivo judicial, nos termos dos arts. 23 e 24 da Lei 8.906/94. 9. Recurso Especial conhecido e não provido. (STJ; REsp 1.851.329; Proc. 2018/0210943-4; RJ; Terceira Turma; Rel. Min. Nancy Andrighi; Julg. 22/09/2020; DJE 28/09/2020).

364. Em sentido contrário: constitucional e processual civil. Mandado de segurança. Agravo interno no recurso ordinário em mandado de segurança. Ato judicial ilegal. Decisão interlocutória de aplicação da multa prevista no art. 334, § 8º, do CPC/2015, por inexistente ato atentatório à dignidade da justiça. decisão irrecorrível. parte devidamente representada na audiência de conciliação por advogado com poderes para transigir. violação de direito líquido e certo (CPC, art. 334, § 10). Ordem concedida. Recurso provido.

1. A impetração de mandado de segurança contra ato judicial, a teor da doutrina e da jurisprudência, reveste-se de índole excepcional, admitindo-se apenas em hipóteses determinadas, a saber: a) decisão judicial manifestamente ilegal ou teratológica; b) decisão judicial contra a qual não caiba recurso; c) para imprimir efeito suspensivo a recurso desprovido de tal atributo; e d) quando impetrado por terceiro prejudicado por decisão judicial.

2. *Na hipótese, é cabível o mandado de segurança e nítida a violação de direito líquido e certo do impetrante, pois tem-se ato judicial manifestamente ilegal e irrecorrível, consistente em decisão interlocutória que impôs à parte ré multa pelo não comparecimento pessoal à audiência de conciliação, com base no § 8º do art. 334 do CPC, por*

gistre-se, ainda, o que Código de Ética e Disciplina da OAB dispõe em seu art. 23: "*É defeso ao advogado funcionar no mesmo processo, simultaneamente, como patrono e preposto do empregador ou cliente*.".

16. Formalização do acordo. O § 11º estabelece que a autocomposição alcançada pelas partes será reduzida a termo e homologada pelo juiz (art. 487, III, b, CPC/2015), constituindo título executivo judicial. A boa redação do termo de acordo é fundamental para que as partes compreendam e relembrem o que foi consensuado, bem como para que, em caso de descumprimento por qualquer das partes, a sua execução possa ocorrer sem questionamentos. Ademais, saliente-se que o acordo celebrado pode abordar a totalidade dos pedidos objeto do processo, ou abranger apenas alguns deles. Em razão da ampla autonomia de vontade das partes, é admissível que o acordo ultrapasse o objeto do processo. Ainda, dispõe o art. 515, § 2º, do CPC: "*A autocomposição judicial pode envolver sujeito estranho ao processo e versar sobre relação jurídica que não tenha sido deduzida em juízo*". Além disso, as partes também podem celebrar convenções processuais na audiência[365]. Como se vê, essa extensão do acordo pode ser extremamente benéfica para a pacificação completa do conflito.

17. Organização da pauta. O § 12 do art. 334 diz que as pautas das audiências de mediação serão organizadas de modo a respeitar o intervalo *mínimo* de 20 (vinte) minutos entre o início de uma e de outra seguinte[366], o que não pode ser confundido tempo de duração da sessão em si, sendo que a regra só é aplicável às audiências designadas após a vigência do CPC/2015[367].

Registre-se que, embora a lei fale em intervalo mínimo, no caso de procedimento de mediação o tema merecia um tratamento diferenciado diante das particularidades da atividade, sendo que de duas uma: ou a lei não deveria estabelecer tempo mínimo ou este deveria ser de ao menos uma hora de intervalo para que a sessão tivesse a qualidade necessária, com mais chances de êxito. Isso porque, essa fase inicial de fomentação da mediação no Brasil requer uma especial cautela e um maior rigor com o estabelecimento de um ambiente favorável à sua implementação, não só no que tange à capacitação dos mediadores, mas também em relação à correta aplicação das técnicas essenciais para se alcançar o sucesso do instituto, o que inclui a disponibilidade de tempo adequado

---

suposto ato atentatório à dignidade da Justiça, embora estivesse representada naquela audiência por advogado com poderes específicos para transigir, conforme expressamente autoriza o § 10 do mesmo art. 334.

3. Agravo interno provido para dar provimento ao recurso ordinário em mandado de segurança, concedendo-se a segurança.

(AgInt no RMS n. 56.422/MS, relator Ministro Raul Araújo, Quarta Turma, julgado em 8/6/2021, DJe de 16/6/2021.) (Grifei).

365. **FPPC, Enunciado 628**: As partes podem celebrar negócios jurídicos processuais na audiência de conciliação ou mediação.

366. **FPPC, Enunciado 295**: As regras sobre intervalo mínimo entre as audiências do CPC só se aplicam aos processos em que o ato for designado após sua vigência.

367. **FPPC, Enunciado 583**: O intervalo mínimo entre as audiências de mediação ou de conciliação não se confunde com o tempo de duração da sessão.

CAPÍTULO IV • JUSTIÇA ESTATAL

para as sessões de mediação, sob pena de se tornar uma etapa procedimental legal, mas absolutamente fria, mecânica e descompromissada.[368-369]

7.5 NOTAS SOBRE O ARTIGO 381, II, DO CPC

O CPC inovou ao instituir a produção antecipada de prova como uma ação autônoma, elencando as hipóteses com urgência e sem urgência. O inciso II trata de situação autorizativa da referida ação para que "a prova a ser produzida seja suscetível de viabilizar a autocomposição ou outro meio adequado de solução de conflito".

A finalidade precípua do dispositivo é promover o alcance informacional das partes quanto ao seu conflito a fim de que possa avaliar com segurança o melhor caminho a seguir.

Isso porque os conflitos podem apresentar facetas não muito claras sobre os fatos, e, por isso, pode ser útil um elemento de prova para suprir déficit de informação das partes.

Com efeito, quando as partes não dispõem de dados completos sobre a controvérsia elas ficam sem parâmetros avaliativos sobre o jogo da parte contrária. E esse problema de informação pode gerar – e geralmente gera – expectativas equivocadas acerca da probabilidade de êxito de uma demanda.

Assim, diante de uma prova que esclareça melhor os contornos do conflito, as partes passam a avaliar os riscos e os custos de um litígio judicial. Esse é um tema muito tratado pela análise econômica do litígio.[370]

---

368. Cf. CABRAL, Trícia Navarro Xavier. Análise comparativa entre a Lei de Mediação e o CPC/2015. In: ZANETI JR., Hermes; CABRAL, Trícia Navarro Xavier. (Org.). *Justiça Multiportas*: Mediação, Conciliação, Arbitragem e outros meios adequados de solução de conflitos. 2. ed. Salvador: JusPODIVM, 2018, v. 1, p. 471-494.

369. **Enunciado 227** (II Jornada de Prevenção e Solução extrajudicial de Litígios – CJF – Brasília: 26 e 27 de agosto de 2021) – O intervalo mínimo de 20 (vinte) minutos entre o início de uma e o início da seguinte audiência de conciliação ou de mediação, disposto no art. 334, § 12, do CPC/2015, não deve ser interpretado como tempo padrão de duração da sessão para toda a pauta das audiências. Justificativa: Pessoas que vivenciam algum conflito precisam de oportunidade para se ouvirem mutuamente. Ademais, considerando-se que essas pessoas não conseguiram resolver determinada questão por si mesmas e buscaram ou aceitaram a conciliação ou mediação, faz-se necessário que tais métodos sejam adequadamente realizados. O procedimento da mediação e da conciliação obedece a fases e técnicas. Nesse sentido, em resumo, tem-se a fase de abertura, investigação, desenvolvimento, redação do termo e encerramento (Manual de Mediação e Conciliação da Justiça Federal). 54 O mediador ou conciliador, a seu turno, comumente necessitará lançar mão de ferramentas e técnicas diversas tais como: acolhimento, escuta ativa, resumos, perguntas, recontextualizações, teste de realidade, entre outras que demandam tempo para poderem ser bem aplicadas e surtir o efeito esperado para que as pessoas construam a solução que melhor lhes atenda satisfatoriamente. Corroborando com esse contexto, o Guia de Conciliação e Mediação: Orientações para a implantação de Cejuscs (CNJ) apresenta as premissas de que a conciliação busca além do acordo, restaurar a relação social ("demorar suficientemente para que os interessados compreendam que o conciliador se importa com o caso e a solução encontrada") e humanizar o processo ("utilizar-se de técnicas multidisciplinares para permitir que se encontrem soluções satisfatórias no menor prazo possível"). Ocorre que a realização a contento dessa proposta de conciliação e mediação em 20 (vinte) minutos de sessão, para todas as pautas de audiências, não parece razoável.

Disponível em: https://www.cjf.jus.br/cjf/corregedoria-da-justica-federal/centro-de-estudos-judiciarios-1/publicacoes-1/cjf/corregedoria-da-justica-federal/centro-de-estudos-judiciarios-1/prevencao-e-solucao-extrajudicial-de-litigios/?_authenticator=60c7f30ef0d8002d17dbe298563b6fa2849c6669. Acesso em: 15 abr. 2022.

370. Sobre o assunto, cf.: GOULART, Bianca Bez. *Análise econômica do litígio: entre acordos e ações judiciais*. Salvador: JusPodivm, 2019.

Como consequência, com mais informação, aumentam as chances de as partes fazerem acordo, tanto no aspecto material como no aspecto processual.

Dessa forma, quando o legislador cria uma hipótese de produção autônoma de prova com o objetivo de proporcionar a correta interpretação dos fatos pelas partes para possibilitar uma autocomposição ou outro meio adequado de solução de conflito, ele sinaliza por um lado, que incentiva as vias consensuais de resolução de disputas e, por outro, indica a necessidade de racionalização da judicialização.

Dito isso e analisando detidamente o dispositivo legal, percebe-se algumas características acerca do tema.

A primeira é que o direito autônomo de produção de prova de que trata o inciso II existe independentemente de urgência, ou seja, a parte pode pretender simplesmente obter maiores esclarecimentos acerca de fatos que interferem em sua esfera jurídica.

A segunda é que a produção autônoma da prova pode resultar em autocomposição em relação ao direito material, ao direito processual ou a ambos. Isso porque as partes, de acordo com o resultado obtido com as provas, podem realizar um ajuste que envolva a controvérsia em si, mas também podem convencionar sobre aspectos processuais de uma futura demanda judicial ou arbitral.

Ademais, o acordo pode ser total ou parcial, não necessitando abarcar todas as questões controvertidas.

A terceira observação é que, além da autocomposição, a produção de prova pode ser útil para a decisão acerca do uso de outros meios de resolução de conflito.

Assim, uma vez produzida a prova e elucidados os fatos, as partes podem recorrer aos métodos autocompositivos, como negociação, conciliação, mediação, bem como aos métodos heterocompositivos, como a arbitragem e o próprio processo judicial, sem prejuízo de outros possíveis ferramentas aptas à resolução das controvérsias.

Com isso, consagra-se a ideia de atipicidade dos meios de resolução de conflitos, característica inerente à própria Justiça Multiportas, o que indica que o dispositivo legal se alinha com o sistema aqui tratado.

Não obstante, o resultado obtido com as provas produzidas pode encaminhar os envolvidos também para diferentes ambientes de solução de disputas, seja judicial ou extrajudicial. Assim, as partes podem escolher se dirigir aos Cejuscs, aos Juizados Especiais, às câmaras públicas ou privadas de mediação e arbitragem, às plataformas *on-line* de resolução de conflitos, entre outras possibilidades.

Registre-se, ainda, que as partes podem realizar uma autocomposição processual acerca das provas a serem produzidas, seus custos ou outro aspecto do procedimento.

E durante o procedimento, outras situações interessantes podem surgir, inclusive a de as partes resolverem aproveitar o próprio procedimento para fazer um acordo judicial, o que resultaria em uma sentença homologatória de acordo.

Ademais, dependendo das circunstâncias do conflito, as partes ou o juiz poderia sugerir o encaminhamento do processo para o Cejusc para viabilizar o diálogo antes de prosseguir com a produção das provas.

Não obstante, as partes podem fazer um acordo extrajudicial e depois levar ao processo, pedindo para o juiz homologar, aproveitando o procedimento judicial em curso.

E como já foi indicado, para além da autocomposição, a produção de prova pode ser útil para o endereçamento correto do conflito dentro da Justiça Multiportas.

Isso porque permite que as partes passem a fazer uma relação de adequação entre o conflito e métodos e ambiente mais adequado para solucioná-lo, o que atualmente ainda não se tem cultura.

Por fim, uma última observação, de que a ação autônoma de produção de provas pode ser objeto de convenção processual prévia, transformando a demanda em uma condição de procedibilidade para uma futura demanda.

Portanto, a ação autônoma de produção antecipada de prova é um direito que viabiliza o exercício de variados atos de escolha sobre o modo de solucionar o conflito, o que reforça a autonomia da vontade e o empoderamento das partes em nosso sistema processual.

7.6 AUDIÊNCIA AUTÔNOMA DE AUTOCOMPOSIÇÃO

O CPC/2015 estabeleceu algumas formas típicas de audiência de conciliação ou mediação, com destaque para o art. 334 (procedimento comum), art. 565 (litígio coletivo pela posse de imóvel) e art. 695 (ações de família).

Não obstante, o juiz pode, a qualquer momento, designar audiência de autocomposição, nos termos do art. 139, V, do CPC.

Contudo, também é possível se pensar em uma ação autônoma de autocomposição, objetivando à sujeição da parte contrária ao ato jurisdicional para fins de, a partir do diálogo estabelecido entre as partes, tentar-se o tratamento adequado do conflito, independentemente do alcance do acordo.

A hipótese, trazida por Hélio Antunes Carlos[371], permite que o autor, dentro de sua margem de disposição processual, limite o processo ao ato da audiência de conciliação ou mediação, sem a indicação de causa de pedir ou de pedidos específicos. A ideia é evitar o escalonamento do conflito e permitir maior abertura para a elaboração de soluções construtivas.

Ademais, essa ação autônoma de autocomposição do regime processual deve seguir das diretrizes da ação de produção antecipada de prova, prevista no art. 381, II, do CPC, o qual, por sua vez, é desvinculado de qualquer processo futuro.

---

371. p. 615-631.

Registre-se que essa ação autônoma de autocomposição não se confunde e nem se identifica com a reclamação pré-processual. É certo que, no âmbito dos Cejuscs (art. 8º, § 1º, da Resolução CNJ 125/2010), é possível que uma parte solicite uma sessão de conciliação ou mediação, mediante o envio de carta-convite à outra parte para comparecer no dia e hora agendados, unicamente para tentar chegar a um acordo antes do ajuizamento da demanda. Porém, a parte convidada não é obrigada a comparecer e sobre qualquer consequência por isso, ensejando o arquivamento da reclamação.

A proposta que se coloca é de uma ação autônoma de autocomposição em que a parte contrária será citada (e não apenas convidada), nos termos do art. 238, do CPC.

Além disso, ao contrário do que ocorre na reclamação pré-processual, que faculta a presença de advogado, na ação autônoma de conciliação ambas as partes deverão estar assistidas por advogado ou defensor público, ou seja, exige capacidade postulatória.

Outra diferença é que a reclamação não induz prevenção, interrupção de prescrição e constituição em mora, nem torna a coisa litigiosa, efeitos do art. 240, do CPC. No caso da ação autônoma de conciliação, a citação teria efeito de interromper a prescrição e de constituir em mora, mas não de prevenir o juízo, na forma do art. 381, § 3º, do CPC, e nem de tornar a coisa litigiosa, nos termos do art. 382, § 2º, do CPC.

Não obstante, a ação autônoma de autocomposição pode envolver sujeito estranho ao processo e versar sobre relação jurídica que não tenha sido deduzida em juízo, conforme autoriza o art. 515, § 2º, do CPC.

Outra técnica aplicada à ação em comento é a do art. 334, § 8º, do CPC, em que a ausência injustificada de qualquer das partes é considerada ato atentatório à dignidade da justiça, com sanção de multa de até dois por cento da vantagem econômica pretendida ou do valor da causa, revertida em favor da União ou do Estado. A resistência ao objeto da ação também implica na condenação em honorários advocatícios.

Também não se admitirá defesa ou recurso, salvo quando indeferida a designação de audiência de autocomposição, em equivalência ao disposto no art. 382, § 4º, do CPC, ou, então, quando ausentes os pressupostos processuais e as condições da ação, quando não se admitir a autocomposição (art. 334, § 4º, II), e, ainda, quando comprovada tentativa anterior frustrada de autocomposição.

Como se vê, trata-se da junção de técnicas previstas no art. 334 com o regime processual do art. 381 a 383, todos do CPC.

Em caso de acordo, o juiz homologa, nos termos do art. 487, III, do CPC. Não sendo o acordo alcançado, há a homologação apenas para atentar a regularidade do procedimento, como ocorre na produção antecipada de prova, prosseguindo nos termos do art. 383, do CPC.

Essa hipótese de ação autônoma de autocomposição se demonstra legítima para a finalidade que se propõe. O procedimento pensado por Hélio Antunes Carlos também se mostra adequado, de modo que, em havendo pedido dessa natureza, caberá aos juízes admitirem esse formato de ação, já que é perfeitamente compatível com a ideologia consensual trazida pelo legislador processual.

7.7 AUTOCOMPOSIÇÃO NO ÂMBITO RECURSAL

Quando se pensa em autocomposição dentro do Poder Judiciário há uma associação imediata aos Cejuscs, Juizados Especiais e 1º Grau de Jurisdição. Contudo, mesmo após a sentença, é possível que as partes celebrem um acordo, seja na esfera judicial, seja na extrajudicial, podendo refletir no processo ainda em curso.

Assim, após o proferimento de uma sentença, o juiz, diante de um acordo apresentado pelas partes, pode homologá-lo, substituindo a decisão impositiva pelos ajustes formulados pelas próprias partes. As vantagens, neste caso, ocorrem com a não interposição de recurso, bem como com a maior tendência de cumprimento voluntário das obrigações assumidas, evitando a fase executiva.

Não obstante, em grau recursal, as partes também podem realizar autocomposição. Com o proferimento da sentença, estabelece-se um primeiro posicionamento judicial acerca da controvérsia posta em juízo. Indo para a esfera recursal, as partes, diante das perspectivas de êxito (ou não) do recurso, podem preferir encerrar o litígio sem o pronunciamento recursal, findando a disputa.

Além disso, o próprio relator pode designar, de ofício ou a requerimento, uma audiência de conciliação para tentar um acordo.

Em todos os casos, caberá ao relator homologar a autocomposição, nos termos do art. 932, I, do CPC[372], e não remeter ao juízo de 1º grau para homologação.

Ademais, o relator, de ofício ou a requerimento, pode enviar o processo ao Cejusc de 2º Grau, unidade já criada na maioria dos tribunais de justiça e tribunais regionais federais ou do trabalho, responsáveis pela realização de sessão de conciliação ou mediação, conforme o caso. Após as sessões, obtido ou não o acordo, o feito retorna ao relator para homologação ou para prosseguir na análise do recurso.

O acordo firmado entre as partes pode ser parcial ou total, e, também, ter como objeto tema de direito material ou processual (convenções processuais).

Como se vê, o relator, do mesmo modo que o juiz de 1º grau, tem o dever de estimular a resolução consensual do conflito (art. 3º, § 3º, do CPC), bem como de controlar a validade e a regularidade da avença, valendo-se, inclusive, dos mesmos limites estabelecidos para qualquer ato de disposição processual.

---

372. Art. 932. Incumbe ao relator:

I – dirigir e ordenar o processo no tribunal, inclusive em relação à produção de prova, bem como, quando for o caso, homologar autocomposição das partes;

7.8 AUTOCOMPOSIÇÃO E IRDR[373]

O incidente de resolução de demandas repetitivas (IRDR) tem por objetivo impedir a ocorrência de decisões divergentes, por meio da elaboração de uma tese jurídica comum a várias ações individuais repetitivas, sendo adotada a mesma tese nas situações similares.[374]. O instituto visa à proteção aos princípios da isonomia, da segurança jurídica e da economia processual, estando interligados entre si.

Ele está previsto no Código de Processo Civil, Capítulo VIII, do Título I (Da ordem dos processos e dos processos de competência originária dos tribunais), do Livro III (Dos processos nos tribunais e dos meios de impugnação das decisões judiciais), nos artigos 976 a 987.

Embora o objetivo deste artigo não seja, de forma alguma, esgotar a temática sobre este incidente, faz-se necessário, ao menos, contextualizar a sistematização dos dispositivos em questão.

Assim, observa-se que: (i) o artigo 976 trata da finalidade do incidente, requisitos e custa processuais; (ii) o artigo 977 dispõe sobre a legitimidade e os documentos necessários; (iii) o artigo 978 aborda aspectos da competência e da prevenção; (iv) o artigo 979 versa sobre a publicidade; (v) o artigo 980 discorre quanto ao prazo de julgamento e preferência; (vi) o artigo 981 apresenta o juízo de admissibilidade; (vii) o artigo 982 perpassa pela suspensão dos processos, prerrogativas do relator, intervenção do Ministério Público e pedido de tutela de urgência; (viii) o artigo 983 fala acerca da instrução do incidente; (ix) o artigo 984 ocupa-se a respeito das etapas do julgamento; (x) o artigo 985 expõe os efeitos vinculantes da decisão do IRDR e reclamação; (xi) o artigo 986 refere-se à revisão da tese; e (xii) o artigo 987 disserta sobre os recursos.

Ademais, quando se aborda o incidente de resolução de demandas repetitivas, o primeiro registro é que ele está diretamente relacionado com o julgamento de casos repetitivos, o qual trará uma definição, uma solução referente a uma questão de direito que se repete em grande número de processos já existentes. Esses processos, por sua vez, podem ser homogêneos, nos quais se discute questão de direito semelhante, ou heterogêneos, que apenas apresentam pontos em comum.[375]

No tocante ao seu cabimento, salienta-se que sua instauração será concebível quando se estiver diante dos seguintes requisitos cumulativos, nos termos do artigo

---

373. O tema foi tratado em: CABRAL, Trícia Navarro Xavier; FREITAS, Fabiana Sena. Artigo 38 da Recomendação CNJ 134/2022: a solução consensual no âmbito do incidente de resolução de demandas repetitivas. In: FUGA, Bruno Augusto Sampaio; PEIXOTO, Ravi. (Org.). *Comentários à Recomendação n. 134 do CNJ*. Londrina: Thoth, 2023, v. 1, p.335-350.

374. CAMBI, Eduardo; FOGAÇA, Mateus Varga. Incidente de Resolução de Demandas Repetitivas no novo Código de Processo Civil. *Revista de Processo*, v. 243, p. 333-362, 2015. p. 4.

375. DIDIER JR., Fredie; LIPIANI, Júlia. Incidente de resolução de demandas repetitivas. Eficácia interpretativa do princípio federativo sobre o direito processual. Federalismo processual. Contraditório no processamento do incidente de resolução de demandas repetitivas. *Revista de Processo*, v. 300, p. 153-195, 2020. p. 3.

976[376], do CPC: (i) efetiva repetição de processos que contenham controvérsia sobre a mesma questão unicamente de direito; (ii) risco de ofensa à isonomia e à segurança jurídica; e (iii) inexistência de afetação da mesma questão em recursos especial ou extraordinário repetitivos.

Por conseguinte, quanto ao espaço que o IRDR ocupa, constata-se que ele integra o "microssistema de solução de casos repetitivos". Neste viés, tem-se o Enunciado 345 do FPPC: "o incidente de resolução de demandas repetitivas e o julgamento de recursos extraordinários e especiais repetitivos formam um microssistema de solução de casos repetitivos, cujas normas de regência se complementam reciprocamente e devem ser interpretadas conjuntamente".

Do mesmo modo, é possível chegar a essa conclusão por meio da leitura do artigo 928[377], do CPC, que dispõe que o julgamento de casos repetitivos retrata tanto a decisão proferida em IRDR, como em recursos especiais ou extraordinários repetitivos, reforçando essa concepção de microssistema.

Humberto Theodoro Júnior, inclusive, concebe o caráter coletivo do incidente de resolução de demandadas repetitivas, porém, explica que este não se confunde com as ações coletivas, já que nestas últimas há solução integral do caso concreto, enquanto no incidente se delibera apenas sobre a questão de direito comum entre as múltiplas ações e, feito isso, se desenvolverão independentemente uma da outra.[378]

Esclarecidos esses pontos, resta saber, de modo sucinto, como funciona esse incidente.

Diante de uma questão comum de direito, de forma reiterada em várias demandas, sejam individuais ou coletivas, é possível a instauração do incidente de resolução de demandadas repetitivas, a fim de que a referida questão controvertida seja apreciada pelo tribunal.[379]

---

376. CPC, art. 976. É cabível a instauração do incidente de resolução de demandas repetitivas quando houver, simultaneamente: I – efetiva repetição de processos que contenham controvérsia sobre a mesma questão unicamente de direito; II – risco de ofensa à isonomia e à segurança jurídica. § 1º A desistência ou o abandono do processo não impede o exame de mérito do incidente. § 2º Se não for o requerente, o Ministério Público intervirá obrigatoriamente no incidente e deverá assumir sua titularidade em caso de desistência ou de abandono. § 3º A inadmissão do incidente de resolução de demandas repetitivas por ausência de qualquer de seus pressupostos de admissibilidade não impede que, uma vez satisfeito o requisito, seja o incidente novamente suscitado. § 4º É incabível o incidente de resolução de demandas repetitivas quando um dos tribunais superiores, no âmbito de sua respectiva competência, já tiver afetado recurso para definição de tese sobre questão de direito material ou processual repetitiva. § 5º Não serão exigidas custas processuais no incidente de resolução de demandas repetitivas.
377. CPC, art. 928. Para os fins deste Código, considera-se julgamento de casos repetitivos a decisão proferida em: I – incidente de resolução de demandas repetitivas; II – recursos especial e extraordinário repetitivos. Parágrafo único. O julgamento de casos repetitivos tem por objeto questão de direito material ou processual.
378. THEODORO JÚNIOR, Humberto. *Curso de Direito Processual Civil*. vol. 3. 52. ed. Rio de Janeiro: Forense, 2019. p. 1.349.
379. MENDES, Aluisio Gonçalves de Castro; TEMER, Sofia. O incidente de resolução de demandas repetitivas no Novo Código de Processo Civil. *Revista de Processo*, v. 243, p. 283-331, 2015. p. 3.

Com a oitiva de todos os interessados, o tribunal deve decidir a questão, a qual servirá como padrão para os demais casos. No que que se refere aos processos que apresentarem igual matéria, acentua-se que devem ser suspensos até o julgamento da tese a ser firmada. Em seguida, a referida tese pode ser aplicada aos processos pendentes e os posteriores, cujo entendimento será predominante até ulterior superação ou revisão.[380]

Portanto, com esses breves apontamentos acerca do procedimento do IRDR, resta a questão: é cabível a solução consensual no âmbito do incidente de resolução de demandas repetitivas? A hipótese constou do art. 38, da recomendação CNJ 134/2022, nos seguintes termos:

> Art. 38. A inexistência de previsão expressa no CPC/2015 quanto à possibilidade de solução consensual no âmbito do Incidente de Resolução de Demandas Repetitivas não impede a sua utilização, por estar em harmonia com o próprio instituto e com normas fundamentais do Estatuto Processual.

O Conselho Nacional de Justiça tem, entre as suas atribuições, o papel de zelar pela autonomia do Poder Judiciário, pelo cumprimento do Estatuto da Magistratura, o que será feito por meio de atos normativos e recomendações[381]. Nesse contexto, foi editada a Recomendação CNJ 132/2022, que abrange, entre outros, o assunto em comento.

As recomendações são ferramentas que estabelecem orientações de conduta, que devem ser observadas por todo Poder Judiciário[382], sem vinculação obrigatória, mas com cumprimento incentivado, em busca do aperfeiçoamento do sistema de justiça.

Desse modo, a Recomendação CNJ 134, de 9 de setembro de 2022, dispõe sobre o tratamento dos precedentes no Direito brasileiro, valorizando e confirmando a importância daqueles, ao mesmo tempo em que traz orientação para sua correta aplicação.[383]

O ato normativo é extenso, contendo cinquenta dispositivos tratando da temática dos precedentes. Dentre eles, destaca-se o artigo 38[384], o qual aborda a possibilidade de solução consensual no incidente de resolução de demandas repetitivas, evidenciando a harmonia com o instituto do IRDR e com as normas fundamentais da legislação processual.

Nesse sentido, Aluisio Gonçalves de Castro Mendes concebe que, em que pese o Código de Processo Civil não possuir previsão expressa de solução consensual no âmbito do IRDR, a autocomposição é compatível com os princípios inerentes ao Có-

---

380. MENDES, Aluisio Gonçalves de Castro; TEMER, Sofia. O incidente de resolução de demandas repetitivas no Novo Código de Processo Civil. *Revista de Processo*, v. 243, p. 283-331, 2015. p. 3.
381. CONSELHO NACIONAL DE JUSTIÇA. *Quem somos*. Disponível em: https://www.cnj.jus.br/sobre-o-cnj/quem-somos/. Acesso em: 22 nov. 2022.
382. CÔRTES, Osmar Mendes Paixão; BARROS, Janete Ricken Lopes de. A força normativa dos atos do CNJ e o tratamento dos precedentes: Recomendação 134/2022. *Revista de Processo*, v. 334, p. 349-362, 2022. p. 5.
383. CÔRTES, Osmar Mendes Paixão; BARROS, Janete Ricken Lopes de. A força normativa dos atos do CNJ e o tratamento dos precedentes: Recomendação 134/2022. *Revista de Processo*, v. 334, p. 349-362, 2022. p. 5.
384. CNJ, Recomendação n. 134, art. 38. A inexistência de previsão expressa no CPC/2015 quanto à possibilidade de solução consensual no âmbito do Incidente de Resolução de Demandas Repetitivas não impede a sua utilização, por estar em harmonia com o próprio instituto e com normas fundamentais do Estatuto Processual.

digo de Processo Civil e com as próprias características do Incidente de Resolução de Demandadas Repetitivas,[385] com o que se deve concordar, conforme será exposto.

Registre-se, ainda, que a possibilidade de solução consensual no âmbito do IRDR se insere no contexto da constitucionalização do processo[386], que é exatamente essa vinculação do processo civil com a unidade da Constituição.

Ademais, tem-se que o próprio preâmbulo[387] da Constituição da República Federativa do Brasil traz que o Estado Democrático está fundamentado na solução pacífica das controvérsias, sem prejuízo de outras passagens constitucionais que incentivam a consensualidade.

Aliás, o Código de Processo Civil consagrou a ideia de Justiça Multiportas, em que há a ressignificação do acesso à justiça para contemplar diferentes métodos e ambientes de resolução de disputas.[388]

O modelo de Justiça Multiportas adotado pelo Código de Processo Civil é refletido pela própria disposição do artigo 3º[389] da legislação processual em questão. Isso porque (i) há inclusão da arbitragem como meio adequado de solução de conflitos; (ii) aponta-se o dever do Estado no incentivo à consensualidade; (iii) acentua-se a imprescindibilidade de estímulo aos meios consensuais por todos aqueles que integram o processo; e (iv) reconhece-se a existência de cláusula de atipicidade dos métodos adequados de solução de disputas.[390]

---

385. MENDES, Aluisio Gonçalves de Castro. *Incidente de resolução de demandas repetitivas*: sistematização, análise e interpretação do novo instituto processual. Rio de Janeiro: Forense, 2017. p. 263.

386. Hermes Zaneti Jr. salienta que a constitucionalização do processo é apresentada como "uma nova visão do direito processual constitucionalizado, considerado como toda a interferência da Constituição nas noções de jurisdição, ação/defesa e processo, ou seja, uma introdução ao estudo do processo civil em vinculação com a unidade da Constituição, não só na perspectiva dos princípios, mas também da jurisdição constitucional lato sensu (jurisdição constitucional das liberdades e controle de constitucionalidade) e da organização judicial e funções essenciais da Justiça". (ZANETI JR., Hermes. A constitucionalização do processo: do problema ao precedente: da teoria do processo ao código de processo civil de 2015. 1. ed. São Paulo: Thomson Reuters Brasil, 2021. p. RB-1.1. Disponível em: https://next-proview.thomsonreuters.com/launchapp/title/rt/monografias/272787512/v3/page/RB-1.1%20).

387. CF, preâmbulo. Nós, representantes do povo brasileiro, reunidos em Assembléia Nacional Constituinte para instituir um Estado Democrático, destinado a assegurar o exercício dos direitos sociais e individuais, a liberdade, a segurança, o bem-estar, o desenvolvimento, a igualdade e a justiça como valores supremos de uma sociedade fraterna, pluralista e sem preconceitos, fundada na harmonia social e comprometida, na ordem interna e internacional, com a solução pacífica das controvérsias, promulgamos, sob a proteção de Deus, a seguinte CONSTITUIÇÃO DA REPÚBLICA FEDERATIVA DO BRASIL.

388. O tema pode ser conferido em: CABRAL, Trícia Navarro Xavier. Justiça multiportas e inovação. In: Luiz Fux; Henrique Ávila; Trícia Navarro Xavier Cabral. (Org.). *Tecnologia e Justiça Multiportas*. 1ed. Indaiatuba: Foco, 2021, v. 1, p. 261-274.

389. CPC, artigo 3º. Não se excluirá da apreciação jurisdicional ameaça ou lesão a direito. § 1º É permitida a arbitragem, na forma da lei. § 2º O Estado promoverá, sempre que possível, a solução consensual dos conflitos. § 3º A conciliação, a mediação e outros métodos de solução consensual de conflitos deverão ser estimulados por juízes, advogados, defensores públicos e membros do Ministério Público, inclusive no curso do processo judicial.

390. CABRAL, Tricia Navarro Xavier; SANTIAGO, Hiasmine. Resolução 125/2010 do Conselho Nacional de Justiça. *Revista Eletrônica do CNJ*, v. 4, n. 2, p. 199-211, 2020. p. 202.

Destarte, constata-se que o incentivo à autocomposição na atual sistemática processual não é dever apenas do magistrado[391], mas de todos os atores do processo, assim como do Estado. Não por outra razão, o Código de Processo Civil menciona a expressão "autocomposição" 20 (vinte) vezes, enquanto "mediação" é exibida 39 (trinta e nove) vezes e "conciliação" revela-se 37 (trinta e sete) vezes, o que reforça o prestígio à consensualidade na legislação processual civil.

Assim, é possível considerar que houve verdadeira incorporação do princípio da consensualidade no ordenamento jurídico brasileiro, que abarca tanto as relações jurídicas públicas, como as privadas, afetando tanto sobre direito substancial como direito processual.[392-393]

Não obstante, compreende-se que a previsão do artigo 3º, do CPC, evidencia uma ampliação do acesso à justiça, previsto no artigo 5º, inciso XXXV, da Constituição Federal, na medida em que, para além dos métodos heterocompositivos, verificam-se, ainda, os meios autocompositivos.

Interessante salientar que o acesso à justiça e o IRDR estão diretamente ligados, na medida em que este garante o tratamento isonômico entre os litigantes que se encontram em situação jurídica, a segurança jurídico-processual, a previsibilidade, coerência e credibilidade das decisões judiciais, e, ainda, a redução do custo e da duração dos processos judiciais repetitivos.[394]

Sobre a consensualidade no âmbito dos incidentes de resolução de demandas repetitivas, realça-se que Humberto Dalla Bernardina de Pinho e Ludmilla Camacho Duarte Vidal consideram duas possibilidades de acordo, quais sejam, no contexto da própria causa-piloto ou dos processos suspensos à espera da tese jurídica a ser firmada.[395]

Relativamente ao acordo no contexto do caso-piloto – dizem os referidos autores – considera-se aplicável a mesma ideia que traz o artigo 976, § 1º, do CPC, que trata da desistência no IRDR. Ou seja, havendo consensualidade no caso paradigma, o exame

---

391. O Código de Processo Civil estabelece que o juiz tem o dever promover a autocomposição e, preferencialmente, com auxílio de conciliadores e mediadores judiciais, nos termos do art. 139, V, do diploma processual em questão. (CPC, art. 139. O juiz dirigirá o processo conforme as disposições deste Código, incumbindo-lhe: [...] V – promover, a qualquer tempo, a autocomposição, preferencialmente com auxílio de conciliadores e mediadores judiciais;)

392. CABRAL, Trícia Navarro Xavier. *Limites da liberdade processual*. Indaiatuba. São Paulo: Editora Foco, 2019. 36-38.

393. Ao concluir pela incorporação do princípio da consensualidade no sistema processual brasileiro, Trícia Navarro Xavier Cabral percorre não apenas pela figura do Código de Processo Civil atual, mas menciona ainda a Resolução n. 125/2010, do Conselho Nacional de Justiça, a Resolução n. 118/2014 do Conselho Nacional do Ministério Público, a Lei n. 13.140/2015 (Lei de Mediação), a Lei 13.129/2015, que reformou a Lei de Arbitragem, entre outros, formando assim um microssistema de métodos adequados de solução de conflitos. (CABRAL, Trícia Navarro Xavier. *Limites da liberdade processual*. Indaiatuba. São Paulo: Editora Foco, 2019. 36-38.)

394. CAVALCANTI, Marcos de Araújo. *Incidente de resolução de demandas repetitivas*. 1. ed. São Paulo: Editora Revista dos Tribunais, 2016. n. p. Disponível em: https://next-proview.thomsonreuters.com/launchapp/title/rt/monografias/112783414/v1/document/112785028/anchor/a-112785028. Acesso em: 20 nov. 2022.

395. PINHO, Humberto Dalla Bernardina de; VIDAL, Ludmilla Camacho Duarte. Incidente de resolução de demandas repetitivas e sua permeabilidade à autocomposição. *RJLB*. ano 5. n. 6. 2019. p. 1.057.

de mérito do IRDR em si deverá prosseguir normalmente, aplicando-se, por analogia, a disposição do § 1º do artigo em comento.[396]

Por outro lado, se o acordo se dá no âmbito dos processos que aguardam a formação e a aplicação da tese, o que também resta possível devido ao princípio da consensualidade, constata-se que o pacto pode englobar somente parte da questão comum de direito, matéria não discutida no incidente ou até mesmo deliberar sobre pontos meramente processuais.[397]

Registre-se, por oportuno, que a concepção de autocomposição é ampla e abrange diferentes espécies de atos de disposição processual. Isso porque, o que configura a autocomposição é uma reciprocidade de interesses e de consentimentos (vontade) entre as partes, que pode ser material, processual, ambas, direta ou indireta, e ainda manifestada de forma expressa ou tácita. Nesse passo, a autocomposição compreenderia: a) atos de disposição unilateral de natureza material ou processual que ensejem a finalização do processo (desistência, renúncia, reconhecimento do pedido); e b) atos de disposição bilateral ou plurilateral, de natureza material ou processual, que podem ou não resultar na finalização do processo, mas que contemple o propósito de vantagem a ambas as partes e para o próprio procedimento (acordos, convenções processuais, calendário processual).[398]

No que tange às questões processuais, as quais também são passíveis de disposição pelas partes, insta tecer algumas considerações.

Antonio do Passo Cabral, ao tratar dos negócios jurídicos processuais nos incidentes de resolução de casos repetitivos, entende que é inviável que essa negociação englobe a participação efetiva de todas as partes de todos os processos, de modo que, na realidade, apenas alguns participam dessas tratativas, sem a exigência de uma representatividade adequada. Desse modo, eventuais acordos oriundos dessas circunstâncias seriam apresentados como "acordos-padrão", de forma que os litigantes individuais teriam apenas a faculdade de aderi-los.[399]

Além disso, o referido autor expõe que a maior dificuldade de se estabelecer um negócio jurídico processual nesses casos se encontra no fato de que as partes não podem determinar os contornos do procedimento, haja vista a limitação legal do incidente de resolução de demandas repetitivas. Por isso, conclui que há ineficácia relativa de eventual acordo processual no que toca o IRDR, por atingir interesses públicos e interesses de terceiros.[400]

---

396. PINHO, Humberto Dalla Bernardina de; VIDAL, Ludmilla Camacho Duarte. Incidente de resolução de demandas repetitivas e sua permeabilidade à autocomposição. *RJLB*. ano 5. n. 6. 2019. p. 1.058.

397. PINHO, Humberto Dalla Bernardina de; VIDAL, Ludmilla Camacho Duarte. Incidente de resolução de demandas repetitivas e sua permeabilidade à autocomposição. *RJLB*. ano 5. n. 6. 2019. p. 1.067.

398. CABRAL, Trícia Navarro Xavier. *Limites da liberdade processual*. Indaiatuba. São Paulo: Editora Foco, 2019, p. 67-69.

399. CABRAL, Antonio do Passo. Autocomposição e litigância de massa: negócios jurídicos processuais nos incidentes de resolução de casos repetitivos. *Revista de Processo*, v. 325, p. 479-498, 2022. p. 3.

400. CABRAL, Antonio do Passo. Autocomposição e litigância de massa: negócios jurídicos processuais nos incidentes de resolução de casos repetitivos. *Revista de Processo*, v. 325, p. 479-498, 2022. p. 4-5.

No entanto – diz o autor – há uma exceção, que seria o caso de acordos processuais obrigacionais, em que não haja consequências para terceiros, cujos efeitos deverão estar restritos aos titulares do pacto em questão.[401]-[402]

Por outro lado, há quem verifique incompatibilidade de negócios processuais em processos que originariam a instauração do IRDR quando, de algum modo, for atingida a análise da questão jurídica repetitiva, na medida que consideram que, neste caso, as condições para a decisão não são ideais, o que pode afetar os casos análogos.[403]

Feitas essas considerações, insta analisar o entendimento jurisprudencial sobre a possibilidade de autocomposição no IRDR.

Ao percorrer pela jurisprudência pátria, observa-se que, quando há acordo na causa-piloto, não há prejudicialidade para o julgamento do IRDR em si, aplicando-se a ideia trazida pelo art. 976, § 1º, do CPC, que versa sobre a desistência. Neste viés, tem-se julgado perante o Egrégio Tribunal de Justiça do Estado de Minas Gerais.[404]

Em outro caso, o Egrégio Tribunal de Justiça do Estado do Rio de Janeiro entendeu que pode ocorrer a homologação de acordo entre as partes em relação à matéria não afetada para julgamento de demandas repetitivas, de modo que processo pode prosseguir parcialmente, restando suspensa apenas a questão atinente à tese a ser firmada.[405] Essa postura, por sua vez, se coaduna tanto com a duração razoável do processo, como o julgamento antecipado parcial do mérito (CPC, artigo 356).

---

401. CABRAL, Antonio do Passo. Autocomposição e litigância de massa: negócios jurídicos processuais nos incidentes de resolução de casos repetitivos. *Revista de Processo*, v. 325, p. 479-498, 2022. p. 6.

402. Como exemplos, Antonio do Passo Cabral menciona a promessa de não recorrer da decisão final do IRDR ou o compromisso de requerer a suspensão nacional de todas as causas. Segundo este autor, essas disposições não alteram o procedimento e não excluem o direito de outros litigantes. Em suas palavras, "Seriam disposições negociais, de natureza processual, a respeito de prerrogativas dos convenentes que teriam lugar nos incidentes de resolução de casos repetitivos, mas que em nada obstaculizariam o procedimento, tampouco impactariam situações jurídicas titularizadas por terceiros" (CABRAL, Antonio do Passo. Autocomposição e litigância de massa: negócios jurídicos processuais nos incidentes de resolução de casos repetitivos. *Revista de Processo*, v. 325, p. 479-498, 2022. p. 6).

403. MARINONI, Luiz Guilherme; ARENHART, Sérgio Cruz; MITIDIERO, Daniel. *Código de processo civil comentado*. 7. ed. São Paulo: Thomson Reuters Brasil, 2021. p. 835.

404. Ementa: Incidente de resolução de demanda repetitivas. Existência de REsp em tramite no STJ afetado ao rito dos recursos repetitivos. Objeto distinto. Irrelevância para o IRDR. *Homologação de acordo na causa piloto. Inexistência de prejudicialidade para o julgamento do IRDR.* Contrato de compra e venda de imóvel na planta. Data de entrega da obra. Modificação. Celebração de contrato de financiamento. Invalidade. *Se a tese a ser fixada em REsp afetado ao rito dos recursos repetitivos pelo STJ é diversa a tratada no IRDR, tal afetação é irrelevante, pois inadmissão deste se impõe somente na hipótese de coincidência de objeto. A homologação de acordo formulado pelas partes litigantes na causa piloto do IRDR não enseja a materialização de prejudicialidade para o seu julgamento, consoante os termos do art. 976, § 1º, do CPC.* [...]. (TJ-MG, IRDR Cv: 10000180754897001 MG, Rel. Amauri Pinto Ferreira, Data de Julgamento: 03/05/2019, 2ª Seção Cível / 2ª Seção Cível, Data de Publicação: 09/05/2019). (Grifei).

405. agravo de instrumento. Tributário. *Decisão que indeferiu o pedido de prosseguimento do feito em relação aos pedidos não abrangidos na decisão de afetação do REsp repetitivo 1.163.020 pelo C. STJ.* [...] Recurso provido. (TJ-RJ, AI: 00549725120198190000, Rel. Des. Fernando Cerqueira Chagas, Data de Julgamento: 17/02/2020, 11ª Câmara Cível, Data de Publicação: 2020/02/27). grifei

Ainda, tem-se situação interessante que ocorreu perante Egrégio Tribunal de Justiça do Estado do Mato Grosso do Sul, no Incidente de Resolução de Demandas Repetitivas 1410714-97.2018.8.12.0000, em que, após a homologação de acordo envolvendo todas as partes do IRDR, houve extinção por desistência deste, na medida em que se perdeu o objeto.

Ante o exposto, considerando o que dispõe a legislação e a doutrina, a solução consensual no âmbito do incidente de resolução de demandas repetitivas é possível, dentro da própria particularidade atinente ao IRDR.

Portanto, a previsão do artigo 38 Recomendação CNJ 134/2022 mostra-se acertada, sendo importante fonte de autorização da consensualidade no âmbito do IRDR.

8. TRIBUNAIS SUPERIORES MULTIPORTAS

O tratamento adequado dos conflitos de interesse deve ocorrer em todos os graus de jurisdição. Embora seja comum e de conhecimento da sociedade os acordos realizados em primeiro grau de jurisdição, existem inúmeras possibilidades de autocomposição no âmbito dos tribunais de segundo grau de jurisdição e, também, nas Cortes Superiores.

Nos tribunais de segundo grau de jurisdição (tribunais regionais federais, tribunais regionais do trabalho, tribunais de justiça dos estados) tem sido criado órgãos específicos para a tentativa de autocomposição das partes. São espécies de Cejuscs de 2º Grau, para onde são enviados, pelo relator, os processos com possibilidade de acordo.

Com isso, mesmo após um primeiro julgamento (sentença), permanece a possibilidade de as partes resolverem o litígio pela via consensual, em grau recursal.

Ademais, as Cortes Superiores também têm realizado de forma expressiva a autocomposição, demonstrando que o caminho da pacificação social pelo consenso deve ser priorizado em todos os órgãos do Poder Judiciário.

Portanto, serão analisadas, a seguir, as principais iniciativas em torno da autocomposição nos Tribunais Superiores.

8.1   Supremo Tribunal Federal

O Supremo Tribunal Federal é órgão de cúpula do Poder Judiciário, composto por onze ministros, e responsável pelo julgamento das demandas previstas no art. 102, da Constituição Federal.

Assim, o STF cuida, precipuamente, de matérias constitucionais, que induzem à ideia equivocada de que não teriam qualquer margem de espaço para a autocomposição.

Contudo, o STF tem protagonizado importantes acordos em questões sob a sua competência, ressignificando a extensão da jurisdição constitucional.

A confirmação disso está na edição da Resolução STF 697, de 6 de agosto de 2020, que dispõe sobre a criação do Centro de Mediação e Conciliação, responsável pela busca e implementação de soluções consensuais no Supremo Tribunal Federal. Assim, serão submetidas ao Centro questões jurídicas sujeitas à competência do STF que, por sua natureza, possam ser objeto de composição.

Não bastasse, em 2022, houve a criação do Centro de Cooperação Judiciária (CCJ), disciplinado pela Resolução 775/2022, que prevê a cooperação recíproca do STF com os demais órgãos do Poder Judiciário para a prática de atos judiciais ou administrativos.

Posteriormente, a Resolução 790/2022, criou o Centro de Soluções Alternativas de Litígios (Cesal), voltado a integrar o Centro de Mediação e Conciliação (CMC/STF), o Centro de Cooperação Judiciária (CCJ/STF) e o Centro de Coordenação de Apoio às Demandas Estruturais e Litígios Complexos (Cadec/STF). Este último exige que o tratamento dos conflitos estruturais e os litígios complexos se valha de técnicas e intervenções diferenciadas, como flexibilidade de procedimento, consensualidade, negociações e atipicidade dos meios de provas, das medidas executivas e das formas de cooperação judiciária.

Nesse contexto, é emblemática a criação de um órgão, vinculado à Presidência do STF, que possibilita o tratamento adequado dos conflitos e o uso de diferentes métodos autocompositivos, inclusive a cooperação judiciária.

8.1.1 *Jurisdição constitucional consensual*

A jurisdição constitucional tem passado por relevantes transformações para proporcionar o tratamento adequado de conflitos, inclusive possibilitando a autocomposição, inclusive em demandas que envolvam direito objetivo.

Sabe-se que o dogma de que as questões de interesses públicos são indisponíveis e não comportam autocomposição não mais se sustenta. Primeiro porque os direitos podem sustentar graus distintos de interesse público, a comportar uma flexibilização de sua disposição. Depois porque, no cenário atual, são pouquíssimas as hipóteses em que o elevado grau de interesse público inviabiliza a autocomposição.

O tema foi tratado Conselho da Justiça Federal, na II Jornada de Prevenção e Solução Extrajudicial de Litígios, com a aprovação do Enunciado 88: "As técnicas de autocomposição são compatíveis com o exercício da jurisdição constitucional, inclusive na fase pré-processual, podendo ser aplicadas em ações de competência da Suprema Corte".[406]

Atento a essa nova perspectiva, o STF passou a realizar acordos em demandas de diferentes objetos, demonstrando a viabilidade de soluções mais apropriadas para o deslinde dos litígios, conforme exemplos que seguem.

No âmbito da ADPF 165-DF, que trata de litígios referentes aos planos econômicos, foi realizada uma mediação pela AGU, da qual participaram entidades financeiras

---

406. (Disponível em: https://www.cjf.jus.br/enunciados/enunciado/1712. Acesso em: 04 mar. 2023)

CAPÍTULO IV • JUSTIÇA ESTATAL **323**

e representativas de proteção dos consumidores, bem como o Banco Central, e que resultou em acordo em 18/12/2017, tendo sido referendado pelo Plenário em 1/3/2018.

Outro caso importante ocorreu na ADO 25, envolvendo repasses previstos na Lei Kandir (LC 87/1996), em que o Plenário homologou, em 2020, acordo firmado entre os Estados, o Distrito Federal e a União para regulamentar a compensação de perdas de arrecadação em decorrência da desoneração das exportações do Imposto sobre Circulação de Mercadorias e Serviços (ICMS). Segundo o termo, firmado nos autos da Ação Direta de Inconstitucionalidade por Omissão (ADO) 25, a União deverá repassar aos entes federados, pelo menos R$ 65 bilhões entre 2020 e 2037.[407]

Já na ADPF 568 foi homologada proposta de ajuste sobre destinação de valores oriundos da Operação Lava Jato, tendo sido determinada a imediata destinação de R$ de 1,6 bilhão ao Ministério da Saúde para custeio de ações de combate ao coronavírus (Covid-19).[408]

Ademais, na ADIn 7.191 e na ADPF 984, de relatoria do ministro Gilmar Mendes, o Plenário do Supremo Tribunal Federal (STF), por unanimidade, homologou uma primeira parte do acordo firmado entre os estados, o Distrito Federal e a União acerca do ICMS sobre combustíveis (DJe 19.12.2022). Restou ajustado que a União encaminhará ao Congresso Nacional propostas de aperfeiçoamento legislativo da Lei Complementar 194/2022, que passou a considerar essenciais bens e serviços relativos aos combustíveis, e da Lei Complementar 192/2022, que uniformizou as alíquotas do ICMS sobre combustíveis em todo o país.[409]

Posteriormente, nessas mesmas demandas, as partes ali envolvidas firmaram acordo sobre outra parte a controvérsia, que também foi submetida ao Plenário do Supremo Tribunal Federal (STF), em sessão virtual, cuja homologação ocorreu em 02 de junho de 2023.[410] No voto do Ministro Gilmar Mendes, ao tratar do Federalismo cooperativo, ressaltou que a autocomposição em questão será objeto de acompanhamento por parte da Corte, propondo-se a permanência da fiscalização do cumprimento do acordo, tendo em vista que existem pontos que demandam aperfeiçoamento legislativo. Concluiu que[411]:

---

407. Confira a matéria no site do STF: Plenário homologa acordo entre União e estados sobre compensações da Lei Kandir. Disponível em: https://portal.stf.jus.br/noticias/verNoticiaDetalhe.asp?idConteudo=443779&ori=1. Acesso em: 25 maio 2023.
408. Confira a matéria no site do STF: Ministro Alexandre de Moraes autoriza destinação de R$ 1,6 bilhão ao Ministério da Saúde, para combate ao coronavírus. Disponível em: https://portal.stf.jus.br/noticias/verNoticiaDetalhe.asp?idConteudo=439862&ori=1. Acesso em: 25 maio 2023.
409. Confira a matéria no site do STF: Plenário homologa acordo entre União, estados e DF sobre ICMS dos combustíveis. Disponível em: https://portal.stf.jus.br/noticias/verNoticiaDetalhe.asp?idConteudo=499104&ori=1. Acesso em: 25 maio 2023.
410. Confira a matéria em: Consultor Jurídico. STF aprova acordo entre União e estados para repor perdas de ICMS. Disponível em: ConJur – STF aprova acordo entre União e estados para repor perdas de ICMS. Acesso em: 29 jul. 2023.
411. Disponível em: voto-gilmar3.pdf (conjur.com.br). Acesso em: 29 jul. 2023.

> "[...] diante das variáveis político-fiscal-orçamentárias, o papel do STF, no contexto autocompositivo, é reconstruir pontes para devolver à arena político-legislativa a solução final, como sendo o melhor caminho para se tutelarem os interesses envolvidos após o desenrolar da mediação/conciliação."

Também houve tentativa de acordo em 2022, no âmbito da ADIn 7.164, sob relatoria do ministro André Mendonça, na qual se impugnavam certos dispositivos do Convênio ICMS 16/2022, do Conselho Nacional de Política Fazendária (Confaz), tendo o ministro manifestado em decisões a possibilidade de autocomposição em sede de jurisdição constitucional.[412]

Não obstante, no bojo da Ação Cível Originária 3.568-PE (ACO), foi homologado, em 22/03/2023, pelo Ministro Ricardo Lewandowski, o acordo para gestão compartilhada do Arquipélago de Fernando de Noronha.[413]

No campo penal, na Ação Penal (AP) 864, ocorreu, em 1/12/2022, a homologação pelo ministro Luís Roberto Barroso, de acordo de não persecução penal (ANPP) firmado entre a Procuradoria-Geral da República (PGR) e deputado federal Silas Câmara, em que responde pela prática da chamada "rachadinha". No acordo, o parlamentar se comprometeu ao pagamento de multa de R$ 242 mil em até 30 dias.[414]

Na ADI 7347, de relatoria do ministro Dias Toffoli, que trata do voto de qualidade do CARF, há expectativa de homologação de acordo pelo STF, no sentido de que seja dada interpretação conforme à Constituição aos artigos 1º e 5º da Medida Provisória 1.160, de 12 de janeiro de 2023, de modo que o voto de qualidade apenas seja considerado constitucional, na esfera da União, quando cumpridos os pressupostos na petição do acordo.[415]

Sobre o tema, merece registro trechos da manifestação do ministro Gilmar Mendes, no bojo do MS 26.853, cuja decisão foi publicada 16/12/2021:

> "[...] viabilidade de alcançar-se solução amigável à questão controvertida. Antes de proceder ao exame dos eventos processuais, saliento que atualmente não há mais dúvidas de que o ordenamento jurídico brasileiro optou pelo caminho do prestígio e da expansão das técnicas alternativas de solução e prevenção de conflitos. Há, no arranjo normativo encerrado no Código de Processo Civil, clara manifestação de preferência pela resolução pacífica dos litígios, colocando em segundo plano a solução imposta unilateral e soberanamente pelo Estado-juiz. Observa-se a implementação de sistema de Justiça multiportas pelo legislador nacional, com evidente inspiração nos programas do alternative dispute resolution do direito norte-americano. O acordo passa

---

412. Cf.: ABBOUD, Georges. *2022, o ano dos acordos em jurisdição constitucional.* Disponível em: https://www.conjur.com.br/2022-dez-10/observatorio-constitucional-2022-ano-acordo-jurisdicao-constitucional. Acesso em: 25 maio 2023.

413. Confira a matéria no site da Agência Brasil: *Fernando de Noronha: acordo para gestão compartilhada é homologado pelo STF.* https://agenciabrasil.ebc.com.br/politica/noticia/2023-03/stf-homologa-acordo-para-gestao-integrada-de-fernando-de-noronha. Acesso em: 25 maio 2023.

414. Confira a matéria no site do STF: *Ministro Barroso valida acordo para Silas Câmara pagar R$ 242 mil por "rachadinha".* Disponível em: https://portal.stf.jus.br/noticias/verNoticiaDetalhe.asp?idConteudo=498405&ori=1. Acesso em: 25 maio 2023.

415. Confira a matéria no site do STF: *Nota sobre encontro do ministro Toffoli com ministro da Fazenda e OAB.* Disponível em: https://portal.stf.jus.br/noticias/verNoticiaDetalhe.asp?idConteudo=502407&ori=1. Acesso em: 25 maio 2023.

> *a ser visto como o meio mais adequado para concretizar e efetivar os interesses materiais postulados pelas partes, afastando a tendência de enxergar na solução jurisdicional a mais adequada técnica de pacificação social.* Tenho prestigiado essa perspectiva em processos sob minha relatoria, inclusive aqueles de índole objetiva, em que sequer há uma lide instaurada na acepção tradicional. Na ADO 25-QO, por exemplo, relevante e antigo conflito federativo foi solucionado de forma amigável, após negociações conduzidas no âmbito deste Tribunal. [...]

A ADPF n. 165 demonstrou, de forma pioneira, que é possível a realização de autocomposição no âmbito de processo objetivo sem afrontar qualquer norma do ordenamento jurídico, mesmo em um caso extremamente complexo. A autocomposição realizada em tal ação tem sido, inclusive, altamente benéfica para mais de cem mil cidadãos que já optaram por aderir ao acordo firmado, sendo que a maioria deles já estava há décadas tentando resolver o litígio de forma heterocompositiva, e ainda não há previsão para julgamento do mérito da ADPF.

Assim, *o acordo na ADPF n. 165 envolveu apenas direito patrimonial (individual homogêneo), qual seja, valores debatidos em processos judiciais de expurgos inflacionários de planos econômicos. Tratou-se, portanto, de direito disponível, patrimonial e divisível, passível de mediação através de incidente processual, tal como foi feito. Dessa forma, o pedido de mérito da ADPF n. 165 ainda será julgado pelo STF*: que a Corte repare e evite lesões a preceitos fundamentais causadas por intepretações dadas por decisões judiciais em relação a dispositivos das normas que regularam os Planos Bresser, Verão e Collor I e II.

> Em outro caso, o STF validou acordo realizado no âmbito de uma ação de improbidade administrativa, envolvendo o CCR e o Ministério Público de São Paulo. Com isso, a Faculdade de Direito da USP teve ratificado pela segunda Turma do Supremo Tribunal Federal a destinação de 17 milhões para dar andamento à construção de uma nova biblioteca.[416]

Também no âmbito do julgamento de duas ações diretas de inconstitucionalidade (ADIs) apresentadas pelo governo de Rondônia e pelo Partido Republicano da Ordem Social (Pros). ADI 5.981 ADI 7.168, houve a confirmação de regra que exige desistência de ações para adesão ao RFF, tendo o Ministro Roberto Barroso considerado o caráter facultativo da celebração do termo aditivo de repactuação da dívida. Em outros termos, o Supremo Tribunal Federal declarou constitucional a exigência de que, para aderir ao regime de recuperação fiscal (RRF), os estados desistam de ações judiciais que discutam o pagamento de suas dívidas com a União.[417]

Hipótese de grande repercussão foi o julgamento da Ação Direta de Inconstitucionalidade (ADI) 7222[418], que trata do piso nacional da enfermagem. Ficou decidido por

---

416. UOL. STF enterra sequência de recursos e garante R$ 17 mi de acordo para biblioteca da São Francisco. Disponível em: https://noticias.uol.com.br/ultimas-noticias/agencia-estado/2023/06/27/stf-enterra-sequencia--de-recursos-e-garante-r-17-mi-de-acordo-para-biblioteca-da-sao-francisco.htm?cmpid=copiaecola. Acesso em: 29 jul. 2023.
417. Matéria disponível em: Supremo confirma validade de regra que exige desistência de ações para adesão ao RFF – LEX EDITORA. Acesso em: 30 jul. 2023.
418. Notícia STF: Por voto médio, STF define que piso de enfermagem no setor privado deve ser pago se não houver acordo coletivo. Disponível em: Supremo Tribunal Federal (stf.jus.br). Acesso em: 25 set. 2023.

oito votos a dois, que o piso nacional da enfermagem deve ser pago aos trabalhadores do setor público pelos estados e municípios na medida dos repasses federais. Por voto médio, o STF decidiu que prevalece a exigência de negociação sindical coletiva como requisito procedimental obrigatório, sendo que, se não houver acordo, o piso deve ser pago conforme fixado em lei. Também restou deliberado que o pagamento do piso salarial deve ser proporcional à carga horária de oito horas diárias e 44 semanais de trabalho, Neste caso, pela primeira vez houve um voto conjunto dos Ministros Roberto Barroso e Gilmar Mendes, no sentido de confirmar o restabelecimento do piso salarial nacional de profissionais da enfermagem previsto na Lei 14.434/2022, fixando diretrizes para a sua implementação, além de dizer que novos pisos salariais venham a ser aprovados serão declarados inconstitucionais.

Por fim, Georges Abboud[419], em texto que trata de acordos em jurisdição constitucional, ensina que:

> "[...] acordos não mais se encontra às voltas com o obstáculo dos *direitos indisponíveis*. Agora, ousamos dizer que *os acordos em jurisdição constitucional são encarados como verdadeira necessidade, frente ao "indecidível".* (Grifo original).

> [...] a jurisdição constitucional só seria capaz de dar repostas diretas e binárias a problemas complexos, contrários por si só à lógica da binaridade. "perdedor/vencedor" e os atos — públicos e privados — como simplesmente "legais/ilegais", "constitucionais/inconstitucionais".

> [...]

> Ou seja, uma jurisdição constitucional "pós-moderna" é aquela capaz de se municiar de mecanismos e ferramentas aptos a imunizar problemas jurídicos complexos, que precisam de regramentos estruturais para serem solucionados. Uma concepção "pós-moderna" da jurisdição constitucional — e, em verdade, do próprio Direito — assegura sua necessária abertura institucional, sem a qual as inovações da contemporaneidade não podem ser apreendidas, já que o paradigma da decisão, inaplicável em tais situações, padece de deficiências de aprendizado, carência de flexibilidade e de pouco potencial de adaptabilidade.

> [...]

> *Pode-se dizer que os acordos em jurisdição constitucional, outrora considerados uma afronta ao dogma da indisponibilidade e interesses públicos, são, hoje, o cotidiano do STF na absorção de dissensos, em especial aqueles surgidos em virtude do pacto federativo."*

8.2 Superior Tribunal de Justiça – STJ

De acordo com o art. 104, da Constituição Federal, o Superior Tribunal de Justiça (STJ) possui um extenso rol de competência, que inclui o processamento e julgamento de causas originárias, o julgamento de causas via recurso ordinário, bem como o julgamento de causas por meio de recurso especial.

E para possibilitar o tratamento adequado de seus processos para além do julgamento impositivo, o STJ, por meio da Emenda Regimental 23 de 28 de setembro

---

419. Cf.: ABBOUD, Georges. 2022, o ano dos acordos em jurisdição constitucional. Disponível em: https://www.conjur.com.br/2022-dez-10/observatorio-constitucional-2022-ano-acordo-jurisdicao-constitucional. Acesso em: 25 maio 2023.

de 2016[420], incluiu e modificou dispositivos do Regimento Interno para disciplinar o procedimento de mediação no STJ.

Com a criação do Centro de Soluções Consensuais de Conflitos do Superior Tribunal de Justiça, responsável por realizar sessões e audiências de conciliação e mediação e por desenvolver programas destinados a auxiliar, orientar e estimular a autocomposição, ampliou-se a possibilidade de autocomposição nessa esfera jurisdicional.

Com isso, importantes mediações passaram a ser realizadas, por meio de mediadores experientes, que atuaram para facilitar o diálogo.

Em um caso, um ex-casal, separado desde 2011, submeteu-se ao procedimento de mediação no decorrer do ano de 2019, o que proporcionou o desfecho de cerca de 15 (quinze) ações civis e de famílias em distintas instâncias judiciais, e englobou um Recurso Especial recebido pelo STJ no de 2013, o qual tramitou em segredo de justiça. O acordo em questão, que dispôs a respeito de transferências de cotas empresariais, indenizações, pagamento de dividendos e partilha de bens, teve como relator do Recurso Especial o Ministro Paulo de Tarso Sanserverino, que indicou Aldir Passarinho Junior, Ministro aposentado do STJ e Juliana Loss de Andrade Rodrigues, advogada, como mediadores, os quais obtiveram aceite das partes.[421]

Para além de realizar mediações em seus processos, o STJ tem proferido importantes decisões para a consolidação da Política Judiciária Nacional de Tratamento Adequado de Conflitos de Interesses instituída pela Resolução CNJ 125/2010, bem como pelo CPC/2015 e pela Lei de Mediação.

Situação interessante também ocorreu em 2017, na Quarta Turma do Superior Tribunal de Justiça, que concedeu validade a um acordo a respeito de guarda de filhos e pagamento de pensão homologado pelo Centro Judiciário de Solução de Conflitos e

---

420. O texto está assim disposto: "CAPÍTULO V Da Mediação

Art. 288-A. O Centro de Soluções Consensuais de Conflitos do Superior Tribunal de Justiça, responsável por realizar sessões e audiências de conciliação e mediação e por desenvolver programas destinados a auxiliar, orientar e estimular a autocomposição, será coordenado pelo Ministro designado pelo Presidente.

Parágrafo único. O Presidente, por proposta do Ministro Coordenador, disciplinará a criação e o funcionamento do Centro, bem como a inscrição, a remuneração, os impedimentos, a forma de desligamento e os afastamentos dos mediadores, com observância das normas de regência. Art. 288-B. O mediador judicial será designado pelo Ministro Coordenador dentre aqueles que constarem do cadastro de mediadores mantido pelo Centro de Soluções Consensuais de Conflitos do Superior Tribunal de Justiça ou de cadastro de âmbito nacional

§ 1º O relator poderá solicitar ao Centro a indicação de mediador para auxiliá-lo também em procedimento de conciliação.

§ 2º O relator pode encaminhar o processo de ofício para a mediação.

Art. 288-C. É admitido o uso da mediação para solução das controvérsias sujeitas à competência do Tribunal que versem sobre direitos disponíveis ou sobre direitos indisponíveis que admitam transação, conforme a legislação de regência, resguardada a gratuidade da mediação aos necessitados.". Disponível em: TEXTO COMPLETO | publicações | Regimento Interno do Superior Tribunal de Justiça (stj.jus.br). Acesso em: 25 maio 2023.

421. Confira a notícia: Mediação de sucesso no STJ reforça possibilidade de solução consensual em qualquer fase do processo. Disponível em: Mediação de sucesso no STJ reforça possibilidade de solução consensual em qualquer fase do processo. Acesso em: 25 maio 2023.

Cidadania (Cejusc), apesar de já ter sido proferida sentença em momento anterior. Esta decisão é considerada a primeira, por parte do STJ, que ratificou a importância do Cejusc como ambiente propício à realização dos métodos adequados de solução de conflitos.[422]

Sobre a aplicação do art. 334, do CPC, importante julgado concluiu que a audiência de conciliação é fase obrigatória do processo civil atual, dentro do contexto da Justiça Multiportas, que valoriza a composição amigável, de modo que é tarefa a ser implementada pelo juiz do feito. Assim, diante da ausência de comparecimento do INSS, entendeu-se devida a aplicação da multa de 2% sobre o valor da causa, por ato atentatório à dignidade da justiça, nos termos do art. 334, § 8º, do CPC/2015.[423]

Em outro julgado, entendeu-se que a decisão judicial que, a requerimento do réu, indefere o pedido de designação da audiência de conciliação prevista no art. 334, *caput*, do CPC, ao fundamento de dificuldade de pauta, proferida após a publicação do acórdão que fixou a tese da taxatividade mitigada, somente é impugnável por agravo de instrumento e não por mandado de segurança.[424]

O STJ também homologou acordo extrajudicial formulado entre a Defensoria Pública estadual e o Prefeito e o Procurador Municipal, envolvendo convocação de candidatos em concurso público.[425]

Em uma ação de alimentos, há julgado considerando que a proposta de pagamento parcial por devedor de alimentos em audiência de conciliação já na fase de cumprimento de sentença, perante o patrono da parte contrária, vincula o devedor no limite da proposta, restando assegurada nova negociação quanto ao valor remanescente.[426] Já sobre a participação do Ministério Público nas audiências em ação de alimentos, entendeu-se que a inércia do referido órgão quando devidamente intimado não impõe a nulidade de acordo celebrado entre as partes e homologado em juízo, especialmente na ausência de demonstração de prejuízo.[427]

Sobre a possibilidade de as partes formularem acordo a qualquer tempo, entendeu-se que[428]:

---

422. Confira a notícia em: Quarta Turma reconhece acordo em ação já sentenciada e prestigia atuação de centro de conciliação. Disponível em: Quarta Turma reconhece acordo em ação já sentenciada e prestigia atuação de centro de conciliação (stj.jus.br). Acesso em: 25 maio 2023.
423. (Resp 1.769.949/SP, rel. Ministro Napoleão Nunes Maia Filho, Primeira Turma, julgado em 8/9/2020, DJe de 2/10/2020.). No mesmo sentido: (AgInt no AREsp 1.861.896/SP, rel. Ministro Marco Buzzi, Quarta Turma, julgado em 13/6/2022, DJe de 17/6/2022.)
424. (RMS n. 63.202/MG, Rel. Ministro Marco Aurélio Bellizze, relatora para acórdão Ministra Nancy Andrighi, Terceira Turma, julgado em 1/12/2020, DJe de 18/12/2020.)
425. EDcl nos EDcl no AgInt no AREsp n. 1.345.423/AL, Rel. Ministro Francisco Falcão, Segunda Turma, julgado em 15/8/2019, DJe de 23/8/2019.)
426. (REsp n. 1.821.906/MG, Rel. Ministro Ricardo Villas Bôas Cueva, Terceira Turma, julgado em 20/10/2020, DJe de 12/11/2020.)
427. (REsp n. 1.831.660/MA, Rel. Ministro Ricardo Villas Bôas Cueva, Terceira Turma, julgado em 10/12/2019, DJe de 13/12/2019.)
428. (REsp n. 1.623.475/PR, Rel. Ministra Nancy Andrighi, Terceira Turma, julgado em 17/4/2018, DJe de 20/4/2018.)

"[...] A coisa julgada material formada em virtude de acordo celebrado por partes maiores e capazes, versando sobre a partilha de bens imóveis privados e disponíveis e que fora homologado judicialmente por ocasião de divórcio consensual, não impede que haja um novo ajuste consensual sobre o destino dos referidos bens, assentado no princípio da autonomia da vontade e na possibilidade de dissolução do casamento até mesmo na esfera extrajudicial, especialmente diante da demonstrada dificuldade do cumprimento do acordo na forma inicialmente pactuada.

[...]

5- É desnecessária a remessa das partes à uma ação anulatória quando o requerimento de alteração do acordo não decorre de vício, de erro de consentimento ou quando não há litígio entre elas sobre o objeto da avença, sob pena de injustificável violação aos princípios da economia processual, da celeridade e da razoável duração do processo.

6- A desjudicialização dos conflitos e a promoção do sistema multiportas de acesso à justiça deve ser francamente incentivada, estimulando-se a adoção da solução consensual, dos métodos autocompositivos e do uso dos mecanismos adequados de solução das controvérsias, tendo como base a capacidade que possuem as partes de livremente convencionar e dispor sobre os seus bens, direitos e destinos."

Um dos julgados mais interessantes tratou do acordo e pacto de não judicialização de lides, cuja emente vale a pena transcrever:[429]

> Direito Processual Civil e Consumidor. Recurso especial representativo de controvérsia (CPC, art. 927). Ação civil pública. Cadernetas de poupança e expurgos inflacionários. Legitimidade passiva, por sucessão. *Acordo e pacto de não judicialização de lides. Negócio jurídico processual. Colapso da justiça. Nova jurisdição. Desjudicialização. Métodos alternativos de solução de conflitos (mascs). Sistema multiportas. Governança corporativa. Viés social (corporate social responsability). Compliance. Microssistemas legais adequados. Acordo homologado como "pacto de não judicialização dos conflitos".* (Grifei).

> 1. O colapso do sistema jurisdicional clássico, seja em virtude da inaptidão para enfrentar a hiperjudicialização ou pela inadequação para o julgamento de lides que versam complexos, multidisciplinares e oblíquos novos direitos, vem impondo, no Brasil, já desde o final do século passado, a superação do velho paradigma e a emergência de uma Nova Jurisdição.

> 2. *A Nova Jurisdição é baseada: em desjudicialização, extrajudicialização ou desestatização da solução dos conflitos (inventário, divórcio, mudança de nome a cargo dos Cartórios); em meios estatais (Cejuscs) e não estatais (Tribunais Arbitrais); em meios privados formais (justiça desportiva) ou informais ("feirões" da Serasa); em iniciativa estatal (Cade) ou particular (Câmaras de Conciliação); em meios corporificados (JECs) ou não (Microssistema de Defesa do Consumidor).*

> 3. Para efeitos de sistematização, trata-se, especialmente: a) do sistema de Justiça Multiportas e dos Meios Alternativos de Solução de Conflitos (MASCs); b) dos Microssistemas Legais Adequados; e c) das práticas empresariais de governança e de compliance.

---

429.   (REsp 1.361.869/SP, Rel. Ministro Raul Araújo, Segunda Seção, julgado em 25/5/2022, DJe de 24/10/2022.)

4. Pedido de Homologação de Acordo firmado entre KIRTON BANK S/A (nova denominação de Hsbc Bank Brasil S/A – Banco Múltiplo – Sucessor Parcial Do Banco Bamerindus S/A) E Banco Sistema S/A (Nova Denominação Da Massa Liquidanda Do Banco Bamerindus S/A).

5. *Conquanto o presente negócio jurídico processual se apresente perante os peticionantes como, efetivamente, um acordo, em sua projeção para os interessados qualificados, em especial para o Estado-Juiz, o instrumento descortina-se como "Pacto de Não Judicialização dos Conflitos", negócio processual que, após homologado sob o rito dos recursos repetitivos, é apto a gerar norma jurídica de eficácia parcialmente erga omnes e verticalmente vinculante (CPC, art. 927, III).*

6. Homologa-se o acordo entabulado entre Kirton Bank S/A (Nova Denominação De Hsbc Bank Brasil S/A – Banco Múltiplo – Sucessor Parcial Do Banco Bamerindus S/A) E Banco Sistema S/A (nova denominação da massa liquidanda do Banco Bamerindus S/A), como *"Pacto de Não Judicialização dos Conflitos", com: a) desistência de todos os recursos acerca da legitimidade passiva para responderem pelos encargos advindos de expurgos inflacionários relativos a cadernetas de poupança mantidas perante o extinto Banco Bamerindus S/A, em decorrência de sucessão empresarial parcial havida entre as instituições financeiras referidas; b) os compromissos assumidos pelos pactuantes de: b.1) não mais litigarem, recorrerem ou questionarem em juízo, perante terceiros, especialmente consumidores, suas legitimidades passivas, passando tal discussão a ser restrita às próprias instituições financeiras pactuárias, sem afetar os consumidores; b.2) encerrarem a controvérsia jurídica da presente macrolide, com parcial desistência dos recursos; b.3) conferir-se ao Pacto ora homologado, nos moldes do regime dos recursos repetitivos, eficácia erga omnes e efeito vinculante vertical.*

7. Acordo homologado, como "Pacto de Não Judicialização dos Conflitos", com homologação da desistência parcial do respectivo recurso especial, ficando os demais aspectos do recurso encaminhados para julgamento do caso concreto, sem afetação.

Por fim, menciona-se julgado envolvendo autocomposição no campo penal, em que parte da ementa está assim estabelecida:

"Tratando-se de caso envolvendo Juizado Especial Criminal, importante ressaltar que as medidas despenalizadoras são como verdadeiros alicerces de política criminal que visam possibilitar maior celeridade e efetividade às infrações de menor potencial ofensivo, no contexto maior de desjudicialização dos conflitos e sistema multiportas de acesso à Justiça, ressalvada sempre a possibilidade de constatação de ilegalidade como em qualquer ato do processo penal."[430]

---

430. RHC 107.603/PR, Rel. Ministro Ribeiro Dantas, Quinta Turma, julgado em 13/8/2019, DJe de 19/8/2019.)

8.3 Tribunal Superior do Trabalho – TST

A Justiça do Trabalho tem tido grande protagonismo no que se refere à implementação de ações que promovam a autocomposição em litígios de cunho trabalhista. Por essa razão, os índices de acordos têm sido expressivos, gerando, inclusive, o reconhecimento nacional em diversas edições do Prêmio Conciliar é Legal do CNJ.[431]

Assim, em 30/09/2016 foi aprovada pelo Conselho Superior da Justiça do Trabalho a Resolução CSJT 174/2016[432], que dispõe sobre a política judiciária nacional de tratamento adequado das disputas de interesses no âmbito do Poder Judiciário Trabalhista e dá outras providências.

Por sua vez, a Reforma Trabalhista instituída pelo advento da Lei 13.467/2017 e que alterou artigos da CLT, previu o uso de métodos adequados de resolução de disputas em diversos dispositivos, não deixando dúvidas quanto à ampla aplicabilidade da conciliação, mediação e arbitragem no âmbito das relações trabalhistas, tanto na esfera judicial quanto na extrajudicial.

Dessa forma, o profissional trabalhista, especialmente o advogado, deverá conhecer essas novas técnicas para oferecer a seus clientes soluções mais satisfatórias para a resolução dos conflitos.

As autocomposições também ocorrem no âmbito do Tribunal Superior do Trabalho.

Em 2016, houve a edição do Ato 168/TST.GP, de 4 de abril de 2016[433], dispondo sobre os pedidos de mediação e conciliação pré-processual de conflitos coletivos no âmbito do Tribunal Superior do Trabalho.

Em decorrência dos problemas surgidos a partir da pandemia da Covid 19, a Vice-Presidência do CSJT, por meio da Recomendação CSJT.GVP 1/2020, ampliou o escopo da mediação pré-processual para os conflitos individuais que digam respeito a interesses do exercício de atividades e do funcionamento das empresas no contexto dessa situação extraordinária. Com essa iniciativa, a Vice-Presidência do órgão, após diversas rodadas de negociações, chegou a uma solução consensual com a GOL, com a homologação de um acordo para garantir o emprego do pessoal de bordo pelo período de 18 meses. Entre a Azul Linhas Aéreas Brasileiras e o Sindicato Nacional dos Aeronautas (SNA) também foi firmado um acordo para garantir a comandantes, copilotos e comissários, a vedação da dispensa sem justa causa entre julho de 2020 e dezembro de 2021.[434]

---

431. A lista dos ganhadores está disponível em: http://www.cnj.jus.br/programas-e-acoes/conciliacao-e-media-cao-portal-da-conciliacao/premio-nacional-da-conciliacao. Acesso em: 03 maio 2018.
432. Disponível em: http://www.csjt.jus.br/c/document_library/get_file?uuid=235e3400-9476-47a0-8bbb-bcca-cf94fab4&groupId=955023. Acesso em: 03 maio 2018.
433. Disponível em: 2016_ato0168.pdf (tst.jus.br) Acesso em: 29 jul. 2023.
434. Disponível em: Conciliação – TST. Acesso em: 29 jul. 2023.

Por sua vez, por meio da Resolução Administrativa TST 2398, de 5 de dezembro de 2022[435], houve a criação do Núcleo de Apoio à Conciliação e Políticas Públicas (Nacopp-TST/CSJT) e transformação do Núcleo Permanente de Conciliação (Nupec) em Centro Judiciário de Métodos Consensuais de Solução de Conflitos (Cejusc/TST) do Tribunal Superior do Trabalho, incluindo em sua competência:

> Art. 2º Compete ao Núcleo de Apoio à Conciliação e Políticas Públicas (NACOPP – CSJT/TST): I – auxiliar as atividades da Comissão Nacional de Promoção à Conciliação (CONAPROC) na elaboração de propostas de projetos e programas relacionados às políticas públicas de solução adequada de disputas; II – assegurar a execução de projetos e programas relacionados à política pública nacional de tratamento adequado de disputas de interesses da Justiça do Trabalho; III – acompanhar projetos e programas implementados como parte da política pública nacional de tratamento adequado de disputas de interesses da Justiça do Trabalho; IV – realizar a interlocução permanente com magistrados integrantes dos Núcleos Permanentes de Métodos Consensuais de Solução de Disputas (NUPEMEC-JT) e Centros Judiciários de Métodos Consensuais de Solução de Disputas (CEJUSC-JT) dos Tribunais Regionais do Trabalho; V – organizar a Semana Nacional de Conciliação Trabalhista; VI – organizar o Encontro Nacional de Coordenadores e Supervisores de NUPEMECS e CEJUSCS; VII – organizar o Encontro Nacional de Servidores que atuam em NUPEMECS e CEJUSCS; VIII – organizar e assessorar as reuniões da Comissão Nacional de Promoção à Conciliação (CONAPROC); IX – acompanhar os dados estatísticos da política de tratamento adequado de conflitos de interesses da Justiça do Trabalho; X – promover a tramitação da etapa de conciliação dos conflitos coletivos de competência originária do Tribunal Superior do Trabalho; XI – promover e realizar todos os atos de impulso do procedimento de mediação pré-processual previsto no Ato 168/TST.GP, de 4 de abril de 2016; XII – auxiliar o Centro de Conciliação do Tribunal Superior do Trabalho.

Assim, também no âmbito do Tribunal Superior do Trabalho há importantes projetos e ações envolvendo os métodos consensuais de resolução de disputas trabalhistas, o que reflete nas demais instâncias da Justiça do Trabalho.

---

435. Disponível em: Brasil. Tribunal Superior do Trabalho (TST). Acesso em: 29 jul. 2023.

Capítulo V
JUSTIÇA ARBITRAL

1. INTRODUÇÃO[1]

Conforme visto ao longo desta obra, o dogma do monopólio da jurisdição estatal cedeu espaço para incluir em sua abrangência a justiça arbitral e a consensual, por também constituírem fontes legítimas de solução de conflitos.

A arbitragem é um importante método de resolução de disputas, em que as partes atribuem a um árbitro (ou um colegiado), terceiro imparcial e geralmente especialista no tipo de controvérsia em questão, o julgamento do conflito, em detrimento do ingresso no Poder Judiciário.

Trata-se de instituto utilizado, em sua maior escala, para a solução de causas de grande complexidade, de abrangência nacional ou internacional, tendo como características marcantes a ampla autonomia das partes em relação ao procedimento e às regras de direito aplicáveis, primando, ainda, pela confidencialidade, o que atrai conflitos como os de natureza societária e empresarial.

O marco legal da arbitragem no Brasil foi a Lei 9.307/1996, e decorridos vinte anos, diante da inevitável evolução social, legislativa e jurídica do nosso ordenamento, houve a necessidade de aprimoramento do instituto para ampliar o seu âmbito de aplicação e melhorar as formas de sua utilização, mas sem alterar substancialmente a estrutura normativa já consolidada, o que efetivamente ocorreu com o advento da Lei 13.129/2015, que proporcionou avanços significativos, especialmente ao disciplinar a utilização da arbitragem nas disputas relativas a direitos patrimoniais disponíveis decorrentes de contratos celebrados pela Administração Pública direta e indireta, respeitados os limites legais pertinentes à esfera pública.

Muito já se questionou acerca da natureza jurídica da arbitragem. Contudo, prevalece atualmente na doutrina o entendimento de que sua natureza é jurisdicional.[2-3]

---

1. O tópico foi adaptado da obra: CABRAL, Trícia Navarro Xavier. *Limites da liberdade processual.* 2. ed. Indaiatuba: FOCO, 2021. p. 24-26.
2. Sobre o tema, ver: FICHTNER, José Antonio, MANNHEIMER, Sérgio Nelson, MONTEIRO, André Luís. *Teoria geral da arbitragem*. Rio de Janeiro: Forense, 2019. p. 45-47.
3. Na jurisprudência: "A pactuação de convenção de arbitragem possui força vinculante, mas não afasta, em definitivo, a jurisdição estatal, pois é perfeitamente admissível a convivência harmônica das duas jurisdições, desde que respeitadas as competências correspondentes". (REsp 1733685/SP, rel. Min. Raul Araújo, 4ª Turma, julgado em 06/11/2018, DJe 12/11/2018).

Com efeito, se os fins da jurisdição consistem na obtenção de uma providência técnica, substitutiva da atividade alheia e resolutiva de conflito, nada mais adequado do que considerar a arbitragem como sendo de cunho jurisdicional. Em outros termos, o fato de a jurisdição arbitral não ter o poder e a função emanados do Estado, não a torna ilegítima ou inadequada para fins de pacificação social.

Ademais, a sentença resultante da arbitragem gera os mesmos efeitos da sentença judicial, inclusive constituindo título executivo judicial, nos termos do art. 515, VII, do CPC, o que confirma ainda mais a sua natureza jurisdicional.

Portanto, não há dúvidas de que a justiça arbitral, ao lado da justiça estatal e da justiça consensual, se insere no conceito contemporâneo de jurisdição,[4] constituindo relevante mecanismo de resolução de disputas em nosso ordenamento jurídico, integrando o sistema que se denomina de justiça multiportas,[5] representando, ainda, a versão mais atualizada do acesso à justiça.

2. EVOLUÇÃO DA ARBITRAGEM NO BRASIL[6]

No Brasil, a arbitragem sempre foi, em maior ou menor escala, prestigiada pelo legislador[7], a começar pela Constituição Imperial de 1824, que, no art. 160, autorizava a instituição da arbitragem pelas partes.[8]

Também, o Código Comercial de 1850 previa o uso da arbitragem obrigatória em determinadas matérias. Por sua vez, o Regulamento 737 (Decreto 737/1850) tratava da arbitragem de forma extensa (65 artigos).

---

4. Cf.: GRINOVER, Ada Pellegrini. *Ensaio sobre a processualidade*: fundamentos para uma nova teoria geral do processo. Brasília: Gazeta Jurídica, 2016. p. 18-20.
5. A expressão, originalmente concebida como "Tribunal Multiportas", foi fruto da conferência "Variedades de processamento de conflitos", proferida em 1976, em St. Paul, Minessota, na *Pound Conference*, pelo Professor de Harvard Frank E. A. Sander, que propôs que as Cortes fossem transformadas em "Centros de Resolução de Disputas", onde o interessado primeiro seria atendido por um funcionário encarregado da triagem dos conflitos, que depois faria o encaminhamento dele ao método de resolução de controvérsia mais apropriado às particularidades do caso (conciliação, mediação, arbitragem, entre outras formas). Essa concepção, contudo, foi divulgada por uma das revistas da ABA (*American Bar Association*) como "Tribunal Multiportas", e assim ficou mundialmente conhecida. Cf.: KESSLER, Gladys; FINKELSTEIN, Linda J. *The Evolution of a Multi-Door Courthouse*, 37 Cath. U. L. Rev. 577 (1988). Disponível em: <http://scholarship.law.edu/lawreview/vol37/iss3/2>. Acesso em: 13 fev. 2018. Ver também: MENDES, Gardenia M. L. *Tribunal multiportas e sua adequação no Brasil*. Disponível em: <https://jus.com.br/artigos/36758/tribunal-multiportas>. Acesso em: 13 fev. 2018. E ainda, WATANABE, Kazuo. "Juizados Especiais" e política judiciária nacional de tratamento adequado dos conflitos de interesses. CEJUSC e Tribunal Multiportas. In: BACELLAR, Roberto Portugal; LAGRASTA, Valeria Ferioli (Coords.). *Conciliação e mediação*: ensino em construção. São Paulo: IPAM/ENFAM, 2016. p. 122-123.
6. CABRAL, Trícia Navarro Xavier. *Arbitragem, CPC e Tecnologia. Arbitragem*: 5 anos da Lei 13.129 de 26 de maio de 2015. Ribeirão Preto: Migalhas, 2020. v. 1. p. 1104-1181.
7. O desenvolvimento legislativo da arbitragem está detalhado em: FICHTNER, José Antonio; MANNHEIMER, Sergio Nelson; MONTEIRO, André Luís. *Teoria Geral da Arbitragem*. Rio de Janeiro: Forense, 2019. p. 25-31.
8. *Art. 160*. Nas cíveis, e nas penaes civilmente intentadas, poderão as Partes nomear Juizes Arbitros. Suas Sentenças serão executadas sem recurso, se assim o convencionarem as mesmas Partes.

A Constituição da República dos Estados Unidos do Brasil de 1891 não previu a arbitragem entre particulares, mas apenas na situação especificada no art. 34. Registre-se, ainda, o Decreto 3.084/1898 (consolidação das leis da Justiça Federal), que dedicou 72 artigos ao tema. Já o Código Civil de 1916 abordou a arbitragem no livro dedicado ao Direito das Obrigações (arts. 1.037 a 1.048).

As Constituições da República dos Estados Unidos do Brasil de 1934, 1937, 1946 e 1967 foram tímidas em relação à arbitragem, dispondo sobre o assunto em poucos dispositivos.

No Código de Processo Civil de 1939, a arbitragem foi regulamentada de forma nacional nos arts. 1.031 a 1.046, enquanto o Código de Processo Civil de 1973 disciplinou a arbitragem nos arts. 1.072 a 1.102.

A Constituição da República de 1988 também foi sucinta quanto à arbitragem, abordando expressamente somente no art. 114, § 1º.

O tema no Brasil ganhou nova roupagem com o advento da Lei 9.307/96, considerada o marco legal da arbitragem, que regulamentou a matéria de forma abrangente. A arbitragem foi inserida, ainda, em outras fontes normativas, como o Código Civil de 2002, Lei dos Juizados Especiais Cíveis, Código de Defesa do Consumidor, entre outras.

Com esse aparato legislativo, a arbitragem tem-se revelado um importante método de resolução de disputas, no âmbito nacional e internacional. O prestígio à autonomia das partes em relação ao procedimento, às regras do direito aplicadas e à escolha dos árbitros, além da confidencialidade, são fatores que fizeram com que o instituto ganhasse adeptos no Brasil, especialmente do setor empresarial e societário, como uma via alternativa à submissão das controvérsias ao crivo do Poder Judiciário.

Contudo, decorridos vinte anos do advento da Lei de Arbitragem e diante da notória evolução social, legislativa e jurídica do nosso ordenamento, houve a necessidade de aprimoramento do instituto para ampliar o seu âmbito de aplicação e melhorar as formas de sua utilização, mas sem alterar substancialmente a estrutura normativa já consolidada.

Assim, o PLS 406/2013 previu alterações pontuais no texto principal, visando à maior eficiência da arbitragem e, consequentemente, à sua maior utilização como apto a resolver conflitos nacionais e internacionais, reduzindo as demandas judiciais e proporcionando, reflexamente, a segurança jurídica necessária ao empresariado nacional e aos investidores estrangeiros.

Os avanços instituídos no PLS 406/2013 foram significativos para o tema, especialmente ao disciplinar a utilização da arbitragem nas disputas relativas a direitos patrimoniais disponíveis decorrentes de contratos celebrados pela Administração Pública direta e indireta, respeitados os limites legais pertinentes à esfera pública.

No mesmo sentido, foi prevista a utilização da arbitragem nas relações de consumo, evidenciando a necessidade de o próprio consumidor tomar a iniciativa ou concordar expressamente com a sua instituição, e ainda resguardou as proteções consumeristas no tocante ao contrato de adesão.

Por sua vez, a arbitragem foi autorizada para dirimir conflitos decorrentes de contratos individuais de trabalho envolvendo aqueles que ocupem cargos de elevada hierarquia nas grandes empresas, também condicionada à iniciativa de sua utilização ao próprio empregado.

No tocante à escolha dos árbitros quando as partes recorrem a órgão arbitral, o Projeto reforçou a ideologia da arbitragem, que confere ampla autonomia de vontade aos envolvidos, mas sujeitando a escolha ao devido controle pelos órgãos competentes da instituição.

Ademais, foi regulada a forma de interrupção da prescrição pela instituição da arbitragem.

Não obstante, em relação ao procedimento, autorizou-se aos árbitros a proferirem sentenças parciais, bem como à estipulação de convenções entre as partes e os árbitros para prorrogar o prazo estipulado para proferir a sentença final, demonstrando perfeita sintonia com as técnicas processuais instituídas pelo Código de Processo Civil reformado.

Algumas correções terminológicas também foram alvo de preocupação do legislador, acolhendo as críticas da comunidade jurídica.

O Projeto inovou ao possibilitar que as partes requeiram ao Poder Judiciário, antes de instituída a arbitragem, a concessão de medidas cautelares ou de urgência, evitando o perigo de dano ou risco ao resultado útil do procedimento arbitral, estabelecendo, ainda, a forma de tratamento das referidas medidas após o início da arbitragem. A interface entre a arbitragem e o Poder Judiciário também restou configurada ao estabelecer a comunicação por meio de carta arbitral.

Nas disposições finais, viu-se relevante proposta ao Ministério da Educação – MEC para que incentive a inclusão da disciplina da arbitragem nos currículos das instituições de ensino superior. Além disso, houve regramento destinado ao Conselho Nacional de Justiça – CNJ e ao Conselho Nacional do Ministério Público – CNMP, para que incluam nos conteúdos programáticos de concursos públicos para o ingresso nas carreiras do Poder Judiciário e do Ministério Público, respectivamente, matérias relacionadas à arbitragem como método de resolução de conflitos.

Verifica-se, pois, que o Projeto pretendeu fomentar uma mudança de cultura, com o auxílio das entidades aptas a introduzirem na sociedade civil o incremento do referido meio adequado de resolução de disputas.

Nesse contexto, mostraram-se importantes e positivas as alterações instituídas no PLS 406/2013, e inúmeros os benefícios decorrentes da nova legislação, seja por aprimorar o procedimento, seja por atender de forma mais plena às relações empresariais e societárias, e ainda por ampliar o âmbito de sua aplicação à Administração Pública direta e indireta, às relações de consumo e às decorrentes de contrato de trabalho, nas hipóteses em que o Projeto especifica.

Contudo, ao ser publicado em 27.5.2015 como Lei 13.129/15, três vetos restringiram o uso da arbitragem.

O Ministério da Justiça foi responsável por dois vetos, impedindo o uso da arbitragem nos contratos de adesão e nas relações de consumo estabelecidas por meio de contrato de adesão, por vislumbrar o risco de "ofensa ao princípio norteador de proteção do consumo".

Por sua vez, o Ministério do Trabalho e Emprego manifestou-se contrariamente ao uso da arbitragem para dirimir conflito sobre contratos individuais de trabalho em que o empregado ocupe ou venha a ocupar cargo ou função de administrador ou de diretor estatutário, argumentando que a novidade criaria uma distinção entre empregados e ainda recorreria a "termo não definido tecnicamente na legislação trabalhista".

Essas restrições à instituição da arbitragem nas relações de consumo e nas relações de trabalho vêm sendo debatidas pela comunidade jurídica e grande parte dos doutrinadores defende que os referidos vetos representam um retrocesso injustificável e aguardavam que fossem derrubados pelo Congresso.

De qualquer modo, espera-se que a nova Lei encoraje e aperfeiçoe o uso da arbitragem, consolidando-a como um mecanismo adequado e legítimo de alcance à pacificação social.

3. JURISDIÇÃO ESTATAL X JURISDIÇÃO ARBITRAL[9]

A arbitragem, exatamente por representar uma jurisdição de natureza privada, possui peculiaridades que a distingue da jurisdição estatal, de modo a tornar imprópria a aplicação automática ou integral de suas premissas no âmbito judicial, principalmente no tocante à liberdade das partes.

Na realidade, o processo qualificado como fenômeno de direito público, na forma como reconhecida no início do século XX por Lodovico Mortara, traz inúmeras consequências aos institutos processuais, e os distancia de atividades jurisdicionais de características privadas.

Isso porque, a presença do interesse público reduz as hipóteses de atos de disposição das partes, retira do domínio destas o comando das provas, afeta o sistema de preclusão, amplia o dever de controle do juiz, bem como seus poderes instrutórios e decisórios, só para citar alguns.

---

9. O assunto foi originalmente abordado em: CABRAL, Trícia Navarro Xavier. *Limites da liberdade processual*. 2. ed. Indaiatuba: FOCO, 2021. p. 24-30.

Por sua vez, na jurisdição privada, transfere-se às partes a administração do processo, tanto da parte material quanto do aspecto processual, limitando sobremaneira a interferência judicial. Assim, a arbitragem, embora ostente caráter jurisdicional, possui contornos bastante distintos do processo judicial, onde impera a natureza pública.

Como consequência, na justiça arbitral as partes têm ampla autonomia privada para escolher o juiz da causa, adotar o procedimento mais adequado às particularidades da causa, eliminar eventuais preclusões processuais, instituir a confidencialidade, produzir ou deixar de produzir uma prova e, ainda, podem dispor sobre o direito a ser aplicado no caso concreto.

Todas essas possibilidades estão vedadas no processo de natureza pública justamente em razão da necessidade de preservação de um interesse público que limita a disponibilidade das partes e que exige transparência, isonomia, imparcialidade, e controle da regularidade procedimental, com a observância de todas as garantias processuais, tanto para os envolvidos na contenda, como para fins de controle externo, ou seja, da sociedade.

Destarte, enquanto no processo privado as partes são as grandes protagonistas, estabelecendo, inclusive, limites à atuação do juiz, no processo público a ingerência das partes sobre o procedimento é menor, sendo que o devido processo legal é aplicável em toda a sua extensão, assegurando a máxima retidão no desenvolvimento do processo.

Porém, o legislador processual, na tentativa de eliminar os excessos formais do processo judicial e de adotar os benefícios de um processo mais flexível, como o arbitral, promoveu, nas últimas reformas processuais, variadas formas de disponibilidade e de variação do procedimento, inclusive pelas partes, aproximando os dois modelos de resolução de controvérsias.

Assim, o CPC/15 pretendeu equilibrar a participação das partes e do juiz no processo e ampliou as formas de exercício da liberdade processual das partes, por meio do uso de técnicas autorizativas de ajustes no procedimento ou disposição de situações processuais.

Dessa forma, o prestígio aos atos de disposição das partes quanto ao objeto e ao procedimento conferido pela reforma do Código, fez como que toda a concepção de sobreposição do juiz na relação processual fosse repensada, para permitir que as partes também contribuam para o bom desempenho do procedimento.

Com isso, as prerrogativas do juiz, que sempre se sobressaíram em relação aos atos dos demais sujeitos processuais, passaram a conviver com a possibilidade de inúmeros atos de disposição processual, incluindo as convenções processuais formuladas pelas partes.

Essa abertura para o incremento da liberdade das partes no âmbito do processo civil tem, por certo, alguma similitude com o procedimento arbitral, cujo núcleo central reside exatamente na ampla disponibilidade das partes no tocante à forma, ao procedimento, e à própria legislação aplicável ao direito material.[10]

Entretanto, não se pode simplesmente tentar transpor a lógica da arbitragem para a jurisdição estatal, sem considerar as características que distinguem os dois modelos de resolução de conflitos, embora não exista propriamente um antagonismo entre eles.

Isso porque, na justiça estatal, o poder do julgador emana da Constituição Federal e do Código de Processo Civil, sendo o juiz inserido em uma organização judiciária (art. 92, CF/88) com estrutura permanente e hierarquizada, destinada a atender a toda sociedade e não somente aos interesses de partes específicas, cujas garantias constitucionais são imediatamente aplicadas ou controladas, especialmente a da independência, imparcialidade e devido processo legal. Possui duplo grau de jurisdição e coercitividade. A responsabilidade do juiz estatal é pessoal, civil e regressiva (art. 143, do CPC/15), e seus atos também podem ensejar a responsabilidade estatal, de acordo com as regras do Direito Administrativo. Trata-se, pois, de atividade em que o interesse público é latente, e que, por isso, se sujeita a um regime jurídico que não pode ser comparado com a justiça privada, mesmo admitindo-se que a evolução processual também esteja permitindo que as partes tenham maior disponibilidade sobre o procedimento.

Além disso, embora a jurisdição estatal possua algumas classificações na doutrina, todas as suas concepções indicam o exercício de uma atividade substitutiva ou secundária, em relação a uma atividade alheia, mas decorrente da inevitabilidade da imposição judicial, o que só ocorre na arbitragem se, quando e como as partes ajustarem.

Isso porque a arbitragem é um instituto de natureza privada, sem poder de império ou controle público, e cuja autoridade decorre das próprias partes, por meio da celebração de um contrato, que estabelece todo o modo de proceder dos envolvidos, com a livre escolha do árbitro que irá decidir, e inclusive com a indicação do direito aplicável ao mérito ou ao procedimento.

Ademais, não há uma estrutura permanente e hierarquizada, que garanta o princípio do juiz natural e o duplo grau de jurisdição. No procedimento arbitral, a regra é a confidencialidade sobre o procedimento, limitando o controle externo, e a sentença arbitral, ainda que faça coisa julgada, está sujeita ao controle judicial. Trata-se, como se vê, de justiça cuja observância das garantias constitucionais fica sujeita ao controle *a posteriori* pelo Poder Judiciário.

Tem-se, ainda, que o poder do árbitro está restrito à convenção de arbitragem, e, por isso, sua responsabilidade será de natureza contratual ou, eventualmente, extracontratual.

Como se observa, a jurisdição arbitral se identifica com a jurisdição estatal em alguns elementos, mas se distancia em outros importantes aspectos que ensejam re-

---

10. APRIGLIANO, Ricardo de Carvalho. *Ordem pública e processo*: o tratamento das questões de ordem pública no direito processual civil. São Paulo: Atlas, 2011. Coleção Atlas de Processo, p. 42.

sultados procedimentais relevantes. Daí porque alguns institutos processuais não se aplicam à arbitragem, do mesmo modo que algumas premissas e técnicas arbitrais não podem ser incorporadas ao processo judicial.

Nesse passo, entre as diferenças das duas espécies de jurisdição, seriam as principais: a) a fonte de onde emana o poder; b) a natureza (pública ou privada); c) a inevitabilidade de jurisdição estatal; e d) a executoriedade das decisões estatais.[11]

E as consequências resultantes dessas discrepâncias são inúmeras como, por exemplo, o fato de a arbitragem não criar direitos gerais ou gerar precedentes e nem ter suas decisões submetidas ao controle político ou social.

Por isso, deve-se ter muita cautela ao se pretender permitir na justiça estatal que interesses privados se sobreponham ao interesse público, já que os impactos das decisões judiciais não se restringem ao próprio processo, mas se expandem para uma dimensão bem maior.

Dessa forma, a proteção e a preservação do Poder Judiciário como instituição pertencente ao Estado de Direito, bem como toda a estrutura ideológica, jurídica e funcional dele decorrente é imprescindível para o bom funcionamento e o devido controle.

Nesse contexto, a escolha do juiz pelas partes – como ocorre na arbitragem –, ainda que dentro de um nicho de competência funcional, por exemplo, seria atentar contra um princípio basilar da jurisdição estatal, que consiste no princípio do juiz natural e, por conseguinte, na independência e imparcialidade do magistrado, ferindo garantias que estão acima dos interesses privados.

É claro que as partes podem renunciar à jurisdição estatal e escolher a arbitragem para dirimir seus conflitos, com vista à ampla disponibilidade e liberdade que o instituto proporciona. Mas, uma vez que pretenda se valer de uma estrutura de Poder basilar de nosso Estado Democrático de Direito, deverá se sujeitar às restrições ou limites que são impostos pela lei e pela Constituição. E isso, registre-se, nada tem a ver com sobreposição da justiça estatal ou então com desrespeito ou inviabilidade de disponibilidade das partes quanto aos atos cuja liberdade é autorizada pelo próprio legislador. Deixe-se assente que "[...] O processo é uma instituição de direito público destinada à administração da justiça. Ele não pode ser utilizado para fins contrários ao direito, à ética, e à justiça. [...]".[12]

A liberdade processual no campo judicial decorre de lei e a arbitral decorre de contrato. Obviamente, ambas podem coincidir ou ser compatibilizadas, mas desde que a última não fira a ordem pública essencial à mantença, à estabilidade e ao regular desenvolvimento do sistema de justiça estatal.

---

11. De acordo com Cândido Dinamarco e Bruno Lopes, na jurisdição arbitral a fonte de poder é vontade bilateral das partes e não o *imperium* soberano do Estado. Tem caráter substitutivo, mas não inclui atos de constrição sobre pessoas ou bens. Não é dotada de inevitabilidade, já que árbitro só será investido se, quando e na medida em que o queiram os sujeitos do conflito. DINAMARCO, Cândido Rangel; LOPES, Bruno Vasconcelos Carrilho. *Teoria geral do novo processo civil.* 3. ed., revista e atualizada. São Paulo: Malheiros, 2018. p. 79-80.

12. BUZAID, Alfredo. *Grades processualistas.* São Paulo: Saraiva, 1982. p. 37.

Pode-se afirmar, com isso, que a disponibilidade verificada na arbitragem não é a mesma autorizada na esfera judicial. Constata-se, ainda, que há uma hierarquia entre o que emana da lei e o que decorre de um contrato, embora este também possa constituir em uma fonte normativa, porém, limitada às partes.

Assim, eventual disposição contratual sobre atos processuais ou procedimento só é aplicável se estiver em consonância com a lei.

Por todo o exposto, o papel do juiz estatal, ainda que conviva com uma maior disponibilidade das partes e com a maior possibilidade de adaptação do procedimento, deve ser resguardado em sua plenitude, de modo que a função jurisdicional possa atender a todas as expectativas públicas que incluem a regularidade procedimental, probatória e decisória, com o atendimento de todas as garantias constitucionais, cujo controle é exercido por órgãos hierarquicamente superiores e também pela sociedade.[13]

E diante das premissas aplicadas à justiça arbitral, bem como à desnecessidade de assegurar o interesse público, há muito mais liberdade no campo privado para que as partes decidam sobre o quê e como querem ver o seu conflito resolvido, podendo, até mesmo, eleger juiz ou colegiado técnico sem conhecimento ou formação jurídica.

Nesse contexto, vê-se que o ordenamento processual brasileiro, embora tenha evoluído para encampar maior uso da liberdade processual pelas partes, possui um regime jurídico que, além de ter como característica a natureza pública, ainda se encontra vinculado a uma ideologia publicística de processo, fundada na autoridade do Estado, o qual, por meio da atividade jurisdicional, exerce enorme relevância para o bom funcionamento da justiça. Em outros termos, o juiz estatal fala em nome do Estado e não das partes do caso concreto.

Portanto, pretender aplicar a lógica arbitral ao processo judicial, transformando-o em um campo para o arbítrio privado ou uma espécie de arbitragem pública, é desconfigurar os elementos essenciais da função estatal, ferindo os escopos finalísticos da jurisdição e maculando a nossa concepção ordem jurídica justa.

4. PRINCIPAIS ASPECTOS DA LEI DE ARBITRAGEM[14]

No contexto do movimento de reformas legislativas que ensejaram a promulgação de outros diplomas que integram o microsistema de métodos adequados, a Lei 13.129/2015 aprimorou a disciplina da jurisdição arbitral e autorizou expressamente

---

13. Sobre os controles internos e externos das decisões judiciais, Ada Pellegrini Grinover ensina que: "Além disso, há que se lembrar que todas as decisões do juiz devem ser motivadas e que existem controles sobre sua atuação: internos (com os recursos e outros meios de impugnação, bem como a atuação dos órgãos censórios) e externos (que vão da repercussão política de seus atos até a configuração da responsabilidade penal e civil)." (GRINOVER, Ada Pellegrini. *Ensaio sobre a processualidade*: fundamentos para uma nova teoria geral do processo. Brasília: Gazeta Jurídica, 2016. p. 128).

14. CABRAL, Trícia Navarro Xavier; CARVALHO, F. I. M. A. A justiça multiportas na solução dos conflitos decorrentes de licitações e contratos administrativos: uma análise a partir da Lei 14.133/21. In: CABRAL, Tricia Navarro Xavier; ZANETI JR., Hermes (Org.). *Justiça multiportas*. 3 ed. Salvador: JusPodivm, 2023. v. 1. p. 961-980.

sua utilização para conflitos em que figure como interessada a Administração Pública, corroborando previsões de leis concernentes a modalidades específicas de contratação.[15]

De ordinário, o procedimento da jurisdição arbitral admite amplo espaço de liberdade para os participantes, que podem optar por julgamento por direito ou equidade (art. 2º); eleger livremente as regras de direito a serem aplicadas tanto na seara material quanto no procedimento[16], bem como a pessoa do árbitro, ressalvadas hipóteses de impedimento e suspeição (art. 13 e 14).

O procedimento contempla uma propositura gradual[17], iniciada pela comunicação da intenção de sua deflagração (art. 5º), sucedido pela assinatura do termo de arbitragem, quando serão apresentadas alegações iniciais, tendo sua instauração o efeito interruptivo da prescrição, com eficácia retroativa ao requerimento (art. 19, § 2º), sendo as partes investidas de ampla liberdade de regramento do procedimento, inclusive com poderes de derrogar o regimento do órgão arbitral (art. 13, § 4º) e a possibilidade de estabelecimento de sigilo, identificando-se como núcleo essencial à observância dos princípios do contraditório, igualdade, imparcialidade e livre convencimento do árbitro (art. 21, § 2º), cuja inobservância conduz à invalidade da decisão (art. 32, VIII).

Encontra-se o árbitro investido de poderes instrutórios (art. 22), cabendo-lhe, de ofício ou a requerimento, tomar o depoimento das partes, ouvir testemunhas e determinar a realização de perícias ou outras provas que julgar necessárias, culminando-se com a prolação de sentença arbitral, passível de julgamento parcial de mérito, cabendo inclusive ao regramento das partes a fixação de prazo para sua prolação (art. 23, *caput* e § 1º).

---

15. "Em 27 de julho de 2015, entrou em vigor a Lei 13.129, de 26 de maio de 2015, que alterou a lei de arbitragem 9.307/96. O escopo da lei é ampliar a prática da arbitragem no país. Dentre as inovações previstas em lei temos a expressa previsão da possibilidade de utilização da arbitragem por entidades da Administração Pública direta e indireta, com o escopo de mediar conflitos atinentes a direitos patrimoniais, sendo, porém, vedado o julgamento por equidade e sempre respeitando o princípio da publicidade. Embora agora expressamente prevista em lei, a utilização da arbitragem pela Administração Pública já possuía previsão em diplomas legais específicos, tais como nas leis 8.987/95, 9.478/97, 10.233/01 e 11.079/046, que regulamentam o regime de concessão e permissões, bem como a licitação e contratação de parceria público-privada pela Administração. Considerando os citados diplomas, observa-se que a arbitragem na Administração Pública já era aceita no âmbito dos contratos privados da Administração, considerando sua natureza jurídica e a aplicação do regime jurídico de direito privado nestas relações". CLARO, Viviane da Costa Barreto. *A positivação da arbitragem na Administração Pública*. Disponível em: https://www.migalhas.com.br/depeso/225329/a-positivacao-da-arbitragem-na-administracao-publica. Acesso em: 06 abr. 2020.

16. Cf.: "A possibilidade de escolha da lei, tanto no que tange ao direito material, quanto ao direito processual, consagra o princípio da autonomia da vontade, prestigiado em grau máximo pelo legislador no diploma referente à arbitragem. Nesse sentido, as partes podem eleger leis já existentes, bem como podem disciplinar, por si mesmas, o procedimento a ser seguido. Podem, ainda, optar pela adoção de regulamentos de câmaras arbitrais. Contudo, mesmo nesta hipótese, o poder de negociação e de autorregulamentação das partes predomina, de modo a poderem, ainda assim, derrogar certas regras da instituição, em favor do melhor interesse da causa". MAZZEI, Rodrigo. CHAGAS, Bárbara Seccato Rui. Os negócios jurídicos processuais e a arbitragem. In: CABRAL, Antonio do Passo. NOGUEIRA, Pedro Henrique. (Coord.). *Negócios processuais*. 3. ed. Salvador: JusPodivm, 2017. p. 702. (Coleção Grandes temas do novo CPC).

17. BONDIOLI, Luis Guilherme Aidar. O exercício do direito de demandar pelo requerido em sede de arbitragem. In: BEDAQUE, José Roberto dos Santos. YARSHELL, Flávio Luiz. SICA, Heitor Vitor Mendonça. *Estudos de direito processual civil em homenagem ao Professor José Rogério Cruz e Tucci*. Salvador: JusPodivm, 2018. p. 576.

CAPÍTULO V • JUSTIÇA ARBITRAL | **343**

Contudo, verifica-se que a participação da Administração Pública no procedimento da arbitragem já indica a redução da amplitude de disponibilidade, visto que em conformidade com § 3º do art. 2º da Lei 9.307/96, o julgamento somente poderá ser de direito, sendo vedada implicitamente a equidade substitutiva e, ainda, vinculada ao ordenamento brasileiro como corolário da juridicidade imanente[18], ressalvada a existência de autorização legal expressa.[19]

De outro giro, em conflitos envolvendo a Administração Pública, conforme explícita previsão do dispositivo em epígrafe, incide na jurisdição arbitral o princípio da publicidade, o que implica em conformidade com o *caput* do art. 37 da Constituição e na impossibilidade de celebração de cláusula de confidencialidade.[20]

Dessa forma, ainda que com os temperos trazidos pelo sistema normativo, remanesce a possibilidade de opção pela via arbitral e a possibilidade de contribuição para uma solução mais célere dos conflitos envolvendo as contratações do Poder Público.

5. NOTAS SOBRE A ARBITRAGEM EXPEDITA

Existem duas modalidades de arbitragem: a ordinária e a expedita.

A primeira é a arbitragem ordinária, recomendada para as demandas complexas, cujo procedimento é mais amplo, geralmente custoso. Nela, a solução é dada por um árbitro ou por um corpo de árbitros. Os prazos processuais são maiores, o que enseja

---

18. "A primeira consequência que decorre da afirmação de que é obrigatória a 'arbitragem de direito' quando a Administração Pública for parte é a vedação ao 'juízo de equidade'. [...] Portanto, proíbe-se o juízo de equidade, de modo que o julgador (árbitro ou juiz) não poderá afastar o Direito, substituindo-o por seu próprio senso de justiça (equidade substitutiva), mas não o juízo com equidade, no sentido de o julgador, a partir da lei, preencher lacunas (equidade formativa) ou determinar consequências não tipificadas expressamente em lei (equidade supletiva). [...] Ao afirmar que '[a] arbitragem que envolva a administração pública será sempre de direito', a Lei 9.307/1996 quer dizer que não só o mérito da controvérsia deverá ser julgado por regras de direito (em contraposição à equidade – conforme exposto acima), como também que tais regras de direito se referem 'ao direito brasileiro'. Essa afirmação decorre, em primeiro lugar, da própria natureza do Estado. Na medida em que os entes públicos (Estado-Administração) nada mais são do que a corporificação do próprio sistema constitucional (Estado-ordenamento), haveria inadmissível contradição falar que arbitragem se presta a submetê-los a regras outras que as do seu próprio direito". BONIZZI, Marcelo José Magalhães. MEGNA, Bruno Lopes. Da "arbitragem de direito" no âmbito da Administração Pública. In: BEDAQUE, José Roberto dos Santos. YARSHELL, Flávio Luiz. SICA, Heitor Vitor Mendonça. *Estudos de direito processual civil em homenagem ao Professor José Rogério Cruz e Tucci*. Salvador: JusPodivm, 2018. p. 609-616.
19. "Embora exija que a arbitragem seja de direito, o dispositivo em tela não impõe a eleição da lei brasileira ou de nenhuma outra, o que poderia sugerir que a Administração e seus contratantes teriam certa liberdade para escolher a lei aplicável ao seu contrato. O exame detalhado deste ponto exigiria um estudo específico, porque essa discussão não envolve apenas a arbitragem, mas, em geral, a possibilidade de eleição de lei aplicável pelo Poder Público. Seja como for, parece difícil sustentar que, à margem de previsão legal específica, o administrador público teria discricionariedade para afastar a incidência das normas de direito brasileiro que limitam sua própria atuação." TIBURCIO, Carmen. PIRES, Thiago Magalhães. Arbitragem envolvendo a Administração Pública: notas sobre as alterações introduzidas pela lei 13.129/2015. *Revista de Processo*, v. 254/2016, p. 431-462, abr. 2016.
20. LOURENÇO, Haroldo. A onda evolutiva da arbitragem envolvendo o Poder Público no Brasil. *Revista dos Tribunais*, v. 995/2018, p. 27-49, set. 2018.

menor celeridade. A sua fase de instrução é plena e o procedimento possui regulamentação própria.

A segunda, muito pouco conhecida e utilizada, é a arbitragem expedita ou sumária, recomendada para as controvérsias de médio porte de complexidade[21], no sentido econômico e fático. Seu procedimento é mais célere, com prazos menores e menos custosos. A solução é dada, em regra, por apenas um árbitro, salvo disposição contrária pelas partes. A fase instrutória é limitada. Esse tipo de arbitragem também necessita de regulamentação própria.

Diante disso, as câmaras de arbitragem passaram a regulamentar o método, a fim de que fosse oferecido à sociedade.

A arbitragem expedita segue a mesma proposta da arbitragem ordinária, especialmente no tocante à especialização do árbitro e à confidencialidade, se diferenciando especialmente na simplificação do procedimento e nos custos.

É comum a fixação de um conteúdo econômico máximo para os conflitos poderem se submeter à arbitragem expedita, sendo exigido o consentimento de todos os envolvidos.

Não obstante, nessa modalidade o árbitro também deve ter a imparcialidade que que orienta a arbitragem, aplicando-se, ainda, o dever de revelação quanto a qualquer circunstância que gere dúvidas acerca de sua imparcialidade ou independência, garantindo, assim, a legitimidade do procedimento[22].

Em relação ao procedimento, cada câmara poderá regrá-lo a sua maneira, com pequenas variações, mas têm-se, normalmente, as seguintes etapas: a) tentativa de autocomposição entre as partes; b) alegações iniciais pelo autor; c) intimações e comunicações poderão ser realizados pela via eletrônica; d) o réu poderá oferecer resposta e realizar pedido contraposto; e) audiência para a produção de provas; f) apresentação de alegações finais pelas partes; g) sentença arbitral; h) pedido de esclarecimentos; e i) pagamento da taxa de administração e dos honorários dos árbitros[23].

A arbitragem expedita também está presente em outros ordenamentos jurídicos. No âmbito do comércio internacional, a arbitragem expedita foi promovida pela primeira vez em 2017 pela Corte Internacional de Arbitragem da Câmara de Comércio Internacional. Em 2021, a Comissão das Nações Unidas para o Direito Comercial Internacional (Uncitral) aprovou regras da arbitragem expedita e, recentemente, a

---

21. HILL. Flávia Pereira. Desencastelando a arbitragem: a arbitragem expedita e o acesso à justiça multiportas. In: MAIA, Benigna Araújo Teixeira et. al [...]. *Acesso à justiça*: um olhar a partir do Código de Processo Civil de 2015. Londrina: Thoth, 2021 (p. 165-191). p. 169.

22. HILL. Flávia Pereira. Desencastelando a arbitragem: a arbitragem expedita e o acesso à justiça multiportas. In: MAIA, Benigna Araújo Teixeira et. al [...]. *Acesso à justiça*: um olhar a partir do Código de Processo Civil de 2015. Londrina: Thoth, 2021 (p. 165-191). p. 175-180.

23. HILL. Flávia Pereira. Desencastelando a arbitragem: a arbitragem expedita e o acesso à justiça multiportas. In: MAIA, Benigna Araújo Teixeira et. al [...]. *Acesso à justiça*: um olhar a partir do Código de Processo Civil de 2015. Londrina: Thoth, 2021 (p. 165-191). p. 175.

Organização das Nações Unidas (ONU) recomendou a utilização do referido método para agilizar a resolução de disputas[24].

Como se vê, a arbitragem expedita tem o potencial de ser um importante instrumento de resolução de conflitos no Brasil, mas ainda requer maior divulgação e uma consolidação numérica de sua utilização, a fim de que seus resultados exitosos tragam credibilidade social e possam proporcionar a expansão do instituto.

6. ARBITRAGEM E CPC[25]

A arbitragem constitui um método privado de solução de conflito em que um terceiro ou um colegiado, escolhido pelas partes, com poder de decisão e normalmente especialista na matéria controvertida, soluciona a contenda social. Para tanto, são seguidas normas e procedimentos aceitos por livre e espontânea vontade das partes, ensejando uma sentença arbitral.

Trata-se de uma ferramenta extrajudicial de resolução de disputa, mas que possui natureza jurisdicional, embora o julgador não possua poder de coerção. Ademais, a escolha da arbitragem pelas partes implica na renúncia à justiça estatal.

Em linhas gerais, as partes devem ser capazes e a controvérsia deve tratar de direitos patrimoniais e disponíveis, havendo grande prestígio à autonomia das partes quanto: (i) às regras de procedimento; (ii) à escolha dos árbitros; (iii) às regras de direito aplicáveis.

Seu procedimento garante confidencialidade, e a sentença arbitral possui os mesmos efeitos da sentença judicial, inclusive entre partes e sucessores, constituindo título executivo judicial.

A arbitragem sofre controle restrito do Poder Judiciário (art. 32, da Lei de Arbitragem). Embora seja um procedimento não sujeito à homologação judicial ou recurso ao Poder Judiciário, não impede que as partes tenham que, eventualmente, se valer da atuação judicial para solucionar questões afetas ao procedimento arbitral.

Nesse contexto, a Lei de Arbitragem prevê, em diversos dispositivos, a possibilidade de as partes acionarem o Judiciário: i) art. 6º, parágrafo único – ação para firmar compromisso arbitral; ii) art. 7º – juiz designa audiência para as partes firmarem compromisso arbitral; iii) art. 11, parágrafo único – ação para fixação de honorários do árbitro; iv) art. 13, § 2º – ação para nomeação de árbitros; v) art. 16, § 2º – ação para nomeação de árbitro substituto; vi) art. 22, § 2º – árbitro pode pedir condução de testemunha;

---

24. Arbitragem expedita é recomendação da ONU para agilizar resolução de conflitos. *JOTA*. Disponível em: Arbitragem expedita é recomendação da ONU para agilizar resolução de conflitos (jota.info). Acesso em: 08 jul. 2023.

25. Os tópicos seguintes foram publicados em: CABRAL, Trícia Navarro Xavier. Arbitragem e poder judiciário. In: FERREIRA, Olavo Augusto Viana Alves; LUCON, Paulo Henrique dos Santos (Org.). *Arbitragem*: atualidades e tendências. São Paulo: Migalhas, 2019, v. 1, p. 127-142. E também em: CABRAL, Trícia Navarro Xavier. Arbitragem e poder judiciário. In: URBANO, Alexandre Figueiredo de Andrade; MAZIERO, Franco Giovanni Mattedi (Org.). *A arbitragem na contemporaneidade*. Belo Horizonte: Del Rey, 2019. v. 1. p. 33-50.

vii) art. 22-A – medidas cautelares e de urgência antes de instituída a arbitragem; viii) art. 22-C – carta arbitral para Judiciário praticar algum ato arbitral; ix) art. 33 – ação declaratória de nulidade da sentença arbitral; x) art. 33, § 4º – ação para prolação de sentença arbitral complementar.

Como se vê, devido às limitações jurisdicionais do árbitro, em algumas situações, as partes necessitam recorrer ao Judiciário para resolver questões atinentes à arbitragem.

Nesse aspecto, saliente-se a importância de o juiz estatal competente para conhecer da matéria arbitral estar afinado com as premissas e a lógica da arbitragem, para que possa decidir, adequadamente, as controvérsias a ele submetidas, inclusive respeitando a confidencialidade (quando comprovada), com a decretação do segredo de justiça.

De outra banda, a Lei 13.105/15 que reformou o Código de Processo Civil menciona a arbitragem em diversas passagens, regulamentando seus reflexos processuais.

Na Parte Geral, logo no Livro I, que trata das normas processuais civis, tem-se no artigo 3º, § 1º a permissão do uso da arbitragem, na forma da lei. Já no artigo 42, o Código qualifica como um direito das partes a instituição da arbitragem.

Por sua vez, o artigo 69, ao tratar da cooperação jurisdicional, inclui a carta arbitral entre os atos passíveis de pronto atendimento.

O artigo 189 se refere à publicidade dos atos processuais e excetua os que tramitam em segredo de justiça, incluindo os que versem sobre a arbitragem (inciso IV), desde que comprovada a confidencialidade.

Não obstante, o artigo 237 prevê a carta arbitral como instrumento destinado a fazer com que o Poder Judiciário, na área de sua competência territorial, pratique ou determine o cumprimento de ato objeto de pedido de cooperação judiciária formulado por juízo arbitral, inclusive os que importem efetivação de tutela provisória, estando seus requisitos estabelecidos no artigo 260, § 3º, sendo que, além destes últimos, o artigo 267 prevê outras situações que, se não atendidas, ensejam a recusa e a devolução pelo juiz, por meio de decisão motivada, ou então, conforme o caso, a remessa ao juízo competente, nos termos do parágrafo único do mesmo dispositivo.

Também no Livro I, da Parte Especial, a arbitragem aparece como hipótese passível de alegação pelo réu na contestação no art. 337, X, não podendo a matéria ser conhecida de ofício (§ 5º), sendo que a ausência de alegação de convenção de arbitragem implica aceitação da jurisdição e renúncia ao juízo arbitral.

No artigo 359, que dispõe sobre a audiência de instrução e julgamento, o Código reafirma a possibilidade de emprego da mediação e da arbitragem. Aqui, o legislador cometeu um equívoco, ao tratar indistintamente a mediação e a arbitragem como métodos *consensuais* de solução de conflito.

No artigo 485, que trata dos casos de sentença sem resolução do mérito, há previsão no inciso VII da decisão que acolhe a alegação de convenção de arbitragem, mais uma vez prestigiando o instituto.

CAPÍTULO V • JUSTIÇA ARBITRAL **347**

No capítulo sobre o cumprimento da sentença, a sentença arbitral aparece como espécie de título executivo judicial, conforme se vê do art. 515, inciso VII, sendo que o artigo 516, III estabelece o juízo cível como o competente para tal fim.

No Livro III, referente aos processos nos tribunais e aos meios de impugnação das decisões judiciais, verifica-se no artigo 960, § 3º, que o requerimento de homologação de decisão estrangeira obedecerá a tratado e à lei específica, com aplicação subsidiária do CPC.

Prosseguindo, o artigo 1.012, que trata da apelação, institui como regra o efeito suspensivo, excetuando, no § 1º, inciso IV, a sentença que julga pedido de instituição de arbitragem. Ainda no âmbito recursal, o artigo 1015, inciso III, prevê o agravo de instrumento contra as decisões interlocutórias que versem sobre a rejeição de alegação de convenção de arbitragem.

Por fim, no Livro Complementar que regulamenta as disposições finais e transitórias, tem-se o artigo 1.061, que altera o § 3º do art. 33 da Lei 9.307, de 23 de setembro de 1996 (Lei de Arbitragem), para estabelecer que a decretação da nulidade da sentença arbitral também poderá ser requerida na impugnação ao cumprimento da sentença, nos termos dos arts. 525 e seguintes do Código de Processo Civil, se houver execução judicial.

Observa-se, pois, que o CPC/2015 sacramenta de forma bastante satisfatória a intenção legislativa de fortalecer o uso da arbitragem como mecanismo legítimo de resolução de disputa, dando o aparato legal necessário em prol da segurança jurídica.

Portanto, embora a justiça arbitral e a justiça estatal operem em ambientes diferentes, ambas são eficientes métodos de tratamento de conflitos, e devem atuar, quando necessário, em cooperação, objetivando, ao final, a satisfação dos jurisdicionados.

7. A LEI DE MEDIAÇÃO E SEUS REFLEXOS NA ARBITRAGEM

A mediação é a atividade técnica por meio da qual os litigantes buscam o auxílio de um terceiro imparcial que irá contribuir na busca pela solução do conflito[26]. Este terceiro, ao contrário do que ocorre na arbitragem, não tem a missão de decidir (e nem a ele foi dada autorização para tanto), mas apenas de auxiliar as partes na obtenção da solução consensual.

Dessa forma, a mediação[27] é um mecanismo de resolução de conflito em que as próprias partes constroem, em conjunto, um sistema de decisão, satisfazendo a todos

---

26. PINHO, Humberto Dalla Bernardina de. Mediação – a redescoberta de um velho aliado na solução de conflito. In: PRADO, Geraldo (Org.). *Acesso à justiça*: efetividade do processo. Rio de Janeiro: Lumen Juris, 2005.

27. Acerca da origem e evolução do instituto da mediação, cf.: CHASE, Oscar G. I metodi alternativi di soluzione dele controversie e la cultura del processo: il caso degli Stati Uniti D'America. In: VARANO, Vincenzo (Org.). *L'altragiustizia*: il metodi alternativi di soluzione dele controversie nel diritto comparato. Milano: Dott. A. Giuffrè Editore, 2007. p. 129-156.

os envolvidos e oxigenando as relações sociais, com a participação de um terceiro intermediando ou facilitando o alcance do entendimento.

A mediação já foi legalmente introduzida em diversos ordenamentos jurídicos. Na Europa, inclusive, o Conselho da União Europeia emitiu a Diretiva 52, de 21 de maio de 2008, tratando das diretrizes basilares da mediação, cuja transposição foi efetivada por praticamente quase todos os países integrantes da União Europeia.

No Brasil, a mediação[28] de conflitos tem evoluído muito, tanto na parte legislativa, quanto na parte prática. Embora ainda seja confundida com a conciliação, trata-se de instituto bem mais complexo, adequado para a solução de conflitos envolvendo relações continuadas.

Contudo, a matéria ainda necessitava de força normativa para que ganhasse legitimação social e passasse a proporcionar relevantes benefícios à sociedade.

O marco legal da mediação no Brasil se deu por meio da publicação da Lei 13.140/15, em 29.06.2015.

Assim, a Lei de Mediação representou mais um avanço legislativo na consolidação do que se pode chamar de microssistema brasileiro de mecanismos adequados de solução de disputas. E tanto isso é verdade que na referida Lei também prevê reflexos na arbitragem, numa interessante harmonia de meios para se atingir um único fim, que é a pacificação da sociedade.

De fato, a coincidência temporal das leis que tratam dos mecanismos adequados de resolução de conflitos propiciou uma necessária cautela do legislador em relação à compatibilidade dos procedimentos e com o uso simultâneo dos institutos.

Com efeito, ao tratar de procedimento, a Lei de Mediação estabelece no artigo 16 que a instituição da mediação suspenda o processo arbitral.

Já o artigo 23, ao dispor sobre a mediação extrajudicial prevê que, em cláusula de mediação, se as partes se comprometerem a não iniciar procedimento arbitral durante certo prazo ou até que se implemente alguma condição, o árbitro suspenderá o curso da arbitragem pelo prazo acordado ou até o implemento da condição.

Por sua vez, o artigo 30, § 2º diz que as informações revestidas de confidencialidade não serão admitidas como prova na arbitragem.

Por fim, uma última observação. O artigo 35 da Lei de Mediação que trata dos conflitos entre a administração pública, suas autarquias e fundações, prevê a transação por adesão, desde que preenchidos os requisitos legais. E o § 4º estabelece que a tran-

---

28. "Pode-se entender por mediação o instrumento de natureza autocompositiva marcado pela atuação, ativa ou passiva, de um terceiro neutro e imparcial, denominado mediador, que auxilia as partes na prevenção ou solução de litígios, conflitos ou controvérsias." GALVÃO FILHO, Mauricio Vasconcelos; WEBER, Ana Carolina. Disposições gerais sobre a mediação civil. In: PINHO, Humberto Dalla Bernardina de (Org.). *Teoria geral da mediação à luz do projeto de lei e do direito comparado*. Rio de Janeiro: Lumen Juris, 2008. p. 19-20.

sação por adesão implica na renúncia à ação ou ao recurso administrativo ou judicial, não mencionando a arbitragem.

Porém, considerando que o art. 1º, § 1º, da Lei 13.129/2015 autoriza o uso da arbitragem pela administração pública direta e indireta, a eventual transação por adesão teria o mesmo efeito de renúncia ao procedimento arbitral eventualmente instaurado? A resposta deve ser positiva, com base em uma interpretação sistemática.

Portanto, tem-se que a Lei de Mediação confere importantes efeitos no CPC/2015, uma vez que, na qualidade de lei especial, prevalece e também complementa a regulamentação da mediação no novo CPC.

Além disso, a referida lei traz consequências processuais à arbitragem, permitindo, inclusive, a conclusão de que os métodos autocompositivos se sobrepõem aos heterocompositivos de solução de disputas, nos quais tem a presença de um terceiro decidindo o conflito pelas partes.

De qualquer modo, é digno de elogio o esforço legislativo para disponibilizar às partes caminhos diferentes, mas igualmente eficazes na resolução das disputas, sem prejuízo de se poder lançar mão do Poder Judiciário.

8. COOPERAÇÃO ENTRE JUSTIÇA ARBITRAL E JUSTIÇA ESTATAL

As alterações legislativas supracitadas indicam que o Poder judiciário também terá que se adaptar a conviver e até a estimular o uso das diversas modalidades de ferramentas colocadas à disposição dos jurisdicionadas para a resolução adequada dos conflitos.

É inclusive o que se extrai do artigo 3º, do CPC[29], previsto no Livro I referente às normas fundamentais processuais.

Contudo, no que se refere à arbitragem, o CPC parece ter incluído o instituto de forma descontextualizada, de modo a não passar uma mensagem muito clara aos sujeitos judiciais.

Isso porque, se a ideia do art. 3º foi reforçar a existência e o incentivo a um minissistema de resolução de disputas composto pelo Poder Judiciário e por instituições públicas e privadas dedicadas à conciliação, mediação e arbitragem, deveria o legislador ter incluído a arbitragem no § 3º, do art. 3º, ou seja, por meio de um efetivo comando aos atores processuais.

---

29. Art. 3º Não se excluirá da apreciação jurisdicional ameaça ou lesão a direito.

§ 1º É permitida a arbitragem, na forma da lei.

§ 2º O Estado promoverá, sempre que possível, a solução consensual dos conflitos.

§ 3º A conciliação, a mediação e outros métodos de solução consensual de conflitos deverão ser estimulados por juízes, advogados, defensores públicos e membros do Ministério Público, inclusive no curso do processo judicial.

Da forma como está no § 1º (é permitida a arbitragem), não há indicativo do contexto pretendido ou de sua utilidade, e ainda sugere uma desnecessidade do dispositivo, trazendo ainda para o campo doutrinário o retorno da discussão sobre a natureza jurídica da arbitragem.

Assim, questiona-se: o juiz, no curso de um processo judicial, poderia sugerir que as partes se submetam à arbitragem, indicando ser o método mais adequado para a resolução do conflito?

A resposta parece ser positiva, e sem que isso represente qualquer abdicação de jurisdição. Mais do que conduzir processos, o juiz contemporâneo tem o dever de tratar adequadamente o conflito, ainda que isso represente demonstrar para as partes a existência de outro meio melhor que a jurisdição estatal para solucionar a controvérsia.

É óbvio que o juiz, nessa hipótese, não poderia obrigar as partes a se submeterem à arbitragem, devendo apenas indicar a existência de outro método mais compatível com a controvérsia posta em juízo, até mesmo ponderando as dificuldades de tramitação daquele conflito no Poder Judiciário (tempo, custo e satisfação com o resultado). Caso a sugestão seja aceita pelas partes, haverá a estipulação de um compromisso arbitral judicial, com a consequente renúncia à atividade jurisdicional estatal, nos termos do art. 9º, § 1º, da Lei 13.129/2015, ensejando a extinção do feito sem resolução do mérito, conforme art. 485, VII, do CPC.

Essa postura, além de possível, também atenderia ao que preconiza o artigo 6º, do CPC, de que *"todos os sujeitos do processo devem cooperar entre si para que se obtenha, em tempo razoável, decisão de mérito justa e efetiva.".*

Ocorre que, ainda que o juiz queira assim proceder, não há no CPC nenhum dispositivo que autorize expressamente o juiz a fazer isso. Veja-se que o art. 139, que trata dos deveres e poderes do juiz, só menciona o incentivo à autocomposição, não incluindo as demais formas de resolução de disputas.[30]

De qualquer forma, esse vácuo legislativo não impede que, na gestão do processo e do conflito, o juiz submeta à análise das partes a possibilidade de acordarem sobre o uso da arbitragem.

Outra questão importante diz respeito à necessidade de capacitação dos magistrados também quanto à arbitragem, já que em relação à conciliação e à mediação já há cursos disponíveis nas escolas judiciais.

Registre-se que em 2015 a Corregedoria do CNJ estabeleceu a Meta 2[31], denominada Meta de Arbitragem, que dizia que os tribunais deveriam indicar 2 (duas) varas compe-

---

30. Art. 139. O juiz dirigirá o processo conforme as disposições deste Código, incumbindo-lhe: [...]
    V – promover, a qualquer tempo, a autocomposição, preferencialmente com auxílio de conciliadores e mediadores judiciais; [...].

31. Disponível em: http://www.cnj.jus.br/files/conteudo/destaques/arquivo/2015/05/4b745d50b26aeb6683d-0756c632f20d6.pdf. Acesso em: 15 set. 2018.

tentes para processar a arbitragem. A ideia era trazer um mínimo de especialização dos juízes para atuarem no tema. Todos os Estados cumpriram a Meta. Contudo, a política pública parou por aí. Esses juízes não tiveram qualquer capacitação para reconhecer ou atuar com as questões arbitrais.

E na realidade não só os juízes com atribuição para essas unidades judiciárias deveriam ter a capacitação, já que o conhecimento do sistema multiportas e o tratamento adequado dos conflitos devem ser observados por todos os atores judiciais. Lembrando, ainda, que essa falta de especialização também deságua na análise da preliminar de arbitragem, cuja competência é mais abrangente.

Nesse contexto, vê-se que falta uma política pública envolvendo o uso da arbitragem no âmbito do Poder Judiciário. Isso afeta a compreensão dos juízes sobre a lógica do sistema arbitral, comprometendo, por conseguinte, a qualidade das intervenções judiciais, especialmente quanto à abrangência e limites do procedimento arbitral.

Exemplo disso é que, na prática forense, há relatos, por exemplo, de situação em que não foi decretado o segredo de justiça em procedimento arbitral, e, no mesmo caso, ainda foi deferida a assistência judiciária gratuita após a parte ter passado por um procedimento arbitral pago. Essa realidade indica que os juízes competentes para apreciar as questões arbitrais ainda não estão sintonizados com as características essenciais do processo arbitral.

Sobre o segredo de justiça, é importante ter em mente que, dentro da estrutura do Poder Judiciário, especialmente em relação aos processos físicos, ele não é observado de forma criteriosa, já que, até chegar ao magistrado, passa por inúmeros setores e servidores, contaminando a confidencialidade e a discrição da arbitragem.

Ainda sobre a atuação judicial, vê-se que o art. 337, X, do CPC, trata da preliminar de arbitragem, que é gênero e inclui a análise da: a) preliminar de que há decisão do árbitro sobre a sua competência; e b) preliminar de convenção de arbitragem.[32]

Porém, a elevada quantidade de processos em tramitação, a falta de estrutura pessoal, e a forma de gestão que se imprime, muitas vezes, faz com que o magistrado eventualmente não se atente – ao menos de forma tempestivamente – para a preliminar de arbitragem na contestação, especialmente quando inserida entre inúmeras outras questões processuais e meritórias.

Dessa forma, para evitar que haja a demora na análise da questão e, ainda, que as matérias de mérito sejam disponibilizadas nos autos antes da apreciação da preliminar de arbitragem, esta poderia ser alegada de duas (como, aliás, constava da versão Câmara): a) exceção ritual de arbitragem por meio de petição – seria mais adequado; b) por ocasião da audiência de conciliação ou mediação, oportunidade em que o auxiliar de justiça poderá suspender o procedimento e submetê-lo à análise do juiz.

---

32. BENEDUZI, Renato Resende. Preliminar de arbitragem no Novo CPC. In: BENEDUZI, Renato Resende; MELO, Leonardo de Campos. *A reforma da arbitragem*. Rio de Janeiro: Forense, 2016. p. 287.

Nessas duas hipóteses, eventual rejeição da preliminar não poderia implicar em preclusão consumativa para o réu quanto à possibilidade posterior de oferecimento de sua contestação.

Registre-se, ainda, que caso as partes entrem em consenso sobre o objeto litigioso na própria audiência de conciliação/mediação – ou mesmo fora dela –, a autocomposição redundará na renúncia à arbitragem.

Outro tema envolvendo a arguição de preliminar de arbitragem diz respeito à necessidade de oitiva do autor, ou seja, se diante da alegação de preliminar de arbitragem o juiz deveria intimá-lo para se manifestar antes de decidir. Embora haja divergência doutrinária[33] quanto ao assunto, os arts. 9º e 10, do CPC, parecem não deixar dúvidas quanto à imprescindibilidade de oitiva da parte contrária antes da decisão judicial.

Por fim – mas não menos importante –, vale ressaltar que tanto a Lei. 13.129/2015 (art. 22-C) quanto o CPC/15 (arts. 69 e 260, § 3º) passaram a instituir a carta arbitral como instrumento apto a viabilizar atos de cooperação entre a justiça estatal e a justiça arbitral, sem prejuízo de que a troca de informações entre os referidos órgãos também possa ocorrer por outros meios legítimos de comunicação, inclusive com o uso da tecnologia disponível.

9. ARBITRAGEM E TECNOLOGIA[34]

O Direito ainda está se adaptando à nova era tecnológica, que permite a formação de novas relações sociais, de novos conflitos e, ainda, de novas formas de solução das disputas.

O Código de Processo Civil prevê o uso de tecnologia no processo judicial, como a pratica eletrônica de atos processuais, autorizadas nos artigos 193 a 199, o uso de documentos eletrônicos, dos artigos 439 a 441, e também a utilização das videoconferências e outros recursos tecnológicos de transmissão de sons e imagens em tempo real, constante nos artigos 236, § 3º, 385, § 3º, 453, § 1º e 461, § 2º, por meio da criação de ambientes digitais nas comarcas, possibilitando que pessoas que se encontrem à distância, inclusive em outros países, participem de atos processuais.

Ademais, há inúmeros projetos sendo desenvolvidos ou já em andamento que preveem o uso da tecnologia e da inteligência artificial para auxiliar os trabalhos dos profissionais de direito. Um deles é o polêmico uso de robôs para decidir conflitos em causas de menor complexidade ou valor econômico, como já está se tentando na Estônia, com o uso de um "robô juiz" para analisar disputas legais simples, envolvendo

---

33. Eduardo Talamini entende que a exigência desse contraditório deveria ser excepcional. TALAMINI, Eduardo. Arguição de convenção arbitral no projeto de novo Código de Processo Civil (exceção de arbitragem). *Doutrinas Essenciais Arbitragem e Mediação*, v. 2, p. 145-170, set. 2014.

34. CABRAL, Trícia Navarro Xavier. *Arbitragem, CPC e Tecnologia. Arbitragem*: 5 anos da Lei 13.129 de 26 de maio de 2015. Ribeirão Preto: Migalhas, 2020. v. 1. p. 1104-1181.

menos de € 7 mil (em torno de R$ 30 mil), e cujo objetivo é diminuir a quantidade de processos para os juízes e funcionários do judiciário.[35]

E além do uso das novas tecnologias para otimizar as atividades judiciárias, atualmente, há eficientes ferramentas de solução de conflitos extrajudiciais, como as ODR (Online Dispute Resolution). Trata-se da utilização dos mesmos meios adequados de resolução de conflitos, mas pela via digital em plataformas. Assim, ao invés das partes se encontrarem em um lugar físico para dirimir o conflito, elas se reúnem em salas virtuais. Com isso, os participantes conseguem expressiva redução de tempo e custos.

Denota-se, pois, que os ODRs, representam um verdadeiro exercício de cidadania e podem auxiliar, reflexamente, na racionalização do uso do Poder Judiciário, além de gerar maior efetividade das decisões de conclusão de resolução de conflitos, sejam acordos ou sentença, pois as partes participam de perto das decisões.

No Brasil, o uso de celulares e de internet já está bastante difundido e a nova geração será muito familiarizada ao ambiente digital, sendo que a tendência é que muitos métodos adequados de solução de conflitos migrem para os ambientes digitais (ODR). Contudo, as plataformas *on-line* jamais excluirão o uso da forma presencial, pois sempre haverá conflito que demandará a resolução presencial.

De qualquer modo, o uso da ODR atualmente possui dimensão transnacional, de modo que se fez necessária a devida regulamentação das atividades, conforme as seguintes iniciativas: a) Lei Modelo da UNCITRAL sobre comércio eletrônico, da Organização das Nações Unidas – Nova York, 1997 – Resolução 51/162 da Assembleia Geral de 16 de dezembro de 1996; b) Diretiva 2013/11/UE do Parlamento Europeu e do Conselho de 21 de maio de 2013, sobre a resolução alternativa de litígios de consumo, que altera o Regulamento (CE) 2006/2004 e a Diretiva 2009/22/CE (Diretiva Ral); e c) Regulamento (UE) 524/2013 do Parlamento Europeu e do Conselho de 21 de maio de 2013. Sobre a resolução de litígios de consumo em linha, que altera o regulamento (CE) 2006/2004 e a Diretiva 2009/22/CE (regulamento RLL).

E na arbitragem não tem sido diferente, sendo que inovadoras tecnologias têm sido empregadas para conferir eficiência à referida técnica de resolução de conflitos.

A arbitragem atualmente é, como regra, presencial, ou seja, as partes e os árbitros se encontram em determinado ambiente físico para a realização do procedimento arbitral. Entretanto, já é comum o uso de meios eletrônicos pelos envolvidos, como a troca de *e-mails*, as conferências telefônicas e videoconferências para otimizar o tempo e dinheiro, especialmente com deslocamentos.

Não obstante, também é possível a realização da arbitragem *on-line*, ou seja, com o uso da internet, que ocorre quando parte ou todo o procedimento se desenvolve em

---

35. ESTÔNIA quer substituir os juízes por robôs. *ÉPOCA NEGÓCIOS ONLINE*. Disponível em: https://epoca-negocios.globo.com/Tecnologia/noticia/2019/04/estonia-quer-substituir-os-juizes-por-robos.html. Acesso em: 28 jan. 2020.

um ambiente tecnológico. Nesse contexto, a arbitragem pode ser realizada a distância, desde que os envolvidos possuam recursos tecnológicos necessários e convencionem sobre essa forma de condução das atividades. É necessário, porém, preservar a confidencialidade e todos os preceitos éticos que envolvem não só o procedimento arbitral, mas também o uso da tecnologia.[36]

Essas potencialidades, embora reduzam o contato pessoal e entre os participantes e oralidade, podem trazer conforto e otimização de tempo e de custos para os envolvidos, dispensando deslocamentos indesejáveis e inúteis.

Outra tecnologia interessante na arbitragem seria o uso de *QR Code* (abreviação de *quick response code* – código de resposta rápida) em petições arbitrais, que pode ser escaneado por alguns aparelhos com câmara, com capacidade de codificar atalhos para endereços eletrônicos, conferindo inúmeras vantagens como, por exemplo, servir de fonte de persuasão do árbitro por meio de elementos de prova demonstrados pelo acesso à referida tecnologia, a desnecessidade de acautelamento de mídias nas instituições arbitrais, a possibilidade de pronunciamentos virtuais, e a otimização do tempo do árbitro com a coleta de provas.[37]

Desse modo, as inovações tecnológicas, além de ampliarem os espaços de atuação dos conflitantes e representarem um novo formato de realizar a arbitragem, acabam afetando a perspectiva do profissional do direito, haja vista que terão que repensar as formas de acesso à ordem jurídica justa frente à nova realidade virtual.[38]

10. O CONTROLE JUDICIAL DA ARBITRAGEM[39]

Conforme anteriormente mencionado, a arbitragem, que pode se dar no âmbito nacional ou internacional, é um método de solução de conflito utilizado por partes que, em causas de grande valor e/ou de maior complexidade, preferem atribuir a um árbitro, pessoa geralmente especialista no tipo de controvérsia em questão, o julgamento da questão, ao invés de submetê-la ao crivo do Poder Judiciário.

Trata-se de instituto que privilegia a ampla autonomia das partes, inclusive no que tange à opção por um julgamento sem a interferência da jurisdição estatal, mas que nem por isso fica isento do controle pelo Poder Judiciário.

---

36. URBANO, Alexandre Figueiredo de Andrade; MATIERO, Franco Giovanni Mattedi. *A arbitragem na contemporaneidade.* Belo Horizonte: Del Rey, 2020. p. 276-281.
37. PINHO, Humberto Dalla Bernardina de; MAZZOLA, Marcelo. *Manual de mediação e arbitragem.* São Paulo: Saraiva Educação, 2019. p. 395-397.
38. SILVA, Franklyn Roger Alves. *Tecnologia da informação como recurso ou obstáculo ao acesso à Justiça.* Disponível em: <https://www.conjur.com.br/2019-mai-07/tribuna-defensoria-tecnologia-informacao-recurso-ou-barreira-acesso-justica>. Acesso em: 08 maio 2019.
39. Este tópico, revisto e atualizado, foi originalmente publicado em: CABRAL, Trícia Navarro Xavier. *Ordem pública processual.* Brasília: Gazeta Jurídica, 2015. v. 1.564. p. 402-413.

CAPÍTULO V • JUSTIÇA ARBITRAL 355

Esse controle, contudo, deve ser exercido de forma restritiva[40], de modo a respeitar ao máximo as decisões arbitrais, até mesmo para que a arbitragem ganhe legitimidade e credibilidade social.

No Brasil, a arbitragem é regulamentada pela Lei 9.307/96 (alterada pela Lei 13.129/2015). As formas e o procedimento arbitral são pouco tratados pela Lei de Arbitragem, a qual também não prevê a aplicação subsidiária do CPC, permitindo grande flexibilidade de adequação ao caso concreto. Não obstante, a liberdade conferida pelo instituto se aplica ao próprio direito material.[41]

Com efeito, o artigo 2º da Lei prevê que fica a critério das partes as regras de direito que serão aplicadas, tendo como limites os bons costumes e a ordem pública.[42]

A sentença arbitral produz os mesmos efeitos da sentença proferida pelos órgãos do Poder Judiciário, inclusive entre as partes e seus sucessores, constituindo título executivo, se tiver natureza condenatória[43]. No entanto, o artigo 32 da Lei elenca as hipóteses capazes de anular a sentença arbitral.

---

40. "Embora o controle da compatibilidade da sentença arbitral com a ordem pública a cargo do juiz tenha de ser efectivo, ele deve ser exercido de modo *comedido*, de modo a não conduzir à revisão daquela sentença nem à sistemática anulação da decisão do árbitro que cometeu um erro, ao proferi-la. Assim, não basta que tenha existido uma mera *violação formal* da ordem pública (a mera inobservância das normas de ordem pública aplicáveis ao caso). É necessário que tenha se verificado uma *violação efectiva ou concreta* de regras ou princípios de ordem pública (i.e., que os seus objetivos específicos tenham sido afrontados), para que se possa anular a sentença arbitral. Deve, por isso, ser mantida uma sentença arbitral que, embora ignore formalmente uma regra ou princípio de ordem pública, não consagre no final uma situação inconciliável com o que resultaria da correcta aplicação de tal norma ou princípio." (CARAMELO, António Sampaio. Anulação de sentença arbitral contrária à ordem pública. *Revista de Arbitragem e Mediação*, São Paulo, ano 9, v. 32, p. 167, jan.-mar. 2012).

41. APRIGLIANO, Ricardo de Carvalho, *Ordem pública e processo*: o tratamento das questões de ordem pública no direito processual civil, cit., p. 42.

42. "Diversos autores referem os seguintes princípios como integrando a 'ordem pública internacional' dos respectivos Estados, constituindo a sua violação fundamento de anulação de sentenças proferidas em arbitragens (internacionais ou internas) aí sediadas: (a) o princípio *pacta sunt servanda*; (b) o princípio da boa-fé; (c) a proibição do abuso de direito; (d) o princípio da proporcionalidade; (e) a proibição das medidas discriminatórias ou espoliadoras; (f) proteção dos civilmente incapazes; (g) a proibição das vinculações perpétuas; (h) a proibições de indenizações punitivas em matéria cível; (i) as normas legais destinadas a proteger os contratantes mais fracos. Como bem se compreende, a invocação da violação de princípios com conteúdo normativo tão amplo ou indeterminado como os referidos em (a), (b) e (c) e (d), como fundamento de anulação de sentença arbitral, terá de ser sujeito a acentuadas restrições, para que, por essa via, não se fomente perniciosamente a impugnação de sentenças arbitrais sem justificação adequada, por parte de quem, insatisfeito com a decisão dos árbitros, recorra a este meio processual para tentar obter uma reapreciação pelos tribunais estaduais do litígio decidido pelos árbitros." (CARAMELO, António Sampaio, *Anulação de sentença arbitral contrária à ordem pública*, cit., p. 150).

43. Alguns países como a Itália também adotam um procedimento arbitral contratual, em que as partes se limitam a dar a um mandato com poderes para a resolução de uma controvérsia meramente contratual, destinada a substituir convencionalmente a vontade dos contraentes, vinculando-os reciprocamente. Sobre o tema e seu controle jurisdicional, ver: MARINELLI, Marino. *La natura dell'arbitrato irrituale*: profili comparatistici e processuali. Torino: G. Giappichelli, 2002. p. 190-251. Acerca das garantias mínimas desse procedimento, ver: ARRIGONI, Caterina. Arbitrato irrituale tra negozio e processo. *Rivista Trimestrale di Diritto e Procedura Civile*, Milano, Giuffrè, anno 61, n. 2, p. 323-343, giugno 2007.

Discute-se na doutrina se a sentença arbitral poderia ser desconstituída por motivos não tipificados na Lei[44]. Entretanto, essa não foi a intenção do legislador, que preferiu especificar as hipóteses cabíveis, evitando-se ampliações indevidas e até temerárias.

De acordo com o artigo 33 da Lei de Arbitragem, a sentença arbitral nacional pode ser atacada judicialmente por ação anulatória, ou então mediante impugnação ao cumprimento de sentença, nos termos do art. 525, do CPC. Nas situações previstas nos incisos I, II, VI, VII e VIII, será apenas decretada a nulidade da sentença; nas demais, será determinado que o árbitro ou o tribunal arbitral profira novo laudo, já que são casos relacionados a vícios formais ou materiais da sentença arbitral.

Há divergência doutrinária quanto à ação ser de nulidade ou de anulabilidade da sentença arbitral. Contudo, tendo em vista que o ato arbitral é capaz de surtir efeitos até que seja anulado ou cassado, o que se tem é a anulabilidade.[45-46]

A ação anulatória tem o prazo decadencial de noventa dias, a contar do recebimento da notificação da sentença arbitral ou de seu aditamento. Esse prazo é excepcionado no próprio artigo 33, § 3º, da Lei, que autoriza a tentativa de anulação da sentença arbitral pela via de impugnação de cumprimento de sentença. Desconstituída a sentença, a anulação terá efeitos *ex nunc*, ou seja, somente a partir de sua decretação.

---

44. "A questão, realmente, é extremamente intrincada e quase diabólica. Não há dúvida que o legislador quis restringir as hipóteses de anulação da sentença arbitral somente àquelas listadas no art. 32 da Lei. O *caput* do art. 33 não deixa dúvidas, ao dizer que 'a parte interessada poderá pleitear ao órgão do Poder Judiciário competente a decretação da nulidade da sentença arbitral, *nos casos previstos nesta lei*'. Dizer que a lista do art. 32 pode ser ampliada, ou ainda que a sentença arbitral pode ser anulada com base em outros dispositivos legais, que não os da Lei 9.307/96, constitui interpretação *contra legem*. Mas será, muito provavelmente, a única solução para situações absurdas, teratológicas, *prima facie* ofensivas ao mais comezinho sentido de juridicidade. As garantias constitucionais de acesso à justiça (art. 5º, XXXV, da CF/88) e de ampla defesa, com os meios e recursos a ela inerentes (art. 5º, LV, da CF/88), poderão, assim, excepcionalissimamente, justificar tal interpretação que, embora *contra legem*, é mais conforme à Constituição. Justifica-se tal desvio da clara intenção do legislador em vista da necessidade, para a própria credibilidade do sistema da arbitragem, de um controle da legalidade, *lato sensu*, das sentenças arbitrais. Para garantir a continuidade do favor que o Estado confere à arbitragem, é necessário que sentenças arbitrais absurdas e teratológicas possam, em circunstâncias justificáveis, ser impugnadas judicialmente." (ALMEIDA, Ricardo Ramalho. A anulação de sentenças arbitrais e a ordem pública. *Revista de Arbitragem e Mediação*, São Paulo, ano 3, n. 9, p. 268-269, abr.-jun. 2006).

45. "Como observa Carlos Alberto Carmona, com apoio na lição de Barbosa Moreira, os vícios previstos pelo art. 32 da Lei da Arbitragem, que autorizam e justificam o manejo da ação impugnativa, dizem respeito quase que totalmente a anulabilidades, e não a nulidades absolutas. De tal sorte que a sentença arbitral, ainda que hipoteticamente viciada, é apta a produzir seus efeitos até que sobrevenha pronunciamento judicial em contrário, o que de resto parece ser inegável ante a disciplina dos arts. 248 e 585, § 1º, do CPC, que reforçam essa conclusão. Daí o caráter constitutivo negativo do provimento judicial que acolhe o pedido. Não se trata de apenas eliminar uma crise de certeza, declarando uma nulidade de pleno direito, mas sim de desfazer ou destruir, no todo ou em parte, o comando arbitral viciado, com a supressão dos respectivos efeitos, criando-se uma nova situação jurídica." (AMBRIZZI, Tiago Ravazzi. Reflexões sobre o controle judicial da sentença arbitral. *Revista de Processo*, São Paulo, v. 37, v. 214, p. 303, dez. 2012).

46. Nesse sentido: APRIGLIANO, Ricardo de Carvalho, *Ordem pública e processo*: o tratamento das questões de ordem pública no direito processual civil, cit., p. 47.

Por sua vez, a sentença arbitral não é passível de ação rescisória, sendo o controle judicial exercido apenas por meio da ação anulatória, oportunidade em que se concentrará a análise de todos os vícios formais do procedimento e da própria sentença.[47]

Dessa forma, resta identificar as situações processuais e materiais que devem ser respeitadas pelas partes, sob pena de dar ensejo ao controle judicial da sentença arbitral nacional e estrangeira, e até mesmo à sua excepcional anulação.

Pois bem. A ordem pública atua como principal fator limitador da autonomia de vontade na arbitragem. Registre-se, porém, que a ordem pública restritiva da autonomia das partes de que trata o artigo 2º da Lei não coincide com as hipóteses de ordem pública tratadas no artigo 32, embora todas elas estejam sujeitas ao controle judicial.

Com efeito, a ordem pública tratada no artigo 2º se relaciona com a ordem pública constitucional, mais especificamente com os aspectos ligados à soberania estatal. A intenção do legislador foi evitar que as partes utilizem legislação estrangeira que conflita com a ordem pública nacional, especialmente para algum fim ilícito, ou para burlar a aplicação de normas imperativas.

Assim, a autonomia de vontade das partes na arbitragem deve ser compatível com as regras e princípios estabelecidos pelo ordenamento jurídico em vigor, especialmente os de cunho constitucional, não podendo ir de encontro com os preceitos imperativos, cuja disponibilidade fica fora de alcance dos particulares. Em outros termos, as partes não podem, a pretexto da ampla autonomia convencional prevista na arbitragem, infringir as normas nacionais que dão coesão e segurança ao sistema jurídico pátrio, ainda que baseadas em leis, atos ou decisões plenamente aceitáveis no âmbito internacional.

Por sua vez, analisando detidamente as hipóteses do artigo 32 da Lei de Arbitragem[48], tem-se que elas podem ser divididas em dois grupos: o primeiro abrange as questões materiais e processuais relativas ao procedimento de arbitragem, cujo controle judicial pode implicar a decretação de nulidade da sentença arbitral; já o segundo trata

---

47. Há quem defenda que a sentença arbitral pode conter vícios capazes de gerar a inexistência ou a nulidade, com efeitos *ex tunc*, que permitem o conhecimento de ofício pelo juiz estatal, bem como defeitos que causam a rescindibilidade (anulabilidade), pois não impedem o trânsito em julgado, mas podem ser questionados judicialmente, incidindo sobre a rescisão efeito *ex nunc*, como, por exemplo, a eventual imperfeição da convenção de arbitragem (VALENÇA FILHO, Clávio de Melo. *Poder judiciário e sentença arbitral*, cit., p. 133).

48. "Art. 32. É nula a sentença arbitral se:

I – for nula a convenção de arbitragem; (Redação dada pela Lei 13.129, de 2015) (Vigência)

II – emanou de quem não podia ser árbitro;

III – não contiver os requisitos do art. 26 desta Lei;

IV – for proferida fora dos limites da convenção de arbitragem;

V – não decidir todo o litígio submetido à arbitragem; (Revogado pela Lei 13.129, de 2015) (Vigência)

VI – comprovado que foi proferida por prevaricação, concussão ou corrupção passiva;

VII – proferida fora do prazo, respeitado o disposto no art. 12, inciso III, desta Lei; e

VIII – forem desrespeitados os princípios de que trata o art. 21, § 2º, desta Lei".

de defeitos inerentes ao próprio ato sentencial, cuja consequência é a determinação de que se profira outro laudo pelo árbitro ou tribunal.[49]

De qualquer forma, os dois tipos de vício poderão estar sujeitos ao crivo judicial quanto à regularidade e à validade do procedimento arbitral, de modo que ambos se submetem à técnica de controle denominada ordem pública processual.

Nesse contexto, o controle judicial da sentença arbitral deve se basear na constitucionalidade material e formal do ato, bem como nos requisitos materiais e formais do próprio procedimento arbitral.[50]

Não obstante, no momento que a discussão acerca da sentença arbitral passa, via processo, à verificação judicial, as questões ficam subordinada às premissas e contornos do CPC, na forma como já exposta ao longo deste trabalho.

Dito isso, e com base nos requisitos materiais e processuais já elencados, verifica-se que os sujeitos capazes, objeto lícito e forma prescrita ou não defesa em lei são hipóteses passíveis de controle judicial nos moldes já esclarecidos, não havendo nesse ponto maiores indagações, embora seja possível que o caso concreto apresente peculiaridades dignas de atenção. De igual modo, na arbitragem nacional, a proporcionalidade e a razoabilidade do conteúdo do laudo podem ser, ainda que de forma restrita, excepcional e com critérios objetivos, controladas pelo juiz.[51]

---

49. "Uma característica essencial da arbitragem no Brasil, tal como regulada em Lei, é a impossibilidade de revisão da decisão dos árbitros pelo Poder Judiciário, exceto nas restritas hipóteses legais, que concretizam a garantia constitucional de inafastabilidade da apreciação judicial de lesão ou ameaça a direito. Está, portanto, descartada, por ausência de previsão legal, anulabilidade pura e simples de sentenças arbitrais por violação à ordem pública ou a normas imperativas. No entanto, em situações anômalas, raras e ultraexcepcionais, poderá a sentença arbitral, além de violar a ordem pública e produzir resultado juridicamente intolerável, omitir-se em fundamentar o ponto relevante, ou conter fundamentação tão deficiente, por irracional e ilógica, que equivaleria à omissão em fundamentar. Nesses casos, poderá a sentença arbitral ser impugnada por incidência do disposto no inciso III do art. 32 da Lei, que, por remissão ao art. 26, considera inválida sentença arbitral que não explicitar 'os fundamentos da decisão, onde serão analisadas questões de fato e de direito'." (ALMEIDA, Ricardo Ramalho. *A anulação de sentenças arbitrais e a ordem pública*, cit., p. 276).

50. "Trata-se de defeitos que, tamanha a sua gravidade, em geral privam a sentença da mínima eficácia, impedindo-a de repercutir no plano jurídico substancial e na vida de seus destinatários. Alguns exemplos são sugeridos pela doutrina, notadamente pelo estudo de Edoardo Flavio Ricci, a saber: o da sentença desprovida de dispositivo; o da sentença desprovida de qualquer fundamentação; o da sentença exarada sem que o réu fosse citado; o da sentença proferida na ausência dos litisconsortes necessários; o da sentença *ultra petita*; o da sentença portadora de condenação materialmente impossível etc. Ora, configurado vício dessa natureza, que impede o ato jurisdicional de sequer adentrar o plano jurídico da existência, há que se flexibilizar a incidência do prazo do art. 33, § 1º, da Lei 9.307/1996. Com efeito, se o caso é de inexistência, vale dizer, de uma 'não sentença', não se cuida de postular o seu desfazimento e eliminação do mundo jurídico, mediante uma demanda de carga desconstitutiva. Basta, para eliminar a crise de certeza, a emissão de provimento meramente declaratório, que não se submete a prazo para ser reclamado." (AMBRIZZI, Tiago Ravazzi. *Reflexões sobre o controle judicial da sentença arbitral*, cit., p. 311).

51. "Envolvendo, assim, a matéria submetida à cognição do árbitro, a potencial aplicação de normas de interesse da ordem pública, que tenham sido efetivamente suscitadas perante o árbitro, somente será criticável a atuação jurisdicional deste quando, cumulativamente: (i) for *prima facie* constatável que o resultado concreto alcançado pela sentença é juridicamente intolerável; e (ii.a) o árbitro tiver se omitido em decidir fundamentadamente sobre a aplicação ou a não aplicação de normas imperativas alegadamente incidentes na espécie; ou (ii.b) o árbitro tiver tomado tal decisão, fundamentando-a, porém, de maneira absurda, vale dizer, irracional e ilógica." (ALMEIDA, Ricardo Ramalho. *A anulação de sentenças arbitrais e a ordem pública*, cit., p. 270).

CAPÍTULO V • JUSTIÇA ARBITRAL

Porém, a executoriedade da sentença arbitral, ou seja, a análise de sua viabilidade prática, pode apresentar relevantes irregularidades, aptas a macular o laudo e impedir o seu cumprimento.

Primeiramente, porque a sentença pode conter um comando de difícil ou impossível atendimento pelas partes, capaz, inclusive, de comprometer o próprio objeto da arbitragem. Assim, *v.g.*, o árbitro não pode exceder seus limitados poderes, para determinar medidas que dependam do Poder Judiciário, tonando o ato inexequível.

Por sua vez, o conteúdo da sentença não pode ser ilíquido ou conter condições que inviabilizem a concretização do que restou estabelecido na sentença arbitral.

Deixe-se assente que, na prática, não é tão simples para o árbitro, que não é acostumado a julgar, ter a exata noção das implicações do ato decisório. Por sua vez, embora as partes também possam exercer um controle desses aspectos durante o procedimento arbitral, muitas vezes, não atentam para a presença de circunstância capaz de inviabilizar a satisfação do julgado.[52]

Dessa forma, a esfera judicial deve ser apta a regularizar os defeitos quanto à execução e aproveitar ao máximo a autonomia de vontade já expressada na arbitragem.

Quanto aos requisitos processuais, mostra-se importante a análise do devido processo legal, notadamente em relação ao contraditório, à fundamentação da sentença arbitral e à imparcialidade e qualificação do árbitro.

No que tange ao procedimento de homologação de sentença arbitral estrangeira, verifica-se na arbitragem internacional que os parâmetros da cognição judicial devem atender às particularidades da própria matéria[53]. O controle envolve não só o reconhecimento, mas também a execução de sentença arbitral estrangeira.

No Brasil, a competência para o reconhecimento e execução de sentenças arbitrais estrangeiras era do Supremo Tribunal Federal, até o advento da Emenda Constitucional 45/2004, quando então foi transferida para o Superior Tribunal de Justiça.

---

52. "Ora, quando verifique que o árbitro, ao decidir sobre o mérito, violou princípios de superior transcendência (que integram a 'ordem pública'), o tribunal estadual deve poder anular tal decisão, por ser o único meio de se obviar a tão intolerável resultado. Não colhe a objeção de que a consagração deste fundamento de anulação de sentenças arbitrais, numa lei sobre arbitragem voluntária, traduziria desconfiança do Estado relativamente ao conteúdo das sentenças arbitrais. Se a arbitragem é um meio de resolução jurisdicional de litígios com grande utilização na atividade econômica e clara preponderância no âmbito do comércio internacional, é porque os Estados criam as condições necessárias para que a sua adopção seja vantajosa para as partes, entre as quais figura o estabelecimento de dispositivos e requisitos que assegurem a sua credibilidade e eficácia. Os Estados não podem, por isso, prescindir da verificação de que esses dispositivos e condições são respeitados na prática das arbitragens que têm lugar no seu território." (CARAMELO, António Sampaio. *Anulação de sentença arbitral contrária à ordem pública*, cit., p. 162).

53. "A arbitrabilidade é a capacidade de se instaurar o processo arbitral num caso concreto, levando-se em conta a capacidade das partes e a natureza do objeto a ser arbitrado sob a luz da ordem pública internacional [...]. A arbitrabilidade objetiva é aquela que diz respeito à natureza do objeto da arbitragem, se esta refere-se a direitos patrimoniais disponíveis. A ordem pública irá interferir na avaliação tanto da arbitrabilidade objetiva quanto da subjetiva [...]." (LEAL, Marcello Fernandes. *A ordem pública na arbitragem e na homologação da sentença arbitral estrangeira*. p. 1. Disponível em: <http://www.jurisway.org.br/v2/dhall.asp?id_dh=1549>. Acesso em: 15 ago. 2013).

A homologação de sentenças arbitrais estrangeiras é regulamentada tanto pela Lei de Arbitragem (Lei 9.307/96), como pelo Decreto 4.344/2002, que ratificou a adesão do Brasil à Convenção sobre o Reconhecimento e a Execução de Sentenças Arbitrais Estrangeiras, firmada em Nova Iorque, em 10.06.1958.

Na Lei 9.307/96, o assunto está previsto nos artigos 34 a 40. Os artigos 38[54] e 39[55] especificam as hipóteses passíveis de anulação, que são taxativamente estabelecidas e devem ser interpretadas restritivamente. Trata-se de situações processuais e materiais que podem comprometer a homologação da sentença estrangeira, embora o artigo 40[56] permita a renovação do pedido de homologação de reconhecimento ou execução, caso a denegação tenha se dado por vícios formais e eles sejam devidamente sanados.

Na realidade, no âmbito da arbitragem internacional, pode-se falar em três categorias de ordem pública: material, processual e transnacional. A ordem pública material consiste na observância de princípios jurídicos fundamentais de direito substancial. A ordem pública processual, por sua vez, se relaciona com a preservação de aspectos ligados ao devido processo legal. Já a ordem pública transnacional[57], internacional ou mundial vem sendo gradativamente delineada pela comunidade internacional como aquela que, no campo das relações internacionais, elege os princípios universais que regem a matéria, podendo envolver os interesses comuns da humanidade – de cunho material e processual – ou então os interesses de algum setor específico, como é o caso do comercial.[58]

Para este estudo importa ressaltar que a ordem pública,[59] prevista no artigo 39, II, da Lei de Arbitragem, e submetida a controle judicial, é a nacional, que inclusive é mais ampla

---

54. "Art. 38. Somente poderá ser negada a homologação para o reconhecimento ou execução de sentença arbitral estrangeira, quando o réu demonstrar que: I – as partes na convenção de arbitragem eram incapazes; II – a convenção de arbitragem não era válida segundo a lei à qual as partes a submeteram, ou, na falta de indicação, em virtude da lei do país onde a sentença arbitral foi proferida; III – não foi notificado da designação do árbitro ou do procedimento de arbitragem, ou tenha sido violado o princípio do contraditório, impossibilitando a ampla defesa; IV – a sentença arbitral foi proferida fora dos limites da convenção de arbitragem, e não foi possível separar a parte excedente daquela submetida à arbitragem; V – a instituição da arbitragem não está de acordo com o compromisso arbitral ou cláusula compromissória; VI – a sentença arbitral não se tenha, ainda, tornado obrigatória para as partes, tenha sido anulada, ou, ainda, tenha sido suspensa por órgão judicial do país onde a sentença arbitral for prolatada."

55. "Art. 39. Também será denegada a homologação para o reconhecimento ou execução da sentença arbitral estrangeira, se o Supremo Tribunal Federal constatar que: I – segundo a lei brasileira, o objeto do litígio não é suscetível de ser resolvido por arbitragem; II – a decisão ofende a ordem pública nacional. Parágrafo único. Não será considerada ofensa à ordem pública nacional a efetivação da citação da parte residente ou domiciliada no Brasil, nos moldes da convenção de arbitragem ou da lei processual do país onde se realizou a arbitragem, admitindo-se, inclusive, a citação postal com prova inequívoca de recebimento, desde que assegure à parte brasileira tempo hábil para o exercício do direito de defesa."

56. "Art. 40. A denegação da homologação para reconhecimento ou execução de sentença arbitral estrangeira por vícios formais, não obsta que a parte interessada renove o pedido, uma vez sanados os vícios apresentados."

57. GASPAR, Renata Alvares. *Reconhecimento de sentenças arbitrais estrangeiras no Brasil*. São Paulo: Atlas, 2009. p. 11-124.

58. Sobre o tema, ver: ALMEIDA, Ricardo Ramalho. *Arbitragem comercial internacional e ordem pública*, cit., p. 206-226.

59. "O efeito de toda exceção de ordem pública é, basicamente, consolidar algumas tendências territorialistas na solução de conflitos. Se tivéssemos de determinar os caracteres das leis de ordem pública, em Direito Interna-

que a ordem pública internacional. Esta última corresponde à ordem pública do Estado estrangeiro e deve ser preservada ao máximo pelo Estado brasileiro, cujo controle deve ocorrer somente no caso de grave afronta ao núcleo duro da ordem pública nacional[60], ou seja, às disposições legais que identificam e legitimam o ordenamento jurídico pátrio.[61]

Diante disso, observa-se que, na prática, o controle judicial de sentenças arbitrais estrangeiras é mais comumente exercido sobre os aspectos processuais, como a falta de fundamentação[62], a falta de adesão à convenção de arbitragem, ofensa ao devido processo legal e ao contraditório, ausência de notificação à parte sobre o início do processo arbitral e imparcialidade do árbitro, entre outros.[63]

Com efeito, analisando os recentes julgados no Superior Tribunal de Justiça sobre o controle judicial de homologação de sentença estrangeira, nota-se que a verificação essencial recai sobre o cumprimento dos requisitos formais, em juízo de delibação.

Assim, questões relacionadas à citação[64], ausência de assinatura da cláusula compromissória[65] e prevalência de decisões concorrentes quanto à jurisdição[66] são as mais frequentes no âmbito jurisprudencial.

---

cional Privado, apresentaríamos três versões: primeiro, as leis de ordem pública são excepcionais, porquanto reconhecem como regra a extraterritorialidade; segundo, as leis de ordem pública são territoriais, porque aplicáveis em todo o território do Estado, com exclusão de qualquer outra lei competente; terceiro, as leis de ordem pública são móveis e atuais, pois resultam do fato de serem variáveis no tempo e no espaço, ante a divergência dos critérios legislativos e judiciários de cada país. Essas características são bem demonstrativas de como é difícil, se não impossível, a conciliação dos interesses nacionais ou transnacionais na determinação não só de certa metodologia exegética como, também, da identificação de uma essencialidade que permita bem definir a ordem pública." (STRENGER, Irineu. Aplicação de normas de ordem pública nos laudos arbitrais. *Revista dos Tribunais*, São Paulo, ano 75, v. 606, p. 9, abr. 1986).

60. APRIGLIANO, Ricardo de Carvalho, *Ordem pública e processo*: o tratamento das questões de ordem pública no direito processual civil, cit., p. 54.

61. "Achamos, portanto, que o desempenho do árbitro não deve ficar restrito aos termos contratuais, mas, se as partes escolherem o Direito aplicável, ou se o Direito aplicável decorrer de interpretação da vontade das partes, em qualquer hipótese deve ser pesquisada a validade da decisão em face da ordem pública do país cujo Direito preside a relação jurídica." (STRENGER, Irineu. *Aplicação de normas de ordem pública nos laudos arbitrais*, cit., p. 11).

62. MATEOS, Antônio César Barreiro; COSTA, José Augusto Fontoura. Obrigatoriedade de motivação e o reconhecimento das sentenças arbitrais no direito brasileiro e hispano-americano. *Revista de Arbitragem e Mediação*, São Paulo, ano 8, v. 30, p. 94-95, jul.-set. 2011.

63. GASPAR, Renata Álvares, *Reconhecimento de sentenças arbitrais estrangeiras no Brasil*, cit., p. 199-208.

64. "Homologação de sentença arbitral estrangeira. Cumprimento dos requisitos formais. Juízo de delibação. 1. Sentença arbitral estrangeira que não viola a soberania nacional, os bons costumes e a ordem pública e que observa os pressupostos legais indispensáveis ao deferimento do pleito deve ser homologada. 2. O ato homologatório da sentença estrangeira limita-se à análise dos requisitos formais. Questões de mérito não podem ser examinadas pelo STJ em juízo de delibação, pois ultrapassam os limites fixados pelo art. 9º, *caput*, da Resolução STJ 9 de 4/5/2005. 3. *A citação, no procedimento arbitral, não ocorre por carta rogatória, pois as cortes arbitrais são órgãos eminentemente privados. Exige-se, para a validade do ato realizado via postal, apenas que haja prova inequívoca de recebimento da correspondência.* 4. Sentença estrangeira homologada." (STJ – SEC 8.847/EX, Corte Especial, rel. Min. João Otávio de Noronha, j. 20.11.2013, *DJe*, de 28.11.2013 – nosso grifo).

65. "Sentença arbitral estrangeira. Homologação. Cláusula compromissória. Ausência de assinatura. Ofensa à ordem pública. Precedentes do Superior Tribunal de Justiça e do Supremo Tribunal Federal. 1. 'A inequívoca demonstração da manifestação de vontade de a parte aderir e constituir o Juízo arbitral ofende à ordem pública, porquanto afronta princípio insculpido em nosso ordenamento jurídico, que exige aceitação expressa das partes por submeterem a solução dos conflitos surgidos nos negócios jurídicos contratuais privados arbitragem' (SEC

Nesse passo, cabe ao magistrado observar a presença dos requisitos de admissibilidade do pedido homologatório, constantes do artigo 37 da Lei de Arbitragem[67] e, superada essa etapa, apreciar a regularidade processual e material do procedimento de arbitragem em si[68], em confronto com premissas minimamente exigidas para o processo justo.[69]

Não obstante, na homologação de sentença estrangeira também se mostra possível verificar a proporcionalidade, razoabilidade e executoriedade da medi-

---

n° 967/GB, Relator Ministro José Delgado, in DJ 20/3/2006). 2. *A falta de assinatura na cláusula de eleição do juízo arbitral contida no contrato de compra e venda, no seu termo aditivo e na indicação de árbitro em nome da requerida exclui a pretensão homologatória, enquanto ofende o artigo 4°, parágrafo 2°, da Lei n° 9.307/96, o princípio da autonomia da vontade e a ordem pública brasileira.* 3. Pedido de homologação de sentença arbitral estrangeira indeferido." (STJ – SEC 978/GB, Corte Especial, rel. Min. Hamilton Carvalhido, j. 17.12.2008, *DJe*, de 05.03.2009 – nosso grifo).

66. "Trânsito em julgado da sentença nacional, declarando a nulidade da cláusula arbitral – Jurisdições concorrentes – Prevalência da sentença que primeiro transitou em julgado, no caso a sentença estrangeira – Conclusão que preserva a cláusula arbitral, celebrada sob a expressa regência da legislação estrangeira – Preservação do princípio da *kompetenz kompetenz* – Deferimento, em parte, da homologação, excluída apenas a ordem de desistência do processo nacional e a sanção penal, ante a ofensa à ordem pública pela parte excluída. 1.- *Tratando-se de jurisdições concorrentes, a estrangeira e a nacional, em que discutida a mesma matéria, isto é, a validade de cláusula arbitral constante de contrato celebrado no exterior sob expressa regência da legislação estrangeira, prevalece a sentença que primeiro transitou em julgado, no caso a sentença estrangeira.* 2.- Conclusão, ademais, que preserva a opção pela solução arbitral, expressamente avençada pelas partes. 3.- Ante a cláusula arbitral, de rigor a submissão da alegação de nulidade primeiramente ante o próprio tribunal arbitral, como resulta de sentença estrangeira homologanda, que atende ao princípio *Kompetenz Kompetentz*, sob pena de abrir-se larga porta à judicialização nacional estatal prematura, à só manifestação unilateral de vontade de uma das partes, que, em consequência, teria o poder de, tão somente *ad proprium nutum*, frustrar a arbitragem avençada. 4.- Impossibilidade de homologação de parte da sentença estrangeira que determina a desistência, sob sanção, de ação anulatória movida no Brasil, dada a preservação da concorrência de jurisdição. 5.- Sentença estrangeira parcialmente homologada, para a submissão das partes ao procedimento arbitral, afastada, contudo, a determinação de desistência, sob pena de multa, da ação movida no Brasil. (STJ – SEC 854/EX, Corte Especial, Rel. Min. Massami Uyeda, Rel. p/ Acórdão Min. Sidnei Beneti, j. 16.10.2013, *DJe*, de 07.11.2013 – nosso grifo).

67. "Art. 37. A homologação de sentença arbitral estrangeira será requerida pela parte interessada, devendo a petição inicial conter as indicações da lei processual, conforme o art. 282 do Código de Processo Civil, e ser instruída, necessariamente, com: I – o original da sentença arbitral ou uma cópia devidamente certificada, autenticada pelo consulado brasileiro e acompanhada de tradução oficial; II – o original da convenção de arbitragem ou cópia devidamente certificada, acompanhada de tradução oficial."

68. A Convenção de Nova Iorque de 1958 previu duas causas de denegação de homologação de sentença estrangeira a serem verificadas de ofício: a) inarbitrabilidade da controvérsia; e, b) ofensa à ordem pública do Estado em que se pede a homologação. (GASPAR, Renata Álvares, *Reconhecimento de sentenças arbitrais estrangeiras no Brasil*, cit., p. 189).

69. "Isto porque, a ordem pública processual é a garantia do respeito ao devido processo legal. Esta deverá sempre ser respeitada no processo arbitral e na sentença arbitral, sob pena de não ser homologada (artigo 39, II da Lei de Arbitragem) ou de ser declarada nula (artigo 32, VIII c/c 21, parágrafo 2° da Lei de Arbitragem). Pode-se concluir, portanto, que o conceito de Ordem Pública é multifacetário e admite uma série de definições. Mas mesmo dentro dessa pluralidade de conceitos, as normas de caráter público e aquelas que traduzem proteção a direitos fundamentais, ainda que infraconstitucionais, devem sempre ser consideradas no juízo de delibação acerca da homologação de uma sentença proferida fora do território nacional." (VINCENZI, Brunela Vieira de; MACHADO, César Rossi. *A complexidade da ordem pública entre outras culturas*. p. 3. Disponível em: <http://www.conjur.com.br/2009-jun-11/conceito-ordem-publica-complexo-situacoes-culturais-distintas>. Acesso em: 15 ago. 2013).

da, apesar das limitações materiais e processuais atinentes ao controle judicial do referido ato.[70]

A proporcionalidade e a razoabilidade, na verdade, são questões cujos limites serão avaliados de acordo com os parâmetros materiais da ordem pública nacional, e somente em casos graves deve haver a intervenção judicial.

Já quanto à executoriedade da medida, a análise deverá ser feita concretamente, uma vez que há possibilidade de o objeto da sentença arbitral estrangeira não ser passível de execução do Brasil[71], implicando na ineficácia do ato sentencial[72], ainda que considerado válido.[73]

Portanto, o controle judicial da sentença arbitral estrangeira deve ser exercido moderadamente e somente no tocante ao mínimo indispensável, tolerando-se ao máximo as discrepâncias materiais e formais decorrentes das relações internacionais, prestigiando a atividade jurisdicional exercida pelos árbitros, de modo que só as situações de flagrante, real e concreta violação da ordem pública interna devem ensejar a denegação de homologação de decisão arbitral.[74]

11. DESAFIOS DA ARBITRAGEM

A arbitragem vem se revelando importante método de resolução de disputas no Brasil, seguindo uma tendência mundial.

Atendendo a essa realidade, o legislador vem ampliando, significativamente, o uso da arbitragem em diversas temáticas, inclusive para solucionar questões envolvendo a Administração Pública.

---

70. "Em sede de homologação se sentença arbitral estrangeira, a alegação de ofensa à ordem pública somente deve ser acatada em situações excepcionais, em que princípios fundamentais sejam claramente ofendidos e em que a sentença comprometa, de forma concreta e insuportável, as concepções essenciais de direito e justiça prevalecentes no foro. Com muito maior razão, em sede de ação anulatória de sentença arbitral nacional, não tendo sequer a Lei previsto expressamente tal fundamento, o controle judicial do respeito à ordem pública deverá ser ainda mais rarefeito e ultraexcepcional, efetuando-se estritamente nas condições acima delineadas." (ALMEIDA, Ricardo Ramalho. *A anulação de sentenças arbitrais e a ordem pública*, cit., p. 273).

71. "Essa falta de habitualidade no exercício da arbitragem traz como consequência certa instabilidade das decisões, ora pendendo para o absolutismo, ora para o relativismo, em relação às questões que surgem do foro exterior, procurando a execução dessas decisões." (STRENGER, Irineu. *Aplicação de normas de ordem pública nos laudos arbitrais*, cit., p. 10).

72. "O recurso à ordem pública funciona como um sistema que leve em conta que as características da arbitragem comercial internacional como um sistema desvinculado, mas que para ter eficácia necessita estar de acordo com os ordenamentos jurídicos que têm conexão." (LEAL, Marcello Fernandes. *A ordem pública na arbitragem e na homologação da sentença arbitral estrangeira*. p. 19. Disponível em: <http://www.jurisway.org.br/v2/dhall.asp?id_dh=1549>. Acesso em: 15 ago. 2013).

73. "O ideal seria que o árbitro ou os árbitros não ignorassem os critérios prevalecentes nos países das partes litigantes na determinação e caracterização da ordem pública, a fim de evitar impasses prejudiciais no momento da execução." (STRENGER, Irineu. *Aplicação de normas de ordem pública nos laudos arbitrais*, cit., p. 11).

74. Sobre o tema, ver: ALMEIDA, Ricardo Ramalho. *Arbitragem comercial internacional e ordem pública*, cit., p. 227-302.

Não obstante, para garantir que não haverá qualquer vácuo de jurisdição, a Lei de Arbitragem e o CPC preveem a possibilidade de as partes recorrem, sempre que necessário, ao Poder Judiciário para exigir uma tutela jurisdicional não contemplada pela arbitragem, além de estabelecerem o dever de cooperação entre os órgãos arbitral e judicial.

Dessa forma, embora prevaleça, ainda, a predominância pela via judicial, as partes envolvidas em um conflito devem passar a considerar cada vez mais o uso da arbitragem e de outros métodos adequados de solução de conflitos, antes de ingressar no Poder Judiciário, já que a demora, os custos e a complexidade de uma demanda judicial fazem com que, muitas vezes, as partes não fiquem satisfeitas com o resultado.

Ademais, o fato de a arbitragem poder se desenvolver na forma física ou virtual, potencializa, ainda mais, essa ferramenta de solução do conflito.

Portanto, a comemoração dos cinco anos da reforma da Lei de Arbitragem deve ser efusiva, já que a abrangência que o instituto conquistou no Brasil após a alteração legislativa deu novo significado ao tema.

O ano de 2015 foi emblemático para os profissionais de direito. Com o advento da Lei 1.105/2015 (Código de Processo Civil), Lei 13.129/2015 (Lei de Arbitragem) e da Lei 13.140/2015 (Lei de Mediação), o legislador nacional deixou clara a sua intenção de fomentar a utilização de variados métodos de resolução de controvérsias.

Com efeito, as formas judiciais e extrajudiciais[75] de composição das controvérsias[76] não se contrapõem, mas ao contrário, se complementam como métodos eficazes de solução de conflitos.[77]

No campo judicial, a conciliação e a mediação passaram a dispor de um aparato normativo capaz de conferir aos referidos institutos a segurança jurídica necessária disseminar a cultura da consensualidade e a ampliar a sua utilização, sem prejuízo de também servirem de ferramenta na esfera extrajudicial.

Já no âmbito privado, o uso de técnicas adequadas de resolução das controvérsias tem crescido no Brasil, não só com o fomento à arbitragem, mas também com a utilização da mediação extrajudicial, criando-se, inclusive, novos mercados de trabalho.

---

75. Analisando a relação das ADR's com a privatização da justiça, ver: TANIGUCHI, Yasuhei. How much does japonese civil procedure belong to the civil law and to the common law. In: CHASE, Oscar G.; WALKER, Janet. *Common law, civil law, and the future of categories.* Toronto: Lexis Nexis, p. 111-224, 2010. p. 210-211.

76. Fazendo um contraponto entre a tutela jurisdicional e as outras técnicas de resolução das controvérsias, cf.: TROCKER, Nicolò. Processo e strumenti alternativi di composizione delle liti nella giurisprudenza dela Corte constitucionale. *Diritto processuale civile e Corte Constituzionale.* Roma: Edizioni Scientifiche Italiane, p. 439-487, 2006.

77. Confirmando a tendência mundial em utilizar os meios alternativos de solução de conflitos, a Comissão europeia propôs um texto regulamentando o uso da mediação em matéria civil e comercial, considerando especialmente o artigo 24 dos Princípios ALI/UNIDROIT, relativos ao processo civil transnacional, redigido conjuntamente pelo *American Law Institute* e UNIDROIT. Cf.: FERRAND, Frédérique. *La conception du procès civil hors de France.* De la commémoration d´um code à l´autre: 200 ans de procédure civile en France. Paris: Lexis Nexis SA, 2006. p. 289.

CAPÍTULO V • JUSTIÇA ARBITRAL

Essa realidade tem motivado cada vez mais o Poder Judiciário a oferecer à sociedade técnicas diferenciadas de composição de litígios, inspirado na iniciativa norte-americana de tribunal multiportas, que tem ao fundo a presença do juiz garantidor da regularidade e da adequação do procedimento.

Nessa perspectiva, torna-se salutar e até essencial o apoio do Poder Judiciário ao fortalecimento da arbitragem, por meio de cooperação entre as duas esferas jurisdicionais.

Concretamente, a contribuição do Poder Judiciário pode se dar, inicialmente, com o investimento em uma política pública de métodos adequados de resolução de conflitos que abarque não só a conciliação e mediação, mas também a arbitragem, especialmente quanto à capacitação dos juízes sobre a lógica do procedimento arbitral.

Com isso, estará garantida a correta aplicação das premissas da arbitragem (princípio da competência-competência, respeito à autonomia privada, confidencialidade, devido processo legal), principalmente no que tange ao enfrentamento oportuno da preliminar de arbitragem e aos limites da atuação jurisdicional.

Por sua vez, a cooperação com a justiça arbitral também ocorrerá no momento da análise de medidas de urgência antes da instituição da arbitragem.

A arbitragem é um importante método de resolução de conflitos que ainda precisa ganhar a confiança dos jurisdicionados e do próprio Poder Judiciário. Aliás, antes disso, a arbitragem precisa ser conhecida pela sociedade para que possa se tornar uma efetiva opção para quem pretenda solucionar uma controvérsia social.

No Brasil, a arbitragem internacional e a empresarial já estão mais avançadas e contam com excelentes câmaras privadas, instituídas por profissionais da mais alta qualidade.

Mas essa realidade ainda não alcança satisfatoriamente os conflitos de médio ou pequeno porte, seja pela falta de informação, seja pelo custo que envolve o processo arbitral.

E para além dessas dificuldades, podemos ainda mencionar que a falta de popularização da arbitragem no Brasil sofreu certa desconfiança após inúmeros relatos de desvirtuamento de câmaras e árbitros que usavam símbolos e divulgavam os serviços como atividades credenciadas ou até mesmo pertencentes ao Poder Judiciário, o que certamente abalou a credibilidade do instituto.

Não obstante, têm-se hoje no Brasil poucas câmaras de arbitragem realmente sedimentadas, e elas que atuam em eixos restritos, como São Paulo, Rio de Janeiro, Belo Horizonte, Recife, Brasília, Curitiba, sendo que os demais Estados ou não as possuem ou estão apenas começando a oferecer os serviços de arbitragem, como é o caso do Espírito Santo.

Registre-se, também, que a falta de transparência sobre a forma de escolha dos árbitros, os valores envolvidos, e sobre o próprio resultado das decisões arbitrais, faz com que não se tenha uma exata dimensão do procedimento e das vantagens do instituto.

Sobre o assunto, tramita na Câmara dos Deputados Projeto de Lei 3.293/2021[78] cuja ementa é: "Altera a Lei 9.307, de 23 de setembro de 1996, para disciplinar a atuação do árbitro, aprimorar o dever de revelação, estabelecer a divulgação das informações após o encerramento do procedimento arbitral e a publicidade das ações anulatórias, além de dar outras providências."

Assim, embora o marco legal da arbitragem date de 1996, a sua disseminação ainda não está ideal, e a justiça estatal[79] continua sendo a protagonista absoluta na resolução dos conflitos nacionais.

De qualquer forma, com as alterações legislativas de 2015, abriu-se a perspectiva de um novo cenário, decorrente do fortalecimento de outros métodos de solução de controvérsias, como a negociação, a conciliação e a mediação, o que poderá fazer com que a arbitragem também ganhe maior espaço e relevância na construção do que se convencionou denominar de justiça multiportas.[80]

Não obstante, o Poder Judiciário deve garantir o cumprimento das decisões e atos arbitrais, por meio de imposição de medidas coercitivas efetivas, quando necessário for.

Ademais, além da utilização da carta arbitral, é possível, em casos mais simples, a troca de informações e documentos de maneira célere e menos formal do que a carta arbitral, como, por exemplo, pelas vias eletrônicas.

Quanto maior a interação entre o Poder Judiciário e a justiça arbitral, mais benefícios estarão à disposição dos jurisdicionados, com o fortalecimento da cultura da justiça multiportas no Brasil.

---

78. BRASIL. Câmara dos Deputados. PL 3293/2021. Disponível em: Projeto de Lei (camara.leg.br). Acesso em: 07 jul. 2023.
79. Tratando da coexistência das justiças estatal, arbitral e consensual, ver: GRINOVER, Ada Pellegrini. *Ensaio sobre a processualidade*. Brasília: Gazeta Jurídica, 2016. p. 14-20.
80. ZANETI JR., Hermes; CABRAL, Trícia Navarro Xavier. *Justiça Multiportas*: mediação, conciliação, arbitragem e outros meios adequados de solução de conflitos. 3. ed. Salvador: JusPodivm, 2022. (Coleção Grandes Temas do Novo CPC – v. 9).

Capítulo VI
JUSTIÇA DIGITAL

1. INTRODUÇÃO[1]

O uso da tecnologia tem impactado cada vez mais a nossa sociedade, o Direito e o sistema de justiça. Trata-se de uma tendência mundial, sendo que inúmeros países vêm implementando projetos inovadores capazes de promover maior acesso à justiça e com resultados mais eficientes.[2]

São muitos os desafios, que vão desde o aprendizado de novo vocabulário até entender o funcionamento e consequências dos algoritmos.

Com efeito, são muitas as terminologias relacionadas à Tecnologia da Informação e Comunicação (TIC) que foram incorporadas em nosso cotidiano, como: inteligência artificial, *machine learning, deep learning, big date, visual law ou legal design, smart contracts, blockchain, startaps*, entre outras. Quando o assunto é o Poder Judiciário, tem-se: *ODR*, Juízo 100% Digital, Balcão Virtual, Núcleos de Justiça 4.0 etc. Já no aspecto social, nos tempos atuais é comum ouvir termos como: sociedade da informação, Justiça 4.0, Indústria 4.0, 4ª Revolução Industrial, Profissional 5.0, e outros termos.

O maior obstáculo para uma transformação tecnológica talvez seja o cultural, embora o preconceito e a resistência demonstrados muitas vezes não se sustentam, como tentou demonstrar Richard Susskind, em obra primorosa sobre Cortes *on-line*, cuja mensagem essencial é a de que os profissionais do direito precisam ter mente aberta para os avanços tecnológicos.[3]

De fato, precisamos estar receptivos para identificar, aceitar e utilizar as novas ferramentas digitais em prol da racionalidade das atividades judiciárias e dos benefícios de custo, tempo e complexidade.

O Poder Judiciário já vinha promovendo a digitalização dos processos e a automação dos procedimentos, eliminando o que se denomina de "tempo morto" para melhorar a gestão das atividades judiciárias por meio da informatização. A possibilidade

---

1. O texto, revisado, ampliado e atualizado, foi originalmente publicado em: CABRAL, Trícia Navarro Xavier. Justiça multiportas e inovação. In: FUX, Luiz; ÁVILA, Henrique; CABRAL, Trícia Navarro Xavier (Org.). *Tecnologia e justiça multiportas*. Indaiatuba: Foco, 2021. v. 1. p. 261-274.
2. Tratando de alguns projetos de tecnologia e inteligência artificial nos Estados Unidos, cf.: FUX, Luiz, BODART, Bruno. *Processo civil e análise econômica*. Rio de Janeiro: Forense, 2019. p. 47-48.
3. SUSSKIND, Richard. *Online courts and the future of justice*. Oxford: Oxford University Press, 2019. p. 33-45.

de realização de audiências por videoconferências, uso de WhatsApp e e-mail para comunicação entre os sujeitos processuais, implementação de plataformas *online* de resolução de disputas, e outras iniciativas envolvendo inteligência artificial também já se encontravam em desenvolvimento no âmbito dos tribunais pátrios.

Contudo, a crise sanitária gerada pela pandemia da Covid-19 acelerou e incrementou as práticas até então conhecidas, o que permitiu que o Poder Judiciário pudesse dar continuidade às suas atividades, substituindo atos presenciais por virtuais[4]. Assim, servidores passaram a trabalhar em sistema de *home office*, os juízes continuaram julgando e atendendo advogados por aplicativos audiovisuais, as sessões e audiências passaram a ser realizadas por meio telepresencial.

Nesse "novo normal" constatou-se três circunstâncias: a) que possuíamos mitos tecnológicos que não se justificavam; b) que os tribunais precisam finalizar as etapas de digitalização dos processos e investir cada vez mais em tecnologia e projetos envolvendo o uso de inteligência artificial; e que c) temos um longo caminho pela frente discutindo a ética, a proteção de dados e a preservação das garantias processuais no uso das ferramentas digitais.

Mas todos os esforços devem ser direcionados para a adequada gestão e resolução dos conflitos, tanto na esfera pública como na privada.

Assim, o presente estudo objetiva analisar, de forma não exaustiva, as principais novidades em torno do uso da tecnologia para a prevenção e solução das disputas.

2. INOVAÇÃO E TECNOLOGIA

A tecnologia tem se tornado cada vez mais presente no Poder Judiciário, aprimorando a atividade jurisdicional e imprimindo mais eficiência aos procedimentos administrativos e judiciais.

Por outro lado, muito se vê a ideia de tecnologia atrelada à de inovação, terminologia pouco explicada no âmbito do Direito. Contudo, sua conceituação pode ser encontrada no Manual de Oslo de 2018[5], publicado em outubro de 2019, inovação seria, em tradução livre, "[...] *um produto ou processo novo ou melhorado (ou combinação disso), que difere*

---

4. Devido à pandemia do coronavírus, a *Society for Computers and Law*, (presidida pelo Professor Richard Susskind), *fundada pela UK LawTech Delivery Panel, com suporte da Her Majesty's Courts & Tribunals Service*, criou um site em que são compartilhadas várias experiências e inovações no uso de meios tecnológicos que permitiram a continuidade dos trabalhos judiciários por vias remotas. Disponível em: https://remotecourts.org/. Acesso em: 30 jul. 2020.

5. "An innovation is a new or improved product or process (or combination thereof) that differs significantly from the unit's previous products or processes and that has been made available to potential users (product) or brought into use by the unit (process)". In: OECD/Eurostat (2018), Oslo Manual 2018: Guidelines for Collecting, Reporting and Using Data on Innovation, 4th Edition, The Measurement of Scientific, Technological and Innovation Activities, OECD Publishing, Paris/Eurostat, Luxembourg. Disponível em: https://doi.org/10.1787/9789264304604-en. Acesso em: 20 ago. 2020.

significativamente dos produtos ou processos anteriores da unidade e que, foi disponibilizado para potenciais usuários (produto) ou trazido em uso pela unidade, (processo)".

Como se observa, a inovação não se confunde com a criação de novas tecnologia, embora aquela muitas vezes dela decorra. No campo jurídico, a inovação implicaria no em melhorias "[...] de produtos, de processos de trabalho, de novas formas de organização e de comunicação".[6]

Em rápida síntese temporal, viu-se máquinas datilográficas sendo substituídas pelos computadores e internet, processos passaram a ser digitalizados, procedimentos foram automatizados, sistemas de busca de jurisprudências cada vez mais apurados, projetos de inteligência artificial começaram a ser criados e implementados, ampliou-se a forma de comunicação e de produção de atos processuais por meio de diferentes recursos tecnológicos, síncronos e assíncronos.[7]

Com isso, o Poder Judiciário brasileiro tem se destacado no quesito transformação digital, muito em função da atuação do Conselho Nacional de Justiça.

2.1 Marcos legislativos

A evolução da tecnologia exigiu regulação pelo Estado, o que vem sendo feito por meio de leis específicas para cada bem tutelado.

O tema da inovação está regulamentado pela Lei 10.973/2004, que estabelece medidas de incentivo à inovação e à pesquisa científica e tecnológica no ambiente produtivo, com vistas à capacitação tecnológica, ao alcance da autonomia tecnológica e ao desenvolvimento do sistema produtivo nacional e regional do País, nos termos dos arts. 23, 24, 167, 200, 213, 218, 219 e 219-A da Constituição Federal.

Já a Lei 12.965/2014 instituiu o Marco Civil da Internet[8], prevendo princípios, garantias, direitos e deveres para o uso da internet no Brasil e determina as diretrizes para atuação da União, dos Estados, do Distrito Federal e dos Municípios em relação à matéria.

Por sua vez, a Lei 13.709/2018 é a Lei Geral de Proteção de Dados (LGPD)[9], responsável pelo tratamento de dados pessoais, inclusive nos meios digitais, por pessoa natural ou por pessoa jurídica de direito público ou privado, com o objetivo de proteger os direitos fundamentais de liberdade e de privacidade e o livre desenvolvimento da personalidade da pessoa natural.

---

6. Tratando do tema da inovação, ver interessante artigo: NEVES JUNIOR, Paulo Cezar. Laboratório de inovação (iJuspLab) e legal design no Poder Judiciário. *Revista de Direito e as Novas Tecnologias*, v. 1/2018, out.-dez 2018.
7. Sobre a evolução do uso da tecnologia nas Cortes brasileiras, cf.: LEITE, Rafael. Tecnologia e corte: panorama brasileiro I. In: FERRARI, Isabela (Coord.) *Justiça digital*. São Paulo: Ed. RT, 2020. p. 105-115.
8. Disponível em: L12965 (planalto.gov.br). Acesso em: 26 jul. 2023.
9. Disponível em: L13709 (planalto.gov.br). Acesso em: 26 jul. 2023.

A questão da proteção de dados é uma preocupação mundial, já que sua utilização desperta grande interesse econômico e traz certa vulnerabilidade aos usuários de tecnologia.

Não por outra razão, o tema constou da CARTA DOS DIREITOS FUNDAMENTAIS DA UNIÃO EUROPEIA (2016/C 202/02)[10], que assim dispõe:

Artigo 8º

Proteção de dados pessoais

1. Todas as pessoas têm direito à proteção dos dados de caráter pessoal que lhes digam respeito.

2. Esses dados devem ser objeto de um tratamento leal, para fins específicos e com o consentimento da pessoa interessada ou com outro fundamento legítimo previsto por lei. Todas as pessoas têm o direito de aceder aos dados coligidos que lhes digam respeito e de obter a respetiva retificação.

3. O cumprimento destas regras fica sujeito a fiscalização por parte de uma autoridade independente.

Com base nisso, a União Europeia publicou o Regulamento (UE) 2016/679 do Parlamento Europeu e do Conselho de 27 de abril de 2016, relativo à proteção das pessoas singulares no que diz respeito ao tratamento de dados pessoais e à livre circulação desses dados e que revoga a Diretiva 95/46/CE (Regulamento Geral sobre a Proteção de Dados)[11].

No Brasil, a proteção constitucional dos dados pessoais só ocorreu em 2022, por meio da Emenda Constitucional 115, que incluiu: CF art. 5º LXXIX – é assegurado, nos termos da lei, o direito à proteção dos dados pessoais, inclusive nos meios digitais.

A questão das criptomoedas consta da Lei 14.478/2022[12], que dispõe sobre diretrizes a serem observadas na prestação de serviços de ativos virtuais e na regulamentação das prestadoras de serviços de ativos virtuais.

Sobre as tecnologias emergentes, ao *blockchain* está prevista no Decreto 10.332/2020[13], que institui a Estratégia de Governo Digital para o período de 2020 a 2023, na forma do Anexo, no âmbito dos órgãos e das entidades da administração pública federal direta, autárquica e fundacional.

Mas o assunto mais polêmico é, sem dúvida, a regulação da inteligência artificial. Na União Europeia foi aprovada a primeira regulação sobre inteligência artificial (E.U. AI ACT)[14]. No Brasil, tramitam alguns projetos de lei sobre a matéria, como o PL 5051/2019 (Senador Styvenson Valentim), PL 21/2020 (Deputado Eduardo Bismarck),

---

10. Disponível em: Carta dos Direitos Fundamentais da União Europeia (europa.eu). Acesso em: 26 jul. 2023.

11. Disponível em: REGULAMENTO (UE) 2016/ 679 DO PARLAMENTO EUROPEU E DO CONSELHO – de 27 de abril de 2016 – relativo à proteção das pessoas singulares no que diz respeito ao tratamento de dados pessoais e à livre circulação desses dados e que revoga a Diretiva 95/ 46/ CE (Regulamento Geral sobre a Proteção de Dados) (europa.eu). Acesso em: 26 jul. 2023.

12. Disponível em: L14478 (planalto.gov.br). Acesso em: 26 jul. 2023.

13. Disponível em: D10332 (planalto.gov.br). Acesso em: 26 jul. 2023.

14. Disponível em: Artificial intelligence act (europa.eu). Acesso em: 26 jul. 2023.

o PL 872/2021 (Senador Veneziano Vital do Rêgo), e o PL 2338/2023 (Senador Rodrigo Pacheco).

Essa relação não exaustiva de leis demonstra que ainda temos um caminho de amadurecimento da regulação das novas tecnologias e suas consequências jurídicas, tentando superar a dificuldade de equilíbrio entre o alcance da segurança jurídica e o incentivo à inovação.

3. CORTES *ON-LINE*

A inserção das ferramentas tecnológicas para melhorar a prestação jurisdicional tem proporcionado a criação de Cortes *on-line*,[15] que consiste no uso da tecnologia para transformar a forma de pensar e de entregar a tutela jurisdicional.[16]

Com efeito, diversos países estão implementando as Cortes *on-line*[17], tendo como experiência mais exitosa a canadense, da província de *British Columbia* que, em 2012, instituiu o Civil Resolution Tribunal, que é um tribunal integralmente *on-line* destinado à solução de causa de pequena monta financeira. O funcionamento, cuja duração é de máximo de noventa dias, possui três fases: a) na primeira, chamada de "explorador de soluções", o interessado recebe informações importantes sobre o seu conflito com o objetivo de resolvê-lo; b) caso não solucionado, um software realiza a intermediação entre os envolvidos objetivando encerrar a disputa; e c) se o conflito persistir, passa-se à etapa final da adjudicação, feita por um juiz. Esse modelo de Corte *on-line*, que tem inspirado diversos países, passa por constantes aperfeiçoamentos e, também, presta suporte na fase executiva, garantindo a efetividade da decisão judicial.[18]

Observa-se, pois, que a concepção de tribunal como um local tem sido substituída pela de um serviço, de modo a desmistificar a necessidade de ambiente físico e presencial para que a jurisdição possa ser prestada a contento.[19]

No Brasil, embora a incorporação da tecnologia e da inteligência artificial esteja cada vez mais presente em nossos tribunais, racionalizando sobremaneira as tarefas judiciárias, há ainda um longo caminho para o desenvolvimento de um modelo seguro e adequado de Corte *on-line*.

---

15. Richard Susskind, para evitar confusão, prefere utilizar o termo ODR para se referir ao setor privado (eletronic ADR) e cortes *on-line* a um serviço público. SUSSKIND, Richard. *Online courts and the future of justice*. Oxford: Oxford University Press, 2019. p. 62-63.
16. FERRARI, Isabela. In: FERRARI, Isabela (Coord.) *Justiça digital*. São Paulo: Ed. RT, 2020. p. 38-47.
17. Canadá, Inglaterra e País de Gales, China, Singapura, Austrália e Estados Unidos são alguns exemplos. SUSSKIND, Richard. *Online courts and the future of justice*. Oxford: Oxford University Press, 2019. p. 165-175.
18. Cf.: FERRARI, Isabela. In: FERRARI, Isabela (Coord.) *Justiça digital*. São Paulo: Ed. RT, 2020. p. 50-54.
19. Richard Susskind, para evitar confusão, prefere utilizar o termo ODR para se referir ao setor privado (eletronic ADR) e cortes *on-line* a um serviço público. SUSSKIND, Richard. *Online courts and the future of justice*. Oxford: Oxford University Press, 2019. p. 95-97.

De qualquer forma, trata-se de uma evolução natural e necessária para o aperfeiçoamento do acesso à justiça.

4. ACESSO À JUSTIÇA DIGITAL

A ideia de justiça multiportas permite a oferta de diferentes ferramentas de solução de controvérsias à sociedade, como a negociação, a conciliação, a mediação, a arbitragem e a justiça estatal, sendo que esses métodos podem ser operados presencialmente ou em ambiente virtual. Essa realidade permite o empoderamento das partes na resolução de seus próprios conflitos.

Por sua vez, o sistema de justiça brasileiro vem sendo transformado pelo uso cada vez maior da tecnologia, que inclui desde a digitalização de processos até alcançar novas forma de resolução de conflitos.

O CNJ tem um papel fundamental na gestão de uma política pública que incentive e controle as inovações por meio de novas tecnológicas, conferindo segurança aos tribunais e aos jurisdicionados.

Há uma tendência global de resolução de conflitos pelo ambiente virtual, por meio de ODR (*Online Dispute Resolution*), sendo que essa experiência vem sendo, aos poucos, inserida nas Cortes e nas instituições públicas. Importante destacar que as plataformas virtuais mais eficientes prestigiam de forma contundente a prevenção dos conflitos, evitando que as contendas desaguem no Poder Judiciário.

Além disso, os atos processuais documentais têm ganhado forma digital, enquanto os atos processuais presenciais têm sido substituídos pelo ambiente virtual, exigindo do juiz uma gestão peculiar sobre as novas potencialidades tecnológicas, seus riscos e desafios.

4.1   A evolução dos serviços digitais

A incorporação de avanços tecnológicos na dinâmica do processo judicial tem sido implementada ao longo das últimas décadas por meio de reformas legislativas e pelo papel regulamentador do Conselho Nacional de Justiça.

Inicialmente, a partir da Lei 9.800/99, conhecida doutrinariamente como "Lei do Fax", foi contemplada a possibilidade de protocolo de atos de peticionamento por meio de sistemas de transmissão de dados e imagens, com a obrigatoriedade de juntada de via física da manifestação, o que propiciou, ainda que de maneira discreta, uma quebra da clássica confusão entre o processo e sua documentação física[20], sendo sucedida pela

---

20.   "Ainda que de maneira discreta, estava aberta a possibilidade para o rompimento do conceito clássico de processo, enquanto confundido com os próprios autos processuais, ou seja, como uma entidade física, composta da coleção dos diversos atos processuais, que, necessariamente, deveriam ser praticados de maneira escrita e ser apresentados impressos ao Poder Judiciário. Apresentava-se, então, a oportunidade para que o direito

Lei 10.259/01, que ao disciplinar os Juizados Especiais Federais e com nítido intento de superar óbices de ordem territorial ao funcionamento do sistema, autorizou o recebimento de petições por meio eletrônico, já com a dispensa de apresentação física (art. 8º) e a utilização da via eletrônica para as reuniões dos juízes integrantes das Turmas Recursais quando domiciliados em cidades diversas (art.14, § 3º).

Todavia, as linhas gerais da digitalização do Poder Judiciário foram trazidas pela Lei 11.419/06, que fixou conceitos e diretrizes para o trâmite de processos com autos total ou parcialmente eletrônicos, institutos que representam uma arquitetura prática para sua incidência, como a assinatura digital e o Diário de Justiça Eletrônico, modificando, ademais, o art. 154 do Código de Processo, então vigente, para admitir a comunicação oficial e a produção, transmissão, armazenamento e assinatura de atos e termos processuais por meio eletrônico,[21] sendo estas concretizadas a partir da atuação do Conselho Nacional de Justiça, que por meio da Resolução 185/2013 instituiu o Processo Judicial Eletrônico – PJE como sistema de processamento de informações e prática de atos processuais e estabeleceu parâmetros para sua implementação, sobretudo, diretrizes para o estabelecimento de cronogramas, sendo atualmente a realidade preponderante de trâmite de processos pela via eletrônica, com a prática de atos total ou parcialmente digitais.[22]

No âmbito do Código de Processo Penal, reformas legislativas trouxeram a possibilidade de registro de depoimentos por meio digital (art.405 quanto ao rito ordinário e art.475 quanto ao plenário do Tribunal do Júri); utilização de videoconferência para a oitiva de testemunhas (art. 222); inquirição da vítima, mediante sua preservação em caso de temor (art. 217); e para o interrogatório do acusado (art. 185), bem como de meio eletrônico para o leilão de bens apreendidos (art. 144-A) e comunicações para o ofendido quanto aos atos e termos do processo (art. 201, § 3º).

Atento a essa realidade, o Código de Processo Civil de 2015 incorporou em diversos dispositivos técnicas e institutos compatíveis não apenas com o processo de autos físicos, mas também quanto a feitos com documentação eletrônica[23], como manifestado, *v.g*, na autorização para assinatura eletrônica da procuração (art. 105, § 1º) e dos pronunciamentos do juiz (art. 205, § 2º); seções exclusivas para a disciplina da prática eletrônica de atos processuais (art. 193 e seguintes) e dos documentos eletrônicos (art. 439 e seguintes); utilização de meio digital para as comunicações quanto ao impedimento

---

processual se apropriasse dos meios tecnológicos disponíveis e passasse a assimilar gradativamente o conceito de processo eletrônico". COUTINHO, Carlos Marden Cabral. CARMO, Gabriela Martins. Processo eletrônico no novo processo civil: limites e possibilidades democráticas. *Revista de Processo*, v. 284/2018, p. 21-38, out. 2018.

21. ABRÃO, Carlos Henrique. *Processo eletrônico*: processo digital. 5 ed. São Paulo: Atlas, 2017. p. 11.

22. Conforme destaca o Relatório Justiça em Números de 2020, no ano de 2019, apenas 10% (dez por cento) dos processos novos ingressaram fisicamente, tendo sido protocolados pela via eletrônica ao longo da série histórica 131, 5 milhões de casos novos. Disponível em: <https://www.cnj.jus.br/wp-content/uploads/2020/08/WEB-V3-Justi%C3%A7a-em-N%C3%BAmeros-2020-atualizado-em-25-08-2020.pdf>. Acesso em: 22 dez. 2020.

23. DANTAS NETO, Renato de Magalhães. Sobre processo eletrônico e mudança no paradigma processual: ou não existe ou tudo é paradigma. *Revista de Processo*, v. 240/2015, p. 373-397, fev. 2015.

do conciliador e mediador (art. 171); citações e intimações pessoais e fictas (art. 246 e seguintes); atos de comunicação dentro do Poder Judiciário como cartas precatórias, de ordem, pedidos de cooperação (art. 263 e seguintes); alienação de bens penhorados (art. 879, II e art. 882); e prática, mediante videoconferência de atos processuais de maneira geral (art. 236, § 3º); e, especificamente, audiência de conciliação e mediação (art. 334, § 7º) e colheita de depoimento pessoal (art. 385, § 3º), tendo essa estrutura aplicação às demais searas do direito processual, nos termos do seu art. 15.[24]

Portanto, as novas modalidades de tratamento de conflitos devem ser recepcionadas com grande entusiasmo, pois a sociedade é a maior beneficiária de soluções mais rápidas, menos custosas e menos complexas.

4.2   Processo civil, tecnologia e *case management*

Conforme acima mencionado, no âmbito do processo civil, a evolução tecnológica teve como importante marco a Lei 11.419/2006, que disciplinou o processo eletrônico. Não obstante, o CPC/15 regulamentou a prática eletrônica de atos processuais nos arts. 193 a 199, o que, na prática, tem ensejado novas rotinas de trabalho, readequação de funções e enormes ganhos em eficiência e celeridade.

As atividades forenses também passaram a ser feitas por diferentes vias tecnológicas, como *e-mails*, *WhatsApp*, sistemas de teleconferência, entre outros, circunstância que foi ampliada com a pandemia da Covid-19.

A permissão de trabalho remoto, por exemplo, ainda era tímida no âmbito do Poder Judiciário, só sendo autorizada em circunstâncias excepcionais. Agora, diante dessa nova realidade, talvez a sua utilização se torne mais frequente, desde que fique comprovada a sua eficiência, especialmente quanto à produtividade.

Com o fim da pandemia, houve uma clara expectativa de que o funcionamento da Justiça seria no formato híbrido (presencial e virtual). Os dois ambientes de fato coexistem, porém, sem a extensão idealizada, uma vez que o Conselho Nacional de Justiça vem exigindo o trabalho exclusivamente presencial, salvo algumas exceções constantes em atos normativos.

Por sua vez, o uso de plataformas tecnológicas também faz surgir novas perspectivas. É certo que o CPC/15, atento às potencialidades virtuais, já havia previsto hipóteses de uso de prática de atos processuais por meio de videoconferência ou outro recurso

---

24. "Não se trata somente de aplicar as normas processuais aos processos administrativos, trabalhistas e eleitorais quando não houver normas, nestes ramos do direito, que resolvam a situação. 1.1. A aplicação subsidiária ocorre também em situações nas quais não há omissão. Trata-se, como sugere a expressão "subsidiária", de uma possibilidade de enriquecimento, de leitura de um dispositivo sob outro viés, de extrair-se da norma processual eleitoral, trabalhista ou administrativa um sentido diferente, iluminado pelos princípios fundamentais do processo civil. WAMBIER, Teresa Arruda Alvim. CONCEIÇÃO, Maria Lúcia Lins. RIBEIRO, Leonardo Ferres da Silva. MELLO, Rogério Licastro Torres de. *Primeiros comentários ao novo Código de Processo Civil*. 2. ed. São Paulo: Ed. RT, 2016. p. 84.

tecnológico de transmissão de sons e imagens em tempo real, nos termos dos arts. 236, § 3º, 334, § 7º, 385, § 3º, 453, § 1º, e 937, § 4º.

No entanto, essa prática ainda não havia sido instituída pelos Tribunais, que continuam, por exemplo, a fazer uso de carta precatória para a produção de prova oral por outro juízo, sem que o próprio juiz da causa estabelecesse diretamente um contato com o depoente ou testemunha por videoconferência.

Essa experiência, em meio a um momento tão sério e incerto, trouxe consequências para as atividades judiciárias que perduraram para além da crise sanitária.

Com efeito, despachos podem ocorrer por algum meio tecnológico (*Skype*, *WhatsApp*, ou outro meio legítimo de comunicação), sendo que as audiências e sessões podem ser presenciais ou virtuais[25], fazendo com que a necessidade de comparecimento na unidade judiciária seja reduzida.

Por outro lado, a produção de meios de provas orais tende a diminuir, com a substituição de depoimentos presenciais por escritos ou de outra forma documentados.

Ademais, tem sido cada vez mais comum o uso pelos advogados do *visual law* nas petições,[26] o que pode facilitar a compreensão do juiz sobre os fatos, mas cujo exagero tem gerado desconformo na leitura das peças processuais, cabendo ao magistrado controlar os excessos.

Dessa forma, verifica-se que a forma de produção e admissibilidade dos atos processuais têm sofrido grandes mudanças, e os juízes necessitarão de novas habilidades na realização de atos virtuais, novas competências audiovisuais, cuidados com a confidencialidade, cautela com a autenticidade e o armazenamento de dados, controle das questões éticas, só para citar alguns dos novos desafios decorrentes do uso da tecnologia.

Assim, deve ser assegurado o devido processo digital, que inclui o tratamento adequado dos excluídos digitais e repensar as formas de responsabilização pelos atos digitais.

Portanto, o gerenciamento do processo[27], nos aspectos administrativo e judicial, ganham nova dimensão, constituindo um desafio aos magistrados na missão de solu-

---

25. De acordo com Richard Susskind, os juízes que trabalharem *on-line* necessitarão ser mais proativos do que a condução de audiências tradicionais, impulsionando as partes a esclarecerem seus argumentos, dizendo quando a prova está falando e explicando quando um ponto está faltando. SUSSKIND, Richard. *Online courts and the future of justice*. Oxford: Oxford University Press, 2019. p. 158.

26. O conceito de *visual law* pode ser encontrado na Resolução CNJ 347/2020, que trata sobre a Política de Governança das Contratações Públicas no Poder Judiciário, e diz em seu art. 32, parágrafo único: "Sempre que possível, dever-se-á utilizar recursos de visual law que tornem a linguagem de todos os documentos, dados estatísticos em ambiente digital, análise de dados e dos fluxos de trabalho mais claros, usuais e acessíveis". Disponível em: atos.cnj.jus.br/atos/detalhar/3518. Acesso em: 06 ago. 2023.

27. Confira interessante artigo sobre o assunto: CABRAL, Antonio do Passo. In: LUCON, Paulo Henrique dos Santos; WOLKART, Erik Navarro; LAUX, Francisco de Mesquita; RAVAGNANI, Giovani dos Santos. *Direito, processo e tecnologia*. São Paulo: Thomson Reuters Brasil, 2020. p. 83-109.

cionar adequadamente os conflitos, e que deverá ter reflexo na formação e no aperfeiçoamento dos julgadores pelas Escolas Judiciais destinadas à capacitação.

5. GOVERNANÇA DIGITAL DO CNJ

O Conselho Nacional de Justiça, atento a esses impactos no Poder Judiciário, tem acompanhado essas transformações tecnológicas, inclusive com respaldos normativos capazes de legitimar e padronizar as novas potencialidades no âmbito nacional, como foi o caso da Resolução 261/2018, que criou o Sistema de Solução Digital da Dívida Ativa, que tem por objetivo melhorar a composição entre o contribuinte e as Fazendas Públicas.[28]

O comprometimento do CNJ com a governança digital fez com que o órgão instituísse em 2020 a Meta Nacional 9[29], integrando a Agenda 2030 de Direitos Humanos das Nações Unidas, aprovada em Assembleia Geral das Nações Unidas em 2018, nos termos da Resolução A/RES/72/279, ao Poder Judiciário. Essa Agenda tem como um de seus 17 Objetivos de Desenvolvimento Sustentável planejar medidas qualitativas com foco na desjudicialização e prevenção de litígios, em busca da solução pacífica de controvérsias. Diante disso, haverá "[...] uma forma inovadora de analisar os dados do Poder Judiciário e criar movimentos por meio dos Planos de Ação dos Tribunais e da Rede de Inovação e Inteligência do Poder Judiciário para potencializar a interação do Judiciário com a Sociedade Brasileira".[30]

E para concretizar essa Meta, foi criado, por meio da Portaria 119/2019[31], o Laboratório de Inovação, Inteligência e Objetivos de Desenvolvimento Sustentável (LIODS).

---

28. BRASIL. CONSELHO NACIONAL DE JUSTIÇA. *Resolução 261/2018*. Disponível em https://atos.cnj.jus.br/atos/detalhar/2689. Acesso em: 30 jul. 2020.

29. Meta 9 – Integrar a Agenda 2030 ao Poder Judiciário (STJ, Justiça Estadual, Justiça Federal, Justiça do Trabalho e Justiça ppMilitar da União e dos Estados) – Realizar ações de prevenção ou desjudicialização de litígios voltadas aos objetivos de desenvolvimento sustentável (ODS), da Agenda 2030. Disponível em: https://www.cnj.jus.br/wp-content/uploads/2020/01/Metas-Nacionais-aprovadas-no-XIII-ENPJ.pdf. Acesso em: 30 jul. 2020.

30. BRASIL. CONSELHO NACIONAL DE JUSTIÇA. *Agenda 2030 no Poder Judiciário*: Comitê Interinstitucional. Disponível em: https://www.cnj.jus.br/programas-e-acoes/agenda-2030/. Acesso em: 30 jul. 2020.

31. O Laboratório possui as seguintes competências: "Art. 3º Compete ao LIODS: I – monitorar e promover a gestão judicial processual e administrativa dos dados da Agenda 2030; II – elaborar e implementar plano de ação com soluções conjuntas e pacíficas voltadas à melhoria da gestão pública, visando evitar judicialização excessiva, e outras agendas de interesse global; IV – dialogar com a Rede de Governança Colaborativa do Poder Judiciário quando necessário para a difusão da Agenda; V – mapear os programas e projetos desenvolvidos pelas redes de inovação dentro do Judiciário, ligados à pauta global da Agenda 2030; VI – estabelecer conexões entre os Laboratórios de Inovação e os Centros de Inteligência judiciários para o desenvolvimento de projetos conjuntos dentro da Agenda; VII – incentivar pesquisas, artigos e estudos sobre os ODS no Poder Judiciário; VIII – abrir espaço para a participação cidadã na concepção de projetos inovadores no Poder Judiciário que contribuam para a efetividade da Agenda 2030; IX – apoiar os órgãos do CNJ na buscar de soluções para problemas complexos, tomando por base metodologias de inovação e inteligência que considerem a empatia, colaboração interinstitucional e a experimentação". Disponível em: https://atos.cnj.jus.br/atos/detalhar/2986. Acesso em: 30 jul. 2020.

CAPÍTULO VI • JUSTIÇA DIGITAL

Por sua vez, na Resolução 296 de 19/09/2019[32] foi instituída a Comissão Permanente de Tecnologia da Informação e Inovação, responsável pela gestão da política pública relativa à inserção das novas tecnologias no âmbito do Poder Judiciário.

Não obstante, o CNJ publicou um documento denominado "Inteligência Artificial no Poder Judiciário brasileiro"[33], que trata do Laboratório de Inovação para o Processo Judicial em meio Eletrônico – Inova PJe, criado por intermédio da Portaria 25/2019, que seria um espaço para pensar, pesquisar e produzir inovação para o processo judicial eletrônico. A proposta é que o PJe adquira a característica de uma plataforma de microsserviços, possibilitando uma constante evolução, bem como a inclusão de novas funcionalidades. A pesquisa ainda compila e descreve os projetos de tribunais envolvendo o uso da inteligência artificial para diversas funcionalidades.

Não obstante, com a crise sanitária gerada pela Covid-19, o CNJ editou, em 19 de março, a Resolução 313/2020[34], estabelecendo o Regime de Plantão Extraordinário, posteriormente prorrogado por atos normativos subsequentes em razão da continuidade da pandemia.[35]

E diante da suspensão do trabalho presencial, o CNJ, por meio da Portaria 61 de 31/03/2020, instituiu a plataforma emergencial de videoconferência para realização de audiências e sessões de julgamento nos órgãos do Poder Judiciário, no período de isolamento social, decorrente da pandemia Covid-19. O projeto decorre de Acordo de Cooperação Técnica celebrado com a Cisco Brasil Ltda.[36]

---

32. Sobre a competência da Comissão: "Art. 4º À Comissão Permanente de Tecnologia da Informação e Inovação compete: I – propor ao Plenário diretrizes para a definição da estratégia nacional de Tecnologia da Informação do Judiciário, tendo por objetivo assegurar a infraestrutura adequada ao devido funcionamento do Poder Judiciário; II – elaborar o planejamento estratégico em Tecnologia da Informação, com auxílio do Departamento de Tecnologia da Informação e Comunicação; III – supervisionar a implantação do processo judicial eletrônico – PJe; IV – sugerir ao Plenário a adoção de medidas relacionadas à segurança de dados e o sigilo de dados, quando necessário; V – acompanhar a implantação de novas tecnologias no âmbito do Poder Judiciário; VI – apresentar ao Plenário propostas de regulamentação do uso de novas tecnologias, inclusive relacionadas a instrumentos de inteligência artificial; VII – representar o CNJ perante os comitês gestores e grupos de trabalho dos sistemas Restrições Judiciais sobre Veículos Automotores – Renajud, Atendimento ao Poder Judiciário – Bacenjud, Informação ao Judiciário – Infojud e Serasa Judicial – Serasajud; e VIII – promover medidas voltadas a garantir a interoperabilidade entre os diversos sistemas". Disponível em: https://atos.cnj.jus.br/atos/detalhar/3038. Acesso em: 30 jul. 2020.

33. BRASIL. CONSELHO NACIONAL DE JUSTIÇA. *Inteligência artificial na Justiça*. TOFFOLI, José Antônio Dias; GUSMÃO, Bráulio Gabriel (Coord.). Brasília: CNJ, 2019. Disponível em: https://www.cnj.jus.br/wp-content/uploads/2020/05/Inteligencia_artificial_no_poder_judiciario_brasileiro_2019-11-22.pdf. Acesso em: 17 jul. 2020.

34. BRASIL. CONSELHO NACIONAL DE JUSTIÇA. *Resoluçao 303 de 19 de março de 2020*. Disponível em: https://atos.cnj.jus.br/files/original221425202003195e73eec10a3a2.pdf. Acesso em: 28 de mar. 2020.

35. Registre-se que, embora a Resolução 322 do CNJ, tenha disciplinado a flexibilização para a retomada gradual do expediente físico nos tribunais, a partir do dia 15 de junho, o retorno às atividades presenciais não ocorreu na maioria dos tribunais, em razão na necessidade do estabelecimento de um planejamento logístico para evitar riscos aos servidores e jurisdicionados.
BRASIL. CONSELHO NACIONAL DE JUSTIÇA. *Resolução 322 de 01 de junho de 2020*. Disponível em: https://atos.cnj.jus.br/atos/detalhar/3333. Acesso em: 30 jul. 2020.

36. BRASIL. CONSELHO NACIONAL DE JUSTIÇA. *Portaria 61 de 31 de março de 2020*. Disponível em: https://atos.cnj.jus.br/atos/detalhar/3266. Acesso em: 30 jul. 2020.

No mesmo sentido, o incentivo ao acesso à justiça digital foi um dos eixos da gestão do Ministro Luiz Fux à frente do Conselho Nacional de Justiça (CNJ): Justiça 4.0 e Promoção do Acesso à Justiça Digital: Diálogo entre o real e o digital para o incremento da governança, da transparência e da eficiência do Poder Judiciário, com efetiva aproximação com o cidadão e redução de despesas.[37]

Não obstante, o Conselho Nacional de Justiça tem se dedicado a regulamentar o tema da tecnologia e inteligência artificial, por meio de resoluções e recomendações capazes de direcionar os tribunais e lhes conferir segurança jurídica[38].

A partir disso, vê-se o Conselho Nacional de Justiça, que tentando manter o Poder Judiciário em sintonia com as exigências sociais de uso da tecnologia e dos mecanismos de inteligência artificial, desenvolve relevante papel de fomentador de um modelo de justiça mais eficiente.

Por fim, importante registrar que o CNJ, ao lado do incentivo ao incremento tecnológico, tem se preocupado com o tratamento adequado no uso das novas ferramentas, exigindo a observância a princípios éticos[39] e à proteção de dados[40], sem descuidar dos excluídos digitais.

5.1 Principais serviços digitais desenvolvidos pelo CNJ

O Conselho Nacional de Justiça tem investido em implementar um conjunto de políticas judiciárias nacionais, parcerias técnicas internacionais e projetos com o objetivo de promover o acesso à Justiça, por meio de ações e projetos desenvolvidos para o uso colaborativo de produtos que empregam novas tecnologias e inteligência artificial.

A seguir, serão abordados os produtos mais estruturantes, sem prejuízo de muitos outros como o e-NATJUS (banco de dados nacional para abrigar pareceres técnico-científicos e notas técnicas elaboradas com base em evidências científicas na área da saúde, emitidos pelos Núcleos de Apoio Técnico ao Judiciário (NATJUS) e pelos Núcleos de Avaliação de Tecnologias em Saúde (NATS), o SNA (Sistema Nacional de Adoção e Acolhimento), o SNIPER (Sistema Nacional de Investigação Patrimonial e Recuperação de Ativos), o MANDAMUS (automatização dos processos de geração e cumprimento de mandados judiciais), que podem ser encontrados na página do CNJ[41].

---

37. FUX, Luiz. *Projetos de Gestão do Ministro Luiz Fux*. Brasília, DF, 2020. Disponível em: https://www.cnj.jus.br/wp-content/uploads/2020/10/5-Eixos-da-Justi%C3%A7a-Ministro-Luiz-Fux-22.09.2020.pdf. Acesso em: 10 jun. 2021.
38. Esses atos podem ser localizados na página do CNJ. Disponível em: Atos Normativos – Portal CNJ. Acesso em: 06 ago. 2023.
39. BRASIL. CONSELHO NACIONAL DE JUSTIÇA. *Recomendação 73 de 20 de agosto de 2020*. Disponível em: https://atos.cnj.jus.br/atos/detalhar/3429. Acesso em: 30 ago. 2020.
40. BRASIL. CONSELHO NACIONAL DE JUSTIÇA. *Resolução 332 de 21 de agosto de 2020*. Disponível em: https://atos.cnj.jus.br/atos/detalhar/3432. Acesso em: 30 ago. 2020.
41. Disponível em: https://www.cnj.jus.br/. Acesso em: 26 jul. 2023.

5.1.1 Processo Judicial Eletrônico

O primeiro sistema que merece destaque no presente estudo é o Processo Judicial Eletrônico (PJe), o qual converte, digitaliza e autentica documentos. Esse sistema foi desenvolvido pelo CNJ em parceria com os tribunais estaduais e foi sancionado como o sistema eletrônico oficial do Poder Judiciário. Atualmente, existe um incentivo para que todos os tribunais adotem o PJe e, de acordo com o Tribunal de Contas da União (TCU), a falha de se implementar um sistema único custou ao CNJ R$ 374 milhões entre 2013 e 2017.[42]

Além do PJe, há outras Plataformas de e-Justiça, bem como diversos sistemas em desenvolvimento dentro do Judiciário brasileiro, tais como: o e-SAJ, e-Proc, Projudi, e-STF, e-STJ, entre outros. Um dos sistemas mais populares, o e-SAJ ou Sistema de Automação da Justiça, atualmente é usado pelos tribunais estaduais de justiça do Acre, Mato Grosso do Sul, São Paulo e Santa Catarina.

Muitos desses sistemas desempenham as mesmas funções que o PJe, porém, não migraram em razão da maior facilidade na interface de seus sistemas próprios. Percebe-se que alguns esses tribunais entendem o propósito subjacente a um sistema unificado como o PJe, mas preferem realizar uma transição lenta e gradual para não impactar a produtividade.

5.1.2 Plataforma Digital do Poder Judiciário – PDPJ-BR

Uma das iniciativas mais interessantes foi a criação pelo CNJ da Plataforma Digital do Poder Judiciário – PDPJ-BR, instituída pela Resolução CNJ 335 de 2020, que tem como principal escopo incentivar o desenvolvimento colaborativo entre os tribunais, preservando os sistemas públicos em produção, mas consolidando pragmaticamente a política para a gestão e expansão do Processo Judicial Eletrônico – PJe, modernizando-o e transformando-o em um sistema multisserviço que permita aos tribunais fazer adequações conforme suas necessidades e que garanta, ao mesmo tempo, a unificação do trâmite processual no país.[43]

5.1.3 Datajud

A Base Nacional de Dados do Poder Judiciário – DataJud é responsável pelo armazenamento centralizado dos dados e metadados processuais relativos a todos os processos físicos ou eletrônicos, públicos ou sigilosos dos tribunais indicados nos incisos II a VII do art. 92 da Constituição Federal.

---

42. TCU aponta atrasos na implementação do Processo Judicial Eletrônico. *Portal do TCU*, 08 jul. 2019, [Brasília, DF]. Disponível em: https://portal.tcu.gov.br/imprensa/noticias/tcu-aponta-atrasos-na-implementacao-do--processo-judicialeletronico.htm. Acesso em: 13 abr. 2021.
43. BRASIL. CONSELHO NACIONAL DE JUSTIÇA. *Plataforma Digital do Poder Judiciário*. Disponível em: https://www.cnj.jus.br/tecnologia-da-informacao-e-comunicacao/plataforma-digital-do-poder-judiciario--brasileiro-pdpj-br/. Acesso em: 10 jul. 2021.

Essa consolidação de dados permite que se tenha uma noção mais precisa do acervo dos tribunais, permite a extração de estatísticas e a criação de políticas públicas mais específicas, de acordo com os gargalos encontrados.

5.1.4   *Juízo 100% digital*[44]

A Resolução 345 do Conselho Nacional de Justiça, que disciplina o "Juízo 100% Digital", decorre do exercício da competência estabelecida pelo art. 196 do CPC quanto à regulamentação da prática e comunicação oficial de atos processuais por meio eletrônico e zelo pela incorporação progressiva de avanços tecnológicos, realizada em grau de inovação.

Conforme seu regramento, o referido modelo contempla que a partir da opção manifestada pelas partes, todos os atos do processo serão praticados de maneira exclusivamente eletrônica e remota (art. 1º, parágrafo único), inclusive as intimações dos atos e termos do processo, atendimento às partes e advogados e audiências e sessões de julgamento.

Ademais, a aludida escolha é aperfeiçoada mediante convenção processual dispositiva[45] firmada a partir de opção do demandante no momento da distribuição da ação (art. 3º), à qual deverá ser somada a vontade da parte demandada, que poderá a tal se opor até o momento da contestação, possibilitada a retratação por uma única vez até a prolação da sentença, o que não obsta que as partes optem por sua adesão em processos em trâmite, como manifestação do seu poder de autorregramento (CPC, art. 190).

No mais, em transcendência à aplicação em litígios individuais, não se descura da possibilidade de instituições essenciais à função jurisdicional como a Advocacia, o Ministério Público e Defensoria Pública ou de grandes litigantes como empresas e a Administração Pública formalizem mediante protocolos coletivos de procedimento com o Judiciário a adesão ao "Juízo 100% Digital" para lides padronizadas, o que certamente contribuirá para o aprimoramento do Sistema de Justiça.[46]

Destaca-se que a opção pelo "Juízo 100% Digital" não está sujeita a limitações concernentes à capacidade das partes; matéria judicializada ou ordinariedade ou es-

---

44. O tema foi escrito em coautoria com Frederico Ivens Miná Arruda de Carvalho.

45. Define-se convenção processual como: "o fenômeno em que duas ou mais pessoas expressam declarações de vontade que se fundem para formar um ato uno, novo com a produção de efeitos processuais". CABRAL, Trícia Navarro. Convenções em matéria processual. *Revista de Processo*, v. 241/2015, p. 489-516, mar. 2015.

46. "Os protocolos originados dos acordos concluídos entre uma jurisdição e seus parceiros, principalmente a ordem dos advogados, servem à adaptação das regras relativas às relações institucionais. É o caso, por exemplo, do estabelecimento da comunicação eletrônica, da implementação de procedimentos judiciais ou da resolução amigável de conflitos. Esses protocolos são os mais frequentemente apresentados como uma ilustração da contratualização do processo, que é, com efeito, o desenrolar natural da cooperação do juiz e das partes, que está no seio da concepção contemporânea de processo civil". CADIET, Loïc. Últimas evoluções da contratualização da justiça e do processo: os protocolos de procedimento. In: CADIET, Loïc. *Perspectivas sobre o sistema da justiça civil francesa*: seis lições brasileiras. Trad. Daniel Mitidiero, Bibiana Gava Toscano de Oliveira, Luciana Robles de Almeida e Rodrigo Lomando. São Paulo: *Revista dos Tribunais*, 2017. p. 109-110.

pecialidade do procedimento, tampouco implica em modificação da competência do juízo natural, que deverá ser mantida no espaço territorial e material (art. 2º e 3º, § 2º), sendo, assim, restrito à forma de prática dos atos processuais.

Portanto, vislumbra-se a possibilidade de utilização do "Juízo 100% Digital" em processos com distintas marcas quanto à qualidade das partes, matéria, procedimento, valor da causa ou complexidade, sendo amplo o potencial da sua atividade instrutória, que reclama exame pormenorizado.

5.1.5 Núcleo de justiça 4.0

A partir da consolidação do Juízo 100%, em que todos os atos judiciais são praticados de forma eletrônica e remota, foi possível a criação de um novo formato de unidade judiciária denominada de Núcleo de Justiça 4.0, regulamentada pela Resolução CNJ 385 de 06/04/2021.

Por meio do Núcleo será possível criar uma área de competência diferenciada, desde que sobre a área territorial situada dentro dos limites da jurisdição do tribunal. A ideia é criar unidades temáticas, ou seja, especializada em uma mesma matéria.

Assim, por exemplo, em um Estado com poucos Cejuscs, poderia ser criado um Núcleo de Justiça 4.0 – Cejusc, com abrangência em todo o Estado, capaz de oferecer a todas as Comarcas os serviços de conciliação e mediação.

Vários tribunais já implantaram o Núcleo. O Tribunal de Justiça do Estado do Espírito Santo (TJES), por meio do Ato Normativo Conjunto 8/2023[47], regulamentou a implantação e o funcionamento dos Núcleos de Justiça 4.0. Na sequência, implantou o Núcleo de Justiça 4.0 – Execuções Fiscais Estaduais, por meio do Ato Normativo Conjunto 9/2023[48], com competência para processar e julgar as execuções fiscais requeridas pelo Estado e suas Autarquias e os feitos que tenham por objeto matéria tributárias nos quais sejam interessados o Estado ou suas Autarquias.

Trata-se de uma configuração inovadora de oferecimento de acesso à justiça, seja pela criação de mais um ambiente virtual, seja pelas possibilidades envolvendo o tema da competência.

5.1.6 Balcão virtual

Estabelecido pela Resolução CNJ 372/2021, o Balcão Virtual está sendo implantado por todos os tribunais do país, tornando permanente o acesso remoto direto e imediato às unidades judiciárias.

---

47. Disponível em: https://sistemas.tjes.jus.br/ediario/index.php/component/ediario/?view=content&id=1519377. Acesso em: 26 jul. 2023.
48. Disponível em: https://sistemas.tjes.jus.br/ediario/index.php/component/ediario/?view=content&id=1519434. Acesso em: 26 jul. 2023.

Trata-se de ação que visa desburocratizar e tornar mais ágil o atendimento do Judiciário aos cidadãos, além de racionalizar o fluxo de pessoas e o trabalho nas serventias judiciais.

Essa via de acesso pelos jurisdicionados tem sido utilizada por praticamente todas as unidades judiciárias, sendo que os tribunais precisaram disponibilizar em seus sítios eletrônicos, ferramenta de videoconferência que permita imediato contato com o setor de atendimento de cada unidade judiciária, popularmente denominado como "balcão" durante o horário de atendimento ao público.

5.1.7 Sinapses

O Sinapses[49], instituído pela Resolução 332/2020, constitui uma plataforma nacional de armazenamento, treinamento supervisionado, controle de versionamento, distribuição e auditoria dos modelos de Inteligência Artificial, além de estabelecer os parâmetros de sua implementação e funcionamento.

O programa Justiça 4.0 prevê aplicar ferramentas de inteligência artificial, dentro da plataforma, que contribuam para potencializar a sistematização, mineração de textos e análise de dados do Poder Judiciário.

Na última pesquisa produzida, foram identificados 111 projetos de inteligência artificial desenvolvidos ou em desenvolvimento por 53 tribunais, que estão especificados e detalhados no Painel de Projetos de IA do Poder Judiciário.[50]

5.1.8 Portal de serviços

A Resolução CNJ 455 de 27/04/2022 instituiu o Portal de Serviços do Poder Judiciário (PSPJ), na Plataforma Digital do Poder Judiciário (PDPJ-Br), para usuários externos. Por ele será possível consultar andamento de processos, enviar petições, ajuizar nova demanda, controlar prazos e agendas, receber intimação/citações, verificar publicações no Diário da Justiça, verificar pauta de audiências e sessões de julgamento.

No mesmo Ato Normativo foi regulamento o Diário de Justiça Eletrônico Nacional (DJEN), originalmente criado pela Resolução CNJ 234/2016, passando a constituir a plataforma de editais do CNJ e o instrumento de publicação dos atos judiciais dos órgãos do Poder Judiciário.

Não obstante, foi regulamentado o Domicílio Judicial Eletrônico, originalmente criado pela Resolução CNJ 234/2016, constituindo o ambiente digital integrado ao Portal de Serviços, para a comunicação processual entre os órgãos do Poder Judiciário e os destinatários que sejam ou não partes na relação processual.

---

49. Disponível em: https://www.cnj.jus.br/sistemas/plataforma-sinapses/. Acesso em: 26 jul. 2023.
50. Disponível em: IA_PJ_2022 – Resultados (cnj.jus.br). Acesso em: 26 jul. 2023.

O serviço vem atender ao disposto no art. 246, do CPC, que prevê que a citação será feita preferencialmente por meio eletrônico, por meio dos endereços eletrônicos indicados pelo citando no banco de dados do Poder Judiciário, conforme regulamento do Conselho Nacional de Justiça. Uma vez implementado, a utilização do Domicílio Judicial Eletrônico será obrigatória por todos os tribunais.

5.1.9 Proteção aos excluídos digitais

A concepção do Poder Judiciário como um serviço, e as novas portas abertas ao jurisdicionado por meio da tecnologia, gerou a preocupação do CNJ com os chamados excluídos digitais.

Dados da Agência Nacional de Telefonia (ANATEL) do Brasil[51] revelam que o total de telefones celulares ativos no país alcançou a marca de 258,3 milhões em março de 2022, número superior a população brasileira (203 milhões)[52], com 40,8 milhões de acessos em banda larga fixa.

Apesar do grande acesso à tecnologia, tem-se uma realidade de dificuldades de acesso aos serviços judiciários propriamente ditos, como para realizar uma audiência, consultar um processo, atuar como testemunha, entre outros.

Diante disso, é necessário garantir que todos tenham direito ao acesso à justiça digital.

Não obstante, a transformação digital da justiça e o oferecimento de serviços digitais servem para ampliar o acesso à justiça tanto por cidadãos que não teriam condições de obter a prestação jurisdicional pelo meio físico, como por aqueles que, mesmo com opção do serviço físico, *preferem* a utilização da forma virtual ao meio físico.

Sendo assim, o tratamento do excluído digital deve se dar da mesma forma do excluído físico, garantindo ao jurisdicionado o acesso à justiça no modelo tradicional, se lhe for mais conveniente, mas também garantindo o acesso à justiça digital, que significa o alcance dos serviços prestados pelo poder judiciário, independentemente da existência de estrutura física.

O crescimento do uso da tecnologia no Poder Judiciário foi ampliado com a pandemia da Covid-19, o que fez como que o CNJ rapidamente editasse atos normativos para assegurar o regular funcionamento da Justiça, vindo à tona também a preocupação com os excluídos digitais.

Assim, foi editada a Resolução CNJ 341/2020[53], determinando aos tribunais brasileiros a disponibilização de salas para depoimentos em audiências por sistema de videoconferência, a fim de evitar o contágio pela Covid-19.

---

51. ANATEL. Disponível em: md_pesq_documento_consulta_externa.php (anatel.gov.br). Acesso em: 06 ago. 2023.
52. IBGE. Disponível em: Panorama do Censo 2022 (ibge.gov.br). Acesso em: 06 ago. 2023.
53. Disponível em: atos.cnj.jus.br/atos/detalhar/3508. Acesso em: 06 ago. 2023.

Posteriormente, foi editada a Recomendação CNJ 101/2021[54], para que os tribunais brasileiros adotassem medidas específicas para o fim de garantir o acesso à Justiça aos excluídos digitais. E para os fins do referido ato normativo, o artigo 1º define como excluído digital: a) parte que não detém acesso à internet e a outros meios de comunicação digitais e/ou b) que não tenha possibilidade ou conhecimento para utilizá-los, inclusive com tecnologia assistiva.

Outra preocupação do CNJ foi com o acesso ao Poder Judiciário por pessoas com deficiência. Diante disso, foi editada a Resolução CNJ 401/2021[55], que dispõe sobre o desenvolvimento de diretrizes de acessibilidade e inclusão de pessoas com deficiência nos órgãos do Poder Judiciário e de seus serviços auxiliares, e regulamenta o funcionamento de unidades de acessibilidade e inclusão.

Na sequência foi editada a Recomendação CNJ 130/2022, para que os tribunais providenciem a instalação de Pontos de Inclusão Digital (PID), para maximizar o acesso à Justiça e resguardar os excluídos digitais.

Após, foi editada a Resolução CNJ 508/2023[56], que trata da instalação de Pontos de Inclusão Digital (PID) pelo Poder Judiciário, incluindo cidades, povoados, aldeias e distritos que não sejam sede de comarca ou de unidade física do Poder Judiciário, com o objetivo de promover o acesso aos vários ramos da Justiça. De acordo com o art. 1º, parágrafo único,

"Considera-se PID qualquer sala ou espaço que permita, de forma adequada e simultaneamente para mais de um ramo do Poder Judiciário, a realização de atos processuais, como depoimentos de partes, de testemunhas e de outros colaboradores da justiça, por sistema de videoconferência, bem como o atendimento por meio do Balcão Virtual, instituído pela Resolução CNJ n. 372/2021, com possibilidade de agregação de outros serviços públicos voltados à cidadania."

Como se vê, os tribunais deverão promover inúmeras medidas concretas que assegurem aos excluídos digitais o acesso à justiça de forma célere e efetiva, com atenção especial aos recursos estruturais.

Isso inclui disponibilizar, em suas unidades físicas, pelo menos um servidor em regime de trabalho presencial durante o horário de expediente regimental, ainda que cumulando funções, para atendimento aos excluídos digitais, a fim de garantir o amplo acesso à justiça, efetuar o encaminhamento digital dos eventuais requerimentos formulados e auxiliar o jurisdicionado naquilo que se revelar necessário.

Portanto, não basta a criação de novas portas de acesso à justiça. É preciso efetivamente garantir que os jurisdicionados consigam utilizá-las, alcançando os benefícios que a tecnologia trouxe ao cotidiano dos que necessitam dos serviços judiciários.

---

54. Disponível em: atos.cnj.jus.br/atos/detalhar/4036. Acesso em: 06 ago. 2023.
55. Disponível em: atos.cnj.jus.br/atos/detalhar/3987. Acesso em: 26 ago. 2023.
56. Disponível em: atos.cnj.jus.br/atos/detalhar/5166. Acesso em: 26 ago. 2023.

6. ODR

Os métodos adequados de solução de conflitos, também conhecidos pela expressão ADR (*Alternative Dispute Resolution*) ganharam destaque nas últimas décadas, como formas legítimas de resolução de disputas, por meio de ferramentas como a negociação, a conciliação, a mediação e a arbitragem.

Com o surgimento da internet, os avanços tecnológicos e uma sociedade cada dia mais hiperconectada, foi possível desenvolver plataforma virtuais de resolução de conflitos, denominadas de ODR (*Online Dispute Resolution*).

Inicialmente, o ODR representava apenas a transposição de técnicas de ADR para o ambiente virtual[57]. Porém "[...] o desenvolvimento da *Inteligência Artificial e Big Data Analytics* permitiram um avanço significativo na prevenção e solução eficaz das controvérsias".[58]

As ODR tiveram início na década de 1990, cujos precursores foram Ethan Katsh e Janet Rifkin, com a fundação, em 1997 do National Center for Technology and Dispute Resolution (NCDR), vinculado à Universidade de Massachussets, tendo escrito importante obra sobre o tema em 2001.[59]

A partir de então, o interesse pelo assunto aumentou, ganhando projeção com a expansão do comércio eletrônico, tendo como experiência mais exitosa o projeto piloto do *eBay*. Idealizado por Colin Rule, trata-se de uma plataforma *on-line* que intermedeia compra e venda de produtos usados e novos, gerando milhões de contratos, por meio de anúncios gratuitos, derrubando, assim, os custos de transação. O sistema passou por aperfeiçoamento ao longo dos anos, e na atualidade resolve cerca de 60 milhões conflitos/ano. As etapas escalonadas de resolução do conflito são: 1) informações sobre

---

57. Tainá Aguiar Junquilho sistematizou as principais formas de ODR: i) E-negociação/Negociação on-line: a) e-negociação automatizada: partes do conflito enviam as propostas e contrapropostas monetárias on-line, que são mantidas ocultas durante a negociação. O algoritmo combina as ofertas, calcula a média aritmética das propostas realizadas e, por aí, atinge-se o consenso; b) e-negociação assistida: as partes chegam a um consenso se comunicando pela internet (e-mail, videoconferência). ii) E-mediação/Mediação on-line: forma tradicional da mediação (presença de um terceiro neutro que ajuda as partes no diálogo), que ocorre on-line e não off-line, como na comum. iii) E-arbitragem/Arbitragem on-line: também se assemelha à forma tradicional de arbitragem (presença de um terceiro escolhido pelas partes ou por terceiro que decide após ouvir os argumentos levantados), mas se desenvolve on-line. Cf. JUNQUILHO, Tainá Aguiar. Resolução on-line de conflitos: limites, eficácia e panorama de aplicação no Brasil. In: NUNES, Dierle; LUCON, Paulo Henrique dos Santos; WOLKART, Erik Navarro. *Inteligência artificial e direito processual*: os impactos da virada tecnológica no direito processual. Salvador: JusPodivm, 2020. p. 189-190.
58. FERRARI, Isabela. In: FERRARI, Isabela (Coord.) *Justiça digital*. São Paulo: Ed. RT, 2020. p. 34.
59. BECKER, Daniel; LAMEIRÃO, Pedro. Online Dispute Resolution (ODR) e a ruptura no ecossistema da resolução de disputas. Direito da Inteligência Artificial. Disponível em: https://direitodainteligenciaartificial.wordpress.com/2017/08/22/online-dispute-resolution-odr-e-a-ruptura-no-ecossistema-da-resolucao-de-disputas/#_ftn5. Acesso em: 22 jul. 2020.

dúvidas; 2) mediação *on-line* (custo de US$ 15 dólares); e 3) arbitragem. O índice de acordo é de 90%, garantindo rapidez na solução e a reputação da empresa.[60]

Assim, Ethan Katsh & Colin Rule conceituam a ODR como sendo a "aplicação da tecnologia da informação e da comunicação para a prevenção, gestão e resolução de disputas". A tecnologia atuaria como uma "quarta parte", substituindo um facilitador humano em algumas tarefas, por exemplo, auxiliando as partes a identificar interesses comuns e resultados aceitáveis.[61]

Como se vê, a ODR não se limita a deslocar as técnicas presenciais de resolução adequada de conflitos para o ambiente virtual, mas realiza outras tarefas que ajudam na prevenção, na gestão e na própria resolução da controvérsia, sendo, pois, bem mais ampla e complexa no tratamento das disputas.[62]

O uso da ODR atualmente possui dimensão transnacional, de modo que se fez necessária a devida regulamentação das atividades, como:

a) **Lei Modelo da UNCITRAL** sobre comércio eletrônico, da Organização das Nações Unidas – Nova York, 1997 – Resolução 51/162 da Assembleia Geral de 16 de dezembro de 1996;

b) **Diretiva 2013/11/UE** do Parlamento Europeu e do Conselho de 21 de maio de 2013, sobre a resolução alternativa de litígios de consumo, que altera o Regulamento (CE) 2006/2004 e a Diretiva 2009/22/CE (Diretiva Ral); e

c) **Regulamento (UE) 524/2013** do Parlamento Europeu e do Conselho de 21 de maio de 2013. Sobre a resolução de litígios de consumo em linha, que altera o regulamento (CE) 2006/2004 e a diretiva 2009/22/CE (regulamento RLL)

No Brasil, vem crescendo o número de *software* de ODR, tanto no setor público como no privado. De acordo com o banco de dados da Associação Brasileira de Lawtechs & Legaltechs (AB2L) – entidade que atua "[...] na educação do mercado, organização e fomento do ecossistema e suporte na construção de um ambiente regulatório propício para a atuação das empresas em um sistema jurídico complexo como o do Brasil"[63],

---

60. BECKER, Daniel; LAMEIRÃO, Pedro. *Online Dispute Resolution (ODR) e a ruptura no ecossistema da resolução de disputas. Direito da Inteligência Artificial.* Disponível em: https://direitodainteligenciaartificial.wordpress. com/2017/08/22/online-dispute-resolution-odr-e-a-ruptura-no-ecossistema-da-resolucao-de-disputas/#_ ftn5. Acesso em: 22 jul. 2020.

61. KATSH, Ethan; RULE, Colin. What We Know and Need to Know About Online Dispute Resolution. 67 S.C. L. REV. 329 (2016). Disponível em: https://www.americanbar.org/content/dam/aba/images/office_president/ katsh_rule_whitepaper.pdf. Acesso em: 21 jul. 2020.

62. O uso da ODR atualmente possui dimensão transnacional, de modo que se fez necessária a devida regulamentação das atividades, por meio das seguintes referências legislativas: a) Lei Modelo da UNCITRAL sobre comércio eletrônico, da Organização das Nações Unidas – Nova York, 1997 – Resolução 51/162 da Assembleia Geral de 16 de dezembro de 1996; b) Diretiva 2013/11/UE do Parlamento Europeu e do Conselho de 21 de maio de 2013, sobre a resolução alternativa de litígios de consumo, que altera o Regulamento (CE) 2006/2004 e a Diretiva 2009/22/CE (Diretiva Ral); e c) Regulamento (UE) n. o 524/2013 do Parlamento Europeu e do Conselho de 21 de maio de 2013, sobre a resolução de litígios de consumo em linha, que altera o regulamento (CE) 2006/2004 e a Diretiva 2009/22/CE (regulamento RLL).

63. Disponível em: Sobre – AB2L. Acesso em: 06 ago. 2023.

tem-se hoje 18 empresas que prestam serviços de resolução de conflitos *on-line*, como Acordo Fechado (plataforma), Concilie *Online* (site), eConciliar (plataforma), Jussto (startup), Mol (startup) e Sem Processo (plataforma).

Para Daniel Becker e Pedro Lameirão, a expansão das ODRs contribui para melhorar o acesso à justiça, aumentar a pacificação social e a reduzir a judicialização de conflitos de natureza simples, mas que representam grande parte dos litígios.[64]

Em termos de experiência de ODR de sucesso, cite-se os projetos implementados pelo Mercado Livre, empresa líder no comércio eletrônico na América Latina. Como o desenvolvimento de ferramentas e canais de ODR, que também oferecem soluções faseadas, tem-se alcançado a resolução de cerca de 8 milhões de disputas por ano[65]. Com isso, a empresa tem se destacado no uso de ODR, inclusive ganhado prêmio nacional, como ocorreu com o Projeto *Action*, vencedor do VII Prêmio Conciliar é Legal do CNJ.[66]

E para além do âmbito privado, o setor público também tem investido em plataforma *on-line* de resolução de conflitos, com é o caso da consumidor.gov[67]. Trata-se de um serviço público, gratuito, que permite a interlocução direta entre consumidores e empresas para solução de conflitos de consumo pela internet. Monitorada pela Secretaria Nacional do Consumidor – Senacon – do Ministério da Justiça, Procons, Defensorias, Ministérios Públicos e, também, por toda a sociedade, a plataforma possibilita a resolução de conflitos de consumo de forma rápida e desburocratizada, sendo que, atualmente, 80% das reclamações são solucionadas pelas empresas, que respondem às demandas dos consumidores em um prazo médio de 7 dias.

A plataforma consumidor.gov tem sido disponibilizada em sites de diversos tribunais brasileiros, sendo que já há decisões judiciais condicionando o seu uso ao prosseguimento da demanda, sob pena de extinção[68]. De fato, a dimensão do acesso à justiça no Brasil precisa ser discutida e repensada, pois a sua amplitude adoeceu o sistema de justiça, que hoje – tão quanto os conflitos – precisa de tratamento.

Outra experiência exitosa foi o uso de uma plataforma *on-line* para solucionar conflitos decorrentes da recuperação judicial da OI. Em parceria com a Fundação Ge-

---

64. BECKER, Daniel; LAMEIRÃO, Pedro. Online Dispute Resolution (ODR) e a ruptura no ecossistema da resolução de disputas. Direito da Inteligência Artificial. Disponível em: https://direitodainteligenciaartificial. wordpress.com/2017/08/22/online-dispute-resolution-odr-e-a-ruptura-no-ecossistema-da-resolucao-de--disputas/#_ftn5. Acesso em: 06 ago. 2023.

65. Sobre o assunto, cf.: MARQUES, Ricardo Dalmaso. A resolução de disputas online (ODR): do comércio eletrônico ao seu efeito transformador sobre o conceito e a prática do acesso à justiça. *Revista de Direito e as Novas Tecnologias*, v. 5/2019, out.- dez. 2019.

66. BRASIL. CONSELHO NACIONAL DE JUSTIÇA. *CNJ premia Mercado Livre por conciliar conflitos antes do processo judicial.* https://www.cnj.jus.br/cnj-premia-mercado-livre-por-conciliar-conflitos-antes-do-proces-so-judicial/. Acesso em: 28 jul. 2020.

67. Confira o seu funcionamento no site: https://consumidor.gov.br/pages/principal/?1595682562411. Acesso em: 28 jul. 2020.

68. MIGALHAS. *Consumidora que não buscou solução consensual com banco tem inicial indeferida.* Disponível em: https://www.migalhas.com.br/quentes/331031/consumidora-que-nao-buscou-solucao-consensual-com--banco-tem-inicial-indeferida. Acesso em: 22 jul. 2020.

tulio Vargas (FGV – RJ), o Tribunal de Justiça do Rio de Janeiro propiciou o acesso à mediação *on-line*, utilizando-se de ambiente digital e multicanal com uso de mensagens de texto, *chat*, áudio e videoconferência realizada pela internet. O sistema de negociação *on-line*, que contemplou credores do Brasil e de Portugal, superou a margem de 46.000 (quarenta e seis mil) acordos homologados.[69]

O êxito do caso serviu de inspiração para edição da Recomendação CNJ 58, de 22 de outubro de 2019[70], que orienta os juízes sobre o uso da mediação, de forma a auxiliar a resolução de todo e qualquer conflito entre o empresário/sociedade, em recuperação ou falidos, e seus credores, fornecedores, sócios, acionistas e terceiros interessados no processo. De acordo com o referido ato normativo (art. 4º), a mediação poderá ser presencial ou *on-line* por meio de plataformas digitais, quando justificada a utilidade ou necessidade.

O CNJ, atento às transformações digitais, por meio da Resolução 358/2020, regulamenta a criação de soluções tecnológicas para a resolução de conflitos pelo Poder Judiciário por meio da conciliação e mediação. Trata-se do sistema informatizado para a resolução de conflitos por meio da conciliação e mediação – SIREC, que deverão ser disponibilizados pelos tribunais, podendo ser por eles desenvolvido ou contratado (art. 1º, § 4º).

Diante disso, alguns tribunais passaram a desenvolver o sistema e outros preferiram contratar uma empresa para atender à finalidade da Resolução, como foi o caso do TJES, que contratou a empresa MOL cuja plataforma é utilizada para a realização das sessões de conciliação e mediação.

Como se vê, embora a funcionalidade das ODR tenha sido projetada para o setor privado[71], a sua utilização também tem sido incorporada ao setor público[72].

No âmbito internacional, Portugal tem importante iniciativa na área do superendividamento, que é o Sistema Público de Apoio à Conciliação no Sobre-Endividamento – SISPACSE. Criado pelo Decreto-Lei 105/2020 e regulamentado pela Portaria 86/2021, possibilita a utilização de um conciliador para promover as sessões informativas e de

---

69. Cf.: CURY, Cesar. Um modelo transdisciplinar de solução de conflitos: direito e tecnologia no processo de recuperação judicial no *leading case* OI S/A. In: NUNES, Dierle; LUCON, Paulo Henrique dos Santos; WOLKART, Erik Navarro. *Inteligência artificial e direito processual*: os impactos da virada tecnológica no direito processual. Salvador: JusPodivm, 2020. p. 83-104.

70. BRASIL. CONSELHO NACIONAL DE JUSTIÇA. *Recomendação 58 de 22/10/2019*. Disponível em: https://atos.cnj.jus.br/atos/detalhar/3070. Acesso em: 25 jul. 2020.

71. Atualmente existem empresas e startups criadas com a finalidade específica de resolução de conflitos, como a Acordo Fechado, Concilie Online, eConciliar, Jussto, Mol e Sem Processo, as quais prestam serviços de resolução de disputas virtualmente. Cf.: BECKER, Daniel; LAMEIRÃO, Pedro. Online Dispute Resolution (ODR) e a ruptura no ecossistema da resolução de disputas. Direito da Inteligência Artificial. Disponível em: https://direitodainteligenciaartificial.wordpress.com/2017/08/22/online-dispute-resolution-odr-e-a-ruptura-no-e-cossistema-da-resolucao-de-disputas/#_ftn5. Acesso em: 22 jul. 2020.

72. Tratando do tema da inserção do ODR nas Cortes e em instituições públicas, cf.: KATSH, Ethan; RABINOVICH-EINY, Orna. *Digital justice*: technology and the internet os disputs. New York: Oxford University Press, 2017. p. 149-169.

negociação entre o devedor e os credores, objetivando o alcance de um acordo e evitando a judicialização do conflito do conflito.[73]

Importante ressaltar, ainda, a Plataforma Regularize da PGFN[74], desenhada para atender fielmente os requisitos da regulamentação da Lei 13.988/2020, que permite uma série de benefícios para quitação de dívidas consideradas irrecuperáveis ou de difícil recuperação. Essa nova plataforma vai receber propostas de quitação de dívidas com a União que são administradas pela Procuradoria-Geral da União (PGU). A PGU é responsável pela cobrança de créditos não tributários, como os ressarcimentos ao Tesouro Nacional e multas fixados em acórdãos do Tribunal de Contas da União (TCU).[75]

7. INTELIGÊNCIA ARTIFICIAL NO PODER JUDICIÁRIO[76]

7.1 Premissas iniciais

O mundo atual vive uma era fortemente influenciada pela tecnologia, com o desenvolvimento de vários mecanismos digitais, caracterizando uma "Sociedade 5.0", em uma fase denominada de "quarta revolução industrial". Essa expressão, que já se encontra incorporada às discussões econômicas e tecnológicas da era moderna, foi cunhada por Klaus Schwab no Fórum Econômico Mundial, nos idos de 2016, para se referir ao impacto da tecnologia na forma de se viver, de trabalhar e se relacionar.[77]

Atualmente, as atividades humanas são cercadas por algoritmos, cujo uso é muito mais complexo, profundo e impactante do que a mera utilização de redes sociais e de ferramentas de pesquisa, pois vão de situações simples, como a previsão do tempo, até a seleção de vagas de emprego, organização de pautas de discussão social e podem mudar, inclusive, o rumo de importantes políticas no contexto social.[78]

Dentre os avanços tecnológicos, destaca-se o desenvolvimento da inteligência artificial. A inteligência artificial é um grande "guarda-chuva", que abriga técnicas e áreas distintas, a melhora da performance, e a delegação de funções que sejam roboticamente

---

73. Disponível em: SISPACSE | Tribunais.org.pt. Acesso em: 06 ago. 2023.
74. Disponível em: Regularize (pgfn.gov.br). Acesso em: 06 ago. 2023.
75. Matéria no site da Advocacia-Geral da União. *AGU disponibiliza plataforma para receber propostas de acordo para pagamentos de dívidas com a União*. Disponível em: AGU disponibiliza plataforma para receber propostas de acordo para pagamentos de dívidas com a União — Advocacia-Geral da União (www.gov.br). Acesso cm. 06 ago. 2023.
76. CABRAL, Trícia Navarro Xavier, SANTIAGO, Hiasmine. Tecnologia e inteligência artificial no poder judiciário. In: ARAÚJO, Valter Shuenquener de; GOMES, Marcus Livio; CANEN, Dori. (Org.). *Inteligência artificial e aplicabilidade prática no Direito*. BRASILIA: CNJ, 2022. v. 1. p. 313-344.
77. De acordo com o autor: "[...] *technological revolution that will fundamentally alter the way we live, work, and relate to one another*". (SCHWAB, Klauss. *Fourth Industrial Revolution*. World Economic Forum. Disponível em: https://www.weforum.org/agenda/archive/fourth-industrial-revolution. Acesso em: 11 abr. 2021).
78. FACHIN, Luiz Edson; SILVA, Roberta Zumblick Martins da. Direito, inteligência artificial e deveres: reflexões e impactos. In: FUX, Luiz; ÁVILA, Henrique; CABRAL, Trícia Navarro Xavier (Coord.). *Tecnologia e justiça multiportas*. São Paulo: Foco, 2021. p. 13-33.

praticáveis, como as que "envolvem repetição, padrões e volumes em atividades não supervisionadas".[79]

Entretanto, a ideia de inteligência artificial não é nova e remonta ao período Aristotélico, em que as lógicas proposicional e dos predicados formaram a base de grande parte do pensamento científico moderno, segundo o qual foi desenvolvido um sistema informal de silogismos para raciocínio, que através de premissas, geravam conclusões[80]. De igual forma, anos depois, Leonardo da Vinci desenvolveu a primeira calculadora mecânica, a fim de substituir os cálculos manuais. Esses exemplos apenas reforçam que a sociedade vem, há séculos, buscando formas de se criar instrumentos para substituição da inteligência humana.

O desenvolvimento dos estudos na área[81] culminou em uma nova forma de vida na atualidade, com um dia a dia permeado por termos extraídos da tecnologia da informação, que são os pilares da inovação, como "Big Data"[82], "Machine Learning" e "Internet of Things" (IoT)[83].

As terminologias não são novas, mas têm ganhado um valor especial em razão do aumento exponencial da capacidade de processamento dos computadores, do acesso a dados para treinamento de máquinas e dos avanços no *machine learning*, em que a máquina aprende a executar certas tarefas.

O Poder Judiciário não está alheio a essas transformações sociais e o uso da tecnologia e da inteligência artificial tem sido uma realidade, com um crescimento tanto nas regulamentações atinente ao tema, quanto nas inovações para melhoria no sistema de justiça.

Nesse sentido, a associação entre tecnologia e inteligência artificial no Judiciário pode abarcar distintas situações, tais como: a) a utilização de Cortes *On-line*, espaços

---

79. ESTEVÃO, Roberto da Freiria; LEONARDO, César Augusto Luiz. Inteligência artificial, motivação das decisões, hermenêutica e interpretação: alguns questionamentos a respeito da inteligência artificial aplicada ao direito. *Revista em Tempo* [online], v. 20, p. 205-232, 2020.

80. COPPIN, Ben. *Inteligência artificial*. Trad. Jorge Duarte Pires Valério. Rio de Janeiro: LTC, 2013, [Livro digital].

81. Nos grandes laboratórios de computação, há muitos anos já existia a idealização de uma "máquina pensante", desde a utilização da Lógica Proposicional e do teste de Turing. Por volta da década de 1940, foram realizados grandes estudos sobre o assunto envolvendo o uso das chamadas "Redes Neurais Artificiais", modelo matemático que se inspirou na estrutura dos organismos inteligentes, que adquiriam conhecimento por meio da experiência e eram compostos por várias unidades de processamento (neurônios artificiais) conectados por canais de comunicação. COPPIN, Ben. *Inteligência artificial*. Trad. Jorge Duarte Pires Valério. Rio de Janeiro: LTC, 2013, [Livro digital].

82. *BIG Data*: O que é, conceito e definição. 07 ago. 2020. Disponível em: https://www.cetax.com.br/blog/big-data/#:~:text=O%20que%20%C3%A9%20Big%20Data,%3A%20Velocidade%2C%20Volume%20e%20Variedade. Acesso em: 13 abr. 2021.

83. Big Data se refere aos dados em grande volume em formatos variados e gerados em grande velocidade, tendo como parâmetro atual a ideia de "5 Vs", ou seja, o Volume, a Velocidade, a Variedade, a Veracidade e o Valor. A "Machine Learning", por sua vez, é a utilização de dados para o aprendizado e, assim, a máquina é treinada para aprender a executar uma determinada tarefa. Por fim, o fenômeno da "internet das coisas", conhecida como "IoT" (abreviação de Internet of Things), descreve a rede de objetos físicos – "coisas" – que são incorporados a sensores, software e outras tecnologias com o objetivo de conectar e trocar dados com outros dispositivos e sistemas pela internet, podendo haver uma conexão entre os softwares e os objetos do dia a dia, tais como eletrodomésticos, carros, termostatos, babás eletrônicas, à internet por meio de dispositivos incorporados, em uma interrelação entre pessoas, processos e coisas. (MORAIS, Izabelly Soares de [et al.]. *Introdução a Big Data e Internet das Coisas (IoT)*. Porto Alegre: SAGAH, 2018 [Livro Digital]).

totalmente virtuais para julgamento das causas, a exemplo do que já fora implementado no Canadá e no Reino Unido, o que paulatinamente vem-se tentando aplicar no Brasil, mas sem a sofisticação prevista nos ordenamentos estrangeiros; b) o uso da inteligência artificial como sistema computacional criado para simular racionalmente a tomada de decisão dos seres humanos, tentando traduzir em algoritmos o funcionamento do cérebro humano e, a título exemplificativo, observam-se mais de setenta programas de inteligência artificial no âmbito dos tribunais; c) o desenvolvimento das "Online Dispute Resolution", mecanismos digitais que operacionalizam o sistema dos métodos adequados de tratamento de conflitos; e) o julgamento exclusivamente realizado por robôs, a exemplo do que foi noticiado em relação à China e Estônia, que teriam criaram robôs para decidirem pequenas causas.[84]

Não há uma definição aceita do que seja a inteligência artificial, tampouco uma conceituação legal. De qualquer modo, ela representa uma forma de imitar a inteligência humana mediante um processo de aprendizado humano em máquinas, o que se mostra de grande relevância tanto para a execução das tarefas diárias da população, quanto para utilização de empresas e órgãos públicos para prestação de serviços em geral.

Traçadas essas premissas iniciais, o presente estudo abordará os principais avanços da tecnologia e da inteligência artificial no âmbito dos tribunais, bem como a sua regulamentação, trazendo, ainda, alguns desafios para a temática.

7.2 Evolução legislativa sobre tecnologia e inteligência artificial no Poder Judiciário

Os temas da inteligência artificial e da inovação no Poder Judiciário vêm ganhando cada vez mais destaque entre a doutrina nacional, justificado pelo atual contexto vivenciado no país, que Dierle Nunes[85] denominou de "virada tecnológica no direito", potencializada pela pandemia da Covid-19, em que se observa um incremento na introdução das tecnologias e da inteligência artificial no campo jurídico.

Nesse sentido, a relação entre inteligência artificial e tribunais pode ser visualizada sob um duplo aspecto que, conforme lições de Fernanda de Carvalho Lage e Fabiano Hartmann Peixoto[86], quais sejam, a inteligência artificial "no" tribunal e a inteligência artificial "como" tribunal.

---

84. GUEDES, Anielle. *Inteligência artificial no tribunal*: da análise de dados ao algoritmo juiz. 21 nov. 2019. Disponível em: https://anielleguedes.blogosfera.uol.com.br/2019/11/21/inteligencia-artificial-no-tribunal--da-analise-de-dados-ao-algoritmo-juiz/?cmpid=copiaecola. Acesso em: 13 abr. 2021.

85. NUNES, Dierle José Coelho; MARQUES, Ana Luiza Pinto Coelho. Inteligência artificial e direito processual: vieses algorítmicos e os riscos de atribuição de função decisória às máquinas. *Revista de Processo*, v. 285, p. 421-447, 2018.

86. LAGE, Fernanda de Carvalho; PEIXOTO, Fabiano Hartmann. A inteligência Artificial nos Tribunais brasileiros: princípios éticos para o uso de IA nos sistemas judiciais. In: PINTO, Henrique Alves; GUEDES, Jefferson Carus; CESAR, Joaquim Pontes de Cerqueira. *Inteligência artificial aplicada ao processo de tomada de decisões*. Belo Horizonte, São Paulo: D'Plácido, 2020. p. 155-171.

A IA "no" tribunal é visualizada como: a) instrumento auxiliar ao advogado, como os referentes à análise de jurisprudência, à realização do perfil do juiz, à previsão do resultado e aos custos do procedimento; e b) assistente no processo de resolução de tarefas repetitivas, útil tanto para os funcionários quanto para os juízes, com desenvolvimento de algoritmos que auxiliam o gerenciamento de arquivos, dispensando que o auxiliar da justiça realize trabalho repetitivo e mecanizado.

Por outro lado, a IA "como" tribunal atua: a) substituindo o juiz no processo de decisão, em verdadeira substituição do magistrado pelo robô; e b) no processo de tomada de decisão, como assistente do juiz, com sistemas que produzem relatórios para auxiliar o julgamento do juiz, mas não estabelece a sentença final sem a visão humana.

O marco legal para a transformação do sistema judiciário brasileiro, movido pela informatização do processo judicial, ocorreu com a Lei 11.419/06, conhecida como a Lei do Processo Eletrônico, que viabilizou a transformação dos "autos físicos" nos "autos digitais". Para tanto, exigiu-se a necessária identificação dos usuários, por meio de certificado digital e a assinatura eletrônica, em obediência à MP 2.200-2/2001.

A Lei 11.419/06 compõe o microssistema legal denominado de "*Direito Processual Eletrônico*", complementada pela Lei 9.800/99, Lei 10.259/01, Lei 13.105/15, MP 2.200-2/2001 e as Resoluções do CNJ 121/2010 e 185/2013, as quais garantem efetiva segurança da tecnologia da informação, objeto constante de preocupação com os dados pessoais veiculados nos autos digitais.

Ainda nesse quadro evolutivo, a Lei 11.280/06 introduziu o artigo 154 do Código de Processo Civil de 1973 vigente à época e disciplinou a possibilidade de os tribunais disciplinarem a comunicação oficial dos atos processuais por meios eletrônicos.

Em sequência, o Código de Processo Civil de 2015 regulamentou a prática eletrônica de atos processuais nos arts. 193 a 199, além de prever a realização de atos por videoconferência ou outro recurso tecnológico de transmissão de sons e imagens em tempo real (arts. 236, § 3o[87], 334, § 7o[88], 385, § 3o[89], 453, § 1o[90], e 937, § 4o[91], do CPC/15).

---

87. Art. 236. [...] § 3o Admite-se a prática de atos processuais por meio de videoconferência ou outro recurso tecnológico de transmissão de sons e imagens em tempo real. (BRASIL. Lei 13.105, de 16 de março de 2015. Institui o Código de Processo Civil. *Diário Oficial da União*. Brasília, DF, 16 mar. 2015 [2021]. Disponível em: http://www.planalto.gov.br/ccivil_03/_ato2015-2018/2015/lei/l13105.htm. Acesso em: 10 mar. 2021).

88. Art. 334. [...] § 7o A audiência de conciliação ou de mediação pode realizar-se por meio eletrônico, nos termos da lei. (BRASIL. Lei 13.105, de 16 de março de 2015. Institui o Código de Processo Civil. *Diário Oficial da União*. Brasília, DF, 16 mar. 2015 [2021]. Disponível em: http://www.planalto.gov.br/ccivil_03/_ato2015-2018/2015/lei/l13105.htm. Acesso em: 10 mar. 2021).

89. Art. 385. [...] § 3o O depoimento pessoal da parte que residir em comarca, seção ou subseção judiciária diversa daquela onde tramita o processo poderá ser colhido por meio de videoconferência ou outro recurso tecnológico de transmissão de sons e imagens em tempo real, o que poderá ocorrer, inclusive, durante a realização da audiência de instrução e julgamento. (BRASIL. Lei 13.105, de 16 de março de 2015. Institui o Código de Processo Civil. *Diário Oficial da União*. Brasília, DF, 16 mar. 2015 [2021]. Disponível em: http://www.planalto.gov.br/ccivil_03/_ato2015-2018/2015/lei/l13105.htm. Acesso em: 10 mar. 2021).

90. Art. 453. [...] § 1o A oitiva de testemunha que residir em comarca, seção ou subseção judiciária diversa daquela onde tramita o processo poderá ser realizada por meio de videoconferência ou outro recurso tecnológico de

No âmbito do Conselho Nacional de Justiça, visualizou-se uma primeira aproximação com a tecnologia a partir da Resolução 261 de 11 de agosto de 2018, que criou o Sistema de Solução Digital da Dívida Ativa, com objetivo melhorar a composição entre o contribuinte e as Fazendas Públicas.[92]

Ademais, a Portaria 25 do CNJ, de 19 de fevereiro de 2019, foi um importante marco para implantação de um laboratório de inovação e um centro de inteligência artificial para atender ao Judiciário, para se criar um espaço de pesquisas e produções, com vistas à padronização dos sistemas e criação de uma política pública de inovação no âmbito de todos os tribunais.

7.3 Sistemas de inteligência artificial no âmbito dos tribunais

Segundo o Painel de Projetos com Inteligência Artificial no Poder Judiciário do Conselho Nacional de Justiça[93], existem 41 projetos sendo desenvolvidos e aplicados em 32 órgãos – Superior Tribunal de Justiça (STJ), Tribunal Superior do Trabalho (TST), Conselho de Justiça Federal (CJF) e Tribunais eleitorais (3), estaduais (14), federais (4) e do trabalho (8).

Por outro lado, em uma pesquisa realizada pela Fundação Getulio Vargas (FGV)[94], há 72 projetos diferentes, em diferentes fases de implementação. A pesquisa contempla o Supremo Tribunal Federal (STF), o Superior Tribunal de Justiça (STJ), o Tribunal Superior do Trabalho (TST), os Tribunais de Justiça Estaduais, os Tribunais Regionais Federais e os Tribunais Regionais do Trabalho, além do Conselho Nacional de Justiça (CNJ).

---

transmissão e recepção de sons e imagens em tempo real, o que poderá ocorrer, inclusive, durante a audiência de instrução e julgamento. (BRASIL. Lei 13.105, de 16 de março de 2015. Institui o Código de Processo Civil. *Diário Oficial da União*. Brasília, DF, 16 mar. 2015 [2021]. Disponível em: http://www.planalto.gov.br/ ccivil_03/_ato2015-2018/2015/lei/l13105.htm. Acesso em: 10 mar. 2021).

91. Art. 937. [...] § 4º É permitido ao advogado com domicílio profissional em cidade diversa daquela onde está sediado o tribunal realizar sustentação oral por meio de videoconferência ou outro recurso tecnológico de transmissão de sons e imagens em tempo real, desde que o requeira até o dia anterior ao da sessão. (BRASIL. Lei 13.105, de 16 de março de 2015. Institui o Código de Processo Civil. *Diário Oficial da União*. Brasília, DF, 16 mar. 2015 [2021]. Disponível em: http://www.planalto.gov.br/ccivil_03/_ato2015-2018/2015/lei/l13105. htm. Acesso em: 10 mar. 2021).

92. BRASIL. Conselho Nacional de Justiça. Resolução 261, de 11 de agosto de 2018. Cria e institui a Política e o Sistema de Solução Digital da Dívida Ativa, estabelece diretrizes para a criação de Grupo de Trabalho Interinstitucional e dá outras providências. Disponível em: https://atos.cnj.jus.br/atos/detalhar/ atos-normativos?documento=2689#:~:text=Cria%20e%20institui%20a%20Pol%C3%ADtica,Interinstitucional%20e%20d%C3%A1%20outras%20provid%C3%AAncias. Acesso em: 10 mar. 2021.

93. BRASIL. CONSELHO NACIONAL DE JUSTIÇA. *Painel de Projetos com Inteligência Artificial no Poder Judiciário*. Disponível em: https://paineisanalytics.cnj.jus.br/single/?appid=29d-710f7-8d8f-47be-8af8-a9152545b771&sheet=b8267e5a-1f1f-41a7-90ff-d7a2f4ed34ea&lang=pt-BR&opt=-ctxmenu,currsel. Acesso em: 06 ago. 2023.

94. SALOMÃO, Luis Felipe (Coord.) *Inteligência artificial*: tecnologia aplicada à gestão dos conflitos no âmbito do Poder Judiciário Brasileiro. Fundação Getulio Vargas, 2020.

Nesse panorama, é possível subdividir os sistemas de inteligência artificial nos tribunais em três grandes grupos: a) as plataformas de reunião de informações; b) os sistemas de organização de petições e temas que vão ao Poder Judiciário e c) as interfaces de auxílio aos serventuários e demais jurisdicionados.

No primeiro grupo, a título exemplificativo, é possível identificar a "LIA", do Conselho da Justiça Federal, que auxilia na recuperação de informações, dúvidas entre outros, através do reconhecimento de linguagem natural (Chatbot); o "Chatbot", do TRE-DF, que presta informações aos eleitores que acessarem o sítio do TRE-DF na internet; e "BEL", do TRE-ES, que utiliza processamento de linguagem natural para responder a um menu de perguntas usuais feitas.

Quando ao segundo grupo, é possível identificar o "ATHOS", do STJ, que examina os processos que possam ser submetidos à afetação para julgamento sob o rito dos recursos repetitivos; e o "VICTOR", do STF, que separa e classifica peças de processos, além de identificar temas de repercussão geral; a "LEIA" do TJMS, que auxilia os gabinetes de primeiro e segundo graus na identificação de possíveis candidatos à vinculação a um dos temas de precedentes em tramitação nos tribunais superiores; e o "ELIS", do TJPE, que realiza a triagem inicial de processos de execução fiscal ajuizados na Vara de Execuções Fiscais da Capital (Recife), verificando aspectos como existência de prescrição, competência diversa e inconsistências cadastrais.

Por fim, quanto ao terceiro grupo, destaca-se o "MANDAMUS", do TJRR, responsável pelo cumprimento de mandados judiciais; e o "ARTIU", do TJDFT, que objetiva fazer o ajuste dos endereços cadastrados nos mandados de forma automática corrigindo possíveis erros.

Conforme já dito anteriormente, há vários projetos em curso em âmbito dos tribunais estaduais, federais e superiores, o que não se permite esgotar e trazer a lista de todos no presente escrito, mas é possível identificar numerosos projetos de Inteligência Artificial para facilitação do serviço de magistrados, de serventuários, de advogados e demais envolvidos no sistema do Poder Judiciário.

7.4   Princípios éticos relacionados à inteligência artificial

O desenvolvimento da inteligência artificial desperta a necessidade de se estabelecer padrões éticos na sua utilização e, nos últimos anos, surgiram alguns instrumentos destinados a essa finalidade. A normativa de destaque é a Carta Portuguesa de Direitos Humanos na Era Digital, de 17 de maio de 2021, que estabelece direitos, liberdades e garantias são aplicáveis ao chamado "ciberespaço".

Ainda no âmbito internacional, a Comissão Europeia para a Eficiência da Justiça (CEPEJ) do Conselho da Europa adotou o primeiro texto europeu que estabelece princípios éticos relacionados ao uso da IA em sistemas judiciais, na sua 31.ª reunião plenária (Estrasburgo, 3 e 4 de dezembro de 2018): a Carta Europeia da CEPEJ de Ética sobre o Uso da Inteligência Artificial em Sistemas Judiciais e seu ambiente.

O objeto da Carta refere-se especificamente ao processamento de decisões e dados judiciais por inteligência artificial como, por exemplo, ferramentas que visam a apoiar os profissionais de direito na realização de pesquisas jurídicas ou de antecipação de resultado de um caso apresentado (chamados instrumentos de justiça preditiva).

A Carta traz cinco princípios fundamentais: a) o princípio do respeito aos direitos fundamentais, a fim de assegurar que a conceção e a aplicação de instrumentos e serviços de inteligência artificial sejam compatíveis com os direitos fundamentais; b) o princípio de não discriminação, a fim de prevenir o desenvolvimento ou a intensificação de qualquer discriminação entre indivíduos ou grupos de indivíduos; c) o princípio de qualidade e segurança, relacionado ao processamento de decisões e dados judiciais, com a utilização de fontes certificadas e dados intangíveis com modelos elaborados de forma multidisciplinar, em ambiente tecnológico seguro; d) o princípio da transparência, imparcialidade e equidade, que torna os métodos de tratamento de dados acessíveis e compreensíveis, e com a necessidade de se autorizar auditorias externas; e e) o princípio "sob controle do usuário", a fim de excluir uma abordagem prescritiva e garantir que os usuários sejam atores informados e controlem as escolhas feitas, evitando o processo de desumanização do sistema judicial.

A Comissão Mundial para a Ética do Conhecimento Científico e Tecnológico (COMEST) da Organização das Nações Unidas para a Educação, Ciência e Cultura (UNESCO) iniciou a recomendação sobre ética da inteligência artificial e doze princípios a norteiam[95-96], quais sejam, a perspectiva de direitos humanos, a inclusão, o florescimento, a autonomia, a explicabilidade, a transparência, o conhecimento e formação, a responsabilidade, a "accontability", a democracia, a boa governança e a sustentabilidade.

Ademais, também se destacam outros instrumentos internacionais sobre o tema, tais como: princípios da OCDE sobre Inteligência Artificial (2019)[97]; Princípios para IA Centrada nos Humanos (2019) do G20 (Declaração Ministerial sobre Comércio e Economia Digital)[98]; o Grupo Independente de Peritos de Alto Nível sobre a Inteligência Artificial criado pela Comissão Europeia em junho de 2018[99]; a Declaração de Toronto, que protege os Direitos à Igualdade e à Não Discriminação em Sistemas de Aprendizado

---

95. UNESCO. *Preliminary study on the ethics of artificial intelligence.* Paris: World Commission on the Ethics of Scientific Knowledge and Technology, 2019. Disponível em: https://unesdoc.unesco.org/ark:/48223/pf0000367823.locale=en. Acesso em: 19 abr. 2021.
96. ARAS, Vladimir. A inteligência artificial e o direito de ser julgado por humanos. In: PINTO, Henrique Alves; GUEDES, Jefferson Carus; CESAR, Joaquim Pontes de Cerqueira. *Inteligência artificial aplicada ao processo de tomada de decisões.* Belo Horizonte, São Paulo: D'Plácido, 2020. p. 85-130.
97. OECD. *OECD Council Recommendation on Artificial Intelligence.* Disponível em https://www.oecd.org/going-digital/ai/principles/. Acesso em: 12 jun. 2021.
98. INTERNATIONAL ORGANIZATIONS. *G20 Ministerial Statement on Trade and Digital Economy.* Disponível em https://www.mofa.go.jp/files/000486596.pdf. Acesso em: 12 jun. 2021.
99. EUROPEAN COMISSION. *Ethics guidelines for -trustworthy AI.* Disponível em: https://ec.europa.eu/digital-singlemarket/en/news/ethics-guidelines-trustworthy-ai. Acesso em: 12 jun. 2021.

por Máquinas (2018)[100]; a Comunicação da Comissão Europeia: Inteligência Artificial para a Europa (2018); as Diretrizes Universais para Inteligência Artificial (Public Voice Coalition, 2018)[101]; a Declaração sobre Ética e Proteção de Dados em Inteligência Artificial (ICDPPC, 2018)[102]; e Asilomar AI Principles (2017).[103]

O Brasil, por sua vez, trouxe a "Estratégia Brasileira de Inteligência Artificial – EBIA", pela Portaria 4.617, de 6 de abril de 2021, por meio do Ministério de Ciência, Tecnologia e Inovações, que, entre outras finalidades, previu em seu artigo 1º o uso consciente e ético da IA para um futuro melhor.

Ademais, o país também possui quatro Projetos de Lei atinentes ao tema, dois de iniciativa da Câmara dos Deputados e dois de iniciativa do Senado Federal. A primeira possui os Projetos de Lei 21/2020[104] e 240/2020[105], ao passo que no segundo tramitam os Projetos de Lei 5.051/2019[106] e 872/2021[107]. O PL 21/2020, da Câmara dos Deputados estabelece princípios, direitos e deveres para o uso de inteligência artificial no Brasil, e dá outras providências, ao passo que o PL 240/2020, apensado ao PL 21/2020, cria uma Lei de Inteligência Artificial, estabelecendo princípios, diretrizes, soluções, programas, entre outras providências.

No âmbito do Senado Federal, o PL 5.051/2019 estabelece os princípios para o uso da Inteligência Artificial no Brasil. O PL 872/2021, por sua vez, dispõe sobre os marcos éticos e as diretrizes que fundamentam o desenvolvimento e o uso da Inteligência Artificial no Brasil.

Os pontos de destaque para os projetos da Câmara dos Deputados são os princípios para o uso responsável da inteligência artificial no país: a finalidade, a centralidade, a não discriminação, a transparência, a segurança e a responsabilização e a prestação de contas.

---

100. *THE Toronto Declaration*. Disponível em: https://www.torontodeclaration.org/declaration-text/english/. Acesso em: 12 jun. 2021.
101. COMISSÃO EUROPEIA. *Comunicação da Comissão Europeia*: Inteligência Artificial para a Europa. Disponível em: https://eur-lex.europa.eu/legal-content/PT/TXT/HTML/?uri=CELEX:52018DC0237&from=EN. Acesso em: 12 jun. 2021.
102. THE PUBLIC VOICE. *Declaração sobre Ética e Proteção de Dados em Inteligência Artificial*. Disponível em: https://thepublicvoice.org/ai-universal-guidelines/. Acesso em: 12 jun. 2021.
103. ASILOMAR CONFERENCE GROUNDS. *Asilomar AI Principles*. Disponível em: https://icdppc.org/wp-content/uploads/2019/04/20180922_ICDPPC40th_AI-Declaration_ADOPTED.pdf. Acesso em: 12 jun. 2021.
104. BRASIL. Câmara dos Deputados. *Projeto de Lei 21 de 2020*. Estabelece princípios, direitos e deveres para o uso de inteligência artificial no Brasil, e dá outras providências. Disponível em: https://www.camara.leg.br/propostas-legislativas/2236340. Acesso em: 12 jun. 2021.
105. BRASIL. Câmara dos Deputados. *Projeto de Lei 240 de 2020*. Cria a Lei da Inteligência Artificial, e dá outras providências. Disponível em: https://www.camara.leg.br/proposicoesWeb/prop_mostrarintegra;jsessionid=node0kbt38p317wg4qp3xc7ada5974668009.node0?codteor=1859803&filename=Avulso+-PL+240/2020. Acesso em: 12 jun. 2021.
106. BRASIL. Senado Federal. *Projeto de Lei 5.051 de 2019*. Estabelece os princípios para o uso da Inteligência Artificial no Brasil. Disponível em: https://www25.senado.leg.br/web/atividade/materias/-/materia/138790. Acesso em: 20 jun. 2021.
107. BRASIL. Senado Federal. *Projeto de Lei 872 de 2021*. Dispõe sobre os marcos éticos e as diretrizes que fundamentam o desenvolvimento e o uso da Inteligência Artificial no Brasil. Disponível em: https://www25.senado.leg.br/web/atividade/materias/-/materia/147434. Acesso em: 20 jun. 2021.

O Senado Federal traz em seu projeto que as soluções de inteligência artificial devem prezar por: respeito à a autonomia das pessoas; compatibilidade com a manutenção da diversidade social e cultural e não restrição de escolhas pessoais de estilo de vida; preservar os vínculos de solidariedade entre os povos e as diferentes gerações; abertura ao escrutínio democrático e permitir o debate e o controle por parte da população; ferramentas de segurança e proteção que permitam a intervenção humana; decisões rastreáveis e sem viés discriminatório ou preconceituoso; seguir padrões de governança que garantam o contínuo gerenciamento e a mitigação dos riscos potenciais da tecnologia.

Verifica-se que há pontos de convergência entre os diplomas, que também vão ao encontro da disciplina dos diplomas estrangeiros, como a segurança nas informações, a isonomia, o respeito à não discriminação, a autonomia do usuário, as boas práticas de governança, temas relevantes que podem solucionar alguns problemas contidos na utilização das ferramentas de IA, como se verá posteriormente.

O fato é que a regulamentação do tema é de grande importância para traçar as diretrizes do bom uso da IA em todos os âmbitos, com as devidas responsabilizações e os padrões éticos do seu uso, tal como ocorre na vida em sociedade cotidiana, o que significa dizer que o mundo virtual não está totalmente dissociado do físico.

7.5   Benefícios da inteligência artificial no poder judiciário

A IA ajuda na implementação de mecanismos de segurança, otimiza processos, melhora a eficiência, proporciona maior agilidade e reduz desperdícios ao meio ambiente. No âmbito do Poder Judiciário, é possível verificar diversas funcionalidades, de acordo com estudo de Fábio Porto[108], como o auxílio nos atos de constrição e busca de pessoas, especialmente do devedor (Sisbajud, Renajud, SIEL, Serasajud, dentre outros); identificação de suspensão por decisões em demandas repetitivas; degravação de audiência; classificação adequadas dos processos, gerando dados estatísticos mais consistentes; na elaboração do relatório dos processos, filtrando as etapas relevantes dos processos; busca de jurisprudência; pronto atendimento ao usuário, com uso, inclusive, de sistemas que podem viabilizar.

A gestão cartorária também é beneficiada, com identificação de pontos de gargalos, processos paralisados, servidores com menor/maior carga de trabalho, otimização de algumas tarefas que eram utilizadas como "tempo morto", como numeração de páginas de processo, identificação de processos para movimentação em lote, atendimento ao usuário sem que seja necessário que este se locomova até a unidade judiciária.

---

108. PORTO, Fábio Ribeiro. O impacto da utilização da inteligência artificial no executivo fiscal: estudo do caso do Tribunal de Justiça do Rio de Janeiro. *Revista Direito e Movimento* [online], v. 17. Disponível em: https://www.emerj.tjrj.jus.br/revistadireitoemovimento_online/edicoes/volume17_numero1/volume17_numero1_142.pdf. Acesso em: 19 abr. 2021.

Nota-se que há um grande avanço na utilização dos sistemas para melhoria tanto na prestação jurisdicional, quanto no trabalho desenvolvido pelos próprios juízes e serventuários e demais auxiliares, entretanto, os mecanismos não estão alheios a críticas e, também, suscitam algumas preocupações, o que é objeto de exame no próximo ponto.

7.6   Aspectos preocupantes da inteligência artificial no judiciário

Não obstante os benefícios trazidos pela utilização da inteligência artificial, a atividade não está alheia a riscos, que envolve a privacidade de dados, de forma que o sistema pode ser vulnerável a ataques, por, muitas vezes, os sistemas contemplarem dados pessoais da população em geral e dos próprios julgadores, serventuários e demais auxiliares da justiça.

Em primeiro lugar, a proteção contra a invasão dos chamados "hackers" é uma medida que se impõe. Viu-se, recentemente, a interrupção nos sistemas do Superior Tribunal de Justiça e do Tribunal de Justiça do Rio Grande do Sul, que, além de inviabilizar todo o sistema dos referidos tribunais, fragiliza a sua confiabilidade e pode ocasionar a perda de todos os dados processuais.

Além disso, a era digital é marcada pelos riscos que a desinformação em massa traz (*fake News* e as *deepfakes*) e ameaça a estabilidade das democracias, a legitimidade das eleições e os direitos sociais, como se viu nas eleições norte-americanas e durante a pandemia da Covid-19. Nesta última, a ampla disseminação de conteúdo falso nas redes sociais dificultou a governança da saúde pública e criou instabilidade na eficiência das políticas epidemiológicas e de promoção da saúde da população.[109]

Outro exemplo relevante é um aplicativo *deepfake* chinês denominado ZAO, que permite transpor o rosto do usuário para qualquer outra imagem. Isso coloca em risco tanto o juiz quanto as partes, em uma audiência ou em um atendimento *on-line*, o que também não pode ser permitido e recai sobre as questões éticas abordadas no tópico anterior.

Ainda no âmbito das questões éticas, verifica-se que se um sistema de IA precisar aprender ou ser ensinado a partir de um conjunto prévio de informações, sem o devido cuidado, a IA absorverá a todos os vieses, preconceitos e injustiças contidos nesse universo de dados fornecidos a ele.

Exemplo disso é a Tay, criada pela Microsoft, colocada à disposição para interação com o público no "twitter". Inicialmente, ela foi concebida para simular manifestações de uma garota adolescente, em interação com outras pessoas na rede social. No entanto, as manifestações da Tay variavam de falas inocentes, como "seres humanos são super legais", a questões preocupantes, como "Hitler estava certo. Eu odeio judeus". Assim, a Microsoft retirou a Tay e apagou todas as suas manifestações.[110]

---

109. ARAS, Vladimir. A inteligência artificial e o direito de ser julgado por humanos. In: In: PINTO, Henrique Alves; GUEDES, Jefferson Carus; CESAR, Joaquim Pontes de Cerqueira. *Inteligência artificial aplicada ao processo de tomada de decisões*. Belo Horizonte, São Paulo: D'Plácido, 2020. p. 85-130.

110. ANDRIGHI, Fátima Nancy; BIANCHI, José Flávio. Reflexões sobre os riscos do uso da inteligência artificial ao processo de tomada de decisões no Poder Judiciário. In: PINTO, Henrique Alves; GUEDES, Jefferson Carus;

Outro ponto relevante também se refere à acessibilidade dos mecanismos, que devem contemplar a inclusão de pessoas hipossuficientes, tanto tecnicamente – que não sabem utilizar as tecnologias –, quanto financeiramente, que não têm condições de adquirir aparelhos eletrônicos para viabilizar suas pretensões, sob pena de as ferramentas representarem verdadeiro óbice à concretização dos direitos.

Nesses termos, os mecanismos devem propiciar um reforço democrático e a afirmação da cidadania, contemplando a todos os jurisdicionados e, caso estes não consigam, que a eles sejam disponibilizados setores específicos para serem auxiliados.

A impossibilidade de acesso de todos os cidadãos às novas tecnologias é algo que também merece estudo, pois este ambiente pode aumentar a desigualdade, em vez de reduzi-la, considerando que em muitos lugares sequer há moradia digna, de modo que a internet sequer é prioridade nessas situações.

Há uma discussão sobre a supressão de postos de trabalho e alteração de tarefas que antes eram feitas manualmente. Assim, coloca-se uma questão relevante: o juiz pode ser substituído por um robô? Todos têm direito a um julgamento justo, sendo um direito da parte ser ouvida pelo juiz, sob pena de ofensa ao princípio do juiz natural? Diante dessas questões, André Vasconcellos Roque[111] traça três premissas básicas para a aplicação de inteligência artificial na tomada de decisões judiciais. A primeira refere-se à publicidade das decisões judiciais, às quais devem conter a informação de que foram tomadas com auxílio de inteligência artificial, para que se exerça o controle e a fiscalização dos atos emanados pelo poder Judiciário.

Segundo Roque, fornecida a informação de que a decisão foi apoiada por mecanismos artificiais, fica mais fácil compreender eventuais vícios de motivação, entre eles a obscuridade, a contradição e a omissão, impugnáveis pela via dos Embargos de Declaração (art. 1.022 do CPC/2015). De mais a mais, é direito do jurisdicionado poder fiscalizar se o caso se adequa ao emprego da inteligência artificial, mecanismo esse cuja utilização deve ser, na medida do possível, submetida ao crivo do contraditório.[112-113]

CESAR, Joaquim Pontes de Cerqueira. *Inteligência artificial aplicada ao processo de tomada de decisões*. Belo Horizonte, São Paulo: D'Plácido, 2020. p. 173-190.

111. ROQUE, André Vasconcellos. *Inteligência artificial na tomada de decisões judiciais*: três premissas básicas. Disponível em: http://genjuridico.com.br/2019/11/27/inteligencia-artificial-decisoes-judiciais/. Acesso em: 18 abr. 2021.

112. O princípio 5 do Código de Ética do Conselho da Europa para o uso de IA nos sistemas de Justiça, nesse sentido, diz que o usuário deve ser informado sobre a utilização de IA no seu processo judicial e tem o direito de objeção e, assim, seu caso é submetido diretamente a um tribunal, por observância ao princípio do juiz natural. (ARAS, Vladimir. A inteligência artificial e o direito de ser julgado por humanos. In: PINTO, Henrique Alves; GUEDES, Jefferson Carus; CESAR, Joaquim Pontes de Cerqueira. *Inteligência artificial aplicada ao processo de tomada de decisões*. Belo Horizonte, São Paulo: D'Plácido, 2020. p. 85-130).

113. O art. 22 do Regulamento Geral de Proteção de Dados da União Europeia prevê a intervenção humana no ciclo decisório (*human-in-the-loop*) e o direito de explicação. O titular dos dados tem direito de não se submeter a "nenhuma decisão tomada exclusivamente com base no tratamento automatizado". (UNIÃO EUROPEIA. *Regulamento [UE] 2016/679 do Parlamento Europeu e do Conselho, de 27 de abril de 2016, relativo à proteção das pessoas singulares no que diz respeito ao tratamento de dados pessoais e à livre circulação desses dados e que*

A segunda premissa refere-se à garantia do acesso à justiça, prevista no inciso XXXV, do art. 5º, da Constituição Federal de 1988 – CF/1988, que, em seu aspecto formal, pressupõe o acesso ao Poder Judiciário, personificado em seus juízes, devidamente aprovados em concurso público de provas e títulos para o ingresso na magistratura. Assim, segundo essa premissa, seria inconstitucional a tomada de decisões exclusivamente por robôs, sem que suas decisões sejam de alguma forma submetida à revisão humana, sendo assegurado pela Carta Magna o direito público subjetivo de acesso aos juízes.

Por fim, a terceira premissa funda-se no entendimento de que a utilização das máquinas ficaria reservada para o fim de auxiliar os juízes, por meio de tarefas laterais, na construção de suas decisões, visando a otimizar o tempo de pesquisas e de identificação de julgamentos inseridos no contexto do novel sistema vinculação aos precedentes judiciais, entre outras situações.

Assim, conjugando a necessidade de motivação específica com a publicidade necessária ao controle dos atos judiciais, sempre que opostos Embargos de Declaração invocando a ocorrência de obscuridade, contradição, omissão ou erro material contra decisão proferida com o auxílio de inteligência artificial assim atestada, estes deverão ser apreciados pelo juiz da causa, sem a utilização de tal mecanismo, sob pena de nulidade.

Conclui-se que há grandes desafios postos no âmbito do Poder Judiciário, que devem ser combatidos e mais bem estudados para que se obtenha um campo de atuação seguro e confiável, não discriminatório, que dê oportunidade de acesso a todos e os tratem na medida de suas desigualdades e com a possibilidade de se obter a melhor solução ao seu caso mediante uma tutela justa, eficiente e adequada.

7.7   Propostas de melhoria do uso da inteligência artificial no Poder Judiciário

O estudo denominado "O futuro da IA no Sistema Judiciário Brasileiro: mapeamento, integração e governança da IA"[114], fez as seguintes recomendações para o desenvolvimento da IA no Brasil: a) estabelecimento de uma Agenda para a IA no Poder Judiciário; b) criação de um Instrumento de Avaliação de IA; c) integração do atual sistema judiciário; d) estímulo a colaboração entre os tribunais; e) fortalecimento da estrutura do INOVA-PJe; f) facilitação da participação segura do setor privado; e g) monitoramento e avaliação do progresso da IA no Poder Judiciário.

O desenvolvimento tecnológico não pode estar dissociado do desenvolvimento humano. Sua construção deve ser iniciada por meio de debates, políticas públicas, análise,

---

revoga a Diretiva 95/46/CE [Regulamento Geral sobre a Proteção de Dados] [Texto relevante para efeitos do EEE]. Disponível em: https://eur-lex.europa.eu/legal-content/PT/TXT/?uri=celex%3A32016R0679. Acesso em: 20 abr. 2021).

114.   D'ALMEIDA, André Correa; BREHM, Katie; HIRABAYASHI, Momori; LANGEVIN, Clara; MUÑOZCANO, Bernardo Rivera; SEKIZAWA, Katsumi; ZHU, Jiayi. *Futuro da IA no sistema judiciário brasileiro*: mapeamento, integração e governança. Traduzido por Matheus Drummond e Matheus de Souza Depieri. New York: 2020.

precaução e paciência. Exige-se transparência para evitar o surgimento da dicotomia entre a aparência e a realidade, o real e o virtual, em relação ao poder de decisão da IA e os princípios da cooperação e da participação processual.[115]

A revolução tecnológica na administração dos tribunais envolve tecnologias dinâmicas e uma nova organização para um salto de produtividade, de modo a construir um moderno sistema de Justiça Digital, garantindo responsabilidade e visibilidade.

Portanto, são necessárias mudanças na prestação de serviços, no acesso rápido à informação, na transparência e no maior desempenho produtivo, pois, como já citado acima, os problemas existem e devem ser combatidos, especialmente por se tratar de um poder que lida diretamente com a vida dos cidadãos.

8. NOTAS CONCLUSIVAS

Não há dúvidas de que os avanços tecnológicos contribuem sobremaneira para a eficiência do Poder Judiciário. Essa revolução gradativa e necessária que tem ocorrido na administração dos tribunais envolve tecnologias dinâmicas e uma nova organização para um salto de produtividade, de modo a construir um moderno sistema de Justiça Digital, garantindo responsabilidade e visibilidade.

Ademais, a forma de demandar, de provar e de decidir ganham novo formato para os sujeitos processuais, alterando o modo como se entrega da prestação jurisdicional. Contudo, o desenvolvimento tecnológico não pode estar dissociado do desenvolvimento humano. Sua construção deve ser iniciada por meio de debates, políticas públicas, análises dos casos concretos, observando-se os problemas que podem ocorrer e na busca pela melhoria de soluções para se obter um melhor sistema de justiça.

Exige-se transparência para evitar o surgimento da dicotomia entre a aparência e a realidade, o real e o virtual, em relação ao poder de decisão da IA e aos princípios da cooperação e da participação processual.

Assim, juízes e servidores devem se capacitar para compreender minimamente esse novo universo, seja porque seu uso é inevitável, seja porque o Judiciário pode ser chamado a decidir conflitos envolvendo o uso de tecnologia e de IA devendo primar pela observância do devido processo legal digital.

---

115. LAGE, Fernanda de Carvalho; Peixoto, Fabiano Hartmann. A inteligência Artificial nos Tribunais brasileiros: princípios éticos para o uso de IA nos sistemas judiciais. In: PINTO, Henrique Alves; GUEDES, Jefferson Carus; CESAR, Joaquim Pontes de Cerqueira. *Inteligência artificial aplicada ao processo de tomada de decisões.* Belo Horizonte, São Paulo: D'Plácido, 2020. p. 155-171.

CAPÍTULO VII
TEMAS DE JUSTIÇA MULTIPORTAS

1
JUSTIÇA MULTIPORTAS, INTERESSE DE AGIR E PRETENSÃO RESISTIDA

1.1 Introdução

O avanço da Justiça Multiportas fez ampliar discussões acerca da exigência da pretensão resistida para possibilitar a judicialização de um conflito.

Isso porque o reconhecimento e a legitimação, pelo ordenamento jurídico nacional, de variados métodos e ambientes de resolução de disputas, fazem com que a ideia de acesso à justiça seja ressignificada, para legitimar as "portas" extrajudiciais de conflitos, redimensionando, ainda, o ingresso na Justiça Estatal, que deve ser objeto de racionalização pelos jurisdicionados, em prol da própria eficiência da justiça.

Assim, questiona-se se seria possível condicionar a demanda judicial à previa tentativa de se solucionar a controvérsia pela via consensual, como forma de releitura do interesse de agir a exigir uma resistência à pretensão pela parte contrária.

Breves notas sobre a natureza do interesse processual[1]

O interesse de agir ou processual, ao lado da legitimidade, está previsto no art. 17, do CPC[2], sendo considerado hipótese de condição da ação. Ele se relaciona com a verificação da necessidade/utilidade e adequação da prestação da tutela jurisdicional. Constitui, assim, um requisito de admissibilidade para o exame do mérito.[3]

Em linhas gerais, acerca dos elementos do interesse de agir[4], tem-se que o fator necessidade está relacionado com a imprescindibilidade de intervenção estatal para a

---

1. O tema foi tratado em CABRAL, Trícia Navarro Xavier. *Ordem pública processual*. Brasília: Gazeta Jurídica, 2015, p. 128-136.
2. Art. 17. Para postular em juízo é necessário ter interesse e legitimidade.
3. Há quem sustente se tratar de único requisito: "[...] partilhamos do entendimento de que tanto a possibilidade jurídica da demanda quanto a legitimidade *ad causam* encontram-se, necessariamente contidas na fórmula geral do interesse de agir, tido assim, como requisito único do provimento jurisdicional final." (BRANDÃO, Fábio Nobre Bueno. *Uma visão atual das condições da ação*: requisitos do provimento final, cit., p. 104).
4. Acerca das diversas concepções doutrinárias do interesse de agir, ver: FREIRE, Rodrigo da Cunha Lima. *Condições da ação*: enfoque sobre o interesse de agir no processo civil brasileiro. 2. ed. rev., atual. e ampl. São Paulo: Ed. RT, 2001. p. 120-136.

solução da controvérsia ou o afastamento de uma lesão de direito[5]. Trata-se de circunstância que visa a impedir a provocação da atividade jurisdicional por simples capricho, para importunar ou intimidar o réu, não podendo ainda utilizar a máquina judiciária para fins de consultoria de teses jurídicas.

Já o aspecto da utilidade exige que haja um aproveitamento prático e efetivo do autor na tutela jurisdicional pleiteada, ou seja, que o coloque em uma situação mais vantajosa, e que não poderá ser ilícita. Por fim, a adequação seria a existência de compatibilidade entre o provimento e o procedimento escolhido pelo autor.[6]

Contudo, percebe-se que o interesse de agir, sob qualquer ângulo que se observe, não se identifica com a ação[7] e, por essa razão, não pode constituir uma de suas condições. Trata-se, na verdade, de um requisito para o exercício da jurisdição, devendo ser qualificado como pressuposto processual.

Explica-se. No que tange ao aspecto da necessidade/utilidade da tutela jurisdicional, o autor, ao provocar a jurisdição, deve demonstrar a idoneidade de sua pretensão, no sentido de ser necessário o amparo judicial para solucionar a situação jurídica exposta, e que, com isso, obterá vantagens práticas, um benefício jurídico efetivo. Não obstante, o autor também deve evidenciar que suas afirmações não decorrem de abuso de direito[8] ou de fins ilícitos.[9]

Todos esses aspectos não se identificam e nem se confundem com o direito material, mas estão no plano do direito processual. Em outros termos, o autor deve expor ao magistrado que possui um motivo legítimo e razoável para demandar, demonstrando, assim, a relevância da utilização do processo. É uma espécie de apresentação de justa causa pelo autor, para justificar a provocação jurisdicional.[10]

---

5. No mesmo sentido: BOSCHI, José Antônio Paganella. As condições da ação e os pressupostos processuais. *Revista Ibero-americana de Ciências Penais*, Porto Alegre, Centro de Estudos Ibero-americano de Ciências Penais (CEIP), v. 2, n. 3, p. 43, maio/ago. 2001.

6. "O interesse de agir é fruto da utilidade potencial da jurisdição, tanto para o autor quanto para o Estado." (FREIRE, Rodrigo da Cunha Lima. *Condições da ação*: enfoque sobre o interesse de agir no processo civil brasileiro, cit., p. 140).

7. Alexandre Câmara entende que enquanto houver a distinção entre ação e processo, não será possível incorporar as condições da ação aos pressupostos processuais (CÂMARA, Alexandre Freitas. *Será o fim da categoria "condição da ação"? Uma resposta a Fredie Didier Júnior*, cit., p. 266).

8. Sobre o tema, consultar: BOVINO, Marcio Lamonica. *Abuso do direito de ação*: a ausência de interesse processual na tutela individual. Curitiba: Juruá, 2012. p. 79-92.

9. Essa vinculação de interesses considerados econômicos ou morais ao direito de ação sofre algumas críticas na doutrina (SALES, Ana Flávia; TAVARES, Fernando Horta; ALVARENGA, Ricardo Machado. Pressupostos processuais e condições da ação executiva: uma proposição fundamentada na garantia constitucional do acesso ao direito. *Direitos fundamentais & Justiça*, Porto Alegre: HS Editora, ano 5, n. 14, p. 264, jan./mar. 2011).

10. "Assim, somente com a apresentação de uma justa causa para a propositura de uma ação poder-se-ia legitimamente exigir do Estado a prestação jurisdicional. Pois, ao contrário, estar-se-ia vedando a todos, e precipuamente aquele inserido na posição de réu ou requerido, sem os mínimos indícios da prática de fatos narrados pelo autor, o livre gozo de seus direitos, premissa maior do Estado Democrático de Direito." (SOARES, Marcos José Porto; DENKER, Tássio Eduardo; ZANARDI, Glaziele; MILLARD, Rafaela Maria. A concretude das condições para o legítimo exercício do direito de ação e as consequências decorrentes. *Revista de Processo*, São Paulo, ano 36, v. 195, p. 419, maio 2011).

Ressalte-se que essa justa causa não se confunde com a causa de pedir, elemento da ação, cuja viabilidade jurídica deve ser analisada juntamente com o pedido, constituindo questão de mérito. A justa causa possui natureza processual e visa a proteger primordialmente o interesse do Estado, para que suas atividades não sejam utilizadas desnecessariamente, de modo que um provimento sobre essa questão possui cognição restrita que não adentra à apreciação do direito material alegado, tendo efeitos endoprocessuais.

Nesse passo, caso o juiz conclua que a intervenção estatal não se faz necessária naquele momento, que o autor não terá qualquer benefício prático com o processo, ou que a finalidade do processo é abusiva ou ilícita, ele não estaria adentrando à lide propriamente dita e nem resolvendo aspectos meritórios, mas apenas decidindo questão atinente à viabilidade do ato de provocar a jurisdição.[11]

Assim, o interesse de agir[12] tem natureza instrumental em relação ao direito substancial[13], de modo que a decisão sobre a questão tem cunho processual, na medida que não afasta ou define a lide.

Como se observa, o que distingue a natureza das chamadas condições da ação é o grau de extensão da cognição do direito material, sendo certo que, no caso do interesse de agir, a limitação é excludente.

No que tange ao aspecto da adequação que se atribui ao interesse processual, deve-se ressaltar que se o termo disser respeito à demonstração do interesse de agir em juízo, o conceito estará embutido na necessidade/utilidade da jurisdição já mencionada, mas se disser respeito à forma, não encontrará nem correspondência com o vocábulo interesse, já que a escolha do procedimento pelo autor não tem o condão de indicar ou medir o seu interesse na tutela jurisdicional, tratando-se apenas de defeito que pode, inclusive, ser corrigido de ofício e que não deve prejudicar o desenvolvimento do processo, e muito menos ensejar a extinção anômala do processo.[14]

---

11. Galeno Lacerda distingue o interesse jurídico, situação que se confunde com a possibilidade jurídica do pedido e com a legitimação para a causa, do interesse puro e simples, considerado como impulso do ato volitivo, que deve ser real e é avaliado objetivamente pelo magistrado, e que, em caso de ausência, não enseja cognição de mérito (LACERDA, Galeno. *Despacho saneador*. 2. ed. Porto Alegre: Sergio Antonio Fabris, 1985. p. 89-93).

12. "São características do interesse de agir: sua autonomia e independência em relação ao interesse substancial; o fato de que é sempre secundário, indireto ou de segundo grau; ser único e imutável, por mais que variem os interesses substanciais afirmados; e ainda ser concreto e atual." (FREIRE, Rodrigo da Cunha Lima, *Condições da ação*: enfoque sobre o interesse de agir no processo civil brasileiro, cit., p. 178).

13. "Interesse de agir é, por isso, um interesse processual, secundário e instrumental com relação ao interesse substancial primário; tem por objeto o provimento que se pede ao juiz como meio para obter a satisfação de um interesse primário lesado pelo comportamento da parte contrária, ou, mais genericamente, pela situação de fato objetivamente existente. Constitui objeto do interesse de agir a tutela jurisdicional e não o bem da vida a que ela se refere." (DIDIER JR., Fredie. *Pressupostos processuais e condições da ação*: o juízo de admissibilidade do processo, cit., p. 281).

14. "Em relação à adequação do provimento (do pedido) ao fim almejado, a situação ou é a) de impossibilidade jurídica do pedido; ou b) o próprio sistema admite a fungibilidade (arts. 805 e 920 do CPC, por exemplo), como de resto deveria ser a regra; ou c) o caso é de erro de nome, corrigível pelo próprio magistrado; ou d) não sendo possível a correção pelo magistrado, deverá ele determinar a alteração do pedido, conforme, aliás, autoriza o art. 264 do CPC." (DIDIER JR., Fredie. *Pressupostos processuais e condições da ação*: o juízo de admissibilidade do processo, cit., p. 287).

Com efeito, a adequação do provimento pedido ao procedimento indicado pelo autor constitui um pressuposto processual intrínseco de validade, sendo perfeitamente sanável e afetando a relação jurídica material.

Assim, a adequação não deve integrar a categoria de interesse processual, embora ambas digam respeito ao processo, e não à ação.

Dessa forma, a análise do interesse de agir, enquanto ato de provocar a jurisdição, compreende apenas a demonstração da necessidade/utilidade da tutela jurisdicional pretendida pelo autor e integra a categoria dos pressupostos processuais[15], cuja ausência leva ao juízo de inadmissibilidade do processo, ensejando a extinção do feito sem resolução do mérito, na forma do artigo 330, III, c/c o artigo 485, I (indeferimento da inicial), ou do artigo 485, IV (ausência de pressuposto de constituição e de desenvolvimento válido e regular do processo), dependendo do momento em que a decisão for proferida, deixando, assim de integrar a categoria das condições da ação (art. 485, VI, do CPC).

Em estudo publicado em 2015 , concluiu-se que as condições da ação deveriam deixar de existir, pois suas hipóteses ou caracterizam um juízo de mérito[16] (impossibilidade jurídica do pedido e legitimidade ordinária)[17], ou então integram os pressupostos processuais (legitimidade extraordinária e interesse processual)[18], sendo mais adequado se falar em apenas em duas categorias autônomas, ou binômio processual: pressupostos processuais e mérito.[19]

---

15. O mesmo se diga em relação às consideradas condições específicas da ação. Nesse sentido: "A nosso ver não existem as denominadas 'condições específicas da ação' (pagamento do preço na adjudicação compulsória, *periculum in mora e fumus boni iuris* na ação cautelar etc.). Todas essas 'condições específicas' são, na verdade, subsumíveis à condição 'genérica' do interesse processual." (NERY JUNIOR, Nelson. Condições da ação. *Revista de Processo*, São Paulo, ano 16, v. 64, p. 38, out./dez. 1991). Também no mandado de segurança, o 'direito líquido e certo' constitui pressuposto processual objetivo, relativo à adequação do procedimento, cuja ausência invalida apenas a utilização do referido instrumento, mas sem afetar o direito material do autor. Sobre o tema, ver: FUX, Luiz. *Mandado de segurança*. Rio de Janeiro: Forense, 2010. p. 46-48.

16. Também entendendo que as condições da ação são questões de mérito, ver: CHIOVENDA, Giuseppe. *Instituições de direito processual civil*. Tradução da 2. ed. italiana de J. Guimarães Menegale; acompanhada de notas de Enrico Tullio Liebman; introdução de Alfredo Buzaid. 2. ed. São Paulo: Saraiva, 1965. v. 1, p. 69.

17. Em outro sentido: "Como se vê, qualquer das três citadas condições de admissibilidade da ação é suscetível de consideração autônoma, inteiramente isolada do mérito da causa. Nenhuma delas se confunde com o mérito, e o seu julgamento terá sempre a mesma natureza, nada importando a fase processual em que seja proferido, nem a necessidade de instrução probatória para que seja pronunciado." (MESQUITA, José Ignácio Botelho de et al. O colapso das condições da ação?: um breve ensaio sobre os efeitos da carência de ação. In: WAMBIER, Luiz Rodrigues; ARRUDA ALVIM WAMBIER, Teresa (Orgs.). *Doutrinas essenciais*: processo civil. Edições Especiais Revista dos Tribunais 100 anos. São Paulo: Ed. RT, 2001. v. 2, p. 263. (Coleção Doutrinas Essenciais).

18. Em posição intermediária sobre o tema, ver: "Reconhece-se que, tanto quanto a ilegitimidade, o reconhecimento de ausência de interesse processual, por desnecessidade da tutela jurisdicional, produz efeito substancial. Também parece perfeitamente razoável aceitar-se certo grau de imutabilidade a esse efeito – o que não significa, todavia, admitir tenha havido julgamento de mérito. Decidir pela inexistência de crise não é o mesmo que resolver a crise." (BEDAQUE, José Roberto dos Santos, *Efetividade do processo e técnica processual*, cit., p. 309).

19. "Daí não se extraia, porém, a impossibilidade de se incluírem esses dois fenômenos em uma categoria mais ampla, a dos requisitos para o pronunciamento de mérito. E isso porque tanto a ausência de pressuposto processual como a falta de 'condições da ação' impedirá o Estado-juiz de prover sobre o mérito da causa (isto é, sobre o objeto do processo)." (CÂMARA, Alexandre Freitas. *Será o fim da categoria "condição da ação"? Uma resposta a Fredie Didier Júnior*, cit., p. 269).

No entanto, pelo Projeto de Novo CPC, houve modificação da legislação original das condições da ação, para retirar a possibilidade jurídica do pedido de suas hipóteses, mas sem deixar expresso se adota a natureza processual ou meritória da questão, mantendo incólume a existência da legitimidade *ad causam* e do interesse de agir[20] como categorias de extinção do feito sem resolução de mérito.[21]

Daí iniciou-se uma nova discussão doutrinária sobre se a real intenção do legislador teria sido atribuir à possibilidade jurídica do pedido a caraterística de verdadeira questão de mérito[22], por resolver por completo a crise do direito material judicializada, ou se a ideia do projeto teria sido aderir à última versão de Liebman, que considerava a possibilidade jurídica do pedido uma espécie integrante do interesse de agir e, nesse caso, continuaria correspondendo a uma causa de decisão de inadmissibilidade.[23]

Também chama atenção dos juristas o fato de o projeto do novo texto legislativo não fazer referência à expressão "condição da ação" e nem "carência da ação", que há muito vem sendo criticada pela doutrina nacional[24]. A opção legislativa também gera

---

20. "Art. 3º. Para propor ou contestar ação é necessário ter interesse e legitimidade". No NCPC: "Art. 17. Para postular em juízo é necessário ter interesse e legitimidade".
21. "O ideal é que também a legitimidade para agir e o interesse processual fossem retirados do âmbito dos casos em que não há resolução de mérito. Nada obstante a teoria da asserção resolva em parte o problema, ao permitir a construção de que a efetiva verificação da ilegitimidade para a causa e da ausência de interesse processual redundem em decisões de mérito, o mais adequado está em desde logo reconhecer-se o fato de que estas categorias pertencem à situação jurídica material deduzida em juízo. Como durante muito tempo se discutiu esse tema e o Código vigente veio, por assim dizer, para pacificá-lo, não basta a simples supressão do inciso VI do art. 467. O mais conveniente é que se explicite no art. 469 que o exame da legitimidade para a causa e do interesse processual implicam resolução do mérito e verdadeira improcedência do pedido." (MARINONI, Luiz Guilherme; MITIDIERO, Daniel. *O projeto do CPC*: críticas e propostas. São Paulo: Ed. RT, 2010. p. 126-127).
22. Nesse sentido: DIDIER JR., Fredie. *Será o fim da categoria "condição da ação"? Um elogio ao projeto do novo Código de Processo Civil*, cit., p. 258. Seguindo o entendimento de que a possibilidade jurídica do pedido deixou de integrar a categoria das condições da ação, ver: MACEDO, Bruno Regis Bandeira Ferreira. Os aspectos procedimentais da petição inicial e da contestação e o novo Código de Processo Civil. In: DIDIER JR., Fredie; MOUTA, José Henrique; KLIPPEL, Rodrigo (Coords.). *O projeto do novo Código de Processo Civil*: estudos em homenagem ao Professor José de Albuquerque Rocha. Salvador: JusPODIVM, 2011. p. 99.
23. "É que, a meu juízo, a ausência de possibilidade jurídica é, na verdade, um caso de falta de interesse de agir. Afinal, aquele que vai a juízo em busca de algo proibido aprioristicamente pelo ordenamento jurídico postula, a rigor, uma providência jurisdicional que não lhe pode trazer qualquer utilidade. E isto nada mais é do que ausência de interesse de agir." (CÂMARA, Alexandre Freitas. Será o fim da categoria "condição da ação"? Uma resposta a Fredie Didier Júnior. *Revista de Processo*, São Paulo, ano 36, v. 197, p. 263, jul. 2011). Também defendendo que o Projeto de novo CPC acolheu a posição de Liebman, que passou a incluir a possibilidade jurídica do pedido no interesse processual, ver: ALMEIDA, Gregório Assagra de; GOMES JUNIOR, Luiz Manoel. *Um novo Código de Processo Civil para o Brasil*: análise teórica e prática da proposta apresentada ao Senado Federal. Rio de Janeiro: GZ, 2010. p. 156.
24. "Ao prevalecer a proposta, não mais haverá razão para o uso, pela ciência do processo brasileira, do conceito 'condição da ação'. A legitimidade *ad causam* e o interesse de agir passarão a ser explicados com suporte no repertório teórico dos pressupostos processuais. [...] A mudança não é pequena. Sepulta-se um conceito que, embora prenhe de defeitos, estava amplamente disseminado no pensamento jurídico brasileiro. Inaugura-se, no particular, um novo paradigma teórico, mais adequado que o anterior, e que, por isso mesmo, é digno de registro e aplauso. É certo que o projeto poderia avançar ainda mais, para reconhecer que a falta de legitimação ordinária implica improcedência do pedido, e não juízo de inadmissibilidade. Mas este texto é para celebrar o avanço e não para lamentar eventual timidez da proposta. [...] A legitimidade extraordinária, e apenas ela, deverá ser compreendida como pressuposto processual de validade, cuja falta leva à extinção sem resolução do

dúvidas sobre a subsistência das condições da ação[25] como categoria autônoma ou se elas passariam a integrar os requisitos de admissibilidade do julgamento de mérito, ou então o próprio mérito.[26]

Porém, a Exposição de Motivos do Anteprojeto do Código de Processo Civil[27] não deixa dúvidas de que a possibilidade jurídica do pedido deixou de integrar o juízo de admissibilidade, para fazer parte do exame de mérito, inclusive com previsão de julgamento liminar de improcedência do pedido[28], prejudicando, assim, todas as dúvidas sobre o assunto.

Portanto, embora o tema ainda crie divergências no âmbito doutrinário, a legislação está aos poucos reconhecendo a verdadeira função dessa técnica processual, inicialmente criada para servir ao direito material, mas que depois foi desvirtuada, ganhando uma dimensão que não se justifica cientificamente, e muito menos no campo pragmático.

De qualquer forma, o interesse processual, além de ser importante para o processo civil, tem sido repensado à luz dos novos contornos do acesso à justiça, o que se verá a seguir.

1.2 A reconfiguração do interesse de agir

A evolução da Justiça Multiportas, que amplia o conceito de acesso à justiça e de jurisdição, aliada à consagração da justiça digital, bem como ao incremento da desjudicialização, são fatores que permitem a resolução de conflitos por diferentes métodos e ambientes, especialmente no campo extrajudicial.

Não obstante, a hiperjudicialização das disputas vem adoecendo o Poder Judiciário, que se encontra assoberbado de processos que não precisariam da justiça estatal para serem solucionados, e que retiram os esforços de demandas que realmente necessitam da judicialização para serem solucionadas adequadamente.

---

mérito." (DIDIER JR., Fredie. *Será o fim da categoria "condição da ação"? Um elogio ao projeto do novo Código de Processo Civil*, cit., p. 259-260).

25. Entendendo que a carência da ação se refere ao processo e não à ação, ver: PACAGNAN, Rosaldo Elias. Breves reflexões sobre as condições da ação. *Revista Jurídica*, Porto Alegre, Editora Notadez, São Paulo, ano 53, n. 331, p. 69, maio 2005.

26. Segundo Leonardo Cunha, o texto dos dispositivos do Projeto de novo CPC, que não prevê os termos "condições da ação" e "carência da ação", indica a opção pela extinção das condições da ação como categoria autônoma do direito processual (CUNHA, Leonardo Carneiro da. Será o fim da categoria "condição da ação"? Uma intromissão no debate travado entre Fredie Didier Jr. e Alexandre Freitas Câmara. *Revista de Processo*, São Paulo, ano 36, v. 198, p. 234, ago. 2011).

27. "Com o objetivo de dar maior rendimento a cada processo, individualmente considerado, e, atendendo a críticas tradicionais da doutrina, deixou, a possibilidade jurídica do pedido, de ser condição da ação. A sentença que, à luz da lei revogada seria de carência da ação, à luz do Novo CPC é de improcedência e resolve definitivamente a controvérsia." (BRASIL. Congresso Nacional. Senado Federal. Comissão de Juristas Responsável pela Elaboração de Anteprojeto de Reforma do Código de Processo Civil. *Anteprojeto do novo Código de Processo Civil*. Brasília: Senado Federal, Presidência, 2010. Disponível em: <http://www.senado.gov.br/senado/novocpc/pdf/anteprojeto.pdf>. Acesso em: 20 jan. 2014).

28. "Art. 333. Nas causas que dispensem a fase instrutória, o juiz, independentemente da citação do réu, julgará liminarmente improcedente o pedido que: [...] IV – for manifestamente improcedente por contrariar o ordenamento jurídico; [...]."

Muitos dos direitos dos consumidores, por exemplo, poderiam ser equacionados na esfera extrajudicial, seja perante o próprio fornecedor, seja mediante o uso de plataforma *on-line* de resolução de controvérsias, como as plataformas Consumidor.gov. br ou Reclame aqui, de forma rápida, barata e eficiente.

Contudo, seja por desconhecimento, por só confiar no Judiciário, e sem fazer qualquer análise econômica do litígio, as partes se utilizam, de maneira prioritária da via judicial, e o que é pior, em varas cíveis residuais ao invés dos Juizados Especiais, mesmo nas causas de pequena complexidade e valor. Essa atitude impensada da sociedade compromete o bom funcionamento da administração judiciária, em prejuízo aos próprios consumidores da justiça.

Diante disso, a doutrina e a jurisprudência passaram a admitir, em algumas hipóteses, que a tentativa prévia de solução consensual se tornasse uma condição de procedibilidade da ação. Neste caso, a judicialização de uma demanda passaria a exigir não só o interesse processual, mas também a resistência da pretensão pela parte contrária, sob pena de extinção do feito, sem resolução do mérito, com fulcro no art. 485, VI, do CPC.

Vale recordar que a 1ª Carta Constitucional do país, de 1824, previa no seu art. 161: "Sem se fazer constar que se tem intentado o meio da reconciliação, não se começará processo algum".

Por sua vez, a Constituição Federal de 1988, ao tratar da justiça desportiva, prevê no art. 217, § 1º que: "O Poder Judiciário só admitirá ações relativas à disciplina e às competições desportivas após esgotarem-se as instâncias da justiça desportiva, regulada em lei.".

No âmbito do Supremo Tribunal Federal (STF), sedimentou-se no Tema 350, de relatoria do Ministro Roberto Barroso, a exigência de prévio requerimento administrativo como condição para o acesso ao Judiciário. Na ementa do julgado, constou a seguinte conclusão: "[...] A instituição de condições para o regular exercício do direito de ação é compatível com o art. 5º, XXXV, da Constituição. Para se caracterizar a presença de interesse em agir, é preciso haver necessidade de ir a juízo [...]."[29]

No mesmo sentido, no Superior Tribunal de Justiça (STJ), ao julgar o Tema 660, concluiu que: "[...] a concessão de benefícios previdenciários depende de requerimento administrativo".[30]

Em caso envolvendo o tema DPVAT, o Supremo Tribunal Federal (STF), no Recurso Extraordinário 839.314.115 , prevê a necessidade de requerimento prévio na instância administrativa nas ações de cobrança do seguro DPVAT, sob o argumento

---

29. BRASIL. Supremo Tribunal Federal, (Tribunal Pleno), Recurso Extraordinário 631240, Rel. Min. Roberto Barroso, julgado em 03/09/2014, Acórdão Eletrônico Repercussão Geral – Mérito DJe-220, Divulg 07/11/2014, Public 10/11/2014 RTJ Vol-00234-01, pp-00220.
30. BRASIL. Superior Tribunal de Justiça. Recurso Especial 1369834/SP, Rel. Min. Benedito Gonçalves, Primeira Seção, julgado em 24/09/2014, DJe 02/12/2014.

de que só haveria de fato pretensão resistida após a realização de uma tentativa prévia por requerimento extrajudicial.[31]

Por sua vez, sobre o assunto DPVAT, o Superior Tribunal de Justiça (STJ), no REsp 1.987.853, de relatoria do Ministro Marco Buzzi, entendeu que é facultado ao juiz analisar a necessidade de prévio pedido administrativo para configurar o interesse de agir na cobrança judicial do DPVAT.[32]

Outra questão analisada, no âmbito do Recurso Especial 1.349.453113 , julgado pelo Superior Tribunal de Justiça, de relatoria do Ministro Luis Felipe Salomão, foi no sentido de que a propositura de ação cautelar de exibição de documentos bancários é cabível como medida preparatória a fim de instruir eventual ação principal, bastando a demonstração de relação jurídica entre as partes, a comprovação de prévio pedido à instituição financeira, não atendido ou decurso de prazo razoável, e o pagamento do custo do serviço. De acordo com o acórdão, o interesse de agir está consubstanciado tanto na própria ação cautelar preparatória quanto no requerimento administrativo realizado previamente à ação judicial junto à instituição financeira. Isso porque ambas as condutas prévias dão utilidade às condutas posteriores.[33]

Também vigora no âmbito dos Tribunais Superiores o entendimento de que, em *habeas data*, é necessário o prévio requerimento administrativo, conforme a Súmula 02/STJ: "Não cabe o habeas data (CF, art. 5º, LXXII, letra 'a') se não houve recusa de informações por parte da autoridade administrativa".

Além desses casos, começaram a surgir decisões que, em demandas de consumo, suspendiam o processo, condicionando o seu prosseguimento à tentativa se solução consensual pelas partes. O TJMA chegou a editar a Resolução GP 43/2017, recomendando que, nas ações judiciais em que for admissível a autocomposição, e que esta não tenha sido buscada na fase pré-processual, o juiz possibilite a busca da resolução do conflito por meio da plataforma pública digital. Após a OAB/MA acionar o Conselho Nacional de Justiça, houve inicialmente decisão reconhecendo não haver impropriedade no ato do TJMA[34]. Contudo, o próprio TJMA revogou a resolução, por meio da Resol-GP – 312021, de modo que a provocação do CNJ perdeu o objeto.

---

31. STF. RE 839.314 – MA, Rel. Ministro Luiz Fux, Data do Julgamento: 10/10/2014. Disponível em: <https://bd.tjmg.jus.br/jspui/bitstream/tjmg/7557/3/STF%20RE%20839314.pdf> Acesso em: 10 mar. 2022.

32. STJ. *É facultado ao juiz analisar a necessidade de prévio pedido administrativo para a cobrança judicial do DPVAT.* Disponível em: https://www.stj.jus.br/sites/portalp/Paginas/Comunicacao/Noticias/19072022-E-facultado--ao-juiz-analisar-a-necessidade-de-previo-pedido-administrativo-para-a-cobranca-judicial-do-DPVAT.aspx. Acesso em: 20 jul. 2023.

33. STJ. Resp 1.349.453 – MS, Rel. Min. Luis Felipe Salomão, Data do Julgamento: 10/12/2014. Disponível em: <https://bd.tjmg.jus.br/jspui/bitstream/tjmg/7693/1/STJ%20REsp%201349453%20Recurso%20Re petitivo.pdf> Acesso em: 10 mar. 2022.

34. *CNJ reconhece que não há impropriedade na Resolução 43/2017 do TJMA.* Tribunal de Justiça do Maranhão. Assessoria de comunicação. 18 set. 2020. Disponível em: https://www.tjma.jus.br/midia/tj/noticia/500837. Acesso em: 01 jan. 2022.

Mas existem iniciativas no legislativo para consolidar o conceito de pretensão resistida para fins de demonstração do interesse processual. Cite-se, por exemplo, disposto no artigo 5º, inciso I, da Lei 12.016/2009, que disciplina o mandado de segurança individual e coletivo e determina que não se concederá mandado de segurança quando se tratar de ato do qual caiba recurso administrativo com efeito suspensivo, independentemente de caução.

A referida Lei é, inclusive, mencionada na justificativa apesentada ao Projeto de Lei 533/2019[35], que acrescenta o parágrafo único ao artigo 17 e § 3º ao artigo 491, ambos do Código de Processo Civil, nos seguintes termos:

"Art. 17.

Parágrafo único: Em caso de direitos patrimoniais disponíveis, para haver interesse processual é necessário ficar evidenciada a resistência do réu em satisfazer a pretensão do autor." (NR)

"Art. 491 (...)

§ 3º Na definição da extensão da obrigação, o juiz levará em consideração a efetiva resistência do réu em satisfazer a pretensão do autor, inclusive, no caso de direitos patrimoniais disponíveis, se o autor, por qualquer meio, buscou a conciliação antes de iniciar o processo judicial." (NR)

Por sua vez, o Projeto de Lei 3.813/2020[36] que tramita na Câmara dos Deputados, dispõe sobre a obrigatoriedade, nos litígios entre particulares que tenham por objeto direitos patrimoniais disponíveis, de realização de sessão extrajudicial de autocomposição prévia à propositura de ação judicial, estabelecendo normas para tanto. De acordo com o Projeto, a não comprovação da realização ou da tentativa de realização da sessão extrajudicial de autocomposição configurará, nos termos dos dispositivos contidos no Código de Processo Civil, ausência de condição da ação na modalidade interesse de agir (art. 17), matéria a ser alegada em preliminar de contestação pelo réu (art. 337, inc. XI), cognoscível de ofício pelo Juiz (art. 337, § 5º), implicando extinção do processo sem resolução do mérito (art. 485, inc. VI).

A questão da exigência da pretensão resistida do réu para caracterizar o interesse processual passa pela análise do acesso à justiça e da inafastabilidade da jurisdição, direito fundamental estabelecido no art. 5º, XXXV, da Constituição Federal.

Isso porque a criação de condição para o regular exercício do direito de ação pode ter a sua constitucionalidade questionada, uma vez que esbarra na garantia do amplo acesso ao Poder Judiciário.

Nesse caso, estaria em análise o elemento necessidade do interesse de agir, que, como visto anteriormente, está relacionado com a imprescindibilidade de intervenção estatal para a solução da controvérsia ou o afastamento de uma lesão de direito.

---

35. O PL encontra-se Aguardando Parecer do Relator na Comissão de Defesa do Consumidor (CDC). Disponível em: https://www.camara.leg.br/proposicoesWeb/fichadetramitacao?idProposicao=2191394. Acesso em: 20 jul. 2023.

36. Disponível em: Documento3 (camara.leg.br). Acesso em: 5 set. 2023.

Porém, a natureza de pressuposto processual defendida é condizente com a premissa de que o interesse de agir se relaciona com o regular exercício da ação e não com o direito de ação em si, este último sempre amplo.

No bojo do julgamento do Leading Case RE 631.240, do Tema 350, que considerou constitucional a exigência de prévio requerimento administrativo como condição para o acesso ao Judiciário, há uma particularidade: no caso do INSS, por lei, a concessão de um direito depende de requerimento pelo beneficiário, não se podendo falar em lesão ou ameaça a tal direito antes da formulação do pedido administrativo.

Em outros termos, se o interessado não tiver uma postura ativa em obter o seu benefício, não resta caracterizado o próprio direito da parte. Assim, o requerimento administrativo junto ao INSS é condição para a constituição do direito que se pretende obter ou discutir. Antes disso, só há intenção.

A questão que se coloca agora é diferente: o reconhecimento do sistema de Justiça Multiportas autoriza a exigência de prévia tentativa de composição entre as partes, mesmo que não haja lei específica trazendo essa condicionante?

A doutrina diverge sobre o tema, sendo que a maioria dos processualistas[37] defende a inconstitucionalidade dessa exigência por afronta à inafastabilidade da jurisdição.

Contudo, após toda evolução legislativa ocorrida, o nosso ordenamento jurídico já poderia pensar em uma solução intermediária, não binária (pode ou não pode).

Isso porque, condicionar todas as demandas, indistintamente da matéria, à demonstração de tentativa de solução prévia pelas partes, pode, de fato, comprometer a administração judiciária o que, em última análise, prejudica o próprio acesso à justiça constitucionalmente protegido, considerando as dificuldades inerentes à duração razoável do processo que impedem uma saída adequada do Poder Judiciário.

Por outro lado, há temas que podem ser repensados à luz de algumas premissas: a) análise econômica do litígio, o que inclui a eficiência e o custo da judicialização; b) a existência de métodos e ambientes já estruturados de solução extrajudicial de disputas, garantindo aos jurisdicionados vias mais adequadas.

Pode-se citar, como exemplo, o caso das relações de consumo, que já dispõe de Procons, Ouvidorias, Serviços de Atendimento ao Cliente, plataformas *on-line* de resolução de conflitos (Consumidor.gov.br e Reclame Aqui), e até mesmo os Cejuscs.

Por sua vez, os conflitos tributários também possuem, dentro dos órgãos públicos, diversos canais de atendimento e de resolução extrajudicial, como é o caso do Portal Regularize da PGFN[38].

---

37. Por todos, confira: TARTUCE, Fernanda. Desnecessidade de tentativas consensuais prévias para configuração do interesse de agir. Coluna: Elas no processo. *Migalhas*. 2021. Disponível em: https://www .migalhas.com. br/coluna/elas-no-processo/356299/tentativas-consensuais-previas-para-configuracao-do-interesse-de-agir. Acesso em: 5 set. 2023.

38. Disponível em: Regularize (pgfn.gov.br). Acesso em: 21 jul. 2023.

1 • JUSTIÇA MULTIPORTAS, INTERESSE DE AGIR E PRETENSÃO RESISTIDA

A partir dessas experiências, seria possível medir o amadurecimento do nosso ordenamento para, por exemplo, tornar obrigatória a tentativa prévia de autocomposição como condição de procedibilidade da ação, como ocorre na Argentina (mediação obrigatória).

1.3   Controle judicial

Conforme já exposto, entende-se que o interesse processual é um requisito que pertence à categoria dos pressupostos processuais, consistindo em uma verificação do juiz sobre a necessidade e utilidade da demanda, na perspectiva de proporcionar o aproveitamento da tutela pela parte e de justificar a movimentação da atividade jurisdicional.

Assim, caberia ao juiz avaliar a congruência entre os fatos alegados na inicial em relação aos propósitos do autor em demandar, e não da pertinência em si da causa de pedir. Por isso, o requisito não está relacionado a aspectos materiais da causa, mas a circunstâncias atinentes ao próprio processo e ao exercício da jurisdição.

Em outros termos, o interesse processual, identificado pela necessidade de provocação do Poder Judiciário para a resolução da controvérsia, por meio da demonstração de motivos legítimos que justifiquem a movimentação da máquina judiciária, visando a um benefício efetivo para o autor, também não se identifica com a ação e, por essa razão, não pode constituir uma de suas condições. Trata-se, como dito, de um requisito para o exercício da jurisdição, devendo ser qualificado como pressuposto processual ligado ao interesse do Estado.

Esse posicionamento afastaria, por si só, a alegação de afronta ao acesso à justiça, já que o interesse de agir não afetaria o direito de ação.

Mas independentemente da posição que se adote (condição da ação ou pressuposto processual), tem-se que, nos casos em que a lei, precedente ou outra fonte normativa, o juiz, identificando que a parte não demonstrou a necessidade que caracteriza o interesse processual, não poderá extinguir de plano feito, devendo sempre oportunizar a regularização da situação para prosseguir com o processo.

Diante disso, o processo pode ficar suspenso pelo prazo conferido pelo juiz para que a parte comprove a tentativa de solução administrativo ou extrajudicial do conflito.

A parte também pode demonstrar que, no caso concreto, não teria condições de promover qualquer comportamento ativo extrajudicialmente, quando, por exemplo, o direito envolvido não comportar autocomposição ou solução administrativa.

A ausência de interesse processual pode ser alegada pela parte interessada ou de ofício pelo magistrado, sendo certo que sua importância para a relação processual termina quando há o saneamento explícito ou implícito e adentra-se à fase instrutória. Nessa oportunidade, qualquer problema relativo ao interesse processual perde força e sentido, sendo mais benéfico para o processo e para as partes o prosseguimento regular do feito, com o exame do mérito.

Portanto, o avanço da Justiça Multiportas fez ampliar discussões acerca da exigência da pretensão resistido para possibilitar a judicialização de um conflito. Seria uma releitura do interesse de agir para condicioná-lo à tentativa prévia de solução de uma controvérsia no Poder Judiciário.

2
JUSTIÇA MULTIPORTAS ELEITORAL

1. PREMISSAS INICIAIS

Conforme já exaustivamente mencionado, a Justiça Multiportas é aplicável a todas as disciplinas jurídicas, inclusive nas que envolvem elevado interesse público.

Contudo, na Justiça Eleitoral, ainda persiste o dogma de que a autocomposição não seria cabível em razão da natureza pública do bem jurídico tutelado, o que não se sustenta.

Isso porque a Justiça Eleitoral é abrangente e exerce as funções jurisdicional, administrativa, consultiva e normativa.

Dessa forma, as questões e conflitos eleitorais podem envolver essas quatro dimensões, e ainda se relacionar de matéria administrativa, civil ou penal, cuja tutela é exercida por meio de seus respectivos instrumentos processuais.

Assim diante de suas peculiaridades, a Justiça Eleitoral merece um olhar diferenciado e formas adequadas de prevenção e tratamento dos conflitos.

E o que se pretende aqui é lançar luzes sobre a possibilidade de autocomposição nessa esfera, com base na análise doutrinária e legislativa em vigor.

2. BREVES NOTAS SOBRE O DIREITO ELEITORAL

O Direito Eleitoral, ramo do Direito Público, tem por objeto "[...] os institutos, as normas e os procedimentos que regulam o exercício do direito fundamental de sufrágio com vistas à concretização da soberania popular, à validação de ocupação de cargos políticos e à legitimação do exercício do poder estatal.".[1]

Possui fontes normativas não estatais (princípios não positivados e negócio jurídico) e estatais, sendo estas as seguintes: a Constituição Federal, tratados e convenções internacionais, o Código Eleitoral (Lei 4.737/65), a Lei de Inexigibilidades (LC 64/90), a Lei dos Partidos Políticos – LPP (Lei 9.096/95), a Lei das Eleições – LE (Lei 9.504/97, as Resoluções do TSE, a Consulta e os Precedentes da Justiça Eleitoral.[2]

---

1. GOMES, José Jairo. *Direito eleitoral*. 18. ed. Revista, atualizada e ampliada. Barueri: Atlas, 2022, p. 31.
2. GOMES, José Jairo. *Direito eleitoral*. 18. ed. Revista, atualizada e ampliada. Barueri: Atlas, 2022, p. 34-37.

Em relação aos seus princípios, é certo que a doutrina diverge acerca da extensão de seu rol. Porém, adota-se, neste trabalho, o rol de princípios estabelecido por José Jairo Gomes, que parte de preceitos constitucionais: soberania popular (arts. 1º, I e 14, *caput*, CF), republicano (art. 1º, *caput*, CF), sufrágio universal (art. 1º, parágrafo único, e 14, caput, CF), legitimidade das eleições (art. 14, § 9º, CF), moralidade para o exercício do mandato (art. 14, § 9º, CF), probidade administrativa (art. 14, § 9º, CF), igualdade ou isonomia (art. 5º, I, e 14, *caput*, CF), pluralismo político (art. 1º, V, CF), liberdades de expressão e informação (arts. 5º, IV, IX e XIV, CF).[3]

A estruturação da Justiça Eleitoral, ramo especializado, está disposta na Constituição Federal[4].

---

3. GOMES, José Jairo. *Direito eleitoral*. 18. ed. Revista, atualizada e ampliada. Barueri: Atlas, 2022, p. 64.
4. Art. 118. São órgãos da Justiça Eleitoral:
   I – o Tribunal Superior Eleitoral;
   II – os Tribunais Regionais Eleitorais;
   III – os Juízes Eleitorais;
   IV – as Juntas Eleitorais.
   Art. 119. O Tribunal Superior Eleitoral compor-se-á, no mínimo, de sete membros, escolhidos:
   I – mediante eleição, pelo voto secreto:
   a) três juízes dentre os Ministros do Supremo Tribunal Federal;
   b) dois juízes dentre os Ministros do Superior Tribunal de Justiça;
   II – por nomeação do Presidente da República, dois juízes dentre seis advogados de notável saber jurídico e idoneidade moral, indicados pelo Supremo Tribunal Federal.
   Parágrafo único. O Tribunal Superior Eleitoral elegerá seu Presidente e o Vice-Presidente dentre os Ministros do Supremo Tribunal Federal, e o Corregedor Eleitoral dentre os Ministros do Superior Tribunal de Justiça.
   Art. 120. Haverá um Tribunal Regional Eleitoral na Capital de cada Estado e no Distrito Federal.
   § 1º – Os Tribunais Regionais Eleitorais compor-se-ão:
   I – mediante eleição, pelo voto secreto:
   a) de dois juízes dentre os desembargadores do Tribunal de Justiça;
   b) de dois juízes, dentre juízes de direito, escolhidos pelo Tribunal de Justiça;
   II – de um juiz do Tribunal Regional Federal com sede na Capital do Estado ou no Distrito Federal, ou, não havendo, de juiz federal, escolhido, em qualquer caso, pelo Tribunal Regional Federal respectivo;
   III – por nomeação, pelo Presidente da República, de dois juízes dentre seis advogados de notável saber jurídico e idoneidade moral, indicados pelo Tribunal de Justiça.
   § 2º – O Tribunal Regional Eleitoral elegerá seu Presidente e o Vice-Presidente- dentre os desembargadores.
   Art. 121. Lei complementar disporá sobre a organização e competência dos tribunais, dos juízes de direito e das juntas eleitorais.
   § 1º – Os membros dos tribunais, os juízes de direito e os integrantes das juntas eleitorais, no exercício de suas funções, e no que lhes for aplicável, gozarão de plenas garantias e serão inamovíveis.
   § 2º – Os juízes dos tribunais eleitorais, salvo motivo justificado, servirão por dois anos, no mínimo, e nunca por mais de dois biênios consecutivos, sendo os substitutos escolhidos na mesma ocasião e pelo mesmo processo, em número igual para cada categoria.
   § 3º – São irrecorríveis as decisões do Tribunal Superior Eleitoral, salvo as que contrariarem esta Constituição e as denegatórias de *habeas corpus* ou mandado de segurança.
   § 4º – Das decisões dos Tribunais Regionais Eleitorais somente caberá recurso quando:
   I – forem proferidas contra disposição expressa desta Constituição ou de lei;
   II – ocorrer divergência na interpretação de lei entre dois ou mais tribunais eleitorais;
   III – versarem sobre inelegibilidade ou expedição de diplomas nas eleições federais ou estaduais;

Vê-se, portanto, que o microssistema eleitoral, fruto do regime democrático, é constituído de características muito peculiares, exigindo do intérprete uma lógica e racionalidade adequada.

3. CONFLITOS DA JUSTIÇA ELEITORAL

Conforme mencionado, a Justiça Eleitoral exerce função jurisdicional, administrativa, consultiva e normativa, e cada uma dessas dimensões é passível de gerar conflitos.

A função administrativa é responsável por preparar, organizar e administrar o processo eleitoral. Nela o juiz eleitoral deve agir de ofício, exercitando o seu poder de polícia, não sendo aplicável o princípio da demanda previsto no art. 2º do CPC.

Trata-se de atividade discricionária, mas que não pode ser exercida com abuso ou desvio de poder. Exemplos da função administrativa seriam: expedição de título eleitoral, transferência de domicílio eleitoral, adoção de medidas para impedir ou cessar propaganda eleitoral irregular.[5]

Esses atos administrativos são passíveis de controle, podendo ensejar um conflito que irá desaguar na esfera judicial.

Assim, embora a existência de conflito não seja caracterizadora da função administrativa, ele pode surgir diante da irregularidade de atos do juiz no exercício de seu poder de polícia, que pode ter como causa a inadequação de uma medida discricionária aplicada (ex. ato abusivo ou com desvio de poder) ou o questionamento de procedimentos requeridos no âmbito da Justiça Eleitoral (ex. informações equivocadas no bojo de pedido de transferência de domicílio).

Nesses casos, o procedimento originalmente administrativo é transformado em judicial, a fim de que seja a questão seja resolvida por meio de atividade jurisdicional.

Por sua vez, a função jurisdicional[6] é responsável pela resolução de conflitos em matéria eleitoral, por meio do processo jurisdicional eleitoral, que deve respeitar as garantias processuais constitucionais.

Registre-se que o art. 15 do CPC[7] estabelece que as normas processuais do Código serão aplicadas supletiva e subsidiariamente quando ausente normas que regulem o processo eleitoral.

IV – anularem diplomas ou decretarem a perda de mandatos eletivos federais ou estaduais;

V – denegarem *habeas corpus*, mandado de segurança, *habeas data* ou mandado de injunção.

5. GOMES, José Jairo. *Direito eleitoral*. 18. ed. Revista, atualizada e ampliada. Barueri: Atlas, 2022, p. 99-100.

6. Segundo Marcelo Abelha Rodrigues e Flávio Cheim Jorge: "[...] a justiça eleitoral exerce uma *função judiciária de jurisdição contenciosa*, quando o objeto do processo contiver uma *lide*, e uma *função judiciária de jurisdição voluntária*, quando a lide não estiver presente. Em ambos os casos há atividade jurisdicional e, um vínculo direito da atividade com a *função eleitoral*, ou seja, a realização de atos e procedimentos que estejam atrelados ao *processo eleitoral* para salvaguarda da democracia participativa." RODRIGUES, Marcelo Abelha; JORGE, Flávio Cheim. *Manual de direito eleitoral*. São Paulo: Ed. RT, 2014, p. 173.

7. Art. 15. Na ausência de normas que regulem processos eleitorais, trabalhistas ou administrativos, as disposições deste Código lhes serão aplicadas supletiva e subsidiariamente.

Dessa forma, as petições dirigidas à Justiça Eleitoral devem observar os requisitos processuais, sob pena de extinção do feito sem resolução do mérito. Daí a necessidade de a parte estar assistida por advogado devidamente constituído.

Os conflitos eleitorais no âmbito judicial podem ter por objeto questões de natureza administrativa, civil ou penal, como prestação de contas, execução de multas, apuração de crimes eleitorais, entre outras possibilidades.

No que tange à função normativa, trata-se de atribuição prevista no art. 1º, parágrafo único, e art. 23, IX, ambos do Código Eleitoral. Essa normatização é materializada por meio de Resoluções do TSE, que devem regular situações gerais, abstratas e impessoais.

Contudo, essa competência normativa do TSE deve observar o disposto na Constituição e nas leis vigentes, bem como ser restrito às matérias permitidas por lei, não podendo legislar sobre temas de competência de outro Poder.

Nesse contexto, a função normativa da Justiça Eleitoral está sujeita ao controle de legalidade e de constitucionalidade, o que, caso ocorra, ensejará um conflito de natureza judicial.

Por fim, a função consultiva pode ser exercida pelo TSE e pelos TREs, nos termos do art. 23, XII, e art. 30, VIII, ambos do Código Eleitoral, possuindo dois requisitos legais: legitimidade do consulente e ausência de vinculação a situações concretas.[8]

Trata-se de efetivo meio de prevenir conflitos que afetem o pleito. A resposta à consulta, sem caráter vinculante, deve ser fundamentada, e pode embasar decisões administrativas e judiciais.[9]

A relevância da consulta tem ganhado novo patamar na doutrina[10], especialmente com o advento do parágrafo único, art. 30, da Lei de Introdução às normas no Direito Brasileiro (LINDB)[11], que prevê o caráter vinculativo da consulta em relação ao próprio órgão a que se destina.

A função consultiva também pode ser objeto de controle jurisdicional, para questionar: a ausência do requisito de admissibilidade (legitimidade de consulente), a existência de defeito substancial (vinculação a caso concreto ou matéria não eleitoral), e, ainda, a presença de defeito formal (falta de fundamentação adequada).

---

8. Há quem indique um terceiro requisito: pertinência da questão jurídica à matéria eleitoral. Cf. CABRAL, Antonio do Passo. *Jurisdição sem decisão: non liquet* e consulta jurisdicional no direito brasileiro. Salvador: JusPODIVM, 2023, p. 137.

9. GOMES, José Jairo. *Direito eleitoral*. 18. ed. Revista, atualizada e ampliada. Barueri: Atlas, 2022, p. 99-103-104.

10. Cf. CABRAL, Antonio do Passo. *Jurisdição sem decisão: non liquet* e consulta jurisdicional no direito brasileiro. Salvador: JusPODIVM, 2023, p. 140.

11. Art. 30. As autoridades públicas devem atuar para aumentar a segurança jurídica na aplicação das normas, inclusive por meio de regulamentos, súmulas administrativas e respostas a consultas.
    Parágrafo único. Os instrumentos previstos no caput deste artigo terão caráter vinculante em relação ao órgão ou entidade a que se destinam, até ulterior revisão.

Portanto, o Direito Eleitoral é campo fértil para gerar conflitos, devendo a ele ser aplicado os preceitos da Justiça Multiportas, em que são disponibilizadas formas eficientes de solução de disputas.

4. JUSTIÇA MULTIPORTAS ELEITORAL

Todos os potenciais conflitos eleitorais são resolvidos pela Justiça Eleitoral, por meio de uma solução imposta pelo juiz. Essa tradição, que também pertencia aos demais ramos do Direito, está sendo afastada para admitir outras formas de prevenção e tratamento de controvérsias, com destaque para o uso de meios autocompositvos.

Com efeito, o princípio da consensualidade é aplicável a todas as disciplinas jurídicas, não sendo o elevado grau de interesse público obstáculo para o alcance de acordos.

E o Direito Eleitoral não foge à regra. Os inúmeros conflitos submetidos à Justiça Eleitoral podem ser resolvidos pelas vias consensuais, seja de natureza administrativa, civil ou penal.

Contudo, o processo eleitoral não previu as formas autocompositivas de resolução de conflitos.

E para piorar, o Tribunal Superior Eleitoral editou a Resolução 23.478, de 10 de maio de 2016,[12] para disciplinar a aplicabilidade da Lei 13.105/2015, no âmbito da Justiça Eleitoral, e de forma explicita dispôs que: "Art. 6º Não se aplicam aos feitos eleitorais as regras relativas à conciliação ou mediação previstas nos arts. 165 e seguintes do Novo Código de Processo Civil.". Ademais, o ato normativo também prevê que: "Art. 11. Na Justiça Eleitoral não é admitida a autocomposição, não sendo aplicáveis as regras dos arts. 190 e 191 do Novo Código de Processo Civil".

Todavia, essa vedação ao uso da autocomposição material e processual vai de encontro a uma tendência mundial e com o movimento de instituir a Justiça Multiportas no Brasil, que prioriza as soluções consensuais, inclusive em questões de elevado interesse público.

Assim, além de ser uma norma destoante, desconsidera que o que já vem sendo concretizado na prática na Justiça Eleitoral, inclusive pelo próprio TSE.

Não obstante, o princípio da consensualidade que se instalou em nosso ordenamento ampliou outro princípio que dele decorre: o da cooperação.

Dessa forma, as diferentes formas de autocomposição (material e processual), bem como os meios cooperativos (endoprocessual, judiciária ou interinstitucional) ensejam alinhamentos que beneficiam a todos os envolvidos e, no caso da Justiça Eleitoral, refletem positivamente na sociedade.

---

12. Disponível em: RESOLUÇÃO Nº 23.478, DE 10 DE MAIO DE 2016. — Tribunal Superior Eleitoral (tse.jus. br). Acesso em: 13 maio 2023.

Desse modo, a especialidade da matéria eleitoral não serve de justificativa para afastar formas mais adequadas de tratamento de conflitos eleitorais.

Portanto, serão analisadas adiante as possibilidades de consenso em matéria eleitoral, desmistificando os dogmas criados em torno do tema.

5. ESPÉCIES AUTOCOMPOSITIVAS NO ÂMBITO ELEITORAL

5.1 Conciliação e mediação

O campo eleitoral, devido aos seus potenciais conflitos, comporta métodos e ambientes de tratamento de conflito que não se resumem ao processo judicial eleitoral e à solução adjudicada pelo juiz. E a prática forense tem comprovado essa afirmativa.

Sobre a conciliação e a mediação, em que pese a inaplicabilidade disposta na Resolução 23.478, de 10 de maio de 2016, já há estudos e iniciativas indicando que são meios plenamente adequados e capazes para a resolução e a prevenção de conflitos no processo eleitoral.

Eduardo Damian, assevera que os referidos métodos autocompositivos possuem compatibilidade sistêmica "[...] resguardada e preservada a intransigibilidade atinente às hipóteses que versam sobre violação grave ao ordenamento jurídico, como nos casos que atingem o núcleo principal do direito eleitoral, composto pela isonomia entre candidatos e a lisura do pleito.". E prossegue o autor dizendo que "[...] é necessária a entrada em vigor de regulamentação sobre o tema por meio de lei federal, a fim de garantir às partes, magistrados e Ministério Público, a segurança jurídica para colaborarem efetivamente para o desfecho consensual de conflitos de natureza eleitoral.".[13]

A primeira parte da afirmação, que trata da impossibilidade de autocomposição acerca do núcleo essencial do Direito Eleitoral, como isonomia dos candidatos, lisura do pleito, aplicação de sanções de cassação de registro ou de mandato, definição de tempo de inelegibilidade, entre outras do gênero,[14] parece absolutamente correta.

Contudo, não se pode concordar com a conclusão de que haveria a necessidade de lei federal para que haja segurança jurídica e aplicação da conciliação e mediação pelos operadores do Direito.

Isso porque já temos um arcabouço amplíssimo de normas federais e de *soft law* que autorizam o uso da conciliação e da mediação em diferentes situações, como o

---

13. DUARTE, Eduardo Damian. *A conciliação como meio adequado de resolução de conflitos no processo eleitoral.* Dissertação (Mestrado) – Universidade do estado do Rio de Janeiro, Faculdade de Direito. 2019, p. 130.
14. DUARTE, Eduardo Damian. **A conciliação como meio adequado de resolução de conflitos no processo eleitoral**. Dissertação (Mestrado). Universidade do estado do Rio de Janeiro, Faculdade de Direito. 2019, p. 130.

próprio Código de Processo Civil e a Lei de Mediação que fazem parte de um sistema consolidado de tratamento adequado de conflitos no nosso ordenamento jurídico.

Dessa forma, seria apropriado o TSE rever o tema e alterar a Resolução 23.478/2016, eliminando essa proibição, cujo entendimento já nasceu superado por força inclusive do que prevê a própria Constituição, em seu preâmbulo, quando diz que a nossa sociedade deve estar comprometida com a solução pacífica das controvérsias.

É evidente que alguns procedimentos eleitorais, pelas suas próprias especificidades, especialmente no tocante à previsão de prazos exíguos, não comportam a autocomposição, que só será aplicável quando for compatível. Mas vedar genericamente a conciliação e a mediação no âmbito eleitoral compromete a própria eficiência da justiça especializada, isolando-a de normas fundamentais absolutamente imprescindíveis para o Estado Democrático de Direito.

A título de exemplo do uso de meios autocompositivos na esfera eleitoral, o Tribunal Regional Eleitoral do Amapá (TRE-AP), quando do preparativo para as eleições de 2018, realizou audiências de conciliação e mediação entre integrantes de partido político na Corregedoria Eleitoral, objetivando proporcionar a solução imediata dos conflitos, bem como a celeridade no procedimento; a diminuição do desgaste emocional dos conflitantes e a ausência de custo financeiro. Participaram da audiência: candidatos, representantes do partido e advogados que deliberaram sobre denúncias e controvérsias na forma da escolha pelo partido sobre a distribuição entre os candidatos da cota do fundo e verba partidários, sobre prestação de contas e outros questionamentos que ocorreram durante a audiência.[15]

Não obstante, a Justiça Eleitoral do Amapá (TRE-AP) solucionou variados conflitos em diversos locais de votação no decorrer das eleições de 2018 no 1º turno (dia 07) e no 2º (dia 28/10), por meio do que chamou de conciliação eleitoral, e ainda por meio da adoção de técnicas pelas mediadoras, como o diálogo coletivo e a sessões privadas e individuais. A iniciativa contou com os profissionais de mediação do Núcleo Permanente de Métodos Consensuais de Solução de Conflitos-Nupemec do Tribunal de Justiça do Amapá (TJAP), com o apoio dos Juízes Eleitorais, e resultou em consensos que permitiram que o pleito eleitoral tivesse sua continuidade no estrito cumprimento da legislação.[16]

Ademais, também há campo fértil para a conciliação em processo relacionado a propaganda eleitoral. Nas eleições municipais de 2020 a 1ª Zona Eleitoral de Araguaína (TER-TO) realizou uma sessão conciliatória no bojo de uma Representação por propa-

---

15. Confira a matéria na íntegra: *TRE-AP realiza audiência de conciliação e mediação com direção de partido político e candidatos*. Disponível em: http://www.tre-ap.jus.br/imprensa/noticias-tre-ap/2018/Setembro/tre-ap-realiza-audiencia-de-conciliacao-e-mediacao-com-direcao-de-partido-politico-e-candidatos. Acesso em: 20 maio 2023.

16. Confira a matéria na íntegra: *Eleições 2018*: Conciliação eleitoral do TRE-AP pacificou conflitos em locais de votação. Disponível em: http://www.tre-ap.jus.br/imprensa/noticias-tre-ap/2018/Novembro/eleicoes-2018-conciliacao-eleitoral-do-tre-ap-pacificou-conflitos-em-locais-de-votacao. Acesso em: 20 maio 2023.

ganda eleitoral veiculada na TV. De acordo com o termo, ambas as partes, em comum consenso, construíram entendimento no sentido de finalizar a presente demanda, tendo o Ministério Público Eleitoral manifestado favorável ao acordo.[17]

Registre-se que, além do alcance de inúmeros consensos de natureza material, a referida experiência contou com a cooperação interinstitucional do Tribunal de Justiça do Amapá, por meio do Núcleo Permanente de Métodos Consensuais de Solução de Conflitos (Nupemec).

Do mesmo modo, as convenções processuais de que trata o art. 190 e o calendário processual[18] previsto no art. 191, ambos do CPC, podem ser úteis no processo eleitoral[19], se limitando, é evidente, às disposições processuais das partes, sem comprometer as prerrogativas do juiz e nem tampouco outros limites como os direitos fundamentais, as garantias processuais, a reserva legal, a administração judiciária e a proteção de terceiros.[20]

Registre-se que o calendário processual consiste em um ajuste entre as partes e o juiz acerca das etapas do processo, podendo ser bastante eficaz para otimização do procedimento, na medida em que dispensa intimações e pré-organiza as datas dos atos processuais.

Há, ainda, possibilidade de consenso em relação à multa eleitoral.[21]

A multa eleitoral possui natureza jurídica de sanção pecuniária, cuja execução está prevista no art. 367 do Código Eleitoral.

Sabe-se que o pedido de parcelamento da multa eleitoral para evitar a inscrição em Dívida Ativa da União constitui uma forma diferenciada de cumprimento de decisão condenatória eleitoral transitada em julgado e vem sendo amplamente admitida na Justiça Eleitoral, nos termos da Lei 9504/1997, bem como da legislação tributária federal Lei 10.522/2002 e Resolução TSE 21.975/2004.

---

17. Confira a notícia: Conciliação: 1ª Zona Eleitoral realiza acordo em processo de propaganda eleitoral. Disponível em: Conciliação: 1ª Zona Eleitoral realiza acordo em processo de propaganda eleitoral — Tribunal Regional Eleitoral do Tocantins (tre-to.jus.br). Acesso em: 15 set. 2023.

18. Sobre o tema, cf.: GOMES, José Jairo. *Direito eleitoral*. 18. ed. Revista, atualizada e ampliada. Barueri: Atlas, 2022, p. 881-883.

19. Em sentido contrário: "Entretanto, com respeito a eventual posição contrária, resguardada a dúvida sobre a competência do TSE para regulamentar ou decidir através de resolução sobre aplicação do processo civil ao processo eleitoral, parece correta a posição da Corte Superior Eleitoral sobre a incompatibilidade de tal instituto, amplo e abstrato, com as regras eleitorais. DUARTE, Eduardo Damian. *A conciliação como meio adequado de resolução de conflitos no processo eleitoral*. Dissertação (Mestrado) – Universidade do estado do Rio de Janeiro, Faculdade de Direito. 2019, p. 117.

20. Sobre o tema, cf.: CABRAL, Trícia Navarro Xavier. *Limites da liberdade processual*. Indaiatuba: Editora Foco, 2019, p. 139-151.

21. Sobre o tema, cf.: CHUCRE, Kelyne Trindade; SILVA, Álvaro Augusto dos Santos da; OLIVEIRA, Edson Costa de. *Os meios alternativos extrajudiciais nos processos eleitorais*: Uma análise da aplicabilidade prática da matéria nas multas eleitorais. Disponível em: https://jus.com.br/amp/artigos/62224/os-meios-alternativos-extrajudiciais-nos-processos-eleitorais. Acesso em: 23 maio 2023.

Trata-se de um direito potestativo do devedor, nos termos do art. 11, § 8º, III, da Lei 9.504/1997 e da Resolução TSE 23.717/2023, e que observa as regras de parcelamento previstas na legislação tributária.

Contudo, a Lei 10.522/2002 que regulamenta o parcelamento, foi alterada pela Lei 13.988/2020 para admitir que o empresário ou a sociedade empresária que tiver o processamento da recuperação judicial deferido, também possa se valer da transação relativa a créditos inscritos em dívida ativa da União, conforme art. 10-C.

Assim, parece evidente que o regramento também pode ser aplicado, nas hipóteses indicadas, aos créditos de natureza eleitoral/sancionatória, uma vez que não compromete a credibilidade das decisões da Justiça Eleitoral, mas somente atenua o seu cumprimento.

Em outra seara eleitoral, interessante observar que, no campo do processo administrativo disciplinar, a autocomposição tem se destacado em atos normativos editados pelos TREs.

A título de exemplo, o Tribunal Regional Eleitoral do Rio de Janeiro possui, desde 2011, a Resolução 779/2011[22], que dispõe sobre o controle da disciplina no âmbito do Tribunal Regional Eleitoral do Rio de Janeiro, já previa mecanismos autocompositivos como o ajustamento de conduta, bem como a conciliação e a mediação.

Já em 2017, após o advento o CPC/2015 e da Lei de Mediação, foi editada a Resolução 979 /2017[23], que altera a Resolução TRE 779/2011, que dispõe sobre o controle da disciplina no âmbito do Tribunal Regional Eleitoral do Rio de Janeiro e prevê a conciliação e a mediação como métodos de solução de conflitos no âmbito dos processos administrativos deflagrados contra servidores. O ato regulamenta o procedimento da conciliação e da mediação, prevendo, inclusive, a possibilidade de a Presidência firmar convênios para a implementação dos métodos e capacitação dos servidores na matéria.

Não obstante, em 2022, foi editado o Ato GP TRE-RJ 33, de 03 de fevereiro de 2022[24], dispondo sobre o Programa de Mediação Organizacional no âmbito do Tribunal Regional Eleitoral do Rio de Janeiro. A iniciativa tem por objetivo auxiliar e estimular a identificar ou desenvolver soluções consensuais para o conflito decorrente do relacionamento interpessoal no trabalho.

Já o TSE, editou a Portaria 1136 de 05 de dezembro de 2022[25], autorizando a celebração de Termo de Ajustamento de Conduta (TAC), nos casos de infração disciplinar de menor potencial ofensivo.

---

22. Disponível em: RESOLUÇÃO Nº 779/11 — Tribunal Regional Eleitoral do Rio de Janeiro (tre-rj.jus.br)
23. Disponível em: 201703231305_arq_123863.pdf. Acesso em: 21 maio 2023.
24. Disponível em: https://www.tre-rj.jus.br/legislacao/compilada/atos-da-presidencia/2022-1/ato-gp-tre-rj-no--33-de-03-de-fevereiro-de-2022. Acesso em: 21 maio 2023.
25. Disponível em: https://www.tse.jus.br/legislacao/compilada/prt/2022/portaria-no-1136-de-05-de-dezem-bro-de-2022. Acesso em: 22 maio 2023.

No mesmo sentido, caminhou o Tribunal Regional Eleitoral do Espírito Santo, que editou a Resolução 9, de 6 de fevereiro de 2023[26], instituindo a política de controle da disciplina de servidores por meio de instrumentos de apuração de fatos e de mediação e dispõe sobre os procedimentos de sindicância e de processo administrativo disciplinar no âmbito do Tribunal Regional Eleitoral do Espírito Santo. O ato normativo regulamenta o uso da conciliação e do ajustamento de conduta.

Ainda no campo administrativo, o TSE editou a Resolução 23.702, de 9 de junho de 2022[27], dispondo sobre a Política de Governança das contratações na Justiça Eleitoral e dá outras providências. No referido ato, há capítulo específico tratando dos meios adequados de resolução de controvérsia, inclusive da autocomposição.

Sabe-se que o uso da conciliação e da mediação no âmbito do processo administrativo não conflita com o disposto no art. 6º, da Resolução TSE 23.478/2016, que trata do processo judicial.

Contudo, as referidas normatizações evidenciam que a Justiça Eleitoral está atenta aos métodos autocompositivos e que poderia avançar para os processos judiciais, resguardados, evidentemente, os casos em que não se admita a solução consensual em razão da incompatibilidade do objeto.

Portanto, métodos autocompositivos como a conciliação, a mediação, as convenções processuais e o ajustamento de conduta poderiam integrar a solução de conflitos eleitorais.

5.2   Cooperação processual e cooperação judiciária

A ideia de cooperação ganhou destaque no CPC/2015, e tem-se mostrado um importante instrumento de eficiência do Poder Judiciário.

E podemos destacar duas modalidades de cooperação que não se excluem, ao contrário podem ser complementares.

A primeira decorre do princípio da cooperação, reconhecido como norma fundamental do processo civil, previsto no art. 6º do CPC, que exige que todos os sujeitos do processo cooperem entre si para o alcance de decisão de mérito justa, efetiva e tempestiva. Trata-se, portanto de cooperação endoprocessual.

Tem-se, ainda, a cooperação judiciária nacional, prevista nos arts. 67 a 69, do CPC, e que prevê um dever de recíproca cooperação entre os órgãos do Poder Judiciário, estadual ou federal, especializado ou comum, em todas as instâncias e graus de jurisdição, inclusive aos tribunais, por meio de seus magistrados e servidores (art. 67).

---

26. Disponível em: RESOLUÇÃO Nº 9, DE 6 DE FEVEREIRO DE 2023. — Tribunal Regional Eleitoral do Espírito Santo (tre-es.jus.br). Acesso em: 21 maio 2023.

27. Disponível em: https://www.tse.jus.br/legislacao/compilada/res/2022/resolu-cao-no-23-702-de-9-de-junho-de-2022?SearchableText=Autocomposicao. Acesso em: 22 maio 2023.

Em outros termos, a cooperação judiciária ocorre entre órgãos distintos e envolve atos externos ao processo, possibilitando diferentes formas de interlocução e auxílio na realização de atividades administrativas ou no exercício de funções jurisdicionais.

O tema da cooperação nacional também foi regulamentado pela Resolução CNJ 350/2020[28], tornando o assunto ainda mais vinculante ao Poder Judiciário.

Importante registrar que a Resolução TSE 23.478, de 10 de maio de 2016, que estabelece diretrizes gerais para a aplicação do CPC no âmbito da Justiça Eleitoral, nada dispõe sobre o tema, não havendo, portanto, qualquer vedação à cooperação processual ou à cooperação judiciária.

No âmbito da Justiça Eleitoral, a cooperação processual constitui um dever dos sujeitos processuais, que devem colaborar para um resultado eficiente do processo. Assim, juiz, ministério público, defensoria pública, advogados, partes e outros sujeitos que eventualmente participem do processo devem observar o princípio da cooperação.

O próprio TSE tem sido protagonista em atos de cooperação, contendo diferentes finalidades, como para: coibir condutas eleitorais vedadas a agentes públicos; consolidação do Banco Nacional de Precedentes; ações ligadas à LGPD; coleta biométrica da população carcerária; enfrentamento da desinformação; entre outras. O mesmo fato tem ocorrido em outros Tribunais Regionais Eleitorais.

O Tribunal Regional Eleitoral do Espírito Santo, em iniciativa pioneira, celebrou em 2023, com diversas entidades públicas e privadas, protocolo de intenções para promoção de igualdade de gênero e combate à violência política contra mulheres.[29]

Assim, no que tange à cooperação judiciária nacional, há inúmeros exemplos profícuos que demonstram a importância do assunto para a Justiça Eleitoral.

Nesse contexto, importante registrar que os dois institutos – cooperação processual e cooperação judiciária – possuem relação estreita com o princípio da consensualidade, na medida em que culminam em colaboração quanto ao pronto atendimento de atos de cooperação solicitados, ou então em acordos de ordem processual, institucional ou interinstitucional em prol de um objeto comum.

5.3 Autocomposição no âmbito penal eleitoral

A Justiça Eleitoral, em sua função jurisdicional, tem atuação em causas cíveis e criminais. Em relação à esfera penal, houve uma significativa ampliação da competência para julgar ações com conexão entre crime comum e crime eleitoral.

---

28. Disponível em: https://atos.cnj.jus.br/atos/detalhar/3556. Acesso em: 22 maio 2023.
29. Disponível em: https://www.tre-es.jus.br/comunicacao/noticias/2023/Marco/tre-es-celebra-protocolo-de--intencoes-para-promocao-de-igualdade-de-genero-e-combate-a-violencia-politica-contra-mulheres?SearchableText=protocolo%20interistitucional%20violencia. Acesso em: 22 maio 2023.

Isso porque o Supremo Tribunal federal (STF), no julgamento do Inquérito 4435/DF, concluiu que compete à Justiça Eleitoral julgar os crimes eleitorais e os comuns que lhe forem conexos – inteligência dos artigos 109, inciso IV, e 121 da Constituição Federal, 35, inciso II, do Código Eleitoral e 78, inciso IV, do Código de Processo Penal.[30]

Em razão desse julgamento, houve a edição da Resolução TSE 23.691/2022, que passou a especificar o rol de crimes comuns que podem ser conexos aos crimes eleitorais e que, portanto, devem ser julgados pela Justiça Eleitoral.

Dessa forma, a Justiça Eleitoral passou a atrair demandas que possuíam outras competências, além dos inquéritos policiais que apuram crimes eleitorais.

Com isso, causas criminais de pequeno, médio e grande potencial ofensivo, sendo que todos eles comportam solução consensual, o que efetivamente vem sendo aplicado.

Os crimes de menor potencial ofensivo comportam a transação penal e a suspensão condicional do processo, nos termos do art. 76 e 89, respectivamente, da Lei 9.099/95. Já os crimes de médio potencial ofensivo podem se valer do acordo de não persecução penal, incorporado ao Código Penal pela Lei 13.964/2019 (Pacote Anticrime, possuindo requisitos próprios. Por sua vez, os crimes de grande potencial ofensivo são contemplados com a possibilidade e colaboração premiada, nos termos da Lei 12.850/2013.

Não bastasse, ainda é possível, no âmbito penal, a aplicação da justiça restaurativa, instituto regulamentado pela Resolução CNJ 225/2016[31] e que tem resultado em acordos com repercussões penais.

Assim, ao menos no campo penal, tem sido recorrente o uso de métodos autocompositivos, demonstrando a abertura da consensualidade para o tratamento adequado de conflitos penais eleitorais.

6. CONCLUSÃO

A Justiça Eleitoral tem se apresentado como campo fértil à ampliação do uso da consensualidade, ao menos em suas dimensões administrativa e jurisdicional.

O dogma da indisponibilidade do interesse público envolvido em matéria eleitoral deve ser superado, uma vez que o nosso ordenamento jurídico tem priorizado a solução pacífica das controvérsias.

Não obstante, benefícios advindos da consensualidade como a desjudicialização, a celeridade, a eficiência e a satisfação dos envolvidos devem impulsionar o uso de métodos adequados de tratamento de conflitos no campo eleitoral.

---

30. Acórdão disponível em: https://portal.stf.jus.br/processos/downloadPeca.asp?id=15340866408&ext=.pdf. Acesso em: 22 maio 2023.
31. Disponível em: https://atos.cnj.jus.br/atos/detalhar/2289. Acesso em: 22 maio 2023.

Ademais, já existem exitosas experiências envolvendo modalidades de acordos e de cooperação judiciária, bem como de diferentes formas de autocomposição no âmbito penal que indicam a abertura da Justiça Multiportas na esfera eleitoral.

Portanto, a Justiça Eleitoral pode evoluir para um modelo mais consensual, seguindo, assim, a tendência já presente nos outros ramos de Justiça.

3
JUSTIÇA MULTIPORTAS
NO ÂMBITO PENAL

1. INTRODUÇÃO

O convívio em sociedade acarreta conflitos, que podem ser de diferentes gravidades e naturezas, exigindo do Estado um aparato legislativo que contemple as diferentes condutas humanas.

A partir da tipificação dos ilícitos e suas consequências jurídicas no campo criminal e, em havendo sua infringência pelo indivíduo, fica a cargo do Poder Judiciário exercer a função jurisdicional, decidindo acerca do enquadramento legal e, também, sobre as penalidades eventualmente aplicáveis à hipótese concreta.

É nesse contexto que surge o Direito Penal para a proteção de bens jurídicos essenciais ao indivíduo e à comunidade, norteado pelos preceitos constitucionais e infraconstitucionais.[1]

E quando um bem jurídico-penal é ameaçado ou violado, aplica-se a penalidade prevista em lei, seja para prevenir ou reprovar o crime, nos termos do art. 59, do Código Penal.

Para que o Estado reaja ao ilícito criminal, necessário de faz observar o devido processo legal, garantindo ao indivíduo um procedimento adequado e que assegure a ampla defesa, nos termos da Constituição e do Código de Processo Penal, sem prejuízo de previsões estabelecidas em leis especiais.

Diante disso, verifica-se que há um elevado grau de interesse público envolvido no campo criminal, seja em razão do bem-jurídico penal tutelado, seja pelas consequências sancionatórias que podem acometer o infrator, que podem ser por meio de penas de privação da liberdade, penas restritivas de direitos e pena de multa.

E a existência de interesse público sempre constituiu um dogma intransponível para a realização de consenso, sob a justificativa de sua absoluta indisponibilidade.

Contudo, com a evolução do Direito Penal, percebeu-se que o encarceramento, na maioria dos casos, não alcança efeitos pedagógicos e nem a ressocialização social, e, também, não reduz a criminalidade. Ao contrário, diante da massificação das prisões,

---

1. PRADO, Luiz Regis. *Bem jurídico-penal e Constituição*. 3. ed. São Paulo: Ed. RT, 2003, p. 65-66.

há seria risco de que pessoas que cometeram crimes de menor potencial ofensivo sejam induzidas à prática de crimes mais graves, gerando um círculo vicioso que definitivamente não representa a melhor resposta que o Estado pode dar à sociedade.

Essa preocupação tem abrangência mundial, tendo levado as Nações Unidas a criarem as Regras de Tóquio (Resolução 45/110 da Assembleia Geral das Nações Unidas)[2], consolidando princípios que estimulem, sempre que possível, a aplicação de medidas não privativas de liberdade, rompendo com a cultura punitivista e promovendo modelo de justiça criminal mais humanizado.

Assim, o Direito Penal começou a admitir formas mais adequadas de tratamento do ilícito penal, proporcionando resultados mais eficazes ao fim que se propõe. Com isso, passou-se a admitir que medidas repressivas fossem substituídas por outras de caráter consensual, trazendo mais proporcionalidade e eficiência ao sistema penal.

De acordo com Flávio da Silva Andrade, a justiça penal consensual possui como fundamentos legitimadores "[...] a dignidade da pessoa humana, a razoável duração do processo e a eficiência". p. 63. Por sua vez, os seus instrumentos e procedimentos: "[...] a) levam a não instauração ou à evitação do processo; b) acarretam a suspensão do processo, com ou sem imposição de condições ao acusado; e c) conduzem à terminação antecipada ou abreviada do processo". p. 74.

Registre-se que a previsão de conciliação constou da Lei 29/1832[3] que dispunha sobre o Código de Processo Penal de primeira instância com disposição provisória acerca da administração da Justiça Civil. Nele, o Juiz de Paz possuía atribuições de pacificar a sociedade (art. 12), mediante a assinatura de termos de comprometimento (termo de bem viver e termo de segurança) por pessoas com comportamentos antissociais ou reprováveis, sob pena de multa, prisão ou outras medidas corretivas. Não obstante, ao tratar de disposição provisória da administração da Justiça Civil, também é conferido ao Juiz de Paz a atividade de conciliação (art. 1º).

O Ministério Público também possui importantes políticas incentivadoras dos meios autocompositivos, inclusive no âmbito penal. O Conselho Nacional do Ministério Público – CNMP editou a Resolução 118/2014[4], que dispõe sobre a Política Nacional de Incentivo à Autocomposição no âmbito do Ministério Público, menciona, em seus *considerandos*, a existência de amplos espaços de negociação na área penal.

Posteriormente, o CNMP editou a Resolução 181/2017[5], tratando da instauração e tramitação do procedimento investigatório criminal a cargo do Ministério Público, em que também estimula a autocomposição no âmbito criminal.

---

2. Disponível em: 6ab7922434499259ffca0729122b2d38-2.pdf (cnj.jus.br). Acesso em: 13 ago. 2023.
3. Disponível em: LIM-29-11-1832 (planalto.gov.br). Acesso em: 13 ago. 2023.
4. Disponível em: Resolucao-118-1.pdf (cnmp.mp.br). Acesso em: 13 ago. 2023.
5. Disponível em: https://www.cnmp.mp.br/portal/images/Resolucoes/Resoluo-181-1.pdf. Acesso em: 15 ago. 2023.

O Conselho Nacional de Justiça também dispõe da política institucional do Poder Judiciário para a promoção da aplicação de alternativas penais, com enfoque restaurativo, em substituição à privação de liberdade, instituída por meio da Resolução 288/2019[6], dispondo que:

> Art. 2º Para os fins desta Resolução, entende-se por alternativas penais as medidas de intervenção em conflitos e violências, diversas do encarceramento, orientadas para a restauração das relações e a promoção da cultura da paz, a partir da responsabilização com dignidade, autonomia e liberdade, decorrentes da aplicação de:
>
> I – penas restritivas de direitos;
>
> II – transação penal e suspensão condicional do processo;
>
> III – suspensão condicional da pena privativa de liberdade;
>
> IV – conciliação, mediação e técnicas de justiça restaurativa;
>
> V – medidas cautelares diversas da prisão; e
>
> VI – medidas protetivas de urgência.

Diante disso, concorda-se com Antonio do Passo Cabral no sentido de que, diante de tantas possibilidades negociais "[...] que levam ao não exercício da ação penal pública ou flexibilizam o procedimento em troca de contrapartidas investigativas e persecutórias, parece-nos claro que o princípio hoje é de disponibilidade da ação penal pública."[7]

Portanto, pretende-se abordar a seguir os principais métodos consensuais aplicáveis à esfera criminal e que foram fruto de evolução legislativa, ideológica e cultural do ordenamento jurídico brasileiro.

2. COMPOSIÇÃO CIVIL, TRANSAÇÃO PENAL E SUSPENSÃO DO PROCESSO

Partindo da premissa de que a Constituição de 1988 privilegia a solução consensual dos conflitos, tem-se que no campo penal o tema parecia de difícil aplicação, considerando o ultrapassado dogma da indisponibilidade do interesse público.

Contudo, a Lei 9.099/1995, que dispõe sobre os Juizados Especiais Cíveis e Criminais trouxe uma nova perspectiva ao assunto, ao prever três medidas despenalizadoras: a composição civil, a transação penal e a suspensão condicional do processo.

Os Juizados Especiais Criminais tratam de infrações penais de menor potencial ofensivo, assim consideradas as contravenções penais e os crimes a que a lei comine pena máxima não superior a 2 (dois) anos, cumulada ou não com multa (art. 61). E entre os seus princípios, insere-se o objetivo de, sempre que possível, promover a reparação dos danos sofridos pela vítima e a aplicação de pena não privativa de liberdade (art. 62).

---

6. Disponível em: https://atos.cnj.jus.br/atos/detalhar/2957. Acesso em: 15 ago. 2023.
7. CABRAL, Antonio do Passo. Colaboração premiada no quadro da teoria geral dos negócios jurídicos. In: *Justiça consensual*: acordos criminais, cíveis e administrativos. Salvador: JusPODIVM, 2022, p. 204.

O procedimento possui uma fase preliminar, com a designação de audiência preliminar, em que participarão autor do fato, vítima, representante do Ministério Público e, se possível, advogados, em que o Juiz esclarecerá sobre a possibilidade de composição dos danos, em proposta que, se aceita, será homologada e resultará em pena não privativa de liberdade (art. 72). A sentença será irrecorrível e terá eficácia de título executivo judicial (art. 74).

A conciliação será conduzida pelo Juiz ou pelo conciliador, sendo que este último é tratado pela Lei como auxiliar da Justiça (art. 73).

Não obtida a composição dos danos civis, ao ofendido será dada a oportunidade de apresentação de representação verbal, reduzida a termo (art. 75). Neste caso, ou na hipótese de ação penal pública incondicionada, o Ministério Público poderá propor transação penal, consistente na aplicação de pena restritiva de direito ou multas (art. 76), que, caso aceita pelo autor da infração e seu defensor (§ 3º), resultará em sentença, que não importará em reincidência (§ 4º) e nem constará em certidão de antecedentes criminais e nem terá efeitos civis (§ 6º).

Em caso de prosseguimento do feito pelo procedimento sumaríssimo, com o oferecimento de denúncia ou queixa, será designada audiência de instrução e julgamento, oportunidade em que será possível a tentativa de conciliação e de proposta pelo Ministério Público, se a referida possibilidade não tiver ocorrido anteriormente (art. 79).

Ademais, prevê o art. 89 que, nos crimes em que a pena mínima cominada for igual ou inferior a um ano, abrangidas ou não pela Lei 9.099/95, o Ministério Público, ao oferecer a denúncia, poderá propor a suspensão do processo, por dois a quatro anos, desde que o acusado não esteja sendo processado ou não tenha sido condenado por outro crime, presentes os demais requisitos que autorizariam a suspensão condicional da pena (art. 77 do Código Penal). Caso a proposta seja aceita pelo acusado e seu defensor, o juiz receberá a denúncia, podendo suspender o processo mediante a imposição de condições (§ 1º). Ao final do prazo, o Juiz declarará extinta a punibilidade (§ 5º).

Como se vê, os Juizados Especiais Criminais trouxeram amplas possibilidades de consenso, com resultados mais condizentes e proporcionais à infração criminal cometida.

3. ACORDO DE LENIÊNCIA

A Lei 12.529/2011[8], em seu art. 1º, "[...] estrutura o Sistema Brasileiro de Defesa da Concorrência – SBDC e dispõe sobre a prevenção e a repressão às infrações contra a ordem econômica, orientada pelos ditames constitucionais de liberdade de iniciativa, livre concorrência, função social da propriedade, defesa dos consumidores e repressão ao abuso do poder econômico.".

---

8. Disponível em: L12529 (planalto.gov.br). Acesso em: 13 ago. 2023.

Nessa estrutura inclui-se o Conselho Administrativo de Defesa Econômica (Cade), uma autarquia federal, que é entidade judicante com jurisdição em todo o território nacional (art. 4º), constituído pelo Tribunal Administrativo de Defesa Econômica (art. 5º, I).

A referida Lei prevê a prática de diversas infrações de ordem econômica (art. 36), com diversas modalidades de sanções administrativas (art. 37).

A possibilidade de autocomposição também está presente em diversas passagens, por meio de termos de compromissos e acordos. Mas para fins penais, o legislador criou o programa de leniência, em que o infrator à ordem econômica poderá firmar acordo de leniência, resultante na colaboração efetiva com as investigações e o processo administrativo (art. 86).

Esse acordo poderá ensejar a extinção da ação punitiva da administração pública ou redução da pena aplicável.

Ademais, a celebração do acordo terá efeitos na seara criminal, em relação aos crimes contra a ordem econômica, na medida em que impõe a suspensão do curso do prazo prescricional e impede o oferecimento da denúncia com relação ao agente beneficiário da leniência, sendo que, cumprido o acordo de leniência pelo agente, extingue-se automaticamente a punibilidade dos crimes a que se refere o *caput* deste artigo (art. 87).

Registre-se que o acordo de leniência também está previsto no âmbito da Lei 12.846/2013, que dispõe sobre a responsabilização administrativa e civil de pessoas jurídicas pela prática de atos contra a administração pública, nacional ou estrangeira.

Portanto, trata-se de importante instrumento de consensualidade, cujo incentivo à autocomposição alcança penalidades administrativas e criminais.

4. COLABORAÇÃO PREMIADA

Na sequência de novidades legislativas, veio a Lei 12.850/2013[9], que define organização criminosa e dispõe sobre os procedimentos e técnicas aplicáveis.

De acordo com o art. 1º, § 1º:

"Considera-se organização criminosa a associação de 4 (quatro) ou mais pessoas estruturalmente ordenada e caracterizada pela divisão de tarefas, ainda que informalmente, com objetivo de obter, direta ou indiretamente, vantagem de qualquer natureza, mediante a prática de infrações penais cujas penas máximas sejam superiores a 4 (quatro) anos, ou que sejam de caráter transnacional."

O Capítulo II, Seção I, trata da colaboração premiada, tendo sofrido alterações pela Lei 13.964/2019 (Pacote Anticrime).

O art. 3º-A diz que o acordo de colaboração premiada é "[...] negócio jurídico processual e meio de obtenção de prova, que pressupõe utilidade e interesse públicos."

---

9. Disponível em: L12850 (planalto.gov.br). Acesso em: 14 ago. 2023.

Antonio do Passo Cabral defende tratar-se de um negócio jurídico com conteúdo material e processual. Material, quando dispõe de situações jurídicas de direito material, como em relação às cláusulas que definem a pena e o regime de cumprimento, e processual no que pertine às situações jurídicas processuais, como as cláusulas que prometem recorrer ou não recorrer.[10]

Em linhas gerais, o procedimento inclui: a) formalização de proposta de negociação; b) processamento em sigilo, mediante assinatura de Termo de Confidencialidade; c) pode ser precedido de instrução; d) necessidade de acompanhamento de advogado ou defensor público; e) pode ocorrer no âmbito do inquérito policial ou mesmo após a sentença; f) o juiz não participa das negociações, realizando o controle judicial posterior; g) renúncia ao direito ao silêncio pelo colaborador nos depoimentos que prestar; e h) o acordo poderá ser rescindido em caso de omissão dolosa sobre os fatos objeto da colaboração.

Como efeito do acordo de colaboração premiada, e desde que alcançados os resultados previstos na Lei, o juiz poderá conceder o perdão judicial, reduzir em até 2/3 (dois terços) a pena privativa de liberdade ou substituí-la por restritiva de direitos daquele que tenha colaborado efetiva e voluntariamente com a investigação e com o processo criminal (art. 4º). Também será possível o não oferecimento da denúncia pelo Ministério Público, nas hipóteses previstas no § 4º, do art. 4º.

Percebe-se, assim, que a colaboração premiada constitui uma autocomposição processual, que tem como objeto a obtenção de meios de prova, e que pode resultar em benefícios sancionatórios ao colaborador.

5. ACORDO DE NÃO PERSECUÇÃO PENAL

O acordo de não persecução penal constitui um método autocompositivo, celebrado entre o Ministério Público e o investigado, que tem como objetivo proporcionar um tratamento mais adequado a crimes de médio potencial ofensivo, evitando o encarceramento.

Conhecido como ANPP, o mecanismo consensual já constava da Resolução CNMP 181/2017, tendo sofrido alterações com a redação dada pela Resolução 183/2018.

Posteriormente, a Lei 13.964/2019[11], conhecida como "Pacote Anticrime", conferiu aperfeiçoamentos à legislação penal e processual penal, e incluiu o instituto do acordo de não persecução penal no Código de Processo Penal.

De acordo com o *caput* do art. 28-A, o ANPP pode ser proposto pelo Ministério Público, desde que atendidos os seguintes requisitos: a) não ser caso de arquivamento

---

10. CABRAL, Antonio do Passo. Colaboração premiada no quadro da teoria geral dos negócios jurídicos. In: *Justiça consensual*: acordos criminais, cíveis e administrativos. Salvador: JusPODIVM, 2022, p. 191.

11. Disponível em: https://www.planalto.gov.br/ccivil_03/_ato2019-2022/2019/lei/l13964.htm. Acesso: 14 ago. 2023.

de inquérito penal e ter o investigado confessado formal e circunstancialmente a prática de infração penal; b) que a infração penal sem violência ou grave ameaça; c) com pena mínima inferior a 4 (quatro) anos; d) que seja necessário e suficiente para a reprovação e prevenção do crime; e e) mediante o ajuste das condições previstas nos incisos I a V, de forma cumulativa e alternativa.

Por sua vez, a Lei prevê hipóteses excludentes do acordo (§ 2º), que são: I – se for cabível transação penal de competência dos Juizados Especiais Criminais, nos termos da lei; II – se o investigado for reincidente ou se houver elementos probatórios que indiquem conduta criminal habitual, reiterada ou profissional, exceto se insignificantes as infrações penais pretéritas; III – ter sido o agente beneficiado nos 5 (cinco) anos anteriores ao cometimento da infração, em acordo de não persecução penal, transação penal ou suspensão condicional do processo; e IV – nos crimes praticados no âmbito de violência doméstica ou familiar, ou praticados contra a mulher por razões da condição de sexo feminino, em favor do agressor.

Dermeval Farias Gomes Filho afirma que o ANPP não constitui um direito subjetivo do acusado, competindo ao Ministério Público avaliar e, de maneira fundamentada, oferecer ou não a proposta[12]. Contudo, o STF, no âmbito do HC 217.275, de relatoria do ministro Edson Fachin,[13] reconheceu que a inovação legislativa deve ser aplicada retroativamente, afetando as investigações criminais e ações penais em andamento, incluindo as já transitadas em julgado, o que pode ser um indicativo de que se trata efetivamente de um direito subjetivo, desde que atendidos os requisitos e condições legais.

Com o ANPP não são se fala em sanção penal em sentido estrito e nem formação judicial de culpa, mas sim condições a serem cumpridas[14], nos termos do § 2º do artigo 28-A, que são individualizadas no acordo. Em outros termos, as condições impostas "[...] não têm natureza de pena, mas sim de equivalestes funcionais da pena, com a finalidade de reprovar e prevenir o crime."[15]

De qualquer forma, deve ser registrado que a disponibilidade pelo Estado do dever de punir deve vir acompanhada de uma resposta penal equivalente, a fim de que a vítima possa ter um sentimento de justiça com a substituição da pena pelo cumprimento de condições estabelecidas pelo órgão legitimado.[16]

---

12. GOMES FILHO, Demerval Farias. *Direito penal negocial*: a legitimação da resposta penal. Salvador: JusPODIVM, 2023, p. 221.
13. Cf. voto disponível em: stf-decide-anpp-oferecido-transito.pdf (conjur.com.br). Acesso em: 7 set. 2023.
14. Nesse sentido: AKERMAN, William. Consenso sobre o destino do processo penal no Brasil e em Portugal. In: AKERMAN, Willian; REIS, Rodrigo Casimiro; MAIA, Maurilio Casas. *Debates contemporâneos da justiça penal*: estudos em homenagem ao ministro Reynaldo Soares da Fonseca. Brasília: Sobredireito, 2023, p. 44-46.
15. GOMES FILHO, Demerval Farias. *Direito penal negocial*: a legitimação da resposta penal. Salvador: JusPODIVM, 2023, p. 219.
16. GOMES FILHO, Demerval Farias. *Direito penal negocial*: a legitimação da resposta penal. Salvador: JusPODIVM, 2023, p. 233.

Trata-se, assim, de importante instituto autocompositivo que se presta a trazer mais racionalidade ao sistema prisional e mais humanização do trato de crimes sem maiores gravidades sociais.

6. JUSTIÇA RESTAURATIVA

A Justiça Restaurativa, já tratada no capítulo da Justiça Autocompositiva tem ganhado relevo no campo criminal, como forma legítima de resolução de conflito.

Demerval Farias Gomes Filho ensina que a racionalidade penal moderna indica que:

> "O modelo de justiça restaurativa, no âmbito penal, propõe um novo paradigma, no qual o crime passa a constituir uma lesão pessoal. Desse modo, o crime deixa de significar somente uma ofensa à lei, e passa a corresponder a uma conduta que, além de contrariar a norma penal, atinge pessoas, provoca danos e afeta os relacionamentos."[17]

A Organização das Nações Unidas – ONU, por intermédio das Resoluções 1.999/26 e 2.000/14 editadas pelo seu Conselho Econômico e Social, estabeleceu diretrizes para o fomento de práticas restaurativas, resultando na Resolução 2.002/12 instituiu os Princípios Básicos para Utilização de Programas de Justiça Restaurativa em Matéria Criminal.

No Brasil, o tema foi abordado na Resolução CNMP Resolução 118/2014, que criou a Política Nacional de Incentivo à Autocomposição no âmbito do Ministério Público, bem como na Resolução CNJ 288/2019, que instituiu a política institucional do Poder Judiciário para a promoção da aplicação de alternativas penais, com enfoque restaurativo, em substituição à privação de liberdade.

Contudo, foi a Resolução CNJ 225/2016 que implementou a Política Nacional de Justiça Restaurativa no âmbito do Poder Judiciário, com foco, inclusive, na esfera penal. Estabelece a regulamentação que:

> "Art. 1º. A Justiça Restaurativa constitui-se como um conjunto ordenado e sistêmico de princípios, métodos, técnicas e atividades próprias, que visa à conscientização sobre os fatores relacionais, institucionais e sociais motivadores de conflitos e violência, e por meio do qual os conflitos que geram dano, concreto ou abstrato, são solucionados de modo estruturado[...]".[18]

Com isso, a Justiça Restaurativa começou a ser difundida e aplicada como forma consensual de resolução de conflitos criminais. Atualmente, é empregada basicamente nas infrações de pequeno e médio potencial ofensivo.

Flávio da Silva Andrade registra que a justiça restaurativa não se confunde com a justiça consensual, pois naquela sobressai o caráter integrador do processo, que se utiliza da conciliação ou da mediação para restaurar os laços e relações afetados pela

---

17. GOMES FILHO, Demerval Farias. *Direito penal negocial*: a legitimação da resposta penal. Salvador: JusPODIVM, 2023, p. 72.

18. Disponível em: atos.cnj.jus.br/atos/detalhar/atos-normativos?documento=2289. Acesso em: 7 ago. 2023.

prática delitiva, estimulando-se a participação ativa da vítima e do agressor na resolução do conflito criminal. Já a justiça consensual busca a cooperação entre os sujeitos processuais, que passam a buscar soluções mais céleres e equânimes para o Estado, a sociedade e o acusado.[19]

Não obstante, a ferramenta também tem sido aplicada em casos de crimes mediante emprego de violência ou grave ameaça.

Com efeito, já são observados importantes julgados que se utilizam de práticas restaurativas na aplicação do direito penal, como foi constatado em uma sentença brilhante proferida por uma juíza do TJPR (que em razão do sigilo não será referenciado), em situação envolvendo roubo majorado com emprego de simulacro de arma de fogo e concurso de agentes, em que houve acordo restaurativo. No caso, a pena de prisão e multa como resposta penal foi substituída pela improcedência da demanda e absolvição do réu, com fundamento na perda superveniente de justa causa, o atingimento da pacificação social entre os envolvidos e a desnecessidade de sanção penal.

Registre-se, ainda, que a Justiça Restaurativa acomoda uma série de mecanismos e práticas, o que inclui a mediação penal. Leonardo Sica dá como exemplo de aplicação a mediação penitenciária, no âmbito dos presídios, "[...] com a finalidade de melhorar as condições de cumprimento da pena e viabilizar benefícios ao condenado."[20]

Portanto, tem-se no campo penal amplas possibilidades autocompositivas, com funções restaurativa, despenalizadoras e humanizadora.

---

19. ANDRADE, Flávio da Silva. *Justiça penal consensual*: controvérsias e desafios. 2. ed. Revista, atualizada e ampliada. Salvador: JusPodivm, 2022, p. 59-60.
20. SICA, Leonardo. *Justiça restaurativa e mediação penal*: o novo modelo de justiça criminal e de gestão do crime. Rio de Janeiro: Lumen Juris, 2007, p. 72-77.

4
JUSTIÇA MULTIPORTAS E ADMINISTRAÇÃO PÚBLICA[1]

1. CONTORNOS DA ADMINISTRAÇÃO PÚBLICA[2]

O conflito está na esfera social e, como tal, não se resume apenas a uma visão privatista, mas também perpassa pelo âmbito da Administração Pública. Tanto é assim que esta figura entre as maiores litigantes que se encontram no Poder Judiciário, confirmando uma cultura do litígio também pelo Poder Público, o qual vive uma realidade de acumulação de demandas em detrimento da eficiência, da celeridade e do poder de autotutela.

A função administrativa é desempenhada por meio de atuações concretas e imediatas que apresentam diversas feições, como o fomento e regulação da atuação privada; a polícia administrativa na defesa da coletividade e os serviços públicos, tendo sempre por diretriz o alcance do interesse público primário.[3]

Nesse contexto, o interesse público envolvido conduzia à errônea conclusão de que a única via possível de resolução de conflitos seria o Poder Judiciário.

Diante desse cenário, uma visão diferente de gestão administrativa, que contemple uma relação horizontalizada e dialógica com os administrados, ao lado do sistema atual de solução de conflitos, introduz a consensualidade também perante a Administração Pública, prezando pela eficiência constitucionalmente prevista no artigo 37 da Constituição Federal de 1988.

Com efeito, observa-se a superação da prevalência da solução adjudicatória decorrente da jurisdição estatal, pela existência de outros caminhos para a adequada resolução dos conflitos, que operam, com igual idoneidade, como portas de saída

---

1. Parte do presente tópico, revisto, atualizado, compilado e ampliado, constou do texto produzido por: NAVARRO, Trícia; SANTIAGO, Hiasmine. Breves considerações sobre a mediação na administração pública e sua importância na nova lei de licitações e contratos administrativos (Lei 14.133/2021), no prelo.
2. O tema relacionado à Administração Pública também foi abordado em: CABRAL, Trícia Navarro Xavier; CARVALHO, Frederico Ivens Miná Arruda de. Justiça Multiportas na solução dos conflitos decorrentes de licitações e contratos administrativos: uma análise a partir da Lei 14.133/21. In: CABRAL, Trícia Navarro Xavier; ZANETI JR., Hermes. (Org.). *Justiça multiportas*. 3. ed. Salvador: JusPODIVM, 2023, v. 1, p. 961-980.
3. DI PIETRO, Maria Sylvia Zanella. *Direito administrativo*. 31. ed. Rio de Janeiro: Forense, 2018, p. 122-125.

do litígio, de sorte a não mais existir superioridade da justiça estatal em detrimento de tais métodos.[4]

Cabe a escolha prioritariamente aos sujeitos envolvidos, dentro do exercício de sua liberdade de autorregramento, que deverá ser estimulada pelo Estado que, em conformidade com o Código de Processo Civil, "promoverá, sempre que possível, a solução consensual dos conflitos" (art. 3º, § 2º), como nítida projeção interna do vetor da solução pacífica dos conflitos do art. 4º, VII da Constituição Federal.[5]

Nessa toada, conforme vislumbram Fernanda Tartuce e Bruno Lopes Megna[6], percebe-se um movimento de gradativa institucionalização dos meios consensuais de solução dos conflitos por meio de condutas, ainda que minimamente coesas, dos três Poderes da República: o Legislativo, por meio da edição de diplomas que incorporam os aludidos métodos e fomentam, direta ou indiretamente, os sujeitos à sua utilização; o Judiciário pelo incentivo imparcial, técnico e adequado aos meios como forma de evitar a judicialização ou encerrar os processos em trâmite; e o Executivo, por meio da prestação de serviço público nesta área e da busca da composição racional dos conflitos em que figura como parte.

Ademais, identifica-se na atualidade um sistema de métodos adequados de solução de conflitos, engendrado a partir da Política Judiciária Nacional de tratamento adequado dos conflitos de interesses (Resolução 125/2010 do CNJ), em harmonia com a Resolução 118/2014 do Conselho Nacional do Ministério Público; as Leis de Arbitragem, de Mediação e Lei Orgânica da Defensoria Pública (LC 80/94 com a redação da LC 132/09) e com o Código de Processo Civil, e outras legislações posteriores que proporcionam a coexistência de diversos métodos de solução e o intercâmbio de técnicas, institutos e princípios, tendo como matriz essencial a norma-princípio da consensualidade extraída do art. 3º do CPC[7], cuja aplicação não se cinge ao Judiciário, abarcando toda a estrutura do Poder Público.

---

4. DIDIER JR., Fredie. ZANETI JR., Hermes. Justiça multiportas e tutela adequada em litígios complexos: autocomposição e os direitos coletivos. In: ZANETI JR, Hermes. CABRAL, Trícia Navarro Xavier (Coord.) *Justiça multiportas*: mediação, conciliação, arbitragem e outros meios adequados de solução de conflitos. 2 ed. Salvador: JusPODIVM, 2018, p. 37-66.

5. "Mesmo que a busca da solução pacífica dos conflitos esteja prevista na Constituição Federal, em seu art. 4º, VII, como princípio a reger a República nas relações internacionais, é mister reconhecer que, por dever de não contradição, tal princípio também deve orientar internamente a atuação estatal. Não é razoável defender-se que tal diretriz de política externa não se aplica à atuação estatal interna.". BRANCO, Janaína Soares Noleto Castelo. *Advocacia pública e solução consensual de conflitos*. 2. ed. Salvador: JusPODIVM, 2020, p. 25.

6. TARTUCE, Fernanda. MENGA, Bruno. Fomento estatal aos métodos consensuais de solução de conflitos pelos poderes judiciário, executivo e legislativo. In: ÁVILA, Henrique. WATANABE, Kazuo. NOLASCO, Rita Dias. CABRAL, Trícia Navarro Xavier (Coord.). *Desjudicialização, justiça conciliativa e poder público*. São Paulo: Ed. RT, 2021, p. 273-288.

7. "Com isso, a postura original do Estado, geralmente imperativa e autoritária, está, aos poucos, cedendo a um comportamento mais maleável, dialogado, paritário e participativo com o particular, permitindo a construção de soluções consensuais para os conflitos. [...] Nesse contexto, vê-se que a forma de tratamento dos conflitos vem passando por relevante mutação, atualizando, assim, o conceito de acesso à justiça, tradicionalmente vinculado à ideia de imposição de uma sentença pelo juiz. Portanto, diante de todos esses argumentos, pode-se concluir que o ordenamento jurídico brasileiro incorporou, em definitivo, o princípio da consensualidade que

Assim, em um modelo de Justiça Multiportas deve ser reconhecida a existência de diferentes ferramentas e ambientes que possibilitem o consenso dos envolvidos e conduza o conflito para soluções fora do modelo autocentrado e interventivo do Estado, como por meio da autotutela administrativa, da consulta (prevista no art. 30, da LINDB)[8], bem como pelas vias autocompositivas, como a negociação, a conciliação, a mediação, o termo de ajustamento de conduta, como heterocompositivas, como a jurisdição estatal e a arbitral.[9]

Registre-se, ainda, que a consensualidade pode ser de ordem material e processual, por meio das convenções processuais típicas e atípicas previstas no CPC. Nesse cenário, a cooperação judiciária também constitui ferramenta de elevada importância para a eficiência da gestão pública.

Tal diretriz não se revela incompatível com o regime jurídico da Administração Pública, visto que sua atuação consensual é uma tendência verificada a partir do marco da Constituição Federal de 1988, como manifestação imanente da cidadania na forma de participação e correlata busca da solução pacífica das controvérsias e consentânea com o alcance do estado ideal trazido pela norma-princípio da eficiência, o que conduz a uma ressignificação da clássica posição estatal de imperatividade e verticalidade.[10]

Nesta ordem de ideias, Celso Antônio Bandeira de Mello[11] defende que a disciplina do Direito Administrativo é fundada na supremacia do interesse público sobre o privado e na sua indisponibilidade, visto que é decorrente do Estado de Direito que o interesse primário da sociedade deve prevalecer e não pode ser posposto pelos seus representantes. Todavia, conforme verifica Eduardo Talamini, tal indisponibilidade

---

deve pautar as relações jurídicas públicas e privadas.". CABRAL, Trícia Navarro Xavier. *Limites da liberdade processual*. Indaiatuba, Foco, 2019, p. 36-38.

8. Sobre o tema, cf. CABRAL, Antonio do Passo. *Jurisdição sem decisão*: non liquet e consulta jurisdicional no direito brasileiro. Salvador: JusPODIVM, 2023.

9. FALEIRO, Mariângela Meyer Pires. RESENDE, Clayton Rosa de. VEIGA, Juliano Carneiro. A justiça multiportas: uma alternativa para a solução pacífica dos conflitos. IN: FUX, Luiz. ÁVILA, Henrique. CABRAL, Trícia Navarro Xavier (Coord.). *Tecnologia e justiça multiportas*. Indaiatuba: Foco, 2021, p. 288-289.

10. Nas palavras de Lorena Miranda Santos Barreiros: "O Estado Democrático de Direito, consagrado pela Constituição Federal de 1988, coloca em evidência a valorização da participação cidadã no exercício das funções públicas, como forma de legitimá-las. Objetiva-se 'democratizar a democracia através da participação'. Além disso, a CF/88 explicita o compromisso social da busca da solução pacífica das controvérsias. [...] Para a concretização do princípio da eficiência, tornava-se imperiosa a adoção, pela Administração Pública, de uma postura mais flexível e paritária em seu relacionamento com o administrado. Por um lado, necessário seria o redimensionamento das prerrogativas administrativas em busca de "horizontalização" (não absoluta, obviamente) das relações entre Administração e administrado; por outro, haver-se-ia de incrementar o uso de mecanismos de atuação consensual nessas relações, ampliando-se o espectro de negociações nela envolvidas.". BARREIROS, Lorena Miranda Santos. *Convenções processuais e poder público*. Salvador: JusPODIVM, 2017, p. 34-36.

11. "São os elementos deste binômio que, ao nosso ver, se encontram expressados, respectivamente, no que denominamos 'supremacia do interesse público' e 'indisponibilidade dos interesses públicos pela Administração'. A ereção de ambos em pedras angulares do Direito Administrativo, parece-nos, desempenha funções explicadora e aglutinadora mais eficientes que as noções de serviço público, puissance publique, ou utilidade pública.". BANDEIRA DE MELLO, Celso Antônio. *Curso de direito administrativo*. 27. ed. São Paulo: Malheiros Editores, 2010, p. 58.

contempla diferentes gradações e a atuação escorreita da Administração Pública implica no dever de se submeter aos parâmetros da legalidade sem que para tal necessite da prévia intervenção do Poder Judiciário.[12]

Perceptível, assim, a existência de um vasto campo de consensualidade na atuação da Administração Pública, como na desapropriação mediante acordo com o proprietário do bem expropriado (art. 10 do Decreto-lei 3.365/41); conciliação no âmbito dos Juizados Especiais da Fazenda Pública (Lei 10.259/01 e art. 8º da Lei 12.153/09); composição e acordo de não persecução civil no âmbito dos atos de improbidade administrativa (art. 17 da Lei 8.249/92, após a Medida Provisória 703/05 e Lei 13.964/19); termo de ajuste de conduta na ação civil pública (art. 5º, § 6º da Lei 7.347/85) e a celebração de termo de compromisso para eliminar irregularidade, incerteza jurídica ou situação contenciosa na aplicação do direito público na forma do art. 26 da Lei de Introdução às Normas do Direito Brasileiro após a Lei 13.655/18.

Dado esse panorama de evolução legislativa sobre o tema, destaca-se a mediação entre os métodos adequados de tratamento de conflitos para solucionar os problemas que assolam os litígios perante o Poder Público.

---

12. "Isso é decorrência direta do princípio constitucional da legalidade (art. 37, *caput*, da CF/1988 (LGL\1988\3)). Se a todo sujeito de direito a imposição de cumprir seus deveres já se colocaria, aos entes e agentes da Administração Pública ela se põe com ainda maior vigor. Para eles, a legalidade não é apenas um limite, uma baliza, mas vetor fundamental da sua atuação. Concerne, ainda, à imposição de que a Administração Pública paute suas condutas de acordo com o princípio da boa-fé. No Brasil, tal princípio tem assento constitucional, também no art. 37, *caput*, da CF/1988 (LGL\1988\3), que determina à Administração o respeito ao princípio da moralidade. Há reprovação qualificada (justamente porque constitucional) à postura desleal da Administração Pública. Se a Administração constata que a posição jurídica do particular é correta, não lhe é dado valer-se de artifícios ou subterfúgios para subtrair-se ao cumprimento do dever dali extraível. Por outro lado, o princípio da indisponibilidade do interesse público, na acepção antes vista, tampouco desautoriza a constatação ora feita. A Administração Pública não está dispondo, "abrindo mão", do interesse público quando dá cumprimento a direito alheio. E isso pela óbvia razão de que, nessa hipótese, se não há direito em favor da Administração, não há que se falar em interesse público. Há muito, a doutrina já esclareceu que interesses pragmáticos da Administração que não encontrem amparo no ordenamento não constituem interesse público, são meros interesses secundários, ilegítimos. O interesse de que o agente público deve buscar a satisfação não é, simplesmente, o interesse da Administração como sujeito jurídico em si mesmo ("interesse secundário"), mas, sim, o "interesse coletivo primário", formado pelo complexo de interesses prevalecentes na coletividade. Nesse passo, cumprir deveres e reconhecer e respeitar direitos do administrado é atender ao interesse público. Só assim estará sendo observado o interesse público primário, que é o verdadeiro e único interesse público. Como se verá, o reconhecimento da razão do particular precisará se dar mediante devido processo administrativo; o cumprimento do dever junto ao particular precisará ser deferido pela autoridade administrativa competente – e assim por diante. Mas o fundamental é que é possível – mais do que possível, é dever da Administração – cumprir direitos alheios ou abdicar de pretensões infundadas quando constata que não tem razão. [...] Tome-se como exemplo o dever de a Administração indenizar os prejuízos indevidamente causados ao particular. Exemplifique-se ainda com o dever que a Administração tem de anular os seus próprios atos ilegítimos praticados em detrimento da esfera jurídica de particulares (arts. 53 e 55 da Lei 9.784/1999). Considere-se igualmente o dever que a Administração contratante tem de recompor os contratos administrativos, inclusive quando a equação econômico-financeira estiver desequilibrada em desfavor do particular contratado. O art. 65, II, d, da Lei 8.666/1993 prevê a celebração de alteração contratual destinada a recompor o equilíbrio contratual. A despeito da redação literal da regra, o dispositivo encerra um dever – não uma faculdade – da Administração Pública de promover o reequilíbrio, através de ato consensual com o contratado. Tudo isso pode e deve ser feito independentemente de ingresso em Juízo.". TALAMINI, Eduardo. A (in) disponibilidade do interesse público: consequências processuais (composições em juízo, prerrogativas processuais, arbitragem e ação monitória). *Revista de Processo*, v. 128/2005, p. 59-78, out./ 2005.

4 • JUSTIÇA MULTIPORTAS E ADMINISTRAÇÃO PÚBLICA

Assim, pretende-se realizar uma análise geral do contexto do Direito Administrativo e do modelo de gestão pública que permitiu a inserção da consensualidade no Poder Público. Também será abordada a mediação no âmbito da Administração Pública com perspectivas e desafios, bem como outros métodos e ambientes adequados de solução de conflitos envolvendo entes públicos.

A ideia é traçar um breve panorama sobre o assunto, sem a intenção de exaurir todas as questões, mas apenas para fomentar a discussão e propor uma mudança de cultura já propiciada pela legislação.

2. MODELO GERENCIAL DE ADMINISTRAÇÃO PÚBLICA E A CONSENSUALIDADE

O Estado Democrático de Direito instituído pela Constituição Federal de 1988 trouxe um novo modelo de Administração Pública, inaugurando novos direitos e instituindo novas políticas públicas para a coletividade. Se, por um lado, houve algumas críticas sobre o rearranjo estatal à luz da disciplina constitucional em 1988, em que se afirmou, à época, que o regime administrativo permaneceu estanque e burocrática[13-14],

---

13. Sobre a questão, interessante pontuar o que lecionou Luiz Carlos Bresser Pereira: "[...] O capítulo da administração pública da Constituição de 1988 será o resultado de todas essas forças contraditórias. De um lado, ela é uma reação ao populismo e ao fisiologismo que recrudescem com o advento da democracia. Por isso a Constituição irá sacramentar os princípios de uma administração pública arcaica, burocrática ao extremo. Uma administração pública altamente centralizada, hierárquica e rígida, em que toda a prioridade será dada à administração direta ao invés da indireta.18 A Constituição de 1988 ignorou completamente as novas orientações da administração pública. Os constituintes e, mais amplamente, a sociedade brasileira revelaram nesse momento uma incrível falta de capacidade de ver o novo. [...] (Bresser Pereira, Luiz Carlos. Da administração pública burocrática à gerencial. *Revista Do Serviço Público*, 47(1), 07-40. Disponível em: https://doi.org/10.21874/rsp. v47i1.702. Acesso em: 21 dez. 2022). Necessário pontuar, entretanto, que o contexto atual pós-reformas não se coaduna com essa realidade apresentada, sobretudo pelo contexto atual em que se vive de constitucionalização do Direito Administrativo, pelo qual os seus institutos perpassam pelos princípios constitucionais.

14. O Plano Diretor da Reforma do Aparelho de Estado elaborado no ano de 1995, ao detectar as falhas na administração pública e clamar por reformar, que resultou na criação da Emenda Constitucional 19/1998, concluiu que Constituição de 1988 representou um "retrocesso burocrático sem precedentes". Assim evidenciou: "[...] O modelo burocrático tradicional, que a Constituição de 1988 e todo o sistema do Direito Administrativo brasileiro privilegiam, está baseado no formalismo, no excesso de normas e na rigidez de procedimentos. A pretexto de garantir a impessoalidade dificulta-se a transparência administrativa, inibindo-se, desse modo, o controle social A excessiva regulamentação é expressão da ênfase nas normas e processos e ocorre em detrimento dos resultados [...]" (BRASIL. Ministério Da Administração Federal E Reforma Do Estado (MARE). Presidência da República. Câmara da Reforma do Estado. *Plano Diretor da Reforma do Aparelho de Estado*. Brasília. 1995. Disponível em: http://www.biblioteca.presidencia.gov.br/publicacoes-oficiais/catalogo/fhc/plano-diretor-da-reforma-do-aparelho-do-estado-1995.pdf. Acesso em: 25 dez. 2022). Segundo Irene Patrícia Nohara, esse retrocesso possui as seguintes causas: "[...] (1) a extensão das mesmas regras previstas para o chamado Núcleo Estratégico do Estado, tanto para os serviços do Estado, como para as próprias estatais; (2) perda da autonomia do Poder Executivo para tratar da estruturação de cargos públicos; (3) obrigatoriedade do regime jurídico único para servidores civis; e (4) retirada da flexibilidade operacional da Administração Indireta, ao se atribuir a fundações e autarquias públicas normas de funcionamento idênticas às da Administração Indireta. (NOHARA, Irene Patrícia. *Reforma administrativa e burocracia*: impacto da eficiência na configuração do direito administrativo brasileiro. São Paulo: Grupo GEN, 2012. [Livro Digital]. Disponível em: https://integrada.minhabiblioteca.com.br/#/books/9786559773312/. Acesso em: 22 dez. 2022.

os anos posteriores identificaram que essa estrutura sofreria modificações, com importantes emendas à Constituição e criação de normas infraconstitucionais para melhoria da prestação de serviços públicos.

A análise do modelo estatal de organização administrativa é fundamental para se identificar a inserção da consensualidade na Administração Pública, pois o Estado saiu de um modelo essencialmente patrimonialista e contrário aos interesses coletivos para um cenário cooperativo e dialógico.

A doutrina administrativista divide os modelos de gestão pública, basicamente, em: (i) patrimonialista, que ocorreu da Proclamação da República até a República Velha (1889-1930), fortemente marcada pela sobreposição dos interesses privados sobre os coletivos, em que o poder se concentrava nas mãos de pequena parcela da população economicamente mais influente; (ii) burocrática, após o período de industrialização, em contraposição ao modelo anterior, com o escopo de garantir a impessoalidade da Administração Pública e voltada para os processos de controla da atividade estatal, sem preocupação com os resultados; (iii) gerencial, em que se busca uma aproximação entre o público e o privado na solução de problemas, com eficiência, transparência e com enfoque na melhoria dos resultados[15].

Sem adentrar com profundidade a esse tema, pois não é o objeto do presente trabalho, o declínio do modelo burocrático se iniciou a partir da década de 1970, mas a Reforma do Estado que contemplou o modelo gerencial com avidez ocorreu a partir de 1995, na administração do Presidente Fernando Henrique Cardoso à época, com a criação do Ministério da Administração e Reforma do Estado (MARE), responsável por definir as diretrizes da reforma administrativa.

Os resultados da implementação de um Estado de Bem-Estar Social no pós-guerra, intervencionista, destinado à promoção do bem-estar dos indivíduos no mundo (o Estado providência, Estado assistencial, Estado pós-liberal ou "Welfare State"), culminaram com uma crise fiscal que necessitou de um redesenho do modelo de gestão administrativa, impulsionando o modelo de administração pública gerencial, também chamado de "New Public Management"[16].

No Brasil, não foi diferente, tendo também sofrido reflexos fiscais, de modo que foi necessário o rearranjo estatal para o desenvolvimento social e o bem-estar dos indivíduos, com um governo, segundo Evelin Teixeira de Souza Alves, "[...] que privilegiou ações focadas na otimização da utilização de recursos públicos, no aprimoramento da estrutura organizacional e na transparência dos processos e controle da gestão"[17].

---

15. Sobre o tema: FALCÃO, Joaquim; ALMEIDA, Rafael; GUERRA, Sérgio (Orgs.). *Administração pública gerencial*. Rio de Janeiro, FGV, 2013.

16. MATOS, Jatene Costa. Administração Pública Gerencial. *Anais do ENIC*, [S. l.], v. 1, n. 4, 2015. Disponível em: https://anaisonline.uems.br/index.php/enic/article/view/1628. Acesso em: 15 dez. 2022.

17. ALVES, Evelin Teixeira de Souza. Arbitragem no setor público: uma visão panorâmica. *Revista de Direito Empresarial*, v. 21, p. 171-190, dez./ 2016.

O cerne dessas mudanças na legislação brasileira ocorreu com a introdução da Emenda Constitucional 19/1998, resultado de estudos do Plano Diretor da Reforma do Aparelho do Estado no âmbito do Ministério supracitado no ano de 1995, que modificou o regime jurídico-administrativo e dispôs, entre outros pontos, sobre: (i) princípios e normas da Administração Pública; (ii) reorganização de normas sobre servidores e agentes políticos; (iii) controle de despesas e finanças públicas e custeio de atividades a cargo do Distrito Federal.

Iniciou-se, portanto, um modelo gerencial que perdura até os dias atuais, que envolve, nas palavras de Maria Sylvia Zanella Di Pietro: "[...] maior discricionariedade para as autoridades administrativas, substituição do controle formal pelo controle de resultados, autonomia administrativa, financeira e orçamentária; o principal instrumento seria o contrato de gestão, que, fundamentado no artigo 37, § 8º, da Constituição, foi disciplinado, com a denominação de contrato de desempenho, pela Lei 13.934, de 11-12-19"[18].

É bem verdade que esse modelo estatal, na prática, apresenta alguns problemas até hoje em virtude de vícios de ordem técnica, operacional e cultural que caracterizam o cenário público, sobretudo, no Brasil, um país com grandes disparidades socioeconômicas, cujo poder político ainda impera[19-20].

Não obstante essa questão, o fato é que a democratização da Administração Pública, com vistas a cumprir os direitos fundamentais e as políticas públicas constitucionais, faz com que haja maior participação do cidadão na gestão e no controle das decisões administrativas, com enfoque nos resultados e ampliação da autonomia administrativa, orçamentária e financeira dos órgãos e entidades do Poder Público.

Nessa mudança de perspectiva na gestão estatal, o destaque da Emenda Constitucional 19/1988 para fins do presente escrito repousa sobre o princípio da eficiência[21], expressamente inserido no rol dos princípios constitucionais da administração pública (artigo 37, *caput* da CF/88), que, segundo Marçal Justen Filho, "pode ser considerada como a utilização mais produtiva de recursos econômicos, de modo a produzir os melhores resultados"[22].

---

18. DI PIETRO, Maria Sylvia Zanella. *Direito administrativo*. São Paulo: Grupo GEN, 2022. [Livro Digital]. Disponível em: https://integrada.minhabiblioteca.com.br/#/books/9786559643042/. Acesso em: 15 dez. 2022.
19. ALVES, Evelin Teixeira de Souza. Arbitragem no setor público: uma visão panorâmica. *Revista de Direito Empresarial*, v. 21, p. 171-190, dez./ 2016.
20. O presente trabalho não irá se debruçar sobre as patologias existentes, tendo um intuito acadêmico de identificar um contexto macro do Estado.
21. A eficiência é descrita por Fenando Borges Mânica, o qual afirma que é forma de transformar a legalidade formal e abstrata em legalidade material e finalística, veja-se: "[...] É a transformação do princípio da legalidade formal pelo princípio da legalidade material, como resultado da incorporação do princípio da eficiência. A partir dessa conjugação – legalidade/eficiência – a disciplina das atividades estatais, corresponda ela ou não ao que se entenda em determinado contexto normativo como serviço público, deve levar em conta a realidade em que a atividade é desempenhada e a pessoa a quem ela é destinada." (MÂNICA, Fernando Borges. *O setor privado nos serviços públicos de saúde*. Belo Horizonte: Fórum, 2010, p. 51).
22. FILHO, Marçal Justen. *Curso de direito administrativo*. São Paulo: Grupo GEN, 2023. [Livro Digital]. Disponível em: https://integrada.minhabiblioteca.com.br/#/books/9786559645770/. Acesso em: 01 jan. 2023.

Maria Sylvia Zanella Di Pietro apresenta dois sentidos do referido princípio, sob o aspecto do agente público, o qual deve obter o melhor desempenho dentro de suas atribuições, a fim de alcançar melhores resultados, bem como em relação ao modo de organizar, estruturar, disciplinar a Administração Pública, que também possui o mesmo objetivo de obter os melhores resultados na prestação dos serviços[23].

Traçado esse panorama, vê-se que a reforma administrativa realizada na década de 1990, notadamente pela Emenda Constitucional anteriormente citada, contribuiu para a solidificação de um modelo de gestão para melhor atuação econômica, política e social[24]. A partir de uma ideia de que o Poder Público é responsável pela prestação de numerosos públicos, tais como saúde, educação, habitação, segurança, esporte, assistência social, lazer, entre outros, era imperioso um planejamento para o bom desempenho dos recursos públicos, a fim da consecução das finalidades que lhe foram atribuídas.

Nesse viés gerencial, na busca pela maximização de resultados a baixo custo e com observância do primado da eficiência para atuação do Estado, imperioso se mostra o princípio da consensualidade, para que o administrador escolha o melhor caminho a fim de melhor solucionar os problemas da administração pública.

O modelo gerencial densifica o princípio democrático, eis que permite ao cidadão utilizar instrumentos de participação no processo de tomada de decisão do Poder Público, trocando-se a verticalidade entre cidadãos-administração pública por uma relação de horizontalidade que privilegia a participação popular[25].

Isso posto, a consensualidade no Poder Público complementa a ideia de administração gerencial, pois prima pelo diálogo e pelo tratamento dos conflitos para que tenham os melhores resultados com base na eficiência e na transparência[26], em

---

23. DI PIETRO, Maria Sylvia Zanella. *Direito administrativo*. São Paulo: Grupo GEN, 2022. [Livro Digital]. Disponível em: https://integrada.minhabiblioteca.com.br/#/books/9786559643042/. Acesso em: 15 dez. 2022.

24. Sobre o tema, conferir: NOHARA, Irene Patrícia. *Reforma administrativa e burocracia*: impacto da eficiência na configuração do direito administrativo brasileiro. São Paulo: Grupo GEN, 2012. [Livro Digita]. Disponível em: https://integrada.minhabiblioteca.com.br/#/books/9786559773312/. Acesso em: 04 jan. 2023.

25. Importantes as palavras de Cleuler Barbosa das Neves e Marcílio da Silva Ferreira Filho Estado autoritário: "[...] com decisões imperativas e unilaterais (das quais se extraiu boa parte da tradicional estruturação administrativista), esvai-se atualmente em prol de uma Administração Pública que busque um consenso e uma atuação plural, ou seja, uma Administração Pública concertada [...]". Os autores afirmam, ainda, que "[...] a resolução através de meios consensuais, quando analisada como vantajosa diante do custo-benefício, permite externalidades extremamente positivas, como: atendimento às exigências de legitimidade da decisão administrativa; pretensa desburocratização dos procedimentos decisórios; sua efetividade, diante de resultados qualificados, especialmente em face da aceitação dos agentes envolvidos; além de ajudar no enfrentamento vivenciado pela crise do judiciário brasileiro". (NEVES, Cleuler Barbosa das; FERREIRA FILHO, Marcílio da Silva. Contrapesos de uma Administração Pública consensual: legalidade versus eficiência. *Interesse Público*, Belo Horizonte, ano 19, n. 103, maio-jun. 2017. Disponível em: https://www.procuradoria.go.gov.br/files/ArtigosPRO/Marcilio/Artigo4.pdf. Acesso em: 30 dez. 2022).

26. NEVES, Cleuler Barbosa das; FERREIRA FILHO, Marcílio da Silva. Contrapesos de uma administração pública consensual: legalidade *versus* eficiência. *Interesse público*, Belo Horizonte, ano 19, n. 103, maio-jun. 2017.

contraposição ao tradicional modelo de "Administração Pública monológica"[27], no qual havia apenas a imposição estatal, sem a possibilidade de um diálogo prévio com o administrado[28].

Nesse cenário, o desenvolvimento da consensualidade contribuiu tanto para a contratualização do direito administrativo, no qual a Administração Pública foi capaz de celebrar contratos de direito privado com particulares, bem como com para o desenvolvimento de métodos adequados de tratamento de conflitos, com enfoque em soluções dialogadas.[29]

2.1 Mediação e o regime jurídico-administrativo

Com o modelo de gestão estatal delineado no tópico anterior que permitiu que uma abertura da Administração Pública à consensualidade e reclamou uma participação social nas decisões administrativas, a utilização dos métodos adequados de tratamento de conflitos passa a ser uma realidade também perante a Fazenda Pública, ainda que sobre ela recaia um regime jurídico que, a princípio, não se coadunaria com os aspectos do chamada "Justiça Multiportas".

Conforme mencionado, o ordenamento jurídico brasileiro possui, atualmente, um microssistema de solução de conflitos, composto pelo Código de Processo Civil (Lei 13.105/2015), da Lei de Mediação (Lei 13.140/2015)[30], ao lado das disposições sobre a arbitragem modificadas por intermédio da Lei 13.129/2015, tendo como ponto de partida inicial a Resolução 125/2010 do Conselho Nacional de Justiça.

---

27. LEAL JÚNIOR, João Carlos; PENHA, Renata Mayumi Sanomya. Eficiência, consensualismo e os meios autocompositivos de conflitos na administração pública. *Revista dos Tribunais*, v. 1038, p. 51-67, abr./ 2022.

28. Sobre a questão, leciona Silvia Helena Picarelli: "[...] ao passo que a atividade administrativa brasileira passa a se abster de imposições autoritárias e busca concertar interesses da sociedade civil e da iniciativa privada com seus próprios, para encontrar a sua legitimidade, os mecanismos para resolução de conflitos da Administração Pública parecem não refletir a busca por melhores resultados a um custo menor, encontrando-se maneiras de lidar com as diferenças para se restaurar a confiança e o relacionamento no âmbito da Administração Pública. Diante desse impasse, precisamos repensar se o método contencioso e heterocompositivo de solução de conflitos realmente é o mais adequado para pacificar todas as controvérsias da Administração Pública. Assim, os antigos institutos de autocomposição, notadamente a mediação, parecem ressurgir como método possível para a resolução de conflitos na Administração Pública". (SALVO, Sílvia Helena Picarelli Gonçalves Johonsom D. *Mediação na Administração Pública Brasileira*: o desenho institucional e procedimental. São Paulo: Grupo Almedina, 2018. [Livro Digital]. Disponível em: https://integrada.minhabiblioteca.com.br/#/books/9788584933518/. Acesso em: 04 jan. 2023).

29. Uma Administração Pública consensual pode ser analisada sob um prisma geral (incluindo qualquer modalidade de acordo firmado pela Administração Pública, seja sob o regime jurídico contratual administrativo comum, seja sob o regime jurídico concertado) ou sob uma ótica mais específica, delimitada à concertação da atividade administrativa (instrumentos transacionais ou, como alguns preferem, contratos administrativos alternativos). (NEVES, Cleuler Barbosa das; FERREIRA FILHO, Marcílio da Silva. Contrapesos de uma Administração Pública consensual: legalidade versus eficiência. *Interesse Público*, Belo Horizonte, ano 19, n. 103, maio-jun. 2017. Disponível em: https://www.procuradoria.go.gov.br/files/ArtigosPRO/Marcilio/Artigo4.pdf. Acesso em: 30 dez. 2022).

30. Para maior aprofundamento, ver: CABRAL, Trícia Navarro Xavier; CURY, César (Org.). *Lei de mediação comentada artigo por artigo*. 3. ed. Indaiatuba: FOCO, 2022. v. 1. 296p.

Esse cenário normativo é visualizado com mais facilidade nas relações entre particulares, sobre os quais recai a autonomia da vontade, contudo, a questão possui um relevo quando se trata do contexto da Administração Pública, sobre a qual incidem alguns princípios que, supostamente, iriam de encontro ao sistema de solução de conflitos instituídos com a legislação anteriormente citada.

O regime jurídico-administrativo contempla regras, deveres e prerrogativas diferenciados sobre a Administração Pública na relação com os administrados e por muito tempo se entendeu que a relação era apenas de verticalidade, entretanto, consoante já foi visto, a consensualidade trazida na chamada "Administração pública dialógica" introduziu uma relação de horizontalidade com os particulares.

Convém ressaltar que a Administração não deixa de ter prerrogativas importantes com vistas à preservação do interesse público, contudo, há um redesenho de sua atuação, ao ser cotejada com os métodos adequados de tratamentos de conflitos.

Um dos destaques que poderiam gerar entraves a esse entendimento seria o princípio da indisponibilidade do interesse público, o qual, nas palavras de Celso Antônio Bandeira de Mello, indicam que os interesses qualificados como próprios da coletividade não se encontram à livre disposição de quem quer que seja, por inapropriáveis[31].

Contudo, Edilson Pereira Nobre Júnior e Vítor Galvão Fraca ponderam que o postulado em questão tem como núcleo a vedação ao patrimonialismo, ou seja, a ausência de distinção entre patrimônio público e privado pelos administradores, de modo que "os efeitos jurídicos da indisponibilidade, embora estritos para determinadas atividades, como a legiferante, são temperados por outros valores constitucionais em casos justificados"[32].

Ladeado a esse princípio e como decorrência desse entendimento, chega-se ao princípio da legalidade, ao qual é de observância obrigatória e, inclusive, encontra-se constitucionalizado (artigo 37, *caput*), que deve ser também obedecido pelo Estado.

É cediço que, ao contrário dos particulares, que são permitidos a fazer tudo que não esteja vedado em lei, a Administração Pública só pode fazer o que é permitido em lei[33]. No entanto, lecionam Edilson Pereira Nobre Júnior e Vítor Galvão Fraca que essa máxima não significa um engessamento de ações do administrador, mas é um vetor

---

31. BANDEIRA DE MELLO, Celso Antônio. *Curso de direito Administrativo*. 32. ed. São Paulo: Malheiros, 2015, p. 76.

32. NOBRE JÚNIOR, Edilson Pereira; FRACA, Vítor Galvão. A mediação e os conflitos entre a administração pública e o cidadão. *Boletim Revista dos Tribunais Online*, v. 27, maio/2022. Disponível em: https://www.revistadostribunais.com.br/maf/app/resultList/document?&src=rl&srguid=i0ad6adc6000001859216ad5f42ef0031&docguid=I2fc33c30cadd11ecad50b10b219447d2&hitguid=I2fc33c30cadd11ecad50b10b219447d2&spos=4&epos=4&td=1204&context=98&crumb-action=append&crumb-label=Documento&isDocFG=false&isFromMultiSumm=&startChunk=1&endChunk=1. Acesso em: 31 dez. 2022.

33. BANDEIRA DE MELLO, Celso Antônio. Legalidade – discricionariedade: seus limites e controle. In: BANDEIRA DE MELLO, Celso Antônio. *Grandes temas de direito administrativo*. São Paulo: Malheiros, 2010, p. 57.

de sua atuação e, mais do que um parâmetro formalista, esse princípio impõe uma moralidade normativa à atividade administrativa[34].

O fato é que qualquer controvérsia sobre a incompatibilidade da Fazenda Pública com os métodos adequados está superada, pois a Lei 13.140/2015 (Lei de Mediação), já anuncia em seu artigo primeiro que os seus dispositivos se aplicam à autocomposição de conflitos no âmbito da Administração Pública.

O Código de Processo Civil previu, ainda, em seu artigo 174[35], que União, os Estados, o Distrito Federal e os Municípios criarão câmaras de mediação e conciliação, com atribuições relacionadas à solução consensual de conflitos no âmbito administrativo.

Além dessa previsão normativa, imperioso destacar o artigo 26[36] da Lei de Introdução às Normas do Direito Brasileiro, que dispõe sobre a possibilidade de o Poder Público celebrar compromisso com os interessados para eliminar irregularidades, incerteza jurídica ou situações contenciosas na aplicação do direito público, a quem Leonardo Carneiro da Cunha classificou como "cláusula geral estimuladora da adoção dos meios consensuais pelo Poder Público"[37-38].

Nesse cenário, não há dúvidas de que a Fazenda Pública também pode buscar a solução de seus conflitos perante a Justiça Multiportas.[39]

---

34. NOBRE JÚNIOR, Edilson Pereira; FRACA, Vítor Galvão. A mediação e os conflitos entre a administração pública e o cidadão. *Boletim Revista dos Tribunais Online*, v. 27, maio/2022. Disponível em: https://www.revistados-tribunais.com.br/maf/app/resultList/document?&src=rl&srguid=i0ad6adc6000001859216ad5f42ef0031&-docguid=I2fc33c30cadd11ecad50b10b219447d2&hitguid=I2fc33c30cadd11ecad50b10b219447d2&spo-s=4&epos=4&td=1204&context=98&crumb-action=append&crumb-label=Documento&isDocFG=fal-se&isFromMultiSumm=&startChunk=1&endChunk=1. Acesso em: 31 dez. 2022.

35. Art. 174. A União, os Estados, o Distrito Federal e os Municípios criarão câmaras de mediação e conciliação, com atribuições relacionadas à solução consensual de conflitos no âmbito administrativo, tais como: I – dirimir conflitos envolvendo órgãos e entidades da administração pública; II – avaliar a admissibilidade dos pedidos de resolução de conflitos, por meio de conciliação, no âmbito da administração pública; III – promover, quando couber, a celebração de termo de ajustamento de conduta. (BRASIL. *Lei 13.105, de 16 de março de 2015*. Institui o Código de Processo Civil. Brasília, DF: Presidência da República, [2022]. Disponível em: http://www.planalto.gov.br/ccivil_03/_ato2015-2018/2015/lei/l13105.htm. Acesso em: 20 dez. 2022).

36. Art. 26. Para eliminar irregularidade, incerteza jurídica ou situação contenciosa na aplicação do direito público, inclusive no caso de expedição de licença, a autoridade administrativa poderá, após oitiva do órgão jurídico e, quando for o caso, após realização de consulta pública, e presentes razões de relevante interesse geral, celebrar compromisso com os interessados, observada a legislação aplicável, o qual só produzirá efeitos a partir de sua publicação oficial. (BRASIL *Decreto-lei 4.657, de 4 de setembro de 1942*. Lei de Introdução às normas do Direito Brasileiro. Rio de Janeiro, RJ: Presidência da República, [2018]. Disponível em: https://www.planalto.gov.br/ccivil_03/decreto-lei/del4657compilado.htm. Acesso em: 15 dez. 2022).

37. CUNHA, Leonardo Carneiro da. *Fazenda Pública em Juízo*. 18. ed. Rio de Janeiro: Forense, 2021. p. 634.

38. Registre-se o Enunciado 130 do Fórum Nacional do Poder Público: "O art. 26 da LINDB prevê cláusula geral estimuladora da adoção de meios consensuais pelo Poder Público e, para sua aplicação efetiva e objetiva, recomenda-se a produção de repositório público de jurisprudência administrativa". (BRASIL. Procuradoria da Fazenda Nacional. *Enunciado 130 do V Fórum Nacional do Poder Público*. O art. 26 da LINDB prevê cláusula geral estimuladora da adoção de meios consensuais pelo Poder Público e, para sua aplicação efetiva e objetiva, recomenda-se a produção de repositório público de jurisprudência administrativa. Recife, PE, 2019. Disponível em: http://www.pge.pe.gov.br/App_Themes/enunciados.pdf. Acesso em: 18 dez. 2022).

39. Sobre a questão, destaca-se: "[...] tanto a Lei de Mediação como o Código de Processo Civil tratam da utilização da mediação e da conciliação em conflitos envolvendo a Administração Pública. Sem dúvida, essa previsão

2.2 Distinção entre a conciliação e a mediação

A Lei 13.140/2015 trouxe, no parágrafo único do artigo 1º, o conceito de mediação, segundo o qual é "a atividade técnica exercida por terceiro imparcial sem poder decisório, que, escolhido ou aceito pelas partes, as auxilia e estimula a identificar ou desenvolver soluções consensuais para a controvérsia".

O Código de Processo Civil, por sua vez, apenas apresentou os métodos a partir da figura dos terceiros imparciais que o conduzem, ou seja, o conciliador e o mediador artigo 165, §§ 2º e 3º).

A experiência forense demonstra, entretanto, que ainda há uma impropriedade terminológica entre os profissionais do direito no tocante ao conhecimento e à conceituação de cada um deles, que, não raras vezes, utilizam como sinônimos.

Da leitura dos dispositivos, extrai-se que a conciliação, em geral, é utilizada para casos em que não há vínculo anterior entre as partes, tendo o conciliador uma atuação mais propositiva na solução do conflito. O mediador, por outro lado, atua nos casos em que haja relações continuadas e auxilia para que as partes, por si próprias, cheguem à solução consensual, com o fim precípuo do restabelecimento da comunicação e o tratamento das questões subjacentes que envolvem o conflito.

A mediação, nas palavras de Stella Breitman e Alice C. Porto, configura-se como um método não adversarial destinado à desconstrução dos problemas que imobilizam uma negociação e transformam o confronto em um contexto colaborativo, cujo processo é "[...] confidencial e voluntário no qual um terceiro imparcial facilita a negociação entre duas ou mais partes onde um acordo mutuamente aceitável pode ser um dos desfechos possíveis"[40].

Trata-se, portanto, de um instrumento que visa à reconstrução de vínculos e, ao contrário do que se dissemina na prática por muitos profissionais, não visa apenas à extinção de processos ou à celebração de acordos, pois estes são efeitos secundários em relação ao escopo principal, que é a reconstrução do vínculo.

No âmbito da Administração Pública, especialmente no que toca às licitações e aos contratos administrativos, é possível que a relação jurídica perdure por tempo considerável para continuidade de prestação dos serviços públicos, de modo que o tratamento do conflito pode exigir uma profundidade muito maior no restabelecimento do diálogo e na construção de soluções, sendo desejável o uso da mediação[41].

---

legal representa uma quebra de paradigma, ao dispor sobre a possibilidade de autocomposição em disputas que envolvam interesse público, com benefício para todos os envolvidos [...]". (CUNHA, Leonardo Carneiro da; CABRAL, Trícia Navarro Xavier. A abrangência objetiva e subjetiva da mediação. *Revista de Processo*, v. 287, p. 531-552, 2019).

40. BREITMAN, Stella; PORTO, Alice C. *Mediação familiar*: uma intervenção em busca da paz. Porto Alegre: Criação Humana, 2001. p. 45.

41. Nesse sentido, esclarecedoras as lições de Milena Britto Felizola e Fabio Sales Felizola, ao concluírem que "a função da mediação é mais profunda que a da conciliação, pois não se fixa nos fatos, mas nos atores. Caberá

4 • JUSTIÇA MULTIPORTAS E ADMINISTRAÇÃO PÚBLICA

Isso porque, ao contrário do tratamento dado às relações pontuais pela conciliação, a ideia é restabelecer vínculos, diálogos e construir confiança entre os envolvidos, pontos esses bem trabalhados na mediação, o que contribui para a perpetuação dos contratados amparados pelo regime licitatório.

2.3 A MEDIAÇÃO NOS CONFLITOS ENVOLVENDO A FAZENDA PÚBLICA

A Administração Pública possui um plexo de seguimentos que podem envolver direitos que admitem autocomposição de forma a permitir o uso da mediação, tanto que a Lei 13.140/2015 trouxe uma previsão específica da mediação no setor público em seus artigos 32 a 40, contemplando a criação de órgãos para a realização do método, o seu cabimento, os efeitos no processo, e alguns outros aspectos procedimentais específicos que, inclusive, distinguem-se de uma sessão realizada entre particulares, dada a especificidade da matéria.

Além das legislações já citadas que contemplam a possibilidade de mediação em um microssistema de tratamento adequado de conflitos, com edição de normas gerais, é possível identificar expressamente em âmbito tributário[42] e, conforme será visto adiante, a Lei de Licitações e Contratos Administrativos (Lei 14.133/2021) expressamente previu a possibilidade de solução pela via da mediação.

Ademais, as pessoas integrantes da Administração Pública Indireta, como empresas públicas, sociedades de economia mista e suas subsidiárias, cujo regime jurídico é tipicamente de empresa privada, também podem se submeter ao método autocompositivo em seus vários contornos, eis que seus direitos e obrigações se sujeitam aos diplomas civis, comerciais, trabalhistas e tributários, na forma do inciso II do § 1º do artigo 173 da Constituição Federal.

Considerando a existência de uma cadeia legislativa de tratamento de conflitos, é possível visualizar os princípios norteadores do método não apenas na Lei de Mediação, mas também na Resolução 125/2010 do Conselho Nacional de Justiça e no Código de Processo Civil e, conjugando todos os três diplomas, há um rol extenso que norteia a atividade da mediação, a saber: imparcialidade, isonomia entre as partes, oralidade, informalidade, autonomia da vontade das partes, busca do consenso, confidencialidade, boa-fé, a independência, a decisão informada, competência, respeito à ordem pública e às leis vigentes, empoderamento e validação.

---

ao mediador, desse modo, reconhecer os sentimentos que os envolvidos guardam e revelam de forma cíclica, promovendo a ruptura do círculo vicioso das ofensas e desavenças, transportando as partes para além de si próprias, a fim de alcançar a dissolução do conflito por uma solução mutuamente aceitável". (FELIZOLA, Milena Britto; FELIZOLA, Fábio Sales. A utilização da mediação pela Administração Pública: inovações legislativas e desafios enfrentados. *Revista de Arbitragem e Mediação*, v. 66, p. 211-232, 2020).

42. É certo que há críticas em relação ao artigo 38 da Lei 13.140/2015, por restringir em demasia a possibilidade de mediação tributária, mas é necessário destacar os termos da Lei 13.988/2020, que estabelece expressamente a possibilidade de transação tributária. Ademais, o Conselho Nacional de Justiça editou Recomendação 120/2021, recomendando o tratamento adequado de conflitos de natureza tributária pela via da autocomposição, quando possível, o que abre uma possibilidade maior de solução de conflitos nesse âmbito.

Necessário esclarecer que o desenvolvimento do método deve ser feito no âmbito em que a Administração Pública possa agir com discricionaridade, sob os parâmetros da legalidade e da oportunidade, não sendo possível ser desenvolvido nas hipóteses de atos vinculados, pois não haveria uma margem de negociação entre os envolvidos e, seria, portanto, ineficaz à solução dos conflitos[43].

De toda forma, a utilização da mediação, assim como na relação entre particulares, é relevante para conferir celeridade na solução conflituosa, transforma os atores envolvidos em protagonistas de sua própria história, solucionando as suas questões controvertidas pelos seus próprios meios. Para além desse ponto, a decisão tomada com base no diálogo também confere eficiência aos atos administrativos, contribui para o estabelecimento de confiança dos administrados na participação dos resultados perante a Administração Pública, e impacta na redução dos custos do litígio o que, por conseguinte, gera economia de dinheiro público.

Ressalte-se, ainda, que o Poder Público integra o conjunto de maiores litigantes perante o Poder Judiciário[44] e, embora não tenha como finalidade precípua a redução de processos judiciais, a mediação é instrumento relevante para melhoria nesse quadro, especialmente por buscar um melhor tratamento de conflitos que, muitas vezes, não é feito por meio de uma decisão adjudicada.

Para perpetuação desse método, importante apresentar a advertência trazida por Silvia Helena Picarelli, a qual aponta a necessidade de se fazer uma avaliação constante quanto à: (i) manutenção do foco e da qualidade do sistema; (ii) visibilidade para atração de usuários; e (iii) alocação estável de recursos financeiros à institucionalização da mediação no âmbito da Administração Pública, que não pode representar a consolidação de uma nova modalidade de processo administrativo regulamentado[45].

De fato, relevantes são esses pontos para estimular a utilização do sistema, mas esses fatores também devem ser observados perante a relação entre particulares, pois, em verdade, a sua consolidação da Justiça Multiportas no Brasil demanda uma cultura da pacificação[46] que perpassa pela sociedade como um todo, seja pelos profissionais do direito e pelo Poder Público, seja pela população em geral.

---

43. NOBRE JÚNIOR, Edilson Pereira; FRACA, Vítor Galvão. A mediação e os conflitos entre a administração pública e o cidadão. *Boletim Revista dos Tribunais Online*, v. 27, maio/2022. Disponível em: https://www.revistadostribunais.com.br/maf/app/resultList/document?&src=rl&srguid=i0ad6adc6000001859216ad5f42ef0031&docguid=I2fc33c30cadd11ecad50b10b219447d2&hitguid=I2fc33c30cadd11ecad50b10b219447d2&spos=4&epos=4&td=1204&context=98&crumb-action=append&crumb-label=Documento&isDocFG=false&isFromMultiSumm=&startChunk=1&endChunk=1. Acesso em: 31 dez. 2022.

44. No painel "Grandes Litigantes" disponibilizado pelo Conselho Nacional de Justiça, a Administração Pública encontra-se em primeiro lugar tanto nas demandas em que atua no polo passivo, quanto no polo ativo. (BRASIL. Conselho Nacional de Justiça. *Painel "grandes litigantes"*. Disponível em: https://grandes-litigantes.stg.cloud.cnj.jus.br/. Acesso em: 15 ago. 2022).

45. SALVO, Sílvia Helena Picarelli Gonçalves Johonsom D. *Mediação na administração pública brasileira*: o desenho institucional e procedimental. São Paulo: Grupo Almedina, 2018. [Livro Digital]. Disponível em: https://integrada.minhabiblioteca.com.br/#/books/9788584933518/. Acesso em: 04 jan. 2023.

46. WATANABE, Kazuo. Cultura da sentença e cultura da pacificação. In: YARSHELL, Flávio Luiz; MORAES, Maurício Zanoide de (Org.). *Estudos em homenagem à Professora Ada Pelegrini Grinover*. São Paulo: DPJ, 2005.

3. DESJUDICIALIZAÇÃO E ADMINISTRAÇÃO PÚBLICA[47]

Nas últimas décadas, o processo civil foi impactado por relevantes mudanças paradigmáticas, objetivando imprimir maior eficiência aos processos, bem como racionalizar o próprio uso da máquina judiciária.

Não obstante, ganhou força no Brasil a ideia de desjudicialização, que consiste em retirar da justiça estatal atividades antes reservadas exclusivamente ao Poder Judiciário.

Com isso, o legislador foi gradativamente transferindo para a esfera extrajudicial funções antes monopolizadas pelo Estado-juiz[48]. Trata-se de uma opção política, que pode variar de acordo com o momento histórico-jurídico em que o assunto é apreciado.

Essa transformação teve início na década de 1990, e permanece em evolução até os dias atuais, em relação a variados temas, conforme já exposto em oportunidade anterior.

O CPC/15 também acolheu a desjudicialização em diversos dispositivos, reforçando a tendência de realização de certas atividades fora do Judiciário. Com efeito, no que tange aos métodos adequados de resolução de controvérsias, o Código não só absorveu a Política Judiciária Nacional de Tratamento Adequado de Conflitos de Interesses, instituída pela Resolução 125/2010, do CNJ, como autorizou a desjudicialização das atividades de conciliação e mediação ao prever, no art. 168, que as partes escolham, de comum acordo, o conciliador, o mediador ou a câmara privada de conciliação e de mediação, que nem precisam estar cadastrados no tribunal (§ 1º).

No que tange à Administração Pública, o uso dos meios adequados de resolução de disputas também se presta a prevenir, evitar e racionalizar a judicialização.

Não por outra razão, tanto o CPC (art. 174) quanto a Lei de Mediação[49] (arts. 32 a 40) foram explícitos ao preverem a possibilidade de acordos em causas em que for parte pessoa jurídica de direito público, como a União, os Estados, o Distrito Federal e os Municípios, inclusive exigindo a criação de câmaras de conciliação e mediação com atribuições relacionadas à solução consensual de conflitos no âmbito administrativo.[50]

No âmbito estadual e municipal, verifica-se a importância dos serviços dos Procons para a solução de controvérsias que versam sobres a relação de consumo, e oferecem audiências de conciliação entre consumidores e fornecedores.

Não obstante, a Defensoria Pública e a Ministério Público tem contribuído sobremaneira para o fomento de soluções consensuais e extrajudiciais.

---

47. O tema foi tratado em: CABRAL, Trícia Navarro Xavier. Justiça Multiportas, desjudicialização e Administração Pública. In: ÁVILA, Henrique; WATANABE, Kazuo; NOLASCO, Rita Dias; CABRAL, Trícia Navarro Xavier (Org.). *Desjudicialização, justiça conciliativa e poder público*. São Paulo: Thomson Reuters, 2021, v. 1, p. 127-138.

48. BUENO, Cassio Scarpinella. *Curso sistematizado de Direito Processual Civil*: teoria geral do Direito Processual Civil. Parte geral do Código de Processo Civil. 9 ed. São Paulo: Saraiva, 2018, p. 263.

49. Sobre o tema, cf.: CABRAL, Trícia Navarro Xavier; CURY, Cesar Felipe. *Lei de mediação comentada artigo por artigo*: dedicado à memória da Profª Ada Pellegrini Grinover. 2. ed. Indaiatuba: Foco, 2020.

50. Sobre o assunto, ver: CUNHA, Leonardo Carneiro da. *A Fazenda Pública em juízo*. 16. ed. Revista, atualizada e ampliada. Rio de Janeiro: Forense, 2019, p. 710-723.

O Conselho Nacional do Ministério Público, inclusive, editou a interessante Recomendação 54/2017[51], que dispõe sobre a Política Nacional de Fomento à Atuação Resolutiva do Ministério Público brasileiro. O Ato Normativo estimula meios de prevenir ou solucionar o conflito de modo efetivo e adequado, devendo ser priorizada a resolução extrajudicial da controvérsia, a fim de satisfazer as legítimas expectativas dos titulares dos direitos envolvidos e contribuir para a diminuição da litigiosidade (art. 1ª, § 2º).

A Advocacia-Geral da União (AGU) já havia criado, desde 2007, a Câmara de Mediação e Conciliação da Administração Federal (CCAF), com o objetivo de evitar que os conflitos envolvendo órgãos e entidades da administração pública federal fossem parar na Justiça. Assim, pretendeu-se fomentar a resolução das controvérsias de extrajudicial e consensual.[52]

Não bastasse, em 2013, foi instituída a plataforma digital do Programa Centrais de Negociação Online, vinculada à Procuradoria-Geral da União (CN/PGU), facilitando ainda mais a realização de acordos com o cidadão que cobra valores da União. A iniciativa, inclusive, alinha-se à recente Política de Governança Digital do Poder Executivo Federal – instituída pelo Decreto 8.638/20 – que estabelece a necessidade da disponibilização de serviços públicos em meio digital.[53]

Registre, aliás, que tem crescido no Brasil o uso das ODR (*Online Dispute Resolution*), que consistem no uso da tecnologia para solucionar conflito via plataformas digitais, otimizando as atividades judiciárias. Assim, as partes substituem o ambiente físico pelo virtual para tentar solucionar o impasse jurídico. Trata-se, sem dúvida, de um grande avanço civilizatório, que confere maior autonomia às partes na resolução de suas contendas.

Em 2019, o Poder Judiciário, Governo e INSS assinam acordo para desjudicializar a Previdência Social. Com o objetivo de diminuir a judicialização de temas previdenciários, a Secretaria Especial de Previdência e Trabalho do Ministério da Economia, o Instituto Nacional do Seguro Social (INSS), o Conselho Nacional de Justiça (CNJ) e o Conselho da Justiça Federal (CJF) lançaram a Estratégia Nacional Integrada para Desjudicialização da Previdência Social.

Com isso, houve a criação de um Comitê Executivo de Desjudicialização, que tem como função acompanhar e executar o plano nacional, inclusive com o intercâmbio de bases de dados constantes em sistemas corporativos, geridos pelo INSS, pela Secretaria Especial de Previdência e Trabalho do Ministério da Economia e pelo CNJ.[54]

---

51. Disponível em: Recomendação-054.pdf (cnmp.mp.br). Acesso em: 11 set. 2023.
52. ADVOCACIA-GERAL DA UNIÃO. *Câmara de Conciliação da AGU fecha 39 acordos em 2019*. Disponível em: https://www.agu.gov.br/page/content/detail/id_conteudo/879836. Acesso em 13 de maio de 2020.
53. ADVOCACIA-GERAL DA UNIÃO. *Cidadão em litígio com União já pode propor acordo pela internet*. Disponível em: https://www.agu.gov.br/page/content/detail/id_conteudo/812430. Acesso em 13 de maio de 2020.
54. SECRETARIA DE PREVIDÊNCIA. Acordo entre governo federal e judiciário deve reduzir ações sobre previdência. Disponível em: http://www.previdencia.gov.br/2019/08/acordo-entre-governo-federal-e-judiciario--deve-reduzir-acoes-sobre-previdencia/. Acesso em: 13 jan. 2020.

Também tramita no Congresso Nacional a PEC 207/2019, que tem por objetivo acrescentar o art. 200-A à Constituição Federal para determinar que sejam instituídos Comitês Estaduais Interinstitucionais de Desjudicialização da Saúde, a fim de assegurar respostas mais céleres às demandas relativas à saúde.[55]

A recente Lei 14.671/2023[56], acrescentou o art. 28-A à Lei 6.437, de 20 de agosto de 1977, para dispor sobre a celebração de termo de compromisso com a finalidade de promover correções e ajustes às exigências da legislação sanitária.

Importante destacar que a Advocacia-Geral da União – AGU tem promovido importantes iniciativas em prol da desjudicialização e do tratamento adequado de conflitos, alterando a ultrapassada necessidade de judicialização de suas questões.

Além da possibilidade de realização de negociações, conciliação e mediação, o órgão também tem realizado arbitragem, alcançando enorme economia para a Administração Pública. Em 2023, a Advocacia-Geral da União (AGU) celebrou 555 mil acordos entre janeiro e agosto. O número é 142% maior do que as 229 mil conciliações feitas no mesmo período do ano passado. Isso representa um impacto positivo de quase R$ 43 bilhões para os cofres públicos, além da redução da litigiosidade.[57]

Não obstante, a AGU tem firmado relevantes Acordos de Cooperação Técnica, em busca de soluções mais efetivas para os conflitos que envolvam a Administração Pública.

Em 2019, o presidente do Supremo Tribunal Federal (STF), ministro Dias Toffoli, assinou acordo de cooperação técnica entre a Controladoria-Geral da União (CGU), a Advocacia-Geral da União (AGU), o Ministério da Justiça e Segurança Pública e o Tribunal de Contas da União (TCU) para o combate à corrupção no Brasil, especialmente em relação aos acordos de leniência da Lei 12.846/2013, conhecida como Lei Anticorrupção.[58]

Já com o STJ, a AGU firmou acordo de cooperação em 2020 para promover a desjudicialização no Poder Judiciário e tem alcançado elevados índices de redução da litigiosidade.[59]

As Procuradorias Municipais e Estaduais também têm se empenhado na prevenção e resolução de seus conflitos. A Prefeitura de São Paulo, por meio do art. 33 do Decreto Municipal 57.263/2016, criou a Câmara de Solução de Conflitos da Administração Municipal, que em 2020 passou a ser prevista na Lei 17.324/2020 e denominada Câmara de Prevenção e Resolução Administrativa de Conflitos.

---

55. BRASIL. PEC 207/2019. Câmara dos Deputados. Disponível em: https://www.camara.leg.br/proposicoesWeb/fichadetramitacao?idProposicao=2231670. Acesso em: 13 maio 2020.

56. Disponível em: L14671 (planalto.gov.br). Acesso em: 12 set. 2023.

57. Notícia: Número de acordos celebrados pela AGU cresce 142% em 2023. Disponível em: Número de acordos celebrados pela AGU cresce 142% em 2023 — Advocacia-Geral da União (www.gov.br). Acesso em: 7 set. 2023.

58. NOTÍCIA: *Ministro Dias Toffoli assina acordo de cooperação técnica para combate à corrupção.* Disponível em: https://portal.stf.jus.br/noticias/verNoticiaDetalhe.asp?idConteudo=449073&ori=1. Acesso em: 7 set. 2023.

59. NOTÍCIA: *Acordo com AGU intensifica desjudicialização e alcança mais de dois milhões de processos.* Disponível em: Acordo STJ-AGU já resolveu mais de 2 milhões de processos. Acesso em: 7 set. 2023.

A Procuradoria-Geral do Estado do Rio de Janeiro (PGE-RJ) criou em 2016 a Câmara Administrativa de Solução de Controvérsias (CASC), regulamentada pelo Decreto Estadual 46.522/2018. Posteriormente, a Lei 9.629/2022 passou a disciplinar a autocomposição no âmbito estadual.

No Estado do Espírito Santo, a Procuradoria-Geral do Estado (PGE-ES), por meio da Lei Complementar 1.011/2022, instituiu a Política de Consensualidade no âmbito da Administração Pública Estadual Direta e Indireta, criando a Câmara de Prevenção e Resolução Administrativa de Conflitos do Espírito Santo – CPRACES.

Pode-se citar, ainda, a consensualidade nos tribunais administrativos, como nos Tribunais Administrativos Fiscais, Comissões de Conciliação prévia (art. 625-D, da CLT), TCU, Marítimo, CARF, Justiça Desportiva.

4. ARBITRAGEM E ADMINISTRAÇÃO PÚBLICA

O atual sistema de Justiça Multiportas fez com que o legislador adequasse os instrumentos apropriados de tratamento de conflitos à Administração Pública, com a previsão expressa da possibilidade de aplicação, como ocorreu com a mediação e a conciliação.

E com a arbitragem não foi diferente. A Lei 13.129/2015 alterou a Lei 9.307/1996 para dizer que A administração pública direta e indireta poderá utilizar-se da arbitragem para dirimir conflitos relativos a direitos patrimoniais disponíveis (art. 1º, § 1º).

Diante disso, a arbitragem começou a ser ampliada no âmbito da Administração Pública, constituindo, atualmente, em importante método de resolução de conflitos.

Não por outra razão, a Advocacia-Geral da União (AGU) criou o Núcleo Especializado em Arbitragem da Advocacia-Geral da União (NEA/AGU), instituído pela Portaria AGU 320 de 13 de junho de 2019 (que substituiu a Portaria AGU 226, de 26 de julho de 2018). Atualmente, é a Portaria Normativa AGU 75, de 23 de dezembro de 2022, que dispõe sobre a competência, a estrutura e o funcionamento do NEA/AGU. O NEA foi instituído no âmbito da Consultoria-Geral da União, como unidade responsável pelas atividades de consultoria e assessoramento jurídicos e de contencioso arbitral em que a União seja parte ou interessada. Possui subordinação administrativa a Consultoria-Geral da União e subordinação técnica e jurídica a Procuradoria-Geral da União e a Consultoria-Geral da União.[60] E resultados já surgem dessa iniciativa: o Núcleo Especializado em Arbitragem da AGU atua em processos que passam de R$ 60 bilhões.[61]

---

60. Disponível em: Apresentação — Advocacia-Geral da União (www.gov.br). Acesso em: 9 set. 2023.
61. Disponível em: https://www.gov.br/agu/pt-br/comunicacao/noticias/nucleo-especializado-em-arbitragem--da-agu-atua-em-processos-que-passam-de-r-60-bi#:~:text=O%20N%C3%BAcleo%20Especializado%20em%20Arbitragem%20da%20AGU%20%C3%A9,em%20que%20a%20Uni%C3%A3o%20seja%20parte ou%20interessada. Acesso em: 9 set. 2023.

Importante registrar que o princípio da confidencialidade que impera na arbitragem envolvendo entes privados é mitigada quando envolve a Fazenda Pública.[62]

Em 2015, foi introduzido o § 3º no art. 2º na Lei de Arbitragem, cujo teor se extrai: "A arbitragem que envolva a administração pública será sempre de direito e respeitará o princípio da publicidade."

Isto porque, a regulamentação aplicável à arbitragem que tenha órgão público participante não poderia ser a mesma a que se sujeitam os particulares[63]. Antes do advento dessa reforma legislativa, nada dispunha a lei acerca da participação dos entes públicos na arbitragem. No entanto, isso veio a ser uma necessidade, na medida em que o estímulo aos meios adequados de solução de conflitos se tornou um imperativo do sistema processual, de modo que a Administração Pública não poderia, por certo, se distanciar dessa tendência[64].

Ocorre que, mesmo com a nova disposição, o legislador foi tímido ao tratar da questão. No que se refere especificamente à aplicação do princípio da publicidade, ficaram algumas lacunas relativas aos seguintes pontos: o que deve ser objeto de divulgação e quem é responsável por tal divulgação[65].

Partindo do raciocínio de que a publicidade dos atos está intimamente ligada com a realização de controle por parte da sociedade, pode-se se conduzir à compreensão de um regime de publicidade absoluta. No âmbito do direito administrativo, a publicidade pressupõe "o dever administrativo de manter plena transparência em seus comportamentos", de forma que não podem ser ocultados assuntos cujo interesse é de todos[66]. Nessa linha, apenas em casos excepcionais se autorizaria o sigilo[67].

Ao tratar da questão, Carlos Alberto Carmona discorre que a interpretação do mencionado dispositivo não pode revelar uma regra de publicidade integral e absoluta para todos os atos da arbitragem[68]. Além das dificuldades práticas que isso poderia

---

62. O tema foi tratado em: CABRAL, Trícia Navarro Xavier; PUPPIN, Ana Carolina Bouchabki. O princípio da publicidade nos processos arbitrais: o conflito com a confidencialidade. *Revista de Processo*, v. 338, p. 385-401, 2023.

63. VAUGHN, Gustavo Favero; ABBOUD, Georges. Princípios constitucionais do processo arbitral. In: *Revista de Processo*, v. 327. São Paulo, p. 453-490, 2022, item 3.6.

64. CARMONA, Carlos Alberto. Arbitragem e administração pública – primeiras reflexões sobre arbitragem envolvendo administração pública. In: *Revista Brasileira de Arbitragem*, v. 51, p. 08-21. Porto Alegre, 2016, p. 20.

65. CARMONA, Carlos Alberto. Arbitragem e administração pública – primeiras reflexões sobre arbitragem envolvendo administração pública. In: *Revista Brasileira de Arbitragem*, v. 51, p. 08-21. Porto Alegre, 2016, p. 08.

66. BANDEIRA DE MELLO, Celso Antônio. *Curso de direito administrativo*. 30. ed. São Paulo: Malheiros, 2013, p. 117.

67. MAZZOLA, Marcelo Mazzola. Temas contemporâneos na arbitragem: do clássico ao circuito alternativo e alguns "curtas-metragens". In: *Revista de Processo*, v. 291. São Paulo, p. 427-466, 2019, item 4.8.2.

68. CARMONA, Carlos Alberto. Arbitragem e administração pública – primeiras reflexões sobre arbitragem envolvendo administração pública. In: *Revista Brasileira de Arbitragem*, v. 51, p. 08-21. Porto Alegre, 2016, p. 20.

impor, haveria até mesmo o risco de os tribunais arbitrais adquirirem resistência para receber os litígios da Administração Pública[69].

Mais adequado seria compreender a adoção de um regime de publicidade restrito na arbitragem que envolve o ente público[70], operado além dos casos em que se autoriza restrição no processo judicial, quando houver conflito com outros valores que merecem guarida, como, por exemplo, questões de defesa da intimidade e de interesse público ou social.

Mesmo nos casos em que não há quaisquer dessas justificativas, o procedimento arbitral em que contende o ente público não seria exposto à publicidade irrestrita equivalente à de um processo judicial, com sessões públicas e atos publicados em veículos oficiais[71]. Eduardo Talamini expõe que a regra do art. 2º, § 3º, da Lei da Arbitragem imputaria ao tribunal arbitral ou à Administração Pública o dever de prestar informações sobre a causa em julgamento, quando instados a fazê-lo por alguém que detenha legitimidade e interesse jurídico, sem possibilidade de evasão da obrigação[72].

Há quem compreenda, por outro lado, que, a norma do art. 2º, § 3º, da Lei da Arbitragem seria direcionada à própria Administração Pública, a quem ficaria a responsabilidade de promover a divulgação dos atos e das informações, independentemente de solicitação, em verdadeira publicidade ativa[73], justamente para garantir a possibilidade de controle. O tribunal arbitral operaria como mero prestador de serviço, de modo que não teria a obrigação de promovê-la[74].

---

69. Aponta Carmona que poderia ser economicamente inviável, por exemplo, ao abrir ao público em geral uma audiência arbitral para oitiva de partes, e também fisicamente inviável para os tribunais arbitrais franquear a qualquer cidadão o acesso a todas as informações relativas ao processo. O autor, contudo, em nota de rodapé, ressalva a existência do art. 3º, IV do Decreto 8.465/2015, cuja regra estabelecia como condição para a arbitragem relativa ao setor portuário que "todas as informações sobre o processo serão tornadas públicas" (CARMONA, Carlos Alberto. Arbitragem e administração pública – primeiras reflexões sobre arbitragem envolvendo administração pública. In: *Revista Brasileira de Arbitragem*, v. 51, p. 08-21. Porto Alegre, 2016, p. 20). Destacamos que esta norma encontra-se atualmente revogada pelo Decreto 10.025/2019, que dispõe sobre a arbitragem para dirimir litígios que envolvam a administração pública federal nos setores portuário e de transporte rodoviário, ferroviário, aquaviário e aeroportuário, e manteve a regra de que "as informações sobre o processo de arbitragem serão públicas", acrescentada a ressalva de informações necessárias à preservação de segredo industrial ou comercial e aquelas consideradas sigilosas pela legislação brasileira. É digno de nota que foi retirado da nova redação o termo "todas" as informações, o que nos parece não imputar a necessidade de dar publicidade a todos os atos, na linha do que dispõe Carmona.
70. TALAMINI, Eduardo. Arbitragem e Administração Publica no direito brasileiro. In: *Revista Brasileira da Advocacia*, v. 9. São Paulo: Ed. RT, 2018, p. 19-41, item 06.
71. TALAMINI, Eduardo. Arbitragem e Administração Pública no direito brasileiro. In: *Revista Brasileira da Advocacia*, v. 9. São Paulo: Ed. RT, 2018, p. 19-41, item 06.
72. TALAMINI, Eduardo. Arbitragem e Administração Pública no direito brasileiro. In: *Revista Brasileira da Advocacia*, v. 9. São Paulo: Ed. RT, 2018, p. 19-41, item 06.
73. SCHMIDT, Gustavo da Rocha; FERREIRA, Daniel Brantes; OLIVEIRA, Rafael Carvalho Rezende. *Comentários à Lei de Arbitragem*. Rio de Janeiro: Forense; Método, 2021, p. 50.
74. SCHMIDT, Gustavo da Rocha; FERREIRA, Daniel Brantes; OLIVEIRA, Rafael Carvalho Rezende. *Comentários à Lei de Arbitragem*. Rio de Janeiro: Forense; Método, 2021, p. 50.

Diante desse panorama, não se pode, contudo, perder de vista a finalidade de prestigiar o interesse público que advém da regra de publicidade[75], sendo necessário compatibilizá-la com o processo arbitral, sem que, então, sua aplicação represente um rompimento. Acerta Carlos Alberto Carmona, quando expõe que o Estado precisa se adequar à arbitragem, não o contrário[76].

Mitigar a transparência de muitos dos atos praticados no curso do procedimento que envolve ente público é imperativo, o que não significa dizer que abrangerá necessariamente todos eles[77]. Nessa linha, haveria que ser feita a ponderação de quais atos seriam, de fato, relevantes ao conhecimento geral, a fim de atender a máxima da publicidade e da transparência[78] sem se afastar das características da arbitragem. A título de exemplo, seriam relevantes para tanto as seguintes informações: a existência do conflito, seu objeto, valor estimado, a câmara na qual a demanda é processada, o nome dos árbitros e as sentenças arbitrais[79].

Seria, contudo, este, o caminho mais adequado a tomar, em se tratando de um procedimento em que contendem partes privadas cuja máxima reside na preponderância da privacidade? Pensar dessa forma pode transportar para o âmbito da arbitragem a regulação que é própria do processo judicial, o que é incongruente, mesmo se tratando de Administração Pública.

De todo modo, o espaço para discussão é amplo e, inclusive, as respostas a essas provocações originaram proposta de reforma legislativa na arbitragem, assunto a ser abordado a seguir.

5. CONSENSUALIDADE NO PROCESSO ADMINISTRATIVO DISCIPLINAR

A Administração Pública possui o dever de zelar por sua integridade, o que inclui primar pela conduta de seus integrantes.

---

75. A ideia é de José Miguel Júdice, que discorre: "Para tal reflexão convém ter presente que a *ratio legis* da norma não é prejudicar, antes acentuar, a defesa do interesse público, evitando situações que mantidas secretas teriam como resultado prejuízos e suspeições. Por isso a adequada interpretação da norma deve ser aquela que potencie a defesa do interesse geral, e não uma abordagem formalista que tivesse como resultado prático o oposto do que se pretende." (JÚDICE, José Miguel. Confidencialidade e publicidade. Reflexão a propósito da Reforma da Lei de Arbitragem (Lei 13.129, de 25 de maio de 2015). In: CAHALI, Francisco José; RODOVALHO, Thiago; FREIRE, Alexandre (Org.). *Arbitragem: estudos sobre a Lei 13.129, de 26/5/2015*. São Paulo: Saraiva, 2016, p. 110.

76. CARMONA, Carlos Alberto. Arbitragem e administração pública – primeiras reflexões sobre arbitragem envolvendo administração pública. In: *Revista Brasileira de Arbitragem*, v. 51, p. 08-21. Porto Alegre, 2016, p. 08.

77. MARTINS, Júlia Girão Baptista. Administração Pública: Arbitragem e Confidencialidade. In: *Revista de Arbitragem e Mediação*, v. 53. São Paulo: Ed. RT, 2017, p. 263-282, item 4.

78. MARTINS, Júlia Girão Baptista. Administração Pública: Arbitragem e Confidencialidade. In: *Revista de Arbitragem e Mediação*, v. 53. São Paulo: Revista dos Tribunais, 2017, p. 263-282, item 4.

79. MARTINS, Júlia Girão Baptista. Administração Pública: Arbitragem e Confidencialidade. In: *Revista de Arbitragem e Mediação*, v. 53. São Paulo: Ed. RT, 2017, p. 263-282, item 4.

E para a realização do controle das pessoas que exercem função pública, foi necessário desenvolver, no âmbito do Direito Administrativo, um "[...] sistema disciplinar-sancionatório de atuação direta e imediata, que possa ser manejado executoriamente, em reforço da hierarquia, por isso, dispensando o prévio acertamento da sua juridicidade pelo Poder Judiciário."[80]

A Lei 8.112/1990[81], que dispõe sobre o regime jurídico dos servidores públicos civis da União, das autarquias e das fundações públicas federais, prevê, a partir do art. 116, o regime disciplinar do servidor, como os deveres, proibições, responsabilidades e penalidades. Já o processo Administrativo Disciplinar está estabelecido nos artigos 143 a 182.

Assim, o comportamento inadequado de servidores enseja o dever de a autoridade promover a sua apuração imediata, mediante sindicância ou processo administrativo disciplinar, assegurada ao acusado ampla defesa, para verificação de eventual irregularidade que, se identificada, gera a devida responsabilização, com a aplicação da sanção prevista em lei.

Esses procedimentos administrativos disciplinares se submetem aos princípios da Administração Pública, bem como aos princípios processuais que garantam o devido processo legal.

Ademais, a solução para a questão deve ser proporcional ao ato praticado.

Diante disso, entra em cena os métodos consensuais de prevenção e resolução de conflitos, que permitem abordagens mais apropriadas, procedimentos mais adequados e resultados mais eficientes. Não por outra razão, o princípio da consensualidade no Direito Administrativo passou a ser expressamente considerado pelos doutrinadores.[82]

No âmbito do processo administrativo disciplinar e sindicância acusatória são cabíveis alguns instrumentos processuais de consenso, como o termo de ajustamento de conduta (TAC) e termo circunstanciado administrativo (TCA)[83], objetivando ao alcance da melhor solução para o caso concreto.

Contudo, nessa temática, também podem ser apropriadas as ferramentas de negociação, a conciliação, a mediação, a justiça restaurativa, entre outros possíveis meios de tratamento da controvérsia de natureza disciplinar.

---

80. MOREIRA NETO, Diogo de Figueiredo. *Curso de Direito Administrativo*. 16. ed., revista e atualizada, Rio de Janeiro: Forense, 2014, p. 264.
81. Disponível em: L8112consol (planalto.gov.br). Acesso em: 9 set. 2023.
82. MOREIRA NETO, Diogo de Figueiredo. *Curso de Direito Administrativo*. 16. ed., revista e atualizada, Rio de Janeiro: Forense, 2014, p. 252.
83. O termo circunstanciado administrativo (TCA) está previsto na Instrução Normativa CGU 4 de 2009, e pode ser empregado quando houver extravio ou danos a bem público, de pequeno valor. Sobre o tema, cf. SOUSA, Manoel Messias de. Manual de processo administrativo disciplinar: doutrina, legislação, jurisprudência e prática: uma visão humanista do direito administrativo disciplinar. São Paulo: Thomson Reuters Brasil, 2022, p. 75.

Destarte, os tribunais estão adotando essas medidas, instituindo, por meio de atos normativos, possibilidades de autocomposição entre o infrator e a Administração Pública.

O Conselho Nacional de Justiça (CNJ) editou a Recomendação 21 de 02/12/2015[84], justamente orientando aos Tribunais e Corregedorias de Justiça à utilização de mecanismos consensuais de resolução de conflitos quando diante de infrações de natureza administrativo-disciplinar que apresentem reduzido potencial de lesividade. O Ato recomenda a adoção de mecanismos como a conciliação e a mediação nos procedimentos preliminares e processos administrativos disciplinares em trâmite no âmbito do Poder Judiciário (art. 1º), com a observância dos princípios e garantias da conciliação e mediação judiciais e as regras que regem seu procedimento, estabelecidos no Anexo III da Res. CNJ 125/2010 (art. 2º).

Não obstante, o Conselho Nacional de Justiça (CNJ), na Resolução 406 de 16/08/2021[85], dispôs sobre a criação e o funcionamento do Núcleo de Mediação e Conciliação (Numec), no âmbito do referido órgão, com competência para atuar em: I – conflitos internos do CNJ que envolvam servidores ou setores administrativos; e II – processos administrativos em tramitação no CNJ de qualquer natureza e em qualquer fase de tramitação (art. 3º).

Posteriormente, por meio da Portaria 59 de 25/04/2023[86], instituiu o Regimento Interno da Comissão de Prevenção e Enfrentamento do Assédio Moral e do Assédio Sexual no âmbito do Conselho Nacional de Justiça, incluindo, no tratamento dos relatos, o encaminhamento ao núcleo de mediação, mediante provocação à Presidência, nos termos do art. 3º, I, da Resolução CNJ 406/2021 (art. 13, IV).

No âmbito do Conselho Nacional do Ministério Público (CNMP) já houve, em 2018, proposta de instituir a possibilidade de celebração de Termo de Ajustamento de Conduta – TAC no âmbito do Ministério Público brasileiro, no exercício do poder disciplinar.[87]

O Supremo Tribunal Federal (STF), por meio da Resolução 711/2020, instituiu o Código de Ética dos Servidores do Supremo Tribunal Federal, criando, para o caso de reconhecimento de infração ética, critérios para a celebração de Termo de Ajustamento de Conduta – TAC, com o propósito de realinhar a conduta do servidor aos padrões éticos estabelecidos no referido Código.[88]

Também no campo da Justiça Eleitoral há importantes iniciativas no trato do processo administrativo disciplinar, podendo-se citar:

---

84. Disponível em: atos.cnj.jus.br/atos/detalhar/3029. Acesso em: 11 set. 2023.
85. Disponível em: https://atos.cnj.jus.br/atos/detalhar/4062.
86. Disponível em: https://atos.cnj.jus.br/atos/detalhar/5151.
87. Notícia: Proposta institui a possibilidade de celebração de TAC em processos disciplinares de membros e servidores do MP. Disponível em: TAC.docx (conjur.com.br). Acesso em: 21 set. 2023.
88. Disponível em: RESOLUCAO711-2020.PDF (stf.jus.br). Acesso em: 1º out. 2023.

I – Tribunal Regional Eleitoral do Rio de Janeiro possui, desde 2011, a Resolução 779/2011[89], que dispõe sobre o controle da disciplina no âmbito do Tribunal Regional Eleitoral do Rio de Janeiro, com a previsão de mecanismos autocompositivos como o ajustamento de conduta, bem como a conciliação e a mediação. Após, foi editada a Resolução 979/2017[90], que altera a Resolução TRE 779/2011, que dispõe sobre o controle da disciplina no âmbito do Tribunal Regional Eleitoral do Rio de Janeiro e prevê a conciliação e a mediação como métodos de solução de conflitos no âmbito dos processos administrativos deflagrados contra servidores. Em 2022, foi editado o Ato GP TRE-RJ 33, de 03 de fevereiro de 2022[91], dispondo sobre o Programa de Mediação Organizacional no âmbito do Tribunal Regional Eleitoral do Rio de Janeiro, que tem por objetivo auxiliar e estimular a identificar ou desenvolver soluções consensuais para o conflito decorrente do relacionamento interpessoal no trabalho.

II – Tribunal Superior Eleitoral editou a Portaria 1136 de 05 de dezembro de 2022[92], autorizando a celebração de Termo de Ajustamento de Conduta (TAC), nos casos de infração disciplinar de menor potencial ofensivo;

III – Tribunal Regional Eleitoral do Espírito Santo editou a Resolução 9, de 6 de fevereiro de 2023[93], instituindo a política de controle da disciplina de servidores por meio de instrumentos de apuração de fatos e de mediação e dispõe sobre os procedimentos de sindicância e de processo administrativo disciplinar, regulamentando o uso da conciliação e do ajustamento de conduta.

Portanto, o uso de métodos consensuais é plenamente compatível com as questões relativas às infrações de natureza disciplinar, de modo que sua utilização deve ser adotada pelos órgãos públicos, em prol da eficiência, proporcionalidade e humanização das relações que permeiam a Administração Pública.

6. TRIBUNAIS ADMINISTRATIVOS MULTIPORTAS

6.1 Tribunal de Contas da União

O Tribunal de Contas de União – TCU tem previsão constitucional, atuando como órgão de controle externo do Congresso Nacional, cujas atribuições estão previstas no art. 71, da Constituição Federal.

---

89. Disponível em: RESOLUÇÃO 779/11 — Tribunal Regional Eleitoral do Rio de Janeiro (tre-rj.jus.br).
90. Disponível em: 201703231305_arq_123863.pdf. Acesso em: 21 maio 2023.
91. Disponível em: https://www.tre-rj.jus.br/legislacao/compilada/atos-da-presidencia/2022-1/ato-gp-tre-rj-no--33-de-03-de-fevereiro-de-2022. Acesso em: 21 maio 2023.
92. Disponível em: https://www.tse.jus.br/legislacao/compilada/prt/2022/portaria-no-1136-de-05-de-dezembro-de-2022. Acesso em: 22 maio 2023.
93. Disponível em: RESOLUÇÃO 9, DE 6 DE FEVEREIRO DE 2023. — Tribunal Regional Eleitoral do Espírito Santo (tre-es.jus.br). Acesso em: 21 maio 2023.

Por sua vez, o Decreto 9.830/2019[94] regulamentou o disposto nos art. 20 ao art. 30 do Decreto-Lei 4.657, de 4 de setembro de 1942, que institui a Lei de Introdução às normas do Direito brasileiro, o que inclui os instrumentos de compromisso e termo de ajustamento de conduta, nos termos dos artigos 10 e 11.[95]

---

94. Disponível em: D9830 (planalto.gov.br). Acesso em: 9 set. 2023.
95. **Compromisso**
Art. 10. Na hipótese de a autoridade entender conveniente para eliminar irregularidade, incerteza jurídica ou situações contenciosas na aplicação do direito público, poderá celebrar compromisso com os interessados, observada a legislação aplicável e as seguintes condições:
I – após oitiva do órgão jurídico;
II – após realização de consulta pública, caso seja cabível; e
III – presença de razões de relevante interesse geral.
§ 1º A decisão de celebrar o compromisso a que se refere o caput será motivada na forma do disposto no art. 2º.
§ 2º O compromisso:
I – buscará solução proporcional, equânime, eficiente e compatível com os interesses gerais;
II – não poderá conferir desoneração permanente de dever ou condicionamento de direito reconhecido por orientação geral; e
III – preverá:
a) as obrigações das partes;
b) o prazo e o modo para seu cumprimento;
c) a forma de fiscalização quanto a sua observância;
d) os fundamentos de fato e de direito;
e) a sua eficácia de título executivo extrajudicial; e
f) as sanções aplicáveis em caso de descumprimento.
§ 3º O compromisso firmado somente produzirá efeitos a partir de sua publicação.
§ 4º O processo que subsidiar a decisão de celebrar o compromisso será instruído com:
I – o parecer técnico conclusivo do órgão competente sobre a viabilidade técnica, operacional e, quando for o caso, sobre as obrigações orçamentário-financeiras a serem assumidas;
II – o parecer conclusivo do órgão jurídico sobre a viabilidade jurídica do compromisso, que conterá a análise da minuta proposta;
III – a minuta do compromisso, que conterá as alterações decorrentes das análises técnica e jurídica previstas nos incisos I e II; e
IV – a cópia de outros documentos que possam auxiliar na decisão de celebrar o compromisso.
§ 5º Na hipótese de o compromisso depender de autorização do Advogado-Geral da União e de Ministro de Estado, nos termos do disposto no § 4º do art. 1º ou no art. 4º-A da Lei 9.469, de 10 de julho de 1997, ou ser firmado pela Advocacia-Geral da União, o processo de que trata o § 3º será acompanhado de manifestação de interesse da autoridade máxima do órgão ou da entidade da administração pública na celebração do compromisso.
§ 6º Na hipótese de que trata o § 5º, a decisão final quanto à celebração do compromisso será do Advogado-Geral da União, nos termos do disposto no parágrafo único do art. 4º-A da Lei 9.469, de 1997.
Termo de ajustamento de gestão
Art. 11. Poderá ser celebrado termo de ajustamento de gestão entre os agentes públicos e os órgãos de controle interno da administração pública com a finalidade de corrigir falhas apontadas em ações de controle, aprimorar procedimentos, assegurar a continuidade da execução do objeto, sempre que possível, e garantir o atendimento do interesse geral.
§ 1º A decisão de celebrar o termo de ajustamento de gestão será motivada na forma do disposto no art. 2º.
§ 2º Não será celebrado termo de ajustamento de gestão na hipótese de ocorrência de dano ao erário praticado por agentes públicos que agirem com dolo ou erro grosseiro.
§ 3º A assinatura de termo de ajustamento de gestão será comunicada ao órgão central do sistema de controle interno.

Diante disso, os Tribunais de Contas passaram a realizar termos de ajuste de gestão com os órgãos públicos fiscalizados, a fim de que pudessem adequar as suas condutas antes da aplicação de eventuais sanções.

Atento ao aperfeiçoamento de suas atividades, o Tribunal de Contas da União passou a adotar a política da consensualidade, prevendo formas de tratamento adequado de conflitos.

Em 2 de janeiro de 2023 entrou em vigor a Instrução Normativa 91/2022 (IN) do Tribunal de Contas da União (TCU), responsável por criar a Secretaria de Controle Externo de Solução Consensual e Prevenção de Conflitos (SecexConsenso).

De acordo com o Presidente do TCU Bruno Dantas:

> "O objetivo de uma câmara de mediação no TCU seria buscar encurtar a distância entre a pactuação e o controle, o hiato entre o gestor e o auditor, viabilizando um ajuste técnico e cooperativo na metodologia do contrato desde o seu início e a fixação de protocolos, procedimentos e critérios objetivos de uma maneira mais célere, o que já sinaliza a visão do Tribunal em uma costura contratual da qual se obtém segurança jurídica."[96]

A criação desse órgão autocompositivo já enseja frutos, sendo que agências reguladoras começam a realizar requerimentos de solução consensual de conflitos.[97]

Em 06 de setembro de 2023, o plenário do Tribunal de Contas do Estado do Rio de Janeiro (TCE) reconheceu a admissibilidade do Termo de Ajustamento de Gestão proposto pela Uerj, referente aos projetos de descentralização orçamentária com o governo do Estado.[98]

Portanto, a busca pelo diálogo entre o setor privado e a Administração Pública vai ao encontro do ideal de eficiência e economicidade do Estado.

6.2   Cade

O Conselho Administrativo de Defesa Econômica (Cade) é uma autarquia federal, vinculada ao Ministério da Justiça, com sede e foro no Distrito Federal, que exerce, em todo o Território nacional, as atribuições dadas pela Lei 12.529/2011. Exerce três funções:

---

96. DANTAS, Bruno. *Consensualismo na Administração Pública e regulação*: reflexões para um Direito Administrativo do século XXI. Belo Horizonte: Fórum, 2023, p. 65.

97. Confira a notícia: TCU investe em soluções consensuais de conflitos para temas de grande relevância. Disponível em: TCU investe em soluções consensuais de conflitos para temas de grande relevância | Portal TCU. Acesso em: 9 set. 2023. E ainda: "Até o momento foram formulados 12 pedidos ao tribunal de contas. No último mês, em 7 de junho, foi proferido o primeiro Acórdão da Corte de Contas homologando um acordo elaborado no bojo da nova Secretaria (Acórdão 1130/2023). Tratava-se de solicitação formulada pelo Ministério de Minas e Energia para solução de impasses relativos a um dos Contratos de Reserva de Energia firmados com a empresa para criação de termoelétricas visando resolver a crise hídrica de 2020-21" Confira notícia no ConJur – Opinião: Consensualidade no TCU: perguntas em aberto na Corte de Contas. Disponível em: ConJur – Opinião: Consensualidade no TCU — perguntas em aberto. Acesso em: 9 set. 2023.

98. Cf. notícia: TCE reconhece admissibilidade de Termo de Ajustamento de Gestão proposto pela Uerj sobre projetos com o Estado – UERJ – Universidade do Estado do Rio de Janeiro. Acesso em: 9 set. 2023.

"Preventiva: analisar e posteriormente decidir sobre as fusões, aquisições de controle, incorporações e outros atos de concentração econômica entre grandes empresas que possam colocar em risco a livre concorrência.

Repressiva: investigar, em todo o território nacional, e posteriormente julgar cartéis e outras condutas nocivas à livre concorrência.

Educativa: instruir o público em geral sobre as diversas condutas que podem prejudicar a livre concorrência; incentivar e estimular estudos e pesquisas acadêmicas sobre o tema, firmando parcerias com universidades, institutos de pesquisa, associações e órgãos do governo; realizar ou apoiar cursos, palestras, seminários e eventos relacionados ao assunto; editar publicações, como a Revista de Defesa da Concorrência e cartilhas."[99]

Os processos administrativos que envolvem os temas anteriormente mencionados são solucionados pelo Tribunal Administrativo de Defesa Econômica, que é composto por um presidente e seis conselheiros, todos com mandatos de quatro anos, vedada a recondução.

O Cade possui um Programa de Leniência Antitruste que possibilita às empresas e/ou indivíduos que participem, ou tenham participado, de um cartel ou outra prática anticoncorrencial, que, por denunciá-la ao órgão, obtenham total isenção, ou abrandamento, das multas e penas que lhes seriam aplicáveis, através da proposição de um acordo de leniência. Para poder celebrar o acordo, os interessados devem confessar e cessar sua participação no cartel, ou outra prática anticoncorrencial, denunciá-lo e colaborar em todo o processo de sua apuração, aportando informações e documentos relevantes para seu detalhamento. A oferta de proposta de Acordo de Leniência pode ser feita, inclusive, por meio da plataforma Clique Leniência, criada para esta finalidade.[100]

Ademais, o Cade ainda pode celebrar ermos de Compromisso de Cessação (TCC) e Acordos em Controle de Concentração (ACC)[101]. O primeiro consiste em:

"O Termo de Compromisso de Cessação (TCC) é um acordo firmado entre o Cade e empresas ou pessoas físicas investigadas por suposta infração à ordem econômica. Por meio deste instrumento, os signatários comprometem-se a suspender as práticas que geraram as suspeitas das condutas anticompetitivas e também se sujeitam ao pagamento de contribuições pecuniárias. Além disso, podem ser estabelecidas outras medidas que estimulem ou reestabeleçam a concorrência no mercado."[102]

Já o Acordo em Controle de Concentração (ACC) "[...] é um instrumento utilizado para sanar eventuais problemas identificados em atos de concentração submetidos ao Cade. O objetivo do ACC é remediar uma situação estrutural que poderia inviabilizar a aprovação da operação analisada."[103]

---

99. Cf.: Competências — Conselho Administrativo de Defesa Econômica (www.gov.br). Acesso em: 9 set. 2023.

100. As informações estão disponíveis em: Programa de Leniência — Conselho Administrativo de Defesa Econômica (www.gov.br). Acesso em: 9 set. 2023.

101. Disponível em: Acordos — Conselho Administrativo de Defesa Econômica (www.gov.br). Acesso em: 9 set. 2023.

102. Disponível em: TCCs — Conselho Administrativo de Defesa Econômica (www.gov.br). Acesso em: 9 set. 2023.

103. Disponível em: ACCs — Conselho Administrativo de Defesa Econômica (www.gov.br). Acesso em: 9 set. 2023.

Nota-se, pois, a existência de variadas possibilidades de consenso e de formas adequadas de resolução de conflitos no âmbito do Cade.

6.3 Tribunal desportivo

De acordo com o estabelecido no art. 217, da Constituição Federal[104], o Estado deve fomentar práticas desportivas.

A Justiça Desportiva foi regulamentada pela Lei Pelé (Lei 9.615/98).[105]

A Lei Pelé dispõe, no art. 50, sobre a organização, o funcionamento e as atribuições da Justiça Desportiva, limitadas ao processo e julgamento das infrações disciplinares e às competições desportivas, serão definidos nos Códigos de Justiça Desportiva, facultando-se às ligas constituir seus próprios órgãos judicantes desportivos, com atuação restrita às suas competições.

Por sua vez, o art. 52, da referida Lei, diz que os órgãos integrantes da Justiça Desportiva são autônomos e independentes das entidades de administração do desporto de cada sistema, compondo-se do Superior Tribunal de Justiça Desportiva, funcionando junto às entidades nacionais de administração do desporto; dos Tribunais de Justiça Desportiva, funcionando junto às entidades regionais da administração do desporto, e das Comissões Disciplinares, com competência para processar e julgar as questões previstas nos Códigos de Justiça Desportiva, sempre assegurados a ampla defesa e o contraditório.

Não obstante, a Constituição Federal prevê no § 1º do art. 217, o Poder Judiciário só admitirá ações relativas à disciplina e às competições desportivas após esgotarem-se as instâncias da justiça desportiva.

Diante disso, a resolução de questões envolvendo atividades de desporto devem se submeter à Justiça Desportiva como condição para eventual judicialização.

Ademais, transgressões relativas à disciplina e às competições desportivas sujeitam o infrator às sanções arroladas no § 1º do art. 50 da Lei Pelé.

---

104. Art. 217. É dever do Estado fomentar práticas desportivas formais e não-formais, como direito de cada um, observados:

I – a autonomia das entidades desportivas dirigentes e associações, quanto a sua organização e funcionamento;

II – a destinação de recursos públicos para a promoção prioritária do desporto educacional e, em casos específicos, para a do desporto de alto rendimento;

III – o tratamento diferenciado para o desporto profissional e o não-profissional;

IV – a proteção e o incentivo às manifestações desportivas de criação nacional.

§ 1º O Poder Judiciário só admitirá ações relativas à disciplina e às competições desportivas após esgotarem-se as instâncias da justiça desportiva, regulada em lei.

§ 2º A justiça desportiva terá o prazo máximo de sessenta dias, contados da instauração do processo, para proferir decisão final.

§ 3º O Poder Público incentivará o lazer, como forma de promoção social.

105. Disponível em: L9615 – Consolidada (planalto.gov.br). Acesso em: 9 set. 2023.

Assim, por tudo o que já foi exposto, conclui-se que o processo e julgamento das infrações disciplinares e às competições desportivas se submetem aos termos gerais do direito (art. 52, § 2º), o que inclui a aplicação do princípio da consensualidade, que pode ser por meio do termo de ajustamento de conduta (TAC), conciliação, mediação, justiça restaurativa, sem prejuízo a outros métodos de resolução de disputas, como a arbitragem.[106]

7. CONCLUSÃO

O sistema de justiça brasileiro vem passando por relevante mutação ideológica, legislativa e comportamental, sedimentando a concepção de Justiça Multiportas, que contempla os variados ambientes e formas de resolução de conflitos, e que inclui a autocomposição e a heterocomposição, as esferas judicial e extrajudicial, os setores público e privado, e os ambientes presenciais e virtuais.

Os conflitos envolvendo a Administração Pública também devem ter um tratamento condizente com as suas particularidades, evitando-se a imediata judicialização de questões que podem ser resolvidas administrativa e extrajudicialmente.

Isso porque o antigo dogma da impossibilidade de autocomposição em conflitos que tratem de interesse público cedeu espaço para uma perspectiva bem mais benéfica para todos os envolvidos.

Para o cidadão será mais rápido, menos custoso, menos complexo e mais humano.

Já para a Administração Pública também importará em ganho de tempo e menor gasto com a manutenção de uma estrutura cara para a judicialização, e ainda poderá garantir, em muitos acordos, o recebimento imediato de créditos ou o pagamento de débitos menores, poupando, ainda, anos de disputas judiciais.

Por sua vez, o Poder Judiciário poderá ser utilizado com mais racionalidade, passando a se dedicar a demandas em que seja realmente imprescindível uma intervenção judicial.

Diante disso, o investimento na desjudicialização caracteriza um importante avanço no acesso à justiça, já que equaliza melhor a proporcionalidade entre o conflito e suas possíveis soluções, bem como promove um eficiente funcionamento das instituições públicas e privadas.

No que tange à consensualidade, pode-se dizer que as esferas judiciais e extrajudiciais coexistem, alcançando a Administração Pública, inclusive nas formas presencial e virtual.

Portanto, essa realidade traz amplas perspectivas para o cidadão, que ganha novas portas de solução de controvérsias, com chances de maior eficiência.

---

106. Sobre o tema, cf.: FIDA, Pedro; MOTTA, Marcos. A mediação nos esportes: aspectos gerais e o caso do tribunal Arbitral do Esporte (TAS). In: CABRAL, Trícia Navarro Xavier; ZANETI JR., Hermes. (Org.). *Justiça multiportas*. 3. ed. Salvador: JusPODIVM, 2023, v. 1, p. 1009-1021.

5
JUSTIÇA MULTIPORTAS NAS LICITAÇÕES E CONTRATOS ADMINISTRATIVOS[1]

1. INTRODUÇÃO

As licitações e contratos da Administração Pública veiculam expressivo interesse social, sendo complexa a atividade de seleção da proposta apta a gerar o resultado de contratação mais vantajoso para o Poder Público, visto que deve ser realizada em justa competição, com tratamento isonômico e fomento à inovação dos participantes e ao desenvolvimento nacional, e mesmo após a adjudicação do objeto ao vencedor do certame, surge relação jurídica multifacetada e, muitas vezes, de longa duração.

Desse modo, as licitações e contratos administrativos são, inequivocamente, fonte de diversos conflitos, cuja perpetuação se revela deletéria para toda a sociedade, reclamando uma especial atenção dos integrantes do sistema de justiça, mormente do Poder Público.[2]

Com efeito, intermináveis disputas entre licitantes ou entre estes e a Administração Pública, quanto a aspectos de legalidade de editais; competitividade dos critérios eleitos; habilitação ou inabilitação dos participantes e julgamento das propostas, seguidos por questões de controvérsia sobre o cumprimento dos contratos; a readequação dos seus equilíbrios econômico-financeiros; encampação de obras e serviços abandonados; penalidades e indenizações, assoberbam o Poder Judiciário e afetam no custo das obras e serviços públicos, o que conduz, não raro, a respostas caras, demoradas e economicamente irracionais, que vão de encontro ao interesse público.

A recente Lei 14.133, de 1º de abril de 2021, modificou o regramento das licitações e contratos administrativos, então vigente por quase três décadas e incorporou, em

---

1. O presente tópico, revisto, resumido e compilado, a partir de dois textos: CABRAL, Trícia Navarro Xavier; CARVALHO, Frederico Ivens Miná Arruda de. A Justiça Multiportas na solução dos conflitos decorrentes de licitações e contratos administrativos: uma análise a partir da Lei 14.133/21. In: CABRAL, Tricia Navarro Xavier; ZANETI JR., Hermes. (Org.). *Justiça multiportas*. 3. ed. Salvador: JusPODIVM, 2023, v. 1, p. 961-980; e CABRAL, Trícia Navarro Xavier; SANTIAGO, Hiasmine. *Breves considerações sobre a mediação na administração pública e sua importância na nova lei de licitações e contratos administrativos (Lei 14.133/2021)*, no prelo.
2. Vide, nesse sentido, estudo realizado pelo Conselho Nacional de Justiça quanto às obras paralisadas por pendências judiciais. Disponível em: <https://www.cnj.jus.br/pesquisas-judiciarias/diagnostico-sobre-obras-paradas/>. Acesso em: 05 abr. 2021.

conformidade com uma tendência de institucionalização legislativa, uma variedade de métodos para a solução dos aludidos desacordos, abarcando o modelo de Justiça Multiportas, sendo o objeto do presente estudo.

2. DOS VARIADOS MÉTODOS DE SOLUÇÃO DE CONFLITOS NA LEI 14.133/2021

A atual Lei de Licitações e Contratos Administrativos demonstra uma expressiva evolução quanto à disciplina dos institutos, visto que, conforme registra Marçal Justen Filho[3], enuncia um novo modelo de atuação da Administração Pública por meio da gestão de competências, governança pública e segregação de funções, como forma de elevar sua eficiência e qualidade, reduzir a necessidade de ações repressivas e produzir segurança jurídica, o que se coaduna com a previsão de diversas formas de solução para os conflitos que funcionarão como portas de saída do sistema de justiça no futuro.

Inicialmente, é perceptível a preocupação com o reforço na estruturação da solução por meio da jurisdição estatal, por meio de cláusula contratual obrigatória a que veicule convenção pré-processual de eleição do foro da sede da Administração para dirimir qualquer questão contratual, ressalvadas as aquisições de bens que tratam os incisos do art. 92, § 1º.

Há, ademais, a modificação do art. 1.048, do Código de Processo Civil com o aporte de nova hipótese de prioridade de tramitação, em qualquer juízo ou tribunal, dos procedimentos judiciais em que se discuta a aplicação das normas gerais de licitação e contratação (art. 177).

Nota-se quanto a tal inserção, que a técnica de tramitação preferencial, usualmente vinculada a qualidades pessoais dos litigantes, como idoso, criança e adolescente em situação de risco e portador de doença grave, enquanto manifestação da igualdade no processo[4], ou a procedimentos de ações constitucionais como o mandado de segurança (art. 20 da Lei 12.019/2009) e *habeas corpus* (art. 612 do Código de Processo Penal), é

---

3. "A gestão por competências exige definir as atribuições de cada função administrativa, os atributos exigidos para o seu desempenho e os parâmetros para avaliação de seu ocupante. A ausência de gestão por competências é um defeito generalizado da Administração brasileira. A gestão por competências promove a eficiência na seleção de agentes públicos, eleva a qualidade dos serviços administrativos e torna viável a avaliação de desempenho dos agentes públicos. A governança das contratações impõe a identificação dos riscos e vulnerabilidades, a adoção de mecanismos de controle interno e a implantação de um ambiente de integridade. A segregação de funções, uma decorrência da gestão por competências e da governança pública, consiste na atribuição de funções complementares e conexas a agentes públicos distintos. Evita acumulação de atribuições diversas por um único agente. Essas inovações introduzem mecanismos de freios e contrapesos na estrutura interna da própria Administração Pública. Ampliam a eficácia do controle e reduzem o risco de desvios. São providências de natureza preventiva, diminuindo a necessidade de ações repressivas. Reforçam a moralidade e a eficiência e produzem segurança jurídica. Dão início a uma efetiva reforma administrativa." JUSTEN FILHO, Marçal. *Nova lei de licitações e reforma administrativa*. Disponível em: <https://www.jota.info/opiniao-e-analise/colunas/publicistas/nova-lei-de-licitacoes-e-reforma-administrativa-16022021>. Acesso em: 10 abr. 2021.

4. ABREU, Rafael Sirangelo de. *Igualdade e processo*: posições processuais equilibradas e unidade do direito. São Paulo: Ed. RT, 2015, p.201.

difundida para todo e qualquer processo em que se discuta a aludida matéria, em franco reconhecimento de seu caráter multiplexo e do interesse não apenas jurídico, mas econômico e, sobretudo, social na sua célere solução pelo Poder Judiciário.[5]

Em outra vertente, o diploma em estudo destinou capítulo específico para outros métodos de resolução das controvérsias.[6]

Destaca-se inicialmente o louvável propósito de prevenção de controvérsias (art. 151), que se adequa aos princípios fundamentais da eficiência, interesse público, eficácia, segurança jurídica, razoabilidade, proporcionalidade e economicidade trazidos pelo art. 5º da lei, e justifica inclusive a autocomposição quanto ao reajuste do equilíbrio econômico-financeiro dos contratos (art. 135), e até quanto ao encerramento das relações contratuais (art. 138, II), sendo a resolução de conflitos por meios adequados estendida a todas aquelas concernentes a direitos patrimoniais disponíveis, como também as que envolvam o inadimplemento contratual e o cálculo de indenizações.

Em conformidade com o art. 153, tal diretriz de racionalização se aplica de maneira imediata, sendo possível o aditamento de contratos vigentes para inserir cláusula que preveja a utilização de métodos adequados para a solução de conflitos futuros, sem embargo da possibilidade de serem adotados, independente de disposição contratual prévia, conforme consenso entre as partes e autorização normativa específica.

Deve, ademais, ser estimulada por magistrados, mesmo quando já judicializada a controvérsia, como corolário do papel de gestão do conflito decorrente do *case management,* quando identificada viabilidade de utilização de outro método, independente do rito processual ou da fase em que se encontra.[7]

---

5. "Em verdade, o que interessa para o jurisdicionado – e para a coletividade como um todo – é que as controvérsias venham compostas em modo justo, tempestivo e tecnicamente consistente, e isso não necessariamente pela intercessão do Estado-juiz, mas também – e em certos casos até preferencialmente – por outros meios e modos resolutórios, o que é particularmente verdadeiro quando se trata dos chamados conflitos multiplexos, bastante ocorrentes na experiência contemporânea, nos quais o objeto litigioso não se circunscreve à crise propriamente jurídica, mas se estende por tópicos que relevam de outras áreas, sob as rubricas sócio-político--econômicas.". MANCUSO, Rodolfo Camargo. A arbitragem, a mediação e a conciliação enquanto meios de prevenção e solução de conflitos, e seu manejo no âmbito do poder público. In: BEDAQUE, José Roberto dos Santos. YARSHELL, Flávio Luiz. SICA, Heitor Vitor Mendonça (Coord.). *Estudos de direito processual civil em homenagem ao Professor José Rogério Cruz e Tucci.* Salvador: JusPODIVM, 2018, p. 715.

6. Capítulo XII – Dos Meios Alternativos de Resolução de Controvérsias

Art. 151. Nas contratações regidas por esta Lei, poderão ser utilizados meios alternativos de prevenção e resolução de controvérsias, notadamente a conciliação, a mediação, o comitê de resolução de disputas e a arbitragem.

Parágrafo único. Será aplicado o disposto no *caput* deste artigo às controvérsias relacionadas a direitos patrimoniais disponíveis, como as questões relacionadas ao restabelecimento do equilíbrio econômico-financeiro do contrato, ao inadimplemento de obrigações contratuais por quaisquer das partes e ao cálculo de indenizações.

Art. 152. A arbitragem será sempre de direito e observará o princípio da publicidade.

Art. 153. Os contratos poderão ser aditados para permitir a adoção dos meios alternativos de resolução de controvérsias.

Art. 154. O processo de escolha dos árbitros, dos colegiados arbitrais e dos comitês de resolução de disputas observará critérios isonômicos, técnicos e transparentes.

7. "Tema que se torna cada vez mais relevante no cenário nacional, a gestão do conflito implica em o juiz identificar e compreender o tipo de relação jurídica material e processual em que as partes estão inseridas, o

Registre que não se revela indene a críticas a adoção da expressão *meios alternativos*, que reflete entendimento ultrapassado na doutrina e enseja uma carga apta a causar dificuldades nos planos da semântica e da pragmática.

Com efeito, a atribuição de natureza alternativa aos demais métodos implica na conclusão equivocada de que ainda deve haver uma prevalência da jurisdição estatal como forma de solucionar as controvérsias oriundas das licitações e contratos administrativos, o que vai de encontro à matriz do sistema de justiça contemporâneo, no qual o consenso dos envolvidos deve ser priorizado (art. 1º, parágrafo único da Resolução CNJ 125/2010) tanto pela sua autocomposição, quanto pela faculdade de escolha de trilho heterocompositivo mais flexível, no que se entender por mais adequado à espécie, e que pode se revelar, simultaneamente, mais compatível com o interesse público.[8]

Portanto, embora seja compreensível a escolha da expressão no campo legislativo, visto a tradição do direito público e do ineditismo de inserção de capítulo específico quanto ao tema, deve-se adotar por chave de leitura que a expressão em testilha concerne mais ao realce de uma modificação cultural e jamais a uma ordem hierarquizada de

---

que terá reflexos na condução do processo com um todo. Inicialmente, é importante que o juiz verifique os seguintes aspectos: a) se a relação entre as partes é de natureza continuada ou se não há vínculo anterior entre as partes; b) se o direito discutido admite autocomposição; c) se as partes já tentaram eliminar o conflito por meio de um acordo antes da judicialização; e d) se o conflito possui um grau de complexidade e especialidade a se compatibilizar com outros métodos de resolução de conflitos. O gerenciamento do conflito tem início logo no juízo de admissibilidade da petição inicial, e pode ocorrer em diversos momentos do procedimento. Assim, quando o juiz realiza a triagem dos processos e analisa a inicial já é possível identificar os principais contornos da relação jurídica nos planos material e processual. Em outros termos, o juiz deve considerar os elementos objetivos (direito material) e subjetivos (pessoas envolvidas no conflito) que permeiam a relação jurídica processual. Isso permite que o juiz direcione o processo para o método adequado, atendendo ao que preconiza o art. 3º, do CPC, inserido nas normas fundamentais do processo civil. O referido dispositivo trata da inafastabilidade do Poder Judiciário, mas também autoriza o uso da arbitragem, e ainda estabelece de forma contundente a preferência pelas formas consensuais de resolução de conflito.". CABRAL, Trícia Navarro Xavier. Case managment no Brasil. *Revista ANNEP de Direito Processual*, v. 01, n. 02, p. 13-27. jul./-dez. 2020.

8. "Importante esclarecer que o ensaio se vale da expressão métodos adequados de resolução de conflitos, em descarte a duas outras formas usualmente utilizadas, que podem causar alguns embaraços, a saber: (a) métodos alternativos de resolução de conflitos e (b) métodos de solução consensual de conflitos. O uso da palavra adequada na expressão permite, de plano, analisar que há opções entre os diversos meios de solução dos conflitos, tendo as partes escolhido justamente a opção mais adequada, isto é, a que melhor se amolda à situação concreta. Tal constatação, por si só, já indica que o uso da expressão métodos alternativos não é a mais feliz, pois pode conduzir a ideia de que não existe meio mais adequado (já que alternativas podem ser opções de mesma eficiência) ou, pior ainda, que a solução preferencial (ou mais comum) é a decisão por terceiro, sendo a autocomposição apenas uma alternativa àquela. Em relação ao descarte da expressão métodos de solução consensual de conflitos tal postura se dará apenas quando se voltar para solução outra que não a judicial, mas que reclama heterocomposição. Com efeito, há soluções (trilhas) que são adequadas à resolução do conflito, mas que não são consensuais, como é o caso clássico da arbitragem. Há, inclusive, no CPC de 2015, alguma confusão no uso das expressões, justificando a postura aqui firmada, consoante pode se verificar do art. 359, que trata a arbitragem como uma espécie de solução consensual de conflitos.". MAZZEI, Rodrigo. CHAGAS, Bárbara Seccato Rui. Breve ensaio sobre a postura dos atores processuais em relação aos métodos. adequados de resolução de conflitos. In: ZANETI JR., Hermes. CABRAL, Trícia Navarro Xavier. *Justiça multiportas*: mediação, conciliação, arbitragem e outros meios adequados de solução de conflitos. 2. ed. Salvador: JusPODIVM, 2018. (Coleção grandes temas do novo CPC. v. 9), p. 69.

métodos, e que a Administração Pública deve escolher aquele que se afigure como mais adequado à solução do conflito em concreto, sem a prevalência da jurisdição estatal.

Nessa toada, a Lei de Licitações enuncia o cabimento dos métodos da conciliação, mediação, comitê de resolução de disputas *(Dispute Boards)* e arbitragem, o que não encerra rol taxativo, haja vista que a diretriz de atipicidade de meios na Justiça Multiportas é abarcada pela expressão *notadamente*, o que possibilita a adoção de outros, como a resolução colaborativa de disputas (*Collaborative Law*).[9]

Ademais, a solução dos conflitos advindos das licitações e contratos da Administração Pública implica no dever de observância ao princípio da adequação quanto à eleição do método adequado e aspectos acessórios, de modo a se identificar, à luz de uma diversidade de opções possíveis e com a valoração no caso concreto, da medida que se coaduna com a proteção do interesse público.[10]

Assim, a partir da qualificação do objeto da controvérsia com a natureza de direito patrimonial disponível, que implica na possibilidade em abstrato de ser submetido a autocomposição e a tutela pela jurisdição arbitral (arbitralidade objetiva na forma do art.1º da Lei 9.307/96)[11] à autoridade máxima do órgão ou entidade ou a quem as normas de organização administrativa indicarem (art. 7º, da Lei de Licitações e Contratos), em conformidade com as disposições legais ou estatutárias, quem terá que examinar as circunstâncias fáticas e decidir quanto à submissão do conflito aos métodos adequados de resolução de disputas, revelando qual ferramenta se mostra

---

9. "Nesse cenário, a negociação direta ou resolução colaborativa de conflitos, conhecida também como *collaborative law*, tem sido nos últimos anos debatida no exterior como um dos mais promissores campos de estudo dos MASC's ou ADR's. O termo *collaborative law* representa, do ponto de vista estrutural, uma "mediação sem mediador". O mecanismo pretende também suprir uma lacuna de meios de solução de conflitos e permitir uma alternativa de um procedimento pré-processual para a solução amistosa de conflitos sem a presidência ou ajuda de uma figura central. A negociação direta ou resolução colaborativa desponta como uma forma comum de solução de disputas, sendo realizada de modo informal entre os próprios interessados ou envolvidos ou entre seus advogados ou representantes. A resolução colaborativa de conflitos ou *collaborative law* funciona com o que se convencionou chamar de "four-way settlement meetings", contando com a presença de advogados e mandantes de parte a parte. Os advogados comprometem-se, caso se verifique o fracasso do procedimento, a renunciar ao mandato e não representar as partes judicialmente. Em outras palavras, os advogados têm como função apenas negociar e obter a autocomposição. Não havendo consenso e sendo o caso de judicializar a questão, eles não podem atuar no processo judicial. Esse compromisso de não atuar no eventual processo judicial reforça a necessidade de a negociação ser sigilosa, não podendo ser levados ao conhecimento do juiz, em posterior processo judicial, elementos que foram apresentados apenas com a finalidade de obter a autocomposição.". CABRAL, Antonio do Passo. CUNHA, Leonardo Carneiro da. Negociação direta ou resolução colaborativa de disputas (collaborative law): "mediação sem mediador". *Revista de Processo*, v. 259/2016, p. 471-489, set./ 2016.

10. BACELLAR FILHO, Romeu Felipe. O direito administrativo, a arbitragem e a mediação. *Revista de Arbitragem e Mediação*, v. 32/2012, p. 33-59, jan./mar. 2012.

11. "A arbitrabilidade objetiva também está prevista no art. 1.º, parte final, da Lei 9.307/1996, que só admite a arbitragem "para dirimir litígios relativos a direitos patrimoniais disponíveis". Isso significa que as partes só podem optar pelo juízo arbitral quando se cuidar de direitos sobre os quais tenham pleno poder de disposição - afinal, se podem até cedê-los ou renunciar a eles, por que não poderiam submetê-los à decisão de um árbitro?". TIBURCIO, Carmen. PIRES, Thiago Magalhães. Arbitragem envolvendo a Administração Pública: notas sobre as alterações introduzidas pela Lei 13.129/2015. *Revista de Processo*, v. 254/2016, p. 431-462, abr./ 2016.

idônea para tal desiderato, podendo fazê-lo de ofício ou mediante provocação da outra parte ou do Poder Judiciário.

Destaca-se que, diante da inexistência de método melhor ou pior, tal deliberação guarda expressiva complexidade e dinamismo, visto que no exame da adequação da solução eleita devem ser consideradas uma enorme quantidade de variáveis, que podem ser, inclusive, modificadas ao longo do procedimento, de sorte que a diligência e diálogo se revelam curiais para a apropriada atuação do Poder Público, que poderá direcionar o conflito para a via mais eficiente.[12]

De outro lado, além da escolha do método adequado para a solução do conflito, que deve ser o que demonstra maior eficiência, infere-se a necessidade de deliberações sobre aspectos acessórios, como a escolha de árbitros, colegiados arbitrais, integrantes do comitê de resolução de disputas, ou mesmo de conciliadores, mediadores ou câmaras de conciliação, mediação e arbitragem, advogados colaborativos e outros profissionais com aptidão de auxílio na solução do conflito.

Para tal propósito, o art. 154 da Lei de Licitações enuncia a diretriz de que sejam adotados critérios isonômicos, técnicos e transparentes, fruto da exigência do regime administrativo, que deve ser compatibilizado com a singularidade das atividades em epígrafe.

Com efeito, conforme observam Carmen Tiburcio e Thiago Magalhães Pires, embora a indicação de árbitros pela Administração Pública seja possível, não se cuida propriamente da contratação de um prestador de serviços, mas de indivíduo ou entidade com especialização técnica e sem vinculação intrínseca às partes, mas sim à função desempenhada, investido nos deveres de imparcialidade e independência, sendo esta lógica aplicada aos integrantes dos comitês de disputa, bem como conciliadores e mediadores e câmaras que se prestem a atuar na solução de conflitos envolvendo a Administração Pública, que deverão ser escolhidos conforme critérios técnicos devidamente justificados.[13]

---

12. Conforme assevera Márcio Vieira Souto Costa Ferreira: "Uma primeira consequência, portanto, da valorização do princípio da adequação é resgatar a necessidade de que haja diversos meios de solução de conflitos postos à disposição das partes. As múltiplas portas precisam estar abertas e abertas permanentemente, pois o processo não é estático, mas essencialmente dinâmico, podendo ser alteradas as condições inicialmente contrárias a uma busca do consenso. Não se pode encerrar a existência de um Sistema de Justiça Multiportas no simples oferecimento de uma audiência de conciliação ou de mediação em determinado momento processual. Releva notar, em segundo lugar, que a adequação explica porque não se deve entender que exista qualquer preferência genérica de um método em relação a outro. Não há que se falar na adjudicação estatal como sendo um método pior ou melhor do que outros. Há um número enorme de variáveis, que precisam ser corretamente analisadas pelas partes na escolha do método, o que, infelizmente, nem sempre acontece.". FERREIRA, Márcio Vieira Souto Costa. Princípios fundamentais do processo e a legitimidade do sistema de justiça multiportas. In: FUX, Luiz. ÁVILA, Henrique. CABRAL, Trícia Navarro Xavier. *Tecnologia e justiça multiportas*. Indaiatuba: Foco, 2021, p. 469.

13. "Os árbitros não são, nem podem ser considerados, 'prestadores de serviços' da Administração. A equidistância que o tribunal arbitral deve guardar em relação às partes torna inviável que seus membros tenham um vínculo direto (e econômico) com uma delas, o que poria em risco a imparcialidade e a independência que se espera do tribunal (art. 13, § 6º, da Lei 9.307/1996). A situação de um árbitro 'contratado' beiraria

5 • JUSTIÇA MULTIPORTAS NAS LICITAÇÕES E CONTRATOS ADMINISTRATIVOS

Socorre a tal tarefa o conceito legal de notória especialização trazido pelo inciso XIX, do art. 6º, da Lei, que assim o define como a qualidade de profissional ou empresa cujo conceito, no campo de sua especialidade, decorrente de desempenho anterior, estudos, experiência, publicações, organização, aparelhamento, equipe técnica ou outros requisitos relacionados com suas atividades, permite inferir que o seu trabalho é essencial e reconhecidamente adequado à plena satisfação do objeto do contrato, associados às exigências legais e regulamentares de formação e cadastro fixadas pela Resolução CNJ 125/2010.

Percebe-se, portanto, que os meios tipificados na Lei de Licitações muito têm a contribuir com a solução racional dos conflitos envolvendo a temática.

3. A AUTOCOMPOSIÇÃO NA LEI DE LICITAÇÕES

A conciliação e a mediação são métodos autocompositivos aplicáveis em ambientes extrajudicial e judicial, em que as partes, com o auxílio de terceiro imparcial e independente, buscam estruturar com isonomia e boa-fé um diálogo destinado ao alcance de um consenso quanto à solução para o conflito, ensejando uma decisão informada com a acomodação dos interesses conflitantes.

Sua nota distintiva essencial concerne aos aspectos objetivos (especificidades da controvérsia) e subjetivos (sujeitos envolvidos e o tipo de relação entre eles), sendo ainda diferenciado o papel do agente facilitador, visto que na conciliação este deve assumir uma posição mais participativa, cabendo-lhe inclusive a sugestão de soluções, em um diálogo aberto sobre as vantagens da composição e os riscos e consequências do litígio, ao passo em que, na mediação, o mediador deve ter um papel de autocontenção e fomento à comunicação, abstendo-se de tomar qualquer iniciativa de propor a solução

---

a suspeição, como provável 'interessado no julgamento da causa em favor de uma das partes' (art. 135, V, do CPC (LGL\2015\1656) c/c art. 14 da Lei 9.307/1996). Por força do princípio do devido processo legal (art. 5.º, LIV, da CF/1988 (LGL\1988\3)), além de ser, é preciso que o julgador pareça imparcial; qualquer dúvida razoável sobre a legitimidade do procedimento põe em risco a validade da sentença e a própria pacificação do conflito. Em segundo lugar, as normas de contratação administrativa preveem uma série de prerrogativas em favor do Estado que, se aplicadas à arbitragem, produziriam resultados aberrantes. Como não 'presta serviço' para o Poder Público, mas antes dirime um conflito em caráter *supra partes*, o tribunal arbitral (e o próprio procedimento) não pode(m) estar sujeito(s) às cláusulas exorbitantes veiculadas em contratos da Administração. Além de ser surreal pensar, e.g., no aumento unilateral do compromisso arbitral, o princípio do devido processo legal impõe a paridade de armas entre as partes, não se tolerando que um dos lados do conflito tenha qualquer tipo de ascendência sobre a condução da arbitragem. Quem quer que sejam os litigantes, quaisquer poderes e direitos que um dos lados tenha, o outro também deve ter. Tudo isso ajuda a explicar também por que a exigência de licitação é inteiramente despropositada quando da escolha dos árbitros: não se tratando de prestadores de serviços da Administração, mas de pessoas vinculadas às duas partes da arbitragem, não faz sentido adotar, para sua escolha, um procedimento que é conduzido unilateralmente pelo Poder Público e que, ademais, tem como finalidade garantir 'a seleção da proposta mais vantajosa para a administração' (art. 3.º da Lei 8.666/1993).". TIBURCIO, Carmen. PIRES, Thiago Magalhães. Arbitragem envolvendo a Administração Pública: notas sobre as alterações introduzidas pela lei 13.129/2015. *Revista de Processo*, v. 254/2016, p. 431-462, abr./ 2016.

adequada, que deverá ser construída pelos envolvidos[14], podendo ser desempenhado por pessoas físicas devidamente capacitadas ou câmaras públicas ou privadas de conciliação e mediação.

Dessa forma, conforme indica o panorama traçado por Fernanda Tartuce e Bruno Lopes Mengna[15], a atuação do Poder Público nos meios consensuais tanto pode se dar na qualidade de prestador de serviços de resolução para controvérsias surgidas entre a população em geral, em que atuará com dever de imparcialidade, quanto na adoção de tais métodos para os seus próprios conflitos, hipóteses abarcadas pelo dever de estruturação trazido pelo art. 174 do Código de Processo Civil.

Quanto a tais aspectos, destacam-se a criação da plataforma consumidor.gov.br, que funciona como canal de interlocução entre consumidores e fornecedores de produtos e serviços de ordem pública ou privada, para a solução de conflitos, e pela estruturação do manejo de métodos autocompositivos para a prevenção e solução de conflitos no âmbito da Administração Pública Federal e entidades integrantes, objeto de capítulo específico na Lei de Mediação, que previu a atribuição da Advocacia-Geral da União para a propositura geral de adesão a trato firmado a partir de precedentes de Tribunais Superiores ou de parecer referendado pelo Presidente da República (art. 35), bem como para dirimir controvérsias entre órgãos ou entidades da Administração Federal (art. 36) e entre estas e empresas públicas, sociedades de economia mista e os componentes da estrutura dos Estados, Distrito Federal, Municípios (art. 37).

A referida previsão não obsta a atuação da Advocacia Pública na qualidade de mediadora de conflitos envolvendo terceiros e com interesse público reflexo, o que já se verificou, conforme registro de Grace Maria Fernandes Mendonça na composição entre poupadores e instituições financeiras em processos repetitivos envolvendo a judicialização das recomposições dos expurgos inflacionários advindos dos planos econômicos Bresser, Collor e Verão[16], sendo que inexiste óbice a tal atuação no âmbito dos demais entes políticos da Federação.

De outro lado, a Administração Pública tem o dever-poder de priorizar a solução consensual dos conflitos em que figure como parte ou interessada direta, especialmente por meio da conciliação e mediação, o que tanto pode se dar em momento pré-processual, mediante a escolha de conciliadores, mediadores ou câmaras, quanto durante o

---

14. PINHO, Humberto Dalla Bernardina. DURÇO, Karol Araújo. A mediação e a solução dos conflitos no Estado Democrático de Direito. O "Juiz Hermes" e a nova dimensão da função jurisdicional. *Revista Eletrônica de Direito Processual*, v. 2, n. 2., p. 20-54, jan./out. 2008.

15. TARTUCE, Fernanda. MENGA, Bruno. Fomento estatal aos métodos consensuais de solução de conflitos pelos poderes judiciário, executivo e legislativo. In: ÁVILA, Henrique. WATANABE, Kazuo. NOLASCO, Rita Dias. CABRAL, Trícia Navarro Xavier (Coord.). *Desjudicialização, justiça conciliativa e poder público*. São Paulo: Ed. RT, 2021, p. 273-288.

16. MENDONÇA, Grace Maria Fernandes. A mediação e a conciliação como mecanismos de promoção de uma sociedade mais pacífica e inclusiva: experiência da Advocacia Geral. In: CURY, Augusto. *Soluções pacíficas de conflito para um Brasil moderno*. Rio de Janeiro: Forense, 2019, p. 263-269.

trâmite do processo, com a interrupção de sua marcha e atuação dos Cejuscs ou demais órgãos ou de colaboradores do juízo.

A atuação nos métodos autocompositivos deverá observar os princípios da legalidade e isonomia, de sorte que somente serão admitidas soluções situadas dentro do espectro de disponibilidade traçado pelo sistema normativo e tais soluções figuram como precedentes, a serem aplicados a conflitos com identidade de fatos, com a dispensa de tratamento idêntico e seu procedimento deverá ser resguardado pela publicidade, que tempera a confidencialidade inerente, que não alcança as sessões públicas de conciliação e mediação, a documentação produzida e a composição obtida, que deverão estar disponíveis para qualquer cidadão, na forma do art. 1º, da Lei da Ação Popular (Lei 4.717/65).[17]

4. A MEDIAÇÃO NA NOVA LEI DE LICITAÇÕES E CONTRATOS ADMINISTRATIVOS

Conforme já exposto, o ordenamento jurídico brasileiro trouxe um microssistema de autocomposição que se estabeleceu também no âmbito da Administração Pública, cuja legislação mais recente adveio com a Lei 14.133/2021, que modernizou o sistema de licitações e contratos administrativos. Entretanto, antes da entrada em vigor desses diplomas, que tratam de normas gerais sobre o tema, houve um vácuo normativo acerca da aplicabilidade dos métodos auto e heterocompositivos nesse âmbito, sendo resolvido apenas por leis esparsas.

O primeiro grande marco que versou sobre licitações e contratos administrativos no Brasil[18] foi o Decreto-Lei 2.300/86, denominado de "Estatuto Jurídico das Licitações e Contratos Administrativos" mencionou apenas a arbitragem em seu texto, para proibi-la nas relações contratuais com pessoas físicas e jurídicas domiciliadas no estrangeiro.

A Lei 8.666/93, por seu turno, não tratou de quaisquer métodos adequados de tratamento de conflitos e houve uma lacuna sobre esse tema, no entanto, conforme leciona Gustavo da Rocha Schmidt sempre se admitiu o reconhecimento de dívida pelo Estado, na via administrativa, com fulcro na regra do art. 59 da Lei 8.666/93, além de também ser possível identificar a resolução consensual de litígios: (i) na recomposição

---

17. SOUZA, Luciana Moessa de. Comentários ao art. 32. In: CABRAL, Trícia Navarro Xavier. CURY, Cesar Felipe. (Coord.). *Lei de mediação comentada artigo por artigo*: dedicado à memória da Profª Ada Pellegrini Grinover. 2. ed. Indaiatuba, Foco, 2020, p. 166.

18. Na linha de evolução histórica das licitações antes do Decreto-Lei 2.300/86, tem-se: (i) Decreto 2.926 de 14 de maio de 1862, regulamento para as arrematações dos serviços a cargo do então Ministério da Agricultura, Comércio, e Obras públicas; (ii) Decreto Lei 4.536/1922, que organizava o Código de Contabilidade da União; (iii) Decreto Lei 200/67, estabeleceu a reforma administrativa federal e tratou sobre licitações, primeira vez em que se fez referência a princípios da licitação; (iv) Lei 5.456/1968, que estendeu a aplicação do Decreto Lei 200/67 aos Estados e aos Municípios. Para exame da evolução histórica mais detalhada, conferir: ALVES, Ana Paula Gross. A evolução histórica das licitações e o atual processo de compras públicas em situação de emergência no brasil. *REGEN Revista de Gestão, Economia e Negócios*, v. 1, n. 2, 2021. Disponível em: https://www.portaldeperiodicos.idp.edu.br/regen/article/view/5162. Acesso em: 17 dez. 2022.

de equilíbrio econômico-financeiro de contratos administrativos, na esfera administrativa, conforme autorizam os arts. 58, § 2º, e 65, I, "d", do aludido diploma legal; (ii) no Decreto-lei 3.365/41 (Lei de Desapropriações), que sempre permitiu a desapropriação amigável, mediante acordo extrajudicial[19].

A legislação passou a tratar do tema a partir de 1997 de forma desorganizada, sem uma clara sistematização, com previsões esparsas, a saber: (i) na Lei Geral de Telecomunicações (Lei 9.472/97), que previu que o contrato de concessão deverá indicar "o modo para solução extrajudicial das divergências contratuais" (art. 93, XV); (ii) A Lei 9.478/97 (Lei do Petróleo), que disciplinou como cláusulas essenciais as que versam "sobre solução de controvérsias, relacionadas com o contrato e sua execução, inclusive a conciliação e a arbitragem internacional" (art. 43, X); (iii) a Lei 10.233/2001, que criou a Agência Nacional de Transportes Terrestres (ANTT) e a Agência Nacional de Transportes Aquaviários (ANTAQ), esclarece que devem constar, obrigatoriamente, dos contratos de concessão, como cláusulas essenciais, as "regras sobre solução de controvérsias relacionadas com o contrato e sua execução, incluindo conciliação e arbitragem" (art. 35, XI), sem fazer referência à mediação.

Assim, a Lei 14.133/2021 resolveu definitivamente essa questão, tendo criado um capítulo dos chamados "meios alternativos de resolução de controvérsias nos contratos administrativos" (Capítulo XII, do Título III; arts. 151 a 154 da Lei), contemplando a possibilidade de discussão por meio de conciliação, mediação, comitê de resolução de disputas e arbitragem.

É bem verdade que referido diploma apresenta uma impropriedade terminológica ao denominar o capítulo de "Métodos Alternativos de Resolução de Controvérsias", construção esta já revista por grande parte da doutrina que trata do tema, eis que o vocábulo "alternativo" denota que existiria uma via principal (o Poder Judiciário), enquanto a arbitragem, a mediação, a negociação e tantos outros instrumentos seriam vias secundárias[20].

Ainda assim, o fato é que houve um avanço no tratamento dessa questão pelo diploma em exame, dado o contexto histórico anterior apresentado acima, que nem sequer mencionava esse tema com exatidão, mas, no presente escrito, não será utilizada a nomenclatura prevista em lei.

---

19. SCHMIDT, Gustavo da Rocha. Os meios alternativos de solução de controvérsias na nova Lei de Licitações e Contratos Administrativos. *Revista de arbitragem e mediação*, v. 70, p. 241, 2021. Disponível em: https://www.revistadostribunais.com.br/maf/app/resultList/document?&src=rl&srguid=i0ad6adc600000185923f38a9d26b-1def&docguid=I9972ee60fb2511eb8becce5f0269ee32&hitguid=I9972ee60fb2511eb8becce5f0269ee32&spos=3&epos=3&td=3&context=162&crumb-action=append&crumb-label=Documento&isDocFG=false&isFromMultiSumm=&startChunk=1&endChunk=1. Acesso em: 01 jan. 2023.

20. Sobre o tema: MAZZEI, Rodrigo; CHAGAS, Bárbara Seccato Rui. Métodos ou tratamento adequados dos conflitos?. *Revista Jurídica da Escola Superior de Advocacia da OAB-PR*, v. 1, p. 323-350, 2018, [Online]. Disponível em: http://revistajuridica.esa.oabpr.org.br/wp-content/uploads/2018/05/revista_esa_6_13.pdf. Acesso em: 03 ago. 2021.

4.1 Generalidades sobre a Lei 14.133/2021 e os caminhos para a mediação

A Lei 14.133/2021 trouxe textualmente a mediação em duas oportunidades: (i) no inciso II do artigo 138, que trata da extinção consensual dos contratos administrativos, com o seu uso desde que haja interesse da administração, precedidas de autorização escrita e fundamentada da autoridade competente e reduzidas a termo no respectivo processo (artigo 138, § 1º); (ii) no *caput* do artigo 151, que traz a possibilidade de utilização dos métodos adequados nos contratos administrativos regidos pela lei.

De forma mais generalizada, o artigo 153 traz a possibilidade de aditamento de contratos para contemplar os métodos adequados de tratamento de conflitos, o que, por certo, inclui a utilização da mediação.

O parágrafo único do artigo 151 ainda traz expressamente o âmbito de abrangência na utilização desses mecanismos, aplicando-se apenas "às controvérsias relacionadas a direitos patrimoniais disponíveis, como as questões relacionadas ao restabelecimento do equilíbrio econômico-financeiro do contrato, ao inadimplemento de obrigações contratuais por quaisquer das partes e ao cálculo de indenizações".

O legislador, assim, especificou as matérias tratadas pelos métodos adequados de tratamento de conflitos e, no caso deste artigo, da mediação. Gustavo da Rocha Schmidt aponta que poderia o legislador ter tratado de uma forma mais genérica a questão, deixando a lacuna a ser preenchida pela doutrina e pela jurisprudência, todavia, ao tratar dessa previsão, "[...] além de revelar que o rol ali referido é meramente exemplificativo, já engloba, na prática, a maior parte das possíveis controvérsias que podem surgir no bojo dos contratos celebrados com a Administração Pública"[21].

Conforme já mencionado, as relações existentes em contratos administrativos, em geral, são duradouras, notadamente pela continuidade dos serviços públicos, o que se coaduna com o escopo da mediação, cujo escopo é tratar de relações continuadas.

Considerando a relevância dos contratos firmados, a consensualidade obtida por meio da mediação passa a ser vista pelos envolvidos sob o aspecto de ganha-ganha, em uma relação de paridade com a Administração Pública, ainda que sobre esta recaiam algumas prerrogativas inerentes a sua atuação.

A criação de um vínculo de confiança, ainda, impacta em redução de custos de transação, o que, inclusive, barateia os preços do contrato objeto da licitação, assim, a postura dialógica entre os envolvidos é essencial para a redução das desconfianças e, via de consequência, dos custos de transação.

---

21. SCHMIDT, Gustavo da Rocha. Os meios alternativos de solução de controvérsias na nova Lei de Licitações e Contratos Administrativos. *Revista de arbitragem e mediação*, v. 70, p. 241, 2021. Disponível em: https://www.revistadostribunais.com.br/maf/app/resultList/document?&src=rl&srguid=i0ad6adc600000185923f38a9d26b-1def&docguid=I9972ee60fb2511eb8becce5f0269ee32&hitguid=I9972ee60fb2511eb8becce5f0269ee32&spos=3&epos=3&td=3&context=162&crumb-action=append&crumb-label=Documento&isDocFG=false&isFromMultiSumm=&startChunk=1&endChunk=1. Acesso em: 01 jan. 2023.

Ademais, convém esclarecer que os métodos auto e heterocompositivos não são excludentes, de modo que, o insucesso de um não implica a impossibilidade na utilização do outro, desde que o tipo do conflito se coadune com a solução que o método objetiva tratar. Também é possível a conjugação dos métodos a uma mesma contenda, tal como a utilização da chamada "med-arb".

4.2 Desafios da mediação nos procedimentos envolvendo licitações e contratos administrativos

A utilização da mediação na Lei de Licitações e Contratos Administrativos ainda possui alguns desafios práticos que reclamam atenção. Apesar de a legislação especificar os assuntos que serão objeto da mediação, a discricionariedade do administrador não pode ser ampla de modo a representar um prejuízo ao interesse público primário, tampouco em atitudes fraudulentas e/ou crimes contra a Administração Pública.

A releitura do modelo das relações entre o Estado e os particulares e a remodelagem de sua principiologia não pode reduzir o atendimento ao interesse público, com atuação pautada na legalidade, na moralidade e na preservação dos direitos fundamentais, vedada a postura em prol de interesses pessoais, sob pena de responsabilização civil, administrativa e até mesmo criminal.

Além dessa questão, outro ponto de alerta é a relação entre os princípios da confidencialidade e da publicidade. É cediço que a mediação tem como um dos princípios basilares a confidencialidade, ao passo que a publicidade rege os princípios da administração pública, o que, a princípio, poderia representar um conflito.

Luciene Moessa de Souza aponta que, "[...] quando se pensa em resolução consensual de conflitos envolvendo o Poder Público, a publicidade é a regra; a confidencialidade é a exceção e precisa ser juridicamente justificada"[22], entretanto, concorda-se apenas em parte com esse posicionamento.

A Lei de Mediação, em seu artigo 30, prevê que "toda e qualquer informação relativa ao procedimento de mediação será confidencial em relação a terceiros, não podendo ser revelada sequer em processo arbitral ou judicial" e não faz nenhuma ressalva em relação à Fazenda Pública, apenas prevendo que a regra não afasta o dever de as pessoas prestarem informações à administração tributária após o termo final da mediação (§ 4º).

Assim, ao que parece, a discussão sobre a confidencialidade passa por dois pontos, quais sejam, o conteúdo do que foi discutido na sessão e o resultado obtido pelos envolvidos.

A título exemplificativo, a Procuradoria-Geral da União editou a Portaria 11/2020, que regulamenta, no âmbito da Procuradoria-Geral da União e de seus órgãos de

---

22. SOUZA, Luciane Moessa de. Resolução de conflitos envolvendo o Poder Público: caminhos para uma consensualidade responsável e eficaz. In: GABBAY, Daniela Monteiro; TAKAHASHI, Bruno (Coords.). *Justiça Federal*: inovações nos mecanismos consensuais de solução de conflitos. Brasília: Gazeta Jurídica, 2014. p. 215.

execução, o procedimento de celebração de acordos destinados a encerrar, mediante negociação, ações judiciais ou a prevenir a propositura destas, relativamente a débitos da União, e expressamente mencionou a confidencialidade tanto nos processos e manifestações que veiculam tratativas de negociação (art. 12), quanto no dever de os envolvidos assinarem termo de confidencialidade (art. 13, I).

Ademais, há outros casos em que a Administração Pública pode guardar sigilo em suas atividades, tais como em Procedimentos Administrativos Disciplinares de servidores públicos (art. 150, Lei 8.112/90[23]) e na própria previsão da Lei de Acesso à Informação (Lei 12.527/2011). O procedimento licitatório também contém fases sigilosas, como no sigilo das propostas do modo de disputa fechado (art. 56, II), sem que isso incorra em prejuízo ao princípio da publicidade, de modo que eventual crítica ao uso da mediação pelo princípio da confidencialidade que a rege não merece sustentáculo.

Ao tratar do princípio da confidencialidade, Leonardo Carneiro da Cunha expõe que não é possível ser divulgado o que for narrado, conversado e discutido, ou seja, o conteúdo das sessões se mantém sob sigilo[24].

Poder-se-ia, assim, compatibilizar os dois princípios, com a preservação do sigilo nas discussões tratadas, notadamente porque na mediação os envolvidos devem estar dispostos a expor todos os seus sentimentos, objetivos e dramas, sendo imperiosa a confidencialidade para permitir que se sintam à vontade em dialogar e solucionar de questões internas.

O resultado das tratativas, por sua vez, poderia ser publicizado, em atenção ao que enuncia o § 4º do artigo 30 da Lei de Mediação, que, apesar de falar em questões tributárias, pode se estender às demais hipóteses que envolvem a Administração Pública.

Tanto é assim que o Fórum Nacional do Poder Público editou o Enunciado 36, que prevê que o conteúdo da sessão de mediação e de conciliação no âmbito da Administração Pública deve observar o princípio da confidencialidade, sem prejuízo da publicidade do resultado alcançado e sua respectiva motivação[25].

Como bem pontuou Janaína Noleto, seria desnecessário publicizar as razões de eventual insucesso na mediação, ou seja, apenas o resultado exitoso seria possível de

---

23. Art. 150. A Comissão exercerá suas atividades com independência e imparcialidade, assegurado o sigilo necessário à elucidação do fato ou exigido pelo interesse da administração. Parágrafo único. As reuniões e as audiências das comissões terão caráter reservado. (BRASIL. *Lei 8.112, de 11 de dezembro de 1990*. Dispõe sobre o regime jurídico dos servidores públicos civis da União, das autarquias e das fundações públicas federais. Brasília, DF, [2022]. Disponível em: https://www.planalto.gov.br/ccivil_03/leis/l8112cons.htm. Acesso em: 01 jan. 2022).

24. CUNHA, Leonardo Carneiro da. *Fazenda Pública em Juízo*. 18 ed. Rio de Janeiro: Forense, 2021, p. 654.

25. BRASIL. Procuradoria da Fazenda Nacional. *Enunciado 36 do III Fórum Nacional o Poder Público*. O conteúdo da sessão de mediação e de conciliação no âmbito da Administração Pública deve observar o princípio da confidencialidade, previsto nos artigos 30 da Lei 13.140/2015 e 166 do Código de Processo Civil, sem prejuízo da publicidade do resultado alcançado e sua respectiva motivação. São Paulo, SP, 2017. Disponível em: https://d570e1eb-a10c-463a-9569-d50006b87218.filesusr.com/ugd/5436d1_e761f5ea612045649293544379de4ac7.pdf. Acesso em: 18 dez. 2022.

ser tornado público. Assim, "[...] não teria o Poder Público, por exemplo, que, ao final do procedimento, dizer as razões pelas quais a mediação restou frustrada. O que não se admite ser mantido em sigilo é o resultado exitoso da mediação (proposta aceita e assinada pelas partes e/ou seus representantes)"[26].

Outro ponto questionável advém do controle de legalidade dos atos administrativos pelo Poder Judiciário. Isso porque o ordenamento jurídico brasileiro adotou um sistema uno de jurisdição e não existe contencioso administrativo, de modo que seria possível questionar eventual interferência do Poder Judiciário nos termos celebrados pela via da mediação judicial.

Entretanto, nem todas as questões relativas ao ato administrativo podem ser analisadas pelo Judiciário, notadamente em relação aos atos discricionários pelos quais haveria uma margem de negociação perante a mediação. Assim, em geral, não poderia adentrar ao mérito do ato administrativo, analisando apenas a sua legalidade.

Para além dessa questão, aplica-se ao magistrado a mesma advertência relacionada aos atos de disposição entre particulares, ou seja, deve verificar apenas a validade e os limites do ato, mas não deve adentrar ao conteúdo, só podendo se manifestar expressamente caso a tratativa inclua alguma prerrogativa do juiz[27].

Por fim, a cultura na solução das controvérsias também deve ser modificada, sob pena de o instituto se tornar letra morta. Nesse aspecto, três são os pontos que são necessários para o estímulo do método: (i) a criação de estrutura adequada para tratamento dos conflitos por meio da mediação; (ii) a especialização dos mediadores para atuarem de maneira específica no âmbito da Administração Pública, o que gera mais confiabilidade na resolução pelo método; (iii) a educação para mudança de mentalidade, com vistas a diminuir essa resistência ao uso da mediação.

Não houve uma uniformidade legislativa para possibilitar o estímulo aos métodos, pois a Lei de Mediação estabeleceu a mera possibilidade de o Poder Público criar câmaras de prevenção e resolução administrativa de conflitos (artigo 32), ao passo que o Código de Processo Civil, trouxe uma determinação de criação dos órgãos administrativos de solução de controvérsias (artigo 174). Assim, a criação de uma estrutura é o primeiro passo para edificar o método.

Dessa forma, fica ao encargo da própria Administração Pública dispor sobre esses métodos, sendo imperioso o conhecimento do gestor público sobre essa questão, a fim de estimular a utilização das ferramentas para solução dos conflitos. Nesse particular, exemplo positivo advém da Advocacia-Geral da União, que tem tido protagonismo na

---

26. NOLETO, Janaína. Confidencialidade nas mediações que envolvem o Poder Público? *JusBrasil*. [s.d]. [s.l]. Disponível em: https://processualistas.jusbrasil.com.br/artigos/1268727943/confidencialidade-nas-media-coes-que-envolvem-o-poder-publico#:~:text=Toda%20e%20qualquer%20informa%C3%A7%C3%A3o%20relativa,necess%C3%A1ria%20para%20cumprimento%20de%20acordo. Acesso em: 01 jan. 2023.

27. Para análise dessa questão com mais profundidade, ver: CABRAL, Trícia Navarro Xavier. *Limites da Liberdade Processual*. 2. ed. Indaiatuba, SP: Editora Foco, 2021.

resolução de conflitos com sua Câmara de Conciliação e Arbitragem da Administração Federal (CCAF) criada pelo Ato Regimental AGU 5, de 27 de setembro de 2007.

Observa-se dos dados do Superior Tribunal de Justiça, que o acordo de cooperação técnica firmado entre o STJ e a AGU possibilitou, até junho de 2022, "que cerca de 620 mil processos tivessem sua tramitação abreviada nas instâncias de origem, evitando que chegassem à corte superior"[28].

Exemplos como esses trazem melhoria tanto na gestão administrativa, na atuação em contratos, mas também melhora o desempenho do Poder Judiciário pela redução do número de litígios que, eventualmente, pode chegar a sua porta.

Ademais, a capacitação dos profissionais e a sua especialização é fundamental, pois os contratos administrativos guardam nuances específicas, sobre os quais as partes irão se debruçar, de modo que o conhecimento sobre as questões a ela afetas melhora a condução do procedimento e o seu desenvolvimento. Nessa linha, destaca-se o artigo 3º da Resolução 125/2010 do CNJ[29], que dispõe sobre a necessidade de formação e constante aperfeiçoamento do profissional.

Imperiosa, ainda, a mudança de mentalidade, que se inicia com a formação do profissional de direito para conhecimento da mediação e sua interrelação com a Lei de Licitações e Contratos Administrativos e vai até a atualização dos profissionais da área e o Poder Público. A mera previsão legal, por si só, é insuficiente para modificar a cultura e reclama a atuação tanto de quem está envolvido no conflito, quanto do Poder Público[30], de forma que a apresentação da ferramenta aos profissionais é fundamental para o estímulo a sua utilização.

---

28. *STJ destaca empenho da AGU para redução da litigiosidade e do número de recursos na corte.* Brasília, DF, 13 dez. 2022. Disponível em: https://www.stj.jus.br/sites/portalp/Paginas/Comunicacao/Noticias/2022/13122022-ST-J-destaca-empenho-da-AGU-para-reducao-da-litigiosidade-e-do-numero-de-recursos-na-corte.aspx. Acesso em: 15 dez. 2022.

29. Art. 3º O Conselho Nacional de Justiça auxiliará os Tribunais na organização dos serviços mencionados no art. 1º, podendo ser firmadas parcerias com entidades públicas e privadas, em especial quanto à capacitação e credenciamento de mediadores e conciliadores e à realização de mediações e conciliações, nos termos dos arts. 167, § 3º, e 334 do Código de Processo Civil de 2015. (BRASIL. Conselho Nacional de Justiça. *Resolução 125, de 29 de novembro de 2010.* Dispõe sobre a Política Judiciária Nacional de tratamento adequado dos conflitos de interesses no âmbito do Poder Judiciário e dá outras providências. Brasília, DF: Conselho Nacional de Justiça, [2021]. Disponível em: https://atos.cnj.jus.br/atos/detalhar/156. Acesso em: 15 dez. 2022). Em igual sentido, o § 3º do artigo 6º do Provimento 67/2018, nos seguintes termos: Art. 6º. [...] § 3º Os conciliadores e mediadores autorizados a prestar o serviço deverão, a cada 2 (dois) anos, contados da autorização, comprovar à CGJ e ao NUPEMEC a que estão vinculados a realização de curso de aperfeiçoamento em conciliação e em mediação. (BRASIL. Conselho Nacional de Justiça. *Provimento 67, de 26 de março de 2018.* Dispõe sobre os procedimentos de conciliação e de mediação nos serviços notariais e de registro do Brasil. Brasília, DF: Conselho Nacional de Justiça. Disponível em: https://atos.cnj.jus.br/atos/detalhar/2532. Acesso em: 15 dez. 2022).

30. Nesse sentido, destaca José Roberto Neves Amorim: "[...] Por mais íntegra, verdadeira, ou construtiva que seja a norma constitucional instigadora da harmonia social e da solução pacífica de controvérsias, se não houver a adequada administração de tribunais e órgãos públicos para sua realização essa norma passa a ser texto morto ou mero indicativo de hipocrisias legislativas. Isto porque, por melhor que seja a norma, um mau aplicador (ou gestor) sempre pode extinguir sua eficácia e com isso seu potencial de transformação social – em especial quando se trata de conciliação, mediação e outras formas autocompositivas de resolução de disputas." (AMO-

5. DOS COMITÊS DE RESOLUÇÃO DE DISPUTAS (*DISPUTE BOARDS*)

Os comitês de resolução de disputas ou *Dispute Boards* representam uma forma de solução de conflitos apropriada a contratos de elevada complexidade técnica ou de execução diferida como obras de infraestrutura viária, hidroelétricas e transportes, parcerias público-privadas e de execução de diretrizes societárias por meio do auxílio técnico qualificado e do constante diálogo entre os envolvidos.[31]

Conforme explica o Ministro Luis Felipe Salomão, os *Dispute Boards* são usualmente estruturados mediante painéis integrados por número ímpar de membros experientes, respeitados e imparciais, com o propósito de acompanhar a execução do objeto contratual e dirimir eventuais controvérsias de ordem técnica, jurídica, ou econômica por meio de decisões de caráter vinculante (*Dispute Adjudication Board*), não vinculantes (*Dispute Review Board*) ou híbridas (*Combined Dispute Board*), conforme disciplina estabelecida pelo contrato.[32]

Sua instauração pode ocorrer de maneira *ad hoc*, quando surgida controvérsia específica, à qual ficaria adstrito, ou permanente, quando constituído no momento da celebração do contrato ou momento imediatamente posterior, permanecendo ativo durante a execução de seu objeto[33], tendo essa modalidade aptidão para contribuir para a solução de diversos conflitos em sua gênese e criação de um diálogo que incrementa a produtividade, não mais despendida com a solução de divergências, bem como obstar, a partir do incremento de diálogo e integridade, o surgimento de outras.[34]

RIM, José Roberto Neves. Uma nova Justiça criada pela conciliação e a mediação. Disponível em: www.conjur.com.br/2012-set-12/neves-amorim-justica-criada-conciliacao-mediacao. Acesso em: 18 dez. 2022).

31. Com o registro de que o método em estudo já foi utilizado na obra da Linha 4 do Metrô de São Paulo, mediante financiamento pelo Banco Mundial e em 35 contratos celebrados no âmbito dos Jogos Olímpicos e Paralímpicos do Rio de Janeiro em 2016, confira-se: CABRAL, Thiago Dias Delfino. Os comitês de resolução de disputas (Dispute Boards) no Sistema Multiportas do Código de Processo Civil. *Revista de Arbitragem e Mediação*, vol.59/2018, p.33-53, out./dez. 2018.

32. A principal diferença entre o *Dispute Board* e os demais métodos adequados de solução de conflitos – e possivelmente o motivo pelo qual esta técnica tem obtido sucesso –, é o fato de ser instaurado antes ou no momento do início da execução do contrato, caracterizando-se pelo acompanhamento e envolvimento constante de seus membros no processo de desenvolvimento do empreendimento. De fato, devido a estas características e por possuir caráter permanente, o *Dispute Board*, ao mesmo tempo em que gera maior confiança e respeito entre as partes e os membros do painel – devido ao contato direto e constante –, permite o acompanhamento do empreendimento em tempo real, ensejando que os conflitos sejam dirimidos de maneira sumária antes ou logo que surjam, evitando-se, assim, o acúmulo de controvérsias e eventual paralisação da obra.". SALOMÃO, Luis Felipe. Guerra e paz: as conexões entre a jurisdição estatal e os métodos adequados de resolução de conflitos. In: CURY, Augusto (Org.). *Soluções pacíficas de conflitos para um Brasil moderno*. Rio de Janeiro: Forense, 2019, p. 97-98.

33. BUENO, Júlio Cesar. *Os* dispute boards *na nova lei de licitações e contratos administrativos*. Disponível em: <https://www.migalhas.com.br/depeso/342966/dispute-boards-na-nova-lei-de-licitacoes-e-contratos-administrativos>. Acesso em 09 abr. 2021.

34. Conforme pontua Arnoldo Wald: "Dentre as principais vantagens dos dispute boards, que não se verificam na arbitragem e no contencioso judicial, está o fato de os primeiros serem, em geral, formados antes ou no momento do início da execução do contrato e terem caráter permanente, o que permite que os membros do painel tomem conhecimento dos eventuais conflitos em tempo real e os apreciem antes mesmo do surgimento do litígio. Pela

5 • JUSTIÇA MULTIPORTAS NAS LICITAÇÕES E CONTRATOS ADMINISTRATIVOS

Lado outro, embora a finalidade precípua dos aludidos comitês técnicos se refira à solução extrajudicial dos conflitos, certamente destes emana em potencial relevância também para a via da jurisdição estatal, visto que os elementos produzidos, como decisões não vinculantes e pareceres do comitê e as manifestações dos contratantes, conforme disciplina contratual por convenção probatória pré-processual, poderão ser levados a processo na hipótese de judicialização, o que tem o potencial de abreviar a extensão da fase probatória, contribuindo para maior celeridade.[35]

6. DA ARBITRAGEM

No contexto do movimento de reformas legislativas que ensejaram a promulgação de outros diplomas que integram o microssistema de métodos adequados, a Lei 13.129/2015 aprimorou a disciplina da jurisdição arbitral e autorizou expressamente sua utilização para conflitos em que figure como interessada a Administração Pública, corroborando previsões de leis concernentes a modalidades específicas de contratação.[36]

A jurisdição arbitral admite amplo espaço de liberdade para os participantes, que podem optar por julgamento por direito ou equidade (art. 2º); eleger livremente as

---

mesma razão, os membros do painel são, em regra, mais experientes e tem mais familiaridade com o negócio a eles submetido. Outra importante consequência decorrente do caráter permanente dos dispute boards é que as partes tendem a ser mais cautelosas ao submeterem suas reclamações ao painel, evitando posições frágeis ou radicais, que poderiam afetar sua credibilidade perante o painel. Dessa forma, a tendência é que somente os conflitos efetivamente relevantes sejam levados ao board, encontrando-se soluções negociadas para os demais. Essas características facilitam a descoberta da verdade real, e permitem um clima menos contencioso ou agressivo entre as partes. No caso de contratos de construção, permitem, ainda, ao dono da obra, controlar mais adequadamente o orçamento, evitando despesas altas e a imprevisibilidade de uma disputa surgida após o início da execução do projeto.". WALD, Arnoldo. Dispute resolution boards: evolução recente. *Revista de Arbitragem e Mediação*, v. 30/2011, p. 139-151, jul./set. 2011.

35. "Os *dispute boards* não são tribunais arbitrais, e por isso suas decisões não são exequíveis da mesma forma que a sentença arbitral ou judicial. As decisões dos *dispute boards* servirão como fonte e meio de prova para a disputa que vier a se instaurar. Daí por que, a depender de sua redação e de suas disposições, é possível compreender tal instituto como uma convenção probatória atípica, exigindo-se que haja a manifestação de vontade (expressa ou implícita) de produzir efeitos em uma futura e hipotética disputa.". RAVAGNANI, Giovani. *Provas negociadas*: convenções processuais probatórias no processo civil. São Paulo: Ed. RT, 2020, p. 129.

36. "Em 27 de julho de 2015, entrou em vigor a Lei 13.129, de 26 de maio de 2015, que alterou a lei de arbitragem 9.307/96. O escopo da lei é ampliar a prática da arbitragem no país. Dentre as inovações previstas em lei temos a expressa previsão da possibilidade de utilização da arbitragem por entidades da Administração Pública direta e indireta, com o escopo de mediar conflitos atinentes a direitos patrimoniais, sendo, porém, vedado o julgamento por equidade e sempre respeitando o princípio da publicidade. Embora agora expressamente prevista em lei, a utilização da arbitragem pela Administração Pública já possuía previsão em diplomas legais específicos, tais como nas Leis 8.987/95, 9.478/97, 10.233/01 e 11.079/046, que regulamentam o regime de concessão e permissões, bem como a licitação e contratação de parceria público-privada pela Administração. Considerando os citados diplomas, observa-se que a arbitragem na Administração Pública já era aceita no âmbito dos contratos privados da Administração, considerando sua natureza jurídica e a aplicação do regime jurídico de direito privado nestas relações.". CLARO, Viviane da Costa Barreto. *A positivação da arbitragem na Administração Pública*. Disponível em: https://www.migalhas.com.br/depeso/225329/a-positivacao-da--arbitragem-na-administracao-publica Acesso em 06 abr. 2020.

regras de direito a serem aplicadas tanto na seara material quanto no procedimento[37], bem como a pessoa do árbitro, ressalvadas hipóteses de impedimento e suspeição (art. 13 e 14).

O procedimento contempla uma propositura gradual[38], iniciada pela comunicação da intenção de sua deflagração (art. 5º), sucedido pela assinatura do termo de arbitragem, quando serão apresentadas alegações iniciais, tendo sua instauração o efeito interruptivo da prescrição, com eficácia retroativa ao requerimento (art. 19, § 2º), sendo as partes investidas de ampla liberdade de regramento do procedimento, inclusive com poderes de derrogar o regimento do órgão arbitral (art. 13, § 4º) e a possibilidade de estabelecimento de sigilo, identificando-se como núcleo essencial a observância dos princípios do contraditório, igualdade, imparcialidade e livre convencimento do árbitro (art. 21, § 2º), cuja inobservância conduz à invalidade da decisão (art. 32, VIII).

Encontra-se o árbitro investido de poderes instrutórios (art. 22), cabendo-lhe, de ofício ou a requerimento, tomar o depoimento das partes, ouvir testemunhas e determinar a realização de perícias ou outras provas que julgar necessárias, culminando-se com a prolação de sentença arbitral, passível de julgamento parcial de mérito, cabendo inclusive ao regramento das partes a fixação de prazo para sua prolação (art. 23, *caput* e § 1º).

A participação da Administração Pública no procedimento da arbitragem enseja algumas limitações, indicando a redução da amplitude de disponibilidade, visto que, em conformidade com § 3º do art. 2º da Lei 9.307/96, repristinado pelo art. 152 da Nova Lei de Licitações e Contratos Administrativos, o julgamento somente poderá ser de direito, sendo vedada implicitamente a equidade substitutiva e, ainda, vinculada ao ordenamento brasileiro como corolário da juridicidade imanente[39], ressalvada a existência de autorização legal expressa.[40]

---

37. Cf.: "A possibilidade de escolha da lei, tanto no que tange ao direito material, quanto ao direito processual, consagra o princípio da autonomia da vontade, prestigiado em grau máximo pelo legislador no diploma referente à arbitragem. Nesse sentido, as partes podem eleger leis já existentes, bem como podem disciplinar, por si mesmas, o procedimento a ser seguido. Podem, ainda, optar pela adoção de regulamentos de câmaras arbitrais. Contudo, mesmo nesta hipótese, o poder de negociação e de autorregulamentação das partes predomina, de modo a poderem, ainda assim, derrogar certas regras da instituição, em favor do melhor interesse da causa.". MAZZEI, Rodrigo. CHAGAS, Bárbara Seccato Rui. Os negócios jurídicos processuais e a arbitragem. In: CABRAL, Antonio do Passo. NOGUEIRA, Pedro Henrique. (Coord.). *Negócios processuais*. 3. ed. Salvador: JusPODIVM, 2017, (Coleção Grandes temas do novo CPC), p. 702.

38. BONDIOLI, Luis Guilherme Aidar. O exercício do direito de demandar pelo requerido em sede de arbitragem. In: BEDAQUE, José Roberto dos Santos. YARSHELL, Flávio Luiz. SICA, Heitor Vitor Mendonça. *Estudos de direito processual civil em homenagem ao Professor José Rogério Cruz e Tucci*. Salvador: JusPODIVM, 2018, p. 576.

39. "A primeira consequência que decorre da afirmação de que é obrigatória a "arbitragem de direito" quando a Administração Pública for parte é a vedação ao "juízo de equidade". […] Portanto, proíbe-se o juízo de equidade, de modo que o julgador (árbitro ou juiz) não poderá afastar o Direito, substituindo-o por seu próprio senso de justiça (equidade substitutiva), mas não o juízo com equidade, no sentido de o julgador, a partir da lei, preencher lacunas (equidade formativa) ou determinar consequências não tipificadas expressamente em lei (equidade supletiva). […] Ao afirmar que "[a] arbitragem que envolva a administração pública será sempre

De outro giro, conforme explícita previsão do dispositivo em epígrafe, incide na jurisdição arbitral o princípio da publicidade, o que implica em conformidade com o *caput* do art. 37 da Constituição e na impossibilidade de celebração de cláusula de confidencialidade.[41]

Dessa forma, ainda que com os temperos trazidos pelo sistema normativo, remanesce a possibilidade de opção pela via arbitral e a possibilidade de contribuição para uma solução mais célere dos conflitos envolvendo as contratações do Poder Público.

7. CONCLUSÕES

Intermináveis disputas entre licitantes ou entre estes e a Administração Pública, quanto a aspectos de legalidade de editais; competitividade dos critérios eleitos; habilitação ou inabilitação dos participantes e julgamento das propostas, seguidos por questões de controvérsia sobre o cumprimento dos contratos; a readequação dos seus equilíbrios econômico-financeiros; encampação de obras e serviços abandonados; penalidades e indenizações assoberbam o Poder Judiciário e afetam no custo das obras e serviços públicos, o que conduz, não raro, a respostas caras, demoradas e economicamente irracionais, que vão de encontro ao interesse público.

Em bom momento, a Lei 14.133/2021 trouxe ao lume das normas gerais do sistema das contratações públicas os métodos consensuais, ampliando assim sua institucionalização diante do regramento de uma Justiça Multiportas, que contempla soluções adequadas dos conflitos.

Dessa forma, múltiplas são as portas para a saída dos conflitos decorrentes das licitações e contratos administrativos do Sistema de Justiça, com legítima aptidão para

---

de direito", a Lei 9.307/1996 quer dizer que não só o mérito da controvérsia deverá ser julgado por regras de direito (em contraposição à equidade – conforme exposto acima), como também que tais regras de direito se referem "ao direito brasileiro". Essa afirmação decorre, em primeiro lugar, da própria natureza do Estado. Na medida em que os entes públicos (Estado-Administração) nada mais são do que a corporificação do próprio sistema constitucional (Estado-ordenamento), haveria inadmissível contradição falar que arbitragem se presta a submetê-los a regras outras que as do seu próprio direito.". BONIZZI, Marcelo José Magalhães. MEGNA, Bruno Lopes. Da "arbitragem de direito" no âmbito da Administração Pública. In: BEDAQUE, José Roberto dos Santos. YARSHELL, Flávio Luiz. SICA, Heitor Vitor Mendonça. *Estudos de direito processual civil em homenagem ao Professor José Rogério Cruz e Tucci*. Salvador: JusPODIVM, 2018, p. 609-616.

40. "Embora exija que a arbitragem seja de direito, o dispositivo em tela não impõe a eleição da lei brasileira ou de nenhuma outra, o que poderia sugerir que a Administração e seus contratantes teriam certa liberdade para escolher a lei aplicável ao seu contrato. O exame detalhado deste ponto exigiria um estudo específico, porque essa discussão não envolve apenas a arbitragem, mas, em geral, a possibilidade de eleição de lei aplicável pelo Poder Público. Seja como for, parece difícil sustentar que, à margem de previsão legal específica, o administrador público teria discricionariedade para afastar a incidência das normas de direito brasileiro que limitam sua própria atuação.". TIBURCIO, Carmen. PIRES, Thiago Magalhães. Arbitragem envolvendo a Administração Pública: notas sobre as alterações introduzidas pela Lei 13.129/2015. *Revista de Processo*, v. 254/2016, p. 431-462, abr./2016.

41. LOURENÇO, Haroldo. A onda evolutiva da arbitragem envolvendo o Poder Público no Brasil. *Revista dos Tribunais*, v. 995/2018, p. 27-49, set. 2018.

modificar a realidade consolidada e emprestar-lhes eficiência, eficácia, segurança jurídica e economicidade, devendo a solução consensual ser promovida e incentivada, mediante uma modificação de postura e cultura dos atores da Administração Pública, sendo nova Lei de Licitações um relevante marco nessa evolução.

6
JUSTIÇA MULTIPORTAS TRIBUTÁRIA

1. INTRODUÇÃO

Os conflitos têm sido objeto de novas formas de prevenção e resolução no Brasil, sendo que o legislador teve um papel fundamental na construção de um sistema de Justiça Multiportas[1], que contempla diferentes ambientes e métodos de resolução de disputas.

Não obstante, a solução consensual passou a consistir no modo preferencial de tratamento das controvérsias. Assim, a pacificação social, antes relegada quase que com exclusividade ao Poder Judiciário, passa a ser alcançada por outras vias igualmente apropriadas e legítimas, havendo uma grande tendência de desjudicialização. Nesse contexto, a escolha pela judicialização não deve ser automática, como era a regra, sendo importante avaliar a sua adequação e eficiência para o caso concreto.

Isso porque o conflito, na qualidade de objeto da Justiça Multiportas, deve ter suas particularidades consideradas para fins de eleição e da necessária adequação ao método e ao ambiente aptos a solucioná-lo. Para tanto, as características subjetivas (tipo de relação entre as partes) e objetivas (tipo de conflito) devem ser diagnosticadas para, num segundo momento, identificar a forma mais barata, célere e satisfatória para todos os envolvidos.

Essa mudança de paradigma impactou todas as controvérsias, independentemente do grau de interesse público envolvido. Dessa forma, seja no âmbito civil ou penal, é possível alcançar a resolução por meio de diferentes ferramentas, sendo que a consensualidade está presente em todas as matérias.

No Direito Tributário não foi diferente. Embora possua, em sua essência, elevado grau de interesse público, ele comporta tratamentos que não se resumem à decisão adjudicada pela justiça estatal, admitindo relevantes formas de prevenção e resolução de suas questões.

Diante dessas premissas, a partir do contexto do direito processual tributário multiportas, podemos identificar variados mecanismos à disposição do contribuinte e da Administração Pública, na busca de resultados mais racionais e eficientes.

---

1. ZANETI JR., Hermes; CABRAL, Trícia Navarro Xavier. *Justiça multiportas*: mediação, conciliação, arbitragem e outros meios de solução adequada para conflitos. 3. ed. Salvador: JusPODIVM, 2022.

2. EVOLUÇÃO LEGISLATIVA

A história da consensualidade no Brasil, durante muito tempo, repeliu o Direito Tributário de sua aplicação, sob o fundamento de se tratar de direito indisponível que, por conseguinte, não admitiria a autocomposição. Por sua vez, a justiça arbitral era majoritariamente utilizada para a solução envolvendo eminentemente as relações privadas.

Diante disso, restava ao Poder Judiciário o enfrentamento dos conflitos tributários, em qualquer critério ou racionalidade.

A mudança de cultura iniciou-se por meio de importantes marcos legislativos, que trouxeram novas perspectivas acerca do tratamento das disputas.

Partindo da Constituição Federal de 1988, é possível extrair de seu preâmbulo que a sociedade deve ser "[...] *fundada na harmonia social e comprometida, na ordem interna e internacional, com a solução pacífica das controvérsias* [...]", prevendo, em outras passagens, a ideia de consensualidade.

Os Juizados Especiais também foram significativos para ampliação da autocomposição, seja pela conciliação nas causas cíveis, seja pela transação penal no caso de crimes de menor potencial ofensivo.

Mas a grande virada de chave partiu da Resolução CNJ 125/2010, que instituiu a Política Judiciária Nacional de tratamento adequado dos conflitos de interesses no âmbito do Poder Judiciário, o que influenciou outras leis subsequentes, a começar pela Lei 13.105/2015 (Código de Processo Civil), que incorporou integralmente a política.

Ainda em 2015, foi editada a Lei 13.140/2015 (Lei de Mediação) e houve a alteração da Lei 9.307/1996 (Lei de Arbitragem) pela Lei 13.129/2015.

A evolução legislativa chegou ao Direito Tributário[2]. No âmbito federal, os caminhos encontrados pelo fisco para melhorar os números apresentados têm sido: (i) disseminar a ruptura de um modelo de relação adversarial com o contribuinte, abrindo espaço para um relacionamento baseado na confiança, no qual se busca verificar o histórico de dívida dele e o que o levou ao endividamento, e (ii) adotar mecanismos capazes de promover mais racionalidade na cobrança dos créditos tributários e não tributários, tais como: o ajuizamento seletivo de demandas judiciais, a atuação processual por demandas geradas com base em análise de *big data*, a dispensa para contestar e recorrer em casos específicos, bem como o desenvolvimento de instrumentos *alternativos* extrajudiciais de cobrança da dívida ativa, a exemplo do Cadastro Informativo de Créditos não quitados do Setor Público Federal, do Protesto das Certidões de Dívida Ativa e da recente autorização legislativa para instituição do Cadastro Fiscal Positivo, previsto no art. 17, da Lei 14.195/2021.

---

2. O tema foi tratado em: CABRAL, Trícia Navarro Xavier; SILVA, Eduardo Sousa Pacheco Cruz. Justiça Multiportas e o contencioso tributário. In: BOSSA, Gisele Barra et al. *Cooperative compliance e medidas de redução do contencioso tributário*. São Paulo: Almedina, 2022, v. 1, p. 246-274.

Além dessas medidas, vale destacar a utilização da denominada averbação pré--executória, com previsão na Lei 13.606/2018 e regulamentação na Portaria PGFN 33/2018, e cuja constitucionalidade foi confirmada quando do julgamento pelo STF da ADI 5881/DF[3].

Não obstante, outras legislações, inclusive em matéria tributária[4], passaram a instituir os métodos adequados de solução de conflitos, disponibilizando, ao jurisdicionado, diferentes ferramentas de tratamento de controvérsias, como ocorreu com o advento da Lei 13.988/2020, que regulamentou a transação tributária, prevista no art. 171 do CTN, e que, inspirado no formato dos Juizados Especiais, permitiu o contencioso de pequeno valor, previu a transação do contencioso judicial ou administrativo tributário, bem como a transação dos créditos inscritos na dívida ativa da União. A sua origem partiu da MP 899/2019 (MP do Contribuinte Legal), objetivando maior efetividade da recuperação dos créditos inscritos em dívida ativa da União e o combate à excessiva litigiosidade tributária.[5]

Com esses movimentos legislativos, trouxeram novas perspectivas para o Direito Tributário, beneficiando o Fisco e o contribuinte.

3. CNJ E O CONTENCIOSO TRIBUTÁRIO

O Conselho Nacional de Justiça (CNJ) também tem promovido importantes ações para tentar conferir maior efetividade à litigância tributária, especialmente diante de dados[6] que indicam a execução fiscal como grande gargalo do Poder Judiciário.

A partir da Portaria 206, de 27 de agosto de 2021[7], instituiu um Grupo de Trabalho, sob coordenação da Ministra Regina Helena Costa, do Superior Tribunal de Justiça,

---

3. BRASIL. Supremo Tribunal Federal. *Ação Direta de Inconstitucionalidade 5881/DF*, Rel. Min. Marco Aurélio, julg. 9/12/2020, DJe 30/03/2021.
4. Aplica-se ao Direito Tributário diversas leis, podendo-se citar: Leis n. 13.105, de 16 de março de 2015 (Código de Processo Civil); 9.307, de 23 de setembro de 1996, alterada pela Lei n. 13.129, de 26 de maio de 2015 (Leis de Arbitragem); 13.140, de 26 de junho de 2015 (Lei de Mediação); 13.988, de 14 de abril de 2020 (Lei de Transação Tributária); 10.522, de 19 de julho de 2002, alterada pela Lei n. 14.112, de 24 de dezembro de 2020; 11.101, de 9 de fevereiro de 2005 (Lei da recuperação judicial, da extrajudicial e da falência); pela Lei Complementar 174, de 5 de agosto de 2020; e pela Resolução CNJ 125, de 29 de novembro de 2010.
5. BRASIL. *Exposição de Motivos Interministerial (EMI) 268/2019/ME/AGU*. Disponível em: https://legis.senado. leg.br/sdleg-getter/documento?dm=8026798&ts=1612516607048&disposition=inline. Acesso em: 22 abr. 2021.
6. O Relatório Justiça em Números publicado em 2022 indica a existência de 26,8 milhões de execuções fiscais tramitando no âmbito do Poder Judiciário e uma taxa de congestionamento de 89,7%. Disponível em: https:// www.cnj.jus.br/wp-content/uploads/2022/09/justica-em-numeros-2022-1.pdf. Acesso em 05 de maio de 2023.
7. O Grupo de Trabalho, composto por membros do Poder Judiciário, da Advocacia Pública, da Receita Federal do Brasil e da Academia, foi formado por: I – *Marcos Vinícius Jardim Rodrigues*, Conselheiro do CNJ; II – *Regina Helena Costa*, Ministra do Superior Tribunal de Justiça, que o coordenou; III – *Marcus Livio Gomes*, Secretário Especial de Programas, Pesquisas e Gestão Estratégica do CNJ; IV – *Marcus Abraham*, Desembargador do Tribunal Regional Federal da 2ª Região; V – *José Barroso Tostes Neto*, Secretário Especial da Receita Federal do Brasil (RFB); VI – *Trícia Navarro Xavier Cabral*, Juíza Auxiliar da Presidência do CNJ; VII – *Maria de Fátima Pessoa de Mello Cartaxo*, Consultora do Banco Interamericano de Desenvolvimento (BID); VIII – *Sandro*

destinado a auxiliar na implementação da autocomposição tributária no âmbito do Poder Judiciário, que trabalhou entre setembro e outubro de 2021.

Daí originou a edição da Recomendação 120/2021, que traz diversas inovações, entre as quais vale destacar as seguintes diretrizes aos tribunais pátrios:

(i) priorização, pelos Magistrados, sempre que possível, da solução consensual da controvérsia, estimulando a negociação, a conciliação, a mediação ou a transação tributária, extensível à seara extrajudicial, observados os princípios da Administração Pública e as condições, os critérios e os limites estabelecidos nas leis e demais atos normativos das unidades da Federação (artigo 1º, *caput*);

(ii) que a audiência prevista no art. 334 do CPC não seja dispensada nas demandas que versem sobre direito tributário, salvo se a Administração Pública indicar expressamente a impossibilidade legal de autocomposição ou apresentar motivação específica para a dispensa do ato (artigo 2º);

(iii) a criação, pelos tribunais, de varas especializadas com competência exclusiva para processar e julgar demandas tributárias antiexacionais, com vistas a garantir tramitação mais célere e uniforme dos processos e assegurar tratamento isonômico a todos os jurisdicionados (artigo 3º);

(iv) celebração de protocolos institucionais com os entes públicos, objetivando: I – a disponibilização das condições, dos critérios e dos limites para a realização de autocomposição tributária, inclusive na fase de cumprimento de sentença; II – a ampla divulgação de editais de propostas de transação tributária e de outras espécies de autocomposição tributária; III – a apresentação de hipóteses nas quais a realização de audiência prevista no art. 334 do CPC em demandas tributárias seja indicada; IV – a otimização de fluxos e rotinas administrativas entre os entes públicos e o Poder Judiciário no tratamento adequado de demandas tributárias; V – o intercâmbio, por meio eletrônico, de dados e informações relacionados às demandas tributárias pendentes de julgamento que envolvem o ente público (artigo 4º); e

(v) a implementação, pelos tribunais, de Centros Judiciários de Solução de Conflitos Tributários (Cejusc Tributário) para o tratamento de questões tributárias em fase pré-processual ou em demandas já ajuizadas (artigo 5º).

---

de Vargas Serpa, Subsecretário de Tributação e Contencioso da RFB; IX – *Adriana Gomes de Paula Rocha*, Procuradora-Geral Adjunta de Consultoria e Estratégia da Representação Judicial da Procuradoria-Geral da Fazenda Nacional (PGFN); X – *Manoel Tavares de Menezes Netto*, Coordenador-Geral da Representação Judicial da Fazenda Nacional da Procuradoria-Geral Adjunta de Consultoria e Estratégia da Representação Judicial da PGFN; XI – **Adriana Gomes Rêgo**, Presidente do Conselho Administrativo de Recursos Fiscais (CARF); XII – *Rafael Gaia Pepe*, Procurador do Estado do Rio de Janeiro; XIII – *Ricardo de Almeida Ribeiro da Silva*, Assessor Jurídico da Associação Brasileira das Secretarias de Finanças das Capitais (Abrasf); XIV – *Heleno Taveira Torres*, Representante do Conselho Consultivo do CNJ; XV – *Doris Canen*, Chefe de Gabinete da Secretaria Especial de Programas, Pesquisas e Gestão Estratégica; e XVI – *Eduardo Sousa Pacheco Cruz Silva*, Assessor da Secretaria Especial de Programas, Pesquisas e Gestão Estratégica.

Não bastasse, o CNJ editou a Resolução 471/2022[8], instituindo a Política Judiciária Nacional de Tratamento Adequado à Alta Litigiosidade do Contencioso Tributário no âmbito do Poder Judiciário.

O referido ato normativo tem por finalidade o alcance da efetividade, boa qualidade dos serviços e a disseminação da cultura de pacificação social (arts. 1º e 2º), mediante as seguintes diretrizes: I – atuação cooperativa como base para a solução de conflitos tributários; II – adequada formação e treinamento de magistrados(as), servidores(as), conciliadores(as) e mediadores(as); III – acompanhamento estatístico específico; IV – transparência ativa; V – atuação em parceria com entes federativos, advocacia pública e privada, e contribuintes; VI – priorização de soluções consensuais em disputas tributárias; VII – prevenção e desjudicialização de demandas tributárias.

Ademais, a Resolução previu as atribuições do CNJ, dos Tribunais, criou o Prêmio Eficiência Tributária, recomendou a organização anual da Semana Nacional da Autocomposição Tributária, entre outras disposições.

Ainda em 2022, foi apresentado o Anteprojeto de Lei Complementar de Código de Defesa dos Contribuintes, fruto do Relatório Final da Comissão de Juristas responsável pela elaboração de anteprojetos de proposições legislativas que dinamizem, unifiquem e modernizem o processo administrativo e tributário nacional, instituída pelo Ato Conjunto dos Presidentes do Senado Federal e do Supremo Tribunal Federal 1/2022.

É possível notar que os Poderes Judiciário e Legislativo estão agindo para buscar a modernização e evolução na forma de lidar com questões tributárias, na expectativa de que tais iniciativas resultem na mudança de paradigma quanto à forma de tratamento das demandas que envolvem conflitos de natureza tributária, trazendo ainda, como reflexo, a redução do acervo e o auxílio na melhoria da relação entre o Fisco e Contribuinte no âmbito do Poder Judiciário.

Registre-se, ainda, que houve uma inversão da antiga lógica que via no Poder Judiciário a única via de resolução de conflito, por meio de uma decisão adjudicada pelo juiz. Atualmente, evidencia-se a priorização da consensualidade, seja fora ou dentro da justiça estatal.

Não obstante, o princípio da consensualidade, que amplia o diálogo e os acordos, também decorre o princípio da cooperação, que vem sendo utilizado não somente entre os sujeitos processuais, mas entre diversos órgãos públicos e privados, objetivando soluções eficientes.[9]

---

8. Disponível em: https://atos.cnj.jus.br/atos/detalhar/4720. Acesso em: 15 maio 2023.

9. A intervenção colaborativa, presente no modelo multiportas, representou uma virtude necessária no cenário da cultura do litígio; fortaleceu os ritos e as instituições democráticas, reconhecendo que as experiências das decisões participativas têm a capacidade de permitir que os cidadãos também participem da vida pública; e pôde significar um instrumento para a produção de reformas judiciárias. MACHADO, Carlos Henrique. *Modelo Multiportas no Direito Tributário Brasileiro*. Tese (Doutorado em Direito), Universidade Federal de Santa Catarina, 2020, p. 117. Disponível em: <https://repositorio.ufsc.br/handle/123456789/216592>. Acesso em: 03 abr. 2021.

Com isso, objetiva-se um tratamento mais adequado do contencioso tributário, na perspectiva da Justiça Multiportas.

4. MÉTODOS DE TRATAMENTO ADEQUADO DOS CONFLITOS TRIBUTÁRIOS

O contencioso tributário pode se valer de métodos autocompositivos e heterocompositivos, tanto na esfera judicial quanto no âmbito extrajudicial.

Essas potencialidades possibilitam maior eficiência do sistema tributário, que tende a arrecadar mais, reduzir custos de judicialização, e possibilitar a regularização fiscal pelo contribuinte.

Diante disso, serão analisadas a seguir algumas importantes ferramentas de tratamento dos conflitos tributários.

4.1 Conciliação e mediação

Superada a concepção de que a consensualidade não poderia ser implementada no âmbito tributário, atualmente, a conciliação e a mediação são importantes instrumentos de autocomposição, que contam com a facilitação de um terceiro imparcial, que atua promovendo o diálogo entre as partes, auxiliando-as na construção de uma solução que atenda ambas as partes.

A conciliação é mais apropriada a conflitos mais simples, enquanto a mediação se destina a controvérsias mais complexas, com maior envolvimento entre as partes, e que demandam o uso de técnicas mais refinadas pelo mediador. Importante ressaltar que, nos dois casos, mostra-se essencial que o facilitador seja devidamente capacitado, a fim de que tenha afinidade com o tipo de questão controvertida e possa contribuir de forma profissional para o alcance do acordo.

Interessante notar que a Lei de Mediação regulamenta expressamente o uso da mediação como forma de prevenir ou terminar conflitos tributários, o que poderá ser viabilizado por meio de criação de câmaras especializadas (art. 42).

No âmbito judicial, um importante aliado é a audiência do art. 334, do CPC, perfeitamente aplicável em matéria tributária, mas que, em razão de exigir critérios e limites previamente estabelecidos, acaba não sendo designada. Para viabilizar o ato, mostra-se imprescindível que o fisco e o Poder Judiciário celebrem protocolos institucionais, a fim de que o juiz possa designar a audiência apenas nas hipóteses que comportem a autocomposição.

4.2 Convenções processuais

O CPC/2015 promoveu significativa contribuição no aprimoramento dos meios adequados de resolução de conflitos para permitir que mais portas fossem instituídas dentro e fora do Poder Judiciário. Estabeleceu o dever de cooperação das partes, tornou obrigatória a realização de audiência inaugural de conciliação ou mediação, previu o dever de estimular soluções autocompositivas entre as partes e o dever do Estado de priorizar soluções consensuais.

A possibilidade de autocomposição pode ocorrer em relação ao direito material, mas também em relação ao direito processual. São as chamadas convenções processuais, – também difundidas como negócios jurídicos processuais – que são acordos processuais capazes estipular mudanças no procedimento para ajustá-lo às especificidades da causa e convencionar sobre os seus ônus, poderes, faculdades e deveres processuais, antes ou durante o processo.

O CPC/15, além de ampliar as convenções processuais típicas, também instituiu as atípicas, autorizadas pelo art. 190, que constitui uma cláusula geral de convenção processual. Para tanto, é imprescindível que as partes cooperem entre si, nos termos do art. 6º, do Código.

Dessa forma, o instituto pode ter por objeto um ato do processo ou o próprio procedimento, ou ainda as situações jurídicas processuais. Consubstancia maior flexibilização do procedimento e aumento dos atos de disposição das partes, partindo da premissa de as partes podem e devem contribuir na busca de um processo mais eficiente.

São exemplos, a fixação de calendário para a prática dos atos processuais (CPC, art. 191), a definição dos meios de produção de provas e de prazos para a prática de ato processual e o já consagrado *pactum de non petendo*.

Se, em um primeiro, questionava-se sobre a possibilidade de aplicação prática das convenções processuais em âmbito tributário, essa discussão acabou perdendo sentido com as crescentes autorizações normativas versando sobre o tema.

O acordo em matéria de processo propicia a eficiência na resolução de conflitos tributários, ampliando a celeridade e a arrecadação pela Administração Pública. Isso rompe por completo o dogma da impossibilidade de consenso as matérias que envolvem elevado grau de interesse público, para compreender que o campo tributário é um ambiente fértil a contemplar o uso de ferramentas e ambientes que não se limitam à justiça estatal.

No âmbito federal, a Procuradora-Geral da Fazenda Nacional regulamentou o NJP (negócio jurídico processual) por meio da Portaria PGFN 360/2018, aplicável em matéria de defesa do fisco em ação antiexacional de contribuinte, e pela Portaria PGFN 742/2018, publicada com vistas à regulamentação do negócio jurídico processual no âmbito da execução fiscal, possibilitando a elaboração de consenso sobre planos de amortização, a maneira de constrição e alienação de bens e o oferecimento de garantias.

E para promover mais transparência na sua atuação, o referido órgão publica em sua página na *internet* todos os termos de acordos celebrados.[10]

---

10. Disponível em: https://www.gov.br/pgfn/pt-br/assuntos/divida-ativa-da-uniao/painel-dos-parcelamentos/termos-de-negocio-juridico-processual. Acesso em 10 jun. 2022.

Além disso, o negócio jurídico processual proliferou-se em âmbito estadual, sendo regulamentado, *v.g.*, por meio da Resolução PGE 4.324/ 2019, no Estado do Rio de Janeiro, da Instrução Normativa 005/2020 de Roraima.

Com o advento da Lei 13.874/2019, a Lei da Liberdade Econômica, o art. 19 da Lei 10.522/2002 passou a prever os §§ 12 e 13, com comando legal autorizando a prática de negócio jurídico processual em âmbito federal. Isso possibilitou, inclusive, acordo entre Órgãos Públicos, a saber, PGFN e Órgãos do Poder Judiciário com vistas à realização de mutirões para análise do enquadramento de processos ou de recursos.

Além dos mutirões, são espécies de negócio jurídico processual a calendarização da execução fiscal, o plano de amortização do débito fiscal, a aceitação, avaliação, substituição e liberação de garantias e bens penhorados, o modo de constrição ou alienação de bens e a citação dos contribuintes que celebrem parcelamento administrativo do crédito tributário.

A importância progressiva que se atribuiu à consensualidade administrativa no Direito Brasileiro, ao lado da reformulação do sentido de alguns conceitos centrais no Direito Administrativo, conferiu legitimidade à conclusão no sentido de que o art. 190 do CPC/2015 também se destina a regular a negociação processual envolvendo o Poder Público[11]. Essa competência, porém, é limitada. O negócio jurídico processual não pode implicar disposição, ainda que reflexa, do objeto litigioso do processo[12].

O negócio jurídico processual também encontra limitação nas normas constitucionais e naquelas próprias da ritualística civil, tais como: os deveres de boa-fé, de cooperação e de probidade.

Registre-se que o negócio jurídico processual se afasta conceitualmente da transação tributária, uma vez que não é causa de extinção do crédito tributário, podendo ser realizado antes mesmo da instauração do litígio. A transação, de sua vez, é meio resolutivo de conflito, pressupondo a sua existência.

De qualquer forma, apesar de o negócio jurídico tributário não extinguir o crédito tributário em si, pode auxiliar na otimização do procedimento que envolve da controvérsia, a partir de sua customização. E mesmo o acordo versando sobre processo, existe indicativo de que houve queda no crescimento anual de créditos inscritos em dívida ativa[13].

Saliente-se que a inquietação com o uso ou a regulamentação indiscriminada do negócio jurídico processual, desemboca em uma moldura normativa que transpassa a

---

11. BARREIROS, Lorena Miranda Santos. *Convenções Processuais e Poder Público*. Salvador: JusPODVIM, 2016, p. 30.
12. Ibidem, p. 313.
13. BRASIL. Conselho Nacional de Justiça. *Diagnóstico do contencioso judicial tributário brasileiro: relatório final de pesquisa*. Conselho Nacional de Justiça; Instituto de Ensino e Pesquisa. – Brasília: CNJ, 2022, p. 100. Disponível em: https://www.cnj.jus.br/publicacoes/. Acesso em 10 jun. 2022.

natureza do instituto, confundindo-o com as figuras do parcelamento e da transação tributária.

4.3 Parcelamento

O parcelamento é causa de suspensão da exigibilidade do tributo desde o momento do deferimento da sua adesão até que o contribuinte pague integralmente todas as parcelas, após o que o débito é extinto – art. 151, inc. VI, c/c o art. 156, inc. I, ambos do CTN. É concedido na forma e condição estabelecidas em lei específica – 155-A do CTN.

Os termos são sempre impostos pelo Poder Público e as formas de financiamento, previamente definidas. Em outros termos, atos unilaterais da Fazenda Pública, com possibilidades previstas em lei, de forma rígida.

A concessão de benefícios é feita de maneira linear, sem análise da situação específica em que se encontra cada contribuinte, sendo que, em razão disso, muitos contribuintes que não necessitariam de formas especiais de quitação das dívidas acabavam sendo favorecidos pelas benesses previstas nesses parcelamentos. Em outros termos, foram programas marcados pela sua amplitude, linearidade e ausência de avaliação individualizada quanto à situação econômica do devedor, o que permitiu que contribuintes com plena capacidade para pagar a dívida em sua integralidade também fossem contemplados com descontos e prazos alongados[14].

Como regra geral, não há descontos no parcelamento, apenas o diferimento do pagamento por meio de parcelas mensais, sendo possível, no entanto, uma previsão, na lei específica, de redução do montante total do débito (exclusão de multa e juros).

Observe-se que, no parcelamento, não existe margem de discricionariedade da Administração Pública na análise do contribuinte e/ou do débito a ser parcelado, de modo que, preenchidos os requisitos estabelecidos na lei instituidora do parcelamento, há o deferimento.

Nesse contexto, o parcelamento difere da transação na cobrança da dívida ativa, a qual busca enxergar uma realidade "por trás dos números", levando em consideração a origem do endividamento, o histórico recente dos débitos do contribuinte, o perfil dominante da sua "carteira de dívidas", o comportamento das empresas concorrentes, para, então, definir a capacidade de pagamento (Capag) daquele que busca transacionar com a RFB e com a PGFN e consequentemente as concessões que podem ser oferecidas pelo Fisco ao contribuinte[15].

---

14. BRASIL. Secretaria Especial da Receita Federal do Brasil. *Estudo sobre impactos dos parcelamentos especiais*, 2017. Disponível em: http://receita.economia.gov.br/dados/20171229-estudo-parcelamentos-especiais.pdf. Acesso em: 25 mar. 2021.

15. PINHO, Mariana Corrêa de Andrade. Capacidade de pagamento como expressão do princípio da igualdade na transação tributária. *In*: CONRADO, Paulo Cesar; ARAUJO, Juliana Furtado Costa (Coord.). *Transação Tributária na prática da Lei 13.988/2020*. São Paulo: Thomson Reuters Brasil, 2020, p. 162.

4.4 Transação tributária

A transação encontrou previsão inicial no art. 156, III, combinado com o art. 171, ambos do CTN, que a definiu como meio de extinção do crédito tributário nas hipóteses em que lei regulamentadora possibilite a ocorrência de concessões mútuas, com vistas a pôr fim a litígio. Tem impacto, portanto, direto na essência do crédito tributário.

Não obstante a dicção legal, há na doutrina quem defenda que a transação não gera a extinção da obrigação tributária e do crédito que lhe é respectivo. Isso porque nos acordos apenas se estabelecem as condutas a serem adotadas pelo Fisco e pelo sujeito passivo, a fim de que se verifiquem os eventos que documentam os fatos jurídicos extintivos da obrigação tributária. Trata-se, nessa perspectiva, de mecanismo preparatório da extinção da obrigação tributária, que, em última análise, decorre do pagamento, após adimplidas as obrigações reciprocamente entabuladas entre as partes transigentes[16].

É a posição que parece se refletir no disposto no § 3º do art. 3º da Lei 13.988/2020, o qual dispõe que os créditos abrangidos pela transação somente serão extintos quando integralmente cumpridas as condições previstas no respectivo termo.

A referida Lei regulamentou a transação tributária em âmbito federal e tem servido de modelo normativo para a sua implementação em outros entes da federação.

Ainda, quanto à natureza jurídica do instituto, existe quem veja na transação a figura jurídica do ato administrativo, que se sucede a uma etapa da negociação, fase anterior ao ato transacional, não compondo-o[17]. Por outro lado, existe quem defenda que a transação é uma espécie de contrato público[18].

A consideração do instituto como contrato reforça a característica da bilateralidade e destaca o fato de que a Fazenda Pública também é sujeito de deveres[19]. Parece ter sido essa a opção adotada pela lei regulamentadora do instituto em âmbito federal, a Lei 13.988/2020. Em que pese, na transação por adesão, as balizas para negociação dos termos do acordo de transação sejam menores, o que poderia levar ao entendimento de que se está diante de um ato administrativo a que o contribuinte adere, elas ainda existem, haja vista a necessidade de observar um de seus princípios orientadores, qual

---

16. SILVA, Lázaro Reis Pinheiro. Transação como mecanismo preparatório para a extinção da obrigação tributária. *In*: CONRADO, Paulo Cesar; ARAUJO, Juliana Furtado Costa (Coord.). *Transação Tributária na prática da Lei 13.988/2020*. São Paulo: Thomson Reuters Brasil, 2020, p. 49-62; NETO JABUR, Mario. Breve paralelo entre parcelamento, plano de amortização convencionado em negócio jurídico processual e transação e seu denominador comum. *In*: CONRADO, Paulo Cesar; ARAUJO, Juliana Furtado Costa (Coord.). *Transação Tributária na prática da Lei 13.988/2020*. São Paulo: Thomson Reuters Brasil, 2020, p. 182.

17. DACOMO, Natalia. *Direito Tributário participativo*: transação e arbitragem administrativas da obrigação tributária. Tese (Doutorado em Direito). Pontifícia Universidade Católica de São Paulo, São Paulo, 2008, p. 115-116.

18. OLIVEIRA, Phelippe Toledo Pires de. *A transação em matéria tributária*. Dissertação (Mestrado em Direito). Universidade de São Paulo, São Paulo, 2015, p. 38-42.

19. PINHO, Mariana Corrêa de Andrade. Capacidade de pagamento como expressão do princípio da igualdade na transação tributária. *In*: CONRADO, Paulo Cesar; ARAUJO, Juliana Furtado Costa (Coord.). *Transação Tributária na prática da Lei 13.988/2020*. São Paulo: Thomson Reuters Brasil, 2020, p. 163.

seja, o da autonomia de vontade das partes na celebração do acordo – art. 2º, VII, da Portaria PGFN 9.917/2020.

Com efeito, no âmbito da transação individual, forma que será descrita adiante, o próprio contribuinte pode apresentar a proposta de acordo, com os termos que reputa razoáveis, desde que observados os limites legais, destacando a bilateralidade do instituto, característica própria de um contrato.

A transação é um meio consensual e extrajudicial de solução de controvérsias. A eleição da transação como meio extintivo do crédito tributário afasta a jurisdição, trazendo, para o campo administrativo, a solução do conflito. Enquanto a transação dispensa a solução jurisdicional, o negócio jurídico processual necessita da existência do processo para produzir seus efeitos[20].

A transação tributária, tal como conferida pela Lei 13.988/2020, buscou tratar dois grandes focos de litígios entre o Fisco e os contribuintes: i) o primeiro, é equacionar os conflitos que decorrem de divergência de interpretação da complexa legislação tributária, as chamadas "teses tributárias" (transação no contencioso de controvérsias relevantes e disseminadas); e ii) o segundo, os conflitos que derivam da resistência relacionada à ausência de capacidade de pagamento dos contribuintes com pendências na dívida ativa[21].

Formou-se, assim, três espécies de transação tributária constantes da Lei 13.988/2020 – a transação da cobrança dívida ativa da União, a transação de contencioso de relevante e disseminada controvérsia, e a transação do contencioso tributário de pequeno valor –, que se somam agora ao rol de instrumentos da Administração Pública Federal no tocante à recuperação do interesse público por intermédio da consensualidade.

A transação na cobrança da dívida ativa da União, das autarquias e das fundações públicas federais está prevista nos arts. 10 e 15 da Lei 13.988/2020 e regulamentada, na PGFN, por meio da Portaria PGFN 9.917/2020.

Trata-se eminentemente de uma espécie de contrato fiscal de "subordinação". São acordos celebrados entre PGFN e contribuintes relativos ao montante de juros e multas a pagar, às formas de pagamento, à renúncia da judicialização da cobrança etc.[22].

É uma modalidade que pode ser celebrada de forma individual ou por adesão, pela PGFN, pela PGF ou pela PGU em relação aos créditos de cada uma, ou, ainda, de forma

---

20. COSTA ARAUJO, Juliana Furtado. Negócio Jurídico Processual e Transação Tributária como Instrumentos de Conformidade Fiscal. In: CONRADO, Paulo Cesar (Coord.). *Transação Tributária na Prática da Lei 13.988/2020*. São Paulo: Ed. RT, 2020, p. 72.

21. Morais, Cristiano Neuenschwander Lins de. *Cobrança e renegociação de tributos em atraso no Brasil*: análise da estrutura de incentivos do programa de transação tributária da Lei 13.988, de 2020. Dissertação (Mestrado MPPG), FGV, 2021, p. 29-31. Disponível em: <https://bibliotecadigital.fgv.br/dspace/bitstream/handle/10438/31338/Dissertacao_Mestrado_Cristiano_Versao_Final_revisada_biblioteca.pdf?sequence=5>. Acesso em: 22 jan. 2022.

22. NABAIS, José Casalta. *Contratos Fiscais. Reflexões acerca da sua Admissibilidade*, n. 5 da série Studia Iuridica, Coimbra Editora, 1994, p. 129.

individual se proposta pelo devedor ou por um desses Órgãos. Abrange a transação de créditos inscritos em dívida ativa da União, autarquias e fundações públicas federais e do FGTS – art. 10.

A adequação dos meios de cobrança à capacidade de pagamento dos devedores inscritos em dívida ativa da União é importante medida incorporada pela Lei 13.988/2020. Isso porque as restrições de liquidez ou de solvência podem afetar de maneira impactante a decisão quanto ao pagamento ou não do tributo devido. Trouxe, ainda, racionalidade à cobrança também para a PGFN, pois a probabilidade de êxito de uma cobrança forçada contra um devedor sem capacidade de pagamento é baixa e, ao propor um acordo, pode-se receber valor compatível com a capacidade de pagamento do contribuinte e, ao mesmo tempo, encerrar um procedimento de cobrança forçado, que é custoso ao Fisco e arriscado quanto ao seu êxito[23].

Assim, a oferta de um acordo para um contribuinte de baixa capacidade de pagamento, com o perdão de parte da dívida ou dos seus acessórios, é importante para a RGB e para a PGFN, já que poderá aumentar a sua utilidade, ao permitir o recebimento de parte da dívida e obter a conformidade fiscal, além de reduzir os seus custos. Aceitar um acordo também é interessante para um contribuinte com baixa capacidade de pagamento e proporcionar o aumento de sua utilidade, já que efetua o pagamento de parte da dívida, conforme as suas possibilidades financeiras, e é considerado "em conformidade", livrando-se de uma cobrança forçada no Poder Judiciário e dos custos financeiros e reputacionais decorrentes do não pagamento do tributo[24].

O estímulo à autorregularização e conformidade fiscal é outro princípio relevante para o modelo e está presente quando das exigências de diversas obrigações ao aderente, tais como: a de regularização de todo o passivo fiscal, a exigência de *compliance* futuro, a abertura de sigilo bancário, a prestação de informações periódicas relacionadas à verificação da capacidade de sua capacidade de pagamento e a declaração de veracidade das informações prestadas, sob as penas da lei criminal[25].

Como objetivos da transação da cobrança da dívida ativa, a Portaria PGFN 9.917/2020 define a viabilização da superação da situação transitória de crise econômico-financeira do sujeito passivo, a asseguração de fonte sustentável de recursos para execução de políticas públicas, o alcance do equilíbrio entre os interesses da União e dos contribuintes e destes com os do FGTS, a realização da cobrança de créditos inscritos em dívida ativa de forma menos gravosa para União, para o FGTS e para os contribuintes, e, por fim, o estabelecimento de nova chance para retomada do cumprimento

---

23. Morais, Cristiano Neuenschwander Lins de. *Cobrança e renegociação de tributos em atraso no Brasil*: análise da estrutura de incentivos do programa de transação tributária da Lei 13.988, de 2020. Dissertação (Mestrado MPPG), FGV, 2021, p. 45. Disponível em: <https://bibliotecadigital.fgv.br/dspace/bitstream/handle/10438/31338/Dissertacao_Mestrado_Cristiano_Versao_Final_revisada_biblioteca.pdf?sequence=5>. Acesso em: 22 jul. 2022.

24. Morais, Cristiano Neuenschwander Lins de. Op. cit., p. 47.

25. Morais, Cristiano Neuenschwander Lins de. Op. cit., p, 68.

voluntário das obrigações tributárias e fundiárias correntes, no caso de contribuintes em dificuldades financeiras – art. 3º.

Percebe-se, portanto, que a transação tributária é reveladora de um interesse público que não necessariamente coincide com a recuperação imediata dos créditos fazendários. É, não obstante, a revelação de um meio capaz de conferir mais segurança jurídica, pacificação social e participação do cidadão na coisa pública[26]. Se existe a possibilidade de celebração de soluções que mais se ajustam ao desiderato de atendimento otimizado do bem comum, firma-se o dever/poder de transacionar, sempre que esta se constitua na melhor alternativa para o atendimento do bem comum[27].

Quanto aos benefícios, a transação poderá contemplar (i) concessões de descontos nas multas, nos juros de mora e nos encargos legais relativos a créditos a serem transacionados que sejam classificados como irrecuperáveis ou de difícil recuperação, nos termos definidos pela autoridade fazendária; (ii) oferecimento de prazos e formas de pagamento especiais, incluídos o diferimento e a moratória; (iii) oferecimento, a substituição ou a alienação de garantias e de constrições. É vedado, no entanto, reduzir o montante principal do crédito, assim compreendido seu valor originário, ou reduzir, em percentual superior a 65% (sessenta e cinco por cento), o valor total dos créditos a serem transacionados – incs. I, II e III e § 1º do art. 11 da Lei 13.988/2020.

Vale ressaltar que o percentual aumenta para 70% (setenta por cento), se envolver pessoa natural, microempresa empresa de pequeno porte, Santas Casas de Misericórdia, sociedades cooperativas, demais organizações da sociedade civil e instituições de ensino – §§ 3º e 4º.

Outra modalidade de transação presente na Lei 13.988/2020 é a que se realiza, no contencioso tributário de relevante e disseminada controvérsia jurídica, exclusivamente na forma por adesão, mediante proposta do Ministro de Estado da Economia, com base em manifestação da PGFN e da RFB – art. 16.

A ideia principal é lidar com os problemas inerentes à complexidade do Sistema Tributário e do agigantamento do contencioso a partir da premissa de que o custo do processo pode incentivar RFB, PGFN e contribuintes a não litigarem.

Essa figura de contrato se aproxima da denominada *transação fiscal*, compreendida enquanto acordo cuja causa-função é prevenir ou terminar um litígio, por meio de concessões recíprocas[28].

---

26. CHRISPIN, Anna Carla Duarte. *Transação tributária no paradigma do estado democrático de direito socioeconômico cultural*: o tênue limite entre a afronta ao dever fundamental de pagar tributos e a mutação da legalidade estrita rumo a juridicidade consensual dialógica. Dissertação (Mestrado em Direito), Faculdade de Direito da Pontifícia Universidade Católica de Minas Gerais, 2009, p. 104. Disponível em: <http://www.biblioteca.pucminas.br/teses/Direito_ChrispimAC_1.pdf>. Acesso em: 01 abr. 2021.

27. BATISTA JÚNIOR, Onofre Alves. *Transações administrativas*: um contributo ao estudo do contrato administrativo como mecanismo de prevenção e terminação de litígios e como alternativa à atuação administrativa autoritária, no contexto de uma administração pública mais democrática. São Paulo: Quartier Latin, 2007. p. 468.

28. NABAIS, José Casalta. *Contratos Fiscais. Reflexões acerca da sua Admissibilidade*, 5 da série Studia Iuridica, Coimbra Editora, 1994, p. 108

Tal como a modalidade da cobrança da dívida ativa da União, a transação no contencioso de relevante e disseminada controvérsia tem como princípios: presunção de boa-fé do contribuinte; concorrência leal entre os contribuintes; economicidade e eficiência; isonomia e capacidade contributiva; supremacia do interesse público; moralidade administrativa; isonomia tributária; e publicidade e transparência ativa, ressalvada a divulgação de informações protegidas por sigilo –art. 2º da Portaria ME 247/2020.

À transação no contencioso foi destinado papel especial tocante a um dos motivos que ensejaram o advento da Lei 13.988/2020, qual seja, redução de custos com contencioso e de estoque de processos.

Certamente, por isso, os objetivos da modalidade em apreço que em maior ou menor medida vão ao encontro do referido motivo, a saber: promover a solução consensual de litígios e extinguir os já instaurados sobre determinada controvérsia jurídica, relevante e disseminada; reduzir o número de litígios e os custos que lhes são inerentes; estabelecer novo paradigma de relação entre Administração Tributária e contribuintes, primando pelo diálogo e adoção de meios adequados de solução de litígio; e estimular a autorregularização e a conformidade fiscal – art. 3º da Portaria ME 247/2020.

Como já destacado, a transação tributária é reveladora de um interesse público que não necessariamente coincide com a recuperação imediata dos créditos fazendários. Revela um meio capaz de conferir mais segurança jurídica, pacificação social e participação do cidadão na coisa pública[29].

A proposta de transação deve, preferencialmente, versar sobre controvérsia restrita a segmento econômico ou produtivo, a grupo ou universo de contribuintes ou a responsáveis delimitados, sendo vedada a alteração de regime jurídico tributário. Com efeito, deve recair sobre questões tributárias que ultrapassem os interesses subjetivos da causa – é o que a Lei 13.988/2020 compreende como controvérsia jurídica relevante e disseminada – §§ 2º e 3º do art. 16. Preferencialmente, questões ainda não afetadas a julgamento pelo rito dos recursos repetitivos, nos moldes dos arts. 1.036 e seguintes do CPC – assim dispõe a segunda parte do art. 30 da Portaria ME. 274/2020.

A Portaria em apreço acresce novos critérios para identificação de uma controvérsia considerada disseminada, a saber: demandas judiciais envolvendo partes e advogados distintos, em tramitação no âmbito de, pelo menos, três Tribunais Regionais Federais; mais de cinquenta processos, judiciais ou administrativos, referentes a sujeitos passivos distintos; incidente de resolução de demandas repetitivas cuja admissibilidade tenha sido reconhecida pelo Tribunal processante; ou demandas judiciais ou administrativas

---

29. CHRISPIN, Anna Carla Duarte. *Transação tributária no paradigma do estado democrático de direito socioeconômico cultural*: o tênue limite entre a afronta ao dever fundamental de pagar tributos e a mutação da legalidade estrita rumo a juridicidade consensual dialógica. Dissertação (Mestrado em Direito), Faculdade de Direito da Pontifícia Universidade Católica de Minas Gerais, 2009, p. 104. Disponível em: <http://www.biblioteca. pucminas.br/teses/Direito_ChrispimAC_1.pdf>. Acesso em: 01 abr. 2021.

que envolvam parcela significativa dos contribuintes integrantes de determinado setor econômico ou produtivo – § 1º do art. 30.

Como relevante, o normativo em questão elege aquelas controvérsias que têm: impacto econômico igual ou superior a um bilhão de reais, considerando a totalidade dos processos judiciais e administrativos pendentes conhecidos; decisões divergentes entre as turmas ordinárias e a Câmara Superior do CARF; ou sentenças ou acórdãos divergentes no âmbito do contencioso judicial – § 2º do art. 30.

Além disso, a proposta é divulgada, na imprensa oficial e nos sítios dos respectivos órgãos na internet, mediante edital, o qual deve ser capaz de apresentar as hipóteses fáticas e jurídicas alcançáveis no contencioso tributário, as exigências a serem cumpridas, as reduções ou concessões oferecidas, os prazos e as formas de pagamento admitidas, definir o prazo para adesão e a necessidade de conformação do contribuinte ou do responsável ao entendimento da Administração Fazendária acerca de fatos geradores futuros ou não consumados, ressalvada a cessação de eficácia prospectiva da transação decorrente do advento de precedente persuasivo nos termos dos incisos I, II, III e IV do art. 927 do CPC ou nas demais hipóteses previstas no art. 19 da Lei 10.522/2002 – art. 17, *caput*, e § 1º.

A ressalva feita pelo dispositivo quer dizer que as obrigações que eventualmente remanescerem serão automaticamente desfeitas quando do advento do precedente, ou do ato que vincule a Administração Fazendária, havendo de se aplicar, *pro futuro*, a nova orientação jurídica. Nessas circunstâncias, a partir da mudança paradigmática do entendimento, desfaz-se prospectivamente o elo obrigacional decorrente da transação, inclusive exonerando o contribuinte do compromisso de conformação ao entendimento da Administração Fazendária. Na hipótese de ter sido convencionado o pagamento parcelado do débito, o contribuinte restará desobrigado do pagamento das parcelas vincendas, haja vista a cessação da eficácia da transação. Porém, há de se reconhecer que a cessação de efeitos jurídicos propugnada na lei, a atingir a transação prospectivamente, não autoriza a pretensão de rescisão ou desfazimento retroativo da transação validamente acordada pelas partes, em respeito ao ato jurídico perfeito[30].

Promoveu-se um alinhamento entre o instituto ora regulamentado e o sistema de precedentes judiciais do CPC/2015, de maneira a garantir unicidade do sistema jurídico reservando aos Tribunais Superiores a última palavra sobre a interpretação e a aplicação do Direito[31]. Tal constatação pode ser confirmada também pelo art. 20 da Lei 13.988/2020, ao vedar a oferta de transação nas hipóteses: i) previstas no art. 19 da Lei 10.522/2002, quando o ato ou a jurisprudência for em sentido integralmente desfavorável à Fazenda Nacional; e ii) de precedentes persuasivos, nos moldes dos incisos I, II,

---

30. DINIZ, Geila Lídia Barreto Barbosa. *A transação na Lei 13.988/2020*: o novo modelo de solução de conflitos tributários e suas interações com o sistema de precedentes do CPC/2015. In: Comentários sobre transação tributária à luz da Lei 13.988/2020 e outras alternativas de extinção do passivo tributário/Coord.: Claudio Xavier Seefelder Filho... et al. São Paulo: Thomson Reuters Brasil, 2021, p. 212-213.

31. DINIZ, Geila Lídia Barreto Barbosa. Op. cit., p. 211.

III e IV do *caput* do art. 927 da Lei 13.105, de 16 de março de 2015 (Código de Processo Civil), quando integralmente favorável à Fazenda Nacional.

Não podia ser diferente. Sobretudo, quando o caso concreto envolve matéria decidida integralmente em desfavor da Fazenda Pública pelo Poder Judiciário e firmada sob o rito de alguma espécie de precedente vinculante, a via adequada não é a transação, mas a prática de atos de disposição – desistência, renúncia ou reconhecimento do pedido, por exemplo.

Parece evidente, ademais, que o legislador estabeleceu certa conexão com a própria acepção de repercussão geral do art. 1.035, § 1º, do referido Código, isto é, questão relevante do ponto de vista econômico, social ou jurídico [32], questão essa ainda não resolvida definitivamente por algum Tribunal Superior e sobre a qual repousa uma incerteza jurídica. Não se sabe ao certo se Fazenda Nacional ou contribuintes se sairão vencedor. Há uma dúvida. Rompe-se com a compreensão de que o Poder Público só está disposto a negociar quando considera que as chances de perder são grandes.

A terceira modalidade de transação constante da Lei 13.988/2020 consiste nos acordos celebrados no contencioso tributário de pequeno valor, que também só pode ser realizada sob a forma de adesão.

Abrange créditos cuja inscrição em dívida ativa ou lançamento fiscal em discussão, compreendido principal e multa, não supere, por processo administrativo ou judicial individualmente considerados, sessenta salários mínimos. Abrange, também, créditos que tenha como sujeito passivo pessoa natural, microempresa ou empresa de pequeno porte – art. 23, I, e art. 24, parágrafo único, da Lei 13.988/2020 combinado com o art. 32, I e II, da Portaria ME 274/2020.

Com o acréscimo do art. 27-A na Lei 13.988/2020 conferido pela Lei 14.375/2022, estendeu-se a oferta da transação na modalidade do contencioso de pequeno valor, que passou a ser possível, inclusive, para dívida ativa da União de natureza não tributária cujas inscrição, cobrança e representação incumbam à Procuradoria-Geral da Fazenda Nacional; para os créditos inscritos em dívida ativa do FGTS; e para a dívida ativa das autarquias e das fundações públicas federais cujas inscrição, cobrança e representação incumbam à Procuradoria-Geral Federal, e aos créditos cuja cobrança seja competência da Procuradoria-Geral da União.

O capítulo IV da Lei 13.988/2020 é inaugurado com a concepção do contencioso administrativo fiscal de pequeno valor, instituindo-se microssistema próprio, à analogia do que ocorreu com os Juizados Especiais[33].

---

32. DINIZ, Geila Lídia Barreto Barbosa. Op. cit., p. 213.
33. CAMPOS, Rogério. Contencioso tributário de pequeno valor: microssistema de experimentação do novo paradigma de sistema multiportas em matéria tributária. *In*: SEEFELDER FILHO, Claudio Xavier *et al.* (Coord.). *Comentários sobre transação tributária*: à luz da Lei 13.988/2020 e outras alternativas de extinção do passivo tributário. São Paulo: Thomson Reuters Brasil, 2021, p. 428.

Norteiam a aludida modalidade de transação os princípios da racionalidade, da economicidade e da eficiência, além dos já mencionados princípios constantes no art. 2º da Portaria ME 274/2020, aqui também aplicáveis.

O trinômio principiológico não é novidade quanto ao tratamento adequado de processos de baixo valor. A Lei 10.522/2002, em seus arts. 19-C e 20-C, já se utilizava da construção para delinear medidas que objetivavam a redução da litigiosidade e atuação pautada na eficiência econômica[34].

Uma peculiaridade é a autorização legal expressa para a adoção de métodos *alternativos* de solução de litígio, inclusive transação, que envolvem processos de pequeno valor. Outra fica por conta da última instância de julgamento no contencioso administrativo de pequeno valor, que passou a ser órgão colegiado da Delegacia da Receita Federal do Brasil de Julgamento da RFB, observados o contraditório, a ampla defesa e a vinculação aos entendimentos do Carf – parágrafo único e inciso II do *caput* do art. 23 da Lei 13.988/2020.

A essa instância, a Portaria ME 340/2020, que disciplina a constituição das Turmas e o funcionamento das DRJs da Secretaria Especial da Receita Federal do Brasil e regulamenta o contencioso administrativo fiscal de pequeno valor, denominou Câmara Recursal de julgamento.

4.5 Arbitragem tributária

A arbitragem, instituída pela Lei 9.307/1996, alterada pela Lei 13.129/2015, constitui um método heterocompositivo de resolução de disputas, em que a solução para o conflito é fruto de uma decisão imposta por um árbitro ou por um colegiado de árbitros.

A escolha da via arbitral pelas partes implica na renúncia da jurisdição estatal, de modo que não haverá mais a possibilidade de recorrer ao Poder Judiciário para fins de solução da controvérsia.

No campo tributário, o uso da arbitragem é objeto de discussão doutrinária longínqua e ainda carecedora de ajustes legais, notadamente no Código Tributário Nacional (CTN), para conferir maior segurança jurídica na utilização do instituto, *v.g*, a instauração do procedimento arbitral como causa de suspensão da exigibilidade do tributo no art. 151, e a sentença arbitral transitada em julgada como hipótese de extinção do crédito.

Ainda não se tem muito delimitada a matéria que pode ser objeto da arbitragem tributária, embora se encaminhe para enfrentamento de questões complexas como indeterminações conceituais e classificação de tributos, possibilitando a realização de perícia técnica de maneira célere e a edição de laudo por árbitro especializado.

---

34. Ibidem, p. 419.

5. NOTAS SOBRE O PLP 125/2022

Conforme já mencionado, em 2022, foi apresentado o Anteprojeto de Lei Complementar de Código de Defesa dos Contribuintes, o qual foi desmembrado em vários projetos de lei, mas o presente estudo se limitará ao PLP 125/2022, que estabelece normas gerais relativas a direitos, garantias e deveres dos contribuintes.

Nele consta a "Seção III – Dos métodos preventivos e compositivos", com dois dispositivos acerca dos diferentes mecanismos de resolução de conflitos tributários, consagrando, assim, a possiblidade de utilização dessas vias, outrora questionadas em razão do interesse público envolvido.

Portanto, diante das novidades legislativas, será feita uma contextualização com o sistema de Justiça Multiportas brasileiro.

O PLP 125/2022 traz essas novas perspectivas. A Seção III – Dos métodos preventivos e compositivos – é composta por apenas dois dispositivos (9º e 10), mas com diferentes formas de tratamento de conflito tributário.

Chama a atenção, de plano, o próprio título da seção, que indica a possibilidade de uso de métodos para a *prevenção* e *composição* das questões tributárias. Com efeito, para além da resolução de disputas pela heterocomposição ou autocomposição, é necessário que a Administração Tributária também atue antes mesmo do surgimento do conflito, por meio de ações eficazes.

5.1 Comentários ao artigo 9º[35]

O art. 9º diz que a Administração Tributária deverá priorizar e disponibilizar métodos preventivos ao contribuinte, a fim de que ele possa autorregular o pagamento dos tributos e das obrigações acessórias antes da lavratura do auto de infração.

Trata-se de interessante regramento, que confere ao próprio contribuinte a autonomia e possibilidade de solucionar suas questões tributárias, por meio de métodos que devem ser disponibilizados.

Registre-se que o nosso ordenamento jurídico tem evoluído para ampliar o empoderamento das partes no alcance de soluções dará as suas contendas, reduzindo, inclusive, a dependência da atuação ou provocação estatal.

Além disso, a possibilidade de pagamento de tributos e obrigações acessórias antes da lavratura do auto de infração é benéfico para Fisco e para o contribuinte, na medida em que possibilita a regularização do débito e evita as consequências decorrentes da atuação do ente público.

---

35. Art. 9º A Administração Tributária deverá priorizar e disponibilizar métodos preventivos para possibilitar ao contribuinte autorregularizar o pagamento dos tributos e das obrigações acessórias antes da lavratura do auto de infração, nos termos da legislação específica.

A referida previsão normativa também segue uma importante tendência de desjudicialização, a qual se identifica com as hipóteses de controvérsias que eram solucionadas pela justiça estatal, e que, por lei ou vontade das partes, foram levadas para a esfera extrajudicial, como foi o caso dos divórcios consensuais e, também, quando os sujeitos processuais, mesmo após o ajuizamento de uma demanda, resolvem o conflito em ambiente extrajudicial gerando a consequências processuais.

Sobre o tema, vale pontuar que, embora o termo desjudicialização seja considerado com uma concepção mais ampla, que retira da justiça estatal atividades antes reservadas exclusivamente ao Poder Judiciário, a expressão, de acordo com a doutrina, pode designar: a) qualquer atuação capaz de solucionar o conflito fora da justiça estatal; b) quando um terceiro atua para solucionar o conflito por meio de métodos extrajudiciais de resolução de disputas (conciliação, mediação ou arbitragem); e c) autotutela, em que a parte credora atua diretamente para satisfazer seu direito material, sem a condução por um terceiro.[36]

Não obstante, outra terminologia que tem sido utilizada pela doutrina e pela jurisprudência é a extrajudicialização. Em muitos casos ela é considerada sinônimo de desjudicialização. No entanto, parece haver uma sutil diferença entre os termos, já que a extrajudicialização configura formas e locais de resolução do conflito que já estão consolidados fora do Poder Judiciário, podendo ocorrer em ambientes públicos ou privados, presenciais ou virtuais.

Fala-se, ainda, em desestatização, que consistiria na retirada da solução de conflito da esfera do Estado, que não se resume ao Poder Judiciário.

Feitas essas considerações importa, para o assunto aqui tratado, ressaltar o vanguardismo do Projeto de agregar essas formas mais contemporâneas de tratamento de conflitos tributários.

5.2 Comentários ao artigo 10[37]

O art. 10 do Projeto traz relevantes alterações no Código Tributário Nacional para prestigiar as diferentes formas de solução de conflito tributário, na linha da Justiça Multiportas.

---

36. Sobre o assunto, cf.: THEODORO JÚNIOR, Humberto; ANDRADE, Érico. Novas perspectivas para atuação da tutela executiva no direito brasileiro: autotutela executiva e "desjudicialização" da execução. *Revista de Processo.* v. 315/2021, p. 109-158, maio/2021.

37. Art. 10. A Lei 5.172, de 25 de outubro de 1966, passa a vigorar com a seguinte alteração:
"Art. 151. (...)
VII – a *instauração da arbitragem*, quando da nomeação do(s) árbitro(s), nos termos da legislação específica;
VIII – o *acordo decorrente de mediação* até a sua eventual dissolução, nos termos da legislação específica;
IX – a *transação tributária*, conforme decisão do representante da administração tributária, nos termos da legislação específica; (...)" (NR)
"Art.156. (...)
XII – a sentença arbitral transitada em julgado de maneira favorável ao contribuinte. (...)" (NR)

A primeira modificação é no art. 151, que trata da suspensão da exigibilidade do crédito tributário. Para além dos seis[38] incisos atualmente previstos, são acrescentados:

a) VII – a instauração da arbitragem, quando da nomeação do(s) árbitro(s), nos termos da legislação específica;

b) VIII – o acordo decorrente de mediação até a sua eventual dissolução, nos termos da legislação específica;

c) IX – a transação tributária, conforme decisão do representante da administração tributária, nos termos da legislação específica.

Na primeira hipótese, de instauração da arbitragem para efeitos de suspensão da exigibilidade do crédito tributário, vale ressaltar que a Lei 13.129/2015, que alterou a Lei 9.307/1996 (Lei de Arbitragem), permitiu de forma expressa o uso da arbitragem no âmbito da Administração Pública direta e indireta, desde que se tratem de conflitos

---

"Art.171 (...)

§ 1º A lei indicará a autoridade competente para autorizar a transação em cada caso.

§ 2º A transação poderá ser celebrada nas seguintes modalidades, sem prejuízo de outras modalidades previstas na legislação específica:

I – *transação na cobrança da dívida ativa*, hipótese em que a concessão de desconto observará a situação econômica e a capacidade de pagamento dos contribuintes inscritos, conforme critérios estabelecidos pela respectiva autoridade fazendária;

II – *transação no contencioso de relevante e disseminada controvérsia jurídica*, como forma resolutiva de litígios aduaneiros ou tributários pendentes, conforme critérios estabelecidos pela respectiva autoridade fazendária; e

III – *transação no contencioso tributário em relação a créditos definidos em lei como sendo de pequeno valor*, destinada a atender a critérios de racionalidade e eficiência na gestão e arrecadação de créditos tributários, conforme critérios estabelecidos pela respectiva autoridade fazendária.

§ 3º A *adesão à transação tributária* constituirá, no mínimo, renúncia pelo sujeito passivo a quaisquer alegações de direito sobre as quais se fundem impugnações ou recursos, na esfera administrativa ou judicial, a respeito dos créditos transacionados.

§ 4º A proposta de transação e a eventual adesão por parte do sujeito passivo não poderão ser invocadas como fundamento jurídico ou prognose de sucesso da tese sustentada por qualquer das partes na esfera administrativa ou judicial." (NR)

"Art. 171-A. A Lei autorizará a *arbitragem* para, prioritariamente, *promover a prevenção do litígio* e, subsidiariamente, a *resolução no contencioso administrativo e jurisdicional de controvérsias tributárias*. Parágrafo único. A sentença arbitral será vinculante e produzirá os mesmos efeitos que a decisão judicial." (NR)

"Art. 171-B. *A Lei estabelecerá os critérios e condições para mediação de controvérsias tributárias,* a ser exercida por terceiro sem poder decisório, que, escolhido ou aceito pelas partes, as auxiliará e estimulará na identificação ou construção de soluções consensuais." (NR) (grifos nossos).

38.   Art. 151. Suspendem a exigibilidade do crédito tributário:

I – moratória;

II – o depósito do seu montante integral;

III – as reclamações e os recursos, nos termos das leis reguladoras do processo tributário administrativo;

IV – a concessão de medida liminar em mandado de segurança.

V – a concessão de medida liminar ou de tutela antecipada, em outras espécies de ação judicial; (Incluído pela LCP 104, de 2001)

VI – o parcelamento. (Incluído pela LCP 104, de 2001)

Parágrafo único. O disposto neste artigo não dispensa o cumprimento das obrigações assessórios dependentes da obrigação principal cujo crédito seja suspenso, ou dela conseqüentes.

relativos a direito patrimoniais disponíveis (art. 1º, § 1º), tendo como autoridade ou órgão competente para a celebração da arbitragem o mesmo previsto para a realização de acordos ou transações (art. 1º, § 2º), devendo ser sempre de direito e respeitar o princípio da publicidade (art. 2º, § 3º).

E de acordo com o art. 19, da Lei 9.307/1996 *"Considera-se instituída a arbitragem quando aceita a nomeação pelo árbitro, se for único, ou por todos, se forem vários."*

Diante disso, pode-se concluir que o uso da arbitragem no âmbito tributário é estimulado pelo Projeto, devendo, ao lado da jurisdição estatal, servir de método adequado para tratar conflitos tributários.

A outra causa de suspensão da exigibilidade do crédito tributário é a utilização da mediação, que constitui uma forma autocompositiva de resolução de conflito, em que um terceiro imparcial, devidamente capacitado, facilita o diálogo entre as partes para propiciar o alcance de um acordo. A mediação é regulamentada pela Resolução CNJ 125/2010, pelo Código de Processo Civil e pelo seu marco legal, que é a Lei 13.140/2015.

Sobre essa hipótese, há de se destacar alguns pontos de atenção.

Primeiro, a menção somente à mediação e não à conciliação. Sabe-se que são meios consensuais de resolução de conflitos que são tratados dentro de um mesmo regime jurídico, especialmente o principiológico. Entretanto, são técnicas que não se confundem.

A conciliação é mais apropriada aos conflitos em que as partes não possuem vínculo anterior, sendo que o conciliador pode sugerir soluções para o litígio. Já a mediação é mais adequada a conflitos mais complexos, em que o mediador, por meio de técnicas específicas, busca o restabelecimento da comunicação entre os envolvidos para que eles próprios identifiquem uma solução para a controvérsia.

Assim, no campo tributário, a conciliação seria mais proporcional para se tentar alcançar o acordo na grande maioria dos casos, relegando para a mediação somente as situações mais complexas envolvendo o Fisco e o contribuinte.

Não obstante, a redação do dispositivo que diz que *"o acordo decorrente de mediação até a sua eventual dissolução, nos termos da legislação específica"*, merece aperfeiçoamento. Afinal, o que exatamente suspende a exigibilidade do crédito tributário, o procedimento de mediação ou o acordo decorrente da mediação? Em outros termos, a dissolução de que trata o dispositivo é do acordo ou da mediação?

Embora pareça óbvio que seria o cumprimento do acordo – e não sua dissolução – seria causa de suspensão da exigibilidade do crédito tributário, o referido inciso carece de melhoria redacional.

O terceiro acréscimo seria a celebração de transação tributária, conforme decisão do representante da Administração Tributária, nos termos da legislação específica.

A transação tributária tem sido amplamente utilizada pela Administração Tributária, trazendo benefícios financeiros para o Fisco, que arrecada valores de forma mais eficiente, bem como para o contribuinte, que tem seu débito tributário extinto, mediante a aceitação de certas condições, nos termos da Lei 13.988/2020.

Na sequência, o Projeto altera o art. 171, do Código Tributário Nacional, indicando diferentes modalidades de celebração da transação tributária, de forma exemplificativa, permitindo que a legislação acrescente outras espécies.

Interessante notar que a lei, além de prever as espécies de transação, indicou os requisitos que devem ser seguidos, nos seguintes termos: I – **transação na cobrança da dívida ativa**, hipótese em que a concessão de desconto observará a situação econômica e a capacidade de pagamento dos contribuintes inscritos, conforme critérios estabelecidos pela respectiva autoridade fazendária; II – **transação no contencioso de relevante e disseminada controvérsia jurídica**, como forma resolutiva de litígios aduaneiros ou tributários pendentes, conforme critérios estabelecidos pela respectiva autoridade fazendária; e III – **transação no contencioso tributário em relação a créditos definidos em lei como sendo de pequeno valor**, destinada a atender a critérios de racionalidade e eficiência na gestão e arrecadação de créditos tributários, conforme critérios estabelecidos pela respectiva autoridade fazendária.

Ademais, o texto normativo deixa expresso (§ 3º) as consequências processuais da adesão à transação tributária, que constituirá, no mínimo, renúncia pelo sujeito passivo a quaisquer alegações de direito sobre as quais se fundem impugnações ou recursos, na esfera administrativa ou judicial, a respeito dos créditos transacionados. Com efeito, o contribuinte deve estar plenamente informado de seus direitos e dos efeitos jurídicos da autocomposição, a fim de que tome a decisão correta. Esses efeitos também estão previstos no art. 35, § 4º, da Lei 13.140/2015[39]. A Lei de Mediação ainda estabelece que a submissão do conflito à composição extrajudicial pela Advocacia-Geral da União implica renúncia do direito de recorrer ao Conselho Administrativo de Recursos Fiscais (art. 38, III, "a").

Por sua vez, o § 4º veda que a proposta de transação ou a adesão à transação tributária seja utilizada como eventual fundamento jurídico ou prognose de sucesso da tese sustentada por qualquer das partes na esfera administrativa ou judicial. Embora a regra possa parecer desnecessária ante o princípio da boa-fé que deve tangenciar as relações jurídicas, trata-se de previsão importante, na medida em que desvincula as tratativas de autocomposição do direito discutido em juízo ou em sede administrativa.

Já o art. 171-A evidencia o método da arbitragem. Inicialmente condiciona o uso da arbitragem ao advento de Lei autorizativa. Não obstante, prevê o uso escalonado da arbitragem para, prioritariamente, prevenir o litígio e, subsidiariamente, resolver no contencioso administrativo e jurisdicional de controvérsias tributárias.

---

39. João Luiz Lessa Neto adverte que a hipótese não seria de renúncia a direito, mas sim de transação sobre direitos. Trata-se de celebração de negócio jurídico com a administração, sendo que o fato de o ato ser por adesão não modifica a natureza de transação para renúncia transação. Cf.: NETO, João Luiz Lessa. Art. 35. *Lei de Mediação comentada artigo por artigo*. 3. ed. Indaiatuba: Foco, 2022, p. 184.

A arbitragem para fins preventivos tem sido considerada no âmbito tributário, existindo, inclusive, o Projeto de Lei 4.468/2020[40], de autoria da Senadora Daniella Ribeiro, que regulamenta o tema. Trata-se da denominada arbitragem especial tributária, instaurada no curso da fiscalização, ou seja, antes do lançamento tributário ou auto de infração e imposição de multa. O método pode ser instaurado mediante solicitação do contribuinte ou por provocação da Administração Tributária e terá como objeto unicamente matérias de fato. O Projeto ainda estabelece condições e requisitos, bem como aborda questões envolvendo o procedimento, entre outras providências.

Em sendo inefetiva a prevenção e tendo o conflito se instalado, a arbitragem também poderá ser utilizada para resolver contencioso administrativo e judicial. O parágrafo único, do art. 171-A, acrescenta a força vinculante da sentença arbitral, produzindo os mesmos efeitos que decisão judicial.

Priscila Faricelli de Mendonça[41] adverte que a arbitragem tributária tem contornos distintos da arbitragem comercial e que, por isso, merece um sistema diferenciado de implementação daquele previsto na Lei de Arbitragem.

Registre-se que o uso da arbitragem no campo tributário também é objeto do Projeto de Lei 4257/2019[42], que modifica a Lei 6.830, de 22 de setembro de 1980, para instituir a execução fiscal administrativa e a arbitragem tributária, nas hipóteses que especifica.

Por fim, o art. 171-B trata da mediação como método adequado a solucionar controvérsias tributárias, mas também condiciona o método ao advento de Lei que estabeleça critérios e condições para a mediação.

Aqui valem as observações feitas anteriormente, no sentido de que o legislador poderia ter incluído também a conciliação, já que são técnicas distintas, porém, adequadas, de tratamento de conflitos.

De qualquer forma, é bastante louvável que o legislador tenha inserido a mediação no microssistema de tratamento de conflitos tributários, na linha já autorizada pelo art. 38 da Lei de Mediação.

Registre-se que há divergência doutrinária acerca da aplicação da confidencialidade na mediação tributária. Luciane Moessa de Souza entende que não se pode admitir a confidencialidade nas sessões conjuntas de mediação, muito menos na documentação trazida durante o procedimento de resolução consensual do conflito envolvendo o Poder Público. Para a autora, o procedimento de mediação no âmbito da Administração Pública deve observar a regra da publicidade (art. 37, CF), devendo a confidencialidade ser uma exceção que precisa ser juridicamente justificada, demonstrando se tratar de

---

40. Disponível em: documento (senado.leg.br). Acesso em: 4 jun. 2023.
41. MENDONÇA, Priscila Faricelli de. A arbitragem como método viável para solução de controvérsias tributárias. In.: BOSSA, Gisele; CARMIGNANI, Gustavo Brigagão; TORRES, Heleno Torres. Cooperative Compliance e *medidas de redução do contencioso tributário*. São Paulo: Almedina, 2022, p. 359-369.
42. Disponível em: documento (senado.leg.br). Acesso em: 4 jun. 2023.

informações acobertadas pelo sigilo comercial, industrial, bancário, segredo de Estado ou outro interesse público.[43]

Por sua vez, Leonardo Carneiro da Cunha defende que se aplica à Administração Pública o disposto no art. 30 da Lei de Mediação, de modo que o conteúdo das sessões de mediação ou conciliação deve ser sigiloso, mas que o resultado e a motivação da Administração Pública são públicos e devem ser divulgados.[44]

Sobre o tema, no I Fórum Nacional do Poder Público[45] realizado nos dias 17 e 18 de junho em Brasília, fora aprovado o seguinte Enunciado: "6. (art. 166, Lei 13.105/15; art. 2º, Lei 13.140/15; Lei 12.527/11) *A confidencialidade na mediação com a Administração Pública observará os limites da lei de acesso à informação* (Grupo: Meios alternativos de solução de conflitos e a Fazenda Pública).

Pontue-se, ainda, que para a realização de mediação no âmbito judicial, é essencial que o ente público disponibilize previamente as hipóteses passíveis de autocomposição, bem como os critérios estabelecidos em Lei, a fim de direcionar os juízes quanto à designação de audiência para tal fim. O assunto também foi objeto do I Fórum Nacional do Poder Público, conforme os Enunciados a seguir: 16. (art. 334, § 4º II, art. 3º, § 2º e art. 5º, Lei 13.105/15; art. 37, Constituição Federal) *A Administração Pública deve publicizar as hipóteses em que está autorizada a transacionar.* (Grupo: Meios alternativos de solução de conflitos e a Fazenda Pública). No mesmo sentido, há enunciado aprovado no VII FPPC (Fórum Permanente de Processualistas Civis) de São Paulo: 573. (arts. 3º, §§ 2º e 3º; 334) *As Fazendas Públicas devem dar publicidade às hipóteses em que seus órgãos de Advocacia Pública estão autorizados a aceitar autocomposição.* (Grupo: Impacto do novo CPC e os processos da Fazenda Pública).[46]

6. CONTENCIOSO TRIBUTÁRIO E TECNOLOGIA

O desenvolvimento tecnológico tem contribuído para a construção de novos arranjos na forma de resolução de disputas.

A digitalização e virtualização dos processos, o uso de sistemas processuais e administrativos para a tramitação de autos, busca de bens e de outras informações têm propiciado mais agilidade e redução do tempo morto do processo.

Mas não é só. Novas configurações no modo do exercício do acesso à justiça representam grande avanço aos jurisdicionados.

---

43. Cf.: SOUZA, Luciane Moessa de. Art. 32. *Lei de Mediação comentada artigo por artigo.* 3. ed. Indaiatuba: Foco, 2022, p. 170.

44. Cf.: CUNHA, Leonardo Carneiro da. Art. 34. *Lei de Mediação comentada artigo por artigo.* 3. ed. Indaiatuba: Foco, 2022, p. 177-175.

45. Disponível em: https://www.sinprofaz.org.br/pdfs/enunciados-fnpp.pdf. Acesso em 29 maio 2023.

46. Disponível em: file:///C:/Users/PJES/Downloads/Rol%20de%20Enunciados%20e%20Reperto%CC%81rio%20 de%20Boas%20Pra%CC%81ticas%20Processuais%20do%20FPPC%20-%202023.pdf. Acesso em: 29 maio 2023.

No campo judicial, tem se destacado a criação de Núcleos de Justiça 4.0, instituídos pela Resolução CNJ 385/2021, permitindo o funcionamento remoto e digital das unidades judiciárias e o estabelecimento de uma competência temática específica para cada tipo de conflito.

Exemplo disso foi a implantação pelo Tribunal de Justiça do Estado do Espírito Santo (TJES) do "Núcleo de Justiça 4.0 – Execuções Fiscais Estaduais" no sistema PJe, em 29 de maio de 2023, conforme Ato Normativo Conjunto 09/2023, DJe de 08/05/2023.

Esse Núcleo será competente para processar e julgar as execuções fiscais requeridas pelo Estado e suas Autarquias e os feitos que tenham por objeto matéria tributária nos quais sejam interessados o Estado ou suas Autarquias.

Essa nova unidade proporcionará maior especialização no assunto e uma abrangência territorial estatual, sendo conduzida por magistrados com afinidade na matéria.

Também é possível a criação de Cejuscs tributários virtuais, que funcionem nos moldes do Juízo 100% digital e propiciem a conciliação e a mediação em conflitos tributários.

No âmbito extrajudicial, cite-se o portal digital REGULARIZE[47], da Procuradoria-Geral da Fazenda Nacional (PGFN), que proporciona inúmeros serviços que facilitam a vida do contribuinte, inclusive formas de prevenção e resolução adequada de questões tributárias (judiciais e extrajudiciais), como negociações e pagamento de dívidas com a União.

Por meio do referido portal é possível ao contribuinte realizar diversas formas de transação tributária. Nelas poderão ser concedidos benefícios como descontos sobre juros, multas e demais encargos, assim como o parcelamento dos débitos em quantidades de prestações maiores do que costuma ser concedido nos parcelamentos comuns.

Ademais, outros benefícios poderão ser concedidos a depender da capacidade econômica dos devedores, que deverá ser analisada quando da realização da proposta de transação.

Registre-se que as transações poderem ser feitas com a União Federal, com os Estados e o DF e com os Municípios, também os débitos do simples nacional poderão ser negociados. Algumas modalidades de transação costumam vigorar de forma temporária.

Também será possível a realização de parcelamentos especiais, que compõem uma modalidade de negociação que, assim como as transações, costumam vigorar por tempo determinado, abrange os programas de parcelamento Refis, Paes, Paex, Pert, PEP, PPI, Refaz etc. em que são concedidos alguns benefícios, tais como: descontos sobre juros, multas e demais encargos, e o parcelamento em quantidades de prestações maiores que nos parcelamentos convencionais, além de outros benefícios. Existem diversas moda-

---

47. Todas as informações que constam a seguir podem ser obtidas no portal REGULARIZE. Disponível em: Regularize (pgfn.gov.br). Acesso em: 12 ago. 2023.

lidades de parcelamentos especiais regulamentados no âmbito da União Federal, dos Estados e do DF, e dos Municípios. Os débitos do simples nacional também poderão ser negociados, sendo que, no caso dos Estados e do DF, para que sejam oferecidos parcelamentos especiais de débitos de ICMS, será necessário que a unidades federadas interessadas firmem um acordo no Confaz.

Outra modalidade são os parcelamentos ordinários e simplificados, que ficam disponíveis de forma permanente. no geral, o prazo de parcelamento vai até 60 meses, e o valor da parcela é de, no mínimo, R$ 100,00 (ou R$ 300,00 nos casos de ME e EPP). Na hipótese de reparcelamento, poderá ser exigida uma entrada de, no mínimo, 10% ou 20% do valor do débito.

O portal prevê, ainda, o negócio jurídico processual – NPJ, que pode ser formalizado no âmbito da PGFN (débitos com a União, já inscritos em dívida ativa). É o instrumento através do qual o devedor negocia as formas disponíveis para quitação de seus débitos inscritos em dívida ativa da União ou do FGTS. A lei não prevê a hipótese de concessão de benefícios de redução de juros, multas e demais encargos em um NJP.

Será possível, ainda, a dação em pagamento em bens imóveis, que consiste em oferecer bem imóvel, como pagamento, para débitos tributários inscritos em dívida ativa. o bem deve ser de propriedade do devedor, livre de ônus e abranger todo o débito – atualização, juros, multas e encargos legais, sem desconto. se a dívida for maior que o valor do bem imóvel ofertado, o devedor poderá complementar a diferença em dinheiro. se o bem ofertado for avaliado em valor superior à dívida consolidada, deverá renunciar ao ressarcimento da diferença por meio de escritura pública.

Para além dessas possibilidades, seria interessante a criação de uma plataforma *on-line* de resolução de conflitos, acoplada aos sistemas judiciais ou disponível na Plataforma Digital do Poder Judiciário, para a realização de autocomposição, em suas diversas modalidades, ou mesmo de arbitragem *on-line*.

Portanto, o uso da tecnologia ainda tem grande potencial na temática tributária.

7. CONCLUSÃO

O aperfeiçoamento do ordenamento jurídico brasileiro no tocante aos métodos adequados de resolução de conflitos, tem impactos em diferentes temáticas, incluindo o contencioso tributário.

A ideia de consensualidade, de cooperação e de eficiência deve permear não só o direito material, mas também o direito processual, possibilitando que variadas ferramentas auxiliam no alcance de um resultado célere, adequado, e menos custoso.

Para tanto, o legislador vem ampliando o incentivo aos métodos de tratamento de conflitos, por meio da conciliação, da mediação, da arbitragem, das convenções processuais, entre outros.

Todas essas conquistas afetaram também o Direito Tributário, que passou a contar com formas autocompositivas e heterocompositivas de solução da controvérsia, dentro e fora do Poder Judiciário.

Ademais, a tecnologia tem sido grande aliada nos novos formatos de acesso à justiça pelo contribuinte.

O aperfeiçoamento da temática do tratamento adequado dos conflitos tributários também é objeto do PLP 125/2022, que disponibiliza importantes e variadas ferramentas de prevenção e solução de conflitos tributários.

Na linha de toda evolução legislativa e doutrinária que vêm ocorrendo no Brasil, fica evidente que as ideias e fundamentos em torno da Justiça Multiportas também afetaram o contencioso tributário, que vem se modernizando para alcançar resultados mais eficientes.

Assim, espera-se que a comunidade jurídica compreenda esses novos paradigmas, bem como assimile e aplique esses instrumentos em prol de um sistema de justiça mais racional e efetivo.

Como resultado, teremos procedimentos tributários mais otimizados e possibilidades de consenso quanto à forma, modo, tempo e lugar de cumprimento da obrigação fiscal, ensejando, como consequência, uma maior arrecadação de tributos.

Dessa forma, resta pendente uma mudança de cultura, a fim de que sejam ampliados os instrumentos preventivos, preferencialmente consensuais e não judiciais de tratamento de conflitos tributários, o que refletirá também a melhora no ambiente de negócio no Brasil.

Faz-se necessária uma nova advocacia, pública e privada. Procuradores que compreendam a justiça multiportas e que tenham em mente a consensualidade ao invés da litigiosidade. O litígio não pode ser a regra.

7
JUSTIÇA MULTIPORTAS NA IMPROBIDADE ADMINISTRATIVA[1]

1. INTRODUÇÃO

O ordenamento jurídico brasileiro tem passado por relevantes transformações legislativas, que contemplam a consensualidade em diferentes ramos do direito público e privado. A Resolução CNJ 125/2010, o CPC/2015 e a Lei 13.140/2015 (Lei de Mediação) abriram caminho para uma sucessão de previsões legislativas que passaram a autorizar ou a ampliar a autocomposição em diferentes temáticas, no campo cível e penal.

Essa ressignificação do acesso à justiça, para contemplar variados métodos e ambientes de resolução de conflitos é o que se denomina de Justiça Multiportas[2], que tem ganhado cada vez mais importância na configuração de um ordenamento jurídico mais flexível, dialogado e cooperativo.

No âmbito da improbidade administrativa também houve significativos avanços, com a superação da vedação da consensualidade, por meio das alterações ocorridas na Lei de Improbidade Administrativa (Lei 8.429/1992), que passou a admitir expressamente o acordo de não persecução civil, o que demonstra a potencialidade dos métodos no tratamento adequado de conflitos dessa natureza.

Portanto, pretende-se, com o presente estudo, investigar como se deu evolução legislativa que passou a permitir, de modo expresso, a consensualidade nos procedimentos de improbidade administrativa, bem como verificar seus requisitos e limites legais, na certeza de que, dentro ou fora do Poder Judiciário, há espaço para novos instrumentos de construção da pacificação social, preconizada em nossa Constituição Federal.

---

1. O presente tópico, elaborado em coautoria com Liliane Emerick Nunes e devidamente revisto, foi publicado em: CABRAL, Trícia Navarro Xavier Cabral; NUNES, Liliane Emerick. Justiça Multiportas no âmbito da improbidade administrativa. In: MARINHO, Daniel Octávio Silva; PEIXOTO, Marco Aurélio Ventura (Coord.). Londrina: Thoth, 2023, v. 1, p. 623-640.
2. Sobre o tema, cf.: In: ZANETI JR., Hermes; CABRAL, Trícia Navarro Xavier (Coord.). *Justiça multiportas*: mediação, conciliação, arbitragem e outros meios adequados de solução de conflitos. 2. ed. Bahia: JusPODIVM, 2018, p. 52.

2. CONSENSUALIDADE E INTERESSE PÚBLICO

A vedação legal de autocomposição em matéria de improbidade administrativa não era suficiente para afastar a tendência do ordenamento na aceitação da possibilidade e necessidade de adoção de métodos consensuais de solução dos conflitos, inclusive para proteção da probidade administrativa.

Isso porque a justificativa para a proibição de consenso em matéria de improbidade administrativa tinha como dogma a indisponibilidade do interesse público, concepção que foi, aos poucos, cedendo espaço para viabilizar a autocomposição no âmbito do direito público, inclusive em matéria de improbidade administrativa.

Com efeito, o interesse público pode admitir diferentes graus, e não pode ser resumido e delimitado em um único anseio da sociedade. Pelo contrário, o interesse público é plural e possui diversas facetas. Há interesse público na identificação e sanção de agentes ímprobos, na mesma medida que há interesse público para garantir do ressarcimento do erário, na tomada de medidas preventivas, na identificação em larga escala de atividades de improbidade e sua cessação.

Logo, a proteção desses interesses não mais pode ser assegurada apenas pelo caminho da litigiosidade. Na verdade, sua adoção às vezes vai representar justamente o abandono e disponibilidade do real interesse público em determinado caso concreto.

Como bem salienta Eduardo Talamani, *"O interesse de que o agente público deve buscar a satisfação não é, simplesmente, o interesse da Administração como sujeito jurídico em si mesmo ('interesse secundário'), mas, sim, o 'interesse coletivo primário', formado pelo complexo de interesses prevalecentes na coletividade."*[3]

Em outra perspectiva, Bruno Takahashi destaca que é a própria indisponibilidade do interesse público que às vezes enfatiza o dever da consensualidade por parte do poder público:

> É por isso que o mesmo interesse público que veda, de ordinário, as concessões no âmbito das ações de improbidade administrativa ensejam que, em situações específicas, seja necessária a busca por uma solução consensual. Nessas hipóteses, o mito da indisponibilidade do interesse público, em vez de constituir um óbice à via consensual, coloca-se como um dever do consenso. Isso porque o interesse público que deve guiar a possibilidade ou não de ajuste é aquele de toda a coletividade (primário) e não o interesse programático eventual de determinada instituição ou órgão público (secundário). A coletividade, por exemplo, possui interesse em que haja ressarcimento integral do dano por parte do agente ímprobo, sendo preferível que haja um pagamento parcelado dos valores devidos que a impossibilidade de parcelamento impeça qualquer pagamento.[4]

---

3. TALAMINI, Eduardo. A (in)disponibilidade do interesse público: consequências processuais (composições em juízo, prerrogativas processuais, arbitragem, negócios processuais e ação monitória) – versão atualizada para o CPC/2015. *Revista de Processo*, São Paulo, v. 42, n. 264, fev. 2017, p. 86.
4. TAKAHASHI, Bruno. A solução consensual de controvérsias e o art. 17, § 1º, da Lei de Improbidade Administrativa. *Revista dos Tribunais*, São Paulo, v. 102, n. 927, jan. 2013, p. 26.

No mesmo sentido, Daniel Ferreira faz interessante acréscimo ao ponderar que seriam possíveis duas atuações administrativas, uma de cunho sancionador e outra de cunho consensual, e ambas protegem determinado interesse público[5], concluindo que:

> [...] encorajar-se a consensualização ao invés da imperatividade não importa em sacrificar interesses públicos, menos ainda em desconsiderar o princípio da supremacia do interesse público como viga-mestra do direito administrativo. E exatamente ao contrário disso, por meio da consensualização exercitada no desempenho de *qualquer* atividade administrativa, estar-se-á a maximizar a satisfação do (mais amplo) interesse público, na exata medida em que os processos passarão a contar com a participação efetiva dos direta ou indiretamente afetados com os seus resultados, seja na compreensão (ou na construção) da verdade material – que servirá de suporte fático para a tomada de decisão – seja na *construção* da decisão a ser adotada a partir das 'possibilidades' juridicamente admitidas em cada caso concreto.[6]

Por fim, o autor ainda relembra que nem mesmo no caso da falta de êxito no consenso haveria abandono de algum interesse público, já que a situação apenas seria direcionada para a tomada de medidas para aplicação da sanção correspondente.[7]

Nesse contexto, a adoção de solução autocompositiva não implica na disponibilidade do interesse público, mas sim na priorização de um interesse público que seja legítimo, sendo que a escolha de qual interesse público deva ser preferencialmente protegido é encargo da própria Lei.[8]

3. EVOLUÇÃO DA AUTOCOMPOSIÇÃO NA IMPROBIDADE ADMINISTRATIVA

A tutela da probidade no âmbito da Administração Pública possui assento constitucional (CF/88, art. 37, § 4º), e é realizada por um sistema de responsabilização, de modo a assegurar a integridade do patrimônio público e social, nos termos da Lei 8.429/1992.

A referida lei especial, de modo bastante enfático, proibia qualquer forma de consenso em controvérsias envolvendo a prática de atos de improbidade administrativa. Isso porque a presença de elevado grau de interesse público e a proximidade do tema com as sanções de natureza penal, trazia a incorreta compreensão de que não haveria qualquer margem de negociação nessa seara.

---

5. FERREIRA, Daniel. Sanção ou acordo: um (novo) dilema para a administração pública Brasileira. In: MOTTA, Fabrício; GABARDO, Emerson. *Crise e reformas legislativas na agenda do direito administrativo*. Belo Horizonte: Fórum, 2018, p. 69.
6. FERREIRA, Daniel. Sanção ou acordo: um (novo) dilema para a administração pública Brasileira. In: MOTTA, Fabrício; GABARDO, Emerson. *Crise e reformas legislativas na agenda do direito administrativo*. Belo Horizonte: Fórum, 2018, p. 70.
7. FERREIRA, Daniel. Sanção ou acordo: um (novo) dilema para a administração pública Brasileira. In: MOTTA, Fabrício; GABARDO, Emerson. *Crise e reformas legislativas na agenda do direito administrativo*. Belo Horizonte: Fórum, 2018, p. 71.
8. FERREIRA, Daniel. Sanção ou acordo: um (novo) dilema para a administração pública Brasileira. In: MOTTA, Fabrício; GABARDO, Emerson. *Crise e reformas legislativas na agenda do direito administrativo*. Belo Horizonte: Fórum, 2018, p. 72.

Contudo, o nosso ordenamento jurídico foi, aos poucos, admitindo a consensualidade também na área do penal, como ocorreu com o advento da Lei 9.099/1995, que inseriu a possibilidade de transação penal (art. 76) e de suspensão condicional do processo (art. 89).

A doutrina passou, então, a revisitar temas como a indisponibilidade do interesse público, as limitações trazidas pelo princípio da legalidade e a possibilidade de negociação no âmbito penal[9].

Ainda no campo penal, a Lei 12.850/2013 – com posteriores alterações da Lei 13.964/2019 –, passou a prever a colaboração premiada (art. 3º) em processos envolvendo a prática de infrações penais por organizações criminosas.

Não obstante, a Lei 12.846/2013 (Lei Anticorrupção), que dispõe sobre a responsabilização objetiva administrativa e civil de pessoas jurídicas pela prática de atos contra a administração pública, nacional ou estrangeira, sofreu alterações passando a disciplinar o acordo de leniência (art. 16) entre a autoridade máxima de cada órgão ou entidade pública e as pessoas jurídicas responsáveis pela prática de atos lesivos, tendo como principal objetivo a identificação de atos de corrupção e a correspondente responsabilização.

O princípio da consensualidade foi definitivamente consolidado no Brasil pelo advento da Resolução CNJ 125/2010, o CPC/2015 e a Lei 13.140/2015 (Lei de Mediação), que criaram um microssistema de métodos adequados de resolução de conflitos, que se espraiou em diferentes áreas do direito. Com efeito, as legislações posteriores passaram a contemplar mecanismos consensuais de solução de controvérsias em temas de direito público e privado, trazendo novas perspectivas em prol dos jurisdicionados e também mais racionalidade no próprio Poder Judiciário.

No que tange à improbidade administrativa, o art. 36, § 4º[10], da Lei de Mediação[11] previu o uso da conciliação, condicionada, apenas, à anuência judicial.

---

9. Fredie Didier e Hermes Zanetti esclarecem que a antiga proibição contida na Lei de Improbidade Administrativa advinha da própria proibição contida no âmbito penal. Nas palavras dos autores, "não havia sido admitida na improbidade em razão do princípio da obrigatoriedade para o MP e da visão que a tutela do interesse o público era absolutamente indisponível, não admitia graus de tutela". DIDIER JR., Fredie; ZANETI JR., Hermes. Justiça Multiportas e tutela adequada em litígios complexos: a autocomposição e os direitos coletivos. In: ZANETI JR., Hermes; CABRAL, Trícia Navarro Xavier (Coord.). *Justiça multiportas*: mediação, conciliação, arbitragem e outros meios adequados de solução de conflitos. 2. ed. Bahia: Editora JusPODIVM, 2018..

10. Art. 36. No caso de conflitos que envolvam controvérsia jurídica entre órgãos ou entidades de direito público que integram a administração pública federal, a Advocacia-Geral da União deverá realizar composição extrajudicial do conflito, observados os procedimentos previstos em ato do Advogado-Geral da União.
    [...]
    § 4º Nas hipóteses em que a matéria objeto do litígio esteja sendo discutida em ação de improbidade administrativa ou sobre ela haja decisão do Tribunal de Contas da União, a conciliação de que trata o caput dependerá da anuência expressa do juiz da causa ou do Ministro Relator.

11. § 4º Nas hipóteses em que a matéria objeto do litígio esteja sendo discutida em ação de improbidade administrativa ou sobre ela haja decisão do Tribunal de Contas da União, a conciliação de que trata o caput dependerá da anuência expressa do juiz da causa ou do Ministro Relator.

Fredie Didier e Hermes Zaneti Jr. reconheceram essa norma como mais um argumento favorável para admissão da autocomposição na ação de improbidade administrativa[12].

Entretanto, Tiago do Carmo Martins, em posição apoiada por Cristiano Batista e Luiz Manoel Gomes Junior[13], defende que o dispositivo não poderia ser interpretado de maneira a permitir a autocomposição entre a administração pública e os investigados ou acusados na ação de improbidade, eis que o alcance da lei seria autorizar apenas a solução de controvérsias existentes entre os próprios órgãos e entes de direito público da administração pública federal. Dessa maneira, os autores entendem que persiste, em parte, a proibição legal para o uso da autocomposição na improbidade administrativa pois *"Não alcança os litígios entre a administração e seus servidores (expressamente retirados do alcance da norma – art. 36, § 3º); nem os havidos entre a administração e os cidadãos beneficiários dos serviços públicos ou entre aquela e as pessoas físicas ou jurídicas contratadas pelo poder público."*[14].

Registre-se que houve uma tentativa, por meio da Medida Provisória 703/2015, de ampliar a consensualidade no âmbito da improbidade administrativa para admitir acordos de leniência. Todavia, em 2016, houve perda de eficácia, em decorrência do término do prazo para sua votação no Congresso.

No crescente reconhecimento da necessidade e possibilidade de promoção da consensualidade, o Conselho Nacional do Ministério Público, editou a Resolução 118/2014, que traz a política nacional de incentivo a autocomposição no âmbito ministerial, e, posteriormente, editou a Resolução 179, em julho de 2017, disciplinando o termo de ajustamento de conduta previsto na Lei 7.347/1985, que trata da ação civil pública para responsabilização de danos causados ao meio ambiente, ao consumidor etc. A inovação, à época, foi justamente na admissão expressa em seu artigo 1º, § 2º[15] da realização do Termo de Compromisso de Conduta também em matéria de improbidade administrativa.

---

12. DIDIER JR., Fredie; ZANETI JR., Hermes. Justiça Multiportas e tutela adequada em litígios complexos: a autocomposição e os direitos coletivos. In: ZANETI JR., Hermes; CABRAL, Trícia Navarro Xavier (coord.). *Justiça multiportas*: mediação, conciliação, arbitragem e outros meios adequados de solução de conflitos. 2. ed. Bahia: Editora JusPODIVM, 2018, p. 53.

13. BATISTA, Cristiano Batista; e JUNIOR, Luiz Manoel Gomes. (Im)Possibilidade de Transação, Acordo ou Conciliação nas Ações de Improbidade Administrativa. *Revista Magister de Direito Tributário e Finanças Públicas*, São Paulo, v. 12 n. 71, nov./dez. 2018, p. 21.

14. MARTINS, Tiago do Carmo. Conciliação em ação por improbidade administrativa. Revista de Doutrina da 4ª Região, Porto Alegre, v. 76, fev. 2017. Disponível em: http://revistadoutrina.trf4.jus.br/artigos/edicao076/Tiago_do_Carmo_Martins.html>. Acesso em: 20 maio 2022.

15. Art. 1º O compromisso de ajustamento de conduta é instrumento de garantia dos direitos e interesses difusos e coletivos, individuais homogêneos e outros direitos de cuja defesa está incumbido o Ministério Público, com natureza de negócio jurídico que tem por finalidade a adequação da conduta às exigências legais e constitucionais, com eficácia de título executivo extrajudicial a partir da celebração.
[...] § 2º É cabível o compromisso de ajustamento de conduta nas hipóteses configuradoras de improbidade administrativa, sem prejuízo do ressarcimento ao erário e da aplicação de uma ou algumas das sanções previstas em lei, de acordo com a conduta ou o ato praticado.

A própria Lei de Introdução às normas do Direito Brasileiro sofreu alteração pela Lei 13.655/2018, que inseriu em seu texto o artigo 26[16] para permitir que a autoridade administrativa realize compromissos com interessados, se cumpridos determinados requisitos, com o intuito de eliminar irregularidades, incertezas jurídicas ou situações contenciosas. Sobre o tema, Welligton Henrique Rocha de Lima e Jussara Suzi Assis Borges Nasser Ferreira[17] defendem que essa previsão transpassava a vedação até então presente na Lei de Improbidade Administrativa. Na visão dos autores, a norma incentiva a promoção do princípio da eficiência da Administração Pública[18].

Após, a Lei de Improbidade Administrativa sofreu algumas alterações significativas, com especial ênfase à inserção do § 10-A ao seu artigo 17, promovido pela Lei 13.964/2019 (Pacote Anticrime) e às modificações promovidas pela Lei 14.230/2021, com destaque à inclusão do artigo 17-B, onde se sedimenta a admissão de consensualidade no trato da improbidade administrativa.

Registre-se que, antes mesmo dessas modificações na Lei de Improbidade Administrativa, quando vigorava a expressa vedação contida no texto do artigo 17, § 1o[19], já havia intenso debate a respeito da possibilidade do uso de métodos autocompositivos nos processos que envolvem atos de improbidade administrativa, discussões que foram ganhando ainda mais espaço na medida em que outras leis foram sendo promulgadas

---

16. Art. 26. Para eliminar irregularidade, incerteza jurídica ou situação contenciosa na aplicação do direito público, inclusive no caso de expedição de licença, a autoridade administrativa poderá, após oitiva do órgão jurídico e, quando for o caso, após realização de consulta pública, e presentes razões de relevante interesse geral, celebrar compromisso com os interessados, observada a legislação aplicável, o qual só produzirá efeitos a partir de sua publicação oficial.

§ 1o O compromisso referido no caput deste artigo:

I – buscará solução jurídica proporcional, equânime, eficiente e compatível com os interesses gerais;

III – não poderá conferir desoneração permanente de dever ou condicionamento de direito reconhecidos por orientação geral;

IV – deverá prever com clareza as obrigações das partes, o prazo para seu cumprimento e as sanções aplicáveis em caso de descumprimento.

17. FERREIRA, Jussara Suzi Assis Borges Nasser; LIMA, Wellington Henrique Rocha Ferreira. A Mediação, a Conciliação e os Acordos como Efetivos Meios de Resolução de Demandas Eivadas de Atos de Improbidade Administrativa. *Revista Brasileira de Direito Tributário e Finanças Públicas*, Porto Alegre, v. 13, n. 76, set./out. 2019, p. 34.

18. Cláudio Smirne Diniz e Eduardo Cambi ainda apontam ainda outras normas para defesa da necessidade de ponderação a respeito da vedação até então contida na Lei de Improbidade, como a transação admitida na Lei de Juizados Especiais Criminais e Juizados Especiais Federais; a possibilidade de realização de acordo ou transação em juízo ou a abstenção de ingresso de ações judiciais pela advocacia geral da União e pelos dirigentes das empresas públicas estatais; a autorização da Administração Pública para o uso da arbitragem; etc. E concluem: "[...] apesar da indisponibilidade do conjunto de bens e direitos que integram o patrimônio público, seria de se indagar quanto à possibilidade de, por critérios de razoabilidade, proporcionalidade e eficiência, admitir-se a transação, nas hipóteses em que tal medida revele-se mais vantajosa à coletividade, sabendo-se que a aplicação da lei deve atender aos fins sociais a que ela se dirige e às exigências do bem comum (Lei de Introdução às Normas do Direito Brasileiro, art. 5o)." CAMBI, Eduardo; DINIZ, Cláudio Smirne. Possibilidades de solução extrajudicial de conflitos na área da proteção ao patrimônio público e da tutela da probidade administrativa. In: *Congresso Nacional do Ministério Público*, 22, Belo Horizonte, 2017. Teses. Disponível em: https://congressonacional2017.ammp.org.br/index/teses. Acesso em: 23 maio 2022.

19. Art. 17, § 1o É vedada a transação, acordo ou conciliação nas ações de que trata o *caput*.

no âmbito penal, apontando para a grande tendência do ordenamento jurídico pátrio a adoção de diferentes técnicas de tratamento de conflitos, dentro e fora do Poder Judiciário.

As conclusões não eram simples. Isso porque a admissão da consensualidade no campo da improbidade administrativa resultaria em consequências práticas e jurídicas, que culminariam na necessidade de uma revisão de toda a estrutura, cultura e procedimentos do órgão ministerial e judicial no trato da matéria, em um evidente esforço interpretativo para superar a existência de norma com vedação expressa.

De outro lado, afastar a possibilidade de consensualidade na improbidade administrativa representaria claro atraso em relação à evolução do tratamento dos conflitos da sociedade e do próprio interesse público, que vinha sendo ressignificado, na medida em que novas leis foram promulgadas na direção de maior e melhor promoção da solução adequada das disputas, independentemente da natureza que ostentasse.

E apesar da pacificação doutrinária trazida com a permissão expressa na nova redação da Lei de Improbidade Administrativa com relação ao acordo de não persecução civil, os referidos debates não perderam seu relevo. Isso porque é preciso reconhecer o objetivo da lei para compreender como ela deve ser aplicada, seja na possibilidade de celebração do acordo mencionado, ou do uso de método diverso de autocomposição não indicado na lei especial, especialmente diante das interações sociais cada vez mais dinâmicas e da consolidação cada vez mais crescente da Justiça Multiportas no Brasil.

Nesse contexto, todas as modificações legislativas mencionadas consolidam o que Fredie Didier e Hermes Zaneti Jr. denominam de uma espécie de microssistema legal de combate a atos lesivos à Administração Pública[20] e, sendo assim, seria possível também a realização de acordo de leniência também em matéria de improbidade administrativa.[21]

Assim, a possibilidade de negociação com o investigado ou acusado para promover sua cooperação nas investigações com consequente identificação de outros ilícitos e de

---

20. DIDIER JR., Fredie; ZANETI JR., Hermes. Justiça Multiportas e tutela adequada em litígios complexos: a autocomposição e os direitos coletivos. In: ZANETI JR., Hermes; CABRAL, Trícia Navarro Xavier (Coord.). *Justiça multiportas*: mediação, conciliação, arbitragem e outros meios adequados de solução de conflitos. 2. ed. Bahia: Editora JusPODIVM, 2018, p. 53.

21. Para alguns autores a promulgação dessas normas não era suficiente para afastar a proibição expressa na Lei de Improbidade Administrativa. Luiz Manoel Gomes Junior e Cristiano Batista apontavam que apesar de alguns atos puníveis pela Lei Anticorrupção também configurar ato de improbidade administrativa, ainda assim não poderia haver acordo de leniência com relação a eles, haja vista que esse acordo seria restrito a pessoas jurídicas e não alcançaria pessoas físicas, que seriam os verdadeiros alvos da Lei de Improbidade [BATISTA, Cristiano Batista; e GOMES JR., Luiz Manoel Gomes. (Im)Possibilidade de Transação, Acordo ou Conciliação nas Ações de Improbidade Administrativa. *Revista Magister de Direito Tributário e Finanças Públicas*, São Paulo, v. 12 n. 71, nov./dez. 2018, p. 20]. Tiago do Carmo Martins acrescenta que o artigo 16, §2º da Lei Anticorrupção predefine de forma taxativa os efeitos do acordo de leniência, não estando entre eles o alcance de sanções do artigo 12 previsto na Lei de Improbidade Administrativa. [MARTINS, Tiago do Carmo. Conciliação em ação por improbidade administrativa. *Revista de Doutrina da 4ª Região*, Porto Alegre, vol. 76, fev. 2017. Disponível em: http://revistadoutrina.trf4.jus.br/artigos/edicao076/Tiago_do_Carmo_Martins.html>. Acesso em: 20 maio 2022].

seus autores, pode resultar na redução da sanção penal ou administrativa e, até mesmo, em seu perdão, além da repercussão no dever de reparar danos civis.

No mesmo sentido, Marcelo Harger reconhece a existência de um microssistema de combate à corrupção com a permissão do uso da colaboração premiada e os acordos de leniência, e ainda afirma que:

> Haveria uma incoerência em reconhecer a possibilidade de concessão de benefícios em uma seara e negá-la em outra. Interpretação dessa espécie estaria desvinculada da interpretação teleológica do § 1º do art. 17. Esse artigo ao vedar a transação, parte da *ratio* de que essa é a melhor solução para atender o interesse público. Há casos, no entanto, em que transacionar representa uma melhor proteção ao interesse público, pois pode acelerar, por exemplo, a recomposição do patrimônio da coletividade que foi lesado.[22]

Em importante raciocínio, Fredie Didier e Daniela Bonfim asseveram o seguinte:

> A interpretação literal do comando do § 1º do art. 17 da Lei 8.429/1992 levava a uma situação absurda: seria possível negociar sanções tidas como mais graves pelo sistema porque decorrente da prática de crimes (por definição, o ilícito mais reprovável), mas não seria possível negociar no âmbito de uma ação de improbidade administrativa. Além de absurda, a interpretação desse texto ignoraria completamente a diferença entre os contextos históricos da promulgação da lei (1992) e de sua aplicação.[23]

Dessa forma, com a mudança de perspectivas no âmbito penal, onde o legislador passa a admitir cada vez mais graus de negociação mesmo na aplicação de sanções, não haveria razão para perdurar a proibição da consensualidade no trato da improbidade administrativa, que agora conta com diferentes mecanismos de tratamento das controvérsias.

4. A CONSENSUALIDADE NA LEI DE IMPROBIDADE ADMINISTRATIVA

Conforme visto, a nova forma de identificar e tratar o interesse público já fortificava a admissão da consensualidade no âmbito da improbidade administrativa, situação que foi finalmente atendida pela alteração promovida pela Lei 13.964/2019 e pela Lei 14.230/2021.

A Lei 13.964/2019, conhecida como Pacote Anticrime, trouxe diversas modificações à Lei de Improbidade e, apesar de algumas receberem veto presidencial, restou consignado o § 10-A, no artigo 17 da Lei[24], que além de esclarecer a admissão da solução consensual, também estabelece que ela pode ocorrer no curso de uma ação judicial.

---

22. HARGER, Marcelo. *Improbidade Administrativa (Lei 8.429/1992)*. Ed. 2020. São Paulo: Ed. RT, 2020, p. RB-8.8.
23. DIDIER JR., Fredie; BOMFIM, Daniela Santos. A colaboração premiada como negócio jurídico processual atípico nas demandas de improbidade administrativa. *A&C Revista de Direito Administrativo e Constitucional*, Belo Horizonte, ano 17, n. 67, jan./mar. 2017. Disponível em: http://www.revistaaec.com/index.php/revistaaec/article/view/475. Acesso em: 28 maio 2022.
24. § 10-A. Havendo a possibilidade de solução consensual, poderão as partes requerer ao juiz a interrupção do prazo para a contestação, por prazo não superior a 90 (noventa) dias.

O avanço foi relevante. Primeiro, porque eliminou as dúvidas anteriores quanto a ser possível ou não a consensualidade no campo da improbidade administrativa. Segundo, porque também já esclareceu que o ajuizamento de uma demanda não representaria impedimento para possíveis negociações, ou seja, o Ministério Público não estaria obrigado a dar continuidade na ação iniciada quando fosse possível optar pela via da autocomposição.

Na égide da norma anterior, havia entendimentos no sentido de que a proibição contida no então artigo 17, § 1º, dizia respeito apenas à utilização dos métodos autocompositivos de resolução de conflito em momento posterior a propositura da ação. Assim, reconheciam a plena possibilidade de seu manuseio antes do ingresso da ação judicial.[25]

Atualmente, ainda que em curso uma ação judicial, não há óbice para a adoção de método autocompositivos, sendo possível às partes o pedido de interrupção do prazo para apresentação de contestação no processo para a tentativa de solução consensual (§ 10-A). Contudo, a norma exige que o pedido seja realizado em consenso pelas partes. Não basta o pedido do demandado, ou apenas o pedido do *parquet*. O interesse deve ser mútuo e o prazo só restará de fato interrompido com o deferimento do pedido.[26]

Já o artigo 17-B, introduzido pela Lei 14.230/2021, complementa o artigo anterior e disciplina um dos métodos de consensualidade que poderiam ser adotados, o acordo de não persecução civil, mediante o atendimento dos requisitos previstos nos §§ 1º a 7º.

A Lei é expressa ao permitir a celebração do acordo em qualquer momento, seja no curso de inquérito civil, no curso de ação judicial e, até mesmo, após sentença condenatória (§ 5º).

O primeiro objetivo do acordo é a garantia do ressarcimento integral do dano identificado (artigo 17-B, inciso I) e a reversão da vantagem indevida obtida em favor da pessoa jurídica lesada (inciso II). Ainda que do acordo possam advir outras vantagens, essas são as que não pode renunciar o Ministério Público no momento de celebração da não persecução civil, sob pena de deixar de atender o interesse público.

A Lei atribui ao Tribunal de Contas a indicação da extensão do dano a ser ressarcido com o apontamento dos parâmetros que ele utilizará para o cálculo (§ 3º).

Há quem defenda a possibilidade do uso de outros parâmetros, desde que devidamente documentados, para que alcancem o valor do dano, desde que haja concordância entre o Ministério Público e o investigado/acusado[27]. Isso porque a legitimidade para

---

25. FERREIRA, Jussara Suzi Assis Borges Nasser; LIMA, Wellington Henrique Rocha Ferreira. A Mediação, a Conciliação e os Acordos como Efetivos Meios de Resolução de Demandas Eivadas de Atos de Improbidade Administrativa. *Revista Brasileira de Direito Tributário e Finanças Públicas,* Porto Alegre, v. 13, n. 76, set./out. 2019, p. 37.

26. FAVRETO, Rogerio; GOMES JR, Luiz Manoel. Do procedimento administrativo e do processo judicial. In CRUZ, Luana Pedrosa de Figueiredo; FAVRETO, Rogerio; GAJARDONI, Fernando da Fonseca; GOMES JR, Luiz Manoel. *Comentários à Nova Lei de Improbidade Administrativa.* São Paulo: Ed. RT, 2022, p. RL-19.

27. FAVRETO, Rogerio; GOMES JR, Luiz Manoel. Do procedimento administrativo e do processo judicial. In CRUZ, Luana Pedrosa de Figueiredo; FAVRETO, Rogerio; GAJARDONI, Fernando da Fonseca; GOMES JR,

as tratativas e para a celebração do acordo junto ao investigado ou demandado, sempre assessorado por seu defensor, é conferida apenas ao órgão do Ministério Público (§ 5º).

Porém, a Lei ainda garante a participação do ente federado lesado, mediante sua oitiva a respeito do acordo, sendo ela um requisito prévio para sua concretização (§ 1º, inciso I), pois visa, inclusive, à correta averiguação da extensão do dano, e confere oportunidade ao ente lesado de participar ativamente do acordo, mesmo que apenas com relação aos interesses econômicos envolvidos, podendo ele se manifestar contrariamente à sua celebração.

Além da oitiva do ente lesado, haverá o controle judicial mediante homologação ou não do acordo, mesmo quando celebrado anteriormente do ajuizamento da ação (§ 1º, inciso III), sendo a chancela judicial condição de eficácia do ajuste.

No caso de autocomposição celebrada antes do ajuizamento da ação, é exigida a aprovação do órgão do Ministério Público responsável pela análise de pedidos de arquivamentos de inquéritos civis (§ 1º, inciso II).

Em razão da necessidade da proteção correta e completa do interesse público envolvido, o acordo deve considerar outras questões, como personalidade do agente, a natureza, as circunstâncias, a gravidade e a repercussão social do ato de improbidade, bem como as vantagens, para o interesse público, da rápida solução do caso (§ 2º).

Ou seja, o Ministério Público não está obrigado à realização do acordo, ainda que haja pedido do investigado/demandado, eis que se exige o atendimento ao interesse público. Sendo assim, não há direito público subjetivo do investigado/demandado ao acordo.[28]

Ademais, a autocomposição deverá prever as consequências em caso de descumprimento, além da proibição automática do investigado/demandado em celebrar novo acordo com a Administração Pública por um prazo de cinco anos (§ 7º).

Por fim, no que tange à possibilidade de afastamento ou não das sanções contidas no artigo 12 da Lei de Improbidade, por meio do acordo de não persecução civil, tem-se que, no campo da liberdade de negociação, não haveria óbice à modulação da aplicação de todas as modalidades de sanções previstas, desde que respeitadas a proporcionalidade e razoabilidade.[29]

Portanto, resta consagrado o uso de meio consensual para solução de litígios que envolvam matéria de improbidade administrativa, ao menos com relação à celebração de acordos de não persecução civil.

Luiz Manoel. *Comentários à Nova Lei de Improbidade Administrativa*. São Paulo: Ed. RT, 2022, p. RL-19.

28. FAVRETO, Rogerio; GOMES JR, Luiz Manoel. Do procedimento administrativo e do processo judicial. In CRUZ, Luana Pedrosa de Figueiredo; FAVRETO, Rogerio; GAJARDONI, Fernando da Fonseca; GOMES JR, Luiz Manoel. *Comentários à Nova Lei de Improbidade Administrativa*. São Paulo: Ed. RT, 2022, p. RL-19.

29. FAVRETO, Rogerio; GOMES JR, Luiz Manoel. Do procedimento administrativo e do processo judicial. In CRUZ, Luana Pedrosa de Figueiredo; FAVRETO, Rogerio; GAJARDONI, Fernando da Fonseca; GOMES JR, Luiz Manoel. *Comentários à Nova Lei de Improbidade Administrativa*. São Paulo: Ed. RT, 2022, p. RL-19.

5. ADMISSÃO DE OUTRAS MODALIDADES DE AUTOCOMPOSIÇÃO EM MATÉRIA DE IMPROBIDADE ADMINISTRATIVA

Em que pese a autorização para o uso do acordo de não persecução civil na Lei de Improbidade Administrativa, que já estabelece as formas, requisitos e limites, não houve a previsão expressa da possibilidade da aplicação de outros métodos consensuais.

Para os autores que reconheciam a possibilidade de consensualidade em matéria de improbidade administrativa mesmo na vigência da vedação legal no seu uso, não há dificuldade em admitir outras formas de autocomposição além do acordo de não persecução civil.

Com efeito, Fredie Didier e Daniela Bonfim já identificam e defendiam a adoção de diversas modalidades de acordo:

> Assim, podemos chegar a algumas conclusões: a) admitem-se a colaboração premiada e o acordo de leniência como negócios jurídicos atípicos no processo de improbidade administrativa (art. 190 do CPC c/c o art. 4º da Lei 12.850/2013 e com os arts. 16-17 da Lei 12.846/2013); b) admite-se negociação nos processos de improbidade administrativa, sempre que isso for possível, na respectiva ação penal, observados, sempre, por analogia, os limites de negociação ali previstos; c) admitem-se os acordos parciais, sendo considerados parcela incontroversa; d) admite-se a "colaboração premiada" em processos de improbidade administrativa, respeitados os limites e critérios da lei de regência.[30]

Por sua vez, José Roberto Pimenta Oliveira e Dinorá Adelaide Musetti Grotti ponderam que o ideal seria que a Lei previsse expressamente outras modalidades de consenso além do acordo de não persecução civil, sob pena de, em uma interpretação literal do artigo 17-B da Lei de Improbidade, não se permitir outras formas de autocomposição[31].

---

30. DIDIER JR., Fredie; BOMFIM, Daniela Santos. A colaboração premiada como negócio jurídico processual atípico nas demandas de improbidade administrativa. *A&C Revista de Direito Administrativo e Constitucional*, Belo Horizonte, ano 17, n. 67, jan./mar. 2017. Disponível em: http://www.revistaaec.com/index.php/revistaaec/article/view/475. Acesso em: 28 maio 2022.

31. "Ao nosso parecer, a melhor solução seria deliberação legislativa clara sobre o cabimento do termo de ajustamento de conduta (TAC) e do acordo de leniência (AL), como modalidades próprias na consensualidade, no sistema de improbidade como segmento do Direito Administrativo Sancionador. A disposição que habilita o ANPC a prever "outras medidas em favor do interesse público e de boas práticas administrativas", ao lado de contemplar aperfeiçoamentos nos mecanismos de governanças de pessoas jurídicas (novo artigo 17-B, § 6o), é insuficiente para dar cobertura à consensualidade, já consolidada na atualidade. Se vingar interpretação literal do artigo 17-B, haverá retrocesso nas formas institucionalizadas de acordos. Categorizar o exercício de potestades públicas é próprio do direito público. Não será diferente na forma de atuação consensual ou dialógica. Oferece previsibilidade e teleologia para cada forma de atuação consensualizada, o que permite melhor controle do exercício da competência pública, em face do princípio constitucional da indisponibilidade dos interesses públicos, que está na base de qualquer regime republicano e democrático, no Estado de Direito. Assegura legalidade formal e material de cada solução acordada em face de determinada irregularidade vislumbrada na organização do Estado e no exercício de funções públicas, que podem ser enquadradas no sistema de improbidade administrativa. No presente momento, verifica-se tanto na Advocacia Pública Federal quando no Ministério Público Federal, nas respectivas regulamentações do ANPC acima referidas, tendência de categorização, distinguindo-se TAC, ANPC e A.L. Com a Lei 14.230, há necessidade de nova interpretação sistemática para que se implementem fórmulas que instrumentalizem a consensualidade a perseguir todas as vantagens que pode propiciar para os interesses públicos". GROTTI, Dinorá Adelaide Musetti Grotti; OLIVEIRA, José Roberto Pimenta. Panorama crítico da Lei de Improbidade Administrativa, com as alterações da Lei

Não se pode abandonar os argumentos e a compreensão alcançada nesses debates até a chegada da previsão legal. Isso porque, a Lei regulamenta apenas o uso do acordo de não persecução civil, não indicando de modo claro sobre a possibilidade ou proibição do uso de outros meios de composição, como o acordo de leniência, a colaboração premiada, o termo de ajustamento de conduta etc.

Contudo, em que pese a falta de previsão expressa na Lei de Improbidade a respeito de outros métodos de autocomposição, diante de tudo o que foi exposto aqui, não há razão para o impedimento da viabilidade do acordo de leniência ou do termo de ajustamento de conduta, ou, ainda, de outra ferramenta legítima de consenso, desde que se mostre mais adequada para o tratamento do conflito e alcance do interesse público. Como já mencionado, todas essas técnicas encontram disciplina no microssistema de combate à corrupção, podendo a Administração Pública fazer uso de suas normas em matéria de improbidade administrativa.

De acordo com Cristiano Jorge Santos e Silvio Antonio Marques, sequer haveria uma diferença entre o acordo de não persecução civil e outras medidas. Em suas palavras:

> É certo que, com a entrada em vigor da Lei 13.964/2019 e a consequente modificação do § 1o do art. 17 da LIA, deve ser utilizado o acordo de Não Persecução Cível (ANPC), embora não haja nenhuma diferença ontológica deste instrumento com o Termo de Ajustamento de Conduta (Lei 7.347/1985), o Termo de Leniência (Lei 12.846/2013) ou com o Termo de Autocomposição (Lei 13.140/2015). A taxonomia adotada pelas diversas leis em relação ao ajuste não altera sua essência ou sua natureza jurídica: trata-se de negócio jurídico voluntário de resolução alternativa de conflitos civis entre o Ministério Público ou a Administração Pública com particulares acusados da prática de ato ilícitos.[32]

Ademais, o novo texto do artigo 17, § 10-A, da Lei de Improbidade Administrativa, pode ser interpretado como cláusula geral que admite o uso de qualquer método consensual, desde que identificado como o mais adequado para o tratamento do conflito e que observe os requisitos legais mínimos impostos ao acordo de não persecução civil.

Dessa forma, entende-se que é possível não só a utilização do acordo de não persecução civil no âmbito da improbidade administrativa, mas como também a aplicação de outros métodos consensuais correlatos, sempre buscando o atendimento do melhor interesse público de acordo com o caso concreto.

6. IMPROBIDADE ADMINISTRATIVA E PROCESSO CIVIL

O Código de Processo Civil é marcado pela presença de normas de incentivo aos métodos adequados de tratamento de conflito, com priorização à solução consensual. É

14.230/2021. *Revista de Direito Administrativo e Infraestrutura*, v. 20, p. 97-141, jan./mar. 2022. DOI: https://doi.org/10.48143/rdai.20.jrpo. Disponível em: https://rdai.com.br/index.php/rdai/article/view/rdai20oliveiraegrotti/563. Acesso em 25 maio 2022.

32. MARQUES, Silvio Antonio; SANTOS, Christiano Jorge. "Pacote Anticrime" (Lei 13.964/2019) e acordo de não persecução cível na fase pré-processual: entre o dogmatismo e o pragmatismo. *Revista de Processo*, São Paulo, v. 45, n. 303, maio 2020, p. 299.

o que estabelece o art. 3º do CPC, com destaque aos §§ 2º e 3º, os quais apontam para o dever de o Estado e de todos os sujeitos do processo, no curso ou não de uma demanda judicial, buscarem a forma mais rápida, eficiente e satisfatória para os jurisdicionados.

O CPC também trata de acordos no âmbito da Administração Pública, exigindo, inclusive, no art. 174, que entes federados criem câmaras para promoção de solução consensual de conflitos no âmbito administrativo.

Ademais, além de regulamentar o uso da mediação e da conciliação, por meio de profissionais devidamente capacitados, o legislador também previu uma cláusula geral de convenções processuais (art. 190), autorizando, nos processos sobre direitos que admitam autocomposição, que as partes estipulem mudanças no procedimento para ajustá-lo às especificidades da causa e convencionar sobre os seus ônus, poderes, faculdades e deveres processuais, antes ou durante o processo.

Trata-se de importante ferramenta, capaz de otimizar o procedimento, por meio de acordo em matéria processual, permitindo uma maior flexibilização dos caminhos necessários para se alcançar a prestação da tutela jurisdicional.

Por sua vez, ao juiz foram conferidos poderes de promover, a qualquer tempo, a autocomposição, preferencialmente com auxílio de conciliadores e mediadores judiciais (CPC, art. 139, V).

Não obstante, a autocomposição obtida no processo pode ser total ou parcial (art. 354, parágrafo único), bem como ocorrer em qualquer fase do procedimento, inclusive extrajudicialmente, mas sempre ensejando o controle e a homologação judicial (art. 17-B, § 1º, III, da Lei 8.429/1992).

Assim, não há dúvidas de que as normas processuais se aplicam à improbidade administrativa. Nesse sentido, Daniel Ferreira sustenta, especialmente em razão da aplicação subsidiária e supletiva do Código Processual Civil ao processo administrativo (art. 15), que *"[...] é possível cogitar de o Código Processual ter criado uma 'cláusula geral e aberta', para além de 'incentivadora' da consensualização mesmo diante de conflitos instalados perante a Administração Pública de qualquer ordem, inclusive a partir de potencial ou provado cometimento de infrações administrativas".*[33]

Registre-se que no art. 17, *caput*, da Lei 8.429/1992, com a alteração dada pela Lei 14.230/2021, dispôs que: *"A ação para a aplicação das sanções de que trata esta Lei será proposta pelo Ministério Público e seguirá o procedimento comum previsto na Lei 13.105, de 16 de março de 2015 (Código de Processo Civil), salvo o disposto nesta Lei.".*

Dessa forma, embora a autocomposição possa se dar por meio de negociação direta entre as partes na improbidade administrativa, também é possível o uso da conciliação, da mediação e de outros possíveis meios legítimos para o alcance do consenso, como

---

33. FERREIRA, Daniel. Sanção ou acordo: um (novo) dilema para a administração pública Brasileira. In: MOTTA, Fabrício; GABARDO, Emerson. *Crise e reformas legislativas na agenda do direito administrativo.* Belo Horizonte: Fórum, 2018, p. 66.

também é viável que o acordo envolva questões de direito material e de direito processual, como as convenções processuais.

Portanto, são amplas as possibilidades, métodos e ambientes capazes de promover o adequado tratamento das questões que envolvam atos de improbidade administrativa, desde que atendidas as exigências legais.

7. CONCLUSÃO

O Brasil foi contemplado com uma importante mudança de paradigma ao introduzir, em diferentes temáticas, a possibilidade de uso de métodos adequados de tratamento de conflitos, tendo o meio consensual se tornado uma opção prioritária.

O presente estudo procurou demonstrar que a lógica da consensualidade também afetou as controvérsias envolvendo atos de improbidade administrativa, e, ainda, que isso não macula o princípio da legalidade e nem privilegia o interesse particular em detrimento do interesse público.

Ao contrário, a autocomposição pode se revelar a forma mais eficaz e adequada de alcançar o próprio interesse público, seja em relação à recuperação de patrimônio, ou com a identificação de ilícitos e seus autores, e até mesmo no combate direto à propagação e continuidade de práticas ímprobas.

Nesse contexto, a consensualidade na improbidade administrativa tem a aptidão de conferir um tratamento mais apropriado para o alcance do interesse público, de modo que passa a ser o método prioritário.

Essas considerações já eram defendidas mesmo na vigência da vedação legal anteriormente contida no artigo 17, § 1º, da Lei de Improbidade Administrativa (Lei 8.429/1992) e ajudaram a construir o anseio pela alteração legislativa que veio a ocorrer posteriormente, por meio da admissão do acordo de não persecução civil.

Não obstante, ainda que a Lei atualmente só discipline expressamente o manuseio do acordo de não persecução civil, não há dúvidas de que outros métodos consensuais também podem se mostrar adequados para solucionar conflitos que envolvem atos de improbidade administrativa.

Assim, o texto do art. 17, § 10-A, da Lei de Improbidade Administrativa, deve ser interpretado como uma cláusula geral que autoriza o uso de qualquer meio autocompositivo, desde que se revele o mais adequado para o tratamento do conflito. Na verdade, sua disciplina pode ser tomada como ponto de partida para a aplicação de outros métodos, de maneira a encontrar na norma legal o mínimo necessário para permitir a adoção da consensualidade – como, por exemplo, o ressarcimento do dano identificado, que deve ser integral –, ao invés da inauguração ou continuidade do processo judicial.

As normas do CPC também se aplicam à improbidade administrativa devendo, pois, subsidiar o uso de técnicas capazes de conferir uma tutela eficiente em prol do interesse público, como a conciliação, a mediação, as convenções processuais e outros métodos que se mostrem legítimos e mais apropriados.

Portanto, com a revogação da vedação legal da autocomposição e a disciplina dada para celebração do acordo de não persecução civil, associadas às demais legislações que formam o microssistema de métodos adequados de solução de conflitos, há subsídio suficiente para autorizar o uso dos diversos meios consensuais para tratamento de conflitos que envolvam questões de improbidade administrativa, que, por consequência, se inserem no âmbito da Justiça Multiportas.

8
JUSTIÇA MULTIPORTAS
E SERVENTIAS EXTRAJUDICIAIS[1]

1. INTRODUÇÃO

A evolução da Justiça Multiportas passa, necessariamente, pelo relevante papel que as serventias extrajudiciais têm prestado à sociedade.

Inicialmente deve ser registrada a absoluta capilaridade que os cartórios possuem, estando presentes em todos os Municípios do país, ao contrário do Poder Judiciário, que não tem a referida abrangência.

Ademais, a estrutura física e pessoal das serventias proporcionam mais simplicidade, menos burocracia, o que faz como que a população se sinta menos intimidada do que no Judiciário, ambiente geralmente impregnado de formalidades e medos.

Essa proximidade com a sociedade das serventias extrajudiciais traz mais segurança e proporciona maior confiança pelos interessados.

Os delegatários possuem fé pública e geralmente são pessoas conhecidas na sociedade local.

Não obstante, as serventias extrajudiciais são fiscalizadas pelas Corregedorias dos tribunais e pelo Conselho Nacional de Justiça, podendo se submeter, ainda, ao controle judicial.

Todos esses benefícios fazem com que as serventias sejam instâncias apropriadas para a absorção de serviços antes atribuídos exclusivamente à chancela do Poder Judiciário. Podemos citar como exemplo, a habilitação de casamento, que exigia a homologação pelo juiz competente, e que hoje pode ser realizada exclusivamente pelos cartórios.

Isso porque essas serventias têm contribuído sobremaneira para a desjudicialização de questões que antes dependiam da chancela do Poder Judiciário.

---

1. O tema aqui tratado foi revisto, atualizado e ampliado, após ter sido objeto de entrevistas concedidas. Também foi publicado em: CABRAL, Trícia Navarro Xavier. Permitir que cartórios façam conciliação e mediação é iniciativa bem-vinda. Disponível em: *ConJur* – Trícia Navarro: Permitir conciliação nos cartórios é medida bem-vinda. E ainda: 2018 – Página: 262 – ANOREG. Acesso em: 13 set. 2023.

Assim, temas como divórcio consensual, usucapião, partilha de bens, entre outros, passaram a ser possíveis diante das serventias extrajudiciais, desburocratizando a resolução de questões jurídicas e empoderando as partes no trato de suas questões.

2. FOMENTO À DESJUDICIALIZAÇÃO

De acordo com o relatório do Justiça em Números de 2023[2], o Judiciário finalizou o ano de 2022 com 81,4 milhões de processos em tramitação, o que compromete a sua celeridade e credibilidade. Assim, se outras portas de acesso à ordem jurídica justa forem apresentadas aos jurisdicionados, como por meio da conciliação, mediação, arbitragem e outros meios extrajudiciais de conflitos, a tendência é a de que as partes só acionem o Judiciário quando a questão não puder ser solucionada por outra via, preferencialmente a consensual.

Diante disso, a desjudicialização se torna uma importante aliada e deve ser incentivada no contexto da Justiça Multiportas, na medida em que permite que variados ambientes e métodos de tratamento de conflito de interesses sejam garantidos à sociedade, sem a necessidade de judicialização.

Registre-se que a desjudicialização é uma tendência em diversos países, e deve continuar sendo debatida, seja para empoderar o cidadão a resolver seus conflitos sem depender do Poder Judiciário, seja para que o uso de demandas judiciais seja mais racional, conferindo, por conseguinte, maior eficiência à Justiça.

Destarte, diversas questões que antes dependiam da chancela do Poder Judiciário foram delegadas ao campo extrajudicial. Desde a década de 1960 acompanhamos alterações legislativas que possibilitam o exercício de cidadania e de resolução de interesses sociais em ambientes extrajudiciais.

Nesse cenário se inserem as serventias extrajudiciais, que estão cada vez mais ofertando formas de prevenção e resolução de controvérsias, auxiliando, assim, a desafogar a Justiça Estatal, fomentando, ainda, uma mudança de cultura.

Isso porque as atividades notarial e de registros públicos acompanham o indivíduo nos principais aspectos de sua vida: no seu nascimento, na aquisição de bens, na transferência de direitos, no casamento, no registro de filhos e até a sua morte. Desse modo, além de estarem presentes nos mais variados momentos da vida dos sujeitos de direito, encontram-se no ordenamento jurídico desde o período colonial, sendo que essa potencialidade tem sido reconhecida pela sociedade, especialmente pela qualidade na prestação dos serviços.

Por essa razão, outros temas têm sido discutidos para serem delegados às serventias extrajudiciais. Atualmente, o PL 6.204/19, por exemplo, trata da desjudicialização das execuções, as quais, na prática, representam o grande gargalo do Poder Judiciário.

---

2. Disponível em: justica-em-numeros-2023-010923.pdf (cnj.jus.br). Acesso em: 13 set. 2023.

Assim, caso o PL seja aprovado, alguns atos executivos que hoje são praticados pelo juiz seriam delegados às serventias extrajudiciais.

Contudo, ainda podemos avançar muito na questão da conciliação e da mediação, uma vez que, embora autorizada pela Corregedoria do CNJ (Provimento 67/2018), por questões burocráticas, ainda não alcançou a sua efetividade.

Não obstante, com a aprovação da lei que cria os Ofícios da Cidadania, houve um crescimento de parcerias entre o Registro Civil e a Receita Federal, além de outros órgãos públicos. Esse foi um importante avanço nos serviços de cidadania. A capilaridade das serventias extrajudiciais faz com que elas representem importante "porta" de prestação de serviços essenciais à sociedade. Não por outra razão, a Lei 13.484/2017 teve sua validação pelo STF (ADI 5.855) e pelo CNJ (Provimento 66/2018).

Saliente-se que os serviços notariais e registrais em meio eletrônico atingiram milhões de atendimentos digitais desde o início da pandemia. Com efeito, a digitalização de todos os serviços públicos é um caminho sem volta, garantindo uma série de vantagens e facilidades para todos os envolvidos. A prestação de serviços pelas vias digitais também favorece a uma melhor transparência de dados, possibilita estatísticas, e indica os gargalos que merecem um tratamento mais adequado.

Portanto, o fortalecimento das serventias promove a cidadania e a pacificação social.

3. AUTOCOMPOSIÇÃO E SERVENTIAS EXTRAJUDICIAIS

Diante da relevância das serventias extrajudiciais no Brasil, torna-se imperioso o investimento em serviços autocompositivos por esses ambientes.

A conciliação e a mediação são ferramentas que orientam as partes a alcançarem soluções para seus próprios conflitos, evitando que a decisão seja imposta por um juiz. Assim, para além de se evitar ou encerrar um litígio, as referidas técnicas autocompositivas permitem um tratamento mais adequado e humanizado da controvérsia, tendo como efeito uma maior chance de cumprimento espontâneo do que restou acordado. O Brasil precisar ter diversas portas, públicas e privadas, que ofereçam o caminho da consensualidade aos jurisdicionados.

Como se sabe, o CNJ, desde a sua criação, tem realizado inúmeras iniciativas voltadas ao fortalecimento da consensualidade no Poder Judiciário. A mais significativa foi a edição da Resolução CNJ 125/2010, que instituiu a Política Judiciária Nacional de tratamento dos conflitos de interesses, impondo aos tribunais a criação de uma estrutura apropriada para oferecer a conciliação e a mediação nas fases pré-processual e processual. Além disso, o CNJ, anualmente, realiza a Semana Nacional da Conciliação, instituiu o Prêmio Conciliar é Legal, promove eventos e cursos de capacitação. Em 2020, criou o ConciliaJud, sistema que reúne informações de formadores, instrutores, expositores, mediadores e conciliadores judiciais, bem como de ações de capacitação, entre outras realizações para a promoção da Política Nacional.

E por meio do Provimento 67/2018, houve a permissão para que os cartórios ofereçam os serviços de conciliação e mediação foi um grande avanço. Porém, percebe-se que alguns Estados ainda não regulamentaram o oferecimento dos referidos serviços, o que vem prejudicando a implementação dos meios autocompositivos no âmbito das serventias extrajudiciais.

Para a realização de conciliação e mediação é imprescindível a capacitação dos facilitadores, permitindo a qualidade das sessões e a credibilidade da sociedade. Por essa razão, exige-se que os conciliadores e mediadores realizem cursos de capacitação, e busquem constantes aperfeiçoamentos. Ademais, a função de conciliador e mediador exige sensibilidade, empatia e responsabilidade no trato com as partes, permitindo que se alcance a confiança necessária no facilitador, o que contribui para o alcance do diálogo e do acordo.

Não obstante, as conciliações e mediações presenciais podem ser realizadas pelas vias digitais, acelerando o uso da tecnologia para a finalidade autocompositiva.

Por fim, e independentemente da prestação dos serviços de conciliação e mediação em si, as serventias extrajudiciais poderiam disponibilizar o serviço de expedição de carta-convite para os interessados em convidar a parte adversa para uma negociação, conciliação ou mediação.

4. CONCILIAÇÃO E MEDIAÇÃO NAS SERVENTIAS EXTRAJUDICIAIS

O Provimento 67, de 26 de março de 2018, editado pelo Corregedor Nacional da Justiça, Ministro João Otávio de Noronha, dispôs sobre os procedimentos de conciliação e de mediação nos serviços notariais e de registro do Brasil.

Trata-se de uma antiga reivindicação dos registradores e notários, que já vinham se estruturando para o oferecimento dos referidos serviços. Em 2016, houve uma Consulta no CNJ (0003416-44.2016.2.00.0000) sobre dois temas: a) a possibilidade de os notários e registradores realizarem conciliações e mediações voluntariamente no âmbito judicial; e b) a viabilidade de os cartórios extrajudiciais prestarem serviços de conciliação e de mediação no âmbito extrajudicial. A primeira questão foi respondida positivamente. Já a segunda, foi no sentido da necessidade de prévia normatização pelo CNJ, garantindo a padronização e a adequada fiscalização dos serviços, o que se concretizou por meio do Provimento em comento.

Com 42 artigos, o Provimento 67/2018 tentou compatibilizar suas disposições com a Resolução 125/2010 do CNJ, com o Código de Processo Civil e com a Lei de Mediação (Lei 13.140/2015).

Contudo, como já mencionado, verificou-se que poucos Estados conseguiram implementar a medida, apesar do notório interesse demonstrado.

Recentemente, foi editado o Provimento 149, de 30 de agosto de 2023[3], instituindo o Código Nacional de Normas da Corregedoria Nacional de Justiça do Conselho Nacional de Justiça – Foro Extrajudicial (CNN/CN/CNJ-Extra), que regulamenta os serviços notariais e de registro.

O Título I, Capítulo II, trata dos serviços de conciliação e de mediação em sete seções, com o total de 40 artigos (18 a 57), incorporando, assim, o Provimento anterior.

Diante disso, será feita uma breve análise acerca da temática, nos termos a seguir:

a) Regulamentação – A aplicação do Provimento não será automática. Nos termos do art. 20, o processo de autorização dos serviços notariais e de registro para a realização de conciliação e de mediação deverá ser regulamentado pelos Núcleos Permanentes de Métodos Consensuais de Solução de Conflitos (Nupemec) e pelas Corregedorias-gerais de justiça (CGJ) dos Estados e do Distrito Federal e dos Territórios. O ideal, para se manter uma padronização nacional, seria que todos os tribunais regularem de forma semelhante a matéria, ainda que observadas as peculiaridades de cada Estado ou Região, assegurando a implementação de uma política institucional uniforme;

b) Autorização – Os serviços notariais e de registro deverão pedir uma autorização específica para que o serviço seja prestado, sob supervisão do delegatário, por no máximo cinco escreventes habilitados (art. 20). Embora o Provimento não esteja expresso sobre quem deva conceder essa autorização e o assunto possa ser objeto de regulamentação no âmbito dos Estados, tem-se que, em princípio, a autorização só necessitará ser solicitada às corregedorias (e não ao Nupemec), as quais manterão em seu *site* listagem pública dos serviços notariais e de registro autorizados, indicando o nome dos conciliadores e mediadores, de livre escolha das partes (art. 19). De qualquer forma, caberá ao Nupemec efetuar o cadastro dos serviços notariais e de registro que estejam prestando os serviços de conciliação e de mediação, nos mesmos termos previstos para as câmeras privadas (art. 167, CPC). Já a fiscalização da prestação dos serviços será realizada pela corregedoria e pelo juiz coordenador do Centro Judiciário de Solução de Conflitos e Cidadania (Cejusc) da jurisdição a que estejam vinculados (art. 21). Por sua vez, o cadastro e os dados estatísticos ficarão sob responsabilidade do Nupemec;

c) Conciliadores e mediadores – O Provimento também exige, no art. 22, a devida capacitação dos facilitadores, nos moldes curriculares do Anexo I da Resolução 125/2010, com redação dada pela Emenda 2, de 8 de março de 2016, inclusive estabelecendo a necessidade de realização de curso de aperfeiçoamento a cada 02 (dois) anos (art. 22, § 3º). Ademais, a capacitação será custeada pelos serviços notariais e de registro (art. 21, § 1º). O cadastro dos conciliadores habilitados será feito pelo Nupemec, que também ficará responsável por colher e publicar os dados qualitativos e quantitativos relativos à atuação dos facilitadores (art. 21, §§ 1º e 2º). Ao que indica o Provimento, haverá uma relação específica de conciliadores e mediadores formada pelos serviços

---

3. Disponível em: atos.cnj.jus.br/atos/detalhar/5243. Acesso em: 13 set. 2023.

notariais e de registro para a atuação nesses órgãos, podendo ser formada por escreventes (no máximo cinco) ou por pessoas por eles indicadas. Não há muita clareza no ato normativo se cada órgão terá seus próprios nomes de conciliadores e mediadores, ou se haverá uma listagem geral, envolvendo todos os facilitadores habilitados no Estado, podendo as partes escolher livremente dentro dessa relação geral. Contudo, não parece haver qualquer impedimento de que, na falta de conciliadores e mediadores pertencentes a uma serventia extrajudicial, as partes possam se valer, tanto da listagem pública da corregedoria, quanto do cadastro mantido pelo Nupemec, independentemente de quem tenha custeado a capacitação;

d) Princípios, deveres e impedimentos dos conciliadores e mediadores – O Provimento também reforça a necessidade de observância aos princípios atinentes aos conciliadores e mediadores (art. 23), bem como, o dever de confidencialidade de todos os participantes da conciliação ou de mediação (art. 24). Exige, ainda, a observância das regras de impedimento e suspeição previstas do CPC e na Lei de Mediação (art. 25), mas ressalta que os notários e registradores poderão prestar serviços profissionais relacionados com suas atribuições às partes envolvidas em sessão de conciliação ou de mediação de sua responsabilidade (art. 25, parágrafo único);

e) Partes – O art. 26 diz que podem participar da conciliação e da mediação como requerente ou requerido pessoa natural absolutamente capaz, pessoa jurídica e entes despersonalizados a que a lei confere *capacidade postulatória*. Na realidade, verifica-se ter ocorrido aqui um evidente erro material, já que não se trata de capacidade postulatória, que é a aptidão para postular em juízo, conferida a advogado legalmente habilitado, mas sim de capacidade civil (de fato), relativa à aptidão para o exercício de direitos e obrigações. O Provimento também prevê que pessoa natural, jurídica e entes despersonalizados podem ser representados, na forma da lei (art. 26, §§ 1º a 4º). Já o art. 27 praticamente reproduz o art. 10 da Lei de Medição, facultando às partes a assistência por advogado ou defensor público, mas exigindo que, comparecendo uma das partes desacompanhada, o conciliador ou mediador suspenderá o procedimento até que todas estejam devidamente assistidas. Trata-se de medida que visa resguardar a paridade de armas e o equilíbrio entre as partes;

f) Abrangência da conciliação e da mediação – O art. 28 do Provimento dispõe que poderão ser objeto de conciliação e de mediação direitos disponíveis ou os indisponíveis que admitam transação. Por sua vez, o objeto da conciliação e da mediação também poderá versar sobre todo o conflito ou parte dele. Assim, na autocomposição envolvendo direitos disponíveis não se exigirá a homologação judicial, cabendo às partes optarem por transformar o título executivo extrajudicial em judicial, nos termos do art. 515, III, do CPC. Já o acordo envolvendo direitos indisponíveis, mas transigíveis deverá ser obrigatoriamente homologado, cabendo ao cartório providenciar a remessa ao juízo competente e, após a homologação, entregar o termo homologado às partes (art. 28, §§ 1º e 2º). Diante dessa abertura para a realização, pelas serventias extrajudiciais, de conciliação e de mediação envolvendo direitos indisponíveis, mas transacionáveis, questiona-se sobre a possibilidade de o requerimento ter como objeto conflitos familiares, envolvendo menores, ainda que devidamente representados ou assistidos. A resposta é negativa, ao menos atualmente. Isso porque o Estado, no intuito de preservar relações familiares e de proteger crianças, adolescentes e idosos, entendeu necessário submeter, ao Poder Judiciário, a resolução de conflitos que envolvam os referidos temas. Dessa forma, não se mostra viável, na atual conjuntura legislativa, a realização de conciliação ou mediação no âmbito dos serviços notariais e de registro que tenham por objeto matérias que por determinação legal dependam de chancela judicial, salvo se houver alteração legislativa.

g) Requerimento de conciliação ou de mediação – O requerimento poderá ser dirigido a qualquer serviço notarial ou de registro de acordo com as referidas competências, e ainda poderá ser formulado por uma parte ou por ambos os interessados (art. 29, parágrafo único). Haverá um formulário contendo requisitos mínimos a serem preenchidos, sob pena de rejeição do pedido (arts. 30 e 31). Com o recebimento do requerimento será designada, de imediato, data e hora para a realização da sessão de conciliação ou de mediação (art. 34), com a notificação da parte requerida por qualquer meio idôneo de comunicação, mas preferencialmente pelo eletrônico (art. 35). A parte requerida será esclarecida sobre a facultatividade de sua participação e ainda poderá, querendo, indicar outro dia e hora para a realização do ato (art. 36);

h) Estrutura e realização das sessões – De acordo com o art. 37, os serviços notariais e de registro manterão espaço reservado para a realização das sessões de conciliação e de mediação. Na data e hora designadas, será feito o chamamento das partes e, na ausência de qualquer uma delas, o requerimento será arquivado, exceto nas hipóteses do § 1º do art. 37. Obtido o acordo, o termo será arquivado em livro próprio, e terá força de título executivo extrajudicial, nos termos do art. 784, IV, do CPC (art. 38). O requerente também poderá desistir, a qualquer tempo, do requerimento, que será arquivado independentemente da anuência da parte contrária (art. 40);

i) Criação de novos livros – Para a prestação dos serviços de conciliação e de mediação pelos sérvios notariais e de registro será necessária a criação de três livros: a) livro de protocolo específico para requerimentos de conciliação e de mediação; b) livro de conciliação e de mediação contendo os termos de audiência de conciliação ou de mediação; c) livro de conciliação e de mediação para a lavratura de audiências por meio eletrônico (arts. 42 a 51);

j) Custos dos serviços – De acordo com o art. 52, § 1º, no ato do requerimento, o requerente pagará emolumentos referentes a uma sessão de mediação de até 60 (sessenta) minutos. Enquanto não regulamentados os emolumentos no âmbito dos Estados e do Distrito Federal, aplicar-se-á às conciliações e às mediações extrajudiciais a tabela referente ao menor valor cobrado na lavratura de escritura pública sem valor econômico (art. 52). Ultrapassados os 60 (sessenta) minutos serão cobrados emolumentos proporcionais ao tempo excedido, ou então o valor integral relativo a cada nova sessão realizada. Esses valores poderão ser rateados entre as partes, que também poderão dispor de modo diverso (art. 52, § 2º). Na hipótese de arquivamento do requerimento antes da sessão, será restituído ao requerente 75% (setenta e cinco por cento) do valor pago, com exceção das despesas de notificação, salvo se ocorrer a desistência do pedido antes da realização do ato. (art. 54). Os serviços notariais e de registros também deverão realizar sessões de conciliação e de mediação não remuneradas para atender às demandas de gratuidade, como contrapartida da autorização para prestar o serviço, no percentual estabelecido pelo tribunal respectivo (art. 55);

k) Disposições finais – O art. 56 do Provimento dispõe sobre a vedação de os serviços notariais e de registro estabelecerem, em documentos por eles expedidos, cláusula compromissória de conciliação ou de mediação extrajudicial. Trata-se de medida que visa evitar a captação indireta de serviços de conciliação e de mediação, além de eventualmente comprometer a autonomia privada das partes quanto à escolha voluntária por essas vias de solução de conflito.

5. CONCLUSÃO

O Provimento 67/2018, agora integrante do Provimento 149/2023, representa o atendimento às reivindicações dos serviços notariais e de registros, que já vinham apostando no oferecimento da conciliação e da mediação à sociedade.

Trata-se de iniciativa louvável, não só por propiciar a padronização e a fiscalização das atividades pelos órgãos competentes, mas também por oferecer ao cidadão um ambiente seguro para a solução de seus conflitos, especialmente nas localidades em que os Cejuscs ainda não foram instalados.

Isso porque as serventias extrajudiciais, dotadas de fé pública, têm todo o potencial de garantir a prestação de serviços de conciliação e de mediação adequadamente, servindo de importante fonte de disseminação da política pública permanente de incentivo e aperfeiçoamento dos mecanismos consensuais de solução de litígios e da pacificação social.

Resta agora às Corregedorias-gerais de justiça dos Estados e do Distrito Federal e Territórios e aos Nupemecs se apressarem na regulamentação local exigida pelo Provimento em comento, permitindo que a população seja brindada com o oferecimento de conciliação e de mediação também pelos serviços notariais e de registro. Também será imprescindível que haja um correto acompanhamento quanto à qualidade dos serviços prestados e quanto à satisfação dos usuários.

Assim, com a formação adequada e cada vez maior dessa teia de ofertas de serviços de conciliação e de mediação, espera-se que, a médio prazo, possamos ter uma realidade completamente diferente em relação à aceitação desses métodos de solução de controvérsias pelo cidadão e pelos profissionais do direito, especialmente os advogados, os quais terão papel decisivo no fomento e na implementação dessa relevante política pública. E como resultado de todos esses esforços, teremos a consolidação, em definitivo, da Justiça Multiportas no Brasil.

9
JUSTIÇA MULTIPORTAS E TUTELA DE DIREITOS COLETIVOS E ESTRUTURAIS[1]

1. INTRODUÇÃO

Os variados conflitos de interesses presentes em nossa sociedade fazem com que haja a necessidade de prever instrumentos adequados para o tratamento de cada espécie de contenda, proporcionando a racionalidade, a eficiência e satisfação dos resultados.

As controvérsias de natureza individual recebem expressiva atenção da legislação, da jurisprudência e da doutrina, estando bastante avançada quanto às melhores maneiras de solução dessas disputas.

Já o tratamento dos conflitos coletivos ainda passa pelo necessário amadurecimento, o que faz com que os profissionais do Direito, como regra, não se sintam totalmente seguros quanto às ferramentas hábeis a tutelá-los.

Acrescente-se que, para além da tutela de direitos coletivos, há outra modalidade controvérsia que deve ser considerada e tutelada pelo Estado, denominada de estrutural, e que exigem técnicas e abordagens mais sofisticadas para a sua resolução.

Portanto, o presente estudo objetiva traçar os possíveis caminhos para garantir que conflitos coletivos e estruturais tenham um tratamento condizente com as suas peculiaridades e desafios.

2. TUTELA COLETIVA

A tutela de direito coletivo é justificada em razão do reconhecimento do direito material coletivo, difuso e individual homogêneo, de modo que a justiça coletiva, enquanto tutela dos direitos coletivos *lato sensu*, é um dever do Estado para com a sociedade.

---

1. O presente estudo resulta da compilação de artigos publicados, com as devidas revisões, atualizações e ampliações: CABRAL, Trícia Navarro Xavier; SILVA, Renan Sena. Transparência e publicidade: princípios da autocomposição coletiva no Projeto de Lei (PL) 1641/2019. In: VITORELLI, Edilson; OSNA, Gustavo; ZANETI JR., Hermes; REICHELT, Luís Alberto; JOBIM, Marco Felix; ARENHART, Sergio Cruz (Org.). *Coletivização e unidade do direito*. Londrina: Thoth, 2023, v. IV, p. 672-694; ABRAL, Trícia Navarro Xavier. Dificuldades no julgamento de casos complexos. In: VITORELLI, Edilson; OSNA, Gustavo; ZANETI JR., Hermes; REICHELT, Luís Alberto; JOBIM, Marco Felix; ARENHART, Sergio Cruz (Org.). *Coletivização e unidade do direito*. Londrina: Thoth, 2020, v. II, p. 709-722; 6. CABRAL, Trícia Navarro Xavier. Acordos nos processos estruturais. In: REICHELT, Luis Alberto; JOBRIM, Marco Félix (Org.). *Coletivização e unidade do direito*. Londrina: Editora Thoth, 2019, v. 1, p. 573-588.

Segundo Marcelo Abelha Rodrigues, na sociedade atual predominam-se, em regra, os chamados "conflitos de massa", sendo que de um conflito podem defluir diversos outros.[2] Ao analisar o contexto um desastre ambiental, observou que, envolta do *"fato mãe "*, surgiram inúmeros *fatos filhos* e daí eclodiram vários interesses, individuais ou coletivos, sendo que cada um deles, representativos de grupos individuais, passaram, em alguns casos, a conflitar inclusive entre si."[3]

Desse modo, é necessário que os mecanismos de proteção aos direitos coletivos *lato sensu* sejam aperfeiçoados, a partir de sua adequação normativa e procedimental às peculiaridades dos conflitos dessa natureza.

Assim, as complexidades que envolvem os direitos coletivos (*lato sensu*) devem ser inseridas nos debates públicos para a criação de leis que influenciarão diretamente no tratamento desses conflitos. Isso porque as complexidades dos conflitos que têm por "objeto direito coletivo, podem envolver diferentes posições e interesses, de diversos grupos e indivíduos, de danos diversos à economia, à política, ao meio ambiente, ao patrimônio público e privado, entre outros.

Portanto, ao lado do reconhecimento dos direitos coletivos, precisam existir mecanismos adequados que assegurem a tutela de direitos, seja pela autocomposição ou seja pela via heterocompositiva.

3. A JUSTIÇA COLETIVA COMO DEVER DO ESTADO

Segundo as lições de Rudolph Von Jhering, no século XIX, a tutela de direitos individuais "é um dever dele para com a sociedade".[4] Tal entendimento tem como razão a possibilidade de um esvaziamento do direito pela desídia da coletividade.[5]

O ponto de desenvolvimento a que chegamos hoje, para além do entendimento de Von Jhering, leva-nos à compreensão de que garantir mecanismos – métodos e ambientes – que tutelem direitos coletivos *lato sensu*, de modo adequado, tempestivo, efetivo e justo, é um dever do Estado para com a sociedade,[6] o que ocorre por, pelo menos, duas razões, como se demonstra a seguir.

A primeira razão está relacionada ao fato de terem sido positivados na própria Constituição da República Federativa do Brasil de 1988 – CRFB/88 diversos direitos e garantias fundamentais, tanto os identificados como sendo os de primeira, segunda,

---

2. RODRIGUES, Marcelo Abelha. *Fundamentos da tutela coletiva*. Brasília: Gazeta Jurídica, 2017, p. 21.
3. RODRIGUES, Marcelo Abelha. *Fundamentos da tutela coletiva*. Brasília: Gazeta Jurídica, 2017, p. 21.
4. VON JHERING, Rudolph. *A luta pelo direito*. Trad. Dominique Makins. São Paulo: Hunter Books, 2012, p. 107.
5. VON JHERING, Rudolph. *A luta pelo direito*. Trad. Dominique Makins. São Paulo: Hunter Books, 2012, p. 107.
6. Isso, porque o: "Estado é uma ordem jurídica soberana que tem por fim o bem comum de um povo situado de determinado território" (DALLARI, Dalmo de Abreu. *Elementos de teoria geral do estado*. 30. ed. São Paulo: Saraiva, 2011, p. 122).

terceira e quarta dimensão.[7] Entre as normas constitucionais, nesse aspecto, foram proclamados direitos e deveres coletivos *lato sensu*, os quais, além de serem previstos, devem ser efetivamente tutelados e juridicamente protegidos.

Assim, a tutela de direito coletivo encontra justificativa, justamente, pelo fato de se reconhecer o direito material coletivo, difuso e individual homogêneo. Não há como se pensar apenas em proclamar direitos coletivos no âmbito material sem a garantia de sua devida tutela por parte da prestação jurisdicional, eis que não existe vácuo de jurisdição.[8] De igual modo, não haveria sentido pensarmos em uma tutela jurisdicional coletiva sem o reconhecimento dos direitos materiais coletivos.

Assim, a CRFB/88 não apenas reconheceu os direitos materiais coletivos, como também reconhece a prestação jurisdicional coletiva, sobretudo, pelo disposto no artigo 5º, inciso XXXV, *in verbis*: "a lei não excluirá da apreciação do Poder Judiciário lesão ou ameaça a direito", um dos dispositivo que fundamenta o direito de acesso à justiça e que deve ser entendido, não apenas como a possibilidade de acesso ao Poder Judiciário, mas, também, de direito de acesso à ordem jurídica justa,[9] tendo-se em vista, ainda, que a atividade jurisdicional não se limita à jurisdição estatal, mas também engloba a jurisdição arbitral e a conciliativa.[10]

A segunda razão está relacionada à compreensão de que na atual sociedade de massa, os direitos difusos, coletivos *stricto sensu* e individuais homogêneos, encontrarão nas ações coletivas, em regra, a porta mais adequada de acesso ao tratamento desses conflitos.

Desse modo, Cappelletti e Garth, analisando o chamado "acesso à Justiça", expressão por eles entendida como "o sistema pelo qual as pessoas podem reivindicar seus direitos e/ou resolver seus litígios sob os auspícios do Estado",[11] em variados ordenamentos jurídicos, identifica a existência de três ondas relacionadas a essa temática.

Em relação à "primeira onda", os autores aduzem que se relacionava à abertura dos sistemas de justiça aos hipossuficientes, em sua dimensão econômica, com a finalidade de resolver ou diminuir barreiras existentes no que diz respeito às despesas de um

---

7. Utilizamos o termo dimensão por considerá-lo, na esteira de Carlos Henrique Bezerra Leite, mais adequado em relação ao termo geração. O citado autor enuncia "tem-se admitido que o termo 'dimensão' poderia substituir, com vantagem lógica e qualitativa, o vocábulo 'geração'" (LEITE, Carlos Henrique Bezerra Leite. *Ação civil pública*: nova jurisdição trabalhista metaindividual: legitimação do Ministério Público. São Paulo: LTr. 2001, p. 30).

8. Tanto é assim que se tem a inafastabilidade de jurisdição positiva no inciso XXXV, do artigo 5º, da Constituição da República Federativa do Brasil de 1988 e no artigo 3º Lei 13.105, de 16 de março de 2015 – Código de Processo Civil.

9. WATANABE, Kazou. Acesso à justiça e solução pacífica dos conflitos de interesses. In: ZANETI JR., Hermes; CABRAL, Trícia Navarro Xavier. *Justiça multiportas*: mediação, conciliação, arbitragem e outros meios de solução adequada de conflitos. Salvador: JusPODIVM, 2018, (Coleção Grandes Temas do Novo CPC – v. 9), p. 840.

10. GRINOVER, Ada Pellegrini. *Ensaio sobre a processualidade*. Brasília, Gazeta Jurídica, 2016, p. 30.

11. CAPPELLETTI, Mauro; GARTH, Bryant. *Acesso à justiça*. Trad. Ellen Gracie Northfleet. Porto Alegre: Sérgio Antonio Fabris, 1988, p. 8.

litígio, como a realização do preparo e a contratação de advogados particulares pela parte, situação inviabilizadora ao acesso de parcela da população ao tratamento dos conflitos pela jurisdição estatal.[12]

A "segunda onda" identificada, ao seu turno, abarcava à tutela coletiva, sendo enfrentado "o problema da representação dos interesses difusos, assim chamados os interesses coletivos ou grupais",[13] porquanto "a concepção tradicional do processo civil não deixava espaço para" proteger esses direitos,[14] assim, imperiosa a fusão da "visão individualista do devido processo judicial [...] com uma concepção social, coletiva".[15]

Nesse contexto, essas duas ondas visavam conferir "proteção judicial para interesses que por muito tempo foram deixados ao desabrigo", visto que estavam voltadas para "encontrar *representação* efetiva para interesses antes não representados ou mal representados".[16]

A "terceira onda", por sua vez, "[...] centra sua atenção no conjunto geral de instituições e mecanismos, pessoas e procedimentos utilizados para processar ou mesmo prevenir disputas nas sociedades modernas".[17] Os autores ainda afirmam que:

> esse enfoque encoraja a exploração de uma *ampla variedade de reformas*, incluindo alterações nas formas de procedimento, mudanças na estrutura dos tribunais ou a criação de novos tribunais, o uso de pessoas leigas ou paraprofissionais, tanto como juízes quanto como defensores, modificações no direito substantivo destinadas a evitar litígios ou facilitar sua solução e a utilização de mecanismos privados e informais de solução dos litígios. Esse enfoque, em suma, não receia inovações radicais e compreensivas, que vão muito além da esfera da representação judicial.[18]

No escopo do presente trabalho, verifica-se que o tratamento dos conflitos pela via da autocomposição coletiva se insere tanto no espectro da segunda e da terceira onda, visando tutelar de forma adequada, tempestiva, efetiva e justa, tais direitos.

Se para Von Jhering, o detentor do direito individual tinha o dever de ingressar por si, e consequentemente, em sua lógica, pela sociedade, na busca da devida aplicação do direito, na sociedade massificada, a postulação de diversas demandas individuais pelos sujeitos lesados, passando-se por todo arco procedimental, desde a fase de conhecimento

---

12. CAPPELLETTI, Mauro; GARTH, Bryant. *Acesso à Justiça*. Trad. Ellen Gracie Northfleet. Porto Alegre: Sérgio Antonio Fabris, 1988, p. 31-49.

13. CAPPELLETTI, Mauro; GARTH, Bryant. *Acesso à Justiça*. Trad. Ellen Gracie Northfleet. Porto Alegre: Sérgio Antonio Fabris, 1988, p. 46.

14. CAPPELLETTI, Mauro; GARTH, Bryant. *Acesso à Justiça*. Trad. Ellen Gracie Northfleet. Porto Alegre: Sérgio Antonio Fabris, 1988, p. 46.

15. CAPPELLETTI, Mauro; GARTH, Bryant. *Acesso à Justiça*. Trad. Ellen Gracie Northfleet. Porto Alegre: Sérgio Antonio Fabris, 1988, p. 48.

16. CAPPELLETTI, Mauro; GARTH, Bryant. *Acesso à Justiça*. Trad. Ellen Gracie Northfleet. Porto Alegre: Sérgio Antonio Fabris, 1988, p. 67.

17. CAPPELLETTI, Mauro; GARTH, Bryant. *Acesso à Justiça*. Trad. Ellen Gracie Northfleet. Porto Alegre: Sérgio Antonio Fabris, 1988, p. 67-68.

18. CAPPELLETTI, Mauro; GARTH, Bryant. *Acesso à justiça*. Trad. Ellen Gracie Northfleet. Porto Alegre: Sérgio Antonio Fabris, 1988, p. 71.

até a fase de execução, em casos de extrema semelhança e homogeneidade, prejudica até mesmo a própria realização de princípios constitucionais direcionados ao processo jurisdicional pelo excesso de ações judiciais.[19]

Para exemplificar essa questão, recobrando-se ao desastre ambiental já mencionado, foi desenvolvido pelo Juiz Federal da 12ª Vara Federal da Seção Judiciária de Minas Gerais – SJMG, do Tribunal Regional Federal da 1ª Região, o sistema indenizatório simplificado.

Esse sistema indenizatório simplificado, de adesão facultativa aos atingidos, aplicando a compreensão inspirada no *rough justice* (justiça possível) e na justiça multiportas:[20] (i) reconheceu diversas categorias de ofícios e profissões que sofreram prejuízos materiais e extrapatrimoniais; (ii) flexibilizou os meios de prova (*standards probatórios*), em favor dos atingidos; (iii) simplificou o procedimento de indenização; (iv) fixou a matriz de danos, prevendo o *quantum* indenizatório devido às mais diversas categorias reconhecidas; (v) determinou a criação de uma plataforma *on-line*, pela Fundação Renova, para o processamento dos pedidos de indenização, intitulada de Portal do Advogado; e (vi) estabeleceu o fluxo do processo indenizatório.[21]

Nesse sentido, foi criado o novel sistema indenizatório, consistindo em uma das possibilidades de acesso para que os atingidos, maiores e capazes, representados/assistidos por advogados ou defensores públicos e que cumprirem os demais requisitos estabelecidos busquem a devida reparação pelos danos suportados, ao lado de outras portas de acesso já existentes, como o ajuizamento de demanda judicial e a via administrativa do Programa de Indenização Mediada – Pim.[22]

E, para embasar a criação dessa porta de acesso, a sentença expressamente consigna, com um de seus fundamentos, que "o Poder Judiciário não tem condições de processar e julgar, em tempo adequado, centenas de milhares de ações individuais,

---

19. Nesse sentido, vale citar o que preleciona José Renato Nalini: "A procura pelo Judiciário foi tão excessiva, que o congestionamento dos tribunais inviabiliza o comprimento de um comando fundante incluído na carta cidadã pela Emenda Constitucional 45/2004: a duração razoável do processo" (NALINI, José Renato. É urgente construir alternativas à justiça. In: ZANETI JR., Hermes; CABRAL, Trícia Navarro Xavier. *Justiça multiportas*: mediação, conciliação, arbitragem e outros meios de solução adequada de conflitos. Salvador: JusPODIVM, p. 29-36, 2018, (Coleção Grandes Temas do Novo CPC – v. 9), p. 30-31).
20. Sobre o tema, conferir: ZANETI JR., Hermes; CABRAL, Trícia Navarro Xavier (Org.). *Justiça multiportas*: mediação, conciliação, arbitragem e outros meios adequados de solução de conflitos. 3. ed. Salvador: JusPODIVM, 2022.
21. BRASIL. Tribunal Regional Federal da 1ª Região. PJE 1035923-19.2021.4.01.3800. *Sentença*. Juiz Federal Mário de Paulo Franco Júnior. ID 695026980. Belo Horizonte, 2022, p. 1-410. Disponível em: <https://portaladvogado. erpsa.com.br/erprenova/outros/ged/files/BFA/BFA84179-4354-4CAC-A686-D8517223052D.PDF>. Acesso em: 30 jun. 2022.
22. BRASIL. Tribunal Regional Federal da 1ª Região. PJE 1035923-19.2021.4.01.3800. *Sentença*. Juiz Federal Mário de Paulo Franco Júnior. ID 695026980. Belo Horizonte, 2022, p. 1-410. Disponível em: <https://portaladvogado. erpsa.com.br/erprenova/outros/ged/files/BFA/BFA84179-4354-4CAC-A686-D8517223052D.PDF>. Acesso em: 30 jun. 2022.

sem falar, obviamente, no risco de decisões contraditórias e anti-isonômicas, levando descrença ao sistema".[23]

A tutela coletiva, assim, assume uma importante função social, sendo que "[...] a verdadeira função social do processo repousa em alcançar a justiça, ou seja, garantir a eficácia dos direitos fundamentais", o que deve ser feito "sob os parâmetros do princípio da dignidade da pessoa humana que tem suas origens na concepção jurídica dos direitos humanos, tendo como ponto central a decisão rápida e justa [...]".[24]

Os mecanismos de tratamento de conflitos coletivos, assim, como os de conflitos individuais, devem ser entendidos como instrumentos para que a justiça seja obtida, entendendo-se como "[...] viável a realização da justiça no processo civil do Estado Democrático Constitucional Brasileiro que, sob essa ótica, estará capacitado a funcionar como mediador adequado entre o direito e a justiça".[25]

Na tutela coletiva deve estar sempre presente sua dimensão teleológica, uma vez que não sendo um fim em si mesma, tem por escopo a tutela adequada, tempestiva, efetiva e justa dos direitos materiais coletivos *lato sensu*.

Desse modo, na análise da função social do processo jurisdicional coletivo, a justiça – enquanto justa aplicação do direito, enquanto justo procedimento jurisdicional e enquanto justa tutela à coletividade detentora dos direitos –, não pode ser esquecida, nem relegada a uma menor dimensão.

A ação coletiva, por defender direitos difusos, coletivos *stricto sensu* e individuais homogêneos, na defesa de questões, a título exemplificativo, ambientais, consumeristas e relacionadas à probidade administrativa, possui como função social a promoção de uma justiça à coletividade.

Há, portanto, um maior relevo no interesse social quando diante de um processo coletivo. E, sobre tal ponto, devemos salientar, na esteira de Fredie Didier Jr. e Hermes Zaneti Jr., que "processos coletivos [...] servem às demandas judiciais que envolvam, para além dos interesses meramente individuais, aqueles referentes à preservação da harmonia e à realização dos objetivos constitucionais da sociedade e da comunidade".[26]

Destarte, na proteção aos direitos coletivos *lato sensu*, pela tutela jurisdicional adequada, deve-se ter mente a adequação das peculiaridades do direito material, pro-

---

23. BRASIL. Tribunal Regional Federal da 1ª Região. PJE 1035923-19.2021.4.01.3800. *Sentença*. Juiz Federal Mário de Paulo Franco Júnior. ID 695026980. Belo Horizonte, 2022, p. 98. Disponível em: <https://portaladvogado. erpsa.com.br/erprenova/outros/ged/files/BFA/BFA84179-4354-4CAC-A686-D8517223052D.PDF>. Acesso em: 30 jun. 2022.

24. DARÓS MALAQUIAS, Roberto Antônio. *A função social do processo no estado democrático de Direito*. Curitiba: Juruá, 2010, p. 247.

25. MADUREIRA, Claudio Penedo. Direito, processo e justiça: o processo como mediador adequado entre o direito e a justiça. Dissertação (mestrado) – Centro de Ciências Jurídicas e Econômicas, Universidade Federal do Espírito Santo. Vitória, 2009, p. 201.

26. DIDIER JR., Fredie; ZANETI JR., Hermes. *Curso de direito processual civil*. 12. ed. Salvador: JusPODIVM, 2018, v. 4, p. 38.

movendo-se adequadamente a justiça, considerando-se as diferenças que envolvem as demandas coletivas *lato sensu* em comparação às demandas individuais, do tradicional direito processual civil, "que, além de merecerem reflexões, irão determinar a necessidade de distanciamento procedimental, cuja atualização e disciplina se ocupa, atualmente, a discussão legislativa manifestada na deliberação" do PL 1.641/21.[27]

Nesse cenário, a atividade legislativa, pelo Congresso Nacional, pode contribuir para o aprimoramento dos mecanismos de proteção aos direitos coletivos *lato sensu*, na medida em que promove a adequação procedimental, a partir de regras e princípios, às peculiaridades do direito material coletivo, em que se insere, como mencionado, a tramitação do PL 1.641/21, o qual tem como objetivo disciplinar "a ação civil pública, também denominada ação coletiva, aplicando-se a todas as ações para a tutela dos direitos difusos, coletivos e individuais homogêneos" (PL 1.641/21, *caput*).

4. A POSITIVAÇÃO DE PRINCÍPIOS AUTOCOMPOSITIVOS ESPECÍFICOS PREVISTOS NO PL 1.641/21

O PL 1.641/21 "[...] foi elaborado a partir de comissão de juristas constituída por membros do Instituto Brasileiro de Direito Processual", objetivando "contribuir para o aperfeiçoamento dos Projetos de Lei 4441/2020 e 4778/2020, em andamento na Câmara dos Deputados".[28]

No PL 1.641/21 foram propostos diversos artigos que tratam sobre a autocomposição coletiva, sendo destinado um capítulo específico sobre o tema – Capítulo IV – "Da autocomposição coletiva".

Ressalta-se, também, que pelos dispositivos propostos pelo PL 1.641/21: (a) são incorporadas melhorias na autocomposição coletiva, consolidando o gênero como comum aos direitos difusos, coletivos e individuais homogêneos; (b) pretende-se assegurar que as particularidades do caso concreto sejam respeitadas; (c) coloca-se a consensualidade no centro das atividades dos sujeitos processuais; (d) estabelece-se uma nova perspectiva para a concretização dos direitos coletivos; (e) permite-se expressamente a autocomposição coletiva por adesão dos titulares de direitos individuais; (f) incorpora-se a previsão de convenções processuais antes e durante o processo, incluída a fase de execução e de cumprimento de decisões, com a possibilidade de protocolos processuais coletivos com litigantes habituais para gestão da litigiosidade repetitiva.

---

27. BATISTA, Fernando Natal. Há prejudicialidade entre as pretensões individuais e as coletivas? O tratamento dado pela jurisprudência do Superior Tribunal de Justiça e pelo Projeto de Lei Substitutivo 1.641/2021. *Revista Eletrônica de Direito Processual*, Rio de Janeiro, a. 16, v. 23, n. 2, maio/ago. 2022. Disponível em: https://www.e-publicacoes.uerj.br/index.php/redp/article/view/63958. Acesso em: 30 jun. 2022, p. 407.

28. BRASIL. Câmara dos Deputados. Projeto de Lei n. 1.641/21, de 29 de abril de 2021. Disciplina a ação civil pública. Brasília: Câmara dos Deputados, 2021, p. 29-30. Disponível em: https://www.camara.leg.br/propostas-legislativas/2279806. Acesso em: 30 jun. 2022.

O capítulo que versa sobre a autocomposição coletiva é inaugurado com a enumeração de princípios[29] que regem essa modalidade autocompositiva específica, sendo enumerados os seguintes princípios: (i) "melhor tutela do interesse público, difuso, coletivo ou individual homogêneo"; (ii) "transparência e publicidade" (iii) "participação, sempre que possível, do grupo social titular da pretensão coletiva e dos demais legitimados processuais"; (iv) "representatividade adequada e informação suficiente sobre os melhores termos para a tutela coletiva"; (v) "preservação de todos os interesses envolvidos, permitindo-se, se for o caso, a segmentação do grupo em sub-grupos com representantes adequados que possam tutelar de modo adequado os respectivos interesses"; (vi) "boa-fé objetiva na previsão dos termos do acordo e na sua implementação"; (vii) "a observância à ordem pública, aos bons costumes e aos direitos fundamentais"; (viii) "preservação da justiça, imparcialidade, proporcionalidade e razoabilidade na resolução da controvérsia por autocomposição"; (ix) "a isonomia e a segurança jurídica" (PL 1.641/21, art. 37, *caput* e incisos I a IX).

Além de listar esse rol, exemplificativo, de princípios,[30] são estabelecidas regras, nos parágrafos propostos, que visam à efetiva aplicação deles, sendo: (i) expressamente admitido "o uso de qualquer técnica, tais como consultas públicas, reuniões e audiências públicas, inclusive com o uso de meios eletrônicos" (PL 1.641/21, art. 37, § 1º); e (ii) determinado que os "órgãos superiores dos legitimados públicos para a tutela coletiva" estabeleçam "requisitos, padrões e critérios para a autocomposição de direitos difusos, coletivos e individuais homogêneos, atendidos os princípios estabelecidos no inciso VIII do *caput*" (PL 1.641/21, art. 37, § 2º).

Em análise comparativa ao regramento vigente e aos outros Projetos de Lei que também visam modificar e alterar a normatização da tutela coletiva, chegou-se a se cogitar a desnecessidade da enumeração de princípios feita no PL 1.641/21, considerando-se positivação de princípios na Lei 13.140, de 26 de junho de 2015 – Lei de Mediação, nos seguintes termos:

> o PL 1.641/21 se preocupa mais com as possibilidades de autocomposição, reiterando princípios aplicáveis – o que poderia ser considerado desnecessário, ante as previsões da Lei de Mediação (Lei 13.140/2015), e, também, apontando a necessidade de se resguardar o controle de representatividade adequada, a preservação dos interesses dos envolvidos e a participação social, sempre que possível.[31]

---

29. Embora haja diversas definições do que seriam os princípios, é adotada, nesta pesquisa, a definição de Humberto Ávila, que define essa modalidade normativa como (i) "normas imediatamente finalísticas, primariamente prospectivas e com pretensão de complementariedade e de parcialidade", e, ainda, (ii) "para cuja aplicação demandam uma avaliação da correlação entre o estado das coisas a ser promovido e os efeitos decorrentes da conduta havida como necessária à sua promoção (ÁVILA, Humberto. *Teoria dos princípios*: da definição à aplicação dos princípios jurídicos. 2. ed. São Paulo: Malheiros, 2003, p. 167).

30. Entendemos como exemplificado, pois outros princípios que envolvem o microssistema de processo coletivo e o microssistema de tratamento adequado de conflitos incidirão sobre a autocomposição coletiva, na medida em que forem compatíveis.

31. ROSA, Ana Carolina [et al.]. CHIUZULI, Danieli; ASPERTI, Maria Cecilia de Araujo. *Acesso à justiça e tutela coletiva de direitos*: análise dos Projetos de Lei 4.441/20, 4.778/20 e 1.641/21, que propõem alterações na regulação das ações coletivas no brasil. *Clínica de Acesso à Justiça da FGV Direito SP*: São Paulo, 2021, p. 40. Disponível

Entretanto, não se pode afirmar pela desnecessidade da positivação de princípios específicos à autocomposição coletiva, pois, como já mencionado no tópico anterior, é necessária a adequação do regramento às peculiaridades da tutela coletiva.

Nessa senda, enquanto a Lei de Mediação positiva o princípio da confidencialidade (art. 2º, VII), o inciso II, do artigo 37, do PL 1.641/21, de modo diverso, elenca os princípios da transparência e da publicidade na autocomposição coletiva, objeto de investigação do próximo tópico.

4.1 Transparência e publicidade em contraposição à confidencialidade

No microssistema dos métodos adequados de tratamento de conflitos, no que tange aos mecanismos autocompositivos, predomina-se o princípio da confidencialidade. Nesse sentido, destaca-se que tal princípio foi elencado pela Resolução 125/2010[32] do Conselho Nacional de Justiça[33] – Anexo III, artigo 1º, *caput* e inciso I;[34] pela Lei 13.105, de 16 de março de 2015 – Código de Processo Civil – artigo 166, *caput*, § § 1º e 2º;[35] e pela Lei de Mediação – artigo 2, *caput* e inciso VII.[36]

A confidencialidade é um princípio que incide sobre os mecanismos consensuais de tratamento de disputas, sobretudo, da mediação e da conciliação, diante de expressas disposições normativas, o que implica diretamente na postura dos terceiros facilitadores, os quais deverão assegurar sua escorreita aplicação, assim como das partes e de todos aqueles que integram tais procedimentos autocompositivos.

---

em: https://bibliotecadigital.fgv.br/dspace/bitstream/handle/10438/31838/Acesso%20%c3%a0%20Justi%-c3%a7a%20e%20Tutela%20Coletiva_An%c3%a1lise%20PLs_capa%20final.pdf?sequence=1&isAllowed=y. Acesso em: 30 jun. 2022.

32. Ressalta-se que esse ato normativo "[...] constituiu um marco para a introdução de uma nova sistemática de tratamento adequado de conflitos no ordenamento jurídico brasileiro" (CABRAL, Trícia Navarro Xavier; SANTIAGO, Hiasmine. Resolução 125/2010 do Conselho Nacional de Justiça: avanços e perspectivas. *Revista eletrônica CNJ* [online], v. 4, p. 199-211, 2020, p. 206. Disponível em: https://www.cnj.jus.br/ojs/index.php/revista-cnj/article/view/180/71. Acesso em: 30 jun. 2022).

33. BRASIL. Conselho Nacional de Justiça. *Resolução 125, de 29 de novembro de 2010*. Dispõe sobre a Política Judiciária Nacional de tratamento adequado dos conflitos de interesses no âmbito do Poder Judiciário e dá outras providências. Brasília, DF: Conselho Nacional de Justiça, [2021]. Disponível em: https://atos.cnj.jus. br/atos/detalhar/156. Acesso em: 30 jun. 2022.

34. Resolução 125/2010 do CNJ: Art. 1º: "São princípios fundamentais que regem a atuação de conciliadores e mediadores judiciais: confidencialidade, decisão informada, competência, imparcialidade, independência e autonomia, respeito à ordem pública e às leis vigentes, empoderamento e validação. I – Confidencialidade – dever de manter sigilo sobre todas as informações obtidas na sessão, salvo autorização expressa das partes, violação à ordem pública ou às leis vigentes, não podendo ser testemunha do caso, nem atuar como advogado dos envolvidos, em qualquer hipótese".

35. CPC, Art. 166: "A conciliação e a mediação são informadas pelos princípios da independência, da imparcialidade, da autonomia da vontade, da confidencialidade, da oralidade, da informalidade e da decisão informada. § 1º A confidencialidade estende-se a todas as informações produzidas no curso do procedimento, cujo teor não poderá ser utilizado para fim diverso daquele previsto por expressa deliberação das partes. § 2º Em razão do dever de sigilo, inerente às suas funções, o conciliador e o mediador, assim como os membros de suas equipes, não poderão divulgar ou depor acerca de fatos ou elementos oriundos da conciliação ou da mediação."

36. Lei de Mediação, Art. 2º: "A mediação será orientada pelos seguintes princípios: [...] VII – confidencialidade".

Desse princípio decorre o dever de sigilo dos terceiros facilitadores, comportando as exceções legalmente estabelecidas, no artigo 30, *caput* e §§ 2º e 3º, da Lei de Mediação.[37]

Considerando-se que em conflitos individuais os interesses em disputas normalmente estão relacionados somente às próprias partes, não há, em regra, interesse social para justificar sua publicização, de modo que deve permanecer privado entre àqueles que participaram do procedimento.[38] Ademais, nesse tipo de conflito a confidencialidade deve ser observada, pois, inclusive, "possibilita a construção de um espaço reservado no qual as pessoas possam se sentir seguras para falar sobre suas necessidades e interesses".[39]

Tanto é assim, que a confidencialidade da mediação e da conciliação é mantida, inclusive, quando esses mecanismos estão inseridos no processo jurisdicional estatal, cujos atos, em regra, são públicos, uma vez que, segundo norma constitucional, "a lei só poderá restringir a publicidade dos atos processuais quando a defesa da intimidade ou o interesse social o exigirem" (CRFB, art. 5º, LX).[40]

A confidencialidade, entretanto, não se aplica totalmente à autocomposição coletiva, em razão das peculiaridades da natureza desse tipo de conflito, pelo elevado grau de interesse público que eles comportam, que foi explicitado durante o segundo tópico do presente trabalho.

Se entre a conciliação e a mediação individuais o princípio da confidencialidade já é aplicado em graus distintos,[41] nos procedimentos autocompositivos coletivos o

---

37. Lei de Mediação, art. 30: "Toda e qualquer informação relativa ao procedimento de mediação será confidencial em relação a terceiros, não podendo ser revelada sequer em processo arbitral ou judicial salvo se as partes expressamente decidirem de forma diversa ou quando sua divulgação for exigida por lei ou necessária para cumprimento de acordo obtido pela mediação. § 3º Não está abrigada pela regra de confidencialidade a informação relativa à ocorrência de crime de ação pública. § 4º A regra da confidencialidade não afasta o dever de as pessoas discriminadas no caput prestarem informações à administração tributária após o termo final da mediação, aplicando-se aos seus servidores a obrigação de manterem sigilo das informações compartilhadas nos termos do art. 198 da Lei 5.172, de 25 de outubro de 1966 – Código Tributário Nacional".
38. Nesse particular, afirma-se que "a confidencialidade abrange não apenas o mediador, mas também comediadores, as partes (mediandos), seus advogados, quando presentes, e observadores do processo de mediação, independentemente da natureza do processo de mediação e do motivo da observação" (BIRNBERG, Gary; PINHO, Dalla Bernadina de Pinho; SOUZA, Mariana Freitas de. Artigos 30 e 31 – Da confidencialidade e suas Exceções: A confidencialidade da mediação na lei brasileira e no cenário norte-americano. In: PELAJO, Samantha [et al.]. *Comentários à Lei de Mediação*: estudos em homenagem aos 10 anos da Comissão de Mediação de Conflitos da OAB-RJ. Processo, 2019, 219-238, p. 224. Disponível em: https://plataforma. bvirtual.com.br/Leitor/Publicacao/185335/pdf/0. Acesso em: 30 jun. 2022).
39. BRANDÃO, Bárbara Bueno; BACAL, Eduardo Braga; FIGUEIREDO, Marcela Rodrigues Souza. Artigos 1 a 3 – Das disposições gerias: das disposições gerais sobre a mediação de conflitos na Lei 13.140/2015. In: PELAJO, Samantha [et al.]. *Comentários à Lei de Mediação*: estudos em homenagem aos 10 anos da Comissão de Mediação de Conflitos da OAB-RJ. Rio de Janeiro: Processo, 2019, 25-58, p. 46. Disponível em: https:// plataforma.bvirtual.com.br/Leitor/Publicacao/185335/pdf/0. Acesso em: 30 jun. 2022.
40. Na visão de Heitor Vitor Mendonça Sica, esse dispositivo prescreve "a *publicidade* do processo como garantia fundamental do cidadão (e, correspondentemente, como dever dos órgãos estatais)", com "a projeção *ampla* ou *externa* da publicidade processual, de que são destinatários todos os cidadãos" (SICA, Heitor Vitor Mendonça. Panorama atual da garantia de publicidade no Processo Civil Brasileiro. *Academia.Edu*, [online], 2009, p. 1. Disponível em: https://www.cnmp.mp.br/portal/atos-e-normas-busca/norma/5275. Acesso em: 30 jun. 2022).
41. Sobre o tema, conferir: CARLOS, Hélio Antunes. *O microssistema de autocomposição*. Rio de Janeiro: Processo, 2021, p. 373-376. Disponível em: https://plataforma.bvirtual.com.br/Leitor/Publicacao/185621/pdf/21. Acesso em: 30 jun. 2022.

grau de interesse social envolvido implica em sua mitigação pela transparência e pela publicidade, "em razão do objeto nos processos coletivos," que será restrita "aos sigilos que digam respeito ao segredo industrial, questões relacionadas à proteção da concorrência ou de outro interesse difuso e às vedações legais à publicidade", de modo que, em regra, "os acordos devem ser públicos e preferencialmente os grupos atingidos devem ter acesso prévio ao seu conteúdo".[42]

Nesse sentido, são elucidativas as lições de Silvana Raquel Brendler Colombo, ao afirmar que:

> O princípio da confidencialidade favorece a geração de um ambiente de confiança entre as partes e o mediador. Mas, na área ambiental, é necessário encontrar um equilíbrio entre a necessidade de publicidade e transparência dos debates e resultados com o dever de sigilo. Nesse sentido, o sigilo deve ser reservado às sessões conjuntas, pois é a fase na qual as partes precisam ter liberdade de expor os múltiplos aspectos do conflito, e às sessões individuais, salvo autorização das partes. Recomenda-se que seja divulgada uma síntese das sessões conjuntas mediante consentimento das partes. A publicidade seria destinada ao acordo o qual se estipula a mediação, o acordo dela resultante e os documentos técnicos e pareceres, especialmente devido ao fato de o direito ambiental ser regido pelo princípio da informação. A Lei de Arbitragem prevê como regra a publicidade quando a administração pública for parte. Por derradeiro, as exceções ao princípio da confidencialidade previstas em Lei também se aplicam à mediação de conflitos ambientais.[43]

Embora a referida autora tenha feito sua análise considerando o direito ambiental, em conflitos coletivos em outros âmbitos também será necessária a publicidade e transparência dos procedimentos autocompositivos coletivos, se não da totalidade do procedimento, ao menos de seu resultado.

Antes mesmo do PL 1.641/21, o Conselho Nacional do Ministério Público – CNMP, editou a Resolução 179, de 26 de julho de 2017,[44] prevendo no *caput* do artigo 7º a publicização, "em Diário Oficial próprio ou não, no site da instituição, ou por qualquer outro meio eficiente e acessível", do "extrato do compromisso de ajustamento de conduta [...], conforme as peculiaridades de cada ramo do Ministério Público, no prazo máximo de quinze dias".[45]

---

42. DIDIER JR., FREDIE; ZANETI JR., Hermes. Justiça Multiportas e tutela adequada em litígios complexos: a autocomposição e os direitos coletivos. In: ZANETI JR., Hermes; CABRAL, Trícia Navarro Xavier. *Justiça multiportas*: mediação, conciliação, arbitragem e outros meios de solução adequada de conflitos. Salvador: JusPODIVM, 2018, (Coleção Grandes Temas do Novo CPC – v. 9), p. 66.

43. BRENDLER Colombo, Silvana Raquel. O princípio da confidencialidade na mediação de conflitos ambientais. *Revista Catalana de Dret Ambiental*, [online], 2019, v. 10, n. 1, p. 31-32. Disponível em: https://raco.cat/index. php/rcda/article/view/359763. Acesso em: 30 jun. 2022.

44. BRASIL. Conselho Nacional do Ministério Público. *Resolução 179, de 26 de julho de 2017*. Regulamenta o § 6º do art. 5º da Lei 7.347/1985, disciplinando, no âmbito do Ministério Público, a tomada do compromisso de ajustamento de conduta. Brasília, DF: Conselho Nacional do Ministério Público, [2017]. Disponível em: https://www.cnmp.mp.br/portal/atos-e-normas-busca/norma/5275. Acesso em: 30 jun. 2022.

45. Foi estabelecido, outrossim, o conteúdo dessa publicização nos inciso do referido artigo 7º, nos seguintes termos: "I – a indicação do inquérito civil ou procedimento em que tomado o compromisso; II – a indicação do órgão de execução; III – a área de tutela dos direitos ou interesses difusos, coletivos e individuais homogêneos em que foi firmado o compromisso de ajustamento de conduta e sua abrangência territorial, quando for o caso; IV – a indicação das partes compromissárias, seus CPF ou CNPJ, e o endereço de domicílio ou sede; V – o objeto específico do compromisso de ajustamento de conduta; VI – indicação do endereço eletrônico em que

Ainda, foi positivado, no artigo 8º da referida Resolução, que:

> No mesmo prazo mencionado no artigo anterior, o Órgão Superior providenciará o encaminhamento ao Conselho Nacional do Ministério Público de cópia eletrônica do inteiro teor do compromisso de ajustamento de conduta para alimentação do Portal de Direitos Coletivos, conforme disposto na Resolução Conjunta CNJ/CNMP 2, de 21 de junho de 2011, que institui os cadastros nacionais de informações de ações coletivas, inquéritos e termos de ajustamento de conduta.

Nesse contexto, considerando a resolução conjunta, foi lançado um portal, em conjunto, pelo Conselho Nacional do Ministério Público e pelo Conselho Nacional de Justiça, no dia 1º de setembro de 2020, conferindo-se transparência e publicidade aos procedimentos do Ministério Público e do Poder Judiciário, o qual deve ser alimentado também por dados de procedimentos autocompositivos coletivos, nos seguintes termos:

> O Cadastro Nacional de Ações Coletivas (Cacol), que dá transparência a diferentes tipos de procedimentos instaurados no Ministério Público e no Poder Judiciário. O lançamento ocorreu no início da 317ª Sessão Ordinária do CNJ.
>
> O Cadastro lançado implementa o disposto na Resolução Conjunta CNJ/CNMP 2, de 21 de junho de 2011, que instituiu os cadastros nacionais de informações sobre ações coletivas, inquéritos civis e termos de ajustamento de conduta a serem operacionalizados pelos Conselhos Nacionais de Justiça e do Ministério Público. A Resolução previu, ainda, que CNJ e CNMP devem compartilhar entre si os dados dos cadastros que administrarem.[46]

Inserido nessa lógica, é que o PL 1.641/21 propõe a transparência e a publicidade[47] como princípios da autocomposição coletiva.

Ressalta-se que, por força da Resolução 179/2017 do CNMP, já há suficiente embasamento normativo para excepcionalizar a confidencialidade, prevista nas mencionadas normas voltadas à autocomposição individual, nos procedimentos autocompositivos em que o Ministério Público for parte.

---

se possa acessar o inteiro teor do compromisso de ajustamento de conduta ou local em que seja possível obter cópia impressa integral. § 1º Ressalvadas situações excepcionais devidamente justificadas, a publicação no site da Instituição disponibilizará acesso ao inteiro teor do compromisso de ajustamento de conduta ou indicará o banco de dados público em que pode ser acessado § 2º A disciplina deste artigo não impede a divulgação imediata do compromisso de ajustamento de conduta celebrado nem o fornecimento de cópias aos interessados, consoante os critérios de oportunidade, conveniência e efetividade formulados pelo membro do Ministério Público" (Resolução 179/2017 do CNMP).

46. BRASIL. Conselho Nacional do Ministério Público. CNMP e CNJ lançam sistema que dá transparência a procedimentos do Ministério Público e do Poder Judiciário. *CNMP*, [S.L.], 1º de setembro de 2020. Disponível em: <https://www.cnmp.mp.br/portal/todas-as-noticias/13440-cnmp-e-cnj-lancam-sistema-que-da-transparencia-a-procedimentos-do-ministerio-publico-e-do-poder-judiciario>. Acesso em: 30 jun. 2022).

47. Sobre publicidade e transparência, tomando-se as lições do Direito Administrativo, são elucidadas as lições de Neto, ao afirmar que: "Fundamentar no Direito Público e no Administrativo, em particular, *o princípio da publicidade* assoma como importante *princípio instrumental*, indispensável para a sindicabilidade da legalidade, da legitimidade, e da moralidade da ação do Poder Público, pois será pela *transparência* dos seus atos, ou, como mais adequadamente ainda pode se expressar – por sua visibilidade – que se tornará possível constatar a sua conformidade ou desconformidade com a *ordem jurídica*, daí sua aplicação sobre as várias modalidades de controle nela previstas" (NETO, Diogo de Figueiredo Moreira Neto. *Curso de direito administrativo*: parte introdutória, parte geral e parte especial. 16. ed. rev. e atual. – Rio de Janeiro: Forense, 2014, p. 87. Disponível em: https://integrada.minhabiblioteca.com.br/#/books/978-85-309-5372-0/. Acesso em: 30 jun. 2022).

Entretanto, a publicidade e transparência dos procedimentos autocompositivos coletivos não podem ficar restritas àqueles em que há a atuação do Ministério Público, mas em todos os procedimentos autocompositivos que envolvam elevado interesse público que é tutelado pelo direito coletivo.

Ressalta-se que esse entendimento, inclusive, pode ser extraído a partir da própria norma constitucional, uma vez que, conforme já citado, "a lei só poderá restringir a publicidade dos atos processuais quando a defesa da intimidade ou o interesse social o exigirem" (CRFB, art. 5º, LX).

Considerando que essa publicidade processual abarca "as esferas do processo legislativo, administrativo e jurisdicional",[48] os procedimentos autocompositivos coletivos, seja qual for o seu âmbito, também devem observar o princípio da publicidade.

Isso, porque, a regra da publicidade só pode ser afastada por disposição legal e em duas hipóteses, quais sejam, "defesa da intimidade" ou a exigência do "interesse social". No caso da autocomposição coletiva, o interesse social é o fator que, justamente, torna necessário manter a regra da publicidade e transparências desses atos.

Ou seja, seria de constitucionalidade duvidosa, *a priori*, dispositivo de lei que buscasse estabelecer a regra de confidencialidade para o resultado da autocomposição coletiva, visto que não seria possível se verificar presente o requisito constitucional da "defesa da intimidade" ou da exigência do "interesse social" para mitigar a publicidade do processo, enquanto padrão constitucionalmente estabelecido.

Outrossim, no âmbito infraconstitucional, verifica-se, segundo Abelha Rodrigues, que nas situações em que "o que está em jogo é o interesse público e a resolução de conflitos coletivos as soluções escolhidas devem ser públicas e transparentes, pois se submetem a Lei de Informação (Lei 12.527/2011), sendo que a exceção é justamente o sigilo das informações".[49]

Assim, as atuais normas legais sobre a confidencialidade nos mecanismos autocompositivos, ao menos em relação ao seu resultado, não incidem na autocomposição coletiva, sob pena de flagrante inconstitucionalidade.

Portanto, a positivação dos princípios da publicidade e da transparência na autocomposição coletiva, tal como previsto no PL 1.641/21, densificaria, ainda mais, a norma constitucional (CRFB, art. 5º, LX), o que evitaria possíveis interpretações com antinomias entre as normas voltadas à autocomposição individual e àquelas direcionadas à autocomposição coletiva, compatibilizando-se o ordenamento jurídico.

Por fim, menciona-se que a aplicação desse princípio também envolve, o já mencionado § 1º do artigo 37 do PL 1.641/21, a realização de diversas "técnicas, tais como

---

48. SICA, Heitor Vitor Mendonça. Panorama atual da garantia de publicidade no Processo Civil Brasileiro. *Academia. Edu*, [online], 2009, p. 1. Disponível em: https://www.cnmp.mp.br/portal/atos-e-normas-busca/norma/5275. Acesso em: 30 jun. 2022.

49. RODRIGUES, Marcelo Abelha. *Fundamentos da tutela coletiva*. Brasília: Gazeta Jurídica, 2017, p. 142.

consultas públicas, reuniões e audiências públicas, inclusive com o uso de meios eletrônicos", com o que se privilegia a participação, conferindo-se maior legitimidade ao procedimento autocompositivo coletivo.[50]

Desse modo, para se conferir maior participação, deve-se prestigiar que todo o procedimento seja transparente e público, sempre que adequado às peculiaridades do conflito coletivo e aos módulos do tratamento utilizado, e não apenas o seu resultado.

5. TRATAMENTO ADEQUADO DE CONFLITOS ESTRUTURAIS

5.1 Introdução

Os conflitos sociais possuem variados graus de complexidade e, quando judicializados, exigem procedimentos, técnicas e soluções que sejam adequados e proporcionais ao seu tratamento.

Assim, para demandas de menor complexidade e/ou valor econômico, há, por exemplo, os Juizados Especiais, que estão aptos a resolver a controvérsia de modo célere, barato e eficaz, por meio de um procedimento mais informal.

Se o conflito possuir um valor econômico mais expressivo, demandar uma produção de prova mais ampla, possuir alguma característica mais sensível (como as demandas de família e de infância e juventude), afetar um grupo social maior, ou envolver políticas públicas, caberá ao Poder Judiciário garantir uma estrutura organizacional apropriada e, ao legislador, um procedimento que contemple o devido processo legal em sua dimensão substancial e processual.

Dessa forma, no âmbito do Processo Civil, para cada tipo de controvérsia há um caminho procedimental correspondente, de acordo com a tutela jurisdicional pretendida.

Não obstante, os profissionais do Direito devem gerir com eficiência o procedimento, os efeitos jurídicos e as consequências práticas inerentes à judicialização do conflito, proporcionando ao jurisdicionado todas as potencialidades inerentes ao acesso à justiça, a fim de que o resultado seja considerado legítimo e satisfatório.

Este estudo se propõe a analisar as dificuldades do juiz no julgamento de casos complexos, verificando os desafios que envolvem a condução de um processo de proporções não dimensionáveis de plano.

Para tanto, serão considerados aspectos processuais, éticos e práticos que devem ser contextualizados para que a decisão judicial cumpra a sua missão pacificadora.

---

50. Segundo Diogo de Figueiredo Moreira Neto: "O princípio da participação está intimamente referido à expansão da consciência social e ao natural anseio das pessoas em sociedade de influir de algum modo nas decisões de poder que repercutam sobre seus respectivos interesses" (MOREIRA NETO, Diogo de Figueiredo. *Curso de direito administrativo*: parte introdutória, parte geral e parte especial. 16. ed. rev. e atual. – Rio de Janeiro: Forense, 2014, p. 83. Disponível em: https://integrada.minhabiblioteca.com.br/#/books/978-85-309-5372-0/. Acesso em: 30 jun. 2022).

5.2 Características dos casos complexos

Os casos complexos podem ser caracterizados como os que, pelas circunstâncias fáticas, jurídicas, econômicas, ambientais, políticas ou sociais, exigem um tratamento diferenciado do conflito, o que inclui tentar mensurar de forma prospectiva as consequências das decisões judiciais.

Em outros termos, são litígios que envolvem valores amplos da sociedade, com vários interesses concorrentes em jogo (litígios policêntricos)[51]. Se contrapõem às demandas ordinárias, que guardam um grau de dificuldade menor ou mais padronizado.

Isso porque, o tratamento do conflito pela forma individualista, com uma lógica binária e marcado pela bilateralidade, com soluções retrospectivas, não atendem aos conflitos multipolares, envolvendo diversas partes e interesses. Por essa razão, os casos complexos podem exigir método e fundamento processuais próprios, e que se afastam das características do processo civil clássico.[52]

Nessas hipóteses, uma das técnicas adequadas consiste na superação gradual das questões, de modo que as decisões judiciais acompanhem o desenvolvimento do próprio conflito. Essa flexibilidade é fundamental para garantir a compatibilidade dos provimentos judiciais com o estágio de resolução das questões.

Registre-se que a complexidade mencionada pode afetar demandas individuais e coletivas. Em alguns casos, ela pode surgir apenas no meio de um procedimento já em curso, decorrente de uma circunstância inexistente quando do ajuizamento da ação.

As demandas que envolvem políticas públicas, desastres ambientais, judicialização da saúde são exemplos típicos dessa espécie de conflito em que, pelas suas proporções fáticas, sociais e jurídicas exige uma atuação diferenciada do juiz, que deve adequar a tutela jurisdicional a cada etapa de transformação da controvérsia.

Não obstante, a ideia de complexidade de um caso pode ser compreendida de forma distinta, conforme a perspectiva de cada ator do processo. Dessa forma, nem sempre o que é considerado complexo para o juiz também o é para os advogados, Ministério Público e outros sujeitos processuais.

Assim, o juiz, ao receber uma demanda, analisa a sua complexidade de acordo com as seguintes circunstâncias: a) questões fáticas; b) questões de direito; c) questões probatórias; d) impacto social; e) repercussão midiática; f) sujeitos envolvidos; g) políticas públicas, entre outros impactos. Essas hipóteses podem ocorrer isolada ou conjuntamente, trazendo para o julgador um grau de dificuldade maior do que os casos que rotineiramente enfrenta.

---

51. ARENHART, Sérgio. *Decisões estruturais no direito processual civil brasileiro*. Disponível em: http://www.processoscoletivos.com.br/index.php/68-volume-6-numero-4-trimestre-01-10-2015-a-31-12-2015/1668-decisoes-estruturais-no-direito-processual-civil-brasileiro. Acesso em: 20 out. 2018.

52. Sobre o tema, cf.: NUNES, Leonardo Silva. A certificação de processos estruturais. In: REICHELT, Luís Alberto; JOBIM, Marco Félix (Org.). *Coletivização e unidade do direito*. Londrina/PR: Thoth, 2019, p. 323-343.

556 JUSTIÇA MULTIPORTAS • Trícia Navarro

Portanto, diante de um litígio complexo e estrutural, poderá ser necessária a adoção de um procedimento estrutural, o qual, por sua vez, pode dar ensejo a decisões estruturantes.

5.3 Processo estrutural

O processo civil brasileiro tem tentado imprimir cada vez mais efetividade e eficiência à resolução dos conflitos, mediante a criação e aperfeiçoamento de suas técnicas.

Objetiva-se, com isso, aproximar cada vez mais o conflito de uma solução que seja adequada e proporcional às suas peculiaridades.

Por sua vez, conforme já mencionado, há uma mudança de perspectiva de importância do processo para a importância do conflito, de modo que a dinâmica do processo acompanhe a própria dinâmica do litígio.

As demandas individuais estão legislativamente amparadas por técnicas e procedimentos eficientes, capazes de ensejar a prestação de uma tutela jurisdicional que alcance minimamente o resultado pretendido, ainda que não se possa ainda considerar razoável a duração do processo no Brasil. Contudo, as demandas coletivas ainda não atingiram a efetividade esperada, o que tem gerado certa frustração dos juristas e o descrédito das ações coletivas.

E para além de litígios de natureza coletiva, existem conflitos que são revestidos de complexidade um pouco maior, por envolver a realização de uma política pública[53], exigindo a interferência do Poder Judiciário em órgãos ou instituições responsáveis pela promoção da ação considerada deficitária.

Para esses casos considerados complexos[54], há a necessidade de se pensar e adotar uma estratégia procedimental diferenciada. É o que a doutrina denomina de processos estruturais, cujo objetivo é *"concretizar um direito fundamental, realizar políticas públicas ou resolver litígios complexos, por meio de decisões que promovem uma reforma estrutural em um ente, organização ou instituição".*[55]

Isso também amplia a moldura atual de jurisdição, antes destinada apenas à resolução de disputas para agregar uma "[...] função de *structural reform*; não mais se trataria apenas de pacificar disputas individuais, mas também de permitir a afirmação de valores constitucionais".[56]

---

53. Tratando do controle e das formas de efetividade de políticas públicas, cf.: LIBERAL, José Roberto Bernardi. *Intervenção jurisdicional nas políticas públicas*: mecanismos processuais de controle e efetivação. Salvador: JusPODIVM, 2018.

54. Conceituando os litígios estruturais e tratando de sua implementação, ver: VITORELLI, Edilson. Litígios estruturais: decisão e implementação de mudanças socialmente relevantes pela via processual. In: ARENHART, Sérgio Cruz; JOBIM, Marco Félix. *Processos estruturais*. Salvador JusPODIVM, 2017, p. 369-422.

55. DIDIER JR., Fredie; ZANETI JR., Hermes; OLIVEIRA, Rafael Alexandria de. Notas sobre as decisões estruturantes. In: ARENHART, Sérgio Cruz; JOBIM, Marco Félix. *Processos estruturais*. Salvador: JusPODIVM, 2017, p. 353-368.

56. OSNA, Gustavo. Nem "tudo", nem "nada" – decisões estruturais e efeitos jurisdicionais complexos. In: ARENHART, Sérgio Cruz; JOBIM, Marco Félix. *Processos estruturais*. Salvador JusPODIVM, 2017, p. 182.

Os processos estruturais representam uma quebra o formato de processo tradicional, em que vigora, em regra, a lógica binária dos institutos processuais, uma vez que as decisões são construídas gradualmente, o que por vezes implica na não correspondência com os elementos inicialmente constantes da demanda.[57]

Também são processos em que se observa a "[...] multiplicidade de interesses que se inter-relacionam sobre o objeto do litígio."[58]

Em linhas gerais, a doutrina especializada[59]-[60]-[61] construiu algumas premissas do processo estrutural[62], com a revisão de conceitos tradicionais, sendo os mais relevantes:

a) nos processos estruturais as decisões são construídas com cumprimento gradual e progressivo. Os provimentos são geralmente em cascata, ou seja, com decisões sucessivas, que acompanham a evolução do conflito;

b) possibilidade de interferência judicial em outros poderes, também chamada de ativismo judicial;

c) atenuação da regra da congruência objetiva externa – correlação entre decisão e demanda. O magistrado tem margem de liberdade de escolher a forma de tutelar o direito. É uma lógica diferente dos litígios individuais;

d) a interpretação do pedido deve levar em consideração a complexidade do litígio estrutural;

e) a efetivação da decisão se dá de forma dialética e não impositiva, com um debate amplo, e com colaboração e participação de todos os interessados;

f) dever de estimular a autocomposição a qualquer tempo, inclusive na execução, mesmo envolvendo relação jurídica não deduzida em juízo ou sujeito estranho ao processo (art. 3º, § 3º e 515, § 2º);

g) maior representatividade democrática, com a possibilidade de participação de *amicus curie*, de realização de audiências públicas etc.

---

57. ARENHART, Sérgio. *Decisões estruturais no direito processual civil brasileiro*. Disponível em: http://www.processoscoletivos.com.br/index.php/68-volume-6-numero-4-trimestre-01-10-2015-a-31-12-2015/1668-decisoes-estruturais-no-direito-processual-civil-brasileiro. Acesso em: 20.10.2018.
58. ARENHART, Sérgio Cruz. Processo multipolar, participação e representação de interesses concorrentes. In: ARENHART, Sérgio Cruz; JOBIM, Marco Félix. *Processos estruturais*. Salvador JusPODIVM, 2017, p. 423-448.
59. ARENHART, Sérgio. *Decisões estruturais no direito processual civil brasileiro*. Disponível em: http://www.processoscoletivos.com.br/index.php/68-volume-6-numero-4-trimestre-01-10-2015-a-31-12-2015/1668-decisoes-estruturais-no-direito-processual-civil-brasileiro. Acesso em: 20.10.2018.
60. DIDIER JR., Fredie; ZANETI JR, Hermes; OLIVEIRA, Rafael Alexandria de. Notas sobre as decisões estruturantes. In: ARENHART, Sérgio Cruz; JOBIM, Marco Félix. *Processos estruturais*. Salvador: JusPodivm, 2017, p. 353-368.
61. COSTA, Susana Henriques da; FERNANDES, Débora Chaves Martines. Processo coletivo e controle judicial. In: GRINOVER, Ada Pellegrini; WATANABE, Kazuo; COSTA, Susana Henriques da. *O processo para solução de conflitos de interesse público*. Salvador: JusPODIVM, 2017, p. 359-381.
62. Entendendo que o processo estrutural carece de uma base teórica própria, ver: JOBIM, Marco Félix. Reflexões sobre a necessidade de uma teoria dos litígios estruturais: bases de uma possível construção. In: ARENHART, Sérgio Cruz; JOBIM, Marco Félix. *Processos estruturais*. Salvador JusPODIVM, 2017, p. 449-466.

Percebe-se, pois, que processo estrutural é caracterizado pela adoção de um procedimento especialmente dimensionado e, na falta de um processo diferenciado previsto em lei, pela eventual desconstrução das fases e atos procedimentais tradicionais, estáticos e rígidos, especialmente quanto ao princípio da congruência entre o pedido e a sentença do juiz, adotando-se ampla flexibilidade no uso das técnicas processuais, com o prestígio ao diálogo e à constante adaptação das decisões às respostas que as situações concretas forem apresentando.

Por sua vez, o processo estrutural não se confunde com as decisões estruturais (*structural injunsctions*)[63], embora ambos possam ser utilizados para atender às peculiaridades dos conflitos coletivos e complexos. Na realidade, as decisões estruturais deveriam ser construídas no bojo de um processo de natureza estrutural.[64]

Isso porque, enquanto o processo estrutural representa um procedimento especial destinado a atender às particularidades do caso concreto, por meio de etapas, princípios, técnicas e provimentos adequados, as decisões estruturais[65] ou estruturantes se relacionam apenas ao último aspecto, ou seja, à construção gradativa das soluções pelo juiz, que são ajustáveis de acordo com o desenvolvimento do próprio litígio.

Nesse contexto, as decisões estruturantes – um dos componentes do processo estrutural – devem conter condições mutáveis e fluidas, que podem ser revistas para conferir maior efetividade aos resultados.

Registre-se que o proferimento de decisões estruturantes exige que o juiz tenha razoabilidade, proporcionalidade, não podendo o juiz de transformar em verdadeiro *"gestor do órgão ou do ente responsável pela conduta discutida."*[66] Ademais, o magistrado deve ter o máximo de zelo como o contraditório e a fundamentação, a fim de legitimar adequadamente as suas posturas.

O nosso ordenamento jurídico atual não contempla, no plano legislativo, um processo especial para tratar litígios coletivos ou complexos. Com isso, os profissionais do direito ainda não se sentem confortáveis para imprimir mudanças drásticas no procedimento, criando ou eliminando fases para melhor atender ao direito material.

Contudo, o fato de não termos hoje amparo legislativo para os processos estruturais – o que pode causar insegurança jurídica para a sua aplicação –, não impede que os juízes se valham de decisões estruturantes para a solução de conflitos complexos, sejam

---

63. FISS, Owen. Fazendo da Constituição uma verdade viva: quatro conferências sobre a *structural injunction*. ARENHART, Sérgio Cruz; JOBIM, Marco Félix. *Processos estruturais*. Salvador JusPODIVM, 2017, p. 25-51.

64. DIDIER JR., Fredie; ZANETI JR., Hermes; OLIVEIRA, Rafael Alexandria de. Notas sobre as decisões estruturantes. In: ARENHART, Sérgio Cruz; JOBIM, Marco Félix. *Processos estruturais*. Salvador: JusPodivm, 2017, p. 355.

65. Abordando as potencialidades das medidas estruturantes, cf.: PINHO, Humberto Dalla Bernardina de; HILL, Flávia Pereira. Medidas estruturantes nas ferramentas de cooperação jurídica internacional. In: ARENHART, Sérgio Cruz; JOBIM, Marco Félix. *Processos estruturais*. Salvador JusPODIVM, 2017, p. 233-278.

66. ARENHART, Sérgio. *Decisões estruturais no direito processual civil brasileiro*. Disponível em: http://www.processoscoletivos.com.br/index.php/68-volume-6-numero-4-trimestre-01-10-2015-a-31-12-2015/1668-decisoes-estruturais-no-direito-processual-civil-brasileiro. Acesso em: 20.10.2018.

eles envolvendo políticas públicas ou não. Nesse caso, a base normativa da execução das decisões estruturais seriam os art. 139, IV e 536, § 1º, ambos do CPC, que constituem cláusulas gerais executivas, autorizando as medidas atípicas.

Essa, aliás, já é uma realidade, pois a jurisprudência já se posiciona favoravelmente a essa tendência.

Foi o que se verificou no âmbito do RE 684.612, afetado por repercussão geral, que trata da intervenção do Judiciário sobre políticas públicas, de relatoria do min. Roberto Barroso, resultando no Tema 698[67], com a seguinte tese:

> 1. A intervenção do Poder Judiciário em políticas públicas voltadas à realização de direitos fundamentais, em caso de ausência ou deficiência grave do serviço, não viola o princípio da separação dos poderes. 2. A decisão judicial, como regra, em lugar de determinar medidas pontuais, deve apontar as finalidades a serem alcançadas e determinar à Administração Pública que apresente um plano e/ou os meios adequados para alcançar o resultado. 3. No caso de serviços de saúde, o déficit de profissionais pode ser suprido por concurso público ou, por exemplo, pelo remanejamento de recursos humanos e pela contratação de organizações sociais (OS) e organizações da sociedade civil de interesse público (OSCIP).

Nesse contexto, o uso dessas técnicas exige a quebra de alguns dogmas processuais, cuja observância pode ainda importar para as demandas individuais, mas que não mais atendem ao tratamento de processos com problemas ampliados no âmbito econômico, social ou cultural.[68]

Por sua vez, no bojo de um processo estrutural, o juiz tem a possibilidade – e às vezes a necessidade – de proferir decisões estruturantes, com a adaptação da tutela jurisdicional ao estágio de desenvolvimento da controvérsia, e na exata medida em ela vai sendo diluída, o que nem sempre ocorre instantaneamente.

Esse modelo de decisão exige do juiz um gerenciamento *prospectivo* do processo, sendo que, em algumas situações, pode ser preciso inclusive que haja algum retrocesso em relação ao que foi anteriormente decidido, para ajustar às circunstâncias do conflito.

Saliente-se, por oportuno, que os sujeitos processuais devem estar alinhados quanto ao fato de estarem efetivamente diante de um litígio estrutural, a fim de que compreendam a necessidade de aplicação de um formato procedimental próprio, afinado com as características da controvérsia.

Assim, não adianta o juiz flexibilizar o pedido formulado na inicial para conceder uma tutela mais apropriada para a causa sem justificar que se encontra diante de um caso considerado complexo, do mesmo modo que seria recomendável um advogado

---

67. O referido tema está assim descrito: "Limites do Poder Judiciário para determinar obrigações de fazer ao Estado, consistentes na realização de concursos públicos, contratação de servidores e execução de obras que atendam o direito social da saúde, ao qual a Constituição da República garante especial proteção.". Disponível em: https://portal.stf.jus.br/jurisprudenciaRepercussao/verAndamentoProcesso.asp?incidente=4237089&numeroProcesso=684612&classeProcesso=RE&numeroTema=698. Acesso em: 15 set. 2023.

68. ARENHART, Sérgio. *Decisões estruturais no direito processual civil brasileiro*. Disponível em: http://www.processoscoletivos.com.br/index.php/68-volume-6-numero-4-trimestre-01-10-2015-a-31-12-2015/1668-decisoes-estruturais-no-direito-processual-civil-brasileiro. Acesso em: 20 out. 2018.

requerer uma tutela diferente da que foi estabelecida na exordial sem se certificar de que o magistrado reconhece estar diante de um conflito que comporta esta modificação.

Diante disso, todos os agentes precisam conhecer essas técnicas e potencialidades, inclusive em grau recursal.

Como se vê, são circunstâncias que fazem com que o juiz tenha uma especial atenção na condução do processo, dosando prospectivamente as possíveis consequências. Por outro lado, em caso de eventual recurso, a instância superior também tem que ter sensibilidade para avaliar a decisão judicial de forma adequada, alcançando as razões que levaram o juiz da causa a um pronunciamento diferenciado.

De qualquer modo, a cooperação entre os sujeitos processuais para o alcance de uma solução gradual, tempestiva e apropriada do litígio é fundamental para a efetividade e legitimidade do procedimento.

5.4   Etapas da atuação judicial nos casos complexos

No Brasil, a concepção de "litígio complexo", "processo estrutural" e "decisões estruturantes" não é nova, mas encontra-se em desenvolvimento na doutrina, especialmente por ainda não existir uma legislação que contemple as premissas básicas desses assuntos, o que conferiria a devida segurança jurídica dos profissionais do direito.

Assim, é natural que os sujeitos processuais, diante de um caso complexo, não consigam identificar de forma instantânea essa peculiaridade do litígio, ou então não sejam familiarizados com a adoção de uma lógica procedimental diferente da tradicional.

Nesse contexto, o papel do juiz mostra-se fundamental não só para diagnosticar a complexidade do litígio, mas também para auxiliar cooperativamente as partes a manejarem técnicas processuais diferenciadas.

Desse modo, ao se deparar com um caso dessa natureza, o juiz deve seguir alguns passos importantes para a adequada solução da controvérsia.

Inicialmente revela-se necessário perpassar por alguns caminhos éticos. O primeiro deles é observar o princípio da prudência e adotar decisões justificadas racionalmente (art. 24), ter uma atuação cautelosa e atenta às consequências que pode provocar (art. 25), estar aberto para receber argumentos e críticas, podendo rever suas posições assumidas no processo (art. 26), todos previstos no Código de Ética da Magistratura Nacional (CNJ).[69]

Na sequência, mostra-se fundamental estabelecer uma fase preliminar de diálogo com as partes, identificando os contornos e dificuldades do conflito, o que nem sempre

---

69. **Art. 24.** O magistrado prudente é o que busca adotar comportamentos e decisões que sejam o resultado de juízo justificado racionalmente, após haver meditado e valorado os argumentos e contra-argumentos disponíveis, à luz do Direito aplicável.

Art. 25. Especialmente ao proferir decisões, incumbe ao magistrado atuar de forma cautelosa, atento às consequências que pode provocar.

é alcançável só pelo manejo de peças processuais escritas, mas exigindo a instituição da oralidade[70]. Aqui o magistrado acaba assumindo um papel de agente mediador, facilitador do diálogo, e não como órgão decisor.[71]

Outra medida fundamental é incentivar o uso de métodos adequados de resolução de conflitos. Com efeito, o juiz tem o dever de estimular a autocomposição a qualquer tempo, inclusive na fase executiva, mesmo envolvendo relação jurídica não deduzida em juízo ou sujeito estranho ao processo (art. 3º, § 3º e 515, § 2º, do CPC).

Saliente-se que, o fato de um ente público estar em um dos polos da demanda e tratar-se de direito indisponível não inviabiliza a autocomposição em relação à forma, tempo, lugar, condição e modo de exercício do direito. Ademais, o acordo pode envolver o direito material e/ou o direito processual (convenções processuais e calendário processual).

Como se vê, o princípio da consensualidade tem ganhado um protagonismo especial no ordenamento jurídico brasileiro, proporcionando a construção de soluções pelas próprias partes.[72]

Note-se, ainda, que nada impede que o juiz sugira o uso da arbitragem às partes, caso a demanda se apresente com um grau de especialidade mais apurada ou diante de outras circunstâncias particulares da demanda, sendo certo que essa atitude não representaria abdicação da jurisdição estatal, mas sim uma forma de cooperação com as partes em prol da eficiência na resolução da controvérsia. Imagine-se uma ação envolvendo diversos tipos de perícias (contábil, financeira, societária, imobiliária), que duraria anos no Judiciário para, ao final, o juiz ter que dar uma solução conjugando todos esses laudos. Certamente, em um caso desse porte, um árbitro especializado teria melhores condições de avaliar as informações e dados para dar uma resposta mais adequada às partes.

Além dessas providências, o juiz deve zelar para garantir: a) a adequada representatividade de todos os envolvidos direta ou indiretamente no conflito; b) informação, transparência, publicidade; c) contraditório no procedimento, participação de especialistas, *amicus curie* e designação de audiências públicas; d) uso de decisões estrutu-

---

Art. 26, O magistrado deve manter atitude aberta e paciente para receber argumentos ou críticas lançados de forma cortês e respeitosa, podendo confirmar ou retificar posições anteriormente assumidas nos processos em que atua.

70. Tramita na Câmara dos Deputados o Projeto de Lei 8.058/2014, de autoria do Deputado Paulo Teixeira. Esse Projeto teve como origem grupos de pesquisa e estudo capitaneados pela Prof. Ada Pellegrini e pelo Prof. Kazuo Watanabe. Nele há fase preliminar (art. 3º) de informação, diálogo, esclarecimento, contraditório sobre dados da política pública objeto do pedido. O juiz notifica a autoridade para dizer como está o atendimento da política pública.

71. No mesmo sentido: FERRAZ, Taís Schilling. A atividade do juiz frente aos litígios estruturais: mais conexões; menos protagonismo. In: REICHELT, Luís Alberto; JOBIM, Marco Félix (Org.). *Coletivização e unidade do direito*. Londrina/PR: Thoth, 2019, p. 513-526.

72. Sobre o assunto: CABRAL, Trícia Navarro Xavier. *Limites da liberdade processual*. Indaiatuba: Foco, 2019, p. 36-38.

rantes; e) uso de medidas atípicas; f) flexibilização do procedimento; g) observância a precedentes; h) interpretação adequada do pedido; e i) controle da execução dos atos.

A escolha do juiz por qualquer dessas medidas exige também a devida proporcionalidade entre os meios e fins, o deve ser verificado em cada hipótese concreta.

E, o que é mais importante, esse rol exemplificativo de possibilidades de atuação judicial deve vir acompanhado de uma fundamentação absolutamente detalhada e adequada, que garanta às partes e a terceiros a correta compreensão das razões de decidir do magistrado, bem como para que possam executar os comandos judiciais de modo apropriado, sob pena de invalidade.[73]

Após essas cautelas, os sujeitos processuais devem acompanhar os efeitos da decisão judicial, certificando que os resultados sejam compatíveis com a tutela jurisdicional necessitada.

Isso porque, uma das importantes características das decisões estruturais é a sua imediata executividade, proporcionado a satisfação gradual da pretensão. Assim, na medida em que a decisão vai sendo cumprida vão surgindo novas situações jurídicas passíveis de análise e, eventualmente, ajustes, a fim de que a tutela não seja insuficiente ou excessiva.

Nessa senda, compete ao juiz exercer o constante controle judicial, acompanhando passo a passo a execução das medidas, ficando atento à necessidade de intervenção.

E o controle das decisões estruturantes também pode ser exercido pelas próprias partes, seja pela via recursal, com a insurgência contra o teor do pronunciamento judicial ou a sua justificativa, seja pela observância do resultado do cumprimento da decisão, quando se demonstrar inapropriado ou inexequível.

A fiscalização da decisão e de sua execução também pode ser exercida pelo Ministério Público, defendendo a ordem jurídica, o regime democrático e os interesses sociais e individuais indisponíveis (art. 176, CPC).

Não obstante, o controle também pode ser feito por terceiros que sejam direta ou indiretamente afetados.

Por fim, e não menos importante, o controle de decisões estruturantes pode ocorrer pela própria sociedade[74], e daí a importância da ampla publicidade dos pronunciamentos judiciais e de seus resultados.

---

73. Abordando o assunto, cf.: PEREIRA, Carlos Frederico Bastos. *Fundamentação das decisões judiciais*: o controle da interpretação dos fatos e do direito no processo civil. São Paulo: Ed. RT, 2019, p. 124-126.

74. Tratando dos controles internos e externos das decisões judiciais, Ada Pellegrini Grinover ensina que: "Além disso, há que se lembrar que todas as decisões do juiz devem ser motivadas e que existem controles sobre sua atuação: internos (com os recursos e outros meios de impugnação, bem como a atuação dos órgãos censórios) e externos (que vão da repercussão política de seus atos até a configuração da responsabilidade penal e civil)." (GRINOVER, Ada Pellegrini. *Ensaio sobre a processualidade*: fundamentos para uma nova teoria geral do processo. Brasília: Gazeta Jurídica, 2016, p. 128).

5.5 Desafios concretos no julgamento de casos complexos

Os conflitos individuais e coletivos podem desafiar o julgador a desenvolver uma perspicácia diferenciada no trato processual.

Poderíamos citar alguns litígios considerados complexos: improbidade administrativa, inventário, execuções individuais oriundas de processos coletivos, ações individuais que, ao longo do processo, se transformam em uma causa complexa.

Observa-se, pois, que, em alguns casos, a especialidade da controvérsia já é contemplada com leis ou em procedimentos especiais. Em outros, em que não há um direcionamento legal sobre o modo de operar, deve haver uma sinalização pelo juiz quanto à peculiaridade do conflito, seguida da indicação de possíveis caminhos procedimentais.

No dia a dia forense são diversas as situações concretas que podem desafiar a atuação do juiz. Vejamos alguns exemplos:

1. Caso Samarco: a) partes: Ministério Público Federal x Samarco Mineração, Vale e BHP Billington; **b) questões fáticas**: rompimento da barragem de Fundão, que devastou a localidade de Bento Rodrigues, trouxe impactos no Rio Doce e adjacências;

c) questões jurídicas: responsabilidade civil e ambiental da empresa decorrente de poluição por rompimento da barragem localizada no Município de Mariana; **d) pessoas afetadas**: inúmeras pessoas foram atingidas ao longo do Rio Doce, do Município de Mariana e outras localidades que sofreram com a passagem da lama do local; **e) repercussão midiática**: ampla repercussão midiática no Brasil e no exterior, especialmente por se tratar da empresa Vale; **f) dificuldades no julgamento**: i) identificação e produção de prova da extensão dos danos, pois se trata de repercussão interestadual; ii) quantificar o número de pessoas atingidas; quantificar os danos materiais e morais individuais e coletivos; analisar e quantificar os danos ambientais; iii) a extensão do dano individual e coletivo; iv) a multiplicidade de sujeitos atingidos pela tragédia ambiental; e v) a ausência de conhecimento detalhado sobre os reais efeitos do rompimento da barragem.

Por essas características, o caso Samarco impõe um gerenciamento processual cuidadoso, com a flexibilização dos pedidos e da causa de pedir, além de uma maleabilidade procedimental para tentar atender a todos os envolvidos. Ademais, o pedido e a causa de pedir nas demandas ambientais devem ser analisados e interpretados sob um enfoque diverso do que se usa no direito processual clássico. Isso porque o bem ambiental é instável e sensível, de modo que pequenas variações de espaço e tempo podem alterar a sua situação jurídica.

No caso Samarco foram ajuizadas três ações civis públicas, sendo que duas foram extintas e uma encontra-se suspensa, por força de um Termo de Ajustamento de Conduta firmado com a empresa. Contudo, em uma eventualidade de julgamento da demanda remanescente, a dificuldade fática, jurídica e probatória seria altíssima, e exigiria dos sujeitos processuais técnicas procedimentais diferenciadas para viabilizar uma solução adequada.

Nesse contexto, uma solução consensual se revela o caminho mais apropriado para a hipótese, uma vez que uma decisão judicial dificilmente atenderia de modo satisfatório e integral à pretensão das partes, correndo-se o risco, ainda, de não conseguir ser executada ou de ter sua executoriedade comprometida por algum fator alheio à vontade das partes ou que foge aos limites do processo.

2. Falência da Telexfree (pirâmide financeira): a) partes: Sharlyton Domingos Beltrão x Ympactus Comercial Ltda; **b) questões fáticas:** inadimplemento de título executivo judicial; **c) questões jurídicas:** pedido de falência com base na insolvência da empresa; **d) pessoas afetadas:** estima-se que mais de 1 milhão de pessoas, envolvendo 3 bilhões de reais; e **e) repercussão midiática:** ampla repercussão midiática no Brasil e nos Estados Unidos.

O pedido de decretação de falência da *Telexfree* foi formulado por um único credor e envolveu uma dívida de R$ 51.252,62 (cinquenta e um mil, duzentos e cinquenta e dois reais e sessenta e dois centavos). Contudo, após a fase cognitiva pré-falimentar foi proferida a sentença que decretou a falência da empresa, decorrendo daí inúmeros efeitos.

A principal consequência é o desencadeamento de um concurso de credores falimentar universal, cujo procedimento engloba a totalidade de credores e de bens do devedor. Registre-se que a partir da concentração da unidade e indivisibilidade do juízo, é assegurada a execução coletiva falimentar, de caráter universal. Assim, a reunião do contencioso envolvendo bens, negócios e interesses do falido possibilita a condução de processos e incidentes da massa falida, incluindo providências administrativas, até que se alcance o encerramento da falência e a extinção das obrigações.[75]

No caso falimentar em apreço (Telexfree), após o pedido formulado por um único credor, houve o reconhecimento do pedido do autor pela empresa, ensejando, na sequência, a sentença que decretou a falência.

Contudo, a partir desse momento e em razão dos efeitos dele decorrentes iniciou-se uma fase que se destaca não propriamente pela sua complexidade jurídica, mas pelos seus efeitos práticos.

Primeiro porque, na decisão que decretou falência, o juiz teve que estipular inúmeros comandos específicos, de acordo com o as peculiaridades do caso concreto, fazendo uma análise prospectiva do desenvolvimento do conflito. Após, o julgador terá que estipular logística adequada para absorver um potencial de 1 milhão de credores, o que envolve uma estrutura física, tecnológica, e de pessoal. Essas, portanto, seriam as maiores dificuldades do caso em comento.

3. Associação dos Funcionários Públicos (hospital): a) partes: Associação dos Funcionários Públicos x parte dos associados da Associação dos Funcionários Públicos que compuseram a junta diretiva; **b) questões fáticas:** irregularidades na administração da diretoria, responsabilidade do corpo diretivo da associação. A sequência dos fatos

---

75. Sobre o assunto: CAMPINHO, Sérgio. *Curso de direito comercial:* falência e recuperação de empresa. 8. ed. revista e atualizada. São Paulo: Saraiva, 2017.

ocorreu da seguinte forma: i) assembleia deliberou por afastar a diretoria do hospital e nomear uma junta interventiva – pedido: afastar diretoria eleita e confirmar junta interventiva; ii) foi mantida a junta interventiva, sob a condição de marcarem uma eleição, na forma do estatuto; iii) posteriormente houve um conflito entre os diretores nomeados, com bloqueio das contas e comprometimento do funcionamento do hospital; iv) houve a necessidade de nomeação de uma terceira diretoria, com a fixação das atribuições de cada um e autorização para movimentação das contas; **c) questões jurídicas:** i) foi postulado, em sede de tutela de urgência, o afastamento do corpo diretivo, o que foi deferido; ii) a manutenção da tutela provisória de urgência ficou condicionada a dois requisitos: a) a realização de novas eleições nos moldes previstos pelos arts. 71 a 90 do Estatuto da Associação, as quais deverão ocorrer no prazo de 06 (seis) meses, que poderá ser prorrogado por igual período mediante (i) pedido devidamente justificado e (ii) autorização judicial; b) a prestação de contas da Associação a cada 02 (dois) meses contados da investidura da junta diretiva e interventiva; iii) alteração do pedido inicial para nomear outros diretores; iv) necessidade de medidas de apoio (arts. 139, IV e 536, § 1º); **d) pessoas afetadas:** todos os associados; **e) repercussão midiática:** local.

O processo em comento iniciou com um pedido e causa de pedir bem definidos, não indicando maiores complexidades. Porém, após o cumprimento da primeira decisão que afastou o corpo diretivo, iniciou-se um novo conflito entre os próprios interventores nomeados, com sérias consequências administrativas, que incluiu o bloqueio das contas e comprometimento do funcionamento do hospital. Diante desse quadro, foi necessário novo pronunciamento judicial, agora para a nomeação de uma terceira diretoria, com a fixação das atribuições de cada um dos nomeados e autorização para movimentação das contas.

Veja-se que o pedido inicialmente formulado pelo autor precisou ser completamente flexibilizado para atender à nova circunstância fática. Além disso, no decorrer do processo e em função do bloqueio de contas, houve notícias de falta de insumos hospitalares, comprometendo o seu funcionamento e a vida dos pacientes ali internados, o que ocasionou intensa pressão sobre o julgador, que teve que buscar uma solução rápida e eficaz para estancar os riscos que envolviam o conflito. Em outros termos, um litígio que tratava apenas definição de diretoria de uma associação se transformou em uma tutela de direitos fundamentais.

Em síntese, as complexidades encontradas no caso foram: i) o processo começou definido e se tornou estrutural; ii) desencontro de informações pelos interessados, incluindo advogados e Ministério Público; iii) viés político do conflito; iv) envolvia o funcionamento de um hospital; e v) as partes não aceitaram as decisões estruturantes, mas acabaram sendo mantidas em grau recursal.

Portanto, com esses exemplos práticos, tem-se que as dificuldades que envolvem o julgamento de casos complexos podem decorrer de diversos fatores, e em diversos momentos processuais, exigindo gerenciamento processual, prudência, responsabilidade e proporcionalidade por parte do juiz da causa.

5.6 Iniciativas legislativas acerca dos conflitos estruturais

Conforme restou demonstrado, os conflitos complexos demandam técnicas adequadas e medidas proporcionais e eficientes.

Não obstante, os litígios coletivos, além de complexos, podem se relacionar com políticas públicas, o que dá uma dimensão ainda mais especial ao litígio, exigindo um tratamento condizente com as consequências das possíveis soluções adotadas pelo juiz.

Isso porque outros valores passam a ser agregados na equação, como a separação de poderes[76] e as relações institucionais entre o Poder Judiciário e o ente público ou privado envolvido.[77]

A interferência do juiz em questões que envolvam políticas públicas ainda desperta controvérsias na doutrina e na jurisprudência, mas o ordenamento jurídico brasileiro está gradativamente absorvendo essa possibilidade.

Ademais, a inexistência de uma legislação traçando parâmetros e limites[78] mais precisos para o processo estrutural, faz com que as técnicas mencionadas não sejam aplicadas na prática, embora se observe que algumas decisões estruturantes já estão sendo implementas pelos juízes.

Essa lacuna legislativa ensejou a tramitação na Câmara dos Deputados do Projeto de Lei 8.058/2014[79], de autoria do Deputado Paulo Teixeira, que institui o processo especial para implementação ou correção de políticas públicas e dá outras providências.[80]

O art. 2º, *caput*, do referido Projeto, institui os princípios do processo especial para implementação ou correção de políticas públicas. Já o seu parágrafo único elenca as seguintes características:

---

76. ZANETI JR., Hermes. A teoria da separação de poderes e o Estado Democrático Constitucional: funções de governo e funções de garantia. In: GRINOVER, Ada Pellegrini; WATANABE, Kazuo (Coord.). O controle jurisdicional de políticas públicas. Rio de Janeiro: Forense, 2011, LUCON, p. 33-72.

77. ARENHART, Sérgio. *Decisões estruturais no direito processual civil brasileiro*. Disponível em: http://www.processoscoletivos.com.br/index.php/68-volume-6-numero-4-trimestre-01-10-2015-a-31-12-2015/1668-decisoes-estruturais-no-direito-processual-civil-brasileiro. Acesso em: 20 out. 2018.

78. Abordando alguns limites, ver: GRINOVER, Ada Pellegrini. O controle jurisdicional de políticas públicas. In: GRINOVER, Ada Pellegrini; WATANABE, Kazuo; COSTA, Susana Henriques da. *O processo para solução de conflitos de interesse público*. Salvador: JusPODIVM, 2017, p.125-150.

79. O Projeto teve origem nos grupos de pesquisa e estudo capitaneados pela Profª. Ada Pellegrini e pelo Prof. Kazuo Watanabe. Registre-se que o Prof. Kazuo continua revisando esse Projeto, de acordo com a evolução da política legislativa. Em julho de 2018, foi realizada uma audiência pública em Brasília para avaliar aspectos técnicos e orçamentários. Após, houve reuniões de juristas para tentar adaptar o Projeto às inquietações dos parlamentares. A ideia atual da comissão é enxugar ao máximo o Projeto e tentar eliminar a impressão de que os juízes terão superpoderes de interferência em políticas públicas.

80. Disponível em: https://www.camara.gov.br/proposicoesWeb/prop_mostrarintegra;jsessionid=F91A0546E-517C80D8F3A1F0F7D3243B1.proposicoesWebExterno1?codteor=1283918&filename=PL+8058/2014. Acesso em: 28 fev. 2018.

"I – estruturais, a fim de facilitar o diálogo institucional entre os Poderes; II – policêntricas, indicando a intervenção no contraditório do Poder Público e da sociedade; III – dialogais, pela abertura ao diálogo entre o juiz, as partes, os representantes dos demais Poderes e a sociedade; IV – de cognição ampla e profunda, de modo a propiciar ao juiz o assessoramento necessário ao pleno conhecimento da realidade fática e jurídica; V – colaborativas e participativas, envolvendo a responsabilidade do Poder Público; VI – flexíveis quanto ao procedimento, a ser consensualmente adaptado ao caso concreto; VII – sujeitas à informação, ao debate e ao controle social, por qualquer meio adequado, processual ou extraprocessual; VIII – tendentes às soluções consensuais, construídas e executadas de comum acordo com o Poder Público; IX – que adotem, quando necessário, comandos judiciais abertos, flexíveis e progressivos, de modo a consentir soluções justas, equilibradas e exequíveis; X – que flexibilizem o cumprimento das decisões; XI – que prevejam o adequado acompanhamento do cumprimento das decisões por pessoas físicas ou jurídicas, órgãos ou instituições que atuem sob a supervisão do juiz e em estreito contato com este."

Como se observa, as características instituídas pelo Projeto são condizentes com o que a doutrina vem propondo e discutindo.

Ademais, o processo especial, além de outras disposições, institui três fases:

a) fase preliminar (art. 6º a 10) de informação, diálogo, esclarecimento, contraditório sobre dados da política pública objeto do pedido. O juiz notifica a autoridade responsável para dizer como está o atendimento da política pública;

b) fase de tentativa de solução adequada da controvérsia (art. 11 a 13), com a possibilidade de submissão do conflito à arbitragem ou à mediação ou conciliação judiciais ou extrajudiciais; e

c) fase do processo judicial ou contenciosa (art. 14 a 22).

O Projeto de Lei também trata da reunião dos processos em primeiro grau, das relações entre magistrados, da reunião de processos em grau de recurso, dos cadastros nacionais, das ações individuais, e conclui com as disposições finais.

Note-se, pois, que a ideia do legislador foi inicialmente permitir o diálogo e a decisão construída pelas partes, para só depois, caso não haja êxito, se inicie a fase contenciosa.

E devido aos limites do presente estudo, será analisada, apenas, a segunda fase, que aborda o tratamento adequado dos litígios por outras vias que não a da imposição da sentença judicial.

Inicialmente duas circunstâncias chamam a atenção. A primeira é que o Projeto é de 2014, momento em que tramitavam nas casas legislativas a reforma do Código de Processo Civil e o marco legal da mediação no Brasil (Lei 13.140/2015). A segunda – e talvez influenciada pela primeira – é a previsão de um capítulo específico para os meios adequados de resolução de conflitos.

Assim, os meios consensuais são postos em destaque, pois frequentemente os processos estruturais se encerram com propostas de planejamento, discutidas e aprovadas pelas partes e pelo juiz, passando-se imediatamente à execução.

Por sua vez, o Projeto prestigiou todos os métodos adequados de resolução de conflitos, incluindo a arbitragem.[81]

Aliás, de forma interessante, previu-se a possibilidade de instituição de arbitragem até mesmo após a judicialização do conflito.

Quanto ao tema, não parece que terá grande aplicabilidade na prática forense, uma vez que a utilização da arbitragem implicaria em renúncia à jurisdição estatal, e, por consequência do poder de coerção do juiz, afastando o uso de suas medidas atípicas que se mostram extremamente eficientes para o cumprimento das decisões.

Não obstante, o Projeto previu o incentivo, pela autoridade, para que as partes se submetam à mediação ou conciliação a qualquer tempo, conduzidas por mediadores e conciliadores devidamente capacitados.[82]

Entretanto, em algumas situações, e em se tratando de conciliação, a presença do juiz pode ser interessante na construção do acordo, devido à complexidade do conflito e à eventual participação de representantes de múltiplos entes, especialmente os públicos.

Por sua vez, o Projeto prevê a obrigatoriedade da audiência de mediação ou conciliação quando se tratar de direito passível de transação[83], o que vai bem ao encontro da ideologia instituída pelo CPC/15.

Registre-se, ainda, que se evitou falar em direitos disponíveis, cuja discussão acadêmica ainda não é latente.

O Projeto também se reportou à remuneração e outros direitos e obrigações dos mediadores e conciliadores à legislação em vigor.[84]

Além disso, o Projeto autorizou a transação sobre o cumprimento da obrigação, sua modalidade e seus prazos. E para dar maior segurança jurídica aos envolvidos, instituiu-se a possibilidade de as transações constituírem título executivo judicial, caso homologadas, ou de, ainda que não homologadas, constituírem título executivo extrajudicial, dando, portanto, força executiva a qualquer modalidade de autocomposição.[85]

---

81. **Art. 11.** As partes poderão, de comum acordo, submeter o conflito ao juízo arbitral, observado o disposto na legislação em vigor ou à mediação ou conciliação judiciais ou extrajudiciais.

82. § 1º A qualquer tempo e em qualquer fase e grau do processo, a autoridade judiciária poderá propor às partes que se submetam à mediação ou conciliação, conduzidas por mediadores e conciliadores devidamente capacitados, nos termos da legislação em vigor.

83. § 2º A audiência de mediação ou conciliação será obrigatória quando se tratar de direito passível de transação.

84. § 3º A remuneração dos mediadores e conciliadores e seus direitos e obrigações serão regidos pela legislação em vigor.

85. **Art. 12.** A qualquer momento as partes poderão transigir sobre o cumprimento da obrigação, sua modalidade e seus prazos, ouvido o Ministério Público ou o Defensor Público, conforme o caso.
    Parágrafo único. A transação, homologada pelo juiz, terá efeito de título executivo judicial e, assinada pelos transatores e pelo Ministério Público, de título executivo extrajudicial.

Por fim, o Projeto trata do termo de ajustamento de conduta, ressaltando que, em caso existência de processo, o ajuste somente terá eficácia após a manifestação do autor.[86] O objetivo foi evitar impugnações futuras.[87]

Além desse Projeto, conforme já mencionado, há o Projeto de Lei 1.641/2021[88], apresentado em 29/04/2021, de autoria do Deputado Federal Paulo Teixeira, que tramita perante a Câmara dos Deputados, e que disciplina a ação civil pública, aplicável aos conflitos estruturais. Ele propõe alterações ao disposto no PL 4441/2020 e no PL 4778/2020, no intuito de se maximizar a eficácia, a eficiência e a legitimidade de nosso sistema de tutela coletiva.

Nesse Projeto, aplicável a todas as ações para a tutela de direitos difusos, coletivos e individuais homogêneos (art. 1º), há dispositivos que contemplam, de modo expresso, os conflitos completos.

O art. 2º aborda os princípios, sendo que o inciso X prevê "efetivo diálogo entre o juiz, as partes, os demais Poderes do Estado e a sociedade na busca da solução plural e adequada especialmente para casos complexos e estruturais".

No art. 14, I, há previsão de que, antes de oportunizar a defesa do réu, o juiz:

"nas causas complexas, como aquelas que envolvam políticas públicas, sempre que entender adequado, motivadamente requisitará informações da autoridade responsável, do Ministério Público ou da Defensoria Pública, bem como dos órgãos de controle responsáveis, escritas ou orais, em audiência da qual participarão as partes."

Não obstante, o referido Projeto contempla diversas formas de autocomposição, com estímulo claro à solução dialogada e consensual dos conflitos, inclusive os de natureza complexa.

Assim, acordos sobre o direito material e sobre o direito processual (convenções processuais) são previstos em diversas passagens, além do incentivo à cooperação judiciária e à audiência de saneamento compartilhado.

Portanto, seria de suma importância o legislador avançar desses debates, com a aprovação de uma lei que atenda às novas exigências da tutela coletiva e estrutural.

---

86. **Art. 13.** O Ministério Público ou outros órgãos públicos legitimados às ações coletivas poderão tomar da Administração ou do ente privado termo de ajustamento de conduta sobre o cumprimento da obrigação, sua modalidade e seus prazos, que, em caso de existência de processo, somente terá eficácia após manifestação do autor.
    Parágrafo único. O termo de ajustamento de conduta terá natureza jurídica de transação, submetendo-se à regra do parágrafo único do art. 12.
87. GRINOVER, Ada Pellegrini; WATANABE, Kazuo; LUCON, Paulo Henrique dos Santos. Projeto de Lei n. 8.058/2014 – Considerações gerais e proposta de substitutivo. In: GRINOVER, Ada Pellegrini; WATANABE, Kazuo; COSTA, Susana Henriques da. *O processo para solução de conflitos de interesse público.* Salvador: JusPODIVM, 2017, p. 617.
88. Disponível em: prop_mostrarintegra (camara.leg.br). Acesso em: 15 set. 2023.

6. CONCLUSÕES

Pela análise desenvolvida nesta pesquisa, percebe-se que a tutela de direito coletivo é justificada em razão do reconhecimento do direito material coletivo, difuso e individual homogêneo, de modo que a justiça coletiva, enquanto tutela dos direitos coletivos *lato sensu*, é um dever do Estado para com a sociedade.

Foi identificado, também, que o tratamento autocompositivo das controvérsias coletivas se insere no âmbito da segunda e terceira ondas renovatórios do acesso à justiça, tendo por escopo a tutela adequada, tempestiva, efetiva e justa de tais direitos, observando-se sua dimensão teleológica, ou seja, a promoção da justiça coletiva.

Desse modo, é necessário que os mecanismos de proteção aos direitos coletivos *lato sensu* sejam aperfeiçoados, a partir de sua adequação normativa e procedimental às peculiaridades dos conflitos dessa natureza.

Inserido nesse contexto, encontra-se inserido o PL 1.641/21, que visa disciplinar "a ação civil pública, também denominada ação coletiva, aplicando-se a todas as ações para a tutela dos direitos difusos, coletivos e individuais homogêneos" (PL 1.641/21, *caput*) e que se propõe a regulamentar a autocomposição coletiva, em diversos dispositivos e destinando capítulo específico sobre esse tema.

Ademais, o PL 1.641/21 propõe, no inciso II do artigo 37, a publicidade e transparência enquanto princípios da autocomposição coletiva, em contraposição ao princípio da confidencialidade, que predomina no microssistema dos métodos adequados de tratamento de conflitos, no que tange aos mecanismos autocompositivos, conforme diversas previsões normativas, como na Resolução 125/2010 do Conselho Nacional de Justiça, no Código de Processo Civil e na Lei de Mediação.

Ocorre que se extrai da própria Carta Magana brasileira a necessidade de se conferir publicidade e transparência aos procedimentos autocompositivos coletivos, em razão do elevado interesse público tutelado em tais procedimentos, senão de todo o procedimento, envolvendo-se os módulos e fases do mecanismo utilizado, ao menos de seu resultado.

Desse modo, a positivação dos princípios da publicidade e da transparência na autocomposição coletiva, na forma proposta pelo PL 1.641/21, confere maior densificação à norma constitucional (CRFB, art. 5º, LX), e possibilita maior participação, evitando-se qualquer ilação de antinomias entre as normas voltadas à autocomposição individual e àquelas direcionadas à autocomposição coletiva, o que melhor compatibiliza o ordenamento jurídico.

Assim, conclui-se que somente um procedimento autocompositivo que for adequado, tempestivo, efetivo e justo, com transparência e publicidade, pode servir adequadamente para tutelar certos direitos, entre os quais, o de buscar ressuscitar um rio morto.

Não obstante, o direito processual civil tem passado por importantes modificações legislativas, objetivando ao alcance da eficiência.

No entanto, a diversidade e/ou a magnitude dos conflitos sociais podem exigir molduras procedimentais ainda não elaboradas e que, ao contrário do processo tradicional, demandam uma configuração processual aberta e flexível, que se adapte à multiplicidade de partes e interesses.

A diversidade dos conflitos também afeta o comportamento dos sujeitos processuais, sendo que quanto mais complexidade houver, maior deve ser a busca pela cooperação e consensualidade, uma vez que a decisão adjudicada nem sempre consegue resolver adequadamente a disputa.

De qualquer forma, diante de um caso complexo, o juiz pode enfrentar diversos tipos de dificuldades, de modo que se revela importante atentar para as proporções do conflito, seus efeitos sociais, políticos, econômicos, entre outros, para formatar um desenho procedimental compatível com as dificuldades teóricas e práticas.

Desse modo, o processual civil tradicional nem sempre consegue atender satisfatoriamente aos conflitos que envolvem situações dinâmicas, de forma que já se mostra necessário o legislador estabelecer premissas, requisitos e limites dos processos estruturais, conferindo segurança jurídica aos aplicadores do direito.

Nesse contexto, acordos e processos estruturantes são temas que merecem destaque no processo contemporâneo.

Com efeito, a ideia de consensualidade tem penetrado em todos os ramos do direito, trazendo para o jurisdicionado novas perspectivas e mais diálogo.

De outra banda, os processos estruturantes já são uma realidade em nosso ordenamento jurídico e representam grande avanço civilizatório, já que democratiza o processo e soluciona de forma adequada e proporcional o conflito.

Dessa forma, os sujeitos processuais devem estar abertos a essas novas técnicas processuais, em prol da evolução do próprio sistema processual.

A doutrina e a jurisprudência têm importante papel na mudança de paradigmas e na quebra de dogmas injustificáveis no trato do processo coletivo, bem como na construção de uma base teórica sólida sobre o assunto.

O legislador, por sua vez, tem imprimido constantes alterações processuais na busca de efetividade. Prova disso é o Projeto de Lei 8.056/2014, que ainda está sendo aperfeiçoado, mas cuja estrutura principal já foi delineada, bem como o PL 1.641/2021.

No que tange aos métodos consensuais de resolução de disputas, os Projetos convergem com o que restou preconizado no CPC/15 e na Lei de Mediação. Também se prestigiou os acordos judiciais e extrajudiciais.

Por outro lado, os Projetos contemplam, além dos acordos de direito material, os acordos de natureza processual, ou seja, as convenções processuais típicas e atípicas estabelecidas no CPC/15, como a suspensão de prazos, o calendário processual, a convenção sobre peritos, só para citar alguns. E tudo isso ainda pode ocorrer no bojo de uma audiência de conciliação ou mediação.

Portanto, a previsão de um processo especial para o controle e intervenção em políticas públicas pelo Poder Judiciário – ainda em tramitação com amplas possibilidades de aperfeiçoamento pelas Casas legislativas – já representa um grande avanço para o tratamento adequado de litígios complexos, pois contempla técnicas inovadoras e confere maior segurança jurídica aos operadores do direito.

10
JUSTIÇA MULTIPORTAS
E CONFLITOS AMBIENTAIS

1. INTRODUÇÃO

A noção de meio ambiente é bastante ampla, e vem regulamentado em um conjunto normativo conjugado, bem como em lições doutrinárias variadas, cujo resultado se traduz em se considerar praticamente ilimitada a possibilidade de defesa da flora, da fauna, das águas, do solo, do subsolo, do ar, ou seja, de todas as formas de vida e de todos os recursos naturais. *"Tudo o que diga respeito ao equilíbrio ecológico e induza a uma sadia qualidade de vida, é, pois, questão afeta ao meio ambiente. Assim, devem ser combatidas todas as formas de degradação ambiental, em qualquer nível."*[1]

Como consequência, diversas formas de tutela devem estar à disposição das questões envolvendo o meio ambiente, de acordo com as peculiaridades do caso concreto, permitindo uma melhor adequação à espécie de controvérsia em foco. Dessa forma, seja no âmbito administrativo, seja no judicial, importante a existência de técnicas diferenciadas de proteção do meio ambiente e de solução de seus conflitos.

Não bastasse, a própria Constituição da República, no art. 225, § 3º, consagra a responsabilidade administrativa, criminal e civil pelos danos ambientais eventualmente causados, sujeitando tanto as pessoas físicas como as jurídicas às sanções pelas infrações cometidas.

Com essa diversidade de objeto de tutela, de infratores responsáveis e de tipos de sanções previstas em caso de lesão ao meio ambiente, nada mais razoável do que se estabelecer meios alternativos de solução das controvérsias.

Na esfera administrativa existem vários instrumentos de controle ambiental e de sanções pelas infrações cometidas à disposição do Poder Público, no exercício de seu poder de polícia.[2] Também administrativamente, podem os colegitimados tomar compromisso de ajustamento de conduta do causador do dano.[3] Por fim, pode o Mi-

---

1. MAZZILLI, Hugo Nigro. *A defesa dos interesses difusos em juízo.* 23. ed. revista, ampliada e atualizada, São Paulo: Saraiva, 2010, p. 157-158.
2. Sobre o assunto, vide: SILVA, José Afonso da. *Direito ambiental constitucional.* 9. edição, atualizada, São Paulo: Malheiros, 2011, p. 286-325.
3. Acerca das polêmicas envolvendo as partes no compromisso de ajustamento, cf.: MAZZILLI, Hugo Nigro. *A defesa dos interesses difusos em juízo.* 23. ed. revista, ampliada e atualizada, São Paulo: Saraiva, 2010, p. 418-422.

nistério Público atuar instaurando o inquérito civil para apuração da materialidade e da autoria de fatos que possam ensejar o ajuizamento de processo coletivo, a tomada de compromissos de ajustamento de conduta ou a realização de audiências públicas e expedição de recomendações dentro de suas atribuições.

No campo judicial, há diversos mecanismos processuais de proteção ambiental, que podem ser preparatórios ou reparatórios, de natureza civil ou penal, de iniciativa individual ou coletiva, e objetivando os mais variados provimentos jurisdicionais. Cite-se, por exemplo, a ação civil pública, a ação popular, a ação cautelar, o mandado de segurança coletivo, as ações penais, entre os procedimentos possíveis.

E atendendo tanto ao âmbito administrativo quanto ao judicial, tem-se a conciliação e a mediação, como vias possíveis de se alcançar a satisfação e efetivação dos problemas envolvendo o meio ambiente.

A conciliação e a mediação são técnicas de autocomposição que vêm ganhando força no âmbito jurídico brasileiro, como forma de alterar ou ao menos mitigar a cultura da litigiosidade que está impregnada em nosso cotidiano. Porém, cultura não se muda da noite para o dia, e requer esforços conjuntos e paciência.

Ocorre que o fato de o Poder Judiciário ter sido o órgão constitucionalmente designado para a solução dos litígios não significa que somente ele tenha responsabilidade pela pacificação social. Não por outro motivo, o próprio preâmbulo da Constituição da República, ao instituir o Estado Democrático inclui, entre os seus objetivos, o comprometimento "... *com a solução pacífica das controvérsias...*", sem distinção entre os três Poderes da União, ou seja, o Executivo, o Judiciário e o Legislativo.

Sendo assim, a todos compete assegurar a existência de uma sociedade fraterna, por meio de implementação de medidas destinadas à garantia da ordem pública interna e internacional.

2. TENDÊNCIA À AUTOCOMPOSIÇÃO E A DESJUDICIALIZAÇÃO

O CNJ editou a Resolução 125/2010 impondo aos Tribunais diversas formas de aprimoramento da aplicação da conciliação e da mediação, como meio de se resolver o problema da ineficácia judicial e da insatisfação social com o funcionamento da justiça. Esse caminho é louvável, mas não será suficiente para solucionar os problemas de lentidão e de inchaço da justiça.

Além disso, trata-se de responsabilidade inerente a todas as esferas de Poder, e, por isso, tanto o Judiciário como o Executivo e o Legislativo deveriam fomentar projetos que incluam a conciliação e a mediação nas soluções dos conflitos sociais, garantindo uma satisfação mais plena da comunidade, além de disseminar a cultura da pacificação das relações humanas.

Dessa forma, apesar de a Resolução CNJ 125/2010 ter determinado que o Poder Judiciário tomasse medidas rápidas e eficazes na implantação de conciliação e mediação na sociedade, essa não é uma tarefa de exclusividade do referido órgão e deve ser encampada por outros setores, em especial pelo Poder Executivo, por meio de políticas públicas adequadas.

Não obstante, o Conselho Nacional do Ministério Público (CNMP) possui diretrizes importantes para a consensualidade, como a Resolução 118/2014[4], que dispõe sobre a Política Nacional de Incentivo à Autocomposição no âmbito do Ministério Público e prevê mecanismos de autocomposição, como a negociação, a mediação, a conciliação, o processo restaurativo e as convenções processuais, e a Recomendação 54/2017[5], que dispõe sobre a Política Nacional de Fomento à Atuação Resolutiva do Ministério Público brasileiro.

E com o advento do Código de Processo Civil de 2015, a Lei 13.140/2015 (Lei de Mediação) e outras legislações que foram alteradas ou criadas posteriormente, formou-se o arcabouço legislativo da denominada Justiça Multiportas.

Registre-se que a desjudicialização das controvérsias e a autocomposição das partes do processo já são uma realidade nos grandes sistemas processuais, não só como forma de resolver os problemas estruturais da justiça, mas, acima de tudo, como meio de se atingir uma satisfação mais plena por partes dos envolvidos nas controvérsias, destacando-se, neste último caso, os benefícios da mediação na pacificação social, cuja técnica se aprofunda nas razões emocionais que cercam as relações conflituosas, trazendo mais legitimidade aos ajustes e mais chance de acabar em definitivo com o dilema estabelecido.

E entre os meios extrajudiciais, o compromisso de ajustamento de conduta é um importante instrumento por sua aptidão de prevenir e de solucionar impasses de praticamente todos os tipos de direitos transindividuais, como o meio ambiente, consumo, patrimônio público etc.

Conforme mencionado, pode ser realizado pelos órgãos públicos legitimados ou no âmbito do inquérito civil instaurado pelo Ministério Público, antes ou no bojo de Ação Civil Pública, ou mesmo na fase executória de uma condenação. Estipulado extrajudicialmente assumirá a qualidade de título executivo extrajudicial e se submeterá às regras gerais do processo de execução de acordo com a modalidade de obrigação a ser executada. O acordo também poderá ser judicialmente homologado em ação própria (como nos moldes do art. 57 da Lei 9099/96) ou se dar no curso da ação civil pública, também com homologação judicial[6], ensejando, então, um título judicial que se sujeitará ao cumprimento de sentença, caso o obrigado desrespeite a avença.

---

4. Disponível em: Resolução_nº_118_autocomposição.pdf (cnmp.mp.br). Acesso em: 15 set. 2023.
5. Disponível em: Atos e Normas – Conselho Nacional do Ministério Público (cnmp.mp.br). Acesso em: 15 set. 2023.
6. "Não se justifica denominar compromisso de ajustamento de conduta, como erroneamente muitos têm feito, o acordo judicialmente homologado em sede ação civil pública, pois aquele é título executivo extrajudicial, enquanto este é título judicial. É justamente em razão da natureza extraprocessual do instrumento de tutela coletiva em comento, é que sua eficácia não está sujeita a prévio juízo de valor por parte do órgão jurisdicional."

De qualquer modo, os meios adequados de solução de conflitos, especialmente os consensuais, devem ser intensamente motivados como forma de se evitar a judicialização. Em outras palavras, devem ser tentados, exaustivamente, antes do início da relação processual, até porque paralisar a demanda para, só aí, tentar a autocomposição pode ser contraproducente e desnecessário, já que as partes podem fazer as tratativas ou negociações fora dos autos e, após, simplesmente comunicar ao juízo para fins de homologação. Assim, é que as tratativas autocompositivas devem ser utilizadas fartamente antes da provocação da via jurisdicional. A utilização incidental deve ser a exceção e não a regra.

3. CONCILIAÇÃO E MEDIAÇÃO NO ÂMBITO DOS DIREITOS TRANSINDIVIDUAIS[7]

Apesar das diferentes concepções doutrinárias acerca da possibilidade de ajustes sobre direitos indisponíveis e em sendo majoritário o entendimento pelo cabimento de acordo no campo de interesses difusos e coletivos, verifica-se que a conciliação e a mediação constituem importantes instrumentos de pacificação social e suas técnicas devem, sempre que possível, ser aplicadas na solução de problemas envolvendo direitos transindividuais, tanto na esfera judicial como na extrajudicial.

Extrajudicialmente, os colegitimados na defesa dos direitos difusos e coletivos devem propor ao interessado formas eficientes de prevenir danos, reparar[8] ou restabelecer os prejuízos causados ou, ainda, de compensar as ofensas identificadas, por meio de ajustamento de sua conduta às exigências legais, mediante cominações, com força de título executivo extrajudicial, na forma do art. 5º, § 6º da Lei 7.347/1985 e com respaldo no art. 784, inciso IV, do CPC e sem atingir a indisponibilidade do direito material envolvido.

Trata-se de eficaz mecanismo de proteção aos direitos transindividuais, sendo muito comum a utilização desse ajustamento de conduta no âmbito do inquérito civil, em que o Ministério Público investiga prévia e administrativamente a autoria e a materialidade de fatos que possam demandar uma atuação ministerial.

(VIDAL AKAOUI, Fernando Reverendo. *Compromisso de ajustamento de conduta ambiental*. 3. ed. rev. e atual. São Paulo: Ed. RT, 2010, p. 63).

7. O tema foi parcialmente tratado em: PINHO, Humberto Dalla Bernardina; CABRAL, Trícia Navarro Xavier. Compromisso de ajustamento de conduta: atualidades e perspectivas de acordo com o projeto do novo CPC. *Revista eletrônica de direito processual*, v. VII, p. 73-114, 2011; e PINHO, Humberto Dalla Bernardina; CABRAL, Trícia Navarro Xavier. Compromisso de ajustamento de conduta: atualidades e perspectivas de acordo com o projeto do novo CPC. *Revista de Direitos Difusos*, v. 52, p. 55-96, 2011.

8. "O ressarcimento do dano ambiental pode ser feito de duas formas. A primeira delas ocorre com o que se denomina reparação natural ou específica, em que há o *ressarcimento 'in natura'*. A segunda é a *indenização em dinheiro*. [...] *primeiramente*, deve-se verificar se é possível o retorno ao *statu quo ante* por via da *reparação específica*, e só depois de infrutífera tal possibilidade é que deve a condenação recair sobre um *quantum* a ser ressarcido pelo causador do ato feito [...]". FIORILLO, Celso Antonio Pacheco. *Curso de direito ambiental brasileiro*. 12. ed. revista, atualizada e ampliada, São Paulo: Saraiva, 2011, p. 99.

Ademais, há a possibilidade de que apenas parte dos problemas seja solucionada, através do chamado "compromisso preliminar", prosseguindo-se nas investigações quanto aos demais fatos apurados no inquérito civil.[9]

Assim, a verificação de infrações civis e administrativas relacionadas aos interesses difusos e coletivos pode ensejar o estabelecimento de um ajustamento de conduta capaz de resolver, extrajudicialmente, eventuais impasses junto ao interessado, evitando, com isso, a judicialização do conflito e permitindo, muitas vezes, uma forma mais eficaz de resolver o problema.

No âmbito judicial, é possível que o compromisso se dê de três formas: a primeira é requerendo a homologação da avença, transformando-a em título executivo judicial; a segunda é no curso da ação civil pública, por meio de um acordo acerca do objeto da lide, como forma de eliminar a controvérsia e garantir meios mais adequados e pacíficos de solucionar o problema envolvendo direitos transindividuais; e a terceira é na fase executória de qualquer uma das espécies de título executivo – judicial ou extrajudicial.

Ressalte-se que, dentre os poderes do juiz previstos no CPC, destaca-se a previsão de tentar, prioritariamente e a qualquer tempo, compor amigavelmente as partes, preferencialmente com auxílio de conciliadores e mediadores judiciais (art. 139, V). Assim, o juiz deve oportunizar sempre que cabível – até em fase recursal – o encontro entre as partes visando um acordo acerca dos problemas apurados, deixando de lado o ultrapassado dogma de não tentar promover ajustes quando em discussão direitos indisponíveis.

Destarte, o CPC, em boa hora, reconhece o instituto da mediação como um mecanismo hábil à pacificação social. Além disso, trata dos mediadores e dos conciliadores no artigo 149, atribuindo-lhes a qualidade de auxiliares da justiça, estando, inclusive, sujeitos aos motivos de impedimento e suspeição.

A conciliação já é bastante difundida em nosso ordenamento e vem representando um papel significativo na solução amigável dos conflitos, ainda que não reduza, necessariamente, o número de processos e o congestionamento do Poder Judiciário. Já a mediação[10] é um instituto ainda em expansão, mas de igual forma legítimo à solução das controvérsias.

Nesse passo, considerando essa tendência de se resolver os conflitos de interesses por outras vias que não a imposição de um provimento judicial, a possibilidade de firmar compromisso de ajustamento de conduta cai como uma luva para fins de superação das controvérsias, devendo também o juiz estimular a utilização de meios alternativos de

---

9. MAZZILLI, Hugo Nigro. Notas sobre o inquérito civil e o compromisso de ajustamento de conduta. In: MILARÉ, Édis (Coord.) *A ação civil pública após 25 anos*. São Paulo: Ed. RT, 2010, p. 317-318.

10. "Pode-se entender por mediação o instrumento de natureza autocompositiva marcado pela atuação, ativa ou passiva, de um terceiro neutro e imparcial, denominado mediador, que auxilia as partes na prevenção ou solução de litígios, conflitos ou controvérsias." (GALVÃO FILHO, Mauricio Vasconcelos; WEBER, Ana Carolina. Disposições gerais sobre a mediação civil. In: PINHO, Humberto Dalla Bernardina de (Org.). *Teoria Geral da Mediação à luz do Projeto de Lei e do Direito Comparado*. Rio de Janeiro: Lumen Juris, 2008, p. 19-20.

composição justa dos conflitos, por meio de mecanismos aptos a tal fim. Trata-se, como se vê, de um dever de o magistrado combater a cultura da litigiosidade, de incentivar outras formas de solução das pendências e de combater o desvirtuamento da função judicial do Estado, atribuindo uma leitura contemporânea do acesso à justiça previsto no art. 5º, XXXV, da CF.

Além disso, a demora no trâmite judicial, as despesas processuais e a falta de conhecimento técnico e de especialização do julgador são alguns dos entraves que não podem ser desconsiderados quando da escolha da via adequada de tutela ao meio ambiente.

Portanto, melhor do que se conseguir um acordo judicial é conferir maior eficácia aos meios extrajudiciais de solução de controvérsias, com a utilização do compromisso de ajustamento de conduta pelos entes legitimados à proteção e defesa dos direitos transindividuais, tendo em vista as vantagens da celeridade, do custo e da maior especialização dos órgãos públicos interessados.

4. MEIOS EXTRAJUDICIAIS E TUTELA DO MEIO AMBIENTE

Em se tratando de questões envolvendo o meio ambiente, sua solução pode dar-se, no âmbito extrajudicial, por meio de órgãos públicos especializados em meio ambiente (Ibama, Iema, Conama e outros), ou pelo Ministério Público. Em outros termos, as controvérsias ambientais podem ser resolvidas extrajudicialmente em duas esferas: a) no âmbito dos órgãos administrativos legitimados; ou b) no Ministério Público.

Nos órgãos administrativos ambientais, além das providências e sanções administrativas[11], podem ser tomados compromissos de ajustamento de conduta visando à prevenção, à reparação e/ou à recomposição dos danos ambientais, que terão força de título executivo extrajudicial, na forma do art. 5º, § 6º, da Lei 7.347/85 (Lei de Ação Civil pública).

Já o Ministério Público pode instaurar inquérito civil para apuração das infrações ambientais e firmar Termo de Ajustamento de Conduta preliminar (de parte do objeto apurado) ou definitivo (envolvendo todas as questões do inquérito).

Em todas essas hipóteses, os acordantes podem se valer de técnicas de conciliação ou de mediação, conforme o caso. Assim, se o problema for eminentemente ambiental e tiver apenas consequências práticas e financeiras para o infrator, a conciliação servirá como técnica de resolução do conflito. Entretanto, se este tiver o potencial de causar efeitos mais graves ou danosos na vida do mesmo, talvez seja o momento de dispor das técnicas de mediação para compor a controvérsia.

---

11. Discorrendo sobre as espécies de multas administrativas e multas impostas em compromisso de ajustamento, ver: MAZZILLI, Hugo Nigro. *A defesa dos interesses difusos em juízo*. 23. ed. revista, ampliada e atualizada, São Paulo: Saraiva, 2010, p. 541-542.

Um exemplo clássico é o assentamento irregular em área de preservação permanente, cujo resultado implica na desocupação do local, no parcelamento urbano, ou em outras formas de composição junto ao Poder Público. Nessa hipótese, os impactos sociais serão grandes e inevitáveis, podendo ocasionar sérios abalos psicológicos nos envolvidos, e, por conseguinte, provocar reações de toda ordem, já que estará em jogo o próprio direito de moradia dessas pessoas, e isso não se administra facilmente.

Também as hipóteses de recolhimento de animais silvestres ou em extinção não devem ser tratadas como qualquer situação ambiental, já que envolve o apego do pretenso proprietário ao animal e demanda maior sensibilidade na solução do problema.

Não bastasse, a administração de casos de poluição ambiental por grandes empresas que atingem pequenas propriedades ou produtores rurais também devem ser passíveis de uma intermediação mais técnica e especializada, para se evitar a sensação de descaso ou de desconsideração aos interesses dos hipossuficientes.

Como se sabe, a mediação é uma técnica nova e diferenciada, ainda não muito difundida na nossa prática e na nossa cultura, e que precisa se transformar em uma aposta por parte do Poder Público, por meio de implementação de políticas públicas destinadas à pacificação dos conflitos, cuja responsabilidade, como já dito, não se limita ao Poder Judiciário.

Assim, órgãos e profissionais especializados nesses meios apropriados de solução de conflitos deveriam estar à disposição dos quadros públicos, prontos a intervirem se o caso demandar. Mas, infelizmente, esse tipo de investimento ainda não faz parte do planejamento da grande maioria dos entes públicos.

Igualmente, em situações nas quais é impossível o retorno ao estado anterior ao processo (estado do bem antes da ocorrência da lesão), será necessário buscar uma solução alternativa, algo como o "resultado prático equivalente", previsto no artigo 499, do CPC. Nesses casos, é inegável que haverá certa dose de discricionariedade na busca e na escolha de um resultado adequado, o que levará à negociação de cláusulas específicas e questões concretas quanto ao adimplemento das obrigações pactuadas.

Porém, chama atenção nos acordos extrajudiciais a falta de critérios técnicos e objetivos na adequação entre o dano irreversível e sua forma de compensação. Não há um órgão de controle ou de orientação quanto à proporcionalidade e à compatibilidade entre a lesão ambiental e as formas sugeridas para a composição e os tipos de sanções aplicadas. Essa discricionariedade, além de não ser salutar e gerar insegurança aos infratores, pode inviabilizar, inclusive, a análise acerca do possível atendimento da finalidade compensatória e/ou pedagógica do instituto. Em alguns casos, a própria lei prevê objetivamente as sanções ambientais, mas em outros, é o próprio legitimado quem estabelece as formas de recomposição do dano, e o faz, reiteradamente, sem a utilização de qualquer critério predefinido, a não ser o do bom senso.

Não é raro ver o Ministério Público formulando TAC´s e condicionando o acordo a obrigações de natureza completamente diversa do objeto defendido, que é o meio ambiente, como a construção de escola, posto de saúde, creches e outros, por absoluta falta de parâmetros predefinidos. Ora: isso não seria uma forma de coerção política administrativa?

Note-se que a questão da segurança jurídica quanto aos critérios impostos ao compromissário não deve ser desconsiderada, sob o argumento de que o ato não seria propriamente discricionário, mas sim as razões por ocasião da prática de certos atos.[12] O infrator tem o direito subjetivo de entender a proporcionalidade e a razoabilidade das sanções e condições que lhe foram aplicadas, seja para poder questionar, seja para que tenha a real consciência da dimensão de suas condutas.

Quanto aos requisitos do compromisso de ajustamento, este deve conter: o prazo para cumprimento das obrigações, a identificação das partes signatárias, deve ser público e a obrigação cumprida deve estar prevista de forma clara, ou seja, deve ser líquida e certa.

Frise-se que algumas concessões relativas à forma e ao prazo para cumprimento das obrigações fixadas no termo, são perfeitamente possíveis, posto que não implicam na transação ou renúncia acerca do direito material controvertido, mas em pequenos benefícios que, não só em nada comprometem a indisponibilidade do direito em questão, como ainda viabilizam a formação do ajuste e, consequentemente, a reparação dos danos ocorridos e a tutela do interesse coletivo.

No que tange às vedações à fixação do termo de ajustamento são, basicamente, três as hipóteses em que tal compromisso não poderá ser firmado, ou poderá ser fixado desde que não possua determinadas cláusulas, que basicamente se limitam ao seguinte:

1- Não pode o termo de ajustamento fixar cláusulas impedindo o acesso dos lesados à jurisdição, eis que mesmo com o estabelecimento de compromisso de ajustamento de conduta, aquele que se sentir individualmente lesado poderá recorrer ao Judiciário buscando seu particular ressarcimento.

2- Não pode o termo incluir renúncia a direitos materiais de que não são titulares os órgãos públicos legitimados, mas sim a coletividade.

3- Não pode ocorrer, da mesma forma, transação quanto ao objeto material do litígio, pois não têm os legitimados à ação civil pública disponibilidade sobre o direito material controvertido.

Como se vê, o compromisso de ajustamento de conduta requer a observância de preceitos sem os quais o torna viciado e incapaz de subsistir no mundo jurídico. Nesse passo, deve haver um meio de fiscalização adequada e que permita que o instituto ganhe força e credibilidade.

---

12. "A atuação discricionária está limitada, externamente, à lei, e, internamente, ao dever jurídico de boa gestão administrativa. Os princípios constitucionais expressos e implícitos que regem a Administração Pública constituem o limite interno da atuação discricionária do agente público e sua violação pode constituir ato de improbidade administrativa." MAZZILLI, Hugo Nigro. *A defesa dos interesses difusos em juízo*. 23. ed. revista, ampliada e atualizada, São Paulo: Saraiva, 2010, p. 142.

10 • JUSTIÇA MULTIPORTAS E CONFLITOS AMBIENTAIS · 581

Há vozes que sustentam a necessidade de obrigatoriedade da judicialização dos TACs firmados extrajudicialmente, a fim de garantir a fiscalização e o controle formal e material dos acordos, bem como para que se alcance a coisa julgada e, também, para tornar o procedimento executivo mais simples, por viabilizar a aplicação das regras relativas ao cumprimento de sentença. Porém, *data vênia* aos que assim pensam, não se verificam muitas vantagens em submeter os TACs necessariamente à apreciação do Judiciário, por duas razões: a) a uma porque o juiz não tem a especialidade técnica ambiental na constatação da adequação das cláusulas ajustadas ou na avaliação dos critérios utilizados no ajuste; b) a duas porque a própria lei confere executividade ao título extrajudicial, de forma que eventual descumprimento poderá fazer com que o interessado seja compelido judicialmente a cumprir a obrigação através das mais diversas formas de coerção.

Por outro lado, atribuir apenas ao Ministério Público a fiscalização dos compromissos de ajuste de conduta firmados por outros colegitimados pode não satisfazer às finalidades do instituto, eis que o referido órgão também não dispõe de conhecimentos técnicos e científicos para, sozinho, avaliar a regularidade do acordo. Registre-se, outrossim, que a própria interferência do Ministério Público na concessão de licenças ambientais é questionável pela mesma razão, a não ser que os motivos determinantes do ato administrativo ou a sua proporcionalidade sejam realmente duvidosos.

Assim, talvez fosse viável a instituição de um órgão fiscalizador permanente pelo Executivo, uma espécie de Conselho, Cadastro de TAC's ou Comissão para acompanhamento dos ajustes, composto por pessoas pertencentes a diversos órgãos e especializadas em diversas áreas, como a ambiental, o Ministério Público e outros possíveis interessados no controle do meio ambiente, com a previsão de um banco de dados completo sobre os danos e sua forma de reparação, estatísticas e outros dados complementares, bem como com o estabelecimento de critérios de compensação predefinidos, permitindo o controle da coletividade sobre seus termos, seu objeto e sua execução e evitando-se arbítrios ou então impunidades[13].

Aliás, insta salientar a utilidade de que todas as pessoas e entidades que possam eventualmente contribuir no cumprimento dos TACs sejam chamadas a participarem do ajuste, seja para permitirem uma maior eficácia das obrigações firmadas, seja para integrarem os órgãos responsáveis e transmitirem segurança à sociedade quanto à união de forças e ao comprometimento institucional e social em prol da coletividade e cm benefício do meio ambiente. Não obstante, a importância de tal integração consiste na possibilidade de verificação de futura responsabilização pelo descumprimento do ajuste ou por atos ilícitos eventualmente cometidos.

Quanto à publicidade, em que pese tratar-se de um princípio do direito ambiental, tal qual o princípio da informação, não há atualmente uma preocupação na transparên-

---

13. "Torna-se, pois, imperioso não apenas reprimir, como dissuadir, com a certeza da aplicação da lei, pois a impunidade é o maior estímulo à violação da lei." MAZZILLI, Hugo Nigro. *A defesa dos interesses difusos em juízo*. 23. ed. revista, ampliada e atualizada, São Paulo: Saraiva, 2010, p. 157.

cia dos acordos firmados, através de mecanismos e meios de comunicação capazes de efetivamente cumprir essa finalidade, não só visando ao controle dos atos e situações ambientais, mas também para fins de orientação de condutas futuras.

Deixe-se assente que, firmado o ajustamento de conduta por um colegitimado, nada obsta a que outros exijam, a qualquer momento, novas obrigações do ajuste, a fim de enquadrar as circunstâncias nos exatos preceitos do ordenamento jurídico. Não bastasse, o órgão público que firmou o termo pode pretender complementar o título para adequá-lo ao resguardo integral do bem jurídico tutelado, convocando o signatário para uma nova tentativa de composição. E, ainda, a própria população tem o direito de acesso às informações ambientais, seja para atuar sobre a sociedade, seja para participar ativamente nas decisões que interessam.

Saliente-se, outrossim, que não há imutabilidade[14] no compromisso inicialmente firmado que deve, sempre que necessário, se adequar à nova situação eventualmente existente no momento da exigência do cumprimento da obrigação. E caso não haja êxito em convencer o obrigado a se submeter a novo ajuste, deverá o interessado se valer das medidas cabíveis.[15] Entre elas está a possibilidade de rescisão voluntária pelo mesmo procedimento pelo qual foi feito ou, então, contenciosamente.[16]

O termo de ajuste de conduta também pode ser desconstituído pelo próprio tomador do ajuste ou pelos colegitimados à propositura da ação civil pública, cabendo a todos os entes públicos e privados, e aos próprios cidadãos, a proteção dos interesses transindividuais e a fiscalização quanto à regularidade da tomada do ajustamento de conduta. Assim, repita-se, as cláusulas do acordo devem efetivamente ser condizentes com a tutela do bem jurídico e com o legítimo interesse da sociedade, e não padecerem de vícios como dolo, coação ou erro essencial.

Portanto, eventual ilegalidade, excesso ou inadequação pode ensejar a desconstituição do título executivo que, se ocorrer judicialmente via ação civil pública, pode, inclusive, ser cumulada com outros pedidos para a efetiva proteção do bem jurídico de natureza difusa ou coletiva.[17] Não bastasse, a ação popular e o mandado de segurança individual e coletivo também são instrumentos aptos à impugnação judicial de compromissos de ajustamento de conduta.[18]

---

14. VIDAL AKAOUI, 2010, p. 93.
15. "Realmente, o não cumprimento sujeita o compromissário a suportar a execução ou o pedido de cumprimento, que se realizará pela conversão em valor monetário se houver recusa na obrigação de fazer. De maneira alguma se desconstitui o título, e retorna-se à situação anterior, isto é, com o prosseguimento do inquérito civil ou da ação civil, se o termo ficou celebrado depois de seu ajuizamento. É peremptório que o título dera força absoluta, desaparecendo o inquérito ou a ação." (RIZZARDO, Arnaldo. *Ação civil pública e ação de improbidade administrativa*. Rio de Janeiro: GZ, 2009, p. 193).
16. MAZZILLI, Hugo Nigro. *A defesa dos interesses difusos em juízo*. 23. ed. revista, ampliada e atualizada, São Paulo: Saraiva, 2010, p. 437-438.
17. VIDAL AKAOUI, 2010, p. 97.
18. RODRIGUES, Geisa de Assis. Reflexões sobre a atuação extrajudicial do Ministério público: inquérito civil público, compromisso de ajustamento de conduta e recomendação legal. CHAVES, Cristiano; MOREIRA

Verifica-se, pois, que a necessidade de publicidade não se destina apenas a atender a uma exigência principiológica do direito ambiental, mas também e principalmente, a permitir formas de informação, participação, controle e proteção por parte dos outros legitimados e interessados.

Outro instrumento de pacificação pouco utilizado na tutela dos direitos ambientais é a arbitragem. Os que defendem a utilidade desse método não judicial de solução de conflitos ambientais, com a autonomia da vontade exercendo um papel fundamental, sustentam que a especialização do árbitro e a necessidade de celeridade para remediar instantaneamente o dano seriam motivos suficientes para se justificar a arbitrabilidade do dano ao meio ambiente, como forma, inclusive, de se *"[...] garantir a adequação desejada da tutela jurisdicional do bem ambiental."*[19]

Por outro lado, a Administração Pública deveria instituir programas de educação ambiental[20], destinados à preservação, à precaução e à prevenção de lesões ao meio ambiente.

É preciso ressaltar, ainda, que, nas demandas coletivas, deve o órgão legitimado ou o juiz permanentemente velarem para que a sociedade seja efetivamente ouvida acerca do que está em discussão.

Assim, instrumentos como a audiência pública e a admissão de *amici curiae* devem ser estimulados, de modo a se pensar numa mudança legislativa para que tais providências sejam obrigatórias antes da homologação do acordo ou mesmo da decisão judicial, como forma segura de garantir a participação popular na administração judicial, sobretudo, quando o objeto do processo traduz um interesse transindividual.

5. TUTELA JUDICIAL DO MEIO AMBIENTE E DE OUTROS DIREITOS TRANSINDIVIDUAIS

E quando o assunto é a tutela de direitos transindividuais, essa conduta gerencial do juiz ganha especial relevância para a melhor proteção de interesses públicos primários, seja por meio de utilização de mecanismos processuais que garantam a efetiva solução do conflito, seja por meio da judicialização de políticas públicas, sem que isso implique em desrespeito ao princípio constitucional da separação dos poderes.[21]

ALVES, Leonardo Barreto; ROSENVALD, Nelson. (Coord.). *Temas atuais do Ministério Público*: a atuação do parquet nos 20 anos da Constituição Federal. Rio de Janeiro: Lumen Juris, 2008, p. 209-212.

19. Especificamente sobre o assunto, ver a obra.: LIMA, Bernardo. *A arbitrabilidade do dano ambiental*. São Paulo: Atlas, 2010. In: CARMONA, Carlos Alberto (Coord.). (Coleção Atlas de Processo Civil).

20. *"Educar ambientalmente* significa: a) reduzir os custos ambientais, à medida que a população atuará como guardiã do meio ambiente; b) efetivar o princípio da preservação; c) fixar a ideia de consciência ecológica, que buscará sempre a utilização de tecnologias limpas; d) incentivar a realização do princípio da solidariedade, no exato sentido que perceberá que o meio ambiente é único, indivisível e de titulares indetermináveis, devendo ser justa e distributivamente acessível a todos; e) efetivar o princípio da participação, entre outras finalidades." FIORILLO, Celso Antonio Pacheco. *Curso de direito ambiental brasileiro*. 12. edição revista, atualizada e ampliada, São Paulo: Saraiva, 2011, p. 126.

21. Cf. OLIVEIRA, Swarai Cervone de. *Poderes do juiz nas ações coletivas*. São Paulo: Atlas, 2009. In: CARMONA, Carlos Alberto (Coord.). (Coleção Atlas de Processo Civil).

Em qualquer hipótese, estando em jogo litígio que envolva ameaça ou lesão a direitos difusos e coletivos, ou mesmo na execução do título extrajudicial ou ainda no caso de título judicial, é recomendável que o juiz estimule a possibilite de conciliação e de mediação, designando audiência, seja para tentar sensibilizar o obrigado a firmar um termo de ajustamento de conduta judicialmente, seja para que cumpra o que já restou acordado, sendo que tal possibilidade se estende até mesmo no âmbito recursal[22]. Por sua vez, os legitimados ao firmarem o ajustamento de conduta, também devem, sempre que possível, se valer das técnicas próprias de mediação e de conciliação para garantir o sucesso do acordo pretendido.

Ademais, em se tratando de acordo firmado judicialmente, caberá ao juiz fiscalizar a regularidade da avença, quanto aos aspectos formal e material, a fim de eliminar possíveis vícios capazes de comprometer o título e seu adimplemento. Assim, o juiz deverá estar atento, por exemplo, à legitimidade adequada para o estabelecimento do ajuste, à admissão da ocorrência do dano ou risco de dano, às consequências para o caso de descumprimento, à indicação da destinação das quantias em dinheiro, às garantias do ajustamento de conduta, a quem deve assinar o termo, à presença do Ministério Público no mínimo como fiscal da lei, à impossibilidade de disposição sobre o direito ou o interesse material objetivado ou de renúncia aos direitos indisponíveis.

Como se observa, o papel do juiz[23] será imprescindível para o alcance da efetividade dos termos de ajustamento de conduta quando houver necessidade de alguma forma judicializar a controvérsia, as obrigações assumidas ou o seu cumprimento. No que tange à aplicação da técnica mencionada nos ajustamentos de conduta, duas ocasiões se mostram oportunas: na eventual alteração fática ou jurídica a demandar a modificação das cláusulas do acordo inicialmente celebrado e na aplicação das medidas de apoio pelo juiz.

Por fim, deixe-se assente que, na tutela dos direitos coletivos, há várias regras legais que autorizam a adequação judicial do procedimento. Outrossim, o extinto projeto de lei de Ação Civil Pública consagrava de modo impecável o princípio da adequação jurisdicional do processo, no § 1º do art. 10, estabelecendo como limites para a adaptação o momento da sentença, o contraditório e a ampla defesa.[24]

---

22. MAZZILLI, Hugo Nigro. *A defesa dos interesses difusos em juízo*. 23. ed. revista, ampliada e atualizada, São Paulo: Saraiva, 2010, p. 430.

23. "Presentemente, não há mais espaço para o juiz neutro, asséptico, indiferente aos reclamos e às grandes transformações sociais, esperando-se desse operador do Direito a conscientização de seu papel transformador da realidade injusta e opressiva que grassa a sociedade, assim libertando-se da *persona* de um conformador e mecânico aplicador da norma aos fatos da lide. Até porque, sobretudo nos conflitos de largo espectro, pode dar-se que o ordenamento positivo não preveja, especificamente, uma norma para o caso *sub judice*, como se passa com a cláusula que permite a judicialização de '*outros* interesses difusos e coletivos' – CF, art. 129, III – ensejando o acesso à Justiça de novos valores e novas necessidades emergentes na contemporânea sociedade, massificada e competitiva." (MANCUSO, 2009, p. 103).

24. DIDIER JR., Fredie; ZANETI JR., Hermes. Princípio da adequação jurisdicional do processo coletivo – benfazela proposta contida no projeto de nova lei de ação civil pública. In: GOZZOLI, Maria Clara et al (Coord.). *Em defesa de um novo sistema de processos coletivos*. Estudos em homenagem a Ada Pellegrini Grinover. São Paulo: Saraiva, 2010, p. 253-254.

De qualquer modo, continua bastante abrangente o poder do magistrado previsto no CPC, inclusive para fins de adaptação processual, mormente quando da escolha e aplicação das medidas cominatórias para fins de cumprimento do TAC. Ora, em se tratando de direitos transindividuais, tais técnicas de flexibilização se mostram extremamente úteis, já que adéquam o procedimento às peculiaridades do caso concreto, garantindo maior efetividade à tutela dos referidos bens jurídicos.

A flexibilização do procedimento é uma tendência já vem sendo adotada por outros sistemas jurídicos e possui perfeita compatibilização com a função legitimante do procedimento[25] e com o devido processo constitucional[26] – material e formal –, e representa uma técnica processual que vem atender às expectativas dos jurisdicionados de uma tutela judicial que efetiva e tempestivamente corresponda ao seu direito material.[27]

Contudo, é preciso ainda pensar em mecanismos que possibilitem a exclusão dos efeitos da sentença homologatória daqueles que não concordam com os termos do acordo e que desejam ingressar com demanda individual. Trata-se da figura do "opt out" tão popular no direito norte-americano[28].

Ainda sobre a temática dos poderes do juiz, parece-nos que diante da redação do CPC, mesmo numa ação coletiva, poderá o juiz tomar uma das seguintes providências: (a) não designar audiência de conciliação, por entender que não há possibilidade de acordo ou que o direito em tela não pode ser objeto de qualquer tipo de transação, seja material, seja processual; (b) designar audiência de conciliação que será presidida pelo próprio magistrado, na qual poderá convocar outras pessoas ou entidades que possam contribuir para a busca de uma solução consensual (incluindo outros legitimados para aquela ação); (c) designar uma audiência de conciliação que será conduzida por um conciliador judicial, sob a orientação e supervisão do magistrado; (d) designar uma sessão de mediação, conduzida por um mediador judicial, nas hipóteses em que o ma-

---

25. "A flexibilização do procedimento processual não tornaria a decisão nele proferida menos legítima, tampouco afetaria a sua função de desviar e amortizar as frustrações ao longo do *iter*. Em nenhuma passagem da elaboração da teoria sistêmica-funcional de Luhmann se condicionou o poder legitimante do procedimento à sua rigidez. Por isso, mesmo com um procedimento maleável conforme às circunstâncias do caso concreto, a decisão final do processo estaria legitimada, já que curso procedimental teria neutralizado as expectativas de ilusões e decepções das partes com o produto final da prestação jurisdicional." (GAJARDONI, 2008, p. 97).

26. "Modernamente, a cláusula do devido processo compreende o direito constitucional a um procedimento adequado, isto é, conduzido sob o pálio do contraditório, aderente à realidade social e consentâneo com a relação de direito material controvertida. Exatamente por isso a adequação do procedimento abstratamente e rigidamente previsto em lei às peculiaridades ligadas ao direito material, caso a caso, acaba por favorecer o princípio do devido processo legal ao invés de esmorecê-lo." (Ibidem, p. 100).

27. "Assim, em prol da justa adequação de meios, seria muito melhor que fosse estabelecido um procedimento específico para cuidar dos assuntos mais recorrentes, na esfera da ação civil pública, porque entre eles não há a mesma homogeneidade que há entre as demandas individuais, de maneira que o procedimento ordinário, evidentemente, não tem condições de oferecer respostas *adequadas* aos problemas que surgem na esfera das ações civis públicas." ((BONICIO, Marcelo José Magalhães. *Proporcionalidade e processo*: a garantia constitucional da proporcionalidade, a legitimação do processo civil e o controle das decisões judiciais. São Paulo: Atlas, 2008. In: CARMONA, Carlos Alberto (Coord.). (Coleção Atlas de Processo Civil). p. 151).

28. Para maiores informações, remetemos o leitor à seguinte obra: GIDI, Antonio. *A Class Action como instrumento de tutela coletiva dos direitos*. São Paulo: Ed. RT, 2007.

gistrado vislumbre um vínculo entre as partes envolvidas ou uma situação mais delicada que mereça um trabalho mais profundo e complexo no sentido de não se causar um mal maior às partes envolvidas.

Para que tais providências possam ser tomadas com a estrutura necessária, e ainda com o objetivo de evitar os inúmeros problemas enfrentados hoje em razão de conexão, continência, litispendência ou mesmo pela simples reunião de processos, seria de todo recomendável a criação dos juízos especializados em tutela coletiva, preferencialmente organizados por matéria, e contando com o banco de dados administrado pelo CNJ, ligado a um outro banco de dados gerenciado pelo CNMP, no qual constam os inquéritos civil e compromissos de ajustamento de conduta em trâmite ou encerrados.

Houve a criação de um Cadastro Nacional de Ações Coletivas, que pode ser consultado pelo Painel Cacol[29], abrangendo justamente os procedimentos do Inquérito Civil Público (ICP) e o Termo de Ajustamento de Conduta (TAC). Porém, não se tem notícias de seu efetivo uso ou consulta pelos sujeitos processuais antes da judicialização.

Nesse sentido, o PL 5.139/09 trazia excelentes ideias relativas a esses bancos de dados, incluindo a necessidade de instruir a petição inicial com certidão a partir desses sistemas, de modo a informar o juízo acerca de eventual cumulação de demandas quanto ao mesmo objeto.

Por fim, importante mencionar o Projeto de Lei 1.641/2021, que tramita na Câmara dos Deputados e disciplina a ação civil pública, trazendo técnicas modernas e eficientes no tratamento das ações coletivas, inclusive as de cunho ambiental.

6. CONCLUSÃO

As questões de natureza ambientais contam com variadas ferramentas de prevenção e solução de conflitos, sejam autocompositivas ou heterocompositivas.

Assim, negociação, conciliação, mediação, convenções processuais, Termos de Ajustamento de Condutas são alguns dos instrumentos hábeis à resolução de disputas.

Há uma tendência à desjudicialização dos conflitos, ambiente em que as partes poderão tentar a autocomposição, afastando a necessidade de intervenção do Poder Judiciário.

Mas, se necessário for, o acesso à justiça não poderá ser negado, sendo uma garantia constitucionalmente reconhecida para tutelar lesão ou ameaça a direito.

Portanto, não restam dúvidas de que os conflitos ambientais também se inserem no contexto da Justiça Multiportas.

---

29. Disponível em: CACOL – CNMP (cnj.jus.br). Acesso em: 15 set. 2023.

11
JUSTIÇA MULTIPORTAS E A
JUDICIALIZAÇÃO DA SAÚDE[1]

1. INTRODUÇÃO

A judicialização da saúde é tema recorrente pelos profissionais do direito por atingir uma ampla camada da sociedade e trazer impactos sociais e jurídicos de grande repercussão. Isso porque a saúde está intimamente relacionada a dois direitos basilares previstos na Constituição Federal de 1988, quais sejam, o direito à vida (art. 5º) e a dignidade da pessoa humana (art. 1º, III), o que reclama uma atuação estatal comprometida com a garantia desses tão relevantes direitos constitucionalmente tutelados.

Dado esse cenário constitucional, a Administração Pública em seu conceito amplo, responsável por elaboração e execução de políticas públicas destinadas à materialização desses direitos[2], possui um grande desafio, especialmente diante do caráter analítico do ordenamento constitucional, que trouxe uma extensa previsão de direitos e garantias fundamentais a serem concretizados no mundo dos fatos, ocasionando uma grave dicotomia distributiva e fiscal, ou seja, a tutela dos direitos fundamentais frente aos entraves criados pelo orçamento público.

Com efeito, ao Poder Judiciário é dado o papel de concretizador dos direitos sociais, em especial a saúde, culminando com um alto número de demandas que, diariamente,

---

1. O presente tópico, revisado, atualizado e ampliado, foi originalmente desenvolvido para publicação em coletânea. CABRAL, Trícia Navarro Xavier; SANTIAGO, Hiasmine. *Notas sobre a judicialização da saúde pública no Brasil e o necessário diálogo entre as advocacias públicas e poder judiciário*. No prelo.

2. Entre as classificações trazidas por Maria Sylvia Zanella Di Pietro em relação ao sentido da expressão Administração Pública, destacam-se as ideias a partir do planejamento e da execução das atividades administrativas, divididas em: "[...] a)em sentido amplo, a Administração Pública, subjetivamente considerada, compreende tanto os órgãos governamentais, supremos, constitucionais (Governo), aos quais incumbe traçar os planos de ação, dirigir, comandar, como também os órgãos administrativos, subordinados, dependentes (Administração Pública, em sentido estrito), aos quais incumbe executar os planos governamentais; ainda em sentido amplo, porém objetivamente considerada, a Administração Pública compreende a função política, que traça as diretrizes governamentais e a função administrativa, que as executa; b)em sentido estrito, a Administração Pública compreende, sob o aspecto subjetivo, apenas os órgãos administrativos e, sob o aspecto objetivo, apenas a função administrativa, excluídos, no primeiro caso, os órgãos governamentais e, no segundo, a função política". (DI PIETRO, Maria Sylvia Zanella. *Direito administrativo*. São Paulo: Grupo GEN, 2022. [Livro Digital]. Disponível em: https://integrada.minhabiblioteca.com.br/#/books/9786559643042/. Acesso em: 15 dez. 2022).

chegam aos tribunais para que haja o acesso universal e igualitário dos cidadãos aos meios de tratamento, às ações e aos serviços de saúde.

O fenômeno é complexo e heterogêneo, pois perpassa por múltiplos fatores que influenciam a atuação jurisdicional, que vão desde a eficácia de tratamentos e medicamentos em relação ao caso concreto – em uma perspectiva individual –, até a uma análise macro acerca da estrutura da Administração Pública para absorver todas as demandas de saúde frente à alocação de recursos econômicos e financeiros seguindo critérios de conveniência e oportunidade.

Para tanto, uma aproximação institucional é essencial para avaliar esse amplo fenômeno, com um alinhamento estratégico entre o Poder Judiciário e a Advocacia Pública, pois esta é função essencial à justiça responsável pela defesa dos entes estatais, fundamental para a contenção da litigiosidade e criação de mecanismos que inibam o ajuizamento de ações ou a perpetuação de demandas.

Nesse cenário, o presente trabalho tem como objeto apresentar a atuação dialogada entre os entes anteriormente referenciados no âmbito da judicialização da saúde e, por meio de uma pesquisa bibliográfica, com estudo de doutrina, da legislação em sentido amplo e da jurisprudência relacionados ao tema, busca-se examinar a forma que cada um pode desenvolver as suas potencialidades para se chegar à melhor tutela do direito à saúde pública aos cidadãos.

O presente texto foi desenvolvido a partir de quatro aspectos. No primeiro tópico, analisar-se-á a forma como o Poder Judiciário contribui para a consecução de políticas públicas, seguindo uma lógica consequencialista na prolação de decisões judiciais. Em um segundo momento, estudar-se-á a judicialização da saúde e as suas nuances na atividade jurisdicional para, posteriormente se chegar ao terceiro momento, que é fazer a interrelação da temática com as Advocacias Públicas e seu papel no ordenamento jurídico brasileiro. Por fim, o último ponto será o exame da atuação conjunta de ambos os entes e a forma de atuação dialógica para concretização do direito fundamental à saúde constitucionalmente previsto.

2. A LÓGICA CONSEQUENCIALISTA NAS DECISÕES JUDICIAIS: A ATUAÇÃO DIRECIONADA À CONSECUÇÃO DE POLÍTICAS PÚBLICAS DO ORDENAMENTO CONSTITUCIONAL E O CONTEXTO DE JUDICIALIZAÇÃO

A Constituição Federal de 1988 trouxe um extenso rol de direitos e garantias fundamentais a serem concretizados por meio de ações afirmativas especialmente pelo Poder Executivo, que deve materializá-los no plano fático, com vistas a garantir o mínimo existencial a todos os cidadãos.

O reconhecimento de direitos sociais[3] pela Constituição Federal impôs ao Estado deveres positivos e obrigações que devem corresponder a direitos e a pretensões do

---

3. Sobre a divisão em categorias dos direitos fundamentais para a execução de políticas públicas, Luís Roberto Barroso adverte que: "[...] Apesar da importância de questões como reserva do possível, liberdade de conformação

administrado[4], de modo que uma das formas de sua concretização deve ser por meio de políticas públicas as quais, segundo Marcia Paula Dallari Bucci, correspondem a "[...] programas de ação governamental visando a coordenar os meios à disposição do Estado e as atividades privadas, para a realização de objetivos socialmente relevantes e politicamente determinados"[5].

Ocorre que nem sempre a previsão constitucional se concretiza na realidade material e, considerando o modelo de jurisdição una adotado pelo país, com a possibilidade do controle jurisdicional dos atos administrativos, a ineficácia ou a inadequação de políticas públicas adotadas pelo gestor público culminam com a intensificação no número de demandas no Poder Judiciário.

Ao tratar da evolução do papel do juiz na concretização dos direitos, Humberto Dalla Bernardina de Pinho e Karol Araújo Durço sustentam que o Estado, ciente de seu fracasso ao atender às necessidades mais básicas da população, forjou a ideia de que o Poder Judiciário deve ter uma posição paternalista em relação ao jurisdicionado[6].

Dado esse contexto, Luís Roberto Barroso apresenta como uma das causas para a judicialização o fato de a Constituição trazer numerosas matérias que eram deixadas para a legislação ordinária, incorporando uma tendência mundial iniciada com as Constituições de Portugal e da Espanha nos anos, respectivamente, de 1976 e 1978[7]. Assim, na visão do autor, dado o seu caráter analítico, a partir do momento que uma

---

do legislador e discricionariedade técnica da Administração Pública, a verdade é que a dissociação dos direitos fundamentais em categorias diversas – individuais, políticos e sociais – tem sido crescentemente questionada. Em primeiro lugar, porque sua interdependência e relativa indivisibilidade tem se tornado crescentemente enfatizada, sendo difícil conceber, por exemplo, o exercício pleno do direito de voto, da liberdade de expressão ou mesmo de profissão sem acesso à educação e a outros elementos essenciais para a vida digna320. De parte isso, também vai sendo progressivamente superada a crença de que somente os direitos sociais envolvem custos e ações positivas por parte do Estado. Na verdade, não é bem assim. No que diz respeito aos direitos políticos, a realização de eleições periódicas e a manutenção da Justiça Eleitoral, por exemplo, custam alguns bilhões anuais ao país. Da mesma forma, a proteção dos direitos individuais também demanda relevante quantidade de recursos, com a manutenção de estruturas complexas como o Poder Judiciário, a Polícia ou o Corpo de Bombeiros. Vale dizer: tudo custa dinheiro e, portanto, no fundo, tudo consiste em escolhas políticas ou ideológicas". (BARROSO, Luís Roberto. *Curso de Direito Constitucional Contemporâneo*: os conceitos Fundamentais. São Paulo: Editora Saraiva, 2022. [Livro Digital]. Disponível em: https://integrada.minhabiblioteca.com.br/#/books/9786555596700/. Acesso em: 26 jan. 2023).

4. TÁCITO, Caio. Proteção dos direitos fundamentais. *Revista de Direito Administrativo*, Rio de Janeiro, n. 194, out./dez 1993. p. 1-2.

5. BUCCI, Maria Paula Dallari. *Direito administrativo e políticas públicas*: São Paulo: Saraiva, 2006. p. 241.

6. PINHO, Humberto Dalla Bernardina de; DURÇO, Karol Araújo. A mediação e a solução dos conflitos no estado democrático de direito. O "juiz hermes" e a nova dimensão da função jurisdicional. *Revista Eletrônica de Direito Processual*, v. II, p. 20-54, 2008.

7. Luís Roberto Barroso conceitua judicialização como questões de larga repercussão política ou social que têm sido decididas pelos órgãos do Poder Judiciário, e não pelas instâncias políticas tradicionais. (BARROSO, Luís Roberto. Judicialização, ativismo judicial e legitimidade democrática. *Suffragium – Revista do Tribunal Regional Eleitoral do Ceará*, Fortaleza, v. 5, n. 8, p. 11-22, jan./dez. 2009. Disponível em: https://www.direitofranca.br/direitonovo/FKCEimagens/file/ArtigoBarroso_para_Selecao.pdf. Acesso em: 10 out. 2021).

questão é disciplinada em uma norma constitucional, ela se transforma, potencialmente, em uma pretensão jurídica, que pode se transformar em ação judicial[8].

Ao Poder Judiciário, portanto, foi destinada a função de protagonista da promoção dos direitos sociais notadamente diante do princípio da inafastabilidade da jurisdição constitucionalmente previsto (art. 5°, XXXV) e, para tanto, o papel do juiz se voltou para a garantia de que referidos direitos sejam, efetivamente, cumpridos, sem que houvesse uma análise prévia sobre tratamento e prevenção de conflitos.

Isto posto, apesar de as decisões judiciais destinarem-se ao princípio da máxima efetividade dos direitos fundamentais e à garantia do mínimo existencial, surge o entrave com os Poderes Legislativo e Executivo tanto no estabelecimento de políticas públicas, quanto na alocação e recursos públicos para o cumprimento das prestações positivas, notadamente porque se trata de escolhas fundadas nos critérios de conveniência e oportunidade.

Nesse aspecto, passou-se a questionar o controle judicial dos atos da administração pública pela perspectiva do controle judicial do mérito administrativo, com uma suposta inobservância do contexto da Administração Pública em seu aspecto orçamentário, eis que o Poder Judiciário tem exercitado funções típicas de outro poder e extrapolado os gastos administrativos e, via de consequência, representaria uma violação aos três poderes.

No entanto, essa crítica merece ser rechaçada e, não obstante os trabalhos existentes sobre o tema, que não serão aprofundados por não haver espaço no presente escrito para a incursão sobre o presente tema, trata-se, em verdade, da confirmação da regra do sistema de freios e contrapesos já há muito previsto desde Montesquieu.

Isso porque, segundo Segundo Flávia de Almeida, Caroline Valle, Lorena Coser e Marcela Bravo lecionam, "[...] existe a saudável possibilidade de cada poder estatal interferir no outro, para controle e alinhamento das respectivas atuações, em busca da melhor concretização do projeto de país e sociedade que foi desenhado na carta constitucional"[9].

Assim, em uma lógica pautada na efetividade da Administração Pública decorrente de um modelo gerencial[10], surgiu um novo paradigma das decisões judiciais a partir da lógica consequencialista, com a aplicação das regras jurídicas voltadas para a máxima

---

8. BARROSO, Luís Roberto. Judicialização, ativismo judicial e legitimidade democrática. *Suffragium – Revista do Tribunal Regional Eleitoral do Ceará*, Fortaleza, v. 5, n. 8, p. 11-22, jan./dez. 2009.

9. CASTRO, Flávia de Almeida Viveiros; VALLE, Caroline; ANSCHAU, Lorena Coser Doano; FERREIRA, Marcela Bravo. Análise do impacto das decisões judiciais sobre o orçamento da União no caso da saúde pública: previsibilidade e contingenciamento dos riscos. *Revista Tributária e de Finanças Públicas*, v. 102/2012, p. 15-40, jan.-fev. 2012).

10. O modelo gerencial de administração pública se contrapôs ao modelo burocrático e busca uma aproximação entre o público e o privado na solução de problemas, com eficiência, transparência e com enfoque na melhoria dos resultados. Sobre o tema, conferir: FALCÃO, Joaquim; ALMEIDA, Rafael; GUERRA, Sérgio (Orgs.). *Administração pública gerencial*. Rio de Janeiro, FGV, 2013.

satisfação ou bem-estar (utilidade) dos agentes ou indivíduos, gerando o menor custo na alocação de riquezas[11], aproximando-se, inclusive, da teoria da Análise Econômica do Direito (AED).

Sem a intenção de se adentrar com profundidade aos ditames da AED para não sobrepor a metodologia do presente trabalho, o fato é que o artigo 20 da Lei de Introdução às Normas do Direito Brasileiro[12] trouxe a atuação do poder público, no âmbito dos três poderes, voltada para as consequências práticas da decisão tomada em âmbito administrativo, em uma hermenêutica jurídica estruturada para melhoria dos resultados, almejando a maximização do bem-estar social e a melhor solução de conflitos da sociedade[13].

Nesses termos, a prolação de decisões judiciais destinadas a políticas públicas deve verificar, a partir do parâmetro estabelecido pelo dispositivo legal anteriormente citado, o impacto de uma decisão individual frente à coletividade, a viabilidade de efetivação do comando judicial pelo gestor público e a razoabilidade no que tange à alocação de recursos públicos para cumprimento da norma jurídica individual e concreta. Exemplo dessa questão reside no julgamento do Recurso Extraordinário 566.471, em que o Supremo Tribunal Federal irá definir, em sede de Repercussão Geral, os critérios excepcionais em que o Estado deve fornecer medicamentos de alto custo[14].

Dito isso, o controle judicial das decisões administrativas deve observar a máxima efetividade no plano material, sob pena de se tornar inócuo, de forma que o julgador deve ter um olhar pela lente do Administrador Público para uma tomada de uma decisão que seja passível de cumprimento pelo ente estatal.

O viés consequencialista, portanto, deve ser utilizado para o aperfeiçoamento da Administração, na busca de eficiência e efetividade, ocasião em que os órgãos incumbidos constitucionalmente para o exercício do controle devem sempre avaliar as

---

11. CARDOSO, Germano Bezerra. Análise Econômica do Direito, políticas públicas e consequências. *Revista Jurídica da Presidência*, v. 17, n. 112, 2015. Disponível em: https://revistajuridica.presidencia.gov.br/index.php/saj/article/view/1115. Acesso em: 20 jan. 2023.

12. Art. 20. Nas esferas administrativa, controladora e judicial, não se decidirá com base em valores jurídicos abstratos sem que sejam consideradas as consequências práticas da decisão. (BRASIL Decreto-lei 4.657, de 4 de setembro de 1942. *Lei de Introdução às normas do Direito Brasileiro*. Rio de Janeiro, RJ: Presidência da República, [2018]. Disponível em: https://www.planalto.gov.br/ccivil_03/decreto-lei/del4657compilado.htm. Acesso em: 15 dez. 2022).

13. CARDOSO, Germano Bezerra. Análise Econômica do Direito, políticas públicas e consequências. *Revista Jurídica da Presidência*, v. 17, n. 112, 2015. Disponível em: https://revistajuridica.presidencia.gov.br/index.php/saj/article/view/1115. Acesso em: 20 jan. 2023.

14. Registre-se que o plenário do Supremo Tribunal Federal já definiu que o Estado, em regra, não é obrigado a fornecer medicamentos de alto custo solicitados judicialmente quando não estiverem previstos na relação do Programa de Dispensação de Medicamentos em Caráter Excepcional, do Sistema Único de Saúde (SUS), mas salvaguardou situações excepcionais. Embora o mérito do recurso já tenha sido definido, ainda remanesce a análise dos casos excepcionais a ser fixado em repercussão geral, estando com o Ministro Gilmar Mendes após um pedido de vista. Em uma consulta ao andamento processual, identificou-se que o julgamento está agendado para o dia 18 de maio de 2023.

consequências da medida de controle antes de adotá-la, preocupando-se com o contexto fático e com as consequências da decisão proferida.

Para tanto, o desafio do Poder Judiciário na prolação da decisão consequencialista reside no fato de que, em regra, não há capacidade institucional para antever os possíveis efeitos sistêmicos – jurídicos e extrajurídicos – da decisão proferida[15], de modo que não só a visualização das consequências do ato, mas a atuação dialogada com os demais entes estatais se revela importante para uma tutela jurídica adequada, justa e efetiva, o que será visto ao longo deste trabalho.

Traçado esse panorama, passa-se ao exame dessas premissas a partir da judicialização da saúde pública, que se encontra em um claro confronto entre o cumprimento da política pública de saúde, a entrega individualizada ao particular com garantia de justiça e equidade e o equilíbrio das contas públicas, o que será mais bem pormenorizado no tópico em sequência.

3. JUDICIALIZAÇÃO DA SAÚDE PÚBLICA NO BRASIL

O direito à saúde[16] consta expressamente tanto no rol de direitos sociais do artigo 6º, quanto no artigo 196, do qual se extrai que é direito de todos e dever do Estado, com um capítulo específico para traçar linhas gerais sobre essa previsão tão relevante no ordenamento jurídico brasileiro.

Se, por um lado, a disciplina constitucional é relevante para promoção e garantia desse direito, a sua concretização por completo tem se mostrado cada vez mais deficitária, desencadeando um cenário complexo de alta judicialização que já vem sendo objeto de estudo há certo tempo, tornando o Poder Judiciário um protagonista da promoção e efetivação desse direito social.[17]

Ocorre que a discussão sobre a efetivação das políticas públicas relacionadas ao direito à saúde pela via judicial entra em uma dicotomia difícil de ser enfrentada: a

---

15. DIAS, Ana Carolina Machado Silva. Políticas públicas: implementação e novas tendências dos mecanismos de controle. *Revista do Curso de Especialização em Direito Administrativo da EMERJ*, n. 4, 2019. Disponível em: https://www.emerj.tjrj.jus.br/paginas/rcursodeespecializacao_latosensu/direito_administrativo/edicoes/n4_2019/revista_n4_2019_sumario.html. Acesso em: 03 jan. 2023.

16. Segundo Ingo Wolfgang Sarlet, Ingo Wolfgang Sarlet, a Constituição Federal de 1988 "[...] atribuiu a titularidade de direitos sociais a toda e qualquer pessoa, independentemente de sua nacionalidade ou de seu vínculo de permanência no Brasil, como ocorre no caso do direito à saúde e da tutela do meio ambiente [...]". (SARLET, Ingo Wolfgang. *A eficácia dos direitos fundamentais*: uma teoria geral dos direitos fundamentais na perspectiva constitucional. 13. ed. Porto Alegre: Livraria do Advogado, 2018. p. 221).

17. Ao tratar do contexto de judicialização, Luís Roberto Barroso apresenta como uma das causas para a judicialização o fato de a Constituição trazer numerosas matérias que eram deixadas para a legislação ordinária, incorporando uma tendência mundial iniciada com as Constituições de Portugal e da Espanha nos anos, respectivamente, de 1976 e 1978. Assim, a partir do momento que uma questão é disciplinada em uma norma constitucional, ela se transforma, potencialmente, em uma pretensão jurídica, que pode se transformar em ação judicial. (BARROSO, Luís Roberto. Judicialização, ativismo judicial e legitimidade democrática. *Suffragium – Revista do Tribunal Regional Eleitoral do Ceará*, Fortaleza, v. 5, n. 8, p. 11-22, jan./dez. 2009).

razoabilidade das determinações judiciais na atividade prestacional do Estado, ante a disponibilidade financeira estatal para cumprimento desse direito, que, embora essencial, não é incondicionado e impassível de restrições.

3.1 O sistema de saúde brasileiro: a saúde pública frente à iniciativa privada

O ordenamento constitucional trouxe um sistema em que confere ao Estado o protagonismo na atuação da saúde, mas também amplia o seu campo de atuação à iniciativa privada, com a ressalva de que seu exercício não é livre e se sujeita aos limites estatais[18].

Dessa maneira, no sistema de saúde brasileiro coexiste a prestação de serviços pelo Poder Público – de caráter prioritário e disponibilizado pelo Estado – e pelo setor privado, que não tem participação do setor público e governamental, apesar de limitado por este.

A estrutura dos sistemas de saúde pode variar a partir do protagonismo do financiamento público ou do privado, ou seja, em alguns países, há forte presença estatal na prestação dos serviços, ao passo que em outros a iniciativa privada é preponderante.

A Organização de Cooperação para o Desenvolvimento Econômico[19] apresenta quatro classificações que explicitam a relação dos seguros privados com o setor público nos sistemas sanitários do mundo: (i) principal/substituta, em que o sistema privado é a principal fonte de financiamento da saúde básica para quem opta por não participar da cobertura pública, utilizada em locais como Holanda, Alemanha e Bélgica[20]; (ii) duplicada, quando o setor privado fornece cobertura semelhante ao que é fornecido pelo sistema público, o que não impede que também oferte alguns tratamentos adicionais e pode cobrir alguns procedimentos que não são considerados como fundamentais à saúde, como uma cirurgia estética, como Reino Unido, Unido, Irlanda, Finlândia, Portugal, Espanha, Itália e Grécia[21]; (iii) suplementar, utilizado na França, por exemplo quando há uma cobertura adicional para os riscos não inclusos no sistema de saúde público; (iv) complementar, ocorre quando há compartilhamento de custos exigido pelo sistema de saúde público, como nos Estados Unidos.

---

18. MAGALHÃES, Roberto Barcellos de. *Comentários à Constituição Federal de 1988*. Rio de Janeiro: Lumen Juris, 1997, v. 2, p. 312.
19. OCDE – Organização de Cooperação para o Desenvolvimento Econômico. *Private health insurance in OECD countries*. Paris: OECD, 2004. Disponível em: https://read.oecd-ilibrary.org/social-issues-migration-health/private-health-insurance-in-oecd-countries_9789264007451-en. Acesso em: 06 jan. 2022.
20. SANTOS, Isabela Soares; UGÁ, Maria Alicia Dominguez; PORTO, Silvia Maria. O mix público-privado no Sistema de Saúde Brasileiro: financiamento, oferta e utilização de serviços de saúde. *Ciência Saúde Coletiva*, v. 13 (5), out. 2008, [Online]. Disponível em: https://doi.org/10.1590/S1413-81232008000500009. Acesso em: 13 jan. 2022.
21. SANTOS, Isabela Soares; UGÁ, Maria Alicia Dominguez; PORTO, Silvia Maria. O mix público-privado no Sistema de Saúde Brasileiro: financiamento, oferta e utilização de serviços de saúde. *Ciência Saúde Coletiva*, v. 13 (5), out. 2008, [Online]. Disponível em: https://doi.org/10.1590/S1413-81232008000500009. Acesso em: 13 jan. 2022.

O sistema de saúde no Brasil pode ser visualizado sob três prismas: (i) o sistema público de saúde, com o financiamento direto do Estado nos níveis federal, estadual e municipal; (ii) o sistema privado de saúde, no qual se enquadram na categoria instituições sem fins lucrativos ou não, com financiamento de recursos públicos ou privados, regido, neste caso, sob o regime de direito público; (iii) o sistema de saúde tipicamente privado, no qual se encontram os planos de saúde privados e apólices de seguro[22].

Não se pode perder de vista, ainda, a possibilidade de o setor privado fornecer os serviços de saúde por ocasião de contratação própria do Estado, como no caso de compra de leitos de Unidade de Terapia Intensiva que oferte recursos ao Sistema Único de Saúde para ampliação dos serviços.

O subsistema público de saúde no Brasil tem o financiamento público, com participação das três unidades federativas do orçamento e da gestão pública, com integração e articulação entre os poderes estatais, sendo que a prestação de serviços ocorre por rede própria dos Municípios, dos Estados e da União, além de serviços privados contratados ou conveniados.

Por outro lado, o subsistema privado tem financiamento privado, com subsídios do setor público, está sob a gestão privada, com controle da Agência Nacional de Saúde Suplementar e os prestadores de saúde são credenciados pelos planos de saúde ou por cooperativas médicas, mediante contrato privado.

Destaca-se que o sistema privado também é composto por profissionais que não possuem vínculo com o SUS ou com planos de saúde e que prestam serviços mediante a contraprestação do interessado, com uma contratação privada do indivíduo[23]. Portanto, o setor privado é composto tanto por profissionais autônomos que possuem sua própria forma de remuneração e de captação de clientes, quanto pelos serviços de planos e seguros de saúde, sendo estes últimos o objeto de estudo deste trabalho.

Não obstante a garantia de tratamento integral e a cobertura universal do país pelo Sistema Único de Saúde[24], a interligação entre os setores público e privado ocorre no fornecimento de serviços terceirizados ao Sistema Único de Saúde.

---

22. PAIM, Jairnilson; TRAVASSOS, Claudia; ALMEIDA, Celia; BAHIA, Ligia; MACINKO, James. O sistema de saúde brasileiro: história, avanços e desafios. *The Lancet*, [online] maio, 2011. Disponível em: http://bvsms. saude.gov.br/bvs/artigos/artigo_saude_brasil_1.pdf

23. Sobre a questão, Gabriel Schulman aponta que há a distinção entre "a prestação de serviços de saúde pública por intermédio de particulares e a prestação no âmbito da saúde suplementar. Nesse sentido, do ponto de vista da atividade regulatória, é uma aproximação razoável vincular a saúde suplementar à ANS (Agência Nacional de Saúde Suplementar), e a prestação da saúde, de um modo geral, à ANVISA (Agência Nacional de Vigilância Sanitária)" (SCHULMAN, Gabriel. *Direito Fundamental no Plano de Saúde*: do contrato clássico à contratualidade contemporânea. 2009. 153 f. Dissertação [Mestrado em Direito das Relações Sociais] – Universidade Federal do Paraná, Paraná, 2009. Disponível em: https://acervodigital.ufpr.br/bitstream/handle/1884/19051/Dissertacao_Schulman.pdf. Acesso em: 13 fec. 2022).

24. É necessário pontuar que, embora se tenha conhecimento das deficiências do Sistema Único de Saúde e das dificuldades em sua cobertura ampla, tal como disciplinado na Constituição Federal e na lei, o presente trabalho não se destinará a tratar sobre a questão por fugir ao escopo do tema, que é direcionado ao sistema privado de

11 • JUSTIÇA MULTIPORTAS E A JUDICIALIZAÇÃO DA SAÚDE

Nesse sentido, é possível classificar a atuação privada no país como duplicada, pois "oferece às pessoas que já estão cobertas pelo sistema público de saúde uma cobertura privada alternativa com o mesmo 'cardápio' de serviços, oferecido por diferentes prestadores ou não"[25].

Para fins do presente estudo, embora a saúde privada tenha relevância e participação direta na prestação de serviços de saúde, que também possui um grande movimento de judicialização, analisar-se-á apenas o âmbito da saúde pública.

A Lei 8.080/90 é responsável por delinear a atuação do Sistema Único de Saúde[26] que, segundo prevê o seu artigo 1º, é executada isolada ou conjuntamente, em caráter permanente ou eventual, por pessoas naturais ou jurídicas de direito Público ou privado, e tem a universalidade como princípio fundamental que, em consonância com o mandamento constitucional, disciplina que todas as pessoas[27], sem qualquer tipo de discriminação, têm direito ao acesso às ações e serviços de saúde no país.

Resultado desse postulado pode ser visualizado pelas pesquisas oficiais que apontam que a maioria da população brasileira depende desse sistema. Instituto Brasileiro de Geografia e Estatística aponta que 150 (cento e cinquenta) milhões de pessoas dependem exclusivamente da saúde pública brasileira, o que corresponde a 71,5% da população brasileira: a cada dez pessoas, sete dependem do Sistema Único de Saúde[28].

A insuficiência do sistema para atender a todos reflete diretamente no alto número de demandas judiciais, dado o caráter prestacional dos direitos sociais, o qual faz com que se exija uma postura positiva do Estado frente aos problemas e, inevitavelmente, recai sobre o Poder Judiciário.

---

saúde. Sabe-se que a excelência legislativa na previsão do Sistema Único de Saúde contrasta com o baixo custeio orçamentário, em especial nos últimos anos, em um nível de arrecadação pública cada vez mais em declínio, com flexibilizações no orçamento público. A questão exige uma análise crítica e pormenorizada, em especial diante da atual situação do país, no entanto, não será objeto desse estudo.

25. BRASIL. *Conselho Nacional de Secretários de Saúde. Saúde Suplementar.* Brasília: CONASS, 2011. [Livro Digital]. Disponível em: https://www.conass.org.br/bibliotecav3/pdfs/colecao2011/livro_12.pdf. Acesso em: 24 dez. 2021.

26. Ao lado desse diploma normativo, destaca-se a Lei 8.142/1990, que dispõe sobre a participação da comunidade na gestão do SUS e sobre as transferências intergovernamentais de recursos financeiros na área da saúde e dá outras providências.

27. Esse direito se estende, inclusive aos estrangeiros por força do mandamento constitucional. A título exemplificativo, a Lei 13.445/2017 (lei de migração), que prevê o acesso a serviços de saúde aos serviços de saúde no país: Art. 4º Ao migrante é garantida no território nacional, em condição de igualdade com os nacionais, a inviolabilidade do direito à vida, à liberdade, à igualdade, à segurança e à propriedade, bem como são assegurados: [...] *VIII – acesso a serviços públicos de saúde e de assistência social e à previdência social, nos termos da lei, sem discriminação em razão da nacionalidade e da condição migratória; [...]. (BRASIL. Lei 13.445, de 24 de maio de 2017.* Institui a Lei de Migração. Brasília, DF: Presidência da República, 2017. Disponível em: https://www.planalto.gov.br/ccivil_03/_ato2015-2018/2017/lei/l13445.htm. Acesso em: 04 jan. 2023). (Grifei).

28. BRASIL. Instituto Brasileiro de Geografia e Estatística. *Pesquisa Nacional de Saúde.* Disponível em: https://www.ibge.gov.br/estatisticas/sociais/saude/9160-pesquisa-nacional-de-saude.html?=&t=resultados. Acesso em: 15 jan. 2023.

Os indicativos do Conselho Nacional de Justiça demonstram que apenas no ano de 2022 houve o ingresso de 175,45 mil novas demandas no Poder Judiciário brasileiro[29], de modo que a questão é sintomática e precisa ser visualizada sob um aspecto preventivo, dada a importância da saúde como direito fundamental e intimamente relacionado ao princípio basilar do sistema jurídico, qual seja, a dignidade da pessoa humana.

Portanto, não obstante a relevância da saúde suplementar no atual modelo brasileiro, imperioso se mostra, para fins do presente trabalho, examinar a interrelação entre Poder Judiciário e Advocacias Públicas reside na prestação de serviços de saúde público para a contenção dessa litigiosidade repetitiva.

3.2 Principais questões afetas à judicialização da saúde pública

O Sistema Único de Saúde possui um amplo campo de atuação, conforme disciplina o artigo 6º da Lei 8.080/90[30], no entanto, para fins do presente trabalho, especialmente no aspecto da judicialização, o enfoque deve ser dado para o âmbito da assistência médica e terapêutica, que envolve, em geral, pedidos de: consultas médicas; tratamentos médicos; buscas por leito em hospital, sobretudo, Unidade de Terapia Intensiva; cirurgias eletivas; cirurgias de emergência e urgência; fornecimento de medicamentos, entre outros.

Vê-se uma multiplicidade de matérias e questões que exigem do Poder Judiciário não só o domínio do direito, mas de questões técnicas e de informações sobre o problema concreto, além do diálogo entre os envolvidos para a melhor solução e efetividade da decisão judicial.

Isso porque o Poder Público dispõe de orçamento limitado que, muitas vezes[31], coloca em conflito a consagração do direito à saúde pelo Estado e a indisponibilidade de

---

29. BRASIL. Conselho Nacional de Justiça. *Estatísticas Processuais de Direito à Saúde*. Disponível em: https://paineisanalytics.cnj.jus.br/single/?appid=a6dfbee4=-bcad4861-98-ea4-5183b29247e&sheet-87ff247a-22e0-4a66-ae83-24fa5d92175a&opt=ctxmenu,currsel. Acesso em: 16 jan. 2023.

30. Art. 6º Estão incluídas ainda no campo de atuação do Sistema Único de Saúde (SUS): I – a execução de ações: a) de vigilância sanitária; b) de vigilância epidemiológica; c) de saúde do trabalhador; e d) de assistência terapêutica integral, inclusive farmacêutica; II – a participação na formulação da política e na execução de ações de saneamento básico; III – a ordenação da formação de recursos humanos na área de saúde; IV – a vigilância nutricional e a orientação alimentar; V – a colaboração na proteção do meio ambiente, nele compreendido o do trabalho; VI – a formulação da política de medicamentos, equipamentos, imunobiológicos e outros insumos de interesse para a saúde e a participação na sua produção; VII – o controle e a fiscalização de serviços, produtos e substâncias de interesse para a saúde; VIII – a fiscalização e a inspeção de alimentos, água e bebidas para consumo humano; IX – a participação no controle e na fiscalização da produção, transporte, guarda e utilização de substâncias e produtos psicoativos, tóxicos e radioativos; X – o incremento, em sua área de atuação, do desenvolvimento científico e tecnológico; XI – a formulação e execução da política de sangue e seus derivados. (BRASIL. Lei 8.080, de 19 de setembro de 1990. Dispõe sobre as condições para a promoção, proteção e recuperação da saúde, a organização e o funcionamento dos serviços correspondentes e dá outras providências. Brasília, DF: Presidência da República, [2017]. Disponível em: http://www.planalto.gov.br/ccivil_03/leis/l8080.htm. Acesso em: 07 jan. 2023).

31. A título exemplificativo, o Supremo Tribunal Federal examinou a questão do fornecimento de medicamentos de alto custo e, por ora, entendeu nos autos do (RE) 566471 que não está previsto na listagem do Programa

recursos financeiros nos cofres públicos, com um claro conflito entre o economicamente viável e o socialmente desejável, na garantia de um equilíbrio da balança entre a despesas e prestação do mínimo existencial.

Obviamente que, como bem aponta Fernando Alcântara Castelo, esse mínimo existencial não pode se relacionar a demandas desarrazoadas e não prioritárias, como cirurgias inovadoras ou de alta complexidade que não têm embasamento científico, terapias alternativas, tratamentos no exterior e medicamentos importados ainda em fase de experimentação, por não poderem ser universalizados[32].

Assim, diante da limitação de recursos e dado o tamanho do Estado, este deve eleger questões prioritárias e, não raras vezes, utiliza-se do parâmetro da "reserva do possível", frequentemente associada a uma insuficiência de recursos estatais para cumprimento de todos os direitos sociais.

Nesses termos, conforme leciona José Miguel Garcia Medina "[...] a escassez de recursos públicos, em oposição a gama de responsabilidades estatais a serem atendidas, tem servido de justificativa para a ausência de concretização do dever normativo, fomentando o conceito de reserva do possível"[33].

A jurisprudência, em especial do Supremo Tribunal Federal, por muitas vezes, afasta a reserva do possível para exonerar-se do cumprimento de suas obrigações constitucionais e, como exemplo dessa temática, têm-se os autos do Agravo em Recurso Extraordinário 639.337, em que se definiu que a cláusula em questão não pode ser invocada para fraudar, frustrar e inviabilizar a implementação de políticas públicas definidas na própria Constituição e encontra limitação na garantia constitucional do mínimo existencial, do qual emana a dignidade da pessoa humana[34].

Para Daniel Sarmento, a reserva do possível é dividida de três formas: o componente fático, que se relaciona à efetiva existência de recursos necessários à satisfação do direito prestacional em jogo; o componente jurídico, que trata da possibilidade de autorização legal (em especial na lei orçamentária) para a realização da despesa exigida

---

de Dispensação de Medicamentos em Caráter Excepcional, do Sistema Único de Saúde (SUS). As situações excepcionais ainda serão definidas na formulação da tese de repercussão geral (Tema 6).

32. CASTELO, Fernando Alcântara. Direito à saúde e decisões estruturais: por uma judicialização mais racional e eficiente. *Revista de Processo*, v. 274, p. 317 342, dez. 2017.

33. MEDINA, José Miguel Garcia Medina. *Constituição Federal comentada*. 6 ed. São Paulo: Thomson Reuters Brasil. 2021. p. 984.

34. BRASIL. Supremo Tribunal Federal (Segunda Turma). *Agravo em Recurso Extraordinário 639.337/SP.* Criança de até cinco anos de idade – Atendimento em creche e em pré-escola – Sentença que obriga o município de São Paulo a matricular crianças em unidades de ensino infantil próximas de sua residência ou do endereço de trabalho de seus responsáveis legais, sob pena de multa diária por criança não atendida – Legitimidade jurídica da utilização das "astreintes" contra o poder público – Doutrina – Jurisprudência – Obrigação estatal de respeitar os direitos das crianças – Educação infantil – Direito assegurado pelo próprio texto Constitucional (CF, Art. 208, IV, na redação dada pela EC 53/2006) [...] Recorrente: Município de São Paulo. Recorrido: Ministério Público do Estado de São Paulo. Relator: Ministro Celso de Mello, 23 de agosto de 2011. Publicado em 15/09/2011. Decisão por unanimidade. Disponível em: https://redir.stf.jus.br/paginadorpub/paginador. jsp?docTP=AC&docID=627428. Acesso em: 10 jan. 2023.

pela efetivação do direito; e a razoabilidade da prestação, considerando os recursos existentes e todos os demais encargos que pesam sobre o Estado.[35]

O fato é que, na linha do entendimento jurisprudencial vigente, o conjunto de condições materiais indispensáveis à existência humana com dignidade não pode ser obstaculizado pela Administração Pública sob o argumento da reserva do possível.

Ainda que haja um ponto comum do problema de equacionamento entre os gastos públicos e a concretização do direito à saúde, sabe-se que a impossibilidade financeira não é a única causa para a judicialização, pois há outras questões que revelam que a razão para esse problema é heterogêneo, envolvendo dificuldades nas três esferas de poder, o compartilhamento de competência dos entes estatais para a prestação de serviços de saúde e a divisão em complexidades[36], o tipo de tratamento necessário a cada um dos sujeitos e evidências científicas, a rápida evolução da medicina e a alteração de tratamentos, entre outros.

Nesse sentido, Francisco Glauber Pessoa Alves aponta que, no âmbito da judicialização da saúde, surgem três circunstâncias sobre as quais se depara o julgador: (i) carecimento de uma visão de administrador, eis que as políticas públicas são traçadas a partir de demandas político-sociais, opções discricionárias e orçamentos finitos, cujas informações estão no espectro de atuação apenas dos gestores públicos[37]; (ii) a questão técnica, pois lhe falta formação médica e base científica para melhor direcionamento de tratamentos, medicamentos, procedimentos etc.; (iii) a questão pessoal e o peso da negativa da decisão judicial deixar alguém sob o risco de morte[38].

Para melhoria desse cenário, já existem algumas fontes de informação para melhor direcionamento ao magistrado para prolação de decisões em sintonia com parâmetros científicos de doenças, tratamentos e medicamentos.

A Comissão Nacional de Incorporação de Tecnologias no SUS (Conitec), criada pela Lei 12.401/2011, faz parte do Ministério da Saúde e, dentre várias atribuições traz evidências científicas sobre medicamentos, produtos ou procedimentos, incorporação, exclusão ou alteração de tecnologias em saúde pelo Sistema único de Saúde e traz diretrizes terapêuticas. Assim, os documentos elaborados por este órgão, de caráter

---

35. SARMENTO, Daniel. *Dignidade da pessoa humana*: conteúdo, trajetórias e metodologia. Belo Horizonte: Fórum, 2016, p. 230.

36. A hierarquia estabelecida no SUS relaciona-se aos níveis de atenção à saúde, que variam de acordo com o tipo de cuidado prestado e as tecnologias exigidas para atendimento: básico (baixa complexidade), secundário (média complexidade) e terciário (alta complexidade). Conferir: CARVALHO, Gilson. A Saúde Pública no Brasil. *Estudos avançados*, São Paulo, v. 27, n. 78, jan. 2013, [Online]. Disponível em: https://www.revistas.usp.br/eav/article/view/68675/71254. Acesso em: 14 fev. 2022.

37. O autor aponta que, Ao determinar, no varejo, políticas públicas, o julgador finda por influir profundamente na realização, por atacado, das mesmas políticas públicas, influindo profundamente numa atividade que é gerencial e ontologicamente executiva. (ALVES, Francisco Glauber Pessoa. Ações de saúde contra o Poder Público: ensaio de um roteiro decisório. *Revista de Processo*, vol. 259, p. 333-370, set./2016).

38. ALVES, Francisco Glauber Pessoa. Ações de saúde contra o Poder Público: ensaio de um roteiro decisório. *Revista de Processo*, v. 259, p. 333-370, set./2016.

permanente, estão disponíveis à consulta e podem orientar os profissionais jurídicos na melhor prestação jurisdicional.

Ainda no âmbito do Ministério da Saúde, é possível a consulta ao "Portal da Saúde", que divulga técnicas, pareceres e dados sobre juridicialização da saúde.

Além disso, o órgão ministerial também divulga a Relação Nacional de Medicamentos Essenciais – Rename, que se revela um importante instrumento de orientação do uso de medicamentos e insumos no SUS, auxiliando no uso em todos os níveis de atenção.

O olhar para a judicialização da saúde demonstra, portanto, que suas causas são mais amplas do que a mera ausência de concretização do direito, mas também perpassa por aspectos preventivos, educativos, características socioeconômicas locais, ausência de ações estratégicas dos principais atores envolvidos no tema e a própria atuação do julgador frente a essas demandas.

Ao magistrado, muitas vezes, é apresentado um problema, que não raras vezes, é tratado como caso de vida ou morte, em que é possível visualizar tão somente a descrição da enfermidade e a prescrição do médico e o julgador, na maioria das vezes desconhecedor das especificidades técnicas, apenas determina o fornecimento do serviço de saúde, sem olhar as consequências sociais, materiais e orçamentárias.

Paulo Furquim de Azevedo[39] aponta, ainda, que o dilema permanece mesmo quando há recursos no orçamento público, pois é necessário examinar "[...] qual seria a alocação mais apropriada desses recursos considerando todos os seus usos alternativos, algo que os economistas denominam por custo de oportunidade".

Essa preocupação, em geral, não é visualizada nas decisões judiciais, notadamente diante do alto volume de demandas, em que o julgador, muitas vezes, nem sequer tem tempo para fazer reflexões aprofundadas sobre o sistema como um todo. Portanto, a amplitude do problema exige um enfrentamento multidisciplinar, sendo necessário o auxílio de vários profissionais para o deslinde dessas questões, exigindo um trabalho dialogado, compartilhado e interinstitucional, encontrando-se nesse caminho a atuação da Advocacia Pública.

4. O PAPEL DAS ADVOCACIAS PÚBLICAS NAS DEMANDAS DE SAÚDE E O PROBLEMA DA LITIGIOSIDADE REPETITIVA

A determinação do Poder Judiciário para o cumprimento de decisões relativas às demandas de saúde recai diretamente sobre o Poder Executivo, responsável pela execução das políticas públicas, em um sentido restrito do conceito de Administração Pública, mostrando-se necessária a atuação das Advocacias Públicas para a defesa desses interesses.

---

39. AZEVEDO, Paulo Furquim de. Juízes de Jaleco: a judicialização da saúde no Brasil. In: YEUNG, Luciana. *Análise econômica do direito*: temas contemporâneos. São Paulo: Actual, 2020. [Livro Digital]. Disponível em: https://integrada.minhabiblioteca.com.br/#/books/9786587019079/. Acesso em: 02 mar. 2022.

As Advocacias Públicas (ou Advocacia de Estado) compõem, ao lado do Ministério Público, da Advocacia Privada e da Defensoria Pública, o rol de funções essenciais à justiça, prevista nos artigos 131 e 132 da Constituição Federal de 1988, e representam a União, os Estados e o Distrito Federal nos âmbitos judicial e extrajudicial, nas atividades de consultoria e assessoramento jurídico.

Nesse sentido, as Advocacias Públicas possuem um importante papel no diálogo institucional entre os poderes, em especial na efetivação das políticas públicas, com a missão de equacionar o direito dos cidadãos e a viabilidade da prestação de serviços pelo Poder Executivo.

Diante disso, não basta a defesa em juízo dos interesses, mas o seu papel é muito mais amplo e pode orientar, recomendar e direcionar a atuação dos agentes públicos no exercício de sua função administrativa[40].

Luciane Moessa de Souza explica que a atuação dessa função essencial à justiça é vista sob três aspectos: a atuação contenciosa[41]; a consultoria jurídica, e o assessoramento jurídico, sendo que estas duas últimas se assemelham[42].

Nesse ponto, a atividade de consultoria jurídica da Advocacia Pública pode ser vislumbrada como uma importante via para contenção da litigiosidade repetitiva e, conforme leciona Luciane Moessa de Souza, a orientação jurídica aos integrantes da Administração Pública é tarefa difícil, mas necessária, a fim de evitar que "[...] face ao

---

40. Ao analisar a função de consultoria jurídica da Advocacia Pública, Claudio Penedo Madureira explica que a atuação deste ente pode ser preventiva ou curativa e assim dispõe: "[...] será preventiva quando, no exercício da atividade consultiva, realizar orientação prévia à Administração Pública, condicionando a prática de atos próprios do exercício da função administrativa; será curativa quando, depois de praticado o ato, e depreendida a sua ilegalidade, recomendar o seu saneamento, quando for possível a convalidação, ou o seu desfazimento, quando a sanatória não for viável". (MADUREIRA, Cláudio. *Advocacia Pública*. 2. ed. Belo Horizonte: Fórum, 2016. p. 328). Assim, percebe-se uma ampla atuação da Advocacia Pública, que pode direcionar a atuação do agente estatal na consecução dos serviços públicos.

41. Relevante o posicionamento da autora no sentido de que a defesa dos interesses estatais em juízo não é a função mais importante, pois vai de encontro à cultura do litígio já há muito enraizada na sociedade. Nesses termos, Luciane Moessa de Souza defende que: "[...] O senso comum considera bom advogado aquele que "vence os litígios", esquecendo-se do elementar fato de que a realização do Direito se dá sobretudo com o cumprimento espontâneo das regras pelos seus destinatários, ou seja, nas situações em que não chega a ocorrer um litígio". (SOUZA, Luciane Moessa de. O papel da advocacia pública no Estado Democrático de Direito: da necessidade de sua contribuição para o acesso à justiça e o desenvolvimento institucional. *Revista de Direito Administrativo e Constitucional*, ano 8, n. 34, 2008. Disponível em: http://dx.doi.org/10.21056/aec.v8i34.688. Acesso em: 05 jan. 2023).

42. A consultoria jurídica e o assessoramento jurídico envolvem a aplicação do direito ou o direcionamento das normas ao Poder Público, porém, no assessoramento, segundo Luciane Moessa de Souza, a "orientação voltada não à realização dos valores permanentes do Estado, predefinidos pela ordem jurídica (razão pela qual a consultoria, via de regra, deve ser vinculante), mas sim direcionada à realização de objetivos transitórios, de governo, em que a ordem jurídica revela-se apenas como limite e não como objetivo norteador, razão pela qual o assessoramento, em regra, não é vinculante". (SOUZA, Luciane Moessa de. O papel da advocacia pública no Estado Democrático de Direito: da necessidade de sua contribuição para o acesso à justiça e o desenvolvimento institucional. *Revista de Direito Administrativo e Constitucional*, ano 8, n. 34, 2008. Disponível em: http://dx.doi.org/10.21056/aec.v8i34.688. Acesso em: 05 jan. 2023).

gigantismo de suas funções, venha o Poder Público a se omitir quando não poderia fazê-lo ou venha a atropelar os direitos daqueles que ele deveria, ao contrário, proteger"[43]-[44].

Assim, na função consultiva, além de haver uma atuação passiva de exercício quando provocado pelo interessado, a Advocacia Pública também assume uma função ativa, exercida sem provocação, conforme dispõem Diogo Figueiredo, Aline Almeida e Flávio Garcia, em caráter fiscalizatório, de modo a identificar eventuais falhas de gestão pública e prevenir conflitos[45].

Deve-se advertir, nesse ponto, que a defesa dos interesses do Estado não pode ser confundida com as intenções dos órgãos públicos ou de seus representantes, pois, conforme leciona Maria Sylvia Zanella Di Pietro, "[...] a advocacia pública, no exercício de suas atribuições constitucionais, não atua em defesa do aparelhamento estatal ou dos órgãos governamentais, mas em defesa do Estado, pois este é que titulariza o interesse público primário"[46].

A atuação administrativa é pautada no princípio da legalidade e a Administração Pública só pode agir nos limites da lei, atendendo ao interesse público, entretanto, no aspecto gerencial da Administração Pública, o agente deve buscar a finalidade e o melhor desempenho, com fulcro no princípio da eficiência constitucionalmente previsto (art. 37, CF/88)[47].

O alto número de demandas citado no tópico 2.1 exige uma atuação direcionada das Advocacias Públicas para melhor organizar a Administração Pública, a fim de torná-la mais eficiente e direcionada ao atendimento adequado e tempestivo dos usuários do Sistema Único de Saúde.

---

43. SOUZA, Luciane Moessa de. O papel da advocacia pública no Estado Democrático de Direito: da necessidade de sua contribuição para o acesso à justiça e o desenvolvimento institucional. *Revista de Direito Administrativo e Constitucional*, ano 8, n. 34, 2008. Disponível em: http://dx.doi.org/10.21056/aec.v8i34.688. Acesso em: 05 jan. 2023.

44. Nesses termos, o modo de atuação dos Advogados Públicos vai além da mera representação em juízo e, segundo Diogo Figueiredo, Aline Almeida e Flávio Garcia, "[...] "Eventual postura passiva da advocacia pública, que se limite a promover a defesa dos entes públicos em juízo, sem a devida orientação acerca da necessária correção de rumos, não se põe em linha de coerência com uma atuação eficaz e que cumpra a sua missão institucional de defender eficientemente o interesse público. [...] Além de oficiar formalmente o gestor, a advocacia pública pode e deve atuar – nos limites da sua competência – na construção jurídica de soluções administrativas que não agridam a ordem jurídica e o direito dos administrados." (MOREIRA NETO, Diogo Figueiredo; ALMEIDA, Aline Paola C. B. Câmara; GARCIA, Flávio Amaral. O Futuro da Advocacia Pública: a ação preventiva e proativa. *Revista Jurídica da Procuradoria-Geral do Estado do Paraná*. Curitiba, n. 7, p. 11-36, 2016. Disponível em: www.mpsp.mp.br/portal/page/portal/documentacao_e_divulgacao/doc_biblioteca/bibli_servicos_produtos/bibli_informativo/. Acesso em: 10 jan. 2023).

45. MOREIRA NETO, Diogo Figueiredo; ALMEIDA, Aline Paola C. B. Câmara; GARCIA, Flávio Amaral. O Futuro da Advocacia Pública: a ação preventiva e proativa. *Revista Jurídica da Procuradoria-Geral do Estado do Paraná*. Curitiba, n. 7, p. 11-36, 2016. Disponível em: www.mpsp.mp.br/portal/page/portal/documentacao_e_divulgacao/doc_biblioteca/bibli_servicos_produtos/bibli_informativo/. Acesso em: 10 jan. 2023.

46. DI PIETRO, Maria Sylvia Zanella. *A advocacia pública como função essencial à justiça*. São Paulo: Gen Jurídico. Disponível em: http://genjuridico.com.br/2016/11/01/a-advocacia-publica-como-funcao-essencial-a-justica/. Acesso em: 11 jan. 2023.

47. BANDEIRA DE MELLO, Celso Antônio. Legalidade – discricionariedade: seus limites e controle. In: BANDEIRA DE MELLO, Celso Antônio. *Grandes temas de direito administrativo*. São Paulo: Malheiros, 2010, p. 57.

Assim, seja na atuação judicial, seja na orientação do gestor público, a Advocacia Pública tem relevante papel na efetivação do direito fundamental à saúde, para defesa das políticas públicas de forma integrada aos demais poderes, prevenindo situações de ingresso na esfera de competência alheia e possíveis violações ao sistema constitucional pátrio, evitando litígios tanto quanto possível[48].

A título exemplificativo, o estado do Espírito Santo inseriu em seu ordenamento a Portaria Conjunta 003-R/2021 que, em uma parceria entre a Secretaria Estadual de Saúde e a Procuradoria-Geral do Estado, foi criado o "Programa para Desjudicialização do acesso ao Sistema Único de Saúde – SUS + Justiça", com objetivo de monitorar as demandas de saúde pública, prevenir conflitos, assegurar o atendimento adequado no tempo certo, reduzir o número de conflitos judiciais em matéria de saúde pública, entre outras atribuições.

Em igual sentido, destaca-se a Câmara de Resolução de Litígios de Saúde no Rio de Janeiro, criada por meio do Convênio de Cooperação 003/504/2012, com iniciativa da Procuradoria Geral do Estado (PGE-RJ) em parceria com as Defensorias Públicas do Estado e da União e as Secretarias estadual e municipal de Saúde, para prestar atendimento à população, de modo a evitar a judicialização das questões[49].

Em Santa Catarina, a Procuradoria-Geral do Estado, através da Portaria 59/2015, criou o Núcleo de Ações Repetitivas de Assistência à Saúde (Naras), que se debruça sobre os processos que buscam que o Estado forneça medicamentos, cirurgias e tratamentos médicos que não estão contemplados na política nacional de saúde para melhor solução a essas contendas.

Registre-se, ainda, a tramitação da PEC 207/2019 – Proposta de Emenda à Constituição, que inclui o art. 200-A, para determinar que sejam instituídos Comitês Estaduais Interinstitucionais de Desjudicialização da Saúde, a fim de assegurar respostas mais céleres às demandas relativas à saúde.

Esses são alguns exemplos de abertura de espaço para um trabalho dialogado dentro da discricionariedade administrativa, ainda que permeado pelo princípio da legalidade, face à indisponibilidade do interesse público, atentando-se para a melhor efetividade dos serviços de saúde no âmbito do Poder Executivo e solução de demandas a eles relacionados.

---

48. CARPENEDO, Alexandre de Freitas. O protagonismo da advocacia pública no federalismo em tempos de crise. *Revista PGE/MS*, v. 16/2021. Disponível em: https://www.pge.ms.gov.br/wp-content/uploads/2021/03/Revista-PGE-artigo-protagonismo-da-advocacia-publica.pdf. Acesso em: 15 jan. 2023.

49. Nos termos da Cláusula Primeira do Convênio de Cooperação 003/504/2012, a Câmara tem como objetivo "[...] promover o atendimento de partes assistidas pela DPGE e pela DPU e que demandem prestação de serviço de saúde, de modo a evitar o ajuizamento de ações, buscando solução administrativa para oferta de medicamento, agendamento de procedimento cirúrgico, ou exame médico [...]. (BRASIL. Rio de Janeiro. *Convênio de Cooperação 003/504/2012*. Rio de Janeiro: RJ, 2012. Disponível em: http://www.fundacaosaude.rj.gov.br/fidelidade/wp-content/uploads/2015/07/17-Anexo-XVII-Termo-de-Coopera%C3%A7%C3%A3o-CRLS.pdf. Acesso em: 20 jan. 2023).

5. O CNJ E A JUDICIALIZAÇÃO DA SAÚDE

Embora as demandas de saúde sejam antigas e recorrentes, o nascedouro das discussões sobre a judicialização da saúde no âmbito do Poder Judiciário adveio com a Audiência Pública 04 realizada no Supremo Tribunal Federal no ano de 2009, a qual debateu o Sistema Único de Saúde e teve como objetivo possibilitar o diálogo entre os diversos setores envolvidos na temática, de forma interdisciplinar, a fim de buscar soluções judiciais para esse tipo de problema[50].

Isso porque se identificou um contexto de elevado número de ações judiciais relacionadas à assistência à saúde, mostrando-se imperiosa a necessidade de aprofundar os estudos para prevenção de litígios e aperfeiçoamento na gestão processual. Assim, a audiência teve como propósito ouvir especialistas e autoridades no Sistema Único de Saúde para esclarecer questões técnicas, cientificas, jurídicas, econômicas relativas à prestação de serviços de saúde.

A partir de então, o Conselho Nacional de Justiça trouxe alguns mecanismos para discussão, como a criação do Fórum Nacional do Judiciário para Monitoramento e Resolução das Demandas de Assistência à Saúde – Fórum da Saúde[51], por meio da Resolução 107/2010[52], cuja atribuição principal[53] é monitorar as ações judiciais relacionadas à assistência à saúde, como o fornecimento de medicamentos, produtos ou insumos em geral, tratamentos e disponibilização de leitos hospitalares, além de propor medidas para melhor solução dos conflitos nesse âmbito.

Para além desse ponto, o Poder Judiciário possui ações internas para esclarecimento e melhor cientificidade das decisões judiciais, como possibilidade de acesso a documentos orientativos no sítio eletrônico do Conselho Nacional de Justiça, no qual

---

50. Sobre a questão, conferir: SUPREMO TRIBUNAL FEDERAL. Audiência Pública Saúde – 28/04/09. Brasília, DF, 2009. Vídeo (38min). *Youtube*, Disponível em: https://www.youtube.com/watch?v=2a0WTOmgIj0. Acesso em: 01 jul. 2022; e MACHADO, Teresa Robichez de Carvalho. Judicialização da saúde: analisando a audiência pública no Supremo Tribunal Federal. *Revista Bioética*, v. 22, n. 3, 2014. Disponível em: https://revistabioetica. cfm.org.br/index.php/revista_bioetica/article/view/876/1138. Acesso em: 01 jun. 2022.

51. Posteriormente, essa nomenclatura mudou de nome com a Resolução 461/2022, instituindo-se o "Fórum Nacional do Judiciário para a Saúde (Fonajus)".

52. BRASIL. Conselho Nacional de Justiça. *Resolução 107, de 06 de abril de 2010*. Institui o Fórum Nacional do Judiciário para monitoramento e resolução das demandas de assistência à saúde. Brasília, DF: CNJ, 2010. Disponível em: https://atos.cnj.jus.br/atos/detalhar/173. Acesso em: 01 jun. 2022.

53. As atribuições do Fórum estão no artigo 2º da Resolução 107/2010, veja-se: Art. 2º Caberá ao Fórum Nacional: I – o monitoramento das ações judiciais que envolvam prestações de assistência à saúde, como o fornecimento de medicamentos, produtos ou insumos em geral, tratamentos e disponibilização de leitos hospitalares; II – o monitoramento das ações judiciais relativas ao Sistema Único de Saúde; III – a proposição de medidas concretas e normativas voltadas à otimização de rotinas processuais, à organização e estruturação de unidades judiciárias especializadas; IV – a proposição de medidas concretas e normativas voltadas à prevenção de conflitos judiciais e à definição de estratégias nas questões de direito sanitário; V – o estudo e a proposição de outras medidas consideradas pertinentes ao cumprimento do objetivo do Fórum Nacional. (BRASIL. Conselho Nacional de Justiça. *Resolução 107, de 06 de abril de 2010*. Institui o Fórum Nacional do Judiciário para monitoramento e resolução das demandas de assistência à saúde. Brasília, DF: CNJ, 2010. Disponível em: https://atos.cnj.jus.br/atos/detalhar/173. Acesso em: 01 jun. 2022.)

constam atos normativos, recomendações, análises técnicas, manuais de bases técnicas, Relação Nacional de Medicamentos Essenciais (Rename), Lista de Medicamentos Comercializados no Brasil, Lista de Medicamentos Oncológicos, Ata de Instalação do Fórum, Discursos, Estatísticas e Roteiro de Demandas por Órtese, Prótese e Material Específico, entre outros[54].

No ano de 2013, foi instituída a Recomendação 43/2013, que recomendou aos Tribunais de Justiça e aos Tribunais Regionais Federais a promoverem a especialização das unidades judiciárias para processar e julgar ações que tenham por objeto o direito à saúde pública e para priorizar o julgamento dos processos relativos à saúde suplementar.

Uma grande contribuição realizada pelo Conselho Nacional de Justiça foi a criação do Núcleo de Apoio Técnico do Poder Judiciário (NAT-Jus), por meio da Resolução 238/2016 do Conselho Nacional de Justiça, que determinou aos tribunais a criação dos núcleos para fornecem às unidades judiciárias e às câmaras dos tribunais o conhecimento técnico e científico na análise dos pedidos que envolvem procedimentos médicos e fornecimento de medicamentos[55].

Sobre o seu uso e funcionamento, houve inicialmente o Provimento 84/2019 da Corregedoria Nacional de Justiça, que dispôs sobre o uso e o funcionamento do Sistema Nacional de Pareceres e Notas Técnicas (e-NatJus), bem como as formas de cadastro e acesso. Posteriormente, a matéria passou a ser regulamentada pela Resolução 479/2022 do Conselho Nacional de Justiça.

Importante registrar que além do e-NatJus nacional, os Estados também estruturaram seus e-NatJus. Ademais, o acesso às notas técnicas e pareceres é público, embora a solicitação seja feita por demanda, e apenas por magistrados ou servidores indicados.

Em outros termos, os juízes, diante de uma demanda de saúde pública específica, podem solicitar uma nota técnica ou parecer, do sistema nacional ou estadual, sem prejuízo de poder consultar os estudos técnicos/científicos formulados em outros casos.

Esse banco de dados pode, inclusive, ser consultado para as demandas da saúde suplementar, o que o CNJ tem tentado incentivar e ampliar.

No que tange ao monitoramento das demandas de saúde, o CNJ dispõe de dados no Relatório do Justiça em Números, publicado anualmente, mas também conta com

---

54. BRASIL. Conselho Nacional de Justiça. *Programas e ações*. [s.d.]. [Brasília, DF]. Disponível em: https://www.cnj.jus.br/programas-e-acoes/forum-da-saude-3/documentos-2-2/. Acesso em: 03 jan. 2023.

55. Conforme exposto pelo Conselheiro do Conselho Nacional de Justiça Richard Pae Kim, em alguns tribunais, o atendimento pelo NatJus está adstrito a demandas que tramitam perante as Fazendas Públicas, ou seja, a prestação dos serviços abarca tão somente as demandas relativas ao sistema público de saúde, não obstante possa ser um interlocutor entre os diversos atores da saúde pública e suplementar. A ideia, no entanto, é ampliar essas atribuições e também contemplar a saúde suplementar, como já vem sendo feito nos tribunais do Rio Grande do Sul, do Paraná e de Goiás. (CONSELHO NACIONAL DE JUSTIÇA. Seminário Judicialização da Saúde Suplementar. Brasília, DF, 2022. Vídeo [257 min]. *Youtube*. Disponível em: https://www.youtube.com/watch?v=L6Uar2UKFVE&t=2909s. Acesso em: 01 jul. 2022).

alguns painéis, como o do Datajud (https://painel-estatistica.stg.cloud.cnj.jus.br/estatisticas.html), o Painel de Estatística da Saúde (https://paineisanalytics.cnj.jus.br/single/?appid=a6dfbee4-bcad-4861-98ea-4b5183e29247&sheet=3207f950-c0a7-4950-8906-76c930c8a579&opt=ctxmenu,currsel), e, ainda, o Painel dos Maiores Litigantes (https://app.powerbi.com/view?r=eyJrIjoiODI1Mjc5MGMtYTE4OC00NjQwLWJmODEtZTAzOTkzNWU5NDYxIiwidCI6ImFkOTE5M GU2LWM0NW QtNDYwMC1iYzVjLWVjYTU1NGNjZjQ5NyIsImMiOjJ9&pageName =ReportSection8a47d175b08d6edbe507), todos trazendo informações sobre o tema da saúde.

Mas as iniciativas do CNJ vão além, para promover eventos, pesquisas, interlocução interinstitucional, prêmio, painel de boas práticas, entre outras ações para conferir maior efetividade à judicialização da saúde.

Essas políticas públicas devem ser conjugadas com outras promovidas pelo CNJ, como a Política de tratamento adequado dos conflitos de interesses, disposta na Resolução 125/2010, e a política judiciária de transformação digital, que tem garantido outros formatos de exercício da jurisdição, como por meio do Juízo 100% digital, dos Cejusc Saúde Virtual, dos Núcleos 4.0 de Saúde, podendo-se, ainda, pensar no desenvolvimento de uma plataforma on-line de resolução de disputas específica para a temática.

Portanto, o papel do CNJ tem sido crucial na melhoria da prestação jurisdicional, disponibilizando aos sujeitos processuais ferramentas capazes de lastrear a tomada de decisão, a fim de que sejam baseadas em evidências científicas, especialmente quando dos plantões judiciários.

6. PROPOSTAS PARA ENFRENTAMENTO DA JUDICIALIZAÇÃO DA SAÚDE: DIÁLOGOS ENTRE AS ADVOCACIAS PÚBLICAS E O PODER JUDICIÁRIO

Como se pôde ver pelos tópicos anteriores, o enfrentamento da judicialização da saúde demanda uma análise multidisciplinar e exige um diálogo institucional que não se resume a uma esfera de poder e a um setor da sociedade, sendo necessária uma forma intermediária entre o jurisdicionado, o Poder Executivo e o Poder Judiciário na consecução das políticas públicas de saúde, orientados também por profissionais da área médica para pareceres técnicos sobre a temática.

Não obstante a relevância desses mecanismos, convém ressaltar que não basta a atuação apenas orientada a uma determinação judicial, sob pena de se transformar apenas em um pedaço de papel, ou, na atual conjuntura do processo eletrônico, apenas uma decisão exposta na rede mundial de computadores.

Em verdade, é necessário o constante diálogo para o direcionamento correto da atividade estatal, pois apenas o resguardo teórico do mínimo existencial é insuficiente para sua concretização no plano material, notadamente diante de problemas estruturais, cujo enfrentamento demanda a correção ou formulação de políticas públicas complexas[56]. A atuação do Poder Judiciário, nesse sentido, mostra-se insuficiente.

Fundamental, portanto, a participação das Advocacias Públicas nessa temática para atuação conjunta dos poderes nas demandas de saúde, acompanhamento do desenvolvimento de programas destinados à melhoria desse quadro e aprimoramento do sistema, com vistas a reduzir o número de litígios e prevenir que estes cheguem ao Poder Judiciário.

A intervenção judicial nas políticas públicas e na alocação de recursos perpassa pela atividade consultiva das Advocacias Públicas, que irão analisar o contexto existente no Poder Executivo para elucidar determinado ponto eventualmente posto em juízo e direcionar a atuação do gestor público para o mais adequado cumprimento das normas jurídicas, de forma célere e efetiva.

Conforme ensinamento de Fernando Alcântara Castelo, as técnicas dialógicas são viáveis na proteção do direito à saúde, seja individual, seja no âmbito coletivo, "[...] porque facilitam a obtenção de decisões mais elaboradas, sem apresentar soluções prontas para problemas altamente complexos, sendo preferíveis em relação a um ativismo judicial inócuo"[57].

Isso não quer dizer que o julgador, ao dialogar com a Advocacia Pública para solução da judicialização da saúde, terá ferida a sua imparcialidade, pois não se trata de atuação direcionada para benefício exclusivo de um dos envolvidos, mas envolve uma criação de mecanismos institucionais para atender a coletividade, na melhoria da prestação de serviços públicos.

Nesse contexto, destaca-se o acordo de cooperação técnica firmado entre o Superior Tribunal de Justiça e a Advocacia-Geral da União, que possibilitou, até junho de 2022, "que cerca de 620 mil processos tivessem sua tramitação abreviada nas instâncias de origem, evitando que chegassem à corte superior"[58]. Ainda que não se trate de atuação exclusiva no âmbito de saúde, trata-se de um bom exemplo de postula dialogada que contribui para a contenção de demandas e prevenção de litígios.

A atuação conjunta das instituições é importante tanto para a contenção dos litígios, de modo que cada ente atuará na sua esfera de poder, sem interferir na sua estrutura interna. Exemplo disso ocorreu com a criação do sistema "Mandado Judicial On-line" no estado do Espírito Santo, parceria entre o Tribunal de Justiça do Espírito Santo e

---

56. CASTELO, Fernando Alcântara. Direito à saúde e decisões estruturais: por uma judicialização mais racional e eficiente. *Revista de Processo*, v. 274, p. 317-342, dez. 2017.

57. CASTELO, Fernando Alcântara. Direito à saúde e decisões estruturais: por uma judicialização mais racional e eficiente. *Revista de Processo*, v. 274, p. 317-342, dez. 2017.

58. *STJ destaca empenho da AGU para redução da litigiosidade e do número de recursos na corte*. Brasília, DF, 13 dez. 2022. Disponível em: https://www.stj.jus.br/sites/portalp/Paginas/Comunicacao/Noticias/2022/13122022-ST-J-destaca-empenho-da-AGU-para-reducao-da-litigiosidade-e-do-numero-de-recursos-na-corte.aspx. Acesso em: 15 dez. 2022.

a Secretaria de Estado da Saúde (Sesa), para dar mais celeridade ao cumprimento de ações judiciais da área de saúde[59].

A utilização dos métodos adequados de tratamento de conflito e a abertura para âmbito de disponibilidade da Advocacia Pública, com a revisitação da indisponibilidade e a ampliação ao Poder Público da possibilidade de transigir com o artigo 26 da Lei de Introdução dos Direitos Brasileiro, também é importante postura dialógica com o Poder Judiciário, o qual tem o dever de estimular, por meio de seus membros, sempre que possível, para a pacificação dos conflitos, nos termos do artigo 3º do Código de Processo Civil.

Conclui-se, portanto, que a atuação conjunta entre os entes estatais pode criar espaço para: (i) um canal de interrelação para consultas sobre orçamento público e viabilidade de prestação de serviços de saúde, ante a determinada demanda judicial que discuta a omissão no fornecimento do direito à saúde pelo Sistema Único de Saúde; (ii) comunicação sobre o desempenho do Poder Executivo em relação a determinados tratamentos, medicamentos ou procedimentos; (iii) a utilização dos métodos adequados de tratamento de conflitos para a solução de casos concretos; (iv) a prevenção e a contenção de litígios, ante mecanismos de consulta prévia e direcionamento da atuação do gestor público; (v) a participação dialogada entre as três esferas de poder para consecução de políticas públicas efetivas e orientadas à promoção da saúde; (vi) a criação de fóruns e debates visando à melhoria do sistema interinstitucional para resguardar o direito à saúde.

Trata-se de possibilidades que não se encerram no presente escrito, o qual visa apenas a plantar sementes para a construção de uma efetivação do direito à saúde e a sua universalização, tendo como consectário lógico a preservação da dignidade da pessoa humana.

7. CONSIDERAÇÕES FINAIS

A insuficiência estatal na efetivação dos direitos sociais insculpidos na Constituição Federal, em especial o direito à saúde, aponta para um cenário de judicialização, em que os tribunais passam a ser responsáveis pelo controle das políticas públicas e a garantia do mínimo existencial aos cidadãos.

A universalização prevista na lei do Sistema Único de Saúde, em verdade, traz uma verdadeira exclusão por não contemplar toda a sociedade de forma suficiente, e a inação estatal na formulação de políticas públicas faz com que a população passe

---

59. ESPÍRITO SANTO. Tribunal de Justiça do Espírito Santo. Secretaria Estadual de Saúde. *Ato Normativo Conjunto 44, de 18 de dezembro de 2018*. Dispõe, no âmbito do Poder Judiciário do Estado do Espírito Santo, sobre a utilização do sistema de intimações eletrônicas da Secretaria Estadual de Saúde – SESA/ES, denominado MJ Online (Mandado Judicial Online). Vitória, ES, 2018. Disponível em: https://sistemas.tjes.jus.br/ediario/index.php?view=content&id=738252. Acesso em: 20 jan. 2023.

a exigir as prestações positivas constitucionalmente garantidas por meio da busca ao Poder Judiciário.

Em uma atuação consequencialista e voltada para os resultados do pronunciamento judicial, o julgador deve ter cautela com a efetividade do cumprimento de suas decisões, atentando-se para questões que vão além da mera subsunção do fato à norma, mas se descortinam em orçamentos públicos, eficácia de tratamentos médicos, viabilidade da indicação médica, entre outros pontos.

Ocorre que o juiz, por si só, não consegue ter essa visão macro na prolação de sua decisão judicial, notadamente porque se depara apenas com uma petição inicial narrando fatos e um laudo médico. De outro lado, vem o Poder Executivo contra o qual é ajuizada a demanda, com problemas graves de operacionalização entre a gestão orçamentária e a execução de políticas públicas efetivas.

Assim, a atuação da Advocacia Pública, na defesa dos entes estatais, é relevante para a concretização do direito material posto em juízo, com um exame claro sobre ações afirmativas e orçamentárias, evitando-se o ajuizamento de demandas inócuas ou a perpetuação de ações de forma desmedida, como já vem sendo feito de forma exitosa em outros casos, inclusive perante a sua atuação no Superior Tribunal de Justiça.

Com efeito, necessário se mostra aproximar o Poder Judiciário e as Advocacias Públicas que, em uma atuação dialogada, voltada a tratamento adequado dos conflitos, podem criar relevantes mecanismos de atuação para a prestação da saúde de forma eficiente, efetiva, adequada e, principalmente, tempestiva, assegurando o princípio basilar do ordenamento constitucional: a dignidade da pessoa humana.

12
JUSTIÇA MULTIPORTAS TRABALHISTA[1]

1. A CONSENSUALIDADE NO DIREITO DO TRABALHO

O processo do trabalho, afeto aos litígios de seu ramo especializado no sistema de justiça (art. 114 da Constituição Federal) é marcado pela incessante busca da solução célere e efetiva dos litígios, tendo, dada a incompletude da Consolidação das Leis do Trabalho, tem se valido das fontes do processo civil ao longo dos anos.

A consensualidade é uma das raízes do direito laboral, pois constitui um dos elementos necessários à classificação do contrato de trabalho por ser "acordo expresso ou tácito correspondente à relação de emprego"[2], conforme preceitua o artigo 442 da Consolidação das Leis do Trabalho.

Dada a reconhecida assimetria nas relações entre empregador e empregado por ocasião da subordinação e da desigualdade material entre as partes, a consensualidade tradicionalmente possui maior relevo no âmbito das Convenções Coletivas de Trabalho e dos Acordos Coletivos, por meio dos quais, em síntese, os trabalhadores negociam questões afetas à relação trabalhista, com a participação dos sindicatos.

Ao contrário da relação de direito civil, em que se pressupõe a igualdade entre as partes na formalização dos contratos, no âmbito laboral há um desequilíbrio de forças entre patrão e empregado, de modo que as decisões em âmbito coletivo representam verdadeiro instrumento de soluções do conflito, à luz do artigo 7º, XXVI da Constituição Federal.

Nestes termos, ao longo de toda o desenvolvimento do direito do trabalho, as negociações individuais eram visualizadas em aspectos pontuais no contexto da relação trabalhista[3], ao passo que as negociações coletivas representam um instrumento de luta da coletividade e estabelece um sistema de proteção dos trabalhadores.

---

1. O Tema foi originalmente tratado em: CABRAL, Trícia Navarro Xavier; SANTIAGO, Hiasmine. A CONSEN-SUALIDADE NO DIREITO DO TRABALHO E OS ACORDOSINDIVIDUAIS NOS TEMPOS DE PANDE-MIA DO NOVO CORONA VÍRUS (COVID-19). In: NETO, Alberto Nemer; ROCHA,Cláudio Jannoti da; FILHO, José Carlos Risk.. (Org.). DIREITO DO TRABALHO E O CORONAVIRUS. 1ed.PORTO ALEGRE: OABNACIONAL, 2020, v. 1, p. 111-118.
2. Deve-se destacar que esta definição foi utilizada apenas para fins didáticos e apenas no tocante à consensualidade. Entretanto, deve-se ressaltar que a doutrina trabalhista critica a definição trazida pelo artigo em referência, sob o argumento de que o contrato não corresponde à relação de emprego, mas cria esta relação jurídica. (BARROS, Alice Monteiro de. *Curso de Direito do trabalho*. São Paulo: LTR, 2017. p. 150).
3. NASCIMENTO, Amauri Mascaro; NASCIMENTO, Sônia Mascaro. *Curso de direito do trabalho*: história e teoria geral do direito do trabalho: relações individuais e coletivas do trabalho. 29. ed. São Paulo: Saraiva, 2014. p. 294.

A autonomia da vontade teve um maior desenvolvimento com a edição da Lei n. 13.467/2017, denominada "Reforma Trabalhista", a qual prestigiou a negociação individual e coletiva entre as partes e permitiu que o negociado prevaleça sobre o legislado.

Tem-se como exemplo a introdução do artigo 611-A, que elencou na nova legislação os temas passiveis de negociação por meio de Acordos Coletivos e Convenções Coletivas de trabalho.

No aspecto individual, a inserção do artigo 444, parágrafo único[4] também trouxe a disciplina da negociação direta entre trabalhador e empregado, na hipótese de aquele ter nível superior e salário correspondente a duas vezes o limite máximo dos benefícios do Regime Geral de Previdência Social.

No âmbito judicial, a consensualidade sempre teve um papel de relevo e a Legislação Trabalhista disciplinou, em seu artigo 764, que os dissídios individuais ou coletivos estariam sempre sujeitos à conciliação.

Ademais, referida lei determina ao juiz, em seus artigos 846 e 850, oportunize as partes a chegarem a uma conciliação, tanto no início da chamada "Audiência de Julgamento", quanto no final, após a apresentação das razões finais.

Registre-se que as possibilidades autocompositivas já constavam da Consolidação das Leis do Trabalho antes mesmo das Políticas de Solução Consensual dos Conflitos serem implantadas em nosso ordenamento, especialmente com a Resolução nº 125/2010 do Conselho Nacional de Justiça.

Contudo, a Resolução CNJ 125/2010, em seu art. 18-B[5], ressalvou a Justiça do Trabalho, dispondo que, sobre eles, seria editada resolução própria tratando da Política Judiciária de tratamento adequado de conflitos naquela justiça especializada.

Por sua vez, a Lei de Mediação (Lei 11.340/2015) previu no artigo 42, parágrafo único[6] que a mediação nas relações de trabalho seria regulada por lei própria.

Dada a importância da consensualidade nas relações empregatícias, o Conselho Superior da Justiça do Trabalho, por meio da Resolução n. 174/2016[7], instituiu a Política

---

4. Decreto-lei n. 5.452/1943. Art. 844. Parágrafo único. A livre estipulação a que se refere o caput deste artigo aplica-se às hipóteses previstas no art. 611-A desta Consolidação, com a mesma eficácia legal e preponderância sobre os instrumentos coletivos, no caso de empregado portador de diploma de nível superior e que perceba salário mensal igual ou superior a duas vezes o limite máximo dos benefícios do Regime Geral de Previdência Social. BRASIL. *Decreto-lei n. 5452 de 1943*. Disponível em: <http://www.planalto.gov.br/ccivil_03/decreto-lei/del5452.htm>, acesso em 21 de abril de 2020.

5. Disponível em: resolucao_comp_125_29112010_19082019150021.pdf (cnj.jus.br). Acesso em: 13 set. 2023.

6. Lei n. 13.140/2015. Art. 42. Parágrafo único. A mediação nas relações de trabalho será regulada por lei própria. BRASIL. Lei n. 13.140/2015. Disponível em: < http://www.planalto.gov.br/ccivil_03/_ato2015-2018/2015/Lei/L13140.htm>, acesso em 22 de abril de 2020.

7. BRASIL. Conselho Superior da Justiça do Trabalho. *Resolução n. Resolução n. 174/2016*. Disponível em: <http://www.csjt.jus.br/c/document_library/get_file?uuid=235e3400-9476-47a0-8bbb-bccacf94fab4&groupId=955023>, acesso em 22 de abril de 2020.

Judiciária Nacional de tratamento adequado das disputas de interesses no âmbito do Poder Judiciário Trabalhista.

Também foi editada a Recomendação n. 01 pelo Conselho Superior da Justiça do Trabalho[8], em 25 de março de 2020, que orienta emprego de instrumentos de mediação e conciliação de conflitos individuais e coletivos em fase processual e fase pré-processual por meios eletrônicos e videoconferência no contexto da vigência da pandemia do novo Coronavirus (COVID-19), reforçando o estímulo à consensualidade.

Registre-se que a Carta dos Direitos Fundamentais da União Europeia (2016/C 202/02)[9], ao tratar do direito fundamental à solidariedade, dispõe:

> Artigo 28.o
>
> Direito de negociação e de ação coletiva
>
> Os trabalhadores e as entidades patronais, ou as respetivas organizações, têm, de acordo com o direito da União e as legislações e práticas nacionais, o direito de negociar e de celebrar convenções coletivas aos níveis apropriados, bem como de recorrer, em caso de conflito de interesses, a ações coletivas para a defesa dos seus interesses, incluindo a greve.

Diante disso, resta evidente a necessidade de se prestigiar a solução consensual no âmbito da Justiça do Trabalho.

2. O IMPACTO DA PANDEMIA NAS RELAÇÕES DE TRABALHO

A Organização Mundial da Saúde reconhecesse o cenário atual como um estágio de pandemia global[10]. Para regulamentar a situação no Brasil, entrou em vigor a Lei n. 13.979/20, a qual dispõe sobre as medidas para enfrentamento da emergência de saúde pública decorrente da COVID-19.

O artigo 3º, da Lei nº 13.979/20, regulamentado pela Portaria nº 356/20, do Ministério da Saúde, determinou algumas medidas que devem ser adotadas para enfrentar essa situação de emergência, tais como isolamento social, quarentena e determinação compulsória de exames médicos, testes laboratoriais, coleta de amostras clínicas, vacinação e tratamentos médicos específicos e restrição excepcional e temporária de entrada e saída do país.

Além disso, no âmbito estadual, Governadores editaram Decretos que determinaram a suspensão de atividades e manteve apenas os chamados "serviços essenciais".[11]

---

8. BRASIL. Recomendação n. 1. De 25 de março de 2020. *Conselho Superior da Justiça do Trabalho*. Disponível em: <https://www.conjur.com.br/dl/recomendacao-tst-videoconferencia.pdf>, acesso em 22 de abril de 2020.

9. Disponível em: Carta dos Direitos Fundamentais da União Europeia (europa.eu). Acesso em: 26 jul. 2023.

10. OMS declara que coronavírus é uma pandemia global. Disponível em: < https://brasil.elpais.com/sociedade/2020-03-11/oms-declara-que-coronavirus-e-uma-pandemia-global.html>, acesso em 21 de abril de 2020.

11. No Estado do Espírito Santo, o Governador do Estado editou o Decreto n. 4593-R, 4.605-R e 4.621-R, que decreta estado de calamidade pública e determina outras medidas sanitárias em âmbito estadual. Atualmente, o Decreto n. 72 (setenta e dois) municípios iniciaram a retomada gradual das atividades comercial, com restrições.

Diante deste cenário de distanciamento social e drástica redução das atividades comerciais, a preocupação atual vai além da saúde pública e também afeta a economia. Isso porque, com as medidas já citadas e a diminuição na circulação de pessoas, muitos setores terão seu faturamento reduzido, o que impacta nos empregos da população.

Para além da questão salarial, o empregador também deve se preocupar em adotar medidas de a proteção da saúde e segurança dos seus empregados, nos termos do artigo 157 da Consolidação das Leis do Trabalho.

Neste contexto, foram editadas as Medidas Provisórias números 927, 928 e 936, que visam regulamentar alguns aspectos dos contratos de trabalho, para amenizar os efeitos danosos ocasionados pelos novos hábitos estipulados por ocasião da doença e evitar a demissão em massa.

Dentre as questões abordadas pela Medida Provisória nº 927 destacam-se a possibilidade de empregador e empregado celebrarem acordo individual escrito a fim de garantir o vínculo empregatício, a realização de teletrabalho, a antecipação de férias, concessão de férias coletivas, aproveitamento e antecipação de feriados, banco de horas, diferimento do recolhimento do Fundo de Garantia do Tempo de Serviço.

A Medida Provisória nº 936 ainda prevê a redução proporcional da jornada de trabalho e de salário e a suspensão temporária do contrato de trabalho também como pontos novos de estímulo à consensualidade.

As Medidas Provisórias publicadas no cenário de pandemia reforçam ainda mais a autonomia da vontade em seu aspecto individual e passou a ter um papel de relevo no contexto das relações trabalhistas, prevendo a possibilidade de negociação direta entre trabalhador e patrão.

Neste particular, o Excelso Supremo Tribunal Federal, em decisão proferida nos autos da Ação Declaratória de Inconstitucionalidade nº 6363[12], manifestou-se no sentido da desnecessidade da participação do sindicato para ratificar os acordos individuais no contexto de pandemia, ampliando, assim, a consensualidade nos contratos individuais. Após, com o advento da Lei 14.020/2020 que instituiu o Programa Emergencial de Manutenção de Emprego e da Renda, entre outras providências, a ADI foi julgada prejudicada por perda superveniente de seu objeto.

Necessário ressaltar que, não obstante o entendimento do Supremo Tribunal Federal, ainda existe espaço no ordenamento para negociação coletiva entre empregadores e empregados, para assegurar as relações e se obter maior segurança jurídica.

Cite-se como exemplo a recente a Convenção Coletiva do setor dos Químicos no Estado de São Paulo, na qual foi convencionada a possibilidade de redução salarial,

---

12. BRASIL, Supremo Tribunal Federal. Ação *Direta de Inconstitucionalidade n. 6363*. Relator: Min. Ricardo Lewandowski. Disponível em: <http://portal.stf.jus.br/processos/detalhe.asp?incidente=5886604>, acesso em 21 de abril de 2020.

mas os valores objeto da diminuição implicariam em compensação pelo empregador em futuro banco de horas.[13]

Sobre a participação do sindicato e na proteção do contexto das relações trabalhistas, a MP 936, em seu artigo 11, § 4º[14], disciplinou que, na hipótese de serem celebrados acordos individuais de redução de jornada de trabalho e de salário ou de suspensão temporária do contrato de trabalho, deve-se comunicar o respectivo sindicato laboral, no prazo de até dez dias corridos, contado da data de sua celebração. Embora relevante a previsão do sindicato, deve-se questionar qual será a consequência na referida relação contratual, tal como a invalidade do que fora celebrado, caso a empresa não notifique o respectivo órgão representativo da categoria.

De qualquer forma, a consensualidade no âmbito trabalhista para preservação das relações empregatícias é positiva, mas as negociações devem ser feitas com cautela, a fim de que não culminem em grande número de ações trabalhistas para revisão dos acordos individuais.

Sobre os ambientes de autocomposição, Fernando Hoffman[15] explica que a Justiça do Trabalho, que tradicionalmente vinha atuando com mediações e conciliações pré-processuais em conflitos coletivos, começou uma mudança de postura no contexto da pandemia e abriu a possibilidade de os referidos métodos consensuais também serem aplicáveis aos conflitos individuais, nos termos da referida Recomendação CSJT.GPV Nº 01, de 25 de março de 2020.

Por fim, necessário esclarecer que, como toda relação contratual, devem os envolvidos prezar pelos princípios da boa-fé e da preservação dos contratos para, de um lado, propiciar o desenvolvimento da atividade econômica na crise e, de outro lado, manter a proteção à classe trabalhadora.

Dessa forma, a consensualidade no direito do trabalho vem passando por mudanças, com um destaque maior para o que é acordado entre trabalhadores e empregados desde a edição na Reforma Trabalhista em 2017.

---

13. UOL. *Químicos aceitam corte jornada e salário com garantia de ressarcimento após retomada*. Disponível em: <https://www1.folha.uol.com.br/mercado/2020/04/quimicos-aceitam-corte-jornada-e-salario-com-garantia-de-ressarcimento-apos-retomada.shtml>, acesso em 21 de abril de 2020.

14. Medida Provisória n. 936. Art. 11. § 4º Os acordos individuais de redução de jornada de trabalho e de salário ou de suspensão temporária do contrato de trabalho, pactuados nos termos desta Medida Provisória, deverão ser comunicados pelos empregadores ao respectivo sindicato laboral, no prazo de até dez dias corridos, contado da data de sua celebração. BRASIL. *Medida Provisória n. 936 de 2020*. Disponível em: <http://www.planalto.gov.br/ccivil_03/_ato2019-2022/2020/Mpv/mpv936.htm>, acesso em 21 de abril de 2020.

15. CONJUR. *Mediação e conciliação na Justiça do Trabalho durante a pandemia*. Disponível em: <https://www.conjur.com.br/2020-abr-21/hoffmann-mediacao-conciliacao-justica-trabalho>, acesso em 22 de abril de 2020.

3. JUSTIÇA MULTIPORTAS NA JUSTIÇA TRABALHISTA

A Resolução CSJT nº 174[16], de 30 de setembro de 2016, dispôs sobre a Política Judiciária Nacional de tratamento adequado das disputas de interesses no âmbito da Justiça do Trabalho.

Em seu art. 1º, ela traz conceituações bem interessantes, não só sobre conciliação e mediação, mas ainda sobre "questão jurídica", "conflito" e "disputa".

A Política também previu a criação de estrutura própria a ser instituído pelos tribunais, como o Núcleo Permanente de Métodos Consensuais de Solução de Disputas – NUPEMEC-JT, assim como o Centro(s) Judiciário(s) de Métodos Consensuais de Solução de Disputas – CEJUSC-JT. Posteriormente, foi editada a Resolução CSJT nº 288, de 19 de março de 2021, que dispõe sobre a estruturação e os procedimentos dos Centros Judiciários de Métodos Consensuais de Solução de Disputas da Justiça do Trabalho – CEJUSCJT, alterando, nessa temática, a Resolução CSJT nº 174/2016.

Não obstante, exigiu a adequada capacitação de servidores e magistrados, bem como o acompanhamento estatístico pelos Tribunais Regionais do Trabalho.

Outra previsão (art. 8º) foi a instituição de Comissão Nacional de Promoção à Conciliação – CONAPROC, órgão integrante da política de tratamento adequado das disputas de interesses no âmbito, do Poder Judiciário Trabalhista, voltado a auxiliar o Conselho Superior da Justiça do Trabalho, na definição e implementação de diretrizes do programa de incentivo à pacificação social de que trata o artigo 4º da Resolução. Dentre os temas da Comissão, estão: I – formação inicial, continuada e de formadores; II – impactos e relação entre a conciliação e o processo judicial eletrônico; III – execução; IV – precatórios; V – conflitos coletivos de trabalho; e VI – dispensas em massa.

Também foi criado o Portal da Conciliação Trabalhista, a ser disponibilizado no sítio do CSJT na rede mundial de computadores (art. 14).

Assim, dentro da estrutura judiciária trabalhista, é possível a autocomposição pré-processual, no âmbito do CEJUSC, ou incidental, quando já ajuizada demanda envolvendo conflito trabalhista, individual ou coletivo.

Não obstante, a CLT (decreto-Lei nº 5.452, de 1º de maio de 1943) prevê, nos arts. 611 a 625, as Convenções Coletivas de Trabalho, que são "[...] acôrdo de caráter normativo, pelo qual dois ou mais Sindicatos representativos de categorias econômicas e profissionais estipulam condições de trabalho aplicáveis, no âmbito das respectivas representações, às relações individuais de trabalho.". Há previsão, ainda, da faculdade de "[...] Sindicatos representativos de categorias profissionais celebrarem Acordos Coletivos com uma ou mais empresas da correspondente categoria econômica, que estipulem condições de trabalho, aplicáveis no âmbito da empresa ou das acordantes respectivas relações de trabalho.".

---

16. Disponível em: 2016_res0174_csjt_rep01.pdf (tst.jus.br). Acesso em: 23 jul. 2023.

Por sua vez, a CLT foi alterada pela Lei nº 9.958/2000, incluindo os dispositivos 625-A ao 625-H, estabelecendo que as empresas e os sindicatos podem instituir Comissões de Conciliação Prévia, de composição paritária, com representante dos empregados e dos empregadores, com a atribuição de tentar conciliar os conflitos individuais do trabalho. As Comissões poderão ser constituídas por grupos de empresas ou ter caráter intersindical.

A criação dessas Comissões de Conciliação Prévia, além de representar um importante ambiente extrajudicial de resolução de conflitos trabalhistas, ainda trouxe um requisito para ajuizamento de reclamação trabalhista. Isso porque, de acordo com art. 625-D, "Qualquer demanda de natureza trabalhista será submetida à Comissão de Conciliação Prévia se, na localidade da prestação de serviços, houver sido instituída a Comissão no âmbito da empresa ou do sindicato da categoria."

Ademais, estipula o § 2º que: "Não prosperando a conciliação, será fornecida ao empregado e ao empregador declaração da tentativa conciliatória frustrada com a descrição de seu objeto, firmada pelos membros da Comissão, que deverá ser juntada à eventual reclamação trabalhista.

No entanto, o tema foi objeto de questionamento quanto à sua constitucionalidade.

Na Ação Direta de Inconstitucionalidade 2.139[17] Distrito Federal, de relatoria da Ministra Cármen Lúcia, foi dada uma interpretação conforme a Constituição aos §§ 1º a 4º do art. 625-D da Consolidação das Leis do Trabalho, no sentido de assentar que a Comissão de Conciliação Prévia constitui meio legítimo, mas não obrigatório de solução de conflitos, permanecendo o acesso à Justiça resguardado para todos os que venham a ajuizar demanda diretamente ao órgão judiciário competente. No mesmo sentido foi o julgamento da ADI 2160 (Relator do acórdão Ministro Marco Aurélio) e da ADI 2237 (Relatora Ministra Carmen Lúcia).

Diante disso, nos conflitos trabalhistas, não foi possível estabelecer uma condição de procedibilidade da ação por meio da tentativa prévia de autocomposição.

Mas isso não retira a relevância dessa porta extrajudicial de solução de disputas, a qual, inclusive, em se alcançando o acordo, o termo de conciliação constitui título executivo extrajudicial e terá eficácia liberatória geral[18], exceto quanto às parcelas expressamente ressalvadas (art. 625-E, parágrafo único).

---

17. Disponível em: https://portal.stf.jus.br/processos/downloadPeca.asp?id=15339536354&ext=.pdf. Acesso em: 23 jul. 2023.
18. Registre-se aqui entendimento exposto na ADI 2237/DF: "A interpretação sistemática das normas controvertidas nesta sede de controle abstrato conduz à compreensão de que a "eficácia liberatória geral", prevista na regra do parágrafo único do art. 625-E da CLT, diz respeito aos valores discutidos em eventual procedimento conciliatório, não se transmudando em quitação geral e indiscriminada de verbas trabalhistas.". Disponível em: downloadPeca.asp (stf.jus.br). Acesso em: 23 jul. 2023.

4. CONVENÇÕES PROCESSUAIS NO PROCESSO DO TRABALHO[19]

O exame da compatibilidade entre as convenções processuais e o processo do trabalho reclama um exame crítico da Instrução Normativa nº 39/2016 do TST, de sorte a se averiguar os fundamentos determinantes e sua procedência.

O Código de Processo Civil ocasionou profundos impactos e implicou na necessidade de edição de atos normativos por diversos tribunais, destinados à sua aplicação prática, o que foi disciplinado no âmbito da Justiça do Trabalho por meio da Instrução Normativa nº 39/2016, oriunda da Resolução nº 203 de 15 de março de 2016 do Tribunal Superior do Trabalho.

No ato em testilha, atentando-se para a então iminente vigência do CPC/2015 e para o caráter subsidiário e supletivo ao processo do trabalho, foram elencados em seu art. 2º uma listagem de dispositivos que não seriam aplicáveis em razão da inexistência de omissão ou incompatibilidade, dentre os quais se encontra o art. 190 do Código de Processo Civil.

Observa-se que, embora o dispositivo não tenha especificado propriamente em qual das hipóteses de desconformidade (ausência de lacuna ou incompatibilidade) se encontraria o art. 190, ao passo em que inexiste norma de tal natureza no corpo da Consolidação das Leis do Trabalho, é conclusão inafastável que se vislumbrou naquele momento sua incompatibilidade com o processo trabalhista.

Apesar do reconhecimento posterior do caráter não vinculante do ato normativo em epígrafe[20], certamente a instabilidade decorrente de divergentes posicionamentos, com potencial de desestímulo das partes quanto à celebração de convenções, dado o receio de invalidação indiscriminada, reclama que se reafirme o cabimento das convenções processuais na seara trabalhista, quanto ao prisma da sua compatibilidade.

Entretanto, o exame acurado dos contornos do processo do trabalho e dos limites de conformidade das convenções processuais implica no reconhecimento de que estas são conciliáveis com o processo do trabalho.

---

19. CABRAL, TRÍCIA NAVARRO XAVIER; CARVALHO, **Frederico Ivens Miná Arruda de** CONVENÇÕES PROCESSUAIS NO PROCESSO DO TRABALHO. In: ALBERTO NEMERNETO; CLÁUDIO JANNOTTI DA ROCHA; JOSÉ CARLOS RIZK FILHO; JOSÉ ROBERTO FREIRE PIMENTA; RICARDO JOSÉ MACEDO DE BRITTO PEREIRA. (Org.). DIREITO MATERIAL E PROCESSUAL DO TRABALHO CONSTITUCIONALIZADOS:DIREITO PROCESSUAL. 1ed.PORTO ALEGRE: LEX MAGISTER/OAB NACIONAL, 2020, v. II, p. 319-340.

20. "Frisa-se que, acerca do tema, não há caráter vinculante da Instrução Normativa, não havendo qualquer sanção disciplinar ao juiz que não aplicar o conteúdo da IN 39 do TST ao caso concreto, conforme concluído pelo Ministro da Justiça do Trabalho Renato de Lacerda Paiva, então Corregedor Geral em 2016, em resposta à consulta formulada pela ANAMATRA, publicada no Diário Eletrônico da Justiça do Trabalho em 01 de setembro de 2016". FERREIRA, Vanessa Rocha; SANTANA, Agatha Gonçalves. Aplicação dos negócios jurídicos processuais à justiça do trabalho. *Revista Direito e Justiça: Reflexões Sociojurídicas*, [S.l.], v. 19, n. 35, p. 127-151, set. 2019. ISSN 21782466. Disponível em: <http://srvapp2s.santoangelo.uri.br/seer/index.php/direito_e_justica/article/view/3104/1891>. Acesso em: 29 Jul. 2020.

Inicialmente, pontue-se que a decomposição do objeto do processo do trabalho indica sua heterogeneidade, afastando a conclusão apriorística de que neste necessariamente figuraria sempre ao menos uma parte hipossuficiente.

Com efeito, conforme assevera Juliane Dias Facó[21], com o advento da Emenda Constitucional 45/2004, a jurisdição trabalhista sofreu expressiva ampliação, contemplando matérias variadas, que concernem tanto a dissídios individuais quanto coletivos.

Pertencem a tal ramo do Direito, com a aplicação do processo do trabalho, as ações decorrentes das relações de trabalho; relações sindicais e em que figuram tais entidades; aforadas pelo Ministério Público do Trabalho na tutela de direitos transindividuais a seu cargo e demandas envolvendo penalidades administrativas impostas aos empregadores pelos órgãos e fiscalização das relações de trabalho.

Desta forma, concebe-se que a qualidade de parte em um processo trabalhista se refere, potencialmente, a pessoas físicas ou jurídicas, entidades sindicais e órgãos públicos, com variadas capacidades econômicas e amparos técnicos.

Diante disso, a liberdade se projeta no ambiente do processo como base do direito fundamental ao processo justo e é tutelada pelo Código de Processo Civil de 2015 que estabelece extenso microssistema destinado a sua tutela, frutificado no estímulo à autocomposição dos litígios e em diversos atos de disponibilidade processual, dentre os quais se destacam as convenções processuais, onde os litigantes podem dispor de suas titularidades e remodelar o trilho do procedimento.

Nos termos do art. 15, o Código de Processo Civil de 2015 tem aplicação supletiva e subsidiária ao processo do trabalho, o que implica não apenas no suprimento de lacunas na legislação específica, como em uma nova chave de leitura do sistema especial, condicionada à compatibilidade com suas diretrizes.

Embora a aplicação do art. 190 do CPC/2015 aos processos trabalhistas tenha sido em princípio vedada por meio da Instrução Normativa 39/2016 do TST, com fundamento em sua incompatibilidade, verifica-se que as convenções são harmonizáveis com os postulados fundamentais do processo do trabalho, dada sua pluralidade de partes e objetos, sendo os critérios de validade e de controle específico aptos à tutela dos indivíduos hipossuficientes em convenções.

Identifica-se uma diversidade de possibilidades de contribuições das convenções processuais para a efetividade do processo do trabalho, como se verifica com especial relevo nas convenções sobre a solução consensual dos litígios, assim como na incorporação de convenções tipificadas no CPC e aptas à gestão negociada e eficiente do processo executivo.

---

21. FACÓ, Juliane Dias. A aplicação do art.190 do CPC/2015 ao processo do trabalho. In: MARCADO. Ana. GALINDO, Beatriz. GÓES, Gisele Fernandes. BRAGA, Paula Sarno. APRIGLIANO, Ricardo. NOLASCO, Rita Dias. (coord). Negócios Processuais. Salvador: Juspodivm, 2017, p.264-267.

Na casuística, observa-se que a jurisprudência dos tribunais trabalhistas tem abarcado as convenções processuais.

Portanto, as convenções das partes sobre matéria processual não apenas se revelam compatíveis, mas desejáveis para a tutela dos direitos submetidos ao processo trabalhista, pois muito têm a contribuir, o que reclama uma mudança de cultura, com a busca de consenso não apenas quanto ao objeto do processo, mas quanto a este propriamente.

5. ARBITRAGEM TRABALHISTA

Outro método autorizado para a resolução dos conflitos trabalhistas é a arbitragem, que constitui um meio extrajudicial de conflito em que um terceiro (ou um colegiado) impõe a solução às partes. A escolha da via arbitral implica na renúncia à justiça estatal, salvo para as hipóteses em que há algum limite de jurisdição arbitral e que exija a atuação do Poder Judiciário.

O assunto está previsto no art. 114, §1º, da Constituição Federal:

Art. 114

§ 1º Frustrada a negociação coletiva, as partes poderão eleger árbitros.

§ 2º Recusando-se qualquer das partes à negociação coletiva ou à arbitragem, é facultado às mesmas, de comum acordo, ajuizar dissídio coletivo de natureza econômica, podendo a Justiça do Trabalho decidir o conflito, respeitadas as disposições mínimas legais de proteção ao trabalho, bem como as convencionadas anteriormente.

Como se vê, o dispositivo só menciona os conflitos coletivos, gerando divergências acerca da possibilidade de utilização da arbitragem em conflitos individuais.

Por sua vez, interessante notar que o §2º traz uma previsão escalonada de métodos de resolução de disputas, que se inicia com a negociação, podendo passar pela arbitragem, e, por fim, podendo culminar em uma convenção processual entre as partes para o ajuizamento de dissídio coletivo de natureza econômica perante a Justiça do Trabalho.

Quanto à polêmica envolvendo a natureza do conflito passível de arbitragem, o fundamento para a exclusão dos conflitos individuais era a observância do princípio protetivo, fundamento do direito individual do trabalhador, bem como o princípio da irrenunciabilidade, decorrente daquele. [22]

---

22. Nesse sentido: "[...] ARBITRAGEM. DISSÍDIOS INDIVIDUAIS TRABALHISTAS. INCOMPATIBILIDADE. INEXISTÊNCIA DE COISA JULGADA. Nos dissídios coletivos, os sindicatos representativos de determinada classe de trabalhadores buscam a tutela de interesses gerais e abstratos de uma categoria profissional, como melhores condições de trabalho e remuneração. Os direitos discutidos são, na maior parte das vezes, disponíveis e passíveis de negociação, a exemplo da redução ou não da jornada de trabalho e de salário. Nessa hipótese, como defende a grande maioria dos doutrinadores, a arbitragem é viável, pois empregados e empregadores têm respaldo igualitário de seus sindicatos. No âmbito da Justiça do Trabalho, em que se pretende a tutela de interesses individuais e concretos de pessoas identificáveis, como, por exemplo, o salário e as férias, a arbitragem é desaconselhável, porque outro é o contexto: aqui, imperativa é a observância do princípio protetivo, fundamento do direito individual do trabalhador, que se justifica em face do desequilíbrio existente nas relações entre trabalhador – hipossuficiente – e

Diante disso, a Lei nº 13.467/2017 incluiu o art. 507-A, da CLT, e estabeleceu que:

> Art. 507-A. Nos contratos individuais de trabalho cuja remuneração seja superior a duas vezes o limite máximo estabelecido para os benefícios do Regime Geral de Previdência Social, poderá ser pactuada cláusula compromissória de arbitragem, desde que por iniciativa do empregado ou mediante a sua concordância expressa, nos termos previstos na Lei no 9.307, de 23 de setembro de 1996.

A referida alteração legislativa autorizou a arbitragem em dissídios individuais de trabalho, mediante o atendimento a dois requisitos de validade da cláusula compromissória de arbitragem: a) remuneração superior a duas vezes o limite máximo estabelecido para os benefícios do Regime Geral de Previdência Social; b) por iniciativa do empregado ou mediante a sua concordância expressa, com observância ao disposto na Lei nº 9.307/1996.

O primeiro requisito, relacionado ao valor da remuneração do empregado, tem por objetivo assegurar a hiper suficiência do trabalhador, presumindo-se que seria um modo de afastar a condição de vulnerabilidade e garantir maior equilíbrio entre os celebrantes.

Da mesma forma, a escolha da arbitragem por iniciativa do empregado ou mediante a sua concordância expressa sugere que o trabalhador conhece o método e está disposto a se submeter à justiça arbitral. A referência à Lei de Arbitragem significa que a cláusula compromissória deve atender aos aspectos formais do art. 4º:

> Art. 4º A cláusula compromissória é a convenção através da qual as partes em um contrato comprometem-se a submeter à arbitragem os litígios que possam vir a surgir, relativamente a tal contrato.
>
> § 1º A cláusula compromissória deve ser estipulada por escrito, podendo estar inserta no próprio contrato ou em documento apartado que a ele se refira.
>
> § 2º Nos contratos de adesão, a cláusula compromissória só terá eficácia se o aderente tomar a iniciativa de instituir a arbitragem ou concordar, expressamente, com a sua instituição, desde que por escrito em documento anexo ou em negrito, com a assinatura ou visto especialmente para essa cláusula.

Por sua vez, o legislador nada mencionou acerca da possibilidade de se firmar o compromisso arbitral, de que trata a Lei nº 9.307/1996: "Art. 9º O compromisso arbitral é a convenção através da qual as partes submetem um litígio à arbitragem de uma ou mais pessoas, podendo ser judicial ou extrajudicial.".

Novamente cria-se uma divergência quanto ao seu cabimento, sendo certo que o estabelecimento do compromisso arbitral deve ser admitido[23], desde que atendidos os

---

empregador. Esse princípio, que alça patamar constitucional, busca, efetivamente, tratar os empregados de forma desigual para reduzir a desigualdade nas relações trabalhistas, de modo a limitar a autonomia privada. Imperativa, também, é a observância do princípio da irrenunciabilidade, que nada mais é do que o desdobramento do primeiro. São tratados aqui os direitos do trabalho indisponíveis previstos, quase sempre, em normas cogentes, que confirmam o princípio protetivo do trabalhador. Incompatível, portanto, o instituto da arbitragem nos dissídios individuais trabalhistas. Não há falar, portanto, em existência de coisa julgada. [...]" (AIRR-633-96.2013.5.02.0382, 2ª Turma, Relator Ministro Jose Roberto Freire Pimenta, DEJT 31/03/2017).

23. TEIXEIRA, Sergio Torres. Arbitragem e conflitos individuais trabalhistas: o artigo 507-A da CLT e a admissibilidade da inserção de cláusula compromissória de arbitragem no contrato de emprego. In: FERREIRA, Olavo Augusto Vianna Alves; LUCON, Paulo Henrique dos Santos. **Arbitragem:** atualidades e tendências. Ribeirão Preso/SP: Migalhas, 2019. p. 13-36.

requisitos cumulativos previstos para a cláusula compromissória, nos termos do art. 507-A, da CLT, incluindo a existência de relação de emprego. Não obstante, a cláusula compromissória pode ser firmada a qualquer momento.[24]

Por fim, há quem indique limites à arbitragem em conflitos individuais, que seriam: a) deve-se proibir a chamada arbitragem ad hoc, que vem a ser aquela em que as partes escolhem o árbitro ou o tribunal arbitral sem a intermediação de câmaras arbitrais ou instituições similares; b) completa desvinculação das instituições arbitrais a órgãos de classe, sejam eles patronais ou de empregados; c) publicidade do procedimento arbitral; e d) arbitragem trabalhista deverá necessariamente ser de direito.[25]

Portanto, não há dúvidas de que a arbitragem é cabível tanto para os conflitos trabalhistas coletivos, quanto para os individuais, sendo certo que a sua adoção pode resultar em solução mais célere às partes.

---

24. Sobre o tema: SILVEIRA, Everton Caldas; MEIRELES, Edilton. A arbitragem no contexto da Reforma Trabalhista. In: FERREIRA, Olavo Augusto Vianna Alves; LUCON, Paulo Henrique dos Santos. Arbitragem: atualidades e tendências. Ribeirão Preso/SP: Migalhas, 2019. p. 51-67.
25. CONSULTOR JURÍDICO. AMARAL, Guilherme Rizzo. Arbitragem nos conflitos trabalhistas individuais. Disponível em: https://www.conjur.com.br/2018-jan-23/guilherme-amaral-arbitragem-conflitos-trabalhistas-individuais. Acesso em: 24 jul. 2023.

13
JUSTIÇA MULTIPORTAS NO ÂMBITO EMPRESARIAL[1]

1. INTRODUÇÃO

A Constituição Federal prescreveu como direito fundamental o acesso à justiça, extraído do disposto no art. 5º, inciso XXXV, da CRFB/1998 que, nas palavras de Mauro Cappelletti e Bryant Garth constitui "[...] o requisito fundamental – o mais básico dos direitos humanos – de um sistema jurídico moderno e igualitário que pretende garantir, e não apenas proclamar os direitos de todos".[2]

A referida previsão legal foi o primeiro passo para se (re)discutir a questão do acesso à justiça no ordenamento jurídico e, desde então, numerosas legislações foram editadas pelo Poder Legislativo e atos normativos pelo Judiciário com vistas a efetivar o citado comando constitucional, buscando, ainda, garantir aos jurisdicionados o tratamento pacífico das controvérsias.

Com efeito, a Resolução 125/2010 do CNJ, o Código de Processo Civil de 2015 (CPC/2015) e a Lei 13.140/2015 (Lei de Medição) redesenharam o tratamento das disputas no ordenamento jurídico brasileiro quando: (i) adotou o sistema de Justiça Multiportas[3], apresentando-se aos jurisdicionados diversas opções de entrada e de saída e diversos mecanismos para o tratamento de conflitos; (ii) constituiu um "efetivo

---

1. Este tópico, revisto e atualizado para esta obra, foi originalmente escrito conjuntamente com Hiasmine Santiago e Renan Sena Silva, publicado em: CABRAL, Trícia Navarro Xavier; SANTIAGO, Hiasmine; SILVA, Renan Sena. Mediação e conciliação judiciais em conflitos empresariais. In. ZANETI JR, Hermes; CABRAL, Tricia Navarro Xavier (Org.). *Justiça multiportas.* 3. ed. Salvador: JusPODIVM, 2023, v. 1, p. 1179-1204.
2. CAPPELLETTI, Mauro; GARTH, Bryant. *Acesso à justiça.* Trad. Ellen Gracie Northfleet. Porto Alegre: Sérgio Antonio Fabris Editor, 1988. p. 11.
3. O termo "Justiça Multiportas" foi uma expressão extraída a partir de uma palestra proferida por Frank Sander, da Faculdade de Direito de Harvard, na denominada *"Pound Conference"*, na qual foram discutidos os problemas da justiça norte-americana. Neste contexto, Sander apresentou a ideia de se introduzir, no âmbito do Poder Judiciário, várias opções para a resolução de disputas (SANDER, FRANK E.A. Varietis of Dispute Processing. In.: Levin, A Leo; WHELLER,Russell R. The Pound Conference: Perspectives on Justice in the Future. Saint Paul: West Publishing, 1979, p. 86-87). Essa ideia foi trazida para o Brasil e, atualmente, após a edição de diversos diplomas normativos, vislumbrou-se a ideia de que também se estabeleceu o sistema Multiportas, em que o cidadão possui a sua disposição diversas formas de resolver os seus conflitos. Sobre o tema, conferir: ZANETI JR., H.; CABRAL, Trícia Navarro Xavier. (Org.). *Justiça multiportas: mediação, conciliação, arbitragem e outros meios adequados de solução de conflitos.* 2. ed. Salvador: JusPODIVM, 2018. v. 9. 1024p.

microssistema de métodos adequados de resolução de conflitos"[4]; e (iii) instituiu o princípio da consensualidade, indicando que as controvérsias devem ser tratadas, sempre que possível, por mecanismos autocompositivos, "[...] na tentativa de modificar uma cultura predominantemente adversarial em nosso sistema".[5]

Isso porque, como diz Helio Antunes, a via autocompositiva "[...] apresenta-se como uma forma de tratamento de conflitos que se opera através da prevalência da vontade dos litigantes, sem que haja a intervenção vinculativa e substitutiva da vontade de um terceiro".[6]

Vê-se, dessa forma, mudança em concepções que estavam arraigadas no sistema de justiça brasileiro, ocorrendo, nas palavras de Kazuo Watanabe, a alteração da cultura da sentença para a cultura da pacificação[7]. Como consequência, o modelo de justiça adversarial transformou-se em cooperativo e preferencialmente consensual, ressignificando o conceito de acesso à justiça, uma vez "[...] não se trata apenas de possibilitar o acesso à Justiça enquanto instituição estatal, e sim de viabilizar o acesso à ordem jurídica justa".[8]

Essas mudanças não implicam "na redução da relevância do Judiciário"[9], mas em compreender que, no sistema de Justiça Multiportas, "[...] a solução judicial deixa de ter a primazia nos litígios que permitem a autocomposição e passa a ser *ultima ratio, extrema ratio*".[10]

Inserido nesse contexto, conforme já mencionado, encontra-se a Resolução 125, de 29 de novembro de 2010[11], que dispõe sobre a Política Judiciária Nacional de tratamento adequado dos conflitos de interesses no âmbito do Poder Judiciário. O ato normativo foi alterado por duas emendas (Emenda 1/2013 e Emenda 2/2016) e duas resoluções

---

4. CABRAL, Trícia Navarro Xavier. Permitir que cartórios façam conciliação e mediação é iniciativa bem-vinda. In: *Revista Consultor Jurídico*, 5 de abril de 2018. Disponível em: https://www.conjur.com.br/2018-abr-05/tricia-navarro-permitir-conciliacao-cartorios-medida-bem-vinda. Acesso em: 13 abr. 2021.

5. CABRAL, Trícia Navarro Xavier. *Limites da liberdade processual*. Indaiatuba: Foco, 2019. v. 1, p. 36.

6. CARLOS, Helio Antunes. *O microssistema de autocomposição*: possibilidade de um sistema mais participativo. Dissertação (mestrado) – Centro de Ciências Jurídicas e Econômicas, Universidade Federal do Espírito Santo. Vitória, 2019, p. 144. Disponível em: <http://repositorio.ufes.br/handle/10/11324>. Acesso em: 16 abr. 2020.

7. WATANABE, Kazuo. Cultura da sentença e cultura da pacificação. In: YARSHELL, Flávio Luiz; MORAES, Maurício Zanoide de (Org.). *Estudos em homenagem à Professora Ada Pelegrini Grinover*. São Paulo: DPJ, 2005.

8. WATANABE, Kazuo. O acesso à justiça e a sociedade moderna. In: GRINOVER, Ada Pellegrini, DINAMARCO, Cândido Rangel e WATANABE, Kazuo [Coord.]. *Participação e processo*. São Paulo: Ed. RT, 1988, p. 128.

9. NALINI, José Renato. É urgente construir alternativas à justiça. In: ZANETI JR., Hermes; CABRAL, Trícia Navarro Xavier. *Justiça multiportas*: mediação, conciliação, arbitragem e outros meios de solução adequada para conflitos. 2. ed. Salvador: JusPODIVM, 2018. v. 9. p. 36.

10. DIDIER Jr., Fredie; ZANETI JR., Hermes. Justiça Multiportas e Tutela Constitucional Adequada: Autocomposição em Direitos Coletivos. In: Hermes Zaneti Jr.; Trícia Navarro Xavier Cabral. (Org.). *Justiça multiportas*: mediação, conciliação, arbitragem e outros meios de solução adequada de conflitos. 2.ed. Salvador: JusPODIVM, 2018, v. 9, p. 38.

11. BRASIL. Conselho Nacional de Justiça. *Resolução 125, de 29 de novembro de 2010*. Dispõe sobre a Política Judiciária Nacional de tratamento adequado dos conflitos de interesses no âmbito do Poder Judiciário e dá outras providências. Brasília, DF: Conselho Nacional de Justiça, [2020]. Disponível em: https://atos.cnj.jus.br/atos/detalhar/atos-normativos?documento=156#:~:text=CONFLITOS%20DE%20INTERESSES-,Art.,%C3%A0%20sua%20natureza%20e%20peculiaridade. Acesso em: 13 abr. 2021.

13 • JUSTIÇA MULTIPORTAS NO ÂMBITO EMPRESARIAL   **623**

(Resolução 290/2019[12] e Resolução 326/2020[13]), todas emitidas pelo mesmo Conselho. O referido ato normativo "[...] constituiu um marco para a introdução de uma nova sistemática de tratamento adequado de conflitos no ordenamento jurídico brasileiro".[14]

Além de estabelecer, no âmbito dos tribunais, a utilização de métodos autocompositivo de tratamento adequado de conflitos, a normativa determinou a instituição dos Centros Judiciários de Solução de Conflitos e Cidadania ("Centros" ou "Cejuscs"), responsáveis pelo atendimento aos cidadãos para orientações e realização das sessões de mediação e conciliação, as quais podem ocorrer antes da instauração do processo ou no curso deste.

Deve-se destacar que, a partir da Resolução 219, de 26 de abril de 2016 do CNJ, os Cejuscs foram considerados unidades judiciárias e, desde então, passaram a estar no mesmo plano das varas, juizados, turmas recursais e zonas eleitorais para fins de distribuição de servidores, o que valoriza ainda mais a política e evita que as estruturas fiquem obsoletas e sem a adequada infraestrutura.

Os Centros Judiciários, portanto, são estruturas fundamentais para o desenvolvimento dos métodos autocompositivos, na medida em que funcionam como uma das portas aos cidadãos para buscarem o consenso.

A título exemplificativo, ressaltam-se as informações contidas no relatório "Justiça em números 2020" produzido pelo Conselho Nacional de Justiça, que tem como base as informações extraídas do ano de 2019. Observa-se que, de 2015 a 2019, houve uma ampliação dos Cejuscs em todo o país, além de um significativo aumento no número de sentenças homologatórias. Em comparação com o ano de 2015, em que existiam apenas 654 Cejuscs no país, no ano de 2019 constataram-se 1.284 Cejuscs instalados no país. Aliada a esta ampliação, verificou-se que, em 2019, 12,5% dos julgados foram por meio de sentenças homologatórias de acordo, o que representa um grande avanço em âmbito nacional.[15] Já o último relatório do Justiça em Números 2023 identificou um total de 1.437 Cejuscs instalados. Em 8 anos a estrutura triplicou.[16]

---

12. BRASIL. Conselho Nacional de Justiça. *Resolução 290, de 13 de agosto de 2019*. Altera a Resolução 125, de 29 de novembro de 2010, para estabelecer critério de aferição da produtividade decorrente da atuação dos Centros Judiciários de Solução de Conflitos e Cidadania – Cejuscs. Brasília, DF: Conselho Nacional de Justiça, 2019. Disponível em: https://atos.cnj.jus.br/atos/detalhar/atos-normativos?documento=2979. Acesso em: 13 abr. 2021.

13. BRASIL. Conselho Nacional de Justiça. *Resolução 326, de 26 de junho de 2020*. Dispõe sobre alterações formais nos textos das Resoluções do Conselho Nacional de Justiça. Brasília, DF: Conselho Nacional de Justiça, 2020. Disponível em: https://atos.cnj.jus.br/atos/detalhar/3366. Acesso em: 13 abr. 2021.

14. CABRAL, Trícia Navarro Xavier; SANTIAGO, Hiasmine. Resolução 125/2010 do Conselho Nacional de Justiça: avanços e perspectivas. *Revista eletrônica CNJ* [online], v. 4, p. 199-211, 2020, p. 206. Disponível em: https://www.cnj.jus.br/ojs/index.php/revista-cnj/article/view/180/71. Acesso em: 13 abr. 2021.

15. BRASIL. Conselho Nacional de Justiça. *Relatório Justiça em Números*. Brasília, DF: Conselho Nacional de Justiça, 2020. Disponível em: https://www.cnj.jus.br/pesquisas-judiciarias/justica-em-numeros/. Acesso em: 13 abr. 2021.

16. Cf. BRASIL. Conselho Nacional de Justiça. *Relatório Justiça em Números*. Brasília, DF: Conselho Nacional de Justiça, 2023. Disponível em: justica-em-numeros-2023-010923.pdf (cnj.jus.br). Acesso em: 5 set. 2023.

Também é possível perceber que a entrada em vigor do CPC/2015 reforçou ainda mais a política instaurada pela Resolução 125/2010 ao estabelecer uma audiência inaugural, em regra, obrigatória. Isso, porque, nos primeiros três anos de vigência, o número de sentenças homologatórias de acordo cresceu 5,6%, passando de 3.680.138 no ano de 2016 para 3.887.226 em 2019.[17]

A Emenda 1, de 31 de janeiro de 2013, ao alterar o art. 8º da Resolução 125, inseriu dispositivo que previa a possibilidade de que os Cejuscs fossem "organizados por áreas temáticas, como centros de conciliação de juizados especiais, família, precatórios e empresarial, dentre outros, juntamente com serviços de cidadania" (art. 8º, § 6º, da Resolução 125/2010).[18]

Tal dispositivo, apesar de ter sido revogado, com a nova redação dada pela Resolução 326/2020, denota que o CNJ já apontava a especialização como um aspecto relevante para que fossem observadas tanto a natureza quanto as peculiaridades dos conflitos levados aos Cejuscs.

Desse modo, o tema do presente estudo é o tratamento consensual dos conflitos empresariais, que incluem a recuperação e a falência, pela via das atividades de conciliação e mediação judicial, facilitadas por terceiros especializados. O texto será desenvolvido por análise quantitativa e qualitativa, a partir de dados disponibilizados pelo CNJ e das compreensões extraídas das Recomendações 58/2019 e 71/2020 do CNJ e da Lei 14.112/2010.

Para a análise do objeto da pesquisa, busca-se: (i) descrever a Política Judiciária Nacional de Tratamento Adequado dos Conflitos de Interesses no Âmbito do Poder Judiciário e a especialização dos mediadores e conciliadores judiciais como consequência do princípio da competência; (ii) especificar as peculiaridades do tratamento de conflitos de natureza empresarial e de recuperação e falência; (iii) investigar o estímulo ao tratamento consensual das controvérsias empresarias, extraídas das Recomendações de 58/2019 e 71/2020, ambas do CNJ, e da Lei 14.112/2020 que repercutem na especialização e capacitação de facilitadores que atuam nas mencionadas controvérsias; (iv) apresentar linhas gerais para a capacitação e aperfeiçoamento dos atores especialistas nesses tipos de conflito.

2. CARACTERÍSTICAS DOS CONFLITOS DE NATUREZA EMPRESARIAL

O Brasil conta com uma experiência histórica com os métodos de conciliação e a arbitragem desde seu período colonial, uma vez que aplicáveis, à colônia, as legislações

---

17. BRASIL. Conselho Nacional de Justiça. *Relatório Justiça em Números*. Brasília, DF: Conselho Nacional de Justiça, 2020. Disponível em: https://www.cnj.jus.br/pesquisas-judiciarias/justica-em-numeros/. Acesso em: 13 abr. 2021.

18. BRASIL. Conselho Nacional de Justiça. *Resolução 125, de 29 de novembro de 2010*. Dispõe sobre a Política Judiciária Nacional de tratamento adequado dos conflitos de interesses no âmbito do Poder Judiciário e dá outras providências. Brasília, DF: Conselho Nacional de Justiça, [2020]. Disponível em: https://atos.cnj.jus.br/atos/detalhar/atos-normativos?documento=156#:~:text=CONFLITOS%20DE%20INTERESSES-,Art.,%-C3%A0%20sua%20natureza%20e%20peculiaridade. Acesso em: 13 abr. 2021

13 • JUSTIÇA MULTIPORTAS NO ÂMBITO EMPRESARIAL

portuguesas que previam esses institutos e depois foram incorporados à "Constituição Política do Império do Brazil de 1824", recebendo *status* de norma constitucional, bem como disciplinados pela legislação infraconstitucional.[19]

O ordenamento jurídico brasileiro, portanto, já prescrevia textualmente a conciliação e arbitragem para a pacificação de conflitos empresariais, também denominados de comerciais[20], previstos no Código Comercial de 1850[21], de modo diverso ao que se verifica com a mediação, que foi disciplinada apenas recentemente no país.

Nos dias atuais, ainda que se verifique o crescimento do número de estruturas especializadas para a mediação, a experiência brasileira ainda é reduzida nesse tema, especialmente em comparação aos Estados Unidos, que utiliza o método desde os idos de 1970[22], possuindo "diversas escolas que tratam o tema".[23]

Desse modo, mesmo com o arcabouço legislativo que autoriza o tratamento dos conflitos empresariais pelas vias consensuais, como negociação, conciliação e mediação, e haver ambientes aptos a promovê-los, como a existência de câmaras privadas que tem oferecido o serviço de mediação desde 2010,[24] muitas controvérsias dessa natureza ainda deságuam no Poder Judiciário.

Segundo dados do CNJ, na "Pesquisa de Percepção dos Magistrados, Servidores e Advogados quanto à Especialização de Varas por Competência e a Unificação de Cartórios Judiciais", realizada em 2020, verifica-se o direito empresarial como uma das matérias consideradas, pelos atores alvos da pesquisa, que deveriam dispor de varas especializadas.[25]

Em termos quantitativos, segundo a referida pesquisa, 6% dos advogados optaram pela especialização de varas empresariais, em número superior às matérias de execução penal e/ou execução de medidas alternativas, tribunal do júri, falência, combate ao cri-

---

19. CAMPOS, Adriana Pereira. Conciliações e arbitragens no Brasil do século XIX. In: ZANETI JÚNIOR, Hermes; CABRAL, Trícia Navarro Xavier. (Org.). *Justiça multiportas*: mediação, conciliação, arbitragem e outros meios adequados de solução de conflitos. 2. ed. Salvador: JusPODIVM, 2018, v. 9, p. 899.

20. Segundo Gladston Mamede, "A nomenclatura estabelecida pelo Código Civil, *Direito de Empresa*, ou *Direito Empresarial*, não deve submeter a academia. Os rótulos anteriores, quais sejam, *Direito Comercial*, *Direito do Comércio* ou *Direito Mercantil* ainda se aproveitam plenamente". (MAMEDE, Gladston. *Direito empresarial brasileiro*: empresa e atuação empresarial, v. 1. São Paulo: Atlas, 2004, p. 41).

21. CAMPOS, Adriana Pereira. Conciliações e arbitragens no Brasil do século XIX. In: ZANETI JÚNIOR, Hermes; CABRAL, Trícia Navarro Xavier. (Org.). *Justiça multiportas*: mediação, conciliação, arbitragem e outros meios adequados de solução de conflitos. 2. ed. Salvador: JusPODIVM, 2018, v. 9, p. 899.

22. GABBAY, Daniela Monteiro. Mediação de conflitos no âmbito jurídico: o crescimento da mediação empresarial no Brasil. In.: *Cadernos FGV Projetos* [online], n. 26, p. 62-75, 2015, p. 66. Disponível em: http://bibliotecadigital.fgv.br/dspace/handle/10438/18434. Acesso em: 16 abr. 2021.

23. CABRAL, Trícia Navarro Xavier. A conciliação e a mediação no CPC/15. In: FILHO, Antonio Carvalho; JUNIOR, Herval Sampaio. (Org.). *Os juízes e o novo CPC*. Salvador: JusPODIVM, 2017, v. 1, p. 151-166.

24. GABBAY, Daniela Monteiro. Mediação de conflitos no âmbito jurídico: o crescimento da mediação empresarial no Brasil. In.: *Cadernos FGV Projetos* [online], n. 26, p. 62-75, 2015, p. 67. Disponível em: http://bibliotecadigital.fgv.br/dspace/handle/10438/18434. Acesso em: 16 abr. 2021.

25. BRASIL. Conselho Nacional de Justiça. *Pesquisa de percepção dos magistrados, servidores e advogados quanto à especialização de varas por competência e a unificação de cartórios judiciais*. Brasília/DF, 2020. Disponível em: https://www.cnj.jus.br/wp-content/uploads/2020/08/Relatorio-de-unificacao-dos-cartorios_2020-08-25_3.pdf. Acesso em: 16 abr. 2021.

me organizado, execução fiscal e tráfico de drogas. Entre os magistrados, o percentual foi de 4,9%, em importe mais elevado que as matérias de tráfico de drogas e direito do consumidor. Em relação aos servidores o percentual foi de 4,1%.[26]

Esses dados, além de demonstrar que os conflitos empresariais efetivamente chegam para serem tratados nas varas judiciais, revela que há uma demanda por especialização de profissionais e ambientes que atuem nesse ramo, o que se justifica pelas particularidades que lhes são inerentes.

O direito empresarial, embora constitua um ramo jurídico antigo, sendo possível afirmar, nas palavras de Gladston Mamede, "[...] que o Direito do Comércio é tão antigo quanto o próprio comércio"[27], apresentando-se legislações anteriores a 2000 a.C.[28], sofreu diversas alterações ao longo do tempo. No ordenamento jurídico brasileiro, o Código Civil de 2002 (CC/2002) apresentou diversas inovações na matéria de direito empresarial em relação ao que estava previsto no Código Comercial de 1850.

Lucas Abreu Barroso identificou que o CC/2002 implementou as seguintes novidades: recepcionou-se a "teoria da empresa em detrimento do superado ato de comércio", revisou-se os "tipos societários", determinou-se os "princípios aplicáveis à matéria societária", regulamentou-se, de forma minudente, a "sociedade limitada" e foram estipuladas "normas esclarecedoras sobre as sociedades autônomas e cooperativas."[29]. Isso quer dizer que, em grande medida, a atual conformação do direito empresarial não chegou a completar 20 anos, de modo que relativamente recente.

Ademais, antes de se adentrar, especificamente, às questões que envolvem os conflitos empresariais, é importante ter em mente que: (i) "[...] o Direito Comercial desenvolveu a idéia [sic] de atividade. Ou seja: de uma série de atos tendentes à consecução de um determinado fim."[30]; (ii) "A atuação do empresário caracteriza-se não por um ou outro negócio jurídico, mas pelo exercício de uma atividade"[31] e (iii) "a atividade empresarial pode ser exercida individualmente ou de modo coletivo".[32]

---

26. BRASIL. Conselho Nacional de Justiça. *Pesquisa de percepção dos magistrados, servidores e advogados quanto à especialização de varas por competência e a unificação de cartórios judiciais*. Brasília/DF, 2020. Disponível em: https://www.cnj.jus.br/wp-content/uploads/2020/08/Relatorio-de-unificacao-dos-cartorios_2020-08-25_3. pdf. Acesso em: 16 abr. 2021.

27. MAMEDE, Gladston. *Direito empresarial brasileiro*: empresa e atuação empresarial, v. 1. São Paulo: Atlas, 2004, p. 25.

28. MAMEDE, Gladston. *Direito empresarial brasileiro*: empresa e atuação empresarial, v. 1. São Paulo: Atlas, 2004, p. 25.

29. BARROSO, Lucas Abreu. O Novo Código Civil brasileiro no momento histórico de sua publicação. In.: BARROSO, Lucas Abreu. *A realização do Direito Civil*: entre normas jurídicas e práticas sociais. Curitiba: Juruá, 2012, p. 21.

30. TOLEDO, Paulo Fernando Campos Salles de. A empresa e o empresário no novo Código Civil. In.: ALVIM, Arruda; CÉSAR, Joaquim Portes de Cerqueira; ROSAS, Roberto (Coords.). *Aspectos controvertidos do novo Código Civil*: escritos em homenagem ao Ministro José Carlos Moreira Alves. São Paulo: Editora Ed. RT, 2003, p. 495.

31. TOLEDO, Paulo Fernando Campos Salles de. A empresa e o empresário no novo Código Civil. In.: ALVIM, Arruda; CÉSAR, Joaquim Portes de Cerqueira; ROSAS, Roberto (Coords.). *Aspectos controvertidos do novo Código Civil*: escritos em homenagem ao Ministro José Carlos Moreira Alves. São Paulo: Editora Ed. RT, 2003, p. 495.

32. TOLEDO, Paulo Fernando Campos Salles de. A empresa e o empresário no novo Código Civil. In.: ALVIM, Arruda; CÉSAR, Joaquim Portes de Cerqueira; ROSAS, Roberto (Coords.). *Aspectos controvertidos do novo*

Esses três fatores indicam que há múltiplas possibilidades de desenvolvimento de conflitos na seara empresarial, uma vez que, como já mencionado, são praticados diversos atos, exercendo-se uma atividade e, ainda, o fato de que pode ser realizado coletivamente, abrindo-se um amplo cenário para que surjam controvérsias, divergências e disputas intersubjetivas.

Nesse sentido, os divergências empresariais podem ser subdivididas em duas modalidades: (i) internas, envolvendo não apenas os "conflitos societários, mas também conflitos entre funcionários, entre gestores e seus funcionários, entre departamentos da empresa, dentre outros"[33] e (ii) interempresariais, quais sejam, as controvérsias relativas às "relações entre empresas, como por exemplo, as demandas decorrentes de crédito e débito, transações comerciais, financeiras e imobiliárias, relações de franquia, propriedade intelectual, operações com seguros, dentre outros".[34_35]

Ademais, o conflito empresarial também pode envolver demandas relativas à falência e à recuperação judicial, instrumentos que, na lição de Daniel Carnio, são responsáveis pelo saneamento do mercado e benéficos à economia, seja para retirada da pessoa jurídica que tem prestado serviços ruins à população em geral, seja para auxílio da empresa em momento de crise, em função dos benefícios econômicos sociais decorrentes daquela atividade.[36]

No direito societário, podem ser encontrados quatro dos cincos tipos de conflitos classificados por Morton Deutsch em relação aos atores que compõem a controvérsia. O referido autor listou as seguintes tipologias: "intrapessoais, interpessoais, intracoletivos, intercoletivos e internacionais"[37], de modo que, a *priori*, apenas deixa de se verificar nos conflitos empresariais o último tipo listado.

Código Civil: escritos em homenagem ao Ministro José Carlos Moreira Alves. São Paulo: Editora Ed. RT, 2003, p. 497.

33. SILVA, Nathália Maria de Araújo. *O uso da mediação na resolução adequada de disputas empresariais*: possibilidades e desafios. 2019. 137 f. Trabalho de Conclusão de Curso (Curso de Direito) - Universidade Federal de Brasília, Brasília, 2019. p. 70. Disponível em: https://bdm.unb.br/handle/10483/23530?mode=full. Acesso em: 16 abr. 2029.

34. SILVA, Nathália Maria de Araújo. *O uso da mediação na resolução adequada de disputas empresariais*: possibilidades e desafios. 2019. 137 f. Trabalho de Conclusão de Curso (Curso de Direito) - Universidade Federal de Brasília, Brasília, 2019. p. 82. Disponível em: https://bdm.unb.br/handle/10483/23530?mode=full. Acesso em: 16 abr. 2029.

35. Moreira e Santos, nessa mesma senda, ressaltam que "O conflito no âmbito empresarial pode ocorrer intradepartamental (entre gestores de um mesmo departamento), interdepartamental (entre gestores de departamentos diversos de uma mesma empresa); intersocial (entre sócios), interempresarial (entre empresas parceiras), e interrelacional (entre empresa e cliente). (MOREIRA, Aline Simonelli; SANTOS, Danilo Ribeiro Silva dos. A resolução de conflitos empresariais pela utilização dos métodos autocompositivos de resolução de conflito. In: SICA, Heitor; CABRAL, Antonio do Passo; SEADLACEK, Frederico; ZANETI JÚNIOR, Hermes. *Temas de Direito Processual Contemporâneo*: III Congresso Brasil-Argentina de Direito Processual. v. 2. Serra: Editora Milfontes, 2019, p. 21-29).

36. COSTA, Daniel Carnio. *Reflexões sobre processos de insolvência*: divisão equilibrada de ônus, superação do dualismo pendular e gestão democrática de processos. Cadernos Jurídicos da Escola Paulista de Magistratura, v. 16, p. 59-77, 2015.

37. DEUSTCH, Morton. A Resolução do Conflito: processos construtivos e destrutivos. New Haven (CT) Yale University Press, 1977 – Traduzido e parcialmente publicado in: AZEVEDO, André Gomma de (Org.) *Estudos*

De acordo com Ana Candida Menezes Marcato e Fernanda Tartuce, a mediação é um instrumento adequado na seara empresarial, principalmente ao se observar as finalidades principais das empresas, quais sejam, "[...] a satisfação dos consumidores, a administração de conflitos nos negócios e a melhoria do funcionamento orgânico da instituição, aprimorando a comunicação entre seus componentes [...]".[38]

Nesse particular, levando-se em consideração, ainda, que a realidade brasileira demonstra que muitos empreendimentos compõem empresas familiares,[39] a utilização da mediação nos conflitos que se desenvolvem em seu âmbito é recomendada, uma vez que se mostra como a forma de tratamento "[...] adecuada para llegar a un acuerdo o em su caso solucionar las asperezas provocadas por la rivalidad entre los participantes de la empresa que son integrantes de una misma familia y evitar los costes de un juicio".[40]

Vê-se, portanto, que o perfil do mediador especializado em questões empresariais e empresariais-familiares é distinto, por exemplo, do profissional que atuará nos conflitos estabelecidos no âmbito do direito de família, como adoção, divórcio e guarda dos filhos, nos quais se deve aprofundar em questões sentimentais e individuais dos envolvidos no conflito. Nas lições de Diego Faleck, constata-se que os "mediadores empresariais tendem a ser mais pragmáticos e adaptáveis às necessidades das partes e da disputa"[41] e a mentalidade do mediador deve ser voltada para os negócios, o que pauta, inclusive, sua atuação em virtude das disputas comerciais.[42]

Nota-se, ainda, que diversas peculiaridades dos conflitos empresariais justificam a busca pela consensualidade entre as partes, como exemplo, cita-se: (i) o exercícios de relações continuadas na consecução da atividade desenvolvida pela empresa; (ii) a ampla possibilidade de se encontrar interesses em comum e, dentro desse aspecto, os próprios sócios, quando em controvérsia, tendem a ter como interesse a manutenção da sociedade e da empresa; (iii) o fato de que em mecanismos consensuais há possibilidade

---

em arbitragem, mediação e negociação. Brasília: Grupos de Pesquisa, 2004. v. 3. Disponível em: <http://www.arcos.org.br/livros/estudos-de-arbitragem-mediacao-e-negociacao-vol3/parte-ii-doutrina-parte-especial/a--resolucao-do-conflito>. Acesso em: 13 abr. 2021.

38. TARTUCE, Fernanda; MARCATO, Ana Candida Menezes. Mediação no direito empresarial: possibilidades interessantes em conflitos securitários. *Revista de Processo*, v. 279, p. 513-527, 2018.

39. Segundo dados do Serviço Brasileiro de Apoio às Micro e Pequenas Empresas (SEBRAE) e do Instituto Brasileiro de Geografia e Estatística (IBGE), empresas familiares geram 65% do Produto Interno Bruto (PIB) brasileiro e empregam 75% da força de trabalho, além de representarem 90% dos empreendimentos no Brasil. Utiliza-se a definição de empresa familiar como aquela em que consta, na atividade empresarial, ao menos um parente (pai, mãe, avô, avó, filho/a, sobrinho/a, neto/a, cunhado/a) entre os sócios ou colaboradores do empreendimento. (*NO Brasil, 90% das empresas são familiares.* Disponível em: http://www.sebrae-sc.com.br/ newart/default. asp?materia=10410. [s.d.] Acesso em: 13 abr. 2021.)

40. BERNAL, Luis Lauro Herrera. Mediación como Alternativa en la Solución de Conflictos en las Empresas Familiares. *Revista de la Facultad de Derecho* [online], n. 45, 2018. p. 185-205. Disponível em: http://www.scielo.edu.uy/pdf/rfd/n45/2301-0665-rfd-45-185.pdf. Acesso em: 16 abr. 2021.

41. FALECK, Diego. Mediação empresarial: introdução e aspectos práticos. *Revista de Arbitragem e Mediação*, v. 42/2014. jul.-set. 2014. p. 263-278.

42. FALECK, Diego. Mediação empresarial: introdução e aspectos práticos. *Revista de Arbitragem e Mediação*, v. 42/2014. jul.-set. 2014. p. 263 - 278.

do modelo ganha-ganha em detrimento do modelo ganha-perde, que ocorre em jogos de soma zero[43]; (iv) somada a comum necessidade de sigilo e celeridade.

Levando-se em conta as peculiaridades dos conflitos empresariais, Gonçalves aduz que "[...] principalmente no ambiente corporativo em que a celeridade está diretamente relacionada com o custo, os meios extrajudiciais de solução de conflitos se apresentam não como uma alternativa, e sim uma primeira opção para as corporações."[44]

Porém, uma vez que as partes tenham levado a demanda ao Judiciário, antes de ser proferida a decisão adjudicatória, deve-se priorizar a autocomposição dos conflitos, pois "[...] o litígio poderia deixar seqüelas [sic], e consequentemente, inviabilizar ou dificultar negócios futuros."[45]. Desse modo, no sistema de Justiça Multiportas, mesmo quando se ingressa "[...] com uma ação no judiciário, abra-se a oportunidade para que as possam, de forma consensual, *inter partes*, de modo autocompositivo, chegarem ao fim do litígio".[46]

Assim, há diversas questões delicadas que envolvem o tratamento das controvérsias empresariais, sendo imprescindível a atuação de profissionais qualificados e especializados para que sejam adequadamente competentes para atuação nesses conflitos.

Ademais, não se pode deixar de se considerar que os métodos consensuais ainda não se popularizaram na práxis como é necessário para a efetiva mudança de paradigma enfrentando resistência por advogados e partes, que se veem arraigados em uma cultura do litígio.

Sobre esse aspecto, Brandão afirma "[...] que no Brasil ainda não houve um despertar do setor empresarial para os efeitos e benefícios que podem ser alcançados com a aplicação da mediação extrajudicial em seus conflitos."[47-48.] Ou seja, as partes ainda

---

43. Sobre a teoria dos jogos aplicada ao tratamento adequado de conflitos conferir: ALMEIDA, Fábio Portela Lopes de. A teoria dos jogos: uma fundamentação teórica dos métodos de resolução de disputa. In: André Gomma de Azevedo. (Org.). *Estudos em Arbitragem, Mediação e Negociação*. Brasília: Editora Grupos de Pesquisa e Maggiore Editora, 2003, v. 02, p. 175-199.

44. GONÇALVES, André Luis Ferreira. Mediação e arbitragem empresarial: alternativas de resolução extrajudicial de conflitos comerciais no Brasil. *Brazilian Journal of Development* [online], Curitiba, v. 5, n. 3, mar. 2019. p. 2505-2521. Disponível em: https://www.brazilianjournals.com/index.php/BRJD/article/view/1311/1193. Acesso em: 16 abr. 2021.

45. SILVA, Antônio Hélio. Arbitragem, mediação e conciliação. In: Eduardo de Oliveira Leite (Org.). *Grandes Temas da Atualidade*: mediação, arbitragem e conciliação. Rio de Janeiro: Forense, 2008, v. 7, p. 18.

46. DE LORENCI, Matheus Belei Silva; SILVA, Renan Sena; DUTRA, Vinícius Belo. "Justiça multiportas". a arbitragem como método extrajudicial de solução de litígios no âmbito do Direito Internacional Privado. In: *Anais do Congresso de Processo Civil Internacional*. Vitória, 2018, p. 533. Disponível em: <http://periodicos.ufes.br/processocivilinternacional/issue/view/860>. Acesso em: 16 abr. 2020.

47. BRANDÃO, Clésia Domingos. *Mediação empresarial*: uma análise de aplicabilidade e efetividade do instituto nos conflitos entre empresas. 2019. 160 f. Dissertação (Mestrado em Justiça, Empresa e Sustentabilidade) - Universidade Nove de Julho (UNINOVE), São Paulo, 2019. p. 136. Disponível em: http://bibliotecatede.uninove.br/bitstream/tede/2117/2/Cl%c3%a9sia%20Domingos%20Brand%c3%a3o.pdf. Acesso em: 16 abr. 2021.

48. Vale e Vial, a partir de dados empíricos produzidos em pesquisa realizada no ano de 2019, concluíram de forma semelhante que: "No que se refere aos dados empíricos, restou demonstrado o desconhecimento dos empresários acerca da mediação extrajudicial enquanto ferramenta que possibilita o fortalecimento da autonomia privada em suas relações com clientes e fornecedores. Da mesma maneira, os resultados da pesquisa mostram que prevalece no Brasil a cultura do litígio" p. 150 (VALE, Kelly Aparecida; VIAL, René. Mediação extrajudicial de

acabam recorrendo, em muitos casos, ao Poder Judiciário para o tratamento de suas controvérsias.

Diante disso, mais uma vez o Poder Judiciário, pela ação do CNJ, editou atos normativos (Recomendações 58/2019 e 71/2020) e o Poder Legislativo aprovou a Lei 14.112/2020, com a finalidade precípua de efetivar a almejada mudança de paradigma da consensualidade no âmbito dos conflitos empresariais.

3. A RESPOSTA DO CNJ À CRISE PANDÊMICA

A crise sanitária ocasionada pelo novo coronavírus (Covid-19) culminou em mudanças nos vários setores da sociedade, transformações legislativas e edições normativas infralegais, sendo que o Conselho Nacional de Justiça (CNJ), órgão de controle e aperfeiçoamento do Poder Judiciário, exerceu significativo papel nesse contexto de adaptação das demandas sociais à nova realidade.

A necessidade de conter a contaminação pelo vírus por meio do distanciamento social, recomendado pelas autoridades médicas, fez com que diversos governos determinassem a restrição de circulação de pessoas e, em muitos momentos, o fechamento do comércio. Essas ações repercutem e geram um grande impacto na economia e, em especial, nas atividades empresariais. Nesse contexto, fala-se da necessidade de inovação, "principalmente em ambientes de restrições de recursos, o que vêm se tornando uma realidade cada vez mais presente e necessária, muitas vezes, para manter o nível mínimo de operação com vistas à manutenção do negócio".[49]

A partir de um esperado cenário de crise econômica, por ocasião da redução da circulação de bens e serviços, muitas pessoas jurídicas se encontram impossibilitadas de cumprir suas obrigações, culminando em inadimplências, conflitos e insolvências que recaem sobre o Poder Judiciário.

Antes mesmo desse cenário pandêmico, o CNJ já havia editado a Recomendação 58, de 22 de outubro de 2019, visando ao adequado tratamento dos conflitos nas ações de recuperação empresarial e falência. O objetivo foi fazer com que os magistrados responsáveis pelo processamento e julgamento de processos que envolvam as referidas matérias promovessem o uso da mediação, em varas especializadas ou não.[50]

---

conflitos interempresariais: um instrumento para o exercício da autonomia privada das empresas. *Revista da SJRJ* [online], v. 23, p. 135-153, 2020. Disponível em: http://lexcultccjf.trf2.jus.br/index.php/revistasjrj/article/view/305. Acesso em: 16 abr. 2021).

49. Nassif, Vânia Maria Jorge; CORREA, Victor Silva; ROSSETTO, Dennys Eduardo. Estão os empreendedores e as pequenas empresas preparadas para as adversidades contextuais? uma reflexão à luz da pandemia do Covid-19. *Revista de empreendedorismo e gestão de pequenas empresas*, v. 9, p. i-xii, 2020, p. ii. Disponível em: https://dialnet.unirioja.es/servlet/articulo?codigo=7608263. Acesso em: 16 abr. 2021,

50. BRASIL. Conselho Nacional de Justiça. *Recomendação 58, de 22 de outubro de 2019*. Recomenda aos magistrados responsáveis pelo processamento e julgamento dos processos de recuperação empresarial e falências, de varas especializadas ou não, que promovam, sempre que possível, o uso da mediação. Brasília, DF: Conselho Nacional de Justiça. Disponível em: https://atos.cnj.jus.br/atos/detalhar/3070. Acesso em: 13 abr. 2021.

13 • JUSTIÇA MULTIPORTAS NO ÂMBITO EMPRESARIAL

No ano posterior, quando a crise sanitária já havia afetado o país, o CNJ emitiu a Recomendação 71/2020, em 05 de agosto de 2020, responsável pela criação do Centros Judiciários de Solução de Conflitos e Cidadania – Cejusc Empresarial, com vistas a fomentar ambientes especializados para o uso de métodos consensuais para o tratamento de conflitos de natureza empresarial.[51]

Ademais, o Poder Legislativo também buscou fortalecer o uso da mediação e da conciliação e de outros métodos consensuais de solução de controvérsias de recuperação e falência, pela promulgação da Lei 14.112, de 24 de dezembro de 2020, que buscou "atualizar a legislação referente à recuperação judicial, à recuperação extrajudicial e à falência do empresário e da sociedade empresária".[52]

Contudo, para que as referidas normatizações sejam implementadas, mostra-se imprescindível que os tribunais promovam a capacitação dos facilitadores que irão atuar nos conflitos de recuperação e falência, bem como nos demais conflitos de natureza empresarial que chegarem às unidades judiciárias com competência para processar e julgar demandas dessas matérias, o que inclui os Cejuscs Empresariais.

Tanto a capacitação de conciliadores e mediadores quanto a instituição dos Cejuscs Empresariais pelos tribunais têm como finalidade promover a devida especialização, objetivando resultados mais eficientes.

4. O TRATAMENTO DE CONFLITOS EMPRESARIAIS NO CNJ NA LEI 14.112/2020

Segundo dados dos "Painéis CNJ", no "Módulo de Produtividade Mensal do Sistema de Estatísticas do Poder Judiciário (SIESPJ)", disponibilizado no sítio eletrônico do órgão, o total de unidades judiciárias com competência para processar e julgar as demandas de natureza empresarial e as de falências e recuperação judicial, porém, sem competência exclusiva – não sendo, portanto, varas especializadas – é de 896 unidades, com um estoque de 4.245.754 de processos e taxas de congestionamento líquida de 72,1% e total de 75,2%.[53]

---

51. BRASIL. Conselho Nacional de Justiça. *Recomendação 71, de 05 de agosto de 2020.* Dispõe sobre a criação do Centros Judiciários de Solução de Conflitos e Cidadania – Cejusc Empresarial e fomenta o uso de métodos adequados de tratamento de conflitos de natureza empresarial. Brasília, DF: Conselho Nacional de Justiça. Disponível em: https://atos.cnj.jus.br/atos/detalhar/3434. Acesso em: 13 abr. 2021.

52. BRASIL. *Lei 14.112, de 24 de dezembro de 2020.* Altera as Leis 11.101, de 9 de fevereiro de 2005, 10.522, de 19 de julho de 2002, e 8.929, de 22 de agosto de 1994, para atualizar a legislação referente à recuperação judicial, à recuperação extrajudicial e à falência do empresário e da sociedade empresária. Brasília, DF: Presidência da República, 2021. Disponível em: http://www.planalto.gov.br/ccivil_03/_ato2019-2022/2020/lei/L14112.htm. Acesso em: 10 abr. 2021.

53. BRASIL. Conselho Nacional de Justiça. *Painéis CNJ - Módulo de Produtividade Mensal do Sistema de Estatísticas do Poder Judiciário (SIESPJ).* Disponível em: https://paineis.cnj.jus.br/QvAJAXZfc/opendoc.htm?document=qvw_l%2FPainelCNJ.qvw&host=QVS%40neodimio03&anonymous=true&sheet=shPDPrincipal. Acesso em: 15 abr. 2021.

Quando elencadas as unidades judiciárias especializadas com competência exclusiva para processar e julgar as demandas das matérias mencionadas, o quantitativo encontrado é de 17 unidades (sendo 14 unidades exclusivas para a matéria empresarial e 3 para recuperação judicial e falências), com um estoque de 92.875 processos, taxas de congestionamento líquida de 77% e total de 84,8%.[54]

Desses dados, duas questões devem ser observadas. A primeira é relativa ao pouco contingente de varas especializadas no sistema judiciário brasileiro para processar e julgar as demandas empresariais em geral e os processos de recuperação e falência. As informações demonstram que a realidade apontada em 2008 por Edgard Katzwinkel, ao versar sobre as vantagens do tratamento de conflitos nas sociedades empresárias pela arbitragem, ainda permanece praticamente inalterada, uma vez que o autor afirmou que "a especialização dessas demandas societárias obriga, cada vez mais, a presença de profissionais qualificados para encontrar a solução ideal, nem sempre presentes no juízo estatal".[55]

O segundo aspecto se refere aos maiores índices de congestionamentos líquidos e totais apresentados. As taxas mais elevadas nas varas especializadas não denotam que tenham menor capacidade de gerir suas demandas, profissionais menos qualificados ou uma estrutura mais deficiente, ao contrário do que poderia se cogitar, mas, considerando a alta complexidade dessas demandas e o tempo que demora os processos de recuperação judicial e falência, evidenciam ainda mais a necessidade do adequado tratamento de conflitos dessa natureza.

Como já demonstrado, a utilização de mecanismos consensuais, inclusive na seara empresarial, é incentivada por diversas leis que compõem o microssistema de métodos adequados de tratamento de conflitos. Identifica-se que, nas palavras de Daniel Silveira e Thiago Silveira, que "[...] a conciliação e a mediação são instrumentos processuais importantíssimos para a efetivação da função social da empresa [...]", tendo-se em vista "[...] que as relações comerciais do mundo globalizado não comportam um sistema processual e jurídico que não acompanhe as transformações sociais, políticas e econômica".[56]

Ressalta-se que a preocupação com a saúde financeira das empresas remonta aos efeitos da crise econômica no Brasil, agravada nos anos de 2015 e 2016,[57] que prejudi-

---

54. BRASIL. Conselho Nacional de Justiça. *Painéis CNJ - Módulo de Produtividade Mensal do Sistema de Estatísticas do Poder Judiciário (SIESPJ)*. Disponível em: https://paineis.cnj.jus.br/QvAJAXZfc/opendoc.htm?document=qvw_l%2FPainelCNJ.qvw&host=QVS%40neodimio03&anonymous=true&sheet=shPDPrincipal. Acesso em: 15 abr. 2021.

55. KATZWINKEL, Edgard. A arbitragem como procedimento eficaz para a solução dos conflitos (entre sócios e a sociedade) nas sociedades empresárias. In: Eduardo de Oliveira Leite (Org.). *Grandes Temas da Atualidade*: mediação, arbitragem e conciliação. Rio de Janeiro: Forense, 2008, v. 7 p. 94.

56. SILVEIRA, Daniel Barile da; SILVEIRA, Thiago Cortes Rezende. A conciliação e a mediação como instrumentos para a realização da função social da empresa. *Revista Juris Unitoledo* [online], v. 2, p. 1-20, 2017. Disponível em: http://www.ojs.toledo.br/index.php/direito/article/view/2562. Acesso em: 16 abr. 2021.

57. CAMPOS, Pedro Henrique. Os efeitos da crise econômica e da operação Lava Jato sobre a indústria da construção pesada no Brasil: falências, desnacionalização e desestruturação produtiva. *Revista Mediações* [online], v. 24, n. 1, 2019. pp. 127-153. Disponível em: http://www.uel.br/revistas/uel/index.php/mediacoes/article/view/35617/pdf. Acesso em: 16 abr. 2021.

cou sobremaneira o desenvolvimento comercial no Brasil. Com vistas à retomada da economia e à geração de renda do país, intensificaram-se as discussões legislativas para a modificação da Lei de Recuperação Judicial e Falências.

Embora a legislação não tenha avançado naquele momento, o Conselho Nacional de Justiça teve um papel fundamental para que a solução de conflitos em âmbito empresarial se desenvolvesse.

Ademais, o tratamento consensual de disputas sendo implementados no emblemático caso do processo de recuperação judicial do denominado Grupo Oi, tendo tramitado na 7ª Vara Empresarial da Comarca da Capital do Estado do Rio de Janeiro.[58]

Nesse cenário, ainda sob os reflexos do abalo econômico-financeiro do país e visando à efetiva mudança de paradigma, o CNJ criou o Grupo de Trabalho, coordenado pelo Ministro do Superior Tribunal de Justiça Luis Felipe Salomão, por meio da Portaria 162, de 19 de dezembro de 2018,[59] visando à promoção de estudos e diagnósticos para dar maior celeridade, efetividade e segurança jurídica aos processos de recuperação judicial e falência.

Em sequência, foram editadas as Recomendações 58/2019 e 71/2020, sob os influxos do sistema de Justiça Multiportas instaurado nas legislações expostas nos tópicos anteriores.

A Recomendação 58/2019, foi editada pelo CNJ a fim de que os magistrados responsáveis pelo processamento e julgamento de processos que envolvessem recuperação empresarial e falência promovessem o uso da mediação, independentemente se fossem de varas especializadas ou não.

Referido instrumento alinha-se à política pública instituída também pelo CPC/2015 e pela Lei de Mediação, que trouxeram a mediação como mecanismo fundamental para solução de controvérsias em âmbitos judicial e extrajudicial.

O contexto da Resolução advém das discussões provenientes do Grupo de Trabalho (GT), destinado a apresentar contribuições para a modernização e a efetividade da atuação do Poder Judiciário nos processos de recuperação judicial e de falência, criado pela Portaria 162 do CNJ, alterada posteriormente pelas Portarias 40, de 27 de fevereiro de 2019,[60] e 74, de 13 de maio de 2019.[61]

---

58. Sobre o caso, conferir: RITT, Amanda Caroline. *A utilização da mediação no processo de recuperação judicial.* 2018. 69 f. Trabalho de conclusão de curso (Curso de Direito) – Universidade Federal do Paraná, Curitiba, 2018. Disponível em: https://core.ac.uk/download/pdf/225573363.pdf. Acesso em: 16 abr. 2021.

59. BRASIL. Conselho Nacional de Justiça. *Portaria 162, de 19 de dezembro de 2018.* Institui Grupo de Trabalho para contribuir com a modernização e efetividade da atuação do Poder Judiciário nos processos de recuperação judicial e de falência. Brasília, DF: Conselho Nacional de Justiça, 2018. Disponível em: https://atos.cnj.jus.br/atos/detalhar/2787. Acesso em: 16 abr. 2021.

60. BRASIL. Conselho Nacional de Justiça. *Portaria 40, de 27 de fevereiro de 2019.* Inclui incisos XVI e XVII ao art. 2º da Portaria 162, de 19 de dezembro de 2018, que institui Grupo de Trabalho para contribuir com modernização e efetividade da atuação do Poder Judiciário nos processos de recuperação judicial e de falência. Brasília, DF: Conselho Nacional de Justiça, 2019. Disponível em: https://atos.cnj.jus.br/atos/detalhar/atos-normativos?-documento=2841. Acesso em: 16 abr. 2021.

61. BRASIL. Conselho Nacional de Justiça. *Portaria 74, de 13 de maio de 2019.* Inclui os incisos XVIII a XX ao art. 2º da Portaria 162, de 19 de dezembro de 2018, que institui Grupo de Trabalho para contribuir com modernização

Trata-se de uma recomendação para oportunizar a solução adequada do conflito empresarial por meio da mediação, como instrumento de recuperação de ativos e melhoria da circulação financeira no mercado, bem como a proteção dos credores das empresas em crise financeira.

No mesmo sentido, o Enunciado 45, aprovado na I Jornada de Prevenção e Solução Extrajudicial de Litígios do Conselho da Justiça Federal disciplinou que a "mediação e conciliação são compatíveis com a recuperação judicial, a extrajudicial e a falência do empresário e da sociedade empresária, bem como em casos de superendividamento, observadas as restrições legais".[62]

Ainda no âmbito de implementação de políticas públicas de tratamento adequados traçadas pela legislação processual civil e pela Lei de Mediação, o CNJ, seguindo o mesmo caminho, editou a Recomendação 71/2020, responsável pela criação do Centros Judiciários de Solução de Conflitos e Cidadania – Cejusc Empresarial, com vistas a fomentar o uso de métodos adequados de tratamento de conflitos de natureza empresarial.

Registre-se que, anteriormente a essa recomendação, alguns tribunais estaduais, como Tribunais de Justiça dos Estados de São Paulo (Provimento CGJ 11/2020), Paraná (Cejusc de recuperação de empresas na Comarca de Francisco Beltrão), Rio de Janeiro (Ato 17/2020), Espírito Santo (Ato Normativo Conjunto 22/2020), Rio Grande do Sul (Ato 25/2020), já haviam elaborado um projeto piloto para instalação do mencionado Centro e a experiência bem-sucedida levou ao CNJ a ampliar a iniciativa para todo o país.

Ademais, com o advento da pandemia da Covid-19, apontado nas linhas introdutórias, também foi um propulsor de mudanças como essas, para a solução rápida dos conflitos em um cenário de crise econômica ocasionada pela estagnação da circulação de bens e serviços em virtude do necessário distanciamento social para contenção do vírus.

A Recomendação 71/2020 do CNJ, por seu turno, foi responsável pelo estímulo à implementação de Centros Judiciários de Solução de Conflitos e Cidadania Empresariais e tem como objetivos principais: (i) incentivar a criação de Centros Judiciários de Solução de Conflitos e Cidadania (Cejuscs ou Centros) Empresarias nos tribunais pátrios; (ii) prescrever normas de observância cogente pelos Tribunais que os instituírem; (iii) disciplinar e regulamentar os procedimentos de negociação, conciliação e mediação previstos no âmbito dessa modalidade de Cejusc especializado; bem como, (iv) fomentar a utilização de "métodos adequados de tratamento de conflitos de natureza empresarial".

E para além de um Centro Especializado, também é necessária uma estrutura voltada à solução dos conflitos, pelas peculiaridades econômicas, sociais e até mesmo

---

e efetividade da atuação do Poder Judiciário nos processos de recuperação judicial e de falência. Brasília, DF: Conselho Nacional de Justiça, 2019. Disponível em: https://atos.cnj.jus.br/atos/detalhar/atos-normativos?-documento=2907. Acesso em: 16 abr. 2021.

62. BRASIL. Conselho da Justiça Federal. *Enunciado 45*. A mediação e conciliação são compatíveis com a recuperação judicial, a extrajudicial e a falência do empresário e da sociedade empresária, bem como em casos de superendividamento, observadas as restrições legais. Brasília, DF. Disponível em: https://www.cjf.jus.br/enunciados/enunciado/900. Acesso em: 13 abr. 2021.

legislativas que circundam a temática e de conciliadores e mediadores adequadamente competentes.

Por fim, a alteração normativa mais recente e de grande destaque veio com a edição da Lei 14.112, de 24 de dezembro de 2020, que alterou a Lei de Falências e de Recuperação Judicial (Lei 11.101/2005) e trouxe importantes modificações no âmbito dos métodos adequados de tratamento de conflito nos processos de recuperação judicial e falência.

Com efeito, foi inserido a alínea j, ao inciso I, art. 22, da Lei de Falências e de Recuperação Judicial, que prescreve o dever do administrador judicial de "estimular, sempre que possível, a conciliação, a mediação e outros métodos alternativos de solução de conflitos relacionados à recuperação judicial e à falência, respeitados os direitos de terceiros" nos mesmos contornos previstos aos juízes, advogados, defensores públicos e membros do Ministério Público, no art. 3º, § 3º, do CPC/2015.[63]

Ademais, introduziu a Seção II-A (Das Conciliações e das Mediações Antecedentes ou Incidentais aos Processos de Recuperação Judicial), com a previsão normativa específica de realização de conciliação e mediação na fase pré-processual e no curso do processo.

Referida legislação reforça o escopo de valorização dos métodos adequados introduzido pelo Código de Processo Civil ao prever em seu iter procedimental uma etapa destinada à realização de conciliação e mediação, além de estabelecer expressamente a possibilidade de estas serem realizadas por meio virtual, desde que os Cejuscs ou Câmaras especializadas dos Tribunais tenham referido mecanismo (art. 20-D[64]).

Portanto, conclui-se que o aparato normativo vem impulsionando cada vez mais a utilização dos métodos adequados em todos os âmbitos do direito, mesmo os mais especializados, uma vez que se busca o tratamento dos conflitos sociais, e não apenas finalização de processos e redução de números estatísticos no âmbito dos tribunais.

5. A ESPECIALIZAÇÃO DOS CONCILIADORES E MEDIADORES JUDICIAIS

O art. 1º, III, do Código de Ética do Miadores e Conciliadores Judiciais, Anexo III, da Resolução 125/2010[65] e aplicável aos conciliadores e mediadores judiciais, evidencia

---

63. BRASIL. *Lei 13.105, de 16 de março de 2015*. Institui o Código de Processo Civil. Brasília, DF: Presidência da República, [2021]. Disponível em: http://www.planalto.gov.br/ccivil_03/_ato2015-2018/2015/lei/l13105.htm. Acesso em: 20 ago. 2020.

64. Art. 20-D. As sessões de conciliação e de mediação de que trata esta Seção poderão ser realizadas por meio virtual, desde que o Cejusc do tribunal competente ou a câmara especializada responsável disponham de meios para a sua realização. (BRASIL. *Lei 11.101, de 09 de fevereiro de 2005*. Regula a recuperação judicial, a extrajudicial e a falência do empresário e da sociedade empresária. Brasília, DF: Presidência da República, [2021]. Disponível em: http://www.planalto.gov.br/ccivil_03/_ato2004-2006/2005/lei/l11101.htm. Acesso em: 16 abr. 2021).

65. BRASIL. Conselho Nacional de Justiça. *Resolução 125, de 29 de novembro de 2010*. Dispõe sobre a Política Judiciária Nacional de tratamento adequado dos conflitos de interesses no âmbito do Poder Judiciário e dá outras providências. Brasília, DF: Conselho Nacional de Justiça, [2020]. Disponível em: https://atos.cnj.jus.br/atos/detalhar/atos-normativos?documento=156#:~:text=CONFLITOS%20DE%20INTERESSES-,Art.,%-C3%A0%20sua%20natureza%20e%20peculiaridade. Acesso em: 13 abr. 2021.

que a atuação dos referidos Centros deve ser realizada por profissionais capacitados, a fim de fornecer aos jurisdicionados um serviço de qualidade, impondo "dois deveres aos mediadores: o primeiro é o de se qualificar e o segundo é o de se reciclar periodicamente".[66]

Trata-se do princípio da competência, necessário que os facilitadores não apenas sejam habilitados a atuarem judicialmente, mas possuam aptidões que os deixem aptos a atuarem frente às especificidades que surgirem nos casos concretos, especialmente quando diante de conflitos que possuam diferentes naturezas.[67]

O conteúdo do princípio da competência, portanto, não pode ser entendido apenas como a necessidade de formação e reciclagem para habilitação dos facilitadores a exercerem a conciliação e mediação judicial, mas deve abranger também as condições em concreto para que os facilitadores atuem em determinada demanda, entendida, nessa investigação, como competência adequada.

A ideia de competência adequada para os facilitadores, extraído do princípio da competência positivado no referido Código de Ética, assemelha-se, mas não se confunde com o princípio da competência jurisdicional adequada tratado no âmbito do Direito Processual Civil. Segundo Paula Sarno Braga, há diversas "situações em que há mais de um Estado, órgão ou ente previsto como igualmente competentes para dados atos e ações estatais".[68]

No sentido que aqui se propõe, a competência adequada diz respeito à capacitação específica de mediadores e conciliadores para atuarem em demandas que, pela natureza ou situação do conflito, demandam competências e conhecimentos específico dos facilitadores para maiores chances de êxito do procedimento autocompositivo, como ocorre, por exemplo, nos conflitos familiares.

Nesse mesmo sentido, conforme leciona Luciane Moessa de Souza, a preparação para resolver conflitos de natureza familiar é totalmente diversa da qualificação para

---

66. MEIRA, Danilo Christiano Antunes; RODRIGUES, Horácio Wanderlei. O conteúdo normativo dos princípios orientadores da mediação. *Revista Jurídica da FA7* [online], v. 14, p. 101-123, 2017, p. 109. Disponível em: https://periodicos.uni7.edu.br/index.php/revistajuridica/article/view/497/369. Acesso em: 16 abr. 2021.

67. Nesse sentido, pertinentes são as considerações de Helio Antunes Carlos, que leciona que "[...] os conflitos não podem ser enxergados de forma única. A natureza e o estágio do conflito repercutem diretamente no tratamento que lhe deve ser conferido. Assim, o tratamento adequado do conflito deve, simultaneamente: (1) evitar 'matar uma formiga com balão de canhão', desperdiçando recursos e energia; e (2) apresentar-se como profilaxia a uma crescente escalada do conflito, tratando esse o quanto antes". (CARLOS, Helio Antunes. A atuação da defensoria no tratamento extrajudicial de conflitos de família: estudo de campo realizado na Defensoria Pública do estado do Espírito Santo no Núcleo de Serra/ES. In: *Anais do Congresso de Processo Civil Internacional*. Vitória, 2017. p. 530-544. Disponível em: <http://periodicos.ufes.br/processocivilinternacional/issue/view/860>. Acesso em: 30 mar. 2021).

68. Diante disso, nas palavras da professora, "o exercente do poder, mais do que abstratamente competente, deve ser concretamente competente, e, sobretudo, deve ser aquele que se revele adequado e apropriado para o desempenho de suas tarefas e atribuições constitucionais, por procedimento em que possa viabilizar participação direta ou indireta do indivíduo (ou comunidade) interessado em seus bons resultados". (BRAGA, Paula Sarno. Competência adequada. In: *Revista de processo*, v. 219. São Paulo: Ed. RT, 2013, p. 13-41).

se solucionarem conflitos de âmbito empresarial, sendo ambas bastante diferenciadas daquela necessária para quem atue, por exemplo, em conflitos envolvendo o Poder Público.[69]

Desse modo, tendo em vista que a mediação e a conciliação de conflitos empresariais, nos quais se inserem a recuperação e a falência, demandam uma atuação específica, realizada por facilitadores qualificados e adequadamente competentes, serão explicitadas as peculiaridades dos conflitos empresariais que justificam a especialização.

6. A FORMAÇÃO DOS FACILITADORES EM MATÉRIA EMPRESARIAL

Diante do panorama apresentado, necessário traçar algumas considerações sobre a formação de profissionais especializados em atuarem na conciliação e na mediação no âmbito dos Cejuscs empresariais.

A formação do profissional para atuar como terceiro imparcial nos métodos autocompositivos disponíveis nos Cejuscs perpassa pelas etapas teórica e prática delineadas pela Resolução 125/2010 do CNJ, que estabelece diretrizes fundamentais para a realização dos cursos.

Além disso, a Resolução, juntamente com a Lei de Mediação e o Código de Processo Civil disciplinam que a capacitação do mediador ou do conciliador deve ser feito por meio de curso realizado pelos tribunais ou por entidades formadoras que cumpram as exigências previstas nos diplomas normativos.[70]

Diante disso, é necessário que o profissional tenha a formação básica em mediação, de acordo com os parâmetros supracitados para, minimamente, conduzir uma mediação ou conciliação judicial.

No caso do profissional que atue em demandas empresariais deve-se entender que a capacitação na matéria seja imprescindível para se realizar um trabalho adequado às

---

69. SOUZA, Luciane Moessa de. Diretrizes éticas, capacitação, credenciamento e supervisão da atuação. In.: SOUZA, Luciane Moessa de (Coord.). *Mediação de conflitos*: novo paradigma de acesso à justiça. Santa Cruz, RS: Essere nel Mondo, 2015. Livro digital. p. 153. Disponível em: https://www.academia.edu/22380472/Media%C3%A7%C3%A3o_de_conflitos_novo_paradigma_de_acesso_%C3%A0_justi%C3%A7a. Acesso em: 30 mar. 2021

70. Nesse sentido, MEIRA e RODRIGUES afirmam: "De acordo com a Resolução 125/2010 do CNJ, a competência é comprovada por certificado de conclusão de curso promovido pelos tribunais ou instituições parceiras e que contemple o conteúdo programático do Anexo I da própria Resolução. O Código de Processo Civil possui um sentido semelhante, mas difere ao exigir o credenciamento e não a parceria das instituições ofertantes dos cursos de capacitação de mediadores. A Lei da Mediação também inova ao trazer outro requisito para a atuação dos mediadores em âmbito judicial: possuir graduação "há pelo menos dois anos em curso de ensino superior de instituição reconhecida pelo Ministério da Educação". Além disso, a Lei da Mediação também difere ao exigir que a instituição ofertante do curso de capacitação seja apenas reconhecida pela Escola Nacional de Formação e Aperfeiçoamento de Magistrados. P.109-110. (MEIRA, Danilo Christiano Antunes; RODRIGUES, Horácio Wanderlei. O conteúdo normativo dos princípios orientadores da mediação. *Revista Jurídica da FA7* [online], v. 14, p. 101-123, 2017. Disponível em: https://periodicos.uni7.edu.br/index.php/revistajuridica/article/view/497/369. Acesso em: 16 abr. 2021).

peculiaridades do caso, o que se justifica pela compreensão da competência adequada, tratado no primeiro tópico deste trabalho.

Assim, para que se possa atuar nos conflitos de recuperação e falência, a Recomendação 58/2020 do CNJ "orienta que além da capacitação em mediação, o mediador deve deter conhecimento em casos de insolvência"[71] "e em negociações complexas com múltiplas partes" (art. 3º, § 2º).[72]

A Recomendação 71/2020 do CNJ, em sentido semelhante, dispõe que os tribunais que implementarem o Cejusc Empresarial têm o dever de "providenciar a capacitação específica de conciliadores e mediadores em matéria empresarial, ou realizar cadastro de câmara de conciliação e mediação que possua essa especialização" (art. 7º, I).[73]

Destaca-se que a legislação não exige a formação em direito para o facilitador dos conflitos, mas é importante esclarecer que este deve ter um prévio conhecimento para saber melhor lidar com as contendas que podem ocorrer na sua atuação, sobretudo, em conflitos empresariais. Ademais, a participação de advogados, no procedimento, mesmo em alguma hipótese que não seja legalmente obrigatória, é vista como necessária.[74]

É imprescindível, pois, que os cursos de capacitação sejam formulados de modo a promover o processo de ensino-aprendizagem de conteúdos necessários ao arcabouço teórico dos conciliadores e mediadores de conflitos empresariais, a partir da compreensão das especificidades que envolvem as controvérsias dessa natureza. Não obstante, devem possibilitar aos participantes da capacitação o desenvolvimento de habilidades, que serão manifestas em competências no decorrer de sua prática profissional.

Como exemplo de treinamento específico, cita-se o treinamento realizado pelo Tribunal de Justiça do Estado do Espírito Santo por meio da Escola Superior de Magistratura (Esmages), em parceria com a Escola Superior de Advocacia (ESA), no ano de 2020, visando à "Capacitação em Mediação Empresarial, destinada aos profissionais que irão atuar no Projeto Especial de Recuperação de Empresas do TJES, o PERE – Covid-19".[75]

---

71. VILAS BOAS, Cyntia Aparecida. A atuação do mediador na recuperação judicial. *Revista Direito UTP* [online], v.1, n.1, jul./dez.2020. p. 26-44. Disponível em: https://revistas.utp.br/index.php/DRT/article/view/2493/2071. Acesso em: 16 abr. 2021.

72. BRASIL. Conselho Nacional de Justiça. *Recomendação 58, de 22 de outubro de 2019*. Recomenda aos magistrados responsáveis pelo processamento e julgamento dos processos de recuperação empresarial e falências, de varas especializadas ou não, que promovam, sempre que possível, o uso da mediação. Brasília, DF: Conselho Nacional de Justiça. Disponível em: https://atos.cnj.jus.br/atos/detalhar/3070. Acesso em: 13 abr. 2021.

73. BRASIL. Conselho Nacional de Justiça. *Recomendação 71, de 05 de agosto de 2020*. Dispõe sobre a criação do Centros Judiciários de Solução de Conflitos e Cidadania – Cejusc Empresarial e fomenta o uso de métodos adequados de tratamento de conflitos de natureza empresarial. Brasília, DF: Conselho Nacional de Justiça. Disponível em: https://atos.cnj.jus.br/atos/detalhar/3434. Acesso em: 13 abr. 2021.

74. MOREIRA, Aline Simonelli; SANTOS, Danilo Ribeiro Silva dos. A resolução de conflitos empresariais pela utilização dos métodos autocompositivos de resolução de conflito. In: SICA, Heitor; CABRAL, Antonio do Passo; SEADLACEK, Frederico; ZANETI JÚNIOR, Hermes. *Temas de Direito Processual Contemporâneo*: III Congresso Brasil-Argentina de Direito Processual. v. 2. Serra: Editora Milfontes, 2019, p. 21-29.

75. *CURSO de mediação empresarial capacita profissionais que irão atuar no PERE-COVID19*. [Vitória, ES], 06 de agosto de 2020. Disponível em: http://www.tjes.jus.br/curso-de-mediacao-empresarial-capacita-profissionais-que-irao-atuar-no-pere-covid19. Acesso em: 16 abr. 2021.

A capacitação em questão, com duração de 20 horas, abordou os seguintes temas: Mediação nas relações de consumo das empresas"; "Mediação no contexto da recuperação empresarial e falência"; "Mediação envolvendo pequenas, médias e grandes empresas" e "Mediação nas relações das empresas e o Poder Público".[76]

Dada a singularidade da disciplina empresarial e a sua abrangência em diversos setores da sociedade, mostra-se prudente abordar a formação especializada em, pelo menos, cinco eixos teóricos, quais sejam: (i) mediação e/ou conciliação nas relações de consumo das empresas; (ii) mediação e/ou conciliação no contexto da recuperação empresarial e falência; (iii) mediação e/ou conciliação envolvendo pequenas, médias e grandes empresas; (iv) mediação e/ou conciliação envolvendo direito societário e às corporações; (e) mediação e/ou conciliação nas relações das empresas e o Poder Público.

Uma vez que a atividade empresarial é muito ampla, como descrito em tópico anterior, deve haver uma repartição nos eixos teóricos para melhor capacitação dos profissionais, habilitando-se para conferir tratamento mais adequado para cada tipo de conflito de modo adequadamente competente.

7. CONCLUSÃO

A análise realizada sobre a capacitação específica dos facilitares que atuarão nas mediações e conciliações judiciais de natureza empresarial, que incluí as demandas de falência e recuperação, abordou questões essenciais à ampliação dos mecanismos autocompositivos judiciais inseridos na Política judiciária nacional de tratamento adequado dos conflitos de interesse, implementada pela Resolução 125/2010, com a edição das Recomendações 58/2019 e 71/2020, todas emitidas pelo CNJ, bem como pelas alterações normativas realizadas pela Lei 14.112/2020.

Foram identificadas as diversas peculiaridades dos conflitos empresariais que justificam um tratamento especializado dessa matéria, demandam uma capacitação e formação específica dos facilitadores, de modo que sejam adequadamente competentes, ou seja, aptos a atuarem nas controvérsias dessa natureza. Isso quer dizer que além da formação básica, realizada nos termos das Diretrizes Curriculares (Anexo I) da Resolução 125/2010 do CNJ, a capacitação específica é medida que se impõe.

O prognóstico é positivo, uma vez que os diplomas normativos editados pelo CNJ e os dispositivos inseridos na Lei de Falências e de Recuperação Judicial foram responsáveis por desenvolver mais portas de entrada e de saída, colocadas disposição do jurisdicionado, para o tratamento de controvérsias empresariais, compondo o microssistema de tratamento adequado de conflitos dessa natureza.

---

76. *CURSO de mediação empresarial capacita profissionais que irão atuar no PERE-COVID19.* [Vitória, ES], 06 de agosto de 2020. Disponível em: http://www.tjes.jus.br/curso-de-mediacao-empresarial-capacita-profissionais-que-irao-atuar-no-pere-covid19. Acesso em: 16 abr. 2021.

Desse modo, espera-se que a sua implementação pelos tribunais, a realização de formação específica, apta a habilitar facilitadores a atuarem no tratamento de disputas empresariais, e a adesão dos mecanismos consensuais pelos atores que atuem no âmbito empresarial, em relação às partes e seus advogados, promovam avanços da Política Judiciária Resolução instituída pela Resolução 125/2010 e da almejada mudança de paradigma, com vista ao desenvolvimento da cooperação e da consensualidade em nosso país.

14
JUSTIÇA MULTIPORTAS NA RECUPERAÇÃO JUDICIAL[1]

1. GENERALIDADES

Ao longo das últimas décadas, o direito brasileiro tem sofrido expressivas modificações no que tange à própria maneira de atuação do Estado por meio do seu sistema de justiça que, paulatinamente, busca implementar uma postura mais flexível e dialogada, privilegiando a participação do seu utente na solução dos conflitos.

Resta superada a prevalência da jurisdição estatal como forma de resolução das desavenças, dado que existem outros métodos que também se revelam adequados para tal desiderato[2], com especial relevo para aqueles qualificados como consensuais, que têm sido gradativamente institucionalizados por meio da atuação dos poderes Executivo, Legislativo e Judiciário.[3]

Portanto, prospecta-se a existência de um genuíno Sistema Multiportas, em que as formas de equacionamento das disputas integram escolhas prioritárias dos sujeitos envolvidos, dentro do exercício de sua liberdade de autorregramento, que deverá ser estimulada pelo Estado, que em conformidade com o CPC, "promoverá, sempre que possível, a solução consensual dos conflitos" (art. 3º, § 2º), em projeção interna do vetor da solução pacífica dos conflitos do art. 4º, VII da CF.[4]

---

1. O presente tópico, revisto, atualizado e compilado, a partir de dois trabalhos publicado: CABRAL, Trícia Navarro Xavier; CARVALHO, Frederico Ivens Miná Arruda. Recuperação judicial e consensualidade. In: DIDIER JR., Fredie; NUNES, Dierle; MAZZOLA, Marcelo; LIMA, Sérgio Mourão Corrêa. (Org.). *Falência e recuperação judicial.* Salvador: JUSPODIVM, 2022, v. 1, p. 193-212. E, ainda: CABRAL, Trícia Navarro Xavier; CARVALHO, Frederico Ivens Miná Arruda. Das conciliações e mediações prévias aos pedidos de recuperação judicial: uma análise a partir dos enunciados do FONAREF. In: CABRAL, Taciani Acerbi Campagnaro Colnago; DUTRA, Victor Barbosa (Coord.). *Comentários aos Enunciados do FONAREF.* Rio de Janeiro: Lumen Juris, 2023, p. 13-26.

2. DIDIER JR., Fredie. ZANETI JR., Hermes. Justiça multiportas e tutela adequada em litígios complexos: autocomposição e os direitos coletivos. In: ZANETI JR, Hermes. CABRAL, Trícia Navarro Xavier. (Coord.) *Justiça multiportas:* mediação, conciliação, arbitragem e outros meios adequados de solução de conflitos. 2. ed. Salvador: JusPODIVM, 2018, p. 37-66.

3. TARTUCE, Fernanda. MENGA, Bruno. Fomento estatal aos métodos consensuais de solução de conflitos pelos poderes judiciário, executivo e legislativo. In: ÁVILA, Henrique. WATANABE, Kazuo. NOLASCO, Rita Dias. CABRAL, Trícia Navarro Xavier. (Coord). *Desjudicialização, justiça conciliativa e poder público.* São Paulo: Ed. RT, 2021, p. 273-288.

4. "Mesmo que a busca da solução pacífica dos conflitos esteja prevista na Constituição Federal, em seu art. 4º, VII, como princípio a reger a República nas relações internacionais, é mister reconhecer que, por dever de não

Tal conformação é estruturada e desenvolvida a partir de um legítimo microssistema de métodos adequados de solução de litígios, objeto de uma política pública a cargo do Poder Judiciário (Res. 125/2010 do Conselho Nacional de Justiça), que se concatena com o perfil contemporâneo, voltado para a resolutividade das instituições essenciais à função jurisdicional, como o Ministério Público (Res. 118/2014 do CNMP), a Defensoria Pública (LC 80/94 com a redação trazida pela LC 132/09), e a OAB (Lei 8.906/1994 e Código de Ética e Disciplina da OAB), sendo desenvolvida a partir do estado ideal de coisas fixado pela norma-princípio da consensualidade (art. 3º do CPC).[5]

Todavia, a solução autocompositiva não se cinge aos conflitos de polarização tradicional, sendo perfeitamente aplicável aos processos coletivos e estruturais, haja vista a relevância do consenso na identificação adequada dos aspectos dos conflitos e fixação das medidas preventivas, reparatórias ou estruturantes, como se verifica na falência e recuperação judicial, sendo essa tendência fomentada pelo Conselho Nacional de Justiça a partir da Rec. 58/2019, que reconheceu a compatibilidade da conciliação, mediação e negociação com os procedimentos em testilha e incentivou os magistrados a adotá-las.

De maneira simultânea, a legislação destinada à solução da crise de insolvência empresarial também sofreu modificações, inicialmente, a partir do advento da Lei 11.101/05, que em substituição ao DL 7.661/45, substituiu o instituto da concordata pela recuperação judicial e extrajudicial, como métodos de soerguimento da pessoa jurídica[6] e, recentemente, pela reforma trazida pela Lei 14.112/20 que, em conformidade com a supracitada política judiciária, criou espaços de fomento de consenso a partir da Seção

---

contradição, tal princípio também deve orientar internamente a atuação estatal. Não é razoável defender-se que tal diretriz de política externa não se aplica à atuação estatal interna.". BRANCO, Janaína Soares Noleto Castelo. *Advocacia pública e solução consensual de conflitos*. 2. ed. Salvador: JusPODIVM, 2020, p. 25.

5. "Com isso, a postura original do Estado, geralmente imperativa e autoritária, está, aos poucos, cedendo a um comportamento mais maleável, dialogado, paritário e participativo com o particular, permitindo a construção de soluções consensuais para os conflitos. [...] Nesse contexto, vê-se que a forma de tratamento dos conflitos vem passando por relevante mutação, atualizando, assim, o conceito de acesso à justiça, tradicionalmente vinculado à ideia de imposição de uma sentença pelo juiz. Portanto, diante de todos esses argumentos, pode-se concluir que o ordenamento jurídico brasileiro incorporou, em definitivo, o princípio da consensualidade que deve pautar as relações jurídicas públicas e privadas.". CABRAL, Trícia Navarro Xavier. *Limites da liberdade processual*. Indaiatuba, Foco, 2019, p. 36-38.

6. "Dentre as inúmeras novidades introduzidas para alcançar o objetivo de preservação da empresa, o legislador conferiu à recuperação da atividade empresarial a mesma importância que antes era conferida ao procedimento liquidatório da falência. Para dar vida a essa nova visão que reconhece a importância da sociedade empresária, o legislador aboliu o instituto da concordata, que previa apenas e tão somente a moratória concedida pelo Estado ao devedor e apresentou à comunidade jurídica e à comunidade empresarial o instituto da recuperação da empresa, judicial e extrajudicial. As diferenças entre a concordata e a recuperação judicial são significativas, como a exclusão da velha fórmula consistente na remissão parcial das dívidas ou dilação do vencimento das obrigações, o chamado 'favor legal', para dar lugar a um 'complexo sistema de recuperação da empresa em juízo, descrevendo três instrumentos processuais distintos que, entretanto, não esgotam os meios de reabilitação empresarial', sendo eles a 'Recuperação Judicial Ordinária', 'Recuperação Judicial Especial' e 'Recuperação Extrajudicial, de tudo participando os credores através de decisões assembleares (art. 49, 71, I, 163, § 1º e 35 da LRF).". SANTOS, Eronildes Aparecido Rodrigues. A visão do Ministério Público na recuperação e falência: dez anos de vigência da Lei de Recuperação e Falência. *Revista de Direito Recuperacional e Empresa*, v. 3, jan./ mar. 2017.

II-A, que tratou das conciliações e mediações antecedentes ou incidentais aos processos de recuperação judicial, e no art. 22, I, j, que estabeleceu o dever de incentivo à solução consensual dos conflitos dentro do feixe de atribuições do Administrador Judicial.

A tal marco legislativo se soma o amplo espaço de liberdade quanto à flexibilização do procedimento por meio da celebração de convenções processuais, trazida pelo art. 190 do CPC, o que conduz a um expressivo campo de consensualidade no processo de recuperação judicial, objeto de análise no presente trabalho.

A aplicação dos recentes dispositivos tem apresentado desafios no cotidiano forense, sendo objeto de debates no âmbito do Fórum Nacional de Recuperação Empresarial e Falências – Fonaref, criado pela Resolução 466/2022 do Conselho Nacional de Justiça, que em recente congresso aprovou enunciados[7] sobre a matéria, conforme será objeto de reflexões ao longo deste trabalho.

2. DA RECUPERAÇÃO JUDICIAL COMO PROCESSO ESTRUTURAL

A tutela estrutural é identificada pelo chamamento do sistema de justiça à resolução de um problema caracterizado por um estado de desconformidade consolidado no plano fático, a reclamar a transição para um quadro de plena conformidade, por meio da adoção de medidas estruturantes em um procedimento multifásico e marcado por expressiva cognição e diálogo em todas suas etapas.[8]

Malgrado seja a casuística prevalente de problemas estruturais referida à esfera do direito público, tal como se verifica em demandas referentes à implementação de políticas públicas e tangentes a direitos fundamentais[9], certo é que pela própria supera-

---

7. Disponível em: 1o-caderno-de-enunciados-fonaref-portal.pdf (cnj.jus.br). Acesso em: 3 set. 2023.

8. "O problema estrutural se define pela existência de um estado de desconformidade estruturada – uma situação de ilicitude contínua e permanente ou uma situação de desconformidade, ainda que não propriamente ilícita, no sentido de ser uma situação que não corresponde ao estado de coisas considerado ideal. Como quer que seja, o problema estrutural se configura a partir de um estado de coisas que necessita de reorganização (ou de reestruturação). Estado de desconformidade, como dito, não é sinônimo necessariamente de estado de ilicitude ou de estado de coisas ilícito. Estado de desconformidade é situação de desorganização estrutural, de rompimento com a normalidade ou com o estado ideal de coisas, que exige uma intervenção (re)estruturante. Essa desorganização pode, ou não, ser consequência de um conjunto de atos ou condutas ilícitas. Pode ser que o problema estrutural venha a gerar situações ilícitas e cada situação isolada mereça um tratamento pelo ordenamento jurídico; pode ser inclusive que se vislumbrem graus mais ou menos graves de ilicitude ligados ao problema estrutural (ilicitude estrutural). O que queremos frisar é que o problema estrutural não necessariamente se assenta na noção de ilicitude e, quando eventualmente nela se assenta, não se confunde, ele mesmo, com as situações ilícitas que dela advêm. O seu tratamento não é a partir da noção de ilicitude, muito embora ela possa ocorrer e quase sempre ocorra.". DIDIER JR., Fredie. ZANETI JR., Hermes. OLIVEIRA, Rafael Alexandria de. Elementos para uma teoria do processo estrutural aplicada ao processo civil brasileiro. *Revista de Processo*, v. 303/2020, p.45-81, maio 2020.

9. Destacam-se como exemplo paradigmático de processo estrutural no plano internacional a decisão adotada pela Suprema Corte Norte-Americana no caso Brown v. Board of Education II de 1955. No plano brasileiro, conforme panorama traçado por Leonardo Medeiros Júnior, verificam-se traços estruturantes nas decisões proferidas pelo Supremo Tribunal Federal nos autos da Ação Popular 3.388/ RR, referente à demarcação da Reserva Raposa Serra do Sol e no Mandado de Injunção 708/DF, quando da fixação de condicionantes para o

ção do antagonismo entre público e privado no direito contemporâneo, identificam-se estados de desestruturação também em instituições de caráter privado e que reclamam, igualmente, tutela estruturante com vistas ao atendimento de interesses da sociedade, ainda que subjacentes. Conforme indica Felipe Barreto Marçal:[10]

> Como visto anteriormente, possui forte inspiração na doutrina norte-americana a ideia de que as medidas estruturantes são ligadas a aspectos da burocracia estatal que envolvam implementação de direitos fundamentais (*public law litigation*). Sem dúvidas essa é uma das hipóteses de utilização do instituto. Contudo, já há algum tempo as medidas estruturantes não ficam limitadas a esse tipo de problema, especialmente no Brasil. Em primeiro lugar, porque não se pode mais falar na separação entre "direito público" e "direito privado", tampouco em "interesse público x interesse privado", sem que se adentre em zona de incertezas. Nos dias de hoje já se sabe que ambas as esferas pública e privada estão fortemente conectadas e essa dissociação não pode mais ser feita como se pretendida antigamente. Com efeito, diante de Constituição analítica e protetiva de direitos individuais (inclusive na esfera privada), a discussão sobre "interesse público" e "interesse privado" ou "interesse particular" perdeu bastante seu sentido. Além disso, não só instituições ou relações de "direito público" necessitam de reformas (pontuais ou estruturais), mas também aquelas comumente vistas como "de direito privado" até mesmo em razão de violações irradiadas de direitos essencialmente particulares. Os exemplos já estão surgindo na prática, como a utilização das medidas estruturantes em relações societárias (falência, recuperação judicial, por exemplo), contratuais e trabalhistas.

De outro lado, é pertinente o registro trazido por Edilson Vitorelli[11] quanto às distinções entre os processos coletivos e estruturais e os processos de interesse público, destinados prioritariamente à efetivação de direitos que têm sido negados pelo Estado, mediante um reforço de legalidade que implica em uma mudança de comportamento que, todavia, nem sempre reclama, propriamente, a restruturação de organizações; e processos estratégicos, que funcionam, entre outras finalidades, como instrumento para a fixação de novo entendimento jurídico sobre determinado assunto por meio dos

---

direito de greve dos servidores públicos. No plano dos juízos monocráticos e tribunais, identifica-se na Ação Civil Pública do Carvão com trâmite na Justiça Federal de Criciúma/SC caso clássico de implementação de medidas estruturantes. MEDEIROS JÚNIOR, Leonardo. *Processo estrutural consequencialista*: a intervenção judicial em políticas públicas. Rio de Janeiro: LumenJuris, 2018, p. 102-112. Com a indicação de que o *habeas corpus* coletivo configura modalidade de processo estruturante, confira-se: GIANINI, Leandro. La reafirmación del rol del habeas corpus colectivo como litigio estructural: lograr el equilibrio sin destruir la balanza. *Revista Iberoamericana de Derecho Procesal*, v. 3. 2016, jan./jun. 2016.

10. MARÇAL, Felipe Barreto. *Processos estruturantes*. Salvador: JusPodivm, 2021, p. 60-69.

11. "Assim, processos de interesse público são demandas nas quais se pretende efetivar um direito que está sendo negado pelo Estado, não apenas para a parte que está no processo, mas para toda a sociedade de potenciais destinatários daquela prestação. Pretende-se uma ruptura com o comportamento até então adotado, por intermédio de um reforço de legalidade, oriundo da autoridade jurisdicional. É comum que processos de interesse público contenham pedidos que poderiam ser descritos como pouco mais que "cumpra-se a Constituição" ou "cumpra-se a lei". [...] Embora se encontre em algumas publicações nacionais a expressão "litígio estratégico", ela, a rigor, não faz sentido. O litígio (conflito) nunca é estratégico, uma vez que surge na realidade, em decorrência do antagonismo entre os interesses das partes ou do descompasso entre o seu comportamento e o ordenamento jurídico. E isso nada tem a ver com estratégia. O que pode ser estratégico é o processo para resolver um litígio. Processo estratégico é um processo que pretende estabelecer um novo entendimento jurídico sobre determinado assunto. Enquanto um processo existe, em regra, para resolver o litígio entre as partes, o foco de um processo estratégico, pelo contrário, está no precedente, na formação de uma nova compreensão do direito. As partes são instrumentais a esse objetivo. O processo estratégico não é exclusivo do direito público. Temas de âmbito privado também pode ser tratados estrategicamente.". VITORELLI, Edilson. *Processo civil estrutural*: teoria e prática. Salvador: JusPODIVM, 2020, p. 74-84.

precedentes[12], de sorte que nem todo processo estrutural pode ser qualificado como de interesse público ou estratégico.

Portanto, aspectos como multipolaridade, coletividade, complexidade e relação direta com políticas públicas são elementos típicos, mas não essenciais dos processos estruturais, de sorte que embora sugiram fortemente a qualificação do problema como tal, não se afiguram como imprescindíveis.[13]

Nessa ordem de ideias, se qualificam como estruturais os processos concursais de recuperação judicial e falência, visto que nestes se trata inicialmente de um distúrbio de tal natureza, visto que a crise da pessoa jurídica implica em um estado de desconformidade estruturada, que atinge uma coletividade de indivíduos (sócios, acionistas, investidores, instituições financeiras, empregados, fornecedores, Fisco, consumidores), de formas inquestionavelmente distintas, do que se denota seu caráter irradiado, visto que inexistente perspectiva social comum entre os grupos, que, não raro, divergem entre si.[14]

Então, a partir do aludido problema, é possível a fixação, em contraface, de um estado ideal de coisas apto a proporcionar o atendimento da função social da empresa e o interesse público na manutenção da unidade produtiva para fins de arrecadação de tributos, livre concorrência, fomento ao empreendedorismo e manutenção de empregos, cabendo, posteriormente, a realização de um detalhado mapeamento das circunstâncias do conflito, de sorte a se identificar a viabilidade do empreendimento, dentro da movimentação normal da economia.[15]

---

12. Outro exemplo de utilização estratégica identificada por Remo Caponi é o Italian Torpedo, em que litigantes que figuram como réus em processos no âmbito da União Europeia se valiam da ineficiência do Sistema de Justiça Italiano por meio do ajuizamento de ações declaratórias de inexistência de obrigações que implicam na prevenção do juízo. CAPONI, Remo. The performance of the italian civil justice system. *The Italian Law Journal*, v. 02, n. 01, june/ 2016, p. 15-31.

13. DIDIER JR., Fredie. ZANETI JR., Hermes. OLIVEIRA, Rafael Alexandria de. Elementos para uma teoria do processo estrutural aplicada ao processo civil brasileiro. *Revista de Processo*, v. 303/2020, p. 45-81, maio 2020.

14. "Finalmente, o terceiro tipo se refere aos litígios coletivos irradiados. Essa categoria representa a situação em que as lesões são relevantes para a sociedade envolvida, mas ela atinge, de modo diverso e variado, diferentes subgrupos que estão envolvidos no litígio, sendo que entre eles não há uma perspectiva social comum, qualquer vínculo de solidariedade. A sociedade que titulariza esses direitos é fluida, mutável e de difícil delimitação, motivo pela qual se identifica com a sociedade como criação.". VITORELLI, Edilson. Levando os conceitos a sério: processo estrutural, processo coletivo, processo estratégico e suas diferenças. *Revista de Processo*, v. 284/2018, p. 333-369, out. 2018.

15. "De fato, na esteira do que já afirmava o velho institucionalismo econômico, sob uma ótica evolutiva, a literatura econômica vem reconhecendo que grande parte dos ganhos de produtividade agregados de um dado país advém do processo de oxigenação dos fatores produtivos, extinguindo-se firmas ineficientes a fim de liberar o capital e o trabalho para ambientes mais eficientes (Foster, Haltiwanger e Krizan). Ou seja, a legislação falimentar deve se atentar especialmente ao fato de não estrangular a movimentação normal da economia em seus ciclos de morte e destruição, cuidando para que a função social da empresa, que será logo tratada, não seja capturada em prol de interesses de grupos. Assim, uma legislação de falências eficiente deve buscar evitar erros de "tipo 1", em que se liquidam atividades econômicas viáveis, e erros de "tipo 2", em que se permite a reorganização de atividades economicamente inviáveis, assegurando ao Poder Judiciário e, talvez em maior medida, aos stakeholders, uma simetria de informações para com o devedor e também nivelando o plano informacional entre todos os credores, sinalizando, com isso, adequadamente, a viabilidade (ou não) da empresa.". TEIXEIRA JÚNIOR, José Borges. Apontamentos ao projeto de reforma da lei de recuperação de empresas e sua análise econômica. *Revista de Direito Privado*, v. 106/2020, p. 175-195, out./dez. 2020.

Após o detalhado levantamento das nuances do conflito, passa-se, à implementação de medidas estruturantes destinadas à alocação racional dos recursos produtivos, pelo soerguimento da empresa viável ou exclusão definitiva da empresa inviável do mercado, por meio de medidas de proteção da atividade econômica, alienação de ativos, pagamento aos credores, sem perder de vista a composição adequada do conflito, notadamente complexo e plúrimo, sempre submetidas a constante diálogo e reavaliação.[16]

Dessa forma, considerando as especificidades do seu objeto, a tutela estrutural adequada reclama um exame prévio, com a identificação acurada do estado de desconformidade em toda a sua extensão, seguido pela fixação do que se entende por estado de conformidade desejável a ser alcançado, bem como as regras destinadas à transição, visando à salvaguarda da segurança jurídica[17] sendo seguida pela implementação de medidas destinadas à reestruturação, por meio de decisões escalonadas "em cascata", com a constante revisão e aprimoramento.[18]

Como corolário, a cooperação entre os sujeitos do processo, e destes com terceiros interessados, sociedade organizada e poder público, mormente pelas agências e órgãos técnicos e regulamentadores, é medida curial para o alcance da cognição quanto aos elementos em epígrafe, tendo por matriz fundamental o princípio estatuído pelo art. 6º do CPC, com a fixação de parâmetros de conduta e deveres recíprocos.[19]

De igual sorte, o contraditório, em sua feição de direito de influência, se revela indissociável para o processo estrutural, não obstante os desafios para sua concretização. Com razão, Sérgio Cruz Arenhart observa que ao passo em que usualmente são identificados diversos polos no processo, sendo alguns compostos por indivíduos ou grupos com participação direta na busca por seus interesses e outros por representantes adequados, a complexidade decorrente deve ser equacionada por meio de ferramentas

---

16. COSTA, Daniel Carnio. MELO, Alexandre Nasser de. *Comentários à lei de recuperação de empresas e falência.* Curitiba: Juruá, 2021, p. 26-43.
17. Entre as espécies de regra de transição pode-se indicar a compensação financeira; o auxílio de adaptação e a tutela específica para a preservação dos efeitos do ato estável em caso de anulação ou desfazimento. Com recente estudo sobre a matéria confira-se: CABRAL, Antonio do Passo. *Segurança jurídica e regras de transição nos processos judicial e administrativo:* introdução ao art. 23 da LINDB. 2. ed. Salvador: JusPODIVM, 2021, p.229-256.
18. BARROS, Marcus Aurélio de Freitas. *Dos litígios aos processos coletivos estruturais:* novos horizontes para a tutela coletiva brasileira. São Paulo: D´Plácido, 2020, p.90-94.
19. "A aplicação do princípio da cooperação no curso da execução das decisões estruturais é instrumento colocado à disposição dos sujeitos do processo estrutural para permitir que a tutela executiva se revele adequada, efetiva e útil ao resultado almejado pelo processo, na medida em que essa tutela será construída de forma consensual e dialogada. Nesse sentido, os sujeitos do processo, contando inclusive com a participação de terceiros interessados e/ou sujeitos com conhecimento específico nas áreas que envolvem o litígio, poderão adotar medidas atípicas visando conferir eficácia à tutela executiva.". ALBUQUERK, Luana Assunção de Araújo. TEIXEIRA, Vitor Amm. BUFULIN, Augusto Passamani. Processos estruturais e a relevância da cooperação processual como instrumento para dar efetividade à execução das decisões estruturais. In: CARVALHO, Frederico Ivens Miná Arruda de. BRAZ, Myriã Bregonci da Cunha. SANT´ANNA, Vinicius de Souza. (Coord.). *Temas contemporâneos de direito processual.* Belo Horizonte: Dialética, 2021, p. 108-109.

de gestão processual que possibilitem aos afetados a chance de influir na resposta dada pelo Poder Judiciário.[20]

Ademais, dada a mutabilidade do problema estrutural, o procedimento deve ser flexível quanto à sua estabilização objetiva, abarcando meios de prova e de indução e sub-rogação para o cumprimento das ordens judiciais com natureza atípica, cabendo nesta toada, socorro ao microssistema processual de tutela coletiva, dada a congruência parcial de elementos.

Lado outro, é da realidade que nem sempre os conflitos referentes a problemas estruturais recebem o tratamento por meio da utilização das técnicas adequadas, o que decorre, não raro, de falhas na legislação ou na sua operação pelos atores do sistema de justiça, mormente a partir do enviesamento da lógica do processo tradicional e sua estrutura bipolar, o que conduz a crises de efetividade.[21]

Não obstante, pode-se afirmar que a consensualidade integra o âmago da recuperação judicial e tem o potencial de contribuir para a resolução adequada dos conflitos tangentes à empresa em crise.

3. DA AUTOCOMPOSIÇÃO PRÉVIA E INCIDENTAL NOS PROCESSOS DE RECUPERAÇÃO JUDICIAL

A recuperação judicial é um procedimento de tutela das relações jurídicas privadas com vistas à superação da crise da empresa e preservação da atividade produtiva que encerra atuações interdependentes entre Poder Judiciário e particulares.[22]

---

20. "O processo estrutural deve assemelhar-se a uma ampla arena de debate, em que as várias posições e os vários interesses possam fazer-se ouvir e possam interferir na formação da solução jurisdicional. Se o Judiciário deve chamar para si a difícil tarefa de interferir em políticas públicas ou em questões complexas no plano econômico, social ou cultural, então é certo que o processo empregado para tanto deve servir como um ambiente democrático de participação. Simulando o verdadeiro papel de um parlamento, constrói-se uma ferramenta adequada ao debate esperado, que legitima a atividade jurisdicional". ARENHART, Sérgio Cruz. Processo multipolar, participação e representação de interesses concorrentes. In: ARENHART, Sérgio Cruz. JOBIM, Marco Félix. (Org.) *Processos estruturais*. 3. ed. Salvador: JusPODIVM, 2021, p. 1071-1096.

21. "Provavelmente uma das características mais marcantes do litígio estrutural é a multiplicidade de interesses que se inter-relacionam sobre o objeto do litígio. Ao contrário do litígio tradicional, de estrutural bipolar – ou seja, com dois polos bem definidos, um buscando algo e outro resistindo a essa pretensão – o conflito estrutural trabalha com a lógica da formação de diversos núcleos de posições e opiniões (muitas delas antagônicas) a respeito do tema a ser tratado". ARENHART, Sérgio Cruz. Processo multipolar, participação e representação de interesses concorrentes. In: ARENHART, Sérgio Cruz. JOBIM, Marco Félix. (Org.) *Processos estruturais*. 3. ed. Salvador: JusPODIVM, 2021, p. 1071-1072.

22. "Recuperação judicial é um processo, logo, uma relação jurídica na qual o Estado tem participação e influência direta, associada à atuação de particulares: empresário, administrador judicial e Comitê de Credores. A opção do legislador foi esta: uma verdadeira forma de intervenção nas relações jurídicas privadas, com a finalidade de permitir ao órgão público acompanhar o processo de recuperação do empresário. A opção interventiva do Estado denota o caráter transcendente do exercício da atividade empresarial, vale dizer, o interesse público que também a acompanha – basta mais uma vez lembrar que as empresas são as responsáveis pela oferta de grande parte dos postos de trabalho, fonte de arrecadação tributária, além de oferecerem à sociedade os bens e serviços de que necessita.". BERTOLDI, Marcelo M. RIBEIRO, Marcia Carla Pereira. *Curso avançado de direito comercial*. 9. ed. São Paulo: Ed. RT, 2015, p.544. Percebe-se propósito semelhante também na recente

Dentro dessa interação resta enraizada a ideia da consensualidade, visto que o aludido procedimento de jurisdição voluntária tem por desiderato, em última análise, a fiscalização e integração da vontade dos envolvidos, com vistas à organização de um "foro único de decisão majoritária" apto à aprovação do plano de recuperação pela Assembleia Geral de Credores, por meio de um negócio jurídico coletivo.[23]

Nesta toada, além daqueles que envolvem os credores submetidos aos efeitos da recuperação, por certo circundam uma pessoa jurídica em crise uma plêiade de conflitos concomitantes, tal como ocorre com as disputas com credores extraconcursais e com órgãos reguladores, bem como, não raro, entre seus próprios sócios ou acionistas, aos quais é recomendado um tratamento global, visto que de outra forma, todas as causas da decadência da pessoa jurídica não seriam solucionadas, o que, entretanto, é impassível de alcance pelos limites objetivos da tutela jurisdicional.

Ademais, dada a complexidade e dinamismo da atividade econômica, não raro se apresentam em crise empresas com vínculos, como integrantes de grupos econômicos, que reclamam uma solução conjunta, dentro da consolidação substancial.

Por conseguinte, ao passo em que o ajustamento de vontades integra a essência da recuperação judicial, certamente que, observadas as restrições legais, seu procedimento se revela compatível com os métodos autocompositivos, conforme reconhecido pelo Enunciado 45 da 1ª Jornada de Prevenção e Solução Extrajudicial de Litígios do Conselho da Justiça Federal.[24]

---

estruturação do Capítulo VI-A do CDC, quando da disciplina do procedimento de prevenção e tratamento do consumidor superendividado a partir da Lei 14.181/21.

23. "Essa forma de expressão da vontade, por sua vez, é imposta pelo próprio regime da recuperação judicial; isto é, a lei parte da premissa de que a multiplicidade e diversidade de interesses inviabilizariam um consenso; por tais motivos, organiza e qualifica os credores de forma 'a obter um foro único de decisão majoritária', criando chances reais de aprovação. Nesse sentido, tem-se que o plano de recuperação judicial é um negócio jurídico coletivo, nos termos de Pontes de Miranda, eis que influi *sobre as esferas jurídicas individuais* sem que haja unanimidade na formação da vontade. O fato de haver vontade coletiva e afetação de esfera de sujeitos que não concorreram diretamente com a vontade representa exceção legal ao princípio da incolumidade das esferas jurídicas. De acordo com tal princípio, a eficácia do negócio jurídico é 'limitada à esfera jurídica de quem o praticou'. Essa exceção, contudo, é legitimada pelo procedimento assemblear fiscalizado judicialmente, bem como pelo benefício advindo da recuperação da empresa e reestabelecimento da atividade empresarial (objetivo final). Como visto, a jurisdição voluntária é atividade estatal de fiscalização e integração da vontade negocial, sendo que a vinculação das diversas esferas jurídicas envolvidas se obtém, exclusivamente, mediante homologação do plano de recuperação judicial por órgão investido de jurisdição; isto é, postula-se em juízo um efeito jurídico que não se poderia alcançar com a simples vontade. O processo de recuperação judicial, por sua vez, envolve: (i) a atuação do Poder Judiciário no sentido de fiscalizar uma formação de vontade negocial por órgãos representativos de interesses dos credores; e (ii) a integração de tal vontade negocial, que se dá mediante homologação do plano de recuperação e formação de um título judicial (art. 59, § 1º, do CPC (LGL\2015\1656)). Os efeitos da homologação de plano de recuperação judicial só se produzem em juízo; vale dizer, a possibilidade de negociação coletiva e de vinculação de toda a massa de credores ao pactuado são efeitos que só podem ser obtidos mediante ato de jurisdição". DIDIER JR., Fredie. BRAGA, Paula Sarno. BATISTA, Felipe Vieira. A recuperação judicial como jurisdição voluntária: um ponto de partida para a estruturação do procedimento. *Revista de Processo*, v. 310/2020, p. 237-262, dez. 2020.

24. Enunciado 45 – A mediação e conciliação são compatíveis com a recuperação judicial, a extrajudicial e a falência do empresário e da sociedade empresária, bem como em casos de superendividamento, observadas as restrições legais.

A partir da recente reforma trazida pela Lei 14.112/20, a Lei de Falência e Recuperação Judicial de Empresas passou a contar com um módulo de autocomposição para os processos de insolvência em sua Seção II-A[25], incorporando entendimentos e boas práticas que já eram estimulados e utilizados pelos juízos competentes e lhes conferindo segurança jurídica.[26]

Inicialmente, em seu art. 20-A, reproduzindo a matriz da norma fundamental da consensualidade (art. 3º, § 3º do CPC), a lei enuncia a possibilidade de conciliação e mediação, antecedente ou incidental, nos processos concursais, inclusive quando se encontrarem no âmbito do segundo grau de jurisdição e nos Tribunais Superiores, estabelecendo o dever de fomento pelos integrantes do sistema de justiça e a possibilidade de suspensão dos prazos processuais por consenso ou determinação judicial.

Para tal desiderato, é possibilitada a suspensão dos prazos processuais a partir de determinação judicial ou consenso entre as partes.

Registre-se que, no contexto da implementação de uma modificação de paradigma, vislumbra-se o acerto do Enunciado 12 do Fonaref, que fomenta a mediação no âmbito da recuperação extrajudicial, proporcionando, em compatibilidade com as circunstâncias do conflito ensejador da crise, o sigilo quanto ao conflito e a minimização dos custos para a composição.[27]

Com efeito, com a intermediação e facilitação de um terceiro escolhido pelas partes, a mediação proporciona a construção em conjunto pelas partes de um sistema de decisão, tendente a satisfazer a todos os envolvidos e oxigenar a relação social[28], contribuindo para o ambiente de negócios e a manutenção da credibilidade da pessoa jurídica no mercado.

---

25. Nesse sentido: CABRAL, Trícia Navarro Xavier. Acordo nos processos estruturais. In: REICHELT, Luís Alberto. JOBIM, Marco Félix. (Org). *Coletivização e unidade do direito*. Londrina: Thoth, 2019, p. 579-580.

26. "A negociação e a criatividade estão sendo utilizadas pelas empresas para superação da crise econômica mundial. Assim como houve o colapso do sistema de saúde, também o Poder Judiciário, conhecido por sua morosidade, pode colapsar. Nesse contexto, foi editada a Recomendação nº 71/2020 do CNJ, que propõe a criação de Centros Judiciários de Solução de Conflitos e Cidadania (Cejuscs) empresariais nos tribunais do país (a exemplo de TJ-SP, TJ-RJ, TJ-ES e TJ-RS), seguindo-se o pioneirismo da 2ª Vara Cível e da Fazenda Pública da Comarca de Francisco Beltrão, no Paraná, que criou o primeiro Cejusc de recuperação empresarial do Brasil. Esses núcleos foram implementados para evitar a judicialização de processos, com a utilização da mediação ou da conciliação na fase pré-processual, e com vistas à superação da crise pelas empresas, em decorrência da pandemia do coronavírus. Assim, apesar de a Lei 14.112/2020 positivar, pela primeira vez, a utilização da mediação e conciliação em processos de recuperação judicial, a lei, em verdade, incorporou entendimentos e práticas que já estavam sendo estimulados e utilizados.". GARCIA, Andressa. *A mediação e a conciliação na Nova Lei de Falências e Recuperação de Empresas*. Disponível em: <https://www.conjur.com.br/2021-mar-13/garcia-mediacao-conciliacao-lei-falencias>. acesso em 29jul. 2021.

27. MANFREDI, Denise. BURBRIDGE, Marc. Mediação corporativa: desenvolvendo o diálogo estratégico no ambiente de negócios. In: ALMEIDA, Tânia. PELAJO, Samantha. JONATHAN, Eva. (Coord.). *Mediação de conflitos para iniciantes, praticantes e docentes*. 3. ed. Salvador: JusPODIVM, 2021, p. 417.

28. CABRAL, Trícia Navarro Xavier. Comentários ao art. 4º. In: CABRAL, Trícia Navarro Xavier. CURY, Cesar Felipe. (Coord.). *Lei de mediação comentada artigo por artigo*. 2. ed. Indaiatuba: Foco, 2020, p. 31-32.

Dessa forma, ao estruturar no âmbito da Seção II-A procedimento específico para conciliações e mediações antecedentes ou incidentais aos processos de recuperação judicial, o legislador incorporou um módulo de autocomposição para os processos de insolvência empresarial[29], buscando o alcance de soluções consensuais para os conflitos internos entre os sócios da empresa em crise e desta com credores não sujeitos à recuperação judicial ou extraconcursais, órgãos ou agências reguladoras da atividade exercida pela empresa que é concessionária ou permissionária de serviço público e credores abrangidos por eventual plano de recuperação.[30]

O *caput* do art. 20-B enumera, em caráter exemplificativo,[31] as hipóteses de cabimento de autocomposição prévia e incidental, como disputas internas entre sócios e acionistas; com titulares de créditos não submetidos aos efeitos da recuperação judicial; com os credores com posição de proprietário fiduciário, arrendador mercantil, proprietário ou promitente vendedor de imóvel ou proprietário em contrato de venda com reserva de domínio (art. 49, § 3º da Lei 11.101/05); entes públicos ou reguladores de serviços públicos concedidos ou permitidos à pessoa jurídica em crise e, mesmo quanto aos participantes do procedimento, quanto aos seus créditos extraconcursais, quando necessária sua composição para evitar a interrupção de fornecimento de produtos ou serviços essenciais para a atividade produtiva.

Já em seu § 1º, o art. 20-B disciplina o procedimento de autocomposição antecedente, que configura nítido sistema de pré-insolvência, e pode ser instaurado a pedido da pessoa jurídica em crise em sede de tutela cautelar antecedente, que implica em proteção transitória de seu patrimônio, por meio da antecipação parcial de um dos efeitos da recuperação judicial, com o propósito de estimular devedores e credores à renegociação das dívidas.[32]

Como decorrência da natureza de módulo de fomento à autocomposição associada à medida de natureza cautelar, que deve guardar referibilidade à tutela jurisdicional futura, ainda que eventual, exige-se da empresa em dificuldade a demonstração de que, caso venha a necessitar, poderá obter o processamento de recuperação judicial, mediante o cumprimento dos requisitos legais, devendo, em conformidade com o Enunciado 10 do Fonaref, apresentar os documentos exigidos pelo art. 48 da Lei 11.101/2005, quanto ao tempo de exercício de atividade, ausência da qualidade de falido ou reabilitado, a não obtenção no prazo de 05 anos de recuperação judicial ou condenação por crime falimentar de seu sócio controlador ou administrador.

---

29. CABRAL, Trícia Navarro Xavier. Acordo nos processos estruturais. In: REICHELT, Luís Alberto. JOBIM, Marco Félix. (Org.). *Coletivização e unidade do direito*. Londrina: Thoth, 2019, p. 579-580.

30. TOMAZETE, Marlon. *Comentários à reforma da lei de recuperação de empresas e falência*. Indaiatuba: Foco, 2021, p. 31-35.

31. Decorrente do vocábulo "notadamente" utilizado pelo *caput* do dispositivo, que denota que as hipóteses listadas nos incisos subsequentes são os casos especiais de aplicação da conciliação e mediação no procedimento especial, sem, todavia, exaurir as possibilidades.

32. CUEVA, Ricardo Villas Bôas. COSTA, Daniel Carnio. *Os mecanismos de pré-insolvência nos PLS 1397/2020 e 4458/2020*. Disponível em: <https://www.migalhas.com.br/depeso/335268/os-mecanismos-de-pre-insolvencia-nos-pls-1397-2020-e-4458-2020>. Acesso em: 10 abr. 2023.

Isso porque, de acordo com o Enunciado 02 do Fonaref, a concessão da medida cautelar está condicionada à comprovação de que a instauração do procedimento de conciliação ou mediação fora devidamente pleiteada perante o Cejusc ou Câmara Privada de Conciliação ou Mediação ou órgão semelhante (art. 12-C da Resolução 125/2020 do CNJ), devendo-se, todavia, em zelo pela uniformidade do tratamento, aplicar-se o art. 17 da Lei de Mediação, reputando-se por instituído quando da designação da primeira reunião de mediação ou sessão de conciliação.

O Poder Judiciário fiscalizará a boa-fé e comprometimento da pessoa jurídica com a busca da solução dos conflitos, sendo possível a revogação da medida cautelar, a qualquer momento, na hipótese em que reste comprovada por qualquer credor o propósito procrastinatório ou anticooperativo pela devedora (Enunciado 08 do Fonaref).

Caberá à empresa trazer com a exordial do pedido a definição exata dos credores convidados para participar da conciliação ou mediação (Enunciado 01 do FONAREF), sendo, ademais, uma escolha destes participar ou não do procedimento, podendo atender ao convite ou não, de modo que caso não o façam, eventual acordo não lhes vinculará, ante a relatividade dos negócios jurídicos (Enunciado 09 do Fonaref).

Não obstante, dada a possibilidade de estabelecimento de cláusula contratual prévia de mediação em relação jurídica entre a empresa em dificuldade e o credor convidado, nesta hipótese, haverá o dever de comparecimento à primeira reunião, sendo, todavia, desobrigado de permanecer na mediação.[33]

Verifica-se, de outro lado, que o legislador não foi explícito ao tratar da necessidade de extensão do convite a todos os credores da pessoa jurídica como exigência da aplicação do princípio universal dos processos de insolvência da *par conditio creditorium*, que reclama que seja dispensado tratamento isonômico a todos os credores[34], não existindo tal obrigatoriedade conforme previsto pelo Enunciado 06 do Fonaref, de sorte que seria opção da pessoa jurídica escolher livremente quais credores convidará para a conciliação ou mediação, sendo ineficaz a medida cautelar em relação àqueles excluídos.

A par das relevantes críticas, que ponderam que tal entendimento pode conduzir ao esvaziamento do instituto mediante a deflagração de medidas processuais por credores excluídos do método autocompositivo, bem como a prática de fraudes por meio de arranjos entre devedor e credores deliberadamente não convidados para o esvaziamento patrimonial[35], vislumbra-se o acerto da posição, visto que em linha de princípio não pode ser presumido o estado de insolvência da pessoa jurídica, que tem a opção,

---

33. CABRAL, Trícia Navarro Xavier. Análise comparativa entre a Lei de Mediação e o CPC/2015. In: ZANETI JR, Hermes. CABRAL, Trícia Navarro Xavier. (Coord.) *Justiça multiportas*: mediação, conciliação, arbitragem e outros meios adequados de solução de conflitos. 2. ed. Salvador: JusPODIVM, 2018, p. 471-494.

34. A respeito, confira-se: COSTA, Daniel Carnio. MELO, Alexandre Nasser de. *Comentários à lei de recuperação de empresas e falência*. Curitiba: Juruá, 2021, p. 28-29.

35. BORTOLINI, Pedro Rebello. A necessária revisão do Enunciado 6 do Fonaref. Disponível em: <https://www.jota.info/opiniao-e-analise/artigos/recuperacao-judicial-a-necessaria-revisao-do-enunciado-no-6-do-fonaref-29032023>. Acesso em: 14 mar. 2022.

dentro da solução de mercado, de buscar a renegociação com credores específicos, evitando a publicidade negativa que o chamamento universal de credores causaria, cabendo ao credor prejudicado a busca pela tutela jurisdicional de seus interesses pela via processual adequada.

A lei estabelece uma ampla margem de negociação entre os participantes, excluindo somente as matérias referentes à classificação de créditos e fixação de critérios de votação na Assembleia Geral de Credores (art. 20-B, § 2º).[36]

Uma vez deferida, a tutela cautelar implicará na suspensão das execuções propostas contra a pessoa jurídica pelos credores convidados a participar do procedimento (Enunciado 06 do Fonaref), pelo prazo de 60 (sessenta) dias, que é improrrogável e contado em dias corridos (Enunciado 03 do Fonaref), sem a necessidade de formulação de pedido principal no prazo do art. 308 do Código de Processo Civil, ante o regramento específico (Enunciado 04 do Fonaref), cabendo à devedora o ônus de informar aos juízos responsáveis quanto à suspensão, sob pena de ter medidas constritivas em desfavor de seu acervo patrimonial (Enunciado 05 do Fonaref).

Nos termos do art. 1º da Lei 13.140/15, o mediador pode ser aceito ou escolhido pelas partes, devendo, em conformidade com o Enunciado 11 do Fonaref, ser capacitado para conduzir a mediação e a negociação complexa com múltiplas partes e compreender a matéria recuperacional e falimentar, sendo não apenas possível, como recomendável a comediação visando ao alcance de tal aptidão técnica, sem a qual dificilmente o conflito estrutural será equacionado, sendo possível a adoção de meios virtuais para a realização das sessões na forma do art. 20-D da Lei de Recuperação Judicial, o que se coaduna com a diretriz de cumprimento digital de atos processuais (Res. 354/2020 do CNJ) e com a dinâmica do conflito multitudinário.

É vedado, conforme o art. 6º da Recomendação 58/2019 do CNJ que a função de mediador seja exercida pelo magistrado ou administrador judicial, que, conquanto investidos do dever de fomento aos métodos autocompositivos, devem se abster de intervir diretamente no diálogo entre os interessados no momento da mediação.[37]

Na hipótese de sucesso na autocomposição do conflito, o acordo será homologado judicialmente, ensejo no qual será fixado o prazo de 360 (trezentos e sessenta) dias, no qual, caso requerida recuperação judicial ou extrajudicial pela devedora, serão reestabelecidos os direitos e garantias das condições contratadas originalmente, com a dedução de valores pagos (art. 20-C da Lei de Recuperação Judicial). Cuida-se, conforme assentado pelo Enunciado 15 do Fonaref, de hipótese em que a novação da dívida se submete à condição suspensiva, consistente no não ajuizamento de recuperação judicial no prazo ânuo.

---

36. Nesse sentido, o art.2º da Rec. 58/2019 do CNJ.
37. SPENGLER, Fabiana Marion. COSTA, Márcio Dutra da. Conciliação e mediação na recuperação judicial: apontamentos sobre a Lei 14.112/2020. *Revista de Direito Empresarial – RDEmp*, Belo Horizonte, ano 18, n. 02, p. 173-190, maio/ago. 2021.

Não havendo êxito na autocomposição, não poderá a devedora renovar a medida em relação aos mesmos credores (Enunciado 07 do Fonaref), sendo o prazo de suspensão deduzido de eventual *stay period* no caso de pedido de recuperação judicial (art. 20-B, § 3º da Lei de Recuperação Judicial).

Nesse diapasão, percebe-se que os enunciados aprovados pelo Fonaref se coadunam com a teleologia do módulo de autocomposição e apresentam diretrizes doutrinárias adequadas para sua adoção por Tribunais e Câmaras Privadas, contribuindo para a concretização do consenso e racionalidade na solução dos conflitos tangentes à empresa em estado de pré-insolvência.

Registre-se, ainda, que os conflitos poderão ser tratados por meio do emprego das técnicas da conciliação, mediação, negociação assistida (*collaborative law*) quanto a todos os afetados ou, especificamente, em relação a grupos determinados[38], sendo, ademais, possível o desenho de plataformas específicas de resolução dos conflitos[39], buscando-se a partir do método mais adequado ou de sua combinação, a construção de diálogos e soluções que reduzam a conflituosidade intrínseca e atendam à complexidade da recessão vivenciada pela empresa.

O fomento a tais medidas se encontra a cargo do magistrado, dentro dos deveres--poderes de gerir o conflito e cumprimento da norma fundamental do art. 3º do CPC, e, igualmente, ao administrador judicial, no desempenho da função de auxiliar do juízo em prol da eficiência do processo concursal, figurando como função transversal explicitamente trazida pelo art. 22, I, "j" da Lei 11.105/05, sendo-lhe, todavia, vedada – tal como ao magistrado do qual atua como *longa manus* – a atuação direta na qualidade de mediador.

Dessa forma, nos moldes atualmente tipificados, o processo estrutural de recuperação judicial proporciona uma ampla participação democrática na busca de concórdia, figurando como ambiente democrático para a construção de soluções justas.[40]

---

38. Como exemplo, poderia ser remetido o grupo de acionistas em uma empresa familiar para a mediação, enquanto as verificações de crédito seriam legados à conciliação ou negociação direta.

39. Com registro quanto ao sistema inteligente de mediação online adotado na recuperação judicial da OI, confira-se: CURY, Cesar. Um modelo transdisciplinar de solução de conflitos: direito e tecnologia no processo de recuperação judicial no *leading case* OI S.A. In: NUNES, Dierle. LUCON, Paulo Henrique dos Santos. WOLKART, Erik Navarro. (Coord.). *Inteligência artificial e direito processual*: os impactos da virada tecnológica no direito processual. Salvador: JusPODIVM, 2020, p. 99-101.

40. "Das características enumeradas, faz sentido relacionar o caráter prospectivo das decisões com a tendência para o alcance negocial e participativo das soluções, o que reforça a nota da consensualidade nos processos estruturais. Ademais, tal afigura-se preferível nos conflitos de interesse público, que demandam a criação e a implementação de políticas públicas, em que as providências necessárias à satisfação de um direito, bem como a forma e o tempo em que tais providências serão implementadas, depende muito mais de acertos institucionais, do que da imposição judicial – de questionável legitimidade. Afinal, seria mais "fácil" obter o cumprimento daquilo a que voluntariamente se submeteu do que àquilo que lhe é imposto pela solução adjudicada. Se essa hipótese é completamente plausível no processo envolvendo litígios individuais, não menos admissível quando se trate de litígios estruturais ou de interesse público". NUNES, Leonardo Silva. Notas sobre a consensualidade nos processos estruturais. In: VITORELLI, Edilson. OSNA, Gustavo. ZANETI JR., Hermes. REICHELT, Luís Alberto. JOBIM, Marco Félix. ARENHART, Sérgio Cruz. (Org.). *Coletivização e unidade do direito*: v. II, Londrina: Thoth, 2020, p. 504.

4. CONVENÇÕES PROCESSUAIS NA RECUPERAÇÃO JUDICIAL

A consensualidade também pode conduzir a modificações no próprio instrumento de resolução do conflito, quando as partes dispõem sobre o processo, por meio de avenças quanto a seus ônus, poderes, faculdades e deveres ou através de ajustes do procedimento, por meio das convenções processuais, sendo tal lógica também aplicável ao processo de recuperação judicial.

Com efeito, o art. 20-A da Lei 11.101/05, alude expressamente ao consenso das partes como fato jurídico processual apto a justificar a suspensão dos prazos previstos na lei, cabendo-lhe o complemento das convenções típicas e atípicas trazidas pelo CPC, que têm aplicação supletiva e subsidiária.

Nessa linha, o CPC contempla uma miríade de convenções típicas, como se vislumbra na eleição de foro (art. 63); suspensão convencional do processo (art. 313, I); redução de prazos peremptórios (art. 212, § 1º); calendário processual (art. 191); escolha consensual de perito (art. 471); saneamento compartilhado em audiência (art. 357, § 3º) e encerra em seu art.190 uma cláusula de atipicidade quanto à negociação processual apta à edificação de uma plataforma para a construção de procedimentos diferenciados a partir do ajuste entre os sujeitos processuais.[41]

Certamente, a recuperação judicial, conquanto procedimento estrutural, marcado por vetores como cooperação e consensualidade, é permeável ao empoderamento dos sujeitos envolvidos quanto à possibilidade de dispor sobre o procedimento e sobre suas próprias situações jurídicas processuais.[42]

O incremento de maleabilidade pode proporcionar, por exemplo, convenção processual que admita em caráter voluntário, a consolidação substancial, com a união de ativos e passivos de sociedades empresárias em crise e pertencentes ao mesmo grupo econômico, de modo a proporcionar compreendê-las como um bloco unificado e lhes possibilitar uma resolução conglobante.[43]

Malgrado, os atos de disposição sobre o procedimento se encontram submetido a limites, como os direitos e garantias fundamentais, as matérias reservadas à disciplina por lei, as prerrogativas e poderes do juiz e a proteção a terceiros e à Administração Judiciária.[44]

---

41. MÜLLER, Júlio Guilherme. *Negócios processuais e desjudicialização da produção da prova*: análise econômica e jurídica. São Paulo: Ed. RT, 2017, p. 75.

42. RODRIGUES, Marco Antonio. GISMONDI, Rodrigo. Negócios jurídicos processuais como mecanismos de auxílio à efetivação de políticas públicas. In: ARENHART, Sérgio Cruz. JOBIM, Marco Félix. (Org.). *Processos estruturais*. 3. ed. Salvador: JusPODIVM, 2021, p. 782.

43. MITIDIERO, Daniel. FARO, Alexandre. DEORIO, Karina. LEITE, Cristiano. Consolidação substancial e convenções processuais na recuperação judicial. *Revista de Direito Bancário e do Mercado de Capitais*, v. 78/2017, p. 219-228, out./dez. 2017.

44. CABRAL, Trícia Navarro Xavier. *Limites da liberdade processual*. Indaiatuba: Foco, 2019, p. 139-147.

14 • JUSTIÇA MULTIPORTAS NA RECUPERAÇÃO JUDICIAL

Dessa forma, além das convenções processuais que conduzam, de maneira reflexa, à disposição sobre matérias subtraídas da convencionalidade no campo material (natureza jurídica e classificação de créditos, além dos critérios de votação na Assembleia Geral de Credores), revelam-se eivadas aquelas que transcendam os referidos limites, o que se verifica, em conformidade com a jurisprudência das Câmaras Reservadas de Direito Empresarial do TJSP, quanto a modificações convencionais do prazo de fiscalização judicial do plano de recuperação e contagem dos prazos processuais.[45]

5. COOPERAÇÃO PROCESSUAL E JUDICIÁRIA

A par das técnicas autocompositivas já mencionadas, o tratamento da recuperação judicial e da falência também tem sido contemplado com iniciativas de cooperação, que, em última análise, decorre do princípio da consensualidade.[46]

A cooperação pode ser judicial, nos termos do art. 6º, do CPC, que ocorre dentro do processo, entre os sujeitos processuais, a fim de alcançar uma tutela jurisdicional tempestiva e efetiva.

Por sua vez, tem sido cada vez mais frequente a cooperação interinstitucional, realizada entre diferentes órgãos jurisdicionais, nos termos dos arts. 67 a 69 do CPC e da Resolução CNJ 350/2020.

A título de exemplo, o Tribunal de Justiça do Estado do Rio de Janeiro e o Tribunal Regional do Trabalho da 1ª Região formalizaram a realização de ato concertado de cooperação jurisdicional para a reunião e efetividade de execuções, em processos de Recuperação Judicial.

Portanto, são muitas as potencialidades de consenso envolvendo a temática aqui tratada.

6. CONCLUSÕES

A criação de soluções consensuais, tanto em relação ao conflito, quanto ao procedimento, como desenho do método destinado a sua solução não é estranho aos processos estruturais, em que se verifica, com especial relevo, o estímulo à cooperação processual e constante diálogo entre Judiciário e jurisdicionados, como fruto da necessidade de adequada identificação dos aspectos do conflito e das medidas necessárias à reestruturação das entidades ou instituições.

A recuperação judicial se qualifica como processo estrutural e tem a consensualidade dentro de sua matriz teleológica, sendo o fomento à autocomposição prévia ou

---

45. TJSP, 2ª Câmara Reservada de Direito Empresarial, AI 2205760-82.2018.8.26.0000, rel. Des. Sérgio Shimura, j. 04.2.2019, DJe 14.2.2019; TJSP, 2ª Câmara Reservada de Direito Empresarial, AI 2172453-40.2018.8.26.0000, rel. Des. Claudio Godoy, j. 18.2.2019, DJe 26.2.2019 e TJSP, 1ª Câmara Reservada de Direito Empresarial, AI 2203562-72.2018.8.26.0000, rel. Des. Cesar Ciampolini, j. 20.2.2019, DJe 1.3.2019.
46. Cf. CABRAL, Trícia Navarro Xavier. *Limites da liberdade processual*. Indaiatuba: Foco, 2019, p. 39-40.

antecedente quanto a aspectos tangentes aos conflitos da empresa em crise, bem como as convenções processuais típicas e atípicas, medidas recentemente estruturadas a contento pelo sistema normativo, com plena operabilidade.

As convenções processuais guardam compatibilidade com a recuperação judicial e possibilitam a otimização do procedimento, observados os limites dos direitos e garantias fundamentais, reserva legal, poderes-deveres do juiz e interesses de terceiros e da Administração Judiciária.

Ademais, a cooperação processual e a cooperação judiciária já são realidade no contexto da recuperação judicial, e têm se revelando como importantes mecanismos consensuais de alcance da efetividade processual

Dessa forma, conclui-se que a consensualidade muito tem a contribuir para que a recuperação judicial se consolide como procedimento célere e democrático, de forma a possibilitar a reestruturação da empresa em crise como unidade produtiva e o atendimento à sua função social.

15
JUSTIÇA MULTIPORTAS
E SUPERENDIVIDAMENTO[1]

1. INTRODUÇÃO

A proteção do consumidor constitui uma política pública que há mais de 30 anos vem se solidificando no Brasil como relevante meio de se garantir o tratamento adequado das relações de consumo.

Na realidade, a defesa do consumidor tem envergadura constitucional, nos termos dos art. 5º, XXXII, 170, inciso V, da Constituição Federal e art. 48 de suas Disposições Transitórias.

No âmbito infraconstitucional, a Lei 8.078, de 11 de setembro de 1990 passou a dispor sobre a proteção do consumidor de forma ampla e pormenorizada, tendo sofrido algumas modificações ao longo do tempo para conformá-la às necessidades e transformações sociais, como ocorreu na hipótese do superendividamento.

Isso porque o desenvolvimento do sistema capitalista, a elevada produção de bens de consumo e a abertura dos mercados imprimiram grandes mudanças na sociedade, a qual vive, nas últimas décadas, uma chamada fase denominada "sociedade de consumo", permeada por uma mudança de hábito dos indivíduos, em que tudo se concentra em torno do "ter".[2]

O Brasil não está alheio a essa construção social e, como mencionado, desde 1990, vem se preocupando com essa questão e trouxe, em uma legislação específica, o Código de Defesa do Consumidor (Lei 8.078/1990), a fim de tutelar esse tipo de relação entre o fornecedor de bens de consumo e o destinatário final dos serviços, dado o desequilíbrio existente entre os integrantes desses dois polos da relação.

O estímulo ao consumo e a facilitação de concessão de crédito, apesar de trazerem pontos positivos para a sociedade, também trazem consigo um problema que vem sendo estudado: o endividamento populacional.

---

1. Este tópico, revisto, alterado e atualizado, foi originalmente escrito conjuntamente com Hiasmine Santiago e Fabiane Sena Freitas, em artigo científico para coletânea sobre o tema, que se encontra no prelo da editora FOCO.
2. DA SILVEIRA, Guaracy Carlos; LESSA, Bruno de S.; CONSTANTE, Fernanda Lery P. et al. *Antropologia do Consumo*. Porto Alegre: Grupo A, 2021. Disponível em: https://integrada.minhabiblioteca.com.br/#/books/9786556902210/. Acesso em: 09 maio 2022 [Livro Digital].

Dados do Mapa da Inadimplência do Brasil elaborado pelo Serasa Experian demonstram que, no mês de março de 2022, havia 65,69 milhões de pessoas inadimplentes no país, totalizando o valor de R$ 265,8 bilhões de dívidas, sendo que o setor bancário possui o maior número de débitos[3].

A questão fica ainda mais preocupante ao se identificar que, no ano de 2021, a cada dez famílias, sete contraíram alguma dívida com o Sistema Financeiro Nacional[4].

Esse cenário preocupante vem motivando, há alguns anos, a origem dessa escalada de débitos na sociedade, que remonta a questões sociais, culturais, econômicas e até mesmo governamentais, culminando com o estudo do denominado "Superendividamento", fenômeno em que o consumidor se vê impossibilitado de adimplir com seus débitos. O artigo 54-A do Código de Defesa do Consumidor define referida expressão como a "impossibilidade manifesta de o consumidor pessoa natural, de boa-fé, pagar a totalidade de suas dívidas de consumo, exigíveis e vincendas, sem comprometer seu mínimo existencial, nos termos da regulamentação".

Para além da análise dessa conjuntura, vê-se que muitas dessas dívidas perpassam pelo Poder Judiciário, e, coincidentemente ou não, as instituições financeiras figuram entre os maiores litigantes do país[5]. Apesar de as demandas judiciais relacionada a esses litigantes não estarem adstritas apenas à situação de consumidores superendividados, o fato é que, essas causas integram o rol de processos que tramitam na justiça brasileira e merecem um tratamento diferenciado.

Portanto, a relevância do presente trabalho reside justamente na análise da situação de superendividamento, em cotejo com as recentes modificações normativas sobre o tema, para dar um melhor tratamento a esse tipo de conflito. O Poder Judiciário atua, nesse sentido, como uma das portas de solução de contendas e assume papel de destaque para desenvolvimento de políticas para melhoria na condição dos endividados.

Diante disso, como objetivo geral, deve-se analisar a forma como o Poder Judiciário atua para melhoria do superendividamento do país. Além disso, é necessário destacar os seguintes objetivos específicos para abordagem do assunto: (i) analisar o contexto do superendividamento no Brasil; (ii) identificar as modificações legislativas sobre o tema e a sua aplicação no ordenamento jurídico; (iii) examinar a edição da Lei 14.481/2021 e a sua relação com o Poder Judiciário; (iv) identificar como o Poder Judiciário vem tratando a questão do superendividamento, à luz da novel legislação.

Utilizou-se na presente pesquisa a análise bibliográfica, com exame da doutrina especializada sobre o tema, da lei e da jurisprudência.

---

3. SERASA EXPERIAN. *Mapa da Inadimplência e Renegociação de Dívidas no Brasil*: mar. 2022. Disponível em: https://www.serasa.com.br/assets/cms/2022/Mapa-da-inadimplencia-MARCO.pdf. Acesso em: 03 maio 2022.
4. FECOMERCIO. *Pesquisa de endividamento e inadimplência do consumidor. Disponível em*: https://static.poder360.com.br/2022/01/peic-cnc-2021.pdf. Acesso em: 03 jun. 2022.
5. BRASIL. Conselho Nacional de Justiça. *Os cem maiores litigantes*. Brasília, DF, 2012. Disponível em: https://www.cnj.jus.br/wp-content/uploads/2011/02/100_maiores_litigantes.pdf. Acesso em: 06 jan. 2022.

2. O DIREITO AO CRÉDITO PELO CONSUMIDOR E O CENÁRIO DE CRISE DO INADIMPLEMENTO

A economia capitalista desenvolveu na sociedade uma forma de vida centralizada no consumo e o hábito de vida dos indivíduos está voltado a compras e ao relacionamento com os objetos, criando-se a cultura apenas do "ter".

A intensificação de aquisição de bens, produtos e serviços possui uma dupla perspectiva, eis que, em muitos casos, pode ser visualizado como forma de suprimento de necessidades básicas, porém, em uma outra via, também pode trazer consequências nefastas na vida dos indivíduos, caso realizada de forma desenfreada.

Sem se adentrar com profundidade à questão antropológica da chamada "sociedade de consumo", o fato é que, para fins do presente trabalho, o primeiro ponto de partida deve ser a tutela do crédito, que advém da busca pelas pessoas em consumir.

A palavra "crédito" advém da palavra latina "creditum", que significa "objeto passado em confiança" e é o particípio da palavra "credere", que significa acreditar, confiar. O primeiro aspecto relacionado ao crédito, portanto, reside na confiança entre os envolvidos, em que alguém cede um serviço a outrem, estando este em confiança de que irá efetuar a contraprestação.

Dada a multiplicidade das relações humanas, o direito obrigacional, por exemplo, tem como principal escopo a tutela do crédito, que se relaciona ao direito a uma prestação por parte de alguém, ou seja, é a relação entre dois ou mais sujeitos a respeito de bens ou valores econômicos de modo a evitarem-se conflitos e a quebra da paz social.[6]

O crédito, portanto, possui uma abrangência patrimonial e necessita das relações sociais para se desenvolver, mas pode ser relacionada tanto como principal fundamento no direito obrigacional, quanto como um serviço disponível ao consumidor o que, invariavelmente, advém também de uma relação tutelada pelo direito das obrigações. O presente estudo, contudo, debruçar-se-á sobre o segundo viés, ou seja, na tutela do crédito advindo, em geral, das instituições financeiras.

No âmbito do direito do consumidor, o crédito está caracterizado como um serviço, conforme previsão do § 1º do artigo 3º[7], sendo um bem imaterial sob tutela também do diploma consumerista.

A concessão de crédito traz, em linhas gerais, um incremento na qualidade de vida dos sujeitos, porém, ao mesmo tempo, pode gerar um efeito "bola de neve" se não souber ser usado com responsabilidade, notadamente diante das práticas de mercado.

---

6. RIZZARDO, Arnaldo. *Direitos das Obrigações*. 9. ed. São Paulo: Grupo GEN, 2018. Disponível em: https://integrada.minhabiblioteca.com.br/#/books/9788530980825/. Acesso em: 12 maio 2022 [Livro Digital].

7. Art. 3º [...] § 2º Serviço é qualquer atividade fornecida no mercado de consumo, mediante remuneração, inclusive as de natureza bancária, financeira, de crédito e securitária, salvo as decorrentes das relações de caráter trabalhista.

Em tempos de liberdade econômica e estímulo ao consumo para evitar os efeitos da pandemia, com vistas a possibilitar o aquecimento do mercado e a maior circulação de valores, é interessante pontuar que, a princípio, qualquer regulamentação sobre a tomada de crédito atingiria a liberdade individual dos sujeitos.

Entretanto, a partir do momento em que a questão se mostra um latente problema na sociedade em razão do endividamento desenfreado, prejudicando as relações interpessoais, excluindo consumidores do mercado e trazendo impactos, inclusive, para a vida familiar das pessoas, deve ser examinado como um problema social que merece a tutela do direito, pois traz estagnação até para a própria economia nacional.

Nessa perspectiva, a questão possui repercussões tanto sob o prisma do consumidor, que, muitas vezes, se vê consumindo de forma desordenada, sem noções básicas de educação financeira, quanto pelo viés dos fornecedores, que concedem crédito de forma irresponsável, sem conhecer a realidade dos clientes.

A fim de entender a relação entre o direito ao crédito pelo consumidor e o cenário de crise do inadimplemento, deve-se, inicialmente, conceituar o que é crédito, que, nas palavras de Claudia Lima Marques pode ser definido como um "serviço especializado e oneroso que só pode ser prestado por alguns fornecedores do Sistema Financeiro Nacional". De acordo com a autora, trata-se de um contrato real, que se perfectibiliza com a entrega em dinheiro pelo fornecedor, enquanto incumbe ao consumidor o papel de efetuar o pagamento dos juros e devolver o montante principal corrigido, acrescido de outras tarifas pela tomada do crédito.[8]

Esse direito, por sua vez, teve destaque principalmente a partir da década de 1990, com a ampliação de concessão do crédito pelo Governo, o qual possibilitou a inclusão no mercado de consumo de pessoas que até então eram segregadas, seja socialmente ou economicamente, num movimento denominado "Democratização do Crédito".[9]

Destarte, em busca de estimular o mercado de crédito e reduzir as taxas de juros, como para os empréstimos pessoais, "o governo implementou diversas medidas para intensificar a bancarização, como o incentivo e massificação da abertura de contas; a formação de cooperativas de crédito de livre associação; e por fim, políticas de maior oferta".[10]

---

8. MARQUES, Claudia Lima. Algumas perguntas e respostas sobre prevenção e tratamento do superendividamento dos consumidores pessoas físicas. *Revista de Direito do Consumidor*, v. 75, p. 9-42. São Paulo, jul.-set. 2010. Disponível em: https://revistadostribunais.com.br/. Acesso em: 10 maio 2022. p. 3.
9. VERBICARO, Dennis; ATAÍDE, Camille da Silva Azevedo; LEAL, Pastora do Socorro Teixeira. Fundamentos ao reconhecimento do dano existencial nos casos de superendividamento: considerações sobre o mínimo existencial, o valor do tempo e a concepção normativa de dano. *Revista de Direito do Consumidor*, ano 27, v. 120, nov./dez. 2018, p. 365-397. Disponível em: https://revistadostribunais.com.br/. Acesso em: 30 maio 2022. p. 3.
10. SAMPAIO, Patrícia Regina Pinheiro, NOGUEIRA, Rafaela, SILVA, Gabriela Borges. Superendividamento e insolvência civil no Brasil: oportunidade de reforma no marco regulatório. *Revista de Direito do Consumidor*, v. 118/2018, p. 293-329, jul.-ago. 2018. Disponível em: https://revistadostribunais.com.br/. Acesso em: 23 maio 2022. p. 2.

Nesse viés, a concessão de crédito é vista como algo positivo, tanto para as partes como para a economia do país, caso se desenvolva sem maiores intercorrências, uma vez que a inadimplência incontrolável dificulta a própria função social. Assim, a concessão de crédito de modo irresponsável é um dos principais fatores que levam ao superendividamento do consumidor, falando-se na crise do inadimplemento.

A relação obrigacional engloba direitos e deveres recíprocos e, via de regra, espera-se que todo o contrato seja feito para ser cumprido, contemplando a regra da força obrigatória dos contratos (*pacta sunt servanda*). No entanto, o descumprimento acarreta diferentes consequências, previstas no direito brasileiro, como a ruptura dos contratos, inserção de cláusulas de penalidade, entre outras, mas que, apesar de serem importantes, muitas vezes, não resolvem o problema social advindo da inadimplência existente nos contratos de crédito.

Os contratos de concessão de crédito são, no geral, de longa duração, prolongando-se no tempo, com relações contínuas e muitas vezes permanentes, de modo que diversos débitos são acumulados, o que gera um endividamento que supera sua capacidade de pagamento.[11]

Ao tratar do direito ao crédito pelo consumidor, é comum remeter-se ainda à sociedade de consumo, sendo que Bauman optou pela expressão "vida a crédito", na qual se aponta a preferência pelo consumidor como devedor permanente, como se o endividamento fosse uma característica inerente à atividade econômica, um meio de financiá-la.[12]

Nesse sentido, o endividamento torna-se "um fato inerente à vida em sociedade, ainda mais comum na atual sociedade de consumo"[13].

Diante disso, o acesso ao crédito deve ser incentivado de forma responsável, porque, de fato, possui benefícios, como a inclusão social, supramencionada. Por outro lado, deve-se rechaçar o quadro de concessão de crédito de maneira irresponsável e temerária, uma vez que isso provoca uma potencialização dos riscos, levando ao superendividamento, que será objeto do tópico seguinte.

3. SUPERENDIVIDAMENTO DO CONSUMIDOR: CONCEITOS E PRESSUPOSTOS

Nos dias atuais, o superendividamento atinge milhões de pessoas por todo o mundo, podendo ter origem tanto histórico, social, psicológica, econômica, entre outras.

---

11. CEZAR, Fernanda Moreira. O consumidor superendividado: por uma tutela jurídica à luz do direito civil constitucional. *Revista de Direito do Consumidor*, n. 63. São Paulo, 2007. Disponível em: https://revistadostribunais.com.br/. Acesso em: 22 maio 2022. p. 3.

12. BAUMAN, Zigmunt. *Vida a crédito*: conversas com Citlali Rovirosa-Madrazo. Trad. Alexandre Werneck. Rio de Janeiro: Zahar, 2010. p. 28-32.

13. MARQUES, Claudia Lima; CAVALLAZZI, Rosângela Lunardelli. (Coord.). *Direitos do consumidor endividado*: superendividamento e crédito. São Paulo: Ed. RT, 2006. p. 256.

No aspecto social, ressalta-se o fato de que não apenas o consumidor endividado é afetado, mas toda sua família, bem como a sociedade. Já no viés econômico, observa-se que além de comprometer o mínimo existencial do próprio consumidor, atinge, por consequência, sua família, além da macroeconômica, por representar um risco ao próprio sistema.[14]

Porto e Sampaio trazem que, segundo a Comissão Europeia, o superendividamento possui características específicas, pois envolve um indivíduo, com obrigações financeiras contratadas e sem capacidade de arcar com seus débitos sem que prejudique a sua subsistência.[15] Além disso, a realidade de inadimplemento persiste no tempo e o indivíduo se envolve em um cenário de iliquidez, pois não consegue adimplir os seus contratos nem mesmo por meio da alienação de bens ou outras fontes de recursos.

Marques define o superendividamento como "a impossibilidade global de o devedor pessoa física, consumidor, leigo e de boa-fé, pagar todas as suas dívidas atuais e futuras de consumo [...], isso sem prejudicar o mínimo existencial ou a sua sobrevivência"[16].

Ao tecer maiores explicações, a referida autora destaca que essa definição abrange apenas a pessoa física, excluindo-se o profissional e o empresário. Além disso, traz que a contratação de crédito se deu de boa-fé por parte do devedor, o qual se encontra impossibilitado de arcar com sua obrigação, qual seja, o pagamento das dívidas vencidas e vencíveis com sua própria renda. Outrossim, ressalta que essa situação se dá por um período indeterminado, podendo-se falar em anos para quitação da dívida.[17]

No Brasil, a preocupação com o superendividamento resultou na recente Lei 14.181/2021, a chamada "Lei do Superendividamento", trazendo mudanças no Código de Defesa do Consumidor, atualizando-o para prevenir e tratar essencialmente o superendividamento. Assim, ela acaba atuando em duas vertentes, quais sejam, "prevenção e o tratamento, fazendo-o com o objetivo de propiciar a inclusão social, preservar o mínimo existencial e proteger o consumidor pessoa natural de boa fé"[18].

Destaca-se também que a Lei do Superendividamento ou ainda conhecida como "Lei Claudia Lima Marques", em homenagem a uma de suas idealizadoras, "é um im-

---

14. BENJAMIN, Antonio Herman; MARQUES, Claudia Lima; DE LIMA, Clarissa Costa; VIAL, Sophia Martin. *Comentários à Lei 14.181/2021*: a atualização do CDC em matéria de superendividamento. São Paulo: Thomson Reuters Brasil, 2022. p. 29-30.

15. PORTO, Antônio José Maristrello; SAMPAIO, Patrícia Regina Pinheiro. Perfil do superendividado brasileiro: uma pesquisa empírica. *Revista de Direito do Consumidor*, v. 101, p. 435-470, 201. Disponível em: https://revistadostribunais.com.br/. Acesso em: 23 maio 2022. p. 2-3.

16. MARQUES, Claudia Lima. Breve introdução à Lei 14.181/2021 e a noção de superendividamento do consumidor. In: BENJAMIN, Antonio Herman; MARQUES, Claudia Lima; DE LIMA, Clarissa Costa; VIAL, Sophia Martin. *Comentários à Lei 14.181/2021*: a atualização do CDC em matéria de superendividamento. São Paulo: Thomson Reuters Brasil, 2022. p. 27.

17. MARQUES, Claudia Lima; CAVALLAZZI, Rosângela Lunardelli. (Coord.). *Direitos do consumidor endividado*: superendividamento e crédito. São Paulo: Revista dos Tribunais, 2006. p. 258.

18. DI STASI, Mônica. A evolução social e cultural do superendividamento feminino. *Revista de Direito do Consumidor*. v. 140. ano 31. p. 103-120. São Paulo, mar./abr. 2022. Disponível em: https://revistadostribunais.com.br/. Acesso em: 12 maio 2022. p. 6.

portante instrumento de atualização do Código de Defesa do Consumidor, e pretende substituir a cultura da dívida – reinante na atualidade – pela cultura do pagamento"[19].

Entre as mudanças verificadas, pode-se destacar a inclusão no Código de Defesa do Consumidor do artigo 54-A, cujo § 1º conceitua o superendividamento como "a impossibilidade manifesta de o consumidor pessoa natural, de boa-fé, pagar a totalidade de suas dívidas de consumo, exigíveis e vincendas, sem comprometer seu mínimo existencial, nos termos da regulamentação".

Marques, Lima e Vial trazem que a diferença entre o superendividamento, a insolvência e inadimplemento contratual de crédito encontra-se no comprometimento do mínimo existencial, que é uma figura constitucional.[20]

Ademais, Di Stasi distingue superendividado ativo e passivo, sendo que o primeiro é aquele "que se coloca na situação de superendividamento por alguma ação sua, seja de maneira inconsciente [...], ou de maneira consciente, contraindo dívidas deliberadamente, mesmo sabendo que não terá condições de pagar", já o segundo é aquele "que não tem problemas no momento da contratação, mas sofre [...] alguma situação inesperada que acaba por reduzir drasticamente a renda familiar"[21].

Essa distinção tem sua relevância, porque demonstra os motivos que levaram o consumidor a se endividar exageradamente, com a ressalva de que nos dois casos, o fornecedor de crédito não deve agir de maneira abusiva.[22]

Além disso, há quem aponte que "o consumidor endividado ativo consciente não será protegido, admitindo-se, quando muito, a limitação dos empréstimos consignados, de modo a não o reduzir – e reduzir sua família – à miserabilidade. Os demais – endividado ativo inconsciente e o endividado passivo – merecerão tutela da ordem jurídica"[23].

No que concerne aos pressupostos para a caracterização do superendividamento do consumidor, antes mesmo de se pensar em uma lei que tratasse sobre isso, a doutrina já discutia a esse respeito.

---

19. DI STASI, Mônica. A evolução social e cultural do superendividamento feminino. *Revista de Direito do Consumidor*. v. 140. ano 31. p. 103-120. São Paulo, mar./abr. 2022. Disponível em: https://revistadostribunais.com. br/. Acesso em: 12 maio 2022. p. 6.
20. MARQUES, Claudia Lima; DE LIMA, Clarissa Costa; VIAL, Sophia. Nota à atualização do Código de Defesa do Consumidor para "aperfeiçoar a disciplina do crédito", "para a prevenção e o tratamento do superendividamento" e "proteção do consumidor pessoa natural". *Revista de Direito do Consumidor*, v. 136, p. 517-538. São Paulo, jul.-ago. 2021. Disponível em: https://revistadostribunais.com.br/. Acesso em: 14 maio 2022. p. 2.
21. DI STASI, Mônica. A evolução social e cultural do superendividamento feminino. *Revista de Direito do Consumidor*. vol. 140. ano 31. p. 103-120. São Paulo, mar./abr. 2022. Disponível em: https://revistadostribunais. com.br/. Acesso em: 12 maio 2022. p. 4.
22. CEZAR, Fernanda Moreira. O consumidor superendividado: por uma tutela jurídica à luz do direito civil constitucional. *Revista de Direito do Consumidor*, n. 63. São Paulo, 2007. Disponível em: https://revistadostribunais.com.br/. Acesso em: 22 maio 2022. p. 4.
23. NAVAS, Barbara Gomes. Onerosidade excessiva superveniente no código civil e no código de defesa do consumidor: mora, ruína pessoal e superendividamento. *Revista de Direito Civil Contemporâneo*, v. 1. p. 109-136. São Paulo, jan.-mar. 2015. Disponível em: https://revistadostribunais.com.br/. Acesso em: 17 maio 2022. p. 7.

Nesse contexto, como pressupostos objetivos, acentuava-se se tratar de pessoa física, sendo que quanto à natureza do crédito, não há restrições. Referente à extensão do endividamento, basta que os ganhos sejam inferiores aos seus gastos, a ponto de comprometer a dignidade.[24]

Ainda, apontava-se a impossibilidade manifesta, esclarecendo-se que "a falta de liquidez momentânea não caracteriza o superendividamento"[25]. Falava-se também no mínimo vital, como "um montante mínimo para garantir a sobrevivência digna do devedor"[26].

Somando-se a tudo isso, já se falava em outra exigência, qual seja, a boa-fé.

Com o surgimento da Lei do Superendividamento e a sua definição no § 1º do artigo 54-A do Código de Defesa do Consumidor, é possível extrair os elementos subjetivos atinentes ao consumidor e os elementos objetivos relacionados à dívida, falando-se aqui na previsão do § 2º, para a caracterização da situação de superendividamento.

Nos elementos subjetivos, tem-se que a lei beneficia apenas os consumidores superendividados, pessoas naturais no geral, consumidores destinatários finais ou equiparados, excluindo-se assim as pessoas jurídicas, uma vez que estas já estão abarcadas pela Lei de Recuperação Judicial.[27]

A título de curiosidade, vale trazer que a limitação pela pessoa natural "não impede que a jurisprudência decida se é possível a equiparação em casos coletivos"[28].

Como segundo requisito, tem-se a boa-fé, a qual é presumida, encontrando limite na comprovação de má-fé, fraude ou dolo. Nesse ponto, realça-se que um dos objetivos da Lei 14.181/2021 é "impor uma boa-fé de conduta estrita (informar, esclarecer, avaliar, aconselhar, cooperar, cuidar do leigo, o consumidor pessoa natural a ser protegida de forma especial, Art. 5º, VI)"[29].

No que toca ao superendividados "de má-fé", é importante consignar que este foi excluído do respectivo capítulo referente à prevenção e tratamento, visto que não se

---

24. SCHMIDT NETO, André Perin. Superendividamento do Consumidor: conceito, pressupostos e classificação. In: *Revista de Direito do Consumidor*. São Paulo, v. 71, jul.-set. 2009, p. 09-33. Disponível em: https://revistadostribunais.com.br/. Acesso em: 13 maio 2022. p. 3.

25. SCHMIDT NETO, André Perin. Superendividamento do Consumidor: conceito, pressupostos e classificação. In: *Revista de Direito do Consumidor*. São Paulo, v. 71, jul.-set. 2009, p. 09-33. Disponível em: https://revistadostribunais.com.br/. Acesso em: 13 maio 2022. p. 3.

26. SCHMIDT NETO, André Perin. Superendividamento do Consumidor: conceito, pressupostos e classificação. In: *Revista de Direito do Consumidor*. São Paulo, v. 71, jul.-set. 2009, p. 09-33. Disponível em: https://revistadostribunais.com.br/. Acesso em: 13 maio 2022. p. 4.

27. MARQUES, Claudia Lima; BENJAMIN, Antonio Herman V.; MIRAGEM, Bruno. *Comentários ao Código de Defesa do Consumidor*. São Paulo: Revista dos Tribunais, 2022. Disponível em: https://next-proview.thomsonreuters.com/launchapp/title/rt/codigos/72654266/v7/page/RL-1.19%20. Acesso em: 01 jun. 2022. p. RL-1.19.

28. MARQUES, Claudia Lima; BENJAMIN, Antonio Herman V.; MIRAGEM, Bruno. *Comentários ao Código de Defesa do Consumidor*. São Paulo: Ed. RT, 2022. Disponível em: https://next-proview.thomsonreuters.com/launchapp/title/rt/codigos/72654266/v7/page/RL-1.19%20. Acesso em: 01 jun. 2022. p. RL-1.19.

29. MARQUES, Claudia Lima; BENJAMIN, Antonio Herman V.; MIRAGEM, Bruno. *Comentários ao Código de Defesa do Consumidor*. São Paulo: Ed. RT, 2022. Disponível em: https://next-proview.thomsonreuters.com/launchapp/title/rt/codigos/72654266/v7/page/RL-1.19%20. Acesso em: 01 jun. 2022. p. RL-1.19.

mostraria adequado beneficiar quem se endividou intencionalmente, buscando fugir das suas obrigações.[30]

Relativamente aos elementos objetivos, têm-se a "impossibilidade manifesta" e "dívidas exigíveis ou vincendas de consumo".

De um lado, a impossibilidade manifesta é aquela evidente, de modo que seja perceptível que o consumidor não possui recursos suficientes para quitar o débito, analisada no caso concreto (comparação entre ativo e passivo), concluindo-se pela inviabilidade financeira.[31]

Do outro, as dívidas exigíveis "são aquelas cujo pagamento já pode ser reclamado pelo credor e que devem ser pagas, imediatamente, pelo devedor"[32], ou seja, as dívidas vencidas, por exemplo, enquanto as dívidas vincendas "são aquelas que o devedor terá que pagar no futuro, isto é, serão exigíveis pelo credor quando vencerem"[33]. Nesse cenário, sublinha-se que a dívida aqui tratada é restritamente a dívida consumerista.

Por fim, aborda-se o elemento teleológico ou finalístico de proteção, que é a preservação do mínimo existencial. Segundo a doutrina de Marques, Benjamin e Miragem, "a ideia é que as dívidas oriundas de empréstimos ao consumo não comprometam demasiadamente a renda do consumidor, colocando em risco a satisfação de suas necessidades fundamentais"[34].

4. O SUPERENDIVIDAMENTO COMO CONFLITO ESTRUTURAL

O conflito envolvendo o superendividamento tem no polo ativo um consumidor, pessoa natural, com diversas dívidas de consumo, exigíveis e vincendas, e, no polo passivo, um concurso entre diferentes credores.

Ademais, trata-se de conflito que, para a devida proteção ao superendividado, deve ser enfrentado necessariamente de forma coletiva. Isso significa que não adianta resolver apenas uma dívida do consumidor, pois remanesceria a aflição pessoal e financeira do

---

30. MARQUES, Claudia Lima; BENJAMIN, Antonio Herman V.; MIRAGEM, Bruno. *Comentários ao Código de Defesa do Consumidor*. São Paulo: Ed. RT, 2022. Disponível em: https://next-proview.thomsonreuters.com/launchapp/title/rt/codigos/72654266/v7/page/RL-1.19%20. Acesso em: 01 jun. 2022. p. RL-1.19.

31. MARQUES, Claudia Lima; BENJAMIN, Antonio Herman V.; MIRAGEM, Bruno. *Comentários ao Código de Defesa do Consumidor*. São Paulo: Ed. RT, 2022. Disponível em: https://next-proview.thomsonreuters.com/launchapp/title/rt/codigos/72654266/v7/page/RL-1.19%20. Acesso em: 01 jun. 2022. p. RL-1.19.

32. MARQUES, Claudia Lima; BENJAMIN, Antonio Herman V.; MIRAGEM, Bruno. *Comentários ao Código de Defesa do Consumidor*. São Paulo: Ed. RT, 2022. Disponível em: https://next-proview.thomsonreuters.com/launchapp/title/rt/codigos/72654266/v7/page/RL-1.19%20. Acesso em: 01 jun. 2022. p. RL-1.19.

33. MARQUES, Claudia Lima; BENJAMIN, Antonio Herman V.; MIRAGEM, Bruno. *Comentários ao Código de Defesa do Consumidor*. São Paulo: Ed. RT, 2022. Disponível em: https://next-proview.thomsonreuters.com/launchapp/title/rt/codigos/72654266/v7/page/RL-1.19%20. Acesso em: 01 jun. 2022. p. RL-1.19.

34. MARQUES, Claudia Lima; BENJAMIN, Antonio Herman V.; MIRAGEM, Bruno. *Comentários ao Código de Defesa do Consumidor*. São Paulo: Ed. RT, 2022. Disponível em: https://next-proview.thomsonreuters.com/launchapp/title/rt/codigos/72654266/v7/page/RL-1.19%20. Acesso em: 01 jun. 2022. p. RL-1.19.

consumidor, com o comprometimento de seu mínimo existencial, e ainda redundaria na insuficiência da tutela jurídica.

Com efeito, a Política Nacional das Relações de Consumo, traça, nos incisos IX e X, do artigo 4º, da Lei 8.078/90, princípios como o fomento de ações direcionadas à educação financeira e ambiental dos consumidores e a prevenção e tratamento do superendividamento como forma de evitar a exclusão social do consumidor.

Não obstante, importante notar que os aspectos processuais do superendividamento estão previstos no Capítulo V, art. 104-A e seguintes, os quais estão, topologicamente, vinculados ao art. 104, o qual, por sua vez, está inserido no microssistema da tutela coletiva.

Em outros termos, parece evidente que a solução individual não soluciona a crise jurídica do superendividado, dependendo, necessariamente, de um tratamento coletivo.

Conceituando o assunto, Edilson Vitorelli ensina que: "Litígio coletivo é o conflito de interesses que se instala envolvendo um grupo de pessoas, mais ou menos amplo, sendo que essas pessoas são tratadas pela parte contrária como um conjunto, sem que haja relevância significativa em qualquer de suas características estritamente pessoais".[35]

Diante disso, resta evidente que o conflito envolvendo superendividamento possui natureza coletiva e demanda o adequado tratamento processual, por meio de técnicas apropriadas para a tutela coletiva.

Não obstante, o conflito do superendividado possui características estruturais, na medida em que configura um verdadeiro descarrilhamento da capacidade do consumidor em saldar suas dívidas, devido a um descontrole financeiro, gerando grande impotência de retorno ao estado anterior, que compromete o seu mínimo existencial e a sua inclusão do mercado de consumo.

Trata-se da mesma lógica que ocorre no âmbito da recuperação judicial de empresas, cujo procedimento está previsto na Lei 11.101/2005, e que objetiva uma proteção temporária da empresa até que consiga retomar o equilíbrio econômico-financeiro, preservando suas atividades e evitando-se a falência.[36]

Acerca do conflito estrutural, novamente Edilson Vitorelli conceitua: "Litígios estruturais são litígios coletivos decorrentes do modo como uma estrutura burocrática, usualmente de natureza pública, opera. O funcionamento da estrutura é que causa, permite ou perpetua a violação que dá origem ao litígio coletivo".[37]

---

35. VITORELLI, Edilson. *Processo civil estrutural*: teoria e prática. Salvador: JusPODIVM, 2020, p. 24.
36. ARENHART, Sérgio Cruz; OSNA, Gustavo; JOBOM, Marco Félix. *Curso de processo estrutural*. São Paulo: Ed. RT, 2021, p. 33-37.
37. VITORELLI, Edilson. *Processo civil estrutural*: teoria e prática. Salvador: JusPODIVM, 2020, p. 52.

Registre-se, ainda, que os litígios estruturais podem envolver a proteção de "[...] de quaisquer espécies de direitos fundamentais, pertencentes a diferentes gerações. [...]".[38]

Destarte, o conflito estrutural possui algumas características próprias, exigindo uma tutela que atenda às suas especificidades, o que se dá por meio do processo estrutural, que, nas palavras de Edilson Vitorelli "[...] é um processo coletivo no qual se pretende, pela atuação jurisdicional, a reorganização de uma estrutura, pública ou privada, que causa, fomenta ou viabiliza a ocorrência de uma violação a direitos, pelo modo como funciona, originando um litígio estrutural". E a concretização desse percurso se dá por meio de fases de desenvolvimento, quais sejam: 1) diagnóstico da situação da estrutura; 2) elaboração do plano; 3) implementação do plano; 4) avaliação dos resultados do plano; e 5) revisão do plano e implementação do plano revisto.[39]

No caso do superendividamento, o consumidor constituiria essa estrutura cujo funcionamento está em crise, gerando um conflito de natureza complexa, envolvendo um concurso de credores, e que somente por meio de uma solução coletiva será possível alcançar um resultado adequado, que é a reestruturação da condição do superendividado, com o seu reequilíbrio financeiro e seu retorno às relações de consumo.

Diante disso, a Lei do Superendividamento traz um procedimento próprio, com uma lógica que o processo tradicional não atende. Pretende-se, com isso, possibilitar a readequação financeira do superendividado, por meio de uma tutela que o proteja até que consiga retomar a sua saúde financeira.

Por essa razão, o procedimento foi previsto em fases, assegurando inicialmente uma autocomposição global entre o consumidor e os credores, para, em caso de insucesso – total ou parcial –, partir-se para técnicas mais drásticas e impositivas de solução.

Portanto, conclui-se que o conflito de superendividamento se enquadra na categoria de litígio coletivo estrutural, de modo que a sua tutela jurisdicional deve ser concretizada por meio de um processo com características estruturais.

5. LINHAS GERAIS SOBRE A TUTELA DO CONSUMIDOR NOS CONTRATOS DE CRÉDITO

Conforme anteriormente mencionado, o combate ao superendividamento se justifica na necessidade de garantir ao devedor um mínimo vital, de modo a proporcionar a conservação de recurso para necessidades pessoais e familiares.[40]

---

38. PORFIRO, Camila Almeida. *Litígios estruturais*: legitimidade democrática, procedimento e efetividade. Rio de Janeiro: Lumen Juris, 2018, p. 42 e 43.
39. VITORELLI, Edilson. *Processo civil estrutural*: teoria e prática. Salvador: JusPODIVM, 2020, p. 60.
40. KIRCHNER, Felipe. Os novos fatores teóricos de imputação e concretização do tratamento do superendividamento de pessoas físicas. *Revista de Direito do Consumidor*, São Paulo, n. 65, p. 63-113, jan.-mar. 2008. Disponível em: https://revistadostribunais.com.br/. Acesso em: 18 maio 2022. p. 3.

Verbicaro, Ataíde e Leal consideram que o superendividamento apresenta um complexo de danos que fogem do tradicional dano moral ou dano material, "resultando no paradoxo de uma gama de alterações negativas no cotidiano da pessoa restar sem o mínimo de reparação"[41], daí a importância de se preservar esse mínimo existencial.

Desse modo, esse mínimo necessário se constitui em um direito pré-constitucional e fundamental, de modo que há um direito às condições mínimas de existência humana, "tanto em um viés negativo (proteção às ingerências do Estado no poder de autodeterminação dos indivíduos) quanto positivo (prestações estatais necessárias à garantia das condições mínimas de vida digna)"[42].

Aliás, a proteção do consumidor em si é classificada como direito fundamental, disposta no inciso XXXII, artigo 5º, da Constituição Federal, que traz que "O Estado promoverá, na forma da lei, a defesa do consumidor", incumbindo ao Estado essa proteção.

Por conseguinte, ainda no texto constitucional, tem-se a previsão do inciso V, artigo 170, que traz que "A ordem econômica, fundada na valorização do trabalho humano e na livre iniciativa, tem por vim assegurar a todos existência digna, conforme os ditames da justiça social, observados os seguintes princípios (...). V. A defesa do consumidor".

É cediço que o Código de Defesa do Consumidor é aplicável às instituições financeiras. Isso porque nos termos do *caput* do artigo 3º da legislação consumerista: "fornecedor é toda pessoa física ou jurídica, pública ou privada, nacional ou estrangeira, [...] que desenvolvem atividade de prestação de serviços", sendo que serviço, segundo o parágrafo segundo do mesmo dispositivo, "é qualquer atividade fornecida no mercado de consumo, mediante remuneração, inclusive as de natureza bancária, financeira, de crédito, salvo as decorrentes das relações de caráter trabalhista".

Aliás, o próprio Colendo Superior Tribunal de Justiça confirma pelo entendimento sumular de número 297 que "O Código de Defesa do Consumidor é aplicável às instituições financeiras".

Logo, não há dúvidas de que a Lei do Superendividamento, que proporcionou mudanças no Código de Defesa do Consumidor, deve ser considerada nos contratos de crédito, tutelando, assim, o consumidor.

O artigo 4º do Código de Defesa do Consumidor, por sua vez, dispõe sobre os princípios que devem ser observados na relação consumerista, na medida que zela

---

41. VERBICARO, Dennis; ATAÍDE, Camille da Silva Azevedo; LEAL, Pastora do Socorro Teixeira. Fundamentos ao reconhecimento do dano existencial nos casos de superendividamento: considerações sobre o mínimo existencial, o valor do tempo e a concepção normativa de dano. *Revista de Direito do Consumidor*, ano 27, v. 120, nov./dez., 2018, p. 365-397. Disponível em: https://revistadostribunais.com.br/. Acesso em: 30 maio 2022. p. 6.

42. KIRCHNER, Felipe. Os novos fatores teóricos de imputação e concretização do tratamento do superendividamento de pessoas físicas. *Revista de Direito do Consumidor*, São Paulo, n. 65, p. 63-113, jan.-mar. 2008. Disponível em: https://revistadostribunais.com.br/. Acesso em: 18 maio 2022. p. 4.

pela dignidade, saúde, segurança, proteção de interesses econômicos e melhoria de qualidade de vida do consumidor, assim como a transparência das relações de consumo.

No que diz respeito às alterações trazidas pela Lei do Superendividamento, ressaltam-se o artigo 6° e os incisos XI e XII, sendo que o primeiro aborda a garantia de práticas de crédito responsável, de educação financeira e de prevenção e tratamento de situações de superendividamento, ao passo que o segundo menciona a preservação do mínimo existencial.

Além da previsão legal já mencionada, é certo que também cabe ao credor mitigar suas próprias perdas, reduzir os danos suportados pelo superendividado e o dever de renegociar as dívidas. Isso porque o fornecedor de crédito, ao colaborar ativamente para o superendividamento do consumidor, distorce a função social do contrato (art. 421 do CC), rompendo com a boa-fé objetiva (art. 422 do CC). Por isso, frisa-se que a concessão de crédito deve ser realizada de forma responsável.

Ao pensar em atividades práticas que auxiliam o consumidor em situação de superendividamento, Martins, Tostes e Fortes citam o Núcleo de Defesa do Consumidor da Defensoria Pública do Estado do Rio de Janeiro, que possui um departamento específico há quase 20 (vinte) anos para atuação na área de superendividamento, de modo que o consumidor definido como "superendividado" recebe educação financeira, sendo ainda beneficiado pelas medidas de caráter extrajudicial ou mesmo judicial.[43]

Ademais, o Brasil é um dos signatários da Agenda 2030 da Organização das Nações Unidas, que busca, entre outros erradicar a pobreza e promover vida digna para todos, Di Stasi vê na atualização do Código de Defesa do Consumidor "uma medida que bem atende a tal propósito, pois traz em si elementos que permite a redução das desigualdades sociais e recuperação da dignidade de milhares de pessoas"[44].

Para tanto, a fim de delinear o conceito de mínimo existencial para proteção da pessoa superendividada, foi editado o Decreto Presidencial 11.150, em 26 de julho de 2022, considerando como parâmetro de renda mínima para sobrevivência "a renda mensal do consumidor pessoa natural equivalente a vinte e cinco por cento do salário-mínimo vigente" (art. 3°), o que beira o absurdo, considerando que esse percentual chegaria a pouco mais de trezentos reais.

Diante disso, tramitam perante a Suprema Corte duas Arguições de Descumprimento de Preceito Fundamental 1005 e 1006, a fim de discutir a constitucionalidade desse Decreto, tendo, inclusive, a Procuradoria Geral da República apresentado parecer desfavorável a esse diploma, entendendo, acertadamente pela inconstitucionalidade

---

43. MARTINS, Guilherme Magalhães; TOSTES, Eduardo Chow de Martino; FORTES, Pedro Rubim Borges. A regulação coletiva do superendividamento: um estudo de caso do mercado de empréstimos consignados e de bem-sucedida mediação coletiva de consumo. *Revista de Direito do Consumidor*, São Paulo, v. 127, p. 19-44, jan./fev. 2020. Disponível em: https://revistadostribunais.com.br/. Acesso em: 10 maio 2022. p. 4.

44. DI STASI, Mônica. A evolução social e cultural do superendividamento feminino. *Revista de Direito do Consumidor*. v. 140. ano 31. p. 103-120. São Paulo, mar./abr. 2022. Disponível em: https://revistadostribunais.com. br/. Acesso em: 12 maio 2022. p. 5.

do que fora estabelecido no Decreto, o que está de acordo com as normas protetivas do consumidor.

Há notícias de que o novo governo pretende aumentar o valor do mínimo existencial para um valor que represente dignamente as necessidades básicas do consumidor.

6. O PAPEL DO PODER JUDICIÁRIO NO CONTEXTO DO SUPERENDIVIDAMENTO

Traçadas as diretrizes trazidas pela legislação para melhor tratamento consumerista na questão do Superendividamento, deve-se analisar o papel do Poder Judiciário como um instrumento de execução da Política Nacional das Relações de Consumo.

Em primeiro lugar, importante esclarecer que a questão do superendividamento vem sendo objeto de estudo há alguns anos pela doutrina e pela jurisprudência, destacando-se que, antes mesmo da edição da lei, a prática forense já se debruçava sobre o tema, tendo, inclusive, chegado aos Tribunais Superiores.

A exemplo disso, o Superior Tribunal de Justiça já vem se manifestando sobre a questão e trouxe alguns posicionamentos para tutelar os indivíduos mais vulneráveis que podem se submeter a esse tipo de contratação, como idosos.

No julgamento do **REsp 1.584.501**, a Terceira Turma afastou a realização de descontos de empréstimo consignado que comprometiam quase a totalidade de rendimentos do devedor e, em atenção à preservação do mínimo existencial, autorizou apenas que houvesse descontos no percentual de 30% (trinta por cento) da remuneração líquida percebida pelo devedor, após deduzidos os descontos obrigatórios (Previdência e Imposto de Renda)[45].

Em outro caso, por meio de uma Ação Civil Pública ajuizada pelo Ministério Público Federal, o Superior Tribunal de Justiça, nos autos do REsp 1.783.731, debruçou-se sobre os contratos da Caixa Econômica Federal que restringiam a contratação de empréstimos para pessoas cuja idade, somada com o prazo do contrato, ultrapassasse 80 (oitenta) anos.

A instituição financeira, na ocasião, afirmou, basicamente, que o intuito seria evitar o superendividamento entre consumidores idosos, além de protegê-los de eventual tomada de empréstimos por pressões familiares. Contudo, a Ministra Nancy Andrighi, relatora do recurso, entendeu que a adoção do critério etário seria válida, quando ade-

---

45. Nesse particular, interessante pontuar que, recentemente, o Superior Tribunal de Justiça se debruçou sobre a questão e, em sede de Recurso Repetitivo (Tema 1085), enfrentou a possibilidade de aplicabilidade ou não da limitação de 30% previ prevista na Lei 10.820/2003 (art. 1º, § 1º), para os contratos de empréstimos bancários que preveem desconto em conta corrente, ainda que usada para o recebimento de salário. Na ocasião, foi firmada a tese de que são lícitos os descontos de parcelas de empréstimos bancários comuns em conta-corrente, ainda que utilizada para recebimento de salários, desde que previamente autorizados pelo consumidor e enquanto esta autorização perdurar. Foi afastada no caso a limitação do percentual de 30% prevista no § 1º do art. 1º da Lei 10.820/2003, que disciplina os empréstimos consignados em folha de pagamento.

quadamente justificada e fundamentada no ordenamento jurídico, avaliando-se sua razoabilidade diante dos princípios da igualdade e da dignidade da pessoa humana.

Trata-se, portanto, de forma de proteger a população idosa na contratação de crédito com prejuízo dos seus vencimentos, ressaindo claro que é possível a contratação de crédito por outras modalidades, nos termos do voto da relatora do recurso.

Por outro lado, valendo-se do entendimento de que o idoso "não seria sinônimo de tolo", nos autos do **REsp 1.358.057**, o Superior Tribunal de Justiça entendeu pela possibilidade de um fornecimento de um cartão sênior oferecido por uma instituição financeira. Nesse caso, o Ministério Público Federal, por meio de ação civil pública, almejava a anulação de contrato de cartão de crédito sênior oferecido por um banco por entender que a sistemática favorecia o superendividamento.

A Corte Superior, entretanto, posicionou-se no sentido de que negar os idosos a contratar esse tipo de modalidade contratual acabaria por cessar o seu direito à liberdade contratual.

A jurisprudência do Superior Tribunal de Justiça, portanto, tutela o consumidor endividado por meio da análise do caso concreto, utilizando-se dos princípios da dignidade da pessoa humana, da boa-fé, do equilíbrio contratual, da informação e da transparência. Apesar de serem soluções relevantes, a legislação atual poderá identificar, à luz desses princípios, qual o melhor tratamento ao consumidor que se encontra nessa situação.

Vê-se, pois, que a análise da tutela do consumidor vulnerável a situações de superendividamento é casuística e, para tanto, a nova legislação será importante para melhor direcionamento dos casos concretos. Tem-se percebido que, nos últimos anos, o Poder Judiciário tem tido um protagonismo na efetivação dos direitos fundamentais e, assim, é necessária a sua atuação na novel legislação.

Ante a modificação legislativa, deve-se identificar como os tribunais lidarão com o tema, à luz das recentes alterações, notadamente porque já vinham tratando do tema antes mesmo da edição de uma lei específica para o caso.

A Lei 14.181/2021 trouxe que o Poder Público deve instituir mecanismos de prevenção e tratamento extrajudicial e judicial do superendividamento e de proteção do consumidor pessoa natural, bem como criará núcleos de conciliação e mediação para tratamento de conflitos oriundos de superendividamento. Para além dessa previsão, também houve a possibilidade de solução extrajudicial dos conflitos, entretanto, para fins do presente escrito, deve-se fazer um recorte para análise de pontos que importam apenas à questão judicial.

Referidas ações, por óbvio, recaem sobre a atuação do Poder Judiciário e, conforme será exposto nos tópicos subsequentes, este vem desempenhando um importante papel para efetivação da legislação sob análise.

Ressalte-se que, antes mesmo da aplicação da lei, o tratamento do consumidor superendividado no âmbito do Poder Judiciário já era objeto de estudo, o que, inclusive, culminou com a criação do Enunciado 45 do Conselho da Justiça Federal, o qual previu a compatibilidade do tratamento do superendividamento com a conciliação e a mediação[46]. Vê-se, portanto, que a questão vem se desenvolvendo ao longo dos tempos e, conforme será visto no próximo tópico, foram editados atos normativos justamente para compatibilizar os métodos de tratamento de conflitos no âmbito da relação de consumo dos superendividados.

O artigo 104-A traz um procedimento específico de conciliação e de repactuação, para garantir a renegociação dos débitos pendentes. Assim, o juiz pode presidir audiência conciliatória ou, ainda, o ato ser dirigido por conciliador, para que todos os credores sejam chamados para que o consumidor apresente proposta de pagamento, à semelhança do que ocorre em um procedimento de recuperação judicial.

Nesse ponto, destaca-se a compatibilização da disciplina com o artigo 139, V do Código de Processo Civil, que prevê o poder-dever de o juiz promover, a qualquer tempo, a autocomposição. Obviamente que a possibilidade deve estar adstrita ao requerimento do interessado, entretanto, por força da previsão do diploma processual, não haveria óbice ao magistrado consultar às partes para se manifestarem sobre eventual possibilidade de acordo, com repactuação da dívida.

Nesses termos, para a instauração do procedimento, segundo Pablo Stolze Gagliano e Carlos Eduardo Elias de Oliveira, o consumidor endividado apresentará, na petição inicial: (i) a incapacidade financeira de garantir o mínimo existencial (art. 6º, XII, 54-A, § 1º, CDC); (ii) a ausência de má-fé ou de fraude na obtenção das dívidas (art. 54-A, § 3º, e art. 104-A, § 1º, CDC), observado que esses conceitos devem ser interpretados restritiva e teleologicamente, nos moldes do que defendemos em artigo anterior; (iii) a desvinculação entre as dívidas e a aquisição de produtos ou de serviços de luxo (art. 54-A, § 3º, CDC); (iv) a não caracterização das dívidas *sub oculi* nas seguintes exceções: crédito com garantia real, crédito de financiamento imobiliário e crédito rural (art. 54-A, § 1º, do CDC; e (iv) a apresentação de proposta de plano de pagamento (art. 104-A, *caput*, CDC)[47].

No polo passivo, serão incluídas as empresas credoras para quem o devedor almeja realizar a negociação.

Prezando-se pela boa-fé processual, as dívidas que foram contraídas dolosamente sem o propósito de realizar o pagamento estão excluídas desse procedimento, conforme consta no § 1º do artigo 104-A.

---

46. Conselho da Justiça Federal. Enunciado 45. A mediação e conciliação são compatíveis com a recuperação judicial, a extrajudicial e a falência do empresário e da sociedade empresária, bem como em casos de superendividamento, observadas as restrições legais.

47. GAGLIANO, Pablo Stolze; OLIVEIRA, Carlos Eduardo Elias de. Comentários à lei do superendividamento (Lei 14.181, de 1º de julho de 2021 (LGL\2021\9138)) e o princípio do crédito responsável. Uma primeira análise. *Revista Jus Navigandi*, ISSN 1518-4862, Teresina, a. 26, n. 6575, 02.07.2021. Disponível em: [jus.com. br/artigos/91675]. Acesso em: 30 maio 2022.

Para viabilizar o comparecimento de todos os credores e, em consequência, aumentar as chances de solucionar a questão, o § 2º do artigo 104-A traz a penalidade de a suspensão da exigibilidade do débito e a interrupção dos encargos da mora, bem como a sujeição compulsória ao plano de pagamento da dívida, caso haja o não comparecimento injustificado por qualquer credor.

Caso se mostre inexitosa a conciliação apresentada, o artigo 104-B prevê a instauração de processo de superendividamento, com a revisão dos valores objeto dos contratos pactuados, com elaboração de um plano judicial para pagamento, o que a doutrina vem denominando de "plano judicial compulsório".

Nesse particular, como bem pontuam Pablo Stolze Gagliano e Carlos Eduardo Elias de Oliveira, a legislação prevê um único processo, com duas fases procedimentais distintas: (i) a "repactuação de dívidas"; (ii) a "de revisão e integração dos contratos e repactuação das dívidas remanescentes", da qual resultará um plano judicial compulsório[48].

Interessante pontuar que, no que toca à mediação, a nova lei trouxe apenas uma referência genérica no inciso VII do artigo 5º, que disciplina a execução da Política Nacional das Relações de Consumo, inserindo que deve haver "a instituição de núcleos de conciliação e mediação de conflitos oriundos de superendividamento". No entanto, o procedimento previsto no artigo 104-A foi reservado tão somente à conciliação e nada versa sobre a mediação.

Em verdade, analisando os conceitos de cada instituto, verifica-se que, no que se refere à guarda de valores e/ou movimentações em contas corrente ou poupança, a relação entre consumidor e instituição financeira é continuada, de forma que se mostra quase que impossível, na atualidade, um indivíduo viver sem conta bancária. Assim, interessante pontuar que as relações entre banco e consumidor, ao menos a princípio, possuem um viés de continuidade que demandaria o tratamento do conflito pela mediação.

Entretanto, analisando sob uma perspectiva mais ampla, em que as instituições integrantes do Sistema Financeiro Nacional não se resumem apenas a bancos, também é possível visualizar uma relação mais pontual entre o consumidor e a pessoa jurídica fornecedora de crédito, o que, a princípio, poderia ser tratada sob a perspectiva da conciliação.

No caso da relação com o superendividamento, o caráter de continuidade está muito presente, notadamente porque o consumidor se vê cada vez mais com dívidas que não consegue arcar e, à medida que o tempo passa, ainda se vê naquele emaranhado de débitos em seu nome. Essa permanência na relação, por certo, aproxima-se da mediação, sendo um aspecto importante para ser visualizado no âmbito do tratamento dos conflitos.

---

48. GAGLIANO, Pablo Stolze; OLIVEIRA, Carlos Eduardo Elias de. *Lei do Superendividamento*: questões práticas no procedimento judicial de repactuação das dívidas. Disponível em: https://www.migalhas.com.br/arquivos/2021/12/EB65C2F274DCF0_ARTIGO_LeidoSuperendividamento.pdf. Acesso em: 01 jun. 2022.

De toda forma, deve-se ressaltar que o instrumento legislativo em análise só ratifica a ideia já consagrada com a inserção do Código de Processo Civil, da Lei de Mediação, das modificações na Lei de Arbitragem de que, ao lado da Resolução 125/2010 do Conselho Nacional de Justiça, o ordenamento jurídico brasileiro instaurou um verdadeiro sistema de Justiça Multiportas.

Referido argumento é reforçado com a inserção do artigo 104-C, que prevê a possibilidade de os órgãos públicos integrantes do Sistema Nacional de Defesa do Consumidor realizarem a fase conciliatória e preventiva do processo de repactuação de dívidas, nos moldes do art. 104-A, criando, assim, mais uma "porta" de tratamento de conflito.

6.1 A atuação do Conselho Nacional de Justiça na construção de diretrizes para tratamento dos superendividados

A Lei 14.481/2021 trouxe dois eixos de atuação para o tratamento do superendividamento: (i) a prevenção, por meio de fomento de ações destinadas à educação financeira, tais como: campanhas educativas e publicidade consciente; e (ii) o tratamento, através, preferencialmente, dos métodos adequados de tratamento de conflitos, ponto este que tem íntima ligação com o poder público, especialmente o Poder Judiciário.

Nesse sentido, o artigo 4º, inciso X, do Código de Defesa do Consumidor já disciplina a prevenção e o tratamento do superendividamento como formas de evitar a exclusão social do consumidor.

Em compasso com a realidade social e atentando-se para a melhor prestação jurisdicional após a edição da Lei do Superendividamento, o Conselho Nacional de Justiça tem apresentado relevantes mecanismos para que o Poder Judiciário construa estratégias de tratamento do tema do superendividamento nos trâmites processuais.

Inicialmente, houve a edição da Portaria CNJ 55/2022, que criou Grupo de Trabalho com o objetivo de aperfeiçoar os procedimentos administrativos para facilitar o trâmite dos processos de tratamento do superendividado. O grupo teve por objetivo a análise pormenorizada dos problemas que afetam esse tipo de relação jurídica, a fim de identificar os gargalos e imprimir melhorias no desenvolvimento dos métodos de tratamento de conflitos.

Como consequência de debates pelos especialistas que integraram o Grupo de Trabalho, foi editada Recomendação 125/2021, que traça diretrizes aos tribunais brasileiros para implementação de Núcleos de Conciliação e Mediação de Conflitos oriundos do superendividamento.

Para operacionalização dessas atividades, o artigo 1º[49] da Recomendação anteriormente citada aproveita a estrutura que existe – ou ao menos deveria existir – desde a

---

49. Art. 1º Recomendar aos tribunais brasileiros a implementação de Núcleos de Conciliação e Mediação de Conflitos oriundos de superendividamento, os quais poderão funcionar perante aos Cejuscs já existentes, responsáveis principalmente pela realização do procedimento previsto no art. 104-A, do Código de Defesa do Consumidor.

Resolução 125/2010 do Conselho Nacional de Justiça, qual seja, a utilização dos Centros Judiciais de Solução de Conflitos e Cidadania para tratamento desse tipo de conflito.

Referidos Centros já são utilizados na estrutura judiciária para realização de sessões e audiências de conciliação e mediação, sem prejuízo de outros métodos consensuais, bem como atendimento e orientação dos cidadãos, tendo um maior protagonismo após o Código de Processo Civil de 2015, o qual previu expressamente a sua criação no artigo 165, não obstante já constar na Resolução 125/2010.

Outro aspecto relevante está no Anexo da Recomendação, que traz um fluxograma sobre o procedimento adotado para melhor tratamento da questão, bem como prevê um formulário padrão de preenchimento com as informações necessárias ao caso, de forma que, ao iniciar o procedimento, o Núcleo de Mediação do Superendividamento poderá individualizar o caso concreto e ter um melhor direcionamento sobre o problema que aflige o consumidor.

Identificam-se as seguintes etapas iniciais para a realização de sessão de mediação ou conciliação no tratamento desse tipo de conflito: (i) o consumidor solicita a repactuação de dívidas; (ii) há o preenchimento formulário com dados socioeconômicos, valor das dívidas e capacidade de reembolso e mínimo existencial; (iii) há a designação de audiência de conciliação, com expedição de convite a todos os credores, com pedido de cópia dos contratos.

Feita essa etapa, é possível que haja a conciliação total ou parcial, seja em relação aos credores, seja em relação ao crédito. Os credores que não integraram a autocomposição, por sua vez, poderão ser intimados, com a continuidade do processo de repactuação de dívidas, na forma do artigo 104-A do Código de Defesa do Consumidor.

É relevante pontuar, ainda, que está prevista a realização de convênios com as entidades envolvidas no contexto do superendividamento, o que se revela muito positivo para que haja uma verdadeira intermediação do diálogo entre o consumidor e a instituição financeira. A fim de viabilizar a solução da questão em tempo hábil, primando-se pela celeridade na construção desse relacionamento, também foi recomendada a adoção de medidas para suspensão ou extinção de ações judiciais e exclusão do nome do consumidor no banco de dados e cadastro de inadimplentes.

Ademais, também para auxiliar na estatística de tramitação dos processos judiciais, o Conselho Nacional de Justiça promoveu uma nova atualização das Tabelas Processuais Unificadas (TPUs) a fim de mapear o fenômeno do superendividamento, o que permite que se identifique o assunto no acervo processual das unidades judiciárias para fins estatísticos e até mesmo de tratamento individualizado de conflitos.

A medida é relevante por permitir um controle maior do acervo que cuida dessa temática, identificação de dados concretos que tratam dessa questão de modo a facilitar o desenvolvimento de políticas específicas de tratamento do superendividado.

Diante do exposto, vê-se o papel de relevo do Conselho Nacional de Justiça na busca pelo adequado tratamento dos conflitos oriundos do endividamento dos consumidores, reforçando a sua preocupação em aperfeiçoar o trabalho do sistema judiciário brasileiro para auxílio não apenas na praxe forense, mas também nas respostas à sociedade, tão carente de medidas efetivas para a solução de seus problemas.

6.2 Algumas considerações sobre a sistemática dos juizados especiais cíveis

Os Juizados Especiais Cíveis possuem uma maior aproximação com o consumidor, especialmente diante da desnecessidade de advogado para causas de até vinte salários-mínimos, aproximando-o do Poder Judiciário.

Não obstante essa relevância, o questionamento que se coloca em discussão com a edição da Lei 14.481/2021 reside justamente na compatibilidade do procedimento trazido pelo artigo 104-B e seguintes aos Juizados Especiais.

É importante pontuar que, sendo uma lei nova, ainda não há muitos escritos sobre a questão, no entanto, mesmo que informalmente, a doutrina e a jurisprudência já começaram a enfrentar a temática, havendo divisão no entendimento de quem seria contra ou favorável ao cabimento de repactuação de dívidas perante os Juizados Especiais.

Na sistemática dos juizados vigora princípios da simplicidade, da oralidade, da informalidade e da economia processual, e, assim, há quem diga que a inserção de um procedimento diferenciado não se coaduna com o rito procedimental previsto na Lei 9.099/95, em especial no tocante ao prazo de cinco anos no processo de repactuação de dívidas. Pablo Stolze Gagliano e Carlos Eduardo Elias de Oliveira, por exemplo, já se posicionaram nesse sentido[50].

Os argumentos contrários são no sentido de que a lei disciplinou o procedimento indistintamente e não fez nenhuma ressalva em relação à atuação dos Juizados Especiais.

Não bastasse, a própria aproximação da população ao procedimento dos juizados seria uma forma de viabilizar o melhor tratamento dos conflitos dessa natureza.

Ademais, que a própria principiologia trazida pela Lei 9099/95 coaduna-se com o tratamento do superendividado, pois a oralidade, a simplicidade, e a informalidade, tornariam efetiva e acessível a disciplina conferida pela Lei 14.481/21 ao consumidor.

Por fim, que eventual nomeação de um administrador para gestão das contas (art. 104-B, § 3º, do CDC) não traduz em tamanha complexidade que afastaria, de plano, a aplicação dos Juizados, em especial porque se trata de mera faculdade do magistrado. Corroborando com o exposto, menciona-se o enunciado 12 do Fórum Nacional dos Juizados Especiais, o qual dispõe que a perícia informal é admissível na hipótese do art. 35 da Lei 9.099/1995.

---

50. GAGLIANO, Pablo Stolze; OLIVEIRA, Carlos Eduardo Elias de. *Lei do Superendividamento*: questões práticas no procedimento judicial de repactuação das dívidas. Disponível em: https://www.migalhas.com.br/arquivos/2021/12/EB65C2F274DCF0_ARTIGO_LeidoSuperendividamento.pdf. Acesso em: 01 jun. 2022.

Pois bem, diante dessas divergências, o Grupo de Trabalho do CNJ oficiou ao Fonaje (Fórum Nacional dos Juizados Especiais) para saber o posicionamento de seus integrantes acerca da questão. Em resposta, informaram a deliberação no sentido de que os Juizados Especiais não teriam compatibilidade com o procedimento previsto para o superendividamento.

Portanto, diante das particularidades do conflito e do procedimento, a Justiça Comum deve ser a competente para a tramitação do litígio.

E quando se fala de Justiça Comum ainda remanesce a dúvida se seria a Estadual ou a Federal. Sobre o tema, o Superior Tribunal de Justiça, no Conflito de Competência 193066 – DF (2022/0362595-2), de relatoria do Ministro Marco Buzzi, decidiu caber à Justiça Comum Estadual e/ou Distrital processar e julgar as demandas oriundas de ações de repactuação de dívidas decorrentes de superendividamento, ainda que exista interesse de ente federal.

7. ENUNCIADOS DO FONAMEC SOBRE O SUPERENDIVIDAMENTO[51]

O Fórum Nacional de Mediação e Conciliação (Fonamec), criado em 2014, tem por finalidade o aprimoramento da Política Nacional de Tratamento Adequado de Conflitos de Interesses de que trata a Resolução CNJ 125/2010. Ele é composto Magistrados Presidentes e Coordenadores dos Núcleos Permanentes de Métodos Consensuais de Solução de Conflitos (Nupemecs) dos Estados e do Distrito Federal e pelos Magistrados Coordenadores dos Centros Judiciários de Solução de Conflitos e Cidadania (Cejuscs).

Sua importância foi reconhecida na Emenda 2, de 2016, que alterou a Resolução CNJ 125/2010, e incluiu a Seção III-A para prever os Fóruns de Coordenação de Núcleos, sendo que, de acordo com o art. 12-A, § 2º: "*Os enunciados dos Fóruns da Justiça Estadual e da Justiça Federal terão aplicabilidade restrita ao respectivo segmento da justiça e, uma vez aprovados pela Comissão Permanente de Acesso à Justiça e Cidadania ad referendum do Plenário, integrarão, para fins de vinculatividade, esta Resolução.*".

O Fonamec se reúne com periodicidade, sendo que, em sua XIII Encontro, ocorrido em abril de 2023 em Belo Horizonte/MG, foram aprovados enunciados específicos para o superendividamento, os quais, se aprovados, serão vinculantes ao Poder Judiciário.

Nesse contexto, faz-se relevante indicar os enunciados e as justificativas correspondentes, pois traduzem os entendimentos atuais sobre o assunto.

ENUNCIADO 35 – Os Cejuscs, sempre que possível, deverão desenvolver programa de tratamento e prevenção do superendividamento, com a realização das audiências coletivas de conciliação pré-processual previstas no art. 104-A do Código de Defesa do Consumidor.

---

51. Disponível em: Caderno de Enunciados até 13º FONAMEC 2023.pdf. Acesso em: 01 maio 2023.

Justificativa: O art. 2º da Resolução 125/2010 do CNJ dispõe que, na implementação da política Nacional de tratamento adequado de conflitos, para a boa qualidade dos serviços e para disseminação da cultura de pacificação social, será observada a centralização das estruturas judiciais. A atualização do Código de Defesa do Consumidor contemplou a criação de "núcleos de conciliação e mediação de conflitos oriundos de superendividamento", de acordo com art. 5º, VII, demonstrando a importância da especialização da unidade para atuação temática e priorizando a fase consensual do tratamento do superendividamento, com foco na atuação cooperativa dos credores, consoante prevê o art.104-A, § 2º do CDC. A criação da competência concorrente do Sistema Nacional de Defesa do Consumidor para a fase consensual do tratamento do superendividamento, prevista no art.104-C do CDC, corrobora a importância dos Cejusc's especializados, especialmente porque admitido o superendividamento do consumidor como fenômeno social e complexo que demanda atendimento multidisciplinar.

ENUNCIADO 36 – Deverá constar, na notificação encaminhada aos credores, a advertência de que o não comparecimento injustificado à audiência de conciliação ou a presença de procurador sem poderes especiais e plenos para transigir acarretará a aplicação, por força de lei, das sanções previstas no art. 104-A, § 2º, do Código de Defesa do Consumidor.

Justificativa: A expressa notificação prévia e padronizada dos credores sobre a possibilidade de incidência das sanções contidas no art.104-A, § 2º, do CDC, assegura a preservação do princípio da ampla defesa, do contraditório e da não surpresa. Da mesma forma, contribui com o desenvolvimento da cultura de pacificação social e priorização das soluções autocompositivas, valores fundantes da Resolução 125 do Conselho Nacional de Justiça e da Lei 14.181/21, que atualizou o Código de Defesa do Consumidor.

ENUNCIADO 37 – Cabe ao Juiz Coordenador do Cejusc a aplicação, por força de lei, das sanções previstas no art. 104-A, § 2º, do Código de Defesa do Consumidor, em caso de ausência injustificada de qualquer credor ou de seu procurador com poderes especiais e plenos para transigir à audiência conciliatória do superendividamento.

Justificativa: A expressa previsão legal contida no art.104-A, § 2º, do CDC autoriza o Juiz coordenador do Cejusc a aplicar as sanções contempladas no diploma, porque incidentes *ex vi lege*. Além disso, a previsão legal, do ponto de vista topológico, está situada na fase consensual e independe da existência de processo judicial ajuizado (art.104-B, *caput*) ou capacidade postulatória do consumidor-devedor.

ENUNCIADO 38 – Em caso de não comparecimento injustificado de qualquer credor à audiência de conciliação pré-processual do superendividamento, o Juiz Coordenador do Cejusc poderá homologar a proposta de sujeição compulsória desse credor ao plano de pagamento da dívida se o montante devido ao credor ausente for certo e conhecido pelo consumidor, consoante previsão do art. 104-A, § 2º, do Código de Defesa do Consumidor.

Justificativa: A expressa previsão legal contida no art. 104-A, § 2º, do CDC autoriza o Juiz coordenador do Cejusc a aplicar as sanções contempladas no diploma, porque incidentes *ex vi lege*. Por "montante devido" e valor "certo e conhecido pelo consumidor" sugere-se a demonstração e registro em ata de audiência, de acordo com as informações prestadas pelo consumidor, para apreciação pelo Juiz coordenador do Cejusc.

ENUNCIADO 39 – A simples apresentação de procuração com poderes especiais para transigir não elide a aplicação da suspensão da exigibilidade do débito e a interrupção dos encargos da mora, caso o procurador não apresente efetivas propostas de negociação para a formalização do plano de pagamento, em atenção ao dever de cooperação, devendo constar tal advertência na notificação encaminhada aos credores.

Justificativa: A ausência injustificada, bem como o comparecimento do representante do credor sem poderes reais e plenos para transigir ou, ainda, a falta de proposta dos credores, contrariam a finalidade da norma e autorizam a aplicação de sanção, em especial do art. 104-A, § 2º, do CDC. A lei não criou o dever de compor, pois violaria o princípio da autonomia privada. Contudo, uma das funções exercidas pela boa-fé, de criação de deveres anexos, endereça o dever de cooperar e o dever de cuidado com o outro, o cocontratante. No superendividamento, nasce um dever de renegociar, de repactuar, de cooperar vivamente para ajudar o leigo a sair da ruína, desde que preenchidos os pressupostos legais. Logo, os credores têm a função de boa-fé de apresentar propostas e contribuir para a construção do plano de pagamento voluntário. O tratamento diferenciado ao credor que coopera na fase consensual é identificado ao longo da legislação, a exemplo da prioridade de pagamento aos credores que compuseram nesta fase, da possibilidade de homologação de plano de pagamento apresentado pelo consumidor na hipótese do Enunciado 04, por expressa previsão legal. O Código de Processo Civil de 2015 foi embasado em vários princípios, estando entre ele o princípio da cooperação das partes, artigo 6º e o princípio da boa-fé, artigo 5º. Na essência, significa que o legislador, ao instaurar procedimento de tratamento do superendividamento do consumidor, privilegiou a atuação proativa, exigindo a presença qualificada dos credores na construção do plano de pagamento consensual. Nesse sentido, veja-se que o diploma legal em análise destinou tratamento diferenciado aos credores quando previu recebimento preferencial do pagamento no plano consensual, artigo 104-B do CDC.

ENUNCIADO 40 – Na pactuação do plano de pagamento das dívidas do consumidor superendividado deverá ser respeitado o mínimo existencial, considerando a situação concreta vivenciada pelo consumidor e sua entidade familiar, de modo a não comprometer a satisfação de suas necessidades básicas, observados os parâmetros estabelecidos no artigo 7º, inciso IV, da Constituição da República.

Justificativa: A leitura do Decreto 11.150, de 26 de julho de 2022, confrontou o superprincípio da dignidade da pessoa, cuja função precípua era conferir-lhe unidade material. O princípio da dignidade atua como fundamento à proteção do consumidor superendividado e criador do direito ao mínimo existencial, cuja previsão infraconstitucional foi sedimentada pelo Poder Legislativo na Lei 14.181/21, que atualizou o Código de Defesa do Consumidor, instalando um microssistema de crédito ao consumo. Para além da redação do regulamento determinado no Código do Consumidor atualizado, artigo 6º, XI, a eficácia horizontal direta dos direitos fundamentais nas relações privadas, para a preservação da dignidade da pessoa, era avanço doutrinário e jurisprudencial pátrios já reconhecidos, a partir da previsão do art. 5º, § 1º, da CF/88. Afinal, a garantia de 25% do salário-mínimo a qualquer família brasileira, sem considerar a situação socioeconômica e individualizar as necessidades que comportam as despesas básicas de sobrevivência, não representa interpretação harmônica com os valores constitucionais. Assim, resta evidente a possibilidade de composição sem incidência do Decreto 11.150/22, em controle difuso de constitucionalidade.

ENUNCIADO 41 – Caso o consumidor ingresse diretamente em juízo, sem o cumprimento da fase obrigatória do art. 104-A do Código de Defesa do Consumidor, após a análise de eventual tutela de urgência, o juiz poderá suspender o andamento do feito e remeter os autos ao Cejusc para a realização da audiência autocompositiva prevista no referido dispositivo legal.

Justificativa: A aplicação subsidiária do Código de Processo Civil, arts. 300 e seguintes, decorre da ausência de previsão expressa do Código de Defesa do Consumidor quanto à apreciação das tutelas de urgência e de evidência antes da realização da fase consensual obrigatória do art.104-A. Outrossim, o combate à exclusão social, art. 4º, X, é princípio vetor do microssistema de crédito ao consumo e a preservação do mínimo existencial é direito básico do consumidor, assegurado no art. 6º, XI e XII. Daí a interpretação sobre a necessidade de apreciação da tutela de urgência antes da suspensão do processo e remessa ao Cejusc para a concretização da fase consensual.

ENUNCIADO 42 – Por analogia ao art. 20-B, § 1º, da Lei 11.101/05, é possível que o consumidor requeira ao juízo cível a concessão de tutela cautelar para suspensão da exigibilidade de suas dívidas, antes ou depois do requerimento previsto no art. 104-A do Código de Defesa do Consumidor.

Justificativa: Em muitos casos, o consumidor superendividado pode se encontrar em situação tal de crise financeira que se revele impossível que ele aguarde, sem prejuízo de sua subsistência ou de sua família, pela data designada para a audiência conciliatória global prevista no art. 104-A do CDC. Impôs-se, portanto, que tais situações fossem solucionadas, compatibilizando-se a premência do consumidor e a observância ao procedimento bifásico previsto pela legislação, que se inicia com uma fase pré-processual. Tem-se, assim, a previsão da possibilidade de concessão de tutela cautelar, pelo juízo cível, sem que isso afaste a fase pré-processual prevista no art. 104-A do CDC. Não é nova no ordenamento jurídico a possibilidade de análise de tutelas cautelares para posterior instauração de procedimentos que não venham a tramitar no mesmo juízo que as apreciou, tal qual ocorre naquelas previstas no art. 22-A da Lei 9.307/1996 e no art. 20-B, § 1º, da Lei 11.101/05 (veja-se que pode ou não haver recuperação judicial posterior). O enunciado se vale, portanto, de compreensões já existentes e consolidadas para exprimir a ideia de que o consumidor superendividado pode se valer de uma tutela cautelar, a ser analisada pelo juízo cível competente, sem que tal requerimento prejudique a correta observância à fase conciliatória prevista no art. 104-A do CDC. Por fim, o enunciado abrange a possibilidade de que o consumidor superendividado se socorra da eventual tutela cautelar antes ou após a formulação do requerimento para designação da audiência global conciliatória (CDC, art. 104-A), já que o pressuposto fático de seu estado de premência pode ser superveniente.

ENUNCIADO 43 – Após cumprida a fase do artigo 104-A do Código de Defesa do Consumidor, não se revela necessária a remessa do feito ao Cejusc para nova audiência de conciliação na fase do art. 104-B do referido Diploma normativo, ressalvado eventual requerimento das partes ou determinação do juiz da causa.

Justificativa: O artigo 104-A do CDC contemplou a obrigatoriedade da fase consensual como forma de promover a aproximação e construção do plano voluntário pelas partes, priorizando e diferenciando o tratamento aos credores que nela atuaram. Contudo, a efetividade do procedimento e preservação do princípio constitucional de "razoável duração do processo", art. 5º, LXXVIII, da CF, sugerem a obrigatoriedade da fase consensual em um único momento, salvo requerimento das partes ou apreciação do juiz da causa.

ENUNCIADO 44 – Na ata da audiência autocompositiva pré-processual, caso as partes não cheguem a um acordo acerca do plano de pagamento, deverão ser registradas eventuais propostas apresentadas pelo credor e/ou consumidor, para os fins do art. 104-B, parágrafo primeiro, do Código de Defesa do Consumidor.

ENUNCIADO 45 – Na ata da audiência autocompositiva pré-processual deverá ser registrado se os credores apresentaram propostas de negociação, ainda que não pactuado o plano de pagamento, no intuito de viabilizar a análise, pelo juiz, do cumprimento do dever de cooperação e da necessidade de eventual imposição das sanções previstas no art.104-A, parágrafo segundo, do Código de Defesa do Consumidor.

Justificativa conjunta dos Enunciados 44 e 45: O Código de Defesa do Consumidor atualizado possui regras de ordem pública e de interesse social (art. 1º do CDC), concretizando o microssistema de crédito ao consumo com a inserção do princípio de prevenção e tratamento do superendividamento como forma de combate à exclusão social, art. 4º, X, do direito básico do consumidor à preservação do mínimo existencial, art. 6º, X, e do dever de cooperação como forma de viabilizar a construção do plano de pagamento voluntário. Nessa medida, a interpretação sistêmica do Estatuto Consumerista deve guardar conformação com o valor maior da reinserção social do consumidor, da vedação da ruína do consumidor e da cooperação das partes. Ademais, a cooperação e a atuação responsável do fornecedor são elementos exigidos desde a fase da formação da relação contratual, nos termos do art. 54-B ao 54-D, razão pela qual os registros de cooperação devem constar na ata da audiência autocompositiva para fins de valoração judicial.

ENUNCIADO 46 – A proposta de plano de pagamento prevista no artigo 104-A, *caput*, do Código de Defesa do Consumidor, pode se limitar à indicação, pelo consumidor, da sua renda mensal total e das despesas mensais com a satisfação das necessidades básicas, consoante formulário socioeconômico, preferencialmente preenchido antes da audiência autocompositiva.

Justificativa: A proposta preliminar a ser apresentada pelo consumidor observará a declaração da sua renda e despesas de sobrevivência que componham o mínimo existencial, visto se tratar de informações que estão na esfera de conhecimento do devedor. A tutela legal do tratamento do superendividamento foi destinada ao consumidor pessoa natural, vulnerável por presunção legal (art. 4º, I, do CDC) e hipossuficiente (art. 6º, VIII, do CDC), no que diz respeito ao acesso às informações sobre atualização do valor das obrigações e identificação atual dos credores.

8. PROGRAMA DESENROLA[52]

O governo brasileiro, atento aos índices de endividamento da população e de negativados, lançou, por meio do Ministério da Fazenda, o programa "Desenrola". A expectativa é que a iniciativa beneficie 70 milhões de pessoas, com dívidas negativadas entre 1º/1/2019 e 31/12/2022.

A Medida Provisória 1.176, de 5 de junho de 2023, que instituiu o Desenrola Brasil, foi a primeira etapa de três, que incluem a adesão de credores e realização do leilão, e a adesão dos devedores e período de renegociação.

O programa contempla duas faixas de beneficiados: a faixa I é para aqueles que recebem até dois salários-mínimos ou que estejam inscritos no Cadastro Único para Programas Sociais do Governo Federal (CadÚnico); e a Faixa II é destinada somente às pessoas com dívidas no banco, que poderá oferecer a seus clientes a possibilidade de renegociação de forma direta. Essas operações não terão a garantia do Fundo FGO. Em ambas, as operações contratadas no âmbito do Desenrola Brasil estarão isentas de IOF.

O objetivo do Desenrola é possibilitar a renegociação de dívidas de pessoas físicas, em ambiente virtual. Para isso, será criada uma Plataforma de aproximação entre credores e devedores, e que divulgará a lista de dívidas passíveis de negociação e outras informações, o desconto oferecido e outras informações.

Em 28 de junho de 2023 foi publicada a Portaria 634, de 27 de junho, que estabelece requisitos, condições e procedimentos para adesão ao Desenrola Brasil. Já a Portaria 733, de 13 de julho de 2023, que dispõe sobre a habilitação de agentes financeiros no Programa Emergencial de Renegociação de Dívidas de Pessoas Físicas Inadimplentes

---

52. Confira a notícia disponível em: Ministério da Fazenda anuncia programa "Desenrola Brasil" — Ministério da Fazenda (www.gov.br). Acesso em: 23 jul. 2023.

– Desenrola Brasil. As dívidas renegociadas poderão ser parceladas em até 60 vezes, com parcela mínima de R$ 50,00 e juros de até 1,99% ao mês.

A Plataforma, que consiste em um portal de operacionalização do programa, será o ambiente onde ocorrerá a renegociação das dívidas. Não obstante, a plataforma operadora liberará acesso a curso de educação financeira para os beneficiários que aderirem ao Desenrola Brasil – Faixa 1, a fim de que o beneficiado pelo programa saiba como evitar novas situações de endividamento e de restrição de crédito. A previsão é a de que a plataforma Desenrola Brasil seja desenvolvida até setembro de 2023.

O programa entrou em vigor em 17 de julho de 2023, sendo que, nos primeiros 5 dias, 150 mil contratos foram renegociados, envolvendo quase meio bilhão de reais, sendo que 2 milhões de clientes foram desnegativados por bancos.[53]

Trata-se de importante e oportuna inciativa, que possibilitará que milhões de brasileiros consigam renegociar suas dívidas e sair da inadimplência, com seus nomes retirados de negativações, permitindo que retornem ao mercado de consumo de forma consciente, fazendo a economia crescer.

9. CONCLUSÃO

Os alarmantes números do chamado superendividamento no Brasil reclamam a atenção sobre essa temática, pois trazem consequências nefastas tanto na vida dos indivíduos, quanto no próprio mercado, com a inadimplência que prejudica a rotatividade da economia.

Nesse sentido, editou-se a Lei 14.481/2021, que trouxe algumas alterações no Código de Defesa do Consumidor e trouxe a previsão de políticas preventivas para evitar a existência do consumidor superendividado e restritivas, com a inserção do Poder Judiciário como uma das "portas" de solução desses conflitos.

Para tanto, com o intuito de realizar a vontade da lei, o Conselho Nacional de Justiça editou normativas para direcionar os tribunais brasileiros a atuarem em demandas de superendividamento, o que demonstra o seu compromisso com a sociedade.

Diante disso, seja pelo procedimento próprio imposto na lei em referência, seja por meio de normativas do Conselho Nacional de Justiça, o Poder Judiciário confirma o seu papel de garantidor de direitos, sendo instrumento hábil, eficiente e necessário para prevenir o superendividamento e permitir ao consumidor pessoa física o direito de recomeçar com dignidade e não se abster do mínimo existencial.

---

53. Confira a notícia disponível em: FEBRABAN – Notícias. Acesso em: 23 jul. 2023.

16
JUSTIÇA MULTIPORTAS
NAS RELAÇÕES FAMILIARES[1]

1. INTRODUÇÃO

O Código de Processo Civil de 2015, escrito sob a égide da Constituição da República Federativa do Brasil de 1998 que consagrou o Estado Democrático de Direito, deve ser concebido de acordo com as premissas constitucionais, o que se confirma por meio do artigo 1º da legislação processual civil, bem como por todos os dispositivos atinentes ao capítulo concernente às normas fundamentais.

Com efeito, no Livro I, Capítulo I, o Diploma Processual dispõe as normas fundamentais que regem o processo civil, merecendo destaque, para o presente estudo, o seu artigo 3º, que possui inteira relação com o artigo 5º, XXXV, da Constituição Federal, o qual expressa o direito fundamental de acesso à Justiça, que pode ser compreendido como direito a uma tutela adequada, efetiva e tempestiva.

Isso porque o artigo 3º supramencionado prevê a solução de conflitos pela jurisdição estatal (*caput*), por meio da arbitragem na forma da lei (§ 1º), ou então pela conciliação ou mediação, sem prejuízo de outros métodos de solução consensual de conflitos (§ 3º), o que indica se tratar de uma cláusula atípica de meios aptos a resolver controvérsias.

Nesse contexto, o objetivo deste artigo é analisar especificamente a mediação no campo familiar e suas repercussões no âmbito dos tribunais brasileiros. Para isso, serão verificados os aspectos gerais da mediação como método autocompositivo de solução de conflitos até alcançar as especificidades do instituto no campo do Direito de Família, concluindo pela abordagem de seu impacto perante os tribunais nacionais.

O estudo será construído a partir de revisão bibliográfica, de abordagem qualitativa, bem como da análise jurisprudencial e fontes de notícias sobre a temática.

---

1. O presente tópico, revisto, atualizado e alterado, foi publicado em: CABRAL, Trícia Navarro Xavier, FREITAS, Fabiane Sena, NUNES, Liliane Emerick. Mediação familiar no âmbito dos tribunais nacionais. In: *Revista Eletrônica de Direito Processual – REDP*. Estrato A2 Qualis. Rio de Janeiro. Ano 17. Volume 24. Número 2. maio a ago. 2023. Disponível em: MEDIAÇÃO FAMILIAR NO ÂMBITO DOS TRIBUNAIS NACIONAIS | Cabral | Revista Eletrônica de Direito Processual (uerj.br). Acesso em: 9 set. 2023.

Pretende-se, ao final, demonstrar o nível de amadurecimento atingido em nosso ordenamento jurídico e identificar os caminhos que ainda precisam ser trilhados para o alcance da excelência da mediação familiar.

2. MEDIAÇÃO: CONCEITO E CARACTERÍSTICAS

Ao lado da conciliação, a mediação é um dos meios consensuais de solução de conflito. No entanto, no Brasil, a conciliação ganhou maior notoriedade em razão da criação dos Juizados Especiais Cíveis (Lei 9.099/95) e, ainda, da sua previsão no âmbito do Código de Processo Civil de 1973.

Com a implantação da Política Nacional de Tratamento de Conflitos de Interesses pela Resolução 125/2010, do Conselho Nacional de Justiça, foi dado o incentivo necessário para o uso de outros métodos não adjudicatórios para o alcance da solução de conflitos, em especial a mediação, o que acabou influenciando outras legislações sobre o tema.[2]

A mediação foi, então, devidamente regulamentada por meio da Lei 13.140/2015 (Lei de Mediação), que inicia conceituando o método como sendo "[...] a atividade técnica exercida por terceiro imparcial sem poder decisório, que, escolhido ou aceito pelas partes, as auxilia e estimula a identificar ou desenvolver soluções consensuais para a controvérsia".[3]

A mediação, portanto, é uma técnica de resolução de conflito que se diferencia das vias adjudicatórias e que oportuniza às partes a construção de sua própria solução, por meio do auxílio por um terceiro imparcial.

Assim, seu conceito abarca suas principais características, marcadas pela presença de um terceiro imparcial e na autonomia da vontade e empoderamento das partes na administração do conflito.

Antônio Carlos Ozório Nunes considera a mediação como um método horizontal e democrático, que permite que as partes identifiquem uma resolução para seu litígio de forma consciente[4]. O mesmo autor ainda esclarece que a dinâmica da mediação exige que o terceiro interfira minimamente na construção da solução do conflito, já que ela deve surgir do diálogo entre as partes.[5]

Com esse mesmo raciocínio, Patrícia Clélia Coelho afirma que a mediação é aplicável quando a lide pode ser resolvida por meio de diálogo e aponta que a essência da

---

2. CABRAL, Trícia Navarro Xavier; SANTIAGO, Hiasmine. Resolução 125/2010 do Conselho Nacional de Justiça: avanços e perspectivas. *Revista eletrônica CNJ*, v. 4, n. 2, jul./dez. 2016. Disponível em: https://www.cnj.jus.br/ojs/index.php/revista-cnj/issue/view/6/6. Acesso em: 01 de novembro de 2022. p. 202.

3. Lei 13.140/2015, art. 1º, parágrafo único.

4. NUNES, Antônio Carlos Ozório. *Manual de Mediação*. São Paulo: Ed. RT, 2016. p. RB-3.1.

5. NUNES, Antônio Carlos Ozório. *Manual de Mediação*. São Paulo: Ed. RT, 2016. p. RBb – 4.8.

mediação se encontra na possibilidade de se alterar o *status* negativo do conflito para uma oportunidade de crescimento e aprendizagem por meio do diálogo das partes[6].

Venceslau Tavares Costa Filho, Ana Carolina Silva e Felipe Barros Souza identificam como função do mediador o restabelecimento e melhoria da comunicação entre os litigantes, sendo o diálogo a premissa para que possam encontrar uma solução em conjunto para o seu próprio conflito, que contenha benefícios mútuos[7].

Dessa forma, a mediação procura identificar e tratar o pano de fundo do conflito, objetivando, primordialmente, à restauração da relação social prejudicada. Para tanto, exige-se que o terceiro imparcial seja devidamente capacitado para realização desse encargo[8], podendo o mediador discutir inclusive assuntos que não estão relacionados diretamente à disputa, desde que se mostre promissor para o restabelecimento da relação das partes em conflito[9]. Poderia, ainda, realizar reuniões privadas com as partes, sem que isso comprometa a sua imparcialidade, além de poder solicitar qualquer informação, contanto que seja pertinente para compreensão do conflito.[10]

Essas técnicas viabilizam o alcance do objetivo central da mediação, com a reconstrução do diálogo das partes e a devolução de sua capacidade de autogestão. Nesse contexto, a confecção do acordo se torna um resultado desejável ao invés do propósito principal.

Nesse aspecto, Joyce de Matos Barbosa e Rogério Roberto Gonçalves de Abreu apontam que o que se pretende é despertar os litigantes para sua capacidade de autorresolução do conflito, mesmo que com o auxílio de um terceiro, de maneira que não fiquem estagnados no estágio inicial do embate, com postura passiva e conflituosa.[11]

Dadas as suas especificidades, a mediação se revela um método adequado para tratamento de conflitos entre partes que detêm uma relação continuada[12], ou seja, que já existia antes do conflito e que continuará existindo após ele.

---

6. CARVALHO, Patrícia Clélia Coelho. Conversando sobre o transformador: o universo da mediação. In: NUNES, Ana. *Mediação e conciliação*: teoria e prática. Ed. 2018. São Paulo: Ed. RT, 2018. n.p.
7. COSTA FILHO, Venceslau Tavares; SILVA, Ana Carolina Alves; SOUZA, Felipe Barros. Perspectivas para a conciliação e mediação de conflitos familiares no novo código de processo civil brasileiro. *Revista dos Tribunais*, São Paulo, v. 945, jul. 2014. p. 250.
8. CABRAL, Trícia Navarro Xavier; SANTIAGO, Hiasmine. Resolução 125/2010 do Conselho Nacional de Justiça: avanços e perspectivas. *Revista eletrônica CNJ*, v. 4, n. 2, jul./dez. 2016. Disponível em: https://www.cnj.jus.br/ojs/index.php/revista-cnj/issue/view/6/6. Acesso em: 01 nov. 2022. p. 370.
9. CONSELHO NACIONAL DE JUSTIÇA. *Manual de mediação judicial*. 6. ed. 2016. Disponível em: https://www.cnj.jus.br/wp-content/uploads/2015/06/f247f5ce60df2774c59d6e2dddbfec54.pdf. Acesso em 03 de novembro de 2022. p. 21.
10. Lei 13.140/2015, art. 19.
11. ABREU, Roberto Gonçalves; BARBOSA, Joyce de Matos. O instituto da mediação (parte I). *Revista de arbitragem e mediação*, v. 21, abr./jun. 2009. p. 136.
12. CPC, artigo 165, § 1º.

Marco Aurélio relembra que, nesses casos, em razão de as partes manterem um vínculo relacional preexistente ao conflito, este pode vir carregado de sentimentos, o que pode dificultar a comunicação.[13]

Não obstante, a mediação, por meio do tratamento adequado de uma questão atual e do restabelecimento da capacidade de comunicação entre as partes, tem o potencial de melhorar a solução de outros conflitos que poderão emergir da mesma relação jurídica.

Em razão disso, a mediação exige a livre vontade das partes de se submeterem ao método e, ainda, a participação ativa na escolha do mediador ou, no mínimo, em sua aceitação[14]. Não por outra razão, o Conselho Nacional de Justiça trata a mediação como procedimento não vinculante[15], destacando a possibilidade de as partes não participarem da iniciativa ou de encerrarem o processo a qualquer tempo.[16]

Além da autonomia da vontade das partes, a mediação também é regida por outros princípios que buscam garantir a construção de um ambiente propício ao diálogo. Eles estão previstos no Anexo III, da Resolução CNJ 125/2010 (com as inserções da Emenda 1/2013), no artigo 2º da Lei de Mediação e no artigo 166, do Código de Processo Civil, podendo-se citar, entre eles, a confidencialidade e informalidade do procedimento, imparcialidade do mediador, empoderamento, validação das partes e a decisão informada.

2.1 Flexibilidade do procedimento

Uma das principais características da mediação é a flexibilização do procedimento. Por essa razão, o legislador não se debruçou em detalhar a forma de condução do método.

Não podia ser diferente. Por buscar o protagonismo das partes na recuperação de seu diálogo e da solução de seu conflito, a informalidade e a ausência de procedimento específico proporcionam às partes a oportunidade de moldar o procedimento de acordo com as necessidades do caso concreto. Nesse aspecto, Júlia Lipiani e Marília Siqueira destacam o incentivo conferido pelo Código de Processo Civil para o uso da consensu-

---

13. AURELIO, Marco. Os meios alternativos de resolução de conflitos e a busca pela pacificação social. *Revista de Direito Privado*, v. 69, set. 2016. p. 17.
14. Lei 13.140/2015, art. 2º, inciso V.
15. CONSELHO NACIONAL DE JUSTIÇA. *Manual de mediação judicial*. 6. ed. 2016. Disponível em: https://www.cnj.jus.br/wp-content/uploads/2015/06/f247f5ce60df2774c59d6e2dddbfec54.pdf. Acesso em: 03 nov. 2022. p. 21.
16. No que pese as críticas construídas com base na alegação de que há afronta ao princípio da voluntariedade pelo artigo 334, § 4º, I, CPC/15, que exige a comparecimento de uma das partes para a mediação ou conciliação quando a outra parte demonstrou interesse em sua realização, há que se destacar que o mencionado princípio é protegido posteriormente, quando garante que não será dada continuidade ao procedimento autocompositivo sem a anuência de ambas as partes. César Felipe Cury acrescenta que a instalação da sessão de mediação ou conciliação independe da perspectiva de sua continuação e se trata de uma política pública para indução da consensualidade, onde será dada as partes acesso à informação mais concreta sobre a técnica para que decidam pela adesão ou não ao procedimento. (CURY, César Filipe. Mediação. In: ZANETI Jr, Hermes; CABRAL, Trícia Navarro Xavier (Coord.). *Justiça Multiportas*: mediação, conciliação, arbitragem e outros meios adequados de solução de conflitos. 2. ed. Bahia: Editora JusPODIVM, 2018, p. 512).

alidade na construção da solução do conflito e, ao mesmo tempo, o estabelecimento dos contornos do procedimento pelas próprias partes[17], inclusive para fins de agendamento de sessões de mediação, que exige a anuência expressa das partes envolvidas.[18]

A liberdade procedimental conferida pela Lei ganha ainda mais razão frente à possibilidade de as partes abordarem, em seus acordos, matérias que não foram postas em juízo e, até mesmo, de contar com a participação e inclusão de pessoas que são estranhas ao processo original.[19]

Fundamental, portanto, que o procedimento não seja rígido.

Antônio Carlos Ozório Nunes aponta para a importância do papel do mediador nesse processo, uma vez que será responsável por legitimar os anseios das partes e, ainda, buscará dirigir a mediação para o atendimento dessas necessidades[20]. Assim, "[...] o mediador adaptará as suas intervenções conforme o seu modelo de atuação, as peculiaridades de cada caso, a complexidade do contexto, às características dos envolvidos, ao tempo disponível, em muitos casos à vontade das partes, entre outras variáveis".[21]

Preocupou-se a lei apenas em indicar o início e o final da mediação, especialmente pelo fato de que a sua instauração suspende a prescrição.[22] Assim, a mediação é iniciada a partir da realização da primeira sessão e se encerrará com a lavratura de termo final constando o acordo celebrado ou, se for o caso, demonstrando que não haveria justificativa para continuidade da medida, seja por vontade de uma ou ambas as partes, ou por declaração do mediador.[23]

Quando há o alcance do acordo, este se constitui em título executivo judicial ou extrajudicial, a depender do tipo de mediação realizada (judicial ou extrajudicial).[24]

2.2 Espécies de mediação

A mediação pode ser extrajudicial, quando realizada em ambiente fora do Poder Judiciário, e judicial, quando promovida com o uso da máquina judiciária.

Por sua vez, a mediação judicial se subdivide em mediação pré-processual, quando ainda não há demanda ajuizada e é realizada perante os Centros Judiciários de Solução Consensual de Conflitos (Cejusc), e a mediação processual ou incidental, feita após a instauração de um processo judicial.

---

17. LIPIANI, Júlia; SIQUEIRA, Marília. Negócios Jurídicos processuais sobre mediação e conciliação. In: ZANETI Jr, Hermes; CABRAL, Trícia Navarro Xavier (Coord.). *Justiça multiportas*: mediação, conciliação, arbitragem e outros meios adequados de solução de conflitos. 2. ed. Bahia: Editora JusPODIVM, 2018. p. 163.
18. Lei n. 13.140/2015, artigo 18.
19. Art. 515, § 2º, CPC/15.
20. NUNES, Antônio Carlos Ozório. *Manual de Mediação*. São Paulo: Ed. RT, 2016. p. RB. 5-7
21. NUNES, Antônio Carlos Ozório. *Manual de Mediação*. São Paulo: Ed. RT, 2016. p. RB. 16-2.
22. Lei 13.140/2015, artigo 17, parágrafo único.
23. Lei 13.140/2015, artigo 20.
24. Lei 13.140/2015, artigo 20, parágrafo único.

Cada qual possui suas especificidades, que devem ser destacadas.

No que concerne à mediação extrajudicial, é cediço que esta, em regra, se dá fora do âmbito do Poder Judiciário, de forma prévia ou incidental a um processo judicial.

Eliedite Mattos Ávila descreve que a busca de um mediador antes do ingresso de ação judicial traz como objetivo principal a prevenção do contencioso, já que, com a facilitação da comunicação entre as partes, já é possível almejar o acordo.[25]

Antonio Carlos Ozório Nunes atribui à mediação extrajudicial, ao lado da pré-processual, a força para efetivamente transformar os paradigmas da cultura adversarial em razão de sua celebridade, custo, autonomia dos envolvidos, incentivo ao diálogo e potencial de satisfação das partes na solução eventualmente encontrada.[26]

Além disso, pode trazer benefícios reflexos ao próprio sistema de justiça, na medida em que, com a redução do número de demandas, haverá mais possibilidade de melhoria na qualidade da prestação jurisdicional para os demais casos submetidos à jurisdição estatal.[27]

A mediação extrajudicial ou privada é realizada perante as Câmaras de Mediação, escritórios de advocacia etc. Aqui não há exigência de cadastro a um tribunal, como ocorre com os mediadores judiciais[28], bastando que o mediador goze da confiança das partes e seja capacitado para tanto.[29]

A assistência por advogados é dispensável, tornando-se obrigatória quando uma das partes está acompanhada de advogado ou defensor público.[30]

A inauguração do procedimento de mediação extrajudicial se dará por meio do convite ou de previsão contratual.

A parte em conflito, interessada na realização da mediação, envia convite a outra, por qualquer meio de comunicação, onde deverá ser apontado a data e o local da primeira reunião e o escopo para a negociação. Não respondido o convite em 30 dias, considerar-se-á o desinteresse da outra parte na realização do procedimento.[31]

Atendido o convite, é inaugurada a mediação na primeira sessão, onde serão definidos os contornos do procedimento.

É possível que entre as partes já haja acordo prévio entabulado em contrato a respeito da submissão à mediação antes do ingresso de ação judicial. Nesse caso, o artigo 23 da Lei de Mediação traz o dever do magistrado de suspender o processo até o implemento da condição estabelecida em contrato.

---

25. AVILA, Eliedite Mattos. Mediação judicial e extrajudicial: aspectos sociais e jurídicos. *Revista dos Tribunais*, v. 916, fev. 2012. p. 191.
26. NUNES, Antônio Carlos Ozório. *Manual de Mediação*. São Paulo: Ed. RT, 2016. p. RB. 5-2.
27. NUNES, Antônio Carlos Ozório. *Manual de Mediação*. São Paulo: Ed. RT, 2016. p. RB. 5-2.
28. Lei 13.140/2015, artigo 11 e 12.
29. Lei 13.140/2015, artigo 9º.
30. Lei 13.140/2015, artigo 10.
31. Lei 13.140/2015, artigo 21.

A lei estabelece que a cláusula contratual da mediação indique diretrizes mínimas a respeito da mediação, como os critérios da escolha do mediador, a penalidade pelo não comparecimento à primeira reunião, os prazos para início da primeira reunião etc.[32]

No entanto, a norma traz outros critérios para a realização da primeira sessão de mediação no caso da cláusula contratual estiver incompleta, prestigiando e priorizando a realização da mediação.

Assim, o artigo 22, § 2º, da Lei de Mediação descreverá o prazo mínimo para realização da primeira sessão de mediação e critérios de escolha do mediador. Além disso, estabelece como penalidade à parte que não comparecer à primeira sessão o custeio de 50% das custas do procedimento e dos honorários sucumbenciais, caso tenha êxito em um processo judicial ou arbitral.

Logo, havendo previsão contratual de submissão à mediação, ainda que a cláusula esteja incompleta, as partes deverão recorrer ao método autocompositivo antes da inauguração do processo judicial ou arbitral, sob pena de sua suspensão.

Com a realização da mediação e possibilidade de confecção do acordo, o mesmo é reduzido a termo e é tratado como título executivo extrajudicial, nos termos do artigo 784, IV, CPC/15.[33]

Para além da mediação no campo extrajudicial, tem-se também a mediação que ocorre judicialmente, realizada perante o Poder Judiciário, e pode ser pré-processual ou incidental.

A mediação pré-processual ocorre antes da instauração de uma ação judicial e é promovida especialmente pelos Cejuscs[34], cuja criação e fortalecimento são apregoados no artigo 165, do CPC e na Resolução 125/2010, do Conselho Nacional de Justiça.

A institucionalização da fase pré-processual demonstra a seriedade em que é tratada a oferta de métodos de solução de conflitos aos jurisdicionados além do adversarial.

Os Cejuscs também são responsáveis pela realização da mediação incidental ou processual, que é aquela instituída no decorrer de um processo judicial.

O artigo 334, CPC/15, estabelece a intimação das partes para o comparecimento na sessão/audiência de mediação ou conciliação, se não preenchidos os requisitos para sua dispensa. A ausência injustificada da parte constitui ato atentatório à dignidade da justiça penalizada com multa.[35]

---

32. Lei 13.140/2015, artigo 22.
33. Antonio Carlos Ozório Nunes aponta para a exigência de credenciamento ao tribunal do mediador extrajudicial como excesso de formalidade, já que a Lei de Mediação só exige o cadastramento de mediadores judiciais. Assim, defende que "prevalece a Lei de Mediação, que dá mais amplitude ao instituto da mediação extrajudicial, ao aceitar como título executivo extrajudicial todos os acordos realizados pelos mediadores, independente de serem cadastrados ou não em algum Tribunal". (NUNES, Antônio Carlos Ozório. *Manual de Mediação*. São Paulo: Ed. RT, 2016. RB-5.2).
34. CNJ, Resolução 125, artigo 8º, § 1º.
35. CPC, artigo 334, § 8º.

Andrea Hototian aponta que é justamente a penalidade que eleva a mediação ao patamar de ato procedimental e a identifica como mais uma fase do procedimento que deve ser concluída, demonstrando o novo escopo da nova ordem processual.[36]

Por estar já em contexto de ação judicial, o procedimento da mediação aqui exige a presença de advogados.[37]

A lei autoriza a realização dos atos por meio eletrônico e estabelece um intervalo mínimo de 20 minutos entre as sessões.[38]

A submissão ao procedimento de mediação pode ocorrer em qualquer fase do processo judicial em curso,[39] inclusive perante os tribunais.[40]

Alcançada a autocomposição, esta será reduzida a termo e será encaminhada para homologação pelo juiz, convertendo-se em título executivo judicial.[41]

Diante disso, verificados os aspectos gerais da mediação como método autocompositivo de solução de conflitos, passa-se às especificidades do instituto no campo do Direito de Família para, após, concluir pela abordagem de seu impacto perante os tribunais acionais.

3. MEDIAÇÃO FAMILIAR

Inicialmente, acentua-se que a entidade familiar possui especial proteção do Estado, nos termos do artigo 226, da Constituição Federal, motivo pelo qual se deve buscar meios para que seus direitos sejam garantidos, sendo a mediação uma ferramenta para isso.

O âmbito familiar, por sua vez, apresenta grande compatibilidade para o desenvolvimento da mediação, haja vista que além de seus componentes apresentarem vínculo anterior, mostra-se necessária a continuidade das relações, o que bem resume a concepção trazida pela mediação[42].

Além disso, é por meio da mediação que as partes compreenderão o conflito, reestabelecerão a comunicação e terão a chance de solucionar o litígio.

Outrossim, essa mediação pode ser extrajudicial ou judicial, sendo que a ênfase no presente artigo será dada ao âmbito judicial e seus aspectos processuais.

---

36. HOTOTIAN, Andrea. Revisitando o instituto da mediação e da conciliação. Análise sob a nova ordem processual e social. *Revista de Processo*, v. 330, ago. 2022. p. 420.
37. CPC, artigo 334, § 9º.
38. CPC, artigo 334, §§ 7º e 12º.
39. Lei 13.140/2015, artigo 16.
40. CPC, artigo 932, inciso I.
41. CPC, artigos 334, §11 e 515, inciso II.
42. CPC, art. 165. [...] § 3º O mediador, que atuará preferencialmente nos casos em que houver vínculo anterior entre as partes, auxiliará aos interessados a compreender as questões e os interesses em conflito, de modo que eles possam, pelo restabelecimento da comunicação, identificar, por si próprios, soluções consensuais que gerem benefícios mútuos.

3.1 Aspectos processuais

É cediço que as "ações de família" se enquadram no procedimento especial, sendo que suas disposições, como se conhece atualmente, foram introduzidas com o advento do Código de Processo Civil de 2015 (artigos 693 a 699), haja vista que no Código de Processo Civil de 1973 não existia um procedimento especial sobre a temática.

Destarte, o Código de Processo Civil atual estabelece um procedimento especial para as respectivas ações, que englobam, a princípio, o divórcio, a separação, o reconhecimento e a extinção da união estável, a guarda, a visitação e a filiação. Ainda, podem abranger também as ações de alimentos, no que for cabível, ou ações que atinjam interesse de criança ou adolescente, uma vez que o rol previsto no artigo 693[43] do Código de Processo Civil não é taxativo.[44]

No que concerne às ações de família em si, é importante esclarecer que não compreenderão apenas vínculos consanguíneos, mas inclusive de afetividade, na medida que se tem, nos dias de hoje, uma concepção ampla do que seria família.

O artigo 694[45] do Código de Processo Civil, por sua vez, estabelece a primazia absoluta à solução consensual de conflitos nas ações de família. Essa previsão é digna de elogios pela doutrina, uma vez que se mostra necessário possibilitar ferramentas a fim de que os próprios integrantes da família possam solucionar seus conflitos sem que haja a delegação para terceiros, como uma forma de prestigiar a própria instituição familiar.[46]

Diante disso, verifica-se ainda a pretensão de romper com a "cultura da sentença", caracterizada pelo fato de os juízes optarem por proferir sentença em prejuízo da solução consensual de conflitos,[47] substituindo-a pela cultura da pacificação.

Além disso, como o dispositivo supracitado traz que o juiz deve ser auxiliado por profissionais de áreas específicas para a realização do ato, isso acaba reforçando a multidisciplinariedade/interdisciplinaridade do Direito de Família, visto que, a depender do caso, o conhecimento do aplicador da lei mostra-se insuficiente.

---

43. CPC, art. 693. As normas deste Capítulo aplicam-se aos processos contenciosos de divórcio, separação, reconhecimento e extinção de união estável, guarda, visitação e filiação. Parágrafo único. A ação de alimentos e a que versar sobre interesse de criança ou de adolescente observarão o procedimento previsto em legislação específica, aplicando-se, no que couber, as disposições deste Capítulo.
44. Segundo dados do "Justiça em números 2022", "na justiça comum, entram nos cinco maiores assuntos discussões sobre o direito de família em matéria de alimentos e de relações de parentesco (guarda, adoção de maior, alienação parental, suspensão do poder familiar, investigação de maternidade/paternidade, entre outros)". (BRASIL. Conselho Nacional de Justiça. *Justiça em números 2022*. Disponível em: https://www.cnj.jus.br/wp-content/uploads/2022/09/justica-em-numeros-2022.pdf. Acesso em: 29 dez. 2022.)
45. CPC, art. 694. Nas ações de família, todos os esforços serão empreendidos para a solução consensual da controvérsia, devendo o juiz dispor do auxílio de profissionais de outras áreas de conhecimento para a mediação e conciliação. Parágrafo único. A requerimento das partes, o juiz pode determinar a suspensão do processo enquanto os litigantes se submetem a mediação extrajudicial ou a atendimento multidisciplinar.
46. TARTUCE, Fernanda. *Mediação nos conflitos civis*. 4. ed. Rio de Janeiro: Forense; São Paulo: MÉTODO, 2018. p. 359.
47. WATANABE, Kazuo. *Acesso à ordem jurídica justa*: conceito atualizado de acesso à justiça, processos coletivos e outros estudos. Belo Horizonte: Del Rey, 2019. p. 68.

Nesse viés, constata-se a imprescindibilidade da descentralização e quebra de hierarquia dos mecanismos convencionais de soluções de conflitos, uma vez que retiram, de certa maneira, o poder decisório do Estado, concedendo aos indivíduos a chance de encontrarem, por si só, uma solução para os conflitos familiares que atendam a todos os envolvidos, satisfazendo-os.[48]

Desse modo, é perceptível que o Código de Processo Civil confere, de fato, meios mais adequados ao processo de família, até porque nem sempre o fim do processo coincide com a resolução do conflito familiar,[49] o que se justifica pela ideia de que as relações são continuadas.

Contudo, apesar dos benefícios trazidos pelo procedimento da sessão de mediação das ações de família, observam-se alguns desafios na sua aplicação, já que se apresentam, ao mesmo tempo, complexos e estimulantes. Complexos, porque precisam de integração e compreensão de profissionais do Direito e de áreas específicas, e estimulantes, na medida que buscam empreender esforços para se alcançar a paz social.[50]

Outrossim, o parágrafo único do art. 694 do Código de Processo Civil, permite a suspensão do processo para que as partes possam se submeter à mediação extrajudicial ou ao atendimento multidisciplinar, o que reforça a preocupação em fornecer aos membros familiares meios de reconexão e de solução de seus conflitos.

O incentivo aos métodos consensuais é ainda ratificado pelo parágrafo primeiro do artigo 695[51], do Código de Processo Civil, na medida em que dispõe que o réu será citado pessoalmente em relação à audiência, cujo mandato deverá estar desacompanhado de cópia da petição inicial.

Com isso, espera-se que não se aumente o estado de animosidade existente entre as partes, evitando, assim, uma possível resistência da parte citada em realizar uma autocomposição. Afinal, o conhecimento da narrativa da petição inicial, seus fundamentos e pedidos podem criar um maior desgaste às relações familiares.

---

48. NUNES, Dierle Nunes; SILVA, Natanael Lud Santos e; JÚNIOR, Walsir Edson Rodrigues; OLIVEIRA, Moisés Mileib de. Novo CPC, Lei de Mediação e os Meios Integrados de Solução dos Conflitos Familiares Por um Modelo Multiportas In: ZANETI JR., Hermes; CABRAL, Trícia Navarro Xavier (Coords.). *Justiça Multiportas*: mediação, conciliação, arbitragem e outros meios adequados de solução de conflitos. Salvador: JusPODIVM, p. 684-707, 2017. p. 698-699.

49. COSTA FILHO, Venceslau Tavares; SILVA, Ana Carolina Alves; SOUZA, Felipe Barros de. A Conciliação e Mediação de Conflitos Familiares no CPC Brasileiro de 2015. In: DIDIER JR. Fredie. (Coord.). *Procedimentos Especiais, Tutela Provisória e Direito Transitório*: Coleção Novo CPC. Doutrina Selecionada. 2. ed. Salvador: JusPODIVM, v. 4, p. 655-665, 2016. p. 663.

50. TARTUCE, Fernanda. *Mediação nos conflitos civis*. 4. ed. Rio de Janeiro: Forense; São Paulo: MÉTODO, 2018, p. 359.

51. CPC, art. 695. Recebida a petição inicial e, se for o caso, tomadas as providências referentes à tutela provisória, o juiz ordenará a citação do réu para comparecer à audiência de mediação e conciliação, observado o disposto no art. 694. § 1º O mandado de citação conterá apenas os dados necessários à audiência e deverá estar desacompanhado de cópia da petição inicial, assegurado ao réu o direito de examinar seu conteúdo a qualquer tempo. § 2º A citação ocorrerá com antecedência mínima de 15 (quinze) dias da data designada para a audiência. § 3º A citação será feita na pessoa do réu. § 4º Na audiência, as partes deverão estar acompanhadas de seus advogados ou de defensores públicos.

16 • JUSTIÇA MULTIPORTAS NAS RELAÇÕES FAMILIARES

No entanto, assegura-se à parte demandada que esta possa ter acesso aos autos a qualquer tempo, o que prejudica a ideia passada pelo dispositivo supramencionado.

Somando-se a isso, possibilita-se a realização de quantas sessões de audiências forem necessárias para se alcançar o possível acordo (artigo 696)[52], falando-se em multiplicidade de sessões.

Ao analisar o procedimento das sessões de mediação das ações de família, nota-se que as principais diferenças em relação ao procedimento comum consistem na obrigatoriedade de designação da audiência para a tentativa de autocomposição, assim como em razão do auxílio de profissionais de outras áreas.

Fredie Didier Jr., Antonio de Passo Cabral e Leonardo Carneiro da Cunha chegam a criticar o procedimento especial previsto no Código de Processo Civil para as ações de família, por vislumbrarem que a especialização procedimental é pequena, de modo que poderia ter sido inserida no procedimento comum, salientando-se a diferenciação indicada. Desse modo, concluem que a opção pelo procedimento especial se deu por razão política legislativa, oriunda de valorização simbólica dos processos de família.[53]

A especialidade atinente às referidas ações também pode ser conferida pelo fato de o mandado de citação ser expedido sem a cópia da petição inicial, bem como pela obrigatoriedade da audiência de mediação ou conciliação.[54]

De acordo com Rodrigo Reis Mazzei e Tiago Figueiredo Gonçalves, não se trata propriamente de um procedimento especial, sendo uma fase especial de conciliação e mediação que, ao se encerrar, sem acordo, deve seguir o procedimento comum.[55]

Com razão os referidos autores, uma vez que o próprio artigo 697[56], do Código de Processo Civil, revela que diante da não realização de acordo, deve-se observar o procedimento comum.

Conhecidas as particularidades da mediação no âmbito do Direito de Família, passa-se à sua verificação no contexto dos tribunais pátrios.

---

52. CPC, art. 696. A audiência de mediação e conciliação poderá dividir-se em tantas sessões quantas sejam necessárias para viabilizar a solução consensual, sem prejuízo de providências jurisdicionais para evitar o perecimento do direito.

53. DIDIER JR., Fredie; CABRAL, Antonio de Passo; CUNHA, Leonardo Carneira da. *Por uma nova teoria procedimentos especiais*. Salvador: Editora JusPODIVM, 2018. p. 29-30.

54. CUNHA, Leonardo Carneiro da. Procedimento Especial para as Ações de Família no Novo Código de Processo Civil. In: DIDIER JR. Fredie. (Coord.). *Procedimentos especiais, tutela provisória e direito transitório*. 2. ed. Salvador: JusPODIVM, p. 513-521, 2016. (Coleção Novo CPC. Doutrina Selecionada, v. 4). p. 520.

55. MAZZEI, Rodrigo Rei; GONÇALVES, Tiago Figueiredo. Ensaio inicial sobre as ações de família no CPC/2015. In: TARTUCE, Fernanda; MAZZEI, Rodrigo; CARNEIRO, Sérgio Barradas (Coords.). *Família e Sucessões*. Salvador: JusPODIVM, p. 27-37, 2016. (Coleção Repercussões do Novo CPC, v. 15). p. 35-36.

56. CPC, art. 697. Não realizado o acordo, passarão a incidir, a partir de então, as normas do procedimento comum, observado o art. 335.

4. MEDIAÇÃO FAMILIAR NOS TRIBUNAIS NACIONAIS

Antes de abordar especificamente a medição familiar nos tribunais pátrios, mostra-se interessante tecer algumas considerações sobre esse método autocompositivo em si no contexto do Superior Tribunal de Justiça, a fim de corroborar com a concepção de que a consensualidade é cabível em todas as instâncias judiciárias.

Isso porque, mesmo que em seus ritos não conste a aplicabilidade da audiência do artigo 334, CPC, momento reservado no procedimento ordinário para a realização da mediação ou da conciliação, os tribunais superiores devem zelar pela possibilidade de alcance da consensualidade em seus processos.

Reconhecendo o paradigma processual constitucional trazido pelo CPC/15, assim como a importância da política nacional de tratamento de conflitos e conscientes de estar nela inserido, o Superior Tribunal de Justiça passou a incluir em seu Regimento Interno, por meio da Emenda 23/2016, Capítulo V, a possibilidade de realização da mediação nos processos que ali tramitam.

Para isso, o STJ previu a criação de um Centro para realização de sessões e audiências de mediação e conciliação, além do desenvolvimento de programas para auxiliar e estimular a autocomposição em seu contexto.[57]

Além disso, o Centro manteria um cadastro dos mediadores, podendo o relator do processo solicitar a indicação de um auxiliar para realização da conciliação, ou mesmo encaminhar de ofício o processo para mediação.[58] Casos as partes não concordem com a medida, bastariam informar sua posição nos autos via petição para encerramento da tentativa, respeitando, assim, os princípios dos métodos autocompositivos, especialmente a autonomia da vontade.

Com efeito, o estímulo ao uso de formas consensuais de solução de conflitos em todos os graus de jurisdição se justifica, na medida em que uma decisão imposta por um terceiro (juiz ou árbitro), nem sempre resolve efetivamente a controvérsia entre as partes, embora defina o processo. Além disso, a sentença proferida pode não ser capaz de conferir imediata satisfação do direito nela reconhecido, seja pela possibilidade de recursos ou pela necessidade de execução de seus comandos. Logo, nem sempre a sentença é capaz de garantir o direito à solução integral da contenda e em tempo razoável, de que trata o artigo 4º, do CPC.

Assim, mesmo perante os Tribunais, a autocomposição deve ser vislumbrada como aliada na solução efetiva da demanda, dentro e fora dos autos. Se existiram tentativas anteriores malsucedidas, isso não seria suficiente para impedir novas tratativas. Pelo contrário, a angústia do passar do tempo que por vezes as partes enfrentam e o desejo de encerramento da questão ao lado do esfriamento das primeiras razões para ingresso

---

57. Artigo 288-A, Regimento Interno, STJ.
58. Artigo 288-B, Regimento Interno, STJ.

da ação judicial e do ímpeto litigioso podem construir o cenário ideal para uma nova tentativa de autocomposição.

A consensualidade, na verdade, já ganha novos contornos com a finalidade de exploração de todo seu potencial. É o que ocorreu na mediação dos conflitos tratados no Recurso Especial 1.527.537, em que foram realizados mutirões de mediação na Região Nordeste para solução de disputas entre proprietários de imóveis e seguros habitacionais. Para tanto, foi montada uma estrutura em uma escola pública, com representantes de todos os interessados e com auxílio de mediadores, contando com a possibilidade de homologação conjunta dos acordos pela Justiça Estadual e Federal. Estima-se que cerca mais de 800 processos foram resolvidos.[59]

Até mesmo em assuntos mais polêmicos é possível verificar o incentivo da consensualidade pelo STJ, como é o caso do acordo homologado como "Pacto de Não Judicialização dos Conflitos" no campo dos expurgos inflacionários relativos a cadernetas de poupança.[60] Por meio da homologação da referida avença, restou superada a discussão em torno da legitimidade passiva de KIRTON BANK S/A para responder pelos encargos advindos de expurgos inflacionários relativos a cadernetas de poupança mantidas perante o extinto Banco Bamerindus S/A, em decorrência de sucessão empresarial parcial ocorrida.

Essa medida, por óbvio, além de incentivar a autocomposição, auxilia o processo de desjudicialização.

Verificados os aspectos gerais da mediação no âmbito do Superior Tribunal de Justiça, pode-se destacar um caso emblemático lá solucionado, agora no contexto familiar.[61]

Segundo a notícia veiculada no site do STJ, um ex-casal, separado desde 2011, submeteu-se ao procedimento de mediação no decorrer do ano de 2019, o que proporcionou o desfecho de cerca de 15 (quinze) ações civis e de famílias em distintas instâncias judiciais, e englobou um Recurso Especial recebido pelo STJ no de 2013, o qual tramitou em segredo de justiça.

O acordo em questão, que dispôs a respeito de transferências de cotas empresariais, indenizações, pagamento de dividendos e partilha de bens, teve como relator do Recurso Especial o Ministro Paulo de Tarso Sanserverino, que indicou Aldir Passarinho Junior, Ministro aposentado do STJ e Juliana Loss de Andrade Rodrigues, advogada, como mediadores, os quais obtiveram aceite das partes.

---

59. *Decisão do STJ leva a mutirão de mediação em Natal que deve beneficiar mais de 800 famílias.* Superior Tribunal de Justiça. 26 nov. 2021. Notícias. Disponível em: https://www.stj.jus.br/sites/portalp/Paginas/Comunicacao/Noticias/26112021-Decisao-do-STJ-leva-a-mutirao-de-mediacao-em-Natal-que-deve-beneficiar-mais-de--800-familias.aspx. Acesso em: 26 dez. 2022.

60. REsp 1.361.869/SP, rel. Min. Raul Araújo, Segunda Seção, julgado em 25/5/2022, DJe de 24/10/2022.

61. *Mediação de sucesso no STJ reforça possibilidade de solução consensual em qualquer fase do processo.* Superior Tribunal de Justiça. 01. jun. 2020. Notícias. Disponível em: https://www.stj.jus.br/sites/portalp/Paginas/Comunicacao/Noticias/Mediacao-de-sucesso-no-STJ-reforca-possibilidade-de-solucao-consensual-em--qualquer-fase-do-processo.aspx. Acesso em: 12 nov. 2022.

Aqui, verifica-se a existência de dois comediadores, um Ministro aposentado e uma advogada, sendo que a comediação representa exatamente isso: mais de um mediador (geralmente dois), com vieses profissionais distintos, que refletirão em conjunto sobre o conflito familiar com o objetivo de se alcançar a consensualidade.[62]

Destarte, eventual solução do conflito será oriunda da colaboração entre os comediadores em prol do bom funcionamento da mediação.

Nesse contexto, a escolha da mediação mostrou-se ideal pelas particularidades do caso concreto: (i) alta complexidade; (ii) ação em trâmite há anos, sem solução no primeiro grau, com diversos recursos pendentes; (iii) a interligação com diversas outras demandas; e (iv) as habilidades profissionais dos envolvidos.

Diante disso, pensou-se em uma solução que alcançasse tanto o ex-casal, como seus filhos e parte da família, evitando-se o prolongamento do conflito e seus possíveis reflexos negativos.

Isso porque a cooperação entre os envolvidos é importante para a preservação das relações deles, mas também daqueles que os rodeiam[63], e que acabam sendo atingidos pelo conflito familiar.

Assim, em síntese, é possível afirmar que a mediação familiar tem como objetivo o restabelecimento da comunicação dos envolvidos, a responsabilização dos protagonistas e a continuidade das relações de coparentalidade.[64]

Ainda sobre o procedimento de mediação em si no caso desenvolvido perante o Superior Tribunal de Justiça, frisa-se que ocorreram várias sessões presenciais, durante cerca de um ano, o que reforça a aplicação do art. 696 do Código de Processo Civil, que versa sobre a possibilidade de multiplicidade de sessões. Portanto, não se deve impor uma limitação de quantidade do referido ato, oportunizando-se a ocorrência de quantos forem necessários para solução do conflito e restabelecimento das relações.

Esse cenário perante o respectivo Tribunal Superior reflete o propósito deste artigo, que é demonstrar que a mediação familiar pode ser a resposta para um conflito que se arrasta há anos; que a autocomposição pode se dar em qualquer instância do Judiciário, inclusive nos Tribunais Superiores; e que o fato de já se ter realizado mediação anterior, infrutífera, não constitui obstáculo para que se renove a tentativa em busca da solução consensual.

Ora, a consensualidade deve ser estimulada e priorizada sempre que possível pelo Estado, nos termos do artigo 3º do CPC. Aliás, é possível considerar que houve verdadeira

---

62. CARMONA, Silvia Helena Chuairi. Comediação familiar: o olhar social. *Revista de Direito de Família e das Sucessões*, v. 5, 2015. p. 2.

63. SILVA NETTO, Manuel Camelo Ferreira da; LOBO, Fabíola Albuquerque. Entre a afetividade e a efetividade. A mediação familiar à luz do Código de Processo Civil de 2015: incentivo à consensualidade interdisciplinar na resolução dos conflitos de família. *Revista de Processo*, v. 306, ago. 2020. p. 3.

64. FREITAS JÚNIOR, Horival Marques de. Breves apontamentos sobre a Mediação no Direito de Família. *RJLB*, n. 1, 2016. p. 214.

incorporação do princípio da consensualidade no ordenamento jurídico brasileiro, que compreende tanto as relações jurídicas públicas, como as privadas, abarcando tanto o direito substancial como direito processual.[65-66]

Em julgamento de outro caso, a Terceira Turma do Superior Tribunal de Justiça negou provimento a um recurso do Ministério Público,[67] uma vez que se entendeu pela possibilidade de acordo para liberar o devedor de pensão alimentícia das parcelas vencidas sob execução judicial.

Segundo o Ministro Ricardo Villas Bôas Cueva, a avença abrangeu apenas os débitos vencidos, sendo resguardados os alimentos indispensáveis às crianças, de modo que concluiu que o pacto em questão não causou prejuízo aos tutelados.

Situação interessante também ocorreu na Quarta Turma do Superior Tribunal de Justiça,[68] que concedeu validade a um acordo a respeito de guarda de filhos e pagamento de pensão homologado pelo Centro Judiciário de Solução de Conflitos e Cidadania (Cejusc), apesar de já ter sido proferida sentença em momento anterior. Esta decisão é considerada a primeira, por parte do STJ, que ratificou a importância do Cejusc como ambiente propício à realização dos métodos adequados de solução de conflitos.

Já no âmbito dos tribunais estaduais, verifica-se um alto índice de solução de conflitos familiares por meio da mediação,[69] o que corrobora com o resultado da pesquisa apresentada pelo Conselho Nacional de Justiça, "Mediação e Conciliação avaliadas empiricamente: jurimetria para propositura de ações eficientes"[70], que aponta que os conflitos familiares são os mais suscetíveis a acordos.

Os tribunais estaduais vêm, inclusive, fortalecendo a mediação pré-processual, realizada pelo Centro Judiciário de Solução de Conflitos e Cidadania (Cejusc), como se

---

65. CABRAL, Trícia Navarro Xavier. *Limites da liberdade processual*. Indaiatuba. São Paulo: Editora Foco, 2019. 36-38.

66. Ao concluir pela incorporação do princípio da consensualidade no sistema processual brasileiro, Trícia Navarro Xavier Cabral percorre não apenas pela figura do Código de Processo Civil atual, mas menciona ainda a Resolução 125/2010, do Conselho Nacional de Justiça, a Resolução n. 118/2014 do Conselho Nacional do Ministério Público, a Lei n. 13.140/2015 (Lei de Mediação), a Lei 13.129/2015, que reformou a Lei de Arbitragem, entre outros, formando assim um microssistema de métodos adequados de solução de conflitos. (CABRAL, Trícia Navarro Xavier. *Limites da liberdade processual*. Indaiatuba. São Paulo: Editora Foco, 2019. 36-38.)

67. *É possível a realização de acordo para exonerar devedor de pensão alimentícia das parcelas vencidas*. Superior Tribunal de Justiça. 13 jul. 2020. Notícias. Disponível em: https://www.stj.jus.br/sites/portalp/Paginas/Comunicacao/Noticias/13072020-E-possivel-a-realizacao-de-acordo-para-exonerar-devedor-de-pensao-alimenticia-das-parcelas-vencidas.aspx. Acesso em: 29 dez. 2022.

68. *Quarta turma reconhece acordo em ação já sentenciada e prestigia atuação de centro de conciliação*. Superior Tribunal de Justiça. 11 dez. 2017. Notícias. Disponível em: https://www.stj.jus.br/sites/portalp/Paginas/Comunicacao/Noticias-antigas/2017/2017-12-11_09-32_Quarta-Turma-reconhece-acordo-em-acao-ja-sentenciada-e-prestigia-atuacao-de-centro-de-conciliacao.aspx. Acesso em: 29 dez. 2022.

69. CONSELHO NACIONAL DE JUSTIÇA. *Mediação: ação concilia 75% dos casos familiares no espírito santo*. 20 jun. 2018. Notícias. Disponível em: https://www.cnj.jus.br/mediacao-acao-concilia-75-dos-casos-familiares-no-espirito-santo/. Acesso em: 29 dez. 2022.

70. CONSELHO NACIONAL DE JUSTIÇA. *Conflitos familiares são os mais suscetíveis a acordos, aponta pesquisa*. Conselho Nacional de Justiça. 31 maio 2019. Disponível em: https://www.cnj.jus.br/conflitos-familiares-sao-os-mais-suscetiveis-a-acordos-aponta-pesquisa/. Acesso em: 29 dez. 2022.

observa no julgado do Egrégio Tribunal de Justiça do Estado de São Paulo,[71] que ratificou a sentença homologatória ocorrida em ação de alimentos, guarda e regime de visitas. Essa confirmação se deu apesar da insurgência do Ministério Público, o qual pugnou pela nulidade do referido pronunciamento judicial sob o argumento que o réu, genitor do menor, não estava representado por advogado na audiência realizada.

Segundo o referido tribunal, além de não restar configurado prejuízo a qualquer das partes, o artigo 166, *caput*, do CPC, dispõe que "[...] a conciliação e a mediação são informadas pelos princípios da independência, da imparcialidade, da autonomia da vontade, da confidencialidade, da oralidade, da informalidade e da decisão informada", mostra-se suficiente para afastar a alegada nulidade.

Do mesmo modo, tem-se julgado do Egrégio Tribunal de Justiça do Estado de Goiás,[72] que confirmou a sentença homologatória ocorrida em ação de divórcio consensual c/c alimentos e guarda no âmbito do Cejusc, mesmo diante da ausência de advogado ou defensor.

Com isso, reforçou que, segundo o artigo 10 da Lei 13.140/15 (Lei da Mediação), não é obrigatória a presença de advogados na sessão de mediação pré-processual, destacando, ainda, que não se verificou prejuízos materiais aos interesses do menor.

5. CONCLUSÃO

Por meio da breve exposição, foi possível conceber que o atual Código de Processo Civil, em sintonia com a Constituição Federal, reforçou a necessidade de se estimular os métodos adequados de solução de conflito, seja pela heterocomposição, seja pela autocomposição, destacando-se a conciliação e a mediação.

À vista disso, identificou-se as características atinentes ao procedimento da mediação, no geral, e, também, nas ações de família, observando-se as suas particularidades.

O contexto familiar foi o escolhido neste estudo, uma vez que se destaca como cenário propício para o surgimento de conflitos, demandando um tratamento peculiar para a preservação das relações, até porque a família, nos termos do *caput* do art. 226 da Constituição Federal, tem especial proteção do Estado.

Ao decorrer do artigo, foi possível observar que a especialidade inerente às mediações familiares giram entorno, principalmente, da chamada primazia da solução consensual da controvérsia, mas que se também se destacam que: (i) a obrigatoriedade da audiência de mediação ou conciliação; (ii) o juiz pode dispor de profissionais de outras áreas de conhecimento para auxiliá-lo; (iii) a possibilidade de suspensão do processo para que as partes se submetam à mediação extrajudicial ou à atendimento

---

71. TJ-SP - AC: 10181075320178260625 SP, 1018107-53.2017.8.26.0625, Rel. Min. Rodolfo Pellizari, Data de Julgamento: 26/03/2020, 6ª Câmara de Direito Privado, Data de Publicação: 26/03/2020.
72. TJ-GO – Apelação: 03199944620168090072, Rel. Des(a). Beatriz Figueiredo Franco, Data de Julgamento: 03/08/2020, 4ª Câmara Cível, Data de Publicação: DJ de 03/08/2020.

multidisciplinar; (iv) podem ocorrer quantas sessões foram necessárias para o alcance do entendimento.

Por fim, verificou-se a possibilidade do uso da mediação perante o Colendo Superior Tribunal de Justiça e tribunais estaduais, demonstrando que a autocomposição deve ser incentivada em qualquer instância e, que muitas vezes, mostrar-se-á mais adequada do que os métodos adjudicativos para a satisfação das partes.

17
JUSTIÇA MULTIPORTAS
E ANÁLISE ECONÔMICA DO DIREITO[1]

1. PREMISSAS INICIAIS

A Justiça Multiportas tem como uma de suas premissas buscar a eficiência do sistema de justiça, por meio de mecanismos aptos a prevenir e solucionar os conflitos de forma adequada, gerando, por consequência, maior racionalidade no acesso ao Poder Judiciário.

Isso passa pela realização de uma avaliação pormenorizada dos elementos que envolvem a controvérsia, o que inclui o custo-benefício de escolher a sua judicialização, em detrimento de formas extrajudiciais de resolução de disputas.

Essas ideias acabaram por aproximar o Direito e a Economia, dando criação à Análise Econômica do Direito, também aplicada no âmbito processual das disputas civis, destacando-se a sua repercussão na forma como os conflitos podem ser solucionados.

Fruto de estudos econômicos e jurídicos esparsos ao longo da história – a exemplo de Adam Smith, Becker, entre outros –, com exponencial desenvolvimento nas escolas de Direito norte-americanas, em especial, as escolas de Direito de Chicago, a Análise Econômica do Direito (AED) despontou em 1960, com a publicação do artigo *"The Problem of Social Cost"* de Ronald Coase.

A AED é uma disciplina jurídica que tem crescido nas últimas décadas, como metodologia auxiliar à análise jurídica das normas e sua aplicabilidade. Também conhecida como *juseconomia*, ou Direito e Economia, fruto da denominação norte-americana *Law and Economics*, "é útil e profícua, na medida em que possui como vetores decisórios a eficiência, a otimização dos recursos e o melhor manejo das eventuais relações de custos e benefícios"[2].

---

1. O presente tópico, revisto, compilado e atualizado, constitui parte do artigo: CABRAL, Trícia Navarro Xavier; MEDEIROS, LÍVIA Peres Rangel. Análise econômica do Direito e Justiça Multiportas. *Revista de Análise Econômica do Direito*, v. 3, p. 1-17, 2022.
2. PACIORNIK, Joel Ilan; NETTO, José Laurindo de Souza; FOGAÇA, Anderson Ricardo. Desjudicialização do Direito à Saúde à luz da Análise Econômica do Direito. In: FUX, Luiz; ÁVILA, Henrique; CABRAL, Trícia Navarro Xavier (Coords.). *Tecnologia e Justiça multiportas*. Indaiatuba, SP: Editora FOCO, 2021. p. 55.

Destarte, a AED, utilizando de preceitos econômicos, principalmente os da microeconomia[3], sob a perspectiva dos estímulos e dos custos de transação, concede ao Direito uma visão mais realista.

De acordo com Diego Machado, a AED possui como fundamento a racionalidade econômica, considerando os indivíduos como agentes econômicos racionais, que por si só são capazes de prever, ainda que de forma limitada, a consequência de suas decisões, sem considerar a carga valorativa de seus atos (considera que nem sempre bons conceitos dogmáticos levam a bons resultados práticos no mundo como ele é)[4].

No Brasil, a AED vem sendo algo de estudos e até de aplicação em decisões judiciais, como vetor de análise pragmática de litígios, com possíveis soluções que elevam o nível de bem-estar social, por meio de um Direito mais eficiente.

E uma área fértil ao tema encontra-se no Direito Processual Civil, especialmente com as normas fundamentais trazidas pelo Código de Processo civil de 2015 (CPC/2015), que primam pelo tratamento adequado dos conflitos, duração razoável do processo e eficiência.

2. ANÁLISE ECONÔMICA DO PROCESSO *(LAW AND ECONOMICS IN LEGAL PROCESS)*

No âmbito do Direito Processual Civil, regras jurídicas são propostas e criadas sem calcular o devido alcance de seus objetivos, acarretando prejuízos para o alcance do direito pretendido, congestionamento no sistema do Poder Judiciário, e gerando insatisfação das partes, entre outros fatores.

Diante disso, a análise econômica do processo contribui, através de seus pressupostos de eficiência e bem-estar social, para a busca de soluções econômico-processuais nos procedimentos legais, acesso à justiça, nas resoluções dos conflitos.

Com efeito, a Exposição de Motivos do Novo Código de Processo Civil (CPC/2015), publicado pela Lei 13.105, de 16 de março de 2015, sinaliza que o objetivo da reforma do CPC/2015 foi o de trazer ao sistema de processo civil a terceira fase metodológica do direito processual civil[5], com vistas à efetiva satisfação do direito material, passando o processo a ser visto como instrumento dessa efetividade, com base racional-econômica, pragmática da eficiência e funcional para o sistema de normas processuais, com

---

3. Tais como conceito de mercado, preço, mercado concorrente perfeito e imperfeito, falha de mercado, falha de governo, teoria dos jogos, entre outros.
4. MACHADO, Diego. *Análise Econômica do Direito. Youtube*, 06 de fevereiro de 2019. Disponível em: <https://www.youtube.com/watch?v=LUUC9wxuwZw>. Acesso em: 16 jun. 2021.
5. BRASIL. *Código de Processo Civil (2015)*. Exposição de motivos do Código de Processo Civil. Código de Processo Civil Brasileiro. Brasília, DF: Senado, 2015.

o menor custo possível (maximização de resultados)[6], harmonizando-se com todas as garantias constitucionais de um Estado Democrático de Direito.

A efetividade das garantias constitucionais, tais como o devido processo legal, inclui os princípios da boa-fé e da cooperação, na busca de uma maior efetividade no processo, o que se compatibiliza com a aplicação das ferramentas trazidas pela AED.

Para instrumentalizar essa nova dogmática processual, explica Erick Wolkart[7], que é necessário fomentar técnicas e os próprios incentivos para as partes e advogados com o fito de cooperar desde antes do ajuizamento da ação, assim estimulando a auto-composição e evitando o ajuizamento de demanda frívolas, entendidas, em regra, como aquelas em que o valor esperado do processo é negativo, mas ainda assim ajuíza-se a ação para forçar um acordo[8]. Nesse aspecto, ressalta que os custos do processo e os precedentes judiciais terão papel importante, pois são incentivos que corroboram com os objetivos do artigo 6º do CPC/2015 e colaboram com a redução do congestionamento de processos no Poder Judiciário.

De acordo com Robert Cooter e Thomas Ulen, o objetivo da teoria econômica aplicável ao processo civil, conforme já se vem demonstrando, é minimizar a soma dos custos administrativos e dos custos de erros e, por conseguinte, reduzir o custo social ao mínimo[9]. Assim, do ponto de vista da teoria econômica, os custos são compostos pela soma dos custos administrativos e dos custos de erros, o que pode ser representado pela seguinte fórmula, adaptada de Cooter e Ulen[10], *Min Cs = Ca + C(e)*, onde: *Min Cs* é medida mais simples dos custos sociais; *Ca* são custos administrativos e *C(e)* são custos de erros.

Erick Wolkart sustenta que para cada tipo de processo existe uma modelagem econômica capaz de predizer se sua existência é ou não socialmente desejável (no sentido de diminuição dos custos sociais), havendo casos em que sua existência deva ser estimulada ou até mesmo custeada[11].

Steven Shavell aponta que o problema fundamental é que os benefícios individuais daquele que ajuíza uma ação não correspondem aos mesmos benefícios sociais que dela decorrem, todavia, em alguns casos pode ocorrer de um processo ser social e individualmente desejável. Chama atenção o autor para a consequência dessa medida, uma vez que milhares de ações socialmente indesejáveis são propostas por serem

---

6. CORREIA, Cecília Barbosa Macedo; MENDES, Dany Rafael Fonseca. Teoria econômica aplicada ao processo civil. ano 50. n. 197. *Revista de informação Legislativa*: jan./mar. 2013. Disponível em: <https://www12.senado.leg.br/ril/edicoes/50/197/ril_v50_n197_p285.pdf>. Acesso em: 01 jun. 2021.

7. Ibidem, p. 228.

8. KIM, Iljoong; KI, Jaehong. Frivolous suits in the Infinitely. *Hitotsubashi Journal of Economics*. v. 56. n. 1. p. 21-33. Jun. 2015.

9. COOTER, Robert and ULEN, Thomas. "*Law and Economics*". 6. ed. Berkeley, CA: Berkeley Law Books, 2016. Book 2. p. 400.

10. COOTER, Robert; ULEN, Thomas. Direito e economia. 5. ed. Porto Alegre: Bookman, 2010.

11. WOLKART, Erik Navarro. *Análise Econômica do Processo Civil*: como a economia, o direito e a psicologia podem vencer a "tragédia da justiça". São Paulo: Ed. RT, 2020. p. 325-327.

individualmente benéficas para os autores, ao passo que ações socialmente desejáveis deixam de ser ajuizadas porque os legitimados ativos não encontraram incentivos individuais para fazê-lo[12].

Assim, nos casos em que há divergência entre os incentivos privados e sociais, no ponto em que ajuizar uma ação se torne socialmente indesejável, defende Erick Wolkart a necessidade de instituir incentivos que estimulem formas alternativas de resolução da controvérsia, como a mediação e a conciliação, acarretando a diminuição dos custos sociais dragados pela resolução do conflito[13].

Por outro lado, para os casos em que o ajuizamento da ação é desejável e estimulável, observa Erick Wolkart, à luz de Steven Shavell, o custo do processo pode impedir o ajuizamento de ações socialmente desejáveis (por exemplo, nos casos em que o valor do dano é baixo, e o custo do processo é mais alto, acarretando em um alto custo social)[14], ao mesmo tempo que ocorrerá incentivo para tais demandas quando os custos de transação antes do ajuizamento da ação forem mais benéficos e, após eventual ajuizamento da demanda, inserindo os custos do processo, diminuindo os custos sociais como um todo[15].

Qual a solução? Na opinião de Erick Wolkart, nos casos dos processos socialmente indesejáveis, os remédios são: "[...] I- elevação das custas judiciais, para incentivar as partes a buscarem um acordo extrajudicial (comportamento cooperativo); e II- a disponibilização gratuita de tecnologia que favoreça e barateie os custos de transação desse tipo de acordo"[16]. Acrescenta o autor, ainda, em referência a Steven Shavell, que no caso de processos socialmente desejáveis, que acabam não sendo ajuizados, a solução é o fornecimento de subsídio estatal capaz de gerar os incentivos individuais necessários ao comportamento cooperativo pretendido, ou seja, o ajuizamento da ação[17].

Considera, ainda, quanto ao ajuizamento da ação, ser não cooperativo o comportamento de ajuizar demandas frívolas[18]. Nas palavras de Luiz Fux e Bruno Bodart, "O efetivo ajuizamento de demandas de valor esperado negativo chama a atenção do ponto de vista da teoria econômica, pois parece contrariar a racionalidade dos agentes. De um lado, o autor não ajuizaria a ação porque isso causaria um prejuízo a si próprio; sabendo disso, o réu, por sua vez, não firmaria qualquer tipo de acordo"[19].

Desse modo, a análise econômica do processo é importante ferramenta no auxílio da criação de mecanismos que selecionem majoritariamente processos socialmente

---

12. SHAVELL, Steven. *Foundations of Economics Analysys of Law.* Cambridge: Harvard University Press, 2004. p. 415.
13. WOLKART, Erik Navarro. Op. cit., p. 318.
14. Ibidem, p. 319.
15. Ibidem, p. 318.
16. Ibidem, p. 320-321.
17. Ibidem, p. 321.
18. Ibidem, p. 325.
19. FUX, Luiz; BODART, Bruno. *Processo civil e análise econômica.* 2. ed. Rio de Janeiro: Forense, 2021. VitalBook file. p. 89.

desejáveis para a judicialização[20]. Com isso, evita-se o congestionamento de processos e reduz os custos do Judiciário, podendo contribuir para o drama da litigiosidade no Brasil, especialmente em razão de a cultura da conciliação ainda não apresentar resultados consideráveis.

3. ANÁLISE ECONÔMICA DA AUTOCOMPOSIÇÃO

Neste tópico, a AED, no âmbito processual, utiliza-se das teorias econômicas para analisar o comportamento das partes que acarretam a tomada de decisão de realizar um acordo. De acordo com Steven Shavell, o embasamento teórico do litígio pode ser dividido "[...] em três estágios: o primeiro, a parte que sofreu um prejuízo decide quando ingressar com um processo; em sequência, o requerente e o requerido decidem se irão ou não pôr fim ao litígio proposto – no caso de um acordo, o requerente concorda em desistir do processo em troca de uma vantagem (ou pagamento) apresentado pelo requerido; e, por derradeiro, se o acordo não for alcançado, o processo prosseguirá e irá a julgamento"[21].

Leciona Erick Wolkart, que o acordo sempre se realizará quando for vantajoso para as partes, isto é, "[...] se o valor a ser recebido ou pago em razão do acordo for maior do que aquele que se estima de custas em um processo, as partes hão de buscar alguma composição"[22].

Com base no entendimento de Robert Cooter[23], a condição de litigância do autor, definida pelo resultado esperado é $Ev= Pa.Ua$ (Onde Ev significa o valor total esperado, Pa é a probabilidade de vitória, e Ua é o valor pedido). E os custos totais são representados pela fórmula matemática $Ct= Ca+Cl.(1-Pa)$, onde Ct são os custos totais esperados pelo processo, Ca são os custos administrativos somados ao Cl custos de litigância, ponderados pela probabilidade de insucesso.

Já o *valor da reserva* (Va), como elucida Erick Wolkart, é necessário para estipular um valor mínimo que a parte considera como viável para realização de um acordo, será determinado pela diferença entre o resultado esperado e os custos esperados do processo, para o autor, ou seja, $(Pa.Ua) - \{Ca+Cl\,(1-Pa)\}$[24].

Em relação ao valor de reserva do réu, ou seja, o valor máximo que o réu aceitaria pagar para realizar um acordo, considera Erick Wolkart, que "é o valor do pedido ponderado pela possibilidade de vitória do autor sentida pelo réu (*Pr*), de modo que *Evr=*

---

20. WOLKART, Erik Navarro. Op. cit., p. 339.
21. SHAVELL, Steven. Economic Analysis of Litigation and the Legal Process. *In: Foundations of Economics Analysys of Law*. Cambridge, MA: National Bureau of Economic Research, 2003. p. 05. Disponível em: <https://www.nber.org/system/files/working_papers/w9697/w9697.pdf>. Acesso em: 15 jul. 2021.
22. WOLKART, Erik Navarro. Op. cit., p. 345.
23. COOTER, Robert and ULEN, Thomas. *Law and Economics*. 6. ed. Berkeley, CA: Berkeley Law Books, 2016. Book 2. p. 385.
24. WOLKART, Erik Navarro. Op. cit., p. 347.

Pr. O custo esperado é a soma dos custos administrativos e de litigância, esse último ponderado pela possibilidade de derrota *(Ct= Ca+Cl. Pr)*. Assim o *valor de reserva* do réu é a soma do valor por ele esperado com o custo por ele esperado: *Evr+Ctr*"[25].

Prossegue o autor lecionando que, a diferença entre os valores de reserva é o chamado *intervalo do acordo*, também é conhecido como *superávit de acordo*, "A forma como esse *superávit* será alocado entre as partes depende do poder de barganha de cada qual. Se o autor e réu tiverem o mesmo poder de barganha, o *superávit* será dividido ao meio. É interessante considerar o superávit do acordo como o valor extra que o acordo tem em relação ao processo. Quanto maior esse valor, maior o incentivo às partes para estabelecerem um acordo que evite o processo"[26]. O valor do *superávit* é determinado pelos custos do processo e pelas expectativas de vitória de cada uma das partes[27].

Com base nas lições de Steven Shavell, em suma, para o processo civil brasileiro: "[...] I- quanto maiores os custos dos processos, maior o incentivo para realização de acordos; II- quanto maior a diferença de expectativas (incerteza somada ao otimismo) quanto ao resultado do processo, menor o incentivo para realização de acordos"[28].

Erick Wolkart ainda preceitua que uma das potenciais *causas de não realização do acordo* é a *assimetria de informação*. Antes de iniciar o processo, ou mesmo durante, é muito provável que o domínio no conhecimento dos fatos que envolvem o litígio não seja equânime entre as partes (assimetria de informação propriamente dita), assim como, mesmo de amplo conhecimento, tenham sido interpretadas de modo diferente (incerteza interpretativa). Por conseguinte, essas incertezas ou desconhecimento das informações geram reflexos na expectativa de sucesso de cada parte, o que não contribui para a realização de acordos[29]. Destarte, a assimetria decorre da *incerteza quanto aos fatos*, mas também pode decorrer da *incerteza quanto ao direito*.

Por último, as decisões judiciais que não acolhem o sistema de precedentes motivam a litigiosidade das partes, visto que não permitem o cálculo provável dos custos envolvidos no processo, assim como da probabilidade de êxito da demanda[30], assim quando o sistema de justiça é capaz de garantir com razoável segurança jurídica a uniformização de sua jurisprudência, a *incerteza quanto ao direito* diminui, porém, sendo possível, ainda, a existência de assimetria da informação, por meio de falhas na divulgação do precedente, e de argumentação jurídica criativa ou sofisticada de uma parte, não conhecida nem antecipada pela outra parte[31].

---

25. Idem.
26. Ibidem, p. 349.
27. SHAVELL, Steven. *Foundations of Economics Analysys of Law*. Cambridge: Harvard University Press, 2004. p. 415.
28. Ibidem, p. 403-405.
29. WOLKART, Erik Navarro. Op. cit., p. 356-357.
30. GICO JR, Ivo Teixeira. A tragédia do Judiciário. *Revista de Direito Administrativo*, Rio de Janeiro, v. 267, p. 163-198, set./dez. 2014. Disponível em: <file:///C:/Users/Justi%C3%A7a%20Federal/Downloads/46462-Texto%20do%20Artigo-91787-1-10-20150220.pdf>. Acesso em: 01 ago. 2021.
31. WOLKART, Erik Navarro. Op. cit., p. 375.

4. SOLUÇÕES COOPERATIVAS E JUSTIÇA MULTIPORTAS

Da leitura do presente trabalho extrai-se que, o Poder Judiciário, como meio estatal de solução de conflitos, por si só, não é capaz de atender os anseios da sociedade. Nas últimas décadas, o Brasil tem experimentado uma importante evolução legislativa que prestigia o tratamento adequado de conflitos, por meio de métodos, como a negociação, a conciliação, a mediação, a arbitragem e a justiça estatal, que, além de se ajustarem às particularidades do caso concreto, tornam-se incentivos deliberados à consensualidade[32].

Enfatiza Luiz Fux e Bruno Bodart que "atribui-se a criação do conceito de métodos alternativos de resolução de controvérsias (Alternative Dispute Resolution – ADR) a Frank Sander, Professor da Harvard Law School, em seu discurso na Pound Conference de 1976. Sander propôs que os Tribunais deixassem de ser uma via que oferecesse apenas um método de resolução de litígios (a jurisdição) e se tornassem um locus no qual seria oferecido às partes uma multiplicidade de mecanismos para a solução da controvérsia. Essa ideia foi posteriormente denominada 'justiça multiportas' (*multi-door courthouse*)"[33].

O objetivo deste tópico, longe de esgotá-lo, é revelar as primeiras soluções para os problemas que dificultam o comportamento cooperativo das partes e do juiz – geradores de congestionamento no sistema de justiça –, através de modelos econômicos simples, à luz dos ensinamentos de Erick Wolkart[34], que passam desde a correção dos incentivos aplicados a soluções menos convencionais que manipulam questões reputacionais[35].

As possíveis correções aos incentivos das partes passam pela reestruturação das custas processuais – considerando que as custas possuem reduzido valor para litigar na Justiça brasileira e são mal distribuídas –, e reside na elevação das custas processuais e na extinção do teto máximo nos Tribunais pátrios, uma vez que o teto implica em gratuidade parcial automática. Defende o autor que a extinção do teto das custas não implica em restringir o acesso à justiça, restando superada a súmula 667 do STF que preceitua que "Viola a garantia constitucional de acesso à jurisdição a taxa judiciária calculada sem limite sobre o valor da causa"[36]. No entanto, observa que para as ações com menos chance de sucesso (que não compensam economicamente), existem outras portas de justiça, mais baratas e efetivas. Para tanto é necessário um verdadeiro incentivo para

---

32. CABRAL, Trícia Navarro Xavier. Justiça Multiportas e Inovação. In: FUX, Luiz; ÁVILA, Henrique; CABRAL, Trícia Navarro Xavier (Coords.). *Tecnologia e justiça multiportas*. Indaiatuba, SP: Editora FOCO, 2021. p. 261-273.
33. FUX, Luiz; BODART, Bruno. *Processo civil e análise econômica*. 2. ed. Rio de Janeiro: Forense, 2021. VitalBook file. p. 83.
34. WOLKART, Erik Navarro. Op. cit., p. 439-490.
35. Ibidem, p. 439-440.
36. Ibidem, p. 441.

que o autor busque alguma forma de autocomposição, seja pelo acordo direto seja pela mediação, mas sempre evitando o ajuizamento da ação[37].

Outra sugestão do autor é a redistribuição do valor das custas ao longo do processo, para incentivar o comportamento colaborativo do autor (como as custas já foram pagas no início, o autor erradamente tenderá a seguir no processo, turbando-se a avaliação do que poderia ser um bom acordo para encerrar o feito logo no início). Para o autor, "essa simples repartição multiplicaria as possibilidades de autocomposição no processo"[38].

Uma terceira proposta do autor é a desvinculação parcial entre pagamento de custas e sucumbência. Isto é, "[...] no caso de proposta de acordo recusada, recaiam sobre a parte discordante as despesas processuais no montante relativo à diferença entre o valor ofertado e a sentença final, sempre que essa for menos favorável do que o valor oferecido no acordo"[39].

Dessa forma, cria-se um incentivo para a realização de acordos, visto que este funcionaria como uma garantia contra o pagamento de despesas processuais, assim como que para o réu se tornaria um desestímulo ao seu comportamento tendente à tomada de risco (no entendimento do autor, "a única forma de estimular o réu à propositura de acordos é aumentando sobremaneira o risco de não o fazer, de modo que o desconto do risco seja sobrepujado pelo aumento de valor da perda esperada"[40]).

Outro impulso para o comportamento cooperativo do réu é a existência de um sistema rigoroso de cumprimento de sentença[41].

A quarta proposta consiste na reestruturação da apreciação do pedido de gratuidade da Justiça, respeitando o princípio constitucional fundamental do acesso à justiça, e buscando a racionalização de regras de deferimento da gratuidade (para que ela seja concedida a quem de fato necessita), uma vez que a sua concessão automática (sem critérios racionais na mensuração desse acesso) aumenta o congestionamento do sistema de justiça[42]. A ideia de racionalização da gratuidade é dar a cada um de acordo com a sua "necessidade"[43], ou seja, sabe-se que o beneficiário da assistência judiciária gratuita goza de dois benefícios, a isenção de custas e demais despesas processuais e a designação de um advogado para o defender gratuitamente. Nesse passo, considera Erick Wolkart que o autor de um processo sujeito a uma série de custos é naturalmente avesso ao risco, verificando que este optará por ajuizar uma ação apenas quando seu valor esperado for positivo. Assim, a concessão de gratuidade de justiça, zeram os custos de litigância, e, por consequência, acaba estimulando o ajuizamento de demandas que

---

37. Ibidem, p. 442.
38. Ibidem, p. 444.
39. Idem.
40. Ibidem, p. 445.
41. Ibidem, p. 446.
42. Ibidem, p. 457.
43. Ibidem, p. 451.

nenhuma pessoa em condições normais arriscaria instaurar (frívolas)[44]. Dessa maneira, conclui que até mesmo autores que tenham suficiência de recursos tendem a requerer o pedido de gratuidade, tratando-se de comportamento não cooperativo[45].

Portanto, observa Erick Wolkart que a solução passa pela modificação dos critérios de análise da carência financeira referida legalmente para concessão do benefício de justiça, sugerindo três medidas: a primeira, a multa prevista em lei tem de ser direcionada à parte contrária e não ao Estado (necessidade de alteração do artigo 100, parágrafo único, do CPC/2015); a segunda, trata de tornar conduta criminosa a falsa declaração de pobreza; e, a terceira, versa sobre inverter a presunção de pobreza, alterando-se o artigo 99, § 3º, do CPC/2015, instituindo-se a necessidade de prova de insuficiência de recursos, "[...] mantendo-se a presunção apenas para quando as circunstâncias da causa indicarem claramente a carência financeira do pleiteante"[46].

Por derradeiro, quanto às soluções para as custas processuais, o autor propõe, ainda, o fim das isenções (gratuidade da justiça) às pessoas jurídicas de direito público, visto que é o maior litigante da Justiça. Erick Wolkart argumenta que conceder isenções de custas e de taxas judiciárias a outros entes que não aquele ao qual se vincula o respectivo Tribunal é liberalidade que não encontra respaldo em métodos racionais financeiros, o que estimula a litigância[47]. Por outro lado, "[...] o custo marginal de ajuizar mais de uma ação ou contestar mais um pedido, recusando um acordo, é inexistente dentro daquele órgão, visto que toda a estrutura administrativa está paga"[48]. Dessa maneira, a perpetuação dessa estrutura benéfica das custas processuais para os órgãos públicos, em especial, para a advocacia pública, não se coaduna com o proposto em um comportamento cooperativo em busca de um acordo.

Quanto aos possíveis incentivos aos advogados, públicos ou privados, Erick Wolkart, utilizando da análise econômica dos honorários, sugere a alteração do artigo 85, § 19, do CPC/2015, no sentido de criar um risco ao advogado público no que respeita exclusivamente à remuneração variável, fazendo esta incidir "[...] sobre a diferença entre honorários recebidos e honorários pagos pelo ente público representado em determinado período"[49]. "Assim, dentro das novas possibilidades legais de autocomposição envolvendo a Fazenda Pública, o advogado tenderá a buscar o acordo sempre que as chances de vitória na litigância forem diminutas"[50].

No que se refere aos incentivos aos juízes, partindo de uma perspectiva pragmática (a utilidade do juiz), o juiz é um agente econômico que responderá seu comportamento

---

44. Ibidem, p. 452-453.
45. Ibidem, p. 460.
46. Ibidem, p. 465-466.
47. Ibidem, p. 466-467.
48. Ibidem, 469.
49. Ibidem, p. 485.
50. Idem.

médio por uma ponderação intuitiva dos custos e benefícios dos seus atos[51]. Assim, apresenta o autor por solução e incentivo aos juízes, a modificação no critério da promoção e soluções ligadas à reputação do magistrado dentro e fora da carreira[52].

Por último, e não menos importante, outro ponto não cooperativo é de origem cultural, é o denominado jeitinho brasileiro[53]. O jeitinho brasileiro "é uma das forças invisíveis que corrompem o comportamento cooperativo das partes e do juiz no processo"[54], podendo ser definido, segundo DaMatta[55], como uma forma simpática de sobreposição do imparcial com o pessoal, de modo a buscar auxílio do representante do poder público para a demanda pessoal apresentada, ante a ineficiente burocracia do Estado. Esse comportamento não corrobora com o ambiente de consensualidade para resolução do conflito em suas diversas formas, durante o processo ou antes do ajuizamento da ação.

Além disso, atinge todos os sujeitos da relação processual e favorece o descumprimento de precedentes, passando Juízes e Cortes Superiores a criar os próprios precedentes em virtude das relações pessoais ou interesses reputacionais[56]. Como correção dos incentivos nesta seara, demonstra o autor a prevalência do rigor das regras existentes no CPC/2015 quanto ao impedimento dos magistrados e dos aspectos punitivos das normas processuais às partes com comportamento não cooperativos[57].

5. CONCLUSÕES

Destacando-se de outros ramos do Direito – que possuem uma carga valorativa maior, em que regulam conflitos de interesses que normalmente não têm conteúdo econômico ou patrimonial –, o direito processual civil orientado por critérios exclusivamente racionais, e abarcando ferramentas da AED, através de seus pressupostos de eficiência e bem-estar social, alcança soluções nos procedimentos legais que ampliam o acesso à justiça e promovem soluções alternativas aos conflitos em diversas formas; o que acarreta a redução dos custos administrativos e dos custos de erros e, por conseguinte, na redução do custo social ao mínimo.

Razão pela qual procurou neste trabalho demonstrar estudos, que se utilizando de métodos econômicos, demonstram soluções passíveis em relação aos custos de transação e do processo, de incentivos para as partes, advogados e juízes, assim como o dever de cooperação do Estado e das partes na operacionalização de soluções alternativas aos conflitos, garantindo-se de forma ampla o acesso à justiça, e, também, com maior

---

51. Ibidem, p. 492.
52. Ibidem, p. 501-502.
53. Sobre o assunto, Cf.: BARROSO, Luís Roberto. *Ética e jeitinho brasileiro*. Disponível em: 1120331.pdf (stf.jus. br). Acesso em: 9 set. 2023.
54. Ibidem, p. 510.
55. DAMATTA, Roberto. *O que faz do Brasil, Brasil?* Rio de Janeiro: Rocco, 1986. p. 101.
56. Ibidem, p.516.
57. Ibidem, p. 517-519.

eficácia na entrega da jurisdição. Outrossim, denotou-se que o legislador do Código de Processo Civil (2015), no intuito de promover essa racionalidade econômica, o pragmatismo da eficiência e funcionalidade para o sistema de normas processuais, incentivou a realização dos métodos autocompositivos de solução de conflitos, restando a sociedade como a maior beneficiária desses métodos mais rápidos, menos custosos e menos complexos[58].

---

58. CABRAL, Trícia Navarro Xavier. Justiça Multiportas e Inovação. In: FUX, Luiz; ÁVILA, Henrique; CABRAL, Trícia Navarro Xavier (Coords.). *Tecnologia e justiça multiportas*. Indaiatuba, SP: Editora FOCO, 2021. p. 272.

CONCLUSÃO:
O FUTURO DA JUSTIÇA MULTIPORTAS

Os últimos vinte anos foram marcados por um intenso esforço legislativo para adotar métodos heterocompositivos e autocompositivos em nosso sistema jurídico, ampliando as perspectivas antes concentradas no Poder Judiciário.

O papel da doutrina também tem sido fundamental para a evolução teórica da Justiça Multiportas.

A jurisprudência ainda está amadurecendo os temas e as consequências jurídicas.

Na prática forense, são inúmeras as iniciativas e projetos que aplicam o sistema de Justiça Multiportas.

Esses fatores têm transformado, de forma gradual, a cultura dos profissionais do direito e a próxima aceitação social.

Mas quais os próximos passos? O que mais esperar da Justiça Multiportas? Qual o formato da Justiça Multiportas do futuro?

Essas perguntas desafiam a nossa imaginação, mas nem por isso devem ficar sem respostas.

O Brasil construiu um sistema de Justiça Multiportas muito voltado para as características do ordenamento jurídico brasileiro. Embora tenha incorporado alguns métodos e técnicas estrangeiros, sua essência foi moldada de acordo com as particularidades jurídicas daqui.

Os próximos passos envolvem o investimento em capacitação e remuneração dos facilitadores; ampliação da estrutura física e pessoal dos setores públicos e privados; acompanhar a qualidade das soluções de conflitos, o que afetará de forma crucial a credibilidade dos diferentes métodos de resolução de disputas; cobrar que a temática seja obrigatória nos cursos de Direito e nos concursos públicos; acompanhar a evolução dos sistemas jurídicos estrangeiros para seguir as novas tendências mundiais; investir em tecnologia para que ela sirva de meio e de apoio aos métodos de solução de conflitos; difundir resultados e estatísticas, estabelecendo um planejamento estratégico que contemple as variadas formas de acesso à Justiça Multiportas; Acompanhar o impacto dessas novas portas no Poder Judiciário.

Da Justiça Multiportas espera-se que alcance a necessária maturidade jurídica a ponto de efetivamente promover uma mudança de cultura nos profissionais do Direito e na própria sociedade, principal beneficiária da pacificação social. A consolidação dos diferentes ambientes e métodos de resolução de disputa pode comportar novas possibilidades e ferramentas, diante da atipicidade que envolve o tema. Também se mostra importante que a arbitragem se torne acessível aos que necessitam de decisão adjudicada.

E a Justiça Multiportas do futuro? Espera-se que a compreensão do acesso à Justiça Multiportas já esteja consolidada em nossa sociedade. Que ambientes como o metaverso possam auxiliar na solução de conflitos em que o encontro entre as partes seja prejudicial, como os de violência doméstica. Que a inteligência artificial tenha a necessária transparência e confiabilidade para auxiliar na triagem, prevenção ou resolução das controvérsias. Que haja mais investimento de entes públicos e privados nos canais de comunicação com os – administrados e clientes, que proporcionem a resolução rápida das controvérsias. Que haja mais estímulos processuais à adoção de meios consensuais pelas partes. Que a primeira opção dos envolvidos em um conflito não seja a judicialização, que ficará restrita aos casos complexos ou que envolva algum grau de interesse público. Que haja políticas públicas sólidas em prol dos excluídos digitais.

REFERÊNCIAS BIBLIOGRÁFICAS

AB2L. Sobre. Disponível em: https://ab2l.org.br/ecossistema/sobre/. Acesso em: 06 ago. 2023.

ABBOUD, Georges. *2022, o ano dos acordos em jurisdição constitucional*. Disponível em: https://www.conjur.com.br/2022-dez-10/observatorio-constitucional-2022-ano-acordo-jurisdicao-constitucional. Acesso em: 25 maio 2023.

ABRÃO, Carlos Henrique. *Processo eletrônico*: processo digital. 5 ed. São Paulo: Atlas, 2017.

ABREU, Roberto Gonçalves; BARBOSA, Joyce de Matos. O instituto da mediação (parte I). *Revista de arbitragem e mediação*, São Paulo, v. 21, p. 133-155, abr./jun. 2009.

ABREU, Rafael Sirangelo de. *Igualdade e processo*: posições processuais equilibradas e unidade do direito. São Paulo: Ed. RT, 2015.

ABREU, Rafael Sirangelo de. A igualdade e os negócios processuais. *In*: NOGUEIRA, Pedro Henrique. *Negócios processuais*. 3. ed. Salvador: JusPODIVM, 2017. v. 1, p. 315-336.

ABREVAYA, Sergio Fernando. *Mediação prejudicial*. Buenos Aires: Historica Emilio J. Perrot, 2008. (Colección Visión Compartida).

ADVOCACIA-GERAL DA UNIÃO. *AGU disponibiliza plataforma para receber propostas de acordo para pagamentos de dívidas com a União*. Disponível em: https://www.gov.br/agu/pt-br/comunicacao/noticias/agu-disponibiliza-plataforma-para-receber-propostas-de-acordo-para-pagamentos-de-dividas-com-a-uniao#:~:text=Moderniza%C3%A7%C3%A3o-,AGU%20disponibiliza%20plataforma%20para%20receber%20propostas%20de%20acordo,de%20d%C3%ADvidas%20com%20a%20Uni%C3%A3o&text=A%20Advocacia%2DGeral%20da%20Uni%C3%A3o,Geral%20da%20Uni%C3%A3o%20(PGU). Acesso em: 06 ago. 2023.

ADVOCACIA-GERAL DA UNIÃO. *Apresentação*. Disponível em: https://www.gov.br/agu/pt-br/composicao/cgu/cgu/modelos/cti/apresentacao. Acesso em: 09 set. 2023.

ADVOCACIA-GERAL DA UNIÃO. *Câmara de Conciliação da AGU fecha 39 acordos em 2019*. Disponível em: https://www.agu.gov.br/page/content/detail/id_conteudo/879836. Acesso em: 13 maio 2020.

ADVOCACIA-GERAL DA UNIÃO. *Cidadão em litígio com União já pode propor acordo pela internet*. Disponível em: https://www.agu.gov.br/page/content/detail/id_conteudo/812430. Acesso em: 13 maio 2020.

ADVOCACIA-GERAL DA UNIÃO. Número de acordos celebrados pela AGU cresce 142% em 2023. Disponível em: Número de acordos celebrados pela AGU cresce 142% em 2023. Disponível em: https://www.gov.br/agu/pt-br/comunicacao/noticias/numero-de-acordos-celebrados-pela-agu-cresce-142-em-2023#:~:text=N%C3%BAmero%20de%20acordos%20celebrados%20pela%20AGU%20cresce%20142%25%20em%202023,-Mais%20de%20meio&text=A%20Advocacia%2DGeral%20da%20Uni%C3%A3o,mesmo%20per%C3%ADodo%20do%20ano%20passado. Acesso em: 07 set. 2023.

ADVOCACIA-GERAL DA UNIÃO. *Núcleo Especializado em Arbitragem da AGU atua em processos que passam de R$ 60 bi*. Disponível em: https://www.gov.br/agu/pt-br/comunicacao/noticias/nucleo-especializado-em-arbitragem-da-agu-atua-em-processos-que-passam-de-r-60-bi#:~:text=O%20N%C3%BAcleo%20Especializado%20em%20Arbitragem%20da%20AGU%20%C3%A9,em%20que%20a%20Uni%C3%A3o%20seja%20parte%20ou%20interessada. Acesso em: 9 set. 2023.

AGÊNCIA BRASIL. *Fernando de Noronha*: acordo para gestão compartilhada é homologado pelo STF. Disponível em: https://agenciabrasil.ebc.com.br/politica/noticia/2023-03/stf-homologa-acordo-para-gestao-integrada-de-fernando-de-noronha. Acesso em: 25 maio 2023.

AKERMAN, William. Consenso sobre o destino do processo penal no Brasil e em Portugal. *In*: AKERMAN, Willian; REIS, Rodrigo Casimiro; MAIA, Maurilio Casas. *Debates contemporâneos da justiça penal*: estudos em homenagem ao ministro Reynaldo Soares da Fonseca. Brasília: Sobredireito, 2023.

AKUTSU, Luiz; GUIMARÃES, Tomas de Aquino. *Dimensões da governança judicial e sua aplicação ao sistema judicial brasileiro*. Disponível em: http://www.scielo.br/scielo.php?pid=S1808-24322012000100008&script=sci_arttext. Acesso em: 07 jan. 2015.

ALBUQUERK, Luana Assunção de Araújo; TEIXEIRA, Vitor Amm; BUFULIN, Augusto Passamani. Processos estruturais e a relevância da cooperação processual como instrumento para dar efetividade à execução das decisões estruturais. *In*: CARVALHO, Frederico Ivens Miná Arruda de; BRAZ, Myriã Bregonci da Cunha; SANT´ ANNA, Vinicius de Souza (coord.). *Temas contemporâneos de direito processual*. Belo Horizonte: Dialética, 2021.

ALCALÁ-ZAMORA Y CASTILHO, Niceto. *Proceso, autocomposición y autodefesa*: contribuición al estúdio de los fines del processo. México: Universidad Nacional Autónoma de México, 2000.

ALMEIDA, Diogo Assumpção Rezende de. *A contratualização do processo*: das convenções processuais no processo civil. (De acordo com o novo CPC). São Paulo: LTr, 2015.

ALMEIDA, Diogo Assumpção Rezende de; PAIVA, Fernanda. Dinâmica da Mediação: Atores. *In*: ALMEIDA, Tania; PELAJO, Samantha; JONATHAN, Eva. *Mediação de Conflitos*: para iniciantes, praticantes e docentes. Salvador: JusPODIVM, 2016.

ALMEIDA, Diogo Rezende de. Novamente o princípio da adequação e os métodos de solução de conflitos. *In*: ZANETI JUNIOR., Hermes; CABRAL, Trícia Navarro Xavier. *Justiça multiportas*: mediação, conciliação, arbitragem e outros meios de solução adequada de conflitos. 3. ed. rev., ampl. e atual. Salvador: JusPODIVM, 2022. p. 327-350.

ALMEIDA, Fábio Portela Lopes de. A teoria dos jogos: uma fundamentação teórica dos métodos de resolução de disputa. *In*: André Gomma de Azevedo (org.). *Estudos em arbitragem, mediação e negociação*. Brasília: Editora Grupos de Pesquisa e Maggiore Editora, 2003, v. 2, p. 175-199.

ALMEIDA, Fernando H. Mendes de. Ordenações Filipinas: Ordenações e leis do Reino de Portugal Recopiladas por mandato d'el Rei Fillipi, o Primeiro. Rio de Janeiro: Typ. do Instituto Philomathico, 1870. Disponível em: https://www2.senado.leg.br/bdsf/handle/id/242733. Acesso em: 02 mar. 2019.

ALVES, Ana Paula Gross. A evolução histórica das licitações e o atual processo de compras públicas em situação de emergência no brasil. *REGEN Revista de Gestão, Economia e Negócios*, v. 1, n. 2, 2021. Disponível em: https://www.portaldeperiodicos.idp.edu.br/regen/article/view/5162. Acesso em: 17 dez. 2022.

ALVES, Evelin Teixeira de Souza. Arbitragem no setor público: uma visão panorâmica. *Revista de Direito Empresarial*, v. 21, p. 171-190, dez. 2016.

ALVES, Francisco Glauber Pessoa. Ações de saúde contra o Poder Público: ensaio de um roteiro decisório. *Revista de Processo*, v. 259, p. 333-370, set./2016.

ALMEIDA, Gregório Assagra de; GOMES JUNIOR, Luiz Manoel. *Um novo Código de Processo Civil para o Brasil*: análise teórica e prática da proposta apresentada ao Senado Federal. Rio de Janeiro: GZ, 2010.

ALMEIDA, Guilherme Assis de. Mediação e o Reconhecimento da Pessoa. *In*: CHAI, Cássius Guimarães (org.). *Mediação comunitária*. São Luís: Procuradoria Geral de Justiça do Estado do Maranhão. Jornal da Justiça/Cultura, Direito e Sociedade (DGP/CNPq/UFMA).

ALMEIDA, Ricardo Ramalho. A anulação de sentenças arbitrais e a ordem pública. *Revista de Arbitragem e Mediação*, São Paulo, ano 3, n. 9, p. 268-269, abr./jun. 2006.

ALMEIDA, Ricardo Ramalho. *Arbitragem Comercial Internacional e Ordem Pública*. Rio de Janeiro: Renovar, 2005.

ALMEIDA, Tania. Mediação e Conciliação: dois paradigmas distintos, duas práticas diversas. *In*: CASELLA, Paulo Borba; SOUZA, Luciane Moessa de (coord.). *Mediação de Conflitos*: novo paradigma de acesso à justiça. Belo Horizonte: Forum, 2009.

ALVIM, Arruda. *Manual de direito processual civil*: parte geral. 9. ed. rev., atual. e ampl. São Paulo: Ed. RT, 2005. v. 1.

AMBRIZZI, Tiago Ravazzi. Reflexões sobre o controle judicial da sentença arbitral. *Revista de Processo*, São Paulo, v. 37, n. 214, dez. 2012.

AMENDOEIRA JUNIOR, Sidney. *Poderes do juiz e tutela jurisdicional*: a utilização racional dos poderes do juiz como forma de obtenção da tutela jurisdicional efetiva, justa e tempestiva. São Paulo: Atlas, 2006.

AMORIM, José Roberto Neves. *Uma nova Justiça criada pela conciliação e a mediação*. Disponível em: www. conjur.com.br/2012-set-12/neves-amorim-justica-criada-conciliacao-mediacao. Acesso em: 18 dez. 2022.

ANATEL. https://sei.anatel.gov.br/sei/modulos&%3Cbr%3E/pesquisa/md_pesq_documento_consulta_externa.php?eEP-wqk1skrd8hSlk5Z3rN4EVg9uLJqrLYJw_9INcO5XVxZ8lLLFh2u3XsTrTaxrY4hI wFo7oigHTNV2aAM8yG5kot11wzhpUA9blpwr9pC9g6wy9cL-5mGpWtYTCPHT. Acesso em: 06 ago. 2023.

ANDRADE, Érico. As novas perspectivas do gerenciamento e da "contratualização" do processo. *Revista de Processo*, v. 193, p. 167-200, mar. 2011.

ANDRADE, Flávio da Silva. *Justiça penal consensual*: controvérsias e desafios. 2. ed. rev., atual. e ampl. Salvador: JusPODIVM, 2022.

ANDREWS, Neil. *O moderno processo civil*: formas judiciais e alternativas de resolução de conflitos na Inglaterra. Orientação e revisão da tradução: Teresa Arruda Alvim Wambier. São Paulo: Ed. RT, 2009.

ANDRIGHI, Fátima Nancy; BIANCHI, José Flávio. Reflexões sobre os riscos do uso da inteligência artificial ao processo de tomada de decisões no Poder Judiciário. *In*: PINTO, Henrique Alves; GUEDES, Jefferson Carus; CESAR, Joaquim Pontes de Cerqueira. *Inteligência artificial aplicada ao processo de tomada de decisões*. Belo Horizonte, São Paulo: D'Plácido, 2020. p. 173-190.

APRIGLIANO, Ricardo de Carvalho. *Ordem pública e processo*: o tratamento das questões de ordem pública no direito processual civil. São Paulo: Atlas, 2011.

ARAS, Vladimir. A inteligência artificial e o direito de ser julgado por humanos. *In*: PINTO, Henrique Alves; GUEDES, Jefferson Carus; CESAR, Joaquim Pontes de Cerqueira. *Inteligência artificial aplicada ao processo de tomada de decisões*. Belo Horizonte, São Paulo: D'Plácido, 2020. p. 85-130.

ARBITRAGEM expedita é recomendação da ONU para agilizar resolução de conflitos. *JOTA*. Disponível em: https://www.jota.info/coberturas-especiais/seguranca-juridica-investimento/arbitragem-expedita-e-recomendacao-da-onu-para-agilizar-resolucao-de-conflitos-11042023#:~:text=Arbitragem%20 expedita%20%C3%A9%20recomenda%C3%A7%C3%A3o%20da%20ONU%20para%20 agilizar%20resolu%C3%A7%C3%A3o%20de%20conflitos,-Alternativa%20prev%C3%AA%20 processo&text=Este%20conte%C3%BAdo%20foi%20pautado%20e,arbitragem%20e%20 resolu%C3%A7%C3%A3o%20de%20disputas. Acesso em: 08 jul. 2023.

ARENHART, Sérgio. *Decisões estruturais no direito processual civil brasileiro*. Disponível em: http://www. processoscoletivos.com.br/index.php/68-volume-6-numero-4-trimestre-01-10-2015-a-31-12-2015/1668-decisoes-estruturais-no-direito-processual-civil-brasileiro. Acesso em: 20 out. 2018.

ARENHART, Sérgio Cruz. *Processos estruturais no direito brasileiro*: reflexões a partir do caso da ACP do carvão. Disponível em: http://revistadeprocessocomparado.com.br/wp-content/uploads/2016/01/ ARENHART-Sergio-Artigo-Decisoes-estruturais.pdf. Acesso em: 20 out. 2018.

ARENHART, Sérgio Cruz. Processo multipolar, participação e representação de interesses concorrentes. *In*: ARENHART, Sérgio Cruz; JOBIM, Marco Félix. *Processos estruturais*. Salvador JusPODIVM, 2017. p. 423-448.

ARENHART, Sérgio Cruz. Processo multipolar, participação e representação de interesses concorrentes. *In*: ARENHART, Sérgio Cruz. JOBIM, Marco Félix. (org.) *Processos estruturais*. 3. ed. Salvador: JusPODIVM, 2021. p. 1071-1096.

ARENHART, Sérgio Cruz; OSNA, Gustavo; JOBOM, Marco Félix. *Curso de processo estrutural*. São Paulo: Ed. RT, 2021.

ARRIGONI, Caterina. Arbitrato irrituale tra negozio e processo. *Rivista Trimestrale di Diritto e Procedura Civile*, Milano, Giuffrè, anno 61, n. 2, p. 323-343, giugno 2007.

ASILOMAR CONFERENCE GROUNDS. *Asilomar AI Principles*. Disponível em: https://icdppc.org/wp-content/uploads/2019/04/20180922_ICDPPC40th_AI-Declaration_ADOPTED.pdf. Acesso em: 12 jun. 2021.

ASSMAR, Gabriela; PINHO, Débora. Mediação privada – um mercado em formação no Brasil. *In*: ZANETI JR., Hermes; CABRAL, Tricia Navarro Xavier (coord.). *Justiça Multiportas*: mediação, conciliação, arbitragem e outros meios adequados de solução de conflitos. 2. ed. Salvador: JusPODIVM, 2018.

AVILA, Eliedite Mattos. Mediação judicial e extrajudicial: aspectos sociais e jurídicos. *Revista dos Tribunais*, São Paulo, v. 916, p. 189-204, fev. 2012.

ÁVILA, Humberto. *Teoria dos princípios*: da definição à aplicação dos princípios jurídicos. 2. ed. São Paulo: Malheiros, 2003.

ÁVILA, Humberto. Moralidade, razoabilidade e eficiência na atividade administrativa. *Revista Eletrônica de Direito do Estado*, Salvador, n. 4, p. 1-25, out./dez. 2005. Disponível em: http://www.direitodoestado.com.br/codrevista.asp?cod=67. Acesso em: 05 out. 2013.

AZEVEDO, André Gomma de. (prg.). *Manual de mediação judicial*. 6. ed. Brasília/DF: CNJ, 2016. Disponível em: https://www.cnj.jus.br/wp-content/uploads/2015/06/f247f5ce60df2774c59d6e2dddbfec54.pdf. Acesso em: 16 jul. 2023.

AZEVEDO, Paulo Furquim de. Juízes de Jaleco: a judicialização da saúde no Brasil. *In*: YEUNG, Luciana. *Análise econômica do direito*: temas contemporâneos. São Paulo: Actual, 2020. [Livro Digital]. Disponível em: https://integrada.minhabiblioteca.com.br/#/books/9786587019079/. Acesso em: 02 mar. 2022.

BACELLAR FILHO, Romeu Felipe. O direito administrativo, a arbitragem e a mediação. *Revista de Arbitragem e Mediação*, v. 32, p. 33-59, jan./mar. 2012.

BAHIA (Estado). Tribunal de Justiça da Bahia. Apelação 0300930-16.2015.8.05.0256, Relatora: Marcia Borges Faria, publicado em: 05 set. 2018.

BAHIA (Estado). Tribunal de Justiça da Bahia. Apelação 0327100-19.2012.8.05.0001, Relatora: Maria de Lourdes Pinho Medauar Silva, publicado em 24 set. 2018.

BAHIA (Estado). Tribunal de Justiça da Bahia. Apelação 0502359-08.2015.8.05.0103, Relatora: Heloisa Pinto de Freitas Vieira Graddi, publicado em 10 set. 2018.

BARACHO, José Alfredo de Oliveira. Constituição e processo. O modelo constitucional e a teoria geral do processo constitucional. *Revista Forense*, v. 353, 2006.

BARBOSA, Águida Arruda. Mediação Familiar: Uma Cultura de Paz. *Revista da Faculdade de Direito de São Bernardo do Campo*, v. 10, 2004.

BARBOSA, Águida Arruda. A prática da dignidade da pessoa humana: mediação interdisciplinar. *Revista da Faculdade de Direito de São Bernardo do Campo*, v. 11, 2005.

BARBOSA, Águida Arruda. *Formação do mediador familiar interdisciplinar*. VIII Congresso IBDFAM, 2012. Disponível em: https://core.ac.uk/download/pdf/234556295.pdf. Acesso em: 12 ago. 2023.

BARBOSA, Rui. *Oração aos moços*. 5. ed. Rio de Janeiro: Casa de Rui Barbosa, 1999. Disponível em: www.casaruibarbosa.gov.br. Acesso em: 13 dez. 2017.

BARREIROS, Lorena Miranda Santos. *Convenções Processuais e Poder Público*. Salvador: JusPODVIM, 2016.

BARREIROS, Lorena Miranda Santos. *Convenções processuais e poder público*. Salvador: JusPODIVM, 2017.

BARROS, Juliana Maria Polloni de. *Mediação familiar*: Diálogo Interdisciplinar. 2013. Tese (Doutorado em Serviço Social). Universidade Estadual Paulista. Faculdade de Ciências Humanas e Sociais. Franca.

BARROS, Marco Antônio de. *A busca da verdade no processo penal*. São Paulo: Ed. RT, 2002.

BARROS, Marcus Aurélio de Freitas. *Dos litígios aos processos coletivos estruturais*: novos horizontes para a tutela coletiva brasileira. São Paulo: D´Plácido, 2020.

BARROSO, Lucas Abreu. O Novo Código Civil brasileiro no momento histórico de sua publicação. *In.*: BARROSO, Lucas Abreu. *A realização do direito civil*: entre normas jurídicas e práticas sociais. Curitiba: Juruá, 2012.

BARROSO, Luis Roberto. *A nova interpretação constitucional*: ponderação, direitos fundamentais e relações privadas. Rio de Janeiro: Renovar, 2003.

BARROSO, Luís Roberto. Judicialização, ativismo judicial e legitimidade democrática. *Suffragium – Revista do Tribunal Regional Eleitoral do Ceará*, Fortaleza, v. 5, n. 8, p. 11-22, jan./dez. 2009. Disponível em: https://www.direitofranca.br/direitonovo/FKCEimagens/file/ArtigoBarroso_para_Selecao.pdf. Acesso em: 10 out. 2021.

BARROSO, Luís Roberto. *Curso de Direito Constitucional Contemporâneo*: os conceitos fundamentais. São Paulo: Editora Saraiva, 2022. [Livro Digital]. Disponível em: https://integrada.minhabiblioteca.com.br/#/books/9786555596700/. Acesso em: 20 dez. 2022.

BARROSO, Luís Roberto. *Ética e jeitinho brasileiro*. Disponível em: https://www.stf.jus.br/arquivo/biblioteca/PastasMinistros/RobertoBarroso/ArtigosJornais/1120331.pdf. Acesso em: 9 set. 2023.

BATISTA, Cristiano Batista; JUNIOR, Luiz Manoel Gomes. (Im)Possibilidade de Transação, Acordo ou Conciliação nas Ações de Improbidade Administrativa. *Revista Magister de Direito Tributário e Finanças Públicas*, São Paulo, v. 12, n. 71, p. 16-30, nov./dez. 2018.

BATISTA JÚNIOR, Onofre Alves. *Transações administrativas*: um contributo ao estudo do contrato administrativo como mecanismo de prevenção e terminação de litígios e como alternativa à atuação administrativa autoritária, no contexto de uma administração pública mais democrática. São Paulo: Quartier Latin, 2007.

BAUMAN, Zigmunt. *Vida a crédito*: conversas com Citlali Rovirosa-Madrazo. Tradução: Alexandre Werneck. Rio de Janeiro: Zahar, 2010.

BAUR, Fritz. O papel ativo do juiz. *Revista de Processo*, São Paulo, ano 7, n. 27, p. 186-189, jul./set. 1982.

BAZERMAN, Max H.; MOORE, Don. *Judgment in managerial decision making*. 7. ed. USA: John Wiley & Sons, Inc., 2009.

BECKER, Daniel; LAMEIRÃO, Pedro. *Online Dispute Resolution (ODR) e a ruptura no ecossistema da resolução de disputas*. Direito da Inteligência Artificial. Disponível em: https://direitodainteligenciaartificial.wordpress.com/2017/08/22/online-dispute-resolution-odr-e-a-ruptura-no-ecossistema-da-resolucao-de-disputas/#_ftn5. Acesso em: 22 jul. 2020.

BEDAQUE, José Roberto dos Santos. *Efetividade do processo e técnica processual*. 3. ed. São Paulo: Malheiros, 2010.

BENEDUZI, Renato Resende. Preliminar de arbitragem no Novo CPC. *In*: BENEDUZI, Renato Resende; MELO, Leonardo de Campos. *A reforma da arbitragem*. Rio de Janeiro: Forense, 2016.

BERNAL, Luis Lauro Herrera. Mediación como Alternativa en la Solución de Conflictos en las Empresas Familiares. *Revista de la Facultad de Derecho* [online], n. 45, p. 185-205, 2018. Disponível em: http://www.scielo.edu.uy/pdf/rfd/n45/2301-0665-rfd-45-185.pdf. Acesso em: 16 abr. 2021.

BERTOLDI, Marcelo M. RIBEIRO, Marcia Carla Pereira. *Curso avançado de direito comercial*. 9. ed. São Paulo: Ed. RT, 2015.

BONAVIDES, Paulo. *Curso de direito constitucional*. 9. ed. São Paulo: Malheiros, 2000.

BONIZZI, Marcelo José Magalhães. Estudo sobre os limites da contratualização do litígio e do processo. *Revista de Processo*, v. 269, p. 139-149. jul. 2017.

BONICIO, Marcelo José Magalhães. *Proporcionalidade e processo*: a garantia constitucional da proporcionalidade, a legitimação do processo civil e o controle das decisões judiciais. São Paulo: Atlas, 2008. (Coleção Atlas de Processo Civil).

BONICIO, Marcelo José Magalhães. *Princípios do processo no novo Código de Processo Civil*. São Paulo: Saraiva, 2016.

BONIZZI, Marcelo José Magalhães; MEGNA, Bruno Lopes. Da "arbitragem de direito" no âmbito da Administração Pública. *In*: BEDAQUE, José Roberto dos Santos; YARSHELL, Flávio Luiz; SICA, Heitor Vitor Mendonça. *Estudos de direito processual civil em homenagem ao Professor José Rogério Cruz e Tucci*. Salvador: JusPODIVM, 2018. p. 609-616.

BORTOLINI, Pedro Rebello. *A necessária revisão do Enunciado 6 do Fonaref*. Disponível em: https://www.jota.info/opiniao-e-analise/artigos/recuperacao-judicial-a-necessaria-revisao-do-enunciado-no-6-do-fonaref-29032023. Acesso em: 14 mar. 2022.

BOVINO, Marcio Lamonica. *Abuso do direito de ação*: a ausência de interesse processual na tutela individual. Curitiba: Juruá, 2012.

BUENO, Cassio Scarpinella. *Curso sistematizado de Direito Processual Civil*: teoria geral do Direito Processual Civil. Parte geral do Código de Processo Civil. 9. ed. São Paulo: Saraiva, 2018.

BRAGA, Paula Sarno. Competência adequada. *Revista de processo*, v. 219, São Paulo, p. 13-41, 2013.

BRANCATO, Ricardo Teixeira. *Instituições de direito público e de direito privado*. 12. ed. rev. e ampl. São Paulo: Saraiva, 2003.

BENJAMIN, Antonio Herman; MARQUES, Claudia Lima; DE LIMA, Clarissa Costa; VIAL, Sophia Martin. *Comentários à Lei 14.181/2021*: a atualização do CDC em matéria de superendividamento. São Paulo: Thomson Reuters Brasil, 2022.

BERTASO, J. M.; PRADO, K. S. do. Aspectos de Mediação Comunitária, Cidadania e Democracia. *Novos Estudos Jurídicos*, Itajaí (SC), v. 22, n. 1, p. 50-74, 2017. DOI: 10.14210/nej.v22n1.p50-74. Disponível em: https://periodicos.univali.br/index.php/nej/article/view/10632. Acesso em: 09 ago. 2023.

BIAVATI, Paolo. Osservazioni sulla ragionevole durata del processo di cognizione. *Rivista Trimestrale di Diritto e Procedura Civile*, Milano, Giuffrè, anno 66, n. 2, p. 475-490, 2012.

BONDIOLI, Luis Guilherme Aidar. O exercício do direito de demandar pelo requerido em sede de arbitragem. *In*: BEDAQUE, José Roberto dos Santos. YARSHELL, Flávio Luiz. SICA, Heitor Vitor Mendonça. *Estudos de direito processual civil em homenagem ao Professor José Rogério Cruz e Tucci*. Salvador: JusPODIVM, 2018.

BOSCHI, José Antônio Paganella. As condições da ação e os pressupostos processuais. *Revista Ibero-americana de Ciências Penais*, Porto Alegre, Centro de Estudos Ibero-americano de Ciências Penais (CEIP), v. 2, n. 3, maio/ago. 2001.

BOVE, Mauro. *Il principio della ragionevole durata del processo nell giurisprudenza nella Corte di Cassazione*. Napoli; Roma: Edizione Scientifiche Italiane, 2010.

BRANCO, Janaína Soares Noleto Castelo. *Advocacia pública e solução consensual de conflitos*. 2. ed. Salvador: JusPODIVM, 2020.

BRANDÃO, Clésia Domingos. *Mediação empresarial*: uma análise de aplicabilidade e efetividade do instituto nos conflitos entre empresas. 2019. 160 f. Dissertação (Mestrado em Justiça, Empresa e Sustentabilidade) – Universidade Nove de Julho (UNINOVE), São Paulo, 2019. Disponível em: http://bibliotecatede.uninove.br/bitstream/tede/2117/2/Cl%c3%a9sia%20Domingos%20Brand%c3%a3o.pdf. Acesso em: 16 abr. 2021.

BRANDÃO, Fábio Nobre Bueno. Uma visão atual das condições da ação: requisitos do provimento final. *Revista Ibero-Americana de Direito Público*, Rio de Janeiro, América Jurídica, v. 3, n. 8, p. 95-107, abr./jun. 2002.

BRASIL. Advocacia Geral da União. *Manual de Negociação Baseado na Teoria de Harvard*. Escola da Advocacia-Geral da União Ministro Victor Nunes Leal. Brasília: EAGU, 2017. Disponível em: http://www.mpsp.mp.br/portal/page/portal/documentacao_e_divulgacao/doc_biblioteca/bibli_servicos_produtos/BibliotecaDigital/BibDigitalLivros/TodosOsLivros/Manual-de-negociacao-baseado-na-teoria-Harvard.pdf. P. 21 a 37. Acesso em: 29 abr. 2023.

BRASIL. Advocacia Geral da União. *Núcleo Especializado em Arbitragem da AGU atua em processos que passam de R$ 60 bi*. 2020. Disponível em: https://www.gov.br/agu/pt-br/comunicacao/noticias/nucleo-especializado-em-arbitragem-da-agu-atua-em-processos-que-passam-de-r-60-bi. Acesso em: 20 fev. 2023.

REFERÊNCIAS BIBLIOGRÁFICAS

BRASIL. Câmara de Mediação e de Conciliação da Administração Pública. *Obter a resolução de conflitos através de procedimento de mediação*. 2023. Disponível em: https://www.gov.br/pt-br/servicos/obter-a-resolucao-de-conflitos-atraves-de-procedimento-de-mediacao-ccaf-cgu-agu. Acesso em: 20 fev. 2023.

BRASIL. Câmara dos Deputados (Comissão de Constituição e Justiça e de Cidadania). *Projeto de Lei 7.169, de 2014*. Dispõe sobre a mediação entre particulares como o meio alternativo de solução de controvérsias e sobre a composição de conflitos no âmbito da Administração Pública; altera a Lei 9.469, de 10 de julho de 1997, e o Decreto 70.235, de 6 de março de 1972; e revoga o § 2º do art. 6º da Lei 9.469, de 10 de julho de 1997. Disponível em: https://www.camara.leg.br/proposicoesWeb/prop_mostrarintegra?codteor=1260500&filename=Tramitacao-PL+7169/2014. Acesso em: 07 jun. 2015.

BRASIL. Câmara dos Deputados. *PEC 207/2019*. Disponível em: https://www.camara.leg.br/proposicoesWeb/fichadetramitacao?idProposicao=2231670. Acesso em: 13 maio 2020.

BRASIL. Câmara dos Deputados. *Projeto de Lei 21 de 2020*. Estabelece princípios, direitos e deveres para o uso de inteligência artificial no Brasil, e dá outras providências. Disponível em: https://www.camara.leg.br/propostas-legislativas/2236340. Acesso em: 12 jun. 2021.

BRASIL. Câmara dos Deputados. *Projeto de Lei 240 de 2020*. Cria a Lei da Inteligência Artificial, e dá outras providências. Disponível em: https://www.camara.leg.br/proposicoesWeb/prop_mostrarintegra;jsessionid=node0kbt38p317wg4qp3xc7ada5974668009.node0?codteor=1859803&filename=Avulso+-PL+240/2020. Acesso em: 12 jun. 2021.

BRASIL. Câmara dos Deputados. *Projeto de Lei 3.813 de 2020*. Dispõe sobre a obrigatoriedade, nos litígios entre particulares que tenham por objeto direitos patrimoniais disponíveis, de realização de sessão extrajudicial de autocomposição prévia à propositura de ação judicial, estabelecendo normas para tanto. Disponível em: https://www.camara.leg.br/propostas-legislativas/2257795#:~:text=O%20PL%203813%2F20%2C%20de%20autoria%20do%20deputado%20Ricardo,uma%20sess%C3%A3o%20extrajudicial%20%28chamada%20de%20autocomposi%C3%A7%C3%A3o%29%20para%20%28...%29. Acesso em: 05 set. 2023.

BRASIL. Câmara dos Deputados. *Projeto de Lei 3293 de 2021*. Altera a Lei 9.307, de 23 de setembro de 1996, para disciplinar a atuação do árbitro, aprimorar o dever de revelação, estabelecer a divulgação das informações após o encerramento do procedimento arbitral e a publicidade das ações anulatórias, além de dar outras providências. Disponível em: https://www.camara.leg.br/propostas-legislativas/2300144. Acesso em: 07 jul. 2023.

BRASIL. *Código de Processo Civil (2015)*. Exposição de motivos do Código de Processo Civil. Código de Processo Civil Brasileiro. Brasília, DF: Senado, 2015.

BRASIL. *Código de Processo Civil e normas correlatas*. 7. ed. Brasília: Senado Federal, 2015. Disponível em: www2.senado.leg.br/bdsf/bitstream/handle/id/512422/001041135.pdf. Acesso em: 10 de abr. 2023.

BRASIL. Congresso Nacional. Senado Federal. Comissão de Juristas Responsável pela Elaboração de Anteprojeto de Reforma do Código de Processo Civil. *Anteprojeto do novo Código de Processo Civil*. Brasília: Senado Federal, Presidência, 2010. Disponível em: http://www.senado.gov.br/senado/novocpc/pdf/anteprojeto.pdf. Acesso em: 20 jan. 2014.

BRASIL. Constituição (1824). *Constituição Política do Império do Brazil*. Constituição Política do Império do Brasil, elaborada por um Conselho de Estado e outorgada pelo Imperador D. Pedro I, em 25.03.1824.

BRASIL. Constituição (1988). *Constituição da República Federativa do Brasil*. Brasília: Senado Federal, 1988.

BRASIL. [Constituição (1988)]. *Constituição da República Federativa do Brasil de 1988*. Brasília, DF: Presidência da República, [2020]. Disponível em: http://www.planalto.gov.br/ccivil_03/constituicao/ConstituicaoCompilado.htm. Acesso em: 08 set. 2020.

BRASIL. Conselho Nacional de Justiça. *1º Caderno de Enunciados FONAREF*. Brasília, CNJ, 2023. Disponível em: https://www.cnj.jus.br/wp-content/uploads/2023/03/1o-caderno-de-enunciados-fonaref-portal.pdf. Acesso em: 03 set. 2023.

BRASIL. Conselho Nacional de Justiça. *Agenda 2030 no Poder Judiciário*: Comitê Interinstitucional. Disponível em: https://www.cnj.jus.br/programas-e-acoes/agenda-2030/. Acesso em: 30 jul. 2020.

BRASIL. Conselho Nacional de Justiça. Atos Normativos. Disponível em: https://www.cnj.jus.br/atos_normativos/. Acesso em: 06 ago. 2023.

BRASIL. Conselho Nacional de Justiça. *CNJ premia Mercado Livre por conciliar conflitos antes do processo judicial*. Disponível em: https://www.cnj.jus.br/cnj-premia-mercado-livre-por-conciliar-conflitos-antes-do-processo-judicial/. Acesso em: 28 jul. 2020.

BRASIL. Conselho Nacional de Justiça. *Conflitos familiares são os mais suscetíveis a acordos, aponta pesquisa*. 31 maio 2019. Disponível em: https://www.cnj.jus.br/conflitos-familiares-sao-os-mais-suscetiveis-a-acordos-aponta-pesquisa/. Acesso em: 29 dez. 2022.

BRASIL. Conselho Nacional de Justiça. *Diagnóstico do contencioso judicial tributário brasileiro*: relatório final de pesquisa. Brasília: CNJ, 2022. Disponível em: https://www.cnj.jus.br/publicacoes/. Acesso em 10 jun. 2022.

BRASIL. Conselho Nacional de Justiça. *Diagnóstico sobre Obras Paralisadas*. Conselho Nacional de Justiça. 2019. Disponível em: https://www.cnj.jus.br/pesquisas-judiciarias/diagnostico-sobre-obras-paradas/. Acesso em: 05 abr. 2021.

BRASIL. Conselho Nacional de Justiça. *Estatísticas Processuais de Direito à Saúde*. Disponível em: https://paineisanalytics.cnj.jus.br/single/?appid=a6dfbee4-bcad-4861-98ea-4b5183e29247&sheet=87ff247a-22e0-4a66-ae83-24fa5d92175a&opt=ctxmenu,currsel. Acesso em: 16 jan. 2023.

BRASIL. Conselho Nacional de Justiça. *Guia de Conciliação e mediação*: orientações para implantação de CEJUSC. Brasília, CNJ, 2015. Disponível em: https://bibliotecadigital.cnj.jus.br/handle/123456789/717. Acesso em: 18 ago. 2015.

BRASIL. Conselho Nacional de Justiça. *Inteligência artificial na Justiça*. TOFFOLI, José Antônio Dias; GUSMÃO, Bráulio Gabriel (coord.). Brasília: CNJ, 2019. Disponível em: https://www.cnj.jus.br/wp-content/uploads/2020/05/Inteligencia_artificial_no_poder_judiciario_brasileiro_2019-11-22.pdf. Acesso em: 17 jul. 2020.

BRASIL. Conselho Nacional de Justiça. *Introduzindo a Justiça Restaurativa no Sistema de Ensino*: Uma parceria entre o Sistema de Justiça e a Comunidade. Brasília: CNJ, 2022. Disponível em: https://www.cnj.jus.br/wp-content/uploads/2023/08/projeto-justica-restaurativa-nas-escolas-geral-29-08-2023.pdf. Acesso em: 7 ago. 2023.

BRASIL. Conselho Nacional de Justiça. *Jurisprudência Administrativa*: Conciliação e Mediação. Brasília, CNJ, 2020. Disponível em: https://bibliotecadigital.cnj.jus.br/jspui/bitstream/123456789/190/1/Relatorio_de_Jurisprudencia_Administrativa_Conciliacao_e_Mediacao_2020-08-31.pdf. Acesso em: 05 mar. 2023.

BRASIL. Conselho Nacional de Justiça. *Justiça em números 2020*. Brasília, CNJ, 2020. Disponível em: https://www.cnj.jus.br/wp-content/uploads/2020/08/WEB-V3-Justi%C3%A7a-em-N%C3%BAmeros-2020-atualizado-em-25-08-2020.pdf. Acesso em: 2 abr. 2021.

BRASIL. Conselho Nacional de Justiça. *Justiça em números 2022*. Brasília, CNJ, 2022. Disponível em: https://www.cnj.jus.br/wp-content/uploads/2022/09/justica-em-numeros-2022.pdf. Acesso em: 29 dez. 2022.

BRASIL. Conselho Nacional de Justiça. *Justiça em números 2023*. Brasília, CNJ, 2023. Disponível em: https://www.cnj.jus.br/wp-content/uploads/2023/09/justica-em-numeros-2023-010923.pdf. Acesso em: 13 set. 2023.

BRASIL. Conselho Nacional de Justiça. *Manual de Mediação Judicial*. 5. ed. Brasília: Conselho Nacional de Justiça, 2015. Disponível em: https://www.cnj.jus.br/wp-content/uploads/2015/06/f247f5ce60df2774c59d6e2dddbfec54.pdf. P. 73-76. Acesso em: 29 abr. 2023.

BRASIL. Conselho Nacional de Justiça. *Macroprocessos do CNJ classificados por linha de atuação*. Brasília, CNJ. Disponível em: http://www.cnj.jus.br/sobre-o-cnj/macroprocessos. Acesso em: 08 jan. 2015.

BRASIL. Conselho Nacional de Justiça. *Mapeamento dos Programas de Justiça Restaurativa*. Brasília: CNJ, 2019. Disponível em: https://www.cnj.jus.br/wp-content/uploads/conteudo/arquivo/2019/06/8e6cf55c06c5593974bfb8803a8697f3.pdf. Acesso em: 15 ago. 2023.

REFERÊNCIAS BIBLIOGRÁFICAS **725**

BRASIL. Conselho Nacional de Justiça. *Mediação*: ação concilia 75% dos casos familiares no espírito santo. 20 jun. 2018. Disponível em: https://www.cnj.jus.br/mediacao-acao-concilia-75-dos-casos-familiares-no-espirito-santo/. Acesso em: 29 dez. 2022.

BRASIL. Conselho Nacional de Justiça. *Movimento pela Conciliação*. Disponível em: https://www.cnj.jus.br/programas-e-acoes/conciliacao-e-mediacao/movimento-pela-conciliacao/. Acesso em: 05 mar. 2023.

BRASIL. Conselho Nacional de Justiça. *Painel CACOL*. Disponível em: https://paineisanalytics.cnj.jus.br/single/?appid=1d54bc4d-81c7-45ae-b110-7794758c17b2&sheet=c95a13f7-32bd-4976-abfd-24d3234ea5f6&lang=pt-BR&opt=ctxmenu,currsel. Acesso em: 15 set. 2023.

BRASIL. Conselho Nacional de Justiça. *Painel de Projetos com Inteligência Artificial no Poder Judiciário*. Disponível em: https://paineisanalytics.cnj.jus.br/single/?appid=29d710f7-8d8f-47be-8af8-a9152545b771&sheet=b8267e5a-1f1f-41a7-90ff-d7a2f4ed34ea&lang=pt-BR&opt=ctxmenu,currsel. Acesso em: 06 ago. 2023.

BRASIL. Conselho Nacional de Justiça. *Painel "grandes litigantes"*. Disponível em: https://grandes-litigantes.stg.cloud.cnj.jus.br/. Acesso em: 15 ago. 2022.

BRASIL. Conselho Nacional de Justiça. *Painéis CNJ – Módulo de Produtividade Mensal do Sistema de Estatísticas do Poder Judiciário (SIESPJ)*. Disponível em: https://paineis.cnj.jus.br/QvAJAXZfc/opendoc.htm?document=qvw_l%2FPainelCNJ.qvw&host=QVS%40neodimio03&anonymous=true&sheet=shPDPrincipal. Acesso em: 15 abr. 2021.

BRASIL. Conselho Nacional de Justiça. *Pesquisa de percepção dos magistrados, servidores e advogados quanto à especialização de varas por competência e a unificação de cartórios judiciais*. Brasília/DF, 2020. Disponível em: https://www.cnj.jus.br/wp-content/uploads/2020/08/Relatorio-de-unificacao-dos-cartorios_2020-08-25_3.pdf. Acesso em: 16 abr. 2021.

BRASIL. Conselho Nacional de Justiça. *Plataforma Digital do Poder Judiciário*. Disponível em: https://www.cnj.jus.br/tecnologia-da-informacao-e-comunicacao/plataforma-digital-do-poder-judiciario-brasileiro-pdpj-br/. Acesso em: 10 jul. 2021.

BRASIL. Conselho Nacional de Justiça. *Portaria 40, de 27 de fevereiro de 2019*. Inclui incisos XVI e XVII ao art. 2º da Portaria 162, de 19 de dezembro de 2018, que institui Grupo de Trabalho para contribuir com modernização e efetividade da atuação do Poder Judiciário nos processos de recuperação judicial e de falência. Brasília, DF: Conselho Nacional de Justiça, 2019. Disponível em: https://atos.cnj.jus.br/atos/detalhar/atos-normativos?documento=2841. Acesso em: 16 abr. 2021.

BRASIL. Conselho Nacional de Justiça. *Portaria 59, de 25 de abril de 2023*. Institui o Regimento Interno da Comissão de Prevenção e Enfrentamento do Assédio Moral e do Assédio Sexual no âmbito do Conselho Nacional de Justiça. *Diário de Justiça Eletrônico*, Brasília, DF, 14 jun. 2023. p. 4-8. Disponível em: https://atos.cnj.jus.br/atos/detalhar/5151. Acesso em: 23 set. 2023.

BRASIL. Conselho Nacional de Justiça. *Portaria 61, de 31 de março de 2020*. Institui a plataforma emergencial de videoconferência para realização de audiências e sessões de julgamento nos órgãos do Poder Judiciário, no período de isolamento social, decorrente da pandemia Covid-19. *Diário de Justiça Eletrônico*, Brasília, DF, 01 abr. 2020. p. 2. Disponível em: https://atos.cnj.jus.br/atos/detalhar/3266. Acesso em: 30 jul. 2020.

BRASIL. Conselho Nacional de Justiça. *Portaria 74, de 13 de maio de 2019*. Inclui os incisos XVIII a XX ao art. 2º da Portaria 162, de 19 de dezembro de 2018, que institui Grupo de Trabalho para contribuir com modernização e efetividade da atuação do Poder Judiciário nos processos de recuperação judicial e de falência. Brasília, DF: Conselho Nacional de Justiça, 2019. Disponível em: https://atos.cnj.jus.br/atos/detalhar/atos-normativos?documento=2907. Acesso em: 16 abr. 2021.

BRASIL. Conselho Nacional de Justiça. *Portaria 119, de 21 de agosto de 2019*. Institui o Laboratório de Inovação, Inteligência e Objetivos de Desenvolvimento Sustentável (LIODS) e dá outras providências. *Diário de Justiça Eletrônica*, Brasília, DF, 22 ago. 2019. p. 2. Disponível em: https://atos.cnj.jus.br/atos/detalhar/2986. Acesso em: 30 jul. 2020.

BRASIL. Conselho Nacional de Justiça. *Portaria 162, de 19 de dezembro de 2018.* Institui Grupo de Trabalho para contribuir com a modernização e efetividade da atuação do Poder Judiciário nos processos de recuperação judicial e de falência. Brasília, DF: Conselho Nacional de Justiça, 2018. Disponível em: https://atos.cnj.jus.br/atos/detalhar/2787. Acesso em: 16 abr. 2021.

BRASIL. Conselho Nacional de Justiça. *Programas e Ações.* [s.d.]. [Brasília, DF]. Disponível em: https://www.cnj.jus.br/programas-e-acoes/forum-da-saude-3/documentos-2-2/. Acesso em: 03 jan. 2023.

BRASIL. Conselho Nacional de Justiça. *Protocolo para julgamento com perspectiva de gênero.* Brasília: CNJ, 2021. Disponível em: https://www.cnj.jus.br/wp-content/uploads/2021/10/protocolo-18-10-2021-final.pdf. Acesso em: 13 ago. 2023.

BRASIL. Conselho Nacional de Justiça. *Provimento 67, de 26 de março de 2018.* Dispõe sobre os procedimentos de conciliação e de mediação nos serviços notariais e de registro do Brasil. Brasília, DF: Conselho Nacional de Justiça. Disponível em: https://atos.cnj.jus.br/atos/detalhar/2532. Acesso em: 15 dez. 2022.

BRASIL. Conselho Nacional de Justiça. Provimento 149, de 30 de agosto de 2023. Institui o Código Nacional de Normas da Corregedoria Nacional de Justiça do Conselho Nacional de Justiça – Foro Extrajudicial (CNN/CN/CNJ-Extra), que regulamenta os serviços notariais e de registro. *Diário de Justiça Eletrônico*, Brasília, DF, 04 set. 2023. p. 7-242. Disponível em: atos.cnj.jus.br/atos/detalhar/5243. Acesso em: 13 set. 2023.

BRASIL. Conselho Nacional de Justiça. Recomendação 21, de 02 de dezembro de 2015. Recomenda aos Tribunais e Corregedorias de Justiça a utilização de mecanismos consensuais de resolução de conflitos quando diante de infrações de natureza administrativo-disciplinar que apresentem reduzido potencial de lesividade. *Diário de Justiça Eletrônico*, Brasília, DF, 04 dez. 2015. p. 12-13. Disponível em: atos.cnj.jus.br/atos/detalhar/3029. Acesso em: 11 set. 2023.

BRASIL. Conselho Nacional de Justiça. Recomendação 58, de 22 de outubro de 2019. Recomenda aos magistrados responsáveis pelo processamento e julgamento dos processos de recuperação empresarial e falências, de varas especializadas ou não, que promovam, sempre que possível, o uso da mediação. *Diário de Justiça Eletrônico*, Brasília, DF, 30 out. 2019. p. 4-6. Disponível em: https://atos.cnj.jus.br/atos/detalhar/3070. Acesso em: 25 jul. 2020.

BRASIL. Conselho Nacional de Justiça. *Recomendação 71, de 05 de agosto de 2020.* Dispõe sobre a criação do Centros Judiciários de Solução de Conflitos e Cidadania – Cejusc Empresarial e fomenta o uso de métodos adequados de tratamento de conflitos de natureza empresarial. Brasília, DF: Conselho Nacional de Justiça. Disponível em: https://atos.cnj.jus.br/atos/detalhar/3434. Acesso em: 13 abr. 2021.

BRASIL. Conselho Nacional de Justiça. Recomendação 73, de 20 de agosto de 2020. Recomenda aos órgãos do Poder Judiciário brasileiro a adoção de medidas preparatórias e ações iniciais para adequação às disposições contidas na Lei Geral de Proteção de Dados – LGPD. *Diário de Justiça Eletrônico*, Brasília, DF, 21 ago. 2020. p. 9-11. Disponível em: https://atos.cnj.jus.br/atos/detalhar/3432. Acesso em: 30 ago. 2020.

BRASIL. Conselho Nacional de Justiça. Recomendação 101, de 12 de julho de 2021. Recomenda aos tribunais brasileiros a adoção de medidas específicas para o fim de garantir o acesso à Justiça aos excluídos digitais. *Diário de Justiça Eletrônico*, Brasília, DF, 14 jul. 2021. p. 2-3. Disponível em: atos.cnj.jus.br/atos/detalhar/4036. Acesso em: 06 ago. 2023.

BRASIL. Conselho Nacional de Justiça. Recomendação 125, de 24 de dezembro de 2021. Dispõe sobre os mecanismos de prevenção e tratamento do superendividamento e a instituição de Núcleos de Conciliação e Mediação de conflitos oriundos de superendividamento, previstos na Lei 14.181/2021. *Diário de Justiça Eletrônico*, Brasília, DF. p. 2-7.

BRASIL. Conselho Nacional de Justiça. Recomendação 134, de 09 de setembro de 2022. Dispõe sobre o tratamento dos precedentes no Direito brasileiro. *Diário de Justiça Eletrônico*, Brasília, DF. p. 2-6. Disponível em: https://atos.cnj.jus.br/atos/detalhar/4740. Acesso em: 22 nov. 2022.

BRASIL. Conselho Nacional de Justiça. *Relatório Justiça em Números.* Disponível em: https://www.cnj.jus.br/pesquisas-judiciarias/justica-em-numeros/. Acesso em: 13 abr. 2021.

BRASIL. Conselho Nacional de Justiça. *Remuneração dos Mediadores e dos Conciliadores Judiciais.* Disponível em: https://bibliotecadigital.cnj.jus.br/jspui/bitstream/123456789/191/1/Remuneracao_de_mediadores_e_conciliadores_2020_09_14.pdf. Acesso em: 13 dez. 2021.

BRASIL. Conselho Nacional de Justiça. *Resolução 107, de 06 de abril de 2010.* Institui o Fórum Nacional do Judiciário para monitoramento e resolução das demandas de assistência à saúde. Brasília, DF: CNJ, 2010. Disponível em: https://atos.cnj.jus.br/atos/detalhar/173. Acesso em: 01 jun. 2022.

BRASIL. Conselho Nacional de Justiça. Resolução 125, de 29 de novembro de 2010. Dispõe sobre a Política Judiciária Nacional de tratamento adequado dos conflitos de interesses no âmbito do Poder Judiciário e dá outras providências. *Diário de Justiça Eletrônico,* Brasília, DF, 1 dez. 2010. p. 2-14.

BRASIL. Conselho Nacional de Justiça. Resolução 219, de 26 de abril de 2016. Dispõe sobre a distribuição de servidores, de cargos em comissão e de funções de confiança nos órgãos do Poder Judiciário de primeiro e segundo graus e dá outras providências. *Diário de Justiça Eletrônico,* 27 abr. 2016. p. 65-92. Disponível em: https://atos.cnj.jus.br/atos/detalhar/atos-normativos?documento=2274. Acesso em: 30 ago. 2020.

BRASIL. Conselho Nacional de Justiça. Resolução 225, de 31 de maio de 2016. Dispõe sobre a Política Nacional de Justiça Restaurativa no âmbito do Poder Judiciário e dá outras providências. *Diário de Justiça Eletrônico,* Brasília, DF, 2 jun. 2016. p. 28-33. Disponível em: https://atos.cnj.jus.br/atos/detalhar/2289. Acesso em: 23 abr. 2023.

BRASIL. Conselho Nacional de Justiça. Resolução 261, de 11 de setembro de 2018. Cria e institui a Política e o Sistema de Solução Digital da Dívida Ativa, estabelece diretrizes para a criação de Grupo de Trabalho Interinstitucional e dá outras providências. *Diário de Justiça Eletrônico,* Brasília, DF, 12 set. 2018. p. 6-9. Disponível em https://atos.cnj.jus.br/atos/detalhar/2689. Acesso em: 30 jul. 2020.

BRASIL. Conselho Nacional de Justiça. Resolução 271, de 11 de dezembro de 2018. Fixa parâmetros de remuneração a ser paga aos conciliadores e mediadores judiciais, nos termos do disposto no art. 169 do Código de Processo Civil – Lei 13.105/2015 – e no art. 13 da Lei de Mediação – Lei 13.140/2015. *Diário de Justiça,* 12 dez. 2018. p. 12-14. Disponível em: https://atos.cnj.jus.br/atos/detalhar/2780. Acesso em: 30 ago. 2020.

BRASIL. Conselho Nacional de Justiça. Resolução 288 de, 25 de junho de 2019. Define a política institucional do Poder Judiciário para a promoção da aplicação de alternativas penais, com enfoque restaurativo, em substituição à privação de liberdade. *Diário de Justiça Eletrônico,* Brasília, DF, 02 jun. 2019. p. 4-5. Disponível em: https://atos.cnj.jus.br/atos/detalhar/2957. Acesso em: 15 ago. 2023.

BRASIL. Conselho Nacional de Justiça. *Resolução 290, de 13 de agosto de 2019.* Altera a Resolução 125, de 29 de novembro de 2010, para estabelecer critério de aferição da produtividade decorrente da atuação dos Centros Judiciários de Solução de Conflitos e Cidadania – CEJUSCs. Disponível em: https://atos.cnj.jus.br/atos/detalhar/atos-normativos?documento=2979. Acesso em: 13 abr. 2021.

BRASIL. Conselho Nacional de Justiça. Resolução 296, de 19 de setembro de 2019. Cria e revoga Comissões Permanentes no âmbito do Conselho Nacional de Justiça. *Diário de Justiça Eletrônico,* Brasília, DF, 9 out. 2019. p. 2-5. Disponível em: https://atos.cnj.jus.br/atos/detalhar/3038. Acesso em: 30 jul. 2020.

BRASIL. Conselho Nacional de Justiça. Resolução 303, de 18 de dezembro de 2019. Dispõe sobre a gestão dos precatórios e respectivos procedimentos operacionais no âmbito do Poder Judiciário. *Diário de Justiça Eletrônico,* Brasília, DF, 19 dez. 2019. p. 21-37. Disponível em: https://atos.cnj.jus.br/atos/detalhar/3130. Acesso em: 28 mar. 2020.

BRASIL. Conselho Nacional de Justiça. Resolução 322, de 01 de junho de 2020. Estabelece, no âmbito do Poder Judiciário, medidas para retomada dos serviços presenciais, observadas as ações necessárias para prevenção de contágio pelo novo Coronavírus – Covid-19, e dá outras providências. *Diário de Justiça Eletrônico,* Brasília, DF, 01 jun. 2020. p. 2-4. Disponível em: https://atos.cnj.jus.br/atos/detalhar/3333. Acesso em: 30 jul. 2020.

BRASIL. Conselho Nacional de Justiça. Resolução 326, de 26 de junho de 2020. Dispõe sobre alterações formais nos textos das Resoluções do Conselho Nacional de Justiça. *Diário de Justiça Eletrônico,*

Brasília, DF, 30 jun. 2020. p. 10-27. Disponível em: https://atos.cnj.jus.br/atos/detalhar/3366. Acesso em: 13 abr. 2021.

BRASIL. Conselho Nacional de Justiça. Resolução 332, de 21 de agosto de 2020. Dispõe sobre a ética, a transparência e a governança na produção e no uso de Inteligência Artificial no Poder Judiciário e dá outras providências. *Diário de Justiça Eletrônico*, Brasília, DF, 25 ago. 2020. p. 4-8. Disponível em: https://atos.cnj.jus.br/atos/detalhar/3429. Acesso em: 30 ago. 2020.

BRASIL. Conselho Nacional de Justiça. Resolução 341, de 07 outubro de 2020. Determina aos tribunais brasileiros a disponibilização de salas para depoimentos em audiências por sistema de videoconferência, a fim de evitar o contágio pela Covid-19. *Diário de Justiça Eletrônico*, Brasília, DF, 8 out. 2020. p. 5-7. Disponível em: atos.cnj.jus.br/atos/detalhar/3508. Acesso em: 06 ago. 2023.

BRASIL. Conselho Nacional de Justiça. Resolução 347, de 13 de outubro de 2020. Dispõe sobre a Política de Governança das Contratações Públicas no Poder Judiciário. *Diário de Justiça Eletrônico*, Brasília, DF, 15 out. 2020. p. 2-12.

BRASIL. Conselho Nacional de Justiça. Resolução 350, de 27 de outubro de 2020. Estabelece diretrizes e procedimentos sobre a cooperação judiciária nacional entre os órgãos do Poder Judiciário e outras instituições e entidades, e dá outras providências. *Diário de Justiça Eletrônico*, 29 out. 2020. p. 8-15. Disponível em: https://atos.cnj.jus.br/atos/detalhar/3556. Acesso em: 22 maio 2023.

BRASIL. Conselho Nacional de Justiça. Resolução 401, de 16 de jun. 2021. Dispõe sobre o desenvolvimento de diretrizes de acessibilidade e inclusão de pessoas com deficiência nos órgãos do Poder Judiciário e de seus serviços auxiliares, e regulamenta o funcionamento de unidades de acessibilidade e inclusão. *Diário de Justiça Eletrônico*, Brasília, DF, 18 jun. 2021. p. 47-59. Disponível em: atos.cnj.jus.br/atos/detalhar/3987. Acesso em: 26 ago. 2023.

BRASIL. Conselho Nacional de Justiça. Resolução 406, de 16 de agosto de 2021. Dispõe sobre a criação e o funcionamento do Núcleo de Mediação e Conciliação (Numec), no âmbito do Conselho Nacional de Justiça e dá outras providências. *Diário de Justiça Eletrônico*, Brasília, DF, 18 ago. 2021. p. 36-38. Disponível em: https://atos.cnj.jus.br/atos/detalhar/4062. Acesso em: 05 mar. 2023.

BRASIL. Conselho Nacional de Justiça. Resolução 471, de 31 de agosto de 2022. Dispõe sobre a Política Judiciária Nacional de Tratamento Adequado à Alta Litigiosidade do Contencioso Tributário no âmbito do Poder Judiciário e dá outras providências. *Diário de Justiça Eletrônico*, Brasília, DF, 5 set. 2022. p. 10-13. Disponível em: https://atos.cnj.jus.br/atos/detalhar/4720. Acesso em: 15 maio 2023.

BRASIL. Conselho Nacional de Justiça. Resolução 508, de 22 de junho de 2023. Dispõe sobre a instalação de Pontos de Inclusão Digital (PID) pelo Poder Judiciário. *Diário de Justiça Eletrônico*, Brasília, DF, 27 jun. 2023. p. 2-4. Disponível em: atos.cnj.jus.br/atos/detalhar/5166. Acesso em: 26 ago. 2023.

BRASIL. Conselho Nacional de Secretários de Saúde. *Saúde Suplementar*. Brasília: CONASS, 2011. [Livro Digital]. Disponível em: https://www.conass.org.br/bibliotecav3/pdfs/colecao2011/livro_12.pdf. Acesso em: 24 dez. 2021.

BRASIL. Conselho Nacional do Ministério Público. Recomendação 54, de 28 de março de 2017. Dispõe sobre a Política Nacional de Fomenta à Atuação Resolutiva do Ministério Público brasileiro. *Diário Eletrônico do CNMP*, Brasília, DF, 19 abr. 2017. Disponível em: https://www.cnmp.mp.br/portal/atos-e-normas-busca/norma/4891. Acesso em: 11 set. 2023.

BRASIL. Conselho Nacional do Ministério Público. Resolução 118, de 1º de dezembro de 2014. Dispõe sobre a Política Nacional de Incentivo à Autocomposição no âmbito do Ministério Público e dá outras providências. *Diário Oficial da União*, Brasília, DF, 27 jan. 2015. Disponível em: https://www.cnmp. mp.br/portal/images/Resolucoes/Resolucao-118-1.pdf. Acesso em: 13 ago. 2023.

BRASIL. Conselho Nacional do Ministério Público. Resolução 181, de 7 de agosto de 2017. Dispõe sobre instauração e tramitação do procedimento investigatório criminal a cargo do Ministério Público. *Diário Eletrônico do CNMP*, Brasília, DF, 08 jun. 2017. Disponível em: https://www.cnmp.mp.br/portal/images/ Resolucoes/Resoluo-181-1.pdf. Acesso em: 15 ago. 2023.

BRASIL. Conselho Nacional do Ministério Público. Resolução 243, de 18 de outubro de 2021. Dispõe sobre a Política Institucional de Proteção Integral e de Promoção de Direitos e Apoio às Vítimas. *Diário Eletrônico do CNMP*, Brasília, DF, 22 out. 2021. Disponível em: https://www.cnmp.mp.br/portal/atos-e-normas/norma/8398/. Acesso em: 07 ago. 2023.

BRASIL. Conselho Nacional de Justiça. *Os cem maiores litigantes*. Brasília, DF, 2012. Disponível em: https://www.cnj.jus.br/wp-content/uploads/2011/02/100_maiores_litigantes.pdf. Acesso em: 06 jan. 2022.

BRASIL. Conselho Nacional do Ministério Público. Resolução 179, de 26 de julho de 2017. Regulamenta o § 6º do art. 5º da Lei 7.347/1985, disciplinando, no âmbito do Ministério Público, a tomada do compromisso de ajustamento de conduta. *Diário Eletrônico do CNMP*, Brasília, DF, 08 set. 2017.

BRASIL. *Decreto 737, de 25 de novembro de 1850*. Determina a ordem do Juizo no Processo Commercial. Disponível em: https://www2.camara.leg.br/legin/fed/decret/1824-1899/decreto-737-25-novembro-1850-560162-publicacaooriginal-82786-pe.html. Acesso em 27 ago. 2023.

BRASIL. Decreto 9.830, de 10 de junho de 2019. Regulamenta o disposto nos art. 20 ao art. 30 do Decreto-Lei 4.657, de 4 de setembro de 1942, que institui a Lei de Introdução às normas do Direito brasileiro. *Diário Oficial da União*, Brasília, DF, 16 jun. 2019. Disponível em: https://www.planalto.gov.br/ccivil_03/_ato2019-2022/2019/decreto/D9830.htm. Acesso em: 9 set. 2023.

BRASIL. Decreto 10.332, de 28 de abril de 2020. Institui a Estratégia de Governo Digital para o período de 2020 a 2022, no âmbito dos órgãos e das entidades da administração pública federal direta, autárquica e fundacional e dá outras providências. *Diário Oficial da União*, Brasília, DF, 29 abr. 2020. Disponível em: https://www.planalto.gov.br/ccivil_03/_ato2019-2022/2020/decreto/d10332.htm. Acesso em: 26 jul. 2023.

BRASIL. Decreto-lei 4.657, de 4 de setembro de 1942. *Lei de Introdução às normas do Direito Brasileiro*. Rio de Janeiro, RJ: Presidência da República, [2018]. Disponível em: https://www.planalto.gov.br/ccivil_03/decreto-lei/del4657compilado.htm. Acesso em: 15 dez. 2022.

BRASIL. *Exposição de Motivos Interministerial (EMI) 268/2019/ME/AGU*. Disponível em: https://legis.senado.leg.br/sdleg-getter/documento?dm=8026798&ts=1612516607048&disposition=inline. Acesso em: 22 abr. 2021.

BRASIL. Instituto Brasileiro de Geografia e Estatística. *Pesquisa Nacional de Saúde*. Disponível em: https://www.ibge.gov.br/estatisticas/sociais/saude/9160-pesquisa-nacional-de-saude.html?=&t=resultados. Acesso em: 15 jan. 2023.

BRASIL. *Lei 29 de novembro de 1832*. Promulga o Codigo do Processo Criminal de primeira instancia com disposição provisoria ácerca da administração da Justiça Civil. Disponível em: https://www.planalto.gov.br/ccivil_03/leis/lim/lim-29-11-1832.htm. Acesso em: 13 ago. 2023.

BRASIL. Lei 5.172, de 25 de outubro de 1966. Dispõe sobre o Sistema Tributário Nacional e institui normas gerais de direito tributário aplicáveis à União, Estados e Municípios. *Diário Oficial da União*, Brasília, CF, 27 out. 1966.

BRASIL. Lei 5.869, de 11 de janeiro de 1973. Institui o Código de Processo Civil. *Diário Oficial da União*, Brasília, CF, 17 jan. 1973.

BRASIL. Lei 8.078, de 11 de setembro de 1990. Dispõe sobre a proteção do consumidor e dá outras providências. *Diário Oficial da União*, Brasília, DF, 12 set. 1990.

BRASIL. *Lei 8.080, de 19 de setembro de 1990*. Dispõe sobre as condições para a promoção, proteção e recuperação da saúde, a organização e o funcionamento dos serviços correspondentes e dá outras providências. Brasília, DF: Presidência da República, [2017]. Disponível em: http://www.planalto.gov.br/ccivil_03/leis/l8080.htm. Acesso em: 07 jan. 2023.

BRASIL. Lei 8.112, de 11 de dezembro de 1990. Dispõe sobre o regime jurídico dos servidores públicos civis da União, das autarquias e das fundações públicas federais. *Diário Oficial da União*, Brasília, DF, 19 abr. 1991. Disponível em: https://www.planalto.gov.br/ccivil_03/leis/l8112cons.htm. Acesso em: 9 set. 2023.

BRASIL. Lei 8.429, de 2 de junho de 1992. Dispõe sobre as sanções aplicáveis em virtude da prática de atos de improbidade administrativa, de que trata o § 4º do art. 37 da Constituição Federal; e dá outras providências. *Diário Oficial da União*, Brasília, DF, 03 jun. 1992.

BRASIL. Lei 9.307, de 23 de setembro de 1996. Dispõe sobre a arbitragem. *Diário Oficial da União*, Brasília, DF, 24 set. 1996.

BRASIL. Lei 9.615, de 24 de março de 1998. Institui normas gerais sobre desporto e dá outras providências. *Diário Oficial da União*, Brasília, DF, 25 mar. 1998. Disponível em: https://www.planalto.gov.br/ccivil_03/leis/l9615consol.htm. Acesso em: 9 set. 2023.

BRASIL. Lei 10.406, de 10 de janeiro de 2002. Institui o Código Civil. *Diário Oficial da União*, Brasília, DF, 11 jan. 2002.

BRASIL. *Lei 11.101, de 09 de fevereiro de 2005.* Regula a recuperação judicial, a extrajudicial e a falência do empresário e da sociedade empresária. Brasília, DF: Presidência da República, [2021]. Disponível em: http://www.planalto.gov.br/ccivil_03/_ato2004-2006/2005/lei/l11101.htm. Acesso em: 16 abr. 2021.

BRASIL. Lei 12.529, de 30 de novembro de 2011. Estrutura o Sistema Brasileiro de Defesa da Concorrência; dispõe sobre a prevenção e repressão às infrações contra a ordem econômica; altera a Lei 8.137, de 27 de dezembro de 1990, o Decreto-Lei 3.689, de 3 de outubro de 1941 – Código de Processo Penal, e a Lei 7.347, de 24 de julho de 1985; revoga dispositivos da Lei 8.884, de 11 de junho de 1994, e a Lei 9.781, de 19 de janeiro de 1999; e dá outras providências. *Diário Oficial de Justiça*, Brasília, DF, 01 nov. 2011. Disponível em: https://www.planalto.gov.br/ccivil_03/_ato2011-2014/2011/lei/l12529.htm. Acesso em: 13 ago. 2023.

BRASIL. Lei 12.852, de 2 de agosto de 2013. Define organização criminosa e dispõe sobre a investigação criminal, os meios de obtenção da prova, infrações penais correlatas e o procedimento criminal; altera o Decreto-Lei 2.848, de 7 de dezembro de 1940 (Código Penal); revoga a Lei 9.034, de 3 de maio de 1995; e dá outras providências. *Diário Oficial da União,* Brasília, DF, 05 ago. 2013. Disponível em: https://www.planalto.gov.br/ccivil_03/_ato2011-2014/2013/lei/l12850.htm. Acesso em: 14 ago. 2023.

BRASIL. Lei 12.965, de 23 de abril de 2014. Estabelece princípios, garantias, direitos e deveres para o uso da Internet no Brasil. *Diário Oficial da União*, Brasília, DF, 24 abr. 2014. Disponível em: https://www.planalto.gov.br/ccivil_03/_ato2011-2014/2014/lei/l12965.htm. Acesso em: 26 jul. 2023.

BRASIL. Lei 13.105, de 16 de março de 2015. Institui o Código de Processo Civil. *Diário Oficial da União,* Brasília, DF: Presidência da República, [2021]. Disponível em: http://www.planalto.gov.br/ccivil_03/_ato2015-2018/2015/lei/l13105.htm. Acesso em: 20 ago. 2020.

BRASIL. Lei 13.129, de 26 de maio de 2015. Altera a Lei 9.307, de 23 de setembro de 1996, e a Lei 6.404, de 15 de dezembro de 1976, para ampliar o âmbito de aplicação da arbitragem e dispor sobre a escolha dos árbitros quando as partes recorrem a órgão arbitral, a carta arbitral e a sentença arbitral, e revoga dispositivos da Lei 9.307, de 23 de setembro de 1996. *Diário Oficial da União*, Brasília, DF, 27 maio 2015.

BRASIL. Lei 13.140, de 26 de junho de 2015. Dispõe sobre a mediação entre particulares como meio de solução de controvérsias e sobre a autocomposição de conflitos no âmbito da administração pública; altera a Lei 9.469, de 10 de julho de 1997, e o Decreto 70.235, de 6 de março de 1972; e revoga o § 2º do art. 6º da Lei 9.469, de 10 de julho de 1997. *Diário Oficial da União*, Brasília, DF, 29 jun. 2015.

BRASIL. Lei 13.146, de 6 de julho de 2015. Institui a Lei Brasileira de Inclusão da Pessoa com Deficiência (Estatuto da Pessoa com Deficiência). *Diário Oficial da União*, Brasília, DF, 07 jul. 2015.

BRASIL. *Lei 13.445, de 24 de maio de 2017.* Institui a Lei de Migração. Brasília, DF: Presidência da República, 2017. Disponível em: https://www.planalto.gov.br/ccivil_03/_ato2015-2018/2017/lei/l13445.htm. Acesso em: 04 jan. 2023.

BRASIL. Lei 13.709, de 14 de agosto de 2018. Lei Geral de Proteção de Dados Pessoais (LGPD). *Diário Oficial da União*, Brasília, DF, 15 ago. 2018. Disponível em: https://www.planalto.gov.br/ccivil_03/_ato2015-2018/2018/lei/l13709.htm. Acesso em: 26 jul. 2023.

REFERÊNCIAS BIBLIOGRÁFICAS 731

BRASIL. Lei 13.964, de 24 de dezembro de 2019. A perfeiçoa a legislação penal e processual penal. *Diário Oficial da União*, Brasília, DF, 30 abr. 2021. Disponível em: https://www.planalto.gov.br/ccivil_03/_ato2019-2022/2019/lei/l13964.htm. Acesso em: 14 ago. 2023.

BRASIL. *Lei 14.112, de 24 de dezembro de 2020*. Altera as Leis 11.101, de 9 de fevereiro de 2005, 10.522, de 19 de julho de 2002, e 8.929, de 22 de agosto de 1994, para atualizar a legislação referente à recuperação judicial, à recuperação extrajudicial e à falência do empresário e da sociedade empresária. Brasília, DF: Presidência da República, 2021. Disponível em: http://www.planalto.gov.br/ccivil_03/_ato2019-2022/2020/lei/L14112.htm. Acesso em: 10 abr. 2021.

BRASIL. Lei 14.133, de 1º de abril de 2021. Lei de Licitações e Contratos Administrativos. *Diário Oficial da União*, Brasília, DF, 01 abr. 2021.

BRASIL. Lei 14.671, de 11 de setembro de 2023. Altera a Lei 6.437, de 20 de agosto de 1977, para dispor sobre a celebração de termo de compromisso com a finalidade de promover correções e ajustes às exigências da legislação sanitária. *Diário Oficial da União*, Brasília, DF, 12 set. 2023. Disponível em: http://www.planalto.gov.br/ccivil_03/_ato2023-2026/2023/lei/L14671.htm. Acesso em: 12 set. 2023.

BRASIL. Lei 14.478, de 21 de dezembro de 2022. Dispõe sobre diretrizes a serem observadas na prestação de serviços de ativos virtuais e na regulamentação das prestadoras de serviços de ativos virtuais; altera o Decreto-Lei 2.848, de 7 de dezembro de 1940 (Código Penal), para prever o crime de fraude com a utilização de ativos virtuais, valores mobiliários ou ativos financeiros; e altera a Lei 7.492, de 16 de junho de 1986, que define crimes contra o sistema financeiro nacional, e a Lei 9.613, de 3 de março de 1998, que dispõe sobre lavagem de dinheiro, para incluir as prestadoras de serviços de ativos virtuais no rol de suas disposições. *Diário Oficial da União*, Brasília, DF, 22 dez. 2022. Disponível em: http://www.planalto.gov.br/ccivil_03/_ato2019-2022/2022/lei/L14478.htm. Acesso em: 26 jul. 2023.

BRASIL. Ministério da Administração Federal e Reforma Do Estado (MARE). Presidência da República. Câmara da Reforma do Estado. *Plano Diretor da Reforma do Aparelho de Estado*. Brasília. 1995. Disponível em: http://www.biblioteca.presidencia.gov.br/publicacoes-oficiais/catalogo/fhc/plano-diretor-da-reforma-do-aparelho-do-estado-1995.pdf. Acesso em: 25 dez. 2022.

BRASIL. Nações Unidas. *Brasil assina a Convenção de Singapura sobre Mediação das Nações Unidas*. Disponível em: https://brasil.un.org/pt-br/130591-brasil-assina-conven%C3%A7%C3%A3o-de-singapura-sobre-media%C3%A7%C3%A3o-das-na%C3%A7%C3%B5es-unidas. Acesso em: 6 jul. 2023.

BRASIL. *PEC 207/2019*. Câmara dos Deputados. Disponível em: https://www.camara.leg.br/proposicoesWeb/fichadetramitacao?idProposicao=2231670. Acesso em: 13 maio 2020.

BRASIL. Procuradoria da Fazenda Nacional. *Enunciado 36 do III Fórum Nacional o Poder Público*. O conteúdo da sessão de mediação e de conciliação no âmbito da Administração Pública deve observar o princípio da confidencialidade, previsto nos artigos 30 da Lei 13.140/2015 e 166 do Código de Processo Civil, sem prejuízo da publicidade do resultado alcançado e sua respectiva motivação. São Paulo, SP, 2017. Disponível em: https://d570e1eb-a10c-463a-9569-d50006b87218.filesusr.com/ugd/5436d1_e761f5ea612045649293544379de4ac7.pdf. Acesso em: 18 dez. 2022.

BRASIL. Procuradoria da Fazenda Nacional. *Enunciado 130 do V Fórum Nacional do Poder Público*. O art. 26 da LINDB prevê cláusula geral estimuladora da adoção de meios consensuais pelo Poder Público e, para sua aplicação efetiva e objetiva, recomenda-se a produção de repositório público de jurisprudência administrativa. Recife, PE, 2019. Disponível em: http://www.pge.pe.gov.br/App_Themes/enunciados.pdf. Acesso em: 18 dez. 2022.

BRASIL. Procuradoria da Fazenda Nacional. *Termos de Negócio Jurídico Processual*. Disponível em: https://www.gov.br/pgfn/pt-br/assuntos/divida-ativa-da-uniao/painel-dos-parcelamentos/termos-de-negocio-juridico-processual. Acesso em: 10 jun. 2022.

BRASIL. Rio de Janeiro. *Convênio de Cooperação 003/504/2012*. Rio de Janeiro: RJ, 2012. Disponível em: http://www.fundacaosaude.rj.gov.br/fidelidade/wp-content/uploads/2015/07/17-Anexo-XVII-Termo-de-Coopera%C3%A7%C3%A3o-CRLS.pdf. Acesso em: 20 jan. 2023.

BRASIL. Secretaria de Previdência. *Acordo entre governo federal e Judiciário deve reduzir ações sobre Previdência.* 20 ago. 2019. Disponível em: https://www.gov.br/economia/pt-br/assuntos/noticias/2019/08/acordo-entre-governo-federal-e-judiciario-deve-reduzir-acoes-sobre-previdencia. Acesso em: 13 jan. 2020.

BRASIL. Secretaria Especial da Receita Federal do Brasil. *Estudo sobre impactos dos parcelamentos especiais.* 2017. Disponível em: http://receita.economia.gov.br/dados/20171229-estudo-parcelamentos-especiais.pdf. Acesso em: 25 mar. 2021.

BRASIL. Senado Federal. *Projeto de Lei 872 de 2021.* Dispõe sobre os marcos éticos e as diretrizes que fundamentam o desenvolvimento e o uso da Inteligência Artificial no Brasil. Disponível em: https://www25.senado.leg.br/web/atividade/materias/-/materia/147434. Acesso em: 20 jun. 2021.

BRASIL. Senado Federal. *Projeto de Lei 5.051 de 2019.* Estabelece os princípios para o uso da Inteligência Artificial no Brasil. Disponível em: https://www25.senado.leg.br/web/atividade/materias/-/materia/138790. Acesso em: 20 jun. 2021.

BRASIL. Senado Federal. *Projeto de Lei 4.468 de 2020.* Estabelece os princípios para o uso da Inteligência Artificial no Brasil. Disponível em: https://www25.senado.leg.br/web/atividade/materias/-/materia/144536#:~:text=Projeto%20de%20Lei%20n%C2%B0%204468%2C%20de%202020.%20Assunto%3A,condi%C3%A7%C3%B5es%20para%20o%20seu%20processamento%20e%-20disp%C3%B5e%20. Acesso em: 20 jun. 2021.

BRASIL Superior Tribunal de Justiça. *Acordo com AGU intensifica desjudicialização e alcança mais de dois milhões de processos.* Disponível em: https://www.stj.jus.br/sites/portalp/Paginas/Comunicacao/Noticias/2023/17082023-Acordo-com-AGU-intensifica-desjudicializacao.aspx. Acesso em: 7 set. 2023.

BRASIL. Superior Tribunal de Justiça. *Decisão do STJ leva a mutirão de mediação em Natal que deve beneficiar mais de 800 famílias.* 26 nov. 2021. Disponível em: https://www.stj.jus.br/sites/portalp/Paginas/Comunicacao/Noticias/26112021-Decisao-do-STJ-leva-a-mutirao-de-mediacao-em-Natal-que-deve-beneficiar-mais-de-800-familias.aspx. Acesso em: 26 dez. 2022.

BRASIL. Superior Tribunal de Justiça. *É facultado ao juiz analisar a necessidade de prévio pedido administrativo para a cobrança judicial do DPVAT.* Disponível em: https://www.stj.jus.br/sites/portalp/Paginas/Comunicacao/Noticias/19072022-E-facultado-ao-juiz-analisar-a-necessidade-de-previo-pedido-administrativo-para-a-cobranca-judicial-do-DPVAT.aspx. Acesso em: 20 jul. 2023.

BRASIL. Superior Tribunal de Justiça. *É possível a realização de acordo para exonerar devedor de pensão alimentícia das parcelas vencidas.* 13 jul. 2020. Disponível em: https://www.stj.jus.br/sites/portalp/Paginas/Comunicacao/Noticias/13072020-E-possivel-a-realizacao-de-acordo-para-exonerar-devedor-de-pensao-alimenticia-das-parcelas-vencidas.aspx. Acesso em: 29 dez. 2022.

BRASIL. Superior Tribunal de Justiça. *Mediação de sucesso no STJ reforça possibilidade de solução consensual em qualquer fase do processo.* 01. jun. 2020. Disponível em: https://www.stj.jus.br/sites/portalp/Paginas/Comunicacao/Noticias/Mediacao-de-sucesso-no-STJ-reforca-possibilidade-de-solucao-consensual-em-qualquer-fase-do-processo.aspx. Acesso em: 25 maio 2023.

BRASIL. Superior Tribunal de Justiça. *Quarta turma reconhece acordo em ação já sentenciada e prestigia atuação de centro de conciliação.* 11 dez. 2017. Disponível em: https://www.stj.jus.br/sites/portalp/Paginas/Comunicacao/Noticias-antigas/2017/2017-12-11_09-32_Quarta-Turma-reconhece-acordo-em-acao-ja-sentenciada-e-prestigia-atuacao-de-centro-de-conciliacao.aspx. Acesso em: 25 maio 2023.

BRASIL. Superior Tribunal de Justiça. *Regimento Interno do Superior Tribunal de Justiça.* Brasília: STJ. Disponível em: https://www.stj.jus.br/publicacaoinstitucional/index.php/Regimento/issue/view/1/showToc. Acesso em: 25 maio 2023.

BRASIL. Superior Tribunal de Justiça (1. Seção). Agravo Interno no Mandado de Segurança 24.461/DF 2018/0164040-0. Relator: Ministro Francisco Falcão, julgado em 15 set. 2020, publicado em 21 set. 2020.

BRASIL. Superior Tribunal de Justiça (1. Seção). Recurso Especial 1.369.834/SP – São Paulo. Relator: Min. Benedito Gonçalves, julgado em 24 set. 2014, publicado em 02 dez. 2014.

BRASIL. Superior Tribunal de Justiça (2. Seção). Recurso Especial 1.361.869/SP – São Paulo. Relator: Min. Raul Araújo, julgado em 25 maio 2022, publicado em 24 out. 2022.

REFERÊNCIAS BIBLIOGRÁFICAS 733

BRASIL. Superior Tribunal de Justiça. (1. Turma). Recurso Especial 1.769.949/SP, Processo 2018/0253383-6, Relator: Min. Napoleão Nunes Maia Filho, julgado em 08 set. 2020, publicado em 02 out. 2020.

BRASIL. Superior Tribunal de Justiça (2. Turma). Desistência no Agravo de Recurso Especial 1493182/SP. Relator: Min. Assusete Magalhães, julgado em 20 fev. 2020, publicado em 29 set. 2020.

BRASIL. Superior Tribunal de Justiça (2. Turma). Embargos de Declaração nos Embargos de Declaração no Agravo Interno em Recurso Especial 1.345.423/AL, Relator: Min. Francisco Falcão, Segunda Turma, julgado em 15 ago. 2019, publicado em 23 ago. 2019.

BRASIL. Superior Tribunal de Justiça (2. Turma). Recurso Especial 1.361.869/SP – São Paulo. Relator: Min. Raul Araújo, julgado em 25 maio 2022, publicado em 24 out. 2022.

BRASIL. Superior Tribunal de Justiça (3. Turma). Agravo Interno no Agravo de Recurso Especial 1431884/ES, Relator: Min. Francisco Falcão, julgado em 05 nov. 2019, publicado em 18 nov. 2019.

BRASIL. Superior Tribunal de Justiça (3. Turma). Agravo Interno no Recurso Especial 1793194/PR, Relator: Min. Marco Aurélio Bellizze, julgado em 02 dez. 2019, publicado em 05 dez. 2019.

BRASIL. Superior Tribunal de Justiça (3. Turma). Agravo Regimental no Recurso Especial 1.215.128/RS – Rio Grande do Sul. Relator: Min. Paulo de Tarso Sanseverino, julgado em 20 nov. 2012, publicado em 26 nov. 2012.

BRASIL. Superior Tribunal de Justiça (3. Turma). Recurso Especial 406862/MG, 2002/0008326-5, Relator: Min. Carlos Alberto Menezes Direito, julgado em 08 nov. 2002, publicado em 07 abr. 2003.

BRASIL. Superior Tribunal de Justiça (3. Turma). Recurso Especial 1524130/PR, Relator: Min. Marco Aurélio Bellizze, julgado em 03 dez. 2019, publicado em 06 dez. 2019.

BRASIL. Superior Tribunal de Justiça (3. Turma). Recurso Especial 1707365/MG – Minas Gerais. Relator: Min. Ricardo Villas Bôas Cueva, julgado em 27 nov. 2018, publicado em 06 dez. 2018.

BRASIL. Superior Tribunal de Justiça (3. Turma). Recurso Especial 1.623.475/PR, Relatora: Min. Nancy Andrighi, julgado em 17 abr. 2018, publicado em 20 abr. 2018.

BRASIL. Superior Tribunal de Justiça (3. Turma). Recurso Especial 1.762.957/MG; Processo 2018/0221473-0, Relator: Min. Paulo de Tarso Sanseverino, julgado em 10 mar. 2020, publicado em 18 mar. 2020.

BRASIL. Superior Tribunal de Justiça (3. Turma). Recurso Especial 1.821.906/MG, Relator: Ministro Ricardo Villas Bôas Cueva, julgado em 20 out. 2020, publicado em 12 nov. 2020.

BRASIL. Superior Tribunal de Justiça (3. Turma). Recurso Especial 1.831.660/MA, Relator: Min. Ricardo Villas Bôas Cueva, Terceira Turma, julgado em 10 dez. 2019, publicado em 13 dez. 2019.

BRASIL. Superior Tribunal de Justiça (3. Turma). Recurso Especial 1.851.329, Processo 2018/0210943-4 – RJ. Relator: Min. Nancy Andrighi, julgado em 22 set. 2020, publicado em 28 set. 2020.

BRASIL. Superior Tribunal de Justiça. (3. Turma). Recurso Ordinário em Mandado de Segurança 63.202/MG, 2020/0066317-8, Relator: Min. Marco Aurélio Bellizze, julgaod em 01 dez. 2020, publicado em 18 dez. 2020.

BRASIL. Superior Tribunal de Justiça (4. Turma). Recurso Especial 1531131/AC. Relator: Min. Marco Buzzi, julgado em 07 dez. 2017, publicado em 15 dez. 2017.

BRASIL. Superior Tribunal de Justiça (4. Turma). Agravo Interno no Agravo de Recurso Especial 1126536/RS, Relator: Min. Lázaro Guimarães (Desembargador Convocado do TRF 5ª Região), julgado em 24 out. 2017, publicado em 31 out. 2017.

BRASIL. Superior Tribunal de Justiça (4. Turma). Agravo Interno no Agravo de Recurso Especial 1.861.896/SP, Relator: Min. Marco Buzzi, julgado em 13 jun. 2022, publicado em 17 jun. 2022.

BRASIL. Superior Tribunal de Justiça (4. Turma). Agravo Interno no Recurso Ordinário em Mandado de Segurança 56.422/MS, Processo 2018/0012678-5, Relator: Min. Raul Araújo, julgado em 08 jun. 2021, publicado em 16 jun. 2021.

BRASIL. Superior Tribunal de Justiça (4. Turma). Recurso Especial 1733685/SP, Relator: Min. Raul Araújo, julgado em 06 nov. 2018, publicado em 12 nov. 2018.

BRASIL. Superior Tribunal de Justiça (5. Turma). Agravo Regimental no Habeas Corpus 679.489/SP, Relator: Min. Reynaldo Soares da Fonseca, julgado em 28 set. 2021, publicado em 04 out. 2021.

BRASIL. Superior Tribunal de Justiça (5. Turma). Recurso ordinário em Habeas Corpus 107.603/PR, Rel. Ministro Ribeiro Dantas, julgado em 13 ago. 2019, publicado em 19 ago. 2019.

BRASIL. Superior Tribunal de Justiça. (Corte Especial). Sentença Estrangeira Contestada 854. Relator: Min. Massami Uyeda, julgamento em 16 out. 2013, publicado em 07 nov. 2013.

BRASIL. Superior Tribunal de Justiça. (Corte Especial). Sentença Estrangeira Contestada 978. Relator: Min. Hamilton Carvalhido, julgado em 17 dez. 2008, publicado em 05 mar. 2009.

BRASIL. Superior Tribunal de Justiça. (Corte Especial). Sentença Estrangeira Contestada 8.847. Relator: Min. João Otávio de Noronha, julgado em 20 nov. 2013, publicado em 28 nov. 2013.

BRASIL. Superior Tribunal de Justiça. Recurso Especial 1.349.453 – MS. Relator: Min. Luis Felipe Salomão, julgado em 10 dez. 2014. Disponível em: https://bd.tjmg.jus.br/jspui/bitstream/tjmg/7693/1/STJ%20 REsp%201349453%20Recurso%20Re petitivo.pdf Acesso em: 10 mar. 2022.

BRASIL. Superior Tribunal de Justiça. Tema Repetitivo 1085. Segunda Seção. Tese Firmada: São lícitos os descontos de parcelas de empréstimos bancários comuns em conta-corrente, ainda que utilizada para recebimento de salários, desde que previamente autorizados pelo mutuário e enquanto esta autorização perdurar, não sendo aplicável, por analogia, a limitação prevista no § 1º do art. 1º da Lei n. 10.820/2003, que disciplina os empréstimos consignados em folha de pagamento.

BRASIL. Supremo Tribunal Federal. Disponível em: https://portal.stf.jus.br/. Acesso em: 03 set. 2023.

BRASIL. Supremo Tribunal Federal (1. Turma). Agravo Regimental em Recurso Extraordinário 434519 RS – Rio Grande do Sul. Relator: Min. Marco Aurélio, julgado em 03 set. 2019, publicado em 05 dez. 2019.

BRASIL. Supremo Tribunal Federal (2. Turma). Agravo em Recurso Extraordinário 639.337/SP. Relator: Min. Celso de Mello, 23/08/2011. Publicado em 15/09/2011. Decisão por unanimidade. Disponível em: https://redir.stf.jus.br/paginadorpub/paginador.jsp?docTP=AC&docID=627428. Acesso em: 10 jan. 2023.

BRASIL. Supremo Tribunal Federal (2. Turma). AgR ARE 728.143. Relator: Min. Ricardo Lewandowski, julgado em 11 jun. 2013, publicado em 24 jun. 2013.

BRASIL. Supremo Tribunal Federal. (Tribunal Pleno), Ação Direta de Inconstitucionalidade 1539, 0003441-96.1996.0.01.0000, Relator: Min. Maurício Corrêa, julgado em 24 abr. 2003, publicado em 05 dez. 2003.

BRASIL. Supremo Tribunal Federal. (Tribunal Pleno), Ação Direta de Inconstitucionalidade 3.168/DF, Relator: Min. Joaquim Barbosa, julgado em 08 jun. 2006, publicado em 03 ago. 2007.

BRASIL. Supremo Tribunal Federal. (Tribunal Pleno), Ação Direta de Inconstitucionalidade 5881/DF, Rel. Min. Marco Aurélio, julgado em 09 dez. 2020, DJe 30 mar. 2021.

BRASIL. Supremo Tribunal Federal, (Tribunal Pleno), Agravo Regimental Quarto no Inquérito 4435 DF, 0002716-18.2017.1.00.0000, Relator: Min. Marco Aurélio, Data de Julgamento: 14 mar. 2019. Disponível em: https://portal.stf.jus.br/processos/downloadPeca.asp?id=15340866408&ext=.pdf. Acesso em: 22 maio 2023.

BRASIL. Supremo Tribunal Federal, (Tribunal Pleno), Embargos de Declaração no Agravo Regimental no Recurso extraordinário com Agravo. ARE 1264955 AgR-ED, Relator: Min. Dias Toffoli, julgado em 24 ago. 2020, publicado em 17 set. 2020.

BRASIL. Supremo Tribunal Federal. (Tribunal Pleno), Medida Cautelar na Ação Direta de Constitucionalidade – MC ADC n. 12, Relator: Min. Carlos Britto, julgado em 16 fev. 2006, publicado em 01 set. 2006.

BRASIL. Supremo Tribunal Federal, (Tribunal Pleno), Recurso Extraordinário 631240, Relator: Min. Roberto Barroso, julgado em 03 set. 2014, Acórdão Eletrônico Repercussão Geral – Mérito DJe-220, Divulg 07 nov. 2014, Public 10 nov. 2014 RTJ Vol-00234-01, pp-00220.

BRASIL. Supremo Tribunal Federal, (Tribunal Pleno), Questão de Ordem no Recurso Extraordinário com Agravo 665134/MG – Minas Gerais. Relator: Min. Edson Fachin, julgado em 27 abr. 2020, publicado em 15 jun. 2020.

BRASIL. Supremo Tribunal Federal. Recurso Extraordinário 839.314 – MA, Relator: Min. Luiz Fux, julgado em 10 out. 2014. Disponível em: https://bd.tjmg.jus.br/jspui/bitstream/tjmg/7557/3/STF%20RE%20 839314.pdf Acesso em: 10 mar. 2022.

BRASIL. Supremo Tribunal Federal. Resolução 697, de 06 de agosto de 2020. Dispõe sobre a criação do Centro de Mediação e Conciliação, responsável pela busca e implementação de soluções consensuais no Supremo Tribunal Federal. *Diário da Justiça Eletrônico do STF*, Brasília, DF, 07 ago. 2020.

BRASIL. TRE-AP. *Eleições 2018*: Conciliação eleitoral do TRE-AP pacificou conflitos em locais de votação. Disponível em: http://www.tre-ap.jus.br/imprensa/noticias-tre-ap/2018/Novembro/eleicoes-2018-conciliacao-eleitoral-do-tre-ap-pacificou-conflitos-em-locais-de-votacao. Acesso em: 20 maio 2023.

BREITMAN, Stella; PORTO, Alice C. *Mediação familiar*: uma intervenção em busca da paz. Porto Alegre: Criação Humana, 2001.

BUCCI, Maria Paula Dallari. *Direito administrativo e políticas públicas*: São Paulo: Saraiva, 2006. p. 241.

BUENO, Cassio Scarpinella. *Curso sistematizado de Direito Processual Civil*: teoria geral do Direito Processual Civil. Parte geral do Código de Processo Civil. 9 ed. São Paulo: Saraiva, 2018.

BUENO, Júlio Cesar. *Os dispute boards na nova lei de licitações e contratos administrativos*. Disponível em: https://www.migalhas.com.br/depeso/342966/dispute-boards-na-nova-lei-de-licitacoes-e-contratos-administrativos. Acesso em: 09 abr. 2021.

BUZAID, Alfredo. *Grandes processualistas*. São Paulo: Saraiva, 1982.

CABRAL, Antonio do Passo; CUNHA, Leonardo Carneiro da. Negociação direta ou resolução colaborativa de disputas (collaborative law): "mediação sem mediador". *Revista de Processo*, v. 259, p. 471-489, set./2016.

CABRAL, Antonio do Passo; NOGUEIRA, Pedro Henrique (coord.). *Negócios processuais*. 3. ed. Salvador: JusPODIVM, 2017. (Coleção Grandes temas do novo CPC).

CABRAL, Antonio do Passo. *Convenções processuais*. 2. ed. rev., atual. e ampl. Salvador: JusPODIVM, 2018.

CABRAL, Antonio do Passo. Processo e tecnologia: novas tendências. *In*: LUCON, Paulo Henrique dos Santos; WOLKART, Erik Navarro; LAUX, Francisco de Mesquita; RAVAGNANI, Giovani dos Santos. *Direito, processo e tecnologia*. São Paulo: Thomson Reuters Brasil, 2020. p. 83-109.

CABRAL, Antonio. Da instrumentalidade à materialização do processo: as relações contemporâneas entre direito material e direito processual. *Civil Procedure Review*, v. 12, n. 2, p. 69-102, maio/ago. 2021.

CABRAL, Antonio do Passo. *Segurança jurídica e regras de transição nos processos judicial e administrativo*: introdução ao art. 23 da LINDB. 2. ed. Salvador: JusPODIVM, 2021.

CABRAL, Antonio do Passo. Autocomposição e litigância de massa: negócios jurídicos processuais nos incidentes de resolução de casos repetitivos. *Revista de Processo*, v. 325, p. 479-498, 2022.

CABRAL, Antonio do Passo. Colaboração premiada no quadro da teoria geral dos negócios jurídicos. *In*: KIRCHER, Luís Felipe Schneider; QUEIROZ, Ronaldo Pinheiro de; SALGADO, Daniel de Resende. *Justiça consensual*: acordos criminais, cíveis e administrativos. Salvador: JusPODIVM, 2022.

CABRAL, Antonio do Passo. Processo e tecnologia: novas tendências. *Revista do Ministério Público do Estado do Rio de Janeiro*, n. 85, p. 19-43, jul./set. 2022.

CABRAL, Antonio do Passo; CUNHA, Leonardo Carneiro da. Negociação Direta ou Resolução Colaborativa de disputas (Collaborative Law). *In*: ZANETI JR., Hermes; CABRAL, Trícia Navarro Xavier (coord.). *Justiça Multiportas*: mediação, conciliação, arbitragem e outros meios adequados de solução de conflitos. 3. ed. Salvador: JusPodivm, 2022. p. 225-240.

CABRAL, Antonio do Passo. *Jurisdição sem decisão*: non liquet e consulta jurisdicional no direito brasileiro. Salvador: JusPODIVM, 2023.

CABRAL, Thiago Dias Delfino. Os comitês de resolução de disputas (Dispute Boards) no Sistema Multiportas do Código de Processo Civil. *Revista de Arbitragem e Mediação*, v. 59, p. 33-53, out./dez. 2018.

CABRAL, Trícia Navarro Xavier. Flexibilização procedimental. *Revista Eletrônica de Direito Processual – REDP*, v. 6, n. 6, Periódico da Pós-Graduação Stricto Sensu em Direito Processual da UERJ, p. 135-164, 2010.

CABRAL, Trícia Navarro Xavier. *Poderes instrutórios do juiz no processo de conhecimento.* Brasília: Gazeta Jurídica, 2012. (Coleção Andrea Proto Pisani, 1).

CABRAL, Trícia Navarro Xavier. Segurança jurídica e confiança legítima: reflexos e expectativas processuais. *In*: FUX, Luiz (coord.) *Processo constitucional.* Rio de Janeiro: Forense, 2013. p. 847-895.

CABRAL, Trícia Navarro Xavier. *Ordem pública processual.* Brasília: Gazeta Jurídica, 2015.

CABRAL, Trícia Navarro Xavier. Convenções em matéria processual. *Revista de Processo*, v. 241, p. 489-520, 2015.

CABRAL, Trícia Navarro Xavier; SANTIAGO, Hiasmine. Resolução 125/2010 do Conselho Nacional de Justiça: avanços e perspectivas. *Revista eletrônica CNJ*, Brasília, v. 4, n. 2, p. 199-211, jul./dez. 2016. Disponível em: https://www.cnj.jus.br/ojs/index.php/revista-cnj/issue/view/6/6. Acesso em: 01 de novembro de 2022.

CABRAL, Trícia Navarro Xavier. Reflexos das convenções processuais em matéria processual nos atos judiciais. *In*: CABRAL, Antonio do Passo; NOGUEIRA; Pedro Henrique (org.). *Negócios processuais.* 3. ed. Salvador: JusPODIVM, 2017. v. 1, p. 337-366.

CABRAL, Trícia Navarro Xavier. A conciliação e a mediação no CPC/15. *In*: FILHO, Antonio Carvalho; JUNIOR, Herval Sampaio (org.). *Os juízes e o novo CPC.* Salvador: JusPODIVM, 2017. v. 1, p. 151-166.

CABRAL, Trícia Navarro Xavier. Comentários ao art. 3º, do CPC. *App CPC anotado*, Brasília, 24 ago. 2017.

CABRAL, Trícia Navarro Xavier. O poder do autorregramento da vontade no contexto da mediação e da conciliação. *In*: MARCATO, Ana; GALINDO, Beatriz; GÓES, Gisele Fernandes *et al. Negócios processuais.* Salvador: JusPODIVM, 2017. p. 569-588.

CABRAL, Trícia Navarro Xavier; CURY, Cesar Felipe. *Lei de mediação comentada artigo por artigo*: dedicado à memória da Profª. Ada Pellegrini Grinover. Indaiatuba: Foco, 2018.

CABRAL, Trícia Navarro Xavier. Análise comparativa entre a Lei de Mediação e o CPC/2015. *In*: ZANETI JR, Hermes. CABRAL, Trícia Navarro Xavier (coord.). *Justiça multiportas*: mediação, conciliação, arbitragem e outros meios adequados de solução de conflitos. 2. ed. Salvador: JusPODIVM, 2018. p. 471-494.

CABRAL, Trícia Navarro Xavier. Justiça Multiportas no Brasil. *In*: RODAS, João Grandino; SOUZA, Aline Anhezini; DIAS, Eduardo Machado *et al.* (coord.). Visão multidisciplinar das soluções de conflitos no Brasil. Curitiba: Prismas, 2018. p. 311-342.

CABRAL, Trícia Navarro Xavier. Permitir que cartórios façam conciliação e mediação é iniciativa bem-vinda. *Revista Consultor Jurídico*, 5 de abril de 2018. Disponível em: https://www.conjur.com.br/2018-abr-05/tricia-navarro-permitir-conciliacao-cartorios-medida-bem-vinda. Acesso em: 13 abr. 2021.

CABRAL, Trícia Navarro Xavier. *Limites da liberdade processual.* Indaiatuba: Foco, 2019.

CABRAL, Trícia Navarro Xavier; Santiago, Hiasmine. A transposição do art. 334 do CPC para o processo de execução. *In*: LUCON, Paulo Henrique Dos Santos; OLIVEIRA, Pedro Miranda de (org.). *Panorama Atual Do Novo CPC.* São Paulo: 2019. v. 3, p. 559-570.

CABRAL, Trícia Navarro Xavier. Acordo nos processos estruturais. *In*: REICHELT, Luís Alberto. JOBIM, Marco Félix (org.). *Coletivização e unidade do direito.* Londrina: Thoth, 2019.

CABRAL, Trícia Navarro Xavier. A eficiência da audiência do art. 334 do CPC. *Revista de Processo*, v. 298, p. 107-120, 2019.

CABRAL, Trícia Navarro Xavier. Arbitragem e poder judiciário. *In*: FERREIRA, Olavo Augusto Viana Alves; LUCON, Paulo Henrique dos Santos (org.). *Arbitragem*: atualidades e tendências. São Paulo: Migalhas, 2019. v. 1, p. 127-142.

REFERÊNCIAS BIBLIOGRÁFICAS **737**

CABRAL, Trícia Navarro Xavier. Arbitragem e poder judiciário. *In*: URBANO, Alexandre Figueiredo de Andrade; MAZIERO, Franco Giovanni Mattedi (org.). *A arbitragem na contemporaneidade*. Belo Horizonte: Del Rey, 2019. v. 1. p. 33-50.

CABRAL, Trícia Navarro Xavier. Jurisdição e natureza pública do processo: Lodovico Mortara. *In*: JUNIOR, Antônio Pereira Gaio; JOBIM, Marco Felix (org.). *Teorias do processo*: dos clássicos aos contemporâneos. Londrina: THOTH, 2019. v. 1, p. 239-255.

CABRAL, Trícia Navarro Xavier; AVILA, Henrique. Gestão judicial e solução adequada de conflitos: um diálogo necessário. CURY, Augusto. Soluções pacíficas de conflitos: para um brasil moderno. São Paulo: Gen/Forense, 2019. v. 1, p. 169-186.

CABRAL, Trícia Navarro Xavier; CURY, Cesar Felipe. *Lei de mediação comentada artigo por artigo*: dedicado à memória da Profª Ada Pellegrini Grinover. 2. ed. Indaiatuba: Foco, 2020.

CABRAL, Trícia Navarro Xavier. A evolução da conciliação e da mediação no Brasil. *In*: ROCHA, Claudio Jannotti da; MADUREIRA, Claudio; CARVALHO, Leticia Fabres de; MATTOS, Lucelia da Conceição Fabres de; GONÇALVES, Tiago Figueiredo (org.). *Direito, processo e justiça em debate*: estudos em homenagem ao Professor Thiago Fabres de Carvalho. Curitiba: CRV, 2020. v. 2, p. 255-266.

CABRAL, Trícia Navarro Xavier. Arbitragem, CPC e Tecnologia. *In*: FERREIRA, Olavo Augusto Viana Alves; LUCON, Paulo Henrique dos Santos (coord.). *Arbitragem*: 5 anos da Lei 13.129 de 26 de maio de 2015. Ribeirão Preto: Migalhas, 2020. v. 1. p. 1104-1181.

CABRAL, Trícia Navarro Xavier. Os desafios da aplicação do art. 334 do CPC na Fazenda Pública. *In*: PINHO, Humberto Dalla Bernardina de; RODRIGUES, Roberto Aragão Ribeiro (org.). *Mediação e arbitragem na Administração Pública*. Santa Cruz Do Sul: Essere Nel Mondo, 2020. v. 2, p. 144-155.

CABRAL, Trícia Navarro Xavier. Art. 149, do CPC – Dos Auxiliares Da Justiça. *In*: SARRO, Luís Antônio Giampaulo; CAMARGO, Luiz Henrique Volpe; LUCON, Paulo Henrique dos Santos (org.). *Código de Processo Civil anotado e comentado*. São Paulo: Rideel, 2020. v. 1, p. 119-120.

CABRAL, Trícia Navarro Xavier. As novas tendências da atuação judicial. In: TALAMINI, Eduardo; MINAMI, Marcos Youji. *Medidas executivas atípicas*. 2. ed. rev. e atual. Salvador: JusPODIVM, 2020. p. 611-628.

CABRAL, Trícia Navarro Xavier. A audiência do art. 334 do CPC e os reflexos no litisconsórcio. *In*: TALAMINI; Eduardo; SICA, Heitor Vitor Mendonça; CINTRA, Lia Carolina Batista; EID, Elie Pierre. (org.). *Partes e terceiros no processo civil*. Salvador: JusPODIVM, 2020. v. 14, p. 317-330.

CABRAL, Trícia Navarro Xavier. Case management no Brasil. *Revista ANNEP de Direito Processual*, v. 01, n. 02, p. 13-27. jul./dez. 2020.

CABRAL, Trícia Navarro Xavier. Comentários ao art. 4º. *In*: CABRAL, Trícia Navarro Xavier; CURY, Cesar Felipe (coord.). Lei de mediação comentada artigo por artigo. 2. ed. Indaiatuba: Foco, 2020.

CABRAL, Trícia Navarro Xavier. Convenções Processuais sobre a mediação e o mediador. *In*: CABRAL, Antonio do Passo; NOGUEIRA, Pedro Henrique (coord.). *Negócios processuais*. Salvador: JusPODIVM, 2020. v. 2, p. 309-326.

CABRAL, Trícia Navarro Xavier. Jurisdição voluntária em José Frederico Marques. *In*: JUNIOR, Antônio Pereira Gaio; Jobim, Marco Félix (org.). *Teorias do processo*: dos clássicos aos contemporâneos. Londrina: Thoth, 2020. v. 2, p. 329-347.

CABRAL, Trícia Navarro Xavier. Justiça Multiportas, Desjudicialização e Administração Pública. *In*: ÁVILA, Henrique; WATANABE, Kazuo; NOLASCO, Rita Dias; CABRAL, Trícia Navarro Xavier. (org.). *Desjudicialização, justiça conciliativa e poder público*. São Paulo: Thomson Reuters Brasil, 2021. p. 127-138.

CABRAL, Trícia Navarro Xavier. Justiça Multiportas e inovação. *In*: FUX, Luiz; ÁVILA, Henrique; CABRAL, Trícia Navarro Xavier. (coord.). *Tecnologia e justiça multiportas*. Indaiatuba: Foco, 2021. p. 261-274.

CABRAL, Trícia Navarro Xavier. A conciliação em Pontes de Miranda. *In*: DIDIER JR., Fredie; NOGUEIRA, Pedro Henrique; GOUVEIA, Roberto (org.). *Pontes de Miranda e o processo*. Salvador: JusPODIVM, 2021. v. 1, p. 915-928.

CABRAL, Trícia Navarro Xavier. *Limites da liberdade processual*. 2. ed. Indaiatuba: FOCO, 2021.

CABRAL, Trícia Navarro Xavier; CARVALHO, Frederico Ivens Miná Arruda. Recuperação judicial e consensualidade. *In*: DIDIER JR., Fredie; NUNES, Dierle; MAZZOLA, Marcelo; LIMA, Sérgio Mourão Corrêa (org.). *Falência e recuperação judicial*. Salvador: JUSPODIVM, 2022. v. 1, p. 193-212.

CABRAL, Trícia Navarro Xavier. Análise comparativa entre a Lei de Mediação e o CPC/2015. *In*: ZANETI JR., Hermes; CABRAL, Trícia Navarro Xavier (org.). *Justiça Multiportas*: mediação, conciliação, arbitragem e outros meios adequados de solução de conflitos. 2. ed. Salvador: JusPODIVM, 2022. v. 1, p. 433-454.

CABRAL, Trícia Navarro Xavier; CURY, César (org.). *Lei de mediação comentada artigo por artigo*. 3. ed. Indaiatuba: FOCO, 2022. v. 1.

CABRAL, Trícia Navarro Xavier; GOMES, Marcus Livio. Novas tendências da execução civil. *In*: BELLIZZE, Marco Aurélio; MENDES, Aluisio Gonçalves de Castro; ALVIM, Teresa Arruda; CABRAL, Trícia Navarro Xavier. *Execução civil*: novas tendências. Indaiatuba: FOCO, 2022. p. 17-31.

CABRAL, Trícia Navarro Xavier; MEDEIROS, LÍVIA Peres Rangel. Análise econômica do Direito e Justiça Multiportas. *Revista de Análise Econômica do Direito*, v. 3, p. 1-17, 2022.

CABRAL, Trícia Navarro Xavier; PANTOJA, Fernanda Medina. Art. 10 da Lei de Mediação. *In*: CABRAL, Trícia Navarro Xavier; CURY, Cesar Felipe (org.). *Lei de Mediação comentada artigo por artigo*. 3. ed. Indaiatuba: Foco, 2022. v. 1, p. 59-68.

CABRAL, Trícia Navarro Xavier; SILVA, Eduardo Sousa Pacheco Cruz. Justiça Multiportas e o contencioso tributário. *In*: BOSSA, Gisele Barra *et al*. *Cooperative compliance e medidas de redução do contencioso tributário*. São Paulo: Almedina, 2022. v. 1, p. 246-274.

CABRAL, Trícia Navarro Xavier; SANTIAGO, Hiasmine. Tecnologia e inteligência artificial no poder judiciário. *In*: ARAÚJO, Valter Shuenquener de; GOMES, Marcus Livio; CANEN, Dori (org.). *Inteligência artificial e aplicabilidade prática no Direito*. BRASILIA: CNJ, 2022. v. 1. p. 313-344.

CABRAL, Trícia Navarro Xavier; SANTIAGO, Hiasmine; SILVA, Renan Sena. Mediação e conciliação judiciais em conflitos empresariais. *In*. ZANETI JR, Hermes; CABRAL, Tricia Navarro Xavier (org.). *Justiça Multiportas*. 3. ed. Salvador: JusPodivm, 2023. v. 1, p. 1179-1204.

CABRAL, Trícia Navarro Xavier; AVILA, Humberto. Gestão judicial e solução adequada de conflitos: um diálogo necessário. *In*: CABRAL, Tricia Navarro Xavier; ZANETI JR., Hermes (org.). *Justiça Multiportas*. 3. ed. Salvador: JusPODIVM, 2023. v. 1, p. 49-58.

CABRAL, Trícia Navarro Xavier; CARVALHO, Frederico Ivens Miná Arruda de. A Justiça Multiportas na solução dos conflitos decorrentes de licitações e contratos administrativos: uma análise a partir da Lei 14.133/21. *In*: CABRAL, Trícia Navarro Xavier; ZANETI JR., Hermes (org.). *Justiça Multiportas*. 3. ed. Salvador: JusPODIVM, 2023. v. 1, p. 961-980.

CABRAL, Trícia Navarro Xavier; CARVALHO, Frederico Ivens Miná Arruda. Das conciliações e mediações prévias aos pedidos de recuperação judicial: uma análise a partir dos enunciados do FONAREF. *In*: CABRAL, Taciani Acerbi Campagnaro Colnago; DUTRA, Victor Barbosa (coord.). *Comentários aos Enunciados do FONAREF*. Rio de Janeiro: Lumen Juris, 2023. p. 13-26.

CABRAL, Trícia Navarro Xavier; CARVALHO, Frederico Ivens Miná Arruda de. Justiça Multiportas na solução dos conflitos decorrentes de licitações e contratos administrativos: uma análise a partir da Lei 14.133/21. *In*: CABRAL, Trícia Navarro Xavier; ZANETI JUNIOR, Hermes (org.). *Justiça multiportas*. 3. ed. Salvador: JusPODIVM, 2023. v. 1, p. 961-980.

CABRAL, Trícia Navarro Xavier; FREITAS, Fabiane Sena. Artigo 38 da Recomendação CNJ 134/2022: a solução consensual no âmbito do incidente de resolução de demandas repetitivas. *In*: FUGA, Bruno Augusto Sampaio; PEIXOTO, Ravi (org.). *Comentários à Recomendação n. 134 do CNJ*. Londrina: Thoth, 2023. v. 1, p. 335-350.

CABRAL, Trícia Navarro Xavier; FREITAS, Fabiane Sena; NUNES, Liliane Emerick. Mediação familiar no âmbito dos tribunais nacionais. *Revista Eletrônica de Direito Processual*. Rio de Janeiro, ano 17, v. 24, n. 2, p. 288-312, maio/ago. 2023. Disponível em: https://www.e-publicacoes.uerj.br/index.php/redp/article/view/76142/46035. Acesso em: 9 set. 2023.

CABRAL, Trícia Navarro Xavier Cabral; NUNES, Liliane Emerick. Justiça Multiportas no âmbito da improbidade administrativa. *In*: MARINHO, Daniel Octávio Silva; PEIXOTO, Marco Aurélio Ventura (coord.). *Improbidade Administrativa*: aspectos materiais e processuais da Lei n. 14.230, de 25 de outubro de 2021. Londrina: Thoth, 2023. v. 1, p. 623-640.

CABRAL, Trícia Navarro Xavier; PUPPIN, Ana Carolina Bouchabki. O princípio da publicidade nos processos arbitrais: o conflito com a confidencialidade. *Revista de Processo*, v. 338, p. 385-401, 2023.

CABRAL, Trícia Navarro Xavier; SANTIAGO, Hiasmine. *Breves considerações sobre a mediação na administração pública e sua importância na nova lei de licitações e contratos administrativos (Lei 14.133/2021)*. No prelo.

CADIET, Loïc. Conventions relatives au process en droit français. *Revista de Processo*, São Paulo: Ed. RT, ano 33, n. 160, p. 61-82, jun. 2008.

CADIET, Loïc. Les conventions relatives au procès en droit français: sur la contractualisation du règlement des litiges. *Revista de Processo*, São Paulo, ano 33, v. 160, jun. 2008.

CADIET, Löic. Últimas evoluções da contratualização da justiça e do processo: os protocolos de procedimento. *In*: CADIET, Loïc. *Perspectivas sobre o sistema da justiça civil francesa*: seis lições brasileiras. Tradução: Daniel Mitidiero, Bibiana Gava Toscano de Oliveira, Luciana Robles de Almeida e Rodrigo Lomando. São Paulo: Ed. RT, 2017.

CAHALI, Cláudia Elisabete Schwerz. *O gerenciamento de processos judiciais*: em busca da efetividade da prestação jurisdicional (com remissões ao projeto do novo CPC). Brasília: Gazeta Jurídica, 2013. (Coleção Andrea Proto Pisani, v. 10).

CALAMANDREI, Piero. *Opere Giudiche*. Instituzioni di diritto processuale civile. Collana la memoria del diritto. Roma: Roma Tre-Press, 2019. v. 4.

CALMON, Petronio. *Fundamentos da mediação e da conciliação*. 4. ed. Brasília: Gazeta Jurídica, 2019.

CAMBI, Eduardo; DINIZ, Cláudio Smirne. Possibilidades de solução extrajudicial de conflitos na área da proteção ao patrimônio público e da tutela da probidade administrativa. *In*: *Congresso Nacional do Ministério Público*, 22, Belo Horizonte, 2017. Teses. Disponível em: https://congressonacional2017.ammp.org.br/index/teses. Acesso em: 23 maio 2022.

CAMBI, Eduardo; FOGAÇA, Mateus Varga. Incidente de Resolução de Demandas Repetitivas no novo Código de Processo Civil. *Revista de Processo*, v. 243, p. 333-362, 2015.

CAMPO A., A. Lorena. *Diccionario básico de Antropología*. Quito: Abya-Yala, 2008. Disponível em: https://dspace.ups.edu.ec/bitstream/123456789/5692/1/Diccionario%20basico%20de%20antropologia.pdf. Acesso em: 18 ago. 2023.

CAMPOS, Adriana Pereira; SOUZA, Alexandre de Oliveira Basílio. A Conciliação e os meios alternativos de solução de conflitos no império brasileiro. *Revista de Ciências Sociais*, Rio de Janeiro, v. 59, n. 1, 2016. Disponível em: http://www.scielo.br/scielo.php?pid=S0011-52582016000100271&script=sci_abstract&tlng=pt. Acesso em: 12 jul. 2018.

CAMPOS, Adriana Pereira. Conciliações e arbitragens no Brasil do século XIX. *In*: ZANETI JÚNIOR, Hermes; CABRAL, Trícia Navarro Xavier (org.). *Justiça multiportas*: mediação, conciliação, arbitragem e outros meios adequados de solução de conflitos. 2. ed. Salvador: JusPODIVM, 2018. v. 9, p. 893-907.

CAMPOS, Adriana Pereira, PERES, Silvia Dutary. Mediação Escolar como Caminho para a Desjudicialização: Potencialidades. *Revista Argumentum*, Marília/SP, v. 19, n. 3, p. 823-844, set.-dez. 2018.

CAMPOS, Adriana Pereira; MOREIRA, Tainá da Silva; CABRAL, Trícia Navarro Xavier. A atuação do juiz nas audiências de conciliação na hipótese de ausência de auxiliar da justiça. *Revista Argumentum – RA*, Marília/SP, v. 21, n. 1, p. 315-337, jan./abr. 2020.

CAMPOS, Pedro Henrique. Os efeitos da crise econômica e da operação Lava Jato sobre a indústria da construção pesada no Brasil: falências, desnacionalização e desestruturação produtiva. *Revista Mediações* [online], v. 24, n. 1, p.127-153, 2019. Disponível em: http://www.uel.br/revistas/uel/index.php/mediacoes/article/view/35617/pdf. Acesso em: 16 abr. 2021.

CAMPOS, Rogério. Contencioso tributário de pequeno valor: microsistema de experimentação do novo paradigma de sistema multiportas em matéria tributária. *In*: SEEFELDER FILHO, Claudio Xavier *et al.* (coord.). *Comentários sobre transação tributária*: à luz da Lei 13.988/2020 e outras alternativas de extinção do passivo tributário. São Paulo: Thomson Reuters Brasil, 2021.

CAMPOS, Tatiana Rached. A Mediação de Conflitos nos Centros de Integração da Cidadania. *In*: CHAI, Cássius Guimarães (org.). *Mediação comunitária*. São Luís: Procuradoria Geral de Justiça do Estado do Maranhão. Jornal da Justiça/Cultura, Direito e Sociedade (DGP/CNPq/UFMA).

CANOTILHO, J.J. Gomes. *Direito Constitucional e teoria da constituição*. 7. ed. Coimbra: Almedina, 2003.

CAPONI, Remo. Autonomia privata e processo civile: gli accordi processuali. *In*: SCARSELLI, Giuliano (org.). *Poteri del giudice e diritti delle parti nel processo civile*: atti del Convegno di Siena del 23-24 novembre 2007. Napoli; Roma: Edizioni Scientifiche Italiane, 2010. p. 145-159. Quaderni de Il Giusto Processo Civile, 4.

CAPONI, Remo. The performance of the italian civil justice system. *The Italian Law Journal*, v. 02, n. 01, p. 15-31, june 2016.

CAPPELLETTI, Mauro; GARTH, Bryant. *Acesso à justiça*. Tradução: Ellen Gracie Northfleet. Porto Alegre: Sérgio Antonio Fabris Editor, 1988.

CAPPELLETTI, Mauro. *Acesso à justiça*. Sérgio Antônio Fabris Editora: Porto Alegre, 2002.

CARAMELO, António Sampaio. Anulação de sentença arbitral contrária à ordem pública. *Revista de Arbitragem e Mediação*, São Paulo, ano 9, v. 32, p. 167, jan./mar. 2012.

CARDOSO, André Guskow; TALAMINI, Eduardo. Smart contracts, "autotutela" e tutela jurisdicional. *In*: BELLIZZE, Marco Aurelio; MENDES, Aluisio Gonçalves de Castro; ALVIM, Teresa Arruda; CABRAL, Trícia Navarro Xavier (org.). *Execução civil*: novas tendências. Indaiatuba: FOCO, 2022. p. 163-211.

CARDOSO, Germano Bezerra. Análise Econômica do Direito, políticas públicas e consequências. *Revista Jurídica da Presidência*, v. 17, n. 112, 2015. Disponível em: https://revistajuridica.presidencia.gov.br/index.php/saj/article/view/1115. Acesso em: 20 jan. 2023.

CARLOS, Helio Antunes. A atuação da defensoria no tratamento extrajudicial de conflitos de família: estudo de campo realizado na Defensoria Pública do estado do Espírito Santo no Núcleo de Serra/ES. *In*: *Anais do Congresso de Processo Civil Internacional*. Vitória, 2017. p. 530-544. Disponível em: http://periodicos. ufes.br/processocivilinternacional/issue/view/860. Acesso em: 30 mar. 2021.

CARLOS, Helio Antunes. *O microssistema de autocomposição*: possibilidade de um sistema mais participativo. Dissertação (Mestrado) – Centro de Ciências Jurídicas e Econômicas, Universidade Federal do Espírito Santo. Vitória, 2019, p. 144. Disponível em: http://repositorio.ufes.br/handle/10/11324. Acesso em: 16 abr. 2020.

CARLOS, Helio Antunes; SILVA, Renan Sena. A necessária mudança na postura dos atores processuais na lógica da justiça multiportas. *In*: SICA, Heitor; CABRAL, Antonio; SEDLACEK, Federico; ZANETI JR., Hermes (org.). *Temas de Direito Processual Contemporâneo*: III Congresso Brasil-Argentina de Direito Processual. Serra: Editora Milfontes, 2019, v. 2, p. 30-47. Disponível em: <http://www.direito. ufes.br/pt-br/livro>. Acesso em: 18 ago. 2023.

CARLOS, Helio Antunes. *O microssistema de autocomposição*. Rio de Janeiro: Processo, 2021.

CARMONA, Carlos Alberto. Arbitragem e administração pública – primeiras reflexões sobre arbitragem envolvendo administração pública. In: *Revista Brasileira de Arbitragem*, Porto Alegre, v. 51, p. 08-21, 2016.

CARMONA, Silvia Helena Chuairi. Comediação familiar: o olhar social. *Revista de Direito de Família e das Sucessões*, São Paulo, v. 5, p. 167-180, jul./set. 2015.

CARNELUTTI, Francisco. *Sistema de Derecho Procesal Civil* (Introducción Y función del processo civil). Buenos Aires: Uteha, 1944. v. I.

CARPENEDO, Alexandre de Freitas. O protagonismo da advocacia pública no federalismo em tempos de crise. *Revista PGE/MS*, v. 16, 2021. Disponível em: https://www.pge.ms.gov.br/wp-content/uploads/2021/03/Revista-PGE-artigo-protagonismo-da-advocacia-publica.pdf. Acesso em: 15 jan. 2023.

CARVALHO, Frederico Ivens Miná Arruda de; CABRAL, Trícia Navarro Xavier. Da solução adequada dos litígios após a pandemia da Covid-19: Reflexões sobre o futuro da conciliação e mediação no sistema de justiça após a crise. *In*: CAMPOS, Adriana Pereira; MAZZEI, Rodrigo (org.). *Questões Jurídicas Decorrentes da Covid-19*: Processo, Tribunais e Tratamento de Conflitos. Curitiba: Juruá, 2020. v. 1, p. 165-171.

CARVALHO, Gilson. A Saúde Pública no Brasil. *Estudos avançados*, São Paulo, v. 27, n. 78, jan. 2013, [Online]. Disponível em: https://www.revistas.usp.br/eav/article/view/68675/71254. Acesso em: 14 fev. 2022.

CARVALHO FILHO, José dos Santos. *Manual de direito administrativo*. 14. ed. rev. e ampl. Rio de Janeiro: Lumen Juris, 2005.

CARVALHO, Mayara. *Justiça restaurativa em prática*: conflito, conexão e violência. Belo Horizonte: Instituto Pazes. 2021.

CARVALHO, Patrícia Clélia Coelho. Conversando sobre o transformador: o universo da mediação. *In*: NUNES, Ana. *Mediação e conciliação*: teoria e prática. Ed. 2018. São Paulo: Ed. RT, 2018.

CASTELLS, Manuel. *A sociedade em rede*. Tradução: Roneide Venacio Majer. 24. ed. ver. e atual. Rio de Janeiro: Paz & Terra, 2022. v. 1.

CASTELO BRANCO, Janaína Soares Noleto. *Advocacia pública e solução consensual dos conflitos*. Salvador: JusPODIVM, 2018.

CASTELO, Fernando Alcântara. Direito à saúde e decisões estruturais: por uma judicialização mais racional e eficiente. *Revista de Processo*, v. 274, p. 317-342, dez. 2017.

CASTILLO, Alcalá-Zamora Y. Processo, autocomposição y autodefesa. 3. ed. México: Universidad Nacional Autónoma de México, 2000.

CASTRO, Flávia de Almeida Viveiros; VALLE, Caroline; ANSCHAU, Lorena Coser Doano; FERREIRA, Marcela Bravo. Análise do impacto das decisões judiciais sobre o orçamento da União no caso da saúde pública: previsibilidade e contingenciamento dos riscos. *Revista Tributária e de Finanças Públicas*, v. 102, p. 15-40, jan.-fev. 2012.

CAVACO, Bruno de Sá Barcelos. *Desjudicialização e resolução de conflitos*: participação procedimental e o protagonismo do cidadão na pós-modernidade. Curitiba: Juruá, 2017.

CAVALCANTI, Marcos de Araújo. *Incidente de resolução de demandas repetitivas*. 1. ed. São Paulo: Editora Revista dos Tribunais, 2016. Disponível em: https://next-proview.thomsonreuters.com/launchapp/title/rt/monografias/112783414/v1/document/112785028/anchor/a-112785028. Acesso em: 20 nov. 2022.

CETAX. *Big data*: o que é, conceito e definição. 07 ago. 2020. Disponível em: https://www.cetax.com.br/blog/big-data/#:~:text=O%20que%20%C3%A9%20Big%20Data,%3A%20Velocidade%2C%20Volume%20e%20Variedade. Acesso em: 13 abr. 2021.

CEZAR, Fernanda Moreira. O consumidor superendividado: por uma tutela jurídica à luz do direito civil constitucional. *Revista de Direito do Consumidor*, São Paulo, n. 63, 2007. Disponível em: https://revistadostribunais.com.br/. Acesso em: 22 maio 2022.

CHASE, Oscar G.; HERSHKOFF, Helen (ed.), *Civil litigation in comparative context*. St. Paul: Thomson/West, 2007. p. 241-260.

CHASE, Oscar G. I metodi alternativi di soluzione dele controversie e la cultura del processo: il caso degli Stati Uniti D'America. *In*: VARANO, Vincenzo (org.). *L'altragiustizia*: il metodi alternativi di soluzione dele controversie nel diritto comparato. Milano: Dott. A. Giuffrè Editore, 2007. p. 129-156.

CHIOVENDA, Giuseppe. *Instituições de direito processual civil*. Tradução da 2. ed. italiana de J. Guimarães Menegale; acompanhada de notas de Enrico Tullio Liebman; introdução de Alfredo Buzaid. 2. ed. São Paulo: Saraiva, 1965. v. 1.

CHIOVENDA, Giuseppe. *Instituições de direito processual civil*. Tradução: Paolo Capitanio. Campinas: Bookseller, 1998. v. 1.

CHRISPIN, Anna Carla Duarte. *Transação tributária no paradigma do estado democrático de direito socioeconômico cultural*: o tênue limite entre a afronta ao dever fundamental de pagar tributos e a mutação da legalidade estrita rumo a juridicidade consensual dialógica. Dissertação (Mestrado em Direito), Faculdade de Direito da Pontifícia Universidade Católica de Minas Gerais, 2009. Disponível em: http://www.biblioteca.pucminas.br/teses/Direito_ChrispimAC_1.pdf. Acesso em: 01 abr. 2021.

CHRISPINO, Álvaro. Gestão do conflito escolar: da classificação dos conflitos aos modelos de mediação. *Ensaio*: avaliação e políticas públicas em educação. Rio de Janeiro, v. 15, n. 54, p. 11-28, jan./mar. 2007.

CHUCRE, Kelyne Trindade; SILVA, Álvaro Augusto dos Santos da; OLIVEIRA, Edson Costa de. *Os meios alternativos extrajudiciais nos processos eleitorais*: Uma análise da aplicabilidade prática da matéria nas multas eleitorais. Disponível em: https://jus.com.br/amp/artigos/62224/os-meios-alternativos-extrajudiciais-nos-processos-eleitorais. Acesso em: 23 maio 2023.

CINTRA. Geraldo de Ulhoa. *Da jurisdição*. (Estudo crítico através de uma fonte histórica – a LXV Dissertação Acadêmica de Cristiano Tomásio). Rio de Janeiro: Editôra Lux Ltda. 1958.

CLARO, Viviane da Costa Barreto. *A positivação da arbitragem na Administração Pública*. Disponível em: https://www.migalhas.com.br/depeso/225329/a-positivacao-da-arbitragem-na-administracao-publica. Acesso em: 06 abr. 2020.

CNJ reconhece que não há impropriedade na Resolução 43/2017 do TJMA. *Assessoria de Comunicação TJMA*, São Luiz, 18 set. 2020. Disponível em: https://www.tjma.jus.br/midia/tj/noticia/500837. Acesso em: 01 jan. 2022.

CREMASCO, Suzana. *A posição dos Tribunais após um ano de vigência do CPC/2015*. Disponível em: https://processualistas.jusbrasil.com.br/artigos/453984284/edicao-comemorativa-a-posicao-dos-tribunais-apos-um-ano-de-vigencia-do-cpc-2015. Acesso em: 29 abr. 2017.

COBRA, Zulaiê. *Projeto de Lei 4.827/1998*. Institucionaliza e disciplina a mediação, como método de prevenção e solução consensual de conflitos. Brasília: Câmara dos Deputados, 10 nov. 1998. Disponível em: http://www.camara.gov.br/proposicoesWeb/fichadetramitacao?idProposicao=21158. Acesso em: 07 jun. 2015.

COMISSÃO EUROPEIA. *Comunicação da Comissão Europeia*: Inteligência Artificial para a Europa. Disponível em: https://eur-lex.europa.eu/legal-content/PT/TXT/HTML/?uri=CELEX:52018DC0237&from=EN. Acesso em: 12 jun. 2021.

COMOGLIO, Luigi Paolo; FERRI, Conrado; TARUFFO, Michele. *Lezioni sul processo civile*. Bolonha: Il Mulino, 1995.

CONCILIAJUD. Disponível em: https://conciliajud.cnj.jus.br/index.php. Acesso em: 23 out. 2023.

CONSELHO ADMINISTRATIVO DE DEFESA ECONÔMICA. *Acordo em Controle de Concentração (ACC)*. Disponível em: https://www.gov.br/cade/pt-br/assuntos/acordos/accs. Acesso em: 09 set. 2023.

CONSELHO ADMINISTRATIVO DE DEFESA ECONÔMICA. *Acordos*. Disponível em: https://www.gov.br/cade/pt-br/assuntos/acordos. Acesso em: 09 set. 2023.

CONSELHO ADMINISTRATIVO DE DEFESA ECONÔMICA. *Competências*. Disponível em: https://www.gov.br/cade/pt-br/acesso-a-informacao/institucional/competencias. Acesso em: 9 set. 2023.

CONSELHO ADMINISTRATIVO DE DEFESA ECONÔMICA. *Termo de Compromisso de Cessação (TCC)*. Disponível em: https://www.gov.br/cade/pt-br/assuntos/acordos/tccs. Acesso em: 09 set. 2023.

CONSELHO ADMINISTRATIVO DE DEFESA ECONÔMICA. *Programa de Leniência*. Disponível em: https://www.gov.br/cade/pt-br/assuntos/programa-de-leniencia. Acesso em: 9 set. 2023.

CNMP. *Proposta institui a possibilidade de celebração de TAC em processos disciplinares de membros e servidores do MP*. Disponível em: https://www.cnmp.mp.br/portal/todas-as-noticias/11233-proposta-institui-a-possibilidade-de-celebracao-de-tac-em-processos-disciplinares-de-membros-e-servidores-do-mp. Acesso em: 21 set. 2023.

CONSELHO NACIONAL DE JUSTIÇA. Disponível em: https://www.cnj.jus.br/. Acesso em: 26 jul. 2023.

CONSELHO NACIONAL DE JUSTIÇA. *CNJ define parâmetros para pagamento de mediador e conciliador*. https://www.cnj.jus.br/noticias/cnj/88134-cnj-define-parametros-para-pagamento-de-mediador-e-conciliador. Acesso em: 25 jul. 2019.

CONSELHO NACIONAL DE JUSTIÇA. *Conciliações aumentam em Vitória (ES) após novo CPC*. Disponível em: http://www.cnj.jus.br/noticias/judiciario/84469-conciliacoes-aumentam-em-vitoria-es-apos-novo-cpc. Acesso em 29 abr. 2017.

CONSELHO NACIONAL DE JUSTIÇA. *Metas da Corregedoria Nacional de Justiça para o Exercício de 2015*. Disponível em: https://www.cnj.jus.br/wp-content/uploads/2019/08/4b745d50b26aeb6683d0756c632f20d6.pdf. Acesso em: 15 set. 2018.

CONSELHO NACIONAL DE JUSTIÇA. *Metas nacionais 2020*. Aprovadas no XIII Encontro Nacional do Poder Judiciário. Disponível em: https://www.cnj.jus.br/wp-content/uploads/2020/01/Metas-Nacionais-aprovadas-no-XIII-ENPJ.pdf. Acesso em: 30 jul. 2020.

CONSELHO NACIONAL DE JUSTIÇA. Prêmio Nacional da Conciliação. Disponível em: http://www.cnj.jus.br/programas-e-acoes/conciliacao-e-mediacao-portal-da-conciliacao/premio-nacional-da-conciliacao. Acesso em: 03 maio 2018.

CONSELHO NACIONAL DE JUSTIÇA. *Plataforma Sinapses*. Disponível em: https://www.cnj.jus.br/sistemas/plataforma-sinapses/. Acesso em: 26 jul. 2023.

CONSELHO NACIONAL DE JUSTIÇA. *Quem somos*. Disponível em: https://www.cnj.jus.br/sobre-o-cnj/quem-somos/. Acesso em: 22 nov. 2022.

CONSELHO NACIONAL DE JUSTIÇA. *Resultados Pesquisa IA no Poder Judiciário – 2022*. Disponível em: https://paineisanalytics.cnj.jus.br/single/?appid=9e4f18ac-e253-4893-8ca1-b81d8af59ff6&sheet=b8267e5a-1f1f-41a7-90ff-d7a2f4ed34ea&lang=pt-BR&theme=IA_PJ&opt=ctxmenu,currsel&select=language,BR. Acesso em: 26 jul. 2023.

CONSELHO NACIONAL DE JUSTIÇA. *Seminário Judicialização da Saúde Suplementar*. Brasília, DF, 2022. Vídeo [257 min]. *Youtube*. Disponível em: https://www.youtube.com/watch?v=L6Uar2UKFVE&t=2909s. Acesso em: 01 jul. 2022).

CONSELHO DA JUSTIÇA FEDERAL. *I Jornada "Prevenção e Solução Extrajudicial de Litígios"*: enunciados aprovados. Brasília, DF: CJF, 2016. Disponível em: https://www.cjf.jus.br/cjf/corregedoria-da-justica-federal/centro-de-estudos-judiciarios-1/prevencao-e-solucao-extrajudicial-de-litigios/enunciados-aprovados. Acesso em: 23 abr. 2023.

CONSELHO DA JUSTIÇA FEDERAL. I Jornada de Prevenção e Solução Extrajudicial de Litígios. *Enunciado 23*. Na ausência de auxiliares da justiça, o juiz poderá realizar a audiência inaugural do art. 334 do CPC, especialmente se a hipótese for de conciliação.

CONSELHO DA JUSTIÇA FEDERAL. I Jornada de Prevenção e Solução Extrajudicial de Litígios. *Enunciado 24*. Havendo a Fazenda Pública publicizado ampla e previamente as hipóteses em que está autorizada a transigir, pode o juiz dispensar a realização da audiência de mediação e conciliação, com base no art. 334, § 4º, II, do CPC, quando o direito discutido na ação não se enquadrar em tais situações.

CONSELHO DA JUSTIÇA FEDERAL. I Jornada de Prevenção e Solução Extrajudicial de Litígios. *Enunciado 25*. As audiências de conciliação ou mediação, inclusive dos juizados especiais, poderão ser realizadas por videoconferência, áudio, sistemas de troca de mensagens, conversa on-line, conversa escrita, eletrônica, telefônica e telemática ou outros mecanismos que estejam à disposição dos profissionais da autocomposição para estabelecer a comunicação entre as partes.

CONSELHO DA JUSTIÇA FEDERAL. I Jornada de Prevenção e Solução Extrajudicial de Litígios. *Enunciado 26*. A multa do § 8º do art. 334 do CPC não incide no caso de não comparecimento do réu intimado por edital.

CONSELHO DA JUSTIÇA FEDERAL. I Jornada de Prevenção e Solução Extrajudicial de Litígios. *Enunciado 45*. A mediação e conciliação são compatíveis com a recuperação judicial, a extrajudicial e a falência do empresário e da sociedade empresária, bem como em casos de superendividamento, observadas as restrições legais. Brasília, DF. Disponível em: https://www.cjf.jus.br/enunciados/enunciado/900. Acesso em: 13 abr. 2021.

CONSELHO DA JUSTIÇA FEDERAL. I Jornada de Prevenção e Solução Extrajudicial de Litígios. *Enunciado 67*. Há interesse recursal no pleito da parte para impugnar a multa do art. 334, § 8º, do CPC por meio de apelação, embora tenha sido vitoriosa na demanda.

CONSELHO DA JUSTIÇA FEDERAL. I Jornada de Prevenção e Solução Extrajudicial de Litígios. *Enunciado 83*. Nas ações reivindicatórias propostas pelo Poder Público, não são aplicáveis as disposições constantes dos §§ 4º e 5º do art. 1.228 do novo Código Civil. Brasília, DF.

CONSELHO DA JUSTIÇA FEDERAL. *II Jornada "Prevenção e Solução Extrajudicial de Litígios"*: enunciados aprovados. Brasília, DF: CJF, 2021.

CONSELHO DA JUSTIÇA FEDERAL. II Jornada de Prevenção e Solução Extrajudicial de Litígios. *Enunciado 88*. As técnicas de autocomposição são compatíveis com o exercício da jurisdição constitucional, inclusive na fase pré-processual, podendo ser aplicadas em ações de competência da Suprema Corte. (Disponível em: https://www.cjf.jus.br/enunciados/enunciado/1712. Acesso em: 04 mar. 2023)

CONSELHO DA JUSTIÇA FEDERAL. II Jornada de Prevenção e Solução Extrajudicial de Litígios. *Enunciado 121*. Não cabe aplicar multa a quem, comparecendo à audiência do art. 334 do CPC, apenas manifesta desinteresse na realização de acordo, salvo se a sessão foi designada unicamente por requerimento seu e não houver justificativa para a alteração de posição.

CONSELHO DA JUSTIÇA FEDERAL. II Jornada de Prevenção e Solução Extrajudicial de Litígios. *Enunciado 177*. Recomenda-se a manutenção de plantões da Defensoria Pública nos Centros Judiciários de Solução de Conflitos e Cidadania – Cejuscs, diretamente ou em parceria com a OAB ou outras instituições. Justificativa: Fundamentação legal: arts. 334, § 9º, CPC; 133 e 5º, LXXIV da CF. Fundamentação fática: Tem-se observado a ausência de informação jurídica para balizar os pactos pela população beneficiária da assistência judiciária gratuita, assim como a retomada de conflitos e/ou a judicialização (inclusive no crime e violência doméstica) em razão de acordos já pactuados em conciliações e mediações sem a presença de advogados/defensores. Disponível em: https://www.cjf.jus.br/cjf/corregedoria-da-justica-federal/centro-de-estudos-judiciarios-1/publicacoes-1/cjf/corregedoria-da-justica-federal/centro-de-estudos-judiciarios-1/prevencao-e-solucao-extrajudicial-de-litigios/?_authenticator=60c7f30ef0d8002d17dbe298563b6fa2849c6669. Acesso em: 15 abr. 2022.

CONSELHO DA JUSTIÇA FEDERAL. II Jornada de Prevenção e Solução Extrajudicial de Litígios. *Enunciado 212*. Não há incompatibilidade na realização da audiência prevista no art. 334 do CPC/2015 por meios de comunicação eletrônica adequados. Disponível em: https://www.cjf.jus.br/cjf/corregedoria-da-justica-federal/centro-de-estudos-judiciarios-1/publicacoes-1/cjf/corregedoria-da-justica-federal/centro-de-estudos-judiciarios-1/prevencao-e-solucao-extrajudicial-de-litigios/?_authenticator=60c7f30ef0d8002d17dbe298563b6fa2849c6669. Acesso em: 15 abr. 2022.

CONSELHO DA JUSTIÇA FEDERAL. II Jornada de Prevenção e Solução Extrajudicial de Litígios. *Enunciado 227*. O intervalo mínimo de 20 (vinte) minutos entre o início de uma e o início da seguinte audiência de conciliação ou de mediação, disposto no art. 334, § 12, do CPC/2015, não deve ser interpretado como tempo padrão de duração da sessão para toda a pauta das audiências. Disponível em: https://www.cjf.jus.br/cjf/corregedoria-da-justica-federal/centro-de-estudos-judiciarios-1/publicacoes-1/cjf/corregedoria-da-justica-federal/centro-de-estudos-judiciarios-1/prevencao-e-solucao-extrajudicial-de-litigios/?_authenticator=60c7f30ef0d8002d17dbe298563b6fa2849c6669. Acesso em: 15 abr. 2022.

CONSELHO DA JUSTIÇA FEDERAL. *Prevenção e Solução Extrajudicial de Litígios*. Disponível em: https://www.cjf.jus.br/cjf/corregedoria-da-justica-federal/centro-de-estudos-judiciarios-1/publicacoes-1/cjf/

corregedoria-da-justica-federal/centro-de-estudos-judiciarios-1/prevencao-e-solucao-extrajudicial-de-litigios/?_authenticator=60c7f30ef0d8002d17dbe298563b6fa2849c6669. Acesso em: 15 abr. 2022.

CONSELHO SUPERIOR DA JUSTIÇA DO TRABALHO. *Resolução CSJT 174, de 30 de setembro de 2016.* Dispõe sobre a política judiciária nacional de tratamento adequado das disputas de interesses no âmbito do Poder Judiciário Trabalhista e dá outras providências. Disponível em: https://www.csjt.jus.br/c/document_library/get_file?uuid=235e3400-9476-47a0-8bbb-bccacf94fab4&groupId=955023. Acesso em: 03 maio 2018.

CONSENSUALIDADE no TCU: perguntas em aberto na Corte de Contas. *Conjur.* Disponível em: https://www.conjur.com.br/2023-ago-23/opiniao-consensualidade-tcu-perguntas-aberto#:~:text=At%C3%A9%20o%20momento%20foram%20formulados,Ac%C3%B3rd%C3%A3o%20n%C2%BA%201130%2F2023). Acesso em: 9 set. 2023.

CONSUMIDOR.GOV.BR. Disponível em: https://consumidor.gov.br/pages/principal/?1595682562411. Acesso em: 28 jul. 2020.

COOTER, Robert; ULEN, Thomas. *Direito e economia.* 5. ed. Porto Alegre: Bookman, 2010.

COOTER, Robert; ULEN, Thomas. *"Law and Economics".* 6. ed. Berkeley, CA: Berkeley Law Books, 2016. Book 2.

COPPIN, Ben. *Inteligência artificial.* Tradução: Jorge Duarte Pires Valério. Rio de Janeiro: LTC, 2013. [Livro digital].

CORDEIRO, Adriano, C. *Negócios jurídicos processuais no novo CPC*: das consequências do seu descumprimento. Curitiba: Juruá, 2017.

CORRÊA, Fábio Peixinho Gomes. *Governança judicial.* São Paulo: Quartier Latin, 2012.

CORREIA, Cecília Barbosa Macedo; MENDES, Dany Rafael Fonseca. Teoria econômica aplicada ao processo civil. *Revista de informação Legislativa*: ano 50, n. 197, jan./mar. 2013. Disponível em: https://www12.senado.leg.br/ril/edicoes/50/197/ril_v50_n197_p285.pdf. Acesso em: 01 jun. 2021.

CÔRTES, Osmar Mendes Paixão; BARROS, Janete Ricken Lopes de. A força normativa dos atos do CNJ e o tratamento dos precedentes: Recomendação 134/2022. *Revista de Processo*, v. 334, p. 349-362, 2022.

COSTA, Daniel Carnio. Reflexões sobre processos de insolvência: divisão equilibrada de ônus, superação do dualismo pendular e gestão democrática de processos. *Cadernos Jurídicos da Escola Paulista de Magistratura*, v. 16, p. 59-77, 2015.

COSTA, Daniel Carnio; MELO, Alexandre Nasser de. *Comentários à lei de recuperação de empresas e falência.* Curitiba: Juruá, 2021.

COSTA, Eduardo José da Fonseca. As noções jurídico-processuais de eficácia, efetividade e eficiência. *Revista dos Tribunais*, São Paulo, v. 30, n. 121, p. 275-301, mar. 2005.

COSTA, Juliana Furtado Araujo. Negócio Jurídico Processual e Transação Tributária como Instrumentos de Conformidade Fiscal. *In*: CONRADO, Paulo Cesar (coord.). *Transação Tributária na Prática da Lei 13.988/2020.* São Paulo: Ed. RT, 2020.

COSTA, Marília Siqueira da. *Convenções processuais sobre intervenção de terceiros.* Salvador: JusPODIVM, 2018. (Coleção Eduardo Espínola).

COSTA, Susana Henriques da; FERNANDES, Débora Chaves Martines. Processo coletivo e controle judicial. *In*: GRINOVER, Ada Pellegrini; WATANABE, Kazuo; COSTA, Susana Henriques da. *O processo para solução de conflitos de interesse público.* Salvador: JusPODIVM, 2017. p. 359-381.

COSTA FILHO, Venceslau Tavares; SILVA, Ana Carolina Alves; SOUZA, Felipe Barros. Perspectivas para a conciliação e mediação de conflitos familiares no novo código de processo civil brasileiro. *Revista dos Tribunais*, São Paulo, v. 103, n. 945, p. 247-258, jul. 2014.

COSTA FILHO, Venceslau Tavares; SILVA, Ana Carolina Alves; SOUZA, Felipe Barros de. A Conciliação e Mediação de Conflitos Familiares no CPC Brasileiro de 2015. *In*: DIDIER JUNIOR. Fredie (coord.). *Procedimentos Especiais, Tutela Provisória e Direito Transitório*: Coleção Novo CPC. Doutrina Selecionada. 2. ed. Salvador: JusPODIVM, 2016. v. 4, p. 655-665.

COUTINHO, Carlos Marden Cabral. CARMO, Gabriela Martins. Processo eletrônico no novo processo civil: limites e possibilidades democráticas. *Revista de Processo*, v. 284, p. 21-38, out. 2018.

COUTURE, Eduardo J. *Fundamentos del Derecho Procesal Civil*. 4. ed. Montevideo: B de F, 2010.

CUEVA, Ricardo Villas Bôas. COSTA, Daniel Carnio. *Os mecanismos de pré-insolvência nos PLS 1397/2020 e 4458/2020*. Disponível em: https://www.migalhas.com.br/depeso/335268/os-mecanismos-de-pre-insolvencia-nos-pls-1397-2020-e-4458-2020. Acesso em: 10 abr. 2023.

CUNHA, Leonardo Carneiro da. Será o fim da categoria "condição da ação"? Uma intromissão no debate travado entre Fredie Didier Jr. e Alexandre Freitas Câmara. *Revista de Processo*, São Paulo, ano 36, v. 198, p. 234, ago. 2011.

CUNHA, Leonardo Carneiro da. Procedimento Especial para as Ações de Família no Novo Código de Processo Civil. *In*: DIDIER JUNIRO, Fredie (coord.). *Procedimentos especiais, tutela provisória e direito transitório*. 2. ed. Salvador: JusPODIVM, 2016. v. 4, p. 513-521.

CUNHA, Leonardo Carneiro da. *A Fazenda Pública em juízo*. 16. ed. ver., atual. e ampl. Rio de Janeiro: Forense, 2019.

CUNHA, Leonardo Carneiro da; CABRAL, Trícia Navarro Xavier. A abrangência objetiva e subjetiva da mediação. *Revista de Processo*, São Paulo, v. 287, p. 531-552, 2019.

CUNHA, Leonardo Carneiro da. *Fazenda Pública em Juízo*. 18. ed. Rio de Janeiro: Forense, 2021.

CUNHA, Leonardo Carneiro da. Art. 34. *Lei de Mediação comentada artigo por artigo*. 3. ed. Indaiatuba: Foco, 2022.

CURY, Cesar. Um modelo transdisciplinar de solução de conflitos: direito e tecnologia no processo de recuperação judicial no leading case OI S.A. *In*: NUNES, Dierle. LUCON, Paulo Henrique dos Santos. WOLKART, Erik Navarro. (coord.). *Inteligência artificial e direito processual*: os impactos da virada tecnológica no direito processual. Salvador: JusPODIVM, 2020. p. 83-104.

CURY, César Filipe. Mediação. *In*: ZANETI JUNIOR, Hermes; CABRAL, Trícia Navarro Xavier (coord.). *Justiça Multiportas*: mediação, conciliação, arbitragem e outros meios adequados de solução de conflitos. 2. ed. Bahia: Editora JusPODIVM, 2018.

DACOMO, Natalia. *Direito Tributário participativo*: transação e arbitragem administrativas da obrigação tributária. Tese (Doutorado em Direito). Pontifícia Universidade Católica de São Paulo, São Paulo, 2008.

D'ALMEIDA, André Correa; BREHM, Katie; HIRABAYASHI, Momori; LANGEVIN, Clara; MUÑOZCANO, Bernardo Rivera; SEKIZAWA, Katsumi; ZHU, Jiayi. *Futuro da IA no sistema judiciário brasileiro*: mapeamento, integração e governança. Tradução: Matheus Drummond e Matheus de Souza Depieri. New York: 2020.

DAMATTA, Roberto. *O que faz do Brasil, Brasil?* Rio de Janeiro: Rocco, 1986.

DANTAS, Bruno. *Consensualismo na Administração Pública e regulação*: reflexões para um Direito Administrativo do século XXI. Belo Horizonte: Fórum, 2023.

DANTAS, Francisco Wildo Lacerda. Os poderes do juiz no processo civil e a reforma do judiciário. *Revista dos Tribunais*, São Paulo, v. 83, n. 700, p. 35-39, fev. 1994.

DANTAS NETO, Renato de Magalhães. Sobre processo eletrônico e mudança no paradigma processual: ou não existe ou tudo é paradigma. *Revista de Processo*, v. 240, p. 373-397, fev. 2015.

DELGADO, Júlio. *Projeto de Lei 533/2019*. Acrescenta o parágrafo único ao artigo 17 e § 3º ao artigo 491, ambos do Código de Processo Civil. Brasília: Câmara dos Deputados, 06 fev. 2019. Disponível em: https://www.camara.leg.br/proposicoesWeb/fichadetramitacao?idProposicao=2191394. Acesso em: 20 jul. 2023.

DEUSTCH, Morton. A Resolução do Conflito: processos construtivos e destrutivos. *In*: AZEVEDO, André Gomma de. (org.) *Estudos em arbitragem, mediação e negociação*. Brasília: Grupos de Pesquisa, 2004. v. 3. p. 29-98. Disponível em: http://www.arcos.org.br/livros/estudos-de-arbitragem-mediacao-e-negociacao-vol3/parte-ii-doutrina-parte-especial/a-resolucao-do-conflito. Acesso em: 13 abr. 2021.

DIAS, Ana Carolina Machado Silva. Políticas públicas: implementação e novas tendências dos mecanismos de controle. *Revista do Curso de Especialização em Direito Administrativo da EMERJ*, n. 4, 2019. Disponível em: https://www.emerj.tjrj.jus.br/paginas/rcursodeespecializacao_latosensu/direito_administrativo/edicoes/n4_2019/revista_n4_2019_sumario.html. Acesso em: 03 jan. 2023.

DIDIER JR., Fredie. *Pressupostos processuais e condições da ação*: o juízo de admissibilidade do processo. São Paulo: Saraiva, 2005.

DINAMARCO, Cândido Rangel. *Instituições de direito processual civil*. 6. ed. rev. e atual. São Paulo: Malheiros, 2009. v. 1.

DINAMARCO, Cândido Rangel. *Instituições de direito processual civil*. 6. ed. rev. e atual. São Paulo: Malheiros, 2009. v. 2.

DINAMARCO. Cândido Rangel. *Litisconsórcio*. 8. ed. rev. e atual. São Paulo: Malheiros, 2009.

DIDIER JR., Fredie; ZANETI JR., Hermes. Princípio da adequação jurisdicional do processo coletivo – benfazela proposta contida no projeto de nova lei de ação civil pública. *In*: GOZZOLI, Maria Clara *et al.* (coord.). *Em defesa de um novo sistema de processos coletivos*: Estudos em homenagem a Ada Pellegrini Grinover. São Paulo: Saraiva, 2010.

DIDIER JUNIOR, Fredie. Será o fim da categoria "condição da ação"? Um elogio ao projeto do novo Código de Processo Civil. *Doutrinas Essenciais de Processo Civil*, São Paulo, v. 2, p. 323-328, out. 2011.

DIDIER JR., Fredie. *Sobre a teoria geral do processo, essa desconhecida*. 2. ed. Salvador: JusPODIVM, 2013.

DIDIER JR., Fredie. Apontamentos para a concretização do princípio da eficiência do processo. *In*: FREIRE, Alexandre; DANTAS, Bruno; NUNES, Dierle *et al.* (org.). *Novas tendências do Processo Civil*: Estudos sobre o projeto de novo CPC. Salvador: Editora JusPODIVM, 2013. p. 433-441.

DIDIER JR., Fredie. Fonte normativa da legitimação extraordinária no novo Código de Processo Civil: a legitimação extraordinária de origem negocial. *Revista de Processo*, São Paulo, ano 39, v. 232, p. 69-76, jun. 2014.

DIDIER JR., Fredie; BOMFIM, Daniela Santos. A colaboração premiada como negócio jurídico processual atípico nas demandas de improbidade administrativa. *A&C*: Revista de Direito Administrativo e Constitucional, Belo Horizonte, ano 17, n. 67, p. 105-120, jan./mar. 2017. Disponível em: http://www.revistaaec.com/index.php/revistaaec/article/view/475. Acesso em: 28 maio 2022.

DIDIER JR., Fredie; ZANETI JR, Hermes; OLIVEIRA, Rafael Alexandria de. Notas sobre as decisões estruturantes. *In*: ARENHART, Sérgio Cruz; JOBIM, Marco Félix. *Processos estruturais*. Salvador: JusPodivm, 2017.

DIDIER JR., Fredie; ZANETI JR., Hermes. Justiça multiportas e tutela constitucional adequada: autocomposição em direitos coletivos. *In*: ZANETI JR., Hermes; CABRAL, Trícia Navarro Xavier. *Justiça Multiportas*: mediação, conciliação, arbitragem e outros meios de solução adequada de conflitos. Salvador: JusPODIVM, 2017. v. 9, p. 35-66.

DIDIER JUNIOR, Fredie; ZANETI JUNIOR, Hermes. Justiça Multiportas e tutela adequada em litígios complexos: a autocomposição e os direitos coletivos. *In*: ZANETI JUNIOR, Hermes; CABRAL, Trícia Navarro Xavier (coord.). *Justiça multiportas*: mediação, conciliação, arbitragem e outros meios adequados de solução de conflitos. 2. ed. Bahia: Editora JusPODIVM, 2018. v. 9, p. 37-66.

DIDIER Jr., Fredie; ZANETI JR., Hermes. Justiça Multiportas e Tutela Constitucional Adequada: Autocomposição em Direitos Coletivos. *In*: ZANETI JR., Hermes; CABRAL, Trícia Navarro Xavier (org.). *Justiça Multiportas*: mediação, conciliação, arbitragem e outros meios de solução adequada de conflitos. 2. ed. Salvador: JusPodivm, 2018. v. 9, p. 37-66.

DIDIER JUNIOR, Fredie; CABRAL, Antonio de Passo; CUNHA, Leonardo Carneira da. *Por uma nova teoria procedimentos especiais*. Salvador: Editora JusPODIVM, 2018.

DIDIER JR., Fredie. *Ensaios sobre os negócios jurídicos processuais*. Salvador: JusPODIVM, 2018.

DINAMARCO, Cândido Rangel; LOPES, Bruno Vasconcelos Carrilho. *Teoria geral do novo processo civil*. 3. ed., ver. e atual. São Paulo: Malheiros, 2018.

DIDIER JR., Fredie. *Curso de direito processual civil*. 22. ed. Salvador: JusPODIVM, 2020. v. 1.

DIDIER JR., Fredie; LIPIANI, Júlia. Incidente de resolução de demandas repetitivas. Eficácia interpretativa do princípio federativo sobre o direito processual. Federalismo processual. Contraditório no processamento do incidente de resolução de demandas repetitivas. *Revista de Processo*, v. 300, p. 153-195, 2020.

DIDIER JR., Fredie; ZANETI JR., Hermes; OLIVEIRA, Rafael Alexandria de. Elementos para uma teoria do processo estrutural aplicada ao processo civil brasileiro. *Revista de Processo*, v. 303, p.45-81, maio 2020.

DIDIER JR., Fredie; BRAGA, Paula Sarno; BATISTA, Felipe Vieira. A recuperação judicial como jurisdição voluntária: um ponto de partida para a estruturação do procedimento. *Revista de Processo*, v. 310, p. 237-262, dez. 2020.

DIDIER JR, Fredie; FERNANDEZ, Leandro. A autotutela administrativa no sistema brasileiro de justiça multiportas. *In*: TESOLIN, Fabiano da Rosa; MACHADO, André de Azevedo. *Direito Federal Brasileiro*: 15 anos de jurisdição dos Ministros Og Fernandes, Luis Felipe Salomão e Mauro Campbell Marques. Londrina: Thoth, 2023. p. 177-198.

DIDIER JR., Fredie; FERNANDEZ, Leandro. O Conselho Nacional de Justiça e o Direito Processual: administração judiciária, boas práticas e competência normativa. 2. ed. rev, atual. e ampl.. Salvador: JusPODIVM, 2023.

DIDIER JUNIOR, Fredie; FERNANDEZ, Leandro. O sistema brasileiro de justiça multiportas como um sistema auto-organizado: interação, integração e seus institutos catalisadores. *Revista do Poder Judiciário do Estado do Rio Grande do Norte*, Rio Grande do Norte, ano 03, n. 01, p. 13-41, jan./jun. 2023.

DINAMARCO, Cândido Rangel; BADARÓ, Gustavo Henrique Rigui Ivahy; LOPES, Bruno Vasconcelos Carrilho Lopes. *Teoria geral do processo*. 32. ed. São Paulo: Malheiros, 2020.

DINIZ, Geila Lídia Barreto Barbosa. A transação na Lei 13.988/2020: o novo modelo de solução de conflitos tributários e suas interações com o sistema de precedentes do CPC/2015. *In*: SEEFELDER FILHO, Claudio Xavier. *et al*. (coord.). *Comentários sobre transação tributária à luz da Lei 13.988/2020 e outras alternativas de extinção do passivo tributário*. São Paulo: Thomson Reuters Brasil, 2021.

DI PIETRO, Maria Sylvia Zanella. *A advocacia pública como função essencial à justiça*. São Paulo: Gen Jurídico. Disponível em: http://genjuridico.com.br/2016/11/01/a-advocacia-publica-como-funcao--essencial-a-justica/. Acesso em: 11 jan. 2023.

DI PIETRO, Maria Sylvia Zanella. *Direito administrativo*. 23. ed. atual. até a EC 62/09. São Paulo: Atlas, 2010.

DI PIETRO, Maria Sylvia Zanella. *Direito administrativo*. São Paulo: Grupo GEN, 2022. [Livro Digital]. Disponível em: https://integrada.minhabiblioteca.com.br/#/books/9786559643042/. Acesso em: 15 dez. 2022.

DI SPIRITO, Marco Paulo Denucci. Controle de formação e controle de conteúdo do negócio jurídico processual. *Revista de Direito Privado*, v. 63, p. 125-193. jun./set. 2015.

DI STASI, Mônica. A evolução social e cultural do superendividamento feminino. Revista de Direito do Consumidor, São Paulo, ano 31, v. 140, p. 103-120, mar./abr. 2022. Disponível em: https://revistadostribunais.com.br/. Acesso em: 12 maio 2022.

DISTRITO FEDERAL. Tribunal de Justiça de Distrito Federal. (2ª Turma Cível) Agravo de Instrumento 07090492820188070000, Relator: Cesar Loyola, julgamento em 18 out. 2018, publicado em 23 out. 2018.

DUARTE, Bento Herculano; DUARTE, Ronnie Preuss (coord.). *Processo civil*: aspectos relevantes. São Paulo: Método, 2006.

DUARTE, Eduardo Damian. *A conciliação como meio adequado de resolução de conflitos no processo eleitoral*. Dissertação (Mestrado). Universidade do Estado do Rio de Janeiro, Faculdade de Direito. 2019.

EDTI. *O que é brainstorming?* Disponível em: https://www.escolaedti.com.br/o-que-e-brainstorming-na--qualidade-e-como-fazer. Acesso em: 01 abr. 2020.

EID, Elie Pierre. *Litisconsórcio unitário*. Fundamentos, estrutura e regime. São Paulo: Ed. RT, 2016.

ESCOLA NACIONAL DE FORMAÇÃO E APERFEIÇOAMENTO DE MAGISTRADOS (ENFAM). Enunciados Aprovados. *Enunciado 35*. Além das situações em que a flexibilização do procedimento

REFERÊNCIAS BIBLIOGRÁFICAS **749**

é autorizada pelo art. 139, VI, do CPC/2015, pode o juiz, de ofício, preservada a previsibilidade do rito, adaptá-lo às especificidades da causa, observadas as garantias fundamentais do processo. https://www.enfam.jus.br/wp-content/uploads/2015/09/ENUNCIADOS-VERS%c3%83O-DEFINITIVA-.pdf. Acesso em: 9 jul. 2020.

ESPÍRITO SANTO. *Lei Complementar 234, de 18 de abril de 2002.* Dá nova redação ao Código de Organização Judiciária do Estado do Espírito Santo. Espírito Santo: Governo do Estado do Espírito Santo, [2015]. Disponível em: http://www3.al.es.gov.br/Arquivo/Documents/legislacao/html/LEC2342002.html. Acesso em: 30 ago. 2020.

ESPÍRITO SANTO. Tribunal de Justiça do Espírito Santo. *Ato Normativo Conjunto 8, de 2023.* Regulamenta a implantação e funcionamento dos "Núcleos de Justiça 4.0" no âmbito do Poder Judiciário do Estado do Espírito Santo. Disponível em: https://sistemas.tjes.jus.br/ediario/index.php/component/ediario/?-view=content&id=1519377. Acesso em: 26 jul. 2023.

ESPÍRITO SANTO. Tribunal de Justiça do Espírito Santo. *Ato Normativo Conjunto 09, de 2023.* Regulamenta a implantação e funcionamento do "Núcleo de Justiça 4.0 – Execução Fiscal Estadual" no âmbito do Poder Judiciário do Estado do Espírito Santo. Disponível em: https://sistemas.tjes.jus.br/ediario/index.php/component/ediario/?view=content&id=1519434. Acesso em: 26 jul. 2023.

ESPÍRITO SANTO. Tribunal de Justiça do Espírito Santo. *Ato Normativo 04, de 12 de janeiro de 2015.* Autoriza a instalação do 1º Centro Judiciário de Solução de Conflitos e Cidadania, nos termos da Resolução 17/2013 – TJES, publicada no DJ do dia 15/04/2013. Espírito Santo: Presidência do Tribunal de Justiça do Espírito Santo, 2015. Disponível em: http://www.tjes.jus.br/004-instala-1o-centro-judiciario-de--solucao-de-conflito-e-cidadania-do-pjes-disp-14012015. Acesso em: 25 ago. 2020.

ESPÍRITO SANTO. Tribunal de Justiça do Espírito Santo. *Ato Normativo 46, de 23 de abril de 2013.* Autoriza a instalação do Centro Judiciário de Solução de Conflitos e Cidadania de Vila Velha/ES, nos termos da Resolução TJES 17/2013, publicada no DJ do dia 15/04/2013. Espírito Santo: Presidência do Tribunal de Justiça do Espírito Santo, [2014]. [Revogada pelo Ato Normativo 04, de 12 de janeiro de 2015]. Disponível em: http://www.tjes.jus.br/corregedoria/2016/06/27/ato-normativo-no-0462013-disp--25042013-alterado/. Acesso em 01 de setembro de 2020.

ESPÍRITO SANTO. Tribunal de Justiça do Espírito Santo. *Contato – Lista de CEJUSCs.* Espírito Santo, [20--]. Disponível em: http://www.tjes.jus.br/institucional/nucleos/nupemec/centros-judiciarios-de-solucao--de-conflitos-e-cidadania-cejuscs/contato. Acesso em: 30 ago. 2020.

ESPÍRITO SANTO. Tribunal de Justiça do Espírito Santo. *Resolução 03, de 24 de janeiro de 2011.* Institui o Núcleo Permanente de Métodos Consensuais de Solução de Conflitos do Poder Judiciário do Estado do Espírito Santo e dá outras providências. Espírito Santo: Presidência do Tribunal de Justiça do Estado do Espírito Santo, 2011. [Alterada pela Resolução 19, de 17 de abril de 2012]. Disponível em: http://www.tjes.jus.br/corregedoria/2017/02/16/resolucao-no-032011-publ-em-24012011/. Acesso em: 25 ago. 2020.

ESPÍRITO SANTO. Tribunal de Justiça do Espírito Santo. *Resolução 17, de 13 de abril de 2013* [Republicada em 15 de abril de 2013]. Disciplina a instituição de Centros Judiciários de Solução de Conflitos e Cidadania no âmbito do Poder Judiciário do Estado do Espírito Santo nos termos da Resolução 125 do Conselho Nacional de Justiça. Espírito Santo: Presidência do Tribunal de Justiça do Espírito Santo, 2013. Disponível em: http://www.tjes.jus.br/corregedoria/2016/07/06/resolucao-no-0172013-disp-13042013. Acesso em: 25 ago. 2020.

ESPÍRITO SANTO. Tribunal de Justiça do Espírito Santo. Secretaria Estadual de Saúde. *Ato Normativo Conjunto 44, de 18 de dezembro de 2018.* Dispõe, no âmbito do Poder Judiciário do Estado do Espírito Santo, sobre a utilização do sistema de intimações eletrônicas da Secretaria Estadual de Saúde – SESA/ES, denominado MJ Online (Mandado Judicial Online). Vitória, ES, 2018. Disponível em: https://sistemas.tjes.jus.br/ediario/index.php?view=content&id=738252. Acesso em: 20 jan. 2023.

ESTEVÃO, Roberto da Freiria; LEONARDO, César Augusto Luiz. Inteligência artificial, motivação das decisões, hermenêutica e interpretação: alguns questionamentos a respeito da inteligência artificial aplicada ao direito. *Revista em Tempo*, v. 20, p. 205-232, 2020.

ESTÔNIA quer substituir os juízes por robôs. *ÉPOCA NEGÓCIOS ONLINE.* Disponível em: https://epo-canegocios.globo.com/Tecnologia/noticia/2019/04/estonia-quer-substituir-os-juizes-por-robos.html. Acesso em: 28 jan. 2020.

EUR-LEX. *Carta dos Direitos Fundamentais da União Europeia.* Disponível em: https://eur-lex.europa.eu/legal-content/PT/TXT/PDF/?uri=CELEX:12016P/TXT&from=FR. Acesso em: 26 jul. 2023.

EUR-LEX. *Proposal for a Regulation of the European Parliament and of the Council Laying Down Harmonised Rules on Artificial Intelligence (Artificial Intelligence Act) and Amending Certain Union Legislative Acts.* Disponível em: https://eur-lex.europa.eu/legal-content/EN/TXT/?uri=celex%3A52021PC0206. Acesso em: 26 jul. 2023.

EUR-LEX. *Regulamento (UE) 2016/679 do Parlamento Europeu e do Conselho, de 27 de abril de 2016.* Relativo à proteção das pessoas singulares no que diz respeito ao tratamento de dados pessoais e à livre circulação desses dados e que revoga a Diretiva 95/46/CE (Regulamento Geral sobre a Proteção de Dados). Disponível em: https://eur-lex.europa.eu/legal-content/PT/TXT/PDF/?uri=CELEX:32016R0679. Acesso em: 26 jul. 2023.

EUROPEAN COMISSION. *Ethics guidelines for -trustworthy AI.* Disponível em: https://ec.europa.eu/digital-singlemarket/en/news/ethics-guidelines-trustworthy-ai. Acesso em: 12 jun. 2021.

FACHIN, Luiz Edson; SILVA, Roberta Zumblick Martins da. Direito, inteligência artificial e deveres: reflexões e impactos. *In:* FUX, Luiz; ÁVILA, Henrique; CABRAL, Trícia Navarro Xavier (coord.). *Tecnologia e justiça multiportas.* São Paulo: Foco, 2021. p. 13-33.

FALCÃO, Joaquim; ALMEIDA, Rafael; GUERRA, Sérgio (org.). *Administração pública gerencial.* Rio de Janeiro: FGV, 2013.

FALECK, Diego. *Manual de design de sistemas de disputas:* criação de estratégias e processos eficazes para tratar conflitos. Rio de Janeiro: Lumen Juris, 2018.

FALECK, Diego. Mediação empresarial: introdução e aspectos práticos. *Revista de Arbitragem e Mediação,* v. 42, p. 263-278, jul./set. 2014.

FALEIRO, Mariângela Meyer Pires; RESENDE, Clayton Rosa de; VEIGA, Juliano Carneiro. A justiça multi-portas: uma alternativa para a solução pacífica dos conflitos. *In:* FUX, Luiz; ÁVILA, Henrique; CABRAL, Trícia Navarro Xavier (coord.). *Tecnologia e justiça multiportas.* Indaiatuba: Foco, 2021. p. 287-296.

FARIA, Guilherme Henrique Lage. *Negócios processuais no modelo constitucional de processo.* Salvador: JusPODIVM, 2016.

FARIA, Márcio Carvalho. *A lealdade processual na prestação jurisdicional:* em busca de um modelo de juiz leal. São Paulo: Ed. RT, 2017.

FARIA, Paulo Ramos de. *Regime processual civil experimental comentado.* Coimbra: Almedina, 2010.

FAVRETO, Rogerio; GOMES JR, Luiz Manoel. Do procedimento administrativo e do processo judicial. *In:* CRUZ, Luana Pedrosa de Figueiredo; FAVRETO, Rogerio; GAJARDONI, Fernando da Fonseca; GOMES JR, Luiz Manoel. *Comentários à Nova Lei de Improbidade Administrativa.* São Paulo: Ed. RT, 2022.

FEBRABAN. *Notícias.* Disponível em: https://portal.febraban.org.br/Noticias. Acesso em: 23 jul. 2023.

FECOMERCIO. *Pesquisa de endividamento e inadimplência do consumidor.* Disponível em: https://static.poder360.com.br/2022/01/peic-cnc-2021.pdf. Acesso em: 03 jun. 2022.

FELIZOLA, Milena Britto; FELIZOLA, Fábio Sales. A utilização da mediação pela Administração Pública: inovações legislativas e desafios enfrentados. *Revista de Arbitragem e Mediação,* v. 66, p. 211-232, 2020.

FERRAND, Frédérique. *La conception du procès civil hors de France.* De la commémoration d´um code à l´autre: 200 ans de procédure civile en France. Paris: Lexis Nexis SA, 2006.

FERRAZ JUNIOR. Tercio Sampaio. *A ciência do direito.* 2. ed. São Paulo: Atlas S.A., 2012.

FERREIRA, Daniel. Sanção ou acordo: um (novo) dilema para a administração pública Brasileira. *In:* MOTTA, Fabrício; GABARDO, Emerson. *Crise e reformas legislativas na agenda do direito administrativo.* Belo Horizonte: Fórum, 2018. v. 1, p. 59-76.

FREITAS JÚNIOR, Horival Marques de. Breves apontamentos sobre a Mediação no Direito de Família. *RJLB*, Lisboa, ano 2, n. 1, p. 185-228, 2016.

FERRARI, Isabela (coord.) *Justiça digital*. São Paulo: Ed. RT, 2020.

FERREIRA, Jussara Suzi Assis Borges Nasser; LIMA, Wellington Henrique Rocha Ferreira. A Mediação, a Conciliação e os Acordos como Efetivos Meios de Resolução de Demandas Eivadas de Atos de Improbidade Administrativa. *Revista Brasileira de Direito Tributário e Finanças Públicas*, Porto Alegre, v. 13, n. 76, p. 29-43, set./out. 2019.

FERREIRA, Márcio Vieira Souto Costa. Princípios fundamentais do processo e a legitimidade do sistema de justiça multiportas. *In*: FUX, Luiz. ÁVILA, Henrique. CABRAL, Trícia Navarro Xavier. *Tecnologia e justiça multiportas*. Indaiatuba: Foco, 2021. p. 467-476.

FICHTNER, José Antonio; MANNHEIMER, Sérgio Nelson; MONTEIRO, André Luís. *Teoria geral da arbitragem*. Rio de Janeiro: Forense, 2019.

FIDA, Pedro; MOTTA, Marcos. A mediação nos esportes: aspectos gerais e o caso do tribunal Arbitral do Esporte (TAS). *In*: CABRAL, Trícia Navarro Xavier; ZANETI JUNIOR, Hermes (org.). *Justiça multiportas*. 3. ed. Salvador: JusPODIVM, 2023. v. 1, p. 1009-1021.

FISHER, Roger; Ury, Willian; Patton, Bruce. Tradução de Raquel Agavino. *Como chegar ao sim*: como negociar acordos sem fazer concessões [recurso eletrônico]. ed. rev. e atual. Rio de Janeiro: Sextante, 2018.

FISS, Owen. Fazendo da Constituição uma verdade viva: quatro conferências sobre a structural injunction. *In*: ARENHART, Sérgio Cruz; JOBIM, Marco Félix. *Processos estruturais*. Salvador JusPODIVM, 2017. p. 25-51.

FIORELLI, José Osmir; MANGINI, Rosana Cathya Ragazzoni. *Psicología jurídica*. São Paulo: Atlas, 2015.

FIORILLO, Celso Antonio Pacheco. *Curso de direito ambiental brasileiro*. 12. ed. rev., atual. e ampl. São Paulo: Saraiva, 2011.

FONTEYNE, Alexis. *Projeto de Lei Complementar 141/2022*. Dispõe sobre normas gerais de prevenção de litígio, consensualidade e processo administrativo, em matéria tributária. Brasília, Câmara dos Deputados, 16 nov. 2022.

FÓRUM NACIONAL DE MEDICIAÇÃO E CONCILIAÇÃO – FONAMEC. *Caderno de Enunciados*: I ao XIII FONAMEC. Biênio 2022/2024. Disponível em: http://nupemec.tjba.jus.br/nupemec/wp-content/uploads/2023/05/Caderno-de-Enunciados-até-13o-FONAMEC-2023.pdf. Acesso em: 01 maio 2023.

FÓRUM NACIONAL DE MEDICIAÇÃO E CONCILIAÇÃO – FONAMEC. *Enunciado 19*. Os conflitos do setor pré-processual dos CEJUSCs não estão sujeitos ao pagamento de custas processuais e nem a limite de valor da causa, salvo disposição em contrário existente na legislação local, quanto à cobrança de custas. (Enunciado aprovado na reunião ordinária de 10/04/2015, com redação atualizada na reunião extraordinária de 28/04/2016).

FÓRUM NACIONAL DE MEDICIAÇÃO E CONCILIAÇÃO – FONAMEC. *Enunciado 29*. Os acordos homologados no setor pré-processual do CEJUSC constituem títulos executivos judiciais e poderão ser executados nos juízos competentes, mediante distribuição. (Enunciado aprovado na reuniao ordinária de 10/04/2015, com redação atualizada na reunião extraordinária de 28/04/2016).

FÓRUM NACIONAL DE MEDICIAÇÃO E CONCILIAÇÃO – FONAMEC. *Enunciado 50*. É possível a homologação pelo Juiz Coordenador do Cejusc de acordos celebrados extrajudicialmente.

FÓRUM NACIONAL DO PODER PÚBLICO. I Fórum Nacional do Poder Públicos. *Enunciados Aprovados*. Brasília, 2016. Disponível em: https://www.sinprofaz.org.br/pdfs/enunciados-fnpp.pdf. Acesso em 29 maio 2023.

FÓRUM NACIONAL DO PODER PÚBLICO. I Fórum Nacional do Poder Públicos. *Enunciado 6*. (art. 166, Lei 13.105/15; art. 2º, Lei 13.140/15; Lei 12.527/11) A confidencialidade na mediação com a Administração Pública observará os limites da lei de acesso à informação (Grupo: Meios alternativos de solução de conflitos e a Fazenda Pública). (I Fórum Nacional Do Poder Público (Brasília – 17 e 18 de junho/2016).

FÓRUM NACIONAL DO PODER PÚBLICO. I Fórum Nacional do Poder Públicos. *Enunciado 16*. (art. 334 § 4º II, art. 3º, § 2º e art. 5º, Lei 13.105/15; art. 37, Constituição Federal) – A Administração Pública deve publicizar as hipóteses em que está autorizada a transacionar. (I Fórum Nacional do Poder Público – Grupo: Meios alternativos de solução de conflitos e a Fazenda Pública).

FÓRUM PERMANENTE DE PROCESSUALISTAS CIVIS – FPPC. *Enunciado 16*. (art. 190, parágrafo único) O controle dos requisitos objetivos e subjetivos de validade da convenção de procedimento deve ser conjugado com a regra segundo a qual não há invalidade do ato sem prejuízo. (Grupo: Negócio Processual).

FÓRUM PERMANENTE DE PROCESSUALISTAS CIVIS – FPPC. *Enunciado 17*. (art. 190) As partes podem, no negócio processual, estabelecer outros deveres e sanções para o caso do descumprimento da convenção14. (Grupo: Negócio Processual; redação revista no III FPPC-Rio).

FÓRUM PERMANENTE DE PROCESSUALISTAS CIVIS – FPPC. *Enunciado 18*. (art. 190, parágrafo único) Há indício de vulnerabilidade quando a parte celebra acordo de procedimento sem assistência técnico-jurídica. (Grupo: Negócio Processual).

FÓRUM PERMANENTE DE PROCESSUALISTAS CIVIS – FPPC. *Enunciado 19*. (art. 190) São admissíveis os seguintes negócios processuais, dentre outros: pacto de impenhorabilidade, acordo de ampliação de prazos das partes de qualquer natureza, acordo de rateio de despesas processuais, dispensa consensual de assistente técnico, acordo para retirar o efeito suspensivo de recurso, acordo para não promover execução provisória; pacto de mediação ou conciliação extrajudicial prévia obrigatória, inclusive com a correlata previsão de exclusão da audiência de conciliação ou de mediação prevista no art. 334; pacto de exclusão contratual da audiência de conciliação ou de mediação prevista no art. 334; pacto de disponibilização prévia de documentação (pacto de disclosure), inclusive com estipulação de sanção negocial, sem prejuízo de medidas coercitivas, mandamentais, sub-rogatórias ou indutivas; previsão de meios alternativos de comunicação das partes entre si; acordo de produção antecipada de prova; a escolha consensual de depositário-administrador no caso do art. 866; convenção que permita a presença da parte contrária no decorrer da colheita de depoimento pessoal. (Grupo: Negócio Processual; redação revista no III FPPC- RIO, no V FPPC-Vitória e no VI FPPC-Curitiba).

FÓRUM PERMANENTE DE PROCESSUALISTAS CIVIS – FPPC. *Enunciado 20*. (art. 190) Não são admissíveis os seguintes negócios bilaterais, dentre outros: acordo para modificação da competência absoluta, acordo para supressão da primeira instância, acordo para afastar motivos de impedimento do juiz, acordo para criação de novas espécies recursais, acordo para ampliação das hipóteses de cabimento de recursos. (Grupo: Negócio Processual; redação revista no VI FPPC-Curitiba).

FÓRUM PERMANENTE DE PROCESSUALISTAS CIVIS – FPPC. *Enunciado 21*. (art. 190) São admissíveis os seguintes negócios, dentre outros: acordo para realização de sustentação oral, acordo para ampliação do tempo de sustentação oral, julgamento antecipado do mérito convencional, convenção sobre prova, redução de prazos processuais. (Grupo: Negócio Processual; redação revista no III FPPC-Rio).

FÓRUM PERMANENTE DE PROCESSUALISTAS CIVIS – FPPC. *Enunciado 273*. (art. 250, IV; art. 334, § 8º) Ao ser citado, o réu deverá ser advertido de que sua ausência injustificada à audiência de conciliação ou mediação configura ato atentatório à dignidade da justiça, punível com a multa do art. 334, § 8º, sob pena de sua inaplicabilidade. (Grupo: Petição inicial, resposta do réu e saneamento).

FÓRUM PERMANENTE DE PROCESSUALISTAS CIVIS – FPPC. *Enunciado 295*. As regras sobre intervalo mínimo entre as audiências do CPC só se aplicam aos processos em que o ato for designado após sua vigência.

FÓRUM PERMANENTE DE PROCESSUALISTAS CIVIS – FPPC. *Enunciado 414*. (art. 191, § 1º) O disposto no § 1º do artigo 191 refere-se ao juízo. (Grupo: Negócios processuais).

FÓRUM PERMANENTE DE PROCESSUALISTAS CIVIS – FPPC. *Enunciado 573*. (arts. 3º, §§ 2º e 3º; 334) As Fazendas Públicas devem dar publicidade às hipóteses em que seus órgãos de Advocacia Pública estão autorizados a aceitar autocomposição. (Grupo: Impacto do novo CPC e os processos da Fazenda Pública).

FÓRUM PERMANENTE DE PROCESSUALISTAS CIVIS – FPPC. *Enunciado 583*. O intervalo mínimo entre as audiências de mediação ou de conciliação não se confunde com o tempo de duração da sessão.

REFERÊNCIAS BIBLIOGRÁFICAS   753

FÓRUM PERMANENTE DE PROCESSUALISTAS CIVIS – FPPC. *Enunciado 628*. As partes podem celebrar negócios jurídicos processuais na audiência de conciliação ou mediação.

FÓRUM PERMANENTE DE PROCESSUALISTAS CIVIS – FPPC. *Enunciado 639*. (334, § 4º, II) O juiz poderá, excepcionalmente, dispensar a audiência de mediação ou conciliação nas ações em que uma das partes estiver amparada por medida protetiva. (Grupo: Mediação e conciliação (CPC e Lei 13.140/2015); redação revista no IX FPPC-Recife).

FÓRUM PERMANENTE DE PROCESSUALISTAS CIVIS – FPPC. *Enunciado 673*. (art. 334, § 4º, II e art. 139, V) A presença do ente público em juízo não impede, por si, a designação da audiência do art. 334. (Grupo: Mediação e conciliação (CPC e Lei 13.140/2015))

FÓRUM PERMANENTE DE PROCESSUALISTAS CIVIS – FPPC. Rol de enunciados e repertório de boas práticas processuais do Fórum Permanente de Processualistas – FPPC. Brasília, 2023. Disponível em: file:///C:/Users/PJES/Downloads/Rol%20de%20Enunciados%20e%20Reperto%CC%81rio%20 de%20Boas%20Pra%CC%81ticas%20Processuais%20do%20FPPC%20-%202023.pdf. Acesso em: 29 maio 2023.

FREIRE, Rodrigo da Cunha Lima. *Condições da ação*: enfoque sobre o interesse de agir no processo civil brasileiro. 2. ed. rev., atual. e ampl. São Paulo: Ed. RT, 2001.

FUNDAÇÃO RENOVA. *A Fundação*. Disponível em: https://www.fundacaorenova.org/a-fundacao/. Acesso em: 15 dez. 2018.

FUX, Luiz. *Mandado de segurança*. Rio de Janeiro: Forense, 2010.

FUX, Luiz. *Projetos de Gestão do Ministro Luiz Fux*. Brasília, DF, 2020. Disponível em: https://www.cnj.jus. br/wp-content/uploads/2020/10/5-Eixos-da-Justi%C3%A7a-Ministro-Luiz-Fux-22.09.2020.pdf. Acesso em: 10 jun. 2021.

FUX, Luiz; BODART, Bruno. *Processo civil e análise econômica*. 2. ed. Rio de Janeiro: Forense, 2021.

GABBAY, Daniela Monteiro. Mediação de conflitos no âmbito jurídico: o crescimento da mediação empresarial no Brasil. *In.*: *Cadernos FGV Projetos* [online], n. 26, p. 62-75, 2015. Disponível em: http:// bibliotecadigital.fgv.br/dspace/handle/10438/18434. Acesso em: 16 abr. 2021

GAGLIANO, Pablo Stolze; OLIVEIRA, Carlos Eduardo Elias de. Comentários à lei do superendividamento (Lei 14.181, de 1º de julho de 2021 (LGL\2021\9138)) e o princípio do crédito responsável. Uma primeira análise. *Revista Jus Navigandi*, Teresina, ano 26, n. 6575, jul. 2021. Disponível em: jus.com.br/ artigos/91675. Acesso em: 30 maio 2022.

GAGLIANO, Pablo Stolze; OLIVEIRA, Carlos Eduardo Elias de. *Lei do Superendividamento*: questões práticas no procedimento judicial de repactuação das dívidas. Disponível em: https://www.migalhas. com.br/arquivos/2021/12/EB65C2F274DCF0_ARTIGO_LeidoSuperendividamento.pdf. Acesso em: 01 jun. 2022.

GAJARDONI, Fernando: *A revolução silenciosa da execução por quantia*. Disponível em: http://jota.uol. com.br/a-revolucao-silenciosa-da-execucao-por-quantia. Acesso em: 02 set. 2016.

GAJARDONI, Fernando da Fonseca. *Flexibilização procedimental*: um novo enfoque para o estudo do procedimento em matéria processual, de acordo com as recentes reformas do CPC. São Paulo: Atlas, 2008.

GAJARDONI, Fernando. Gestão de conflitos nos Estados Unidos e no Brasil. *Revista Eletrônica de Direito Processual – REDP*, ano 12. v. 19, n. 3, p. 276-295, set./dez. 2018.

GAJARDONI, Fernando. *O novo CPC e o fim da gestão na Justiça*. Disponível em: http://jota.info/o-novo- -cpc-e-o-fim-da-gestao-na-justica. Acesso em: 20 fev. 2015.

GAJARDONI, Fernando da Fonseca Gajardoni. *Sem conciliador não se faz audiência inaugural do novo CPC*. Disponível em: http://jota.uol.com.br/sem-conciliador-nao-se-faz-audiencia-inaugural-novo-cpc. Acesso em: 15 maio 2016.

GAJARDONI, Fernando da Fonseca; DELLORE, Luiz; ROQUE, André Vasconcelos; OLIVEIRA JR., Zulmar Duarte de. *Comentários ao Código de Processo Civil*. 5. ed. ver. e atual. Rio de Janeiro: Forense, 2022.

GAJARDONI, Fernando da Fonseca; GOMES JR, Luiz Manoel. *Comentários à Nova Lei de Improbidade Administrativa*. São Paulo: Ed. RT, 2022.

GALVÃO FILHO, Mauricio Vasconcelos; WEBER, Ana Carolina. Disposições gerais sobre a mediação civil. *In*: PINHO, Humberto Dalla Bernardina de (org.). *Teoria geral da mediação à luz do projeto de lei e do direito comparado*. Rio de Janeiro: Lumen Juris, 2008.

GARCIA, Andressa. *A mediação e a conciliação na Nova Lei de Falências e Recuperação de Empresas*. Disponível em: https://www.conjur.com.br/2021-mar-13/garcia-mediacao-conciliacao-lei-falencias. Acesso em: 29 jul. 2021.

GASPAR, Renata Álvares. *Reconhecimento de sentenças arbitrais estrangeiras no Brasil*. São Paulo: Atlas, 2009.

GIANINI, Leandro. La reafirmación del rol del habeas corpus colectivo como litigio estructural: lograr el equilibrio sin destruir la balanza. *Revista Iberoamericana de Derecho Procesal*, v. 3. jan./jun. 2016.

GICO JR, Ivo Teixeira. A tragédia do Judiciário. *Revista de Direito Administrativo*, Rio de Janeiro, v. 267, p. 163-198, set./dez. 2014. Disponível em: <file:///C:/Users/Justi%C3%A7a%20Federal/Downloads/46462-Texto%20do%20Artigo-91787-1-10-20150220.pdf>. Acesso em: 01 ago. 2021.

GIDI, Antonio. *A Class Action como instrumento de tutela coletiva dos direitos*. São Paulo: Ed. RT, 2007.

GOIÁS. Tribunal de Justiça do Estado de Goiás (4ª Câmara Cível). Apelação 03199944620168090072. Relator: Des(a). Beatriz Figueiredo Franco, julgado em 03 ago. 2020, publicado em 03 ago. 2020.

GODINHO, Robson. *Negócios processuais sobre o ônus da prova no novo Código de Processo Civil*. São Paulo: Ed. RT, 2015. (Coleção Liebman).

GOMES, Delber Pinto. Contratos ex machina: breves notas sobre a introdução da tecnologia Blockchaine Smart Contracts. *Revista Electrónica de Direito*, v. 17, n. 3, p. 39-55, out. 2018. DOI 10.24840/2182-9845_2018-0003_0003. Disponível em: https://papers.ssrn.com/sol3/papers.cfm?abstract_id=3352031. Acesso em: 23 out. 2023.

GOMES, Gustavo Gonçalves. Juiz ativista x juiz ativo: uma diferenciação necessária no âmbito do processo constitucional moderno. *In*: DIDIER JR., Fredie; NALINI, José renato; RAMOS, Glauco Gumerato; LEVY, Wilson. *Ativismo judicial e garantismo processual*. Salvador: JusPODIVM, 2013. p. 287-302.

GOMES, José Jairo. *Direito eleitoral*. 18. ed. rev., atual. e ampl. Barueri: Atlas, 2022.

GOMES FILHO, Demerval Farias. *Direito penal negocial*: a legitimação da resposta penal. Salvador: JusPODIVM, 2023.

GONÇALVES, André Luis Ferreira. Mediação e arbitragem empresarial: alternativas de resolução extrajudicial de conflitos comerciais no Brasil. *Brazilian Journal of Development* [online], Curitiba, v. 5, n. 3, p. 2505-2521, mar. 2019. Disponível em: https://www.brazilianjournals.com/index.php/BRJD/article/view/1311/1193. Acesso em: 16 abr. 2021.

GOULART, Bianca Bez. *Análise econômica do litígio*: entre acordos e ações judiciais. Salvador: JusPodivm, 2019.

GRECO, Leonardo. Publicismo e privatismo no processo civil. *Revista de Processo*, São Paulo, ano 33, v. 164, p. 29-56, out. 2008.

GRECO, Leonardo. Publicismo e privatismo no processo civil. *In*: WAMBIER, Luiz Rodrigues; ARRUDA ALVIM WAMBIER, Teresa. *Princípios e temas gerais do processo civil*. São Paulo: Ed. RT, 2011. v. 1.

GRECO, Leonardo. *Instituições de processo civil*: Introdução ao Direito Processual Civil. 5. ed. ver., atual. e ampl. Rio de Janeiro: Forense. 2015. v. 1.

GRINOVER, Ada Pellegrini. A Inafastabilidade do Controle Jurisdicional e uma Nova Modalidade de Autotutela. *Revista Brasileira de Direito Constitucional – RBDC*, n. 10, jul./dez. 2007.

GRINOVER, Ada Pellegrini. *Ensaio sobre a processualidade*: fundamentos para uma nova teoria geral do processo. Brasília: Gazeta Jurídica, 2016.

GRINOVER, Ada Pellegrini. O controle jurisdicional de políticas públicas. *In*: GRINOVER, Ada Pellegrini; WATANABE, Kazuo; COSTA, Susana Henriques da. *O processo para solução de conflitos de interesse público*. Salvador: JusPODIVM, 2017. p. 125-150.

REFERÊNCIAS BIBLIOGRÁFICAS

GRINOVER, Ada Pellegrini; WATANABE, Kazuo; LUCON, Paulo Henrique dos Santos. Projeto de Lei n. 8.058/2014 – Considerações gerais e proposta de substitutivo. *In*: GRINOVER, Ada Pellegrini; WATANABE, Kazuo; COSTA, Susana Henriques da. *O processo para solução de conflitos de interesse público*. Salvador: JusPODIVM, 2017.

GROENINGA, Giselle Câmara. A contribuição da mediação interdisciplinar: um novo paradigma: para a conciliação. *Revista do Tribunal Regional do Trabalho da 2ª Região*, São Paulo, SP, n. 8, p. 63-70, 2011. Disponível em: https://hdl.handle.net/20.500.12178/78840. Acesso em: 18 ago. 2023.

GROTTI, Dinorá Adelaide Musetti Grotti; OLIVEIRA, José Roberto Pimenta. Panorama crítico da Lei de Improbidade Administrativa, com as alterações da Lei 14.230/2021. *Revista de Direito Administrativo e Infraestrutura*, São Paulo, v. 20, p. 97-141, jan./mar. 2022. DOI: https://doi.org/10.48143/rdai.20.jrpo. Disponível em: https://rdai.com.br/index.php/rdai/article/view/rdai20oliveiraegrotti/563. Acesso em: 25 maio 2022.

GUEDES, Anielle. *Inteligência artificial no tribunal*: da análise de dados ao algoritmo juiz. 21 nov. 2019. Disponível em: https://anielleguedes.blogosfera.uol.com.br/2019/11/21/inteligencia-artificial-no-tribunal-da-analise-de-dados-ao-algoritmo-juiz/?cmpid=copiaecola. Acesso em: 13 abr. 2021.

GUIMARÃES, Deocleciano Torrieri. *Dicionário jurídico*. 27. ed. atual. por Ana Cláudia Schwench dos Santos. São Paulo: Rideel, 2023.

HARGER, Marcelo. *Improbidade Administrativa (Lei 8.429/1992)*. São Paulo: Ed. RT, 2020.

HILDEBRAND, Cecília Rodrigues Frutuoso; HILL, Flávia Pereira; PEIXOTO, Renata Cortez Vieira. A certificação eletrônica da união estável perante o registro civil: O necessário equilíbrio entre desburocratização e segurança jurídica. *JOTA*. Disponível em: https://www.jota.info/opiniao-e-analise/colunas/coluna-cpc-nos-tribunais/a-certificacao-eletronica-da-uniao-estavel-perante-o-registro-civil-02072023. Acesso em: 15 jul. 2023.

HILL, Flávia Pereira. Desencastelando a arbitragem: a arbitragem expedita e o acesso à justiça multiportas. *In*: MAIA, Benigna Araújo Teixeira *et al*. *Acesso à justiça*: um olhar a partir do Código de Processo Civil de 2015. Londrina: Thoth, 2021. p. 165-191.

HOTOTIAN, Andrea. Revisitando o instituto da mediação e da conciliação. Análise sob a nova ordem processual e social. *Revista de Processo*, São Paulo, v. 330, p. 417-439, ago. 2022.

IBGE. *Panorama*. Disponível em: https://censo2022.ibge.gov.br/panorama/. Acesso em: 06 ago. 2023.

INTERNATIONAL ORGANIZATIONS. *G20 Ministerial Statement on Trade and Digital Economy*. Disponível em https://www.mofa.go.jp/files/000486596.pdf. Acesso em: 12 jun. 2021.

ITÁLIA. *Codice di Procedura Civile*. REGIO DECRETO 28 ottobre 1940, n. 1443.

JABUR, Mario Neto. Breve paralelo entre parcelamento, plano de amortização convencionado em negócio jurídico processual e transação e seu denominador comum. *In*: CONRADO, Paulo Cesar; ARAUJO, Juliana Furtado Costa (coord.). *Transação Tributária na prática da Lei 13.988/2020*. São Paulo: Thomson Reuters Brasil, 2020.

JOBIM, Marco Félix. *Medidas estruturantes*: da Suprema Corte estadunidense ao Supremo Tribunal Federal. Porto Alegre: Livraria do Advogado, 2013.

JOBIM, Marco Félix. Reflexões sobre a necessidade de uma teoria dos litígios estruturais: bases de uma possível construção. *In*: ARENHART, Sérgio Cruz; JOBIM, Marco Félix. *Processos estruturais*. Salvador JusPODIVM, 2017. p. 449-466.

JOBIM, Marco Félix. *Cultura, escolas e fases metodológicas do processo*. 4. ed. rev. e atual. de acordo com o novo CPC. Porto Alegre: Livraria do Advogado, 2018.

JORGE, Flávio Cheim. *Teoria geral dos recursos cíveis*. 7. ed. rev., atual. e ampl. São Paulo: Ed. RT, 2015.

JÚDICE, José Miguel. Confidencialidade e publicidade. Reflexão a propósito da Reforma da Lei de Arbitragem (Lei 13.129, de 25 de maio de 2015). *In*: CAHALI, Francisco José; RODOVALHO, Thiago; FREIRE, Alexandre (org.). *Arbitragem*: estudos sobre a Lei 13.129, de 26 maio 2015. São Paulo: Saraiva, 2016.

JUNQUILHO, Tainá Aguiar. Resolução on-line de conflitos: limites, eficácia e panorama de aplicação no Brasil. *In*: NUNES, Dierle; LUCON, Paulo Henrique dos Santos; WOLKART, Erik Navarro. *Inteligên-

cia artificial e direito processual: os impactos da virada tecnológica no direito processual. Salvador: JusPodivm, 2020. p. 185-198.

JUSTEN FILHO, Marçal. *Curso de direito administrativo*. São Paulo: Grupo GEN, 2023. [Livro Digital]. Disponível em: https://integrada.minhabiblioteca.com.br/#/books/9786559645770/. Acesso em: 01 jan. 2023.

JUSTEN FILHO, Marçal. *Nova lei de licitações e reforma administrativa*. Disponível em: https://www.jota.info/opiniao-e-analise/colunas/publicistas/nova-lei-de-licitacoes-e-reforma-administrativa-16022021. Acesso em: 10 abr. 2021.

KATSH, Ethan; RABINOVICH-EINY, Orna. *Digital justice*: technology and the internet os disputs. New York: Oxford University Press, 2017.

KATSH, Ethan; RULE, Colin. What we know and need to know about online dispute resolution. *South Carolina Law Review*, Columbia, v. 67, n. 2, p. 329-344, 2016. Disponível em: https://scholarcommons.sc.edu/sclr/vol67/iss2/10/. Acesso em: 21 jul. 2020.

KATZWINKEL, Edgard. A arbitragem como procedimento eficaz para a solução dos conflitos (entre sócios e a sociedade) nas sociedades empresárias. *In*: LEITE, Eduardo de Oliveira (org.). *Grandes Temas da Atualidade*: mediação, arbitragem e conciliação. Rio de Janeiro: Forense, 2008. v. 7, p. 73-104.

KERN, Cristoph A. Procedural contracts in Germany. *In*: NOGUEIRA, Pedro Henrique. *Negócios processuais*. 3. ed. Salvador: JusPODIVM, 2017. v. 1, p. 213-225.

KESSLER, Gladys; FINKELSTEIN, Linda J. The Evolution of a Multi-Door Courthouse. *Catholic Univesity Law Review*, Washington, v. 37, n. 3, p. 577-590, 1988. Disponível em: http://scholarship.law.edu/lawreview/vol37/iss3/2. Acesso em: 13 fev. 2018.

KIM, Iljoong; KI, Jaehong. Frivolous suits in the Infinitely. *Hitotsubashi Journal of Economics*, v. 56, n. 1. p. 21-33, jun. 2015.

KIRCHNER, Felipe. Os novos fatores teóricos de imputação e concretização do tratamento do superendividamento de pessoas físicas. *Revista de Direito do Consumidor*, São Paulo, n. 65, p. 63-113, jan./mar. 2008. Disponível em: https://revistadostribunais.com.br/. Acesso em: 18 maio 2022.

LACERDA, Galeno. *Despacho saneador*. 2. ed. Porto Alegre: Sergio Antonio Fabris, 1985.

LACERDA, Mariana Domingos; SOUZA, Ingred Tahiane Queiroz *et al.* Psicologia jurídica na resolução de conflitos. *Revista Jus Navigandi*, Teresina, ano 23, n. 5351, 24 fev. 2018. ISSN 1518-4862. Disponível em: https://jus.com.br/artigos/64346. Acesso em: 18 ago. 2023.

LADIM, Francisco Edson de Sousa; GONDIM, Líllian Virgínia Carneiro. Mediação Comunitária e a Justiça Humana: um elo efetivo da cultura de paz. *In*: CHAI, Cássius Guimarães (org.). *Comunitária*. São Luís: Procuradoria Geral de Justiça do Estado do Maranhão/Jornal da Justiça/Cultura, Direito e Sociedade (DGP/CNPq/UFMA).

LAGE, Fernanda de Carvalho; Peixoto, Fabiano Hartmann. A inteligência Artificial nos Tribunais brasileiros: princípios éticos para o uso de IA nos sistemas judiciais. *In*: PINTO, Henrique Alves; GUEDES, Jefferson Carus; CESAR, Joaquim Pontes de Cerqueira. *Inteligência artificial aplicada ao processo de tomada de decisões*. Belo Horizonte, São Paulo: D'Plácido, 2020. p. 155-171.

LEAL JÚNIOR, João Carlos; PENHA, Renata Mayumi Sanomya. Eficiência, consensualismo e os meios autocompositivos de conflitos na administração pública. *Revista dos Tribunais*, São Paulo, v. 1038, p. 51-67, abr. 2022.

LEAL, Marcello Fernandes. *A ordem pública na arbitragem e na homologação da sentença arbitral estrangeira*. Disponível em: http://www.jurisway.org.br/v2/dhall.asp?id_dh=1549. Acesso em: 15 ago. 2013.

LEITE, Rafael. Tecnologia e corte: panorama brasileiro I. *In*: FERRARI, Isabela (coord.) *Justiça digital*. São Paulo: Ed. RT, 2020. p. 105-115.

LESSA NETO, João Luiz. Art. 35. *In*: CABRAL, Trícia Navarro Xavier; CURY, César (org.). *Lei de mediação comentada artigo por artigo*. 3. ed. Indaiatuba: FOCO, 2022. v. 1.

REFERÊNCIAS BIBLIOGRÁFICAS

LEX EDITORA. *Supremo confirma validade de regra que exige desistência de ações para adesão ao RFF.* Disponível em: https://www.lex.com.br/supremo-confirma-validade-de-regra-que-exige-desistencia-de-acoes-para-adesao-ao-rff/. Acesso em: 30 jul. 2023.

LIBERAL, José Roberto Bernardi. *Intervenção jurisdicional nas políticas públicas*: mecanismos processuais de controle e efetivação. Salvador: JusPODIVM, 2018.

LIMA, Bernardo. *A arbitrabilidade do dano ambiental.* São Paulo: Atlas, 2010. (Coleção Atlas de Processo Civil).

LIPIANI, Júlia; SIQUEIRA, Marília. Negócios Jurídicos processuais sobre mediação e conciliação. *In*: ZANETI JUNIOR, Hermes; CABRAL, Trícia Navarro Xavier (coord.). *Justiça multiportas*: mediação, conciliação, arbitragem e outros meios adequados de solução de conflitos. 2. ed. Bahia: Editora Jus-PODIVM, 2018.

LORENCI, Matheus Belei Silva de; SILVA, Renan Sena; DUTRA, Vinícius Belo. "Justiça multiportas": a arbitragem como método extrajudicial de solução de litígios no âmbito do Direito Internacional Privado. *In*: *Anais do Congresso de Processo Civil Internacional*. Vitória, 2018, p. 533. Disponível em: http://periodicos.ufes.br/processocivilinternacional/issue/view/860. Acesso em: 16 abr. 2020.

LOURENÇO, Haroldo. A onda evolutiva da arbitragem envolvendo o Poder Público no Brasil. *Revista dos Tribunais*, v. 995, p. 27-49, set. 2018.

LUCCA, Rodrigo Ramina de. *Disponibilidade processual*: os interesses privados das partes diante da natureza pública do processo. Tese de Doutorado em Direito Processual – Orientador: Prof. Dr. Flávio Luiz Yarshell. Faculdade de Direito Universidade de São Paulo, São Paulo, 2018.

LUCON, Paulo Henrique dos Santos. A autocomposição (smart contracts), os equivalentes jurisdicionais e a desjudicialização. *In.*: VADELL, Lorenzo M Bujosa *et al.* (org.). *O sistema processual do século XXI*: novos desafios. Londrina: Thoth, 2023. p. 161-174.

MACEDO, Bruno Regis Bandeira Ferreira. Os aspectos procedimentais da petição inicial e da contestação e o novo Código de Processo Civil. *In*: DIDIER JR., Fredie; MOUTA, José Henrique; KLIPPEL, Rodrigo (coord.). *O projeto do novo Código de Processo Civil*: estudos em homenagem ao Professor José de Albuquerque Rocha. Salvador: JusPODIVM, 2011. p. 81-102.

MACHADO, Carlos Henrique. Modelo Multiportas no Direito Tributário Brasileiro. Tese (Doutorado em Direito), Universidade Federal de Santa Catarina, 2020. Disponível em: https://repositorio.ufsc.br/handle/123456789/216592. Acesso em: 03 abr. 2021.

MACHADO, Diego. Análise Econômica do Direito. *Youtube*, 06 de fevereiro de 2019. Disponível em: https://www.youtube.com/watch?v=LUUC9wxuwZw. Acesso em: 16 jun. 2021.

MACHADO, Teresa Robichez de Carvalho. Judicialização da saúde: analisando a audiência pública no Supremo Tribunal Federal. *Revista Bioética*, v. 22, n. 3, 2014. Disponível em: https://revistabioetica.cfm.org.br/index.php/revista_bioetica/article/view/876/1138. Acesso em: 01 jun. 2022.

MADUREIRA, Cláudio. *Advocacia pública.* 2. ed. Belo Horizonte: Fórum, 2016.

MAGALHÃES, Roberto Barcellos de. *Comentários à Constituição Federal de 1988.* Rio de Janeiro: Lumen Juris, 1997. v. 2.

MAMEDE, Gladston. *Direito empresarial brasileiro*: empresa e atuação empresarial. São Paulo: Atlas, 2004. v. 1.

MANCUSO, Rodolfo Camargo. A arbitragem, a mediação e a conciliação enquanto meios de prevenção e solução de conflitos, e seu manejo no âmbito do poder público. *In*: BEDAQUE, José Roberto dos Santos; YARSHELL, Flávio Luiz; SICA, Heitor Vitor Mendonça (coord.). *Estudos de direito processual civil em homenagem ao Professor José Rogério Cruz e Tucci.* Salvador: JusPODIVM, 2018.

MANCUSO, Rodolfo de Camargo. *A resolução dos conflitos e a função judicial no Contemporâneo Estado de Direito.* São Paulo: Ed. RT, 2009.

MÂNICA, Fernando Borges. *O setor privado nos serviços públicos de saúde.* Belo Horizonte: Fórum, 2010.

MANFREDI, Denise; BURBRIDGE, Marc. Mediação corporativa: desenvolvendo o diálogo estratégico no ambiente de negócios. *In*: ALMEIDA, Tânia. PELAJO, Samantha. JONATHAN, Eva (coord.). *Mediação de conflitos para iniciantes, praticantes e docentes*. 3. ed. Salvador: JusPODIVM, 2021.

MARÇAL, Felipe Barreto. *Processos estruturantes*. Salvador: JusPodivm, 2021.

MARINELLI, Marino. *La natura dell'arbitrato irrituale*: profili comparatistici e processuali. Torino: G. Giappichelli, 2002. p. 190-251.

MARINONI, Luiz Guilherme. *A Jurisdição no Estado Constitucional*. Disponível em: http://www.marinoni. adv.br/wp-content/uploads/2012/06/PROF-MARINONI-A-JURISDI%C3%87%C3%83O-NO-ES-TADO-CONSTITUCIONA1.pdf. Acesso em: 04 fev. 2019.

MARINONI, Luiz Guilherme; MITIDIERO, Daniel. *O projeto do CPC*: críticas e propostas. São Paulo: Ed. RT, 2010.

MARINONI, Luiz Guilherme; ARENHART, Sérgio Cruz; MITIDIERO, Daniel. *Código de processo civil comentado*. 7. ed. São Paulo: Thomson Reuters Brasil, 2021.

MARQUES, Claudia Lima; CAVALLAZZI, Rosângela Lunardelli. (coord.). *Direitos do consumidor endividado*: superendividamento e crédito. São Paulo: Ed. RT, 2006.

MARQUES, Claudia Lima. Algumas perguntas e respostas sobre prevenção e tratamento do superendividamento dos consumidores pessoas físicas. *Revista de Direito do Consumidor*, São Paulo, v. 75, p. 9-42, jul./set. 2010. Disponível em: https://revistadostribunais.com.br/. Acesso em: 10 maio 2022.

MARQUES, Claudia Lima; DE LIMA, Clarissa Costa; VIAL, Sophia. Nota à atualização do Código de Defesa do Consumidor para "aperfeiçoar a disciplina do crédito", "para a prevenção e o tratamento do superendividamento" e "proteção do consumidor pessoa natural". *Revista de Direito do Consumidor*, São Paulo, v. 136, p. 517-538, jul./ago. 2021. Disponível em: https://revistadostribunais.com.br/. Acesso em: 14 maio 2022.

MARQUES, Claudia Lima. Breve introdução à Lei 14.181/2021 e a noção de superendividamento do consumidor. *In*: BENJAMIN, Antonio Herman; MARQUES, Claudia Lima; DE LIMA, Clarissa Costa; VIAL, Sophia Martin. *Comentários à Lei 14.181/2021*: a atualização do CDC em matéria de superendividamento. São Paulo: Thomson Reuters Brasil, 2022.

MARQUES, Claudia Lima; BENJAMIN, Antonio Herman V.; MIRAGEM, Bruno. *Comentários ao Código de Defesa do Consumidor*. São Paulo: Ed. RT, 2022. Disponível em: https://next-proview.thomsonreuters. com/launchapp/title/rt/codigos/72654266/v7/page/RL-1.19%20. Acesso em: 01 jun. 2022.

MARQUES, Ricardo Dalmaso. A resolução de disputas online (ODR): do comércio eletrônico ao seu efeito transformador sobre o conceito e a prática do acesso à justiça. *Revista de Direito e as Novas Tecnologias*, v. 5, out./dez. 2019.

MARQUES, Silvio Antonio; SANTOS, Christiano Jorge. "Pacote Anticrime" (Lei 13.964/2019) e acordo de não persecução cível na fase pré-processual: entre o dogmatismo e o pragmatismo. *Revista de Processo*, São Paulo, v. 303, p. 291-314, maio 2020.

MARTINS, Guilherme Magalhães; TOSTES, Eduardo Chow de Martino; FORTES, Pedro Rubim Borges. A regulação coletiva do superendividamento: um estudo de caso do mercado de empréstimos consignados e de bem-sucedida mediação coletiva de consumo. *Revista de Direito do Consumidor*, São Paulo, v. 127, p. 19-44, jan./fev. 2020. Disponível em: https://revistadostribunais.com.br/. Acesso em: 10 maio 2022.

MARTINS, Júlia Girão Baptista. Administração Pública: Arbitragem e Confidencialidade. *Revista de Arbitragem e Mediação*, São Paulo, v. 53, p. 263-282, 2017.

MARTINS, Samir José Caetano. Execuções extrajudiciais de créditos imobiliários: o debate sobre sua constitucionalidade. *Revista de Processo*, v. 196, p. 21-64, jun. 2011.

MARTINS, Tiago do Carmo. Conciliação em ação por improbidade administrativa. *Revista de Doutrina da 4ª Região*, Porto Alegre, n. 76, fev. 2017. Disponível em: https://revistadoutrina.trf4.jus.br/index. htm?https://revistadoutrina.trf4.jus.br/artigos/edicao076/Tiago_do_Carmo_Martins.html. Acesso em: 20 maio 2022.

REFERÊNCIAS BIBLIOGRÁFICAS

MATEOS, Antônio César Barreiro; COSTA, José Augusto Fontoura. Obrigatoriedade de motivação e o reconhecimento das sentenças arbitrais no direito brasileiro e hispano-americano. *Revista de Arbitragem e Mediação*, São Paulo, ano 8, v. 30, p. 94-95, jul.-set. 2011.

MATOS, Jatene Costa. Administração Pública Gerencial. *Anais do ENIC*, [S. l.], v. 1, n. 4, 2015. Disponível em: https://anaisonline.uems.br/index.php/enic/article/view/1628. Acesso em: 15 dez. 2022.

MAZZEI, Rodrigo. CHAGAS, Bárbara Seccato Rui. Breve ensaio sobre a postura dos atores processuais em relação aos métodos adequados de resolução de conflitos. *In*: ZANETI JR., Hermes; CABRAL, Trícia Navarro Xavier. *Justiça multiportas*: mediação, conciliação, arbitragem e outros meios adequados de solução de conflitos. 2. ed. Salvador: JusPODIVM, 2018. (Coleção grandes temas do novo CPC, v. 9).

MAZZEI, Rodrigo Rei; GONÇALVES, Tiago Figueiredo. Ensaio inicial sobre as ações de família no CPC/2015. *In*: TARTUCE, Fernanda; MAZZEI, Rodrigo; CARNEIRO, Sérgio Barradas (coord.). *Família e Sucessões*. Salvador: JusPODIVM, 2016. v. 15, p. 27-37.

MAZZEI, Rodrigo; CHAGAS, Bárbara Seccato Rui. Os negócios jurídicos processuais e a arbitragem. *In*: CABRAL, Antonio do Passo; NOGUEIRA, Pedro Henrique. (coord.). *Negócios processuais*. 3. ed. Salvador: JusPodivm, 2017. v. 1, p. 689-708.

MAZZEI, Rodrigo; CHAGAS, Bárbara Seccato Rui. Métodos ou tratamento adequados dos conflitos?. *Revista Jurídica da Escola Superior de Advocacia da OAB-PR*, v. 1, p. 323-350, 2018. Disponível em: http://revistajuridica.esa.oabpr.org.br/wp-content/uploads/2018/05/revista_esa_6_13.pdf. Acesso em: 03 ago. 2021.

MAZZILLI, Hugo Nigro. *A defesa dos interesses difusos em juízo*. 23. ed. rev., ampl. e atual. São Paulo: Saraiva, 2010.

MAZZILLI, Hugo Nigro. Notas sobre o inquérito civil e o compromisso de ajustamento de conduta. *In*: MILARÉ, Édis (coord.). *A ação civil pública após 25 anos*. São Paulo: Ed. RT, 2010.

MAZZOLA, Marcelo. *Tutela jurisdicional colaborativa*: a cooperação como fundamento autônomo de impugnação. Curitiba: CRV, 2017.

MAZZOLA, Marcelo Mazzola. Temas contemporâneos na arbitragem: do clássico ao circuito alternativo e alguns "curtas-metragens". *Revista de Processo*, São Paulo, v. 291, p. 427-466, 2019.

MEDEIROS JÚNIOR, Leonardo. *Processo estrutural consequencialista*: a intervenção judicial em políticas públicas. Rio de Janeiro: LumenJuris, 2018.

MEDINA, José Miguel Garcia. *Código de Processo Civil Comentado*. São Paulo, RT. 2021.

MEDINA, José Miguel Garcia Medina. *Constituição Federal comentada*. 6. ed. São Paulo: Thomson Reuters Brasil, 2021.

MEIRA, Danilo Christiano Antunes; RODRIGUES, Horácio Wanderlei. O conteúdo normativo dos princípios orientadores da mediação. *Revista Jurídica da FA7* [online], v. 14, p. 101-123, 2017. Disponível em: https://periodicos.uni7.edu.br/index.php/revistajuridica/article/view/497/369. Acesso em: 16 abr. 2021.

MEIRELLES, Delton Ricardo Soares; MARQUES, Giselle Picorelli Yacoub. Mediadores. *In*: HALE, Durval; PINHO, Humberto Bernardina de; CABRAL, Tricia Navarrro Xavier (coord.). *O marco legal da Mediação no Brasil*: comentários à Lei 13.140, de 26 de junho de 2015. 1. ed. São Paulo: Atlas, 2015. v. 1, p. 91-126.

MELLO, Celso Antônio Bandeira de. *Discricionariedade e Controle Judicial*. São Paulo: Malheiros, 1992.

MELLO, Celso Antônio Bandeira de. Legalidade – discricionariedade: seus limites e controle. *In*: MELLO, Celso Antônio Bandeira de. *Grandes temas de direito administrativo*. São Paulo: Malheiros, 2010. p. 56-80.

MELLO, Celso Antônio Bandeira de. *Curso de direito administrativo*. 27. ed. São Paulo: Malheiros Editores, 2010.

MELLO, Celso Antônio Bandeira de. *Curso de direito administrativo*. 30. ed. São Paulo: Malheiros, 2013.

MELLO, Celso Antônio Bandeira de. *Curso de direito administrativo*. 32. ed. São Paulo: Malheiros, 2015.

MENDES, Aluisio Gonçalves de Castro. *Incidente de resolução de demandas repetitivas*: sistematização, análise e interpretação do novo instituto processual. Rio de Janeiro: Forense, 2017.

MENDES, Aluisio Gonçalves de Castro; TEMER, Sofia. O incidente de resolução de demandas repetitivas no Novo Código de Processo Civil. *Revista de Processo*, v. 243, p. 283-331, 2015.

MENDES, Aluisio Gonçalves de Castro; HARTMANN, Guilherme Kronemberg. A audiência de conciliação ou de mediação no novo Código de Processo Civil. *In*: ZANETI JR., Hermes; CABRAL, Trícia Navarro Xavier (org.). *Justiça Multiportas*: mediação, conciliação, arbitragem e outros meios de solução adequada de conflitos. Salvador: JusPODIVM, 2017. v. 9.

MENDES, Gardenia M. L. Tribunal multiportas e sua adequação no Brasil. Disponível em: https://jus.com.br/artigos/36758/tribunal-multiportas. Acesso em: 13 fev. 2018.

MENDONÇA, Grace Maria Fernandes. A mediação e a conciliação como mecanismos de promoção de uma sociedade mais pacífica e inclusiva: experiência da Advocacia Geral. *In*: CURY, Augusto. *Soluções pacíficas de conflito para um Brasil moderno*. Rio de Janeiro: Forense, 2019.

MENDONÇA, Priscila Faricelli de. A arbitragem como método viável para solução de controvérsias tributárias. *In.*: BOSSA, Gisele; CARMIGNANI, Gustavo Brigagão; TORRES, Heleno Torres. *Cooperative Compliance e medidas de redução do contencioso tributário*. São Paulo: Almedina, 2022.

MESQUITA, José Ignácio Botelho de *et al*. O colapso das condições da ação?: um breve ensaio sobre os efeitos da carência de ação. *In*: WAMBIER, Luiz Rodrigues; ARRUDA ALVIM WAMBIER, Teresa (org.). *Doutrinas essenciais*: processo civil. Edições Especiais Revista dos Tribunais 100 anos. São Paulo: Ed. RT, 2001. v. 2, p. 243-271. (Coleção Doutrinas Essenciais).

MIGALHAS. *Consumidora que não buscou solução consensual com banco tem inicial indeferida*. Disponível em: https://www.migalhas.com.br/quentes/331031/consumidora-que-nao-buscou-solucao-consensual-com-banco-tem-inicial-indeferida. Acesso em: 22 jul. 2020.

MINAS GERAIS (Estado). Tribunal de Justiça de Minas Gerais. *Onde posso obter informações sobre Conciliadores nos Centros Judiciários?* Tribunal de Justiça de Minas Gerais, Minas Gerais, [20-]. "Perguntas Frequentes". Disponível em: https://www.tjmg.jus.br/portal-tjmg/perguntas-frequentes/onde-posso-obter-informacoes-sobre-conciliadores-nos-centros-judiciarios.htm#.X0hr88hKhPY. Acesso em: 25 ago. 2020.

MINAS GERAIS (Estado). Tribunal de Justiça de Minas Gerais. (10ª Câmara Cível), Apelação Cível 1.0598.17.000045-2/001, Relatora: Des. Claret de Moraes, julgamento em 08 maio 2018, publicação em 16 maio 2018.

MINISTÉRIO DA FAZENDA. *Ministério da Fazenda anuncia programa "Desenrola Brasil"*. Disponível em: https://www.gov.br/fazenda/pt-br/assuntos/noticias/2023/junho/ministerio-da-fazenda-anuncia-programa-201cdesenrola-brasil201d. Acesso em: 23 jul. 2023.

MINISTROS apresentam voto em conjunto pela primeira vez no Supremo. *Consultor jurídico*. Disponível em: ConJur - Ministros apresentam voto em conjunto pela primeira vez no Supremo. Acesso em: 29 jul. 2023.

MIRANDA, Pontes. *Tratado de direito privado*. Parte especial. Tomo XXV (Direito das obrigações. Extinção das dívidas e obrigações. Dação em soluto. Confusão. Remissão de dívidas. Novação. Transação. Outros métodos de extinção). 3. ed. reimpressão. Rio de Janeiro: Borsoi, 1971.

MIRANDA, Pontes. *Comentários ao Código de Processo Civil*. Tomo III (arts. 154 a 281). Rio de Janeiro: Forense, 1974.

MIRANDA, Pontes. *Comentários ao Código de Processo Civil*. Tomo V (arts. 444 a 475). Rio de Janeiro: Forense, 1974.

MITIDIERO, Daniel. *Colaboração no processo civil*: pressupostos sociais, lógico e éticos. 3. ed. ver., atual. e ampl. São Paulo: Ed. RT, 2015.

MITIDIERO, Daniel; FARO, Alexandre; DEORIO, Karina; LEITE, Cristiano. Consolidação substancial e convenções processuais na recuperação judicial. *Revista de Direito Bancário e do Mercado de Capitais*, v. 78, p. 219-228, out./dez. 2017.

MNOOKIN, Robert H.; PEPPET, Scott R.; TULUMELLO, Andrew S. Tradução: Mauro Gama. *Mais que vencer*: negociando para criar valor em acordos e disputas. Rio de Janeiro: BestSeller, 2009.

REFERÊNCIAS BIBLIOGRÁFICAS

MODESTO, Paulo. Notas para um debate sobre o princípio constitucional da eficiência. *Revista do Serviço Público*, Brasília, ano 51, n. 2, p 105-119, abr./jun. 2000. Disponível em: https://revista.enap.gov.br/index.php/RSP/article/view/328/334. Acesso em: 12 set. 2023.

MONTERO AROCA, Juan (coord.). *Proceso civil e ideología*: un prefacio, una sentencia, dos cartas y quince ensayos. Valencia: Tirant lo Blanch, 2006.

MOORE, Christopher W. *The Mediation Process* – Practical Strategies for Resolving Conflict. 3rd Edition. San Francisco: Jossey-Bass, 2003.

MORAIS, Cristiano Neuenschwander Lins de. *Cobrança e renegociação de tributos em atraso no Brasil*: análise da estrutura de incentivos do programa de transação tributária da Lei 13.988, de 2020. Dissertação (Mestrado MPPG), FGV, 2021. Disponível em: https://bibliotecadigital.fgv.br/dspace/bitstream/handle/10438/31338/Dissertacao_Mestrado_Cristiano_Versao_Final_revisada_biblioteca.pdf?sequence=5. Acesso em: 22 jan. 2022.

MORAIS, Izabelly Soares de *et al*. *Introdução a Big Data e Internet das Coisas (IoT)*. Porto Alegre: SAGAH, 2018. Livro Digital.

MOREIRA, Aline Simonelli; SANTOS, Danilo Ribeiro Silva dos. A resolução de conflitos empresariais pela utilização dos métodos autocompositivos de resolução de conflito. *In*: SICA, Heitor; CABRAL, Antonio do Passo; SEADLACEK, Frederico; ZANETI JR., Hermes. *Temas de Direito Processual Contemporâneo*: III Congresso Brasil-Argentina de Direito Processual. v. 2. Serra: Editora Milfontes, 2019.

MOREIRA, José Carlos Barbosa. Questões prejudiciais e questões preliminares. *In*: MOREIRA, José Carlos Barbosa. *Direito processual civil*: ensaios e pareceres. Rio de Janeiro: Borsoi, 1971.

MOREIRA, José Carlos Barbosa. Convenções das partes sobre matéria processual. *In*: *Temas de direito processual*: terceira série. São Paulo: Saraiva, 1984.

MOREIRA, José Carlos Barbosa. A função social do processo civil moderno e o papel do juiz e das partes na direção e na instrução do processo. *Temas de direito processual*: terceira série, São Paulo: Saraiva, 1984.

MOREIRA, José Carlos Barbosa. *Temas de direito processual*: quarta série. São Paulo: Saraiva, 1989.

MOREIRA, José Carlos Barbosa. Uma novidade: o Código de Processo Civil inglês. *Revista de Processo*, São Paulo, ano 25, n. 99, p. 74-83, jul./set. 2000.

MOREIRA, José Carlos Barbosa. Breve notícia sobre a reforma do processo civil alemão. *Revista de Processo*, São Paulo, ano 28, n. 111, p. 103-112, jul./set., 2003.

MOREIRA, José Carlos Barbosa. Reformas processuais e poderes do juiz. *Revista da EMERJ*, v. 6, n. 22, 2003.

MOREIRA, José Carlos Barbosa. *Temas de direito processual*: nona série. São Paulo: Saraiva, 2007.

MOREIRA NETO, Diogo de Figueiredo. *Curso de Direito Administrativo*. 16. ed., ver. e atual. Rio de Janeiro: Forense, 2014.

MOREIRA NETO, Diogo Figueiredo; ALMEIDA, Aline Paola C. B. Câmara; GARCIA, Flávio Amaral. O Futuro da Advocacia Pública: A Ação Preventiva e Proativa. *Revista Jurídica da Procuradoria-Geral do Estado do Paraná*, Curitiba, n. 7, p. 11-36, 2016. Disponível em: www.mpsp.mp.br/portal/page/portal/documentacao_e_divulgacao/doc_biblioteca/bibli_servicos_produtos/bibli_informativo/. Acesso em: 10 jan. 2023.

MORGADO, Catarina; OLIVEIRA, Isabel. *Mediação em contexto escolar*: transformar o conflito em oportunidade. *Revista Exedra*, n. 1, 2009.

MORTARA, Lodovico. *Commentario del Codice e dele Leggi Procedura Civile*. Volume I. (Teoria e sistema dela giurisdizione). Quinta edizione riveduta ed ampliata. Milano: Casa Editrice Dottor Francesco Vallardi. 1923.

MORTARA, Lodovico. *Commentario del Codice e dele Leggi Procedura Civile*. Volume III. (La conciliazione – Il compromesso il procedimento di dichiarazione in prima instanza). Quarta edizione riveduta con appendici sulla legislazione a tutto il 1922). Milano: Casa Editrice Dottor Francesco Vallardi. 1923. p. 36-140.

MÜLLER, Júlio Guilherme. *Negócios processuais e desjudicialização da produção da prova*: análise econômica e jurídica. São Paulo: Ed. RT, 2017.

NABAIS, José Casalta. Contratos Fiscais. Reflexões acerca da sua Admissibilidade, n. 5 da série Studia Iuridica, Coimbra Editora, 1994.

NALINI, José Renato. É urgente construir alternativas à justiça. *In*: ZANETI JR., Hermes; CABRAL, Trícia Navarro Xavier. *Justiça multiportas*: mediação, conciliação, arbitragem e outros meios de solução adequada para conflitos. 2. ed. Salvador: JusPODIVM, 2018, v. 9. p. 29-36.

NASCIMENTO, Eliana Freire do. A Complexidade e as Transformações das Relações Intersubjetivas: Contribuições da Mediação Interdisciplinar. *Revista de Direito e Desenvolvimento da UNICATÓLICA*, v. 1, n. 1, p. 08-12, jul.-dez. 2018.

NASCIMENTO, Vanessa do Carmo. Mediação comunitária como meio de efetivação da democracia participativa. *Âmbito Jurídico*. Disponível em: https://www.ces.uc.pt/ficheiros2/files/miguel%20reale%203. pdf. Acesso em: 10 ago. 2023.

NASSIF, Vânia Maria Jorge; CORREA, Victor Silva; ROSSETTO, Dennys Eduardo. Estão os empreendedores e as pequenas empresas preparadas para as adversidades contextuais? uma reflexão à luz da pandemia do Covid-19. *Revista de Empreendedorismo e Gestão de Pequenas Empresas*, v. 9, p. 1-12, 2020. Disponível em: https://dialnet.unirioja.es/servlet/articulo?codigo=7608263. Acesso em: 16 abr. 2021.

NAVAS, Barbara Gomes. Onerosidade excessiva superveniente no código civil e no código de defesa do consumidor: mora, ruína pessoal e superendividamento. *Revista de Direito Civil Contemporâneo*, São Paulo, v. 1, p. 109-136, jan./mar. 2015. Disponível em: https://revistadostribunais.com.br/. Acesso em: 17 maio 2022.

NERY JUNIOR, Nelson. Condições da ação. *Revista de Processo*, São Paulo, ano 16, v. 64, p. 33-38, out./ dez. 1991.

NEVES, Cleuler Barbosa das; FERREIRA FILHO, Marcílio da Silva. Contrapesos de uma Administração Pública consensual: legalidade versus eficiência. *Interesse Público*, Belo Horizonte, ano 19, n. 103, p. 49-77, maio/jun. 2017. Disponível em: https://www.procuradoria.go.gov.br/files/ArtigosPRO/Marcilio/ Artigo4.pdf. Acesso em: 30 dez. 2022.

NEVES JUNIOR, Paulo Cezar. Laboratório de inovação (iJuspLab) e legal design no Poder Judiciário. *Revista de Direito e as Novas Tecnologias*, v. 1, out./dez 2018.

NO BRASIL, 90% das empresas são familiares. Disponível em: http://www.sebrae-sc.com.br/ newart/default. asp?materia=10410. [s.d.] Acesso em: 13 abr. 2021.

NOBRE JÚNIOR, Edilson Pereira; FRACA, Vítor Galvão. A mediação e os conflitos entre a administração pública e o cidadão. *Boletim Revista dos Tribunais Online*, v. 27, maio 2022. Disponível em: https://www.revistadostribunais.com.br/maf/app/resultList/document?&src=rl&srguid=i0ad6ad-c600000185921 6ad5f42ef0031&docguid=I2fc33c30cadd11ecad50b10b219447d2&hitguid=I2fc33c-30cadd11ecad50b10b219447d2&spos=4&epos=4&td=1204&context=98&crumb-action=append&crumb-label=Documento&isDocFG=false&isFromMultiSumm=&startChunk=1&endChunk=1. Acesso em: 31 dez. 2022.

NOHARA, Irene Patrícia. *Reforma administrativa e burocracia*: impacto da eficiência na configuração do direito administrativo brasileiro. São Paulo: Grupo GEN, 2012. [Livro Digital]. Disponível em: https:// integrada.minhabiblioteca.com.br/#/books/9786559773312/. Acesso em: 22 dez. 2022.

NOLETO, Janaína. Confidencialidade nas mediações que envolvem o Poder Público? *JusBrasil*. [s.d]. [s.l]. Disponível em: https://processualistas.jusbrasil.com.br/artigos/1268727943/confidencialidade-nas-mediacoes-que-envolvem-o-poder-publico#:~:text=Toda%20e%20qualquer%20informa%C3%A7%-C3%A3o%20relativa,necess%C3%A1ria%20para%20cumprimento%20de%20acordo. Acesso em: 01 jan. 2023.

NUNES, Antônio Carlos Ozório. *Manual de Mediação*. São Paulo: Ed. RT, 2016.

NUNES, Dierle Nunes; SILVA, Natanael Lud Santos e; JÚNIOR, Walsir Edson Rodrigues; OLIVEIRA, Moisés Mileib de. Novo CPC, Lei de Mediação e os Meios Integrados de Solução dos Conflitos Familiares por um Modelo Multiportas. *In*: ZANETI JUNIOR, Hermes; CABRAL, Trícia Navarro Xavier (coord.). *Justiça Multiportas*: mediação, conciliação, arbitragem e outros meios adequados de solução de conflitos. Salvador: JusPODIVM, 2017. p. 684-707.

NUNES, Dierle José Coelho; MARQUES, Ana Luiza Pinto Coelho. Inteligência artificial e direito processual: vieses algorítmicos e os riscos de atribuição de função decisória às máquinas. *Revista de Processo*, v. 285, p. 421-447, 2018.

NUNES, Leonardo Silva. Notas sobre a consensualidade nos processos estruturais. *In*: VITORELLI, Edilson; OSNA, Gustavo; ZANETI JR., Hermes; REICHELT, Luís Alberto; JOBIM, Marco Félix; ARENHART, Sérgio Cruz (org.). *Coletivização e unidade do direito*. Londrina: Thoth, 2020. v. 2.

NYLUND, Anna. Case management in a comparative perspective: regulation, principles and practice. *Revista de Processo*, v. 292, p. 377-395, jun. 2019.

OCDE – Organização de Cooperação para o Desenvolvimento Econômico. *Private health insurance in OECD countries*. Paris: OECD, 2004. Disponível em: https://read.oecd-ilibrary.org/social-issues-migration-health/private-health-insurance-in-oecd-countries_9789264007451-en. Acesso em: 06 jan. 2022.

OECD/Eurostat (2018). *Oslo Manual 2018*: Guidelines for Collecting, Reporting and Using Data on Innovation, 4th Edition, The Measurement of Scientific, Technological and Innovation Activities, OECD Publishing, Paris/Eurostat, Luxembourg. Disponível em: https://doi.org/10.1787/9789264304604-en. Acesso em: 20 ago. 2020.

OECD. *OECD Council Recommendation on Artificial Intelligence*. Disponível em https://www.oecd.org/going-digital/ai/principles/. Acesso em: 12 jun. 2021.

OLIVEIRA, Carlos Alberto Alvaro de. O formalismo-valorativo no confronto com o formalismo excessivo. *Revista de Processo*, São Paulo, ano 31, n. 137, p. 7-31, jul. 2006.

OLIVEIRA, Carlos Alberto Alvaro. O processo civil na perspectiva dos direitos fundamentais. *In*: WAMBIER, Luiz Rodrigues; ARRUDA ALVIM WAMBIER, Teresa. *Princípios e temas gerais do processo civil*. São Paulo: Ed. RT, 2011. (Coleção Doutrinas Essenciais: Processo Civil, v. 1).

OLIVEIRA, Philippe Toledo Pires de. *A transação em matéria tributária*. Dissertação (Mestrado em Direito). Universidade de São Paulo, São Paulo, 2015.

OLIVEIRA, Swarai Cervone de. *Poderes do juiz nas ações coletivas*. São Paulo: Atlas, 2009. (Coleção Atlas de Processo Civil).

ORDEM DOS ADVOGADOS DO BRASIL. São Paulo. *Cartilha de Práticas Colaborativas*. Disponível em: https://www.oabsp.org.br/comissoes2010/gestoes2/2019-2021/praticas-colaborativas/cartilhas/Cartilha%20-%20Pra301ticas%20Colaborativas%20OAB-1%20-1.pdf/download. Acesso em: 30 abr. 2023.

ORGANIZAÇÃO DAS NAÇÕES UNIDAS (ONU). Escritório Contra Drogas e Crime (Unodc). *Comentários aos Princípios de Bangalore de Conduta Judicial*. Escritório Contra Drogas e Crime. Tradução: Marlon da Silva Malha, Ariane Emílio Kloth. Brasília. Conselho da Justiça Federal, 2008. 179 p. Disponível em: 2008_Comentarios_aos_Principios_de_Bangalore.pdf (unodc.org). Acesso em: 30 jul. 2023.

ORGANIZAÇÃO DAS NAÇÕES UNIDAS (ONU). Resolução 2002, de 24 de julho de 2002. Tradução: Renato Sócrates Pinto. Disponível em: http://www.juridica. mppr.mp.br/arquivos/File/MPRestaurativoEACulturadePaz/ Material_de_Apoio/ Resolucao_ONU_2002.pdf. Acesso em: 07 ago. 2023.

OSNA, Gustavo. Nem "tudo", nem "nada" – decisões estruturais e efeitos jurisdicionais complexos. *In*: ARENHART, Sérgio Cruz; JOBIM, Marco Félix. *Processos estruturais*. Salvador: JusPODIVM, 2017.

PACIORNIK, Joel Ilan; NETTO, José Laurindo de Souza; FOGAÇA, Anderson Ricardo. Desjudicialização do Direito à Saúde à luz da Análise Econômica do Direito. *In*: FUX, Luiz; ÁVILA, Henrique; CABRAL, Trícia Navarro Xavier (coord.). *Tecnologia e Justiça multiportas*. Indaiatuba, SP: Editora FOCO, 2021. p. 53-64.

PACAGNAN, Rosaldo Elias. Breves reflexões sobre as condições da ação. *Revista Jurídica*, Porto Alegre, Editora Notadez, São Paulo, ano 53, n. 331, p. 65-74, maio 2005.

PACHECO, Rodrigo. *Projeto de Lei Complementar 125, de 2022*. Estabelece normas gerais relativas a direitos, garantias e deveres dos contribuintes. Brasília: Senado Federal, 16 set. 2022.

PAIM, Jairnilson; TRAVASSOS, Claudia; ALMEIDA, Celia; BAHIA, Ligia; MACINKO, James. O sistema de saúde brasileiro: história, avanços e desafios. *The Lancet*, [online] maio, 2011. Disponível em: http://bvsms.saude.gov.br/bvs/artigos/artigo_saude_brasil_1.pdf. Acesso em: 23 out. 2023.

PARANÁ. Tribunal de Justiça do Paraná. (8ª Câmara Cível). Apelação Cível 0006384-31.2017.8.16.0173, Umuarama, Relator: Clayton de Albuquerque Maranhão, julgado em 11 maio 2018.

PARANÁ. Tribunal de Justiça do Paraná. (14ª Câmara Cível, Cascavel). Agravo de Instrumento 1587408-9. Relatora: Maria Roseli Guiessmann, julgado em 17 maio 2017.

PASSOS, J.J. Calmon de. *Da jurisdição* (Cadernos de Textos, Cursos, Mementos e Sinopses). Bahia: Publicações da Universidade da Bahia, III-1, 1957.

PASSOS, J.J. Calmon de. *Esboço de uma teoria das nulidades aplicada às nulidades processuais*. Rio de Janeiro: Forense, 2002.

PASSOS, J.J. Calmon de. O magistrado, protagonista do processo jurisdicional? *Revista Eletrônica de Direito do Estado (REDE)*, Salvador/BA, n. 24, out./nov./dez. 2010. Disponível em: http://www.direitodoestado.com.br/codrevista.asp?cod=460. Acesso em: 09 jul. 2020.

PEREIRA, Lara Dourado Mapurunga. *Legitimidade extraordinária negociada*. Curitiba: Prismas, 2018.

PEREIRA, Luiz Carlos Bresser. Da administração pública burocrática à gerencial. *Revista do Serviço Público*, ano 47, v. 120, ano 47, n. 1, p. 7-40, jan./abr. 1996. Disponível em: https://revista.enap.gov.br/index.php/RSP/article/view/702/550. Acesso em: 21 dez 2022.

PERROT, Roger. O processo civil francês na véspera do século XXI. Tradução: José Carlos Barbosa Moreira. *Revista de Processo*, São Paulo, ano 23, n. 91, p. 203-212, jul./set., 2000.

PICARDI, Nicola. Jurisdição e processo. Organizador e revisor técnico da tradução: Carlos Alberto Alvaro de Oliveira. Rio de Janeiro: Forense, 2008.

PICOZZA, Elisa. Il calendario del processo. *Rivista di Diritto Processuale*, Padova, CEDAM, ano 64, n. 6, p. 1.652, nov./dic. 2009.

PINHO, Humberto Dalla Bernardina de. *Jurisdição e pacificação*: limites e possibilidades do uso dos meios consensuais de resolução de conflitos na tutela de direitos transindividuais e pluri-individuais. Curitiba: CRV, 2017.

PINHO, Humberto Dalla Bernardina de. Mediação – a redescoberta de um velho aliado na solução de conflito. *In*: PRADO, Geraldo (org.). *Acesso à justiça*: efetividade do processo. Rio de Janeiro: Lumen Juris, 2005.

PINHO, Humberto Dalla Bernardina de. DURÇO, Karol Araújo. A mediação e a solução dos conflitos no Estado Democrático de Direito. O "Juiz Hermes" e a nova dimensão da função jurisdicional. *Revista Eletrônica de Direito Processual*, v. 2, n. 2, p. 20-54, jan./out. 2008.

PINHO, Humberto Dalla Bernardina de; CABRAL, Trícia Navarro Xavier. Compromisso de ajustamento de conduta: atualidades e perspectivas de acordo com o projeto do novo CPC. *Revista de Direitos Difusos*, ano 10, v. 52, p. 55-96, dez. 2010.

PINHO, Humberto Dalla Bernardina; CABRAL, Trícia Navarro Xavier. Compromisso de ajustamento de conduta: atualidades e perspectivas de acordo com o projeto do novo CPC. *Revista de Direitos Difusos*, v. 52, p. 55-96, 2011.

PINHO, Humberto Dalla Bernardina de; CABRAL, Trícia Navarro Xavier. Compromisso de ajustamento de conduta: atualidades e perspectivas de acordo com o projeto do novo CPC. *Revista Eletrônica de Direito Processual*, ano 5, v. 7, p. 73-114, jan./jun. 2011.

PINHO, Humberto Dalla Bernardina de; HILL, Flávia Pereira. Medidas estruturantes nas ferramentas de cooperação jurídica internacional. *In*: ARENHART, Sérgio Cruz; JOBIM, Marco Félix. *Processos estruturais*. Salvador JusPODIVM, 2017. p. 233-278.

PINHO, Humberto Dalla Bernardina de; MAZZOLA, Marcelo. *Manual de mediação e arbitragem*. São Paulo: Saraiva Educação, 2019.

PINHO, Humberto Dalla Bernardina de; VIDAL, Ludmilla Camacho Duarte. Incidente de resolução de demandas repetitivas e sua permeabilidade à autocomposição. *RJLB*, ano 5, n. 6, 2019.

PINHO, Mariana Corrêa de Andrade. Capacidade de pagamento como expressão do princípio da igualdade na transação tributária. *In*: CONRADO, Paulo Cesar; ARAUJO, Juliana Furtado Costa (coord.). *Transação Tributária na prática da Lei 13.988/2020*. São Paulo: Thomson Reuters Brasil, 2020.

PIOVESAN, Flávia. *Direitos humanos e o direito constitucional internacional*. 7. ed. rev. ampl. e atual. São Paulo: Saraiva, 2006.

PISANI, Andrea Proto. Público e privado no processo civil na Italia. *Revista da EMERJ*, v. 4, n. 16, p. 23-42, 2001.

PRADO, Luiz Regis. *Bem jurídico-penal e Constituição*. 3. ed. São Paulo: Ed. RT, 2003

PORFIRO, Camila Almeida. *Litígios estruturais*: legitimidade democrática, procedimento e efetividade. Rio de Janeiro: Lumen Juris, 2018.

PORTO, Antônio José Maristrello; SAMPAIO, Patrícia Regina Pinheiro. Perfil do superendividado brasileiro: uma pesquisa empírica. *Revista de Direito do Consumidor*, v. 101, p. 435-470. Disponível em: https://revistadostribunais.com.br/. Acesso em: 23 maio 2022.

PORTO, Fábio Ribeiro. O impacto da utilização da inteligência artificial no executivo fiscal: estudo do caso do Tribunal de Justiça do Rio de Janeiro. *Revista Direito e Movimento*, v. 17. Disponível em: https://www.emerj.tjrj.jus.br/revistadireitoemovimento_online/edicoes/volume17_numero1/volume17_numero1_142.pdf. Acesso em: 19 abr. 2021.

PORTO, Sérgio Gilberto. *Processo civil contemporâneo*: elementos, ideologia e perspectivas. Salvador: JusPODIVM, 2018.

PORTUGAL. *Lei 29/2013, de 19 de abril*. Princípios Gerais Aplicáveis à Mediação Civil e Comercial. Disponível em: http://www.pgdlisboa.pt/leis/lei_mostra_articulado.php?nid=1907&tabela=leis. Acesso em: 14 dez. 2007.

RAATZ, Igor. Autonomia privada e processo civil: negócios jurídicos processuais, flexibilização procedimental e o direito à participação na construção do caso concreto. Salvador: JusPODIVM, 2017. (Coleção Eduardo Espíndula).

RAATZ, Igor. Processo, liberdade e direito fundamentais. *Revista de Processo*. São Paulo, v. 288, p. 21-52, fev. 2019.

RAMOS MÉNDEZ, Francisco Ramos. *El sistema procesal español*. 5. ed. Barcelona: José Maria Bosch, 2000.

RAVAGNANI, Giovani. *Provas Negociadas*: convenções processuais probatórias no processo civil. São Paulo: Ed. RT, 2020.

REDONDO, Bruno. *Adequação do procedimento pelo juiz*. Salvador: JusPODIVM, 2017.

REDONDO, Bruno Garcia. *Negócios jurídicos processuais atípicos*. Salvador: JusPODIVM, 2020.

REIS, Wanderlei José dos. *Juiz-gestor*: um novo paradigma. Disponível em: http://www.ibrajus.org.br/revista/artigo.asp?idArtigo=215. Acesso em: 07 jan. 2015.

REGULARIZE. Disponível em: https://www.regularize.pgfn.gov.br/. Acesso em: 21 jul. 2023.

REMOTE COURTS WORLDWIDE. Disponível em: https://remotecourts.org/. Acesso em: 30 jul. 2020.

RESNIK, Judith. Managerial Judges. *Harvard Law Review*, v. 96, n. 2, p. 374-448, Dec. 1982. Disponível em: http://www.jstor.org/pss/1340797. Acesso em: 14 jan. 2008.

RIO DE JANEIRO (Estado). Tribunal de Justiça do Rio de Janeiro. (11ª Câmara Cível), Agravo de Instrumento 00549725120198190000, Relator: Des. Fernando Cerqueira Chagas, julgamento em 17 fev. 2020, publicado em 27 fev. 2020.

RIO DE JANEIRO (Estado). Tribunal de Justiça do Rio de Janeiro e Corregedoria-Geral de Justiça do Rio de Janeiro. *Ato normativo conjunto 73*, de 14 de março de 2016. Dispõe sobre o cadastro dos conciliadores, mediadores e das câmaras privadas de conciliação e mediação bem como a remuneração que farão jus. Rio de Janeiro: Presidência do Tribunal de Justiça do Rio de Janeiro e Presidência da Corregedoria-Geral de Justiça do Rio de Janeiro, 2016. Disponível em: http://cgj.tjrj.jus.br/documents/10136/1077812/ato-normativo-73-2016.pdf. Acesso em: 25 ago. 2020.

RIO GRANDE DO SUL (Estado). Tribunal de Justiça do Rio Grande do Sul. (7ª Câmara Cível), Apelação Cível 70079187803, Relatora: Liselena Schifino Robles Ribeiro, julgado em 31 out. 2018.

RIO GRANDE DO SUL (Estado). Tribunal de Justiça do Rio Grande do Sul. (8ª Câmara Cível), Agravo de Instrumento 70078835774/RS – Rio Grande do Sul, Relator: Ricardo Moreira Lins Pastl, julgado em 01 nov. 2018.

RITT, Amanda Caroline. *A utilização da mediação no processo de recuperação judicial*. 2018. 69 f. Trabalho de conclusão de curso (Curso de Direito) – Universidade Federal do Paraná, Curitiba, 2018. Disponível em: https://core.ac.uk/download/pdf/225573363.pdf. Acesso em: 16 abr. 2021.

RIZZARDO, Arnaldo. *Ação civil pública e ação de improbidade administrativa*. Rio de Janeiro: GZ, 2009.

RIZZARDO, Arnaldo. Direitos das Obrigações [Livro Digital]. 9. ed. São Paulo: Grupo GEN, 2018. Disponível em: https://integrada.minhabiblioteca.com.br/#/books/9788530980825/. Acesso em: 12 maio 2022.

ROCHA, Maria Fernanda Jorge; BITTAR, Marisa; LOPES, Roseli Esquerdo. O Professor Mediador Escolar e Comunitário: uma Prática em Construção. *Revista Eletrônica de Educação*, v. 10, n. 3, p. 341-353, 2016.

RODOVALHO, Thiago. *O necessário diálogo entre a doutrina e a jurisprudência na concretização da atipicidade dos meios executivos*. Disponível em: http://jota.uol.com.br/o-necessario-dialogo-entre-doutrina-e-jurisprudencia-na-concretizacao-da-atipicidade-dos-meios-executivos. Acesso em: 24 set. 2016.

RODRIGUES, Daniel Colnago. *In*: CABRAL, Antonio do Passo; CRAMER, Ronaldo. *Comentários ao Novo Código de Processo Civil*. 2. ed., rev. atual. e ampl.. Rio de Janeiro: Forense, 2016.

RODRIGUES, Danuza Oliveira et al. A Interdisciplinaridade na Mediação Extrajudicial. *I Seminário Internacional de Mediação de Conflitos e Justiça Restaurativa*. Santa Cruz do Sul: Unisc, 2013. Disponível em: https://online.unisc.br/acadnet/anais/index.php/mediacao_e_jr/article/view/10875. Acesso em: 18 ago. 2023.

RODRIGUES, Geisa de Assis. Reflexões sobre a atuação extrajudicial do Ministério público: inquérito civil público, compromisso de ajustamento de conduta e recomendação legal. *In*: CHAVES, Cristiano; ALVES, Leonardo Barreto Moreira; ROSENVALD, Nelson (org.). *Temas atuais do Ministério Público*: a atuação do parquet nos 20 anos da Constituição Federal. Rio de Janeiro: Lumen Juris, 2008.

RODRIGUES, Marcelo Abelha. *O que fazer quando o executado é um "cafajeste"? Apreensão de passaporte? Da carteira de motorista?* Disponível em: http://www.migalhas.com.br/dePeso/16,MI245946,51045-O+-que+fazer+quando+o+executado+e+um+cafajeste+Apreensao+de+passaporte. Acesso em: 25 set. 2016.

RODRIGUES, Marcelo Abelha; JORGE, Flávio Cheim. *Manual de direito eleitoral*. São Paulo: Ed. RT, 2014.

RODRIGUES, Marco Antonio; GISMONDI, Rodrigo. Negócios jurídicos processuais como mecanismos de auxílio à efetivação de políticas públicas. *In*: ARENHART, Sérgio Cruz; JOBIM, Marco Féliz. *Processos estruturais*. Salvador JusPODIVM, 2017. p. 141-176.

RODRIGUES, Marco Antonio; GISMONDI, Rodrigo. Negócios jurídicos processuais como mecanismos de auxílio à efetivação de políticas públicas. *In*: ARENHART, Sérgio Cruz; JOBIM, Marco Félix (org.). *Processos estruturais*. 3. ed. Salvador: JusPODIVM, 2021.

RODRIGUES JR., Otavio Luiz. *Direito Civil contemporâneo*: estatuto epistemológico, Constituição e direitos fundamentais. Rio de Janeiro: Forense Universitária, 2019.

REFERÊNCIAS BIBLIOGRÁFICAS **767**

ROQUE, André Vasconcellos. *Inteligência artificial na tomada de decisões judiciais*: três premissas básicas. Disponível em: http://genjuridico.com.br/2019/11/27/inteligencia-artificial-decisoes-judiciais/. Acesso em: 18 abr. 2021.

ROSEMBERB, Marshal. *Comunicação não-violenta*: técnicas para aprimorar relacionamentos pessoais e profissionais. Tradução: Mário Vilela. São Paulo: Àgora, 2006.

SALES, Ana Flávia; TAVARES, Fernando Horta; ALVARENGA, Ricardo Machado. Pressupostos processuais e condições da ação executiva: uma proposição fundamentada na garantia constitucional do acesso ao direito. *Direitos fundamentais & Justiça*, Porto Alegre: HS Editora, ano 5, n. 14, jan./mar. 2011. p. 244-268.

SALES, Lília Maia de Moraes. *A mediação comunitária*: instrumento de democratização da justiça. Disponível em: https://ojs.unifor.br/rpen/article/view/714/1589. Acesso em: 12 ago. 2023.

SALLES, Raquel Bellini de Oliveira. *A autotutela pelo inadimplemento nas relações contratuais*. 2011. 258 f – Tese (Doutorado). Universidade do Estado do Rio de Janeiro, Faculdade de Direito.

SALOMÃO, Luis Felipe. Guerra e paz: as conexões entre a jurisdição estatal e os métodos adequados de resolução de conflitos. *In*: CURY, Augusto (org.). *Soluções pacíficas de conflitos para um Brasil moderno*. Rio de Janeiro: Forense, 2019.

SALOMÃO, Luis Felipe (coord.) *Inteligência artificial*: tecnologia aplicada à gestão dos conflitos no âmbito do Poder Judiciário Brasileiro. Fundação Getulio Vargas, 2020.

SALVO, Sílvia Helena Picarelli Gonçalves Johonsom D. *Mediação na Administração Pública Brasileira*: o desenho institucional e procedimental. São Paulo: Grupo Almedina, 2018. [Livro Digital]. Disponível em: https://integrada.minhabiblioteca.com.br/#/books/9788584933518/. Acesso em: 04 jan. 2023.

SAMPAIO, Patrícia Regina Pinheiro, NOGUEIRA, Rafaela, SILVA, Gabriela Borges. Superendividamento e insolvência civil no Brasil: oportunidade de reforma no marco regulatório. *Revista de Direito do Consumidor*, v. 118, p. 293-329, jul./ago 2018. Disponível em: https://revistadostribunais.com.br/. Acesso em: 23 maio 2022.

SANDER, Frank E. A. Varietis of Dispute Processing. *In*: Levin, A Leo; WHELLER, Russell R. *The Pound Conference*: Perspectives on Justice in the Future. Saint Paul: West Publishing, 1979.

SANTOS, Boaventura de Souza. *Para uma revolução democrática da justiça*. São Paulo: Cortez, 2011.

SANTOS, Eronildes Aparecido Rodrigues. A visão do Ministério Público na recuperação e falência: dez anos de vigência da Lei de Recuperação e Falência. *Revista de Direito Recuperacional e Empresa*, v. 3, jan./mar. 2017.

SANTOS, Isabela Soares; UGÁ, Maria Alicia Dominguez; PORTO, Silvia Maria. O mix público-privado no Sistema de Saúde Brasileiro: financiamento, oferta e utilização de serviços de saúde. *Ciência Saúde Coletiva*, v. 13 (5), out. 2008, [Online]. Disponível em: https://doi.org/10.1590/S1413-81232008000500009. Acesso em: 13 jan. 2022.

SÃO PAULO (Estado). Tribunal de Justiça de São Paulo. (17ª Câmara de Direito Privado, Foro Central Cível, 11ª Vara Cível, julgado em 30 nov. 2017, publicado em 30 nov. 2017.

SÃO PAULO (Estado). Tribunal de Justiça de São Paulo. (32ª Câmara de Direito Privado, Foro de Guarulhos, 10ª Vara Cível). Agravo de Instrumento 2045753-87.2016.8.26.0000, Relator: Luis Fernando Nishi, julgado cm 22 set. 2016, publicado em 22 set. 2016.

SÃO PAULO (Estado). Tribunal de Justiça de São Paulo. (33ª Câmara de Direito Privado, Foro de Ribeirão Preto, 3ª Vara Cível). Agravo de Instrumento 2098515-46.2017.8.26.0000, Relator: Eros Piceli, julgado em 27 nov. 2017, publicado em 27 nov. 2017.

SÃO PAULO (Estado). Tribunal de Justiça de São Paulo. Resolução 809, de 20 de março de 2019. Estabelece regras para remuneração de mediadores. São Paulo: Órgão Especial do Tribunal de Justiça de São Paulo, 2019. Disponível em: http://www.tjsp.jus.br/Download/Conciliacao/Resolucao809-2019.pdf. Acesso em: 25 ago. 2020.

SÃO PAULO (Estado). Tribunal de Justiça de São Paulo. Guia Prático de Mediação Judicial e Conciliação. NUPEMEC. 2016. Disponível em: http://www.tjsp.jus.br/Download/Conciliacao/Nucleo/GuiaPraticoMedicaoJudConc.pdf. Acesso em: 23 de maio de 2016.

SÃO PAULO. Lei 15.804, de 22 de abril de 2015. Dispõe sobre o abono variável e a jornada dos Conciliadores e Mediadores inscritos nos Centros Judiciários de Solução de Conflitos e Cidadania e cadastrados no Núcleo Permanente de Métodos Consensuais de Solução de Conflitos e dá outras providências. *Diário Oficial do Estado*, São Paulo, SP, 23 abr. 2015.

SÃO PAULO. Tribunal de Justiça do Estado de São Paulo (1ª Câmara Reservada de Direito Empresarial), Agravo de Instrumento 2203562-72.2018.8.26.0000. Relator: Des. Cesar Ciampolini, j. 20 fev. 2019, DJe 01 mar. 2019.

SÃO PAULO. Tribunal de Justiça do Estado de São Paulo (2ª Câmara Reservada de Direito Empresarial), AI 2205760-82.2018.8.26.0000. Relator: Des. Sérgio Shimura, j. 04 fev. 2019, DJe 14 fev. 2019.

SÃO PAULO. Tribunal de Justiça do Estado de São Paulo (2ª Câmara Reservada de Direito Empresarial), AI 2172453-40.2018.8.26.0000. Relator: Des. Claudio Godoy, j. 18 fev. 2019, DJe 26 fev. 2019.

SÃO PAULO. Tribunal de Justiça do Estado de São Paulo (6ª Câmara de Direito Privado). AC: 10181075320178260625 SP – São Paulo. Relator: Min. Rodolfo Pellizari, julgado em 26 mar. 2020, publicado em 26 mar. 2020.

SÃO PAULO. Tribunal de Justiça do Estado de São Paulo (35ª Câmara de Direito Privado, Sorocaba, 6ª Vara Cível). Apelação 1027383-17.2016.8.26.0602. Relator: Morais Pucci, julgado em 04 out. 2018, publicado 09 nov. 2018.

SALGADO, Gisele Mascarelli. *Tempo morto no processo judicial brasileiro*. Disponível em: https://www.direitonet.com.br/artigos/exibir/3837/Tempo-morto-no-processo-judicial-brasileiro. Acesso em: 31 jan. 2019.

SARLET, Ingo Wolfgang. *A eficácia dos direitos fundamentais:* uma teoria geral dos direitos fundamentais na perspectiva constitucional. 11. ed. rev. e atual. Porto Alegre: Livraria do Advogado, 2012.

SARLET, Ingo Wolfgang. *A eficácia dos direitos fundamentais:* uma teoria geral dos direitos fundamentais na perspectiva constitucional. 13. ed. Porto Alegre: Livraria do Advogado, 2018.

SARMENTO, Daniel. *Dignidade da pessoa humana*: conteúdo, trajetórias e metodologia. Belo Horizonte: Fórum, 2016, p. 230.

SCHULMAN, Gabriel. *Direito Fundamental no Plano de Saúde*: do contrato clássico à contratualidade contemporânea. 2009. 153 f. Dissertação [Mestrado em Direito das Relações Sociais] – Universidade Federal do Paraná, Paraná, 2009. Disponível em: https://acervodigital.ufpr.br/bitstream/handle/1884/19051/Dissertacao_Schulman.pdf. Acesso em: 13 fev. 2022.

SCHMIDT, Gustavo da Rocha. Os meios alternativos de solução de controvérsias na nova Lei de Licitações e Contratos Administrativos. *Revista de arbitragem e mediação*, v. 70, p. 241-266, 2021. Disponível em: https://www.revistadostribunais.com.br/maf/app/resultList/document?&src=r-l&srguid=i0ad6adc600000185923f38a9d26b1def&docguid=I9972ee60fb2511eb8becce5f0269ee32&hitguid=I9972ee60fb2511eb8becce5f0269ee32&spos=3&epos=3&td=3&context=162&-crumb-action=append&crumb-label=Documento&isDocFG=false&isFromMultiSumm=&startChunk=1&endChunk=. Acesso em: 01 jan. 2023.

SCHMIDT, Gustavo da Rocha; FERREIRA, Daniel Brantes; OLIVEIRA, Rafael Carvalho Rezende. *Comentários à Lei de Arbitragem*. Rio de Janeiro: Forense; Método, 2021.

SCHMIDT NETO, André Perin. Superendividamento do Consumidor: conceito, pressupostos e classificação. *Revista de Direito do Consumidor*, São Paulo, v. 71, p. 09-33, jul./set. 2009. Disponível em: https://revistadostribunais.com.br/. Acesso em: 13 maio 2022.

SCHWAB, Klauss. *Fourth Industrial Revolution*. World Economic Forum. Disponível em: https://www.weforum.org/agenda/archive/fourth-industrial-revolution. Acesso em: 11 abr. 2021.

SECRETARIA DE PREVIDÊNCIA. *Acordo entre governo federal e judiciário deve reduzir ações sobre previdência*. Disponível em: http://www.previdencia.gov.br/2019/08/acordo-entre-governo-federal-e-judiciario-deve-reduzir-acoes-sobre-previdencia/. Acesso em: 13 jan. 2020.

SECTION 10. PARTICIPATION IN MEDIATION. An attorney or other individual designated by a party may accompany the party to and participate in a mediation. Disponível em http://www.uniformlaws. org/shared/docs/mediation/uma_final_03.pdf. Acesso em: 14 dez. 2007.

SENTÍS MELENDO, Santiago. *La prueba*: los grandes temas del derecho probatorio. Buenos Aires: Ediciones Juridicas Europa-America, 1978. (Colección Ciencia del Proceso, v. 65).

SERASA EXPERIAN. *Mapa da Inadimplência e Renegociação de Dívidas no Brasil*: mar. 2022. Disponível em: https://www.serasa.com.br/assets/cms/2022/Mapa-da-inadimplencia-MARCO.pdf. Acesso em: 03 maio 2022.

SHAPIRO, Daniel. *Negociando o inegociável: como resolver conflitos que parecem impossíveis*. Tradução: Marcelo Barbão. Rio de Janeiro: Globo Livros, 2021.

SHAVELL, Steven. Economic Analysis of Litigation and the Legal Process. *In*: *Foundations of Economics Analysys of Law*. Cambridge, MA: National Bureau of Economic Research, 2003. p. 05. Disponível em: https://www.nber.org/system/files/working_papers/w9697/w9697.pdf. Acesso em: 15 jul. 2021.

SHAVELL, Steven. *Foundations of Economics Analysys of Law*. Cambridge: Harvard University Press, 2004.

SICA, Leonardo. *Justiça restaurativa e mediação penal*: o novo modelo de justiça criminal e de gestão do crime. Rio de Janeiro: Lumen Juris, 2007.

SILVA, Antônio Hélio. Arbitragem, mediação e conciliação. *In*: Eduardo de Oliveira Leite (org.). *Grandes Temas da Atualidade*: mediação, arbitragem e conciliação. Rio de Janeiro: Forense, 2008. v. 7. p. 17-38.

SILVA, De Plácido e. Vocabulário jurídico. 4. ed. Rio de Janeiro: Forense, 1994. v. 1.

SILVA, Franklyn Roger Alves. *Tecnologia da informação como recurso ou obstáculo ao acesso à Justiça*. Disponível em: https://www.conjur.com.br/2019-mai-07/tribuna-defensoria-tecnologia-informacao-recurso-ou-barreira-acesso-justica. Acesso em: 08 maio 2019.

SILVA, José Afonso da. *Curso de direito constitucional positivo*. 26. ed. rev. e atual. nos termos da Reforma Constitucional (até a Emenda Constitucional 48, de 10.8.2005). São Paulo: Malheiros, 2006.

SILVA, José Afonso da. *Direito ambiental constitucional*. 9. ed., atual. São Paulo: Malheiros, 2011.

SILVA, Lázaro Reis Pinheiro. Transação como mecanismo preparatório para a extinção da obrigação tributária. *In*: CONRADO, Paulo Cesar; ARAUJO, Juliana Furtado Costa (coord.). *Transação Tributária na prática da Lei 13.988/2020*. São Paulo: Thomson Reuters Brasil, 2020. p. 49-62.

SILVA, Nathália Maria de Araújo. *O uso da mediação na resolução adequada de disputas empresariais*: possibilidades e desafios. 2019. 137 f. Trabalho de Conclusão de Curso (Curso de Direito) – Universidade Federal de Brasília, Brasília, 2019. p. 70. Disponível em: https://bdm.unb.br/handle/10483/23530?mode=full. Acesso em: 16 abr. 2029.

SILVA NETTO, Manuel Camelo Ferreira da; LOBO, Fabíola Albuquerque. Entre a afetividade e a efetividade. A mediação familiar à luz do Código de Processo Civil de 2015: incentivo à consensualidade interdisciplinar na resolução dos conflitos de família. *Revista de Processo*, São Paulo, v. 306, p. 433-453, ago. 2020.

SILVA, Ovídio A. Baptista da. *Jurisdição, direito material e processo*. Rio de Janeiro: Forense, 2008.

SILVA, Ovídio A. Baptista da; GOMES, Fábio Luiz. *Teoria geral do processo civil*. 5. ed., rev. e atual. São Paulo: Ed. RT, 2009.

SILVA, Paula Costa e. *Perturbações no cumprimento dos negócios processuais*: convenções de arbitragem, pactos de jurisdição, cláusulas escalonadas e outras tantas novelas talvez exemplares, mas que se desejam de muito entretenimento. Salvador: JusPodivm, 2020.

SILVA, Virgílio Afonso da. *Direitos fundamentais*: conteúdo essencial, restrições e eficácia. 2. ed. São Paulo: Malheiros, 2010.

SILVEIRA, Daniel Barile da; SILVEIRA, Thiago Cortes Rezende. A conciliação e a mediação como instrumentos para a realização da função social da empresa. *Revista Juris Unitoledo* [online], v. 2, p. 1-20, 2017. Disponível em: http://www.ojs.toledo.br/index.php/direito/article/view/2562. Acesso em: 16 abr. 2021.

SILVEIRA, Guaracy Carlos da; LESSA, Bruno de S.; CONSTANTE, Fernanda Lery P. *et al. Antropologia do Consumo*. Porto Alegre: Grupo A, 2021. Disponível em: https://integrada.minhabiblioteca.com.br/#/books/9786556902210/. Acesso em: 09 maio 2022. [Livro Digital].

SISPACSE. Disponível em: https://dgpj.justica.gov.pt/sispacse. Acesso em: 06 ago. 2023.

SOARES, Marcos José Porto; DENKER, Tássio Eduardo; ZANARDI, Glaziele; MILLARD, Rafaela Maria. A concretude das condições para o legítimo exercício do direito de ação e as consequências decorrentes. *Revista de Processo*, São Paulo, ano 36, v. 195, p. 399-421, maio 2011.

SOUSA, Manoel Messias de. *Manual de processo administrativo disciplinar*: doutrina, legislação, jurisprudência e prática: uma visão humanista do direito administrativo disciplinar. São Paulo: Thomson Reuters Brasil, 2022.

SOUZA, Luciane Moessa de. O papel da advocacia pública no Estado Democrático de Direito: da necessidade de sua contribuição para o acesso à justiça e o desenvolvimento institucional. *Revista de Direito Administrativo e Constitucional*, ano 8, n. 34, 2008. Disponível em: http://dx.doi.org/10.21056/aec.v8i34.688. Acesso em: 05 jan. 2023.

SOUZA, Luciane Moessa de. Resolução de conflitos envolvendo o Poder Público: caminhos para uma consensualidade responsável e eficaz. *In*: GABBAY, Daniela Monteiro; TAKAHASHI, Bruno (coords). *Justiça Federal*: inovações nos mecanismos consensuais de solução de conflitos. Brasília: Gazeta Jurídica, 2014.

SOUZA, Luciane Moessa de. Diretrizes éticas, capacitação, credenciamento e supervisão da atuação. *In*: SOUZA, Luciane Moessa de (coord.). *Mediação de Conflitos*: novo paradigma de acesso à justiça. Santa Cruz, RS: Essere nel Mondo, 2015. p. 115-155. Diponível em: https://www.academia.edu/22380472/Media%C3%A7%C3%A3o_de_conflitos_novo_paradigma_de_acesso_%C3%A0_justi%C3%A7a. Acesso em: 30 mar. 2021.

SOUZA, Luciane Moessa de. Mediação de conflitos e Administração Pública. *In*: HALE, Durval; PINHO, Humberto Dalla Bernardina de; CABRAL, Trícia Navarro Xavier Cabral (org.). *O marco legal da mediação no Brasil*: comentários à lei n. 13.140, de 26 de junho de 2015. São Paulo: Atlas, 2016.

SOUZA, Luciana Moessa de. Comentários ao art. 32. *In*: CABRAL, Trícia Navarro Xavier. CURY, Cesar Felipe (coord.). *Lei de mediação comentada artigo por artigo*: dedicado à memória da Profª Ada Pellegrini Grinover. 2. ed. Indaiatuba, Foco, 2020.

SOUZA, Luciane Moessa de. Art. 32. *In*: CABRAL, Trícia Navarro Xavier; CURY, César (org.). *Lei de mediação comentada artigo por artigo*. 3. ed. Indaiatuba: FOCO, 2022. v. 1.

SOUZA E SILVA, Rinaldo Mouzalas de. *Autotutela pelo particular no Direito privado brasileiro*. 2023. Tese (Doutorado em Direito) – Universidade Federal de Pernambuco, Recife, 2023.

SPENGLER, Fabiana Marion. COSTA, Márcio Dutra da. Conciliação e mediação na recuperação judicial: apontamentos sobre a Lei 14.112/2020. *Revista de Direito Empresarial – RDEmp*, Belo Horizonte, ano 18, n. 02, p. 173-190, maio/ago. 2021.

STJ. *STJ destaca empenho da AGU para redução da litigiosidade e do número de recursos na corte*. Brasília, DF, 13 dez. 2022. Disponível em: https://www.stj.jus.br/sites/portalp/Paginas/Comunicacao/Noticias/2022/13122022-STJ-destaca-empenho-da-AGU-para-reducao-da-litigiosidade-e-do-numero--de-recursos-na-corte.aspx. Acesso em: 15 dez. 2022.

STRECK, Lênio; NUNES, Dierle. *Como interpretar o art. 139, IV, do CPC? Carta branca para o arbítrio?* Disponível em: http://www.conjur.com.br/2016-ago-25/senso-incomum-interpretar-art-139-iv-cpc-carta-branca-arbitrio. Acesso em: 30 ago. 2016.

STRENGER, Irineu. Aplicação de normas de ordem pública nos laudos arbitrais. *Revista dos Tribunais*, São Paulo, ano 75, v. 606, abr. 1986.

SUPREMO TRIBUNAL FEDERAL. Audiência Pública Saúde – 28/04/09. Brasília, DF, 2009. Vídeo (38min). *Youtube*, Disponível em: https://www.youtube.com/watch?v=2a0WTOmgIj0. Acesso em: 01 jul. 2022.

SUPREMO TRIBUNAL FEDERAL. *Ministro Alexandre de Moraes autoriza destinação de R$ 1,6 bilhão ao Ministério da Saúde, para combate ao coronavírus.* Disponível em: https://portal.stf.jus.br/noticias/verNoticiaDetalhe.asp?idConteudo=439862&ori=1. Acesso em: 25 maio 2023.

SUPREMO TRIBUNAL FEDERAL. *Ministro Barroso valida acordo para Silas Câmara pagar R$ 242 mil por "rachadinha".* Disponível em: https://portal.stf.jus.br/noticias/verNoticiaDetalhe.asp?idConteudo=498405&ori=1. Acesso em: 25 maio 2023.

SUPREMO TRIBUNAL FEDERAL. *Nota sobre encontro do ministro Toffoli com ministro da Fazenda e OAB.* Disponível em: https://portal.stf.jus.br/noticias/verNoticiaDetalhe.asp?idConteudo=502407&ori=1. Acesso em: 25 maio 2023.

SUPREMO TRIBUNAL FEDERAL. *Plenário homologa acordo entre União e estados sobre compensações da Lei Kandir.* Disponível em: https://portal.stf.jus.br/noticias/verNoticiaDetalhe.asp?idConteudo=443779&ori=1. Acesso em: 25 maio 2023.

SUPREMO TRIBUNAL FEDERAL. *Plenário homologa acordo entre União, estados e DF sobre ICMS dos combustíveis.* Disponível em: https://portal.stf.jus.br/noticias/verNoticiaDetalhe.asp?idConteudo=499104&ori=1. Acesso em: 25 maio 2023.

SUPREMO TRIBUNAL FEDERAL. *Ministro Dias Toffoli assina acordo de cooperação técnica para combate à corrupção.* Disponível em: https://portal.stf.jus.br/noticias/verNoticiaDetalhe.asp?idConteudo=449073&ori=1. Acesso em: 7 set. 2023.

STF aprova acordo entre União e estados para repor perdas de ICMS. *Consultor Jurídico.* Disponível em: https://www.conjur.com.br/2023-jun-02/stf-aprova-acordo-entre-uniao-estados-repor-perdas-icms#:~:text=O%20Plen%C3%A1rio%20do%20Supremo%20Tribunal,Mercadorias%20e%20Servi%C3%A7os%20(ICMS)%20dos. Acesso em: 29 jul. 2023.

SUSSKIND, Richard. *Online courts and the future of Justice.* United Kingdon: Oxford University Press, 2019.

TÁCITO, Caio. Proteção dos direitos fundamentais. *Revista de Direito Administrativo*, Rio de Janeiro, n. 194, out./dez. 1993.

TAJRA, Alex. *Supremo decide que ANPP pode ser oferecido depois do trânsito em julgado.* Disponível em: https://www.conjur.com.br/2023-abr-12/stf-decide-anpp-oferecido-transito-julgado. Acesso em: 07 set. 2023.

TAKAHASHI, Bruno. A solução consensual de controvérsias e o art. 17, § 1º, da Lei de Improbidade Administrativa. *Revista dos Tribunais*, São Paulo, v. 927, p. 23-40, jan. 2013.

TALAMINI, Eduardo. A (in)disponibilidade do interesse público: consequências processuais (composições em juízo, prerrogativas processuais, arbitragem, negócios processuais e ação monitória). *Revista de Processo*, São Paulo, v. 128, p. 59-78, out. 2005.

TALAMINI, Eduardo. Arguição de convenção arbitral no projeto de novo Código de Processo Civil (exceção de arbitragem). *Doutrinas Essenciais Arbitragem e Mediação*, v. 2, p. 145-170, set. 2014.

TALAMINI, Eduardo. A (in)disponibilidade do interesse público: consequências processuais (composições em juízo, prerrogativas processuais, arbitragem, negócios processuais e ação monitória) – versão atualizada para o CPC/2015. *Revista de Processo*, São Paulo, v. 42, n. 264, p. 83-107, fev. 2017.

TALAMINI, Eduardo. Arbitragem e Administração Pública no direito brasileiro. *Revista Brasileira da Advocacia*, São Paulo, v. 9, p. 19-41, 2018.

TALAMINI, Eduardo. *Um processo para chamar de seu: nota sobre os negócios jurídicos processuais.* Disponível em: https://www.migalhas.com.br/dePeso/16,MI228734,61044-Um+processo+pra+chamar+de+seu+nota+sobre+os+negocios+juridicos. Acesso em: 30 mar. 2019.

TANIGUCHI, Yasuhei. How much does japonese civil procedure belong to the civil law and to the common law. *In*: CHASE, Oscar G.; WALKER, Janet. *Common law, civil law, and the future of categories.* Toronto: Lexis Nexis, p. 111-224, 2010.

TARTUCE, Fernanda. *Mediação nos conflitos civis.* 4. ed. Rio de Janeiro: Forense; São Paulo: MÉTODO, 2018.

TARTUCE, Fernanda; MARCATO, Ana Candida Menezes. Mediação no direito empresarial: possibilidades interessantes em conflitos securitários. *Revista de Processo*, v. 279, p. 513-527, 2018.

TARTUCE, Fernanda; MENGA, Bruno. Fomento estatal aos métodos consensuais de solução de conflitos pelos poderes judiciário, executivo e legislativo. *In*: ÁVILA, Henrique. WATANABE, Kazuo; NOLASCO, Rita Dias; CABRAL, Trícia Navarro Xavier (coord.). *Desjudicialização, justiça conciliativa e poder público*. São Paulo: Ed. RT, 2021. p. 273-288.

TARTUCE, Fernanda. Desnecessidade de tentativas consensuais prévias para configuração do interesse de agir. Coluna: Elas no processo. *Migalhas*. 2021. Disponível em: https://www.migalhas.com.br/coluna/elas-noprocesso/356299/tentativas-consensuais-previas-para-configuracao-do-interesse-de-agir. Acesso em: 5 set. 2023.

TARUFFO, Michele. Investigación judicial y producción de prueba por las partes. Traducción de Juan Andrés Varas Braun. *Revista de Derecho. Valdivia*, v. 15, n. 2, dez. 2003.

TARUFFO, Michele. Verdade negociada? *Revista Eletrônica de Direito Processual – REDP*, v. XIII, p. 634-657, 16 jul. 2014. Disponível em: http://www.e-publicacoes.uerj.br/index.php/redp/article/view/11928/9340. Acesso em: 01 ago. 2014.

TCU aponta atrasos na implementação do Processo Judicial Eletrônico. *Portal do TCU*, 08 jul. 2019, [Brasília, DF]. Disponível em: https://portal.tcu.gov.br/imprensa/noticias/tcu-aponta-atrasos-na-implementacao-do-processo-judicialeletronico.htm. Acesso em: 13 abr. 2021.

TCU investe em soluções consensuais de conflitos para temas de grande relevância. *Portal do TCU*. Disponível em: https://portal.tcu.gov.br/imprensa/noticias/tcu-investe-em-solucoes-consensuais--de-conflito-para-temas-de-grande-relevancia.htm#:~:text=TCU%20investe%20em%20solu%-C3%A7%C3%B5es%20consensuais%20de%20conflitos%20para%20temas%20de%20grande%20relev%C3%A2ncia,-Setor%20ferrovi%C3%A1rio%20inaugura&text=O%20Tribunal%20de%20Contas%20da,gest%C3%A3o%20do%20presidente%20Bruno%20Dantas. Acesso em: 9 set. 2023.

TEIXEIRA, Guilherme Puchalski. *Processo e liberdade*: o reconhecimento da força normativa da vontade das partes no processo civil brasileiro e a definição de seus limites na celebração dos negócios processuais. Tese de Doutorado em Teoria Geral da Jurisdição e Processo. Orientadora: Professora Drª. Elaine Harzheim Macedo. Pontifícia Universidade Católica do Rio Grande do Sul – PUCRS, Porto Alegre, 2018.

TEIXEIRA, Paulo. *Projeto de Lei 8.058/2014*. Institui processo especial para o controle e intervenção em políticas públicas pelo Poder Judiciário e dá outras providências. Brasília, Câmara dos Deputados, 04 nov. 2014. Disponível em: https://www.camara.gov.br/proposicoesWeb/prop_mostrarintegra;jsessionid=F91A0546E517C80D8F3A1F0F7D3243B1.proposicoesWebExterno1?codteor=1283918&filename=PL+8058/2014. Acesso em 28 fev. 2018.

TEIXEIRA JÚNIOR, José Borges. Apontamentos ao projeto de reforma da lei de recuperação de empresas e sua análise econômica. *Revista de Direito Privado*, v. 106, p. 175-195, out./dez. 2020.

THEODORO JÚNIOR, Humberto. *Curso de direito processual civil*. Teoria geral do direito processual civil, processo de conhecimento e procedimento comum. 56. ed. ver. atual. e ampl. Rio de Janeiro: Forense, 2015. v. 1.

THEODORO JÚNIOR, Humberto. *Curso de Direito Processual Civil*. 52. ed. Rio de Janeiro: Forense, 2019. v. 3.

THEODORO JUNIOR, Humberto. As novas codificações francesa e portuguesa e a desjudicialização da execução forçada. *In*: NETO, Elias Marques de Medeiros; RIBEIRO, Flávia Pereira. (coord.). *Reflexões sobre a desjudicialização da execução civil*. Curitiba: Juruá, 2020. p. 461-483.

THEODORO JÚNIOR, Humberto; ANDRADE, Érico. Novas perspectivas para atuação da tutela executiva no direito brasileiro: autotutela executiva e "desjudicialização" da execução. *Revista de Processo*, São Paulo, v. 315, p. 109-158, maio/2021.

THE PROGRAM ON NEGOTIATION. Disponível em: https://www.pon.harvard.edu/. Acesso em 25 mar. 2021.

THE PUBLIC VOICE. Declaração sobre Ética e Proteção de Dados em Inteligência Artificial. Disponível em: https://thepublicvoice.org/ai-universal-guidelines/. Acesso em: 12 jun. 2021.

THE Toronto Declaration. Disponível em: https://www.torontodeclaration.org/declaration-text/english/. Acesso em: 12 jun. 2021.

REFERÊNCIAS BIBLIOGRÁFICAS

TIBURCIO, Carmen; PIRES, Thiago Magalhães. Arbitragem envolvendo a Administração Pública: notas sobre as alterações introduzidas pela Lei 13.129/2015. *Revista de Processo*, v. 254, p. 431-462, abr. 2016.

TJES. *Curso de mediação empresarial capacita profissionais que irão atuar no PERE-COVID19*. [Vitória, ES], 06 de agosto de 2020. Disponível em: http://www.tjes.jus.br/curso-de-mediacao-empresarial-capacita-profissionais-que-irao-atuar-no-pere-covid19. Acesso em: 16 abr. 2021.

TOLEDO, Paulo Fernando Campos Salles de. A empresa e o empresário no novo Código Civil. *In*.: ALVIM, Arruda; CÉSAR, Joaquim Portes de Cerqueira; ROSAS, Roberto (coord.). *Aspectos controvertidos do novo Código Civil*: escritos em homenagem ao Ministro José Carlos Moreira Alves. São Paulo: Editora Revista dos Tribunais, 2003.

TOMAZETE, Marlon. *Comentários à reforma da lei de recuperação de empresas e falência*. Indaiatuba: Foco, 2021.

TRE-AP. *TRE-AP realiza audiência de conciliação e mediação com direção de partido político e candidatos*. Disponível em: http://www.tre-ap.jus.br/imprensa/noticias-tre-ap/2018/Setembro/tre-ap-realiza-audiencia-de-conciliacao-e-mediacao-com-direcao-de-partido-politico-e-candidatos. Acesso em: 20 maio 2023.

TRIBUNAL REGIONAL ELEITORAL DO ESPÍRITO SANTO. Resolução 9, de 6 de fevereiro de 2023. Institui a política de controle da disciplina de servidores por meio de instrumentos de apuração de fatos e de mediação e dispõe sobre os procedimentos de sindicância e de processo administrativo disciplinar no âmbito do Tribunal Regional Eleitoral do Espírito Santo. *Diário Eletrônico do TRE/ES*, 15 fev. 2023. p. 16-21. Disponível em: https://www.tre-es.jus.br/legislacao/compilada/resolucoes-normativas/2023/resolucao-no-9-de-6-de-fevereiro-de-2023. Acesso em: 21 maio 2023.

TRIBUNAL REGIONAL ELEITORAL DO ESPÍRITO SANTO. *TRE-ES celebra protocolo de intenções para promoção de igualdade de gênero e combate à violência política contra mulheres*. Disponível em: https://www.tre-es.jus.br/comunicacao/noticias/2023/Marco/tre-es-celebra-protocolo-de-intencoes-para-promocao-de-igualdade-de-genero-e-combate-a-violencia-politica-contra-mulheres?SearchableText=protocolo%20interistitucional%20violencia. Acesso em: 22 maio 2023.

TRIBUNAL REGIONAL ELEITORAL DO RIO DE JANEIRO. Ato GP TRE-RJ 33, de 03 de fevereiro de 2022. Dispõe sobre o Programa de Mediação Organizacional no âmbito do Tribunal Regional Eleitoral do Rio de Janeiro. *Diário da Justiça Eletrônico do TRE-RJ*, 15 fev. 2022. p. 4. Disponível em: https://www.tre-rj.jus.br/legislacao/compilada/atos-da-presidencia/2022-1/ato-gp-tre-rj-no-33-de-03-de-fevereiro-de-2022. Acesso em: 21 maio 2023.

TRIBUNAL REGIONAL ELEITORAL DO RIO DE JANEIRO. *Resolução 779, de 07 de junho de 2011*. Dispõe sobre o controle da disciplina no âmbito do Tribunal Regional Eleitoral do Rio de Janeiro. Disponível em: https://www.tre-rj.jus.br/legislacao/compilada/resolucoes/2011/resolucao-no-779-11. Acesso em: 23 mai. 2023.

TRIBUNAL REGIONAL ELEITORAL DO RIO DE JANEIRO. *Resolução 979/2017. Altera a Resolução TRE 779/2011*, que dispõe sobre o controle da disciplina no âmbito do Tribunal Regional Eleitoral do Rio de Janeiro e prevê a conciliação e a mediação como métodos de solução de conflitos no âmbito dos processos administrativos deflagrados contra servidores Disponível em: GECOI Arquivos – Visualização do Arquivo (tre-rj.jus.br). Acesso em: 23 mai 2023.

TRIBUNAL REGIONAL ELEITORAL DO TOCANTINS. *Conciliação: 1ª Zona Eleitoral realiza acordo em processo de propaganda eleitoral*. Disponível em: Conciliação: 1ª Zona Eleitoral realiza acordo em processo de propaganda eleitoral — Tribunal Regional Eleitoral do Tocantins (tre-to.jus.br). Acesso em: 23 mai. 2023.

TRIBUNAL REGIONAL FEDERAL DA 2ª REGIÃO. (7. Turma Especializada) Agravo de Instrumento 00045752920184020000004575-29.2018.4.02.0000, Relator: José Antonio Neiva, julgado em 31 ago. 2018.

TRIBUNAL REGIONAL FEDERAL DA 4ª REGIÃO. (4. Turma) Agravo de Instrumento 5019630-75.2018.4.04.0000, Relator: Luís Alberto D'azevedo Aurvalle, julgado em 24 out. 2018.

TRIBUNAL SUPERIOR DO TRABALHO. Disponível em: https://www.tst.jus.br/. Acesso em: 29 jul. 2023.

TRIBUNAL SUPERIOR DO TRABALHO. *Ato 168/ST, GP, de 4 de abril de 2016*. Dispõe sobre os pedidos de mediação e conciliação pré-processual de conflitos coletivos no âmbito do Tribunal Superior do Trabalho. Disponível em: https://juslaboris.tst.jus.br/bitstream/handle/20.500.12178/82592/2016_ato0168. pdf?sequence=1&isAllowed=y. Acesso em: 29 jul. 2023.

TRIBUNAL SUPERIOR DO TRABALHO. *Conciliação*. Disponível em: https://www.tst.jus.br/conciliacao. Acesso em: 29 jul. 2023.

TRIBUNAL SUPERIOR ELEITORAL. Portaria 1136, de 05 de dezembro de 2022. *Diário da Justiça Eletrônico do TSE*, 12 dez. 2022. p. 154-156. Disponível em: https://www.tse.jus.br/legislacao/compilada/ prt/2022/portaria-no-1136-de-05-de-dezembro-de-2022#:~:text=RESOLVE%3A-,Art.,%C3%A0%20 resolu%C3%A7%C3%A3o%20consensual%20de%20conflitos. Acesso em: 22 maio 2023.

TRIBUNAL SUPERIOR ELEITORAL. *Resolução 23.478, de 10 de maio de 2016*. Estabelece diretrizes gerais para a aplicação da Lei 13.105, de 16 de março de 2015 – Novo Código de Processo Civil –, no âmbito da Justiça Eleitoral. Brasília, DF. 15 jun. 2016. Disponível em: https://www.tse.jus.br/legislacao/codigo-eleitoral/normas-editadas-pelo-tse/resolucao-no-23-478-de-10-de-maio-de-2016-2013-brasilia-2013-df. Acesso em: 13 maio 2023.

TRIBUNAL SUPERIOR ELEITORAL. Resolução 23.702, de 09 de junho de 2022. Dispõe sobre a Política de Governança das contratações na Justiça Eleitoral e dá outras providências. *Diário de Justiça Eletrônico do TSE*, 15 jun. 2022. Disponível em: https://www.tse.jus.br/legislacao/compilada/res/2022/resolucao-no-23-702-de-9-de-junho-de-2022?SearchableText=Autocomposicao. Acesso em: 22 maio 2023.

TROCKER, Nicolò. Processo e strumenti alternativi di composizione delle liti nella giurisprudenza dela Corte constituzionale. *Diritto processuale civile e Corte Constituzionale*. Roma: Edizioni Scientifiche Italiane, p. 439-487, 2006.

TUCCI, José Rogério Cruz e. Natureza e objeto das convenções processuais. *In*: NOGUEIRA, Pedro Henrique. *Negócios processuais*. 3. ed. Salvador: JusPODIVM, 2017. v.1, p. 23-30.

UERJ. *TCE reconhece admissibilidade de Termo de Ajustamento de Gestão proposto pela Uerj sobre projetos com o Estado*. Diretoria de Comunicação da UERJ. Disponível em: https://www.uerj.br/noticia/ tce-reconhece-admissibilidade-de-termo-de-ajustamento-de-gestao-proposto-pela-uerj-sobre-projetos-com-o-estado/#:~:text=Na%20tarde%20de%20hoje%20(06,com%20o%20governo%20do%20 Estado. Acesso em: 9 set. 2023.

UNESCO. *Preliminary study on the ethics of artificial intelligence*. Paris: World Commission on the Ethics of Scientific Knowledge and Technology, 2019. Disponível em: https://unesdoc.unesco.org/ark:/48223/ pf0000367823.locale=en. Acesso em: 19 abr. 2021.

UNIÃO EUROPEIA. *Regulamento [UE] 2016/679 do Parlamento Europeu e do Conselho, de 27 de abril de 2016, relativo à proteção das pessoas singulares no que diz respeito ao tratamento de dados pessoais e à livre circulação desses dados e que revoga a Diretiva 95/46/CE* [Regulamento Geral sobre a Proteção de Dados] [Texto relevante para efeitos do EEE]. Disponível em: https://eur-lex.europa.eu/legal-content/ PT/TXT/?uri=celex%3A32016R0679. Acesso em: 20 abr. 2021).

UNITED NATIONS. United Nations Convention on International Settlement Agreements Resulting from Mediation (New York, 2018) (the "Singapore Convention on Mediation"). Disponível: https://uncitral. un.org/en/texts/mediation/conventions/international_settlement_agreements. Acesso em: 6 jul. 2023.

UOL. *STF enterra sequência de recursos e garante R$ 17 mi de acordo para biblioteca da São Francisco*. Disponível em: https://noticias.uol.com.br/ultimas-noticias/agencia-estado/2023/06/27/stf-enterra-sequencia-de-recursos-e-garante-r-17-mi-de-acordo-para-biblioteca-da-sao-francisco.htm?cmpid=copiaecola. Acesso em: 29 jul. 2023.

URBANO, Alexandre Figueiredo de Andrade; MATIERO, Franco Giovanni Mattedi. *A arbitragem na contemporaneidade*. Belo Horizonte: Del Rey, 2020.

VALÉRIO, Marco Aurélio Gumieri. Os meios alternativos de resolução de conflitos e a busca pela pacificação social. *Revista de Direito Privado*, São Paulo, v. 17, n. 69, p. 15-27, set. 2016.

VALE, Kelly Aparecida; VIAL, René. Mediação extrajudicial de conflitos interempresariais: um instrumento para o exercício da autonomia privada das empresas. *Revista da SJRJ*, v. 23, p. 135-153, 2020. Disponível em: http://lexcultccjf.trf2.jus.br/index.php/revistasjrj/article/view/305. Acesso em: 16 abr. 2021.

VALENÇA FILHO, Clávio de Melo. *Poder judiciário e sentença arbitral*. Curitiba: Juruá, 2002.

VARANO, Vincenzo (org.). *L'altragiustizia*: il metodi alternativi di soluzione dele controversie nel diritto comparato. Milano: Dott. A. Giuffrè Editore, p. 129-156, 2007.

VAUGHN, Gustavo Favero; ABBOUD, Georges. Princípios constitucionais do processo arbitral. *Revista de Processo*, São Paulo, v. 327, p. 453-490, 2022.

VERBICARO, Dennis; ATAÍDE, Camille da Silva Azevedo; LEAL, Pastora do Socorro Teixeira. Fundamentos ao reconhecimento do dano existencial nos casos de superendividamento: considerações sobre o mínimo existencial, o valor do tempo e a concepção normativa de dano. *Revista de Direito do Consumidor*, ano 27, v. 120, p. 365-397, nov./dez. 2018. Disponível em: https://revistadostribunais.com.br/. Acesso em: 30 maio 2022.

VIDAL AKAOUI, Fernando Reverendo. *Compromisso de ajustamento de conduta ambiental*. 3. ed. rev. e atual. São Paulo: Ed. RT, 2010.

VIDAL, Ludmilla Camacho Duarte. *Convenções processuais*: no paradigma do processo civil contemporâneo. Rio de Janeiro: Gramma, 2017.

VILAS, Cyntia Aparecida Boas. A atuação do mediador na recuperação judicial. *Revista Direito UTP*, v.1, n.1, p. 26-44, jul./dez. 2020. Disponível em: https://revistas.utp.br/index.php/DRT/article/view/2493/2071. Acesso em: 16 abr. 2021.

VINCENZI, Brunela Vieira de; MACHADO, César Rossi. *A complexidade da ordem pública entre outras culturas*. Disponível em: http://www.conjur.com.br/2009-jun-11/conceito-ordem-publica-complexo-situacoes-culturais-distintas. Acesso em: 15 ago. 2013.

VITORELLI, Edilson. Litígios estruturais: decisão e implementação de mudanças socialmente relevantes pela via processual. *In*: ARENHART, Sérgio Cruz; JOBIM, Marco Félix. *Processos estruturais*. Salvador JusPODIVM, 2017. p. 369-422.

VITORELLI, Edilson. Levando os conceitos a sério: processo estrutural, processo coletivo, processo estratégico e suas diferenças. *Revista de Processo*, v. 284, p. 333-369, out. 2018.

VITORELLI, Edilson. *Processo civil estrutural*: teoria e prática. Salvador: JusPODIVM, 2020.

WALD, Arnoldo. Dispute resolution boards: evolução recente. *Revista de Arbitragem e Mediação*, v. 30, p. 139-151, jul./set. 2011.

WAMBIER, Teresa Arruda Alvim; CONCEIÇÃO, Maria Lúcia Lins; RIBEIRO, Leonardo Ferres da Silva; MELLO, Rogério Licastro Torres de. *Primeiros comentários ao novo Código de Processo Civil*. 2. ed. São Paulo: Ed. RT, 2016.

WATANABE, Kazuo. O acesso à justiça e a sociedade moderna. *In*: GRINOVER, Ada Pellegrini; DINAMARCO, Cândido Rangel; WATANABE, Kazuo (coord.). *Participação e processo*. São Paulo: Ed. RT, 1988.

WATANABE, Kazuo. Cultura da sentença e cultura da pacificação. *In*: YARSHELL, Flávio Luiz; MORAES, Maurício Zanoide de (org.). *Estudos em homenagem à Professora Ada Pelegrini Grinover*. São Paulo: DPJ, 2005.

WATANABE, Kazuo. "Juizados Especiais" e política judiciária nacional de tratamento adequado dos conflitos de interesses. CEJUSC e Tribunal Multiportas. *In*: BACELLAR, Roberto Portugal; LAGRASTA, Valeria Ferioli. (coord.). *Conciliação e mediação*: ensino em construção. São Paulo: IPAM/ENFAM, 2016. p. 122-123.

WATANABE, Kazuo. *Acesso à ordem jurídica justa*: conceito atualizado de acesso à justiça, processo coletivo e outros estudos. Belo Horizonte: Del Rey, 2019.

WATANABE, Kazuo. Modalidade de Mediação. *In*: Série Cadernos do CEJ, 22. *Seminário Mediação*: Um Projeto Inovador. Disponível em: https://old.tjap.jus.br/portal/images/stories/CURSO_MEDIACAO/Texto_-_Modalidade_de_mediao_-_Kazuo_Watanabe.pdf. Acesso em: 19 ago. 2023.

WATANABE, Kazuo. *Política pública do Poder Judiciário Nacional para tratamento adequado dos conflitos de interesses*. Disponível em: https://www.tjsp.jus.br/Download/Conciliacao/Nucleo/Parecer-DesKazuoWatanabe.pdf. Acesso em: 02 mar. 2019.

WILLIAM URY. Disponível em: https://www.williamury.com/. Acesso em: 20 jun. 2015.

WOLKART, Erik Navarro. *Análise Econômica do Processo Civil*: como a economia, o direito e a psicologia podem vencer a "tragédia da justiça". São Paulo: Ed. RT, 2020.

WORLD BANK GROUP. *Subnational Doing Business in Brazil 2021*. Disponível em: https://subnational.doingbusiness.org/en/reports/subnational-reports/brazil. Acesso em: 07 abr. 2023.

YARSHELL, Flávio Luiz. Convenção das partes em matéria processual: rumo a uma nova era? *In*: NOGUEIRA, Pedro Henrique. *Negócios processuais*. 3. ed. Salvador: JusPODIVM, 2017. v. 1, p. 75-92.

ZANETI JR, Hermes. Processo constitucional: relação entre processo e Constituição. *Revista da Ajuris*, ano XXXI, n. 94, jun. 2004.

ZANETI JR., Hermes. *A constitucionalização do processo*: do problema ao precedente: da teoria do processo ao código de processo civil de 2015. São Paulo: Thomson Reuters Brasil, 2021.

ZANETI JR., Hermes. A teoria da separação de poderes e o Estado Democrático Constitucional: funções de governo e funções de garantia. *In*: GRINOVER, Ada Pellegrini; WATANABE, Kazuo; LUCON, Paulo Henrique dos Santos. *Projeto de Lei n. 8.058/2014* – Considerações gerais e proposta de substitutivo. *In*: GRINOVER, Ada Pellegrini; WATANABE, Kazuo; COSTA, Susana Henriques da. *O processo para solução de conflitos de interesse público*. Salvador: JusPODIVM, 2017. p. 33-72.

ZANETI JR., Hermes; CABRAL, Trícia Navarro Xavier. *Justiça Multiportas*: mediação, conciliação, arbitragem e outros meios de solução adequada de conflitos. Salvador: JusPODIVM, 2017. (Coleção Grandes Temas do Novo CPC, v. 9).

ZANETI JUNIOR, Hermes; CABRAL, Trícia Navarro Xavier. *Justiça multiportas*: mediação, conciliação, arbitragem e outros meios de solução adequada de conflitos. 2. ed. ver., ampl. e atual. Salvador: JusPODIVM, 2018. (Coleção Grandes Temas do Novo CPC, v. 9).

ZANETI JR., Hermes; CABRAL, Antonio do Passo; SICA, Heitor; MOSCHEN, Valesca Raizer Borges. *New Trends in the European Civil Procedure and the ELI/UNIDROIT Model Rules*. ProcNet – International Research Network – Civil Justice and Contemporary Procedural Law. PPGDIR-UFES. Disponível em: http://www.direito.ufes.br/sites/direito.ufes.br/files/field/anexo/cartaz_ss.pdf. Acesso em: 25 jun. 2020.

ZANETI JUNIOR, Hermes; CABRAL, Trícia Navarro Xavier. *Justiça multiportas*: mediação, conciliação, arbitragem e outros meios de solução adequada de conflitos. 3. ed. ver., ampl. e atual. Salvador: JusPODIVM, 2022. (Coleção Grandes Temas do Novo CPC, v. 9).